KB266535

힐기사전 사활 묘수풀이

지은이

세고에 겐사쿠

· 일본 프로기사 명예 9단
· 일본기원 창립에 참여
· 우리나라의 조훈현 9단, 중국의 오청원 9단, 일본의 하시모토 우타로 9단 등 세계 3국의 바둑 천재 기사를 길러낸 바둑 스승으로 유명
· 《수근사전》, 《힐기사전》, 《어성기보》, 《명치기보》, 《세고에바둑교본 시리즈》 등 저술

편저자

정원주

· 성공회대학교 교육대학원 교육학 석사
· 한국기원 공인 아마 5단

〈일러두기〉

· 문제는 맥점별로 쉬운 것부터 어려운 문제로 체계화되어 있어서 점진적이고 깊이 있는 수읽기 훈련으로 기력을 향상할 수 있는 수읽기 연습에 최적화되어 있다.
· 문제는 난이도의 수준에 따라 C, B, A로 구분되어 있지만 반드시 수준을 결정하는 것은 아니다.
　C-초급(9급~5급)
　B-중급(7급~2급)
　A-고급(3급~유단자)
· B급 일부와 A급 대부분은 변화도가 제시되어 있다.
· 문제를 분류하고 있는 맥점이 문제 해결의 기본 힌트이다.
· 번역은 원문의 문제를 그대로 가져와서 내용 훼손 없이 재편집하였으며 좌표로 되어 있는 해답을 도면으로 새롭게 편집하여 가독성과 편리함을 극대화하였다.

힐기사전 사활 묘수풀이

세고에 겐사쿠 지음
정원주 편저

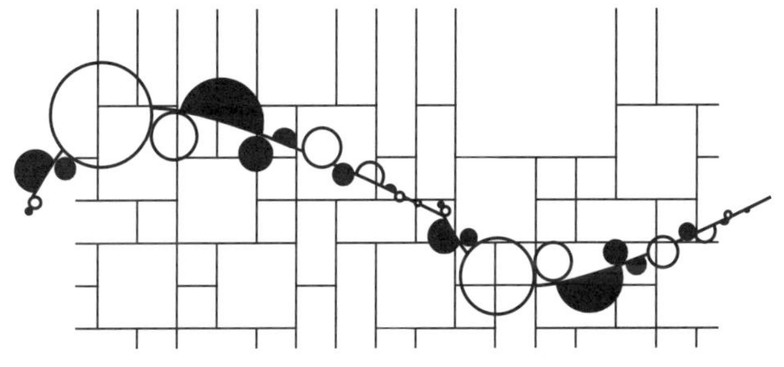

수읽기 훈련과 기본 내공을 기르는 최고의 책!

아마존북스

힐기사전

사활묘수풀이

초판 1쇄 인쇄 / 2026년 03월 20일
초판 1쇄 발행 / 2026년 03월 30일

지은이 / 세고에 겐사쿠
편저자 / 정원주
펴낸이 / 최화숙
편집인 / 유창언
펴낸곳 / 아마존북스

등록번호 / 제1994-000059호
출판등록 / 1994. 06. 09

주소 / 서울시 마포구 성미산로2길 33(서교동), 202호
전화 / 02)335-7353~4
팩스 / 02)325-4305
이메일 / pub95@hanmail.net/pub95@naver.com

ⓒ 세고에 겐사쿠, 정원주 2026
ISBN 979-89-5775-355-2 03690

값 28,000원

* 파본은 본사나 구입하신 서점에서 교환해 드립니다.
* 이 책의 판권은 지은이와 아마존북스에 있습니다. 내용의 전부 또는 일부를
  재사용하려면 반드시 양측의 서면 동의를 받아야 합니다.

* 아마존북스는 도서출판 집사재의 임프린트입니다.

〈저자 서문〉

스승을 따라 배운 사람의 바둑은 정석이나 포석과 같은 바둑의 이치 연구의 발전은 있어도 돌의 사활을 해결하는 수읽기의 힘이 갖추어지지 않기 때문에 언제까지나 강해질 수 없는 것이 배운 바둑의 한계이다.

나는 책을 쓰기 시작할 무렵부터 동시에 사활묘수풀이 연구에 착수하여 많은 묘수풀이의 책을 정리하고 묘수풀이의 맥점 분류에 대해 궁리하였다. 사활묘수풀이의 고전들은 대부분 막연하게 묘수풀이를 늘어놓고 있을 뿐 계통도 질서도 없어서 공부하는 사람들이 이해하기 어려워 싫증이 나기도 하고 죽음, 삶, 패 등의 부문으로 분류하고 있지만 맥점의 분류는 언급되어 있지 않았다. 나는 이 방법과는 전혀 다르게 모든 묘수풀이를 맥점에 따라 분류하는 것이 수읽기의 감각과 능력을 기르는 데도 편리하다고 생각하였다.

....

이 책은 1,000개의 사활묘수풀이를 같은 맥점에 따라 분류 배열하고 있으므로 빠르게 그 맥점을 분간하는 감각과 수읽기의 내공을 기르는 토대가 되는 책으로서 큰 도움이 될 것을 믿는다.

세고에 겐사쿠

<편저자의 글>

수읽기 훈련과 기본 내공을 기르는 최고의 책!

힐기사전의 서문을 읽으면서 세고에 겐사쿠가 아마추어들과 프로를 지망하는 학생들의 수읽기 능력을 기르기 위해 얼마나 많은 고민과 연구를 하였는지 느낄 수 있었다.

프로들도 처음은 아마추어였으니 프로 지망생들에게 프로의 기량을 기르는 훈련과 연습이 필요한 교재가 필요했을 것이다. 그러나 유명한 바둑 고전들과 그 밖의 어느 책들도 세고에 겐사쿠에게는 그러기에는 충분하지 않다고 생각한 것 같다. 그리고 다른 것들은 대국을 통해서 다 되는 데 가장 중요한 수읽기만은 가르치기 불가능했던 것 같다. 그래서 수읽기의 감각과 능력을 극대화하는 방법을 연구하여 이 힐기사전을 저술하게 되었고 수근사전과 같은 훌륭한 바둑책을 비롯하여 많은 좋은 책들이 나오지 않았을까? 이러한 세고에 겐사쿠의 바둑에 대한 열정과 연구 노력이 하시모토, 오청원, 조훈현이라는 3국의 세 바둑 천재를 길러내는 원동력이 되었다고 생각한다.

나는 바둑 사활묘수풀이 고전들을 보면서 어려움 때문에 싫증이 나기 일쑤여서 싫증 나지 않고 체계적이고 반복적인 수읽기 연습으로 수읽기 능력을 기르는 방법은 없을까? 하고 교육자로서 고민이 많았다. 그런데 힐기사전을 번역하면서 세고에 겐사쿠가 나와 같은 생각으로 맥점별로 비슷한 모양을 체계적으로 정리하고 쉬운 것부터 어려운 것으로 제시하여 싫증 나지 않고 반복 연습을 통해 수읽기 능력을 극대화하는 방법을 생각해서 힐기사전을 저술했다는 사실에 매우 놀랐다. 또 '됫박형을 제대로 알면 1급'이라는 말은 많이 들었지만, 이 책에서 됫박형과 그 유사 모양을 체계적으로 정리하고 있어서 이 책이 됫박형의 시초였다고 생각하니 또 한 번 놀라웠다.

그리고 나는 힐기사전을 번역하는 데만 집중하였을 뿐인데 바둑 기량이 한 치수 이상 올라와 있었다.

이러한 점들로 힐기사전은 내가 본 어느 바둑책보다도 수읽기 훈련과 기본 내공을 기르는 데 최고의 책이라고 생각한다.

힐기사전의 원본은 해설이 좌표로 되어 있어서 보는 데 어려움이 많지만, 한글판은 보기 쉽고 학습하기 편리하게 새롭게 재구성하고 편집하여 수읽기 능력 향상을 원하는 바둑인들에게 도움을 주고자 하였다. 이 책을 통해서 세고에 겐사쿠의 말처럼 수읽기 감각과 기본 내공을 기르는 데 도움이 되기를 바린디.

정원주

차례

집을 없애는 맥

70문제

집을 없애는 맥(파호하는 맥)

적의 돌을 잡으려고 할 때는 집을 없애는 맥을 두어 성공하는 경우가 가장 많으므로 이 맥에 대한 감각을 익히는 것이 중요합니다.
다음 도면에서 흑1이 집을 없애는 맥입니다. 이곳에 백 돌을 두면 완벽한 두 집이 되는 점이 되므로 흑1로 두어서 백은 옥집이 됩니다.

흑 차례 백 죽음

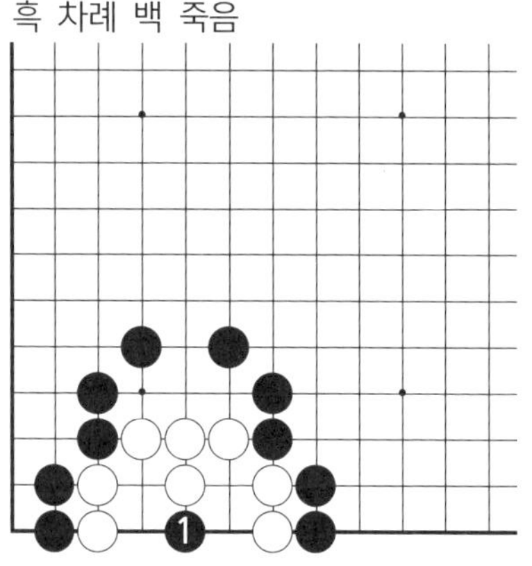

그러므로 흑1의 수를 집을 없애는 맥이라고 하지만, 이 모양에서는 흑1의 수가 환격의 맥과도 중복되기 때문에 집을 없애는 맥과 환격의 맥을 겸한 수라고 말할 수 있습니다.

문제 〈1〉

흑 차례 백 죽음   C

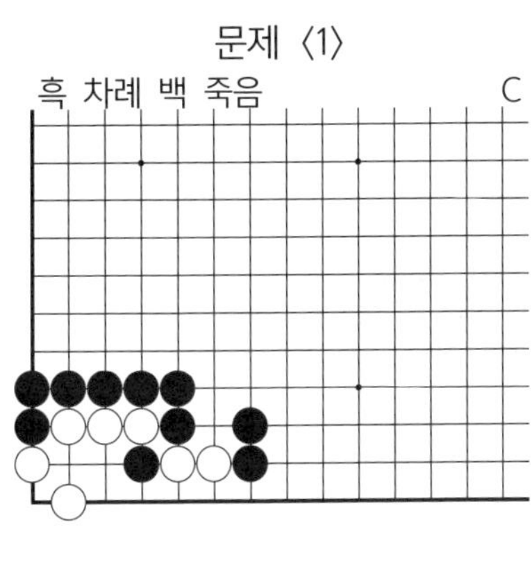

문제 〈2〉

흑 차례 백 죽음   C

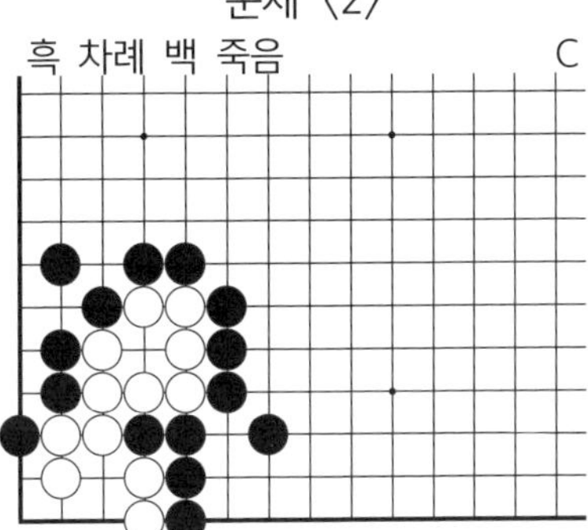

문제 〈3〉

흑 차례 패   C

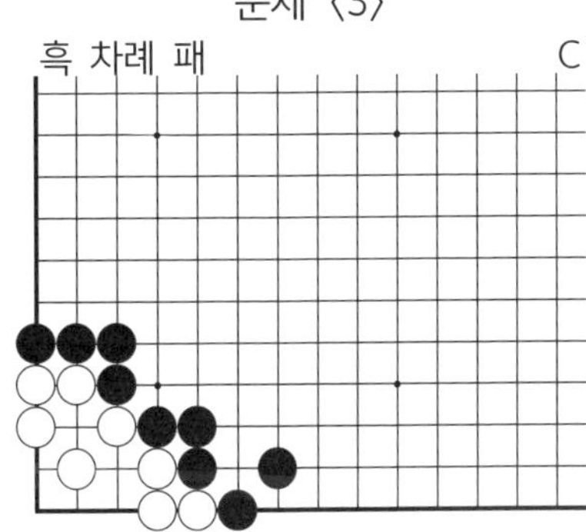

문제 〈4〉

흑 차례 백 죽음   C

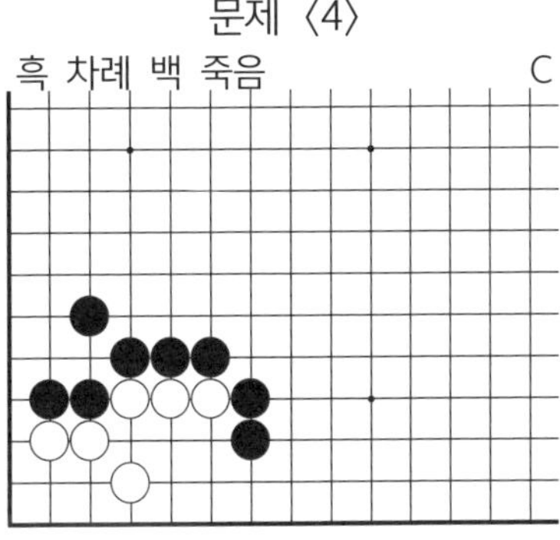

문제 〈5〉

흑 차례 백 죽음   C

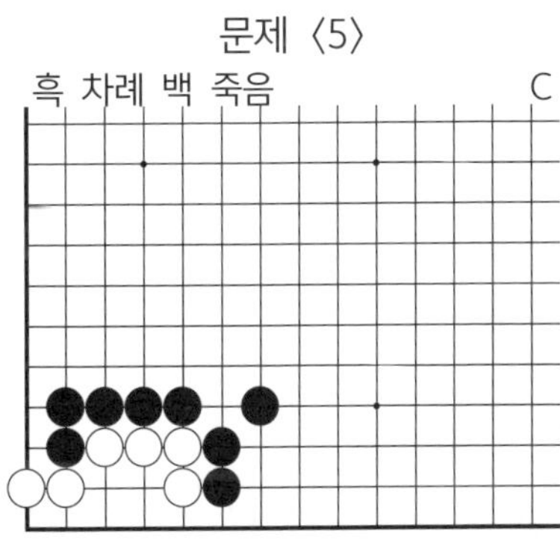

문제 〈6〉

흑 차례 백 죽음   C

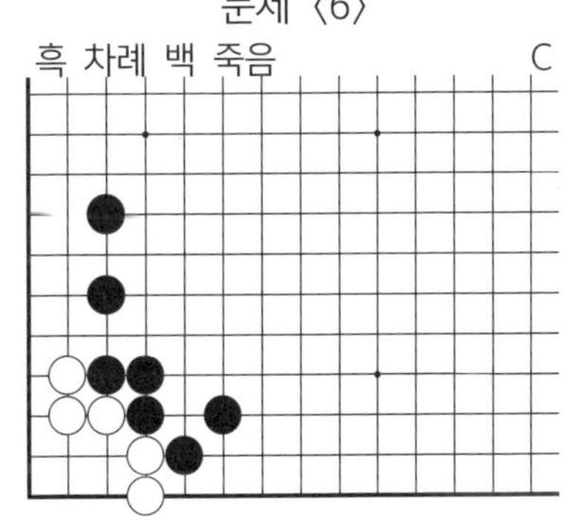

정해 〈1〉

흑 차례 백 죽음   C

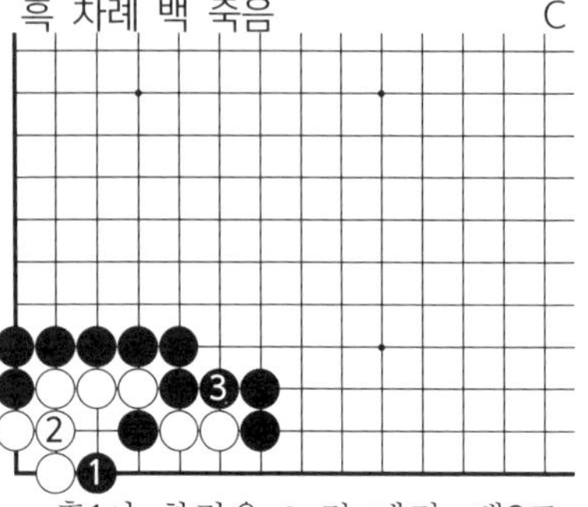

흑1이 환격을 노린 맥점. 백2로
이으면 흑3으로 조여서 그만.

정해 〈2〉

흑 차례 백 죽음   C

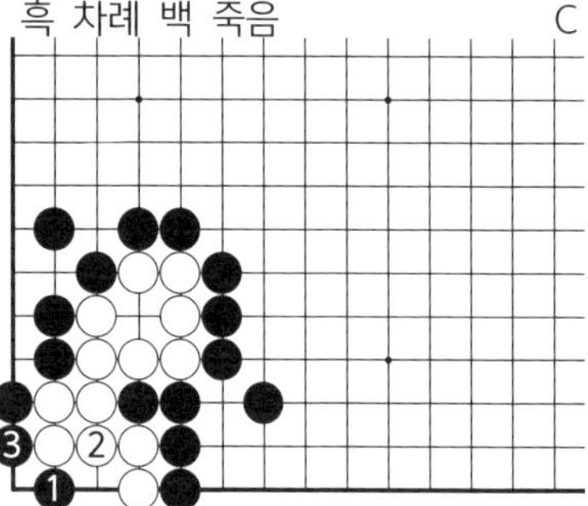

흑1이 환격의 맥. 백2로 이으면
흑3으로 끝.

정해 〈3〉

흑 차례 패   C

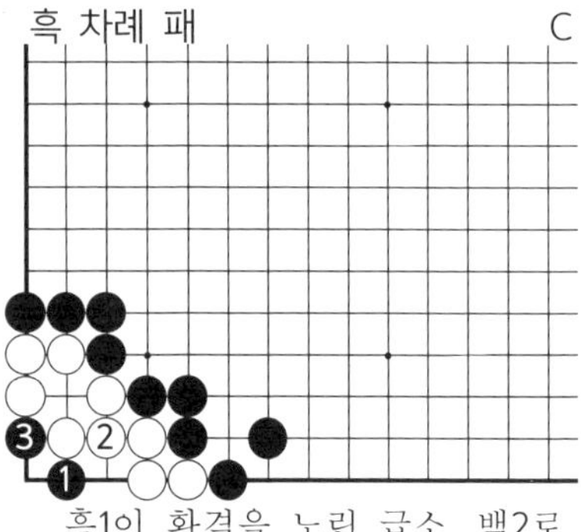

흑1이 환격을 노린 급소. 백2로
이으면 흑3으로 패.

정해 〈4〉

흑 차례 백 죽음   C

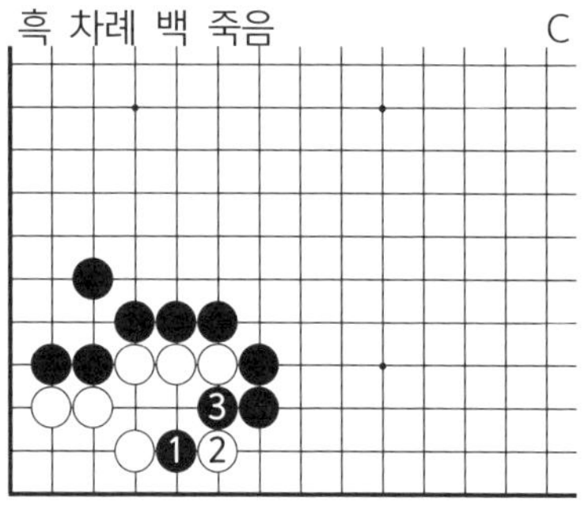

흑1, 3으로 끼워서 백은 자충으
로 끝.

정해 〈5〉

흑 차례 백 죽음   C

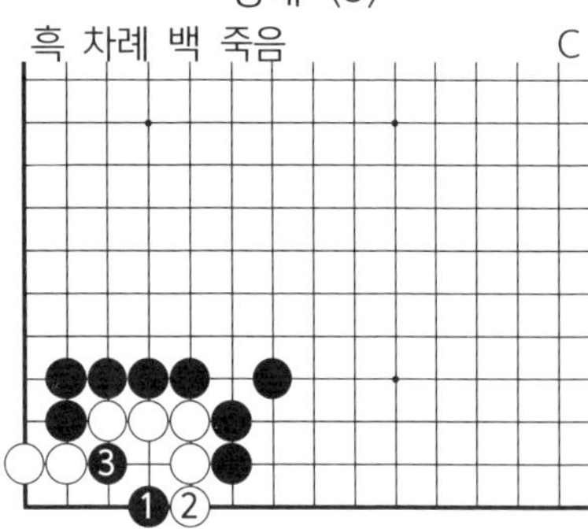

흑1, 3으로 백은 양자충으로 죽음.

정해 〈6〉

흑 차례 백 죽음   C

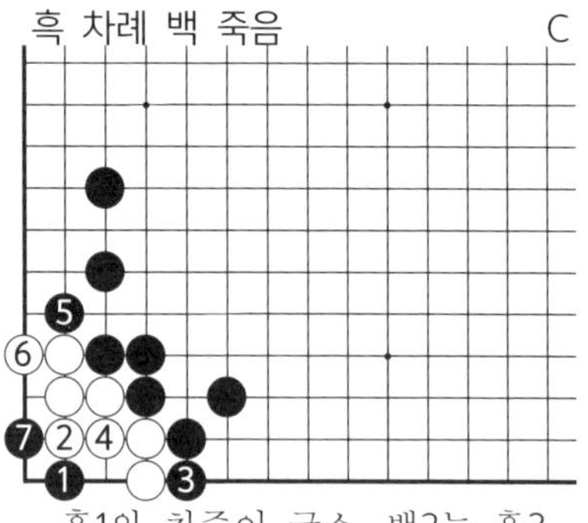

흑1의 치중이 급소. 백2는 흑3,
5, 7로 백 죽음.

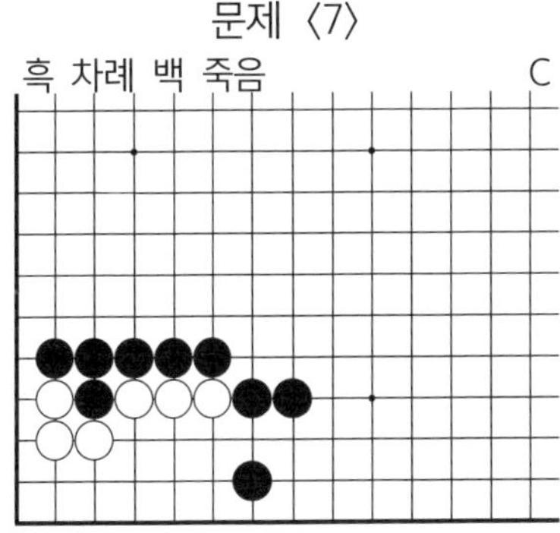

문제 〈7〉
흑 차례 백 죽음
C

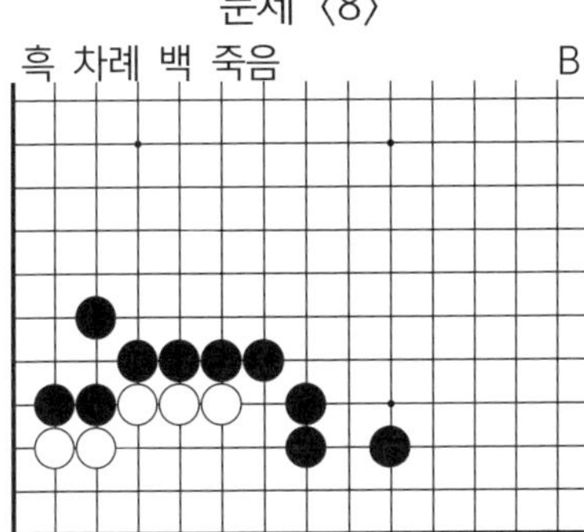

문제 〈8〉
흑 차례 백 죽음
B

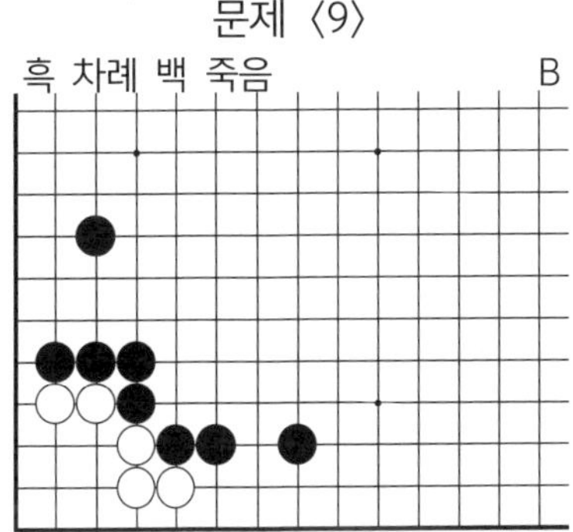

문제 〈9〉
흑 차례 백 죽음
B

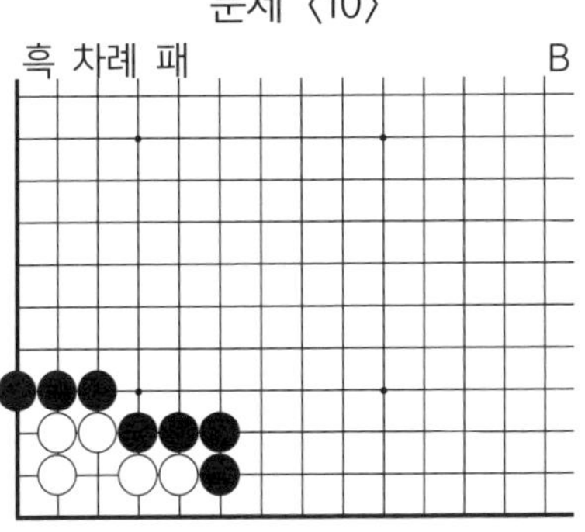

문제 〈10〉
흑 차례 패
B

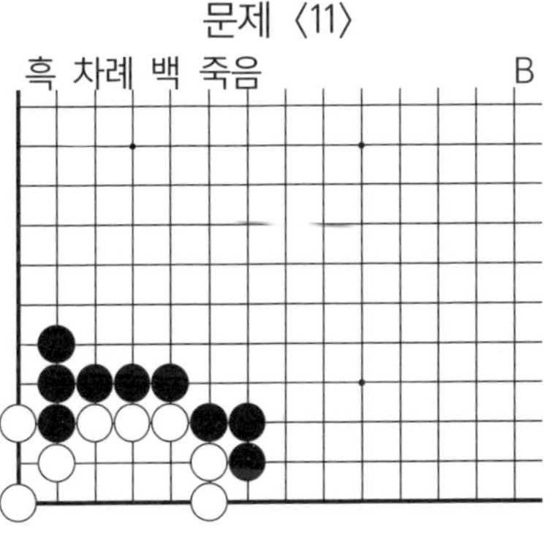

문제 〈11〉
흑 차례 백 죽음
B

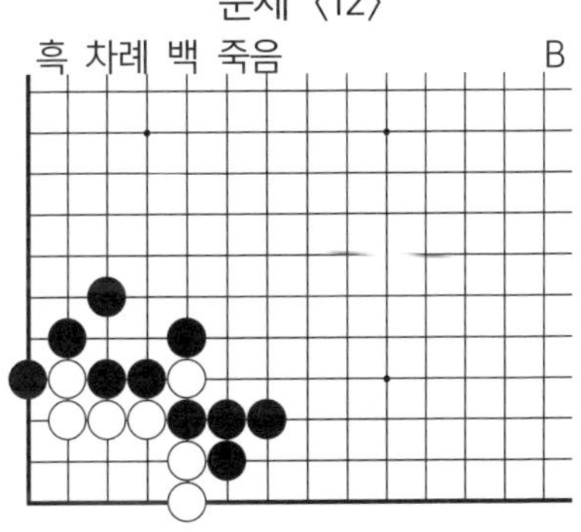

문제 〈12〉
흑 차례 백 죽음
B

정해 〈7〉

흑 차례 백 죽음   C

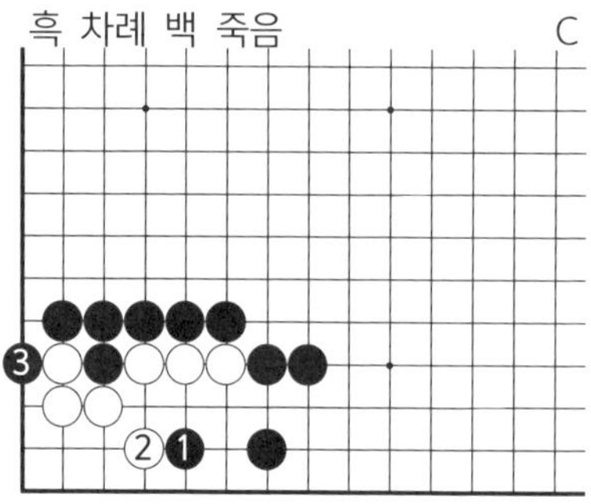

흑1이 급소. 백2는 흑3으로 젖혀서 백 죽음.

정해 〈8〉

흑 차례 백 죽음   B

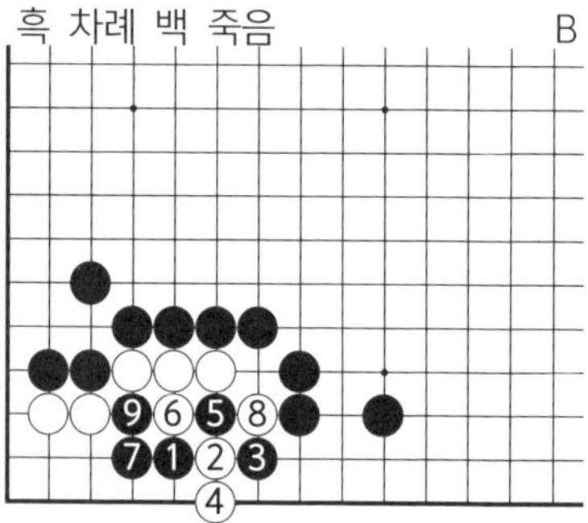

흑1이 급소. 백2는 흑3 이하 9까지 끝. 흑7의 느는 수가 중요.

정해 〈9〉

흑 차례 백 죽음   B

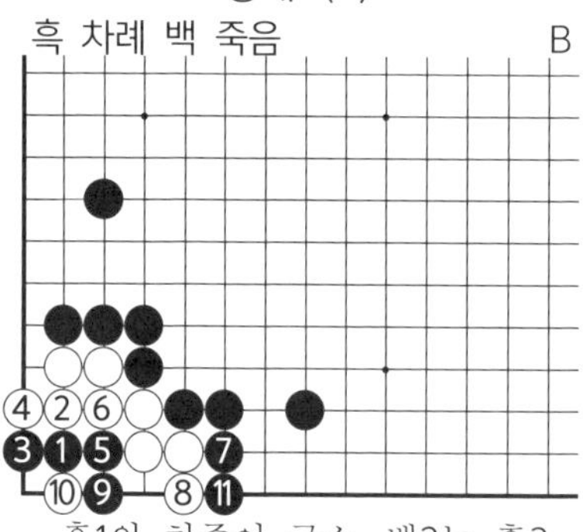

흑1의 치중이 급소. 백2는 흑3 이하 11까지 「유가무가」로 끝.

정해 〈10〉

흑 차례 패   B

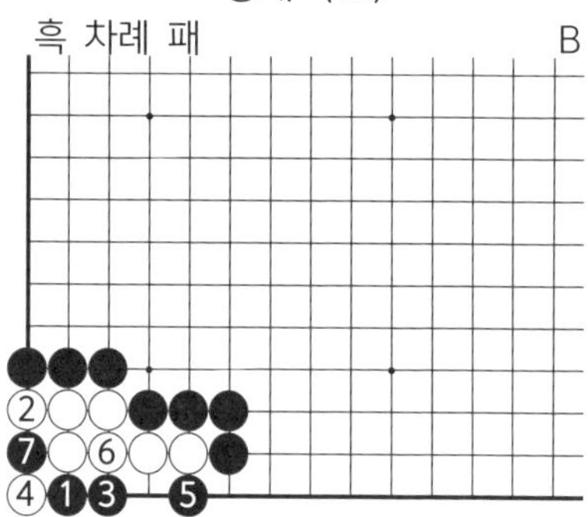

흑1의 코붙임이 급소. 백2로 막으면 흑3, 5, 7로 패.

정해 〈11〉

흑 차례 백 죽음   B

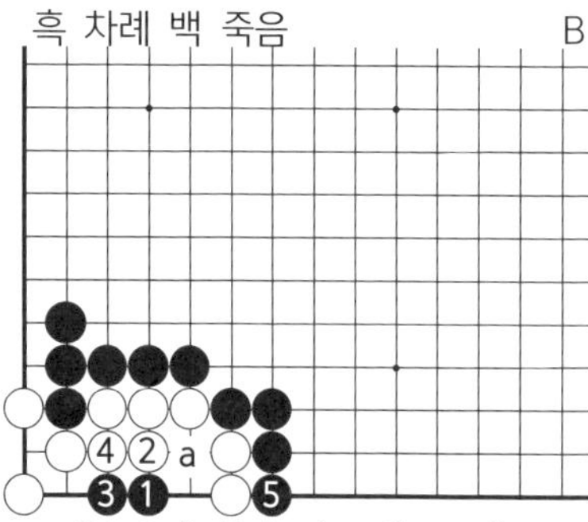

흑1, 3이 좋은 수. 백4는 흑5로 그만. 백2를 3으로 두면 흑a로 끝.

정해 〈12〉

흑 차례 백 죽음   B

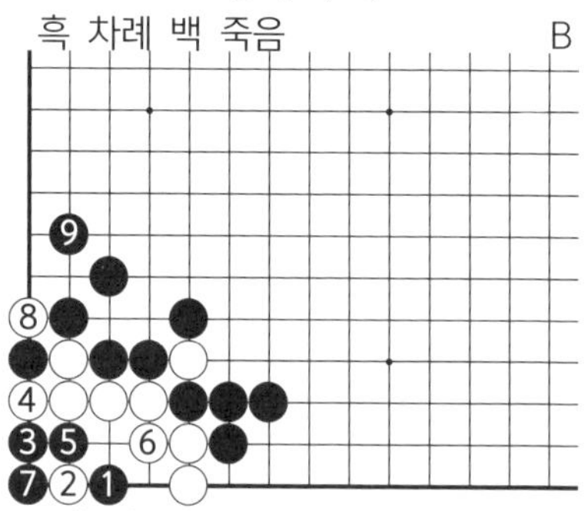

흑1의 치중이 급소. 백2는 흑3부터 9까지 「오궁도화」로 백 죽음.

문제 〈13〉
흑 차례 백 죽음
B
문제 〈14〉
흑 차례 백 죽음
B
문제 〈15〉
흑 차례 백 죽음
B
문제 〈16〉
흑 차례 백 죽음
B
문제 〈17〉
흑 차례 백 죽음
B
수순에 주의.
문제 〈18〉
흑 차례 백 죽음
B

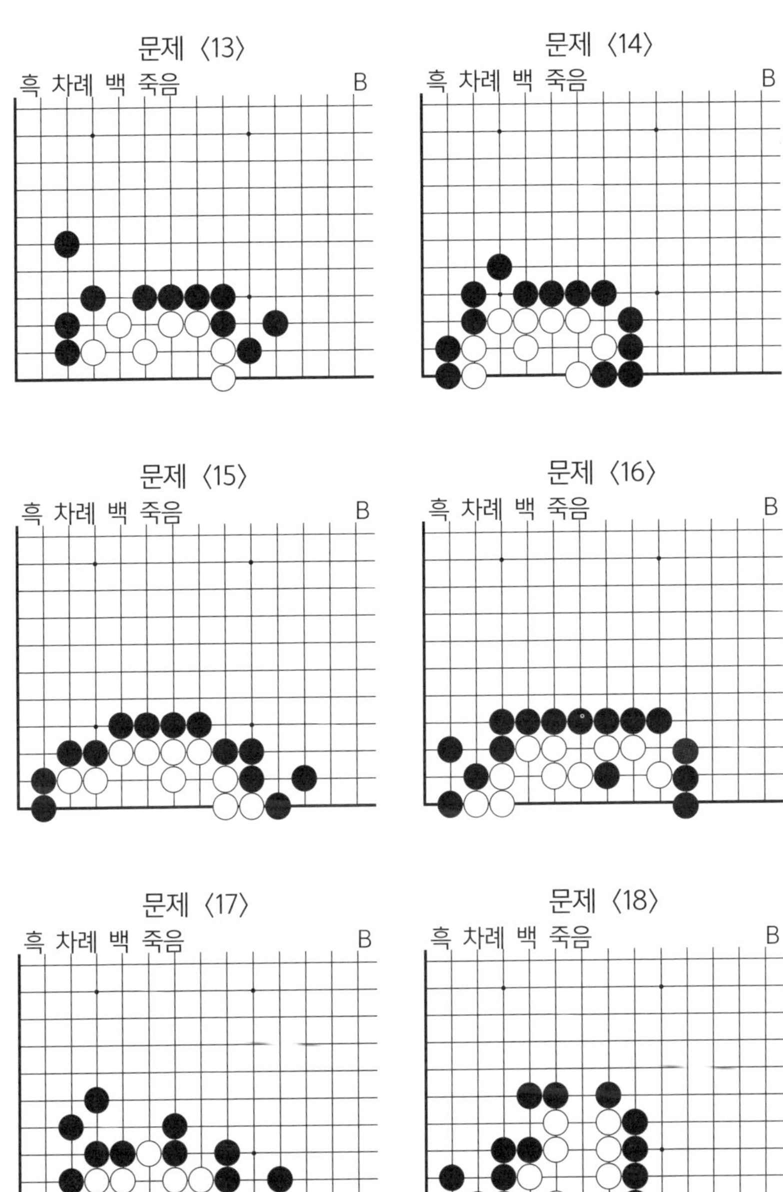

15

흑 차례 백 죽음   B

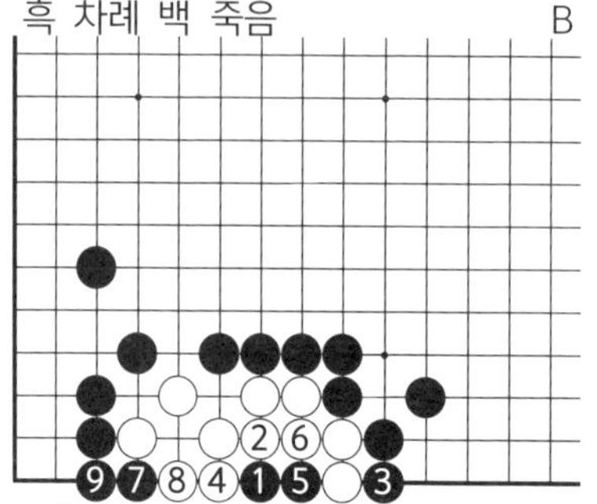

흑1이 급소. 백2는 흑3, 5가 좋은
수로 이하 9까지 그것으로 끝.

흑 차례 백 죽음   B

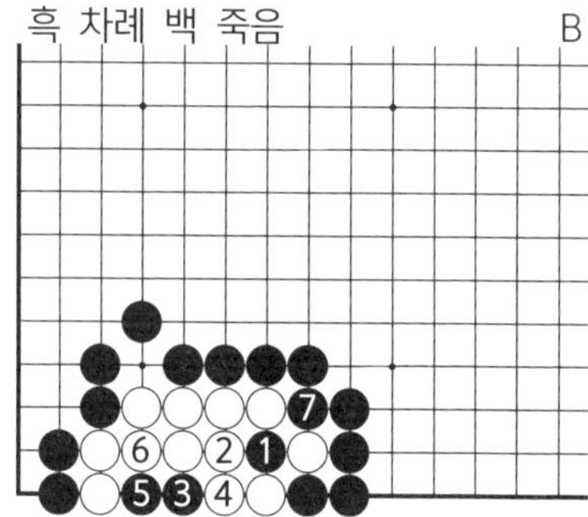

흑1, 3이 급소. 백4는 흑5, 7로
백 죽음.

흑 차례 백 죽음   B

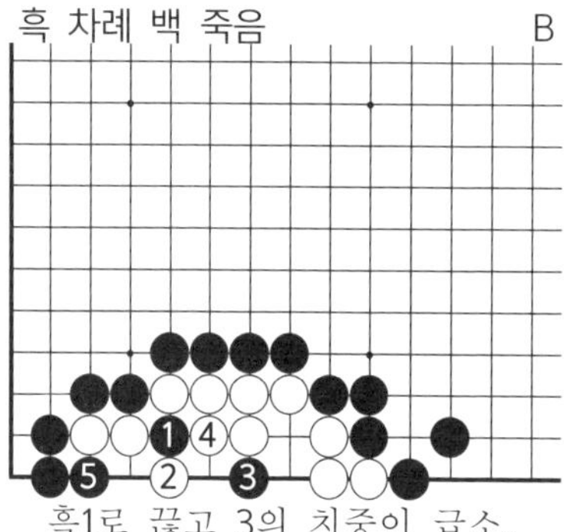

흑1로 끊고 3의 치중이 급소.
백4로 따내면 흑5로 끝.

흑 차례 백 죽음   B

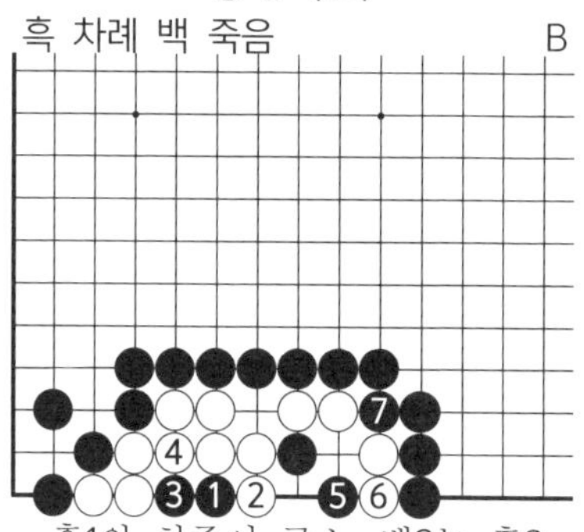

흑1의 치중이 급소. 백2는 흑3,
5, 7로 그만.

흑 차례 백 죽음   B

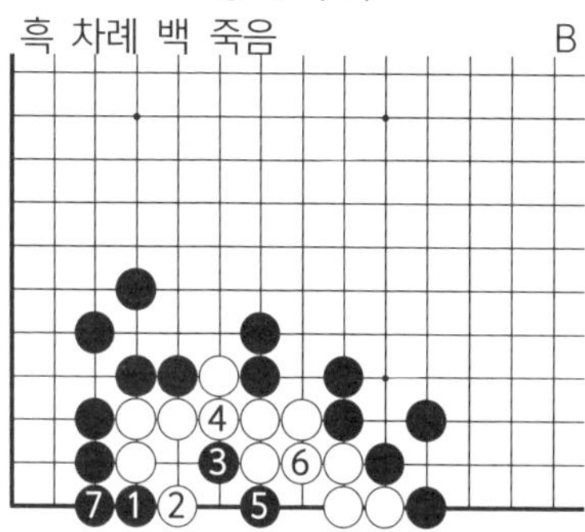

흑1로 젖히고 3, 5가 묘수. 백6
은 흑7로 이어서 그만.

흑 차례 백 죽음   B

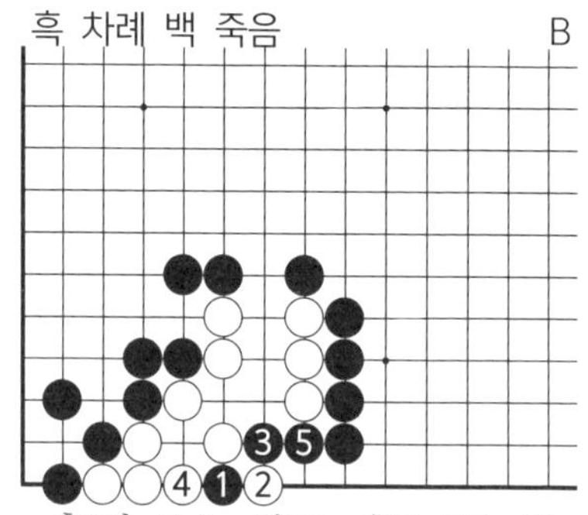

흑1이 급소. 백2는 흑3, 5로 끝.

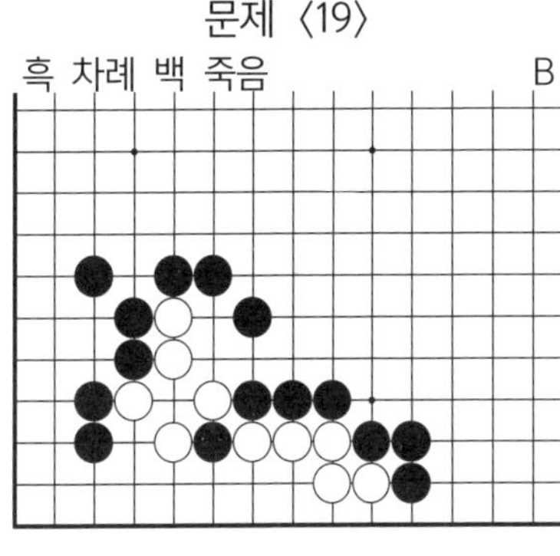

문제 〈19〉

흑 차례 백 죽음　　　　　　　　　　　B

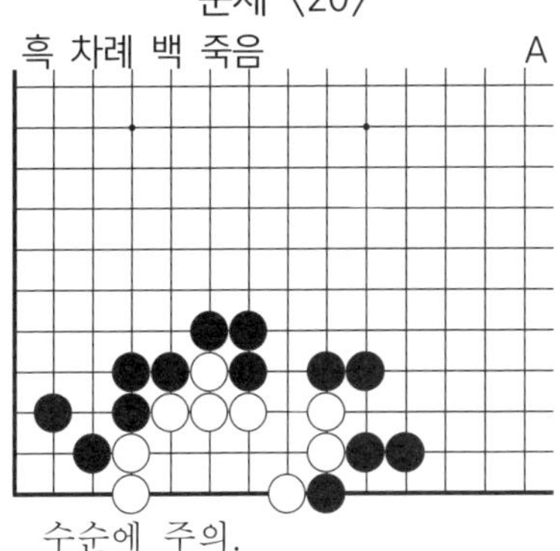

문제 〈20〉

흑 차례 백 죽음　　　　　　　　　　　A

수순에 주의.

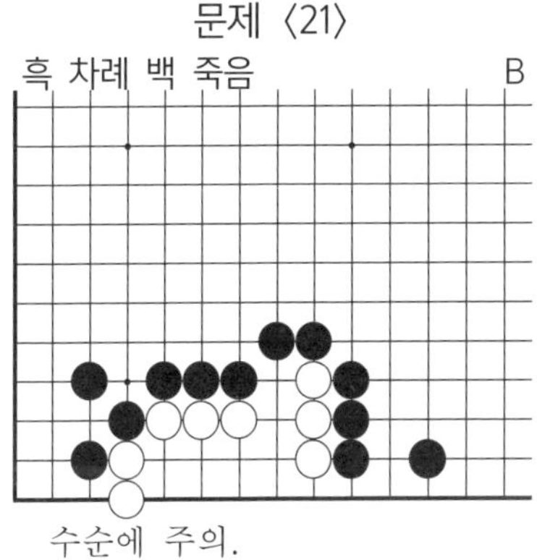

문제 〈21〉

흑 차례 백 죽음　　　　　　　　　　　B

수순에 주의.

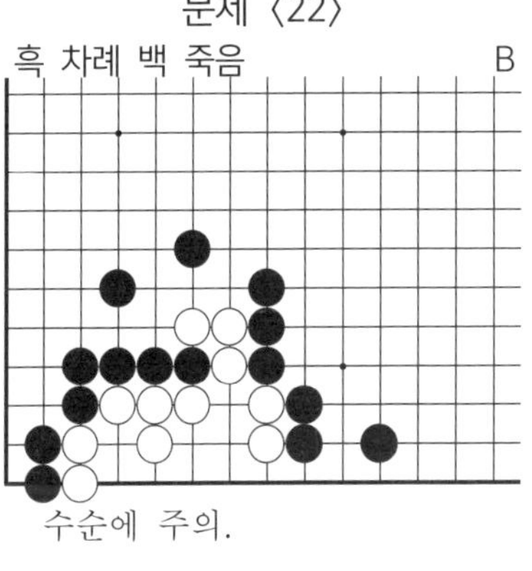

문제 〈22〉

흑 차례 백 죽음　　　　　　　　　　　B

수순에 주의.

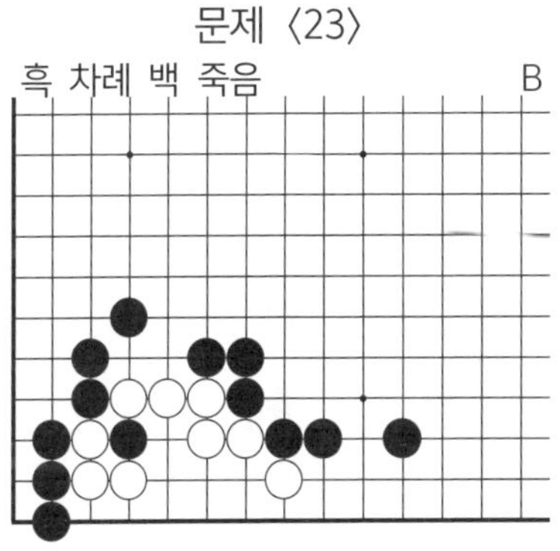

문제 〈23〉

흑 차례 백 죽음　　　　　　　　　　　B

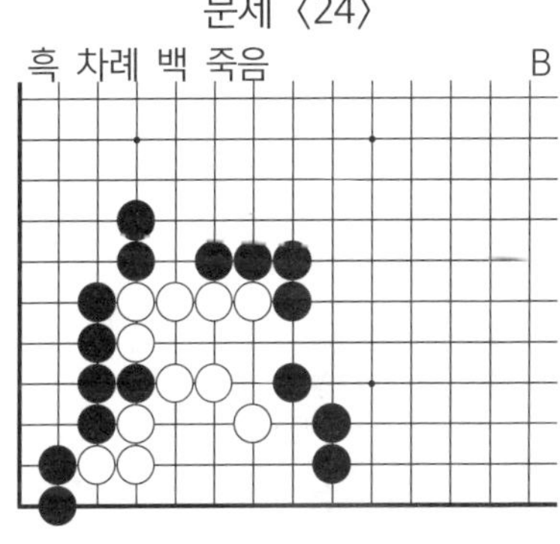

문제 〈24〉

흑 차례 백 죽음　　　　　　　　　　　B

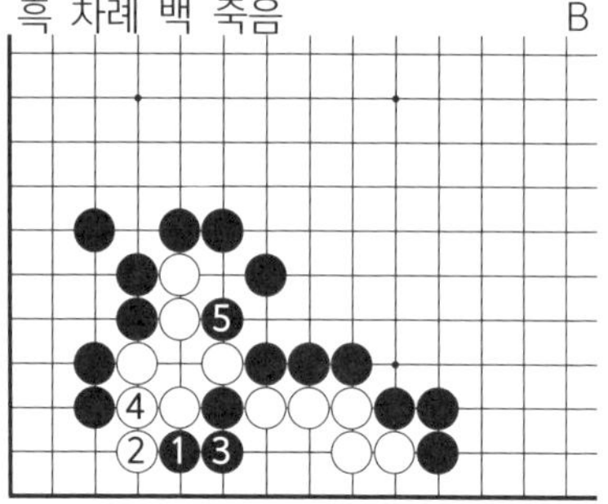

정해 〈19〉

흑 차례 백 죽음   B

흑1이 급소. 백2로 차단하면 흑
3, 5로 끝.

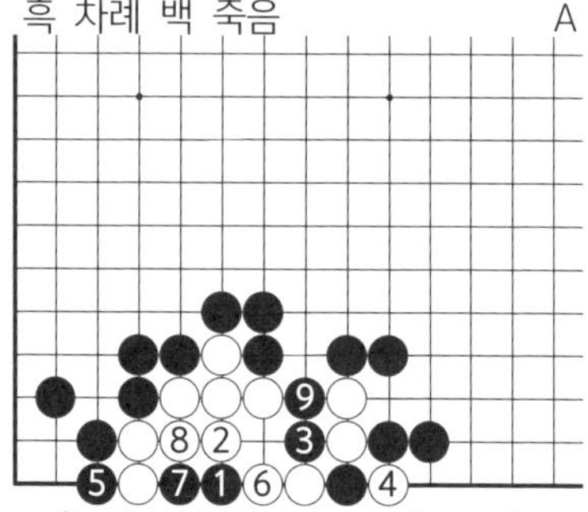

정해 〈20〉

흑 차례 백 죽음   A

흑1의 치중이 급소. 백2는 흑3
이하 9까지 백 죽음. 수순이 중요.

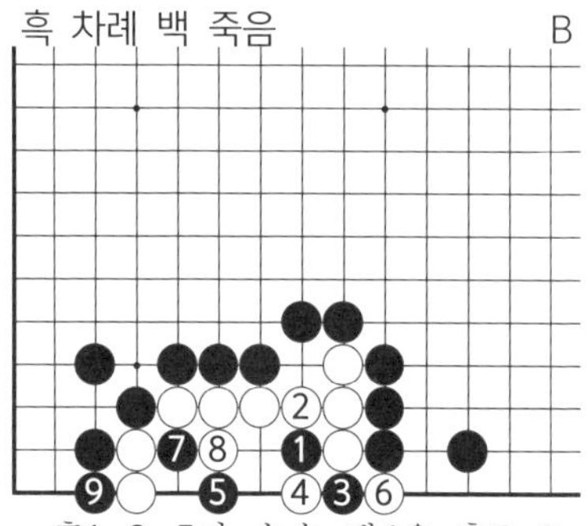

정해 〈21〉

흑 차례 백 죽음   B

흑1, 3, 5가 수순 백6은 흑7, 9
로 그만.

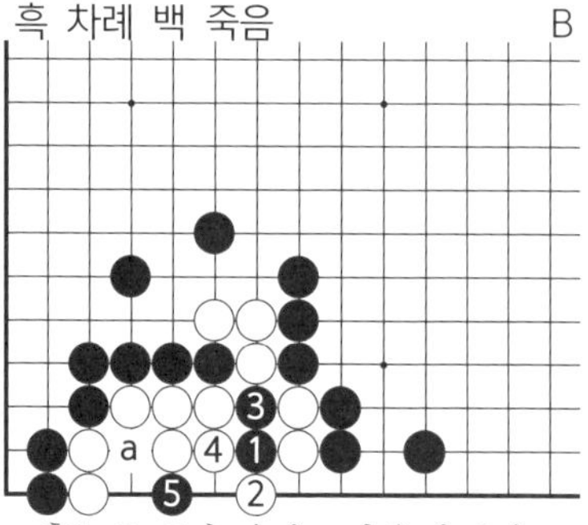

정해 〈22〉

흑 차례 백 죽음   B

흑1, 3, 5가 수순. 다음에 3과
a가 맞보기로 백 죽음.

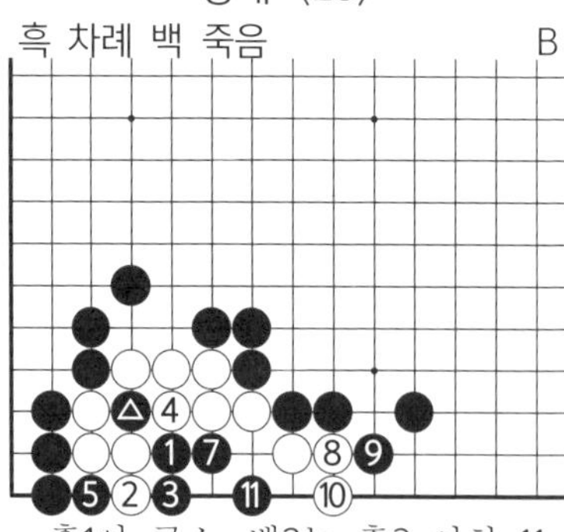

정해 〈23〉

흑 차례 백 죽음   B

흑1이 급소. 백2는 흑3 이하 11
까지 오궁도화. ⑥→▲

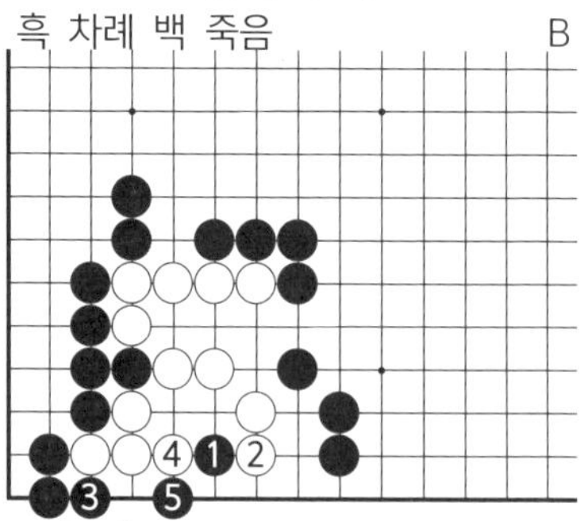

정해 〈24〉

흑 차례 백 죽음   B

흑1이 급소. 백2로 차단하면 흑
3, 5로 넘어가서 백 죽음.

문제 〈25〉

흑 차례 백 죽음   B

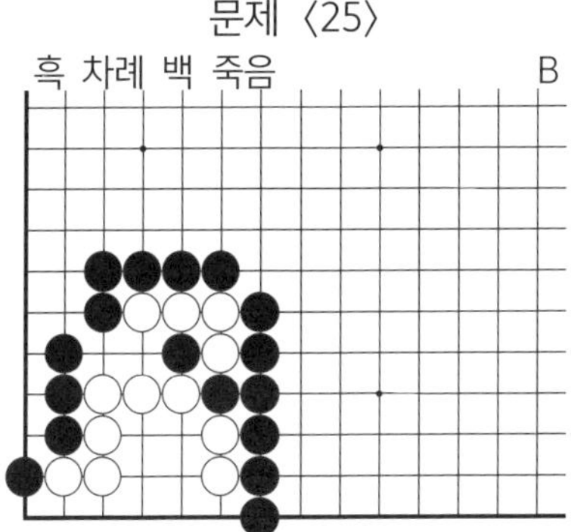

문제 〈26〉

흑 차례 백 죽음   C

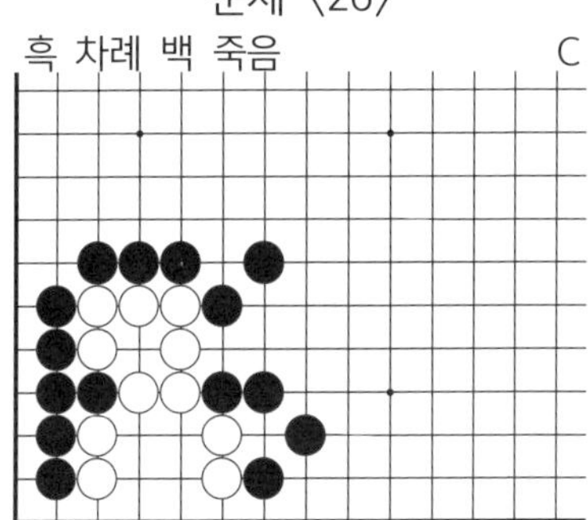

문제 〈27〉

흑 차례 백 죽음   B

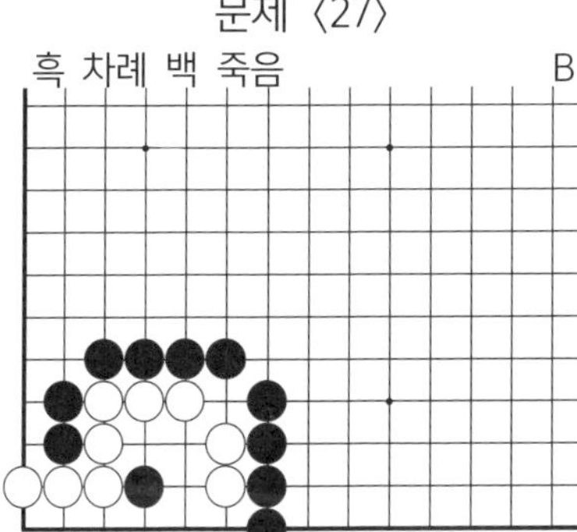

문제 〈28〉

흑 차례 백 죽음   B

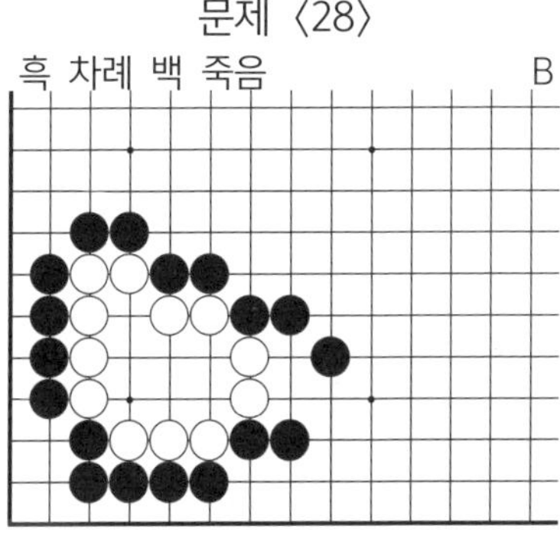

문제 〈29〉

흑 차례 백 죽음   C

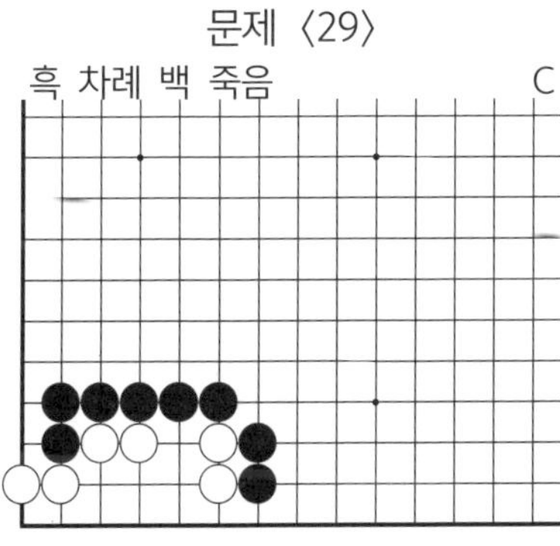

문제 〈30〉

흑 차례 백 죽음   B

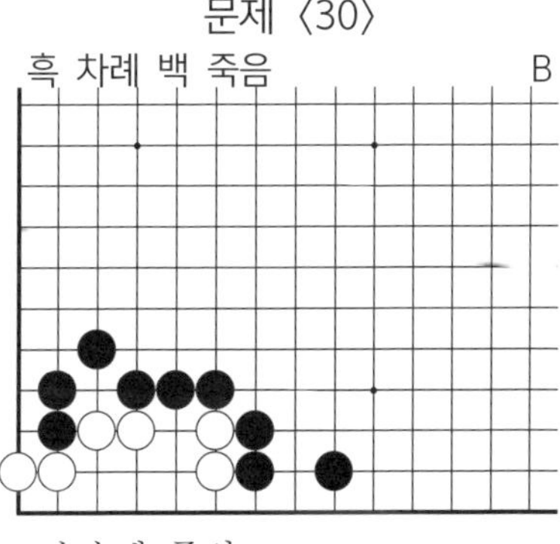

수순에 주의.

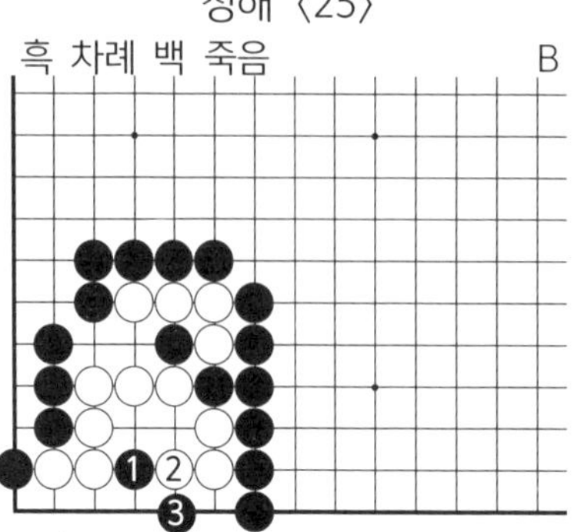

정해 〈25〉

흑 차례 백 죽음   B

흑1, 3으로 넘어가서 끝.

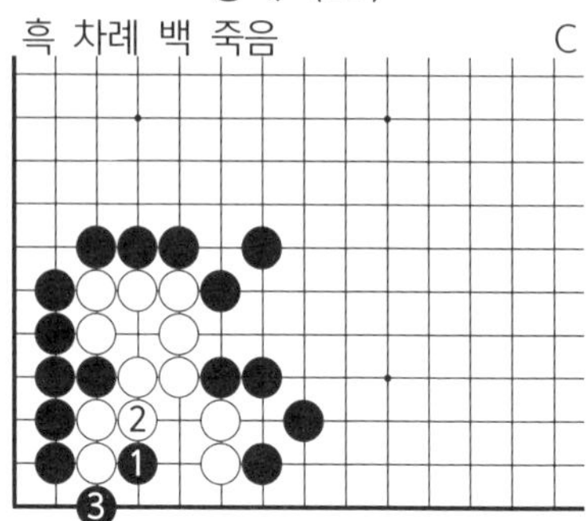

정해 〈26〉

흑 차례 백 죽음   C

흑1, 3으로 넘어가서 끝.

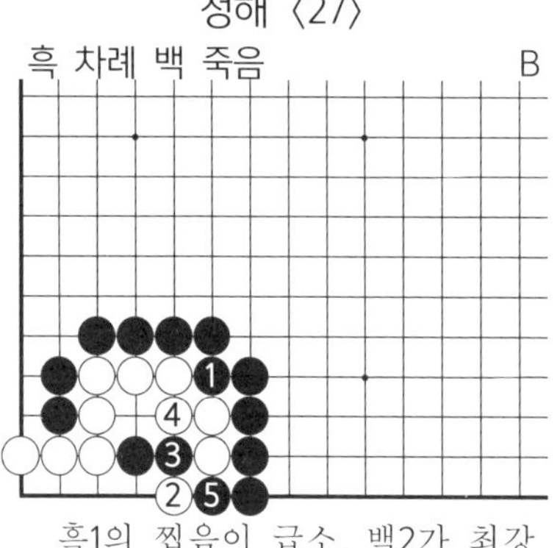

정해 〈27〉

흑 차례 백 죽음   B

흑1의 찝음이 급소. 백2가 최강이나 흑3, 5로 그만.

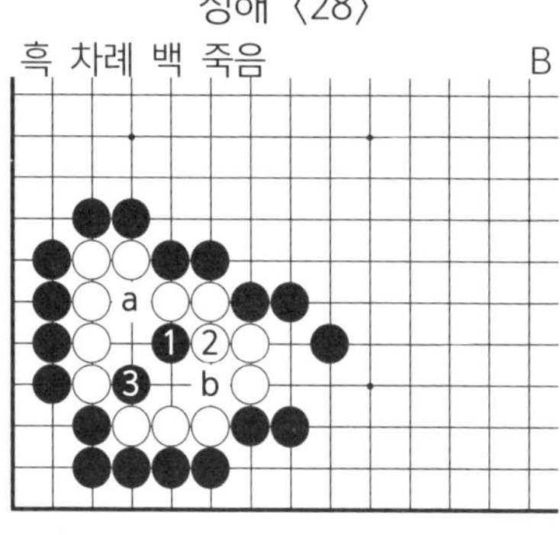

정해 〈28〉

흑 차례 백 죽음   B

흑1, 3으로 a와 b가 맞보기.

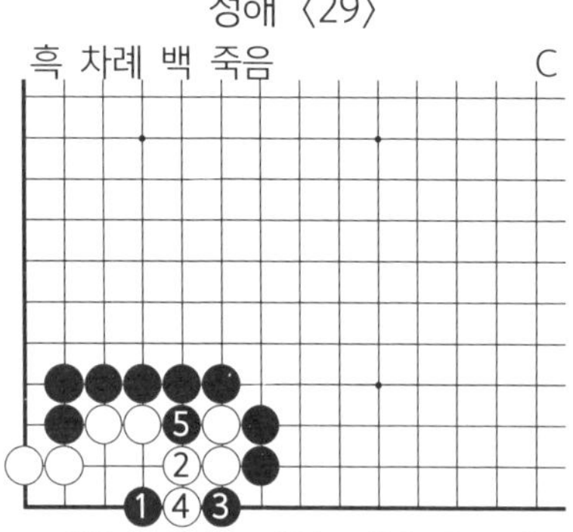

정해 〈29〉

흑 차례 백 죽음   C

흑1이 급소. 백2는 흑3, 5로 촉촉수.

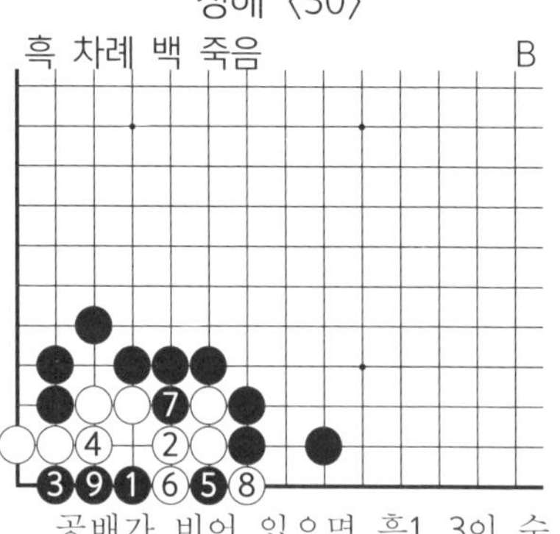

정해 〈30〉

흑 차례 백 죽음   B

공배가 비어 있으면 흑1, 3이 수순. 이하 흑9까지 3궁으로 끝.

문제 〈31〉

흑 차례 백 죽음   B

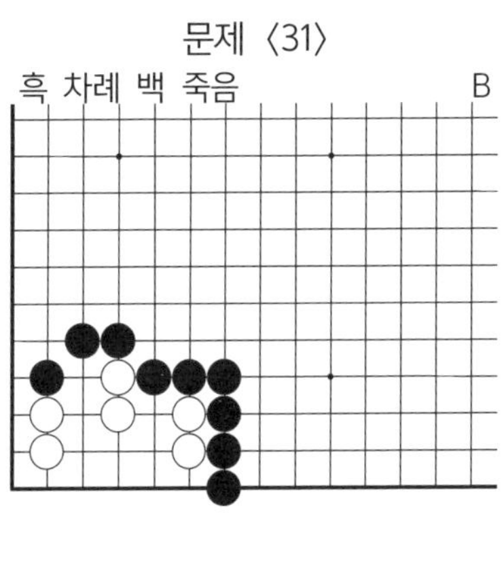

문제 〈32〉

흑 차례 백 죽음   B

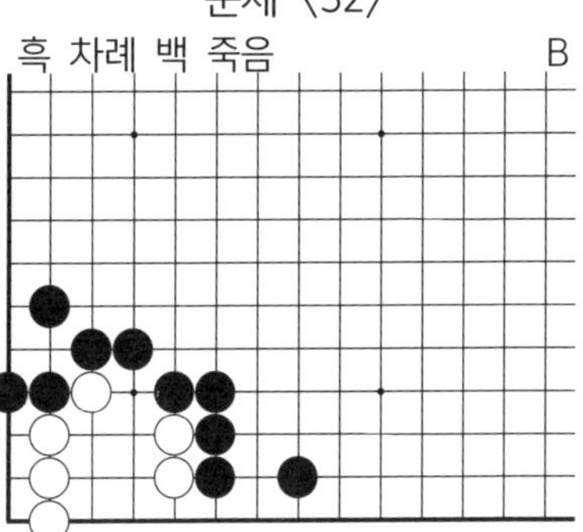

문제 〈33〉

흑 차례 백 죽음   A

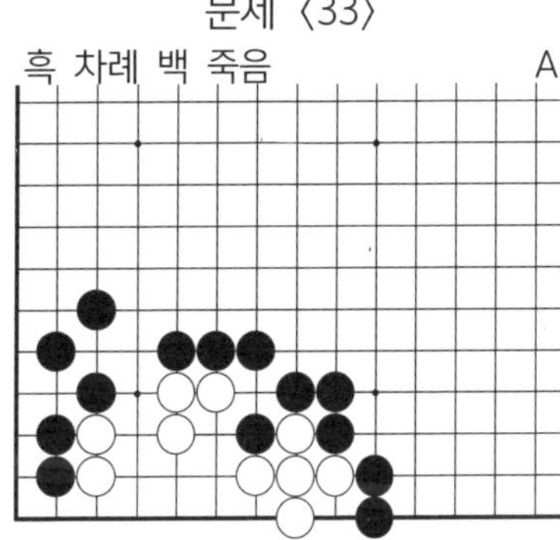

문제 〈34〉

흑 차례 패   A

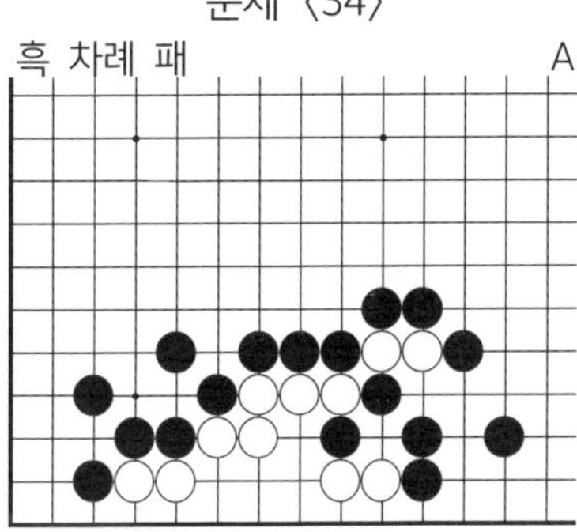

문제 〈35〉

흑 차례 백 죽음   C

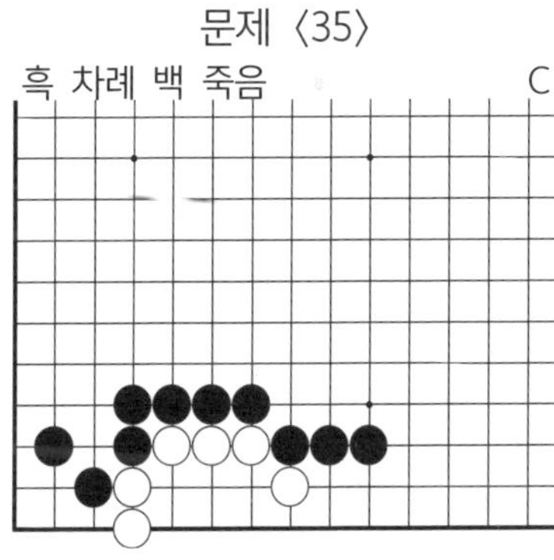

문제 〈36〉

흑 차례 백 죽음   A

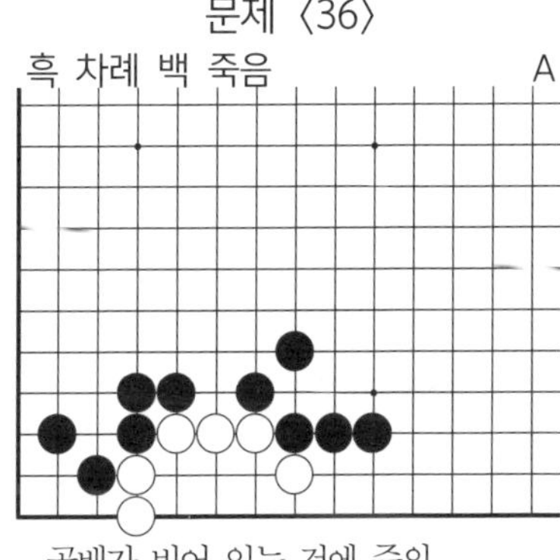

공배가 비어 있는 것에 주의

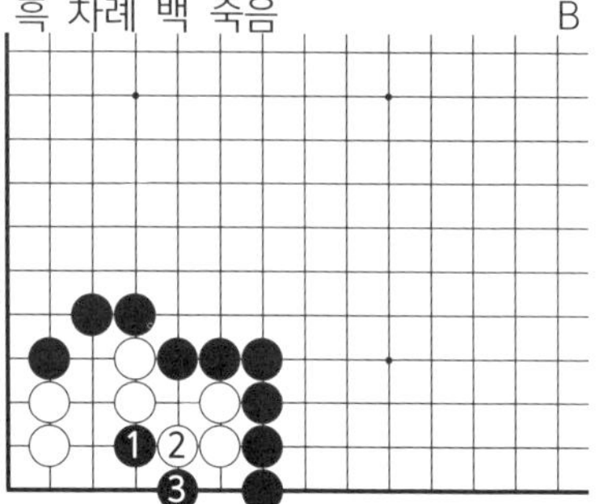

정해 〈31〉

흑 차례 백 죽음   B

흑1의 코붙임이 급소. 백2는 흑3
으로 끝.

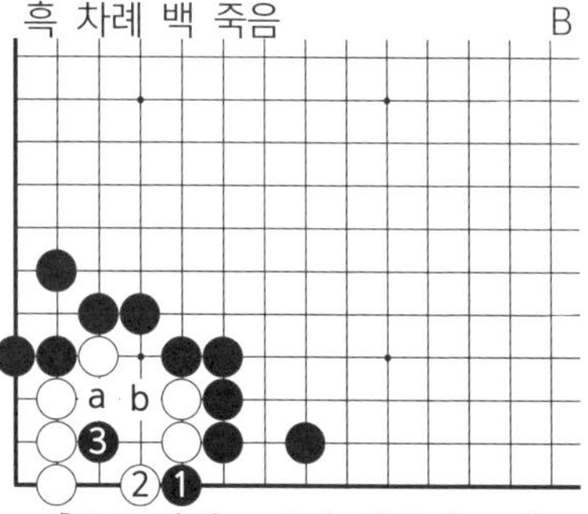

정해 〈32〉

흑 차례 백 죽음   B

흑1로 젖히고 3의 치중이 묘수.
다음에 a와 b가 맞보기.

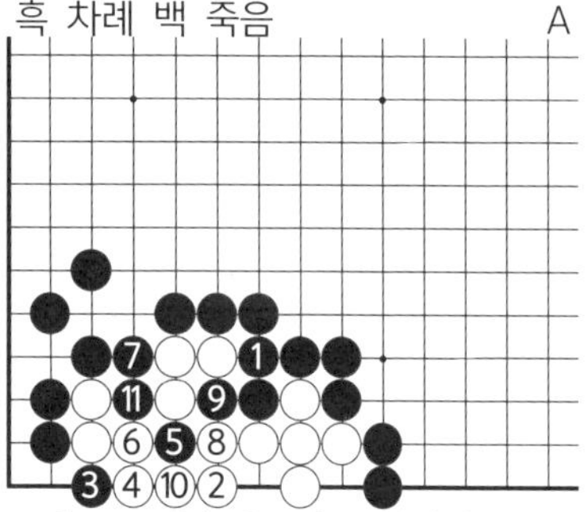

정해 〈33〉

흑 차례 백 죽음   A

흑1, 3 다음에 5의 코붙임이 급소.
백6이 최강이지만 이하 11까지 끝.

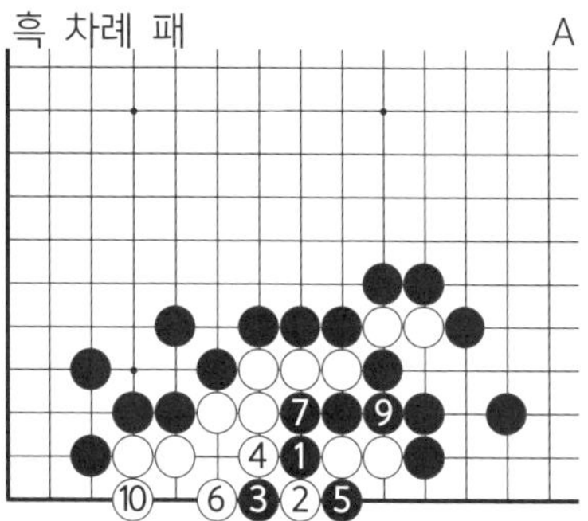

정해 〈34〉

흑 차례 패   A

흑1, 3의 이단젖힘이 맥점. 백4는
흑5 이하 11까지 패. ⑧→②, ⓫→❸

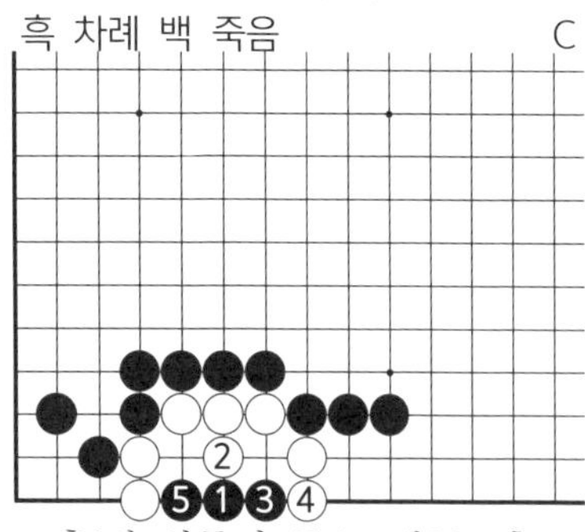

정해 〈35〉

흑 차례 백 죽음   C

흑1의 치중이 급소. 백2는 흑3,
5로 그만.

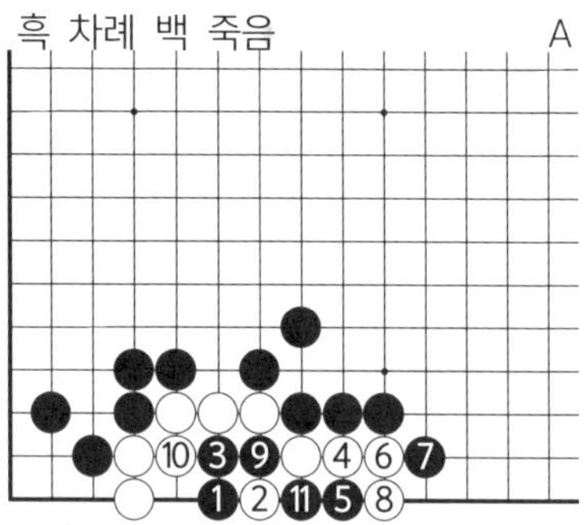

정해 〈36〉

흑 차례 백 죽음   A

흑1, 3, 5가 묘수. 백6은 흑7부터
13까지 오궁도화. ⑫→②, ⓭→⓫

문제 〈37〉

흑 차례 백 죽음   B

문제 〈38〉

흑 차례 백 죽음   B

문제 〈39〉

흑 차례 백 죽음   A

문제 〈40〉

흑 차례 백 죽음   A

문제 〈41〉

흑 차례 패   A

문제 〈42〉

흑 차례 백 죽음   C

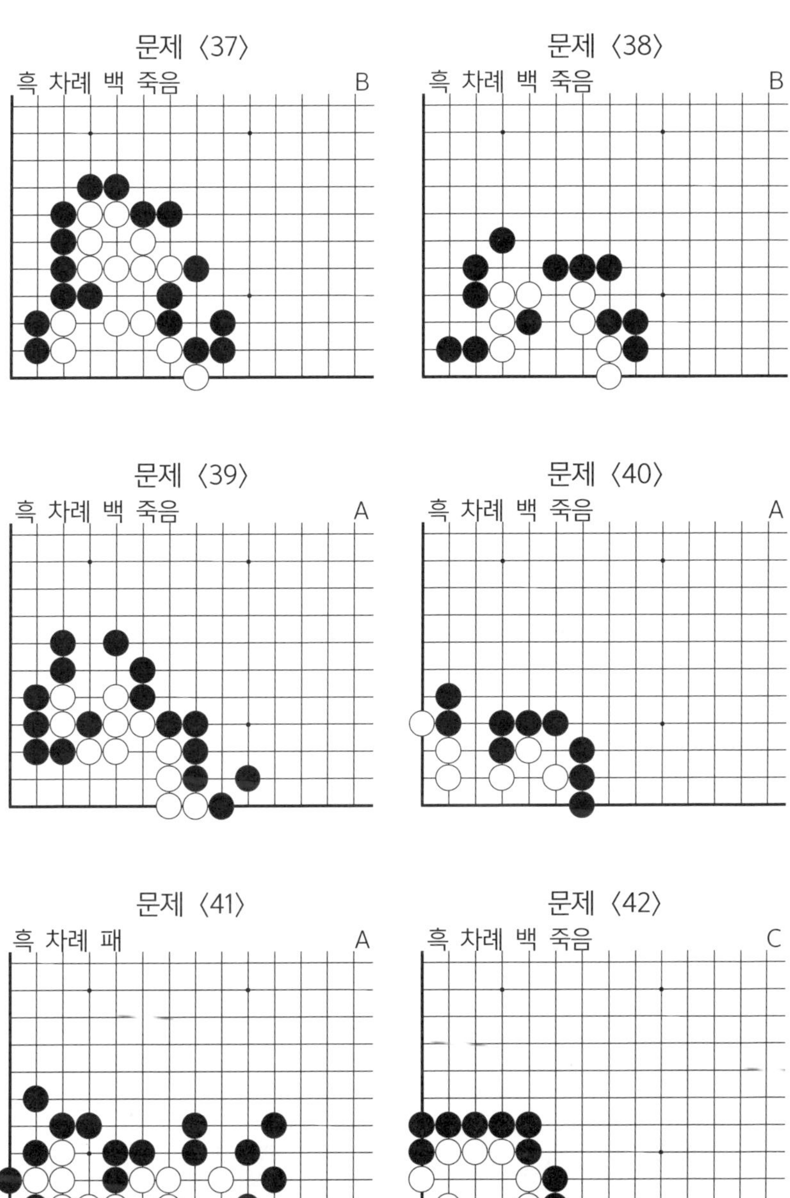

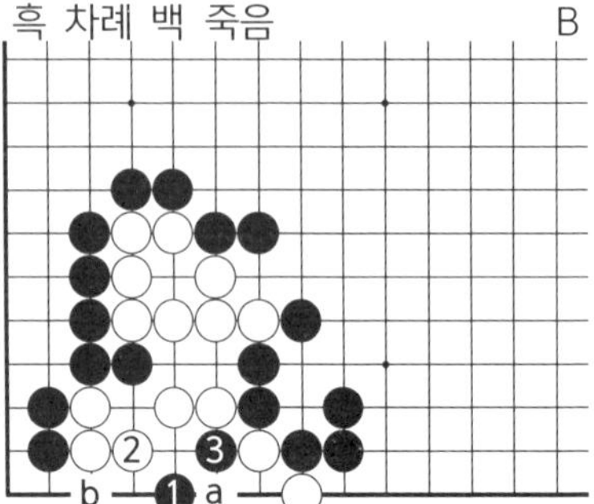

정해 〈37〉

흑 차례 백 죽음   B

흑1, 3으로 치중하고 끊어서 끝.
백2를 a라면 흑b로 넘어서 그만.

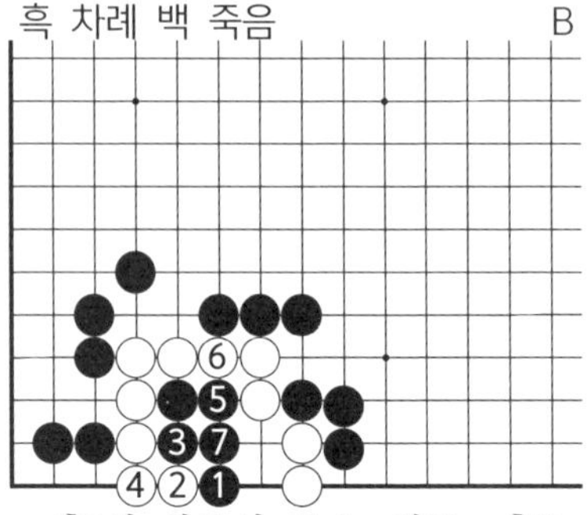

정해 〈38〉

흑 차례 백 죽음   B

흑1의 치중이 급소. 백2는 흑3,
5, 7로 오궁도화.

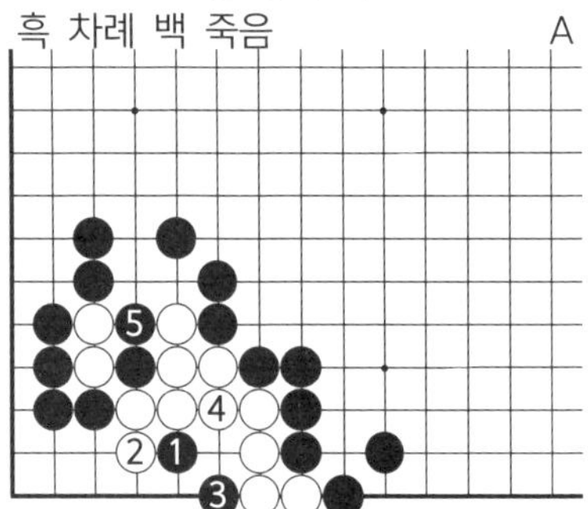

정해 〈39〉

흑 차례 백 죽음   A

흑1, 3이 환격을 노린 급소. 백4
로 이으면 흑5로 따내서 그만.

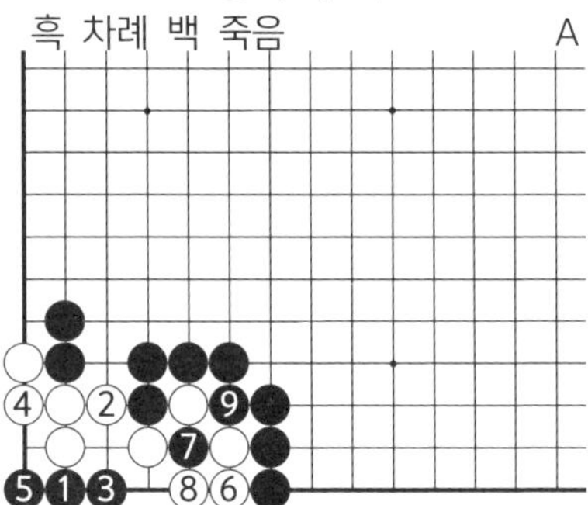

정해 〈40〉

흑 차례 백 죽음   A

흑1의 「2의 1」이 급소. 백2는 흑3
이하 9까지 백 죽음.

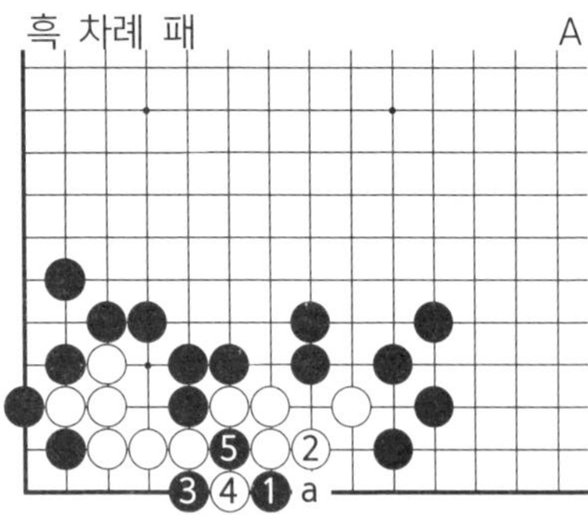

정해 〈41〉

흑 차례 패   A

흑1이 급소. 백2는 흑3, 5로 패.
백2를 a로 두면 흑4로 그만.

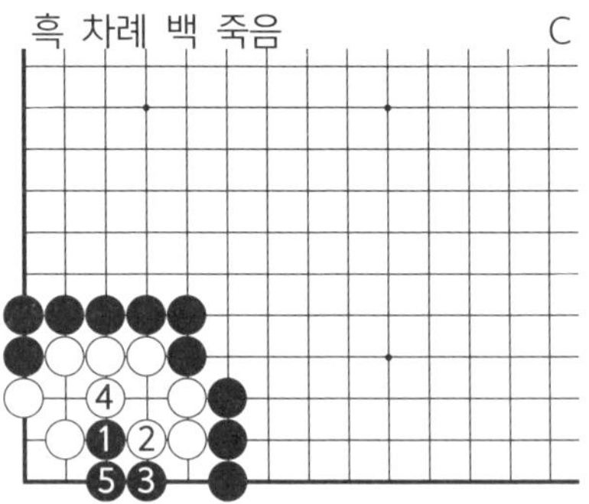

정해 〈42〉

흑 차례 백 죽음   C

흑1의 붙임이 맥점. 백2는 흑3,
5로 끝.

문제 〈43〉

흑 차례 백 죽음   B

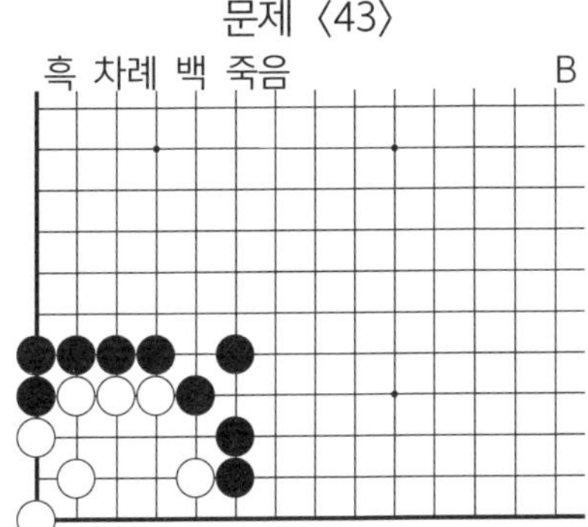

문제 〈44〉

흑 차례 패   A

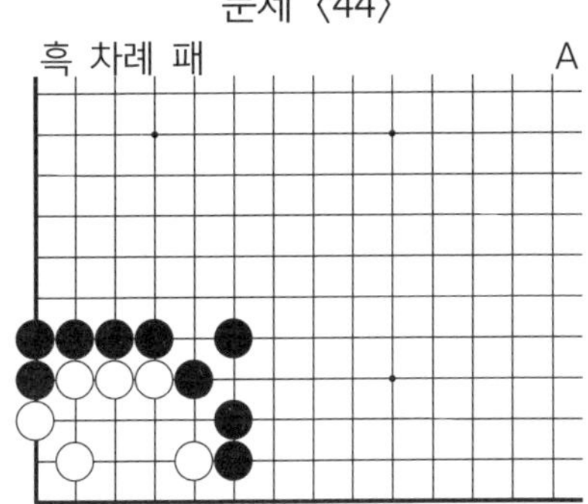

문제 〈45〉

흑 차례 백 죽음   A

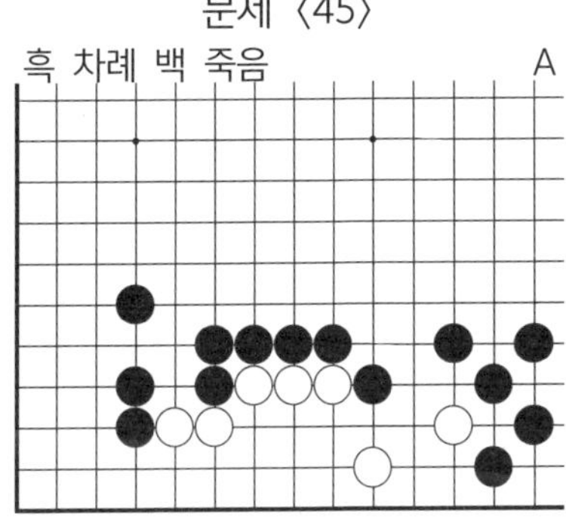

문제 〈46〉

흑 차례 백 죽음   A

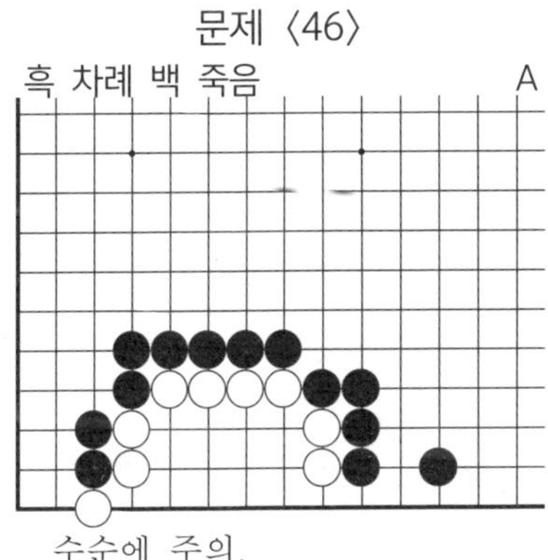

수순에 주의.

정해 〈43〉

흑 차례 백 죽음   B

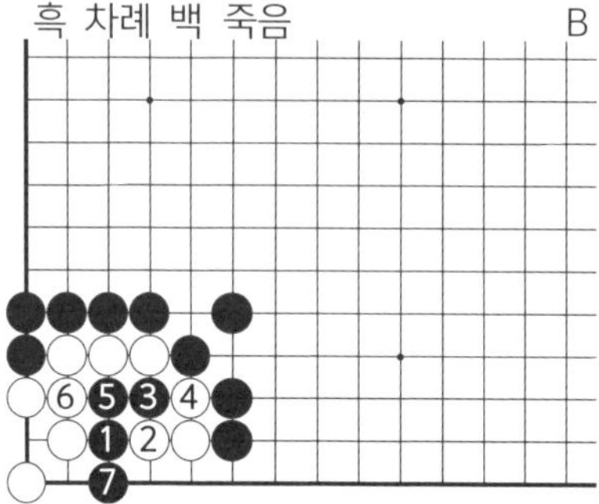

흑1이 급소. 백2는 흑3, 5, 7로
양자충으로 백 죽음.

정해 〈44〉

흑 차례 패   A

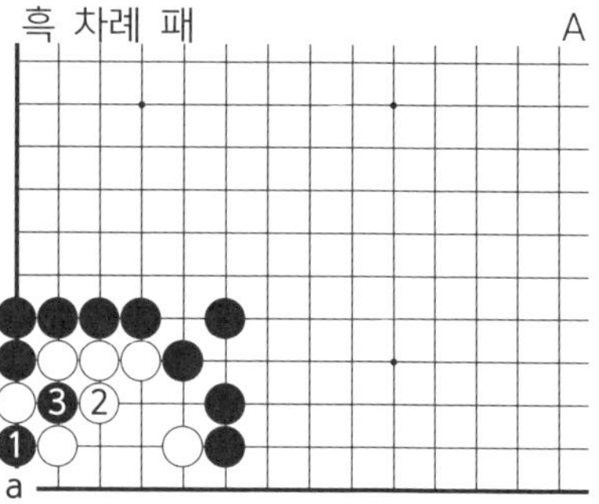

흑1, 3으로 패. 백은 2가 최선.
백2를 a라면 43번과 같이 백 죽음.

정해 〈45〉

흑 차례 백 죽음   A

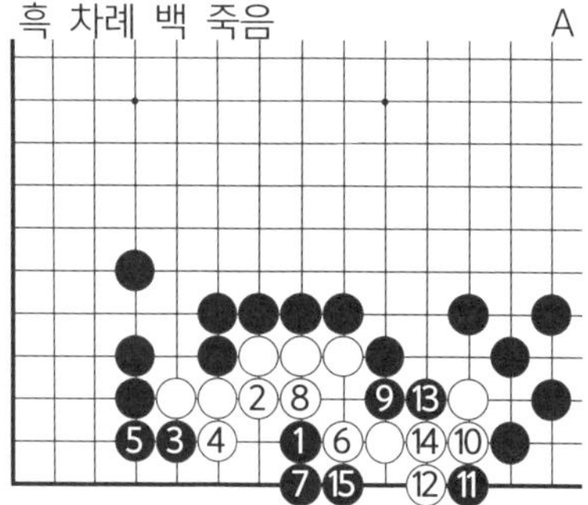

흑1의 치중이 급소. 백2로 이으면
흑3 이하 15까지 백 죽음.

정해 〈46〉

흑 차례 백 죽음   A

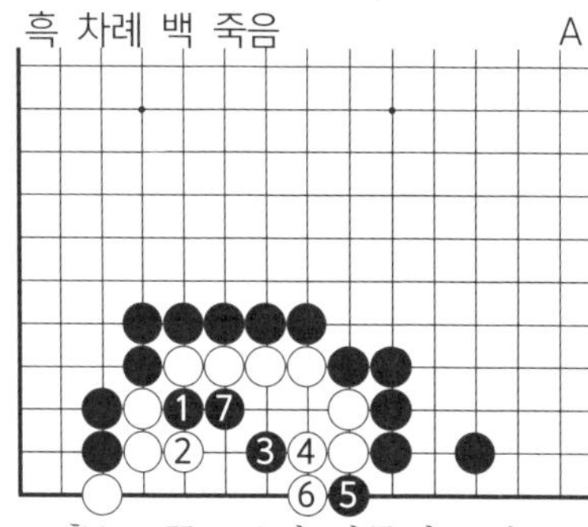

흑1로 끊고 3의 치중이 묘수.
백4로 이으면 흑5, 7로 끝.

변화 〈46〉

흑 차례 백 죽음   A

흑1, 3 때 백4로 이으면 흑5, 7로
그만.

문제 〈47〉

흑 차례 패

A

문제 〈48〉

흑 차례 백 죽음

B

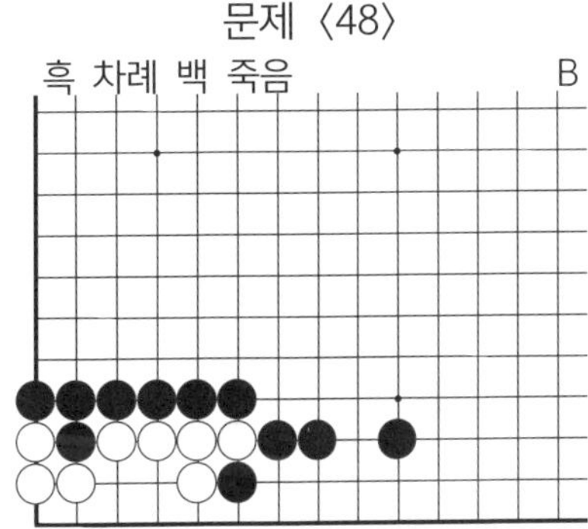

문제 〈49〉

흑 차례 백 죽음

B

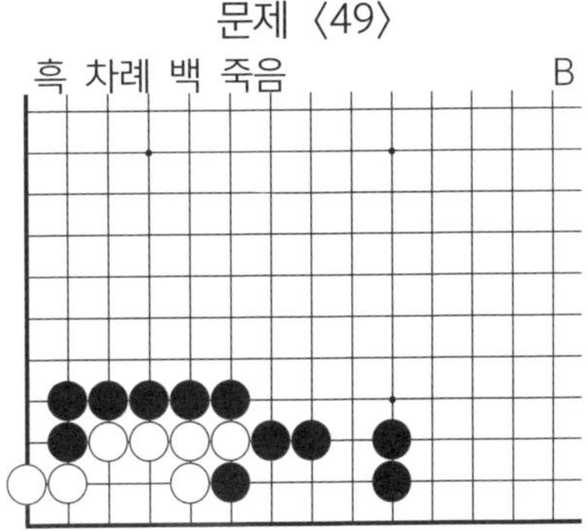

문제 〈50〉

흑 차례 백 죽음

B

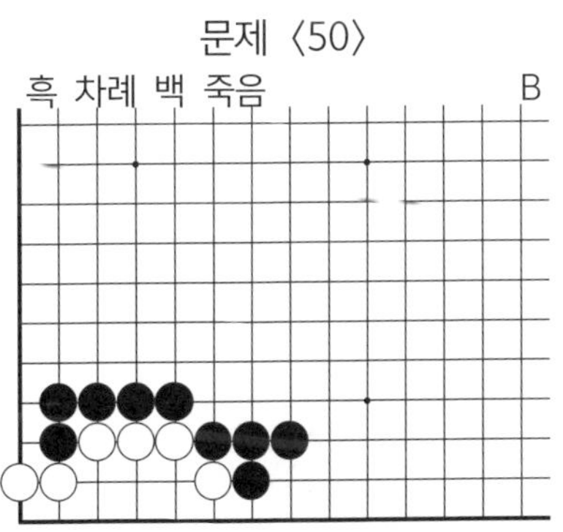

문제 〈51〉

흑 차례 패

B

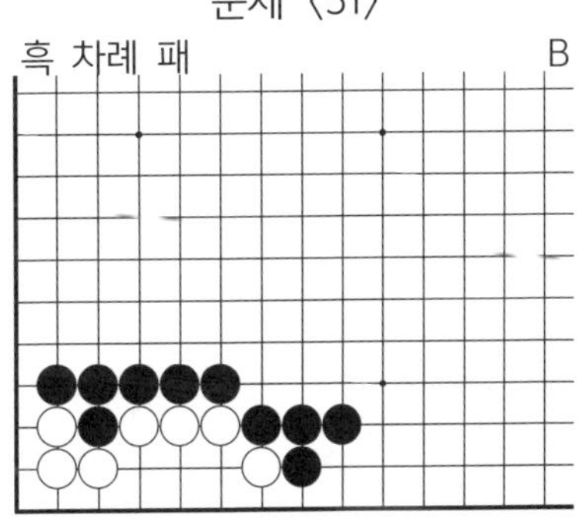

정해 〈47〉

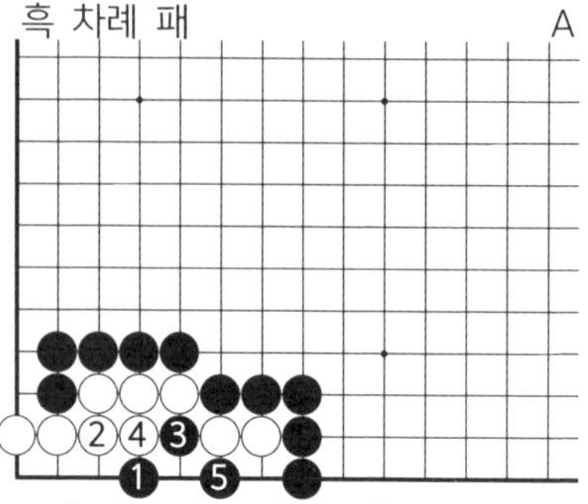

흑 차례 패

A

흑1이 급소. 백2는 흑3, 5로 패.

변화 〈47〉

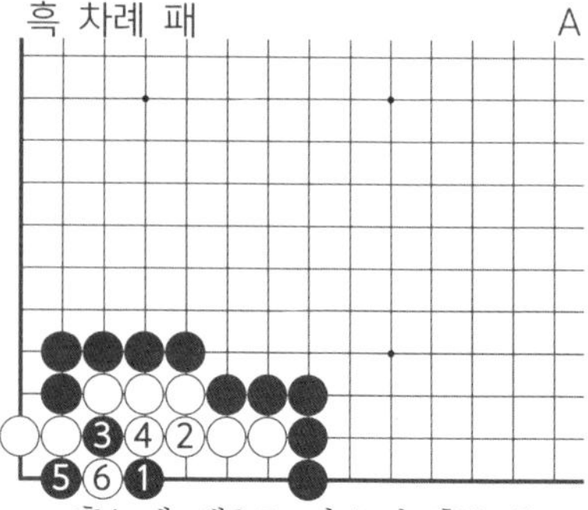

흑 차례 패

A

흑1 때 백2로 이으면 흑3, 5로 마찬가지 패.

정해 〈48〉

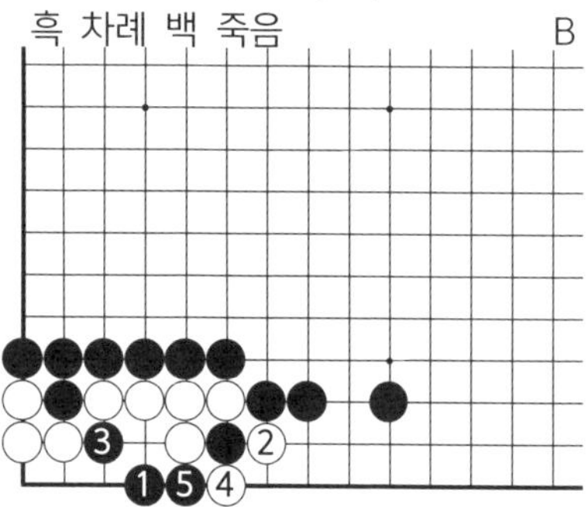

흑 차례 백 죽음

B

흑1이 급소. 백2는 흑3, 5로 양자 충으로 백 죽음.

정해 〈49〉

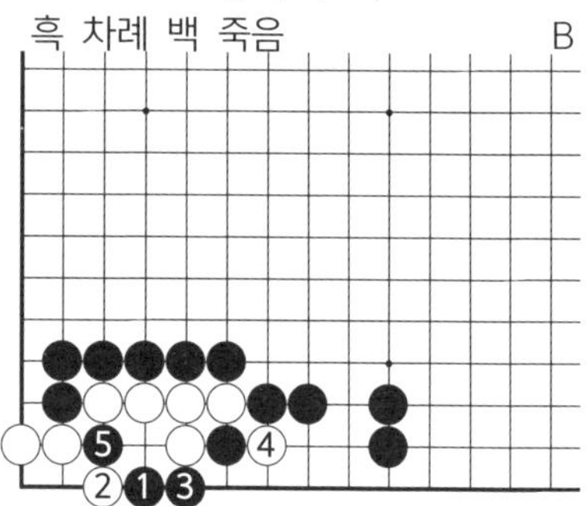

흑 차례 백 죽음

B

흑1, 3이 급소. 백4는 흑5로 환격.

정해 〈50〉

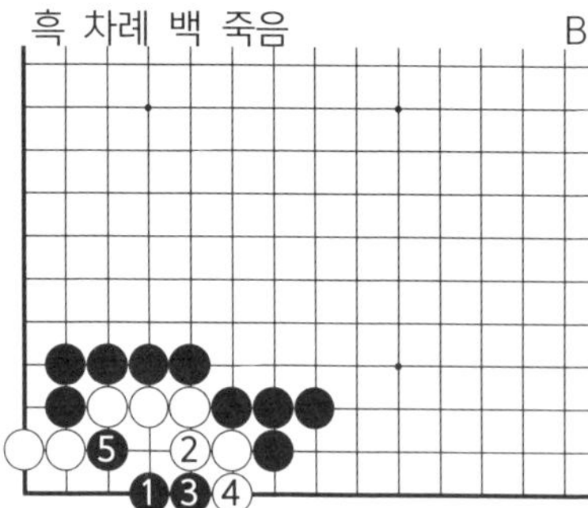

흑 차례 백 죽음

B

흑1이 급소. 백2는 흑3, 5로 양자 충으로 백 죽음.

정해 〈51〉

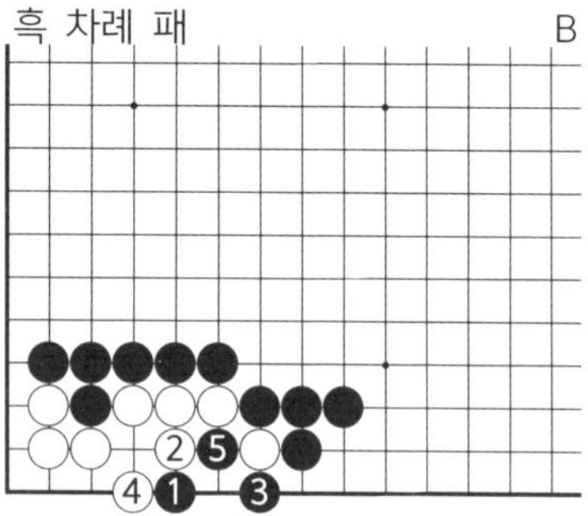

흑 차례 패

B

흑1이 급소. 백2는 흑3, 5로 패.

문제 〈52〉

흑 차례 패   B

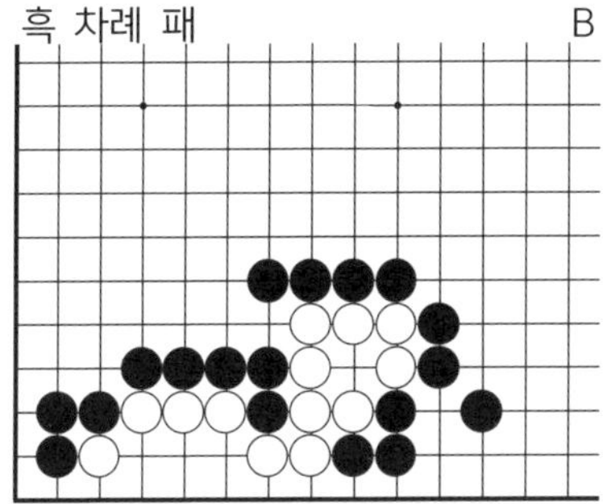

문제 〈53〉

흑 차례 패   B

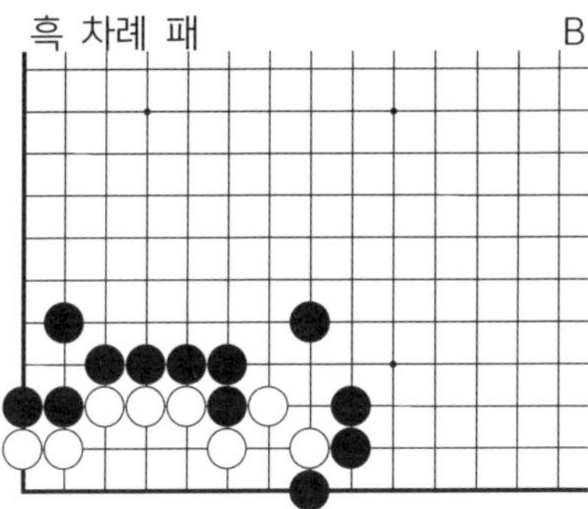

문제 〈54〉

백 차례 패   A

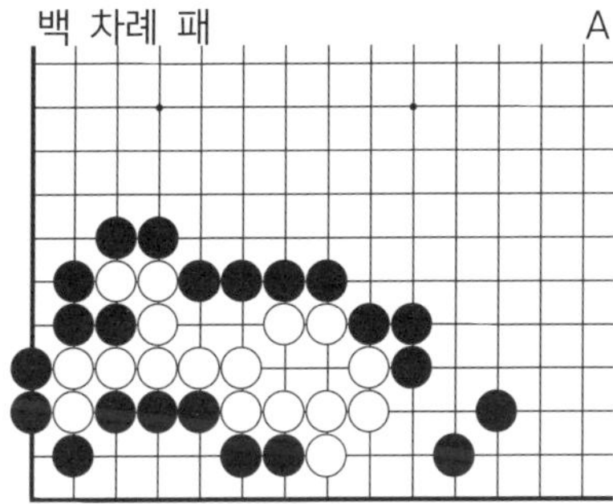

문제 〈55〉

흑 차례 백 죽음   A

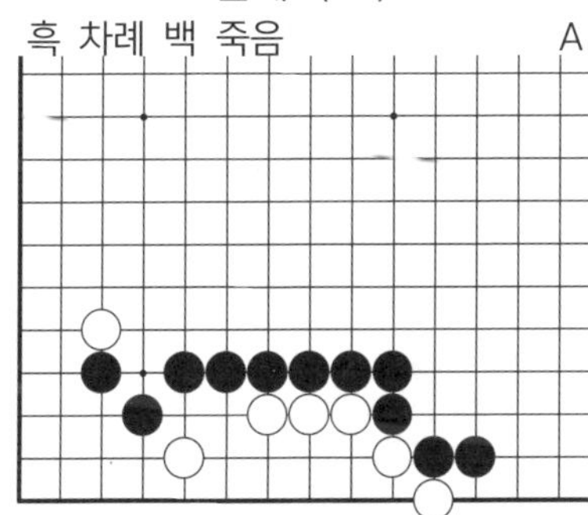

정해 〈52〉

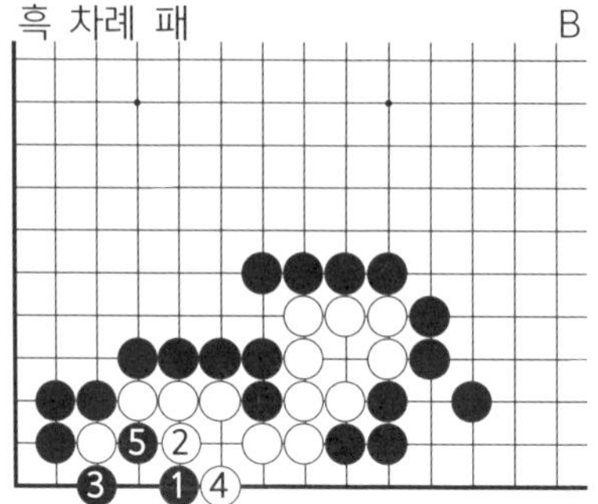

흑1의 치중이 급소. 백2는 흑3, 5로 패.

정해 〈53〉

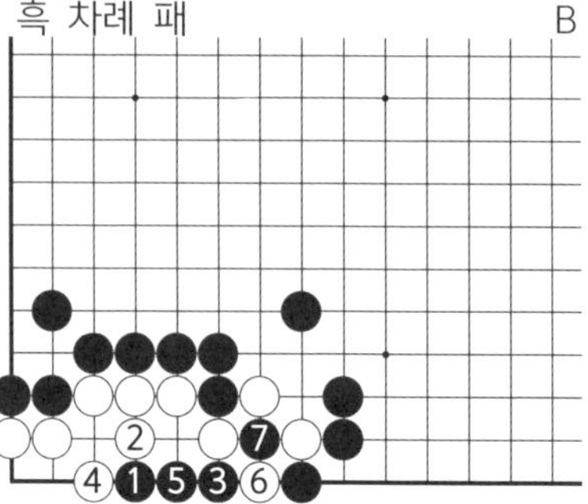

흑1이 급소. 백2는 흑3, 5, 7로 패.

정해 〈54〉

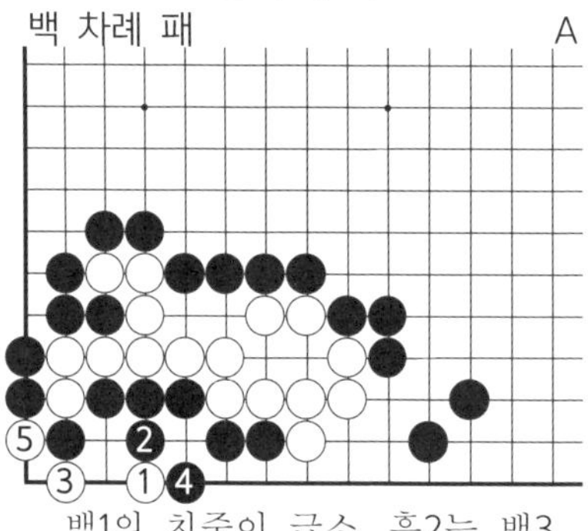

백1의 치중이 급소. 흑2는 백3, 5로 패.

문제 〈55〉

흑1이 급소. 백2는 흑3, 5, 7로 백 죽음.

변화 〈55〉

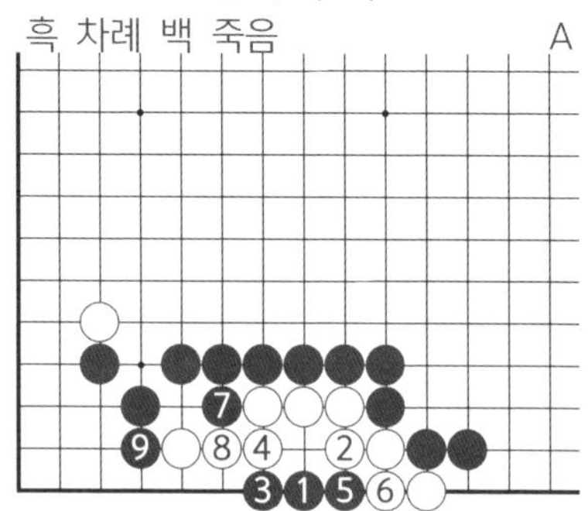

흑1 때 백2라면 흑3 이하 9까지 마찬가지 백 죽음.

문제 〈56〉

흑 차례 패   A

문제 〈57〉

흑 차례 백 죽음   B

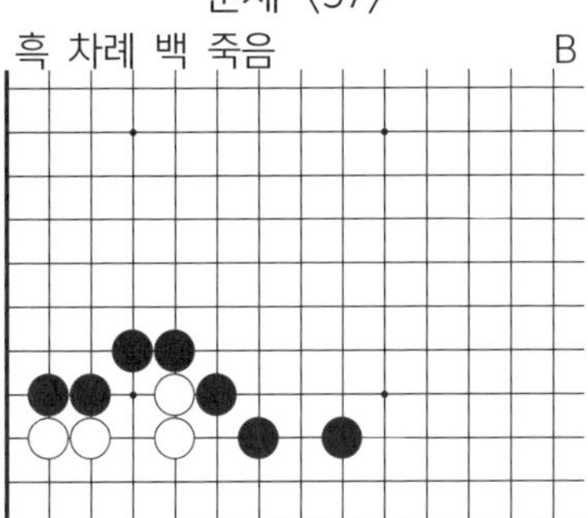

문제 〈58〉

흑 차례 백 죽음   B

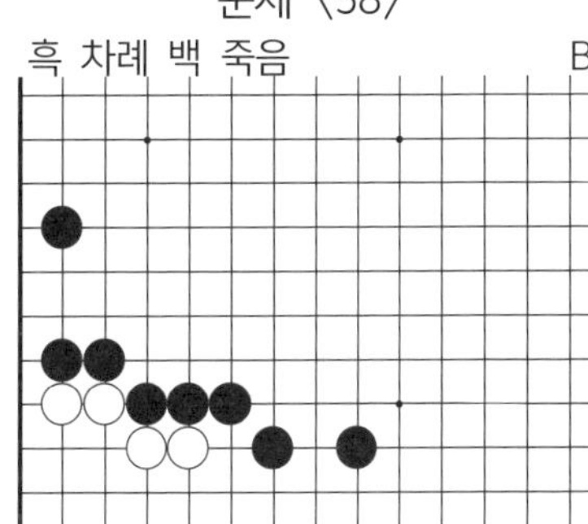

문제 〈59〉

흑 차례 백 죽음   A

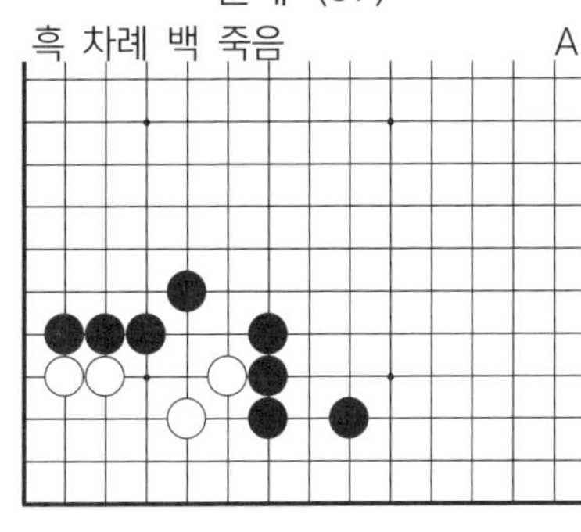

정해 〈56〉

흑 차례 패 　　　　　　　　　A

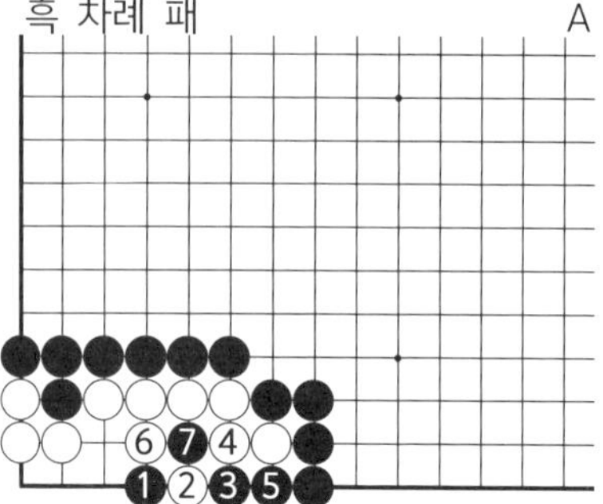

흑1의 치중이 급소. 백2가 최선
으로 흑3, 5로 패.

정해 〈57〉

흑 차례 백 죽음 　　　　　　　B

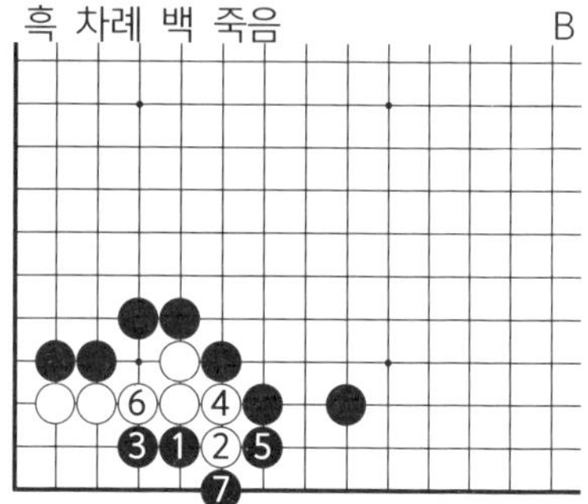

흑1의 코붙임이 급소. 백2로 차
단하면 흑3, 5, 7로 백 죽음.

정해 〈58〉

흑 차례 백 죽음 　　　　　　　B

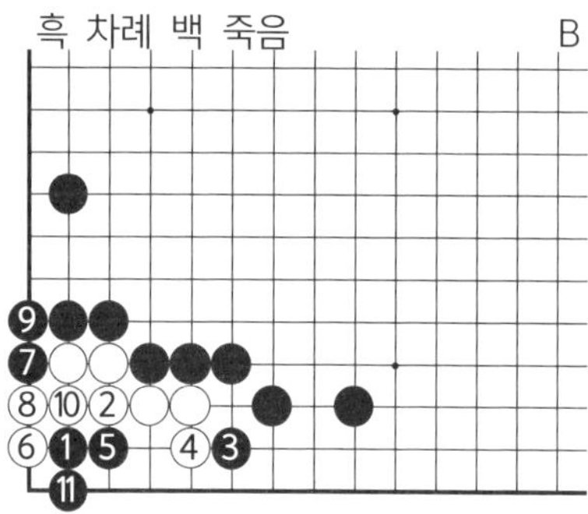

흑1의 치중이 급소. 백2는 흑3
이하 11까지 백 죽음.

정해 〈59〉

흑 차례 백 죽음 　　　　　　　A

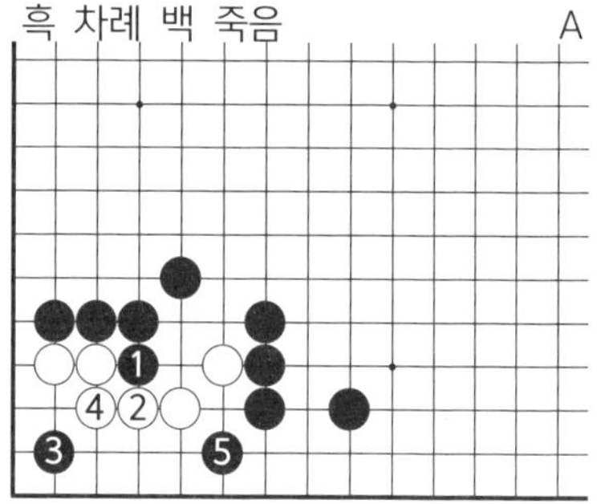

흑1로 찌른 다음 3의 치중이 급소.
백4로 이으면 흑5로 그만.

변화 1 〈59〉

흑 차례 백 죽음 　　　　　　　A

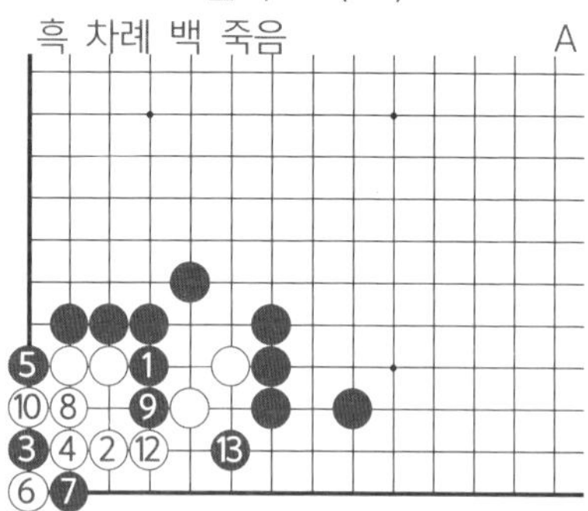

흑1 때 백2라면 흑3이 급소. 백4는
흑5 이하 13까지 백 죽음. ⓫→⑥

변화 2 〈59〉

흑 차례 백 죽음 　　　　　　　A

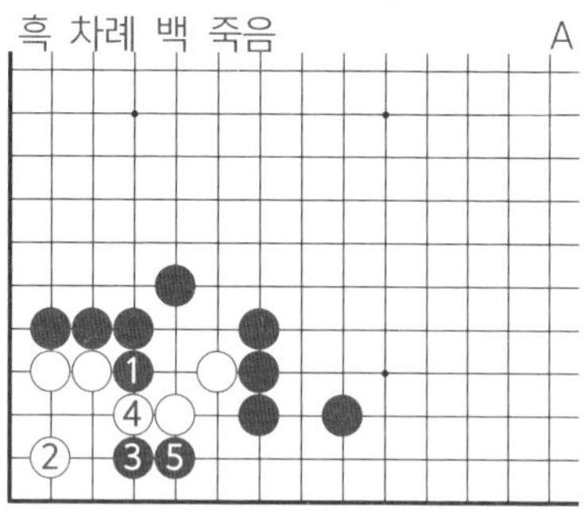

흑1 때 백2라면 흑3, 5로 그만.

문제 〈60〉

흑 차례 백 죽음　　　　　　　　　　A

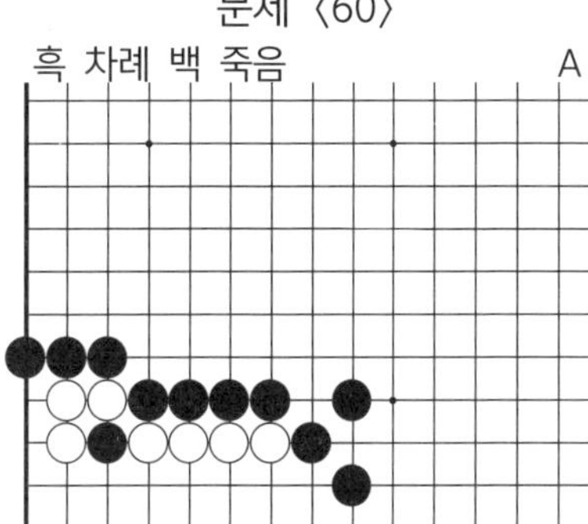

문제 〈61〉

흑 차례 백 죽음　　　　　　　　　　A

문제 〈62〉

흑 차례 백 죽음　　　　　　　　　　A

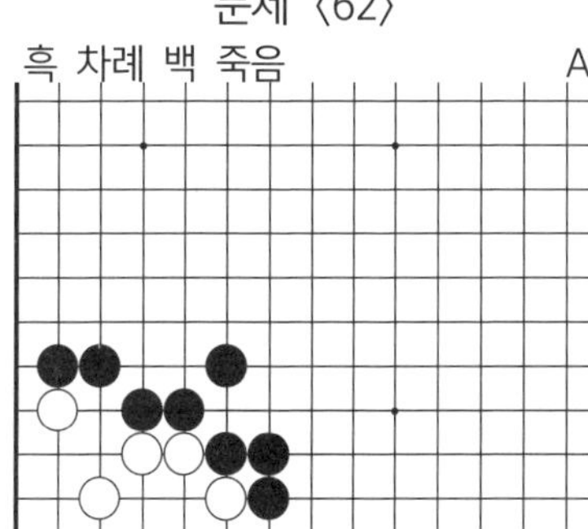

문제 〈63〉

흑 차례 백 죽음　　　　　　　　　　A

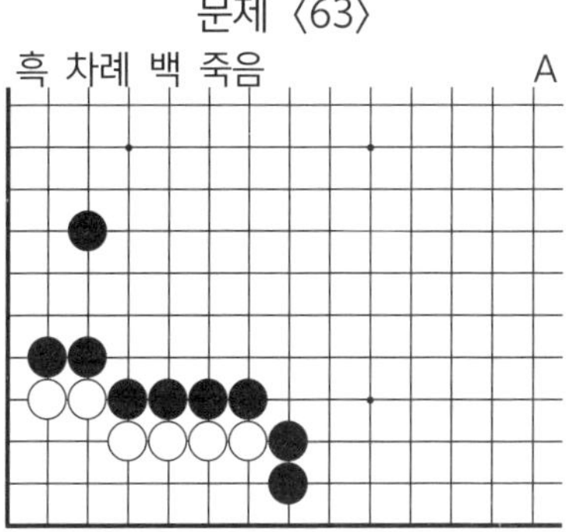

문제 〈64〉

흑 차례 백 죽음　　　　　　　　　　A

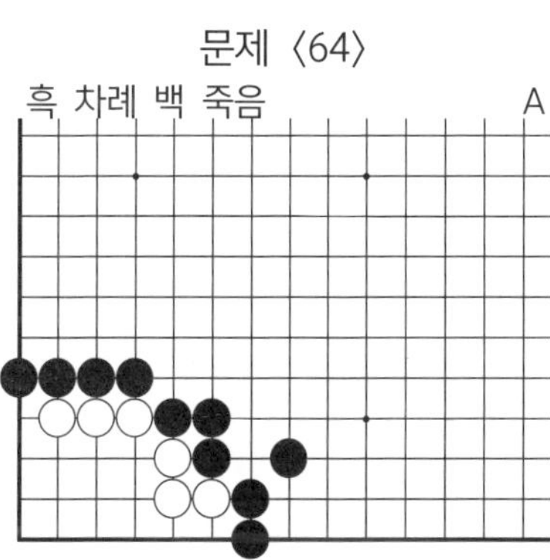

수순에 주의.

문제 〈65〉

흑 차례 패　　　　　　　　　　A

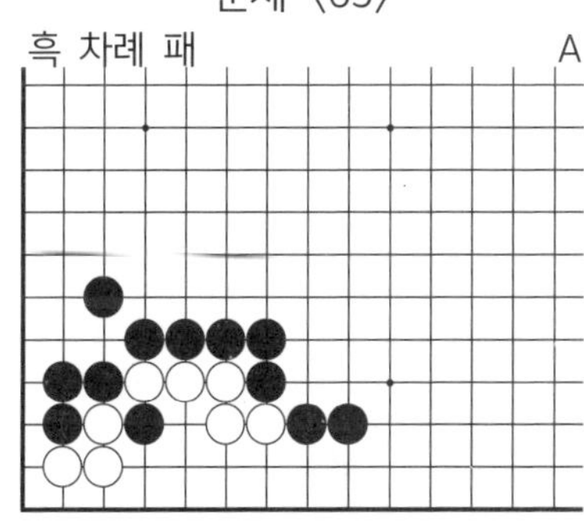

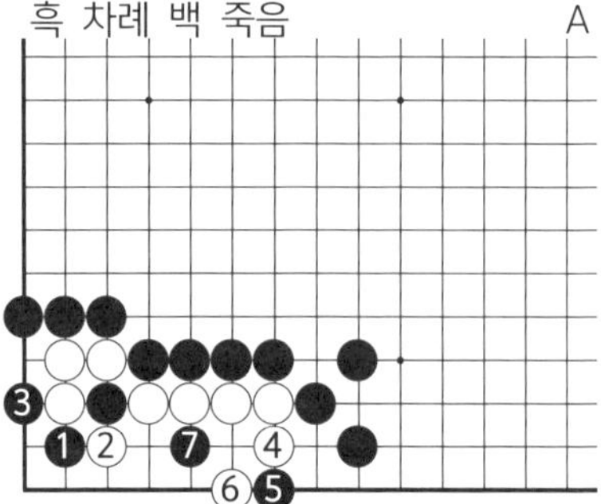

정해 〈60〉

흑 차례 백 죽음   A

흑1, 3이 급소. 백4는 흑5, 7로 백
죽음. 백6 때 흑7의 치중이 중요.

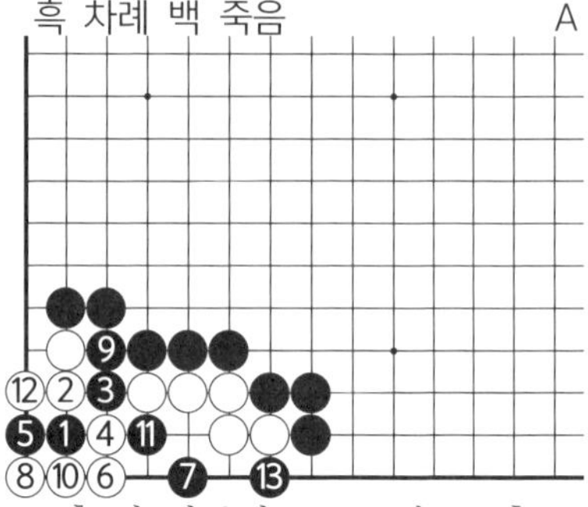

정해 〈61〉

흑 차례 백 죽음   A

흑1의 치중이 급소. 백2는 흑3
이하 13까지 백 5점이 환격.

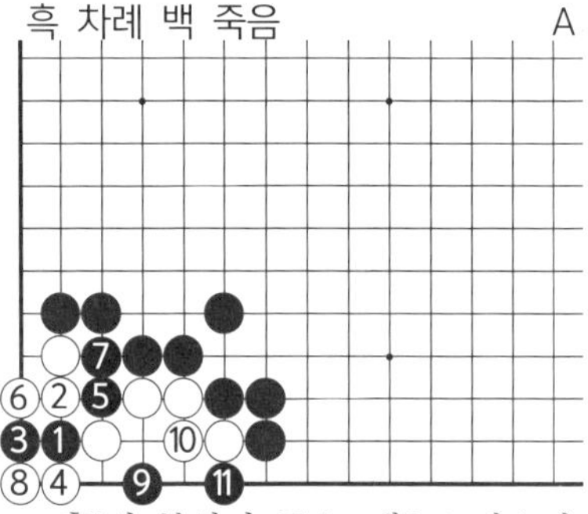

정해 〈62〉

흑 차례 백 죽음   A

흑1의 붙임이 급소. 백2로 받으면
흑3부터 11까지 백의 자충으로 끝.

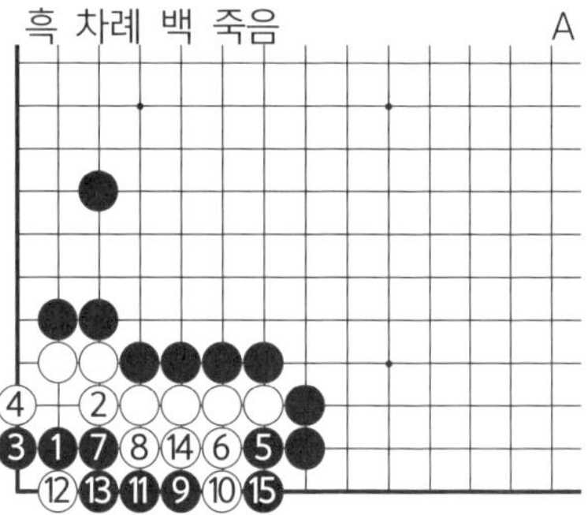

정해 〈63〉

흑 차례 백 죽음   A

흑1의 치중이 급소. 백2로 이으면
흑3 이하 15까지 유가무가.

정해 〈64〉

흑 차례 백 죽음   A

흑1의 치중이 급소. 백2는 흑3, 5
를 선수하고 백6은 흑7, 9로 환격.

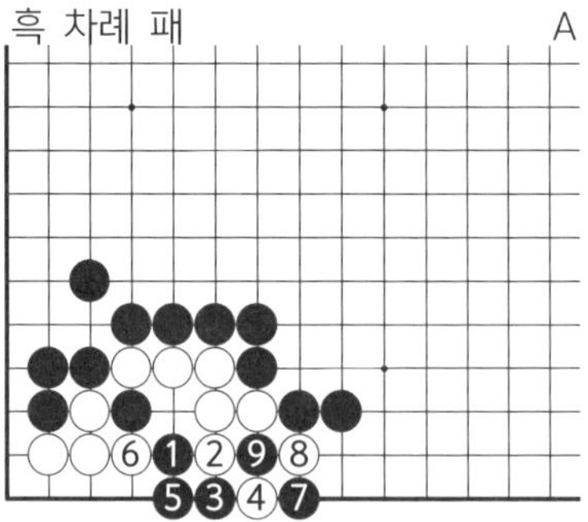

정해 〈65〉

흑 차례 패   A

흑1의 입구자가 급소. 백2는 흑3
이하 9까지 패.

문제 〈66〉

흑 차례 백 죽음　　　　　　A

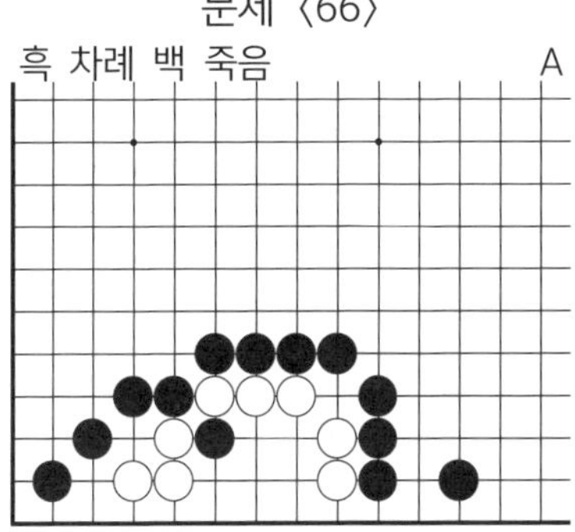

문제 〈67〉

흑 차례 백 죽음　　　　　　A

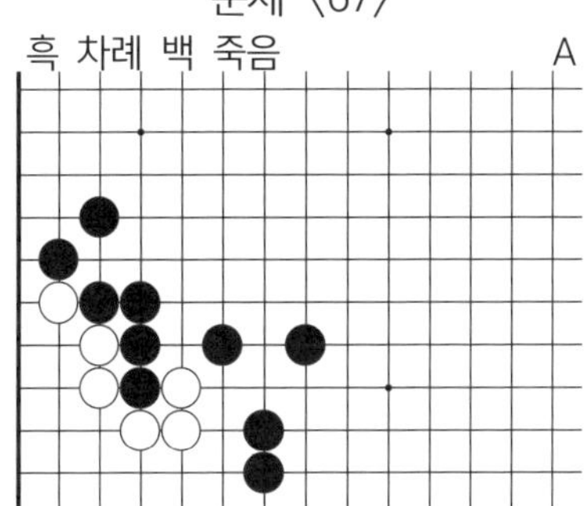

문제 〈68〉

백 차례 삶　　　　　　B

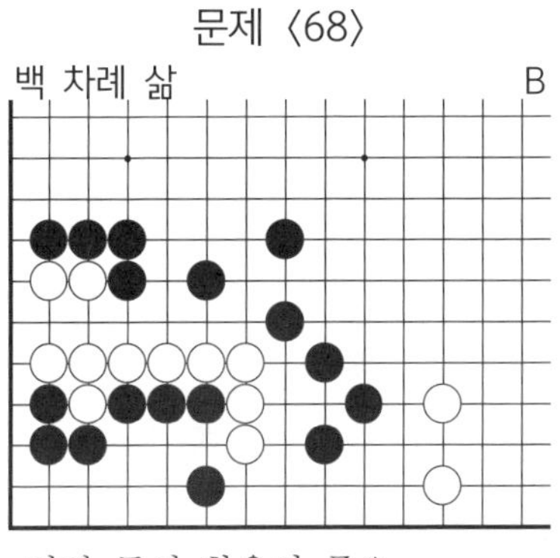

바깥 돌의 활용이 중요

문제 〈69〉

흑 차례 수 있음　　　　　　A

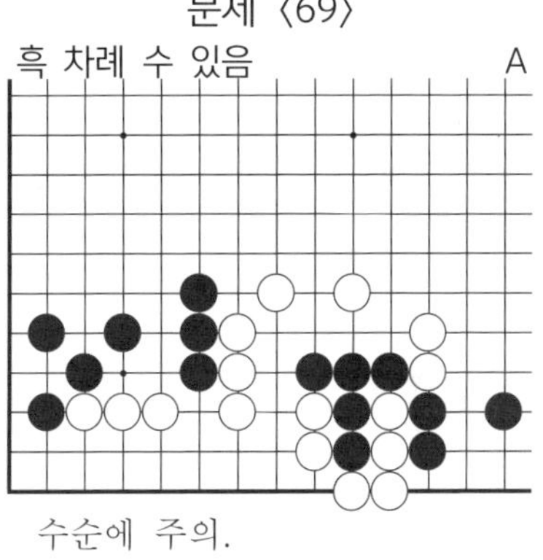

수순에 주의.

문제 〈70〉

백 차례 삶　　　　　　A

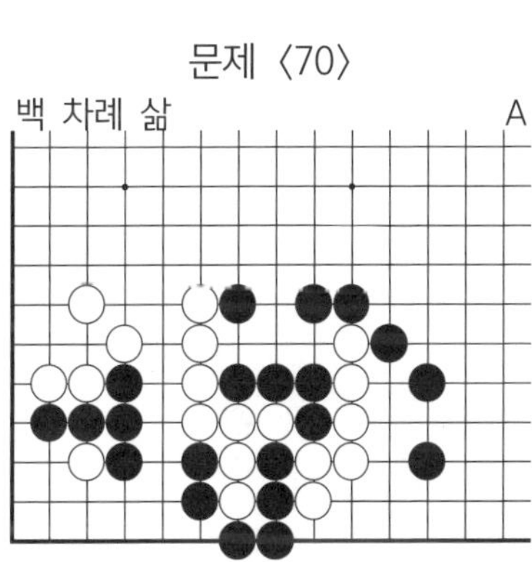

수순에 주의.

정해 〈66〉

흑 차례 백 죽음   A

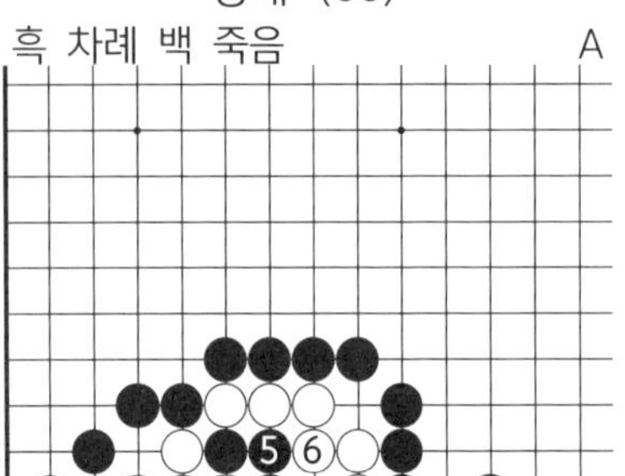

　　흑1, 3이 묘수. 백4는 흑5, 7로
자충이 되어 끝.

정해 〈67〉

흑 차례 백 죽음   A

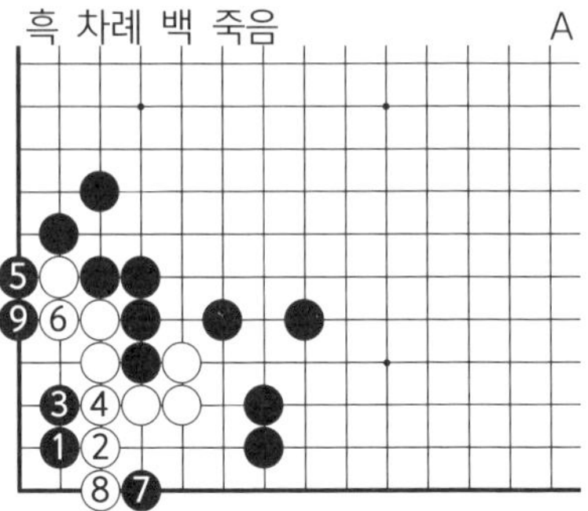

　　흑1의 치중이 급소. 백2는 흑3
이하 9까지 끝.

정해 〈68〉

백 차례 삶   B

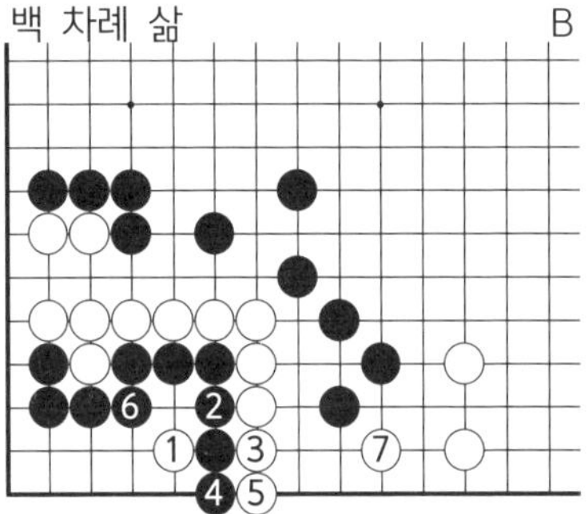

　　백1이 붙임의 맥. 흑2는 백3 이하
7까지 오른쪽 백과 연결해서 삶.

정해 〈69〉

흑 차례 수 있음   A

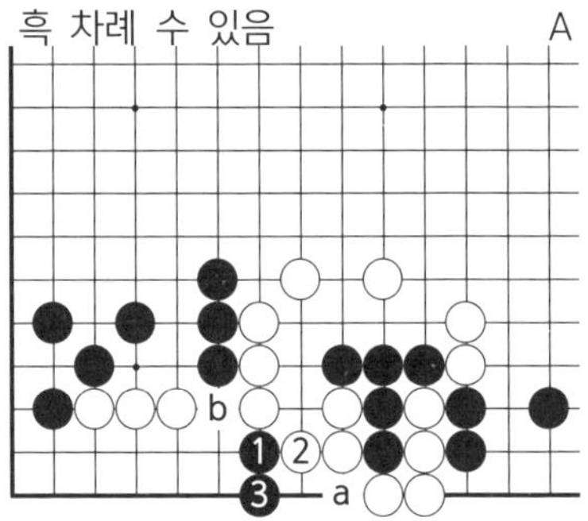

　　흑1의 코붙임이 급소. 백2는 흑3
으로 내려서 a와 b가 맞보기.

정해 〈70〉

백 차례 삶   A

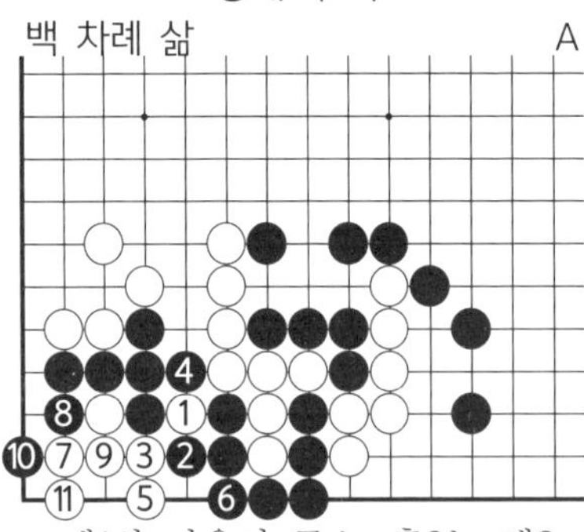

　　백1의 끼움이 급소. 흑2는 백3
이하 11까지 유가무가로 흑 전멸.

변화 〈70〉

백 차례 흑의 최선   A

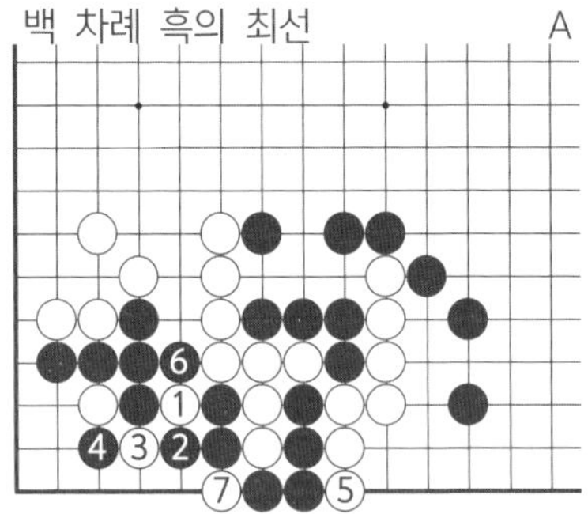

　　흑은 백3 때 4로 단수쳐서 백5,
7로 백을 살려주고 사는 것이 최선.

먹여치기와 환격의 맥

50문제

먹여치기와 환격의 맥

이 맥에 속하는 사활묘수풀이는 매우 많습니다.
먹여치기와 환격은 비슷하지만, 내용은 다릅니다.

먹여치기는 적의 집에 두어 잡게 해서 옥집으로
만드는 수를 말합니다.

1도의 흑3이 먹여치기의 맥입니다.

먹여치기라는 것은 1점 이상의 돌을 잡혀서 그 이
상의 적의 돌을 잡는 것입니다. 즉, 바꿔치기한다는
의미의 용어입니다.

2도의 흑1이 환격의 맥입니다.

흑1로 백이 어느 쪽의 흑을 잡아도 그 백 돌은 모
두 잡힙니다.

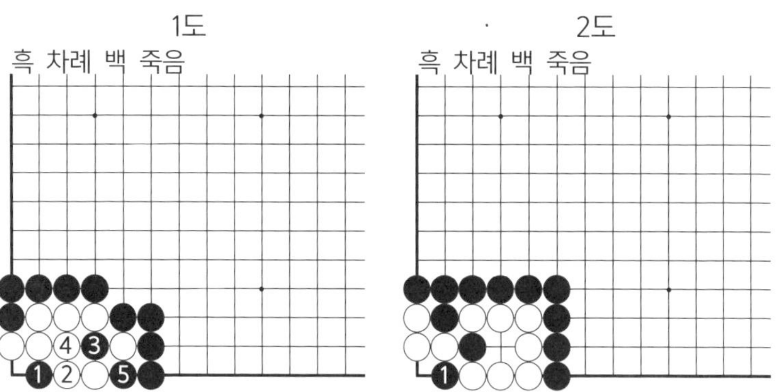

문제 〈71〉

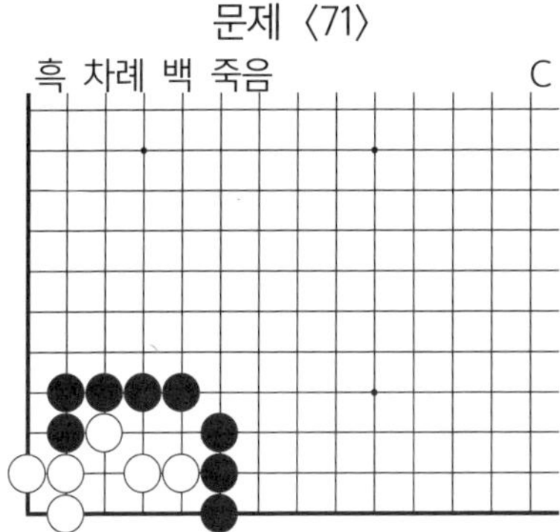

문제 〈72〉

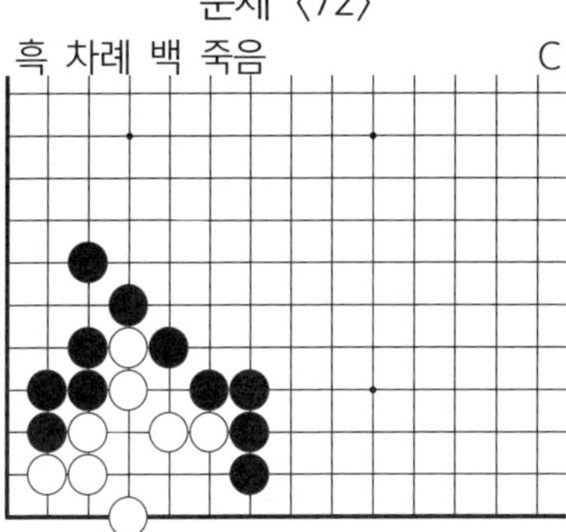

문제 〈73〉

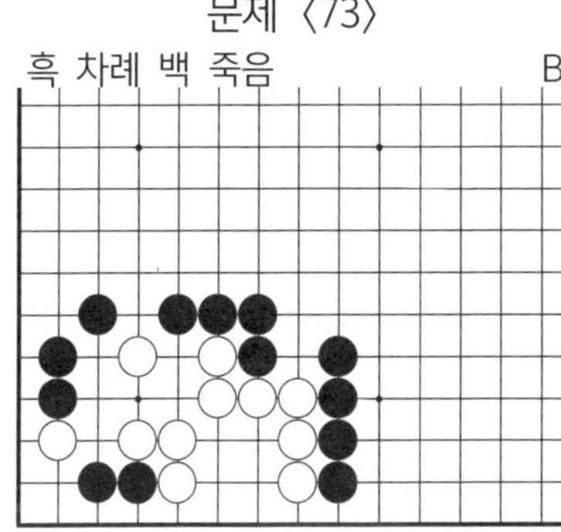

문제 〈74〉

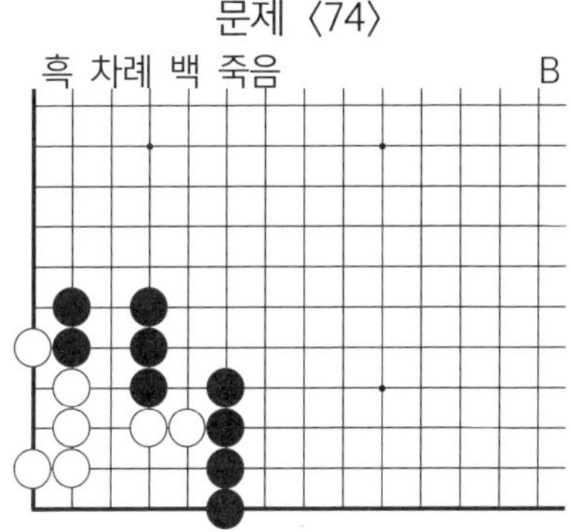

문제 〈75〉

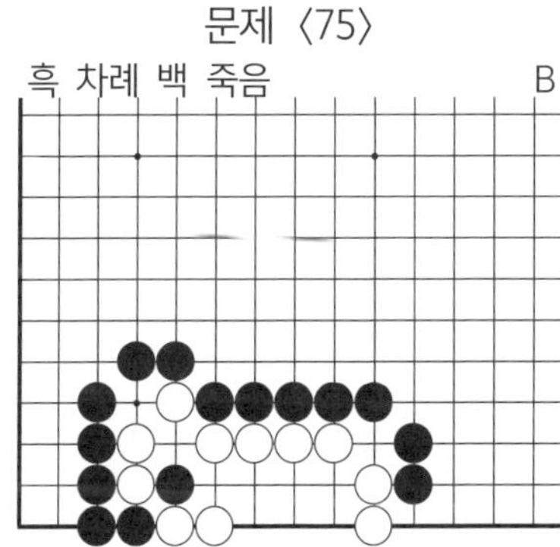

문제 〈76〉

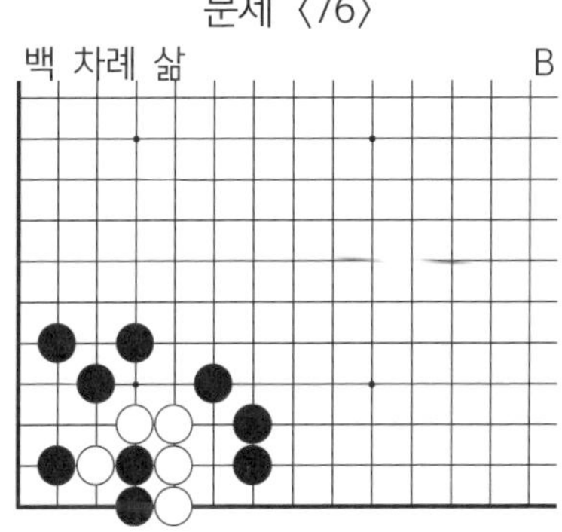

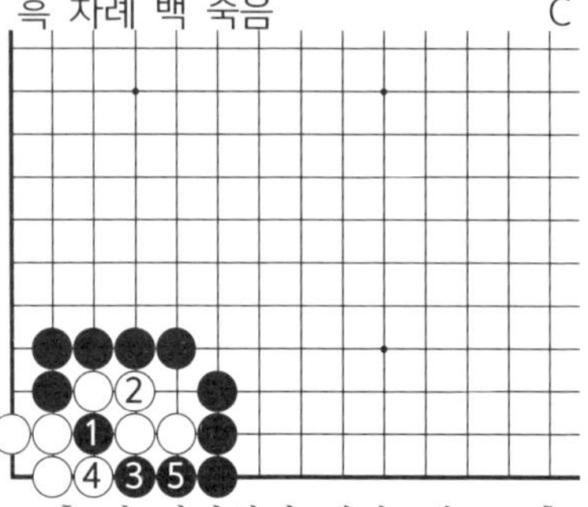

정해 〈71〉

흑 차례 백 죽음   C

흑1의 먹여침이 맥점. 백2는 흑 3, 5로 끝.

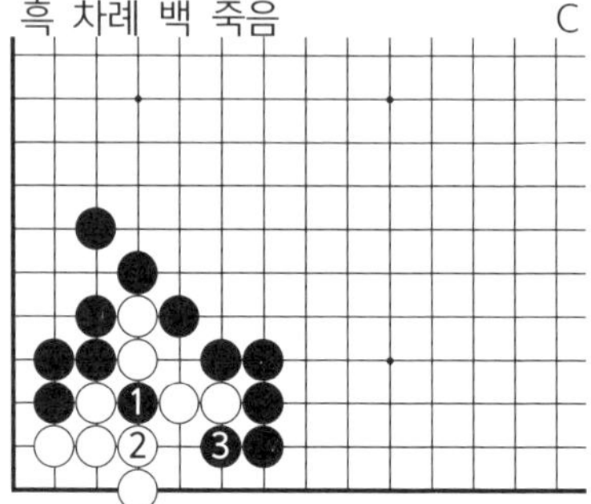

정해 〈72〉

흑 차례 백 죽음   C.

흑1로 먹여치고 3으로 밀고 들어 가서 끝.

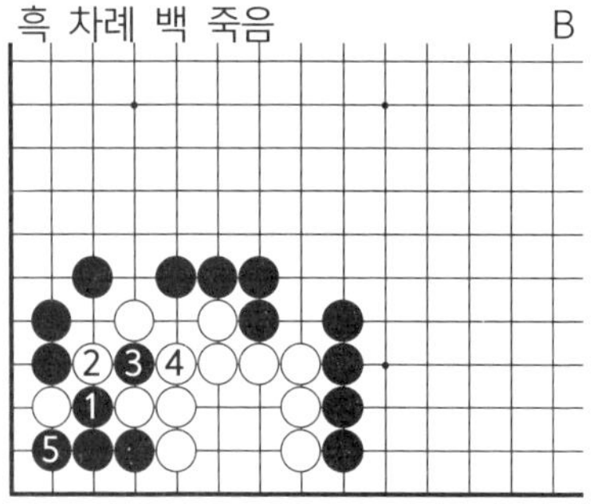

정해 〈73〉

흑 차례 백 죽음   B

흑1로 찌르는 것이 급소. 백2는 흑3, 5로 끝.

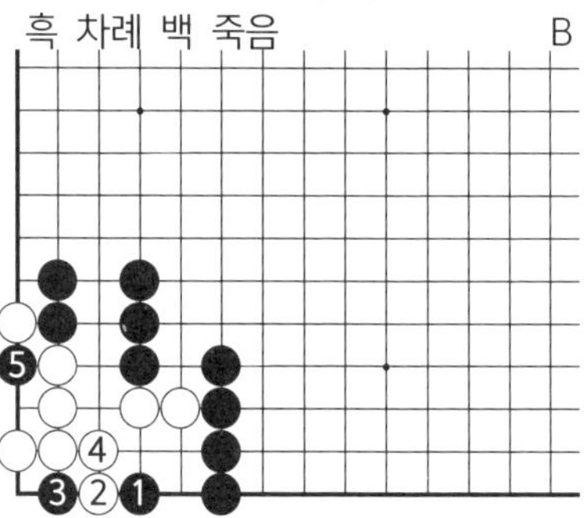

정해 〈74〉

흑 차례 백 죽음   B

흑1이 급소. 백2로 막으면 흑3, 5 로 먹여쳐서 끝.

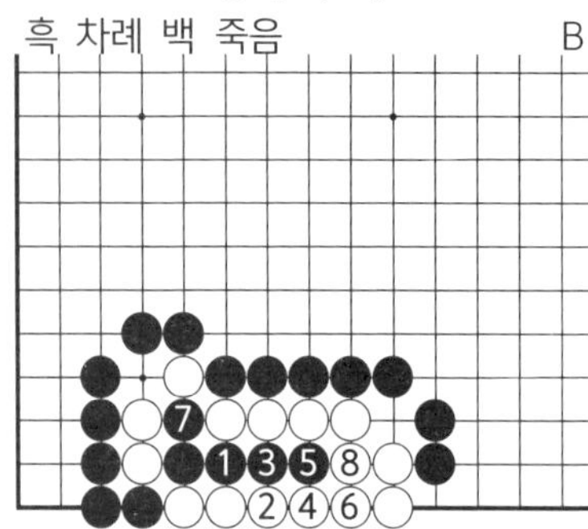

정해 〈75〉

흑 차례 백 죽음   B

흑1부터 7까지 자살이 묘수. 백8은 흑9, 11로 끝. ❾→❸, ⑩→❶, ⓫→❼

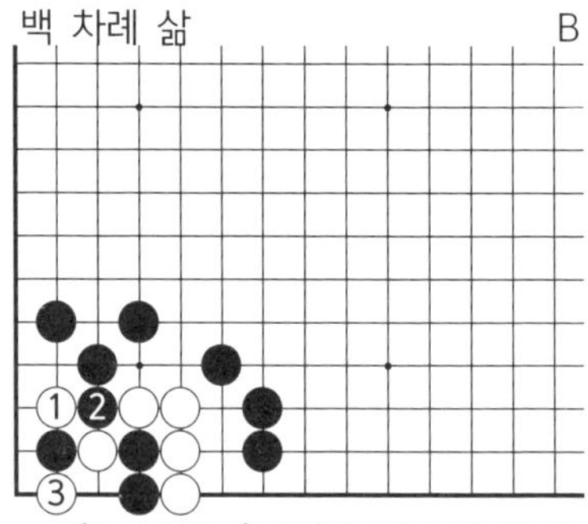

정해 〈76〉

백 차례 삶   B

백1, 3으로 흑 1점을 잡으면 흑 2 점도 환격으로 흑 3점을 잡고 삶.

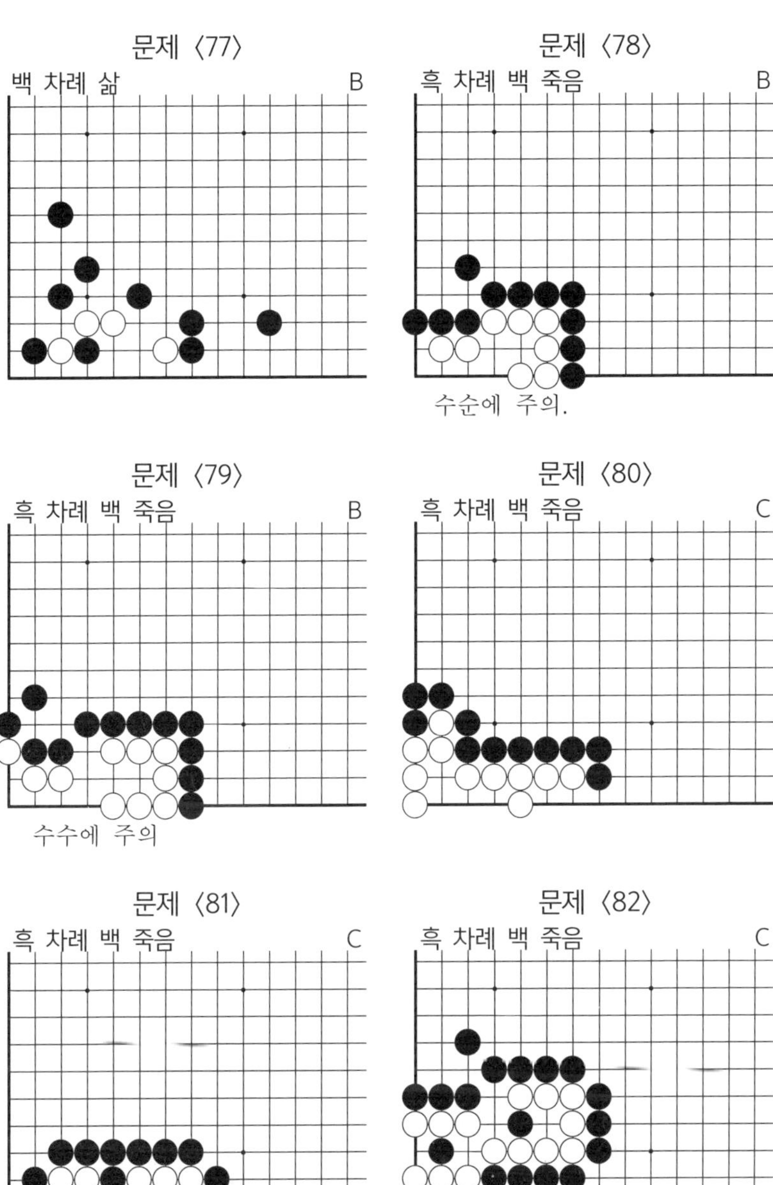

문제 〈77〉
백 차례 삶
B
문제 〈78〉
흑 차례 백 죽음
B
수순에 주의.
문제 〈79〉
흑 차례 백 죽음
B
수수에 주의
문제 〈80〉
흑 차례 백 죽음
C
문제 〈81〉
흑 차례 백 죽음
C
문제 〈82〉
흑 차례 백 죽음
C

정해 〈77〉

백 차례 삶   B

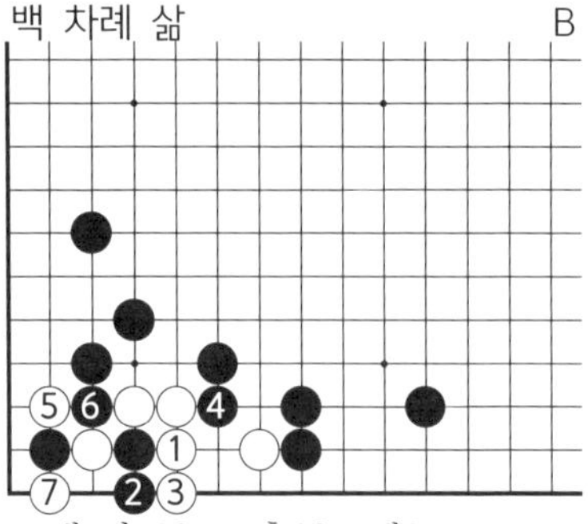

백1이 급소. 흑2는 백3, 5, 7로 백 삶. 백7이 중요.

정해 〈78〉

흑 차례 백 죽음   B

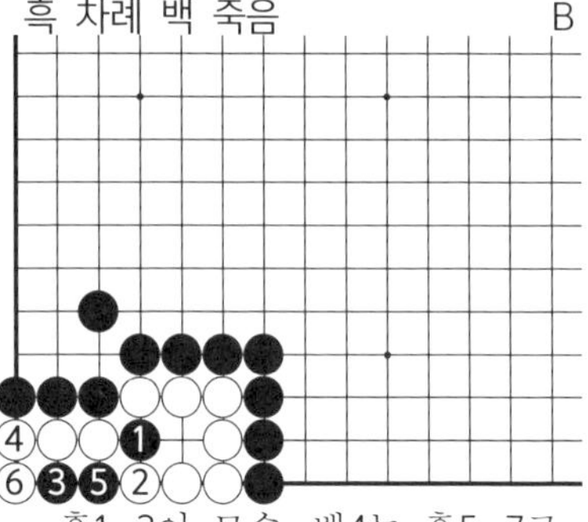

흑1, 3이 묘수. 백4는 흑5, 7로 환격. ❼→❺

정해 〈79〉

흑 차례 백 죽음   B

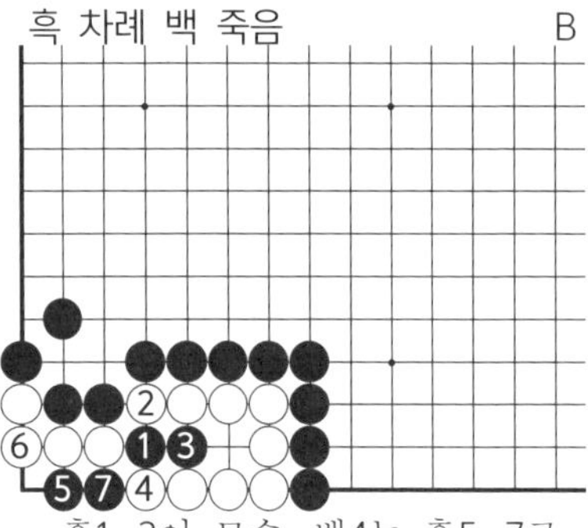

흑1, 3이 묘수. 백4는 흑5, 7로 78번과 마찬가지로 양환격.

정해 〈80〉

흑 차례 백 죽음   C

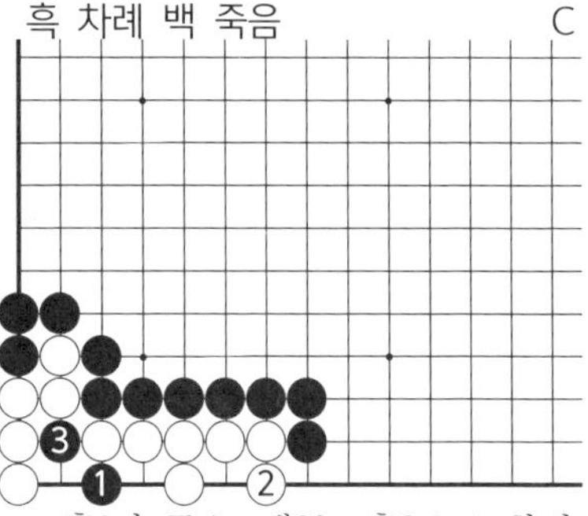

흑1이 급소. 백2는 흑3으로 환격.

정해 〈81〉

흑 차례 백 죽음   C

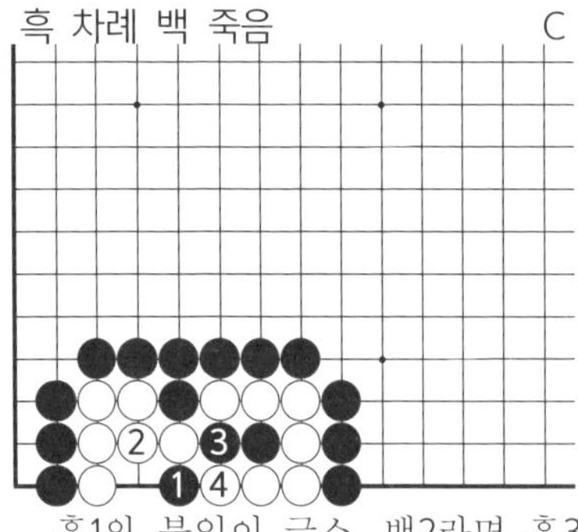

흑1의 붙임이 급소. 백2라면 흑3, 5로 양환격으로 끝. ❺→❸

정해 〈82〉

흑 차례 백 죽음   C

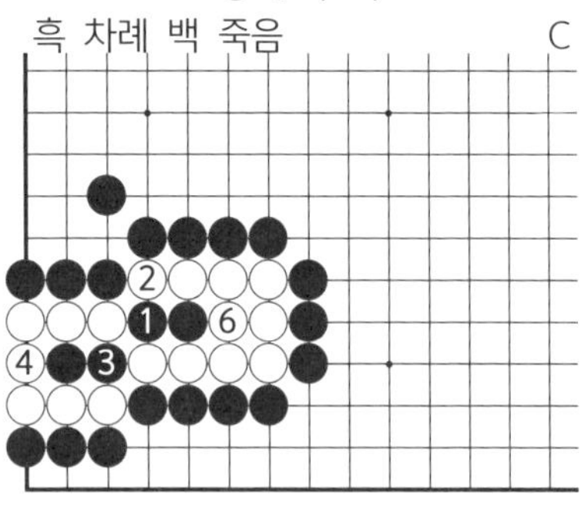

흑1, 3이 묘수. 백4는 흑5, 7로 양환격. ❺→❸, ❼→❶

문제 〈83〉

흑 차례 백 죽음   C

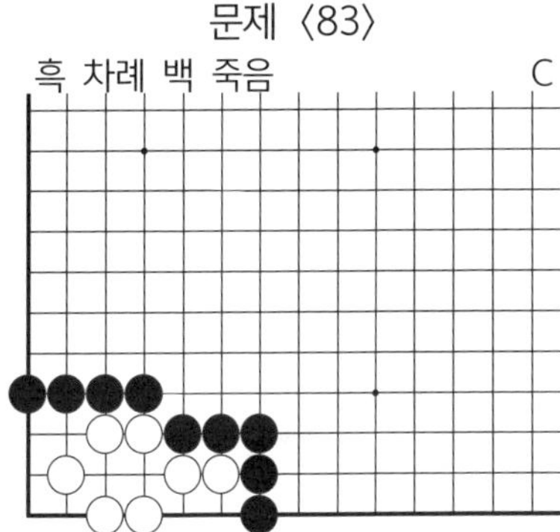

문제 〈84〉

흑 차례 백 죽음   C

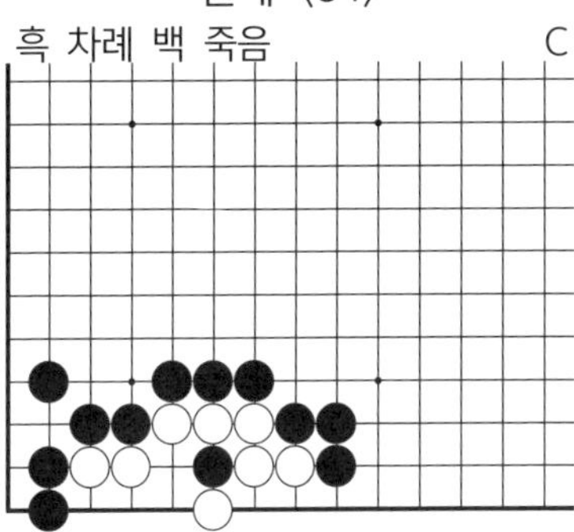

문제 〈85〉

흑 차례 백 죽음   C

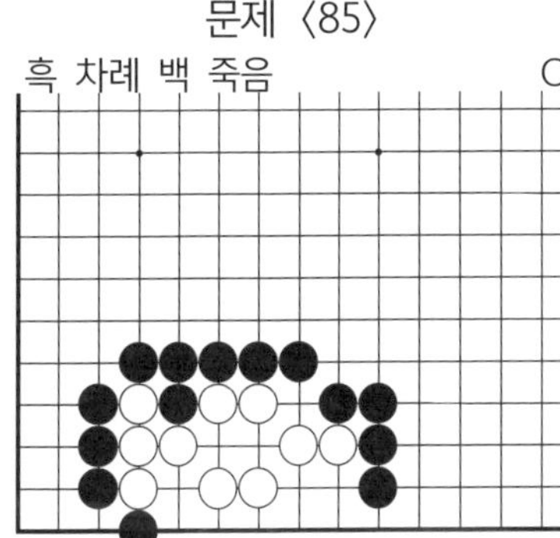

문제 〈86〉

흑 차례 백 죽음   B

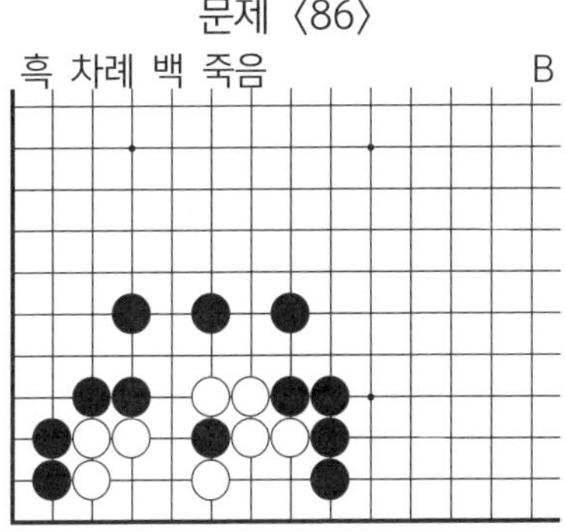

문제 〈87〉

흑 차례 백 죽음   B

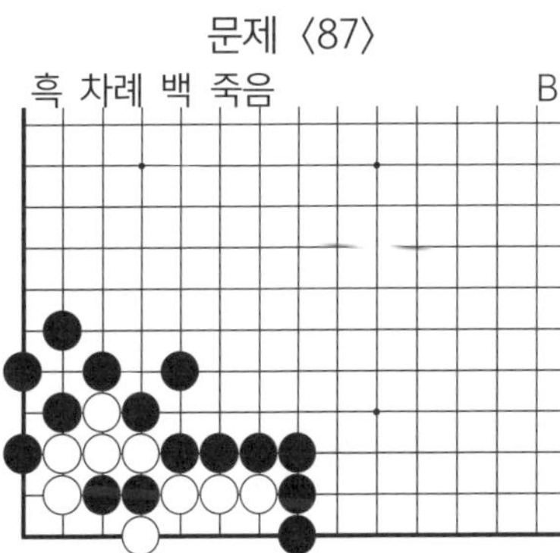

문제 〈88〉

흑 차례 백 죽음   B

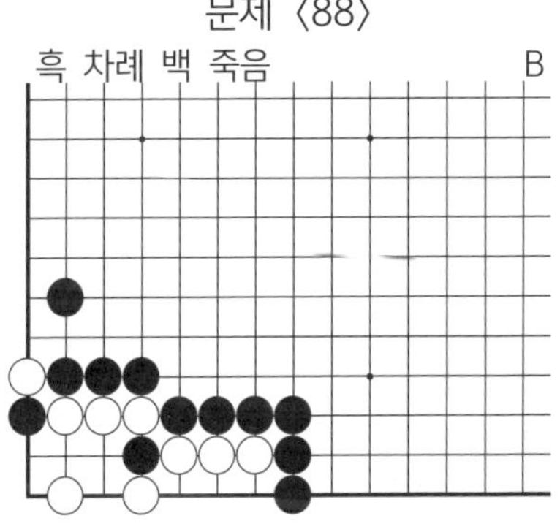

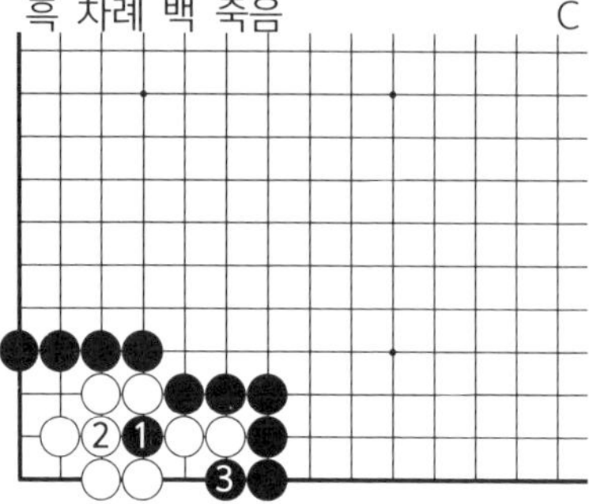

정해 〈83〉

흑 차례 백 죽음   C

흑1의 먹여침이 급소. 백2로 따
내면 흑3으로 밀고 들어가서 끝.

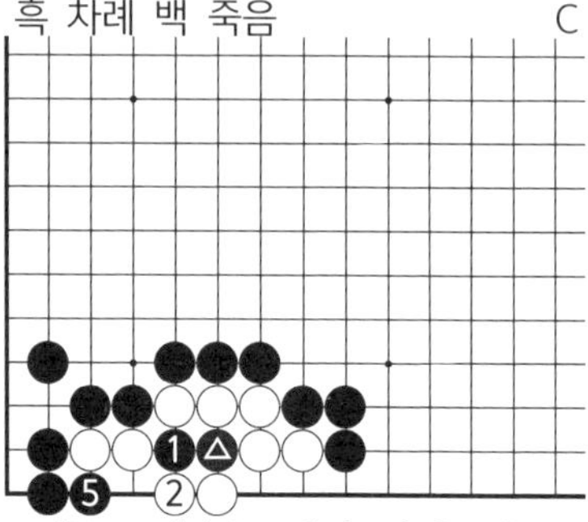

정해 〈84〉

흑 차례 백 죽음   C

흑1로 키우는 것이 맥점. 백2로
따내면 흑3, 5로 끝. ❸→❶, ④→△

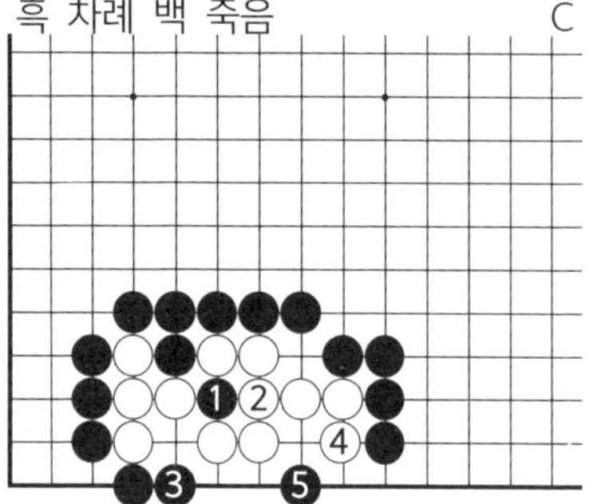

정해 〈85〉

흑 차례 백 죽음   C

흑1의 먹여침이 급소. 백2는 흑3,
5로 끝.

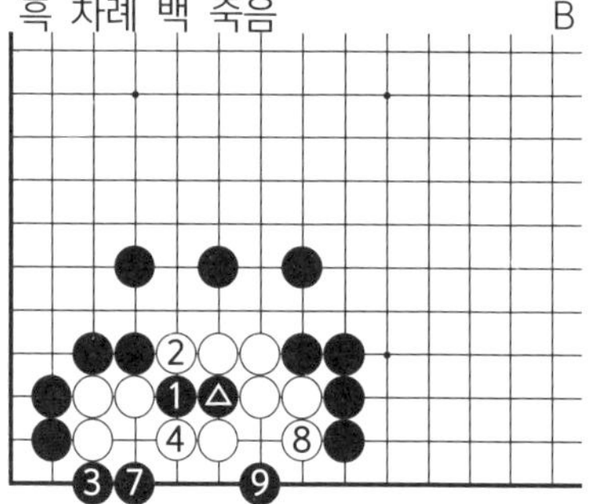

정해 〈86〉

흑 차례 백 죽음   B

흑1이 묘수. 백2로 따내면 흑3
이하 9까지 백 죽음. ❺→❶, ⑥→△

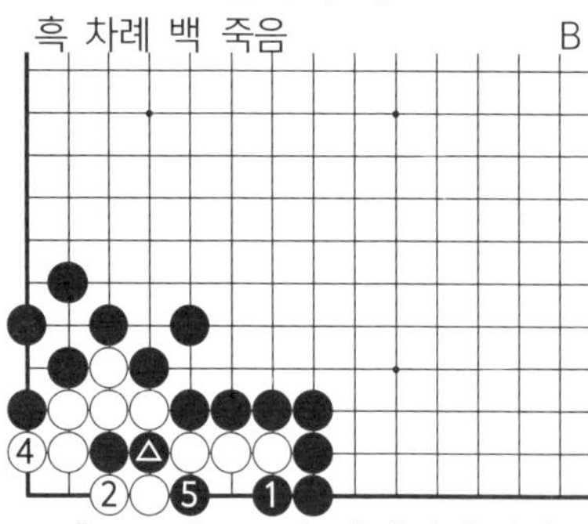

정해 〈87〉

흑 차례 백 죽음   B

흑1로 밀고 3의 먹여침이 수순.
백4는 흑5로 옥집. ❸→△

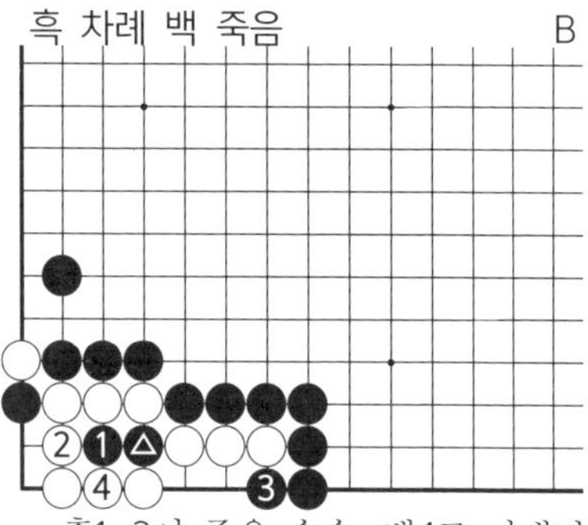

정해 〈88〉

흑 차례 백 죽음   B

흑1, 3이 좋은 수순. 백4로 따내면
흑5로 먹여쳐서 끝. ❺→△

문제 〈89〉

흑 차례 백 죽음   B

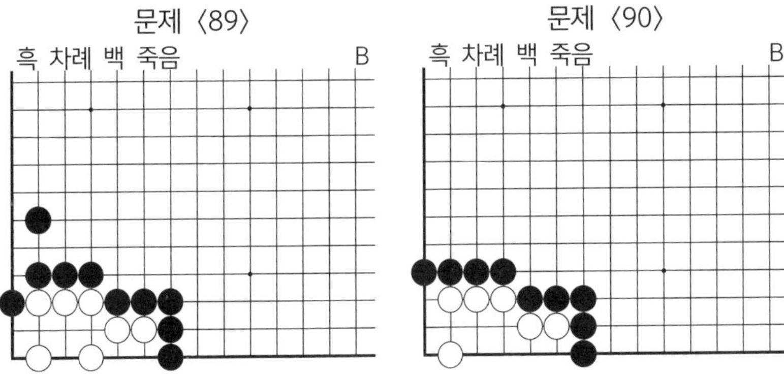

문제 〈90〉

흑 차례 백 죽음   B

문제 〈91〉

흑 차례 백 죽음   B

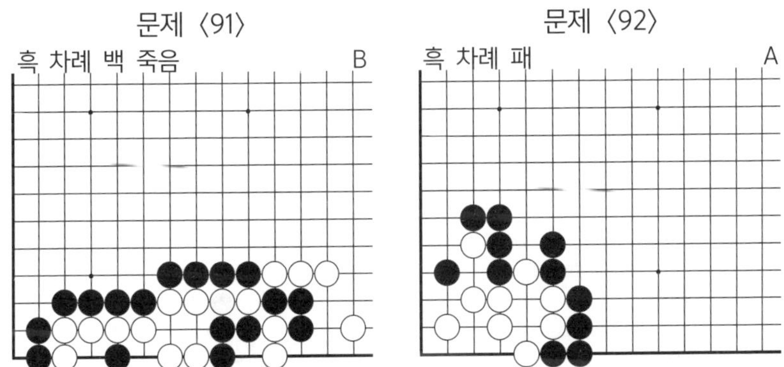

문제 〈92〉

흑 차례 패   A

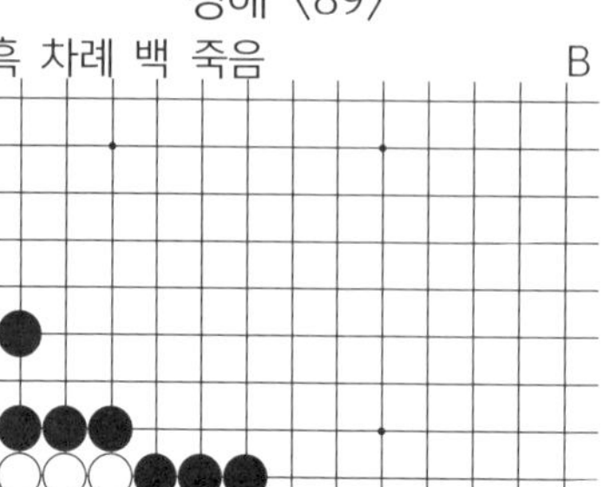

정해 〈89〉

흑 차례 백 죽음   B

흑1의 치중이 급소. 백2는 흑3,
5로 먹여쳐서 끝. ❺→❸

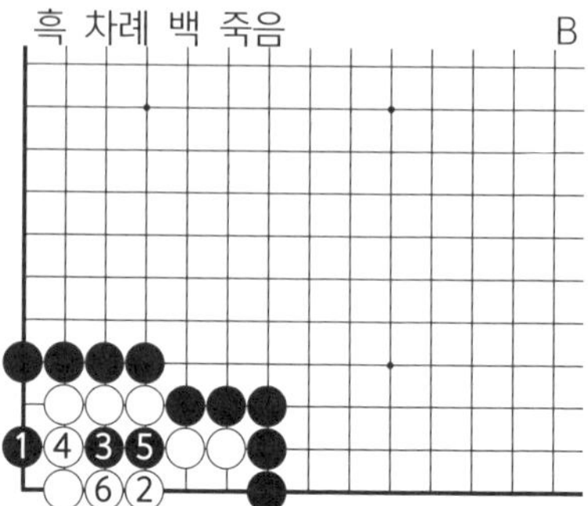

정해 〈90〉

흑 차례 백 죽음   B

흑1의 뜀이 급소. 백2는 흑3, 5,
7로 먹여쳐서 끝. ❼→❺

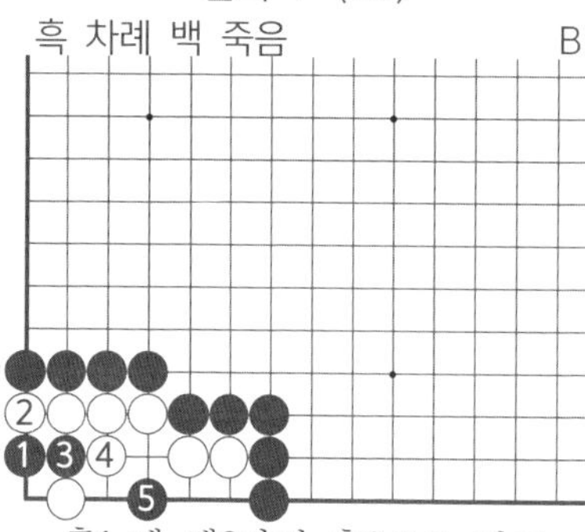

변화 1 〈90〉

흑 차례 백 죽음   B

흑1 때 백2라면 흑3으로 밀고
5로 치중해서 끝.

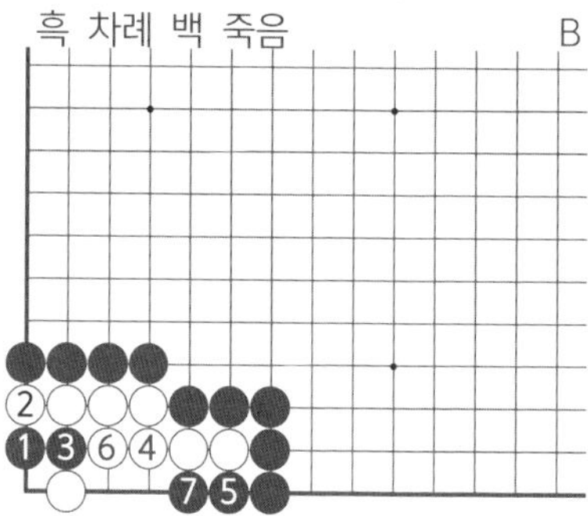

변화 2 〈90〉

흑 차례 백 죽음   B

흑1, 3 때 백4라면 흑5, 7로 밀고
들어가서 그만.

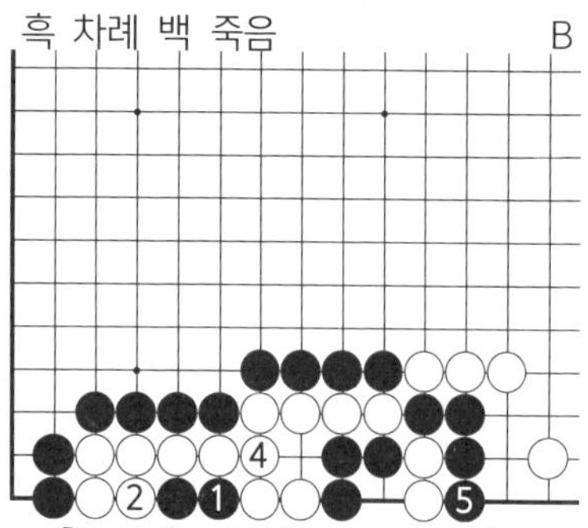

정해 〈91〉

흑 차례 백 죽음   B

흑1, 3의 먹여침이 급소. 백4는
흑5로 막아서 끝. ❸→❶

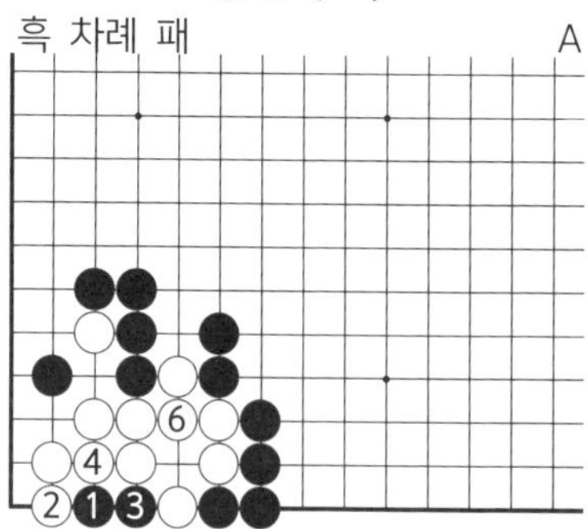

정해 〈92〉

흑 차례 패   A

흑1이 급소. 백2는 흑3, 5로 먹여쳐
서 패. 백은 6의 패가 최선. ❺→❸

문제 〈93〉

흑 차례 패　　　　　　　　　　A

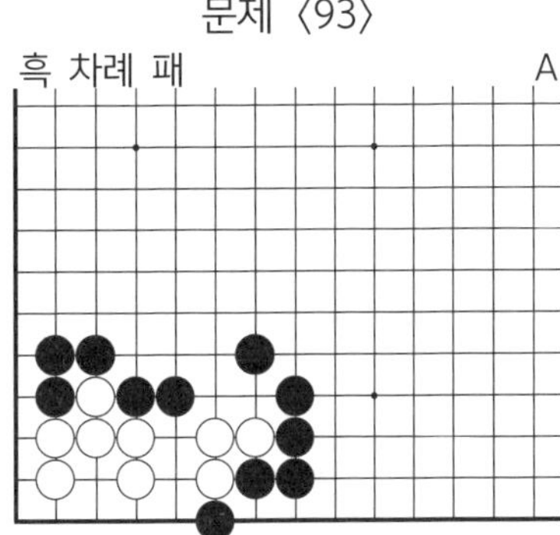

문제 〈94〉

백 차례 삶　　　　　　　　　　B

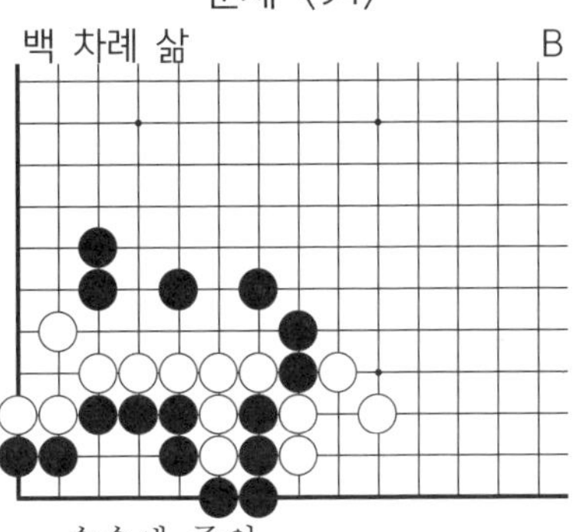

수순에 주의.

문제 〈95〉

백 차례 삶　　　　　　　　　　B

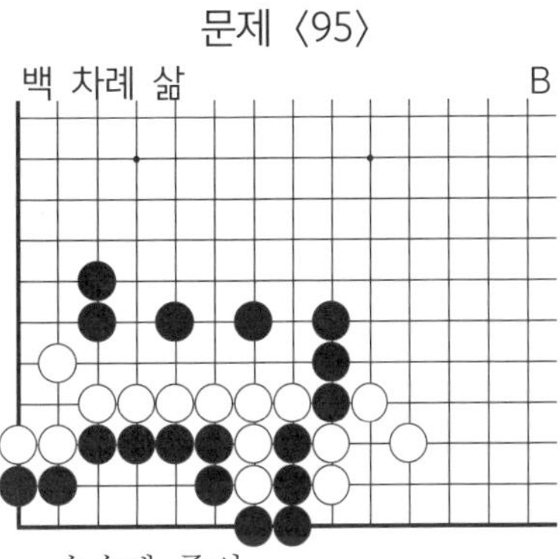

수순에 주의.

문제 〈96〉

흑 차례 삶　　　　　　　　　　A

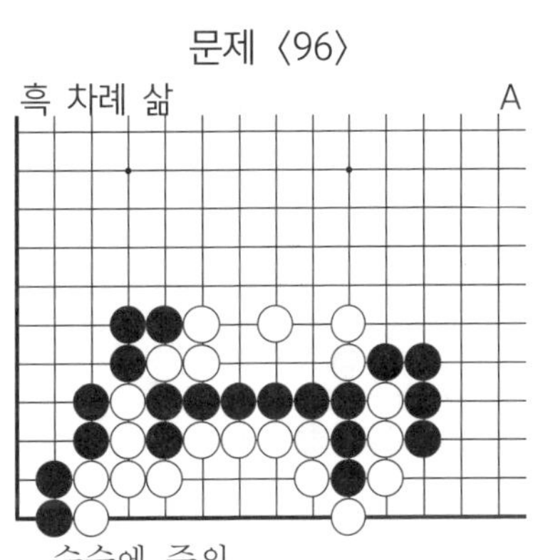

수순에 주의.

문제 〈97〉

흑 차례 패　　　　　　　　　　A

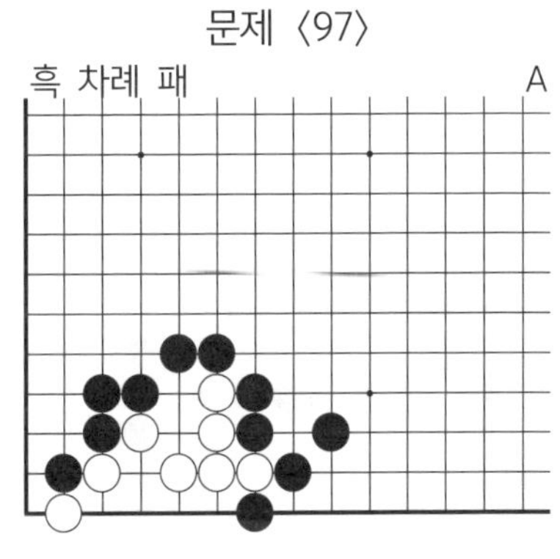

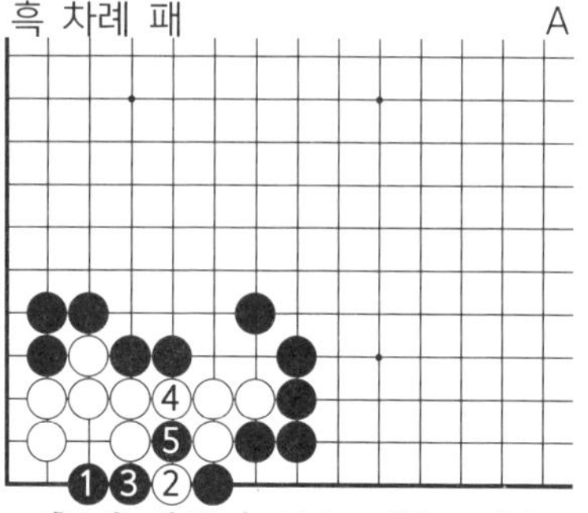

정해 〈93〉

흑 차례 패   A

흑1의 치중이 급소. 백2는 흑3,
5로 패. 백은 패가 최선.

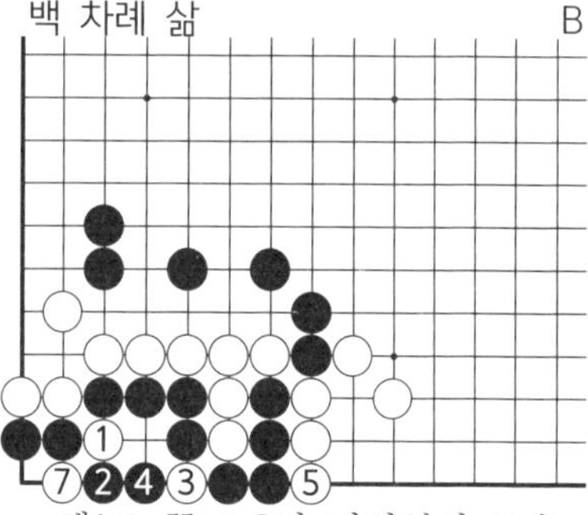

정해 〈94〉

백 차례 삶   B

백1로 끊고 3의 먹여침이 묘수.
흑4는 백5, 7로 양환격. ❻→③

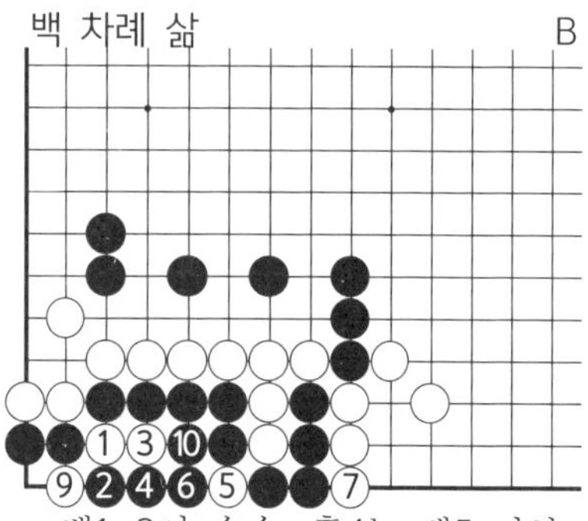

정해 〈95〉

백 차례 삶   B

백1, 3이 수순. 흑4는 백5 이하
11까지 양환격. ❽→⑤, ⑪→①

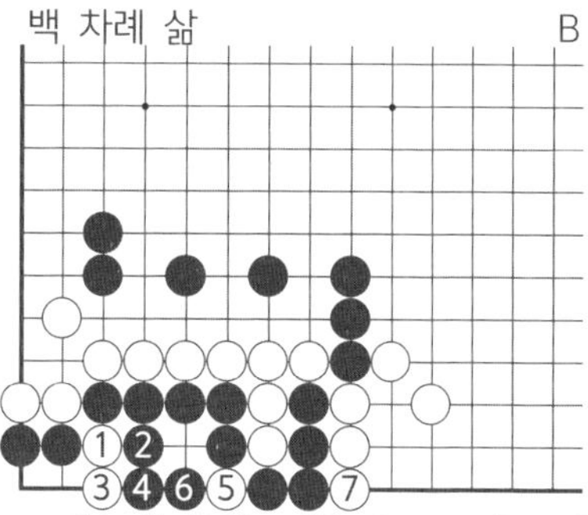

변화 〈95〉

백 차례 삶   B

백1 때 흑2는 백3, 5, 7로 흑 4점
을 잡고 삶. 이 변화가 흑의 최선.

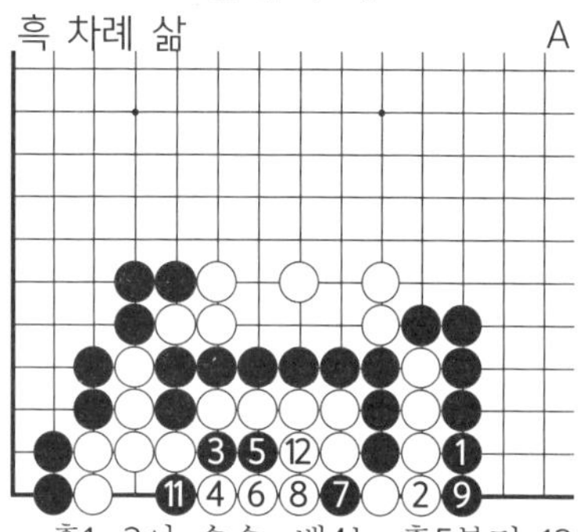

정해 〈96〉

흑 차례 삶   A

흑1, 3이 수순. 백4는 흑5부터 13
까지 백 전멸. ⑩→⑧, ❸→⓫

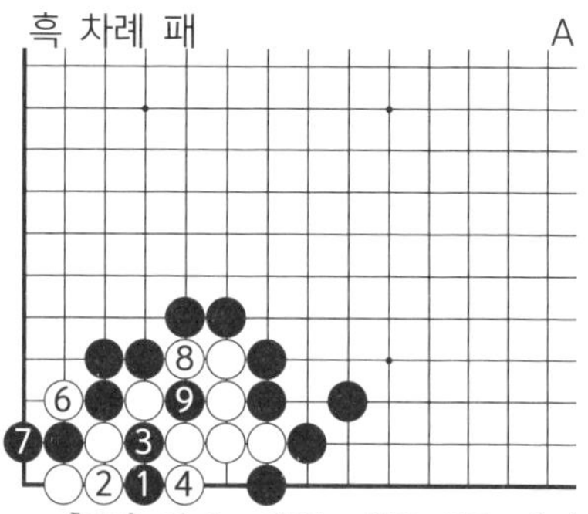

정해 〈97〉

흑 차례 패   A

흑1이 급소. 백2는 흑3, 5로 먹여
쳐서 이하 9까지 패. ❺→❸

문제 〈98〉

흑 차례 패   A

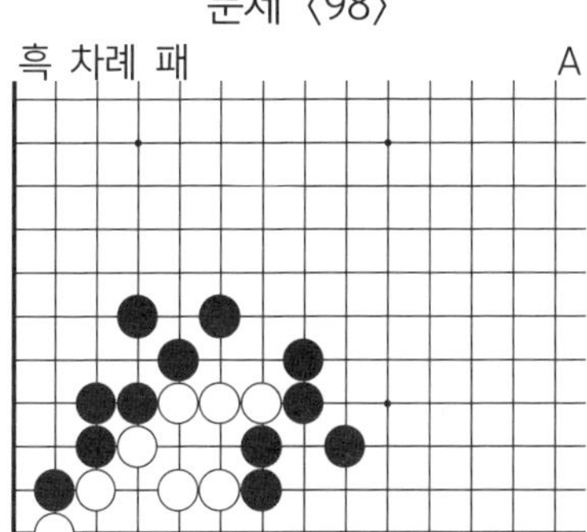

문제 〈99〉

흑 차례 백 죽음   A

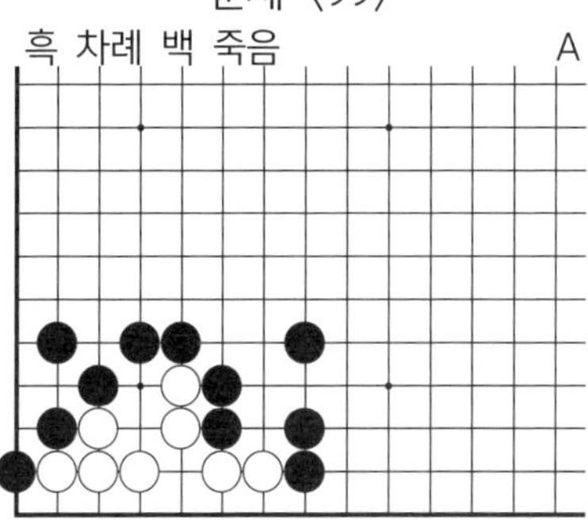

문제 〈100〉

흑 차례 백 죽음   A

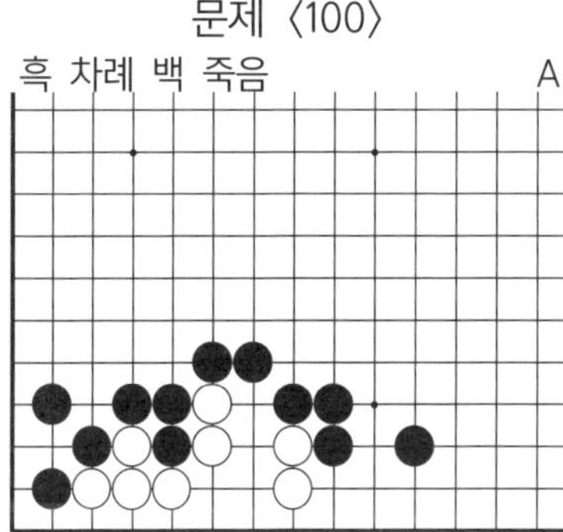

문제 〈101〉

흑 차례 패   A

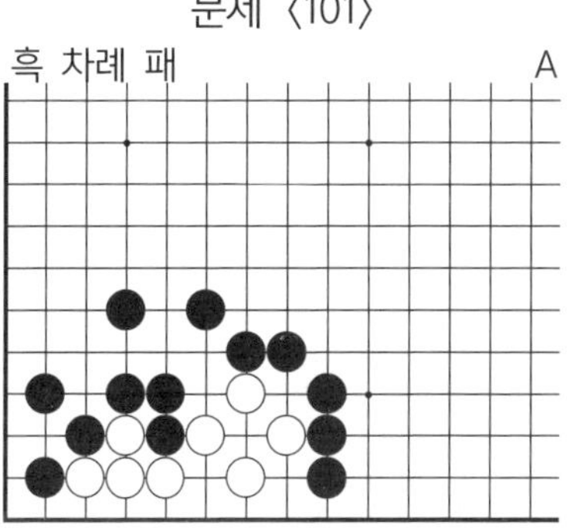

문제 〈102〉

흑 차례 백 죽음   A

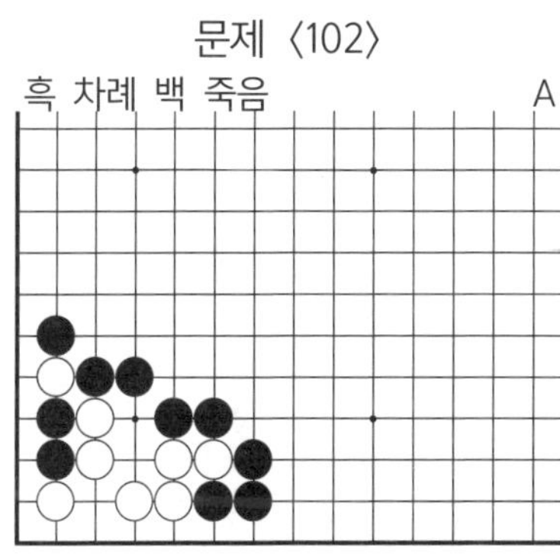

문제 〈103〉

흑 차례 패   A

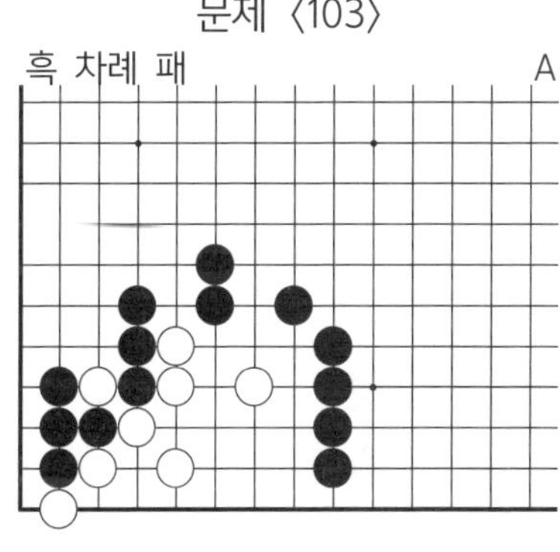

정해 〈98〉

흑 차례 패　　　　　　　　A

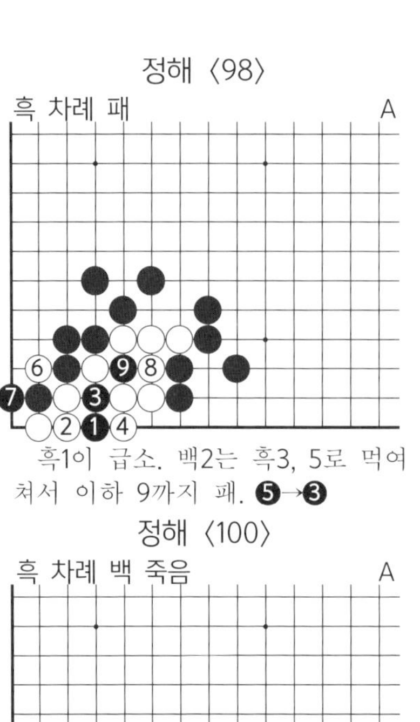

흑1이 급소. 백2는 흑3, 5로 먹여
쳐서 이하 9까지 패. ❺→❸

정해 〈99〉

흑 차례 백 죽음　　　　　A

흑1로 치중하고 백2 때 흑3, 5,
7로 먹여쳐서 끝. ❺→❸

정해 〈100〉

흑 차례 백 죽음　　　　　A

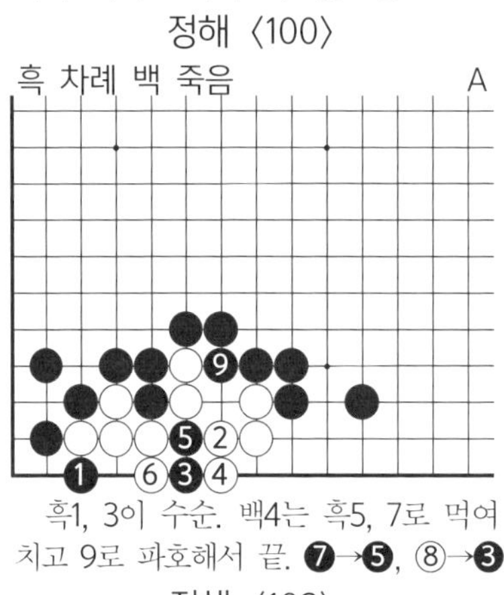

흑1, 3이 수순. 백4는 흑5, 7로 먹여
치고 9로 파호해서 끝. ❼→❺, ⑧→❸

정해 〈101〉

흑 차례 패　　　　　　　　A

흑1, 3이 급소. 백4는 흑5 이하
11까지 패. ❼→❺, ⑧→❶

정해 〈102〉

흑 차례 백 죽음　　　　　A

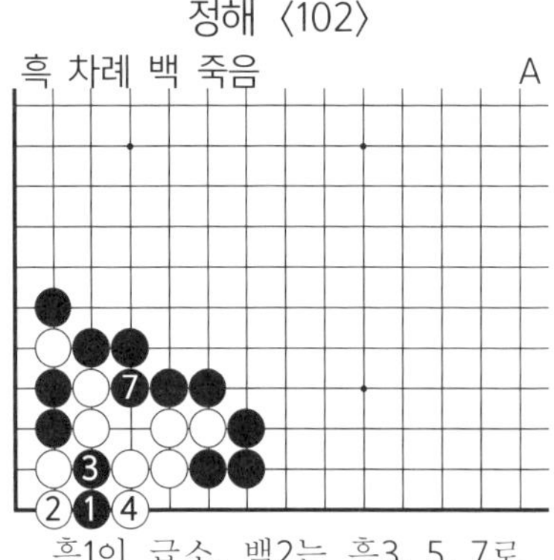

흑1이 급소. 백2는 흑3, 5, 7로
백 죽음. ❺→❸, ⑥→❶

정해 〈103〉

흑 차례 패　　　　　　　　A

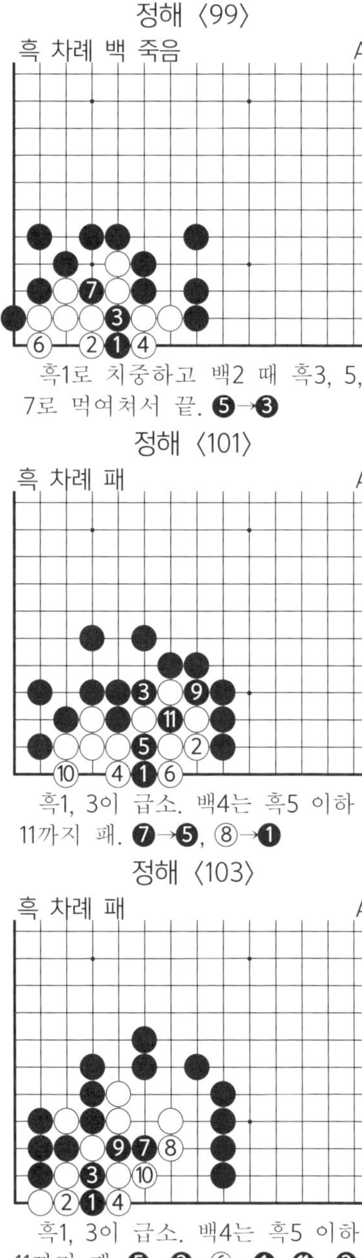

흑1, 3이 급소. 백4는 흑5 이하
11까지 패. ❺→❸, ⑥→❶, ⓫→❸

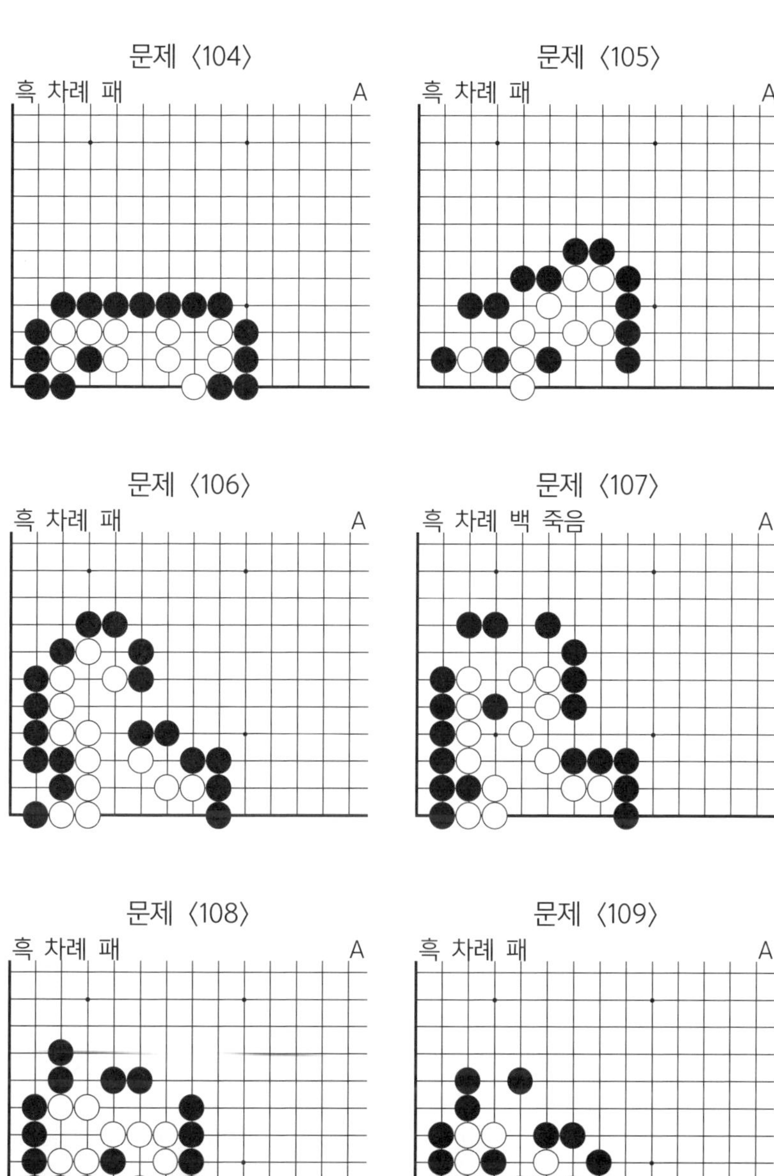

문제 〈104〉
흑 차례 패
A
문제 〈105〉
흑 차례 패
A
문제 〈106〉
흑 차례 패
A
문제 〈107〉
흑 차례 백 죽음
A
문제 〈108〉
흑 차례 패
A
문제 〈109〉
흑 차례 패
A

정해 〈104〉

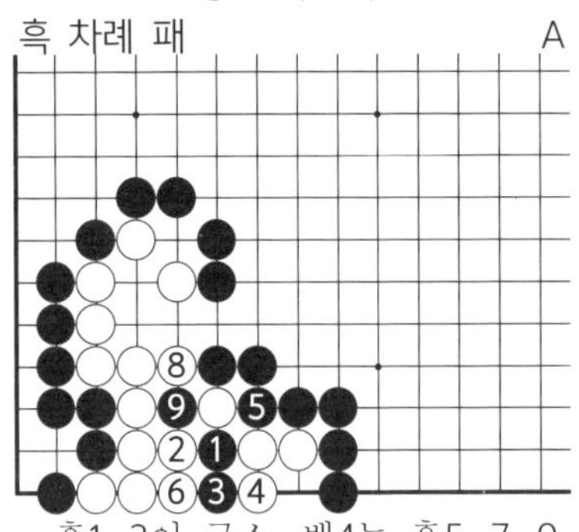

흑1이 급소. 백2는 흑3, 5, 7로 패
❺→❸

정해 〈105〉

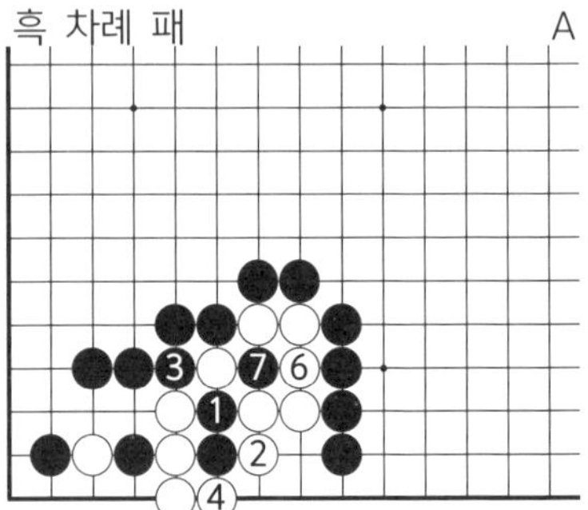

흑1, 3이 좋은 수순. 백4는 흑5,
7로 패. ❺→❶

정해 〈106〉

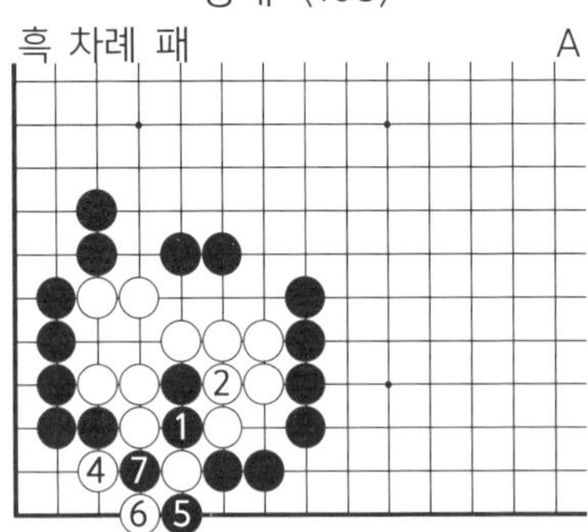

흑1, 3이 급소. 백4는 흑5, 7, 9,
로 패. ❼→❶

정해 〈107〉

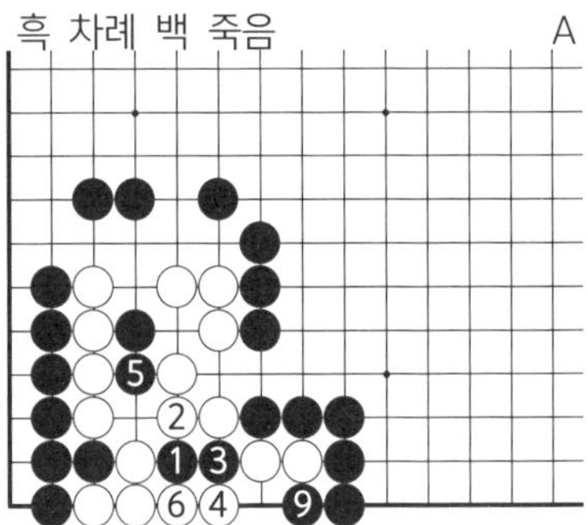

흑1, 3이 급소. 백4는 흑5, 7, 9
로 백 죽음. ❼→❸, ⑧→❶

정해 〈108〉

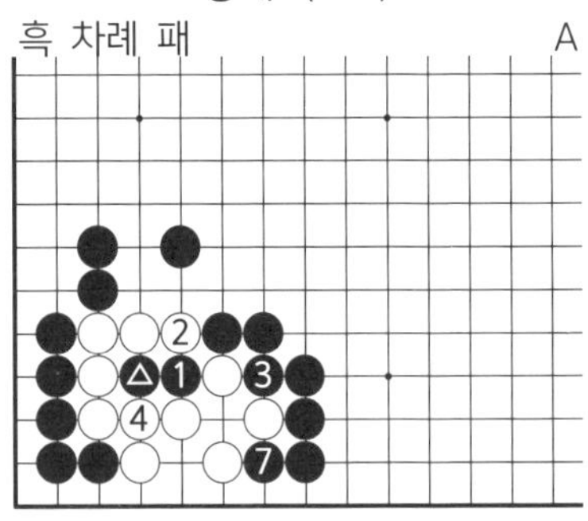

흑1, 3의 먹여치기가 묘수. 백4
밖에 없고 흑5, 7로 패. ❸→❶

정해 〈109〉

흑1, 3이 급소. 백4는 흑5, 7로
패. ❺→❶, ⑥→▲

문제 〈110〉

흑 차례 패   A

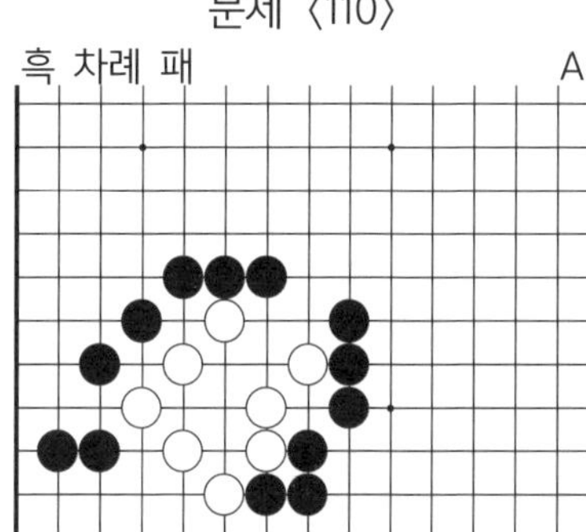

문제 〈111〉

흑 차례 패   A

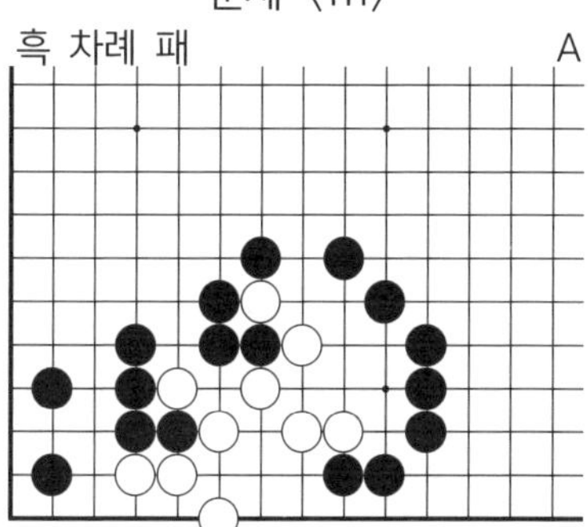

문제 〈112〉

흑 차례 패   A

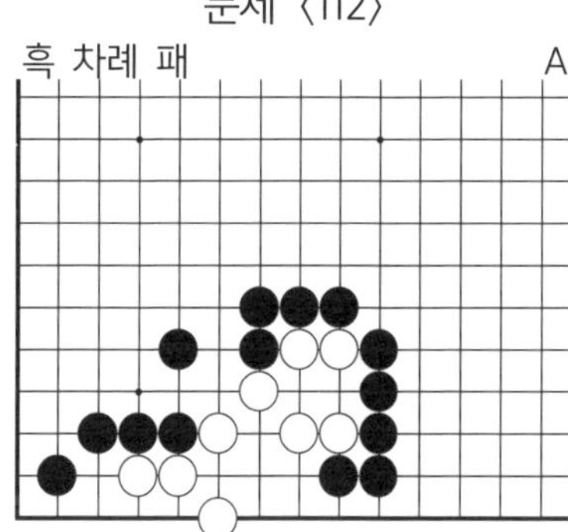

문제 〈113〉

흑 차례 패   A

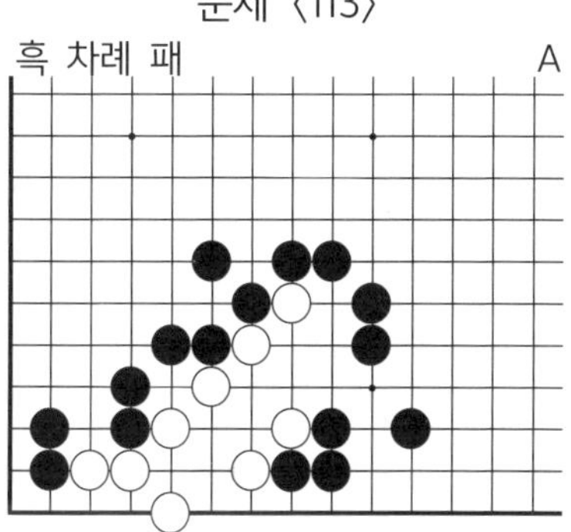

문제 〈114〉

흑 차례 패   A

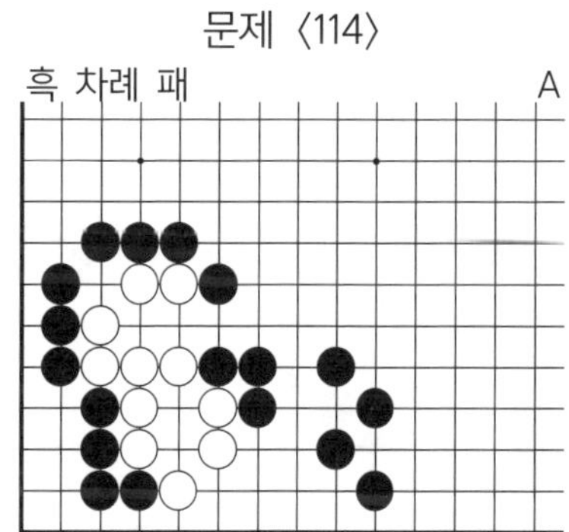

문제 〈115〉

흑 차례 백 죽음   C

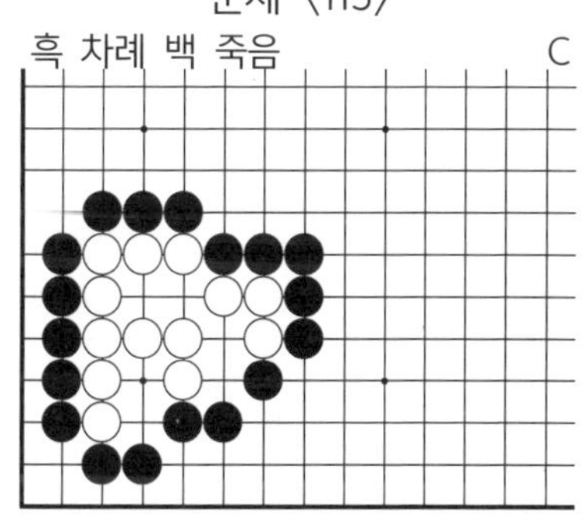

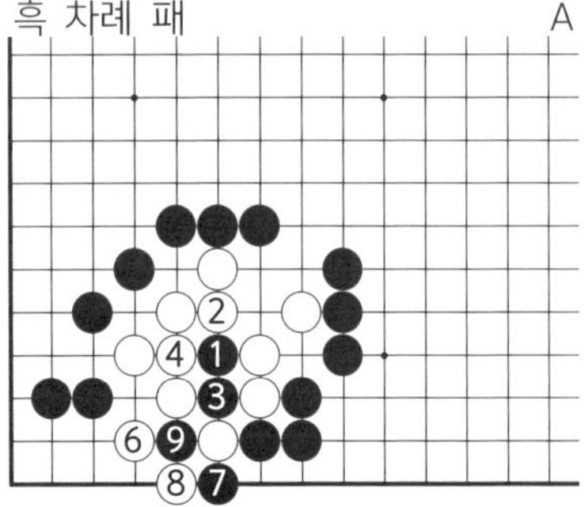

정해 〈110〉

흑 차례 패   A

흑1이 급소. 백2는 흑3, 5로 먹여
침이 묘수. 이하 9까지 패. ❺→❸

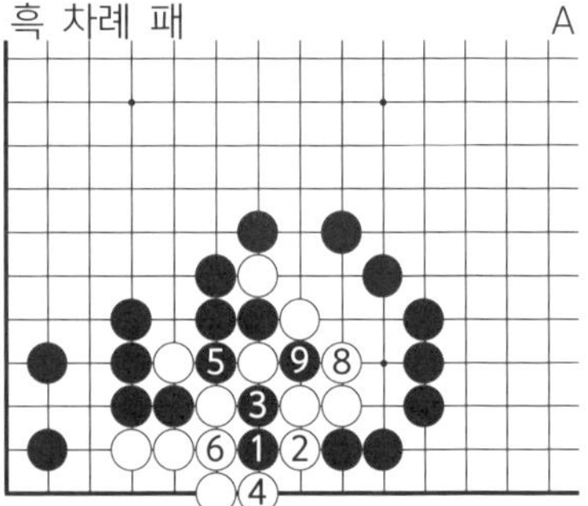

정해 〈111〉

흑 차례 패   A

흑1이 급소. 백2의 차단은 흑3
이하 9까지 패 ❼→❸

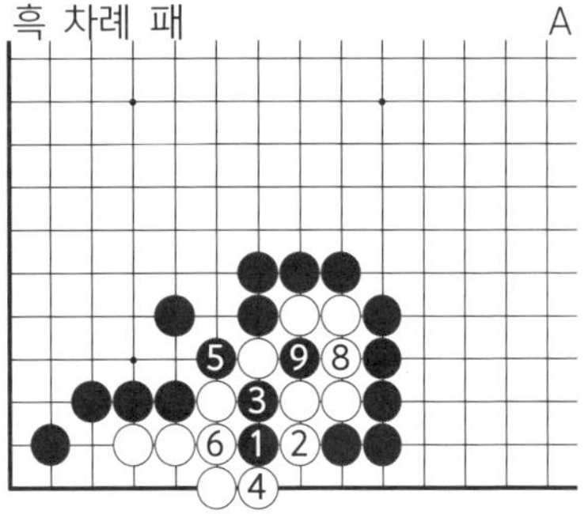

정해 〈112〉

흑 차례 패   A

흑1이 급소. 백2의 차단은 흑3
이하 9까지 패. ❼→❸

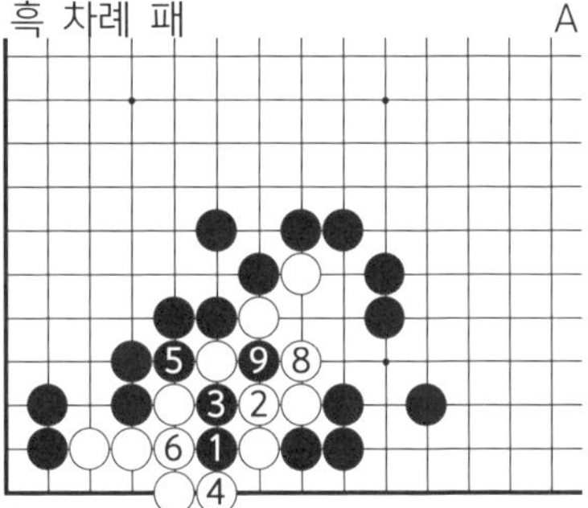

정해 〈113〉

흑 차례 패   A

흑1이 급소. 백2의 차단은 흑3
이하 9까지 패. ❼→❸

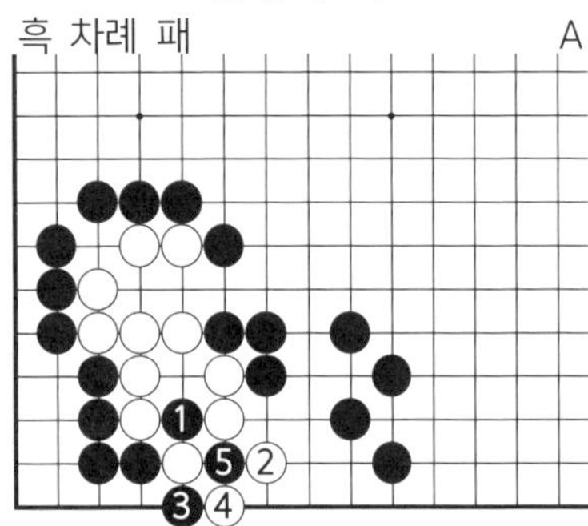

정해 〈114〉

흑 차례 패   A

흑1의 먹여침이 급소. 백은 2가
최선으로 흑3, 5로 패.

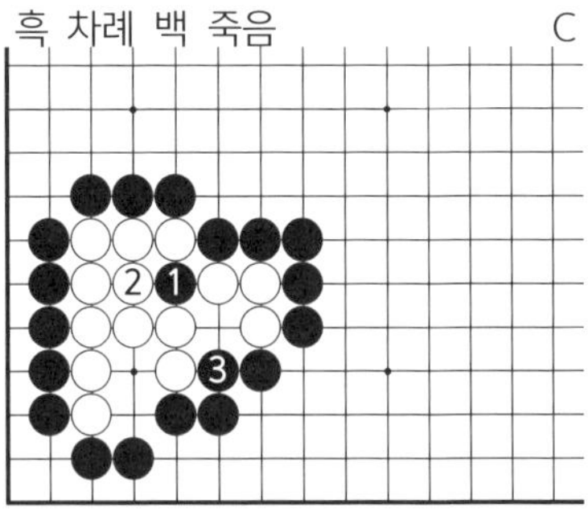

정해 〈115〉

흑 차례 백 죽음   C

흑1로 먹여치고 3으로 파호해서
끝.

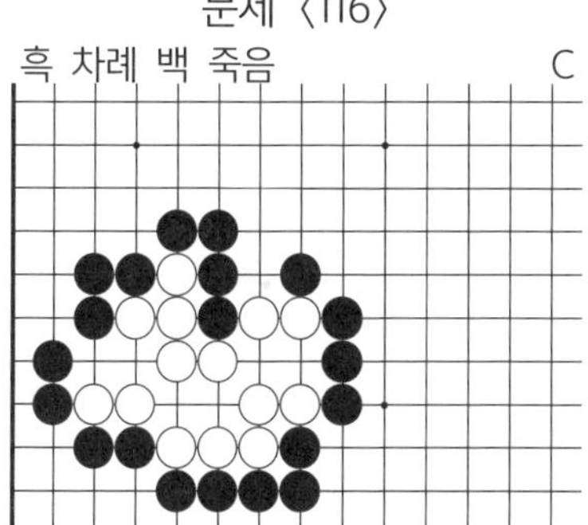

문제 〈116〉

흑 차례 백 죽음　　　　　　　　　C

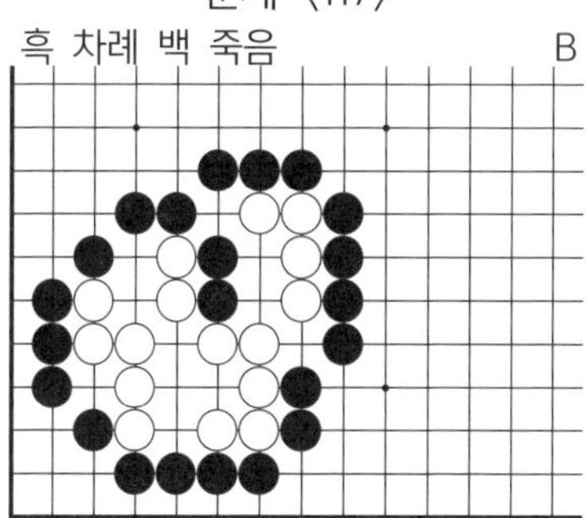

문제 〈117〉

흑 차례 백 죽음　　　　　　　　　B

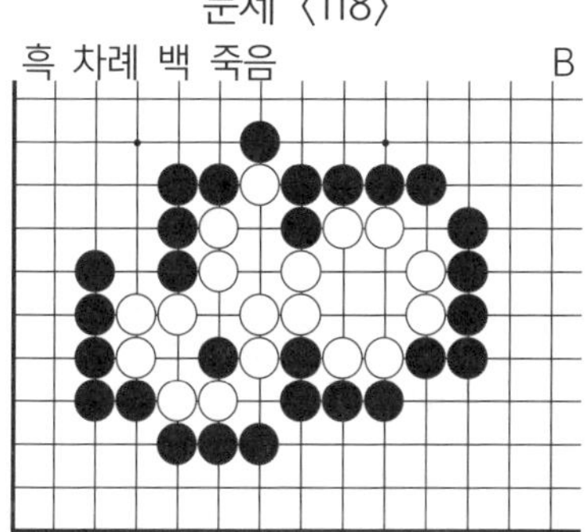

문제 〈118〉

흑 차례 백 죽음　　　　　　　　　B

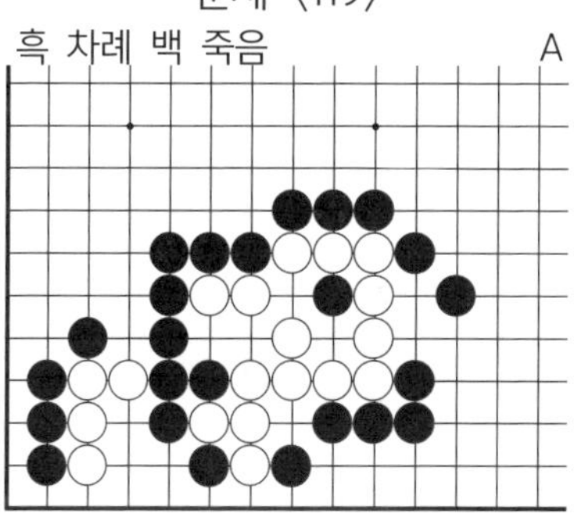

문제 〈119〉

흑 차례 백 죽음　　　　　　　　　A

1선의 치중이 중요.

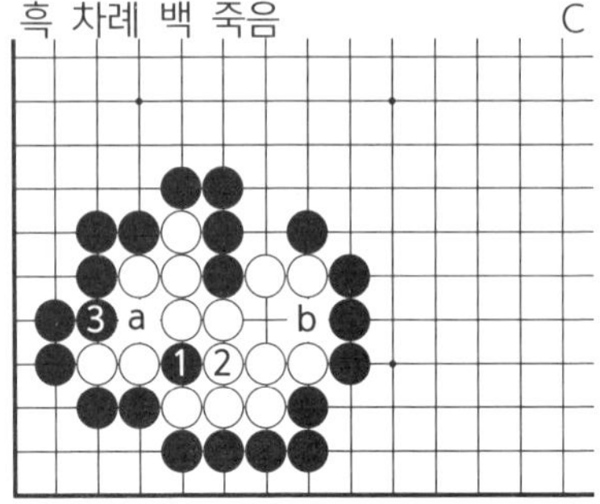

정해 〈116〉

흑 차례 백 죽음   C

흑1로 먹여치고 3으로 파호해서
a와 b가 맞보기로 끝.

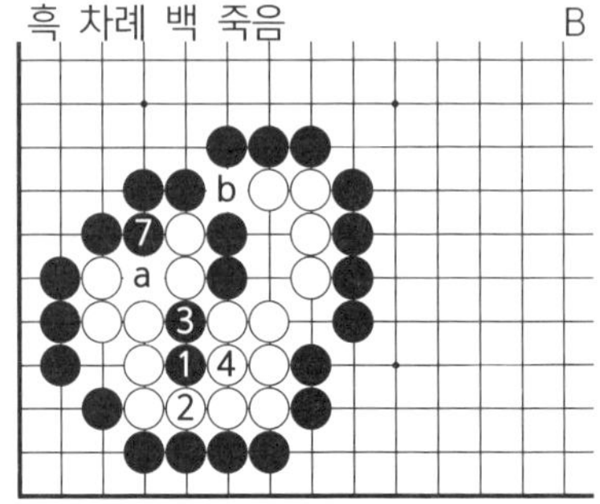

정해 〈117〉

흑 차례 백 죽음   B

흑1이 급소 백2는 흑3. 5, 7로
a와 b가 맞보기. ❺→❸, ⑥→❶

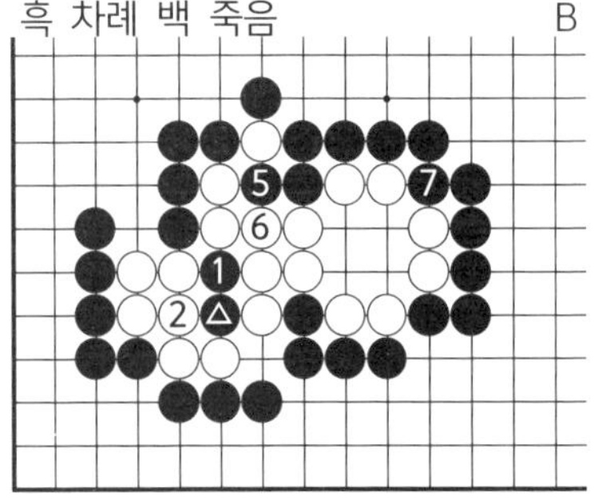

정해 〈118〉

흑 차례 백 죽음   B

흑1이 급소. 백2는 흑3, 5, 7로
백은 1집뿐. ❸→❶, ④→△

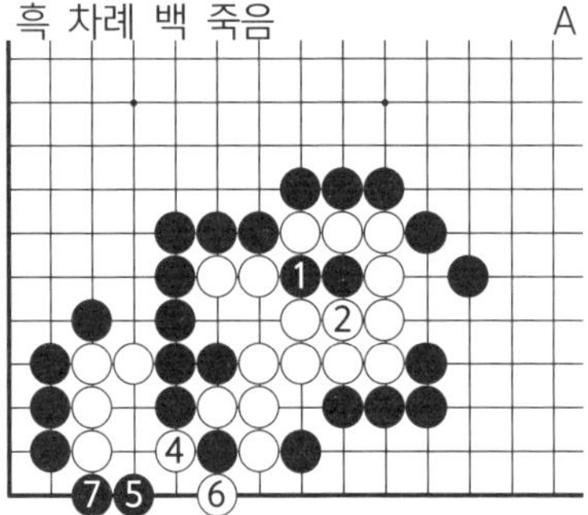

정해 〈119〉

흑 차례 백 죽음   A

흑1, 3의 먹여침이 급소. 백4는
흑5, 7로 넘어가서 끝. ❸→❶

문제 〈120〉

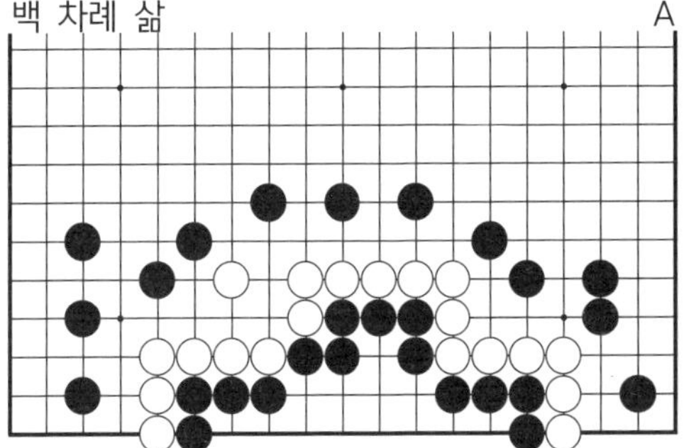

자충으로 이끄는 것이 열쇠.

정해 〈120〉

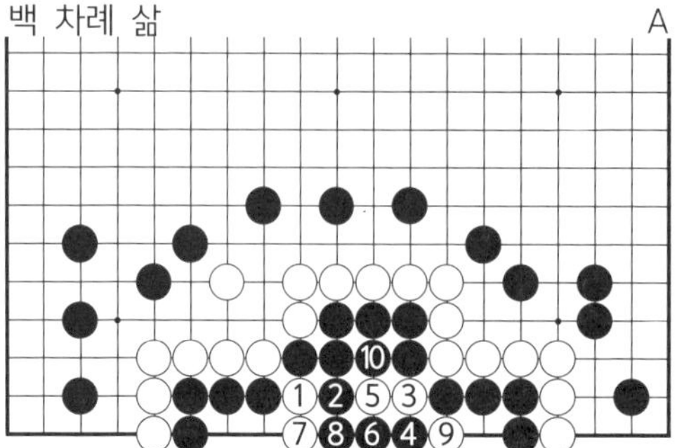

백1의 끊음이 좋은 수. 흑2의 단수는 백3
이하 9, 11로 먹여쳐서 양환격. ⑪→③

변화 1 〈120〉

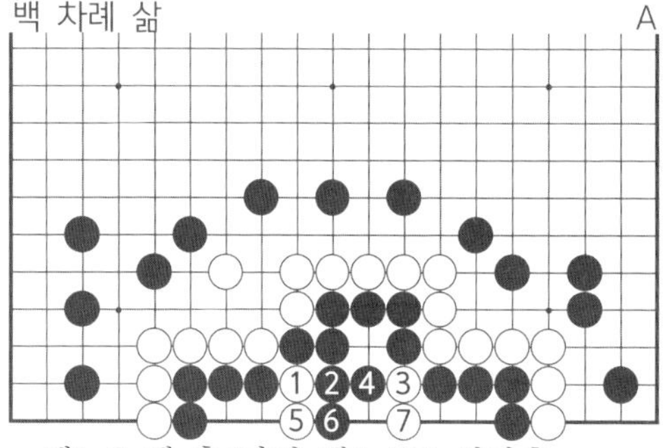

백1, 3 때 흑4라면 백5, 7로 양자충.

변화 2 〈120〉

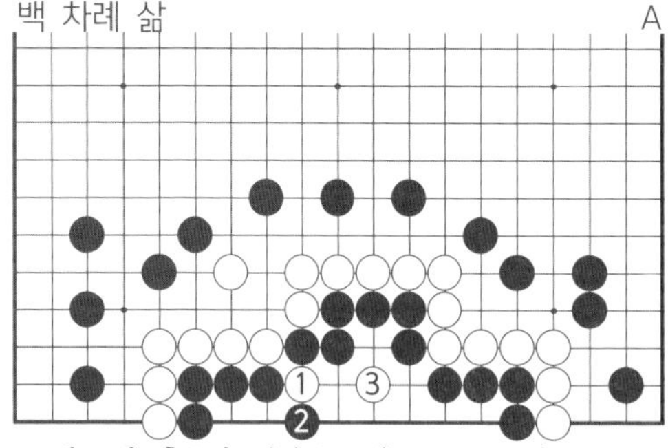

백1 때 흑2의 단수는 백3으로 그만.

「2의 1」의 맥

70문제

「2의 1」의 맥

　　정석이든 사활묘수풀이든 그 대부분은 귀에서 생깁니다. 「2의 1」라고 하는 것은 바둑판에서 모서리가 「1의 1」이고, 그 좌우 양쪽 점을 「2의 1」라고 정하여 부르는 명칭입니다. 이 「2의 1」의 곳을 차지함으로써 살아가거나 적의 돌을 죽일 수 있는 경우가 많으므로, 항상 이 맥을 염두에 두고 생각하면 빨리 맥점을 알아차릴 수 있습니다.

　　「2의 1」의 맥과 다음에 나올 「적의 급소는 나의 급소」의 맥은 귀에 있어서 공통된 경우가 매우 많으므로 귀의 사활의 문제는 이 두 가지를 함께 생각하면 대부분 그 맥점을 발견할 수 있을 것입니다.

　　다음 그림에서 백1이 「2의 1」의 맥으로 이 백1에 의해서 a의 곳에 완전하게 1집이 생깁니다.

흑 차례 백 죽음

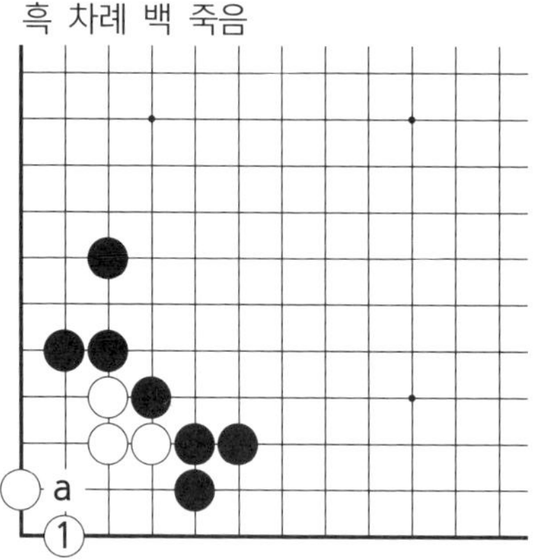

문제 〈121〉

백 차례 삶   A

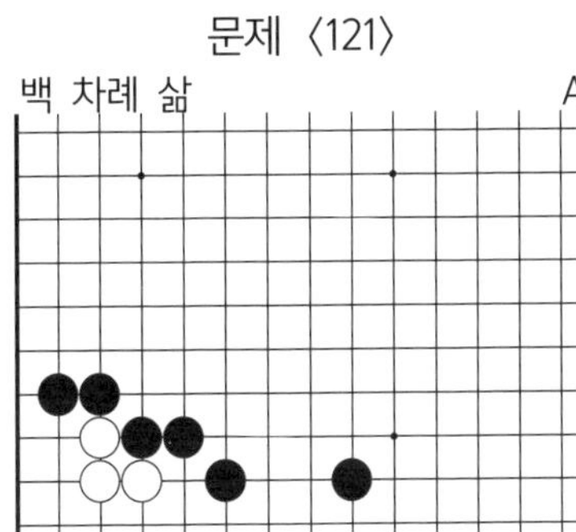

문제 〈122〉

흑 차례 백 죽음   A

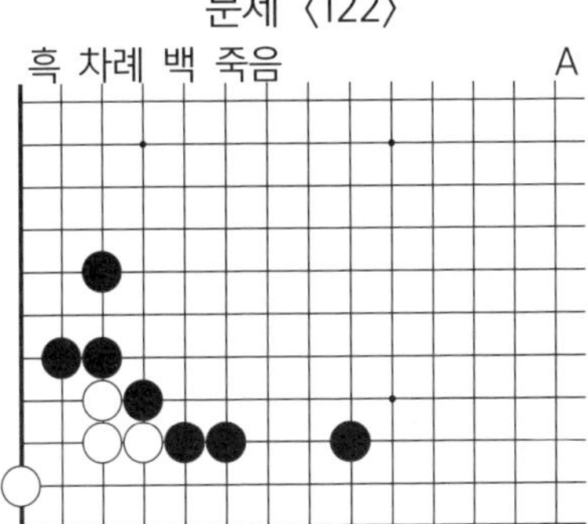

문제 〈123〉

백 차례 삶   A

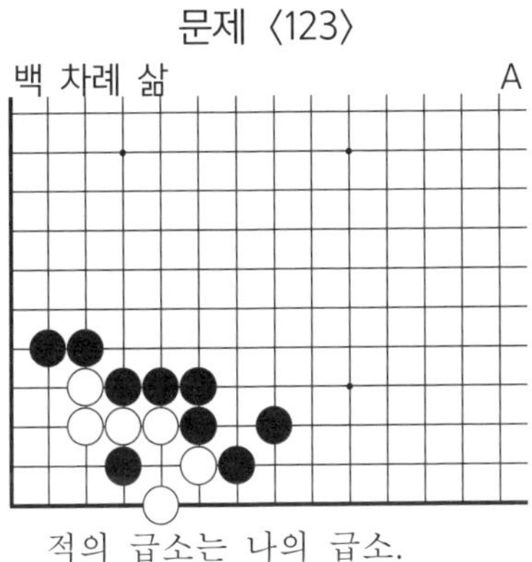

적의 급소는 나의 급소.

문제 〈124〉

백 차례 삶   A

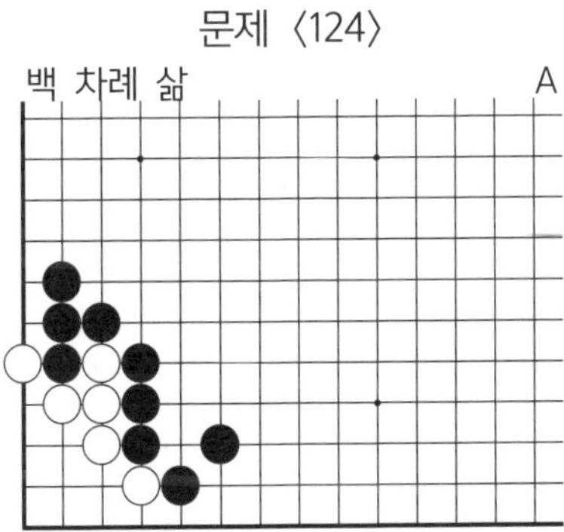

정해 〈121〉

백 차례 삶

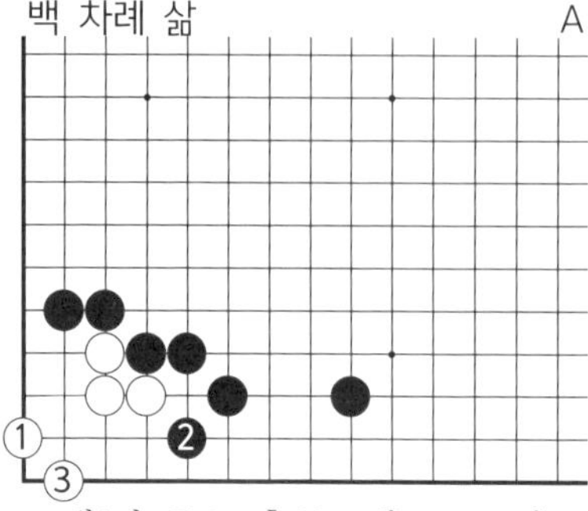

백1이 급소 흑2는 백3으로 삶.

정해 〈122〉

흑 차례 백 죽음

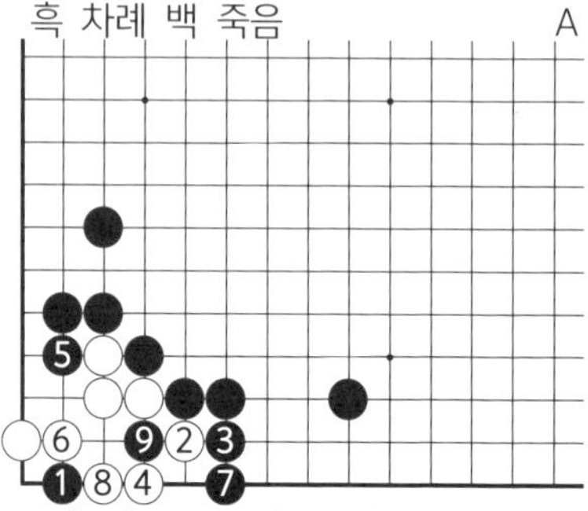

흑1이 급소. 백2는 흑3부터 9까지
백 죽음. 7의 내림이 좋은 수.

정해 〈123〉

백 차례 삶

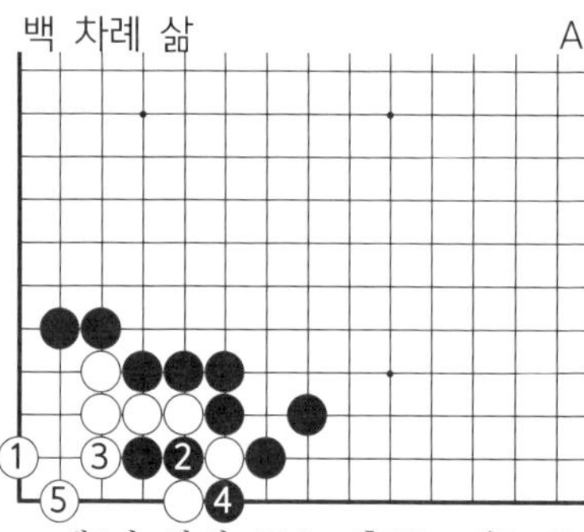

백1이 삶의 급소. 흑2는 백3, 5
로 삶.

변화 〈123〉

백 차례 삶

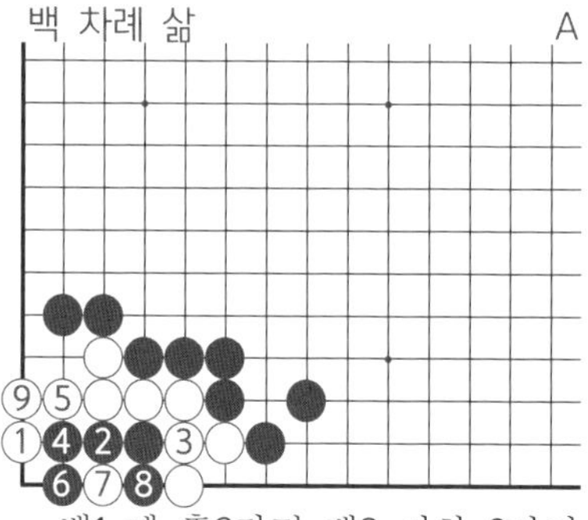

백1 때 흑2라면 백3 이하 9까지
백의 수상전 1수 승으로 삶.

정해 〈124〉

백 차례 삶

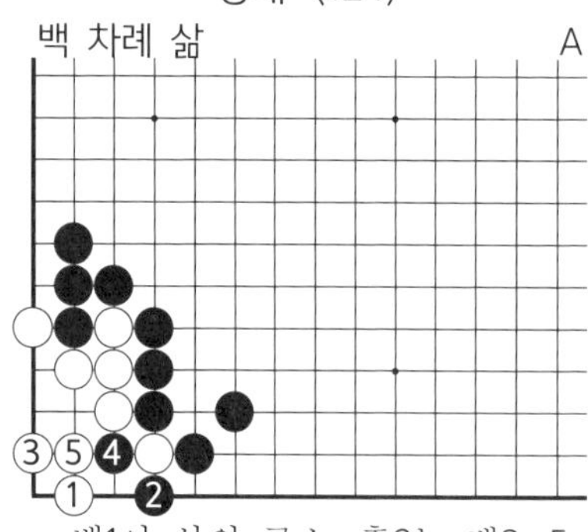

백1이 삶의 급소. 흑2는 백3, 5
로 삶.

변화 〈124〉

백 차례 패

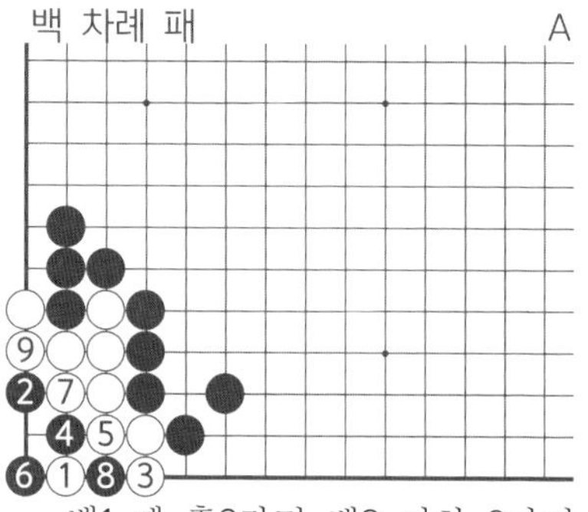

백1 때 흑2라면 백3 이하 9까지
양패로 삶.

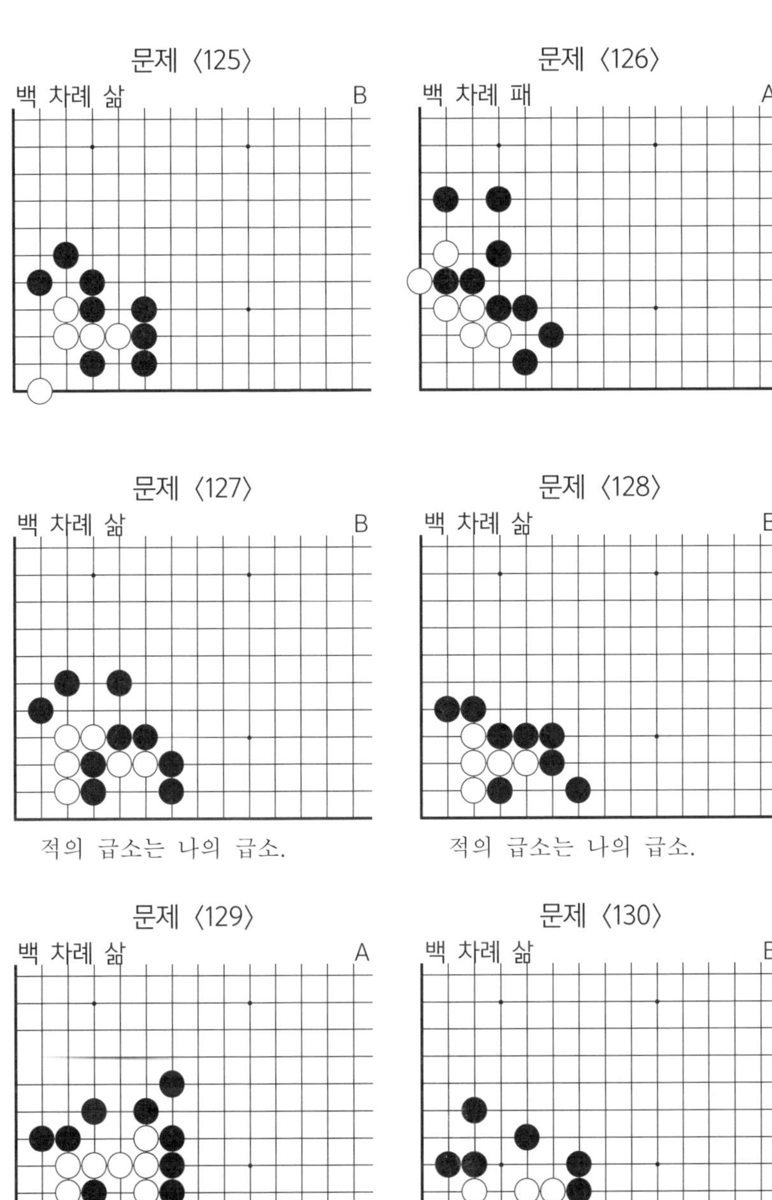

문제 〈125〉
백 차례 삶
B
문제 〈126〉
백 차례 패
A
문제 〈127〉
백 차례 삶
B
문제 〈128〉
백 차례 삶
B
문제 〈129〉
백 차례 삶
A
문제 〈130〉
백 차례 삶
B
적의 급소는 나의 급소.
적의 급소는 나의 급소.
적의 급소는 나의 급소.

정해 〈125〉

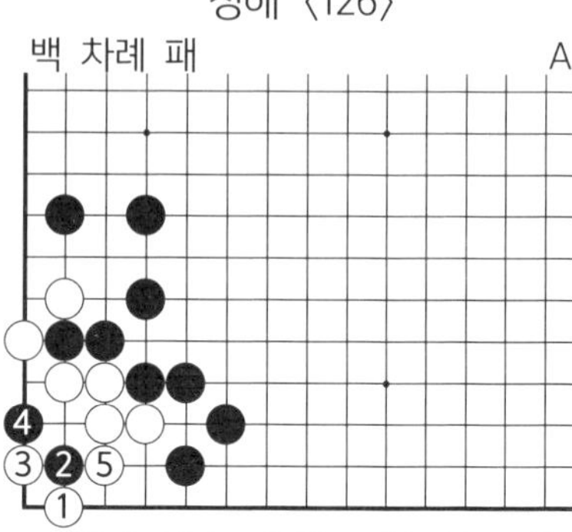

백1이 사는 급소. 흑2는 백3으로 삶.

정해 〈126〉

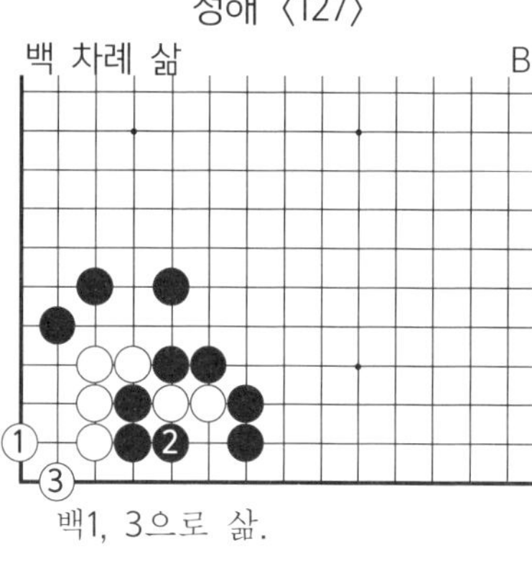

백1이 급소. 흑2는 백3, 5로 패.

정해 〈127〉

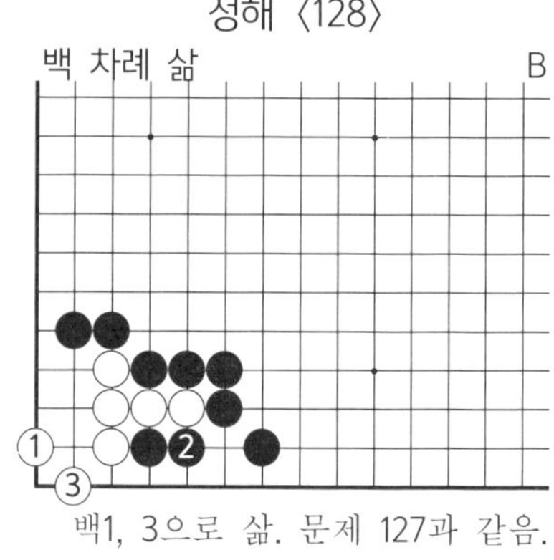

백1, 3으로 삶.

정해 〈128〉

백1, 3으로 삶. 문제 127과 같음.

정해 〈129〉

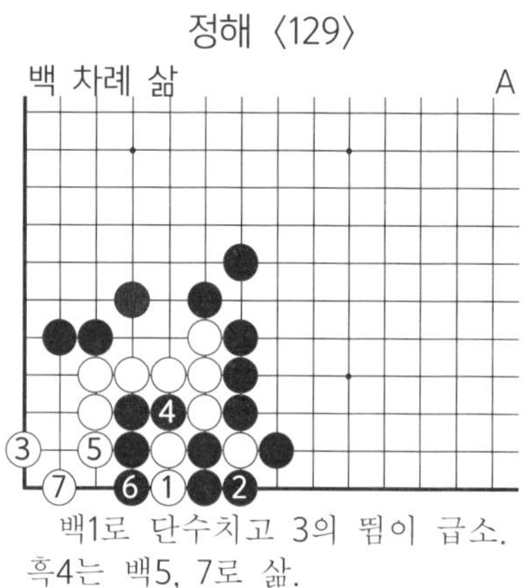
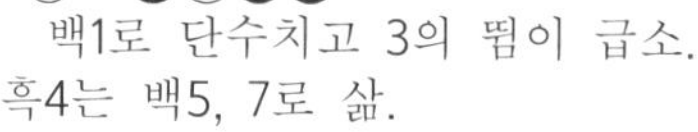

백1로 단수치고 3의 뜀이 급소. 흑4는 백5, 7로 삶.

정해 〈130〉

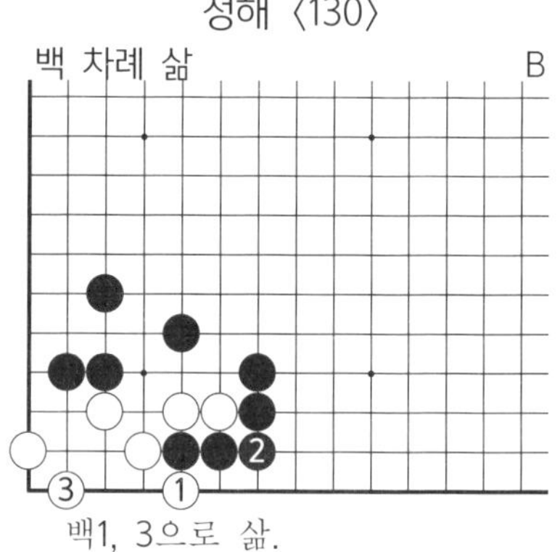

백1, 3으로 삶.

문제 〈131〉

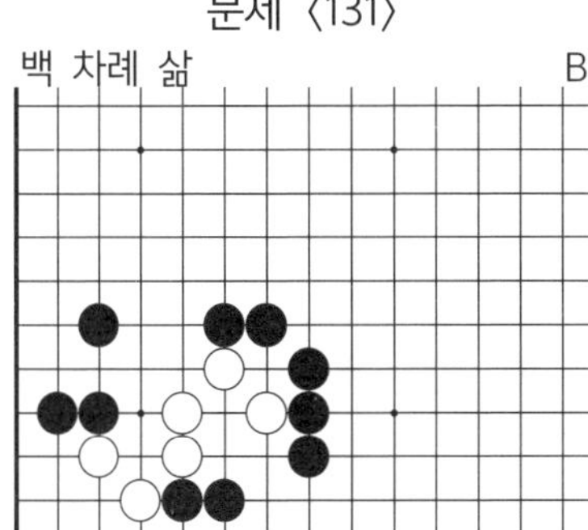

문제 〈132〉

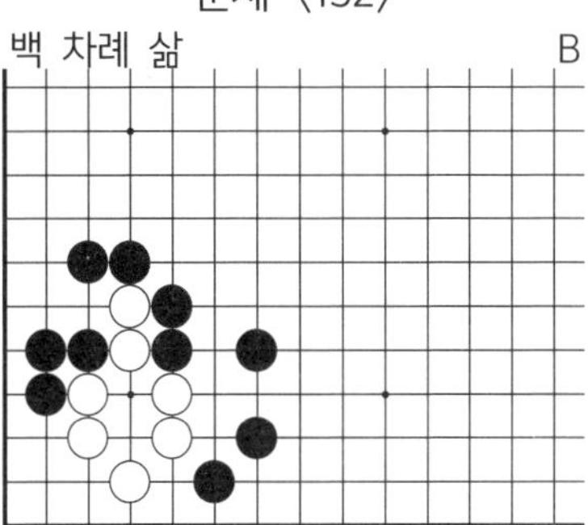

문제 〈133〉

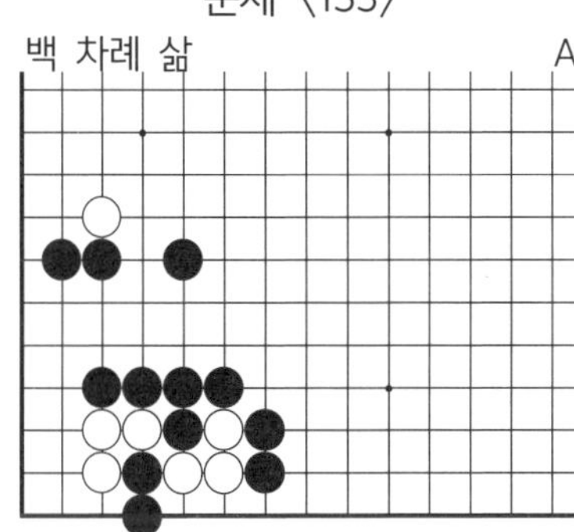

문제 〈134〉

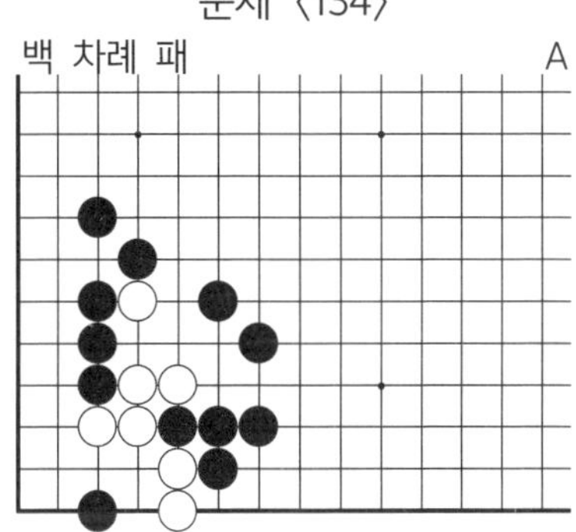

문제 〈135〉

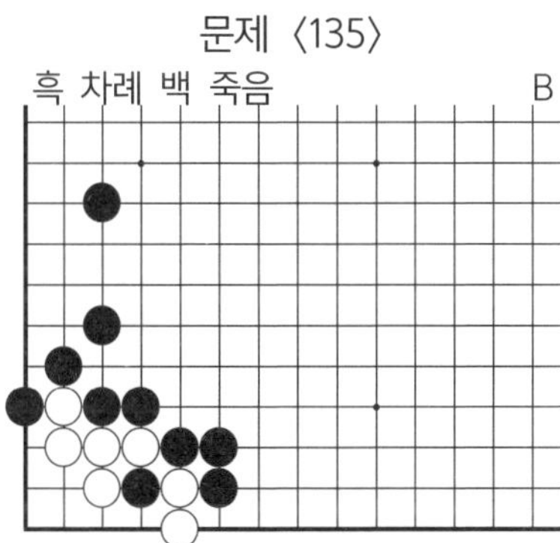

문제 〈136〉

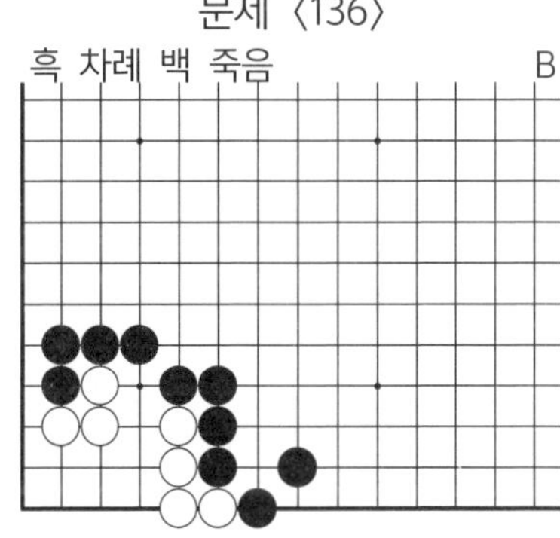

정해 ⟨131⟩

백 차례 삶   B

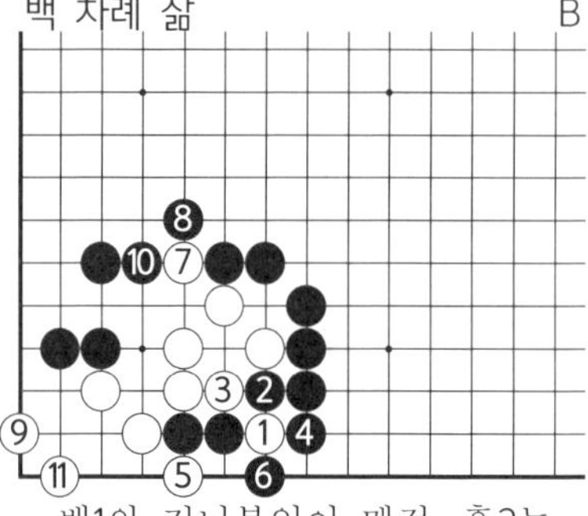

백1의 건너붙임이 맥점. 흑2는
백3 이하 11까지 삶.

정해 ⟨132⟩

백 차례 삶   B

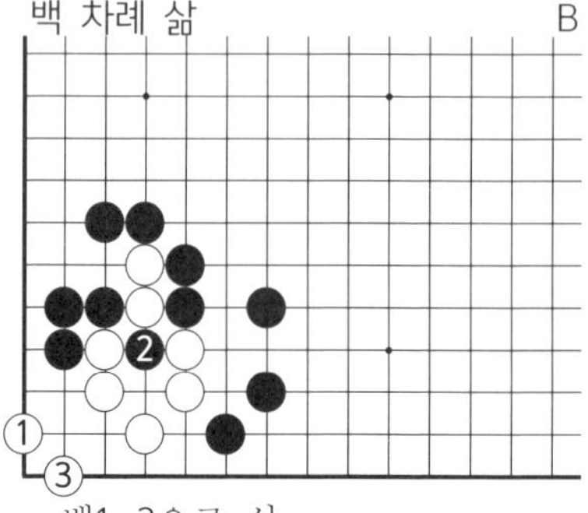

백1, 3으로 삶.

정해 ⟨133⟩

백 차례 삶   A

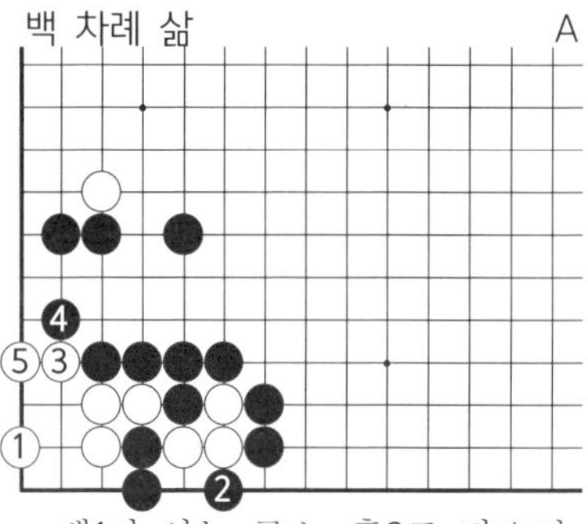

백1이 사는 급소. 흑2로 잡으면
백3, 5로 삶.

정해 ⟨134⟩

백 차례 패   A

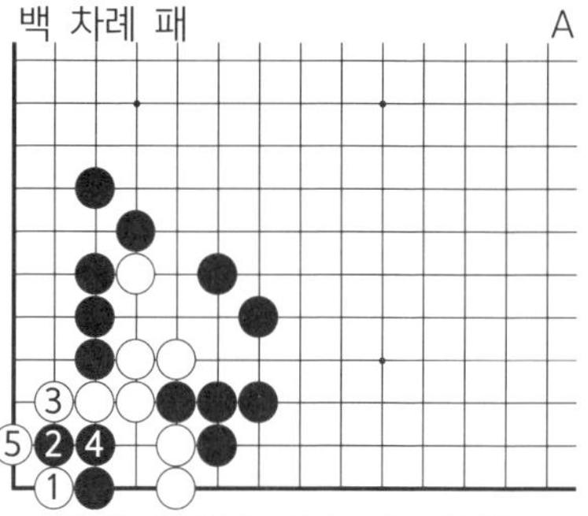

백1의 붙임이 좋은 수. 흑2는
백3, 5로 패.

정해 ⟨135⟩

흑 차례 백 죽음   B

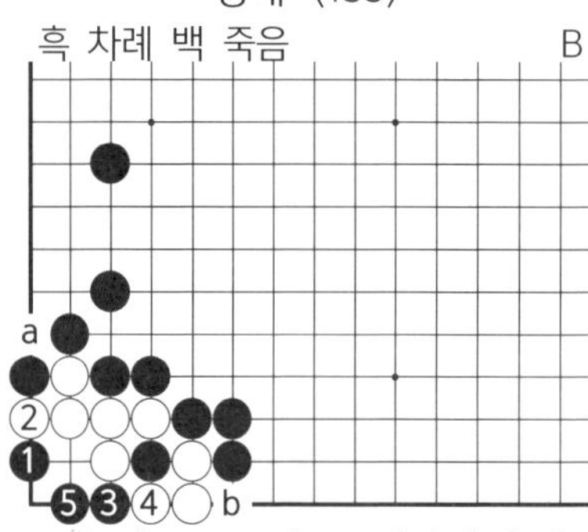

흑1이 급소. 백2로 차단하면 흑
3, 5로 자충. 백a는 흑b로 끝.

정해 ⟨136⟩

흑 차례 백 죽음   B

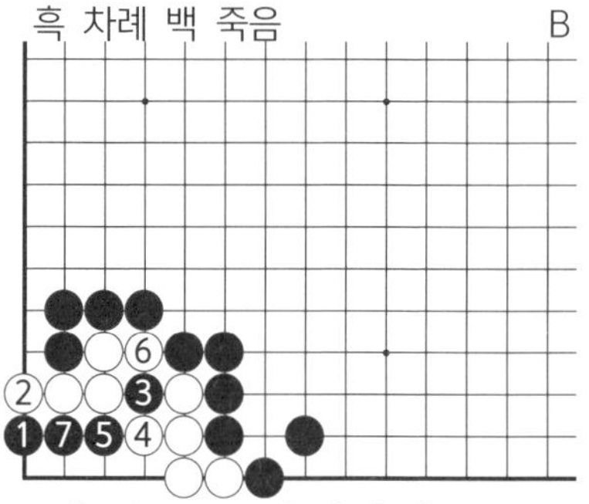

흑1이 급소. 백2라면 흑3, 5, 7
로 백 죽음.

문제 〈137〉

백 차례 패로 삶   A

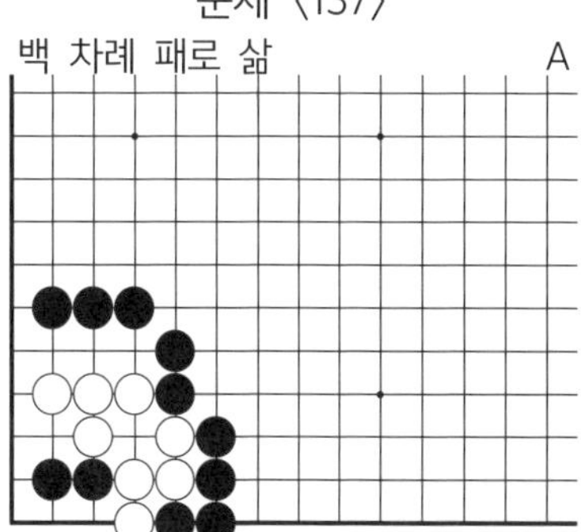

자충으로 이끄는 것이 중요.

문제 〈138〉

흑 차례 패   A

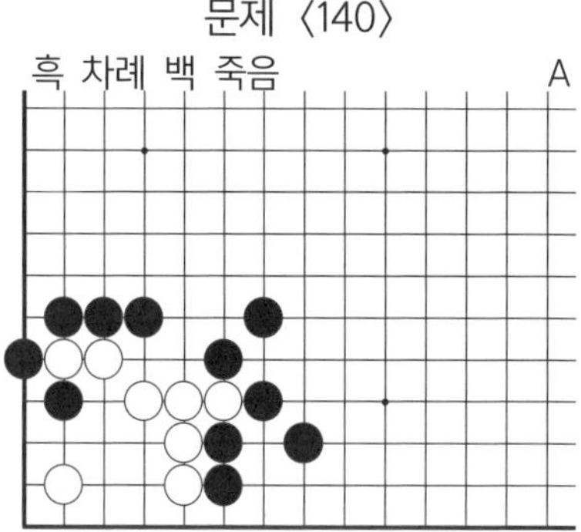

문제 〈139〉

백 차례 삶   A

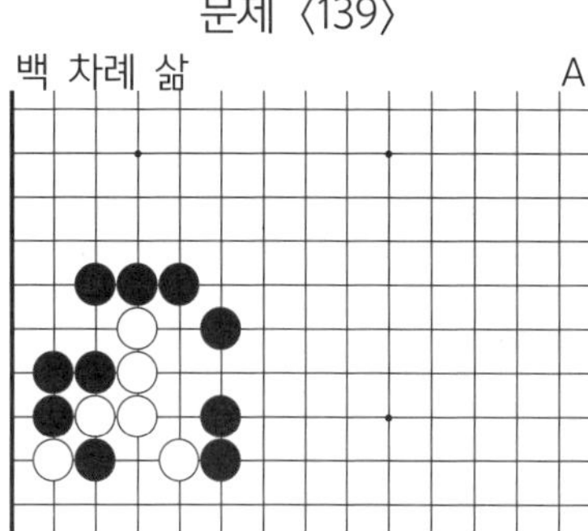

문제 〈140〉

흑 차례 백 죽음   A

문제 〈141〉

흑 차례 백 죽음   A

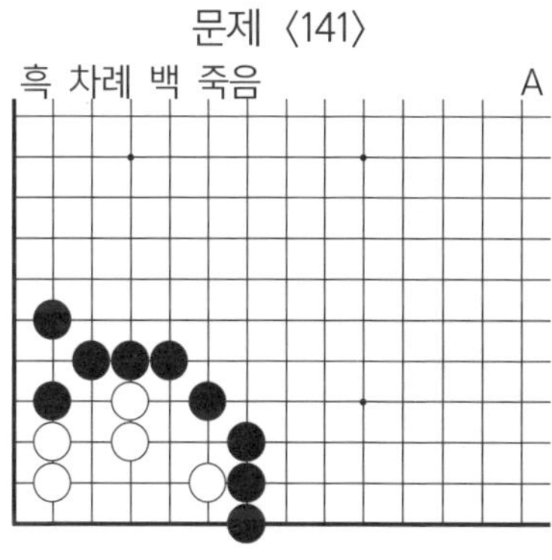

문제 〈142〉

흑 차례 백 죽음   A

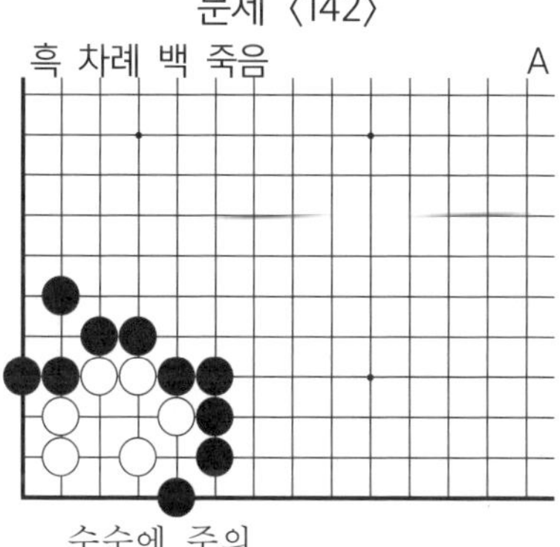

수순에 주의.

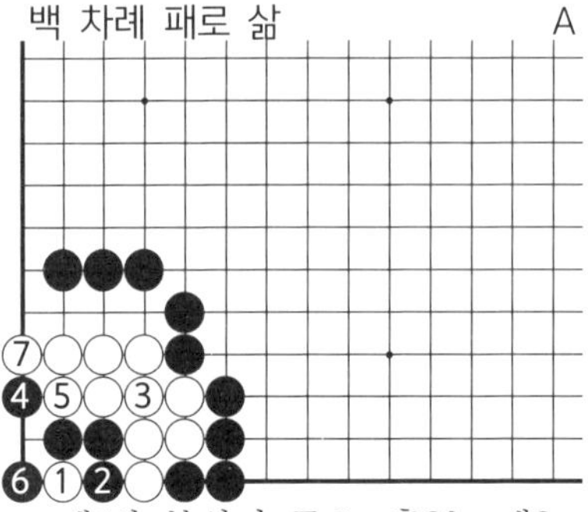

정해 〈137〉

백 차례 패로 삶   A

백1의 붙임이 급소. 흑2는 백3,
5, 7로 늘어진 패로 백 삶.

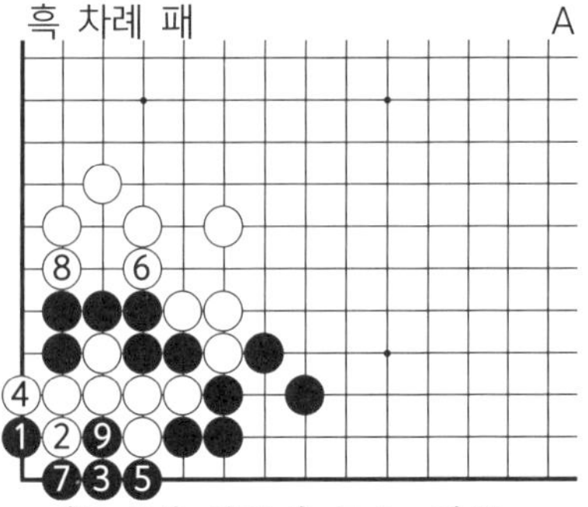

정해 〈138〉

흑 차례 패   A

흑1, 3의 치중이 급소. 백4는
흑5, 7, 9로 패.

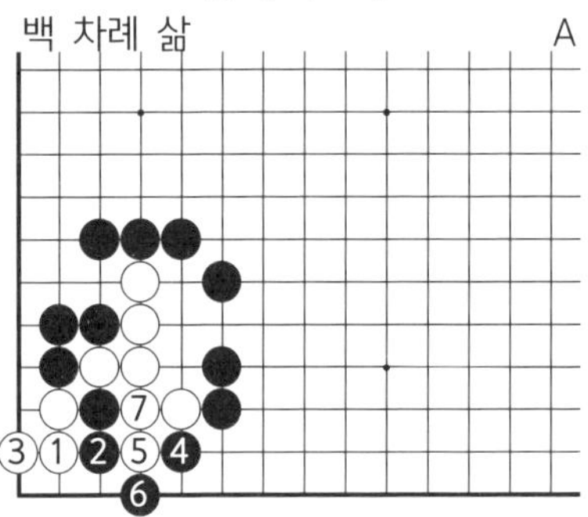

정해 〈139〉

백 차례 삶   A

백1이 급소. 흑2는 백3이 묘수로
이하 7까지 삶.

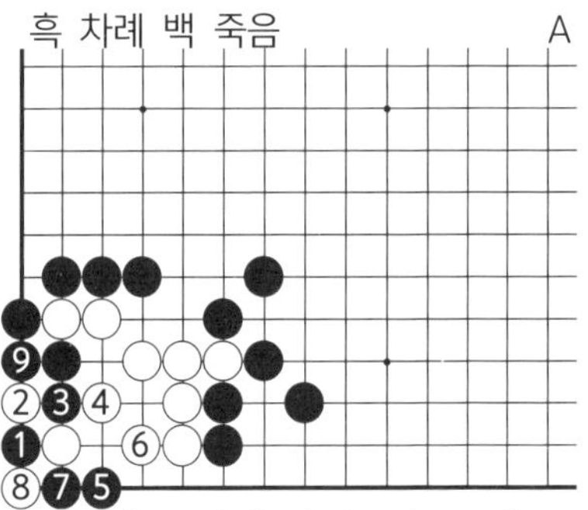

정해 〈140〉

흑 차례 백 죽음   A

흑1의 붙임이 맥점. 백2는 흑3,
5가 수순. 백6은 흑7, 9로 끝.

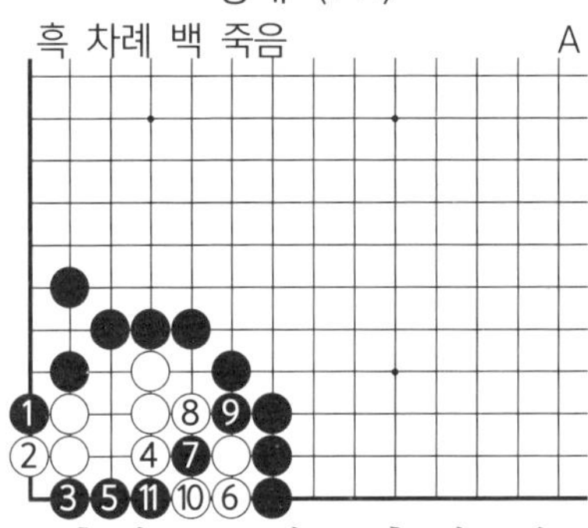

정해 〈141〉

흑 차례 백 죽음   A

흑1이 급소. 백2는 흑3이 묘수로
이하 11까지 3궁으로 백 죽음.

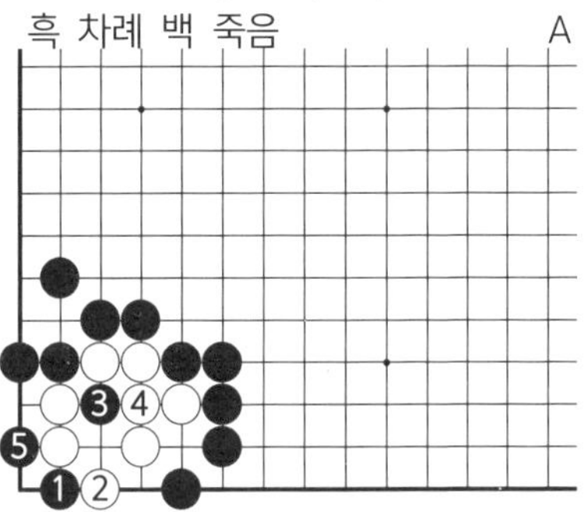

정해 〈142〉

흑 차례 백 죽음   A

흑1의 붙임이 맥점. 백2는 흑3,
5로 백이 자충이 되어 끝.

문제 〈143〉

흑 차례 백 죽음   B

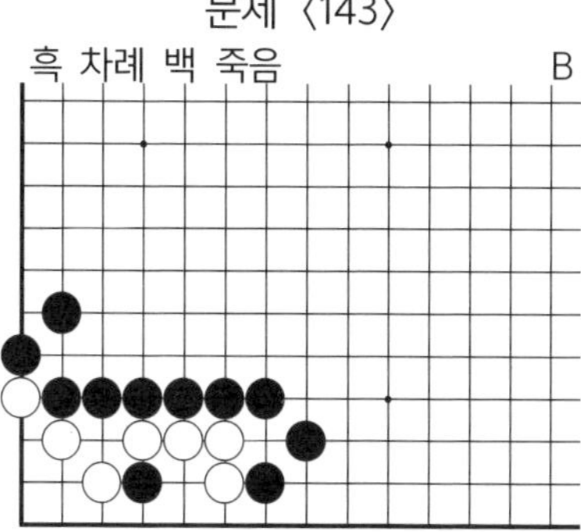

자충으로 이끄는 것이 열쇠.

문제 〈144〉

백 차례 삶   B

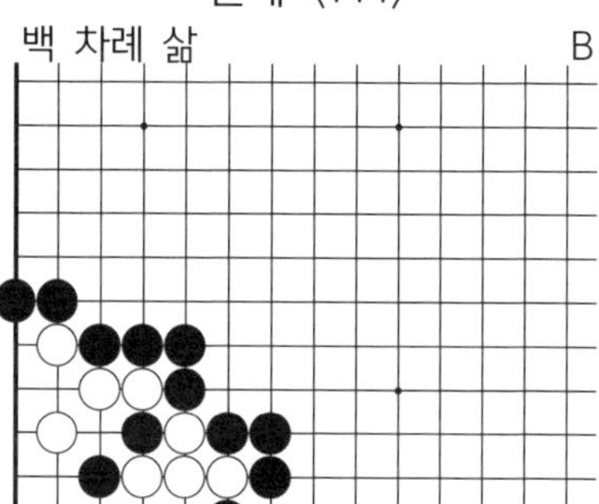

문제 〈145〉

흑 차례 백 죽음   A

문제 〈146〉

흑 차례 백 죽음   A

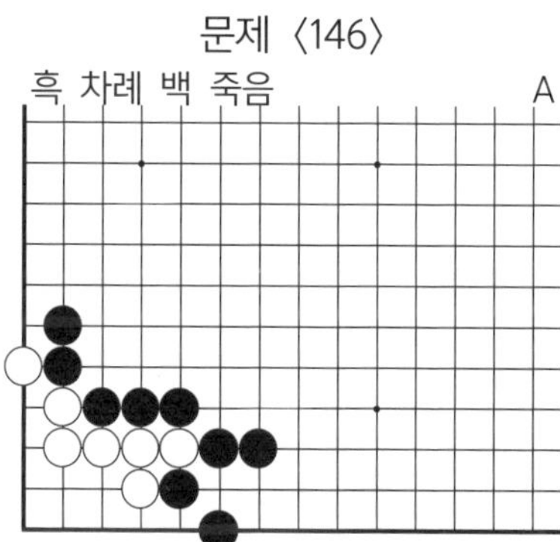

문제 〈147〉

흑 차례 백 죽음   A

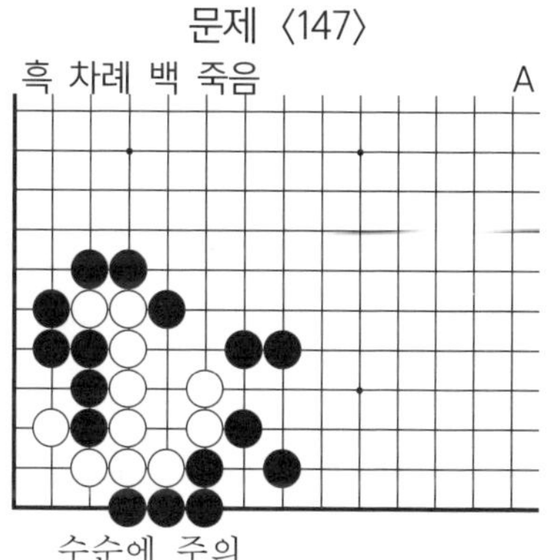

수순에 주의.

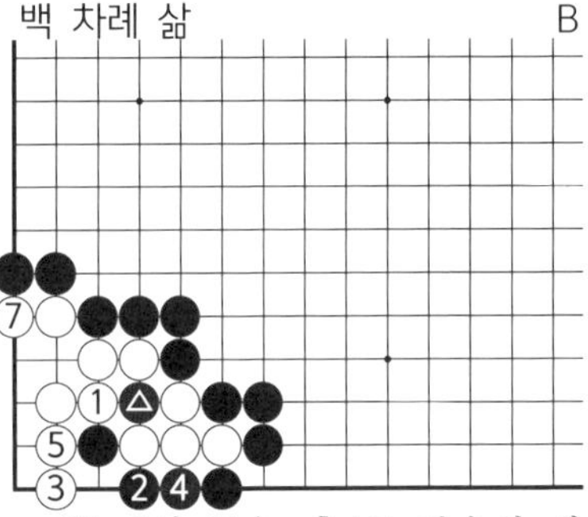

정해 〈143〉

흑 차례 백 죽음   B

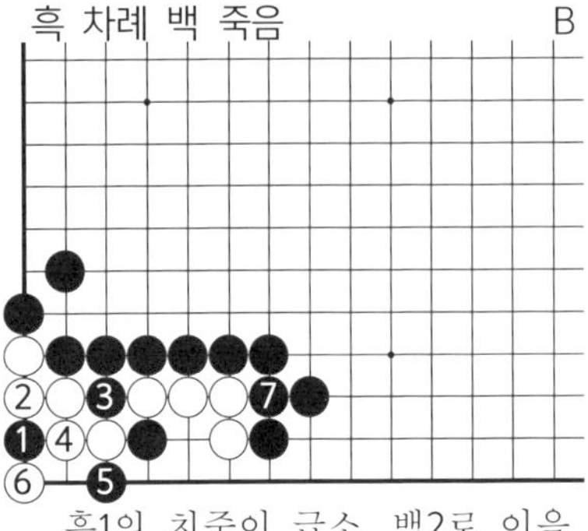

흑1의 치중이 급소. 백2로 이을 때 흑3, 5, 7로 백은 양자충.

정해 〈144〉

백 차례 삶   B

백1, 3이 묘수. 흑4로 단수칠 때 백5, 7로 삶. ⑥→△

정해 〈145〉

흑 차례 백 죽음   A

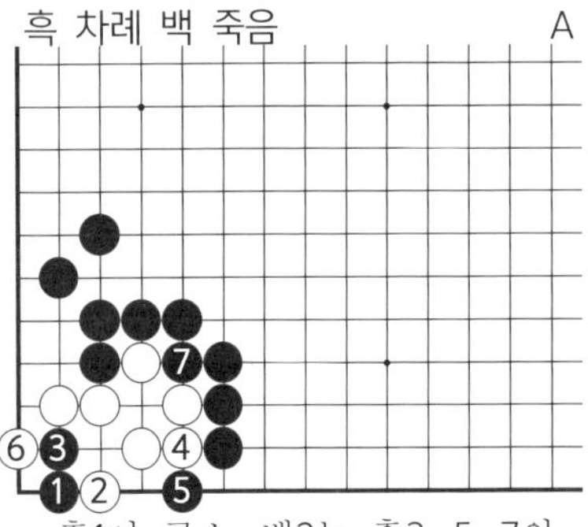

흑1이 급소. 백2는 흑3, 5, 7의 수순으로 백 죽음.

변화 〈145〉

흑 차례 백 죽음   A

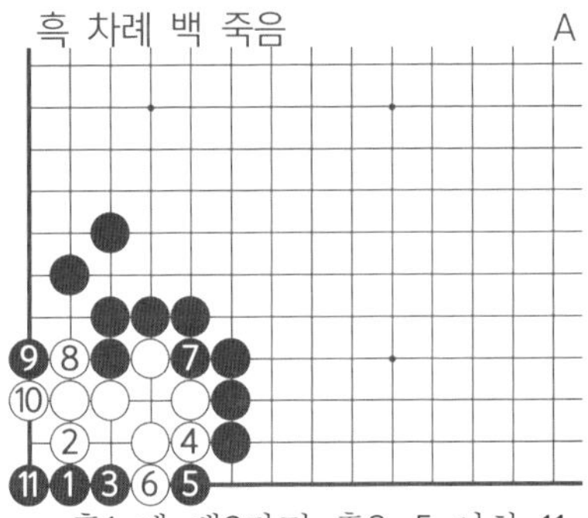

흑1 때 백2라면 흑3, 5 이하 11 까지 결국 귀곡사로 백 죽음.

정해 〈146〉

흑 차례 백 죽음   A

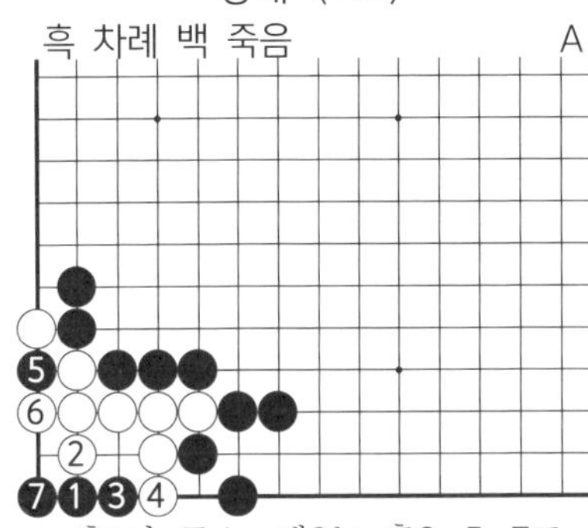

흑1이 급소. 백2는 흑3, 5, 7로 바둑 종국 시 귀곡사로 백 죽음.

정해 〈147〉

흑 차례 백 죽음   A

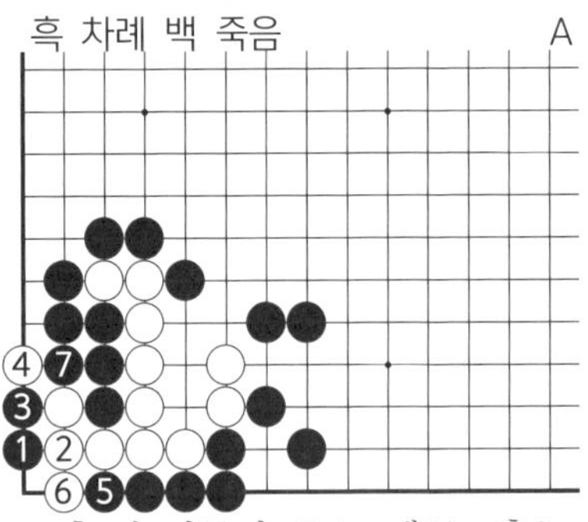

흑1의 치중이 급소. 백2는 흑3 5, 7로 백 죽음.

문제 〈148〉

백 차례 패

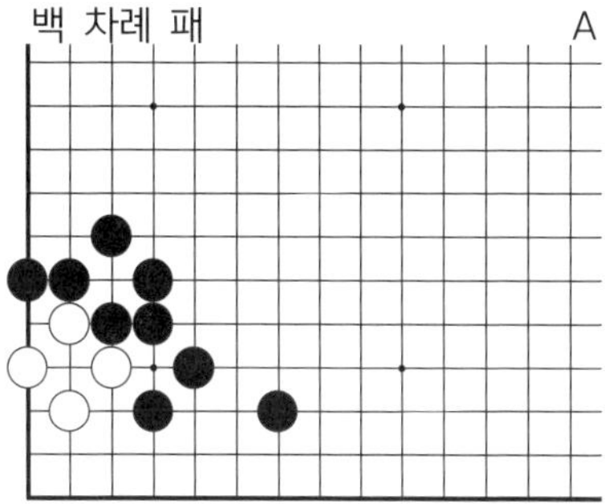

문제 〈149〉

흑 차례 백 죽음

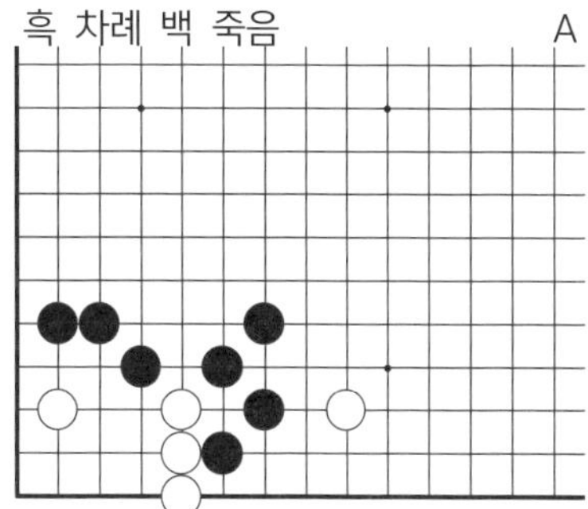

문제 〈150〉

백 차례 삶

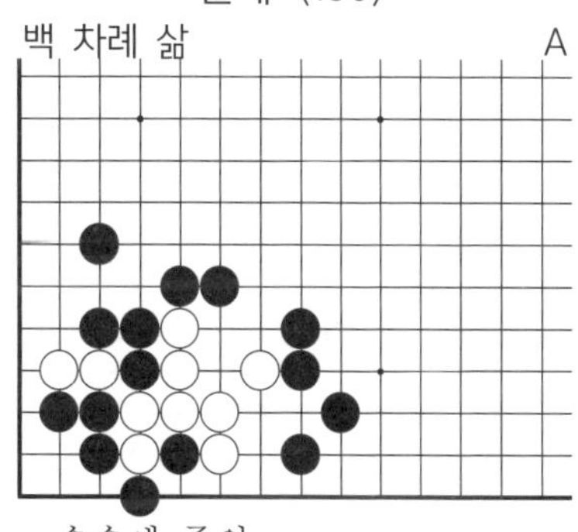

수순에 주의.

문제 〈151〉

백 차례 삶

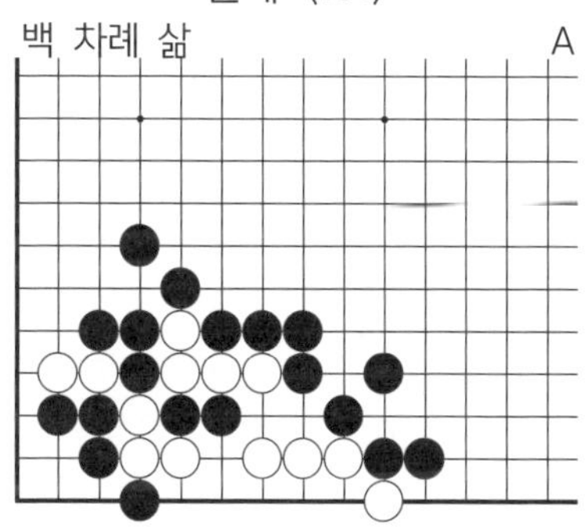

정해 〈148〉

백 차례 패

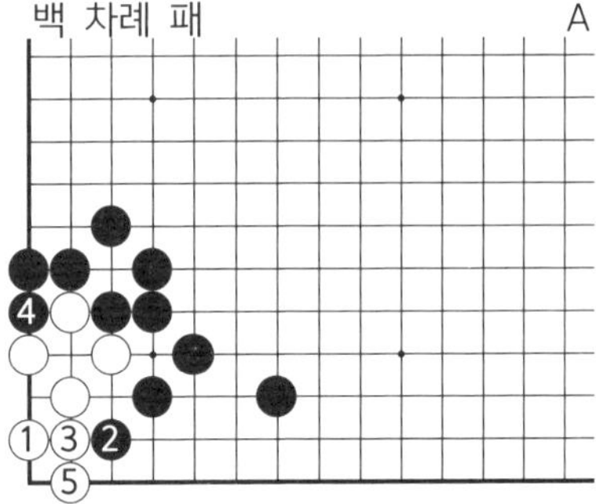

백1이 급소. 흑2는 백3, 5로 패.

정해 〈149〉

흑 차례 백 죽음

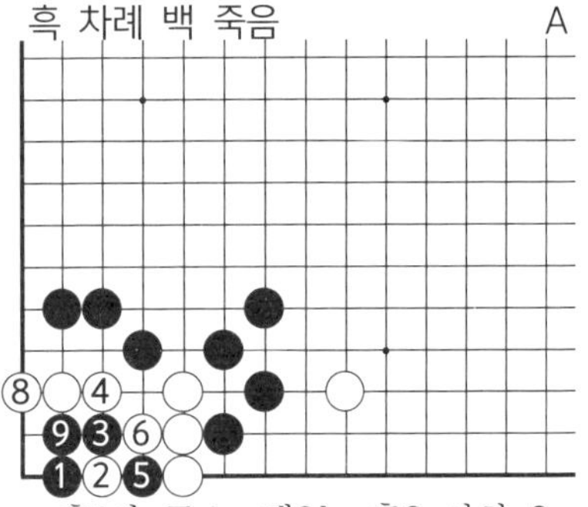

흑1이 급소. 백2는 흑3 이하 9
까지 오궁도화. ❼→②

변화 〈149〉

흑 차례 백 죽음

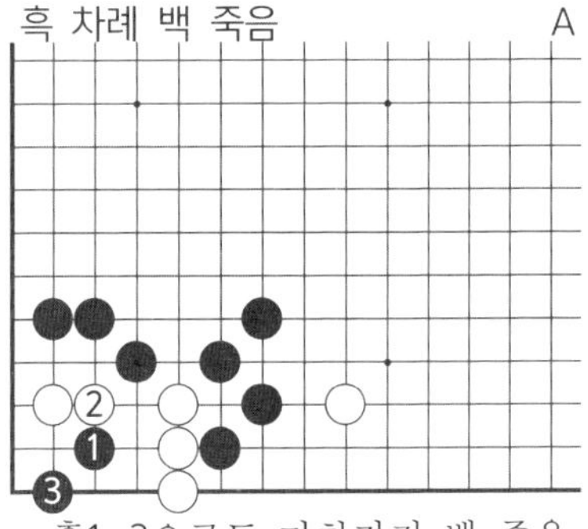

흑1, 3으로도 마찬가지 백 죽음.

정해 〈150〉

백 차례 삶

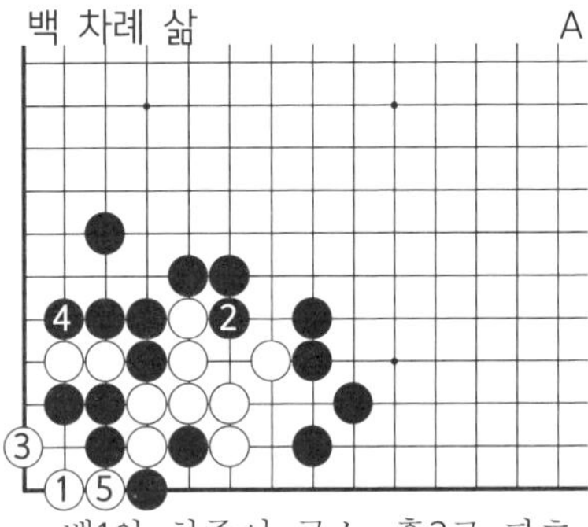

백1의 치중이 급소. 흑2로 파호
하면 백3, 5로 삶.

정해 〈151〉

백 차례 삶

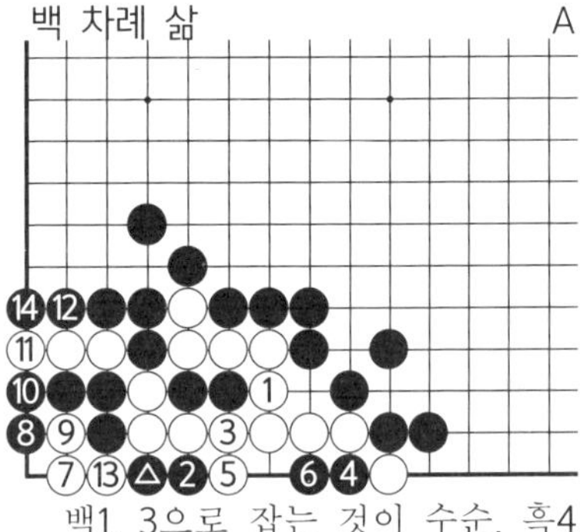

백1, 3으로 잡는 것이 수순. 흑4
는 백5 이하 15까지 삶. ⑮→▲

문제 〈152〉

흑 차례 백 죽음　　　　　A

문제 〈153〉

흑 차례 백 죽음　　　　　A

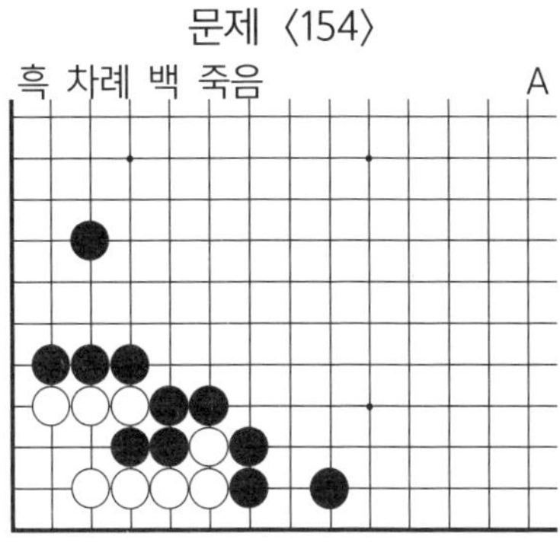

문제 〈154〉

흑 차례 백 죽음　　　　　A

자충으로 이끄는 것이 열쇠.

문제 〈155〉

흑 차례 백 죽음　　　　　B

문제 〈156〉

흑 차례 백 죽음　　　　　B

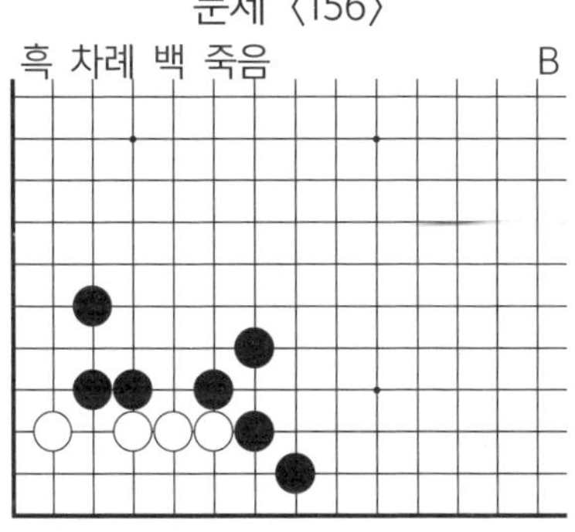

정해 〈152〉

흑 차례 백 죽음   A

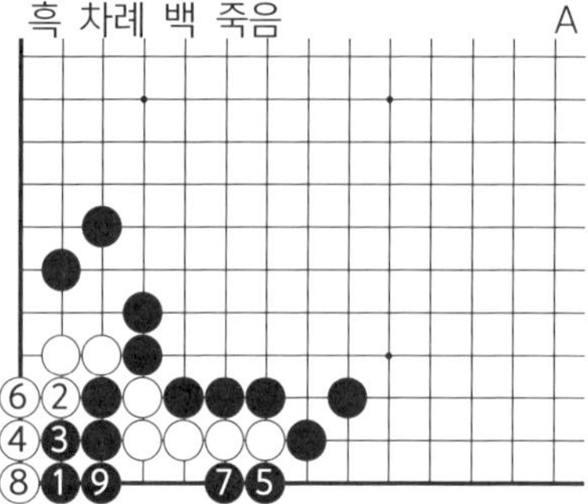

흑1이 급소. 백2는 흑3부터 9까지 오궁도화로 백 죽음.

정해 〈153〉

흑 차례 백 죽음   A

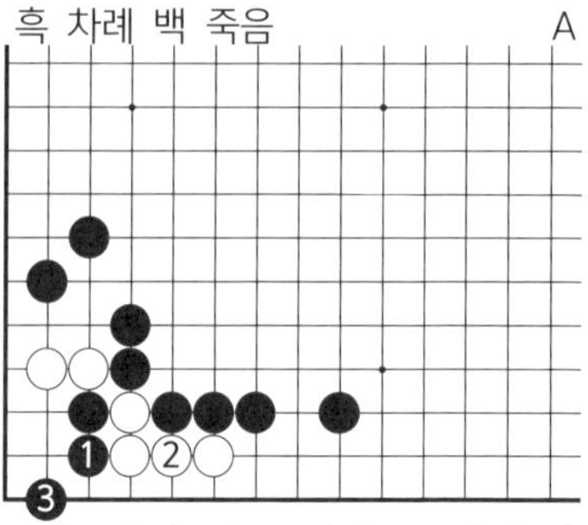

흑1, 3이 급소. 이하 152번과 마찬가지로 오궁도화.

정해 〈154〉

흑 차례 백 죽음   A

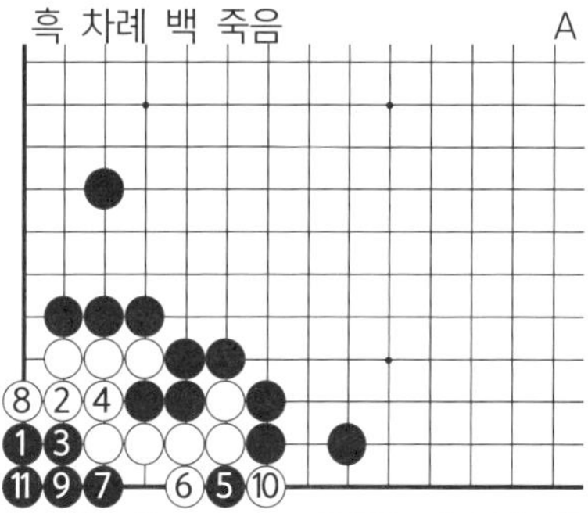

흑1, 3이 급소. 백4로 이으면 흑5 이하 11까지 오궁도화.

변화 〈154〉

흑 차례 백 죽음   A

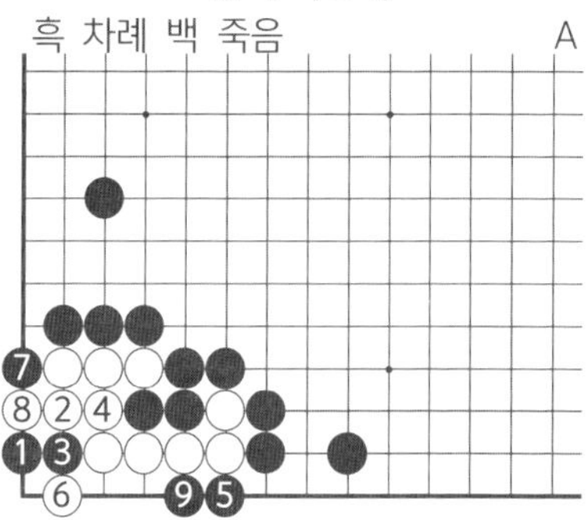

흑1, 3, 5 때 백6이라면 흑7, 9로 자충이 되어 1집뿐으로 잡힘.

정해 〈155〉

흑 차례 백 죽음   B

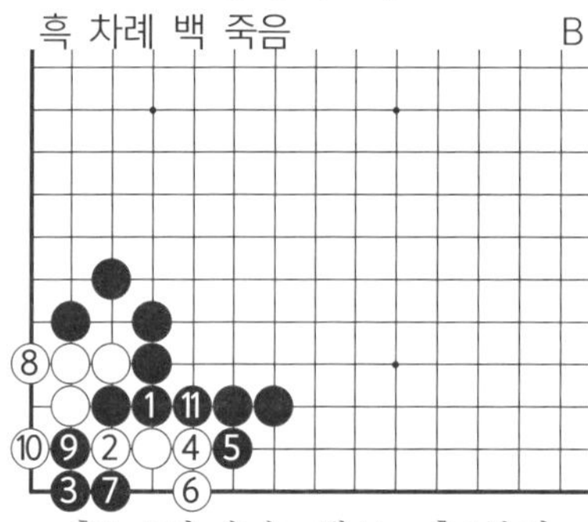

흑1, 3이 수순. 백4는 흑5부터 11까지 양자충으로 백 죽음.

정해 〈156〉

흑 차례 백 죽음   B

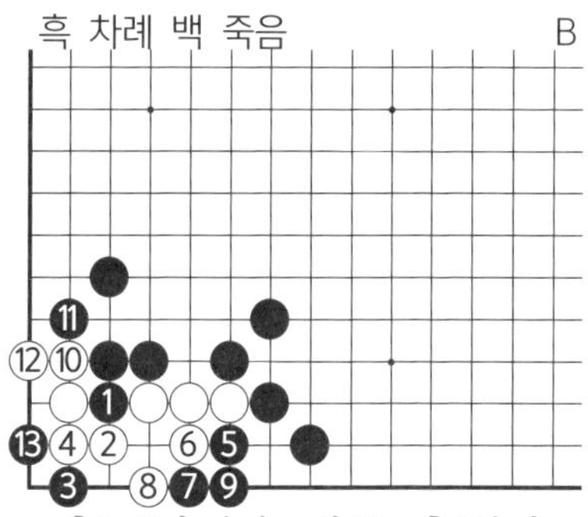

흑1, 3이 수순. 백4는 흑5부터 13까지 백 죽음.

문제 〈157〉

흑 차례 패　　　　　　　　　　　A

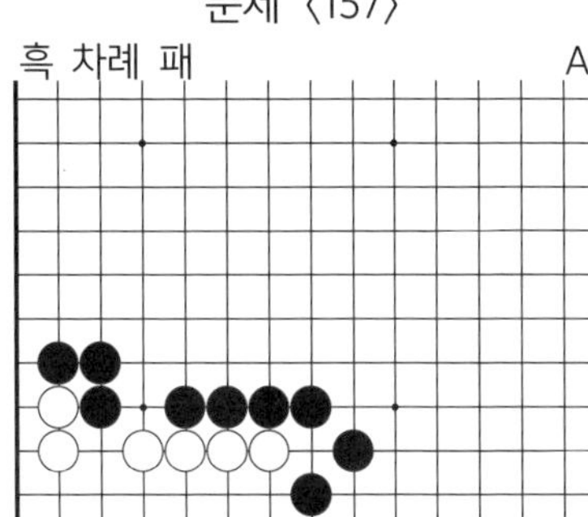

문제 〈158〉

흑 차례 백 죽음　　　　　　　　B

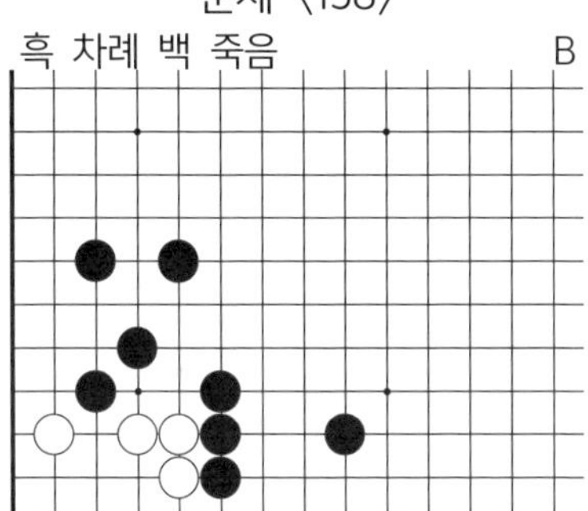

문제 〈159〉

흑 차례 백 죽음　　　　　　　　A

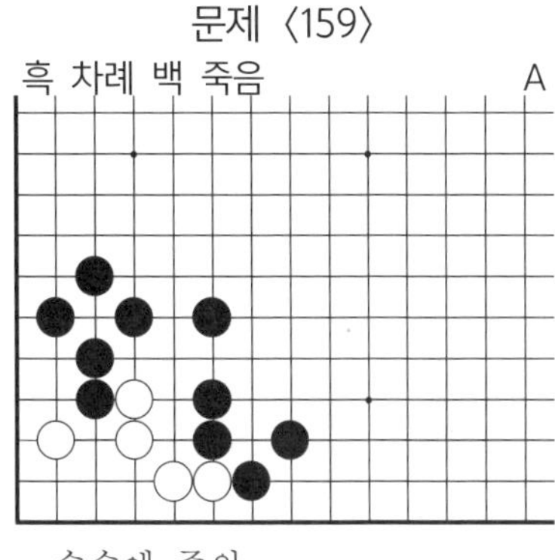

수순에 주의.

문제 〈160〉

흑 차례 백 죽음　　　　　　　　A

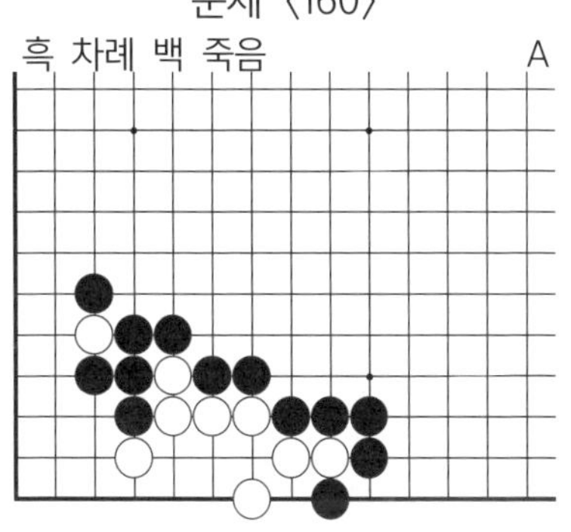

문제 〈161〉

백 차례 패　　　　　　　　　　　A

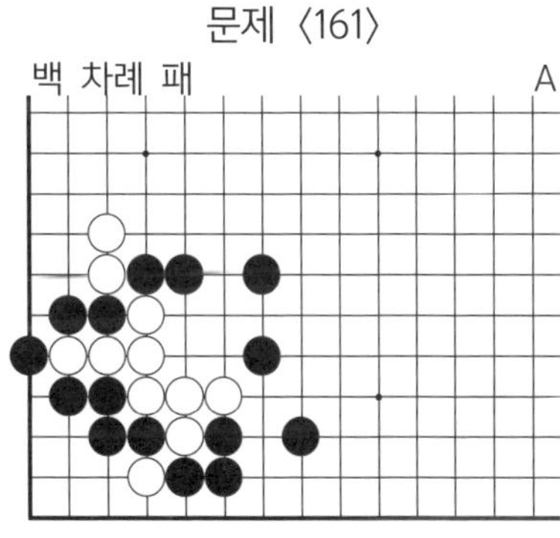

문제 〈162〉

백 차례 패　　　　　　　　　　　A

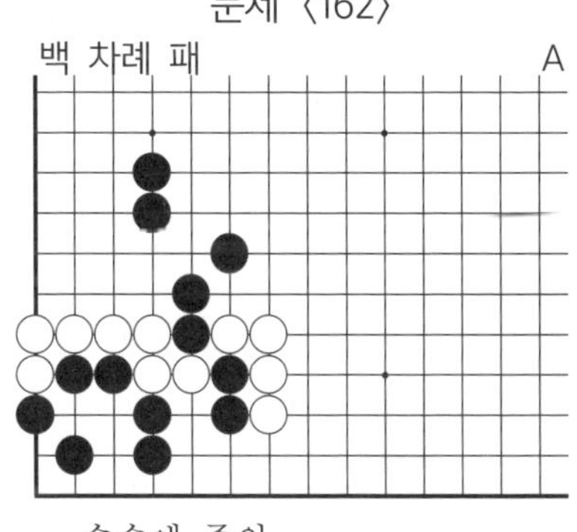

수순에 주의.

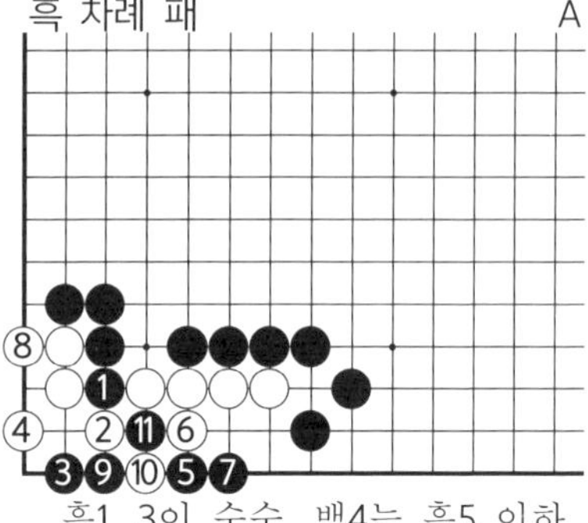

정해 〈157〉

흑 차례 패   A

흑1, 3이 수순. 백4는 흑5 이하
11까지 패.

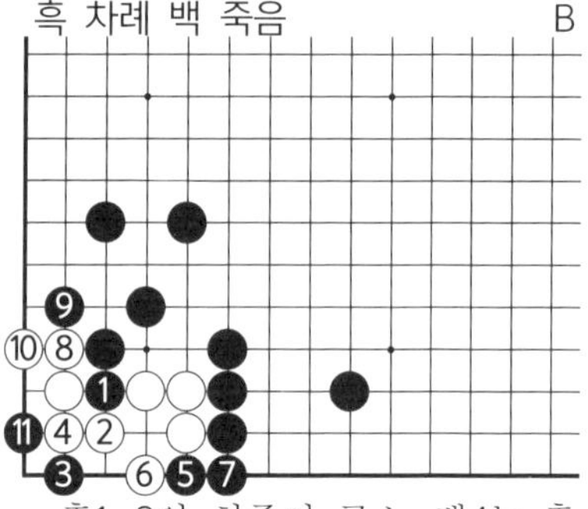

정해 〈158〉

흑 차례 백 죽음   B

흑1, 3의 치중이 급소. 백4는 흑
5부터 11까지 백 죽음.

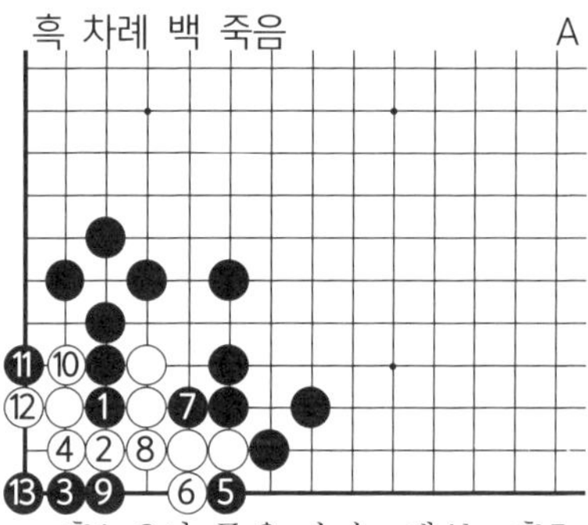

정해 〈159〉

흑 차례 백 죽음   A

흑1, 3이 좋은 수순. 백4는 흑5
부터 13까지 귀곡사로 백 죽음.

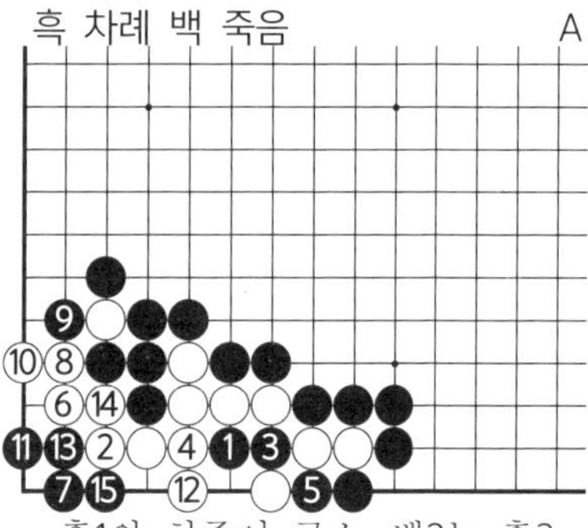

정해 〈160〉

흑 차례 백 죽음   A

흑1의 치중이 급소. 백2는 흑3
이하 15까지 유가무가로 백 죽음.

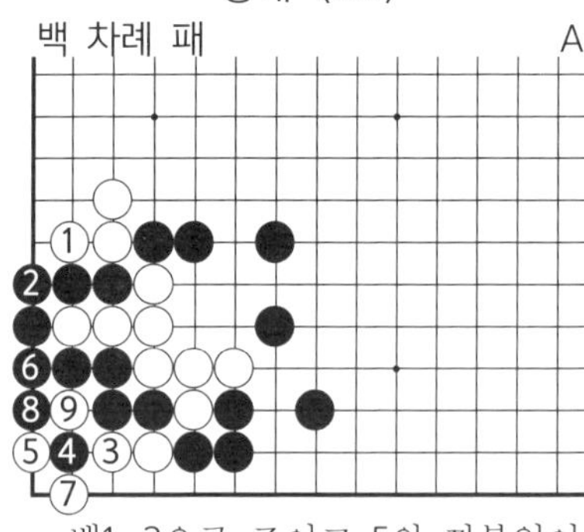

정해 〈161〉

백 차례 패   A

백1, 3으로 조이고 5의 껴붙임이
급소. 흑6은 백7, 9로 패.

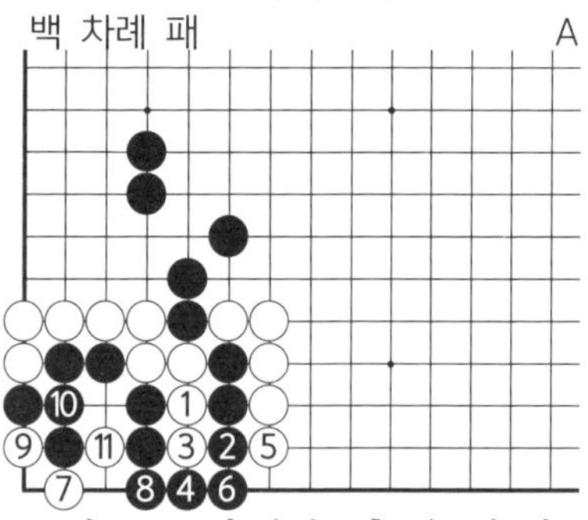

정해 〈162〉

백 차례 패   A

백1, 3, 5가 수순. 흑6은 백7의
붙임이 급소. 흑8은 백9, 11로 패.

문제 〈163〉

흑 차례 패   A

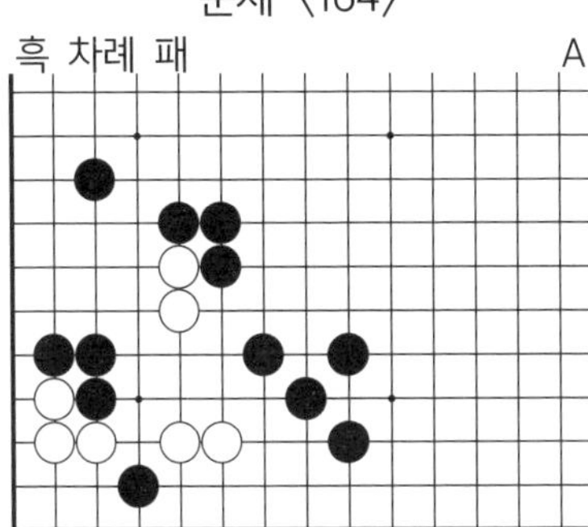

문제 〈164〉

흑 차례 패   A

문제 〈165〉

흑 차례 패   A

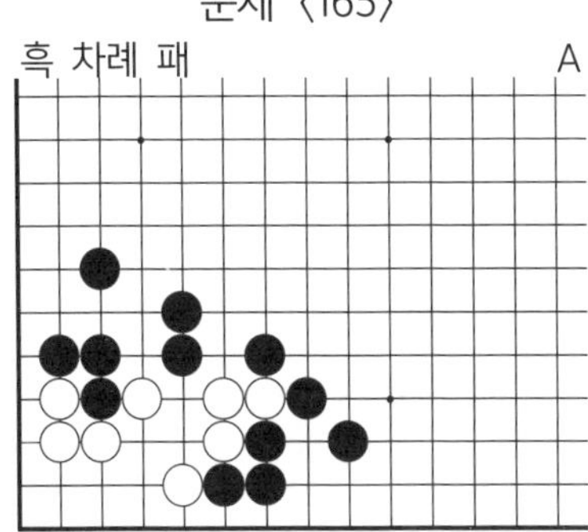

문제 〈166〉

백 차례 패   A

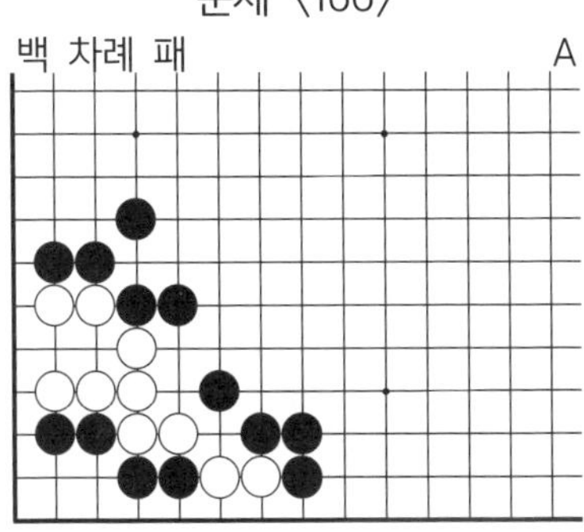

문제 〈167〉

백 차례 패   A

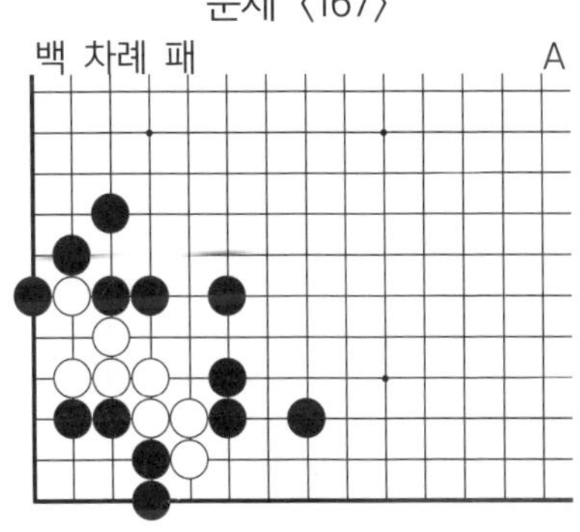

문제 〈168〉

흑 차례 패   A

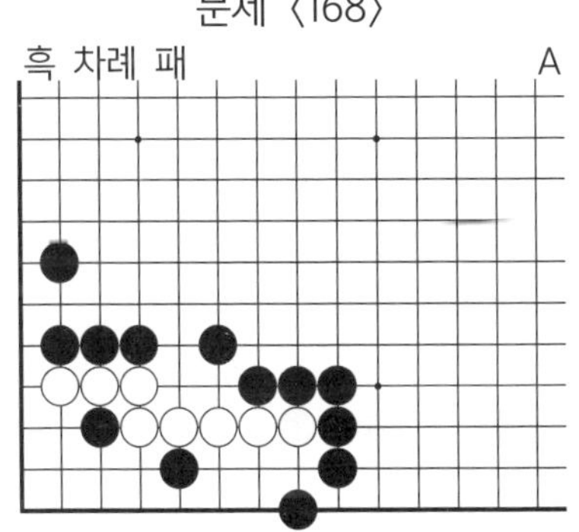

정해 〈163〉

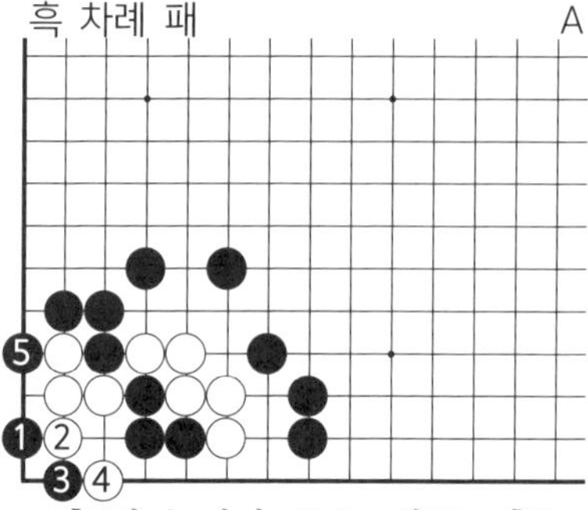

흑1의 놓기가 급소, 백2는 흑3,
5로 패.

정해 〈164〉

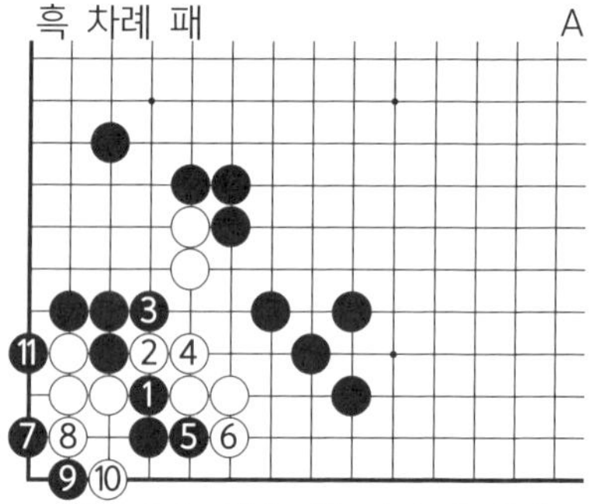

흑1, 3을 선수 한 다음 5, 7이
급소. 백8은 흑9, 11로 패.

정해 〈165〉

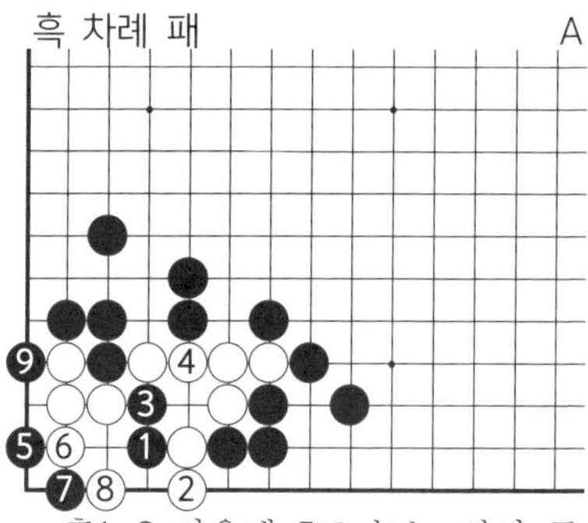

흑1, 3 다음에 5로 놓는 것이 급
소. 백6은 흑7, 9로 패.

정해 〈166〉

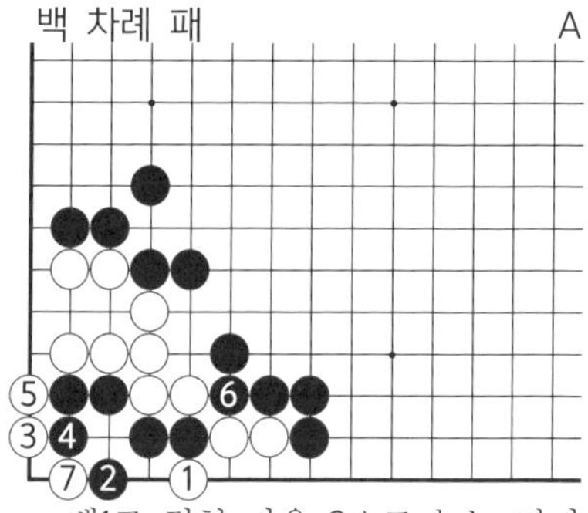

백1로 젖힌 다음 3으로 놓는 것이
급소. 흑4는 백5, 7로 패.

정해 〈167〉

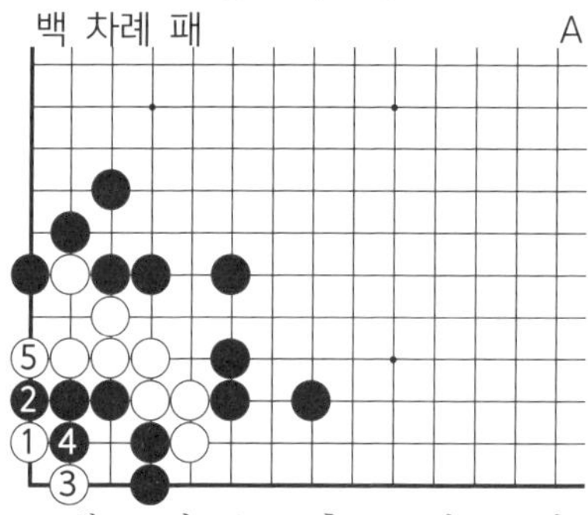

백1, 3이 급소. 흑4는 백5로 패.

정해 〈168〉

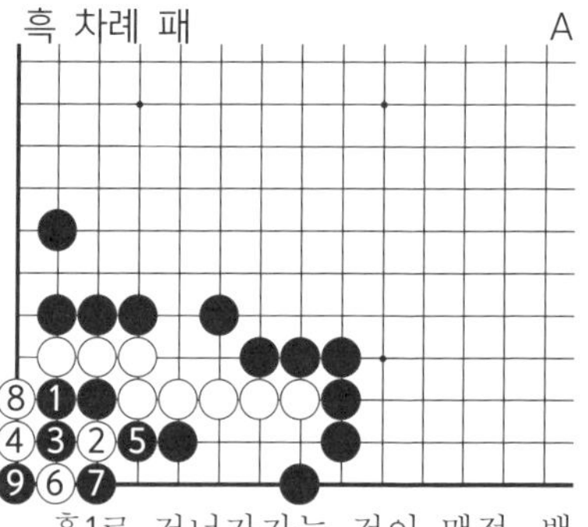

흑1로 건너가자는 것이 맥점. 백
2는 흑3부터 9까지 패.

문제 〈169〉

백 차례 삶 　　　　　　　　　　A

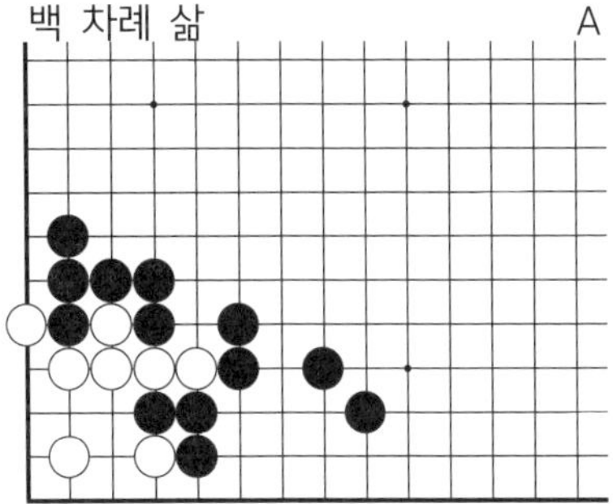

적의 약점 추궁이 열쇠.

문제 〈170〉

백 차례 삶 　　　　　　　　　　A

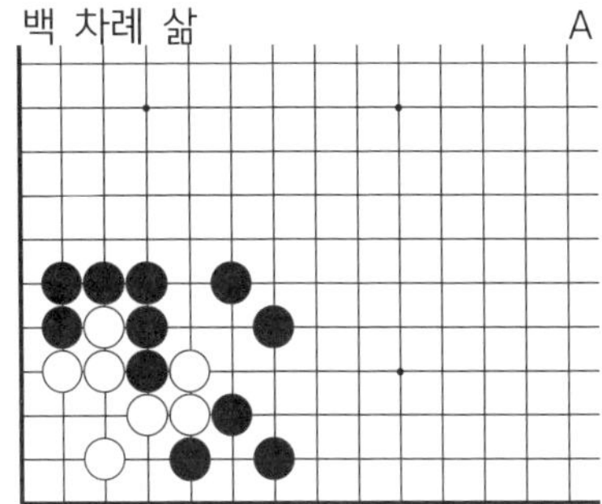

문제 〈171〉

흑 차례 패 　　　　　　　　　A

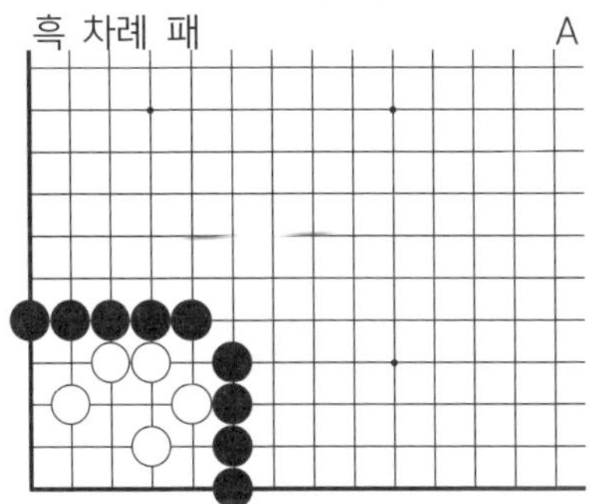

문제 〈172〉

흑 차례 백 죽음 　　　　　　A

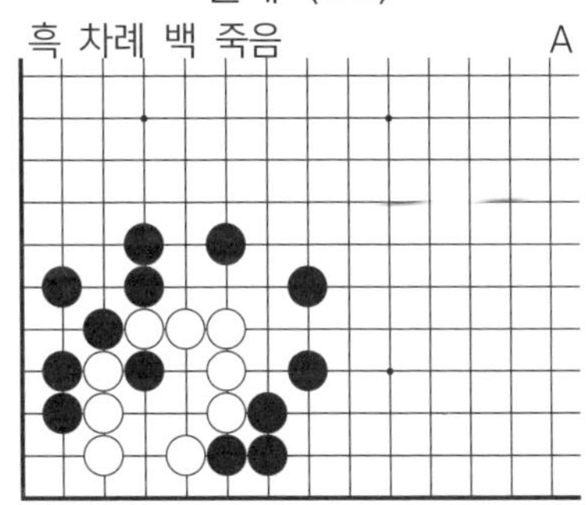

적의 급소는 나의 급소.

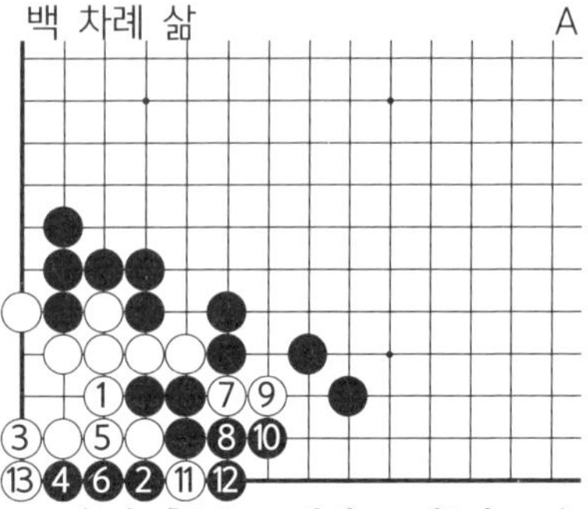

정해 〈169〉

백 차례 삶

백1과 흑2를 교환하고 백3이 묘수.
흑4는 백5 이하 13까지 촉촉수.

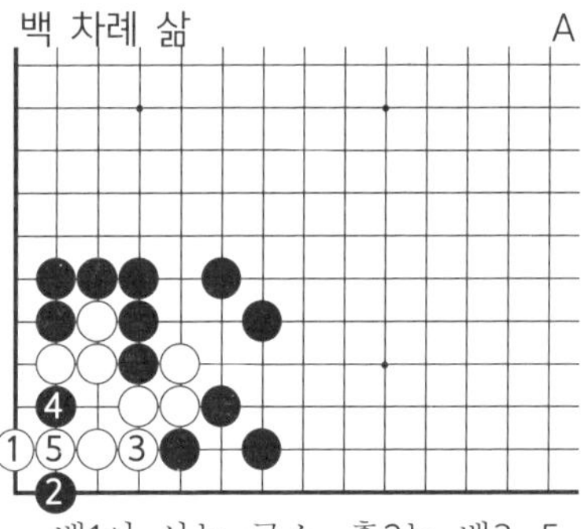

정해 〈170〉

백 차례 삶

백1이 사는 급소. 흑2는 백3, 5
로 삶.

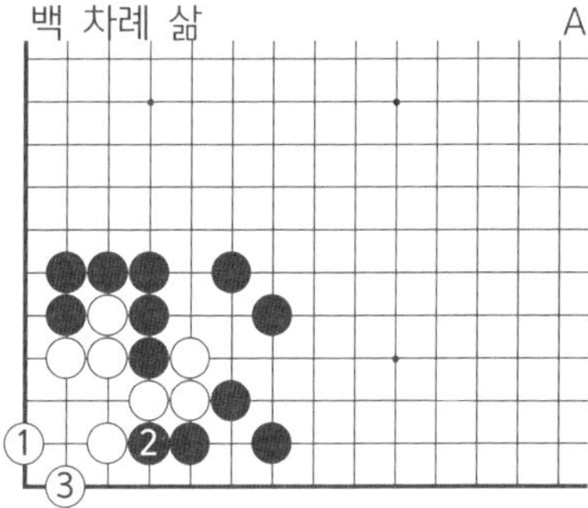

변화 〈170〉

백 차례 삶

백1 때 흑2라면 백3으로 백 삶.

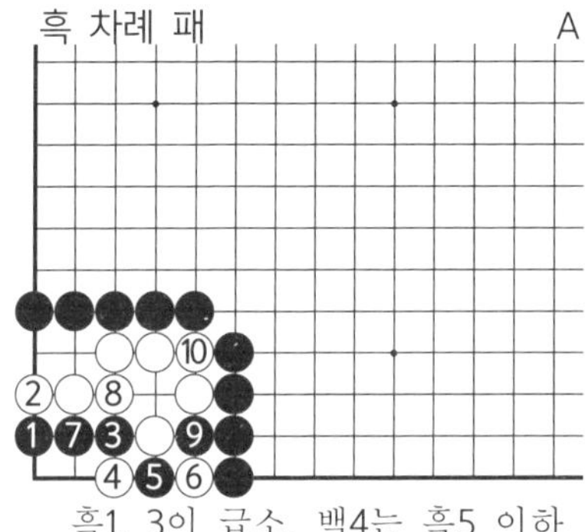

정해 〈171〉

흑 차례 패

흑1, 3이 급소. 백4는 흑5 이하
11까지 패. ⑪→❺

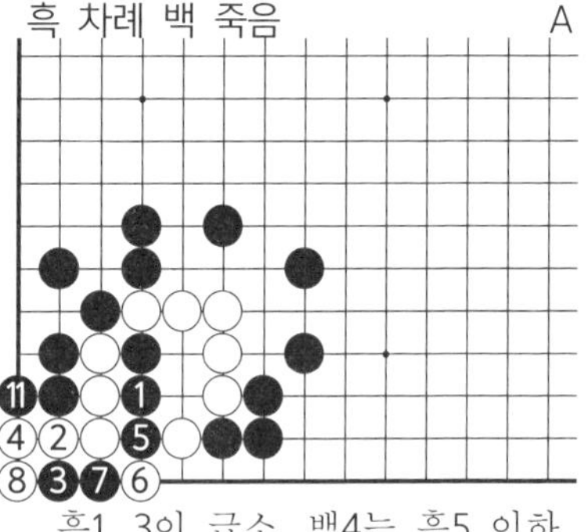

정해 〈172〉

흑 차례 백 죽음

흑1, 3이 급소. 백4는 흑5 이하
11까지 촉촉수. ❾→❼, ⑩→❸

문제 〈173〉

흑 차례 백 죽음

A

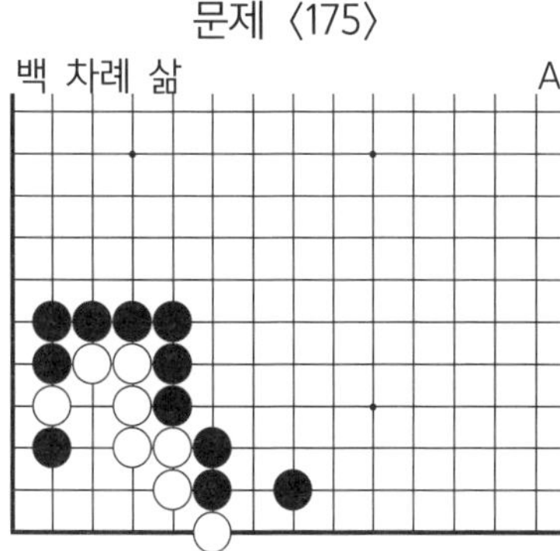

문제 〈174〉

흑 차례 백 죽음

A

문제 〈175〉

백 차례 삶

A

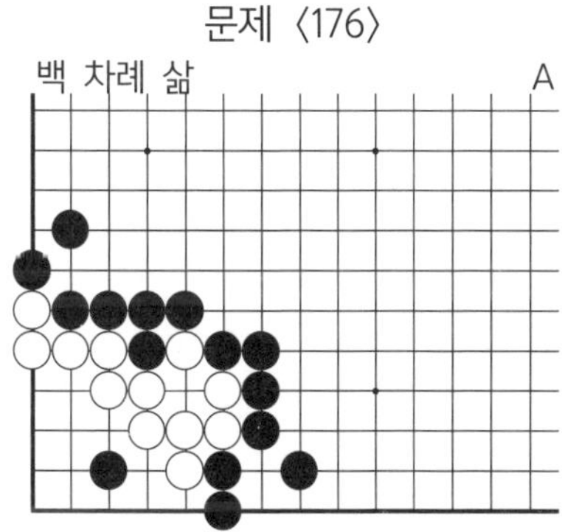

문제 〈176〉

백 차례 삶

A

정해 〈173〉

흑 차례 백 죽음

A

흑1로 나가고 3의 코붙임이 묘수. 이하 9까지 172번과 마찬가지. ❾→❸

정해 〈174〉

흑 차례 백 죽음

A

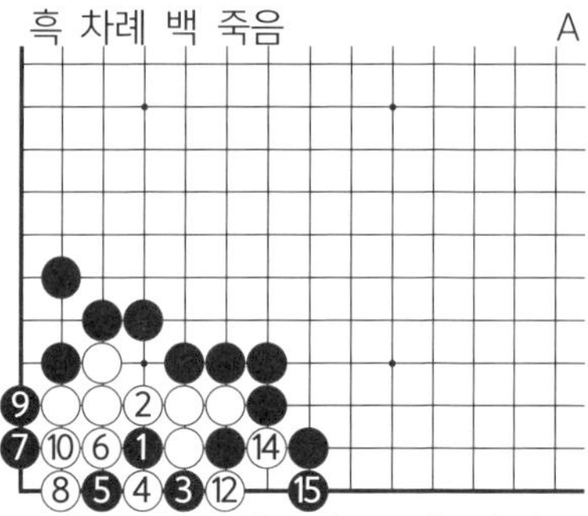

흑1, 3이 수순. 백4는 흑5부터 15까지 백 죽음. ⑪→④, ⑬→④

정해 〈175〉

백 차례 삶

A

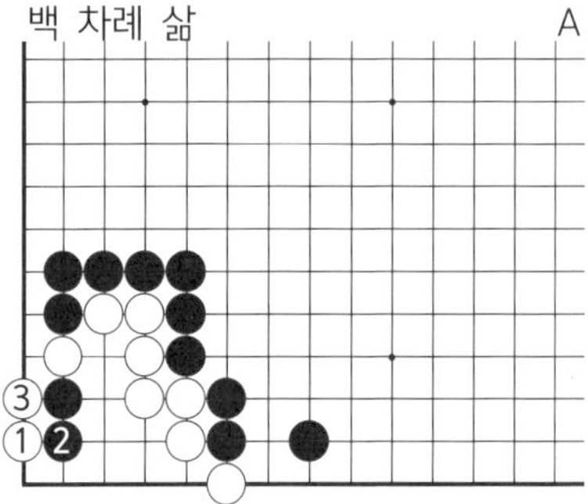

백1로 놓는 수가 묘수. 흑2는 백 3으로 삶.

변화 〈175〉

백 차례 삶

A

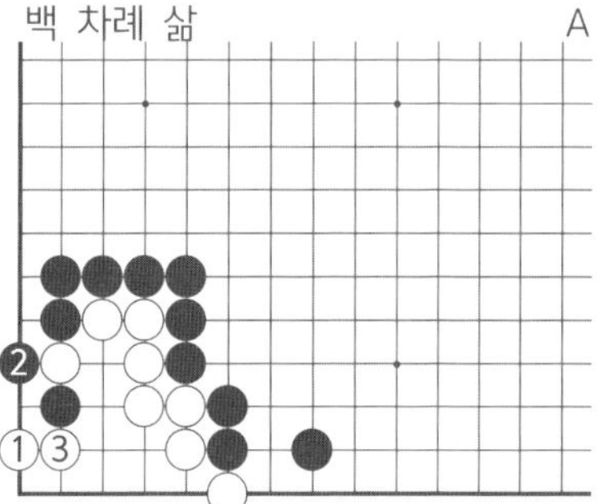

백1 때 흑2라면 백3으로 삶.

정해 〈176〉

백 차례 삶

A

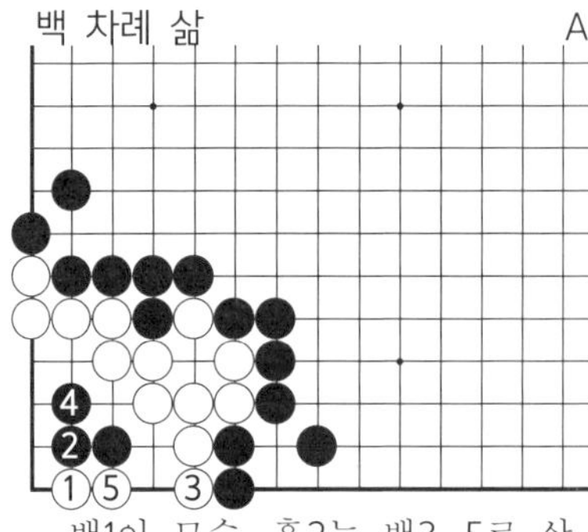

백1이 묘수. 흑2는 백3, 5로 삶.

변화 〈176〉

백 차례 삶

A

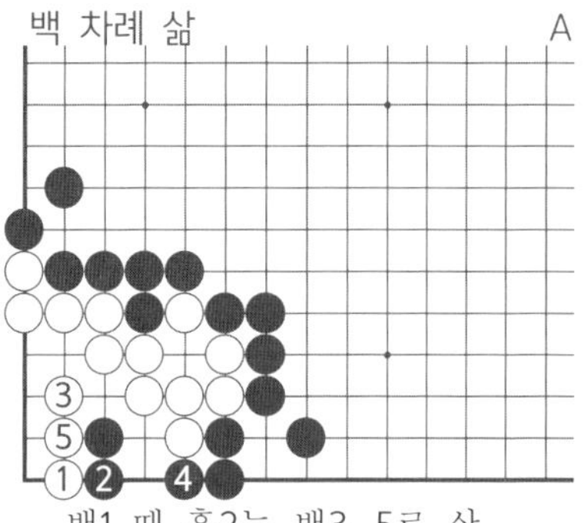

백1 때 흑2는 백3, 5로 삶.

문제 〈177〉

백 차례 삶   A

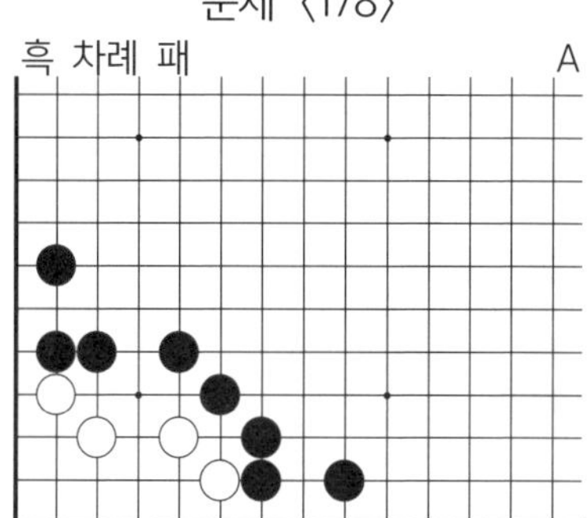

문제 〈178〉

흑 차례 패   A

문제 〈179〉

흑 차례 패   A

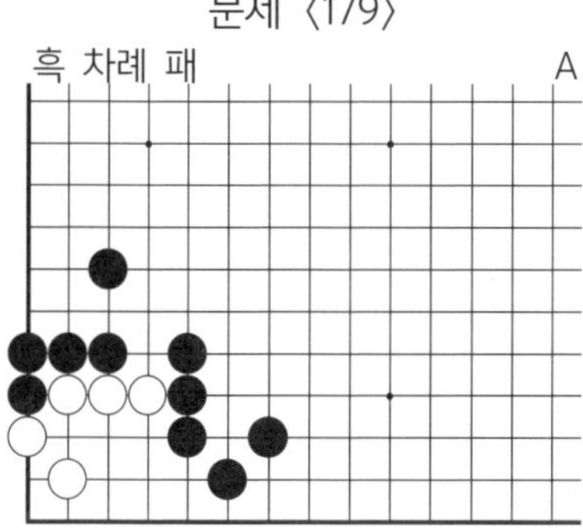

문제 〈180〉

흑 차례 패   A

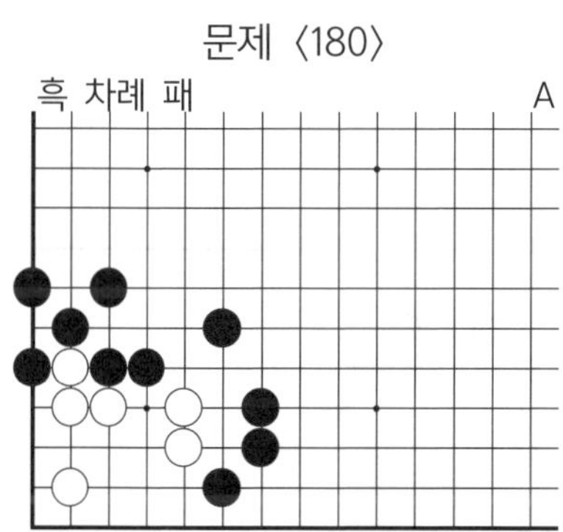

문제 〈181〉

백 차례 삶   A

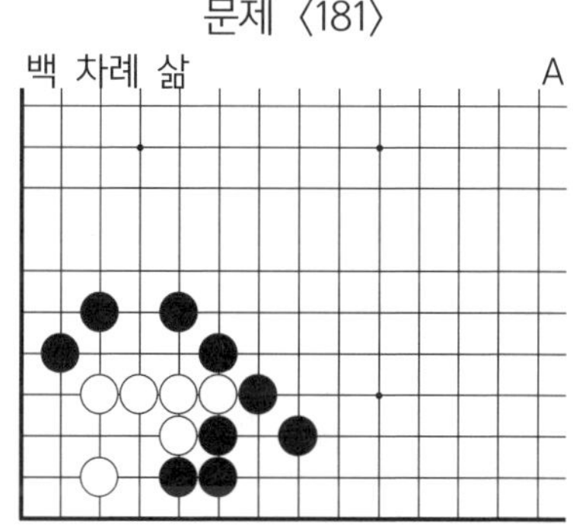

83

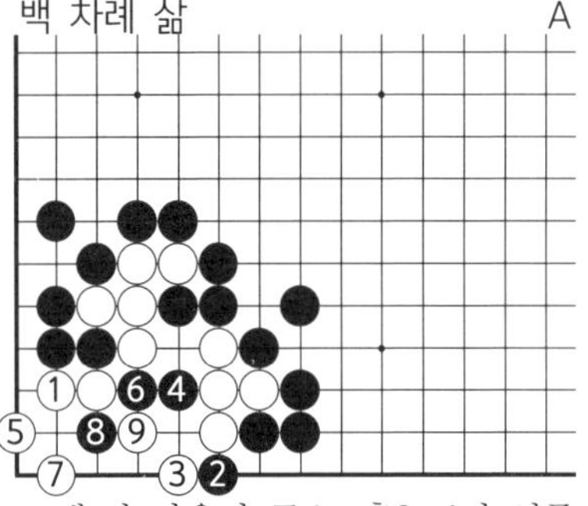

정해 <177>

백 차례 삶

백1의 막음이 급소. 흑2, 4의 치중
은 백5, 7, 9로 꼬리를 떼어주고 삶.

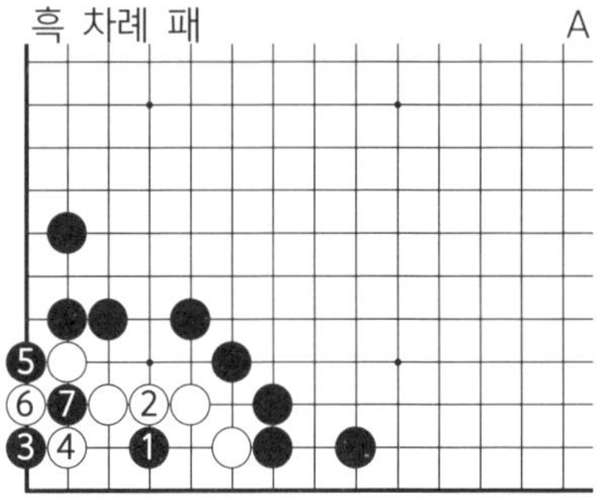

정해 <178>

흑 차례 패

흑1, 3의 치중이 급소. 백4는
흑5, 7로 패.

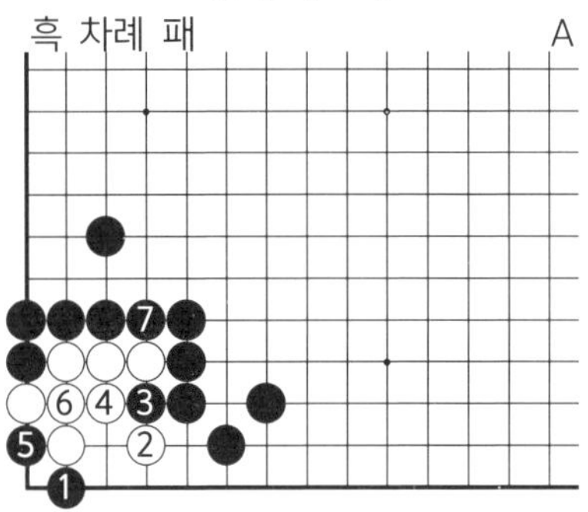

정해 <179>

흑 차례 패

흑1의 코붙임이 급소. 백2는 흑3,
5, 7로 패.

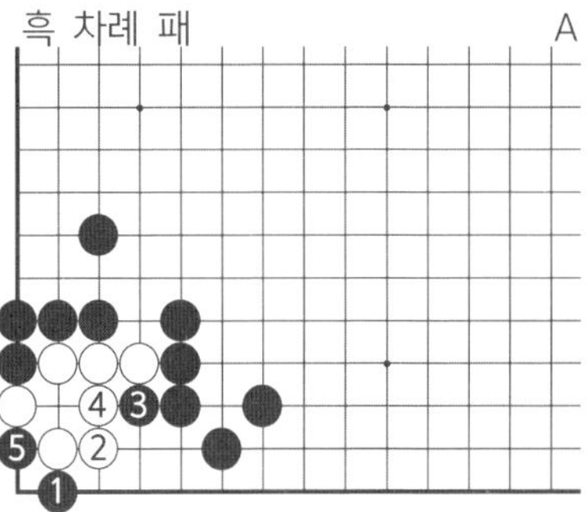

변화 <179>

흑 차례 패

흑1 때 백2라면 흑3, 5로 마찬
가지 패.

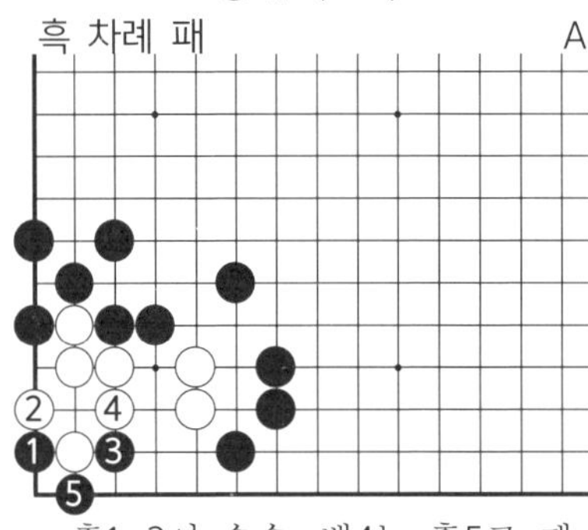

정해 <180>

흑 차례 패

흑1, 3이 수순. 백4는 흑5로 패.

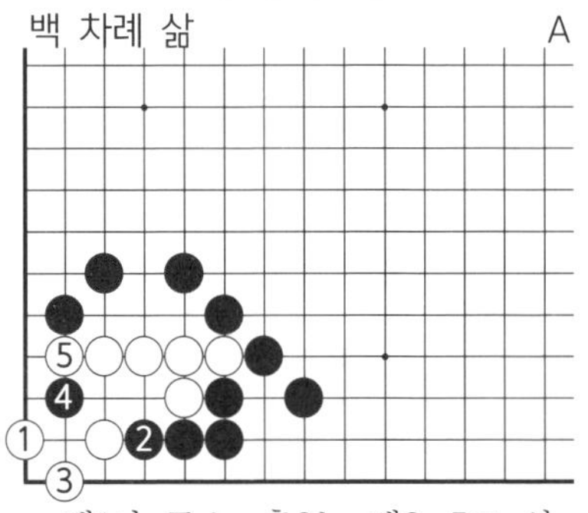

정해 <181>

백 차례 삶

백1이 급소. 흑2는 백3, 5로 삶.

문제 〈182〉

백 차례 패

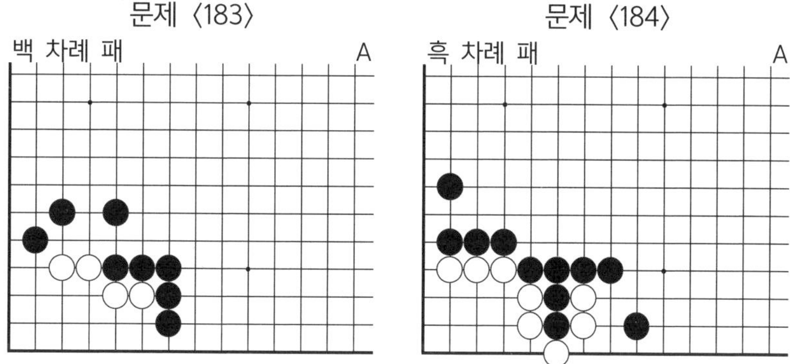

문제 〈183〉

백 차례 패

문제 〈184〉

흑 차례 패

정해 〈182〉

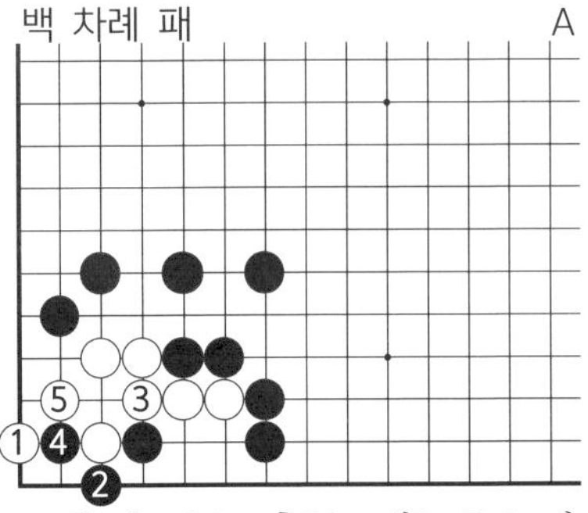

백1이 급소. 흑2는 백3, 5로 패.

변화 〈182〉

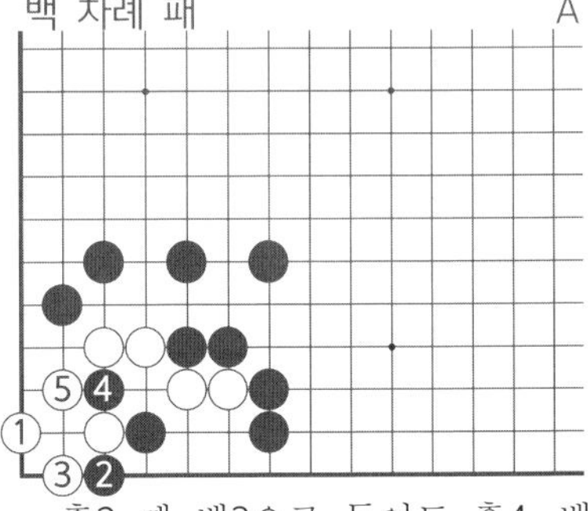

흑2 때 백3으로 두어도 흑4, 백5로 패.

정해 〈183〉

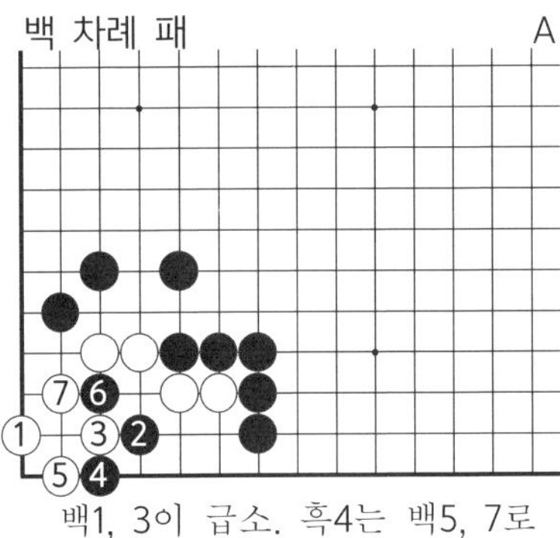

백1, 3이 급소. 흑4는 백5, 7로 패.

정해 〈184〉

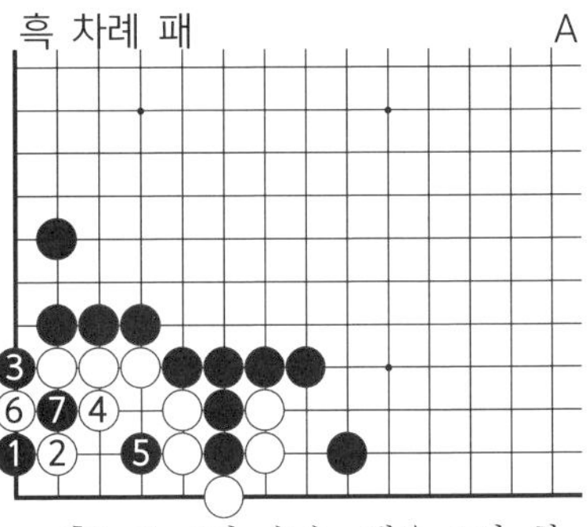

흑1, 3, 5가 수순. 백은 6이 최선으로 흑7로 따내서 패.

문제 〈185〉

흑 차례 백 죽음   A

문제 〈186〉

흑 차례 백 죽음   A

문제 〈187〉

흑 차례 패   A

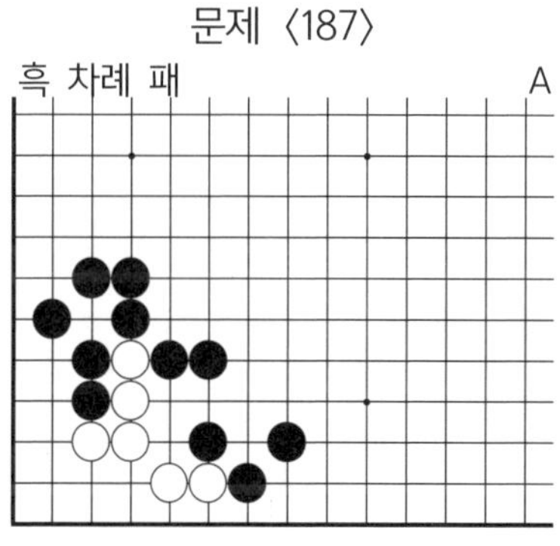

흑의 공배가 채워진 것이 다름.

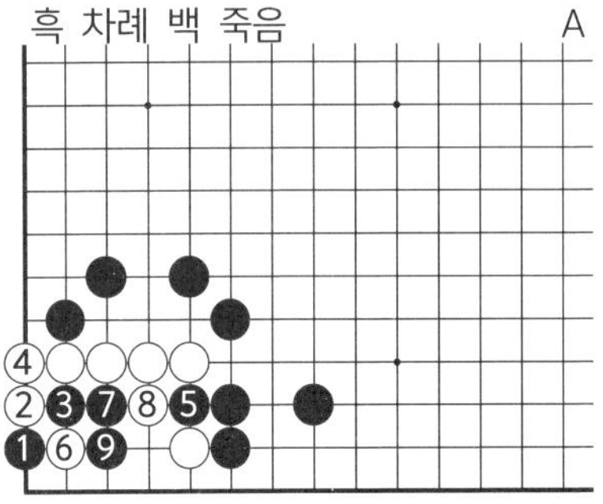

정해 〈185〉

흑 차례 백 죽음

흑1이 급소. 백2는 흑3 이하 9
까지 백 죽음.

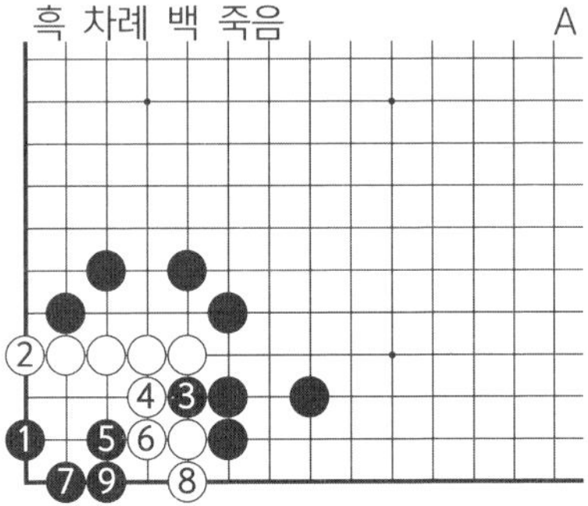

변화 1 〈185〉

흑 차례 백 죽음

흑1 때 백2라면 흑3 이하 9까지
백 죽음.

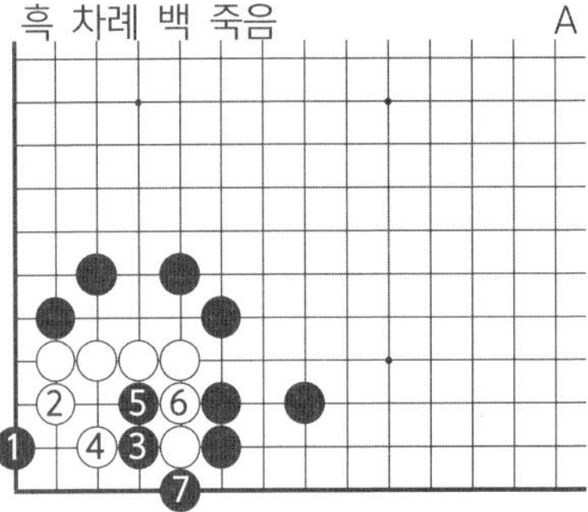

변화 2 〈185〉

흑 차례 백 죽음

흑1 때 백2라면 흑3, 5, 7로 그만.

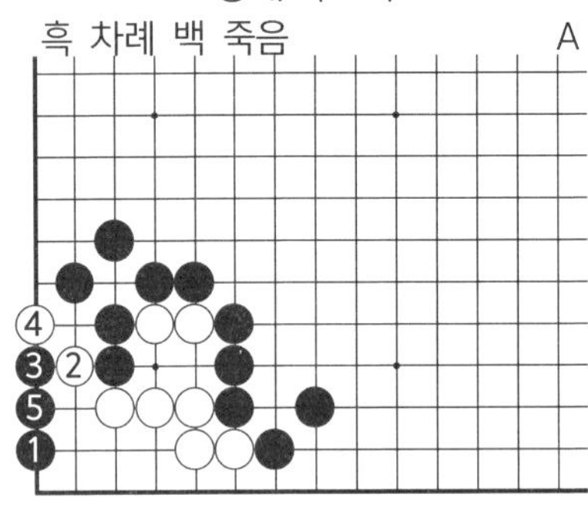

정해 〈186〉

흑 차례 백 죽음

흑1이 급소. 백2는 흑3, 5로 끝.

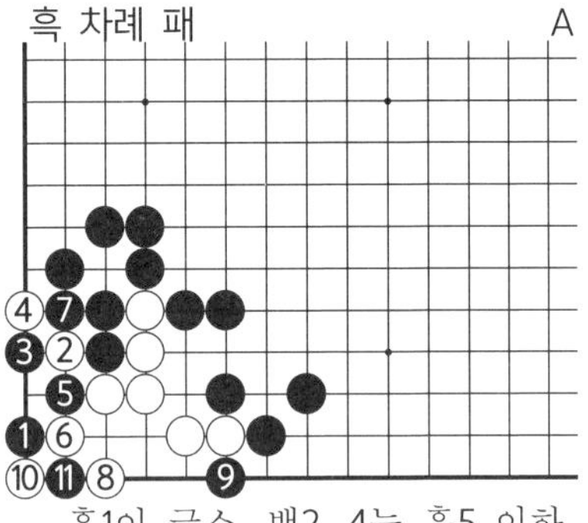

정해 〈187〉

흑 차례 패

흑1이 급소. 백2, 4는 흑5 이하
11까지 패.

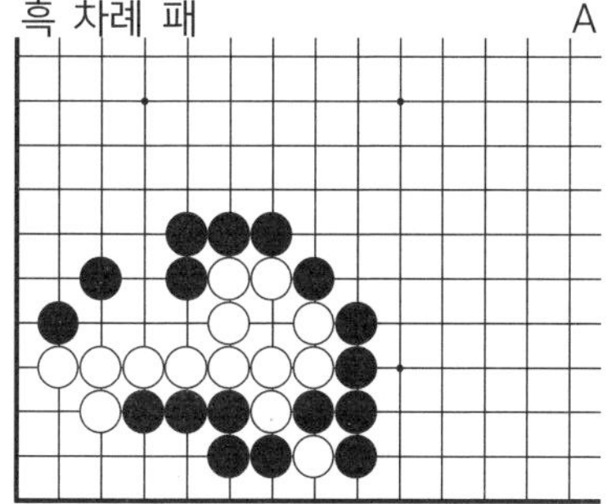

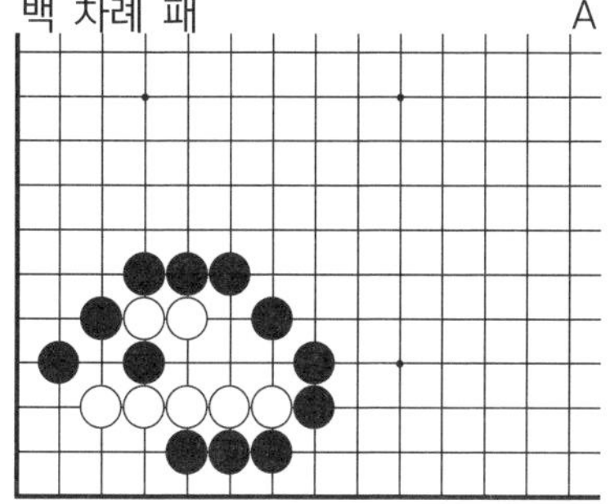

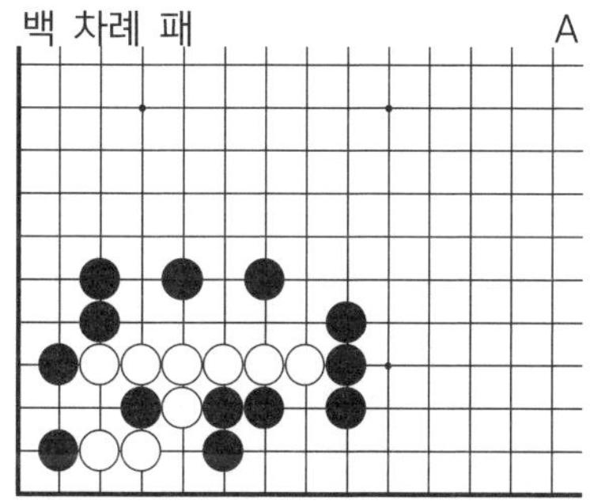

간접적으로 공격하는 것이 요령.

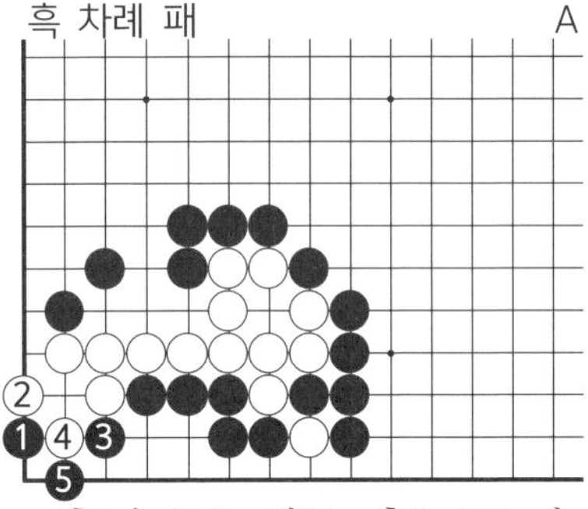

정해 〈188〉

흑 차례 패   A

흑1이 급소. 백2는 흑3, 5로 패.

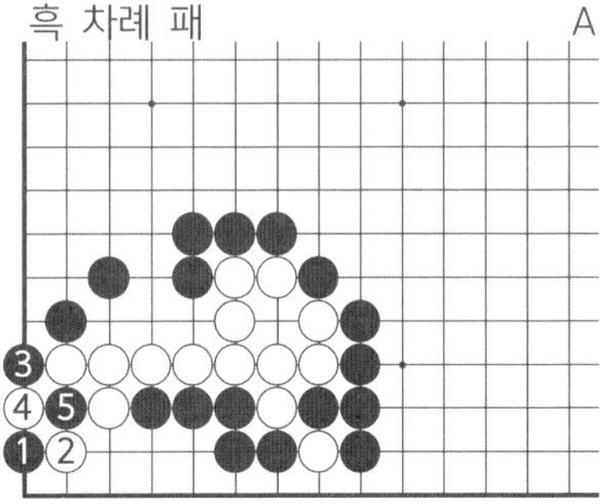

변화 〈188〉

흑 차례 패   A

흑1 때 백2라면 흑3, 5로 같은
패지만 흑이 따낼 차례로 백 불리.

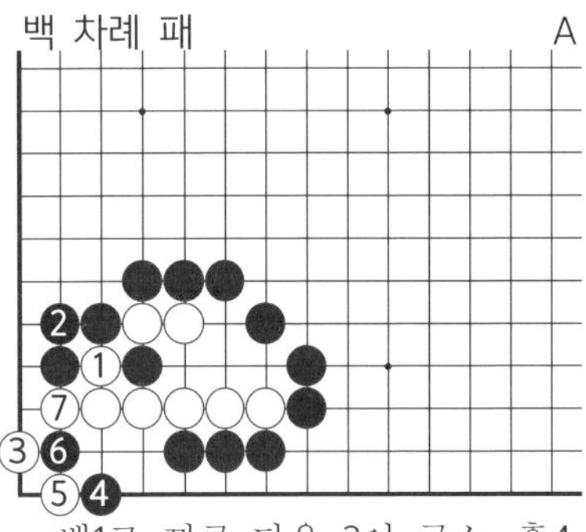

정해 〈189〉

백 차례 패   A

백1로 찌른 다음 3이 급소. 흑4
는 백5, 7로 패.

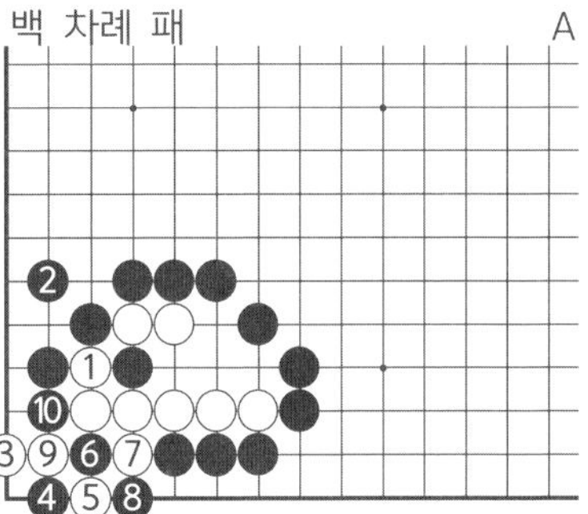

변화 〈189〉

백 차례 패   A

백1, 3 다음에 흑4라면 백5 이하
11까지 패. ⑪→⑤

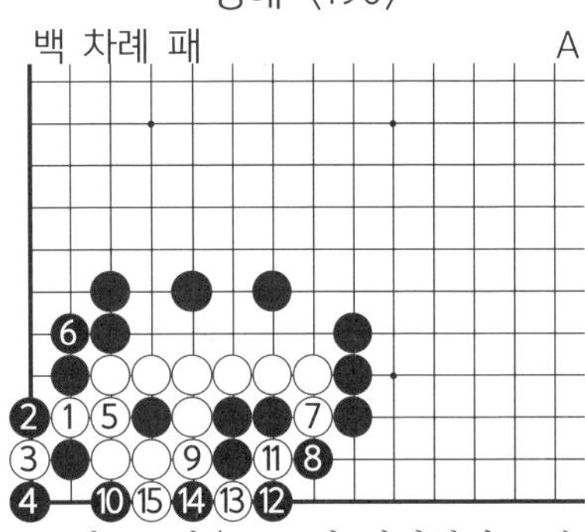

정해 〈190〉

백 차례 패   A

백1로 끼우고 3의 먹여침이 묘수.
흑4로 따내면 백5부터 15까지 패.

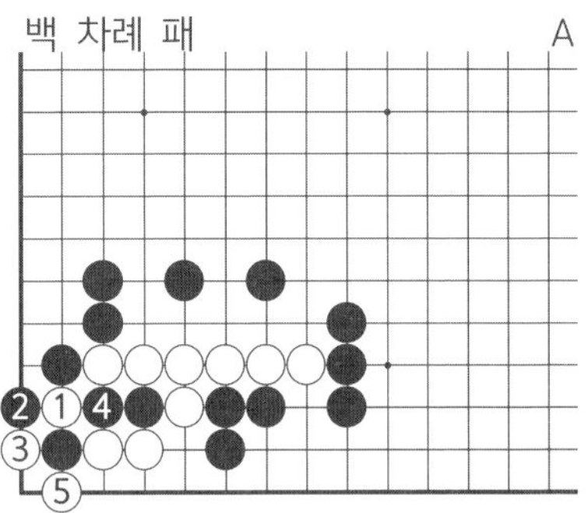

변화 〈190〉

백 차례 패   A

백1, 3 때 흑4로 따내면 백5로
마찬가지 패.

적의 급소는 나의 급소

50문제

적의 급소는 나의 급소

돌의 사활을 생각할 때 우선, 감각적으로 이것이 맥점에 맞는 것으로 생각되면 다음에 적이 받을 곳을 자신이 먼저 둔다면 어떻게 될지 생각해 봅니다. 즉 자신이 첫 번째로 생각했던 감각적인 수와 적이 다음에 받을 곳을 자신이 먼저 두면, 대부분의 맥점은 그중에 숨겨져 있는 경우가 많습니다. 이것을 흔히 「적의 급소는 나의 급소」라고 합니다.

흑 차례 백 죽음

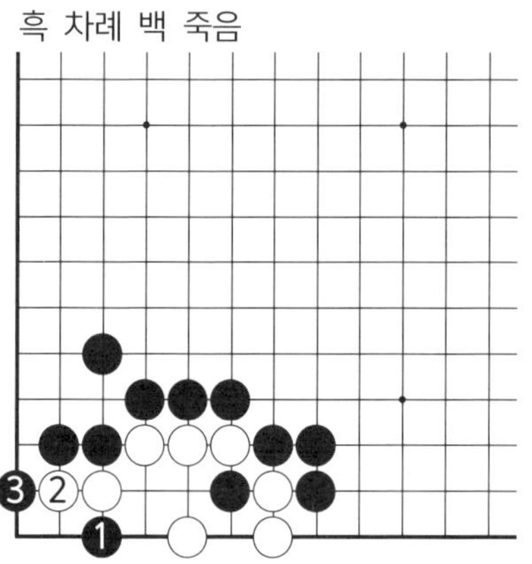

흑1을 2로 두면 백1로 살아버리므로 적이 받는 1의 곳에 먼저 두겠다고 생각하면 흑1의 맥점을 쉽게 발견할 수 있습니다. 이것이 사활의 맥점을 찾아내는 사고방식의 요령입니다.

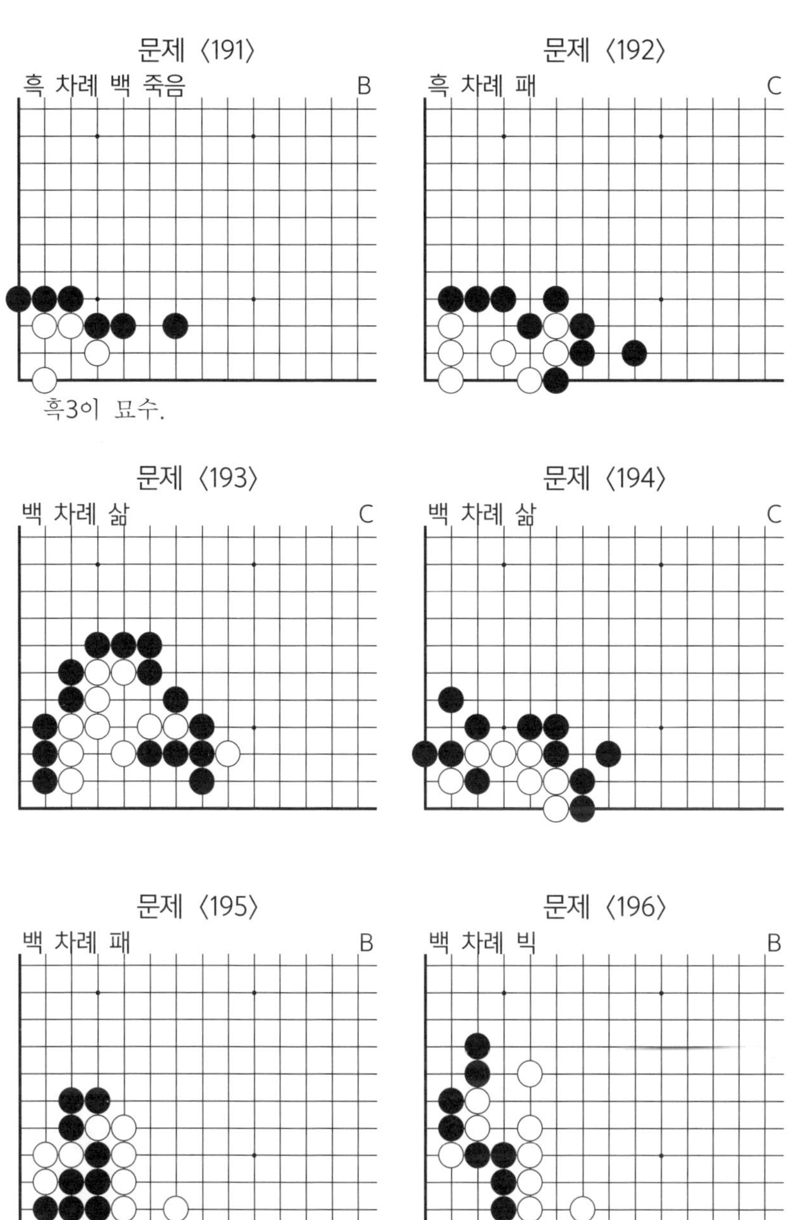

문제 〈191〉
흑 차례 백 죽음
B
흑3이 묘수.

문제 〈192〉
흑 차례 패
C

문제 〈193〉
백 차례 삶
C

문제 〈194〉
백 차례 삶
C

문제 〈195〉
백 차례 패
B
2의 1에 맥.

문제 〈196〉
백 차례 빅
B
2의 1에 맥.

정해 〈191〉

흑 차례 백 죽음   B

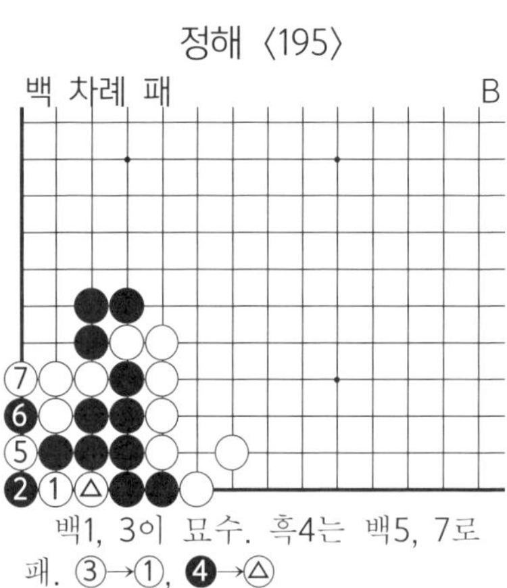

흑1이 급소. 백2의 차단은 흑3이
묘수로 이하 11까지 백 죽음. ⓫→❾

정해 〈192〉

흑 차례 패   C

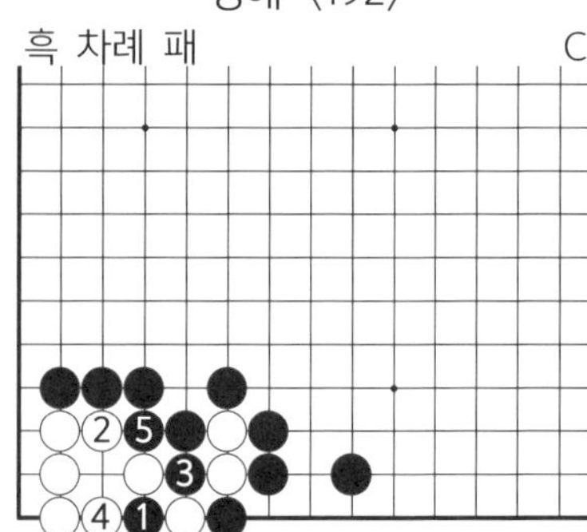

흑1이 묘수. 백은 2가 최선으로
흑3, 5로 패.

정해 〈193〉

백 차례 삶   C

백1, 3으로 삶.

정해 〈194〉

백 차례 삶   C

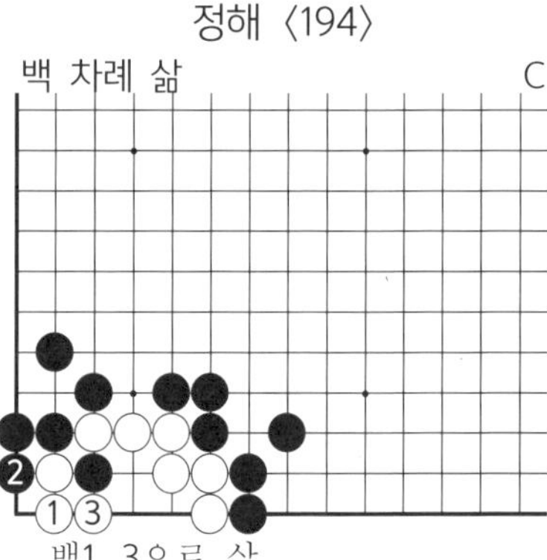

백1, 3으로 삶.

정해 〈195〉

백 차례 패   B

백1, 3이 묘수. 흑4는 백5, 7로
패. ③→①, ❹→△

정해 〈196〉

백 차례 빅   B

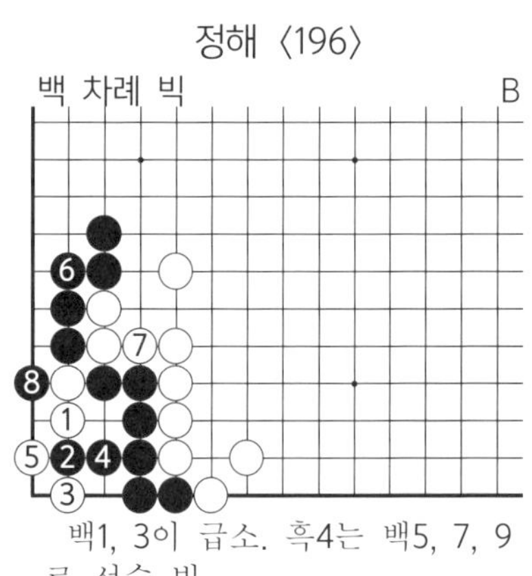

백1, 3이 급소. 흑4는 백5, 7, 9
로 선수 빅.

문제 〈197〉

백 차례 삶   C

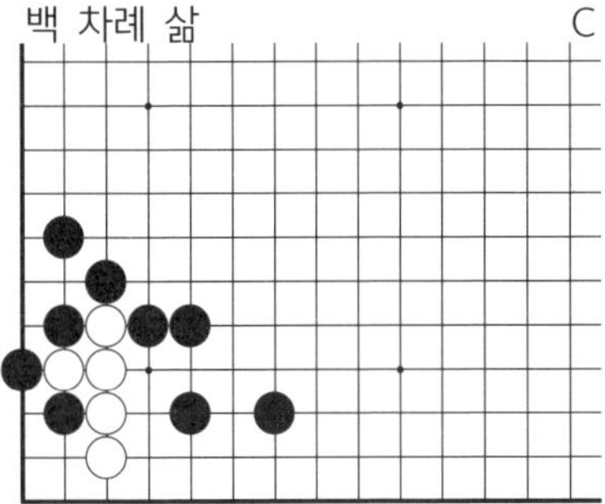

문제 〈198〉

흑 차례 백 죽음   B

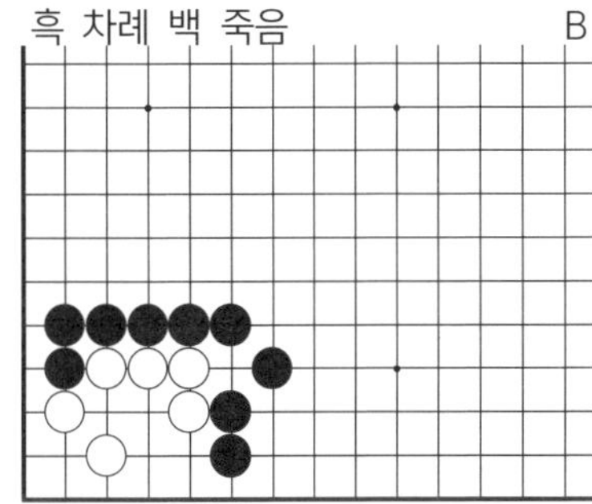

문제 〈199〉

백 차례 패   B

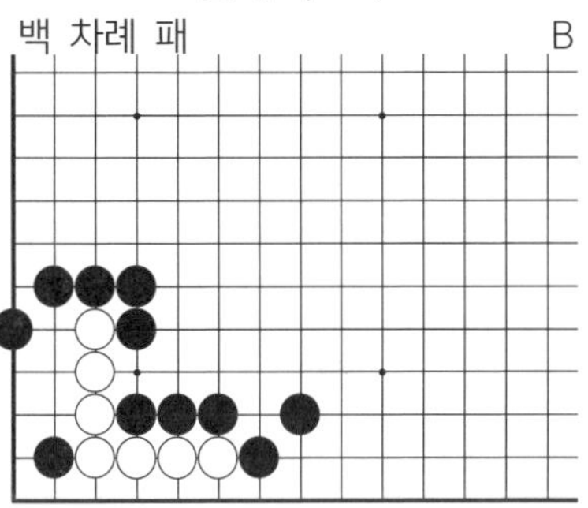

문제 〈200〉

흑 차례 패   C

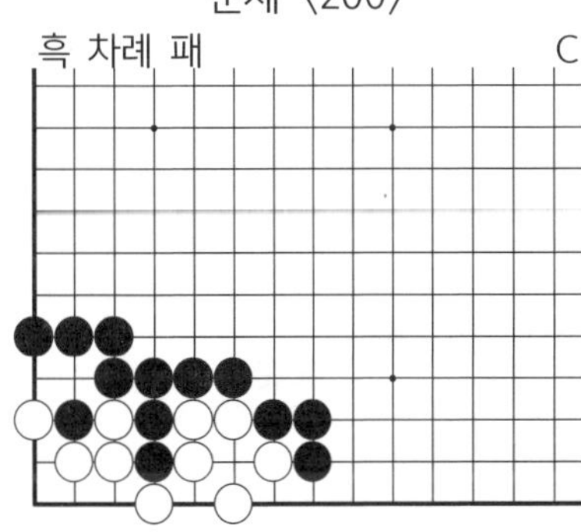

문제 〈201〉

백 차례 삶   C

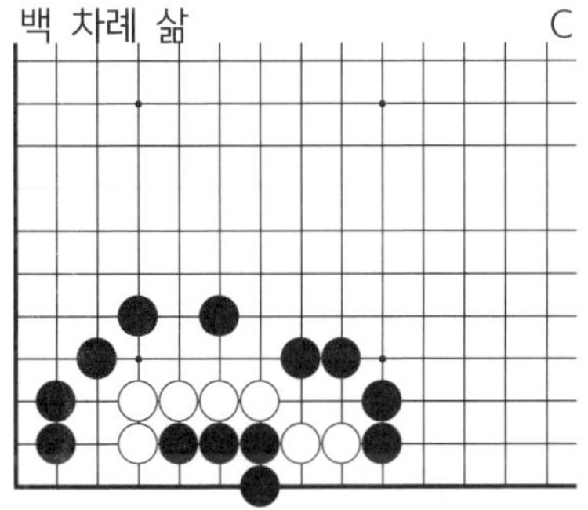

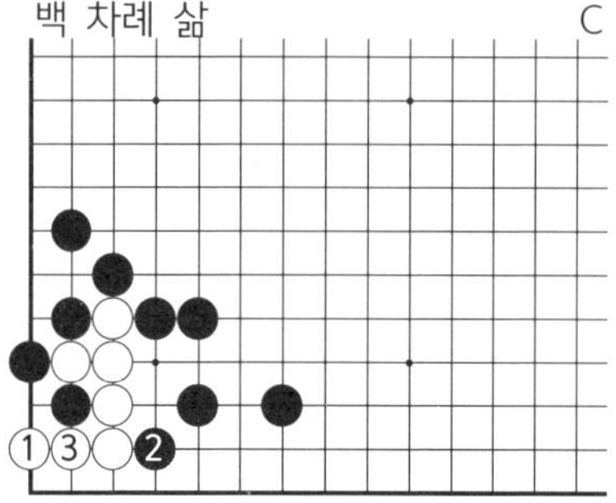

정해 〈197〉

백1이 급소. 흑2는 백3으로 삶.

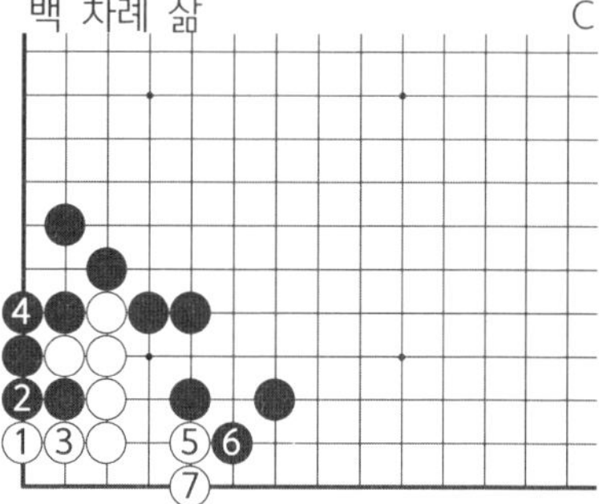

변화 〈197〉

백1 때 흑2라면 백3, 5, 7로 삶.

정해 〈198〉

흑1이 급소. 백2로 차단하면 흑 3, 5로 넘어서 백 죽음.

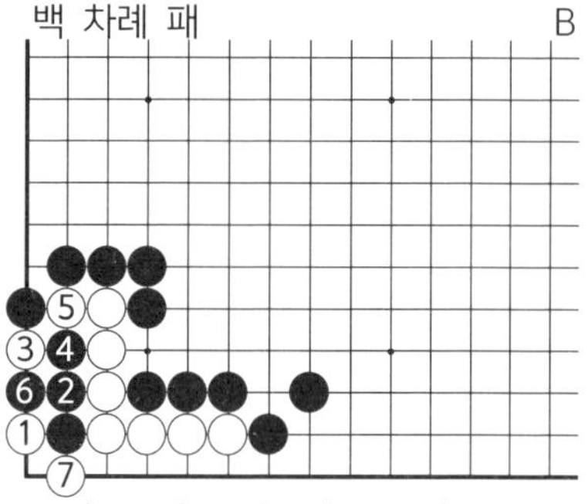

정해 〈199〉

백1, 3이 묘수. 흑4는 백5, 7로 패.

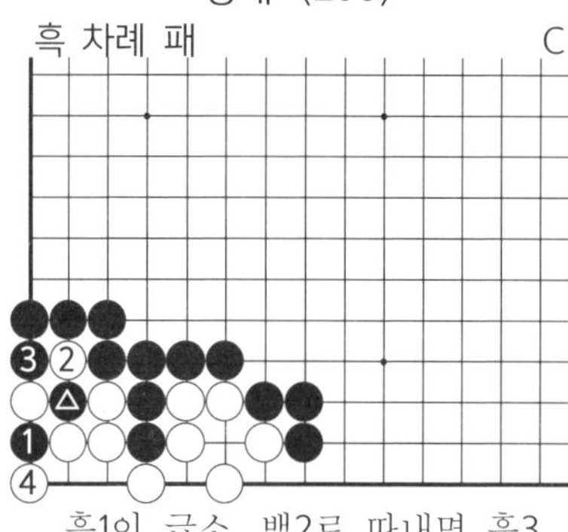

정해 〈200〉

흑1이 급소. 백2로 따내면 흑3, 5로 패. ❺→△

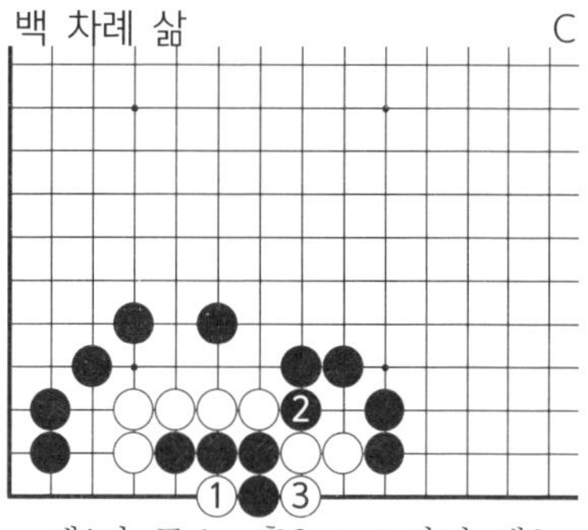

정해 〈201〉

백1이 급소. 흑2로 조이면 백3 으로 삶.

문제 〈202〉

흑 차례 백 죽음   B

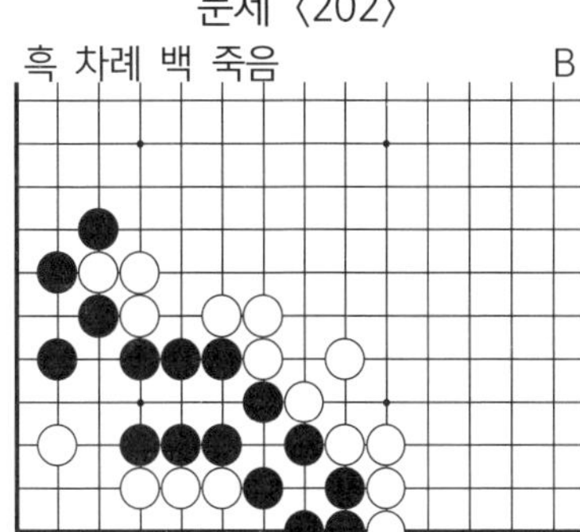

문제 〈203〉

흑 차례 백 죽음   A

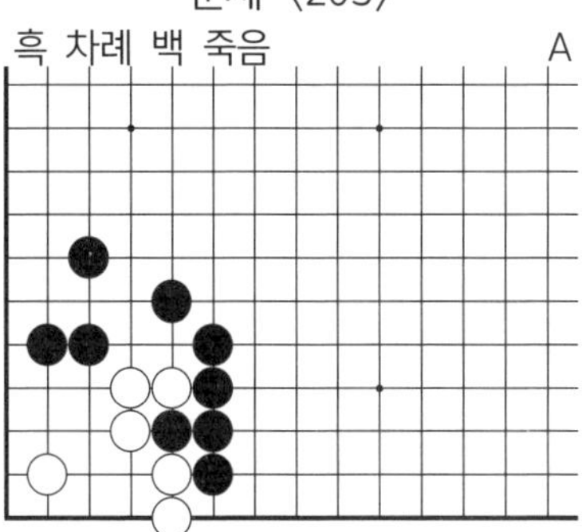

문제 〈204〉

백 차례 삶   B

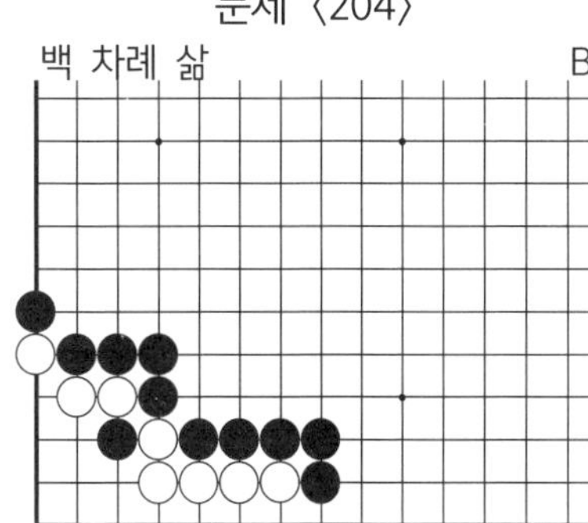

문제 〈205〉

흑 차례 백 죽음   B

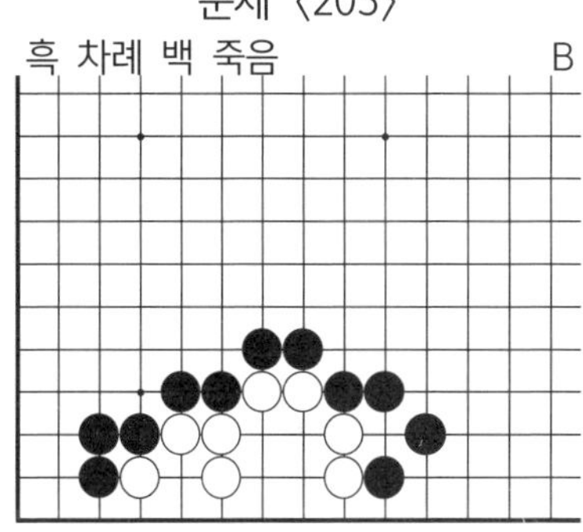

문제 〈206〉

흑 차례 백 죽음   B

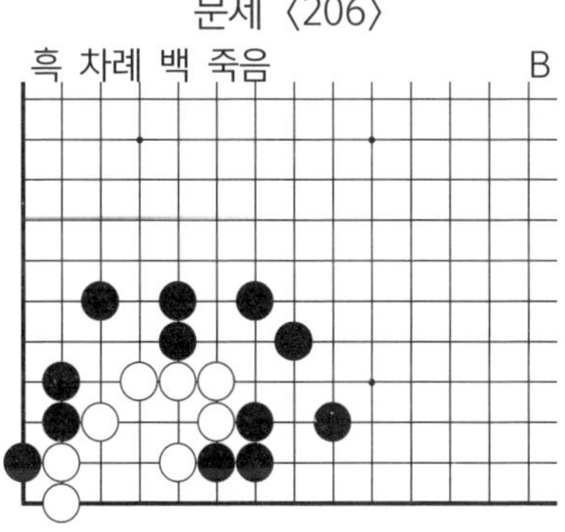

정해 〈202〉

흑 차례 백 죽음   B

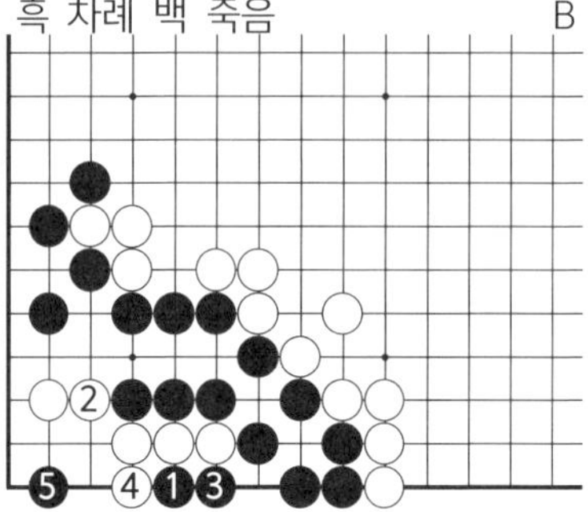

흑1이 묘수. 백2는 흑3, 5로 치중해서 백 죽음.

정해 〈203〉

흑 차례 백 죽음   A

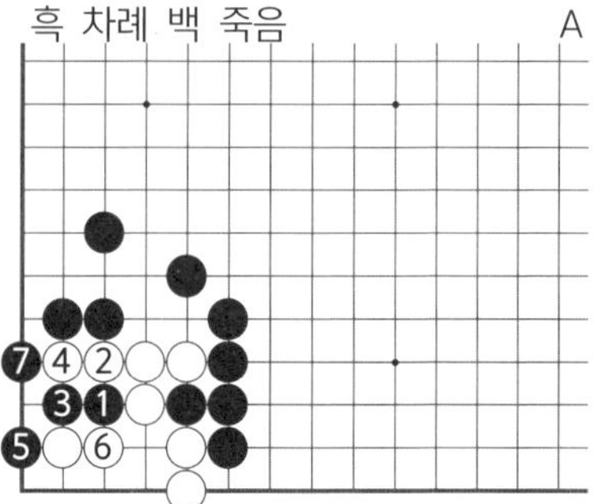

흑1부터 백4까지 교환한 다음 흑5의 젖힘이 묘수. 백6은 흑7로 끝.

정해 〈204〉

백 차례 삶   B

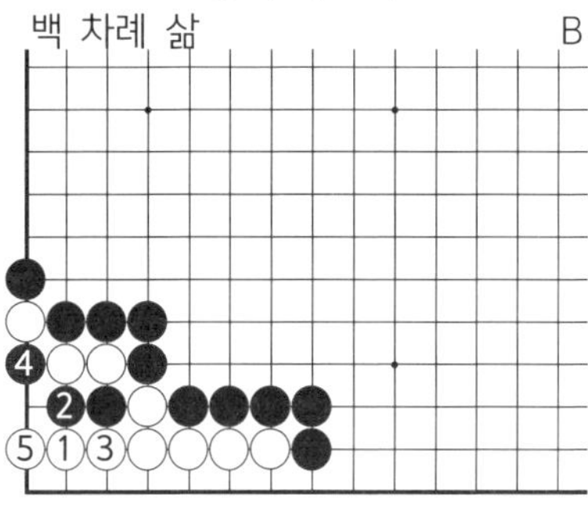

백1이 삶의 급소. 흑2로 잡으면 백3, 5로 백 삶.

정해 〈205〉

흑 차례 백 죽음   B

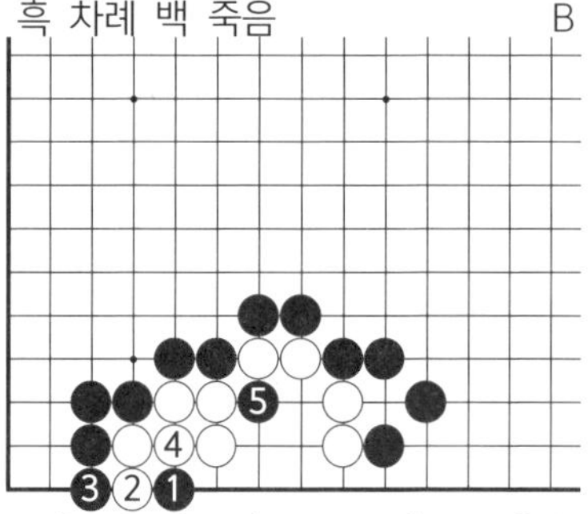

흑1의 치중이 급소. 백2로 차단하면 흑3, 5로 끝.

변화 〈205〉

흑 차례 백 죽음   B

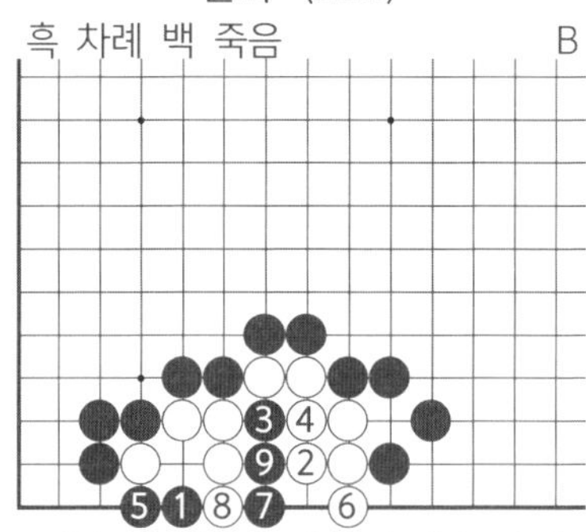

흑1 때 백2로 버티면 흑3 이하 9까지 백 죽음.

정해 〈206〉

흑 차례 백 죽음   B

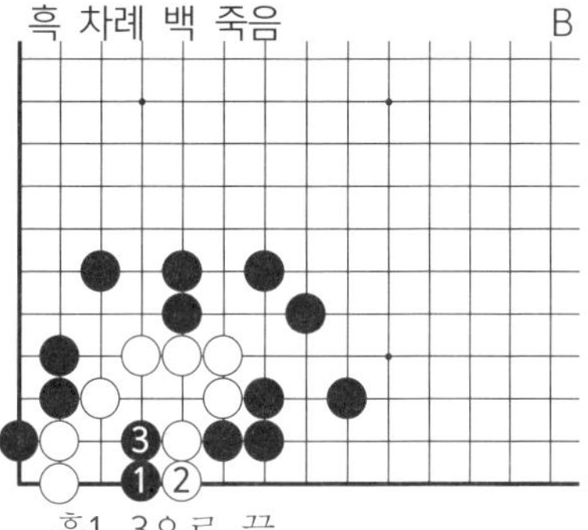

흑1, 3으로 끝.

문제 〈207〉

흑 차례 패   B

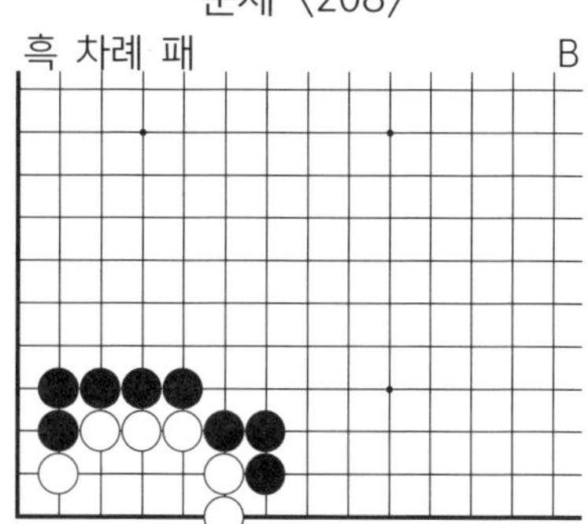

문제 〈208〉

흑 차례 패   B

문제 〈209〉

흑 차례 패   B

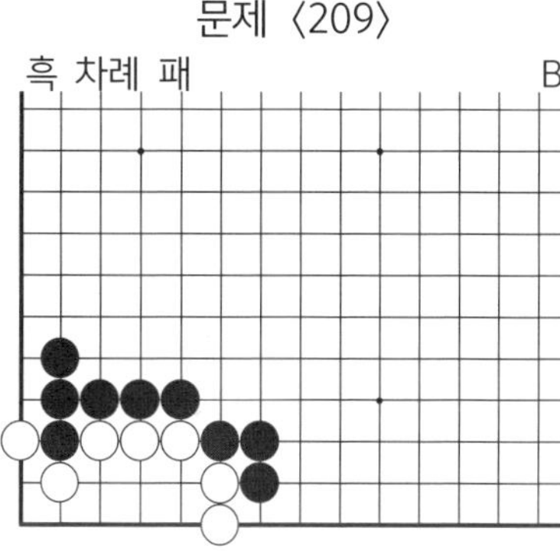

문제 〈210〉

흑 차례 패   A

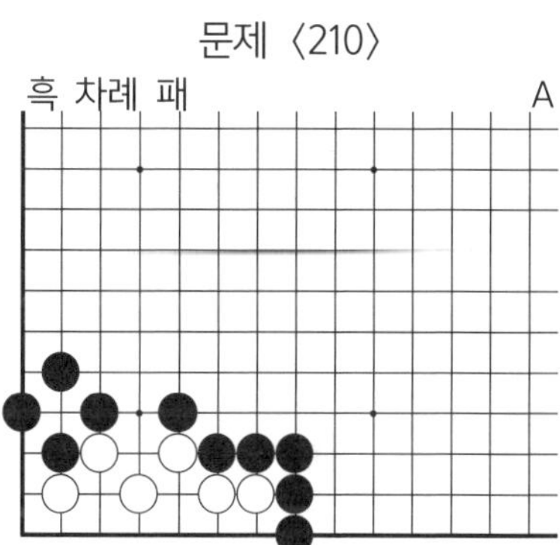

문제 〈211〉

흑 차례 백 죽음   C

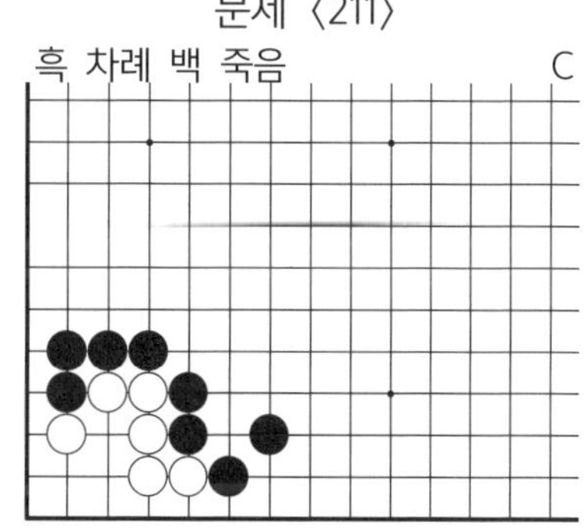

정해 〈207〉

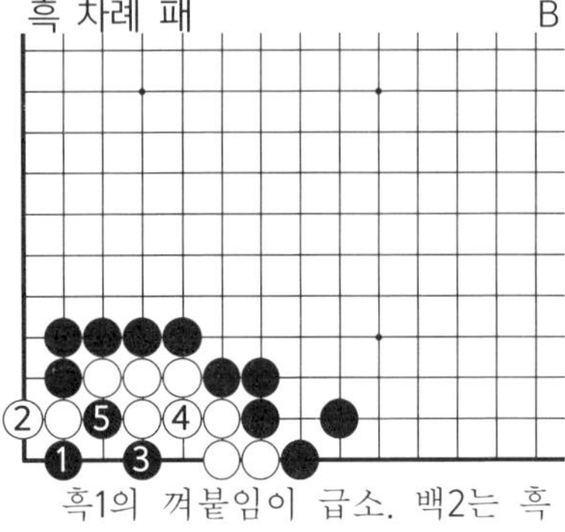

흑 차례 패   B

흑1의 껴붙임이 급소. 백2는 흑 3, 5로 패.

정해 〈208〉

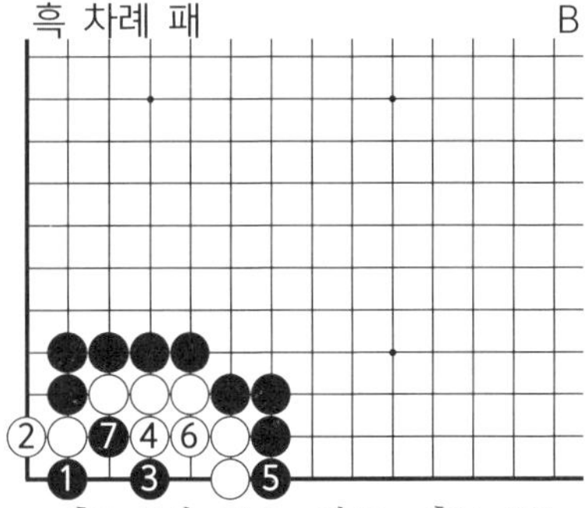

흑 차례 패   B

흑1, 3이 급소. 백4는 흑5, 7로 패.

정해 〈209〉

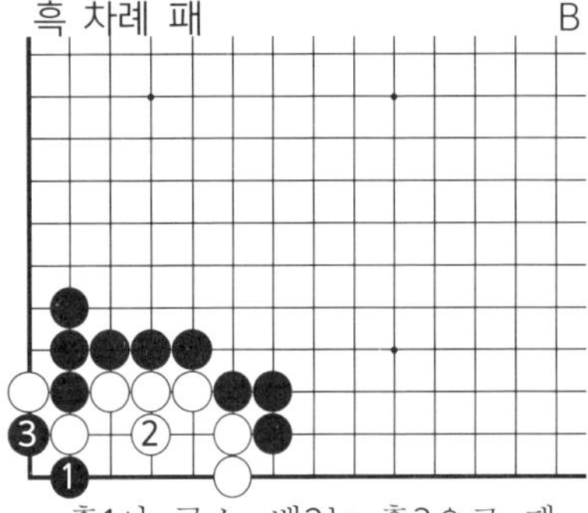

흑 차례 패   B

흑1이 급소. 백2는 흑3으로 패.

변화 〈209〉

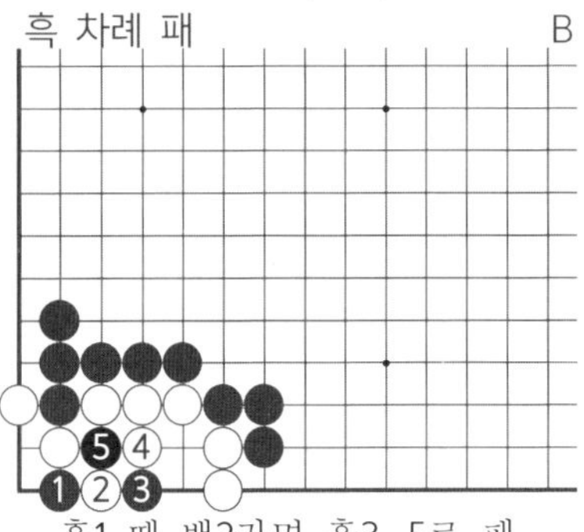

흑 차례 패   B

흑1 때 백2라면 흑3, 5로 패.

정해 〈210〉

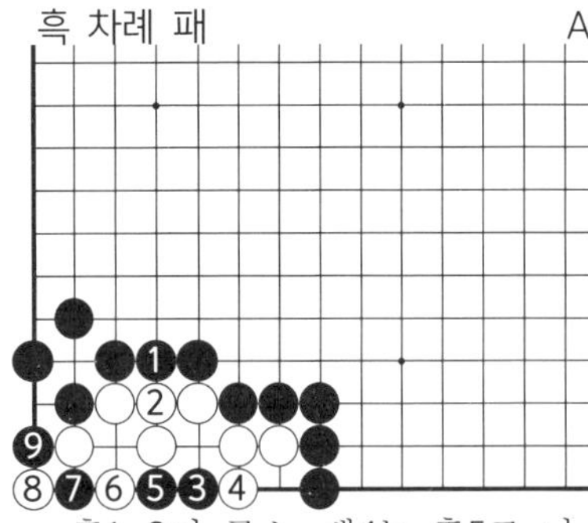

흑 차례 패   A

흑1, 3이 급소. 백4는 흑5로 나 가서 백6 때 흑7, 9로 패.

정해 〈211〉

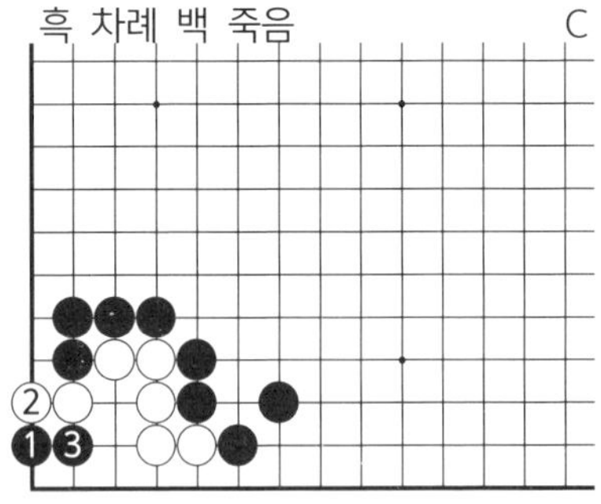

흑 차례 백 죽음   C

흑1, 3으로 이대로 백 죽음.

문제 〈212〉

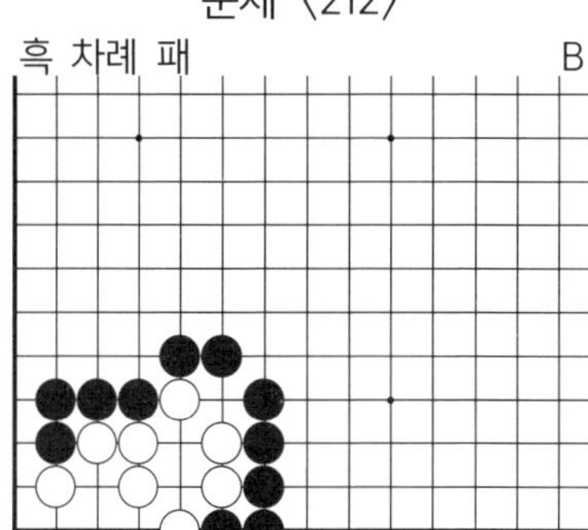

문제 〈213〉

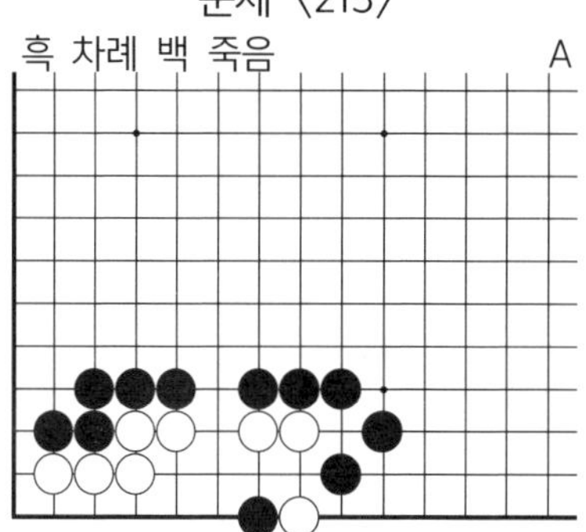

문제 〈214〉

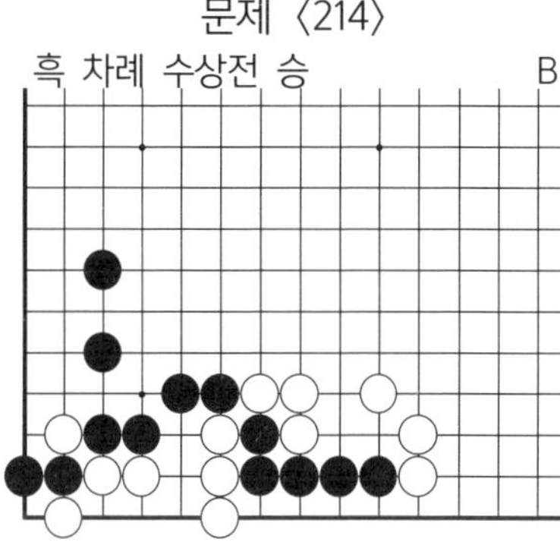

문제 〈215〉

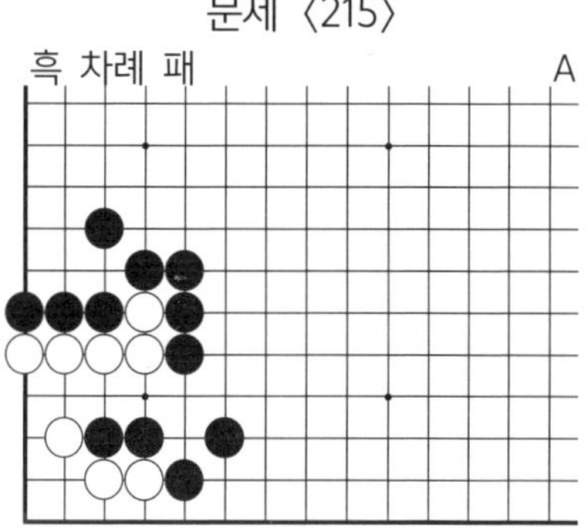

문제 〈216〉

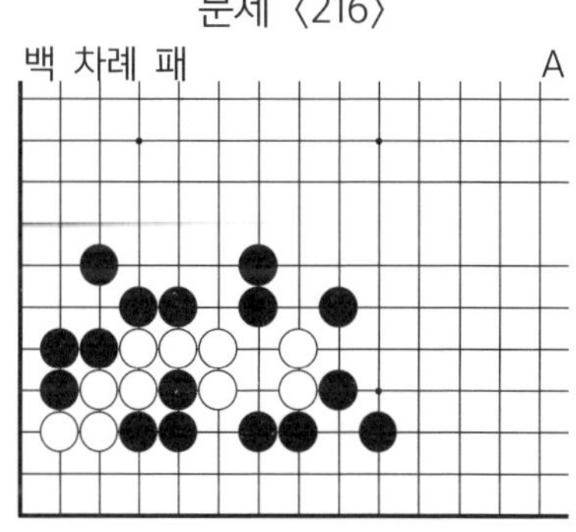

버림돌을 활용하는 맥점.

정해 〈212〉

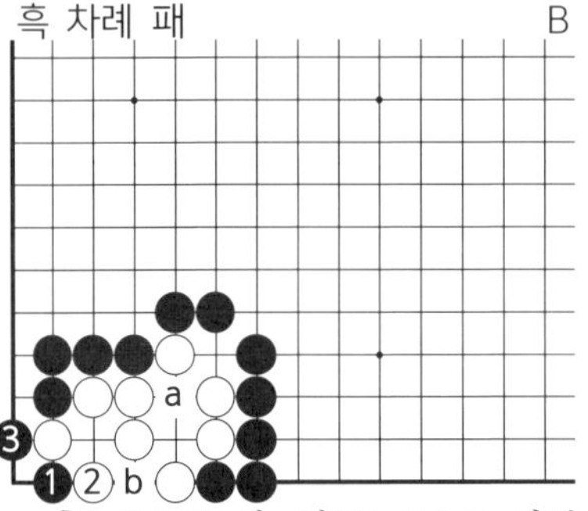

흑1, 3으로 패. 백2를 3으로 차단
하면 흑2, 백a, 흑b의 수순으로 패.

정해 〈213〉

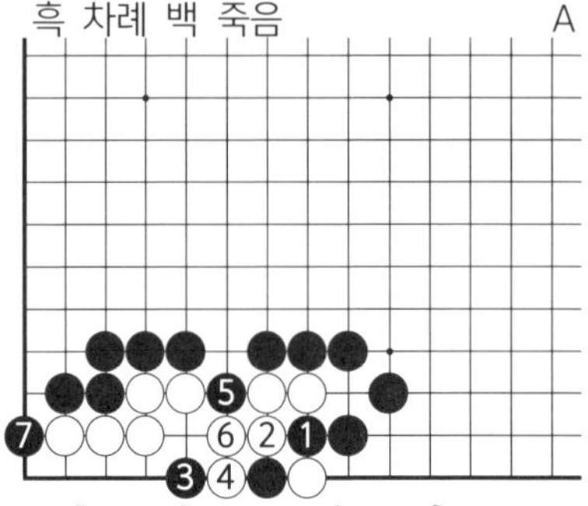

흑1, 3이 급소. 백4는 흑5, 7로
그만.

정해 〈214〉

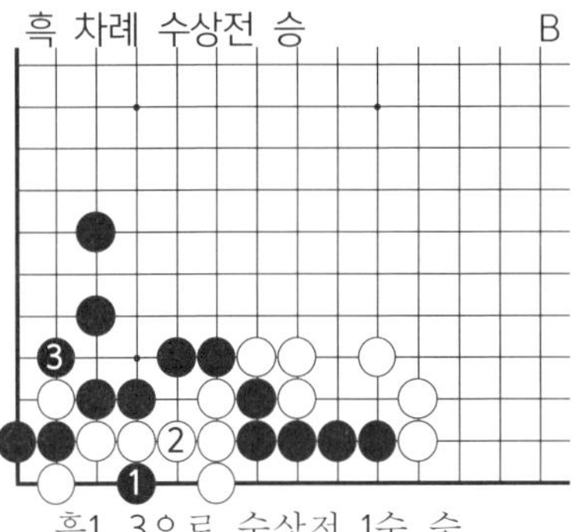

흑1, 3으로 수상전 1수 승.

정해 〈215〉

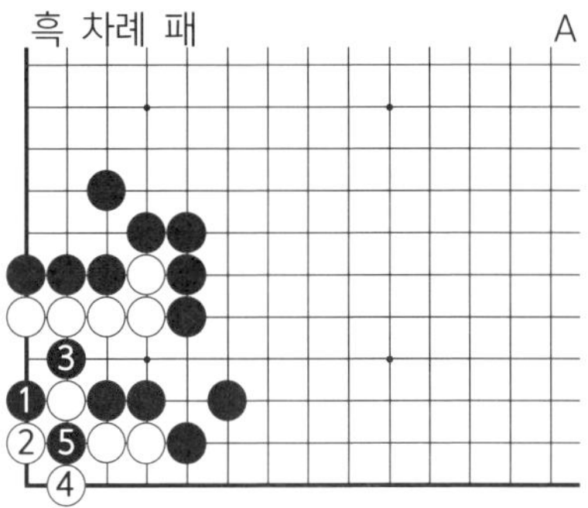

흑1의 껴붙임이 급소. 백2는 흑3,
5로 패.

정해 〈216〉

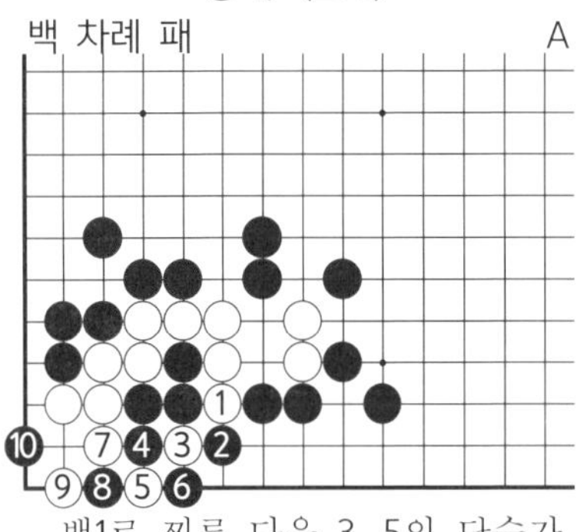

백1로 찌른 다음 3, 5의 단수가
묘수. 이하 11까지 패. ⑪→⑤

변화 〈216〉

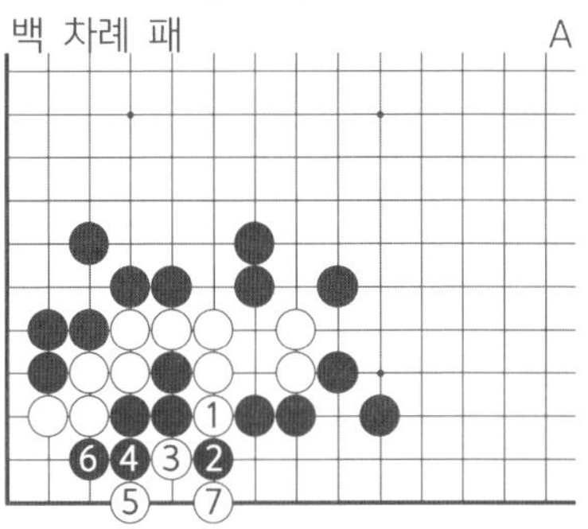

백1부터 5까지 교환한 다음 흑6
이라면 백7로 마찬가지 패.

문제 〈217〉

흑 차례 패   A

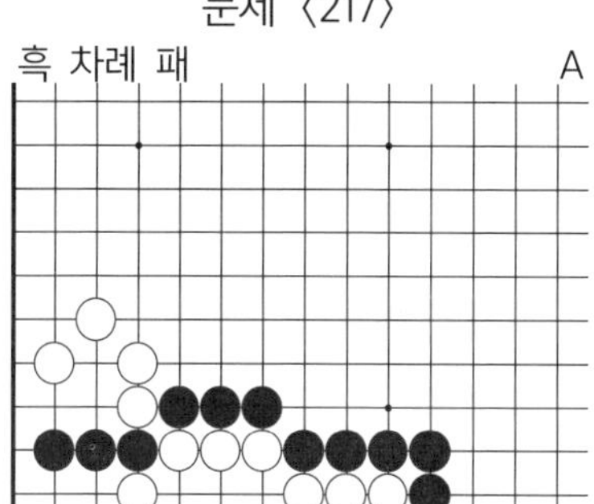

버림돌을 활용.

문제 〈218〉

백 차례 패   A

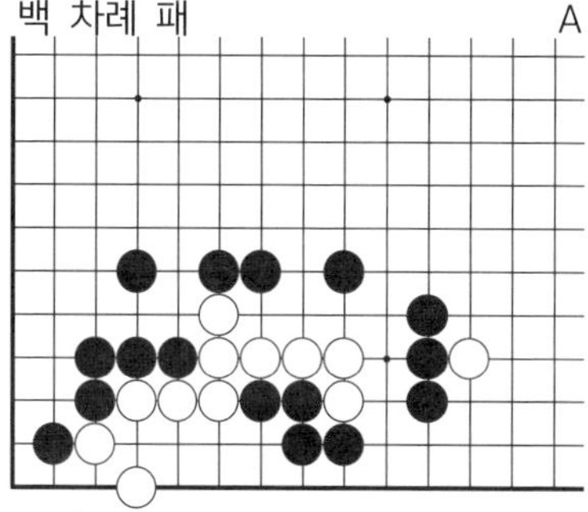

버림돌을 활용.

문제 〈219〉

흑 차례 백 죽음   B

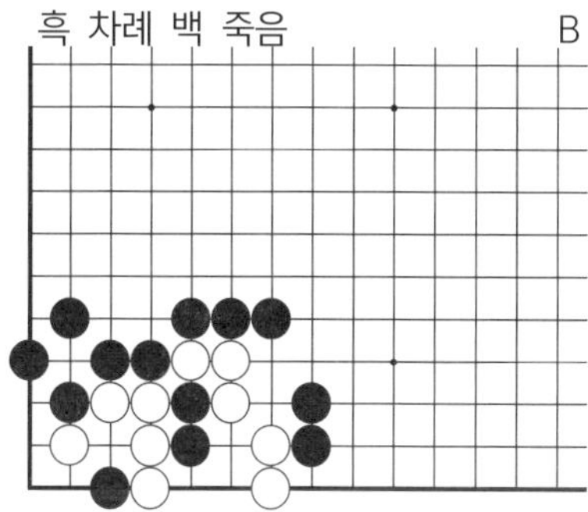

문제 〈220〉

백 차례 삶   A

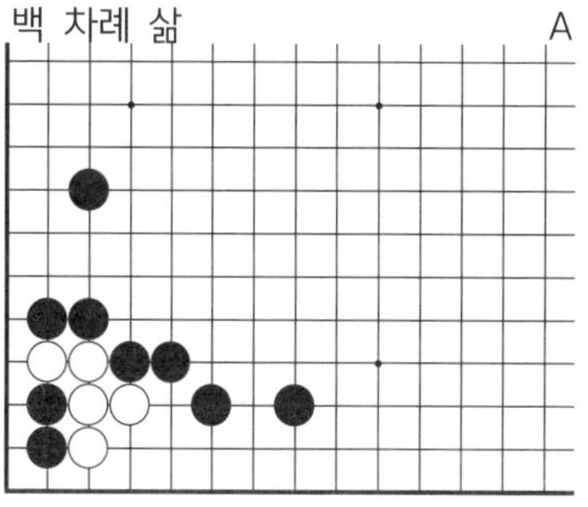

문제 〈221〉

백 차례 삶   A

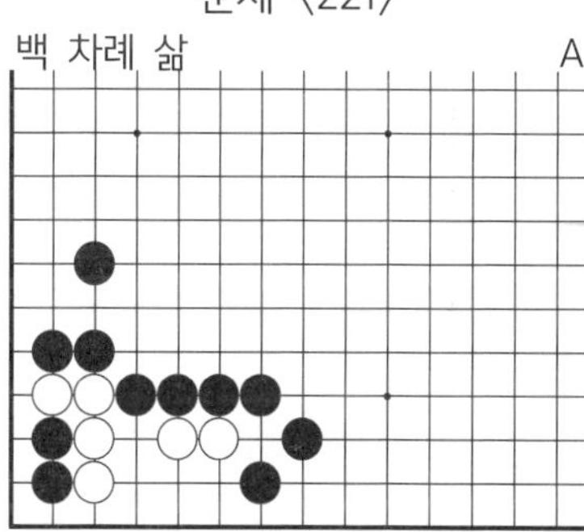

문제 〈222〉

흑 차례 패   B

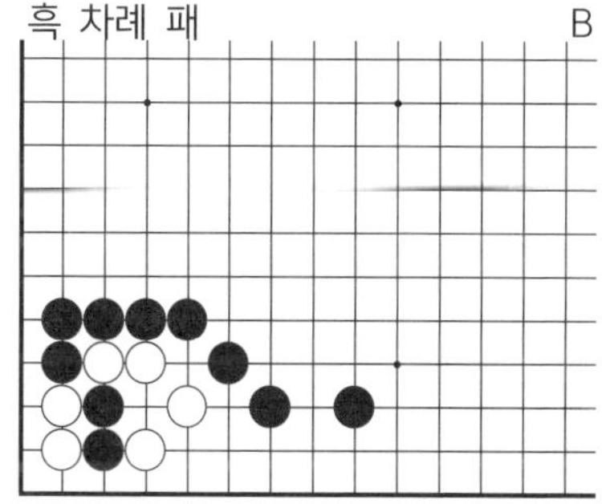

정해 〈217〉

흑 차례 패   A

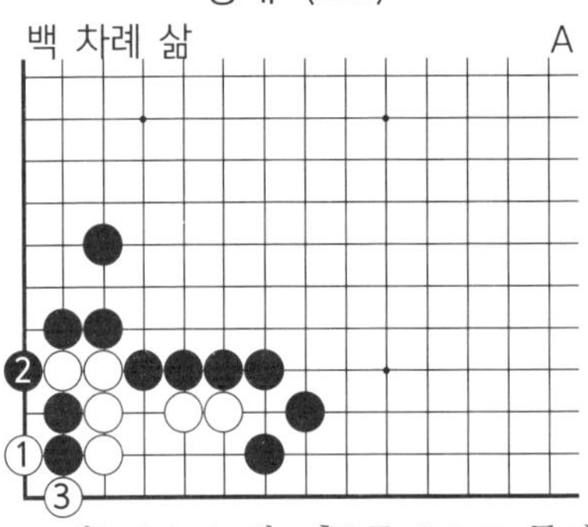

흑1의 끊음이 묘수. 백2는 흑3
이하 9까지 패. ❾→❸

정해 〈218〉

백 차례 패   A

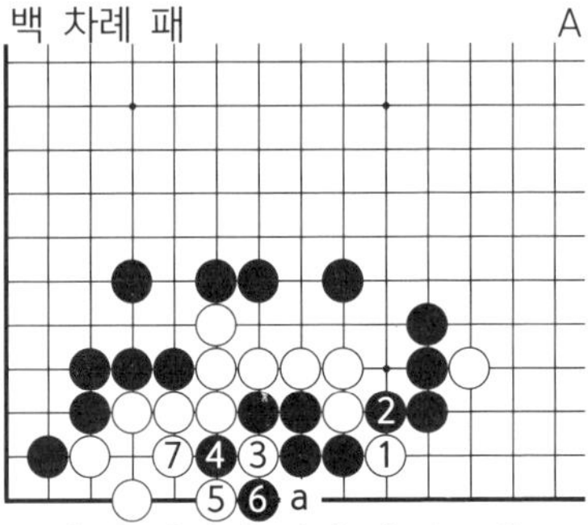

백1의 젖힘이 맥점. 흑2는 백3, 5,
7로 패. 흑6을 7로 두면 백a로 패.

정해 〈219〉

흑 차례 백 죽음   B

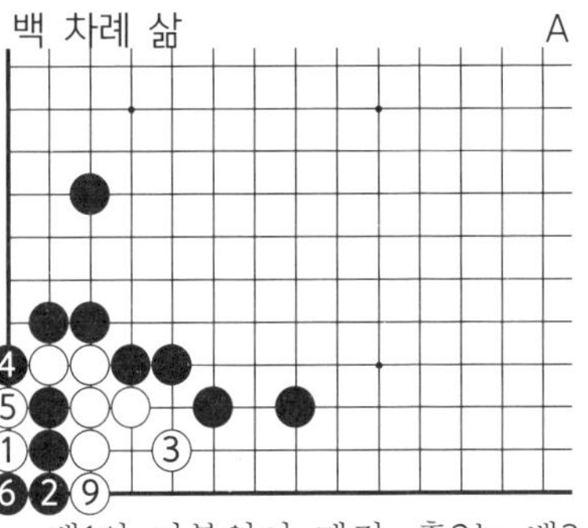

흑1, 3으로 키워서 버리는 것이
묘수. 이하 7까지 끝. ❺→❸, ⑥→△

정해 〈220〉

백 차례 삶   A

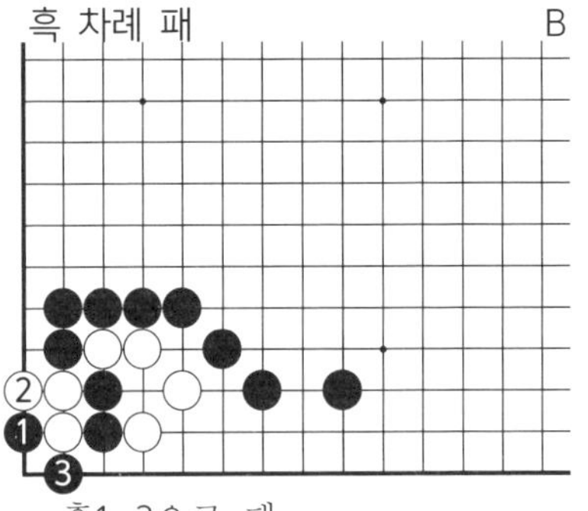

백1의 껴붙임이 맥점. 흑2는 백3
이하 9까지 촉촉수. ⑦→⑤, ❽→①

정해 〈221〉

백 차례 삶   A

백1, 3으로 삶. 흑2를 3으로 두면
220번 문제와 마찬가지.

정해 〈222〉

흑 차례 패   B

흑1, 3으로 패.

문제 〈223〉

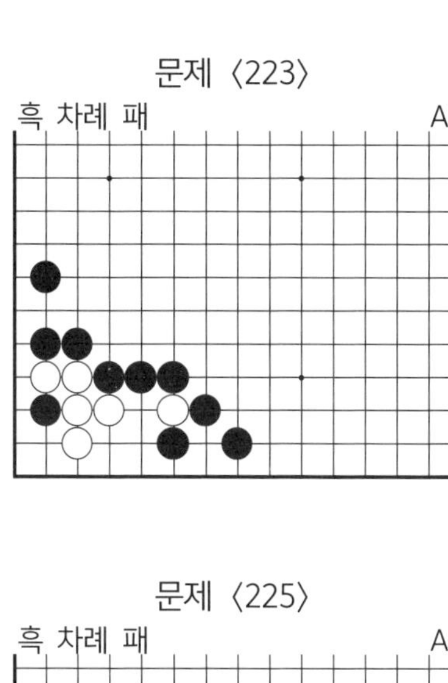

문제 〈224〉

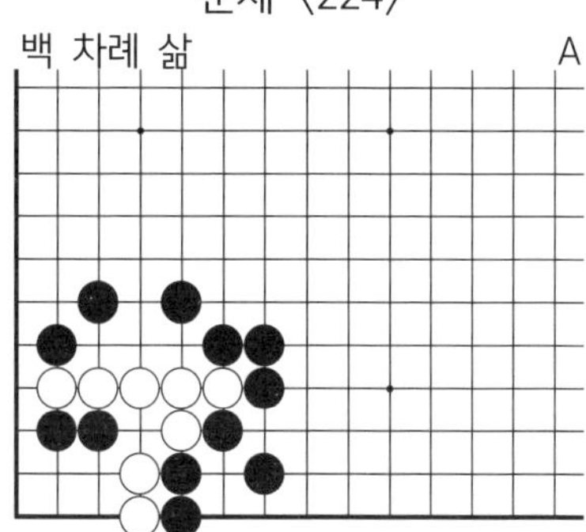

문제 〈225〉

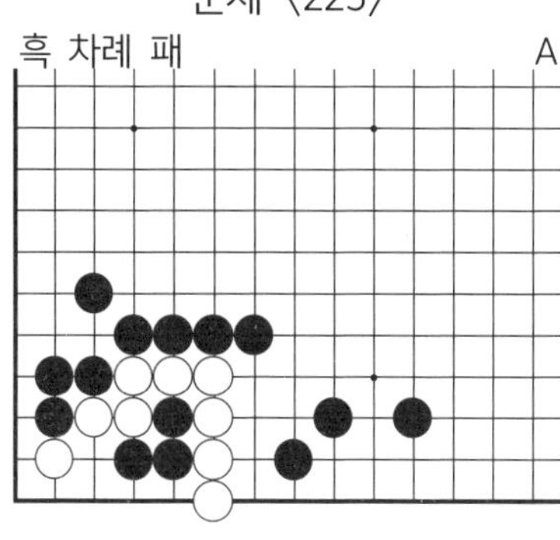

문제 〈226〉

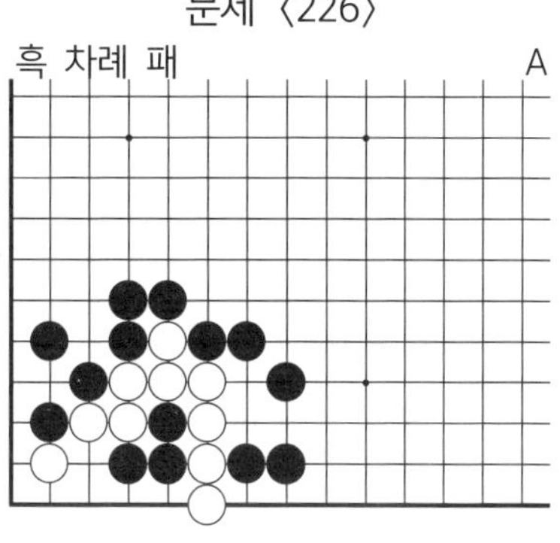

문제 〈227〉

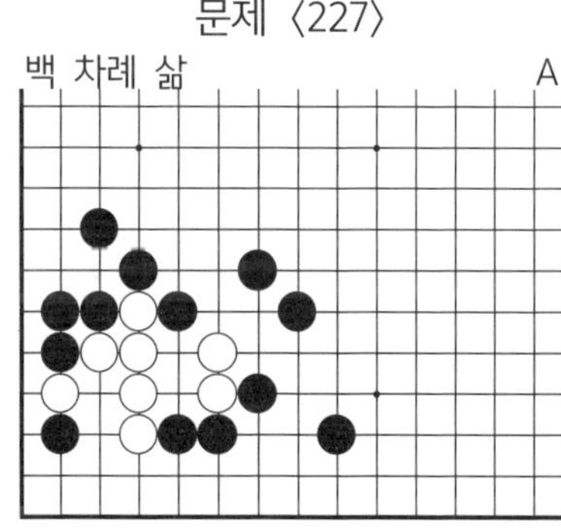

문제 〈228〉

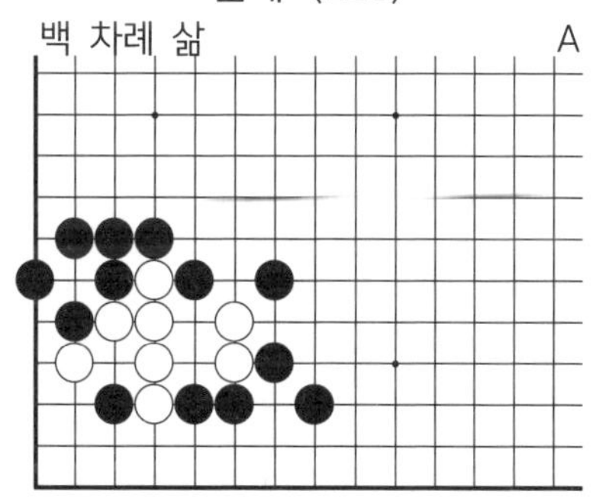

정해 〈223〉

흑 차례 패   A

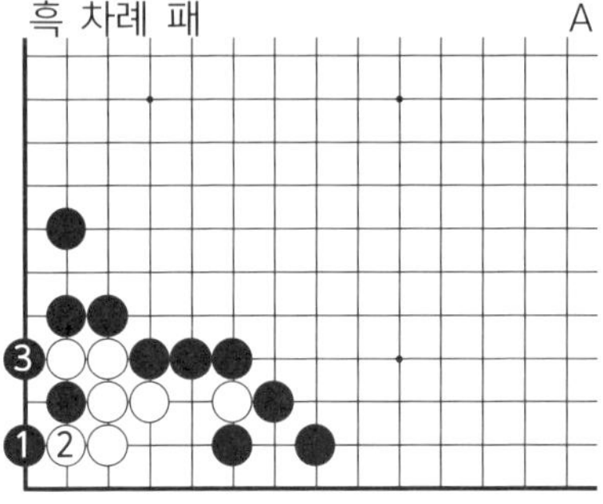

흑1의 입구자가 묘수. 백2로 둘 수밖에 없고 흑3으로 패.

정해 〈223〉

백 차례 삶   A

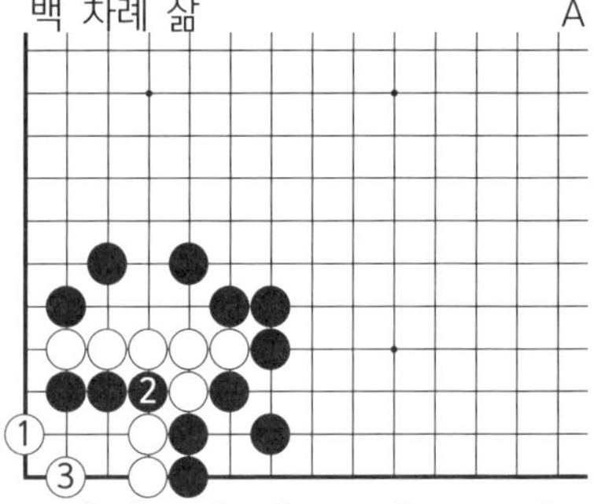

백1이 묘수. 흑2는 백3으로 삶.

정해 〈225〉

흑 차례 패   A

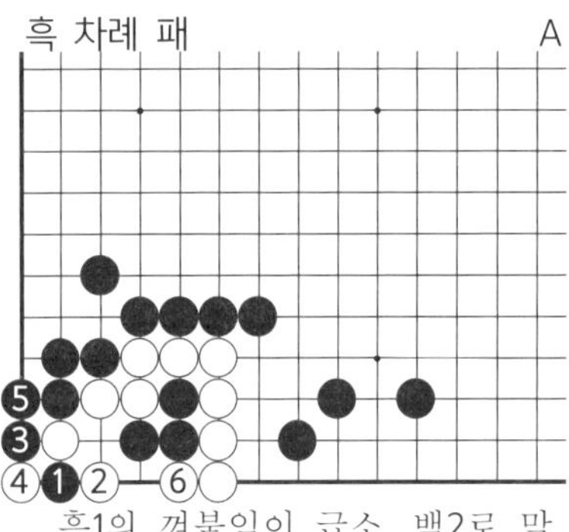

흑1의 껴붙임이 급소. 백2로 막으면 흑3, 5, 7로 패. ❼→❶

정해 〈226〉

흑 차례 패   A

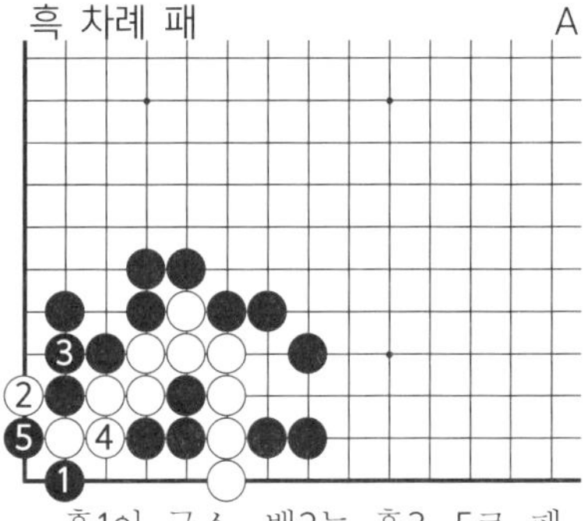

흑1이 급소. 백2는 흑3, 5로 패.

정해 〈227〉

백 차례 삶   A

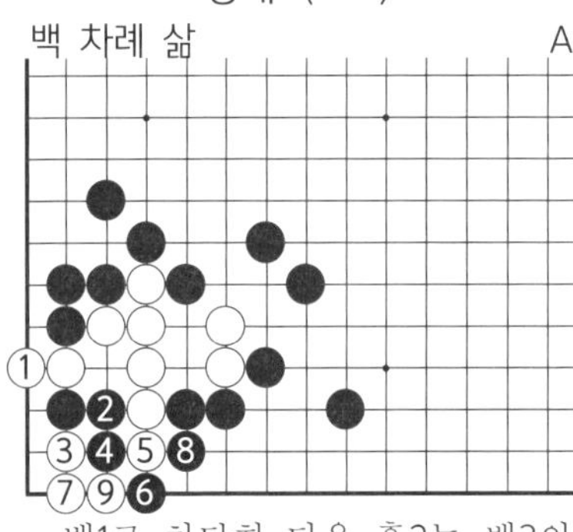

백1로 차단한 다음 흑2는 백3의 껴붙임이 묘수. 이하 9까지 삶.

정해 〈228〉

백 차례 삶   A

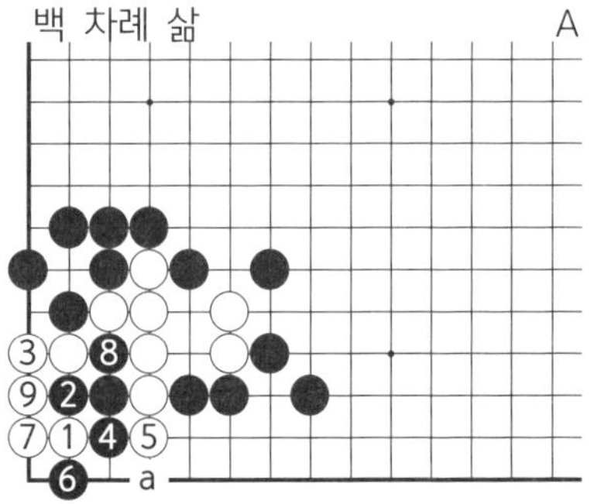

백1이 급소. 흑2는 백3 이하 9까지 삶. 흑6으로 a는 227번과 마찬가지.

문제 〈229〉

백 차례 삶 　　　　　A

수순에 주의.

문제 〈230〉

백 차례 삶 　　　　　A

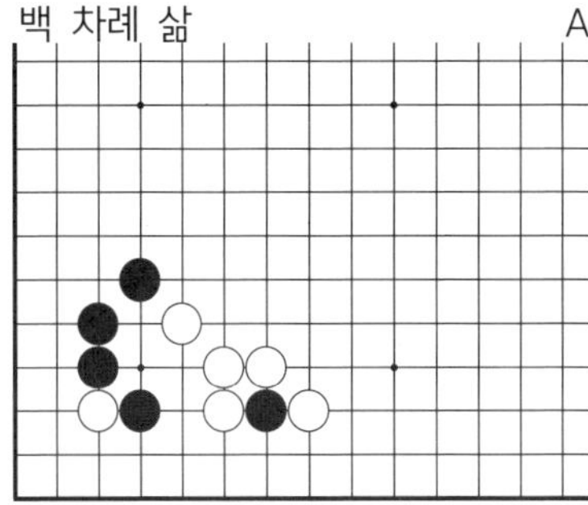

문제 〈231〉

흑 차례 수상전 승 　　　　B

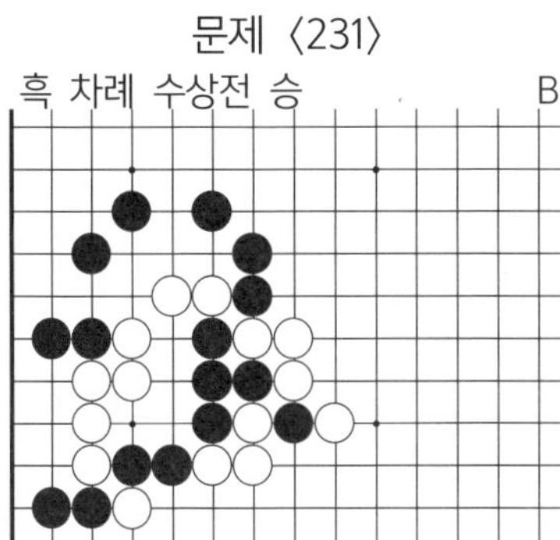

문제 〈232〉

흑 차례 삶 　　　　　A

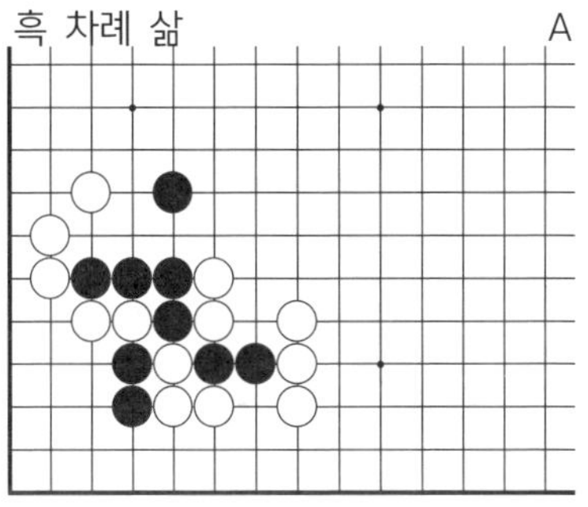

문제 〈233〉

흑 차례 삶 　　　　　A

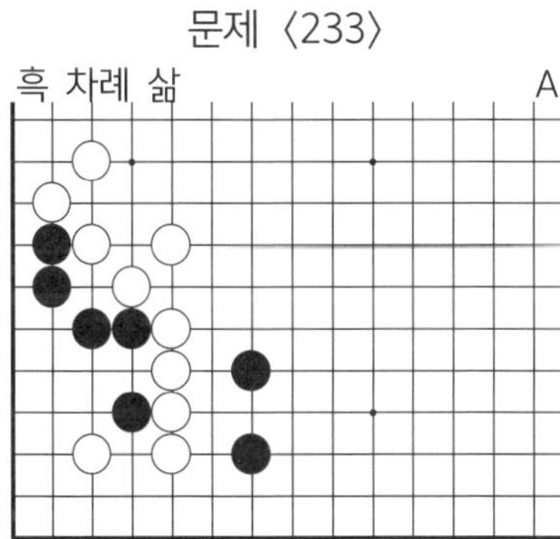

문제 〈234〉

흑 차례 백 죽음 　　　　A

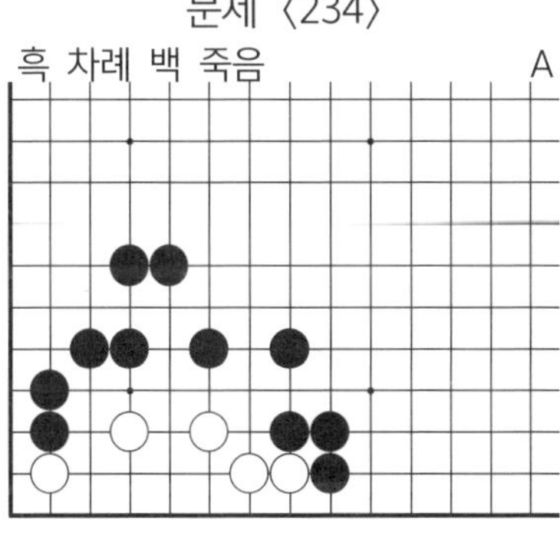

정해 〈229〉

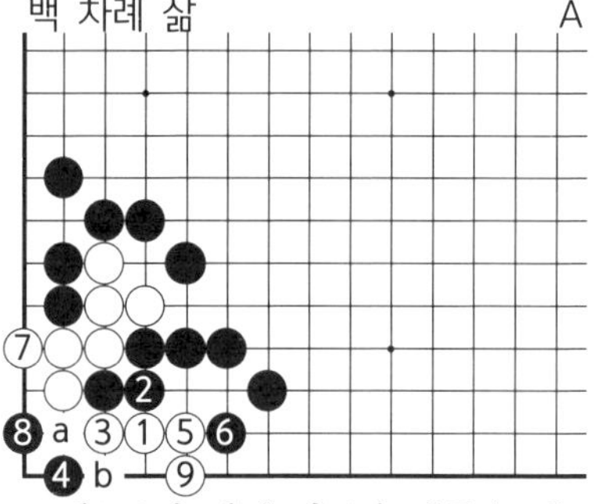

백1, 3이 맥점. 흑4의 치중은 백5, 7, 9로 a와 b가 맞보기로 삶.

정해 〈230〉

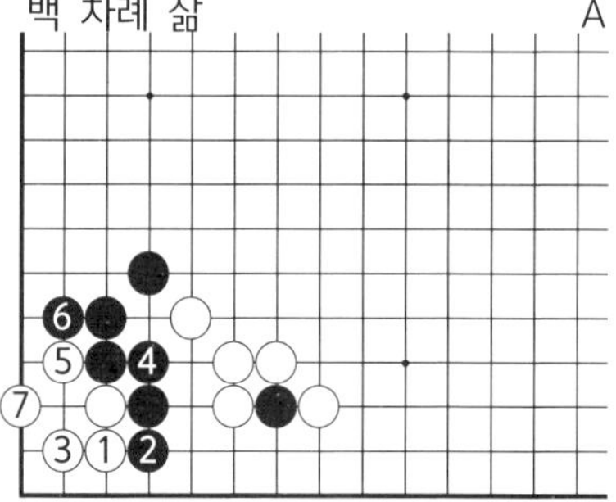

백1과 흑2를 교환한 다음 백3의 빈삼각이 묘수. 이하 7까지 삶.

정해 〈321〉

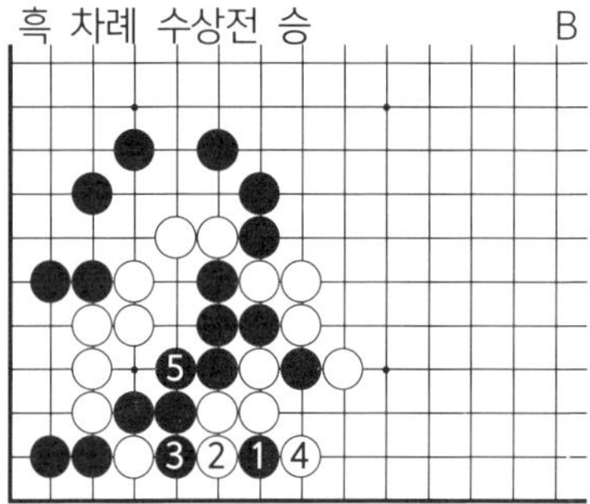

흑1의 붙임이 묘수. 백2로 차단하면 흑3, 5로 수상전 흑 승.

정해 〈232〉

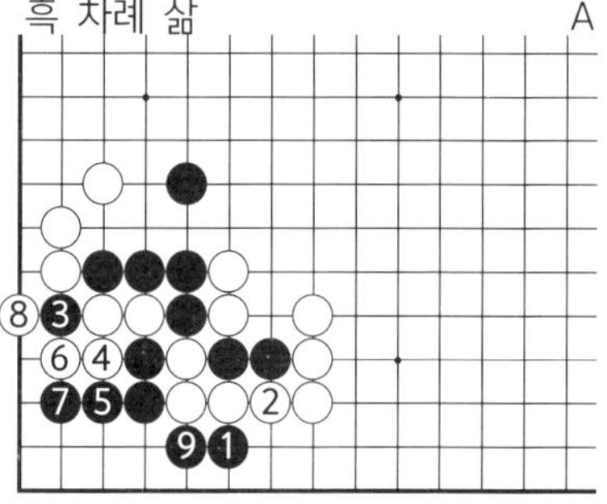

흑1의 붙임이 묘수. 백2로 받으면 흑3 이하 9까지 삶.

정해 〈233〉

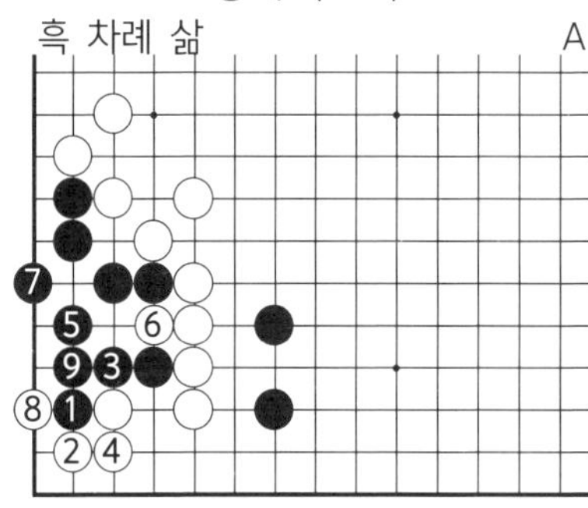

흑1이 급소. 백2로 젖히면 흑3 이하 9까지 삶.

정해 〈234〉

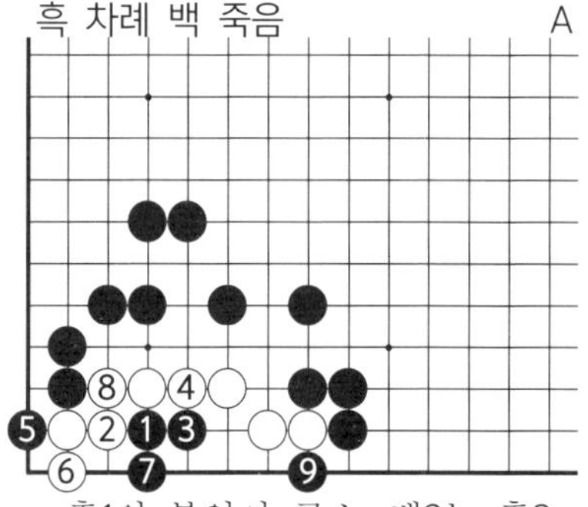

흑1의 붙임이 급소. 백2는 흑3 이하 9로 이대로 백 죽음.

문제 〈235〉

백 차례 패   A

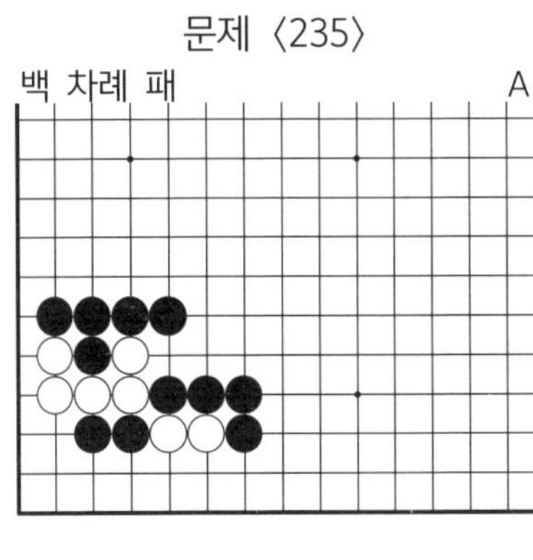

문제 〈236〉

백 차례 삶   A

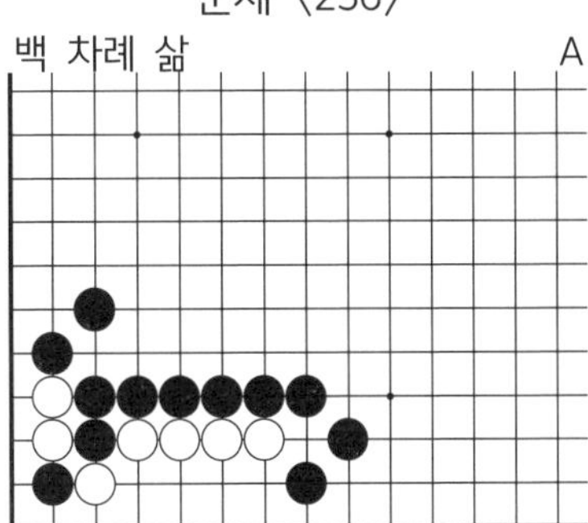

문제 〈237〉

흑 차례 백 죽음   A

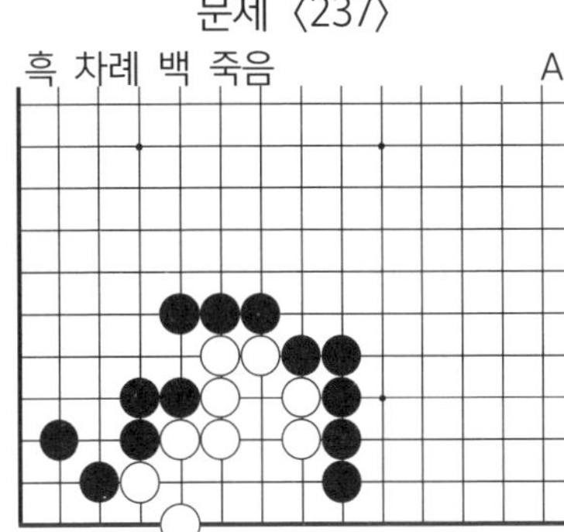

문제 〈238〉

흑 차례 백 죽음   A

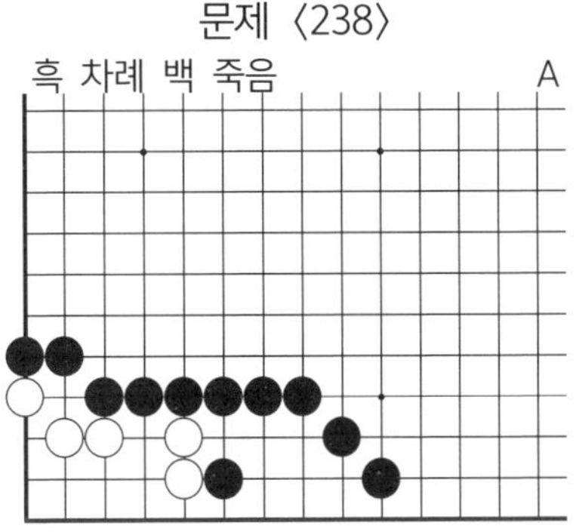

문제 〈239〉

흑 차례 백 죽음   A

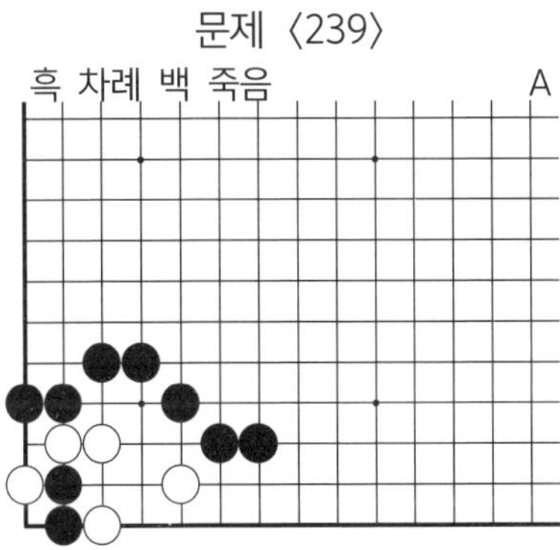

문제 〈240〉

흑 차례 백 죽음   A

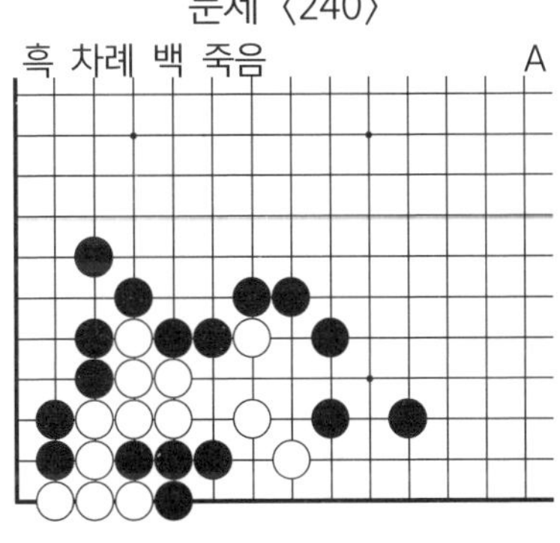

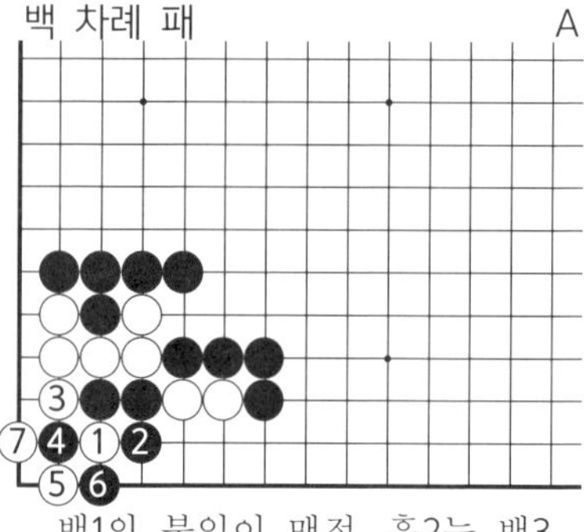

정해 〈235〉

백 차례 패

백1의 붙임이 맥점. 흑2는 백3,
5, 7로 패.

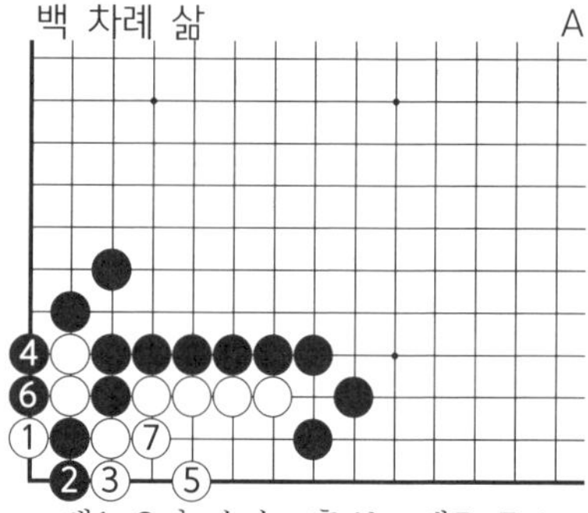

정해 〈236〉

백 차례 삶

백1, 3이 수순. 흑4는 백5, 7로
삶.

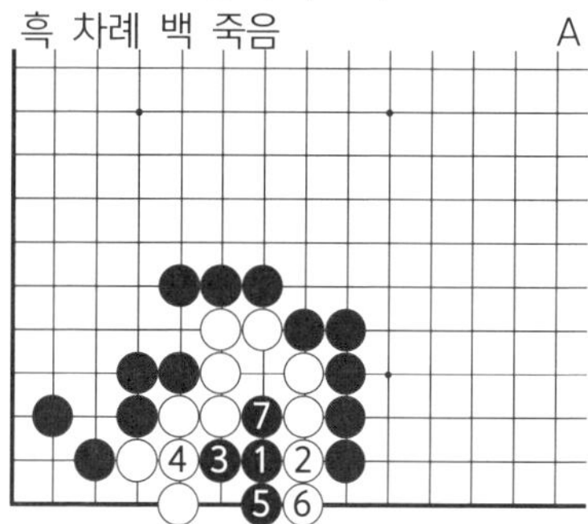

정해 〈237〉

흑 차례 백 죽음

흑1의 뜀이 급소. 백2로 차단하면
흑3, 5, 7로 삿갓 모양의 죽음.

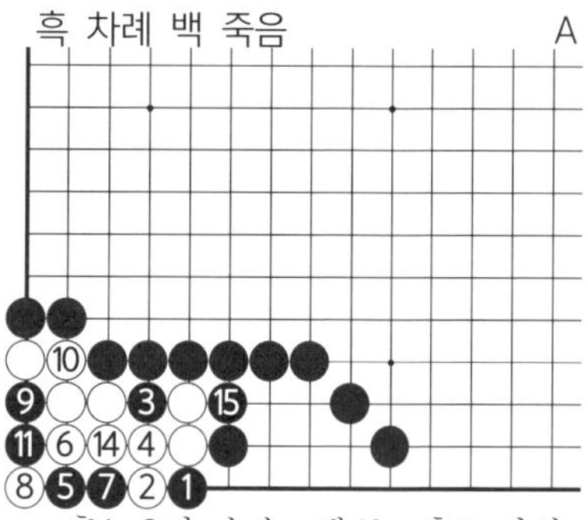

정해 〈238〉

흑 차례 백 죽음

흑1, 3이 수순. 백4는 흑5 이하
15까지 백 죽음. ⑫→⑧, ⑬→⑪

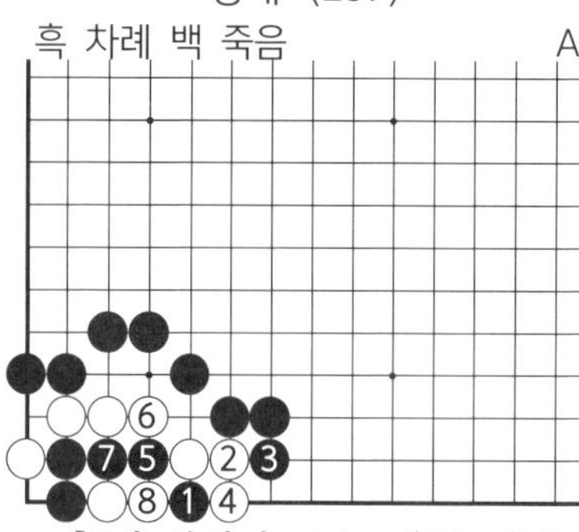

정해 〈239〉

흑 차례 백 죽음

흑1의 붙임이 묘수. 백2는 흑3
이하 9까지 백 죽음. ❾→❶

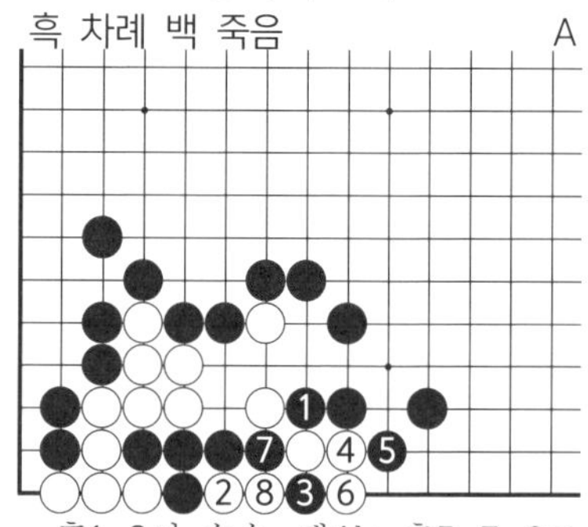

정해 〈240〉

흑 차례 백 죽음

흑1, 3이 수순. 백4는 흑5, 7, 9로
백 죽음. ❾→❸

「자충」으로 이끄는 맥

50문제

「자충」으로 이끄는 맥

적의 돌을 자충으로 이끌어 살아가면서 상대의 돌을 잡는 사활묘수풀이는 매우 많습니다. 공배는 사활묘수풀이에 있어서는 언제나 중요한 것입니다. 묘수풀이에 숙련되면 그 모양을 보고서 이것은 「자충으로 이끄는 맥으로 풀 문제구나」라고 하는 감각이 곧바로 떠오르게 되는 것입니다.

백 차례 흑 죽음

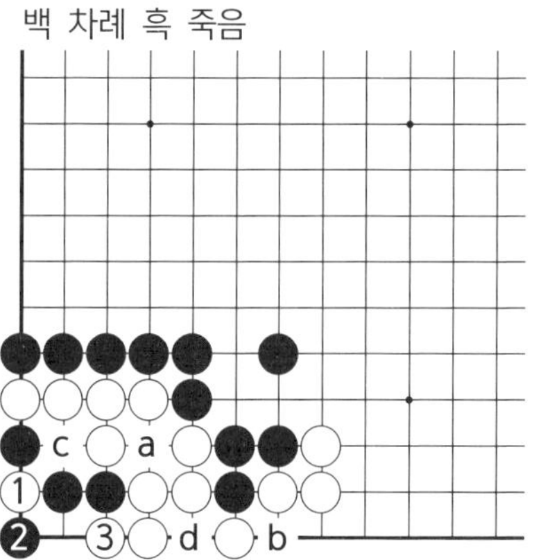

위에서 백은 흑으로부터 촉촉수의 표적이 되어 있습니다. 거기서 백이 급하게 a로 이으면 흑3, 백b, 흑c, 백d, 흑2의 수순으로 두어서 살아버립니다. 실전에서 이 모양이 만들어지면 상당한 실력자도 이렇게 두는 사람이 많겠지만, 사활묘수풀이를 연구하고 있는 사람이라면 곧바로 자충으로 이끄는 모양인 것을 감각적으로 떠올려서 백1, 흑2, 백3으로 자충으로 만들어 잡는 수를 알아차릴 것입니다.

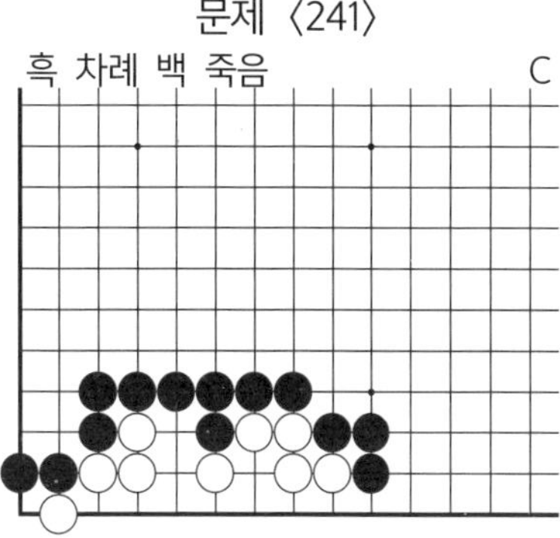

문제 〈241〉

흑 차례 백 죽음　　　　　　　　C

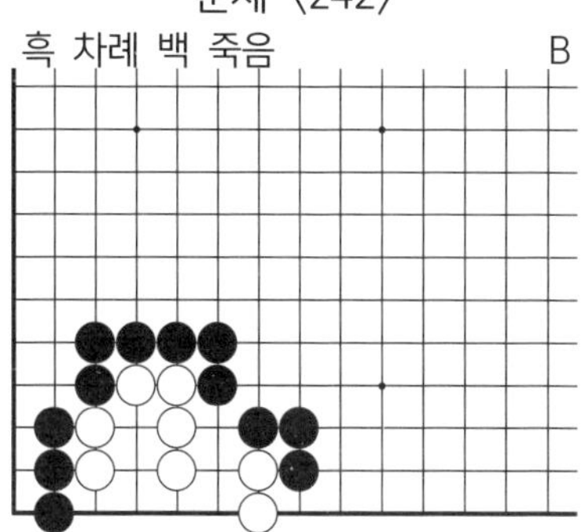

문제 〈242〉

흑 차례 백 죽음　　　　　　　　B

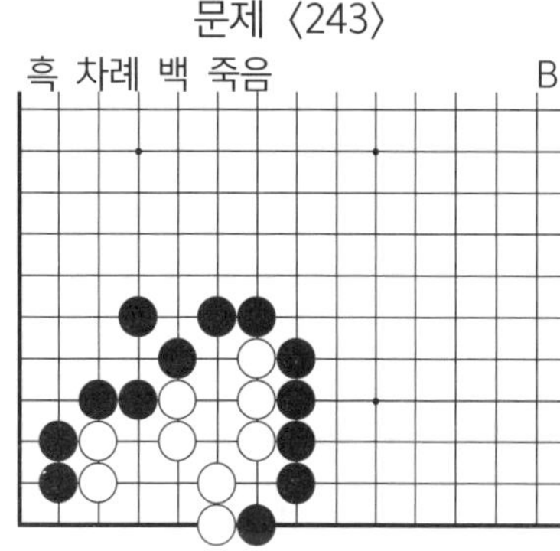

문제 〈243〉

흑 차례 백 죽음　　　　　　　　B

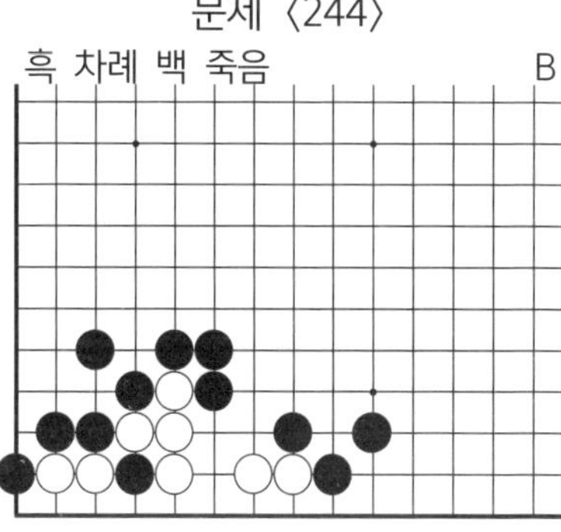

문제 〈244〉

흑 차례 백 죽음　　　　　　　　B

문제 〈245〉

흑 차례 백 죽음　　　　　　　　B

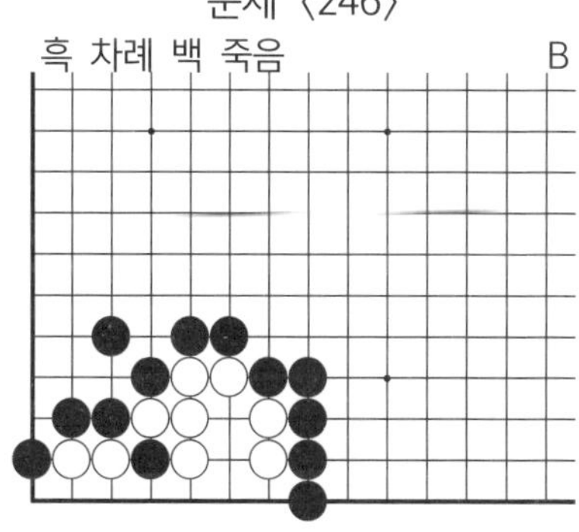

문제 〈246〉

흑 차례 백 죽음　　　　　　　　B

정해 〈241〉

흑 차례 백 죽음   C

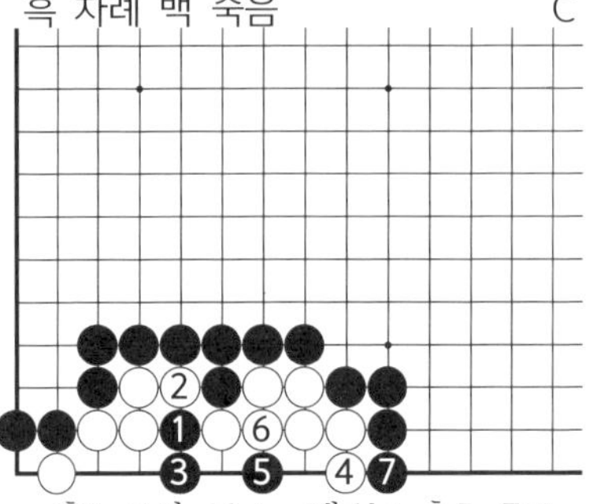

흑1, 3이 급소. 백4는 흑5, 7로
백은 양자충으로 이대로 죽음.

정해 〈242〉

흑 차례 백 죽음   B

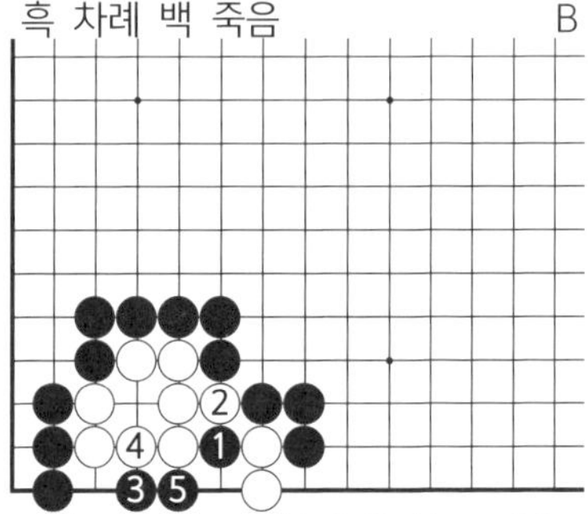

흑1이 급소. 백2밖에 없고 흑3,
5로 백의 자충으로 끝.

정해 〈243〉

흑 차례 백 죽음   B

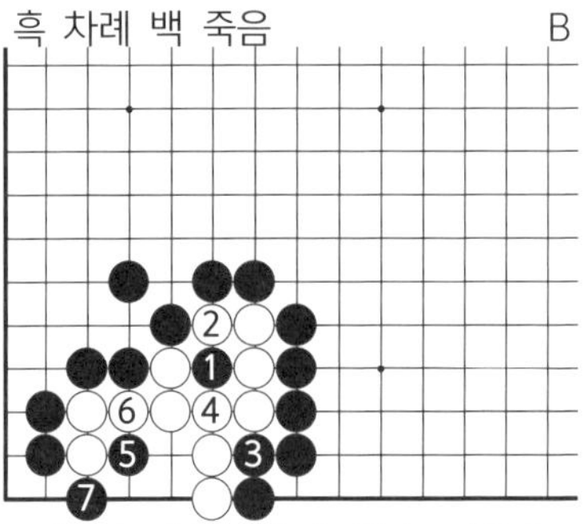

흑1의 젖혀끼움이 급소. 백2로
받을 때 흑3, 5, 7로 끝.

정해 〈244〉

흑 차례 백 죽음   B

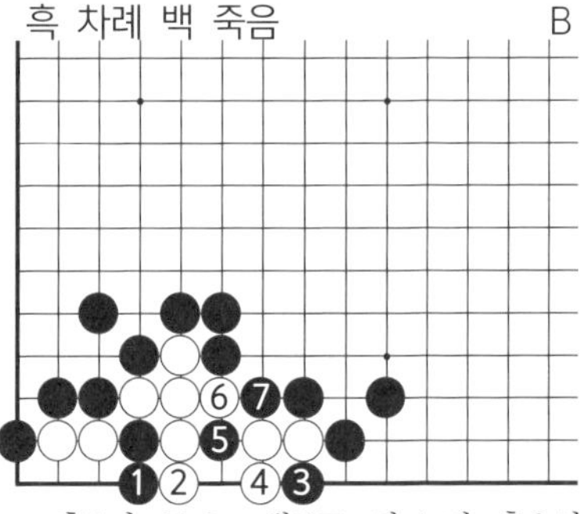

흑1이 급소. 백2로 잡으면 흑3의
젖힘이 묘수. 다음 흑5, 7로 끝.

정해 〈245〉

흑 차례 백 죽음   B

흑1, 백2를 교환하고 흑3, 5로
넘어가서 이대로 백 죽음.

정해 〈246〉

흑 차례 백 죽음   B

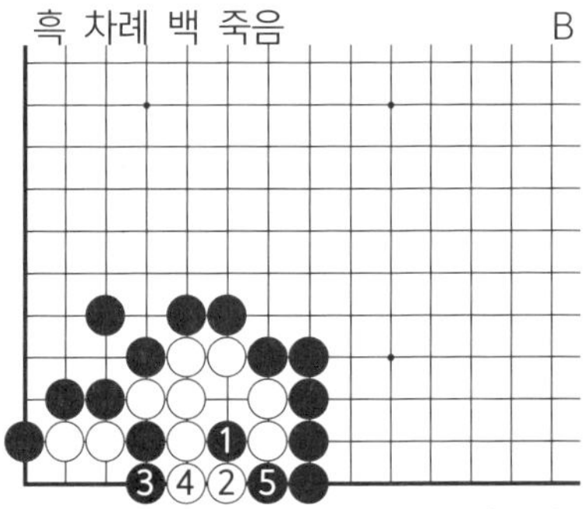

흑1의 끼움이 급소. 백2로 잡으면
흑3, 5로 백은 자충으로 죽음.

문제 〈247〉

흑 차례 백 죽음   B

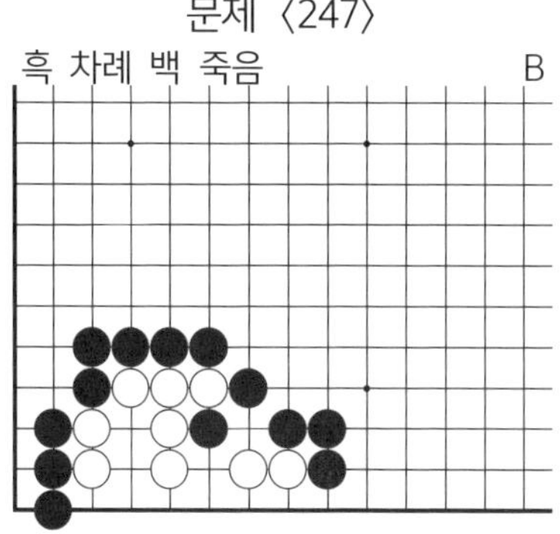

문제 〈248〉

흑 차례 백 죽음   B

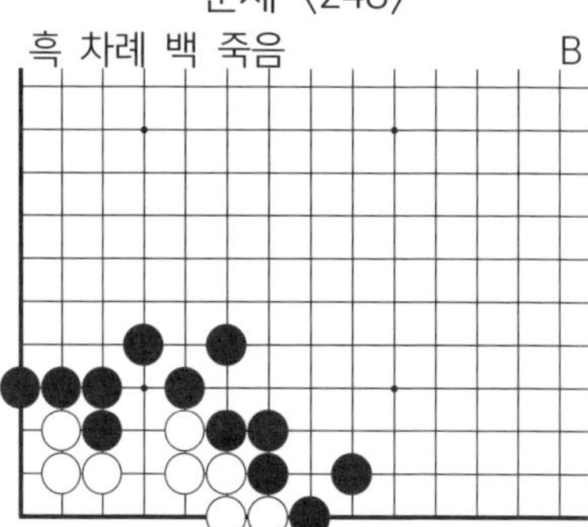

문제 〈249〉

흑 차례 백 죽음   B

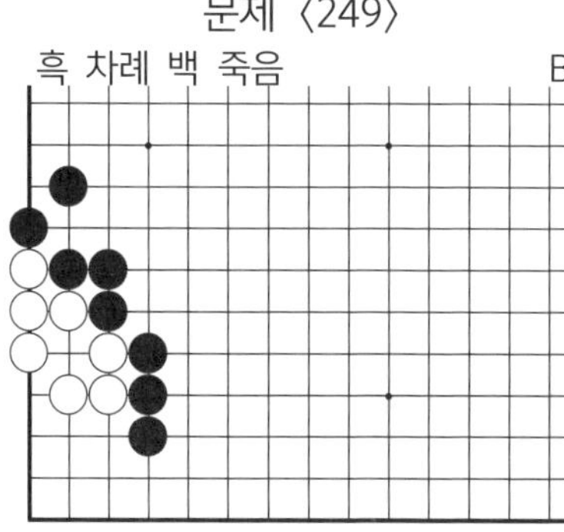

문제 〈250〉

흑 차례 백 죽음   B

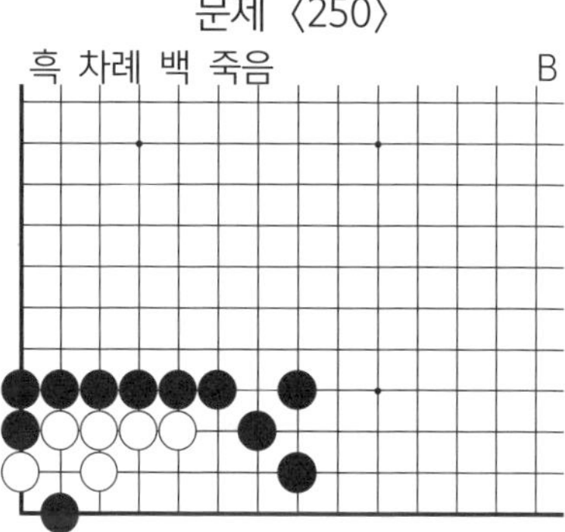

문제 〈251〉

흑 차례 백 죽음   B

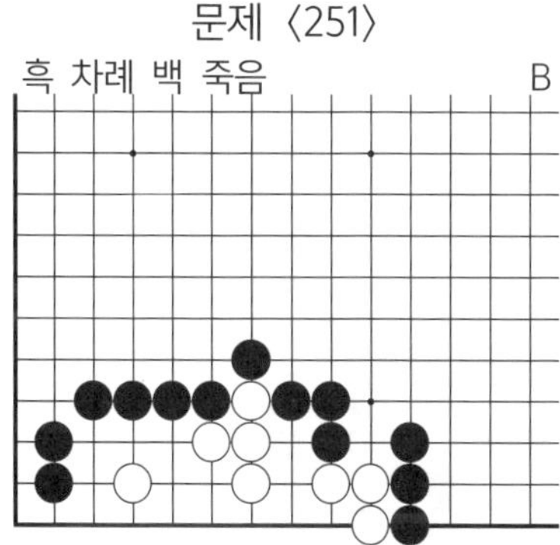

문제 〈252〉

흑 차례 백 죽음   B

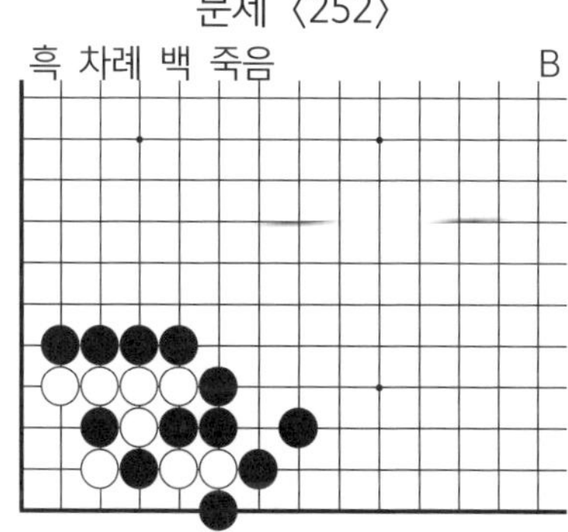

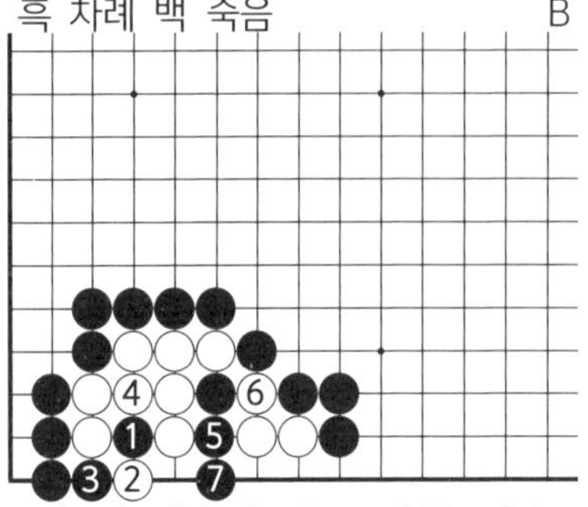

정해 〈247〉

흑 차례 백 죽음   B

흑1의 끼움이 급소. 백2는 흑3,
5, 7로 백은 자충으로 죽음.

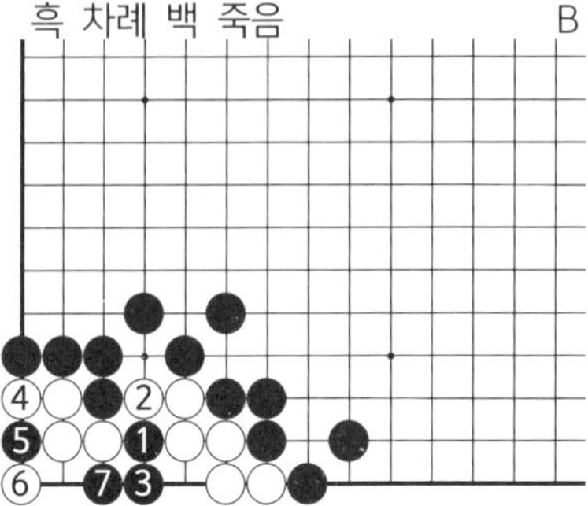

정해 〈248〉

흑 차례 백 죽음   B

흑1, 3이 수순. 백4라면 흑5, 7로
백은 자충으로 그대로 죽음.

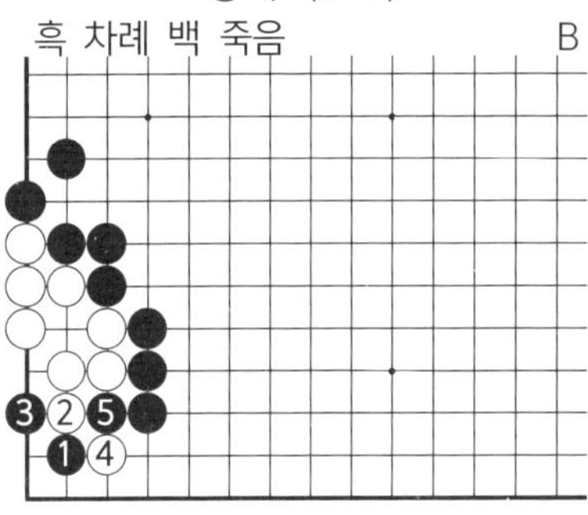

정해 〈249〉

흑 차례 백 죽음   B

흑1이 급소. 백2는 흑3, 5로 끝.

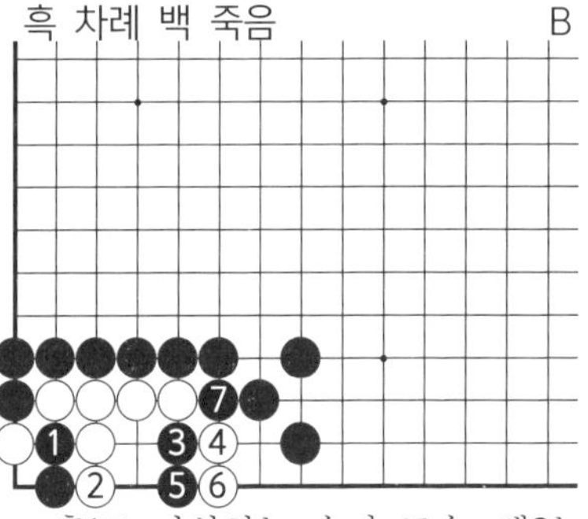

정해 〈250〉

흑 차례 백 죽음   B

흑1로 자살하는 수가 묘수. 백2는
흑3, 5, 7로 자충이 되어 백 죽음.

정해 〈251〉

흑 차례 백 죽음   B

흑1, 3이 급소. 백4로 잡을 때 흑
5부터 9까지 백은 자충으로 끝.

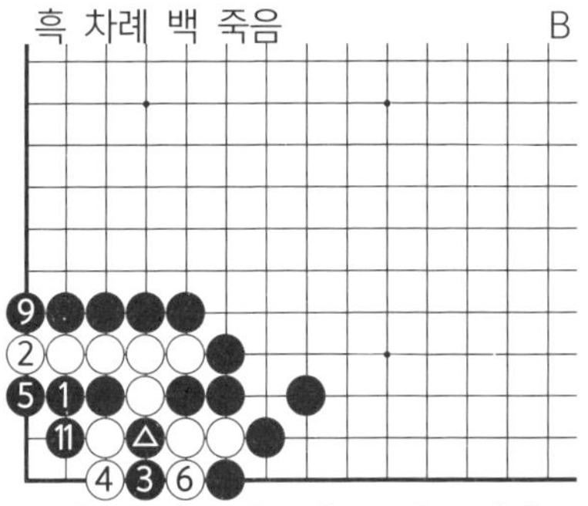

정해 〈252〉

흑 차례 백 죽음   B

흑1, 3이 묘수. 백4는 흑5 이하 11
까지 백 죽음. ❼→⬤, ⑧→❸

문제 〈253〉

흑 차례 백 죽음   A

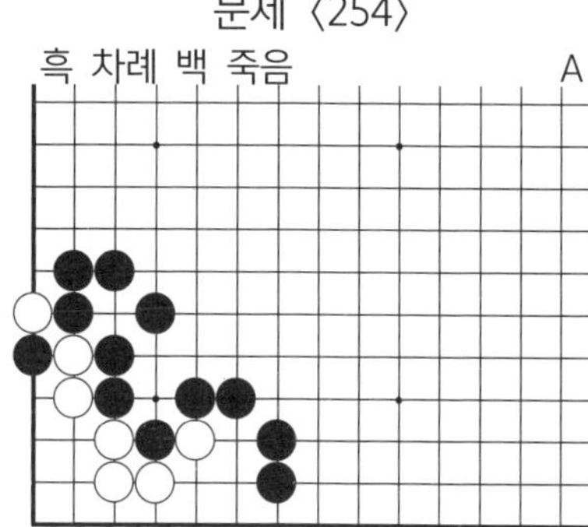

문제 〈254〉

흑 차례 백 죽음   A

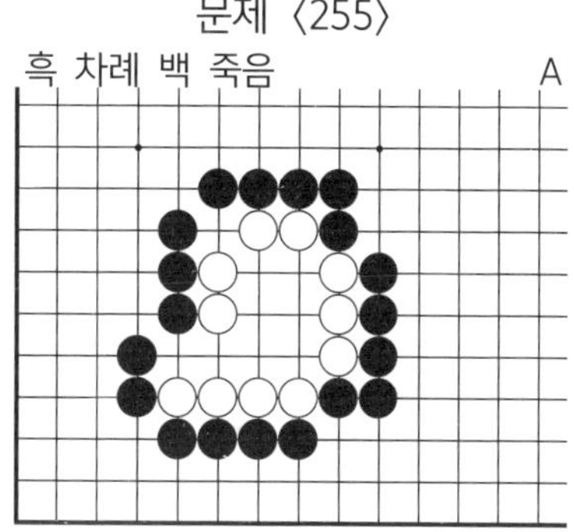

문제 〈255〉

흑 차례 백 죽음   A

문제 〈256〉

흑 차례 백 죽음   A

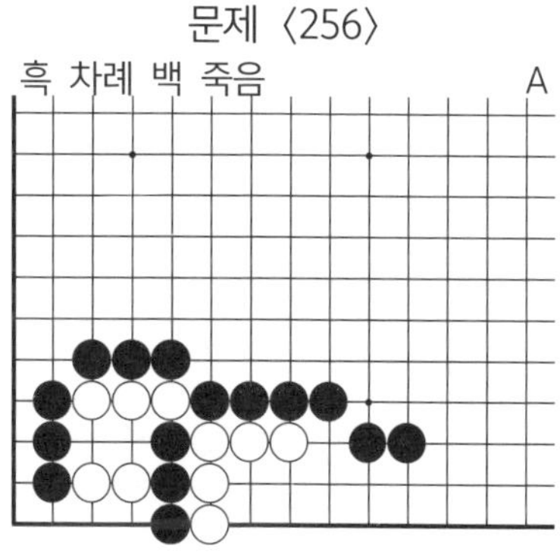

문제 〈257〉

흑 차례 백 죽음   B

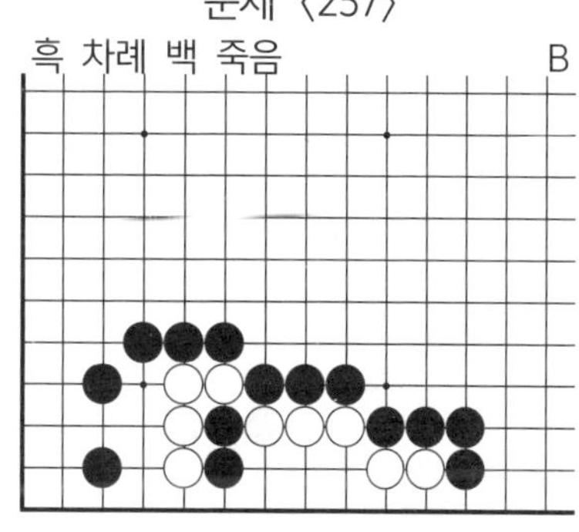

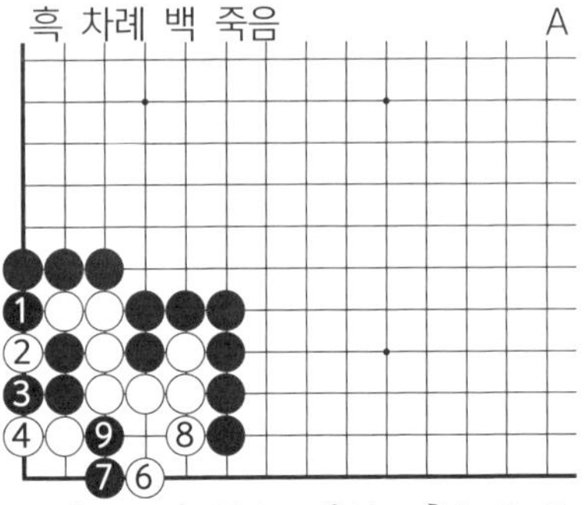

정해 〈253〉

흑 차례 백 죽음   A

흑1, 3이 급소. 백4는 흑5, 7, 9
로 끝. ❺→②

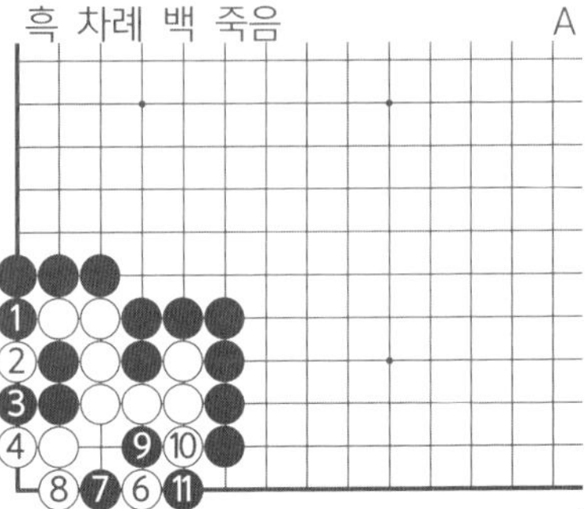

변화 〈253〉

흑 차례 백 죽음   A

흑7 때 백8로 두면 흑9, 11로 백
은 자충으로 그대로 죽음. ❺→②

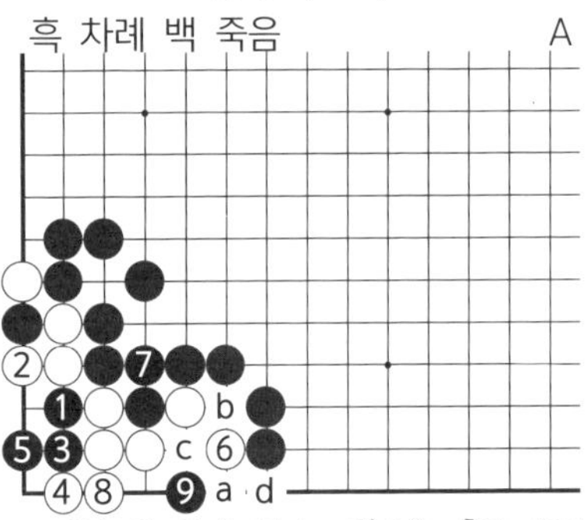

정해 〈254〉

흑 차례 백 죽음   A

흑1, 3, 5가 묘수. 백6은 흑7, 9로
끝. 다음에 백a는 흑b, d로 자충.

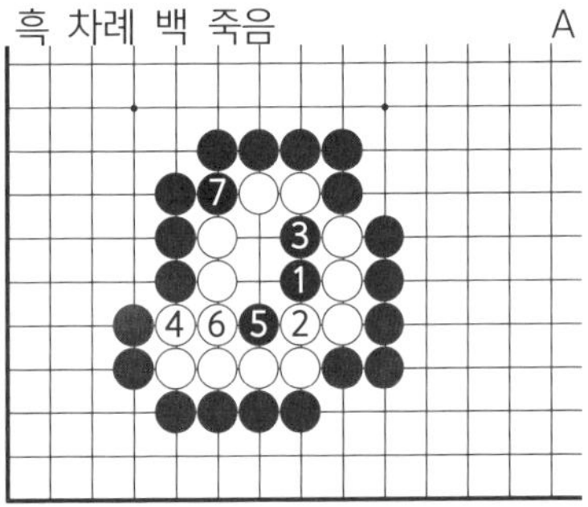

정해 〈255〉

흑 차례 백 죽음   A

흑1, 3이 급소. 백4는 흑5, 7로
백은 자충으로 죽음.

정해 〈256〉

흑 차례 백 죽음   A

흑1, 3이 급소. 백4는 흑5, 7, 9로
이대로 백 죽음. ❾→❺

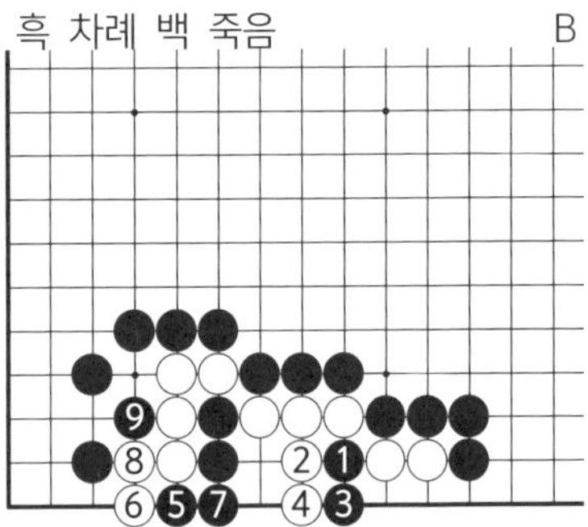

정해 〈257〉

흑 차례 백 죽음   B

흑1, 3이 묘수. 백4는 흑5 이하
9까지 백 죽음. 오른쪽 백이 자충.

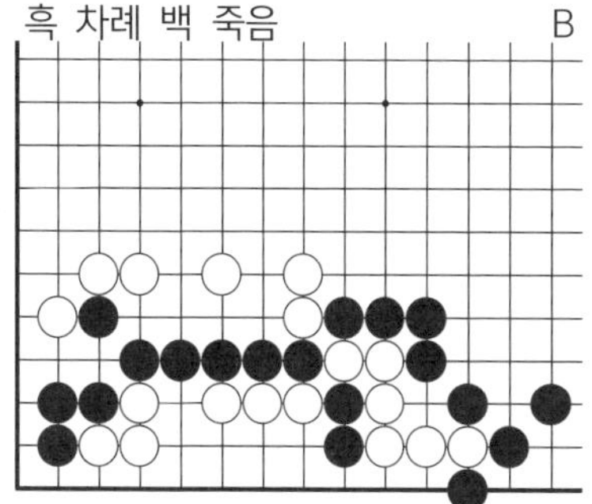

문제 〈258〉

흑 차례 백 죽음   B

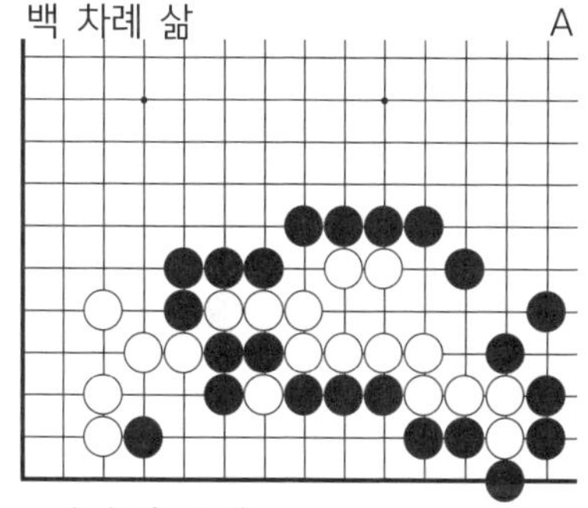

문제 〈259〉

백 차례 삶   A

수순에 주의.

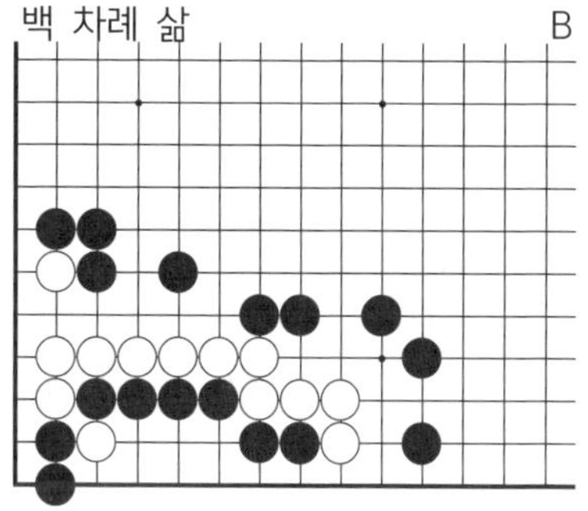

문제 〈260〉

백 차례 삶   B

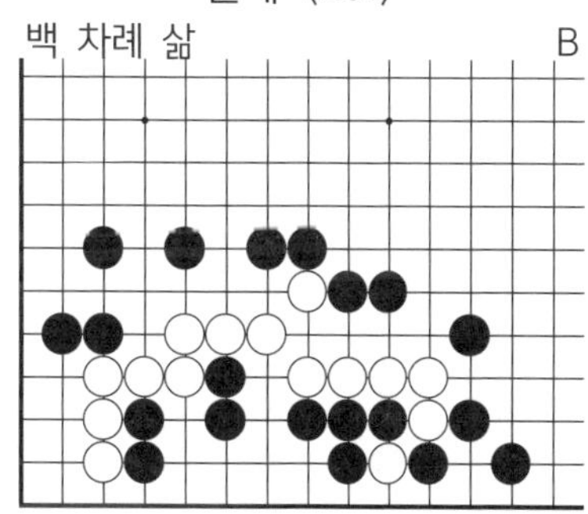

문제 〈261〉

백 차례 삶   B

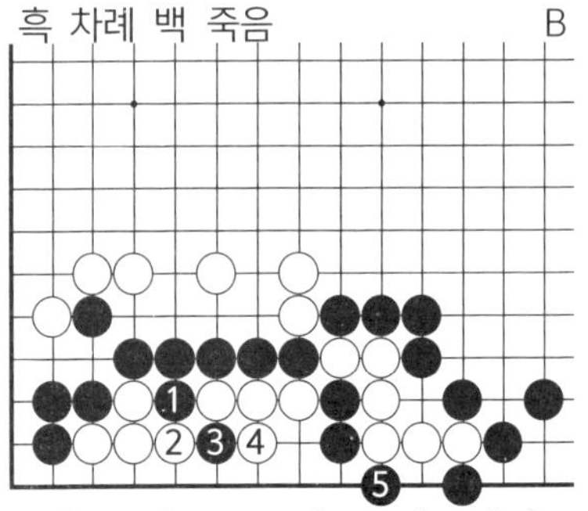

정해 〈258〉

흑 차례 백 죽음　　　　　　　　　　B

흑1, 3이 급소. 백4로 잡으면 흑5
로 젖혀서 오른쪽 백 8점을 잡고 삶.

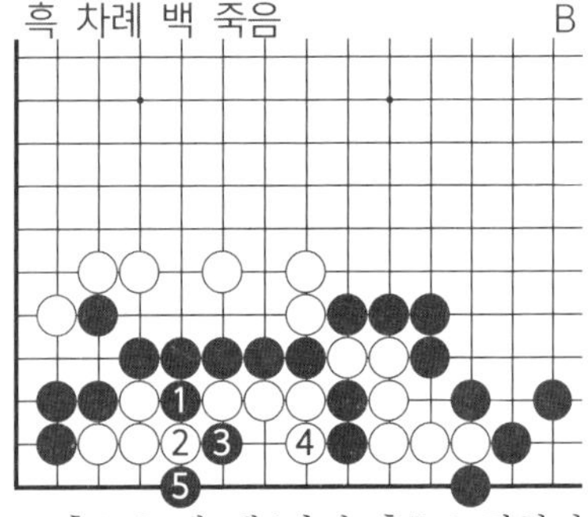

변화 〈258〉

흑 차례 백 죽음　　　　　　　　　　B

흑1, 3 때 백4라면 흑5로 젖혀서
왼쪽 백 4점을 잡고 삶.

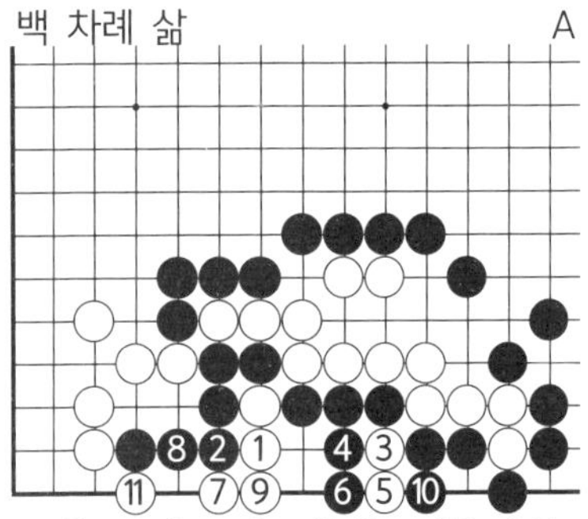

정해 〈259〉

백 차례 삶　　　　　　　　　　　　A

백1, 3이 묘수. 흑4는 백5 이하
11까지 흑 6점을 잡고 삶.

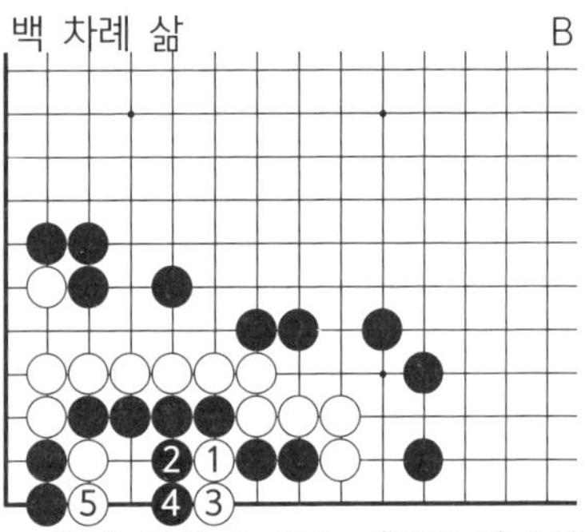

정해 〈260〉

백 차례 삶　　　　　　　　　　　　B

백1의 끊음이 묘수. 흑2로 잡으면
백3, 5로 왼쪽 흑 2점을 잡고 삶.

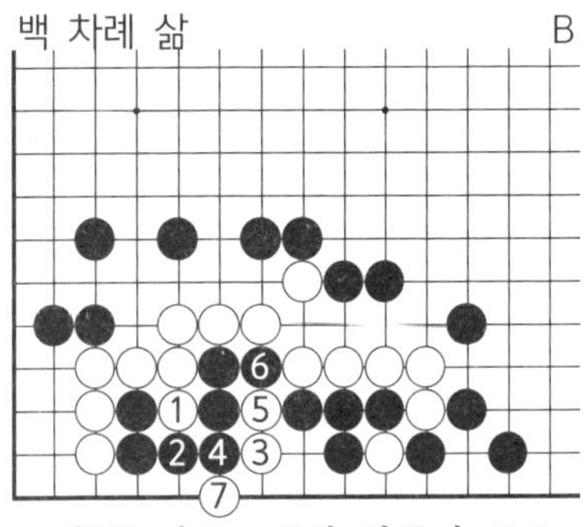

정해 〈261〉

백 차례 삶　　　　　　　　　　　　B

백1로 찌르고 3의 치중이 급소.
흑4는 백5, 7로 흑 7점을 잡고 삶.

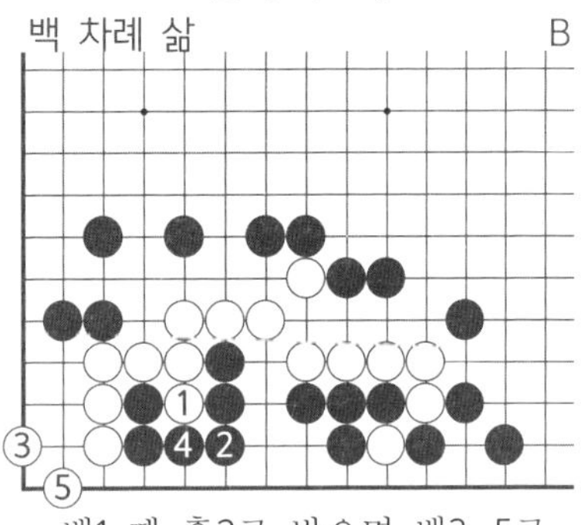

변화 〈261〉

백 차례 삶　　　　　　　　　　　　B

백1 때 흑2로 받으면 백3, 5로
삶.

문제 〈262〉

백 차례 삶   B

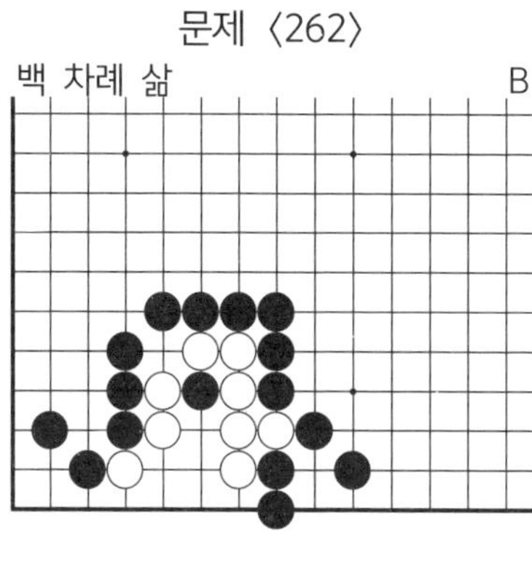

문제 〈263〉

백 차례 삶   A

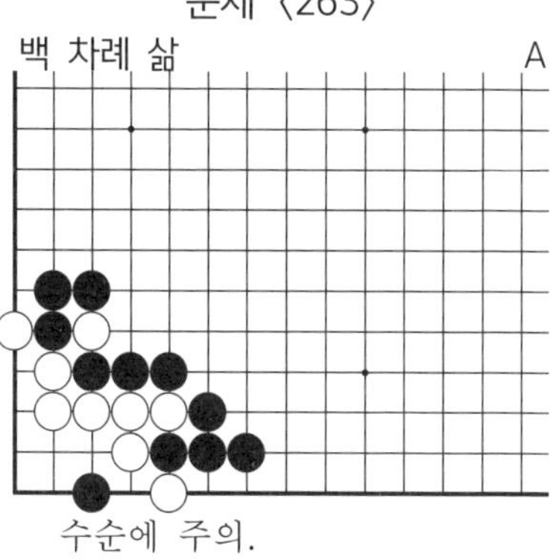

수순에 주의.

문제 〈264〉

백 차례 삶   A

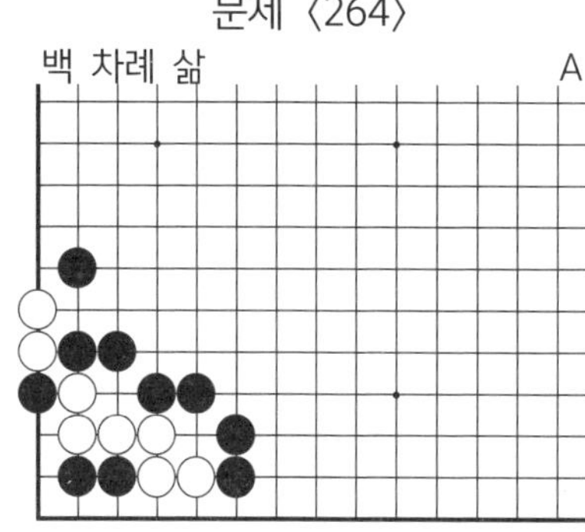

문제 〈265〉

백 차례 삶   A

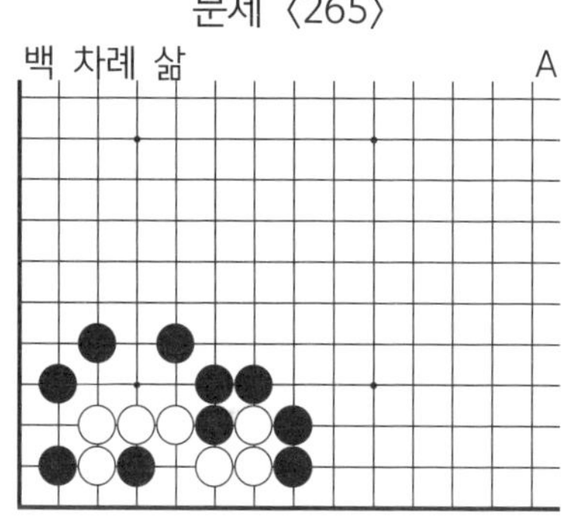

문제 〈266〉

백 차례 패의 삶   A

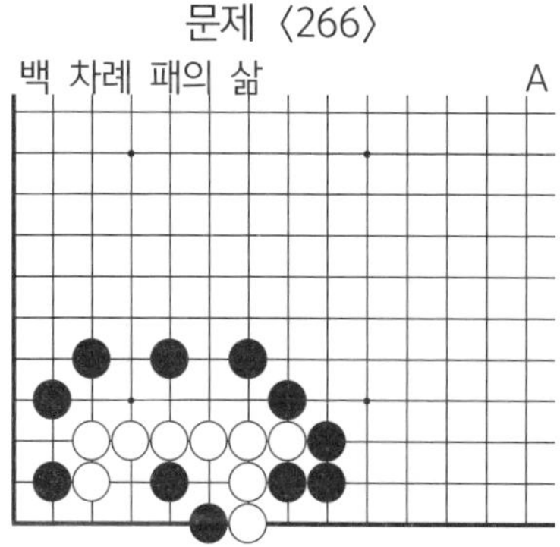

문제 〈267〉

백 차례 삶   A

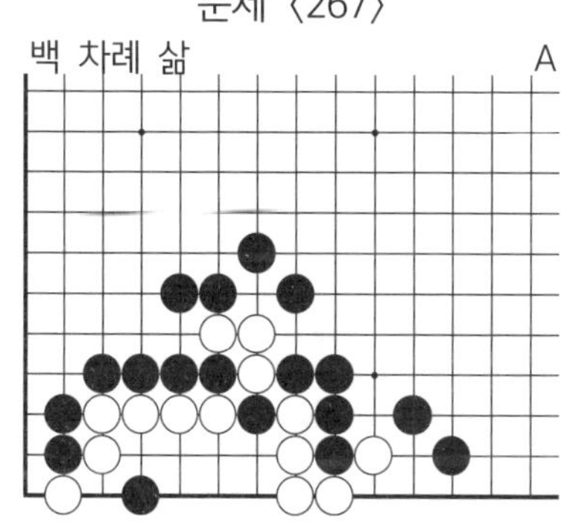

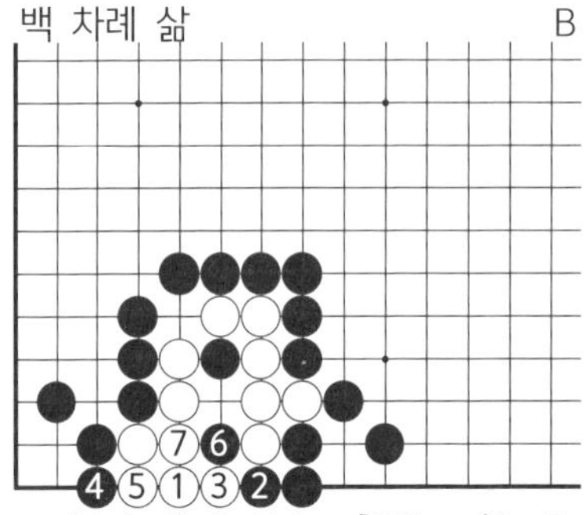

정해 〈262〉

백 차례 삶   B

백1이 삶의 급소. 흑2는 백3, 5, 7로 착수금지의 삶.

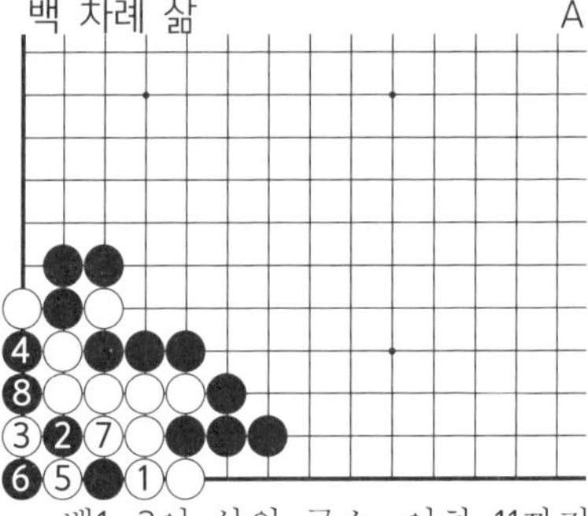

정해 〈263〉

백 차례 삶   A

백1, 3이 삶의 급소. 이하 11까지 양패의 삶. ⑨→③, ❿→❽, ⑪→❹

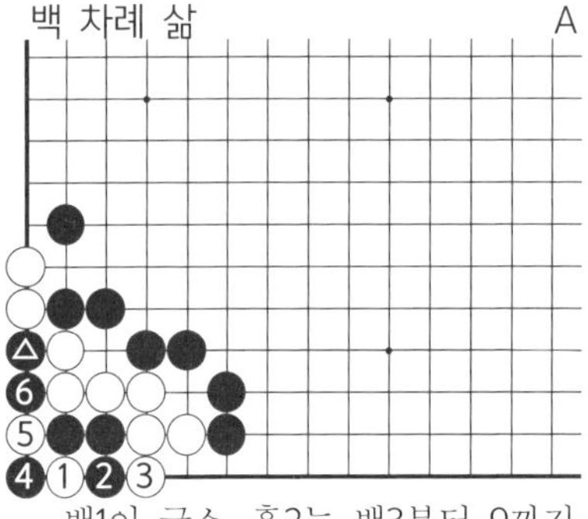

정해 〈264〉

백 차례 삶   A

백1이 급소. 흑2는 백3부터 9까지 패의 삶. ⑦→⑤, ❽→❻, ⑨→△

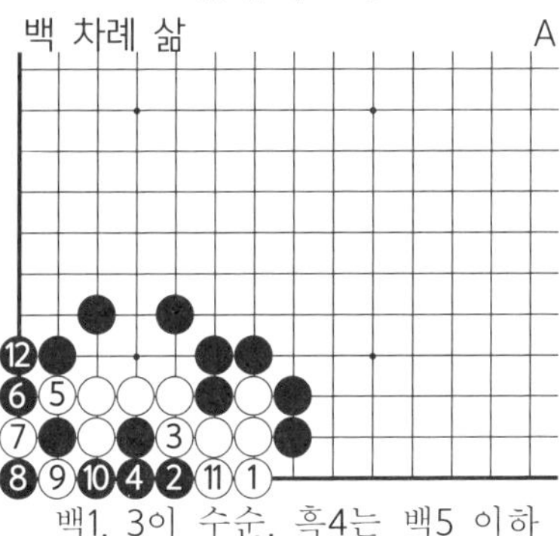

정해 〈265〉

백 차례 삶   A

백1, 3이 수순. 흑4는 백5 이하 15까지 삶. ⑬→⑨, ⓮→❿, ⑮→❹

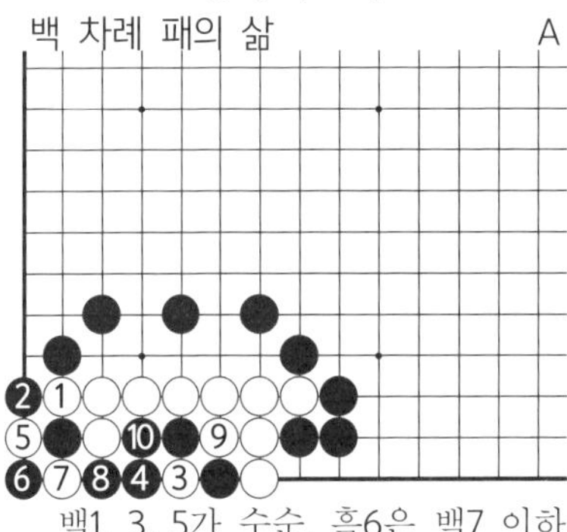

정해 〈266〉

백 차례 패의 삶   A

백1, 3, 5가 수순. 흑6은 백7 이하 11까지 패의 삶. ⑪→③

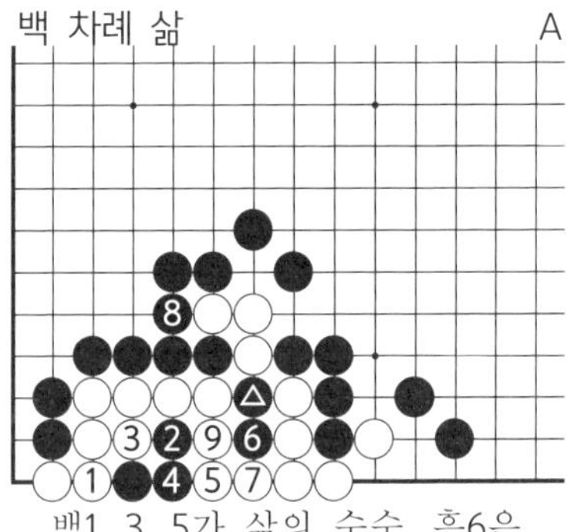

정해 〈267〉

백 차례 삶   A

백1, 3, 5가 삶의 수순. 흑6은 백7, 9로 4와 △가 맞보기로 삶.

문제 〈268〉
백 차례 삶
B
문제 〈269〉
백 차례 삶
A
문제 〈270〉
백 차례 삶
B
문제 〈271〉
백 차례 패
A
문제 〈272〉
흑 차례 백 죽음
A
문제 〈273〉
흑 차례 백 죽음
A

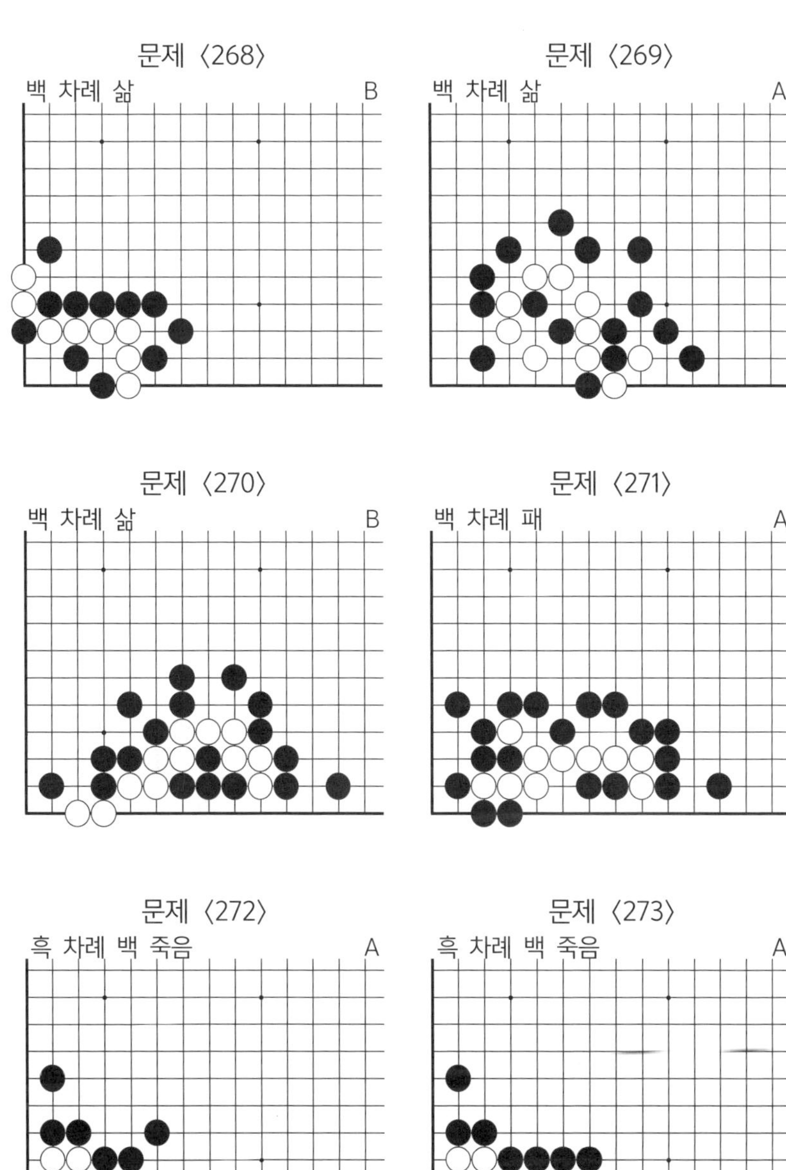

간접 공격이 열쇠.

정해 〈268〉

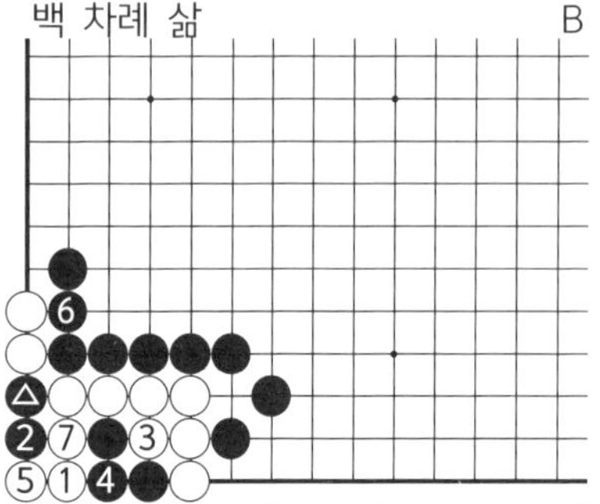

백 차례 삶

백1이 급소. 흑2는 백3, 5, 7로 삶.
4와 ▲가 맞보기. 흑5가 묘수.

정해 〈269〉

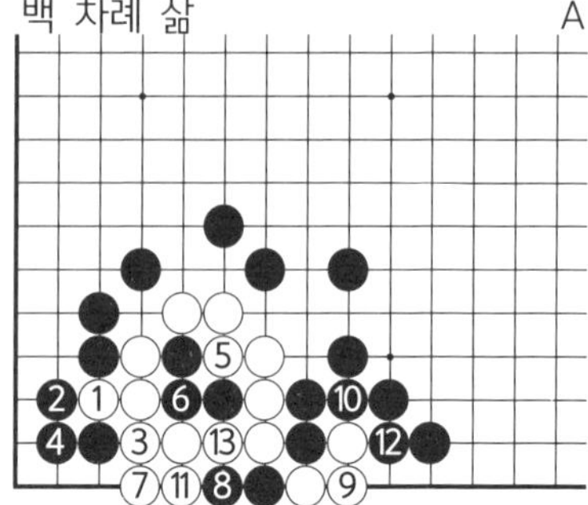

백 차례 삶

백1, 3을 선수하고 5, 7이 묘수.
흑8은 백9, 11, 13으로 삶.

정해 〈270〉

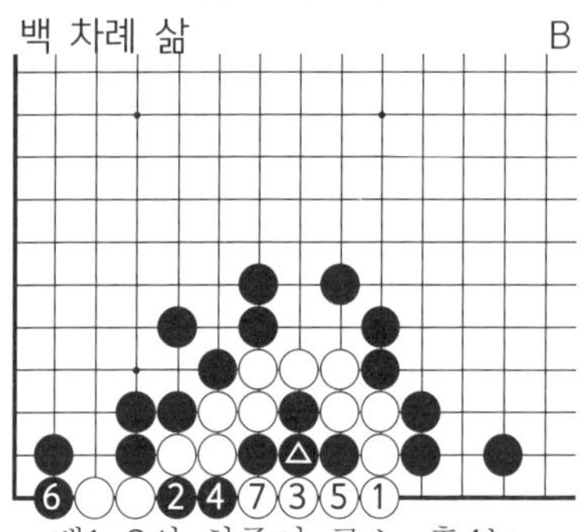

백 차례 삶

백1, 3의 치중이 급소. 흑4는
백5, 7로 2와 ▲가 맞보기로 삶.

정해 〈271〉

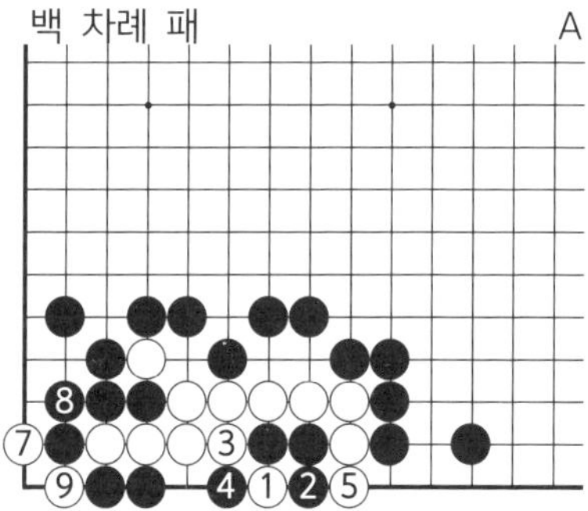

백 차례 패

백1, 3, 5가 삶의 수순. 흑6으로
이으면 백7, 9로 패. ❻→①

정해 〈272〉

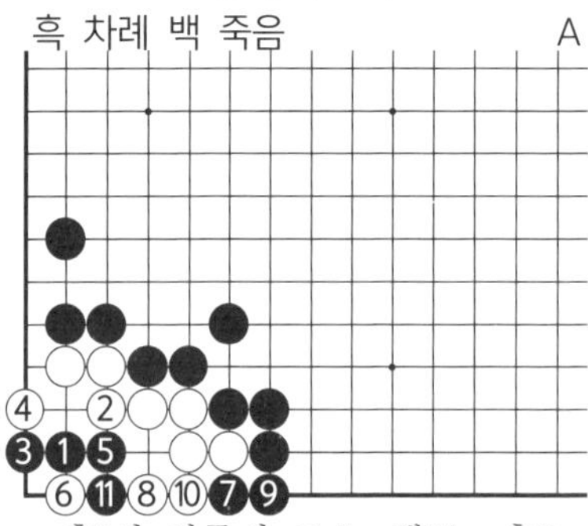

흑 차례 백 죽음

흑1의 치중이 급소. 백2는 흑3
이하 11까지 유가무가.

정해 〈273〉

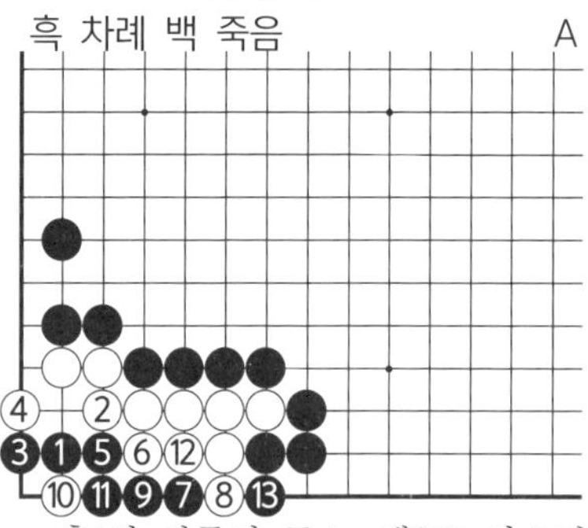

흑 차례 백 죽음

흑1의 치중이 급소. 백2로 이으면
흑3 이하 13까지 유가무가.

문제 〈274〉

흑 차례 백 죽음 A

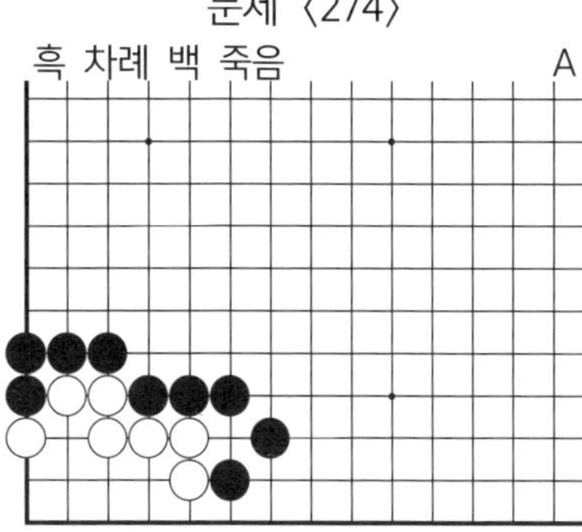

간접 공격이 열쇠.

문제 〈275〉

흑 차례 백 죽음 A

문제 〈276〉

흑 차례 백 죽음 A

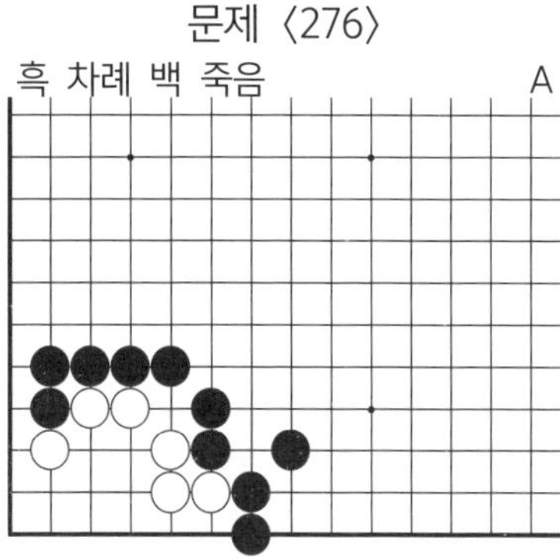

간접 공격이 열쇠.

문제 〈277〉

흑 차례 백 죽음 A

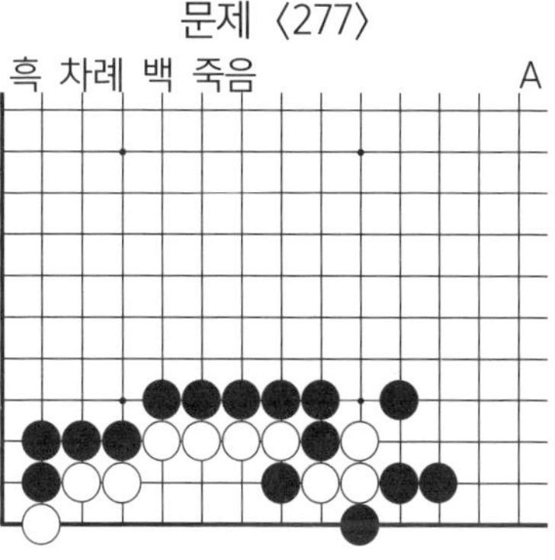

문제 〈278〉

백 차례 삶 B

문제 〈279〉

백 차례 삶 B

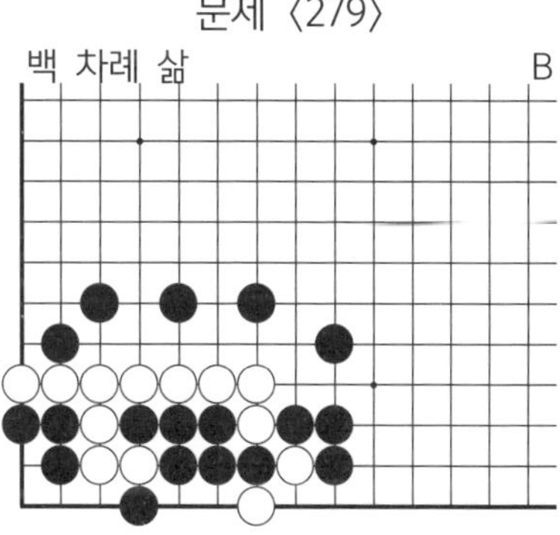

정해 〈274〉

흑 차례 백 죽음   A

흑1의 치중이 급소. 백2로 이으면
흑3 이하 9까지 「유가무가」.

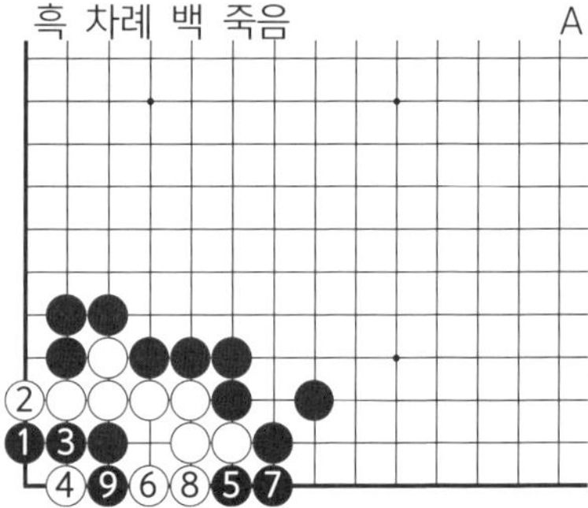

정해 〈275〉

흑 차례 백 죽음   A

흑1이 급소. 백2는 흑3 이하 9
까지 274번과 마찬가지 백 죽음.

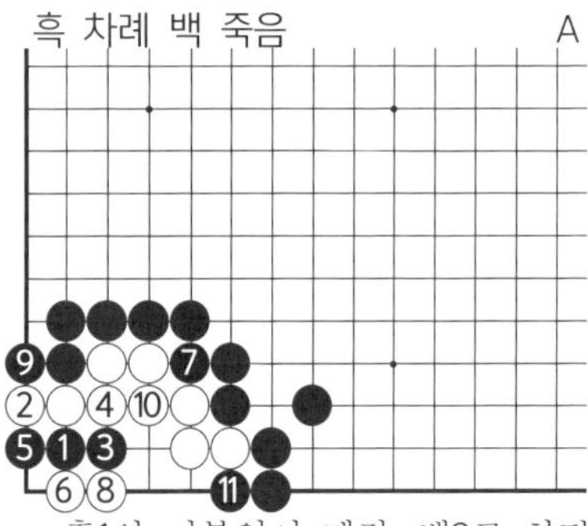

정해 〈276〉

흑 차례 백 죽음   A

흑1의 껴붙임이 맥점. 백2로 차단
하면 흑3 이하 11까지 끝.

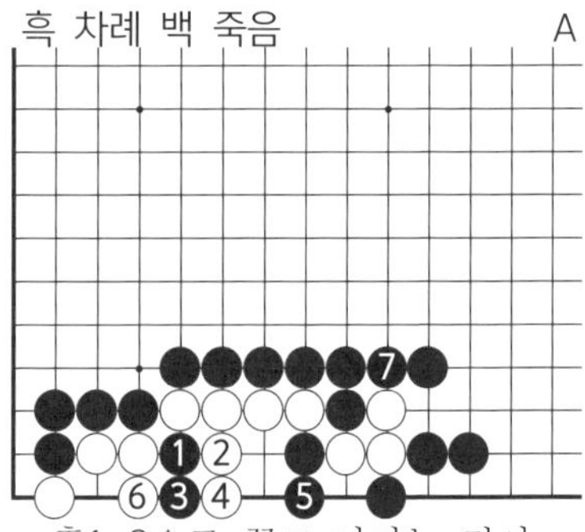

정해 〈277〉

흑 차례 백 죽음   A

흑1, 3으로 끊고 나가는 것이
맥점. 백4로 잡으면 흑5, 7로 끝.

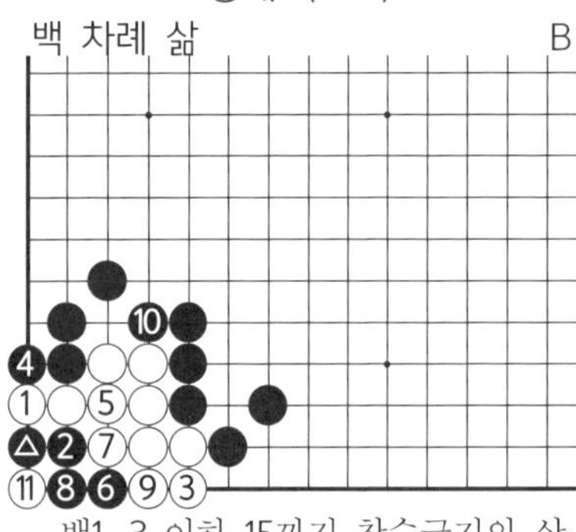

정해 〈278〉

백 차례 삶   B

백1, 3 이하 15까지 착수금지의 삶.
⓬→❽, ⓭→❷, ⓮→△, ⓯→❻

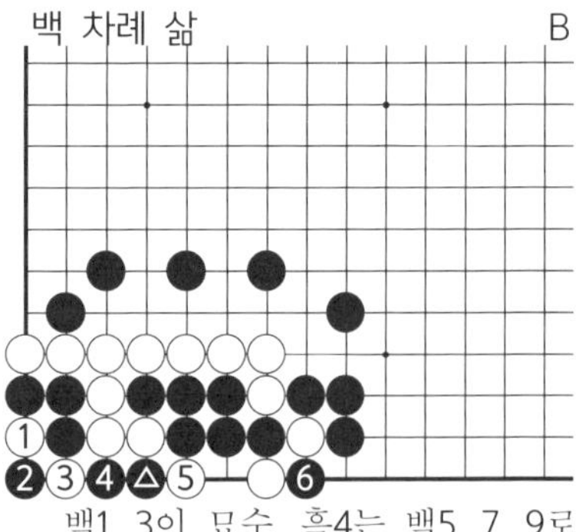

정해 〈279〉

백 차례 삶   B

백1, 3이 묘수. 흑4는 백5, 7, 9로
삶. ⑦→③, ❽→❹, ⑨→△

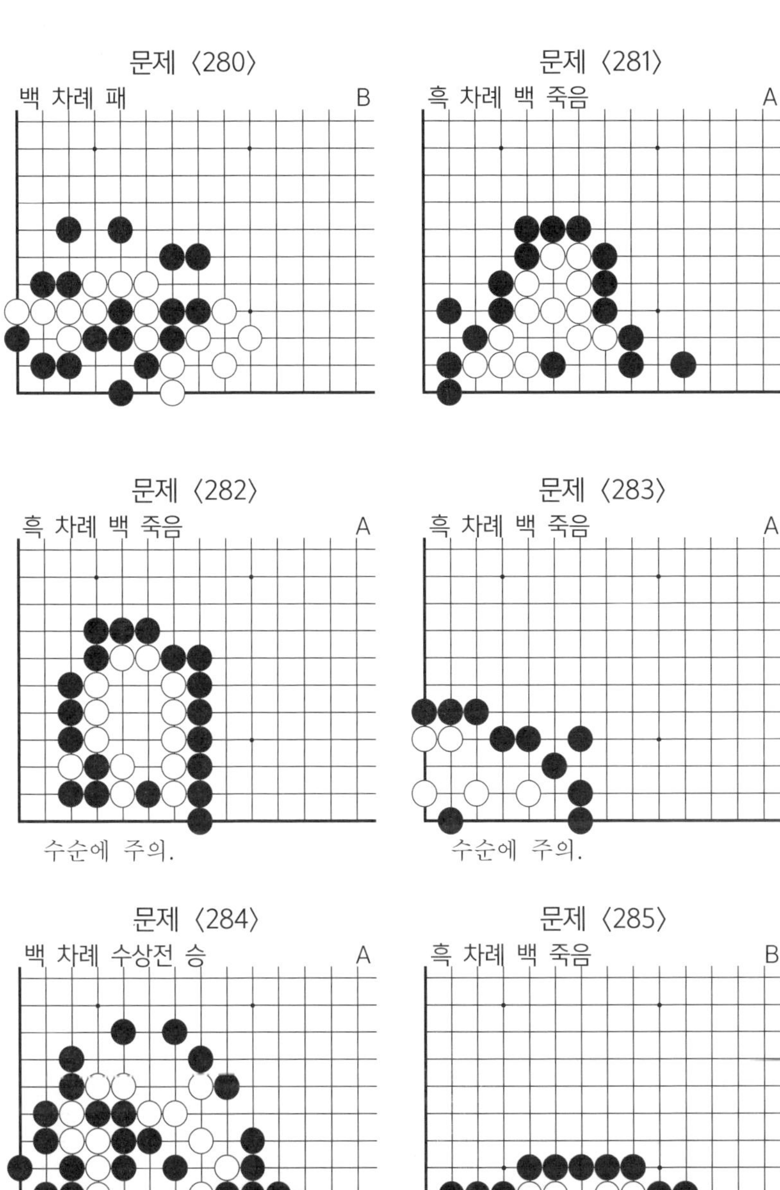

문제 〈280〉

백 차례 패   B

문제 〈281〉

흑 차례 백 죽음   A

문제 〈282〉

흑 차례 백 죽음   A

수순에 주의.

문제 〈283〉

흑 차례 백 죽음   A

수순에 주의.

문제 〈284〉

백 차례 수상전 승   A

문제 〈285〉

흑 차례 백 죽음   B

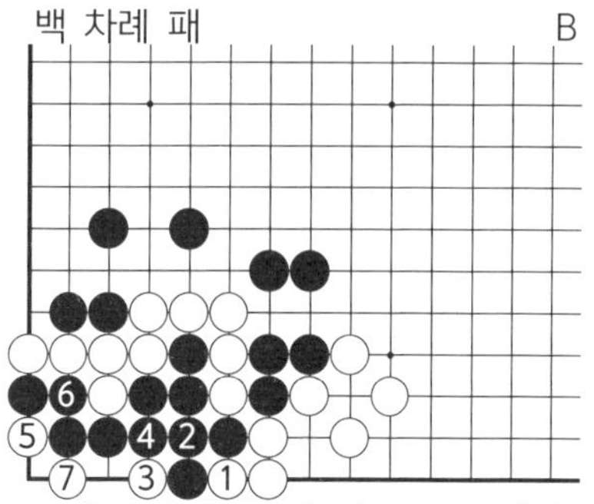

정해 〈280〉

백 차례 패   B

백1, 3을 교환한 다음 5로 먹여
치는 것이 묘수. 흑6은 백7로 패.

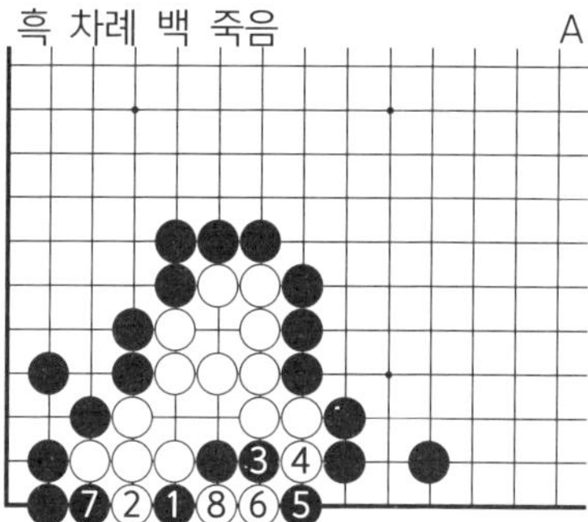

정해 〈281〉

흑 차례 백 죽음   A

흑1, 3이 급소. 백4는 흑5 이하
11까지 끝. ❾→❶, ⑩→⑧, ⓫→⑥

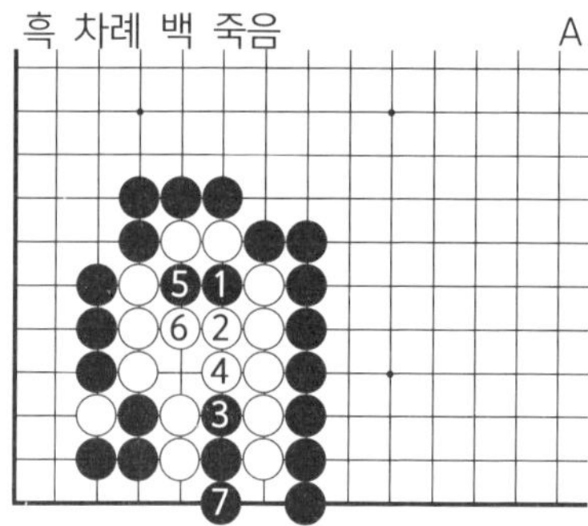

정해 〈282〉

흑 차례 백 죽음   A

흑1, 3이 급소. 백4로 받을 수밖에
없고 흑5, 7로 백의 자충으로 끝.

정해 〈283〉

흑 차례 백 죽음   A

흑1이 급소. 백2로 받을 수밖에
없고 흑3, 5로 자충으로 끝.

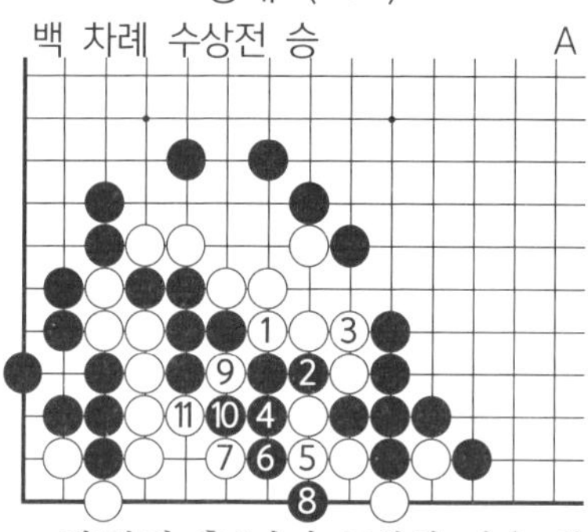

정해 〈284〉

백 차례 수상전 승   A

백1부터 흑6까지 교환한 다음 백
7이 묘수. 흑8은 백9, 11로 촉촉수.

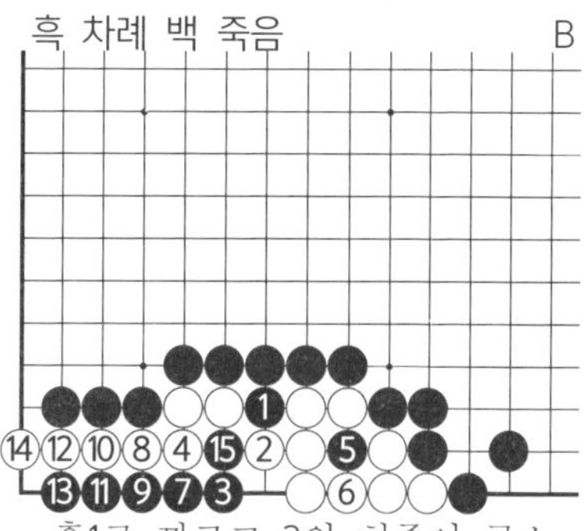

정해 〈285〉

흑 차례 백 죽음   B

흑1로 찌르고 3의 치중이 급소.
백4는 흑5부터 15까지 양자충.

문제 〈286〉

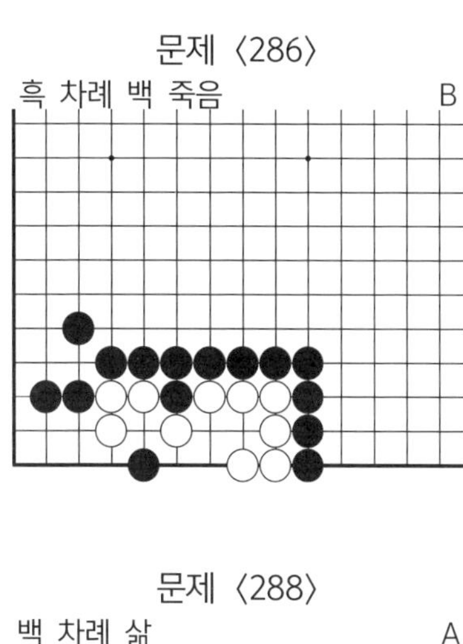

문제 〈287〉

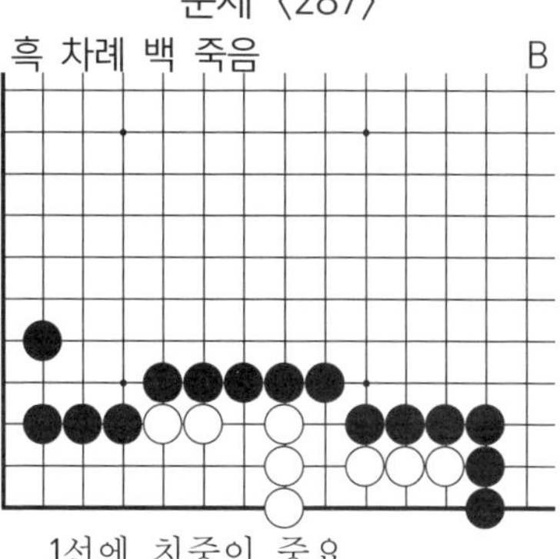

문제 〈288〉

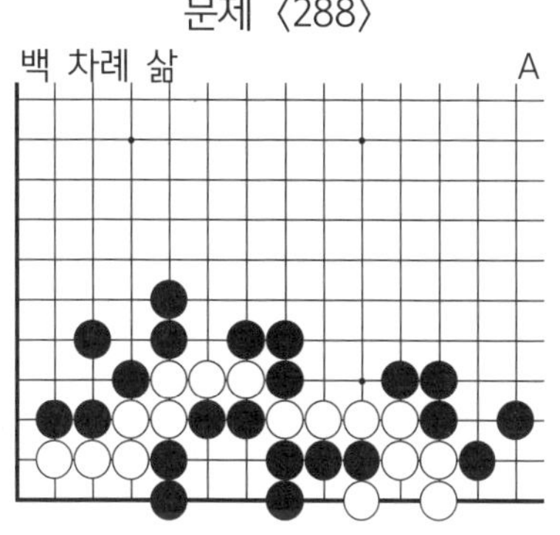

문제 〈289〉

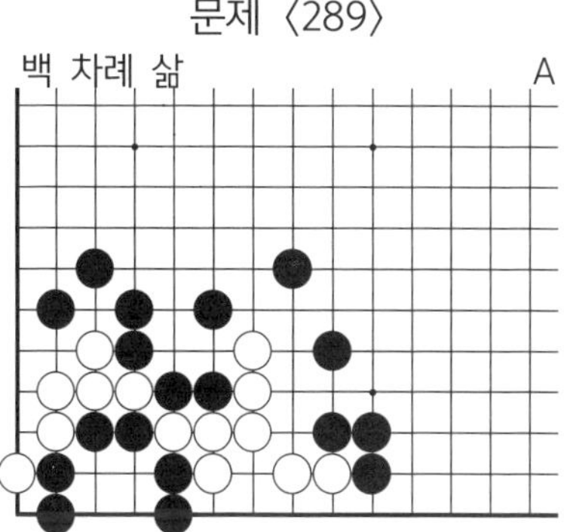

문제 〈290〉

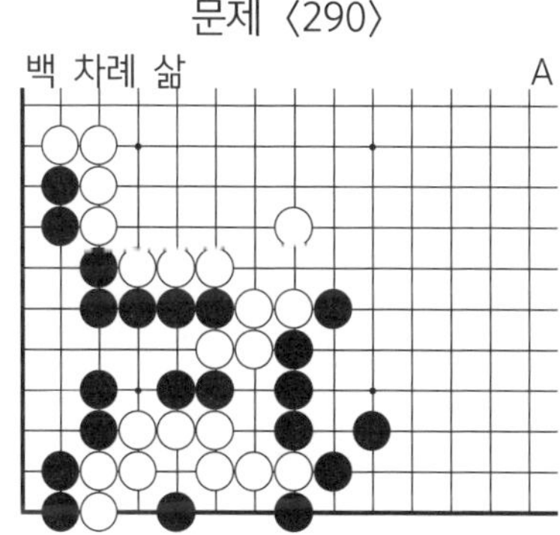

정해 〈286〉

흑 차례 백 죽음   B

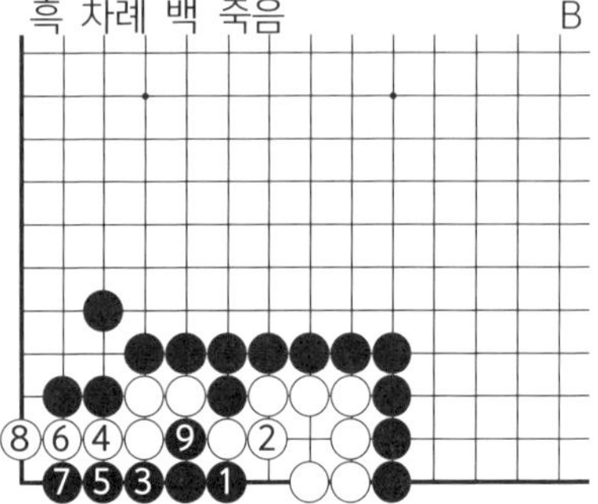

흑1부터 7까지 기는 것이 수순.
백8 때 흑9로 양자충으로 백 죽음.

정해 〈287〉

흑 차례 백 죽음   B

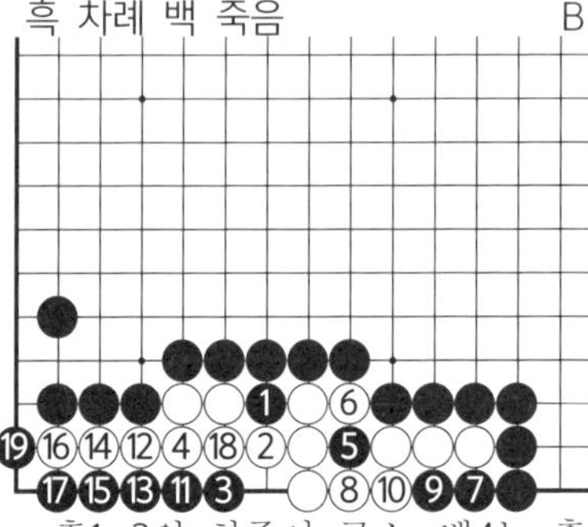

흑1, 3의 치중이 급소. 백4는 흑
5부터 19까지 양자충으로 백 죽음.

정해 〈288〉

백 차례 삶   A

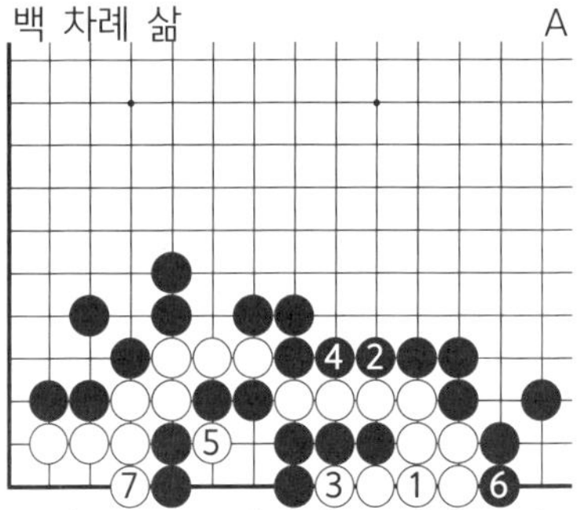

백1, 3으로 자살하는 것이 묘수.
흑4, 6으로 잡을 때 백5, 7로 삶.

정해 〈289〉

백 차례 삶   A

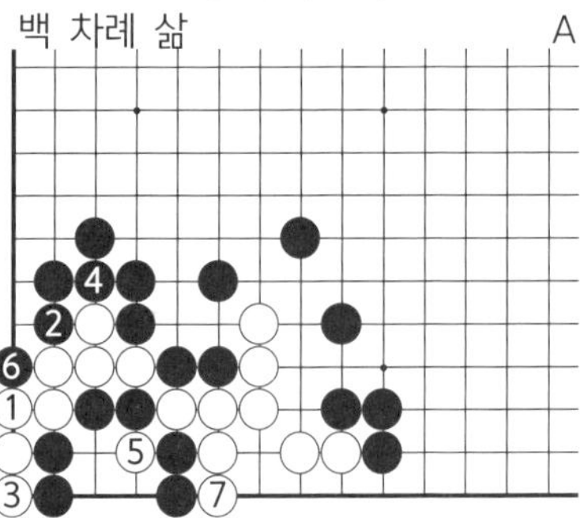

백1, 3이 묘수. 다음 288번과 마찬
가지로 흑6으로 잡을 때 백7로 삶.

정해 〈290〉

백 차례 삶   A

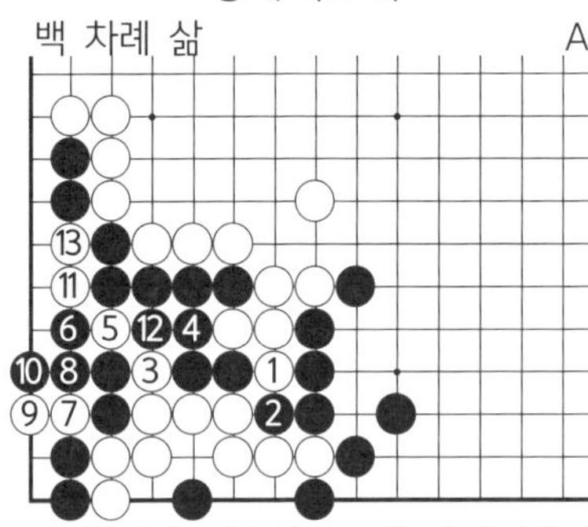

백1, 3을 선수하고 5의 젖혀끼움이
묘수. 이하 백13까지 흑을 잡고 삶.

좌우동형은 중앙에 수 있다

50문제

좌우동형은 중앙에 수 있다

이것은 다음에 나올 「양쪽으로 듣는 맥」과 겹치는 경우가 많습니다. 실전에서는 좌우동형이 나오는 경우가 비교적 적기 때문에 응용의 범위가 좁을지도 모르지만, 사활묘수풀이로는 매우 재미있는 것도 있습니다. 사활묘수풀이에서 좌우동형이 맞다면, 맥점은 중앙에 있는 것으로 보고 생각하면 빨리 풀리는 경우가 많습니다.

다음 그림은 유명한 사활묘수풀이 문제로 좌우동형이므로 당연히 백1이 맥점입니다. 이 수는 바깥으로 자충이 되지 않게 하려고 1로 붙여서 양쪽을 노린 수입니다.

백1로 2나 3으로 찌르고 나오는 것은 자충이 되어 공배가 채워져 버리므로 결국 잡혀버립니다.

백 차례 흑 죽음

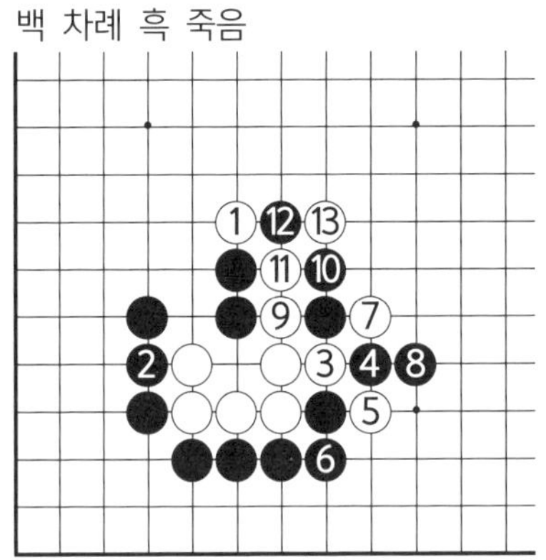

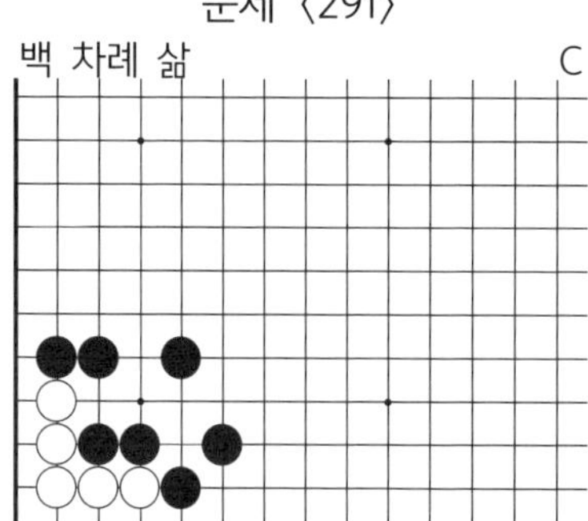

문제 〈291〉

백 차례 삶 　　　　　　　　　　　C

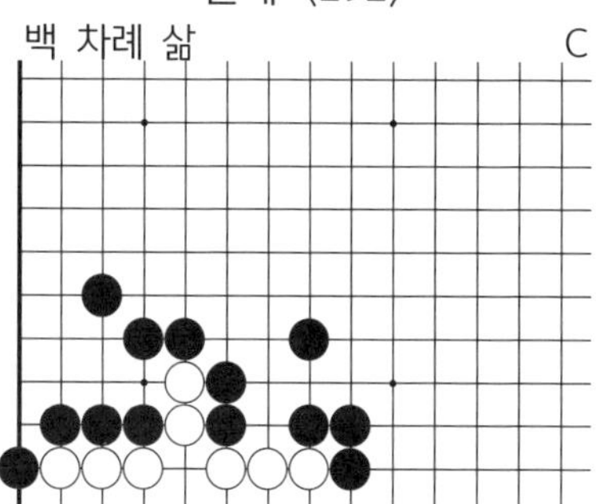

문제 〈292〉

백 차례 삶 　　　　　　　　　　　C

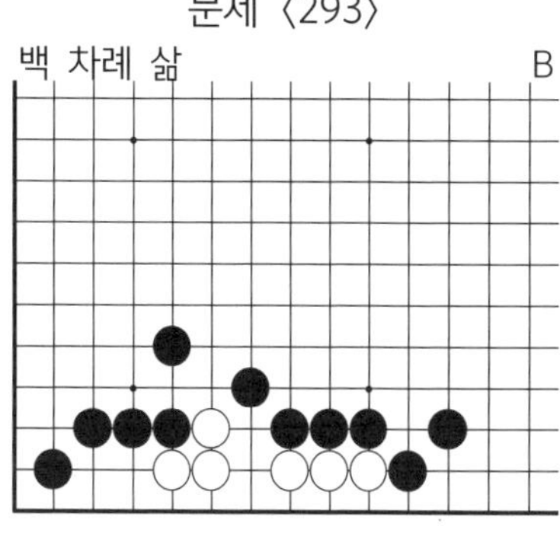

문제 〈293〉

백 차례 삶 　　　　　　　　　　　B

귀의 특수성을 활용하는 맥.

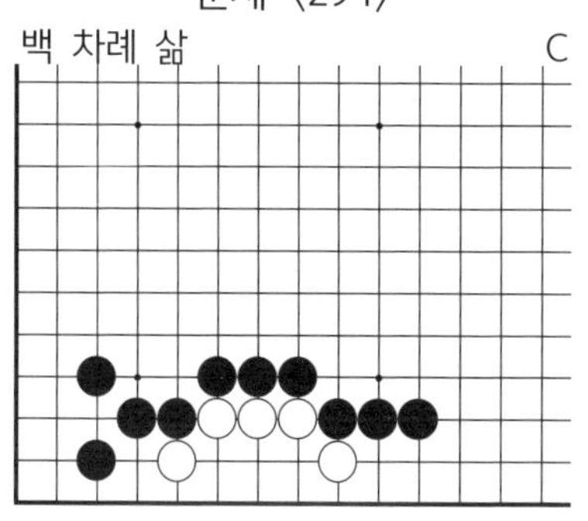

문제 〈294〉

백 차례 삶 　　　　　　　　　　　C

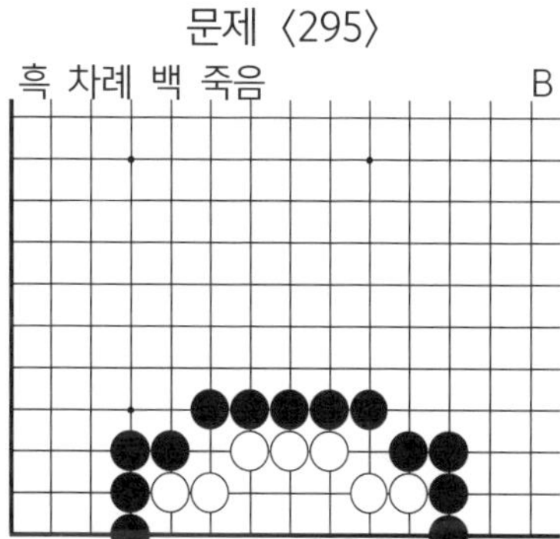

문제 〈295〉

흑 차례 백 죽음 　　　　　　　　　B

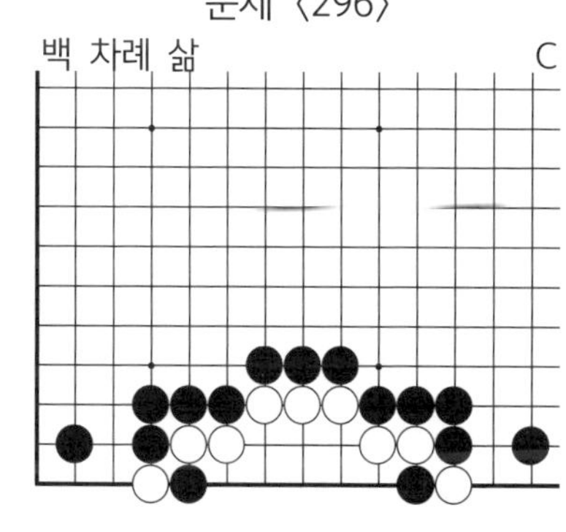

문제 〈296〉

백 차례 삶 　　　　　　　　　　　C

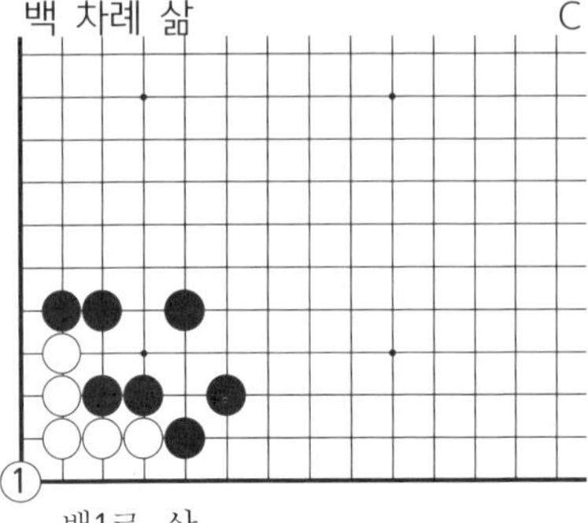

정해 〈291〉

백 차례 삶   C

백1로 삶.

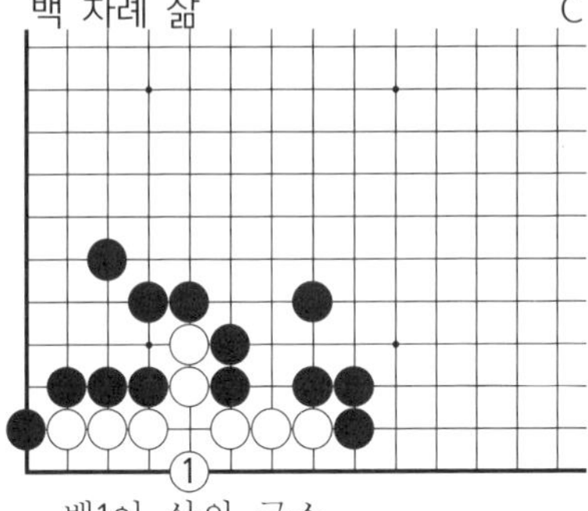

정해 〈292〉

백 차례 삶   C

백1이 삶의 급소.

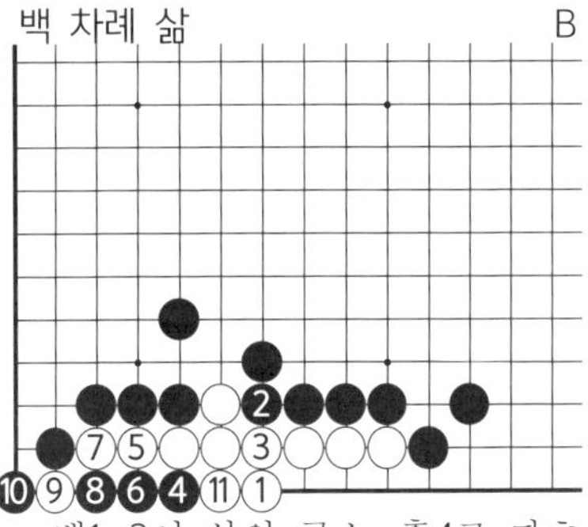

정해 〈293〉

백 차례 삶   B

백1, 3이 삶의 급소. 흑4로 파호하면 백5부터 11까지 삶.

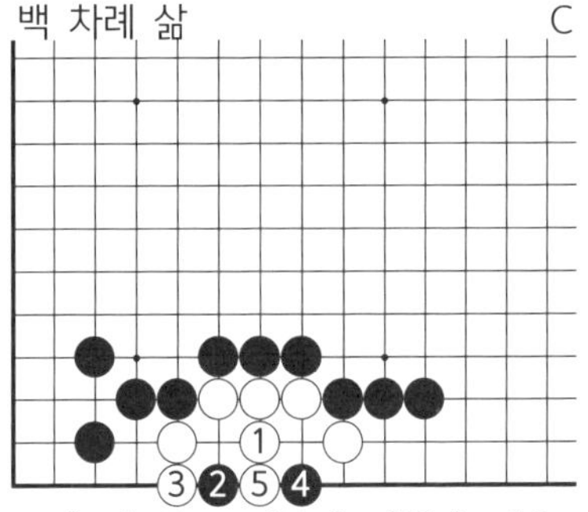

정해 〈294〉

백 차례 삶   C

백1이 급소. 흑2의 치중은 백3, 5로 삶.

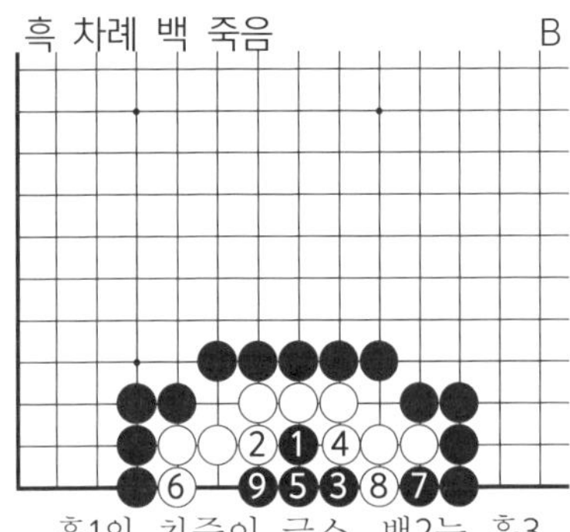

정해 〈295〉

흑 차례 백 죽음   B

흑1의 치중이 급소. 백2는 흑3부터 9까지 백 죽음.

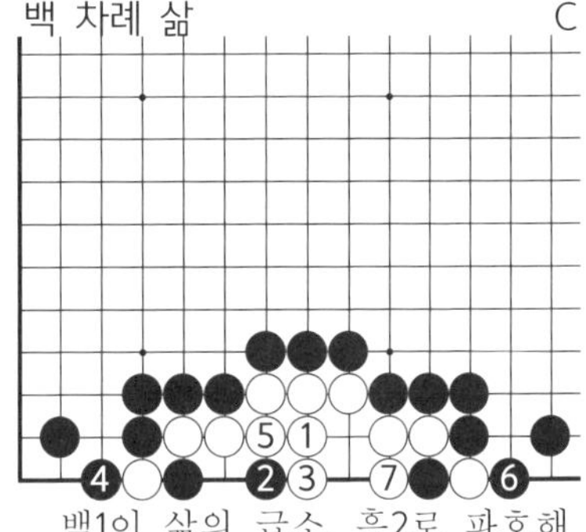

정해 〈296〉

백 차례 삶   C

백1이 삶의 급소. 흑2로 파호해 오면 백3, 5, 7로 삶.

문제 〈297〉

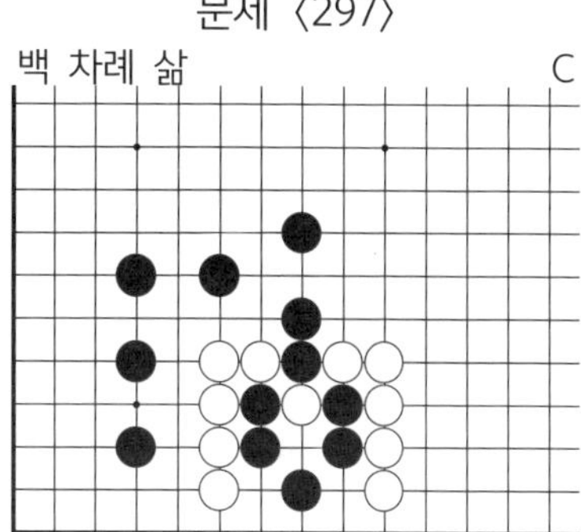

문제 〈298〉

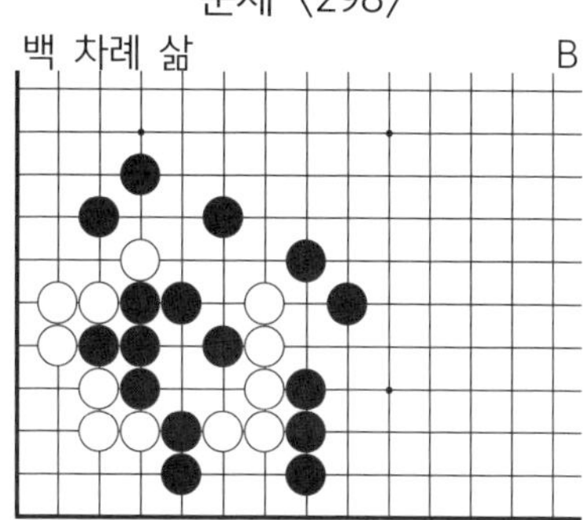

문제 〈299〉

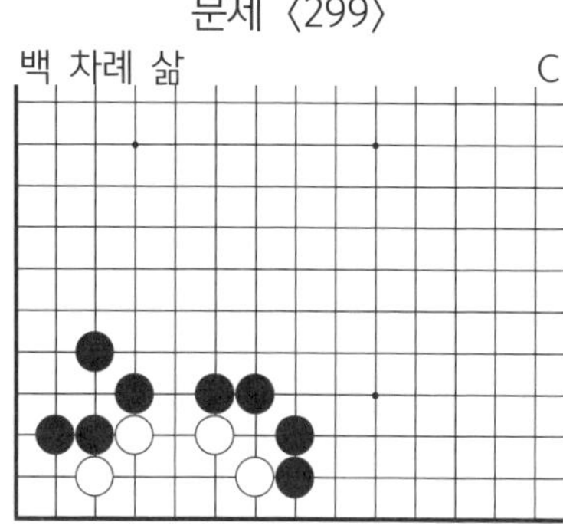

문제 〈300〉

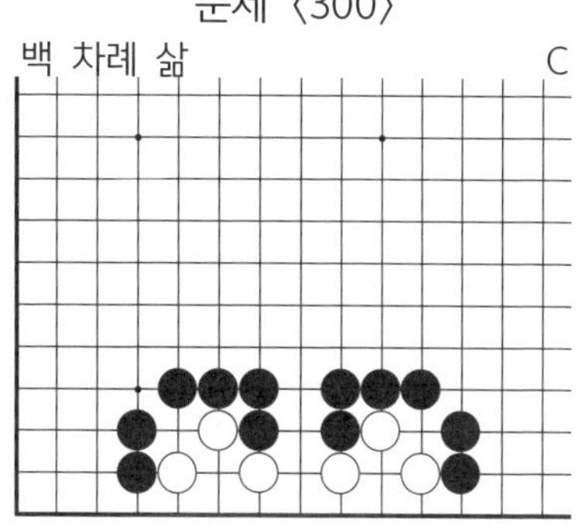

문제 〈301〉

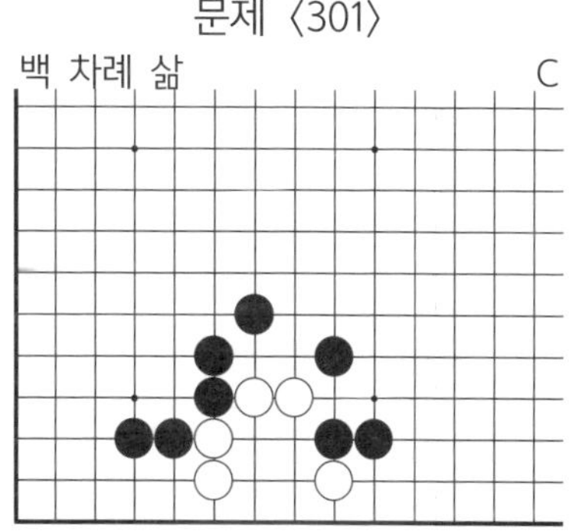

문제 〈302〉

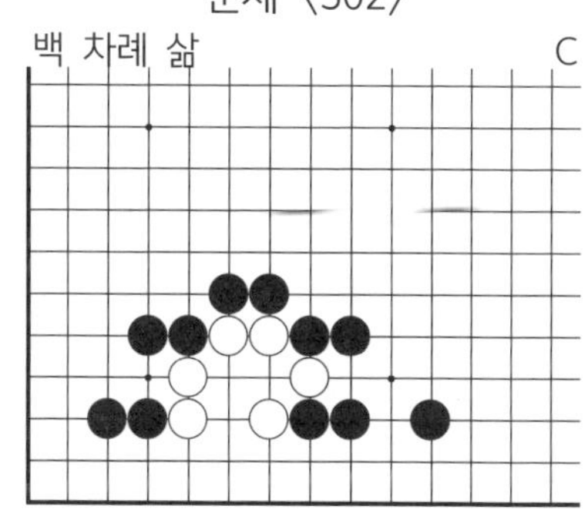

백 차례 삶　　　　　　　　　C

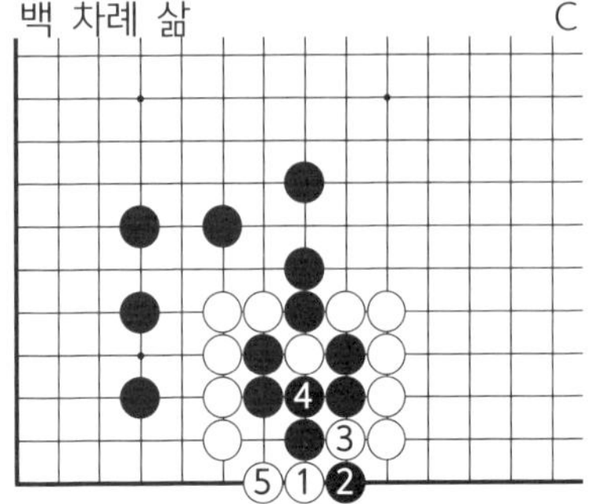

백1의 붙임이 묘수. 흑2는 백3,
5로 오른쪽으로 넘어가서 삶.

백 차례 삶　　　　　　　　　B

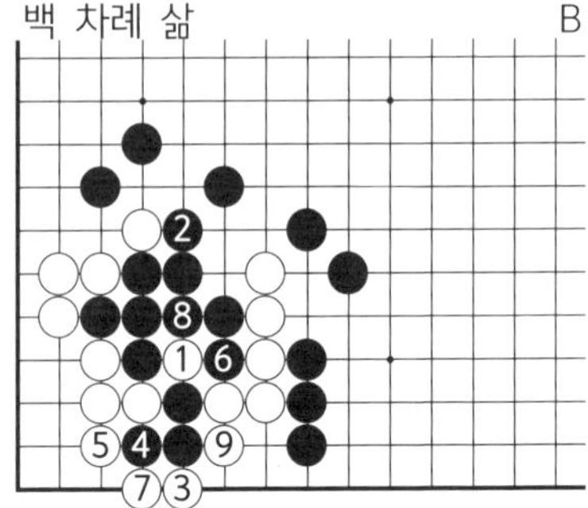

백1로 찝고 3의 붙임이 급소.
흑4는 백5, 7, 9로 넘어가서 삶.

백 차례 삶　　　　　　　　　C

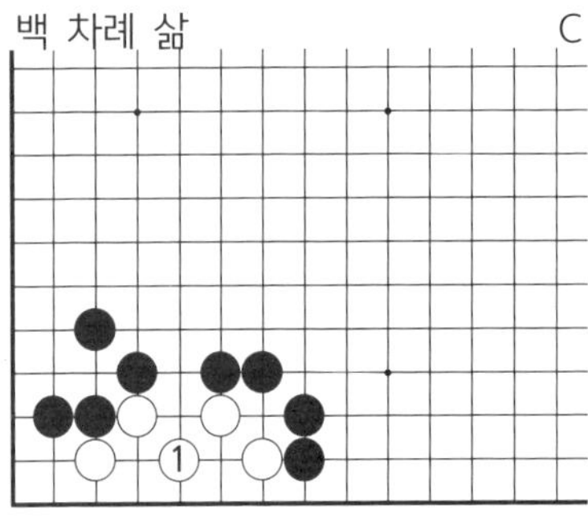

백1로 삶.

백 차례 삶　　　　　　　　　C

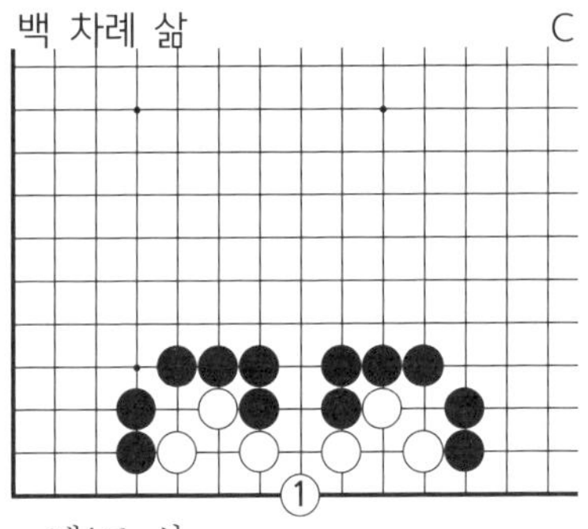

백1로 삶.

백 차례 삶　　　　　　　　　C

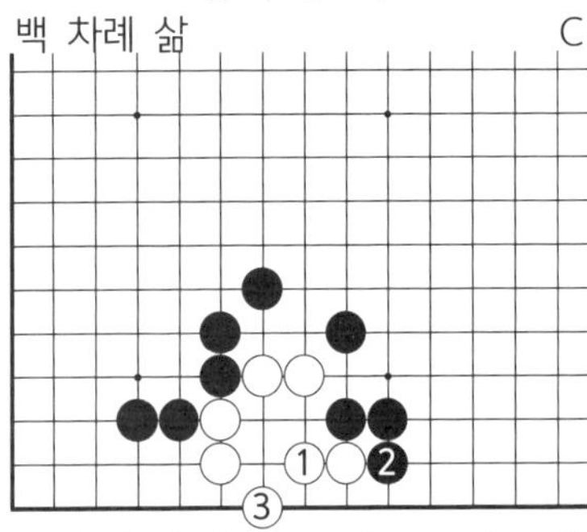

백1이 삶의 급소. 흑2로 막으면
백3으로 삶.

백 차례 삶　　　　　　　　　C

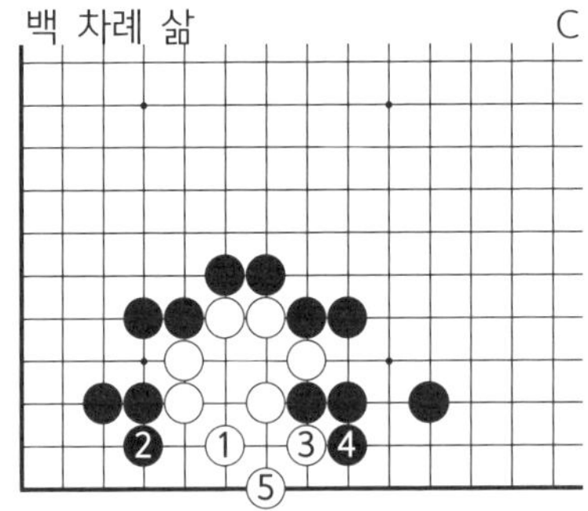

백1이 급소. 흑2는 백3, 5로 삶.

문제 ⟨303⟩

백 차례 삶   C

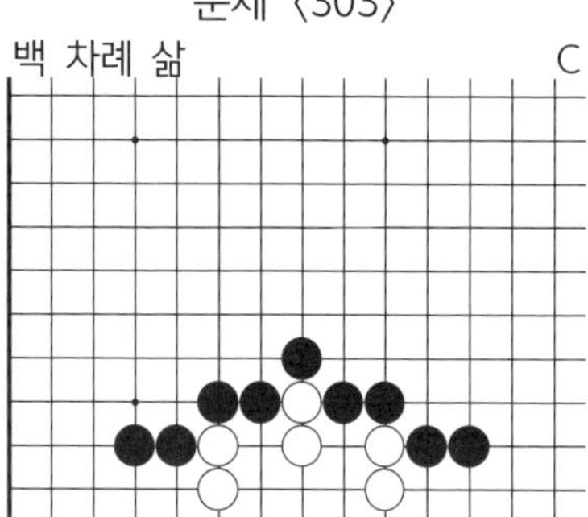

문제 ⟨304⟩

백 차례 삶   B

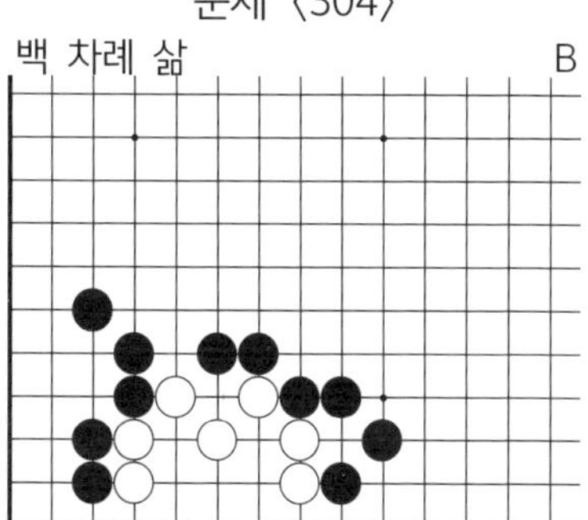

문제 ⟨305⟩

흑 차례 백 죽음   B

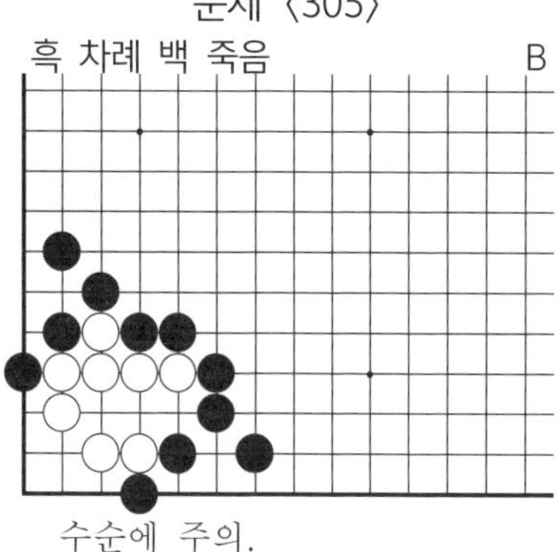

수순에 주의.

문제 ⟨306⟩

흑 차례 백 죽음   A

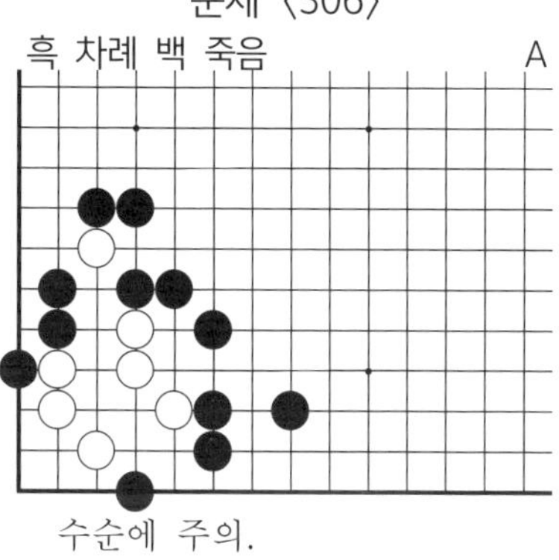

수순에 주의.

문제 ⟨307⟩

백 차례 수상전 승   C

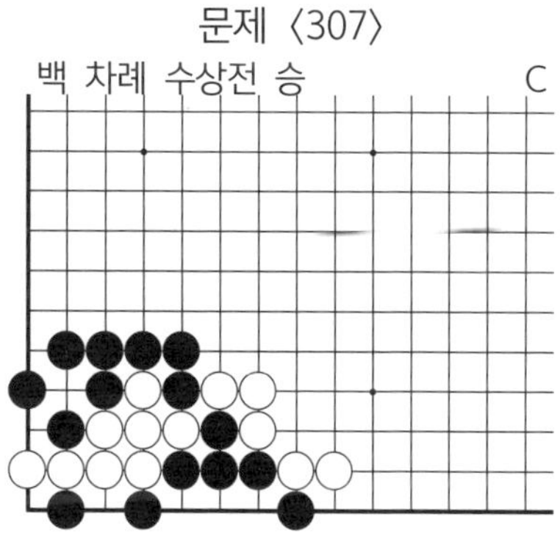

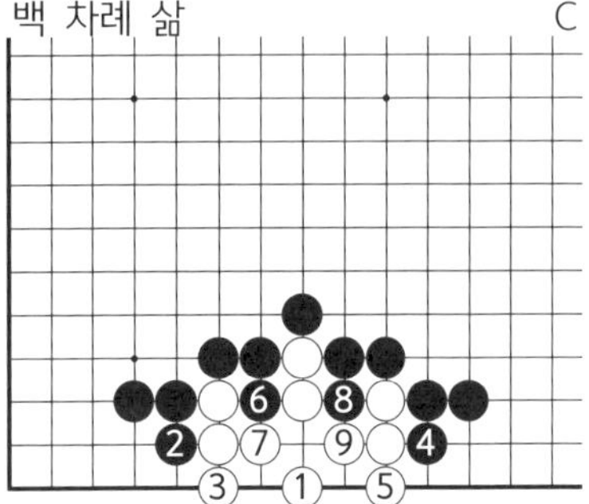

정해 〈303〉

백 차례 삶   C

백1이 삶의 급소. 흑2는 백3 이하 9까지 백 삶.

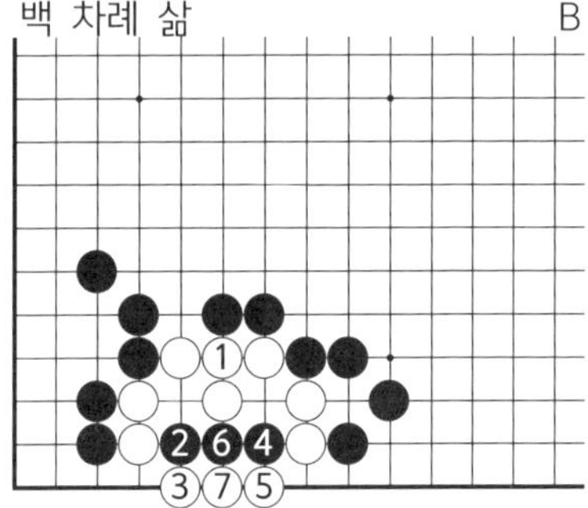

정해 〈304〉

백 차례 삶   B

백1이 삶의 급소. 흑2, 4로 파호 하면 백5, 7로 빅.

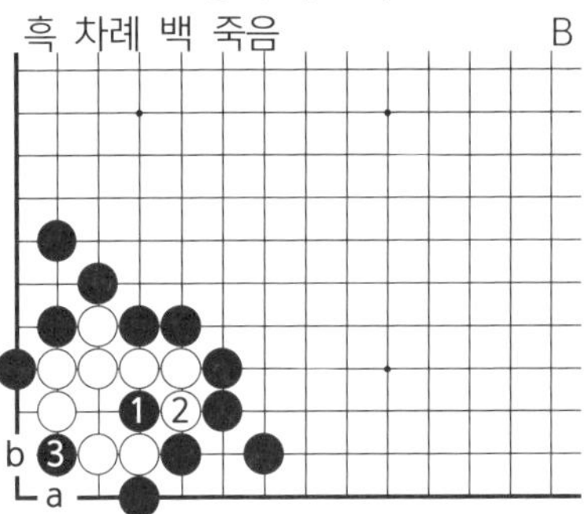

정해 〈305〉

흑 차례 백 죽음   B

흑1, 3이 맥점. 다음 백a는 흑b. 백b는 흑a로 백 죽음.

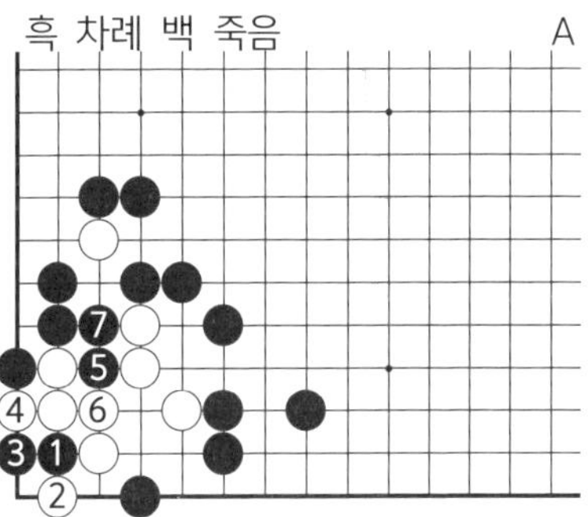

정해 〈306〉

흑 차례 백 죽음   A

흑1, 3이 수순. 백4는 흑5, 7로 백 죽음.

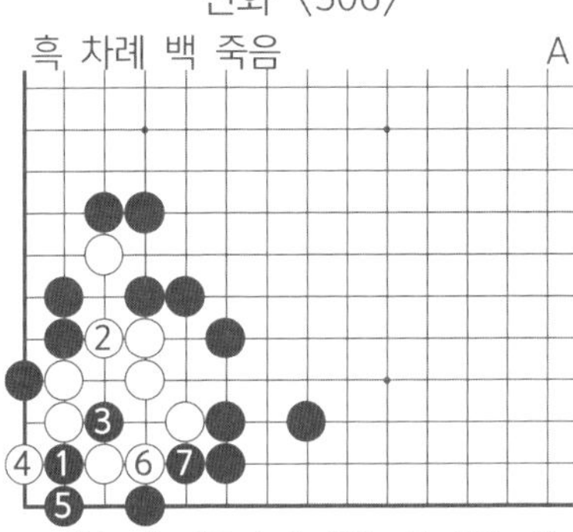

변화 〈306〉

흑 차례 백 죽음   A

흑1 때 백2라면 흑3, 5, 7로 백 죽음.

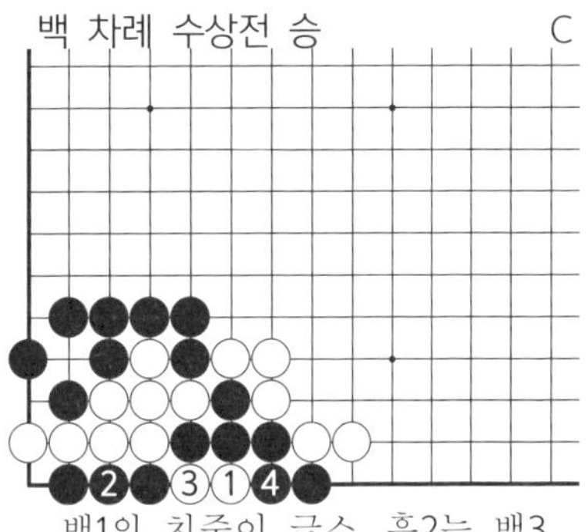

정해 〈307〉

백 차례 수상전 승   C

백1의 치중이 급소. 흑2는 백3, 5로 촉촉수. ⑤→③

문제 〈308〉

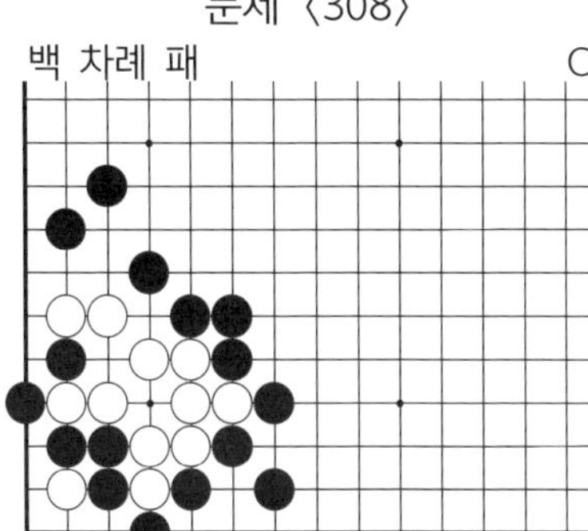

문제 〈309〉

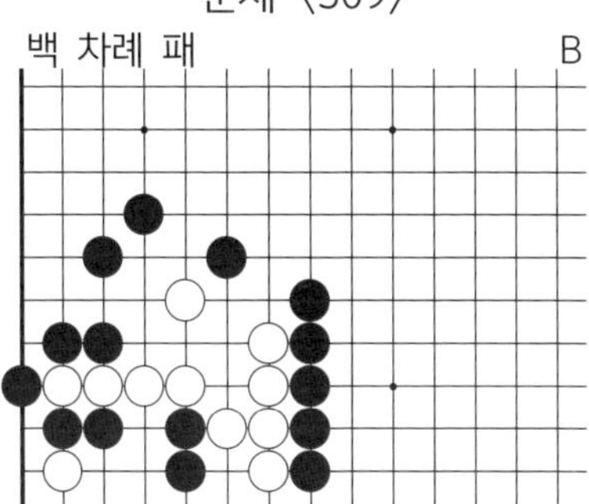

문제 〈310〉

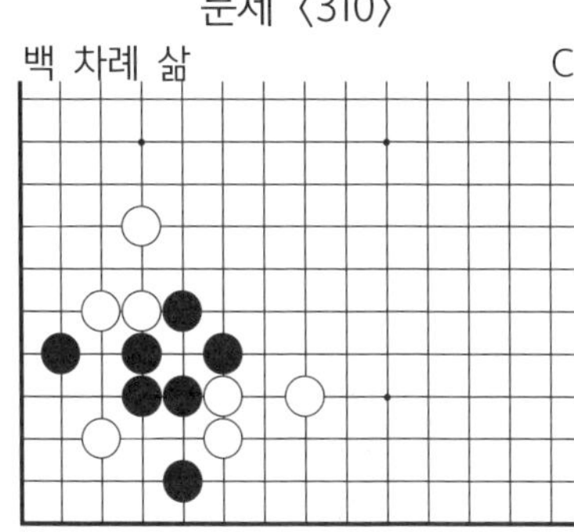

문제 〈311〉

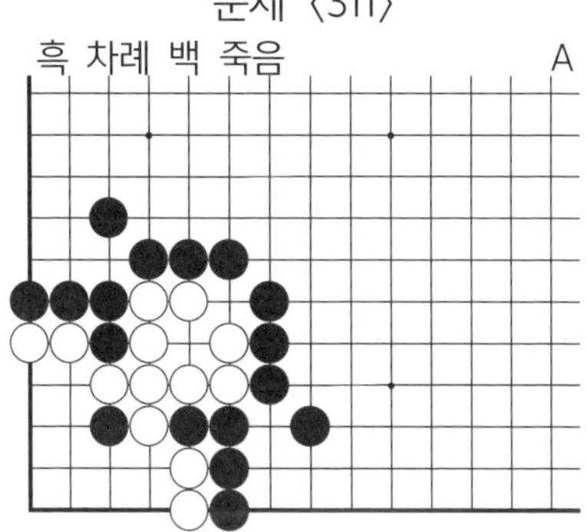

문제 〈312〉

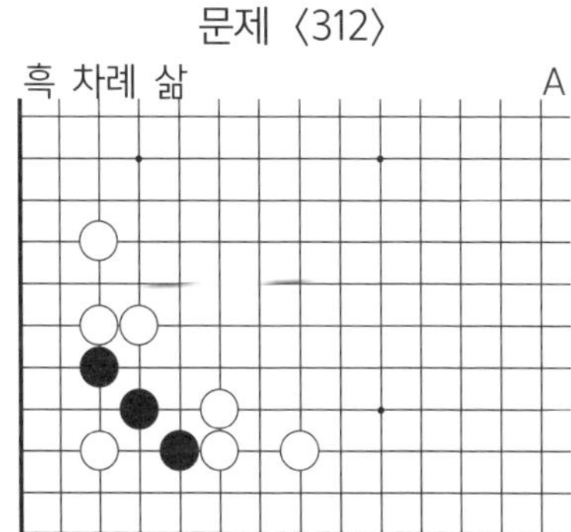

정해 〈308〉

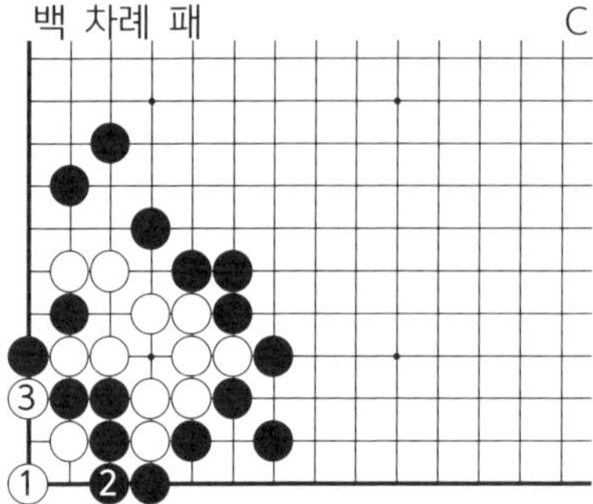

백 차례 패   C

백1이 급소. 흑2는 백3으로 패.

정해 〈309〉

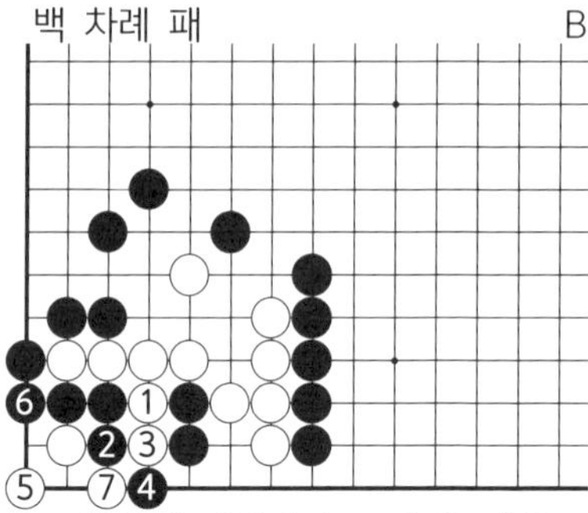

백 차례 패   B

백1부터 흑4까지 교환한 다음
백5가 급소. 흑6은 백7로 패.

정해 〈310〉

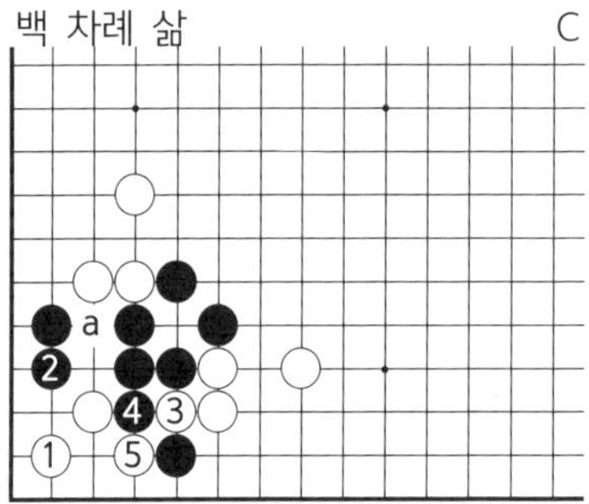

백 차례 삶   C

백1이 급소. 흑2는 백3, 5로 삶.
흑2로 5라면 백a로 마찬가지.

정해 〈311〉

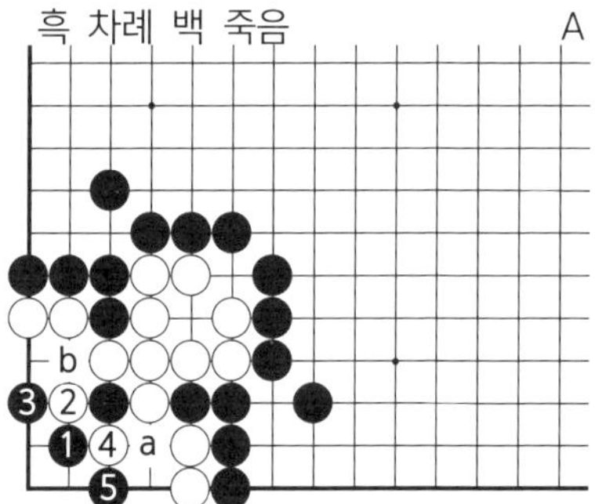

흑 차례 백 죽음   A

흑1이 급소. 백2는 흑3, 5로 a와
b가 맞보기로 백 죽음.

정해 〈312〉

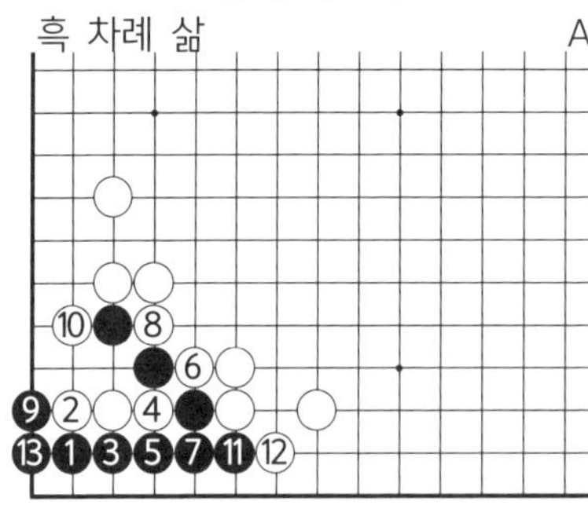

흑 차례 삶   A

흑1이 급소. 백2는 흑3 이하 13
까지 4궁으로 삶.

변화 〈312〉

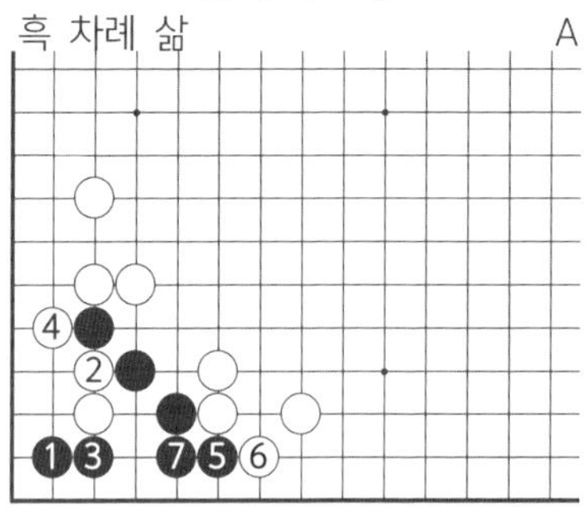

흑 차례 삶   A

흑1 때 백2라면 흑3, 5, 7로 삶.

백 차례 삶   B

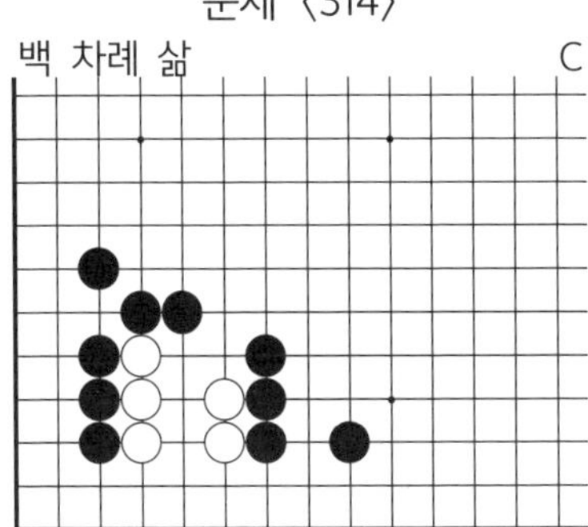

문제 〈314〉

백 차례 삶   C

문제 〈315〉

흑 차례 백 죽음   B

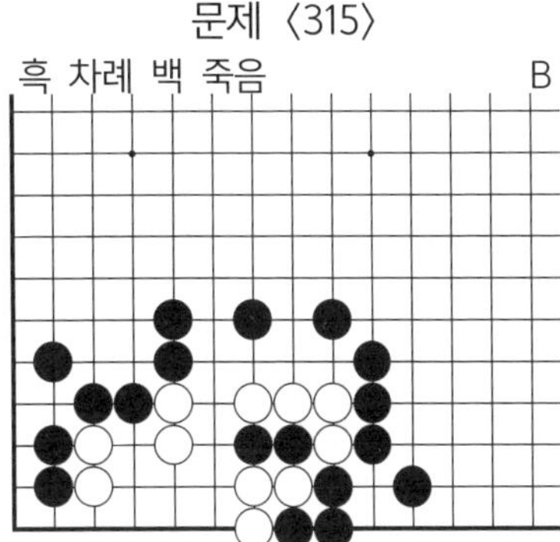

문제 〈316〉

흑 차례 백 죽음   B

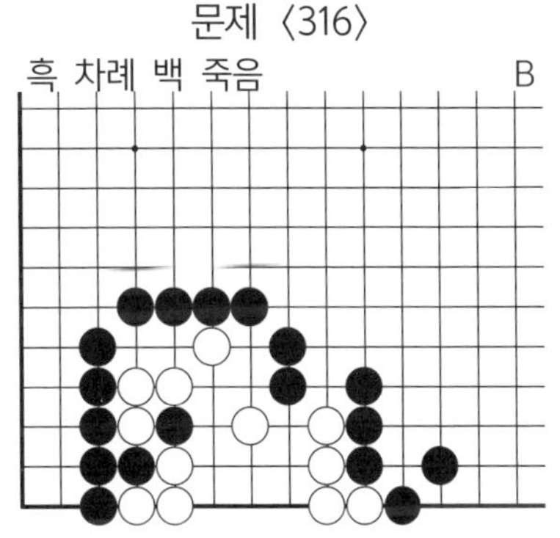

문제 〈317〉

흑 차례 백 죽음   B

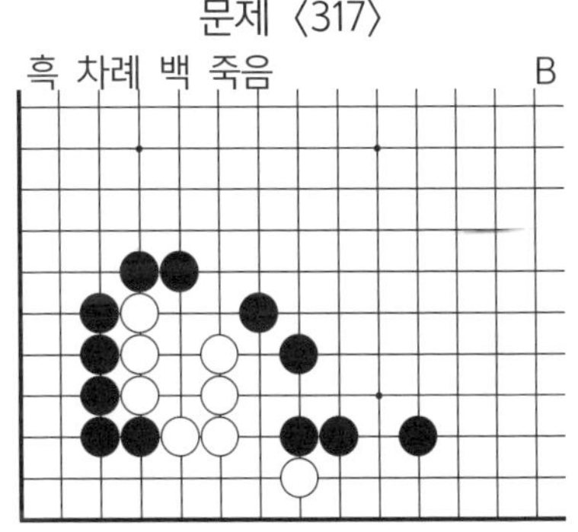

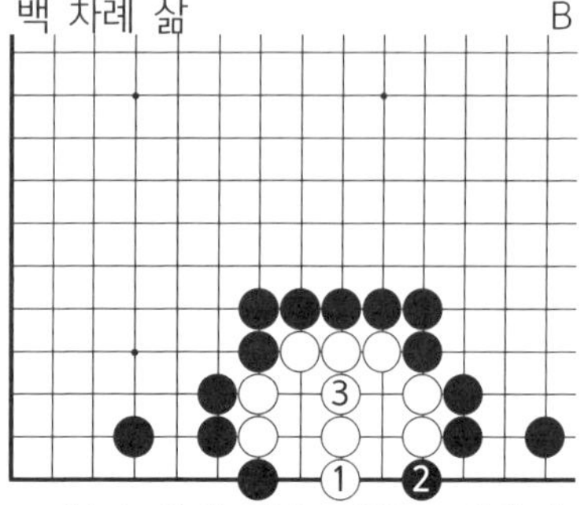

정해 〈313〉

백 차례 삶 　　　　　　　　B

백1이 삶의 급소. 흑2로 젖히면
백3으로 삶

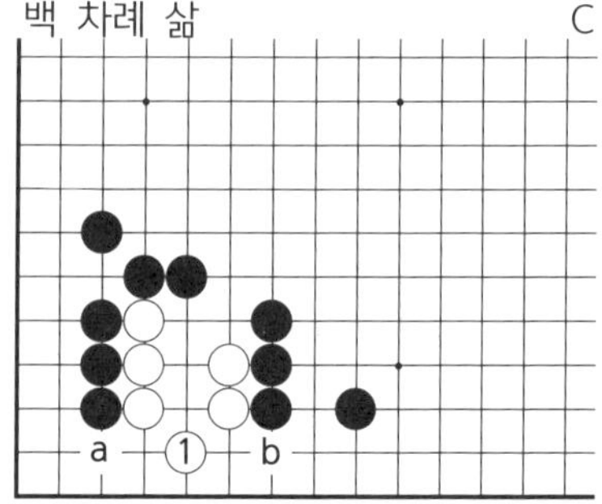

정해 〈314〉

백 차례 삶 　　　　　　　　C

백1이 급소. 다음에 a와 b가 맞
보기로 삶.

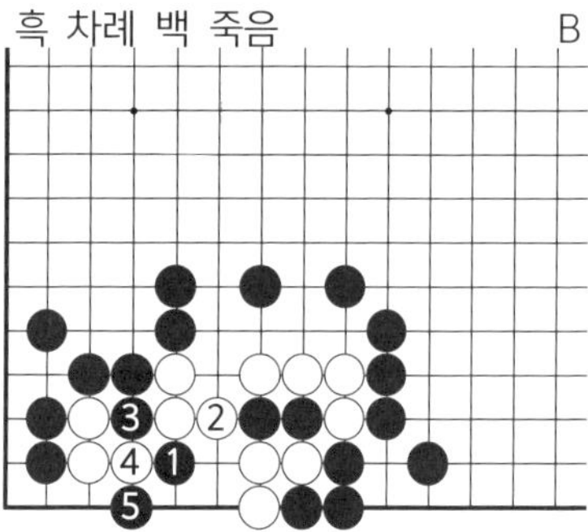

정해 〈315〉

흑 차례 백 죽음 　　　　　　　B

흑1의 코붙임이 급소. 백2는 흑
3, 5로 백 죽음.

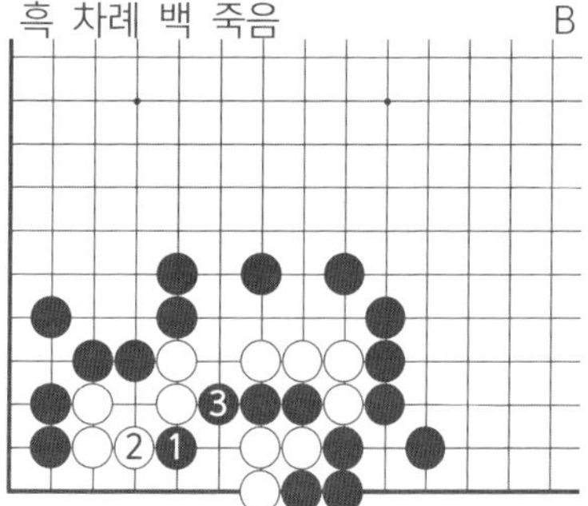

변화 〈315〉

흑 차례 백 죽음 　　　　　　　B

흑1 때 백2로 받으면 흑3으로
그만.

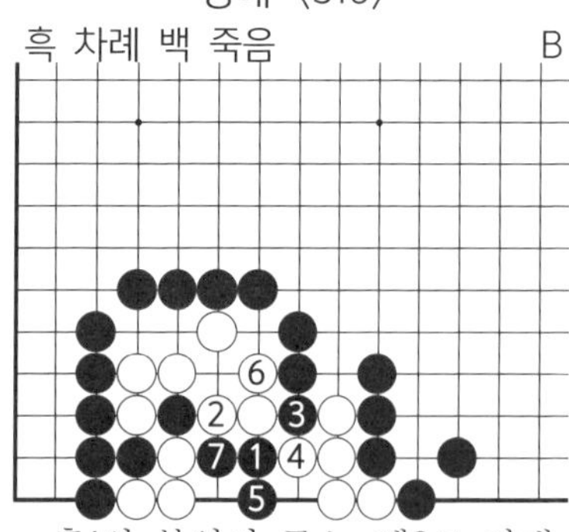

정해 〈316〉

흑 차례 백 죽음 　　　　　　　B

흑1의 붙임이 급소. 백2로 따내
면 흑3, 5, 7로 백 죽음.

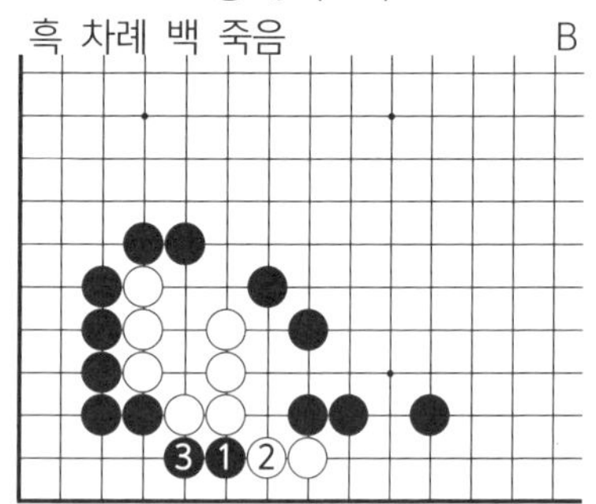

정해 〈317〉

흑 차례 백 죽음 　　　　　　　B

흑1의 코붙임이 급소. 백2는 흑
3으로 그만.

문제 〈318〉

백 차례 삶   B

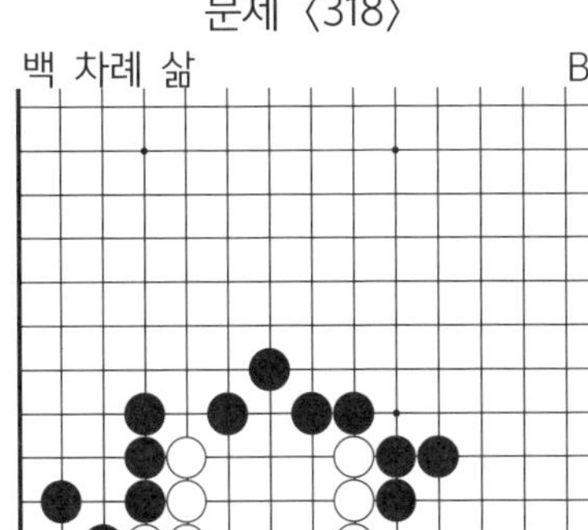

문제 〈319〉

백 차례 수상전 승   B

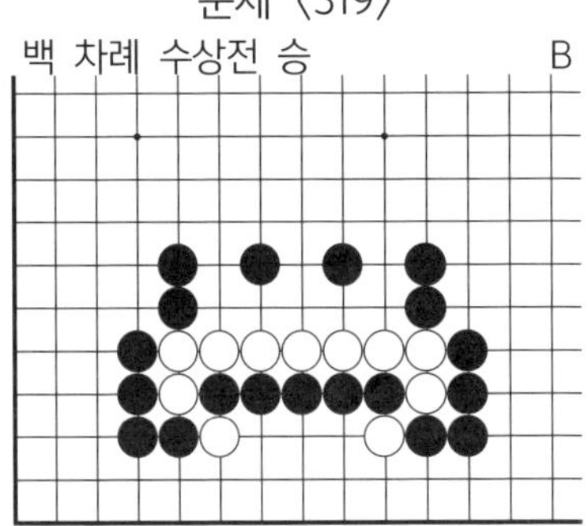

문제 〈320〉

흑 차례 백 죽음   A

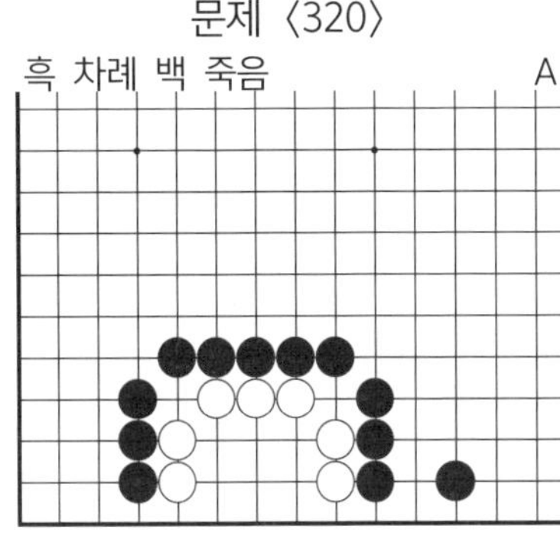

문제 〈321〉

흑 차례 백 죽음   A

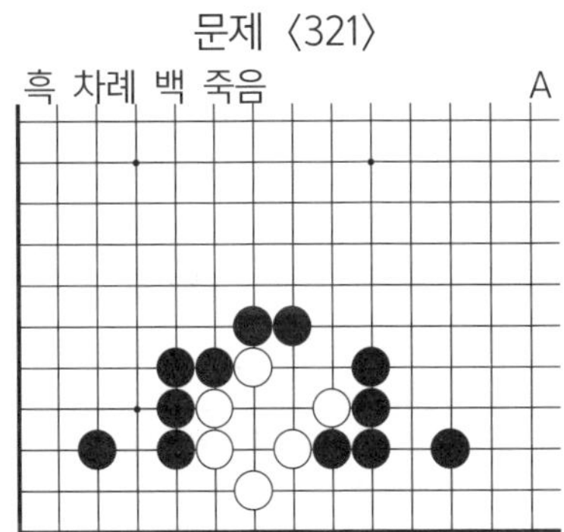

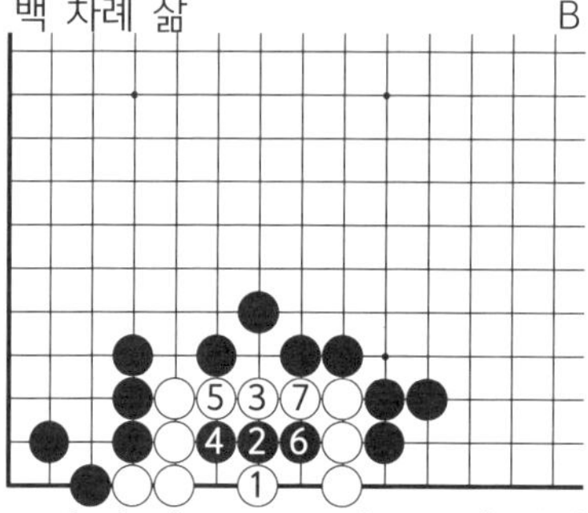

정해 〈318〉

백 차례 삶   B

백1이 사는 급소. 흑2는 백3부터 7까지 빅의 삶.

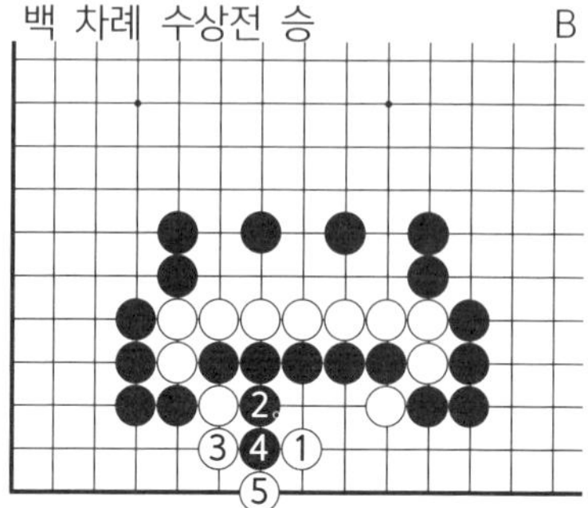

정해 〈319〉

백 차례 수상전 승   B

백1이 수상전의 급소. 흑2는 백 3, 5로 수상전 백 승.

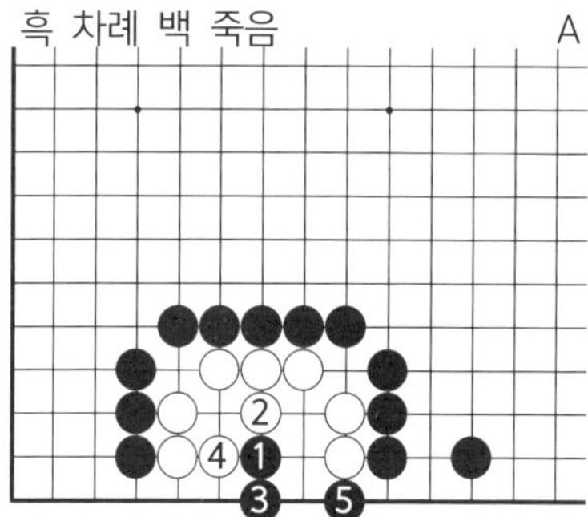

정해 〈320〉

흑 차례 백 죽음   A

흑1, 3이 급소. 백4는 흑5로 끝.

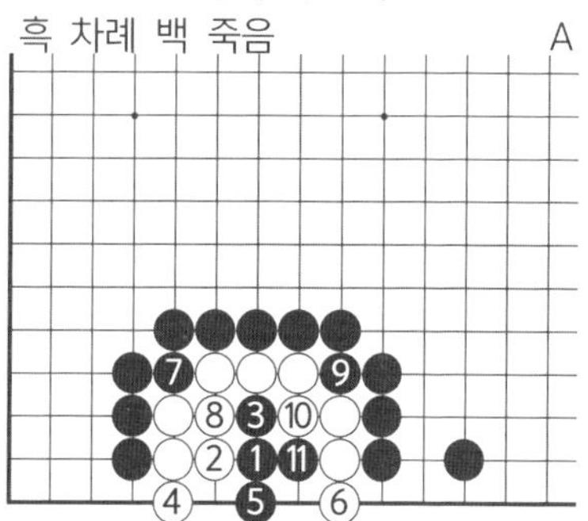

변화 〈320〉

흑 차례 백 죽음   A

흑1 때 백2, 4로 받으면 흑5 이하 11까지 오궁도화로 백 죽음.

정해 〈321〉

흑 차례 백 죽음   A

흑1, 3을 선수 한 다음 5의 코붙임이 급소. 이하 15까지 백 죽음.

변화 〈321〉

흑 차례 백 죽음   A

흑5 때 백6이라면 흑7, 9, 11로 그만.

문제 〈322〉

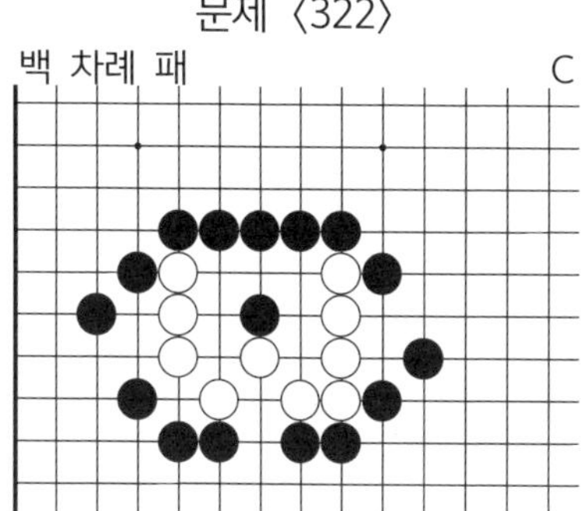

문제 〈323〉

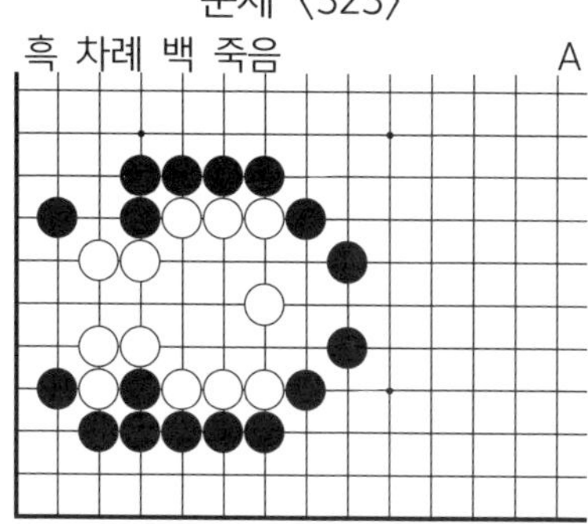

문제 〈324〉

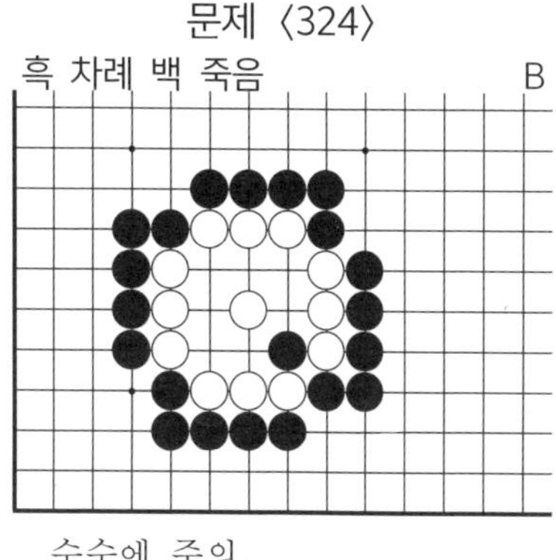

수순에 주의.

문제 〈325〉

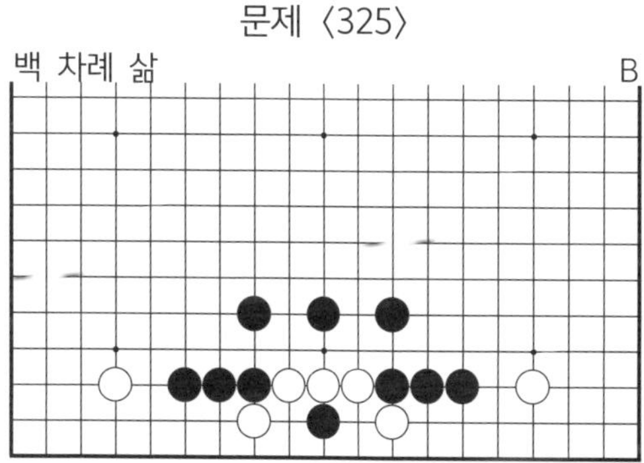

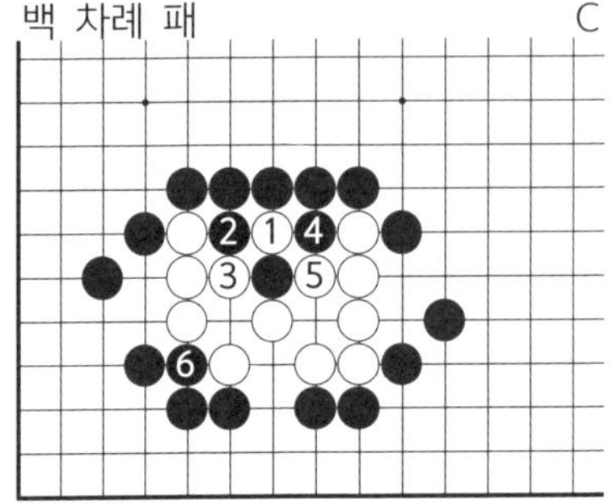

백1의 끼움이 급소. 흑2는 백3, 5, 7로 패. ❼→①

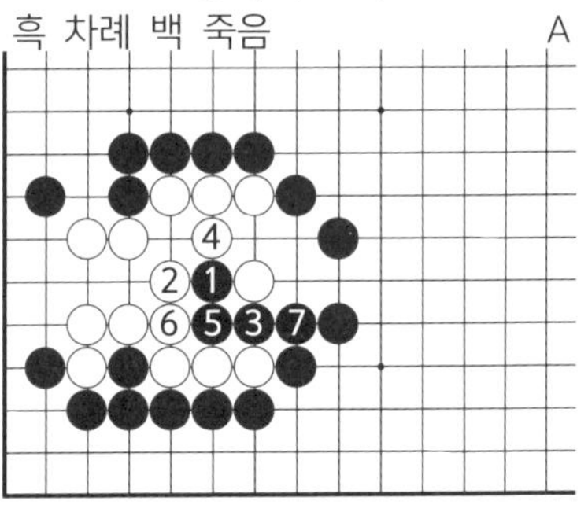

흑1이 급소. 백2는 흑3, 5, 7로 백 죽음.

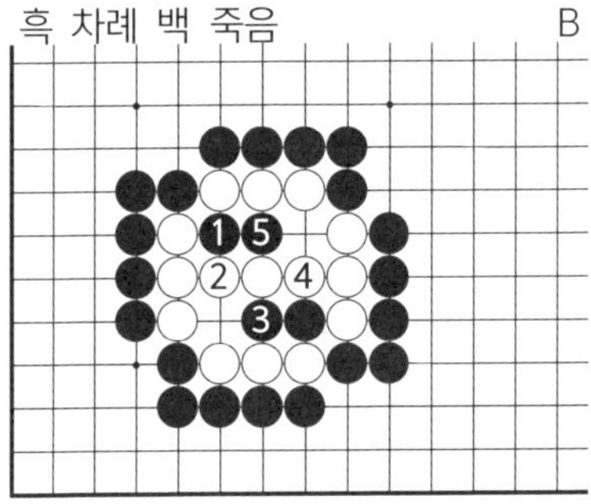

흑1이 급소. 백2는 흑3, 5로 백 죽음. 백2로 4라면 흑5로 마찬가지.

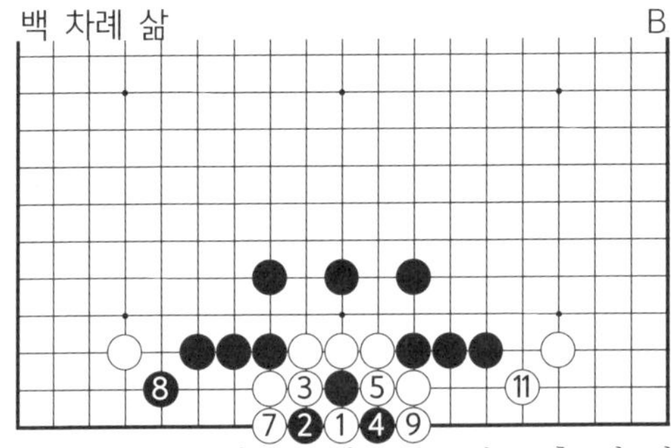

백1이 급소. 흑2는 백3, 5로 받고 흑6의 치중은 백7, 9, 11로 넘어가서 삶. ❻, ❿→①

146

문제 〈326〉

백 차례 흑 죽음   C

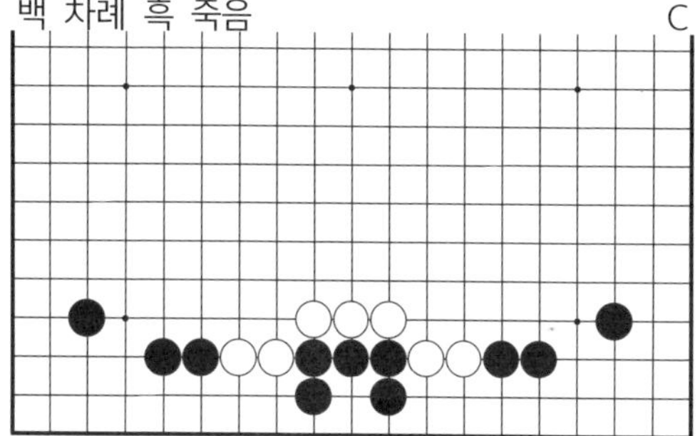

문제 〈327〉

흑 차례 백 죽음   C

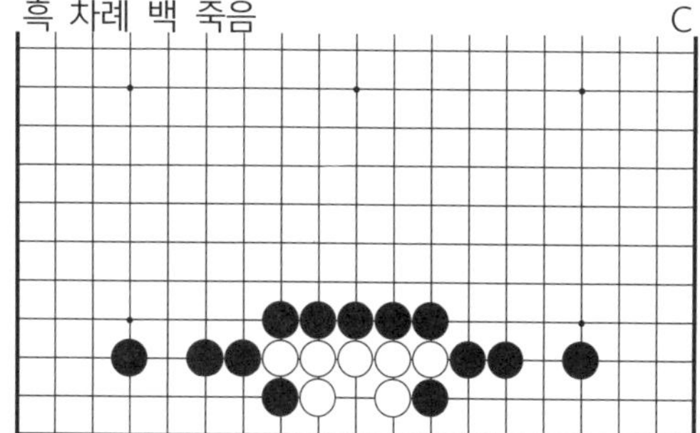

문제 〈328〉

흑 차례 백 죽음   C

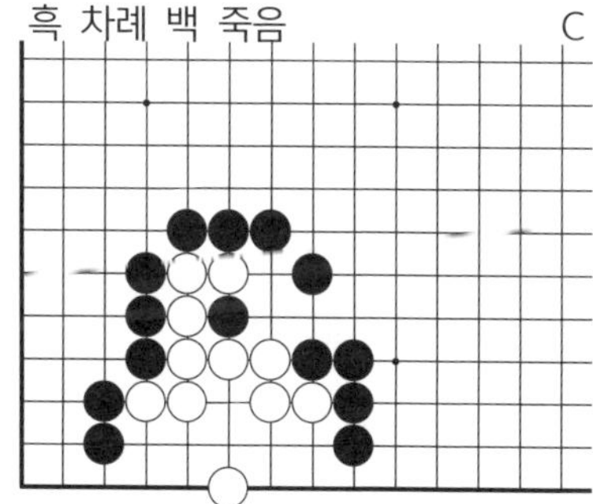

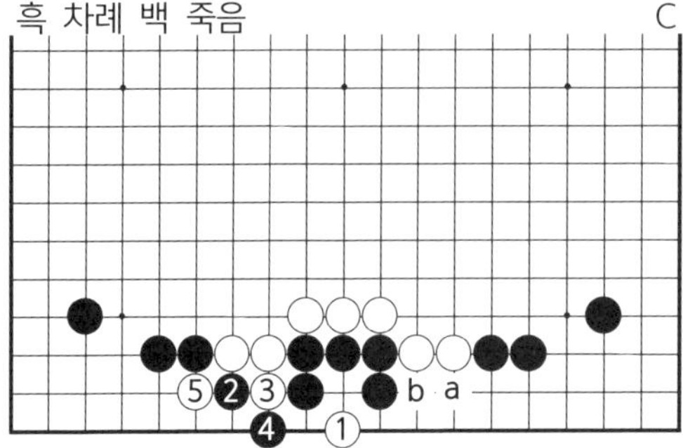

정해 〈326〉

흑 차례 백 죽음   C

백1의 치중이 급소. 흑2는 백3, 5로 그만.
흑2로 a라면 백b로 마찬가지.

정해 〈327〉

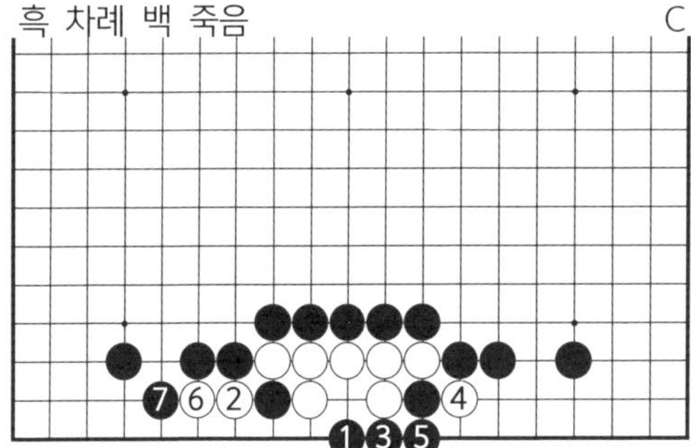

흑 차례 백 죽음   C

흑1이 급소. 백2로 잡으면 흑3, 5, 7로 백
죽음.

정해 〈328〉

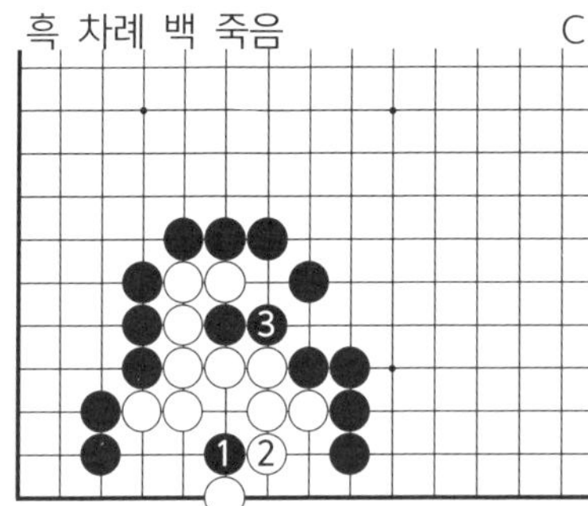

흑 차례 백 죽음   C

흑1, 3으로 끝.

문제 〈329〉

흑 차례 백 죽음   B

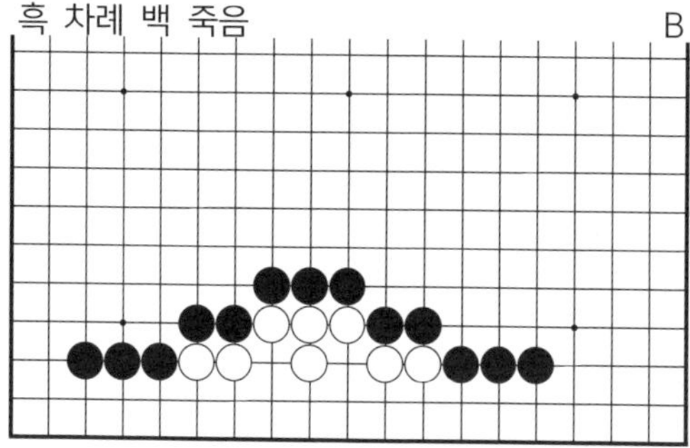

문제 〈330〉

백 차례 삶   B

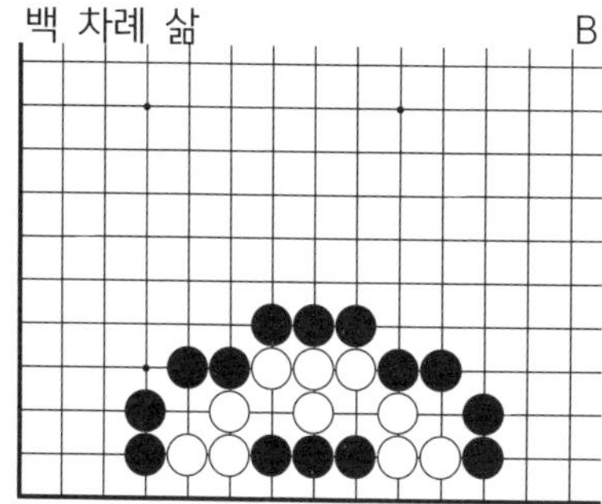

문제 〈331〉

백 차례 삶   B

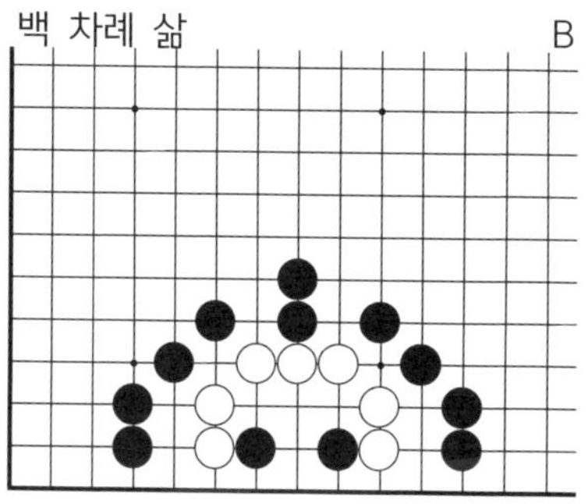

문제 〈332〉

흑 차례 백 죽음   C

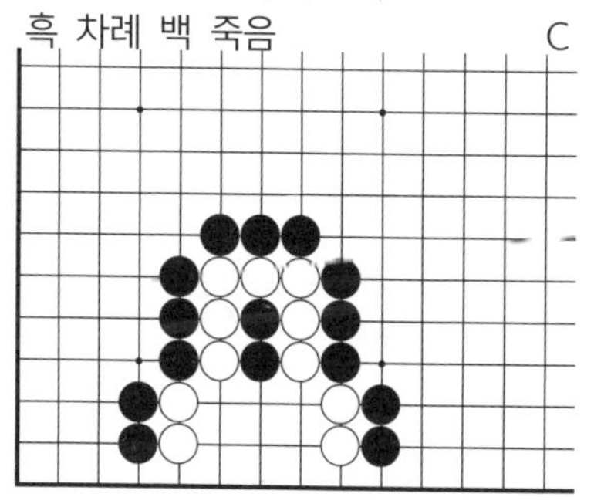

문제 〈333〉

흑 차례 백 죽음   B

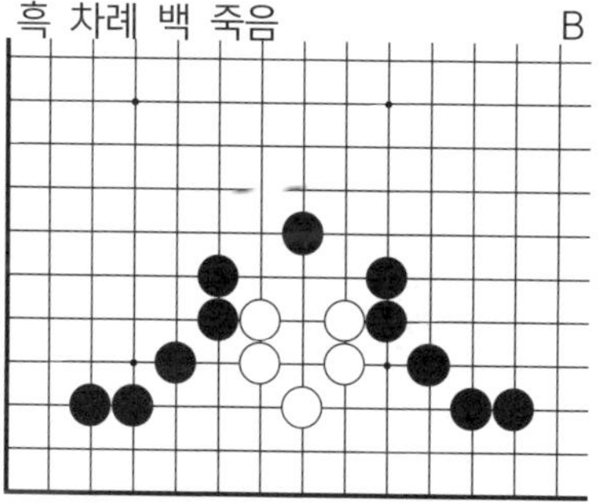

흑 차례 백 죽음   B

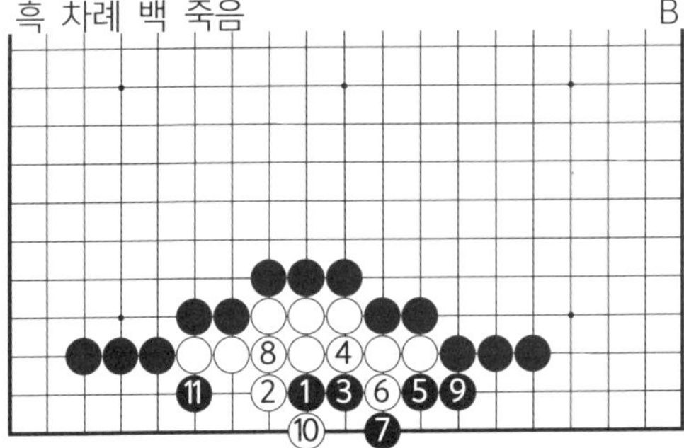

흑1의 코붙임이 급소. 백2로 막으면 흑3 이하 11까지 백 죽음.

정해 〈330〉

백 차례 삶   B

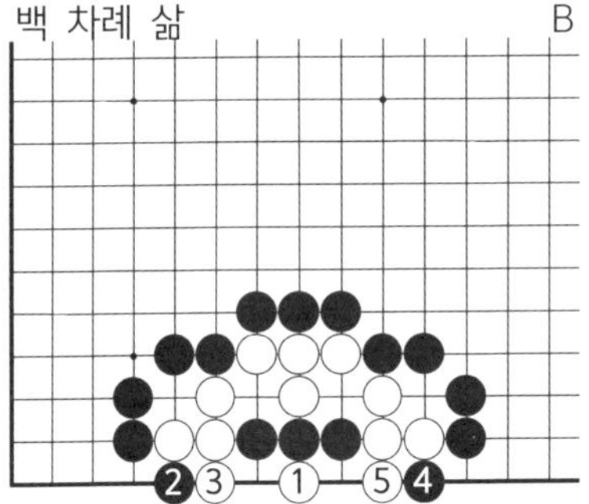

백1이 삶의 급소. 흑2, 4는 백3, 5로 빅의 삶.

정해 〈331〉

백 차례 삶   B

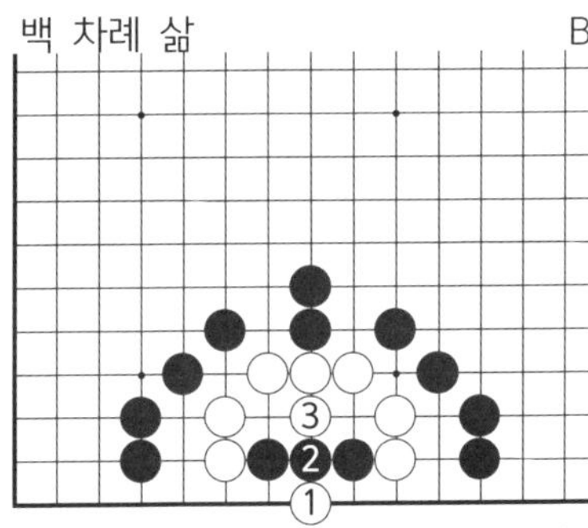

백1, 3으로 330번과 같은 모양 으로 백 삶.

정해 〈332〉

흑 차례 백 죽음   C

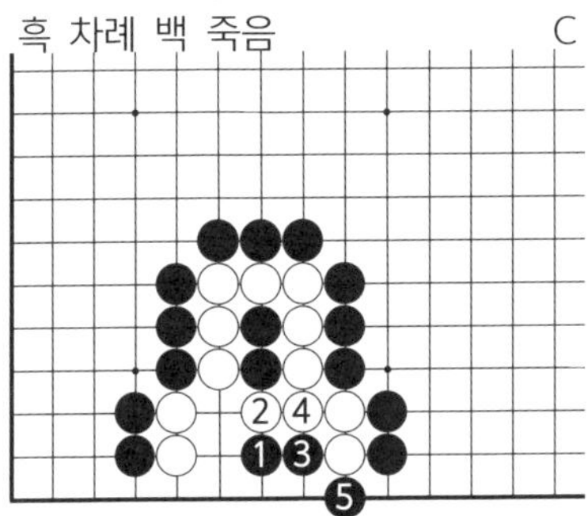

흑1이 급소. 백2로 따내면 흑3, 5로 넘어가서 그만.

정해 〈333〉

흑 차례 백 죽음   B

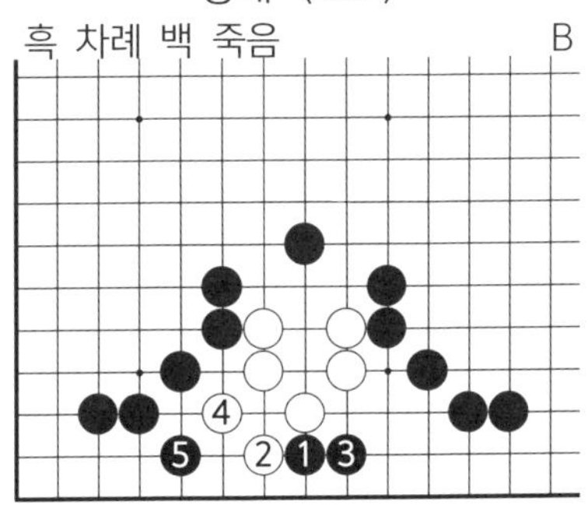

흑1의 코붙임이 급소. 백2는 흑 3, 5로 백 죽음.

문제 〈334〉

백 차례 삶
B

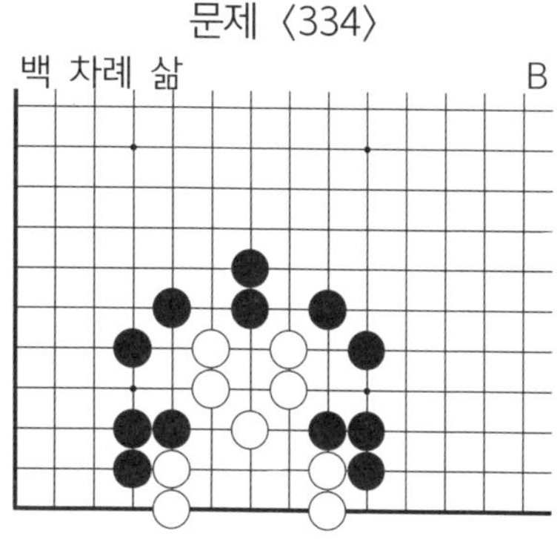

문제 〈335〉

흑 차례 패
B

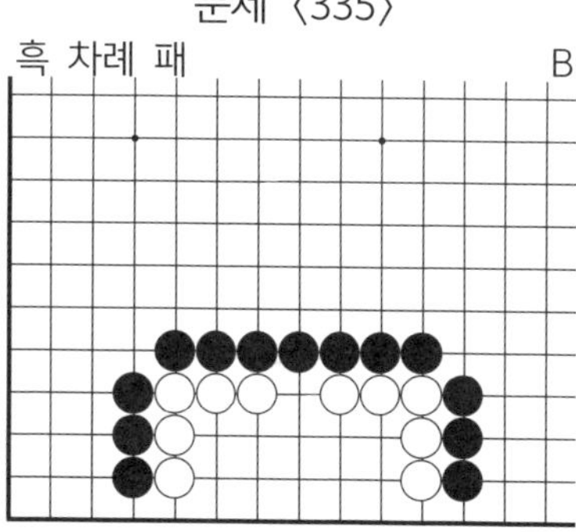

문제 〈336〉

흑 차례 삶
B

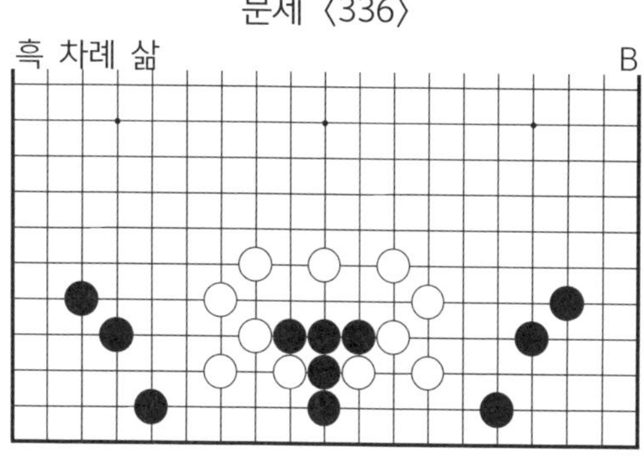

문제 〈337〉

흑 차례 삶
A

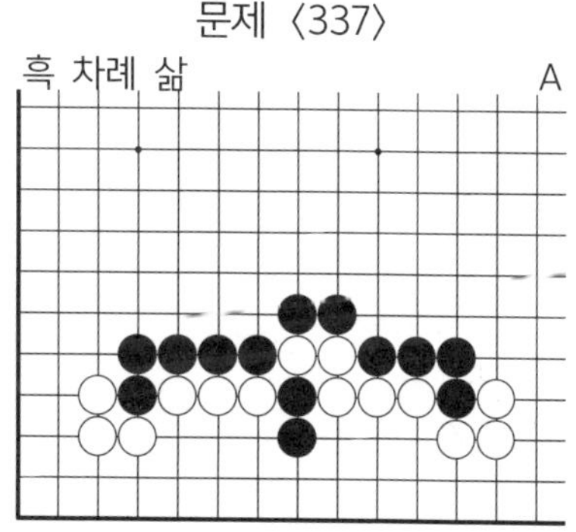

정해 〈334〉

백 차례 삶   B

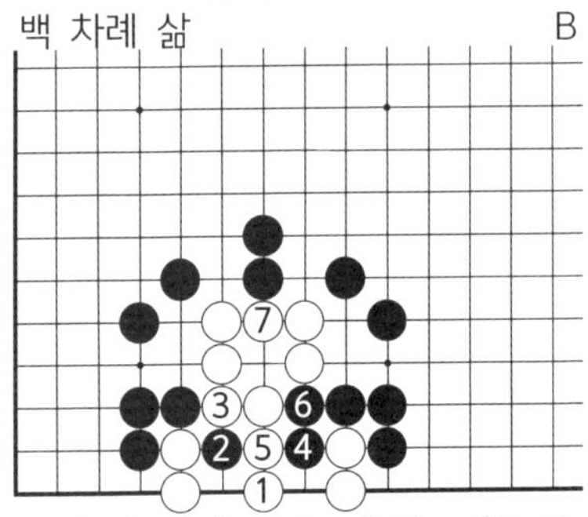

백1이 삶의 급소. 흑2는 백3, 5,
7로 삶.

정해 〈335〉

흑 차례 패   B

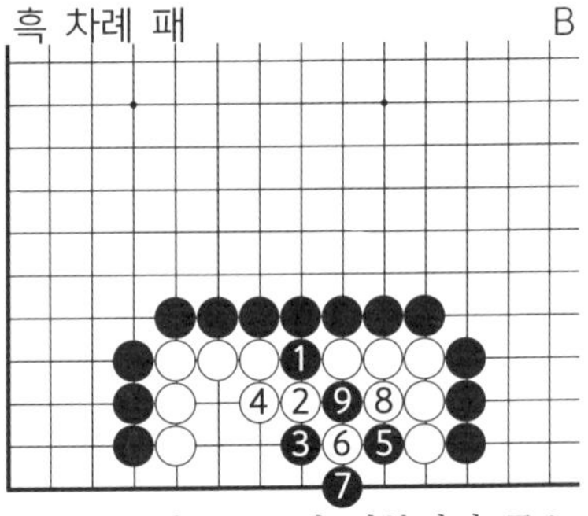

흑1로 찌르고 3의 껴붙임이 급소.
백4로 이으면 흑5, 7, 9로 패.

정해 〈336〉

흑 차례 삶   B

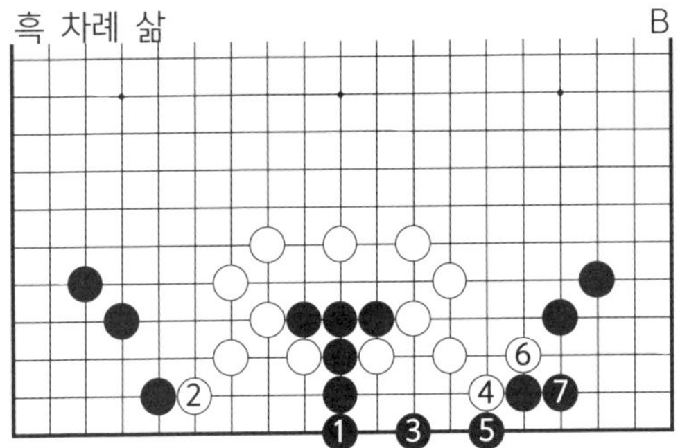

흑1이 양쪽으로 넘는 수를 노린 급소. 백2는
흑3, 5, 7로 넘어가서 삶.

정해 〈337〉

흑 차례 삶   A

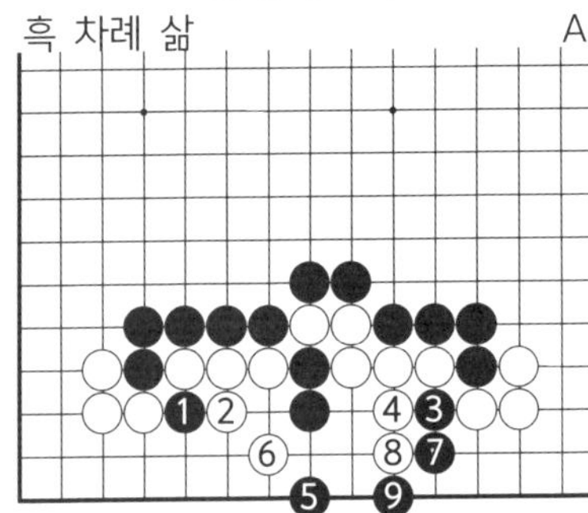

흑1과 3으로 끊고 5로 뛰는 것이
묘수. 백6은 흑7, 9로 백을 잡고 삶.

문제 〈338〉

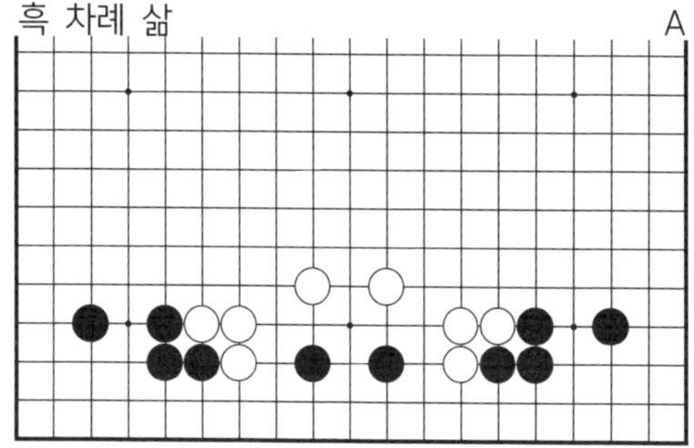

문제 〈339〉

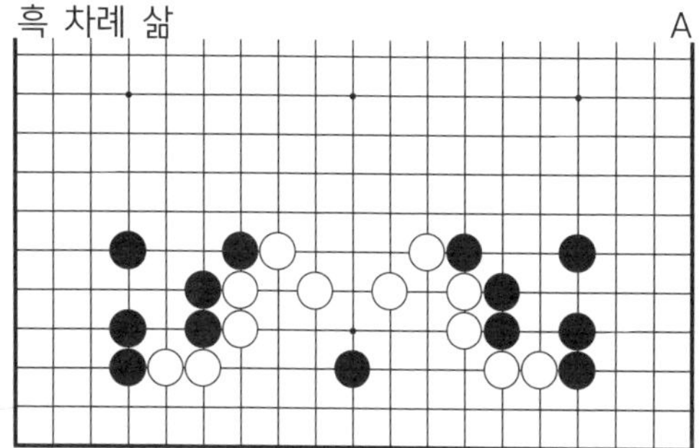

문제 〈340〉

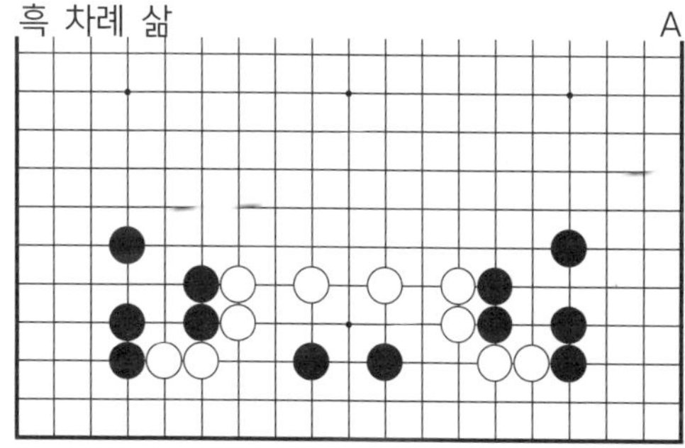

153

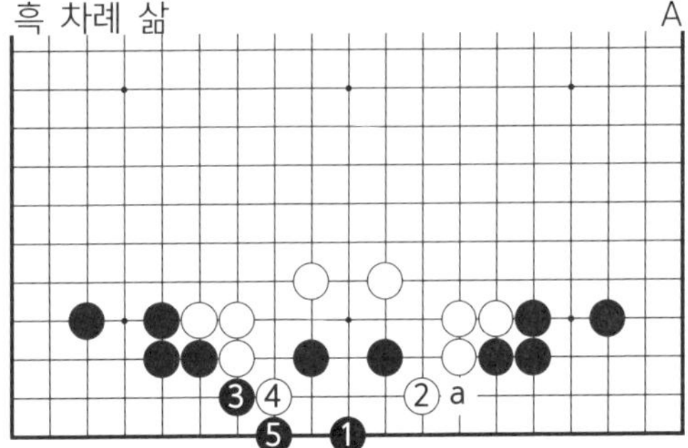

정해 〈338〉

흑1의 뜀이 묘수. 백2라면 흑3, 5로 건너서
살아감. 백2로 4라면 흑a로 마찬가지.

정해 〈339〉

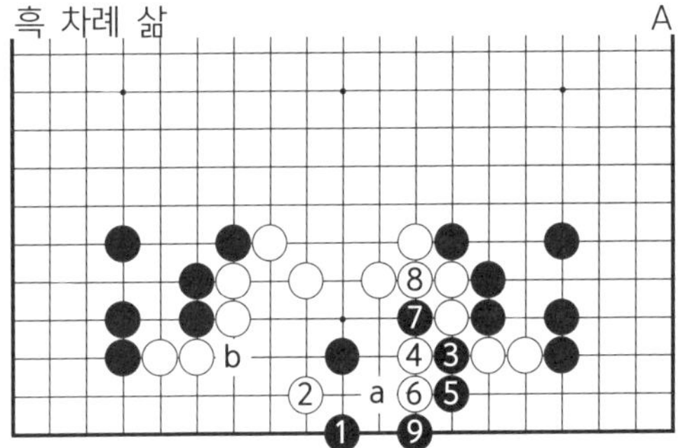

흑1의 뜀이 묘수. 백2는 흑3 이하 9까지 넘
어가서 삶. 백2로 a라면 흑b로 마찬가지.

정해 〈340〉

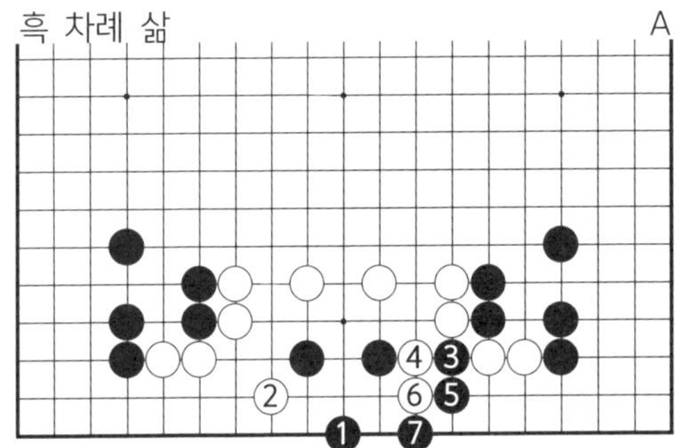

흑1의 뜀이 묘수. 백2는 흑3 이하 7까지 넘
어가서 삶.

양쪽으로 듣는 맥

양쪽으로 듣는 맥

이것은 앞의 「좌우동형은 중앙에 수 있다」의 맥과 공통점이 많지만 단지, 다른 점으로 좌우동형이 아닌 점입니다. 좌우동형으로 중앙에 두는 맥점도 실은 양쪽으로 듣게 하기 위한 맥점이기 때문에 그 의미에 있어서는 같다고 해도 좋습니다.

다음 도면에서 백1로 뛰는 수가 좌우 양쪽으로 듣는 맥입니다.

백 차례 흑 죽음

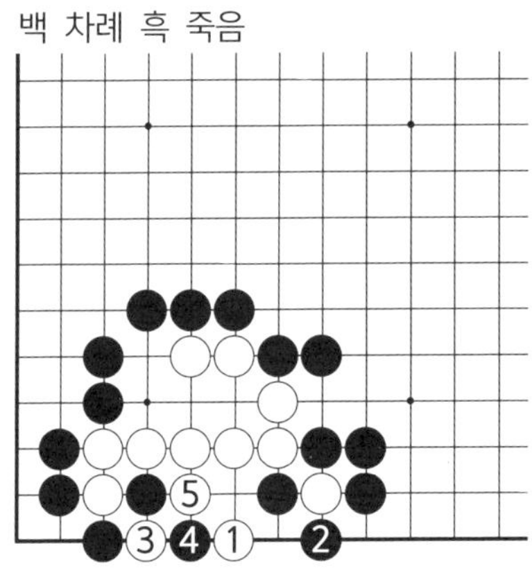

백2로 잡으면 백3으로 먹여쳐서 흑4로 잡았을 때 백5로 흑 2점을 잡고 살아갑니다. 또 백1 때 흑3 쪽을 이으면 백2로 내려서 흑 1점을 잡고 살아갑니다. 즉, 백1의 뜀이 양쪽으로 듣는 까닭입니다.

백1은 한 칸 뛰는 맥으로 알아도 되지만 양쪽으로 듣는 맥으로 포함하는 것이 옳습니다.

문제 〈341〉

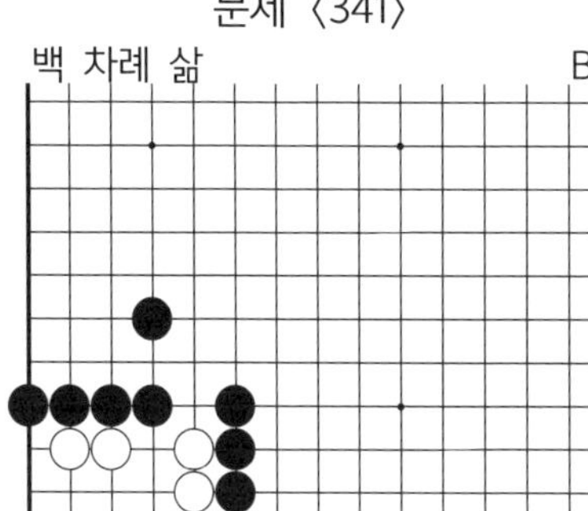

문제 〈342〉

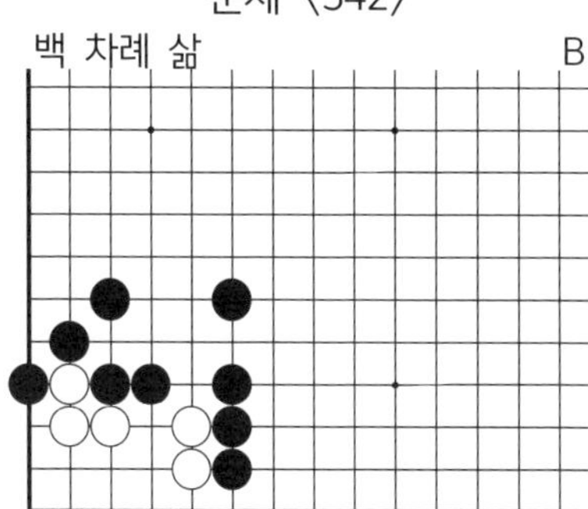

문제 〈343〉

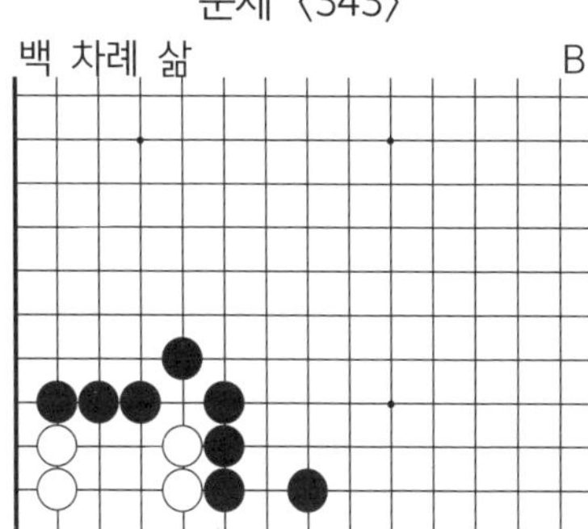

문제 〈344〉

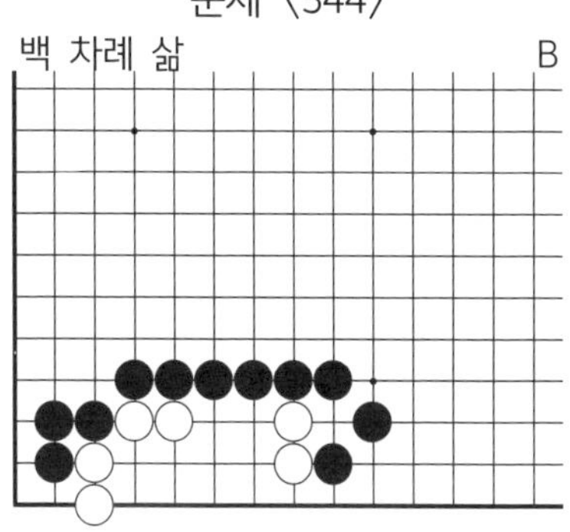

문제 〈345〉

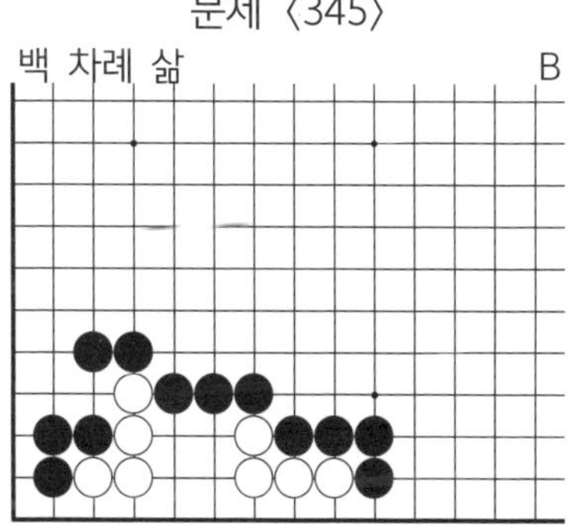

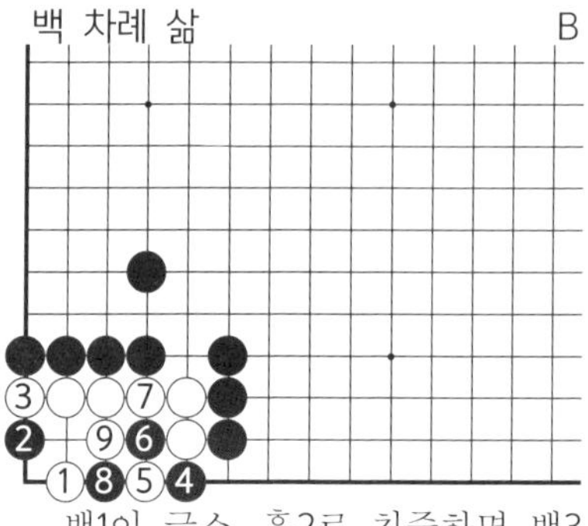

정해 〈341〉

백1이 급소. 흑2로 치중하면 백3
이하 9까지 촉촉수로 삶.

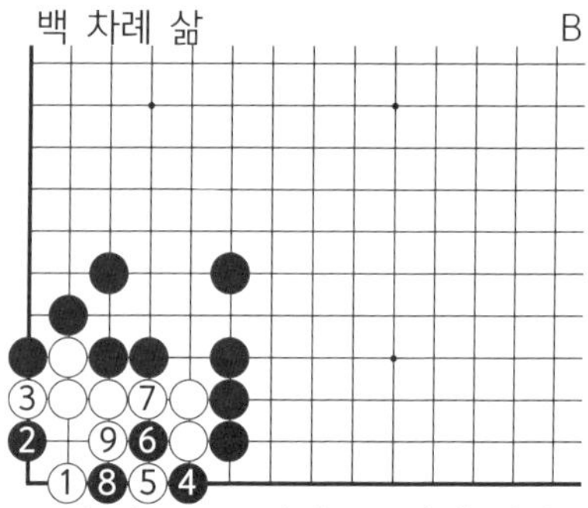

정해 〈342〉

백1이 급소. 이하 341번과 마찬
가지 수순으로 삶.

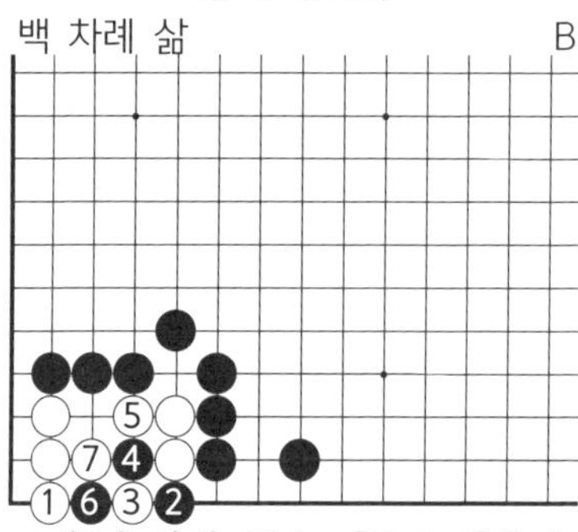

정해 〈343〉

백1이 삶의 급소. 흑2로 젖히면
백3, 5, 7로 촉촉수.

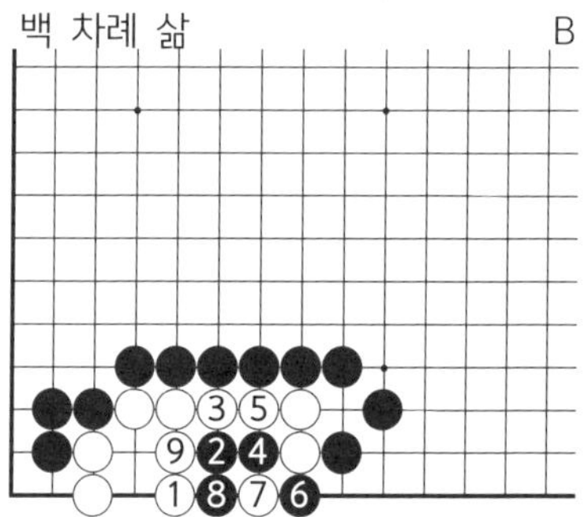

정해 〈344〉

백1이 급소. 흑2로 파호하면 백3
이하 9까지 촉촉수로 삶.

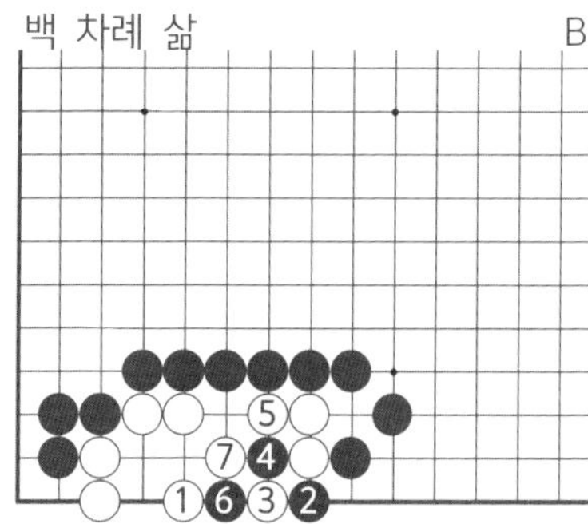

변화 〈344〉

백1 때 흑2로 젖히면 백3, 5, 7로
마찬가지 촉촉수로 삶.

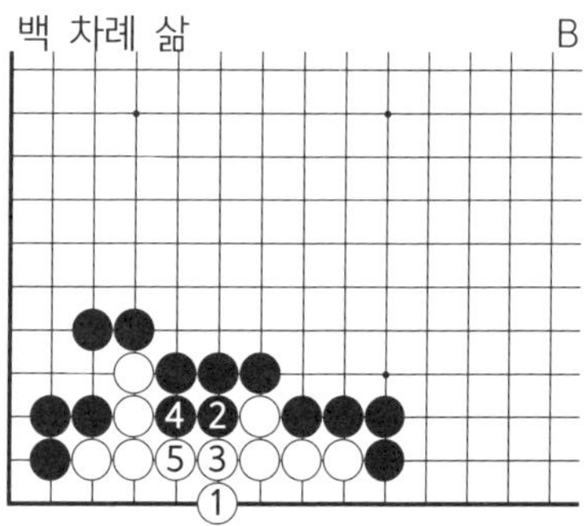

정해 〈345〉

백1이 삶의 급소. 흑2는 백3, 5로
2집의 삶.

문제 〈346〉

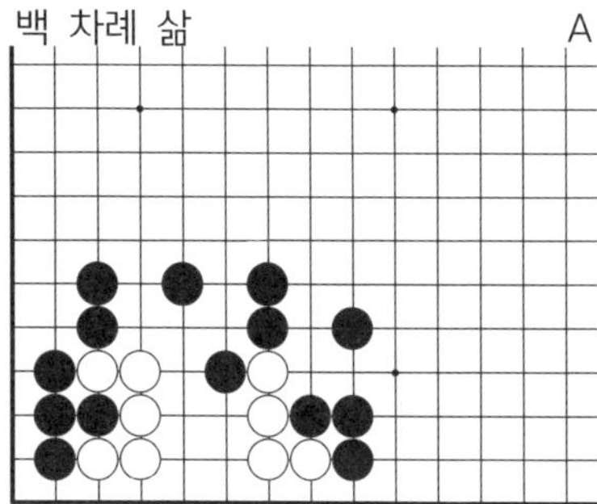

문제 〈347〉

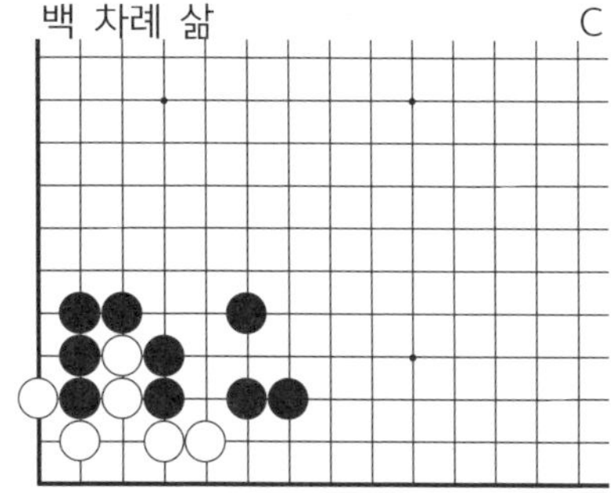

문제 〈348〉

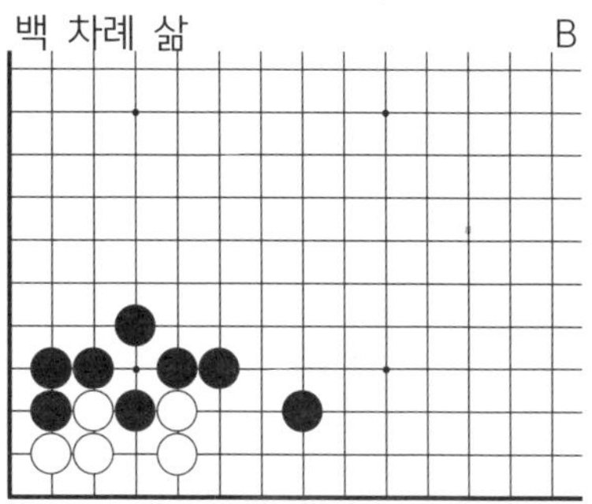

문제 〈349〉

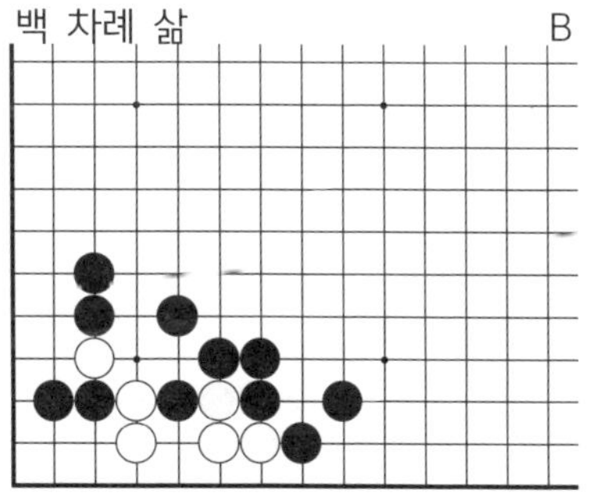

문제 〈350〉

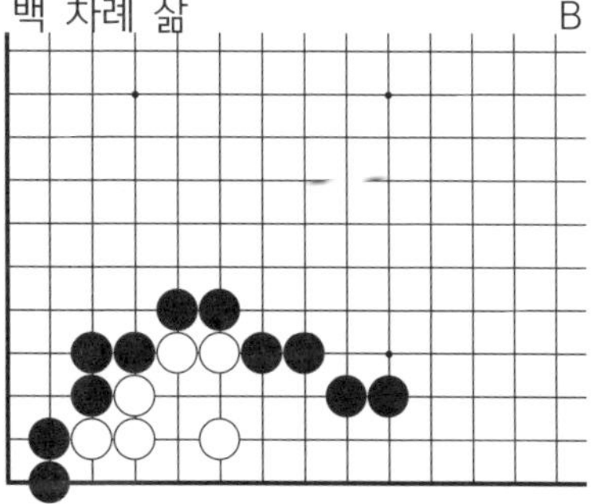

정해 〈346〉

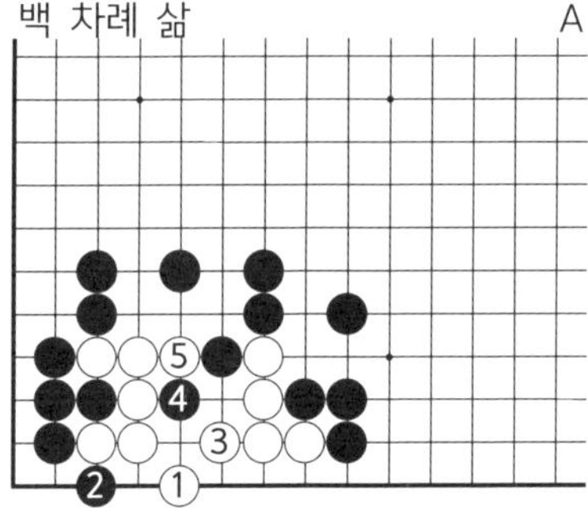

백1이 삶의 급소. 흑2로 파호하면
백3, 5로 흑 1점을 잡고 삶.

변화 〈346〉

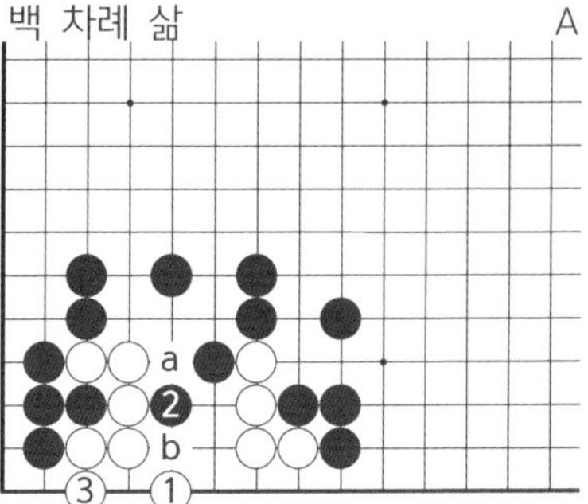

백1 때 흑2라면 백3으로 a와 b를
맞보기로 삶.

정해 〈347〉

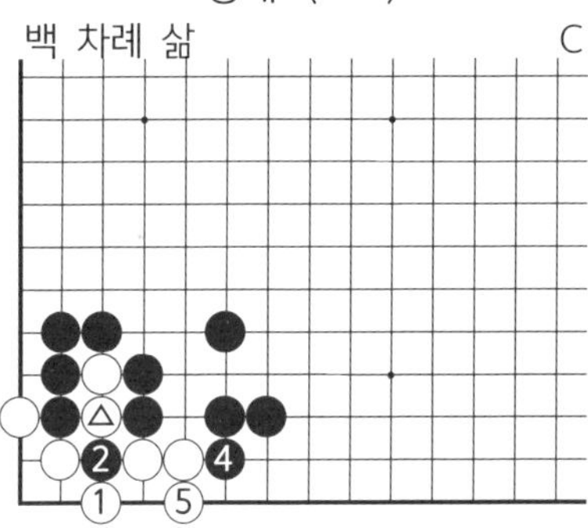

백1이 삶의 급소. 흑2로 따내도
백3, 5로 삶. ③→△

정해 〈348〉

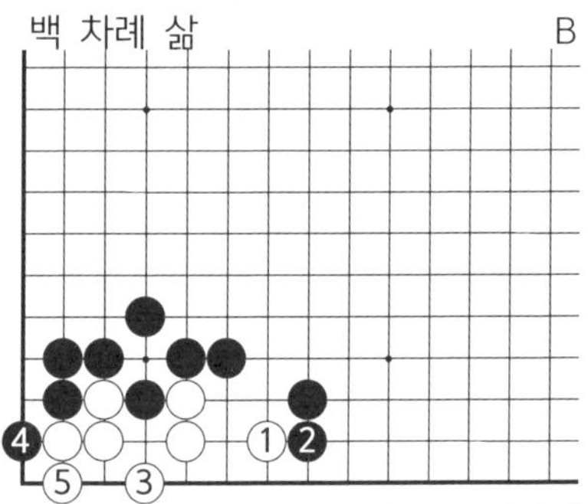

백1, 3이 삶의 수순. 흑4로 젖히면
백5로 삶.

정해 〈349〉

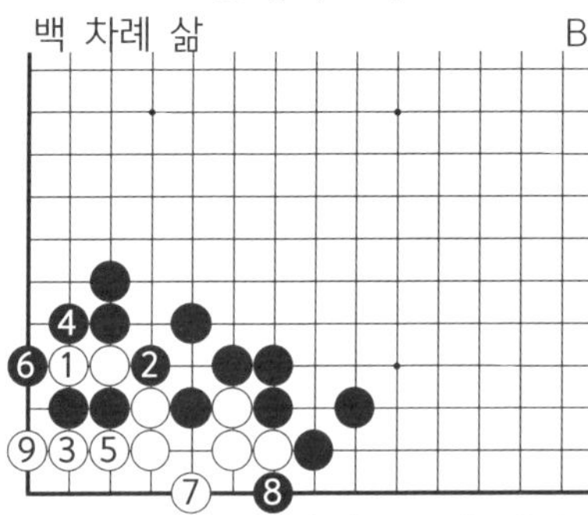

백1, 3, 5를 선수하고 7이 삶의
급소. 다음 8과 9가 맞보기로 삶.

정해 〈350〉

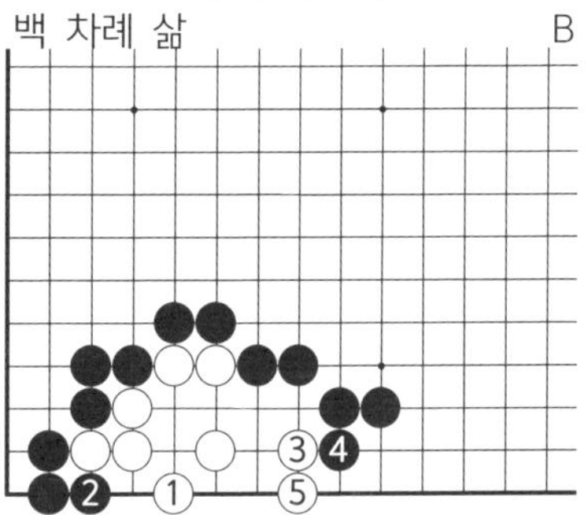

백1이 삶의 급소, 흑2로 파호하면
백3, 5로 삶.

문제 〈351〉

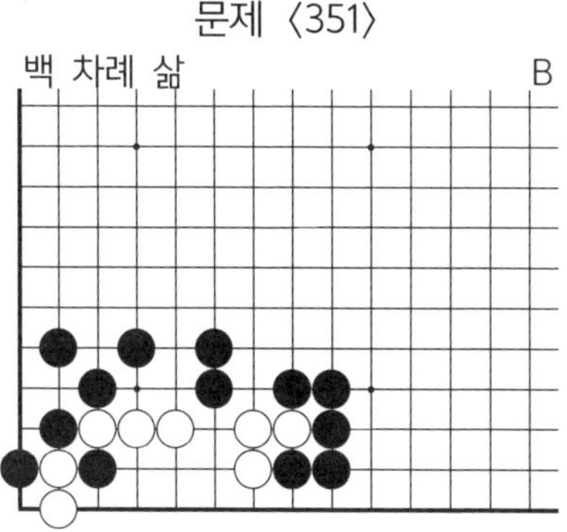

문제 〈352〉

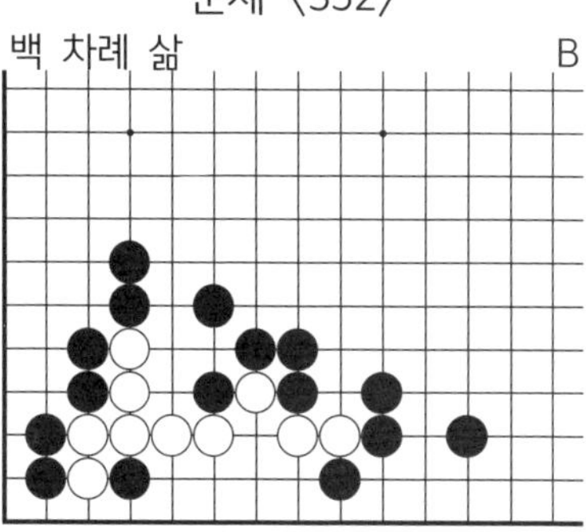

문제 〈353〉

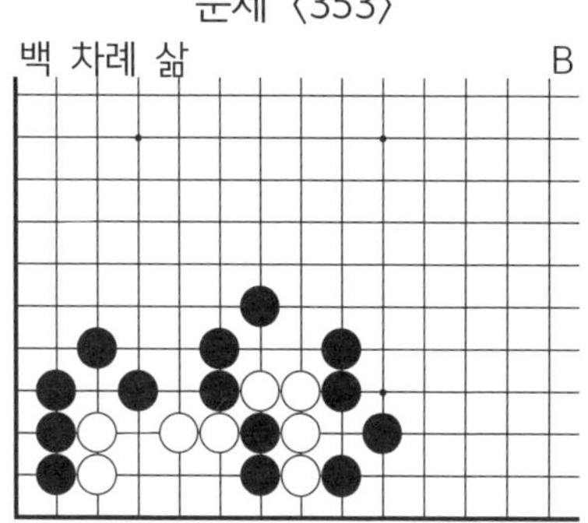

문제 〈354〉

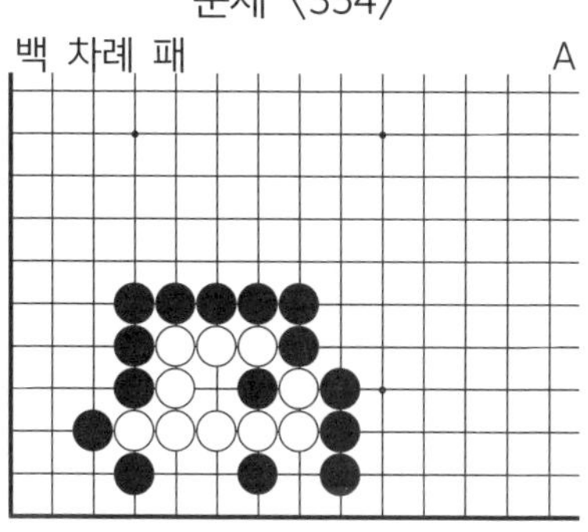

문제 〈355〉

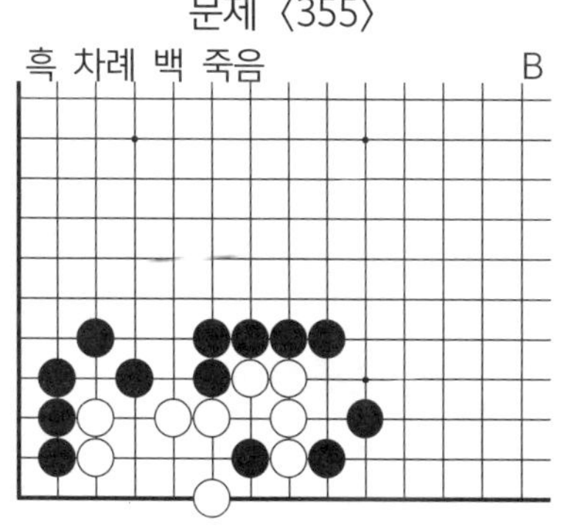

문제 〈356〉

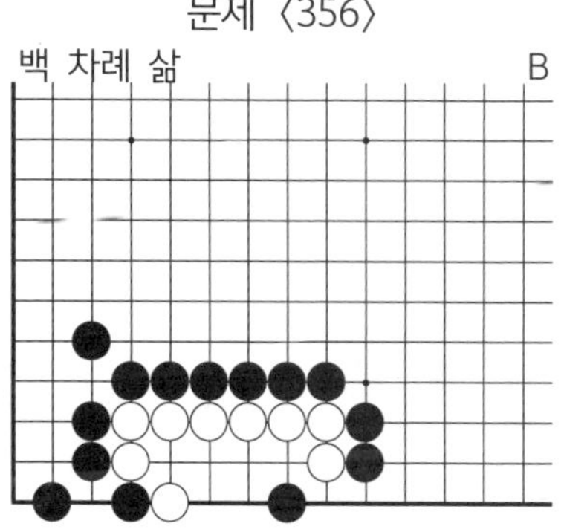

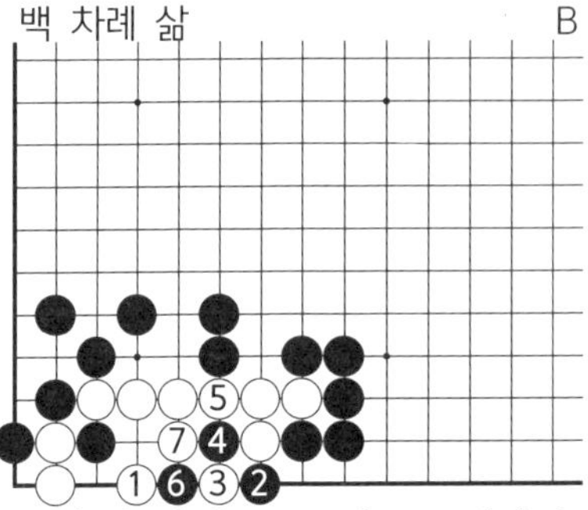

정해 〈351〉

백 차례 삶   B

백1이 삶의 급소. 흑2로 젖히면 백3, 5, 7로 촉촉수로 삶.

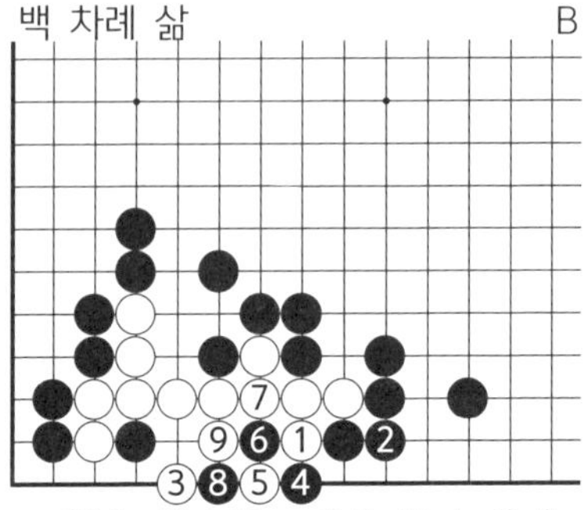

정해 〈352〉

백 차례 삶   B

백1을 선수하고 3의 뜀이 삶의 급소. 흑4는 백5, 7, 9의 촉촉수로 삶.

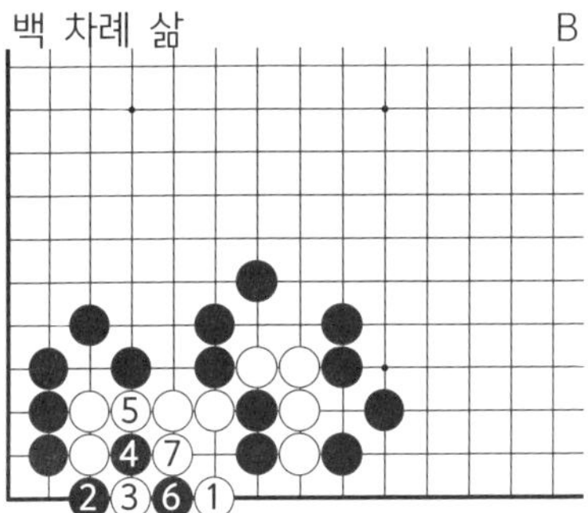

정해 〈353〉

백 차례 삶   B

백1이 삶의 급소. 흑2로 젖히면 백3, 5, 7로 촉촉수.

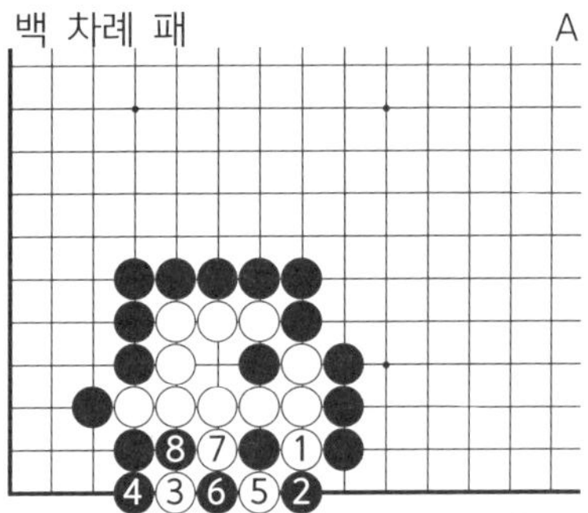

정해 〈354〉

백 차례 패   A

백1, 3으로 뛰는 것이 급소. 흑4는 백5, 7, 9로 촉촉수를 노린 패.

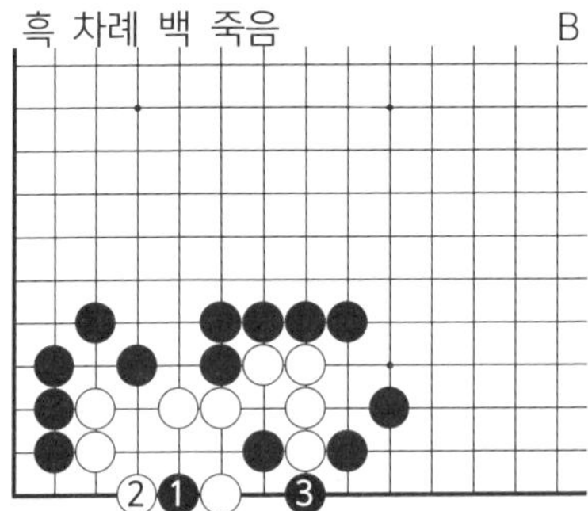

정해 〈355〉

흑 차례 백 죽음   B

흑1의 붙임이 급소. 백2로 차단 하면 흑3으로 넘어가서 백 죽음.

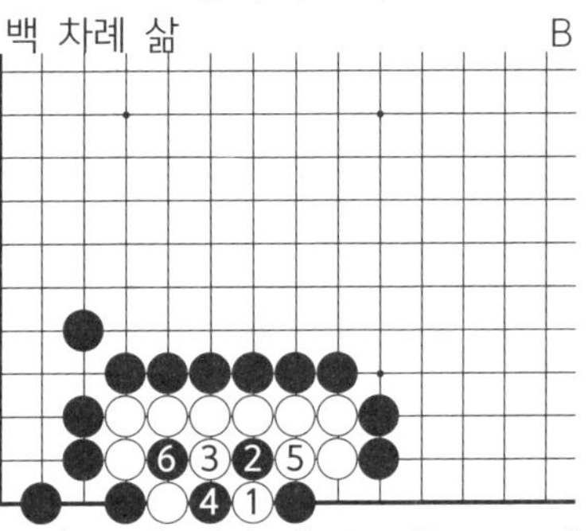

정해 〈356〉

백 차례 삶   B

백1, 3이 맥점. 흑4는 백5, 7로 단 수치고 따내서 양패로 삶. ⑦→①

문제 〈357〉

백 차례 삶   B

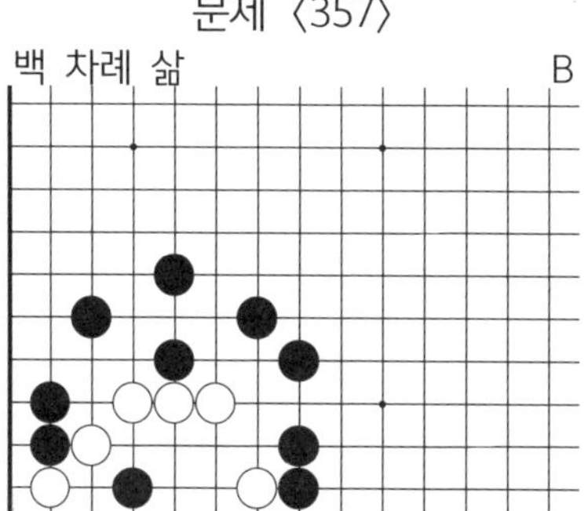

귀의 특수성을 활용.

문제 〈358〉

백 차례 삶   B

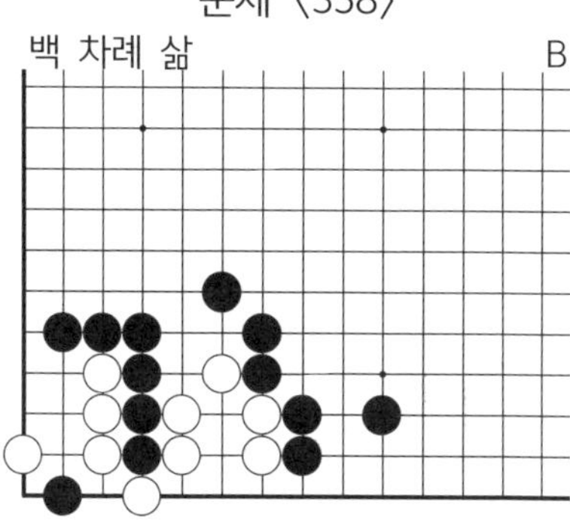

문제 〈359〉

백 차례 삶   A

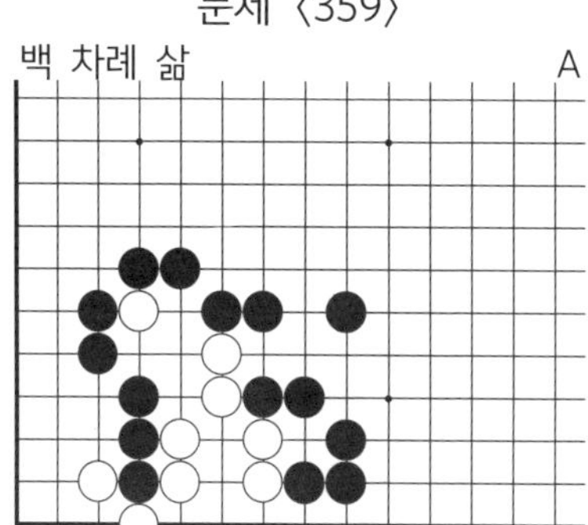

문제 〈360〉

백 차례 삶   A

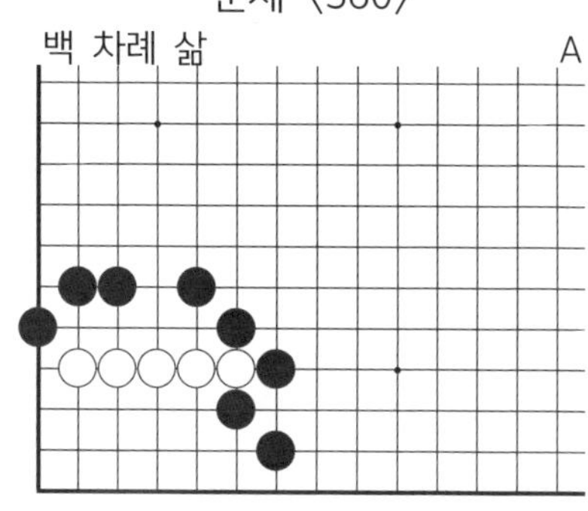

문제 〈361〉

백 차례 삶   B

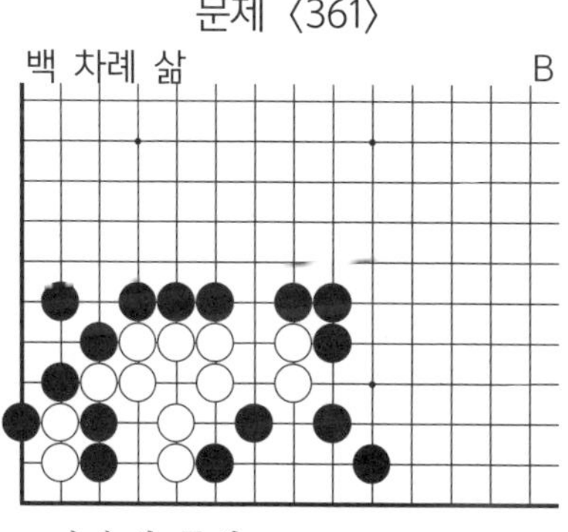

수순에 주의.

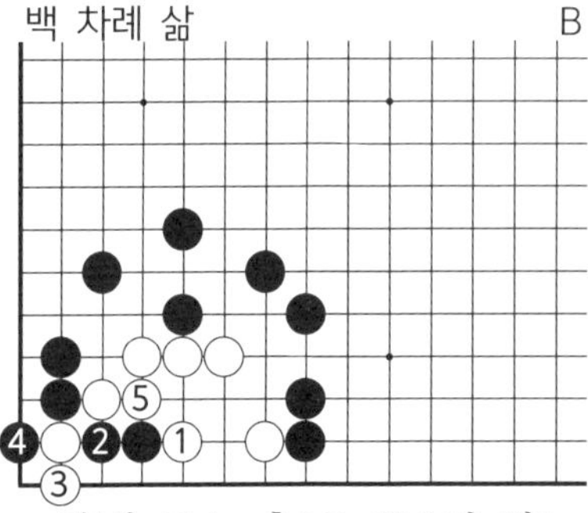

정해 〈357〉

백 차례 삶   B

백1이 급소. 흑2로 끊으면 백3, 5로 삶.

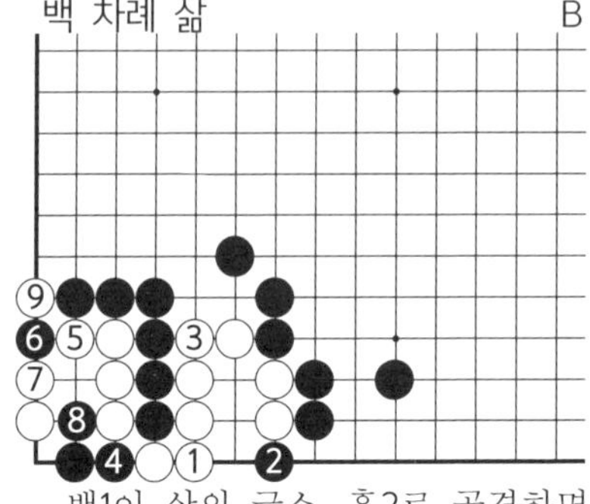

정해 〈358〉

백 차례 삶   B

백1이 삶의 급소. 흑2로 공격하면 백3 이하 9까지 삶.

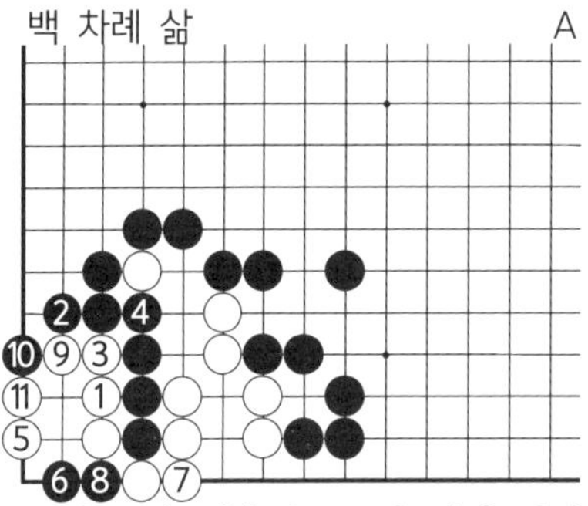

정해 〈359〉

백 차례 삶   A

백1, 3을 선수하고 5의 뜀이 맥점. 흑6으로 치중해도 백7, 9, 11로 삶.

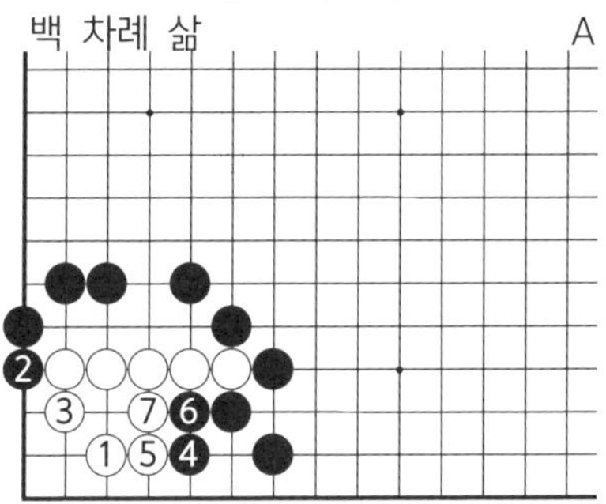

정해 〈360〉

백 차례 삶   A

백1이 삶의 급소. 흑2는 백3, 5, 7로 삶.

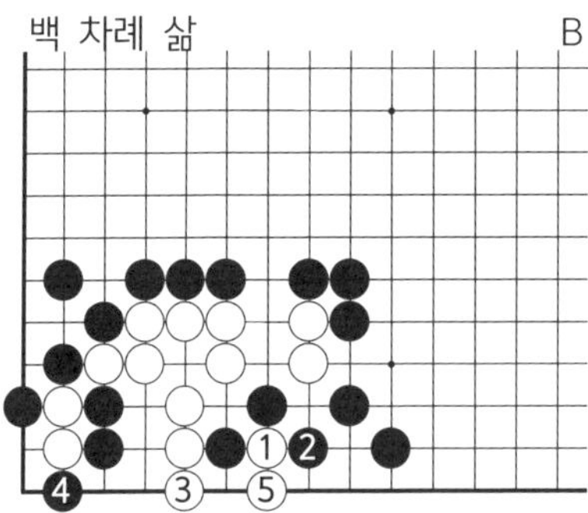

정해 〈361〉

백 차례 삶   B

백1의 찝음이 묘수. 흑2는 백3, 5로 흑 1점을 잡고 삶.

문제 〈362〉

흑 차례 수상전 승 B

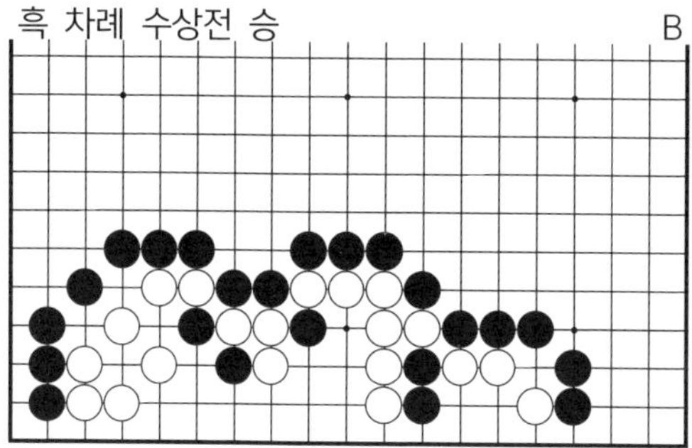

문제 〈363〉

백 차례 삶 A

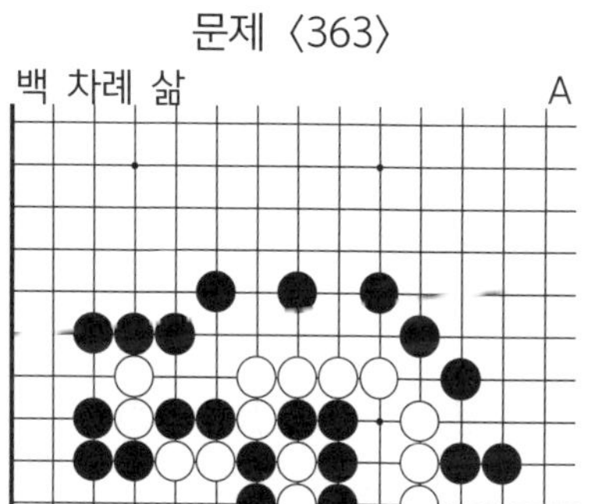

문제 〈364〉

백 차례 삶 A

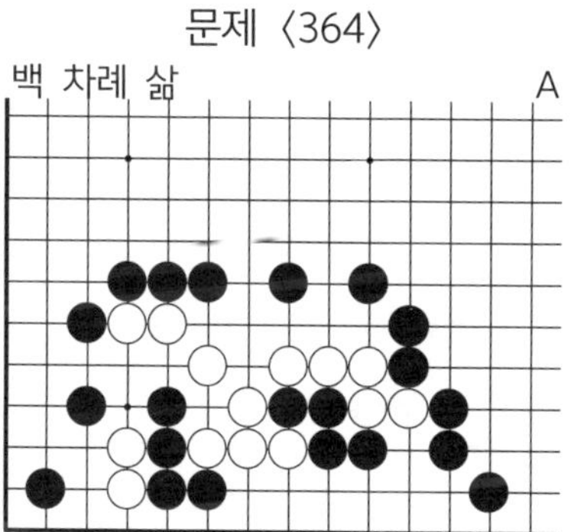

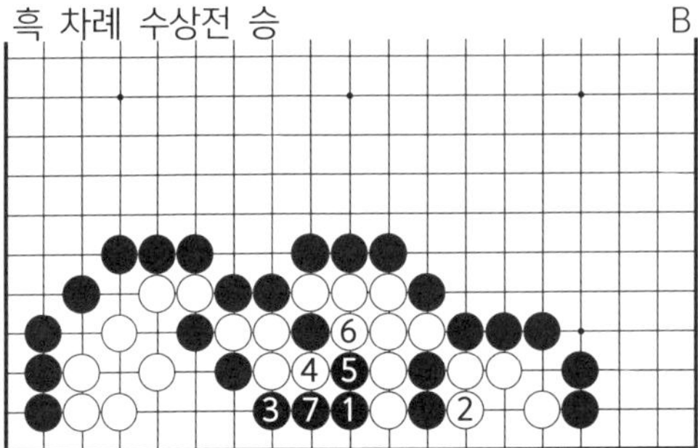

흑 차례 수상전 승

흑1의 붙임이 급소. 백2로 잡으면 흑3, 5, 7의 촉촉수로 백 4점이 떨어짐.

변화 〈362〉

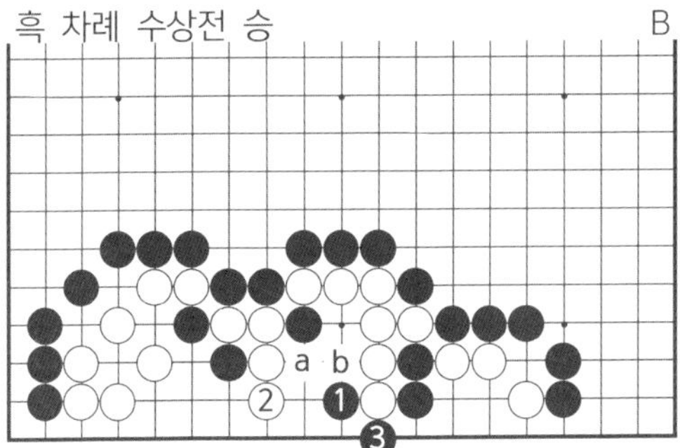

흑 차례 수상전 승

흑1 때 백2로 3점을 살리면 흑3으로 그만. 다음에 백a는 흑b로 환격.

문제 〈363〉

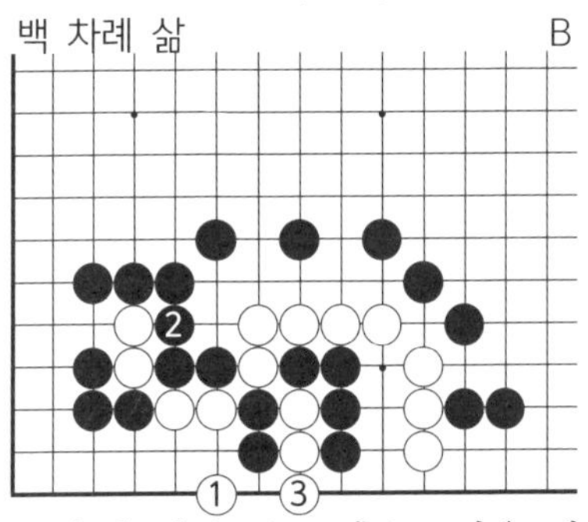

백 차례 삶

백1의 뜀이 급소. 흑2로 잡을 때 백3으로 내려서 흑을 잡고 삶.

문제 〈364〉

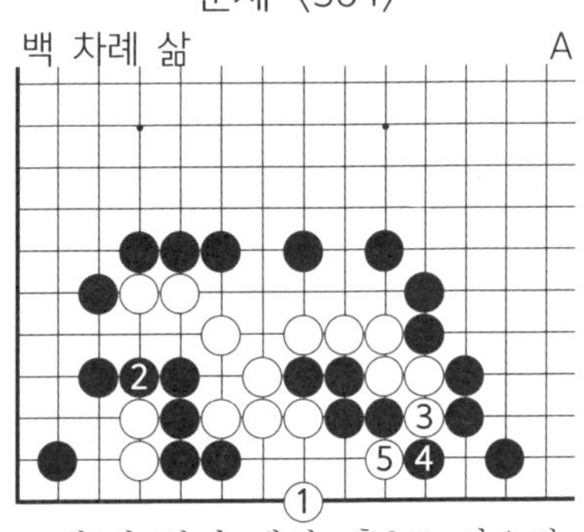

백 차례 삶

백1의 뜀이 맥점. 흑2로 이으면 백3, 5로 삶.

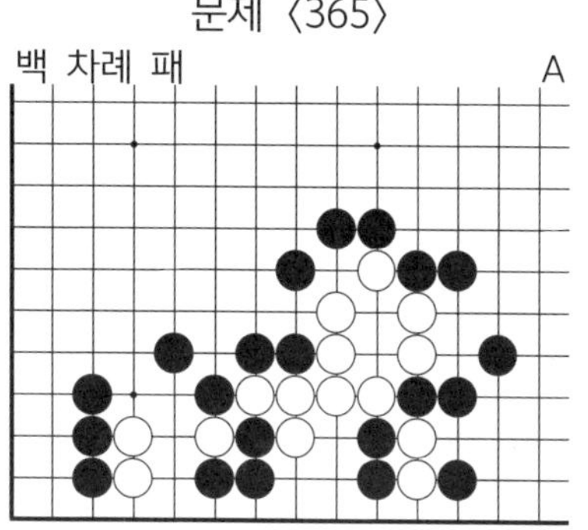

문제 〈365〉

백 차례 패

A

수순에 주의.

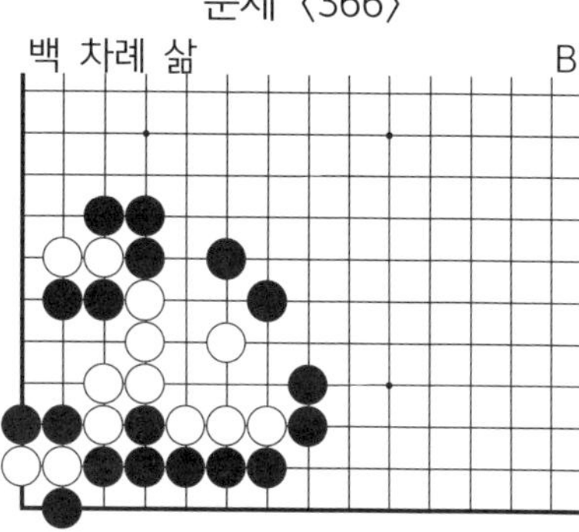

문제 〈366〉

백 차례 삶

B

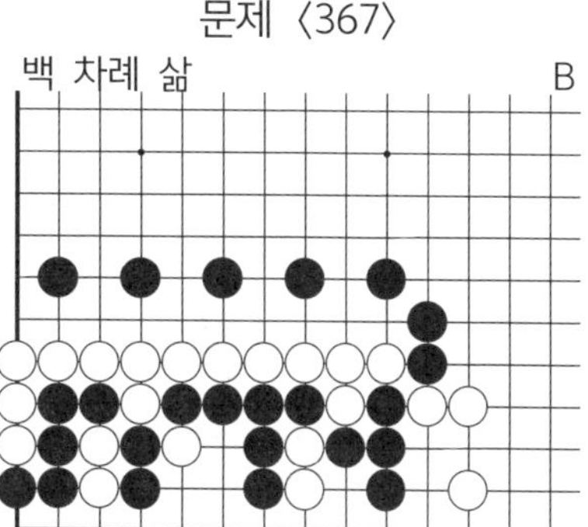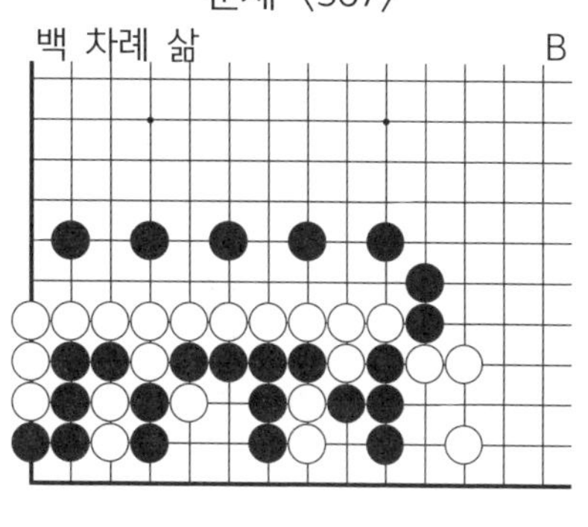

문제 〈367〉

백 차례 삶

B

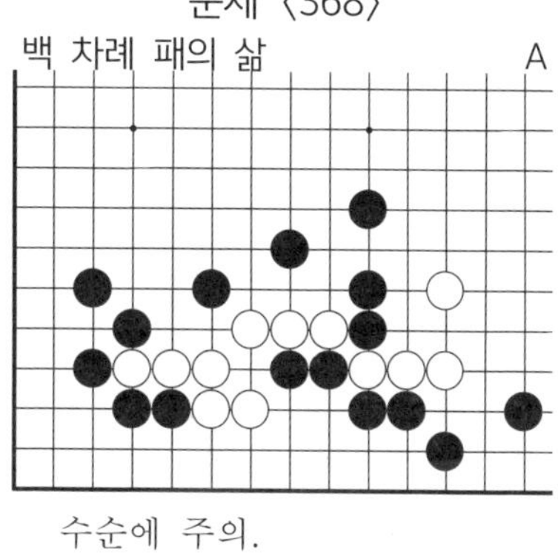

문제 〈368〉

백 차례 패의 삶

A

수순에 주의.

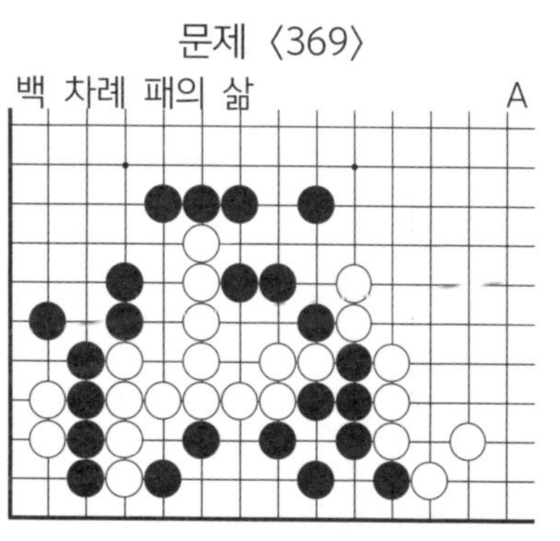

문제 〈369〉

백 차례 패의 삶

A

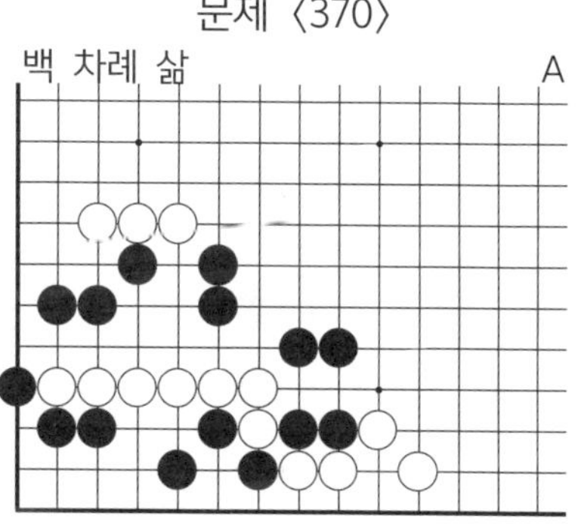

문제 〈370〉

백 차례 삶

A

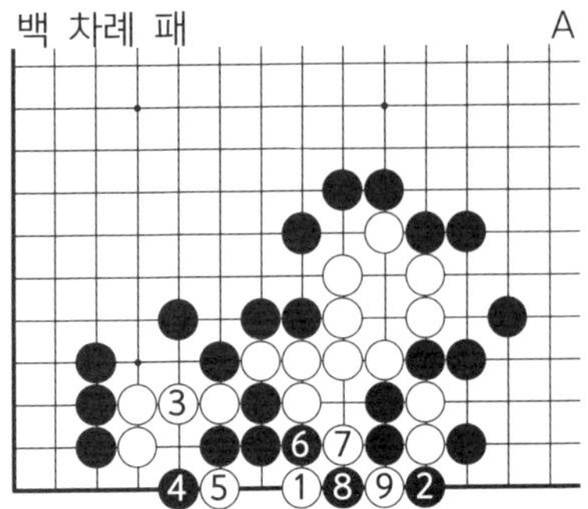

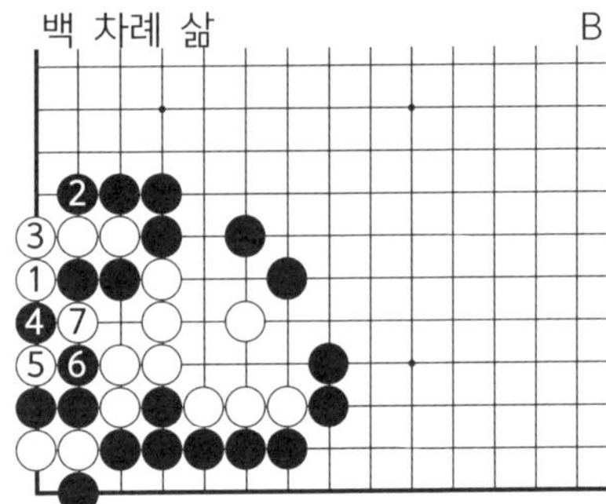

정해 〈365〉

백1의 뜀이 급소. 흑2로 잡으면 백
3부터 9까지 패. 5의 먹여침이 중요.

정해 〈366〉

백1, 3이 자살의 묘수. 흑4로 잡으
면 백5, 7로 먹여쳐서 양단수와 환격.

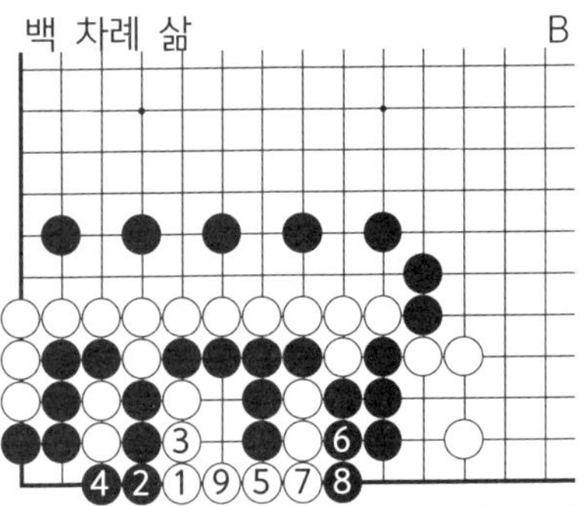

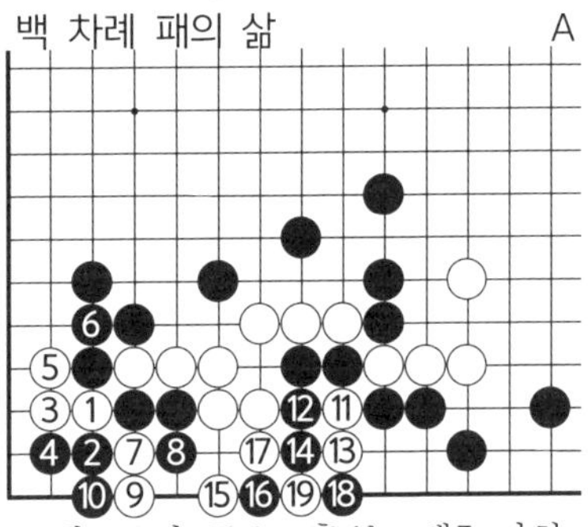

정해 〈367〉

백1의 뜀이 급소. 흑2는 백3부터
9까지 빅. 오른쪽 흑을 잡고 삶.

정해 〈368〉

백1, 3이 급소. 흑4는 백5 이하
19까지 패로 삶.

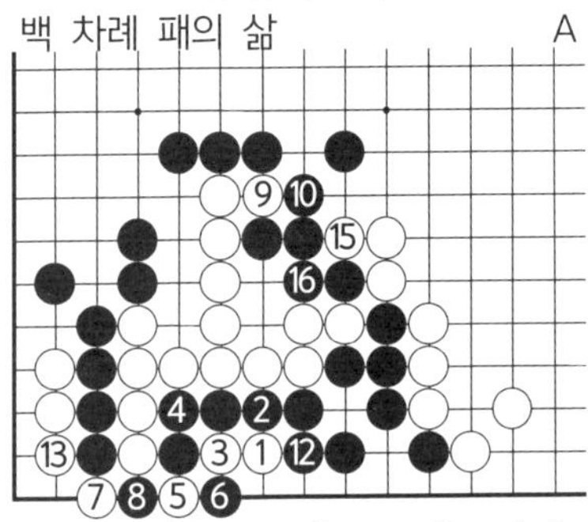

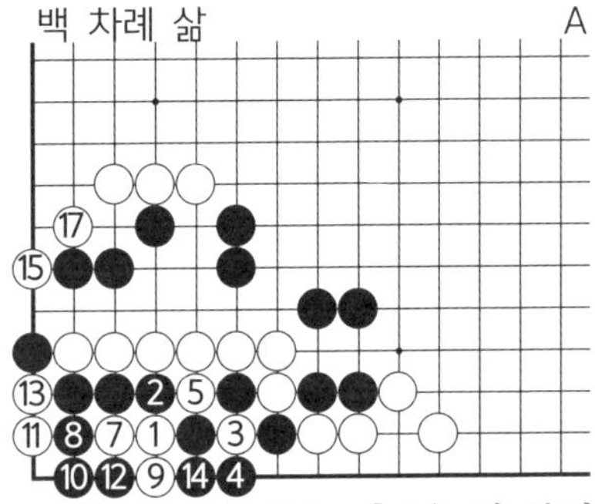

정해 〈369〉

백1, 3이 급소. 흑4는 백5 이하
17까지 패로 삶. ⑪⑰→⑤, ⓮→❽

정해 〈370〉

백1, 3, 5가 묘수. 흑6은 백7부터
17까지 건너서 삶. ❻→③, ⑯→①

호구로 사는 맥

50문제

호구로 사는 맥

이것을 간략하게 줄여 두 집의 삶이라고 합니다.
삶의 모양은 이 두 집의 삶과 다음에 나오는 넓은 집의 삶으로 두 가지로 구별할 수 있지만, 사활묘수 풀이를 분류해 보면 큰 집의 삶보다 두 집의 삶이 단연 많습니다. 즉 호구로 두는 것이 빨리 사는 모양을 만들 수 있는 결론에 도달한 것입니다. 실전에서 돌의 모양을 호구로 두는 것도 빨리 사는 모양으로 만들 수 있기 때문입니다.

다음 그림에서 백1로 호구로 두는 것이 곧, 두 집의 삶이 됩니다.

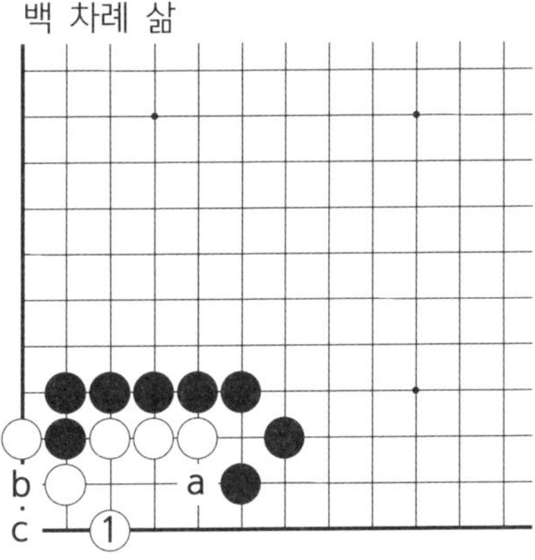

이 백1을 a로 두어 집을 넓혀서 살려고 하면 흑b, 백c, 흑1로 두어 백이 죽어버리므로 당연히 1이 맥점입니다.

문제 〈371〉

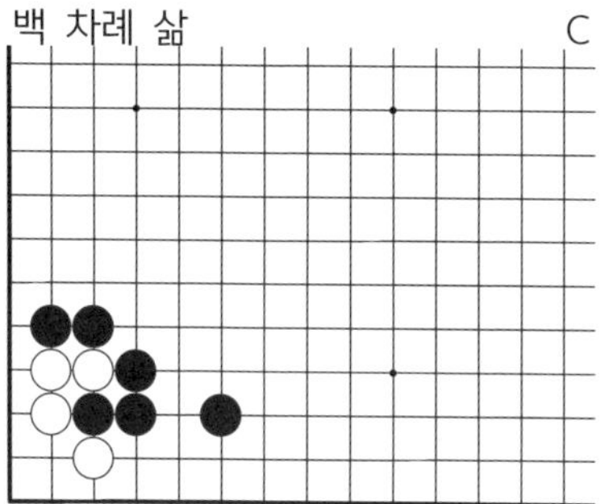

문제 〈372〉

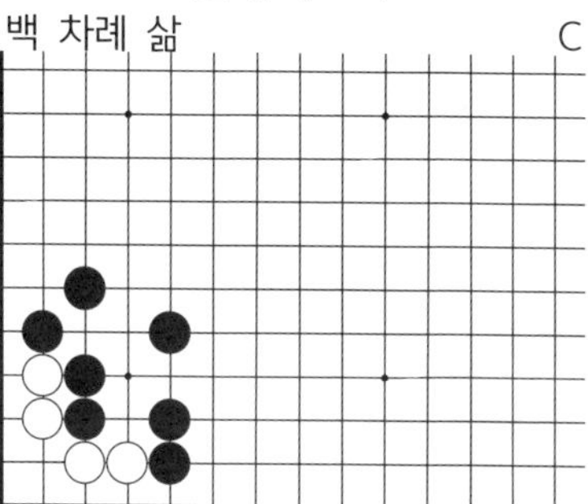

문제 〈373〉

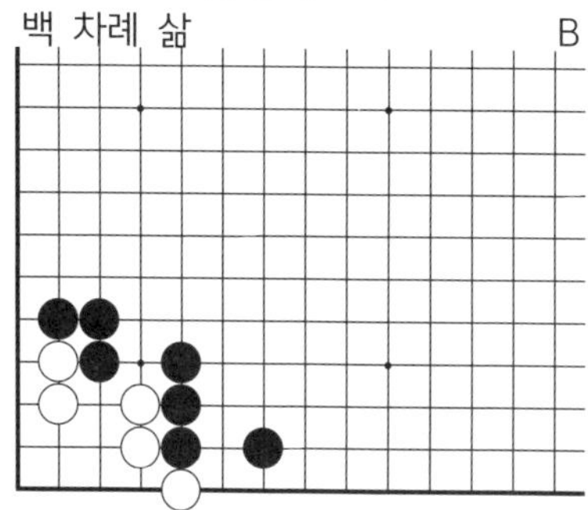

문제 〈374〉

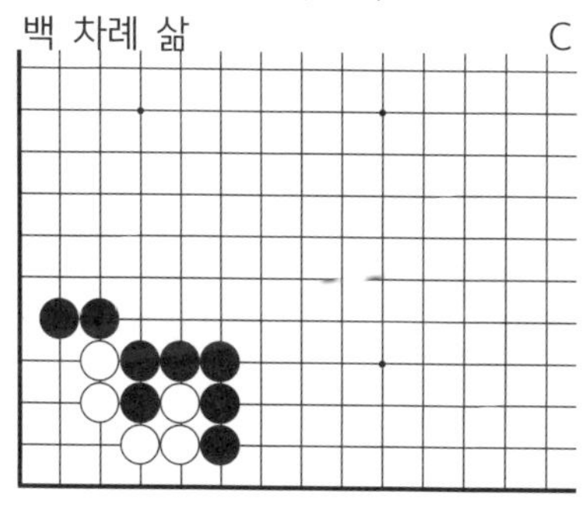

문제 〈375〉

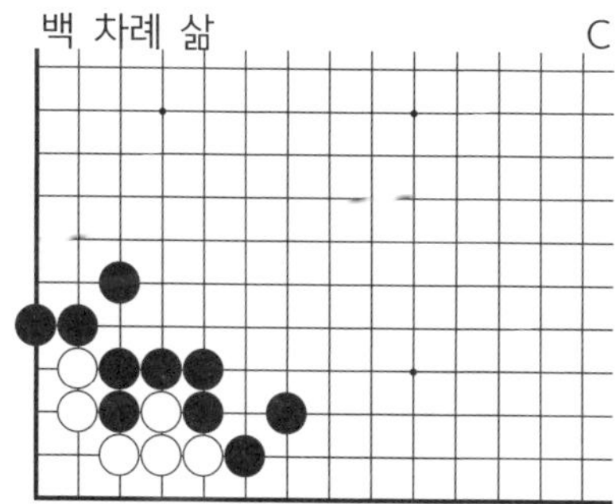

정해 〈371〉

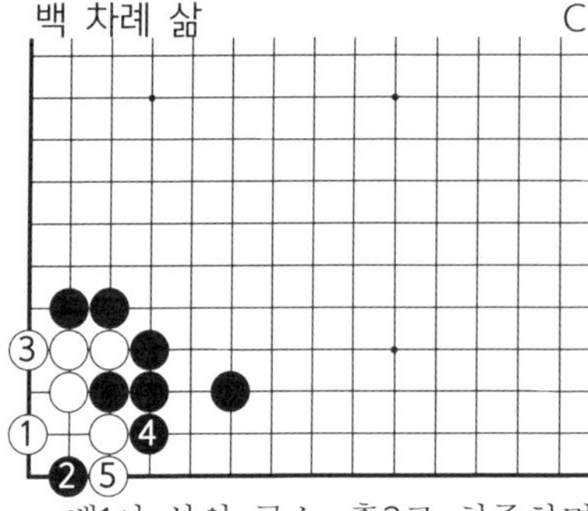

백1이 삶의 급소. 흑2로 치중하면
백3, 5로 삶.

정해 〈372〉

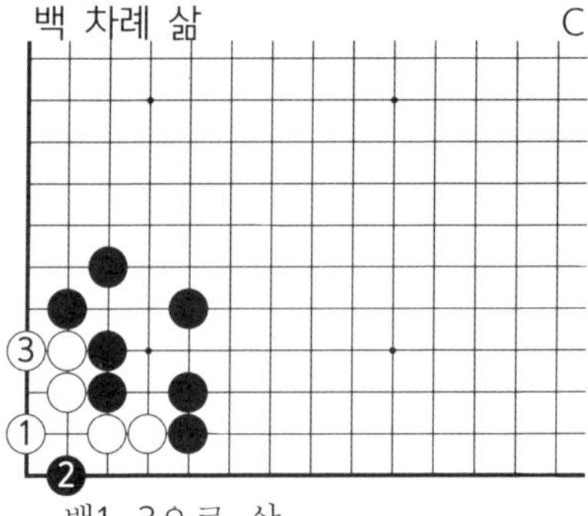

백1, 3으로 삶.

정해 〈373〉

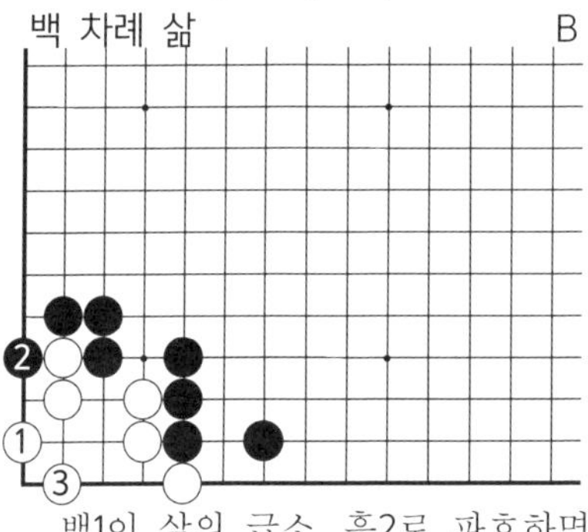

백1이 삶의 급소. 흑2로 파호하면
백3으로 삶.

변화 〈373〉

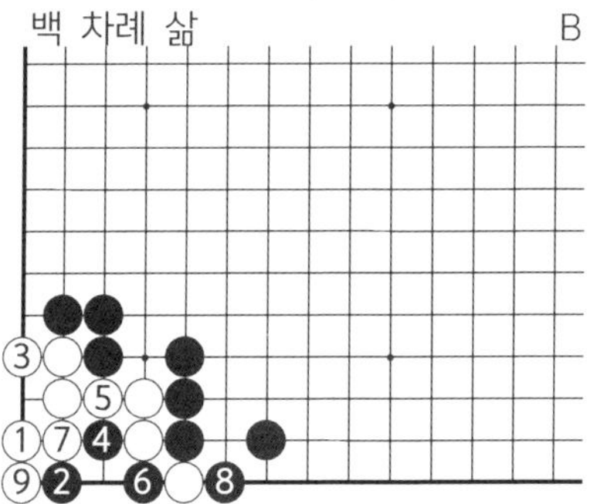

백1 때 흑2로 치중하면 백3부터
9까지 촉촉수로 삶.

정해 〈374〉

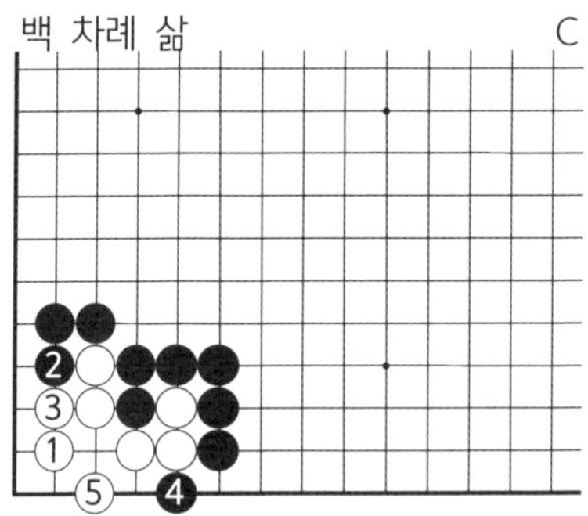

백1이 삶의 급소. 흑2는 백3, 5로
삶.

정해 〈375〉

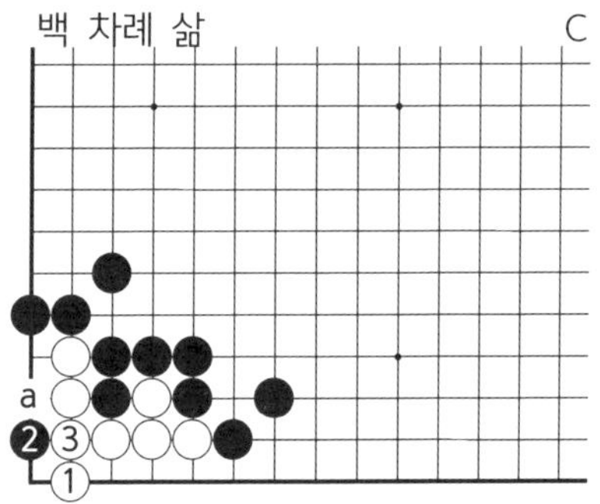

백1이 삶의 급소. 흑2의 치중은
백3으로 삶. 흑2로 a라면 백2로 삶.

문제 〈376〉

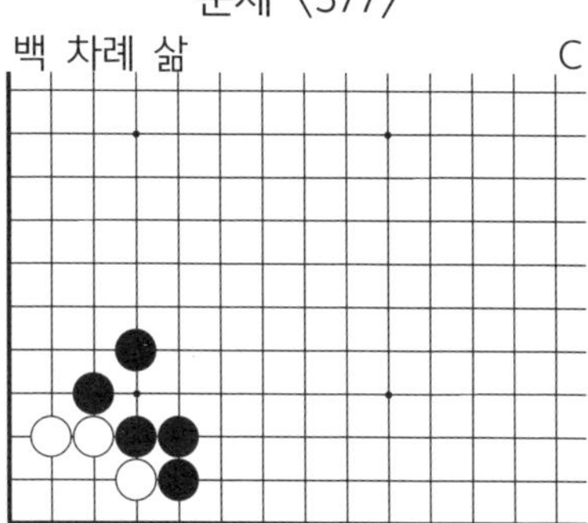

문제 〈377〉

문제 〈378〉

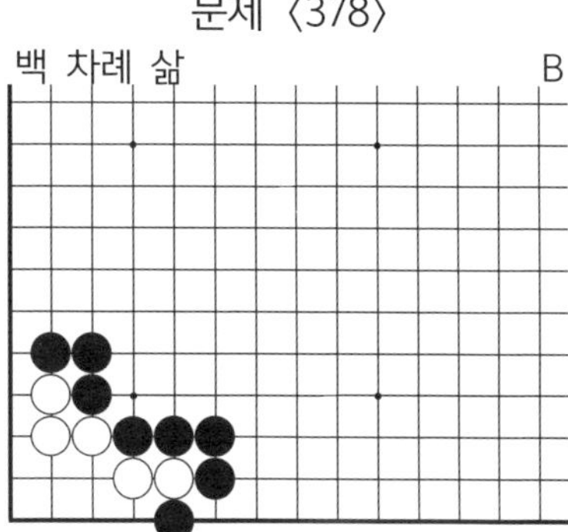

문제 〈379〉

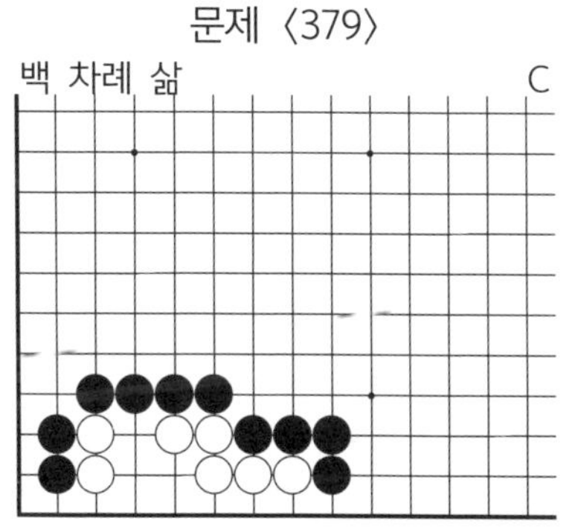

문제 〈380〉

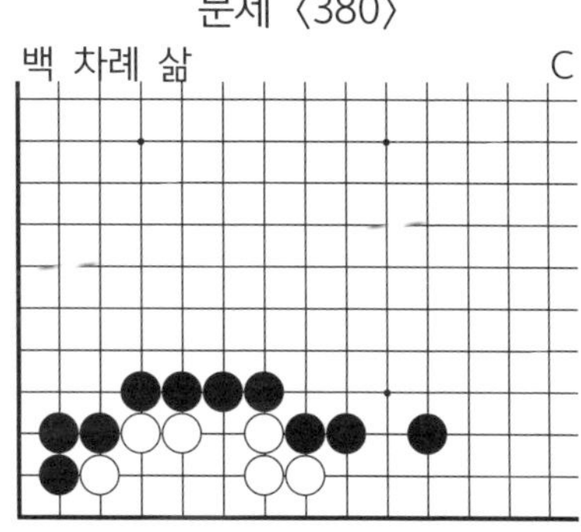

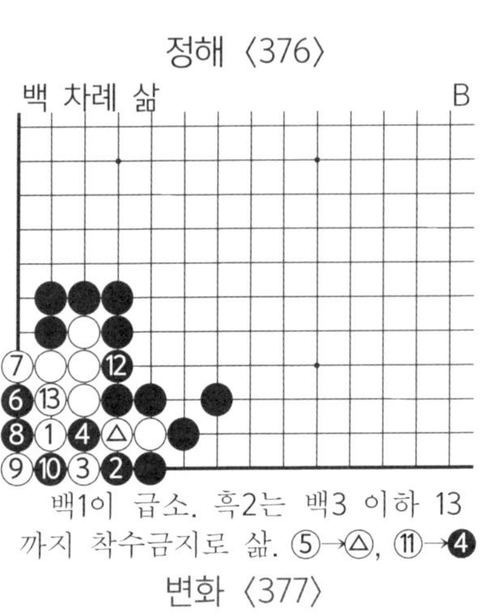

정해 〈376〉

백 차례 삶　　　　　　　　　B

백1이 급소. 흑2는 백3 이하 13
까지 착수금지로 삶. ⑤→△, ⑪→❹

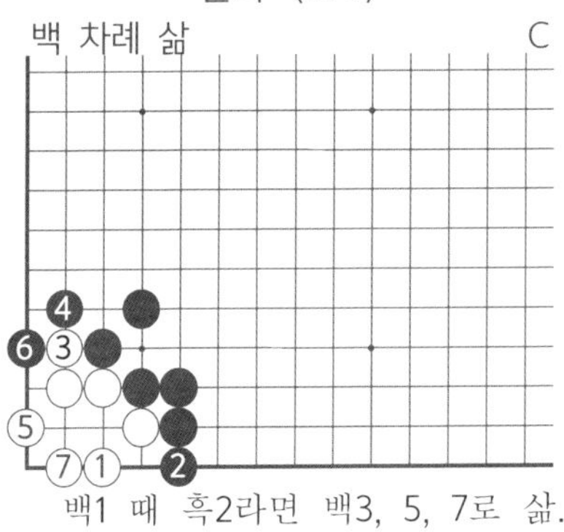

변화 〈377〉

백 차례 삶　　　　　　　　　C

백1 때 흑2라면 백3, 5, 7로 삶.

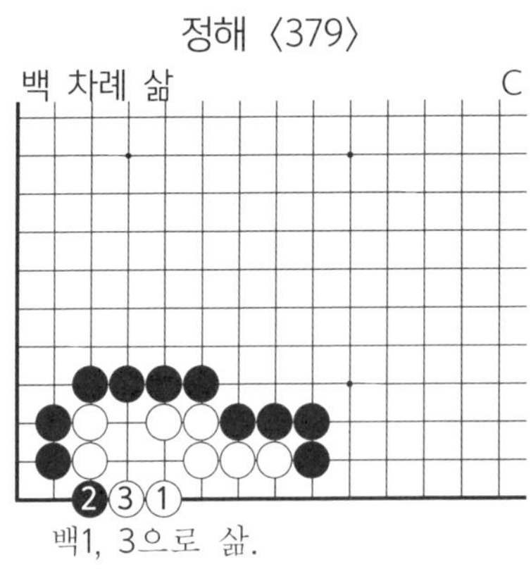

정해 〈379〉

백 차례 삶　　　　　　　　　C

백1, 3으로 삶.

정해 〈377〉

백 차례 삶　　　　　　　　　C

백1이 급소. 흑2의 치중은 백3
부터 7까지 착수금지로 삶.

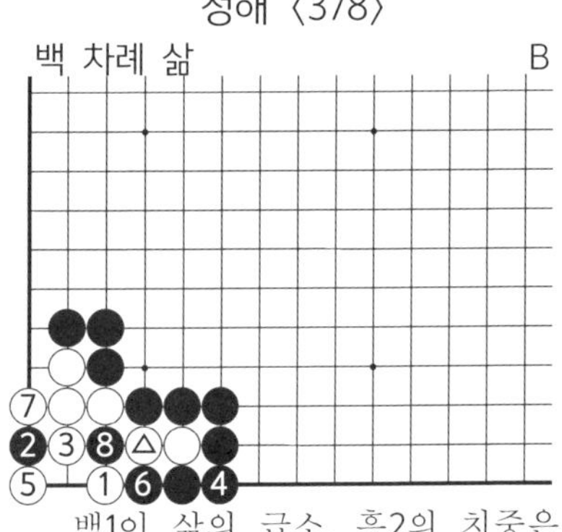

정해 〈378〉

백 차례 삶　　　　　　　　　B

백1이 삶의 급소. 흑2의 치중은
백3부터 9까지 삶. ⑨→△

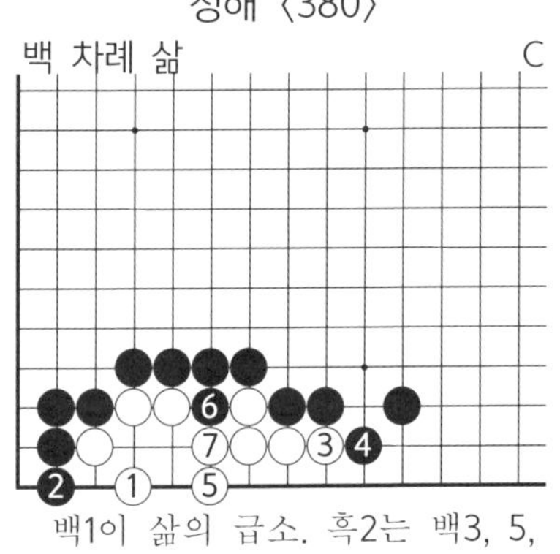

정해 〈380〉

백 차례 삶　　　　　　　　　C

백1이 삶의 급소. 흑2는 백3, 5,
7로 삶.

문제 〈381〉

백 차례 삶   C

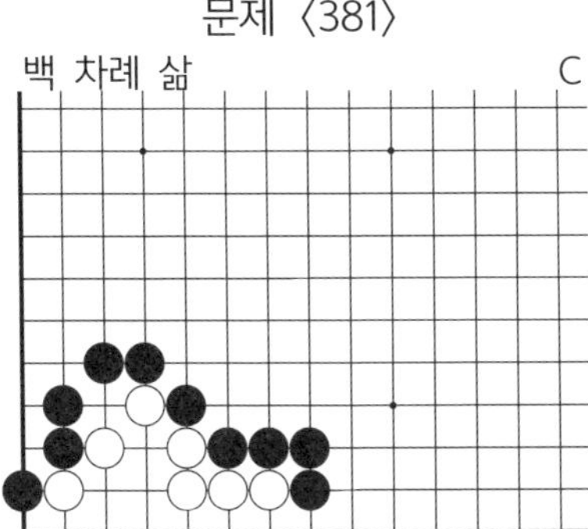

문제 〈382〉

백 차례 삶   C

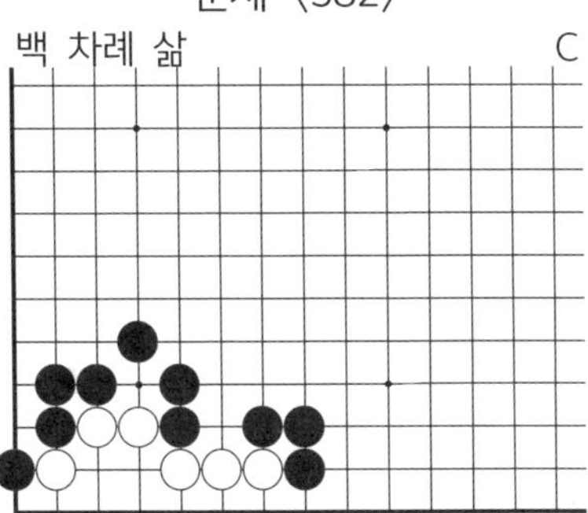

문제 〈383〉

백 차례 삶   C

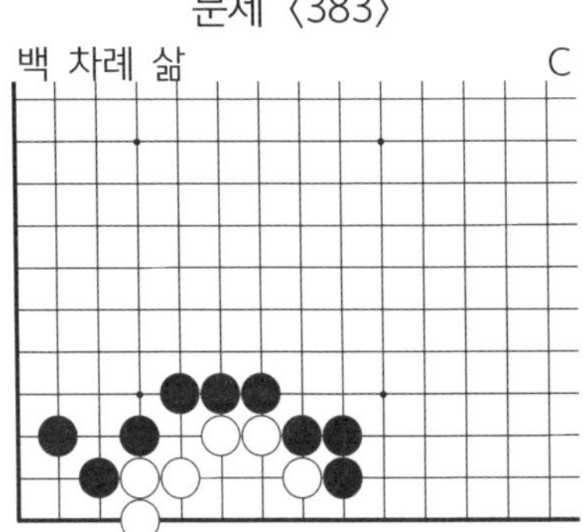

문제 〈384〉

백 차례 삶   C

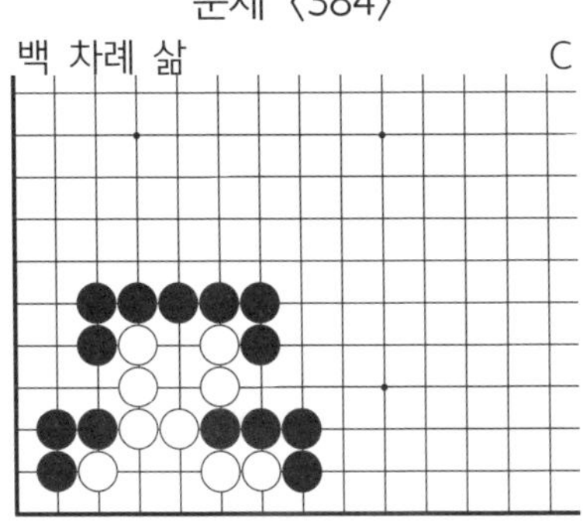

문제 〈385〉

백 차례 삶   C

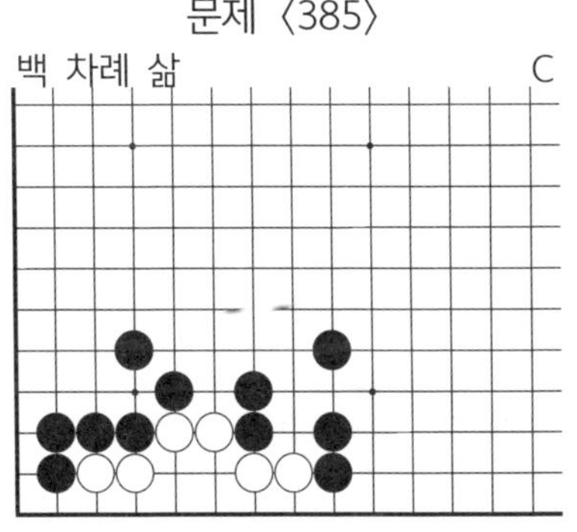

문제 〈386〉

백 차례 삶   C

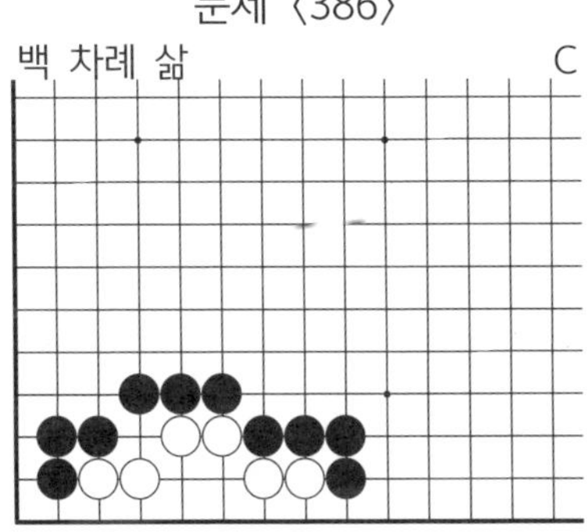

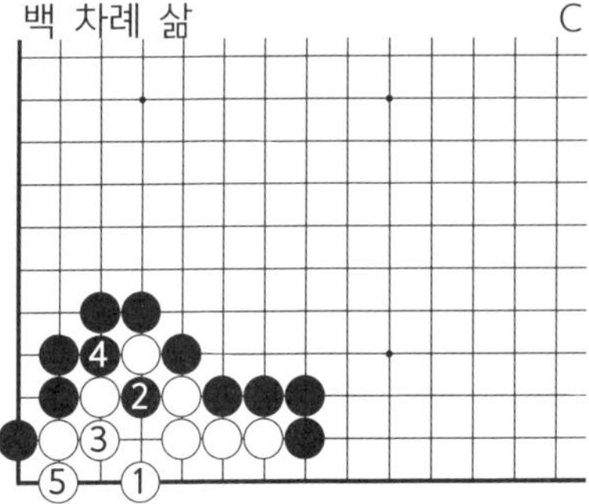

정해 〈381〉

백 차례 삶   C

백1이 삶의 급소. 흑2로 먹여치면 응수하지 않고 백3, 5로 삶.

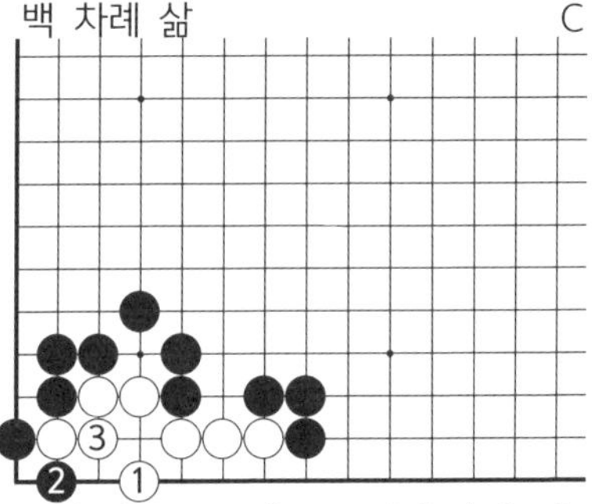

정해 〈382〉

백 차례 삶   C

백1이 급소. 흑2로 단수치면 백3으로 삶.

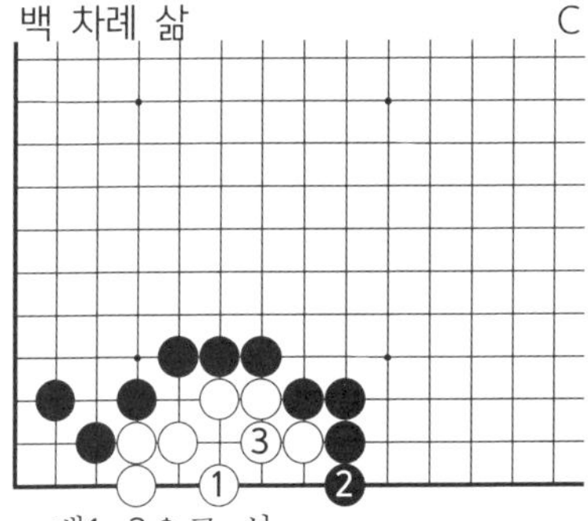

정해 〈383〉

백 차례 삶   C

백1, 3으로 삶.

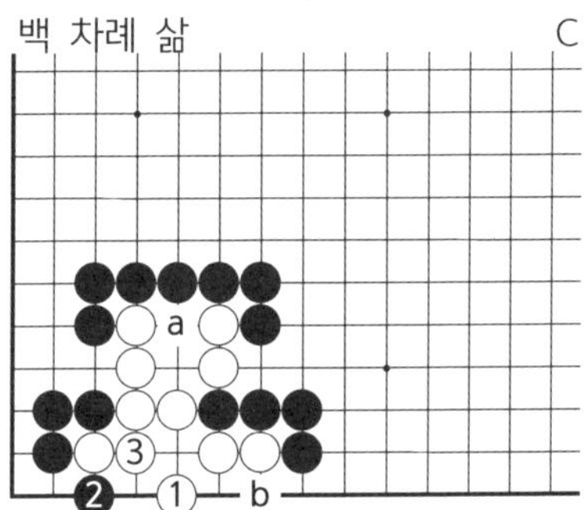

정해 〈384〉

백 차례 삶   C

백1이 급소. 흑2로 단수치면 백3으로 다음에 a와 b가 맞보기로 삶.

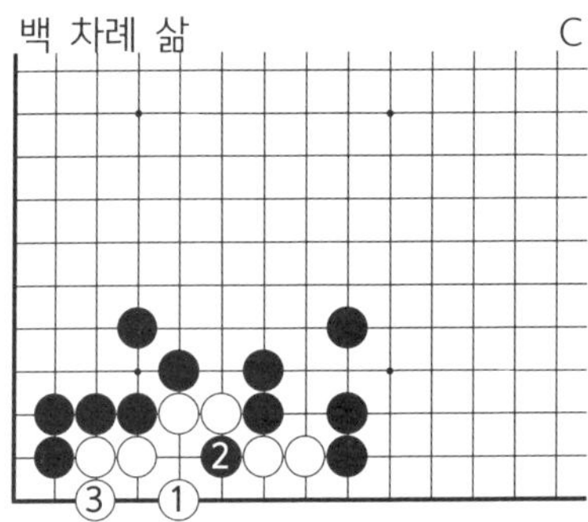

정해 〈385〉

백 차례 삶   C

백1이 삶의 급소. 흑2로 잡으러 오면 백3으로 삶.

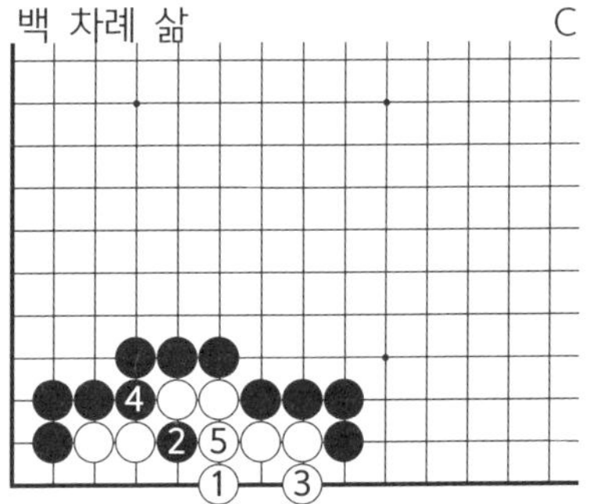

정해 〈386〉

백 차례 삶   C

백1이 삶의 급소. 흑2는 백3, 5로 삶.

문제 〈387〉

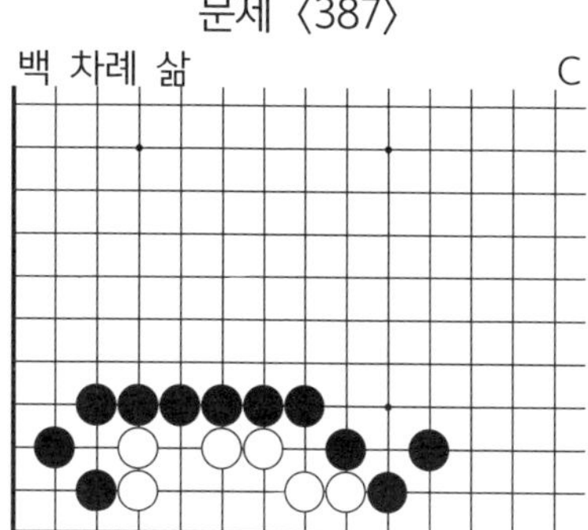

문제 〈388〉

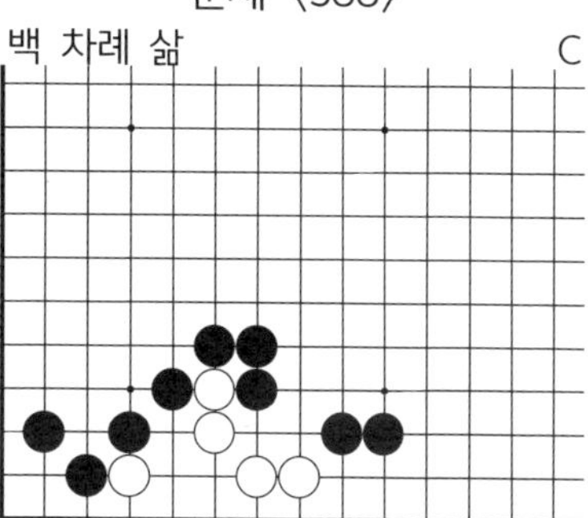

문제 〈389〉

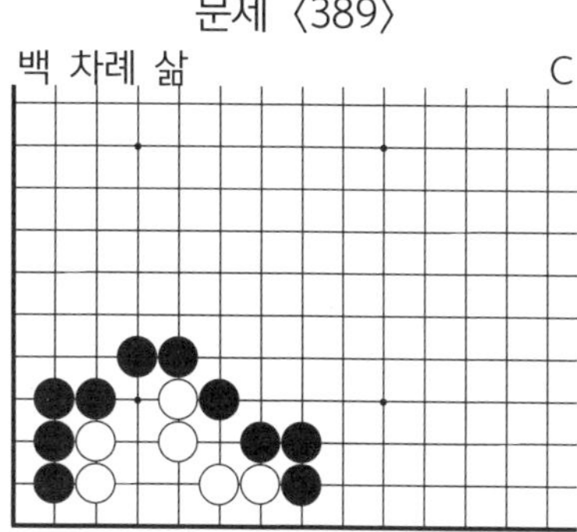

문제 〈390〉

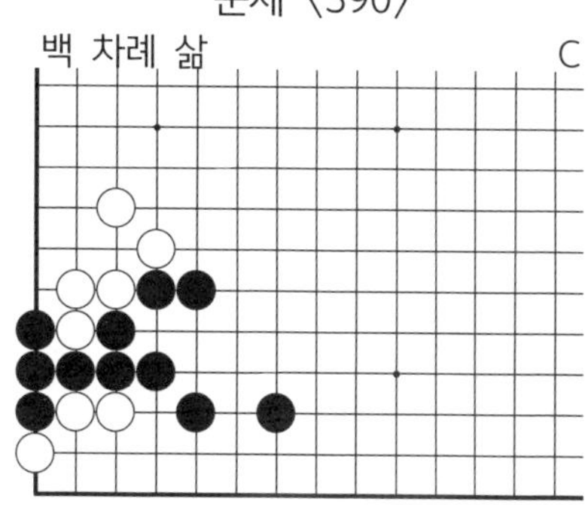

문제 〈391〉

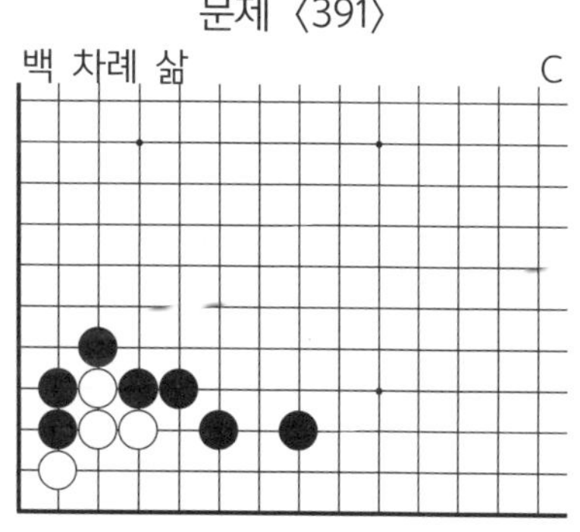

문제 〈392〉

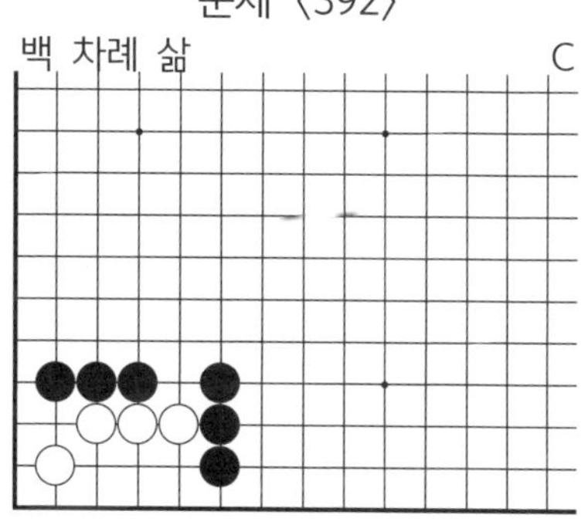

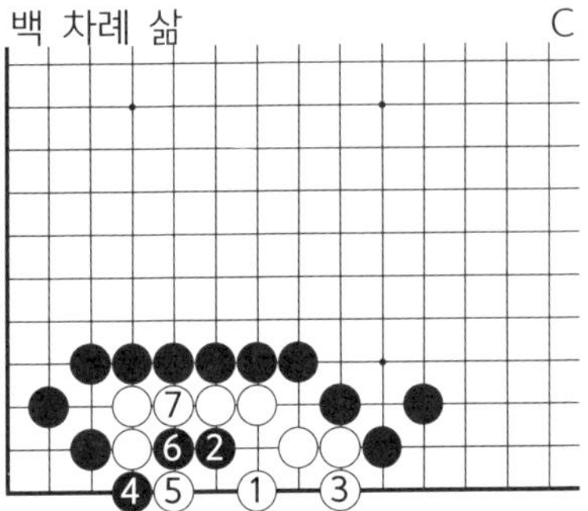

정해 〈387〉

백 차례 삶   C

백1이 급소. 흑2, 4로 잡으러 오면 백5, 7로 촉촉수.

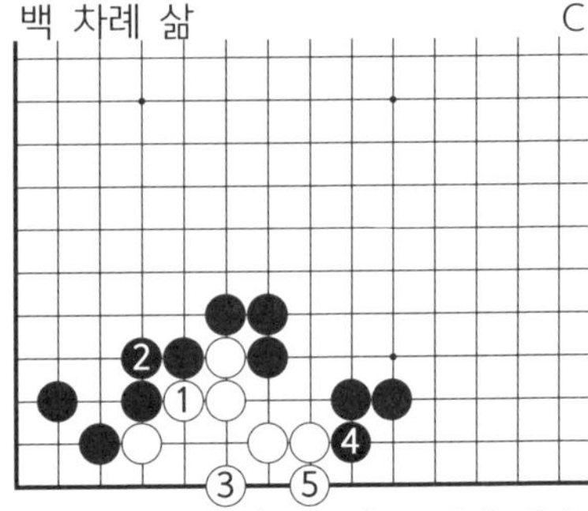

정해 〈388〉

백 차례 삶   C

백1을 선수하고 3의 호구가 급소. 흑4로 막으면 백5로 삶.

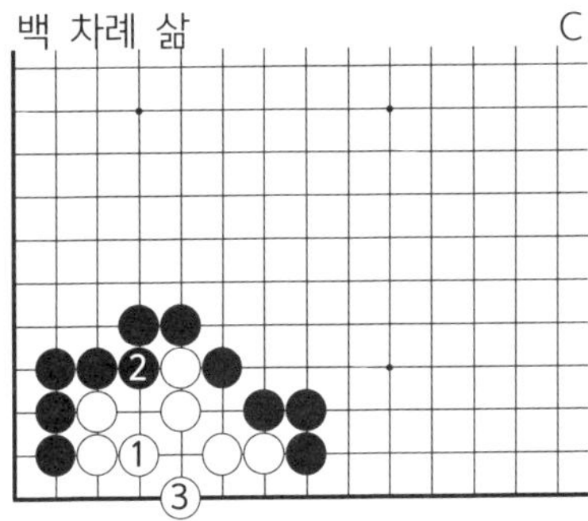

정해 〈389〉

백 차례 삶   C

백1, 3으로 삶.

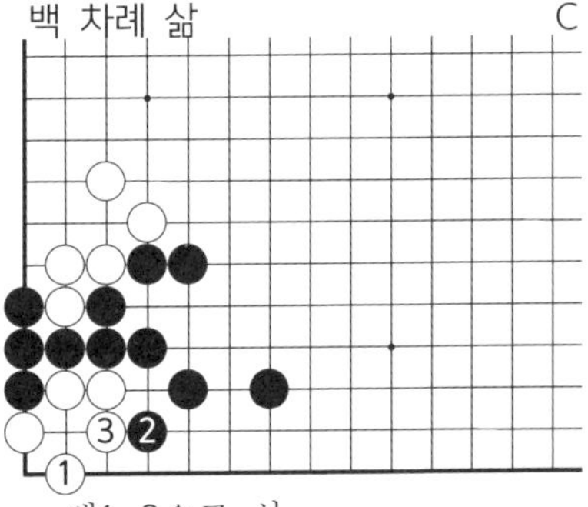

정해 〈390〉

백 차례 삶   C

백1, 3으로 삶.

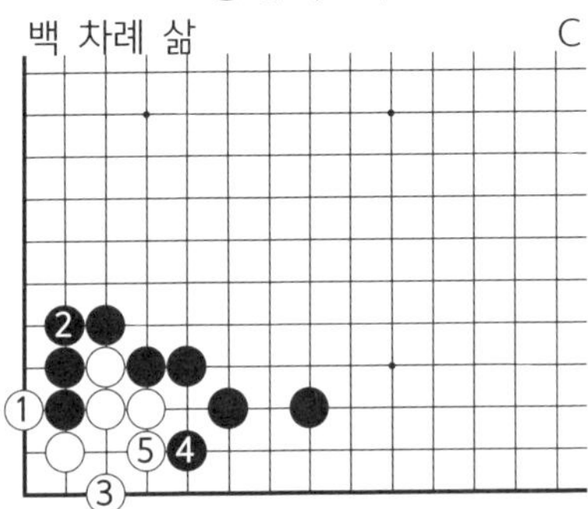

정해 〈391〉

백 차례 삶   C

백1을 선수하고 3의 호구가 급소. 흑4는 백5로 삶.

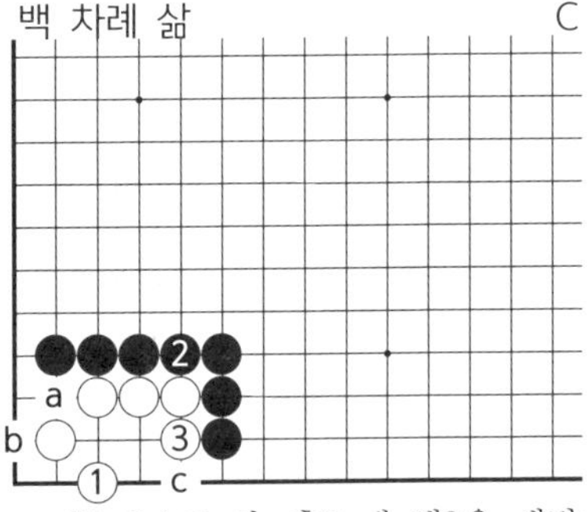

정해 〈392〉

백 차례 삶   C

백1, 3으로 삶. 흑2 때 백3을 생략하면 흑a, 백b, 흑c로 백 죽음.

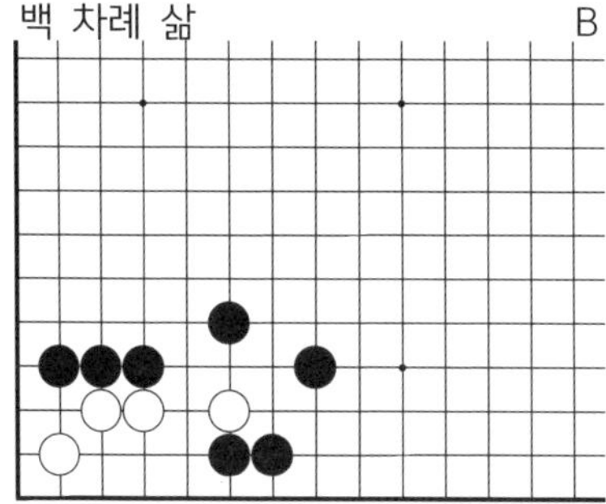

문제 〈393〉

백 차례 삶　　　　　　　　　　B

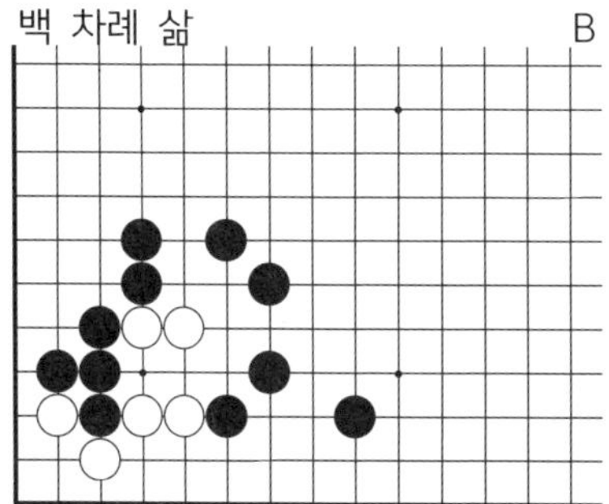

문제 〈394〉

백 차례 삶　　　　　　　　　　B

버림돌을 활용.

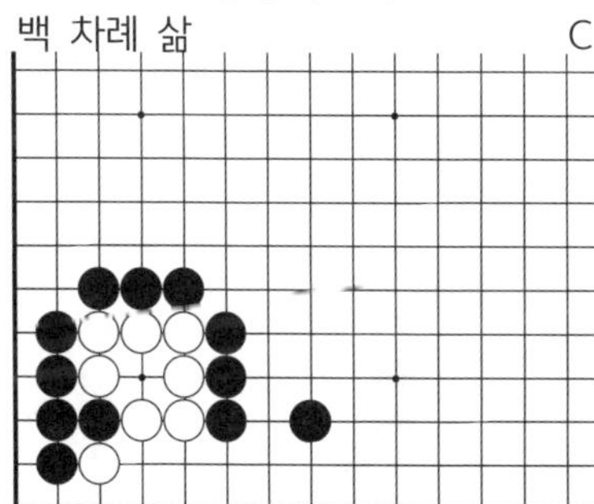

문제 〈395〉

백 차례 삶　　　　　　　　　　C

정해 〈393〉

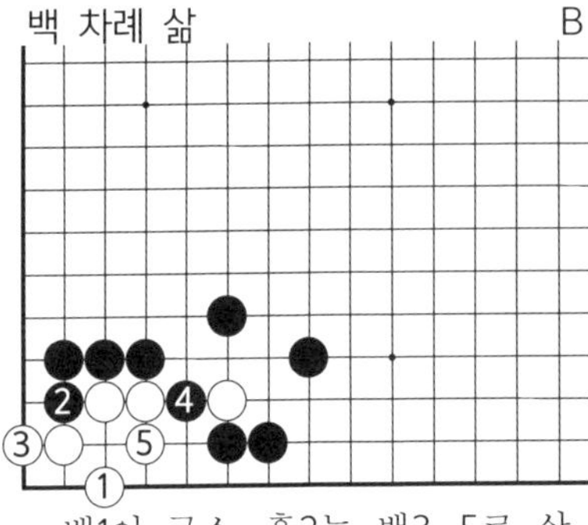

백 차례 삶 B

백1이 급소. 흑2는 백3, 5로 삶.

변화 〈393〉

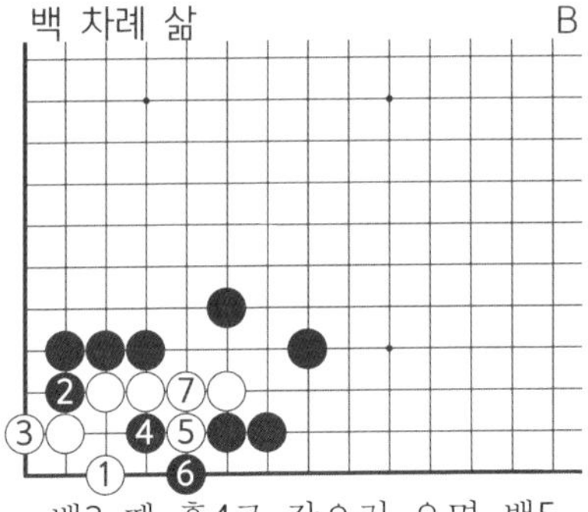

백 차례 삶 B

백3 때 흑4로 잡으러 오면 백5, 7로 그만.

정해 〈394〉

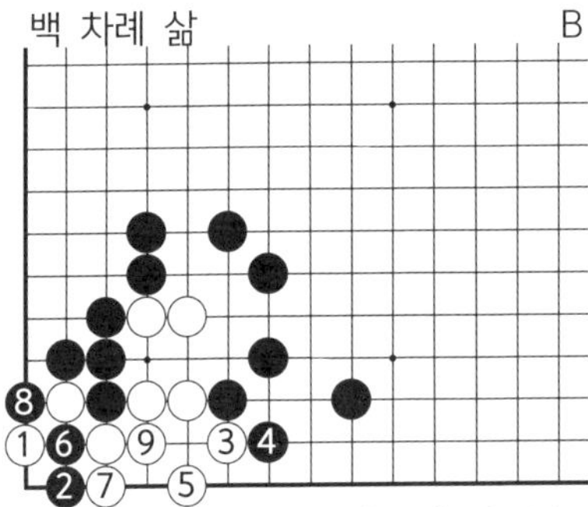

백 차례 삶 B

백1이 삶의 급소. 흑2의 치중은 백3 이하 9까지 삶.

정해 〈395〉

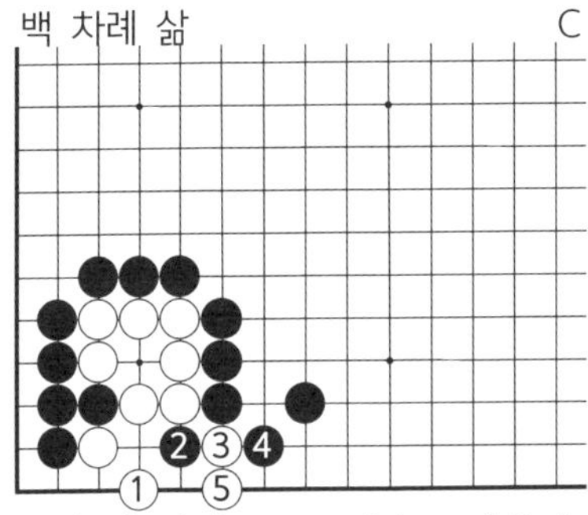

백 차례 삶 C

백1이 삶의 급소. 흑2로 젖히면 백3, 5로 삶.

변화 〈395〉

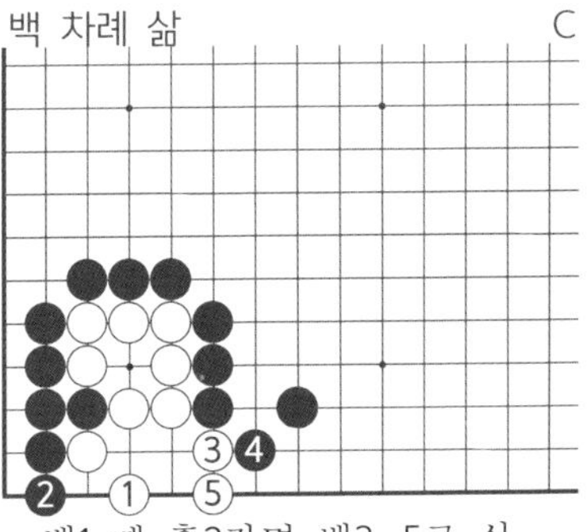

백 차례 삶 C

백1 때 흑2라면 백3, 5로 삶.

문제 〈396〉

백 차례 삶 B

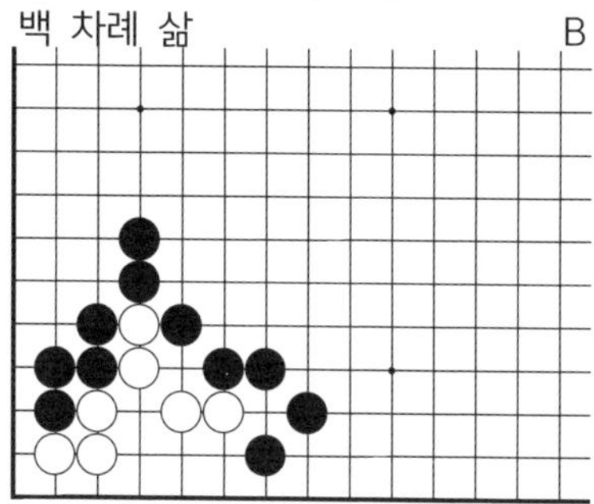

문제 〈397〉

백 차례 삶 C

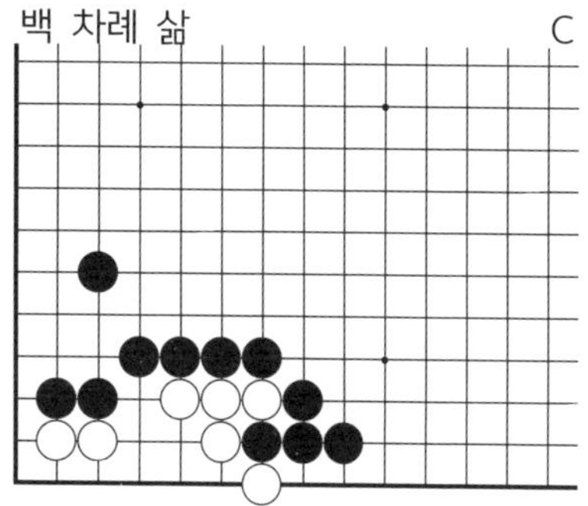

문제 〈398〉

백 차례 패 A

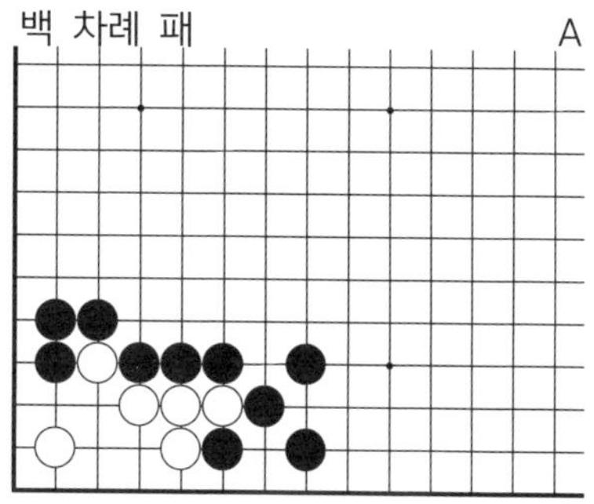

문제 〈399〉

백 차례 삶 B

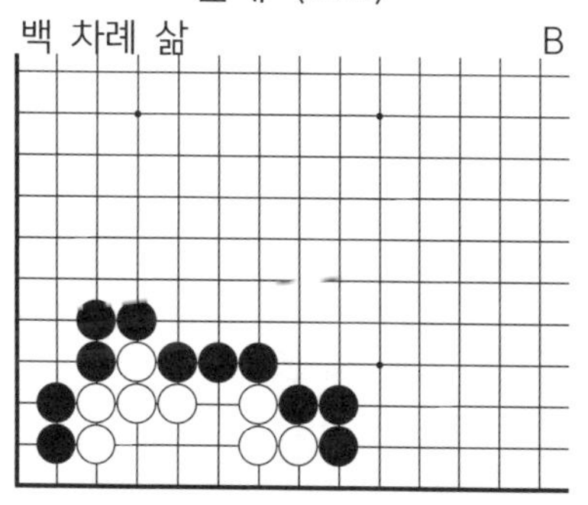

문제 〈400〉

백 차례 삶 A

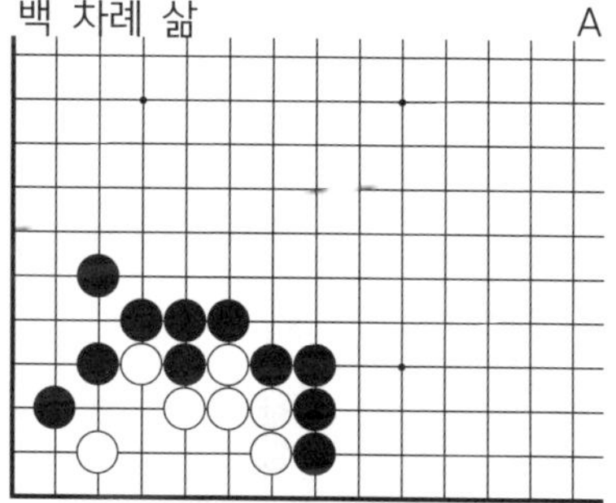

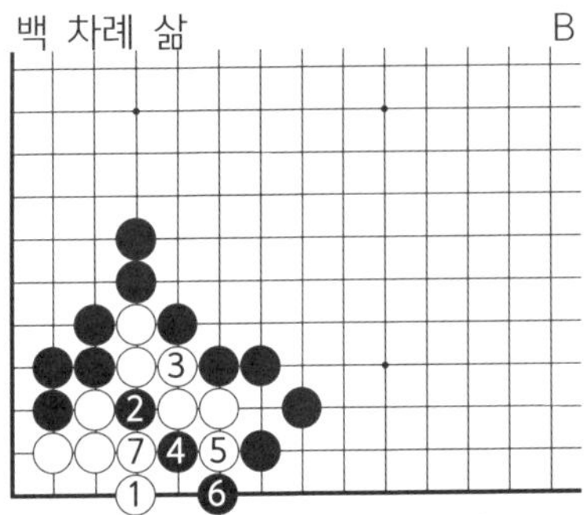

정해 〈396〉

백 차례 삶   B

백1이 삶의 급소. 흑2는 백3, 5,
7로 삶.

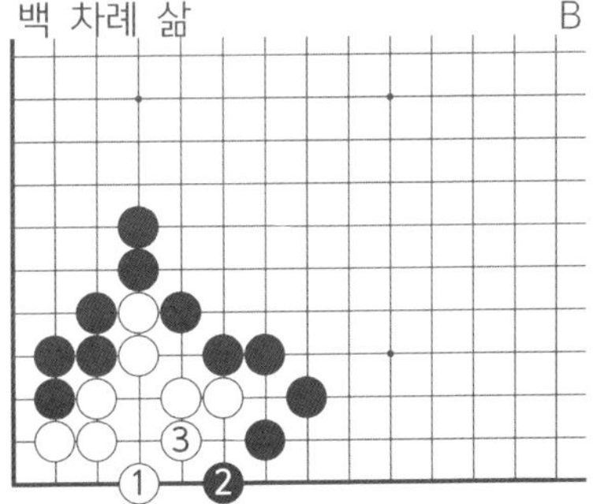

변화 〈396〉

백 차례 삶   B

백1 때 흑2라면 백3으로 삶.

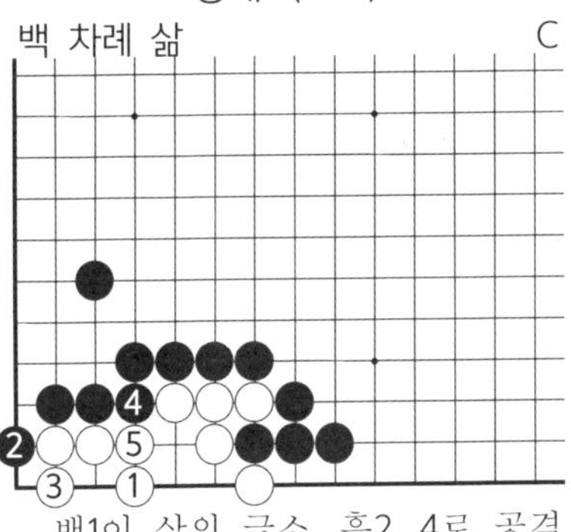

정해 〈397〉

백 차례 삶   C

백1이 삶의 급소. 흑2, 4로 공격
하면 백3, 5로 삶.

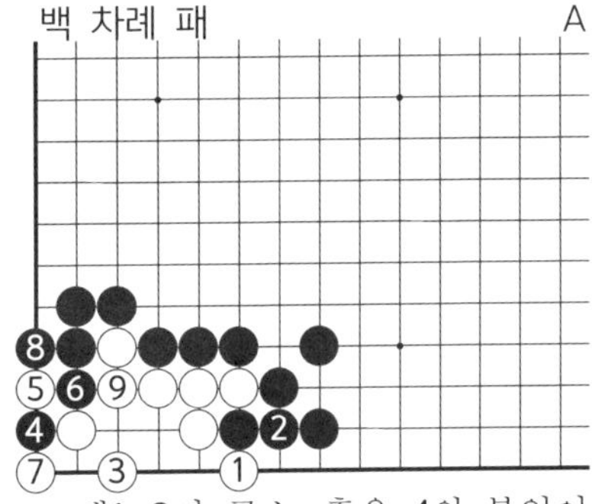

정해 〈398〉

백 차례 패   A

백1, 3이 급소. 흑은 4의 붙임이
최선으로 이하 10까지 패. ❿→➍

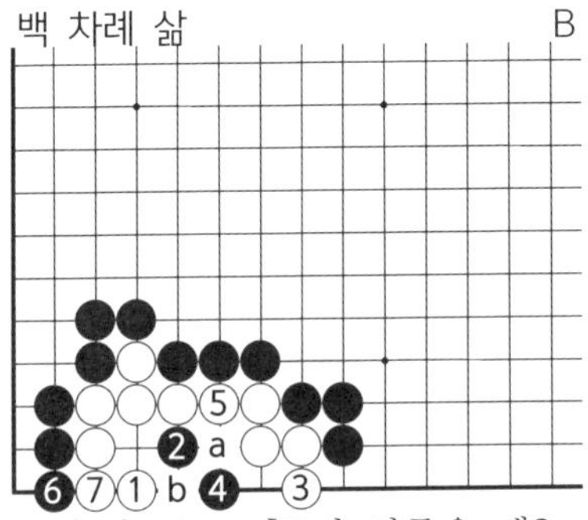

정해 〈399〉

백 차례 삶   B

백1이 급소. 흑2의 치중은 백3,
5, 7로 a, b가 맞보기로 빅의 삶.

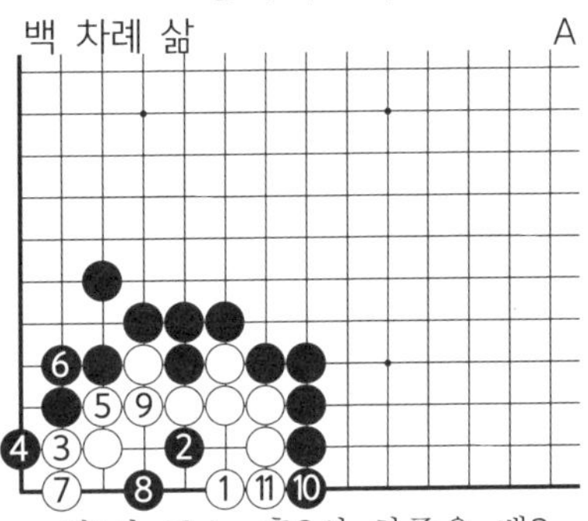

정해 〈400〉

백 차례 삶   A

백1이 급소. 흑2의 치중은 백3
이하 11까지 빅으로 삶.

문제 〈401〉

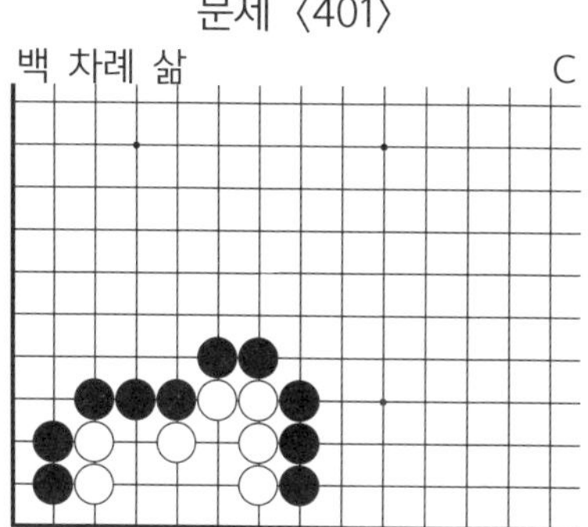

문제 〈402〉

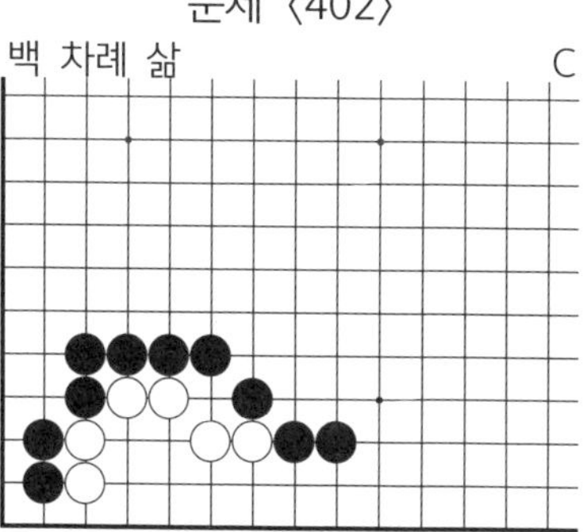

문제 〈403〉

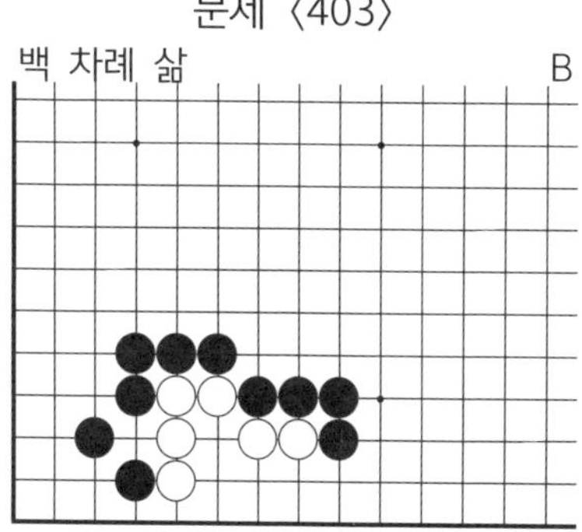

문제 〈404〉

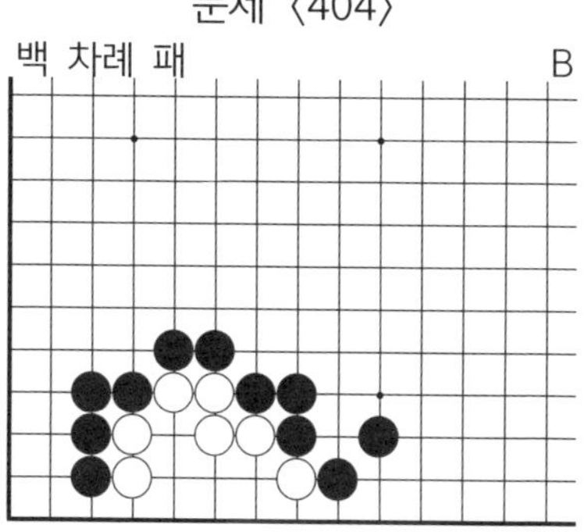

문제 〈405〉

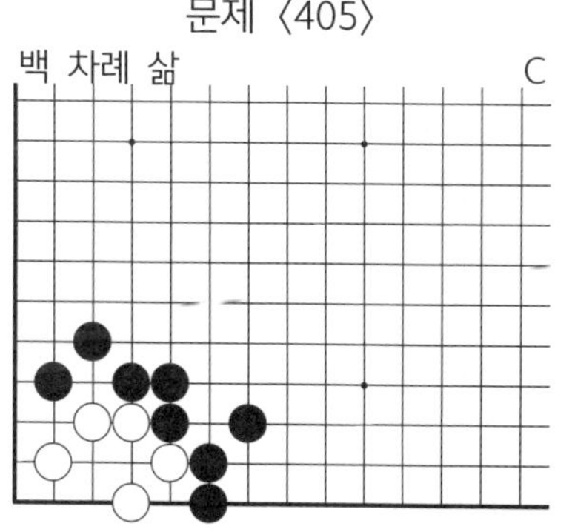

문제 〈406〉

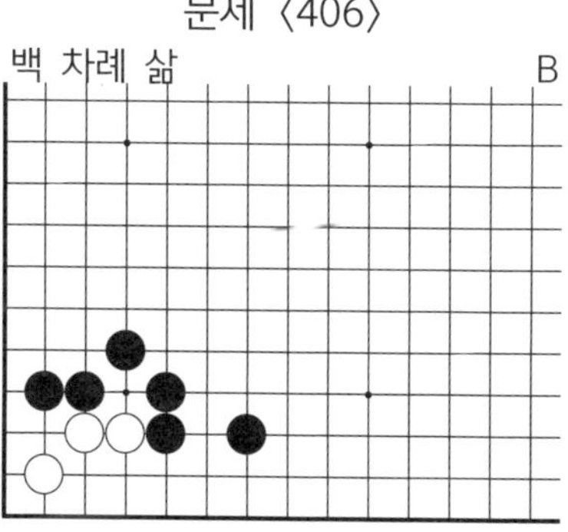

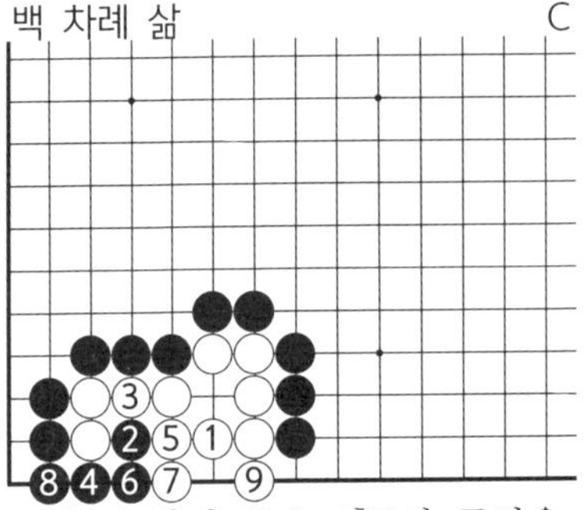

정해 〈401〉

백 차례 삶   C

백1이 삶의 급소. 흑2의 공격은 백3 이하 9까지 삶.

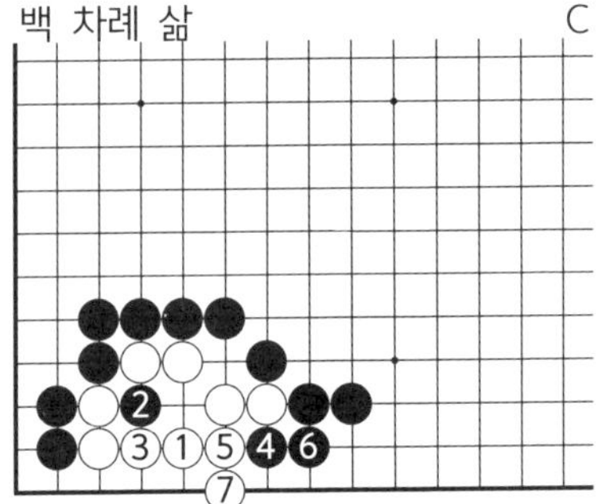

정해 〈402〉

백 차례 삶   C

백1이 급소. 흑2의 끊음은 백3, 5, 7로 삶.

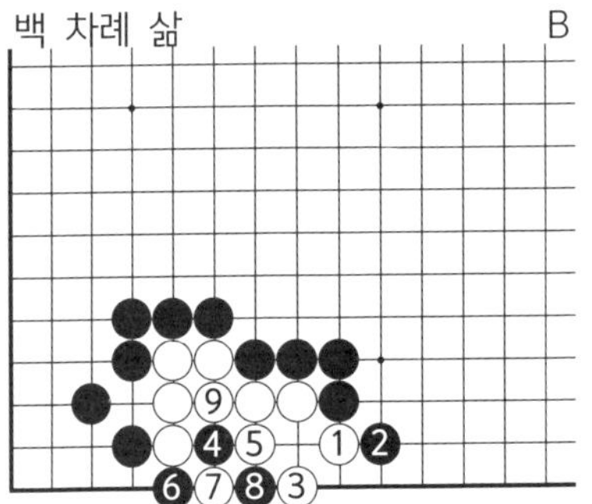

정해 〈403〉

백 차례 삶   B

백1, 3이 사는 맥점. 흑4로 잡자고 하면 백5, 7, 9로 촉촉수.

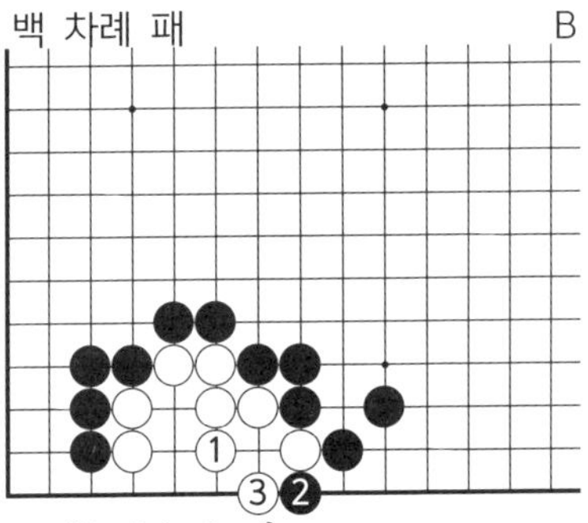

정해 〈404〉

백 차례 패   B

백1, 3으로 패.

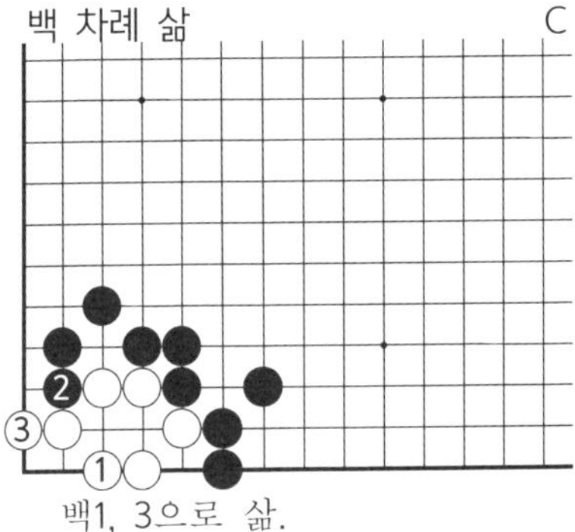

정해 〈405〉

백 차례 삶   C

백1, 3으로 삶.

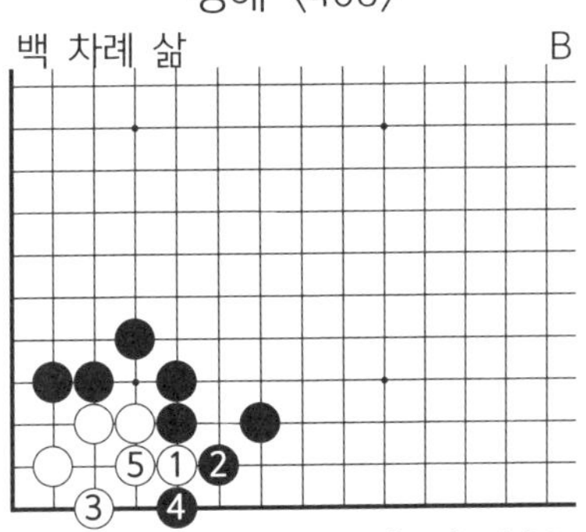

정해 〈406〉

백 차례 삶   B

백1, 3이 삶의 급소. 흑4의 단수는 백5로 삶.

문제 〈407〉

백 차례 삶

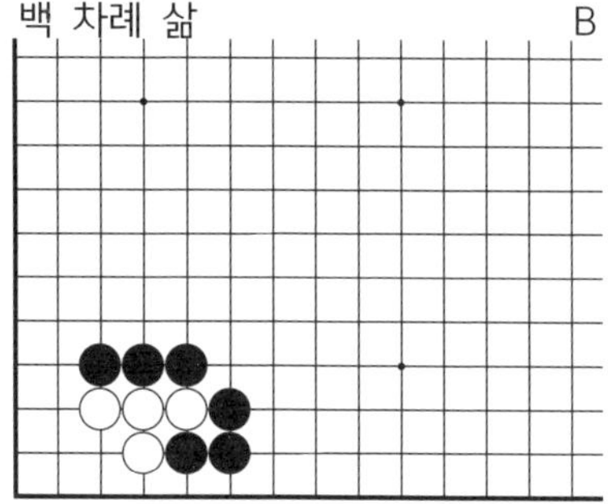

문제 〈408〉

백 차례 삶

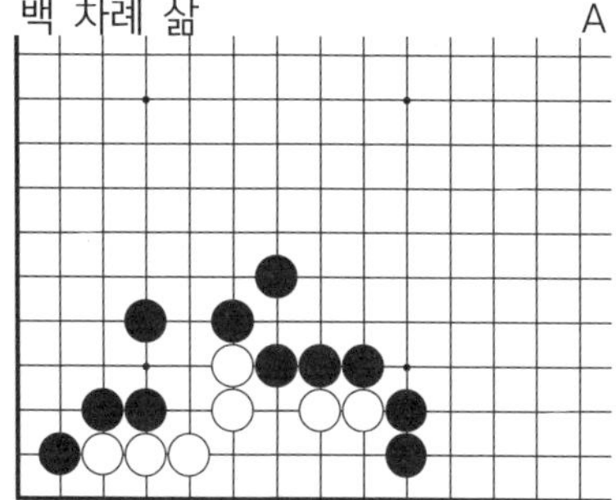

문제 〈409〉

백 차례 삶

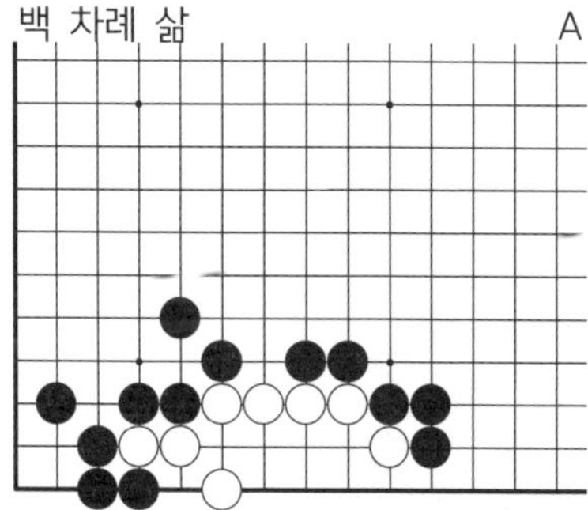

정해 〈407〉

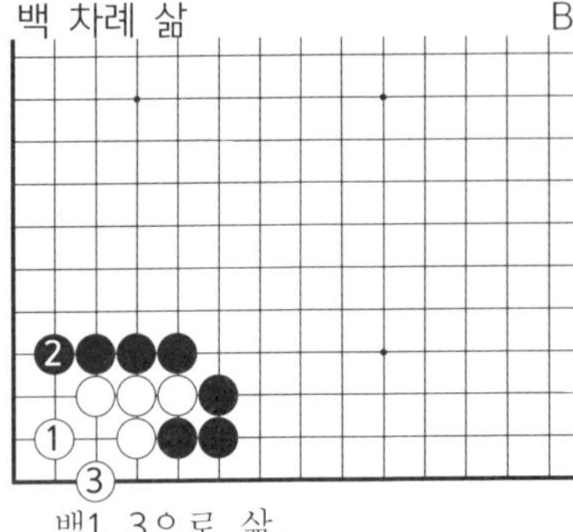

백1, 3으로 삶.

변화 〈407〉

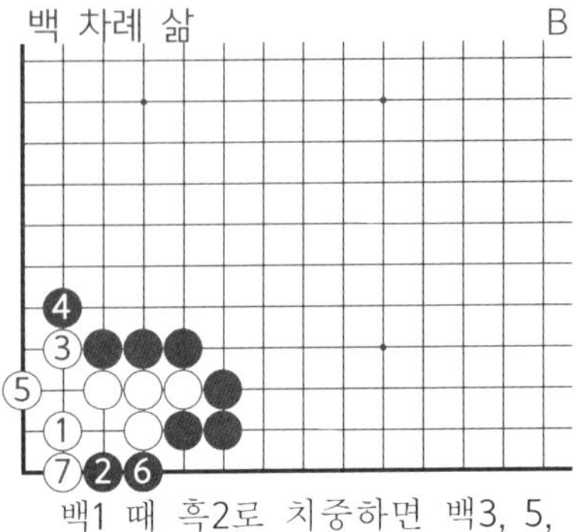

백1 때 흑2로 치중하면 백3, 5,
7로 삶.

정해 〈408〉

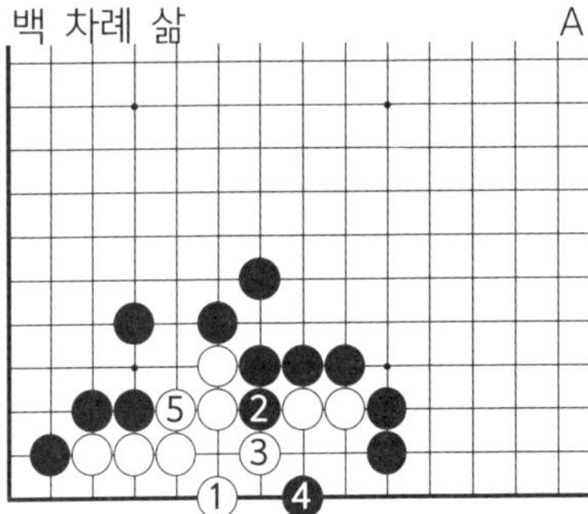

백1이 급소. 흑2는 백3, 5로 삶.

정해 〈409〉

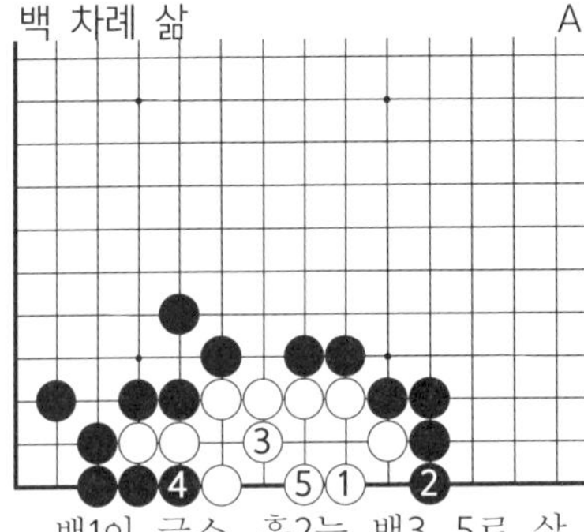

백1이 급소. 흑2는 백3, 5로 삶.

변화 〈409〉

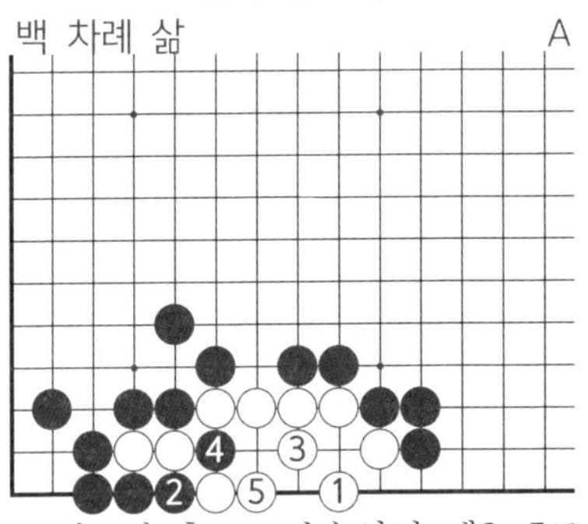

백1 때 흑2로 단수치면 백3, 5로
삶.

문제 〈410〉

백 차례 삶   A

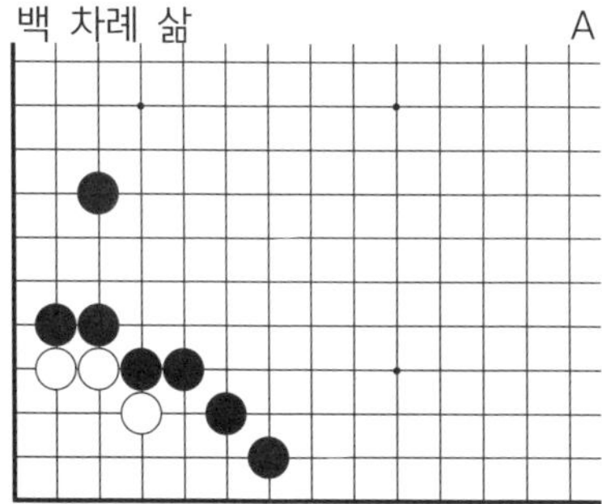

문제 〈411〉

백 차례 패   B

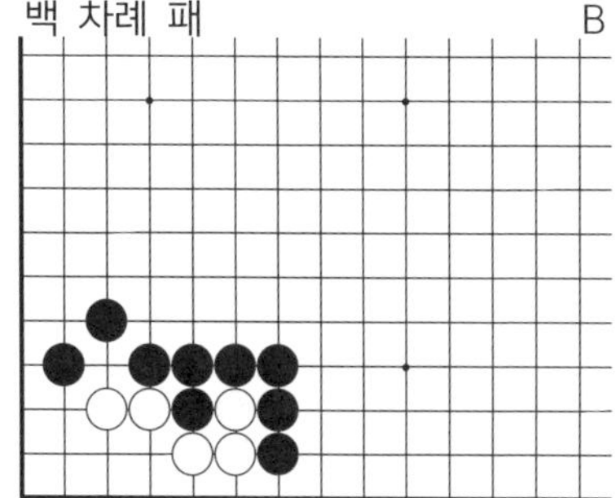

문제 〈412〉

백 차례 패   B

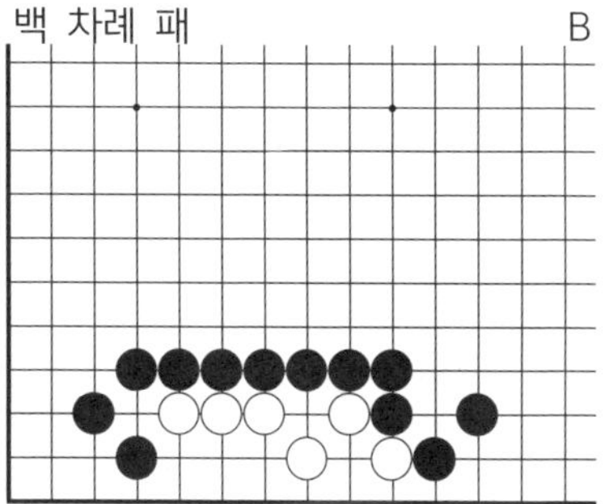

문제 〈413〉

백 차례 패   B

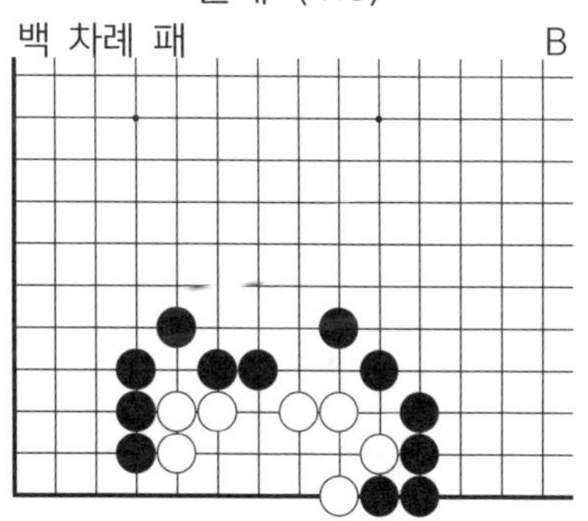

문제 〈414〉

백 차례 패   C

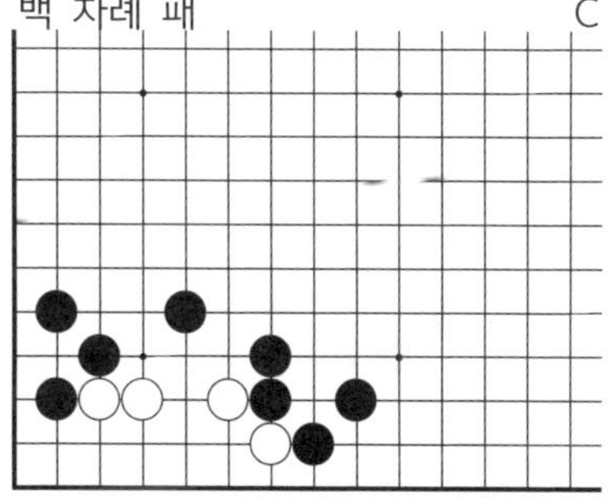

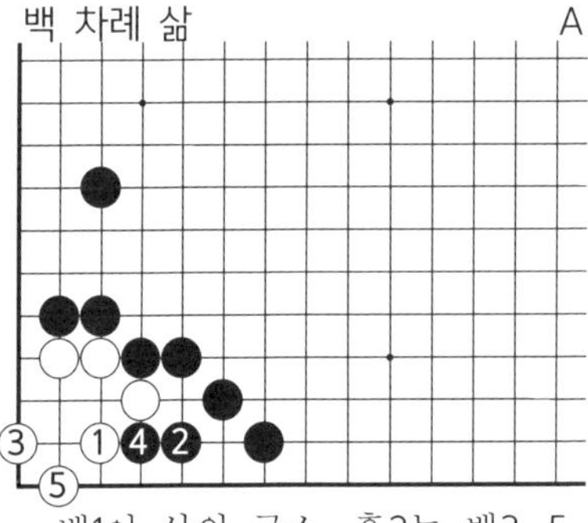

정해 〈410〉

백 차례 삶

A

백1이 삶의 급소. 흑2는 백3, 5
로 삶.

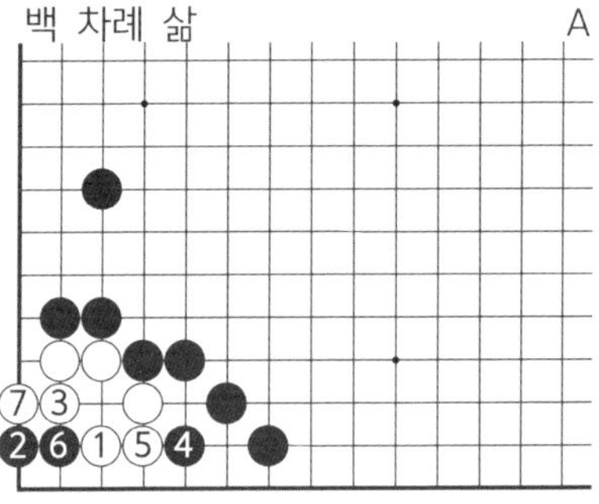

변화 〈410〉

백 차례 삶

A

백1 때 흑2로 치중하면 백3, 5,
7로 삶.

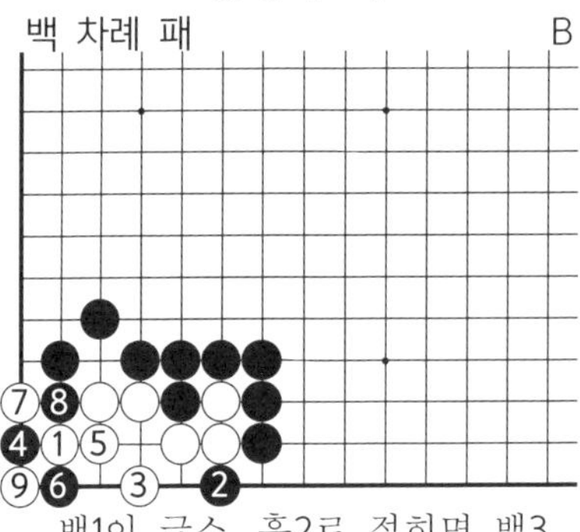

정해 〈411〉

백 차례 패

B

백1이 급소. 흑2로 젖히면 백3
이하 9까지 패.

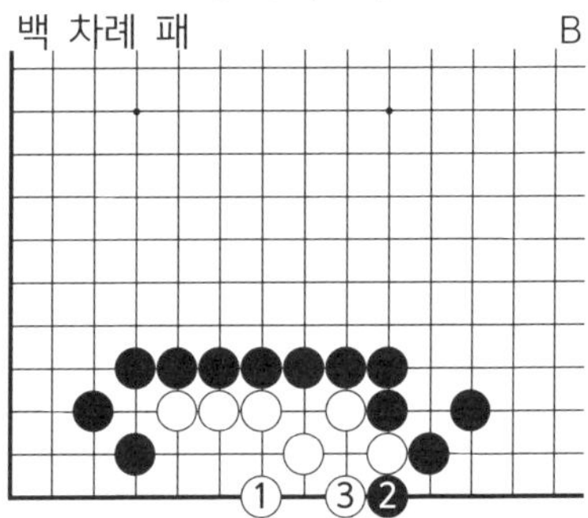

정해 〈412〉

백 차례 패

B

백1이 좋은 수. 흑2로 단수치면
백3으로 패.

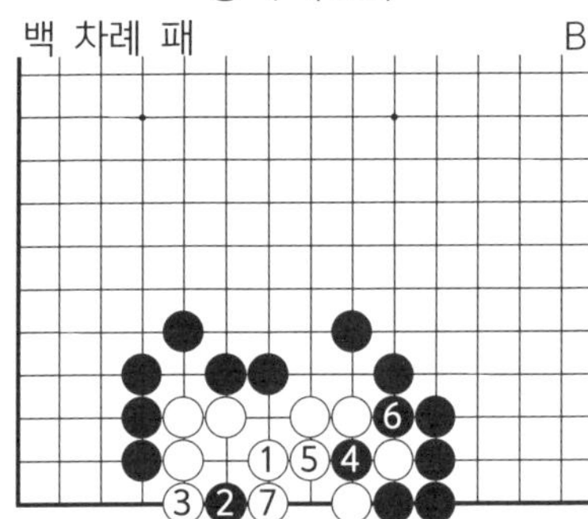

정해 〈413〉

백 차례 패

B

백1이 급소. 흑2의 치중은 백3,
5, 7로 패.

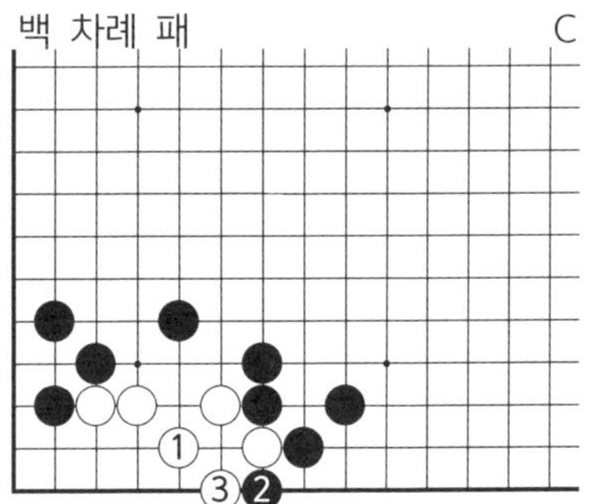

정해 〈414〉

백 차례 패

C

백1이 급소. 흑2의 단수는 백3
으로 패.

문제 〈415〉

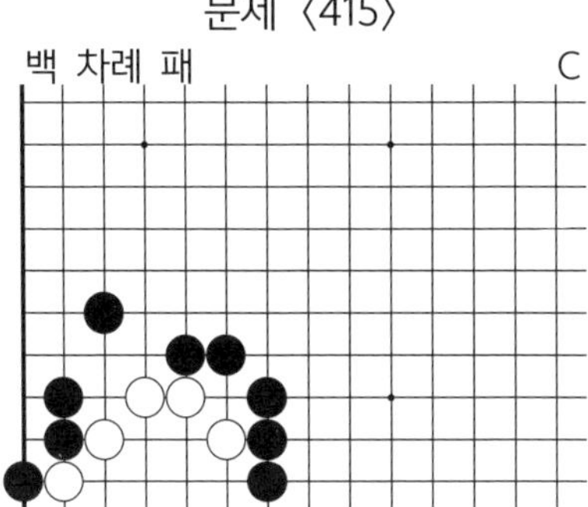

문제 〈416〉

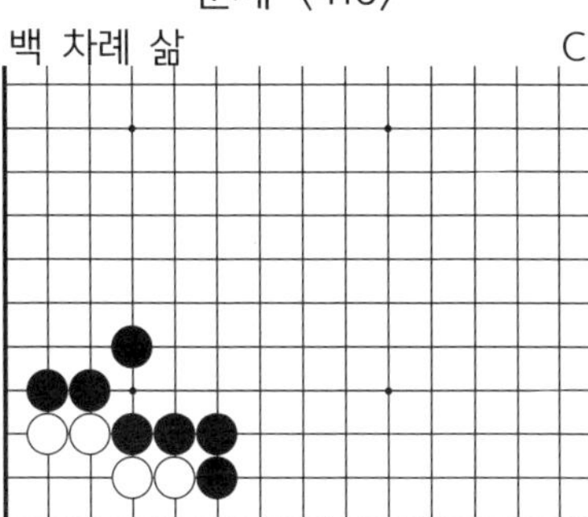

문제 〈417〉

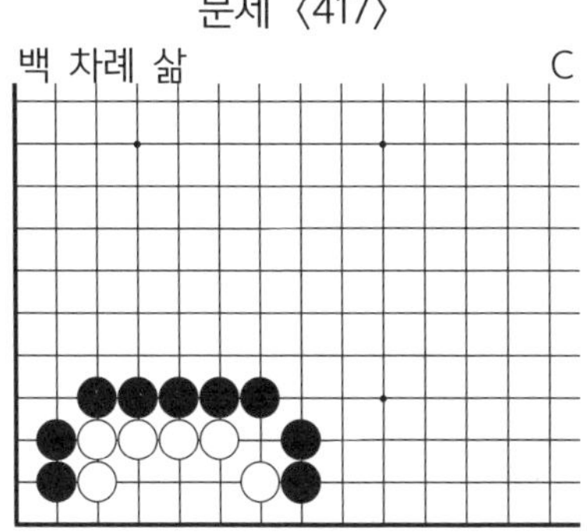

문제 〈418〉

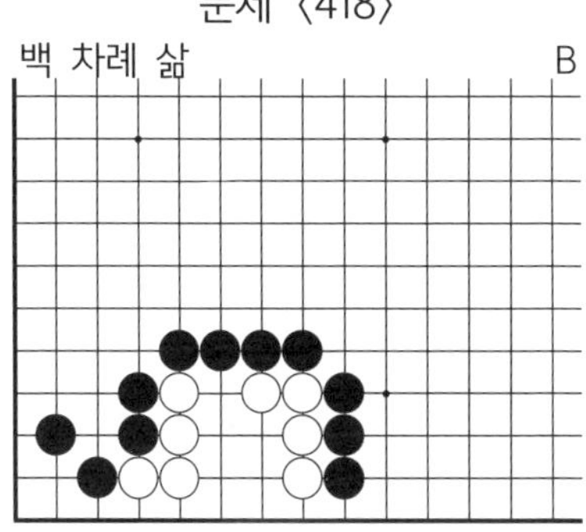

문제 〈419〉

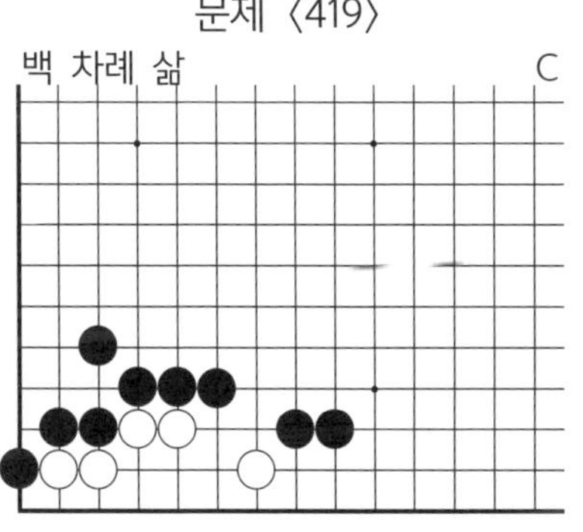

문제 〈420〉

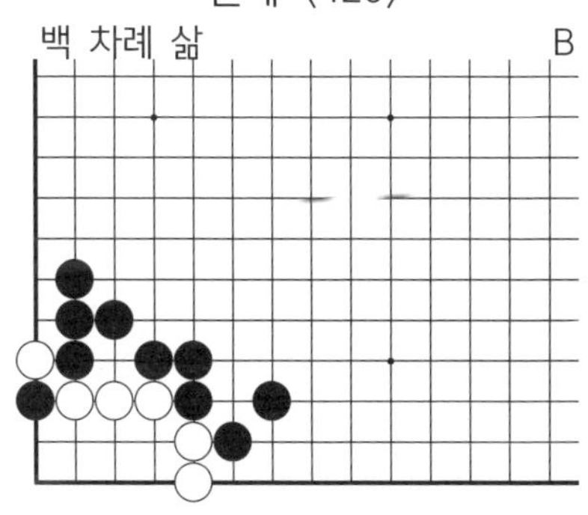

정해 〈415〉

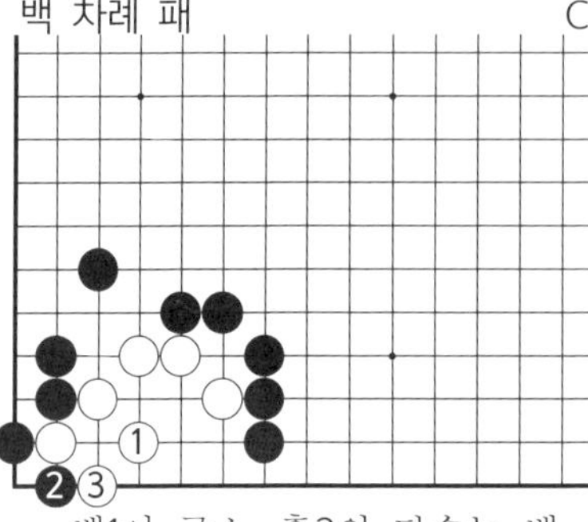

백1이 급소. 흑2의 단수는 백 3으로 패.

정해 〈416〉

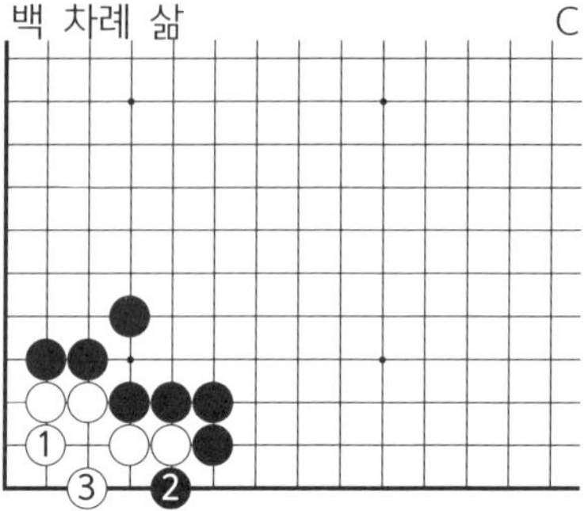

백1의 호구가 삶의 급소. 흑2로 젖히면 백3으로 삶.

정해 〈417〉

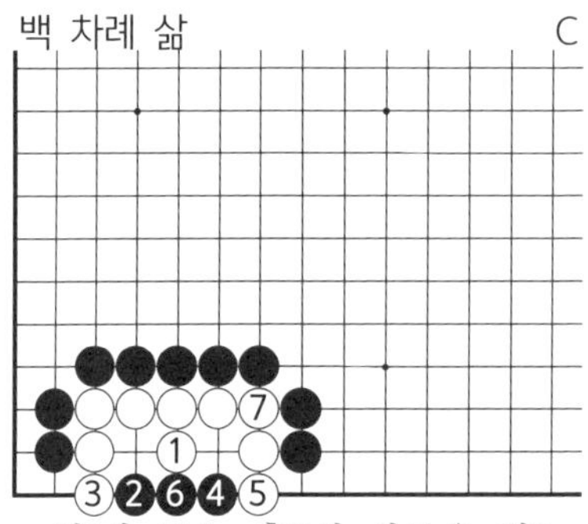

백1이 급소. 흑2의 치중은 백3 이하 7까지 빅.

정해 〈418〉

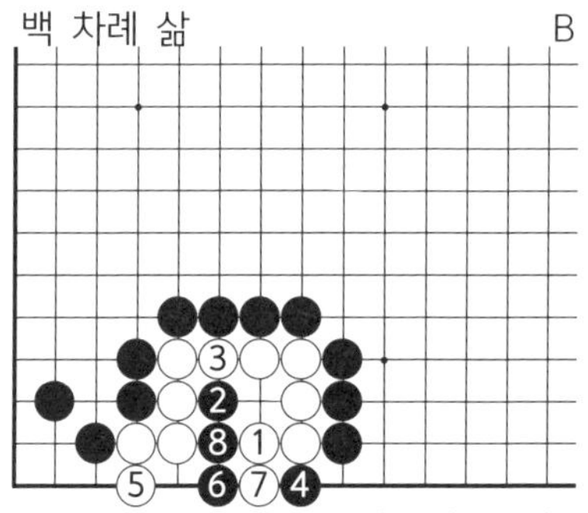

백1이 급소 흑2로 치중하면 백3 5, 7로 빅. 흑은 8로 후수.

정해 〈419〉

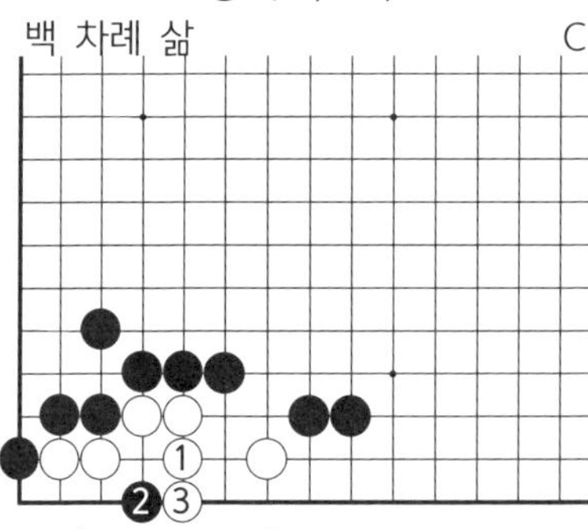

백1, 3으로 삶.

정해 〈420〉

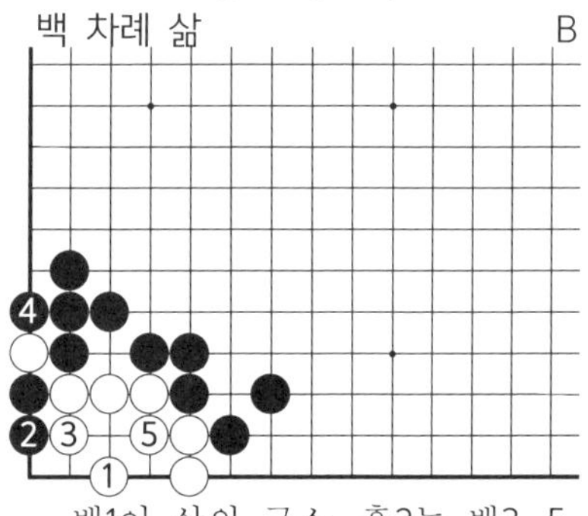

백1이 삶의 급소. 흑2는 백3, 5 로 삶.

집을 넓혀서 사는 맥

10문제

집을 넓혀서 사는 맥

이것을 간단하게 「집을 넓혀서 삶」이라고 부르기로 합니다.

사활의 집의 한계는 6집입니다. 집을 넓게 해서 살려고 하는 것은 이것에 이르게 하기 위함입니다. 원래 6집 이내에서도 직사, 곡사 등의 형태는 사는 모양에 속하기 때문에 집을 넓게 하여 살려는 경우는 모두 이러한 형태로 이끌려고 하는 것입니다. 그러나 실제로 분류해 보면 「집을 넓혀서 삶」으로 살 수 있는 모양은 두 집의 삶으로 살 수 있는 모양보다 훨씬 적은 것 같습니다.

다음 도면에서 백1로 내리는 것이, 「집을 넓혀서 삶」으로 이 모양을 「빗1) 모양의 삶」이라고 합니다.

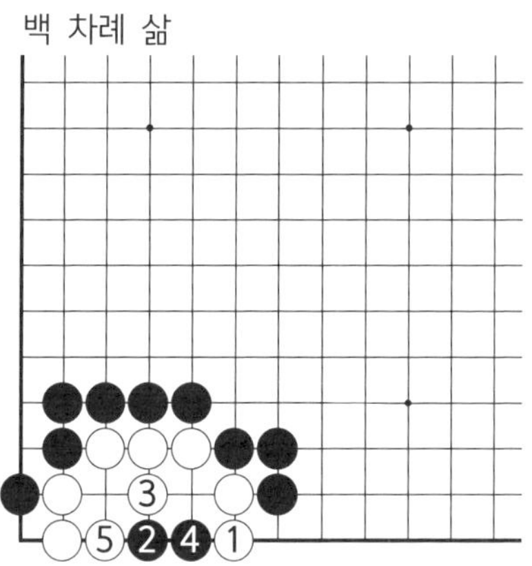

흑2로 안형을 없애는 맥을 두면 백3으로 받아서 살아갑니다.

---

1) 빗: 머리털을 가지런히 고를 때 쓰는 도구

문제 〈421〉

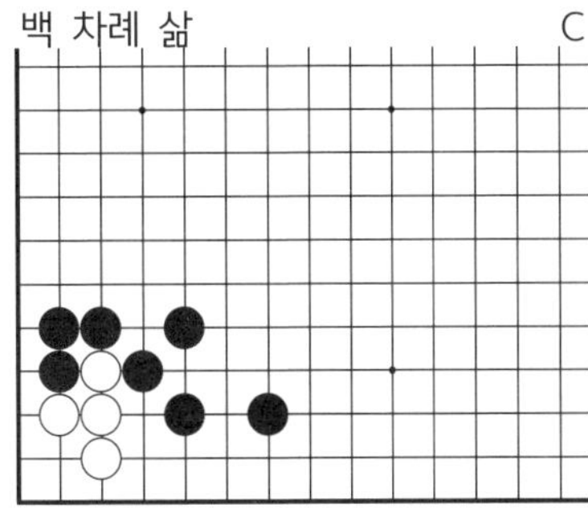

문제 〈422〉

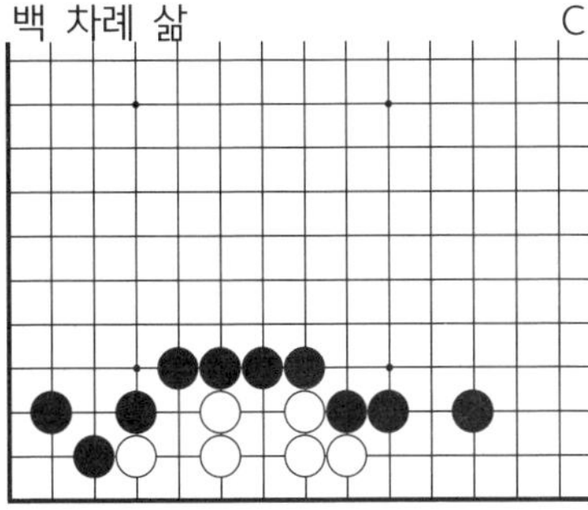

문제 〈423〉

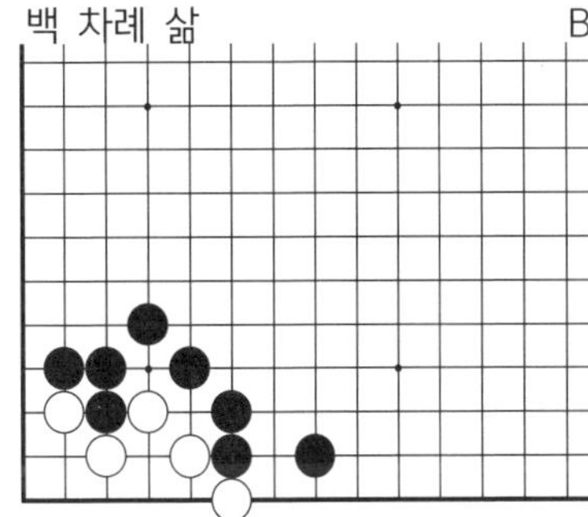

문제 〈424〉

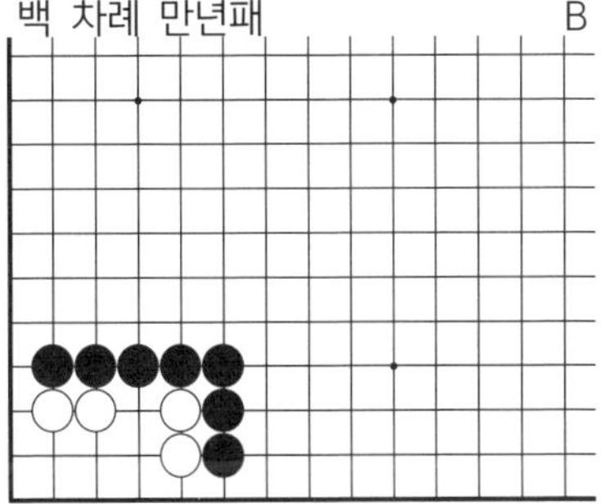

문제 〈425〉

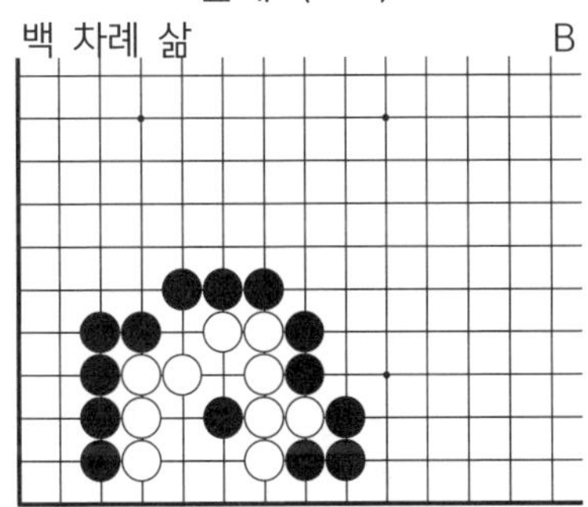

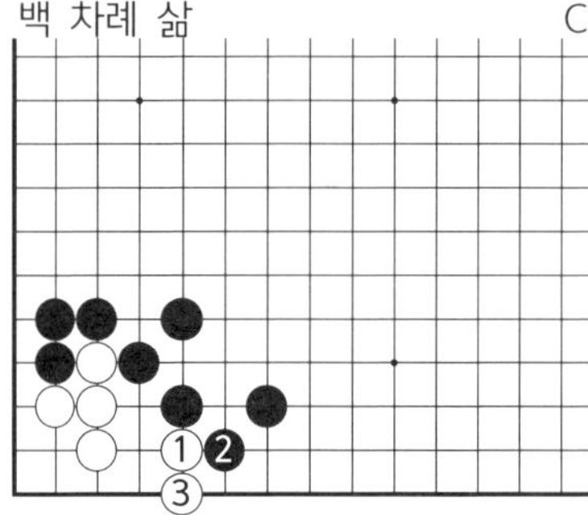

정해 〈421〉

백 차례 삶   C

백1, 3으로 삶.

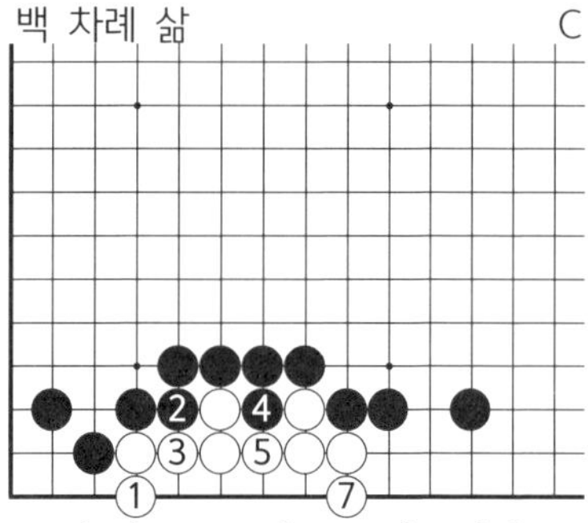

정해 〈422〉

백 차례 삶   C

백1이 급소. 흑2는 백3 이하 7 까지 직사궁으로 삶.

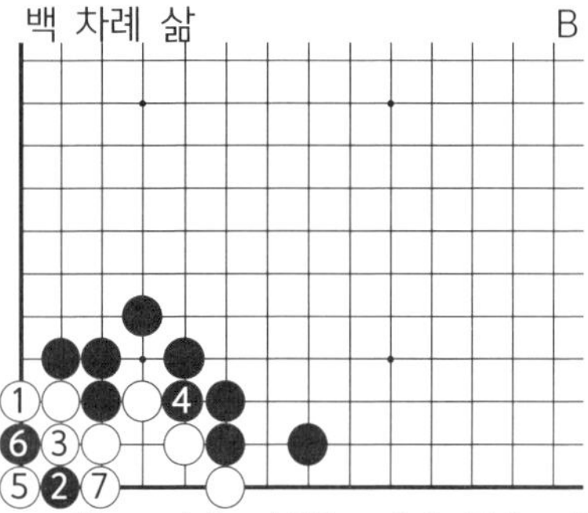

정해 〈423〉

백 차례 삶   B

백1로 집을 넓히는 것이 급소. 흑 2의 치중은 백3, 5, 7로 착수금지.

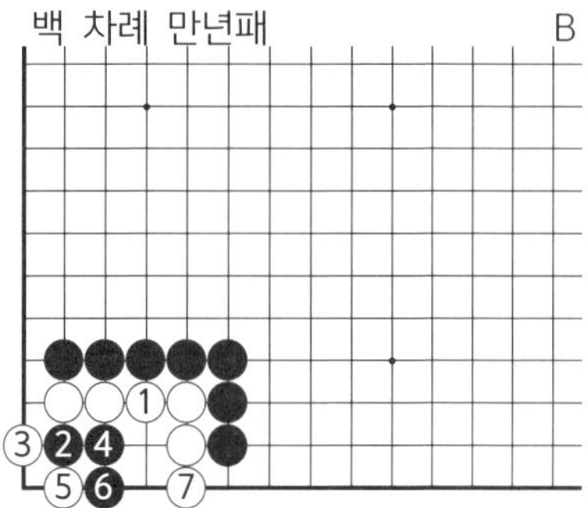

정해 〈424〉

백 차례 만년패   B

백1로 집을 넓히는 것이 급소. 흑2로 껴붙이면 백3, 5로 만년패.

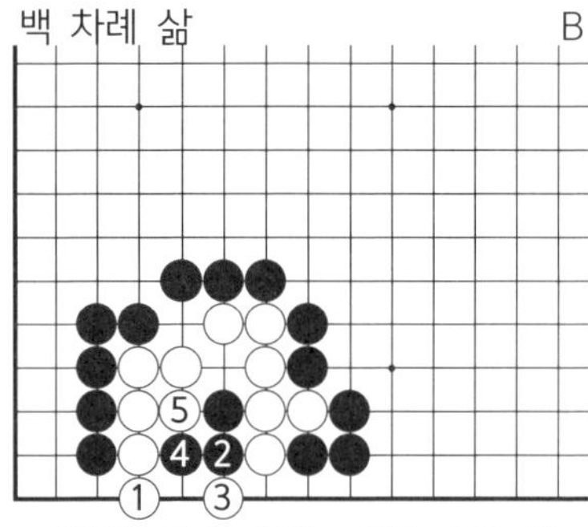

정해 〈425〉

백 차례 삶   B

백1이 급소 흑2는 백3, 5로 빅.

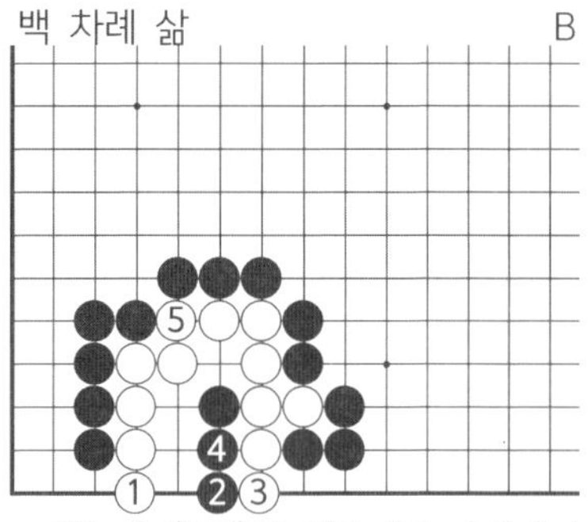

변화 〈425〉

백 차례 삶   B

백1 때 흑2라면 백3, 5로 마찬가지 빅.

문제 〈426〉

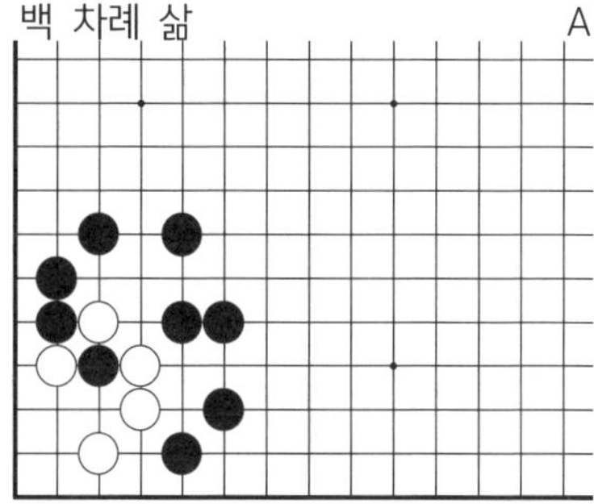

문제 〈427〉

문제 〈428〉

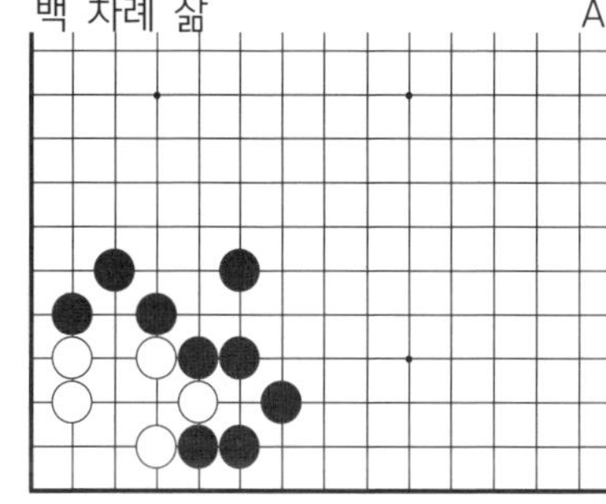

문제 〈429〉

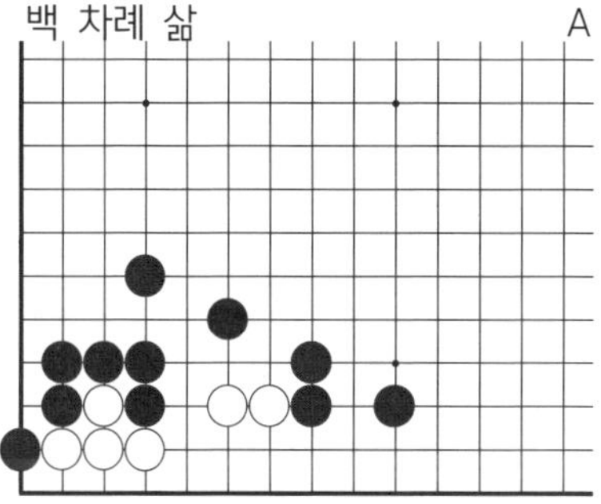

문제 〈430〉

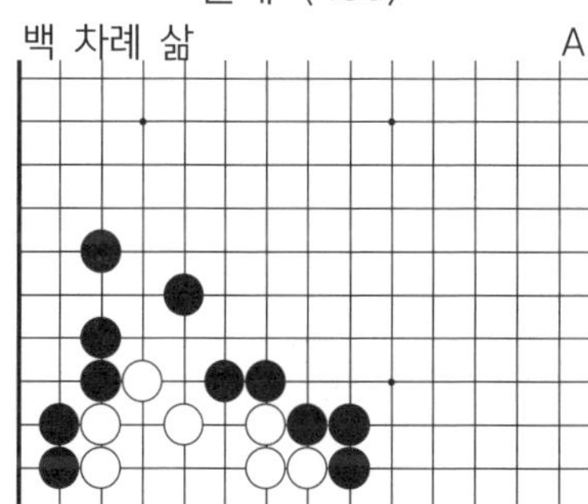

정해 〈426〉

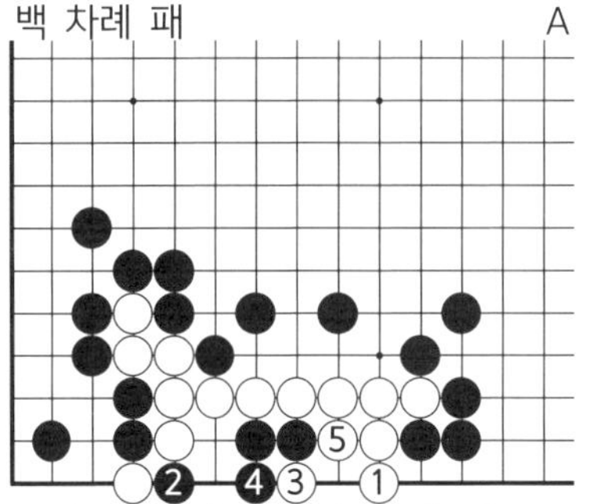

백1로 내리는 것이 맥점. 흑2로
먹여쳐서 잡으러 오면 백3, 5로 패.

정해 〈427〉

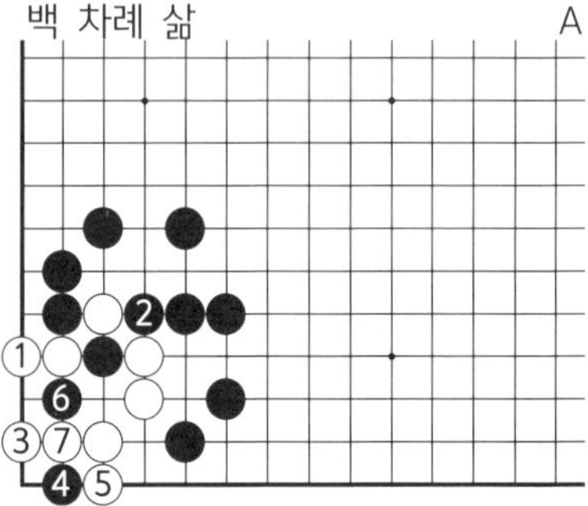

백1로 집을 넓히는 것이 급소.
흑2는 백3, 5, 7로 삶.

정해 〈428〉

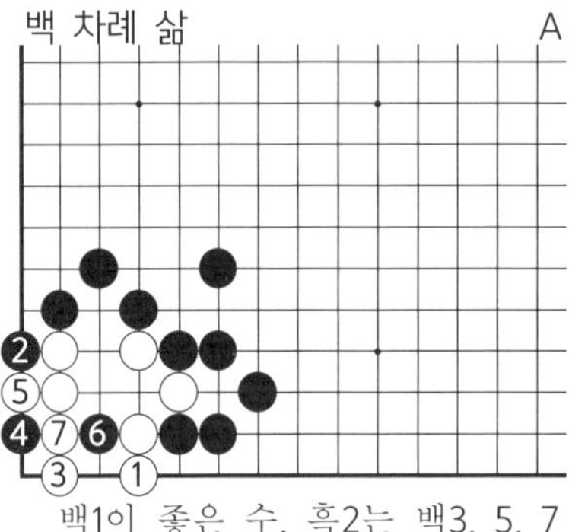

백1이 좋은 수. 흑2는 백3, 5, 7
로 삶.

정해 〈429〉

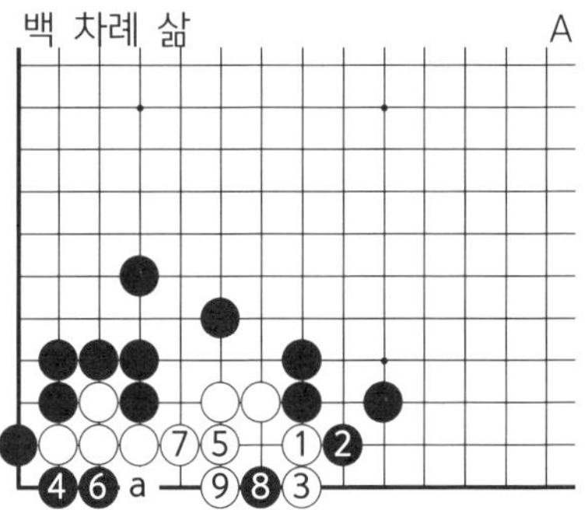

백1, 3이 맥점. 흑4는 백5, 7,
9로 삶. a는 백의 권리.

정해 〈430〉

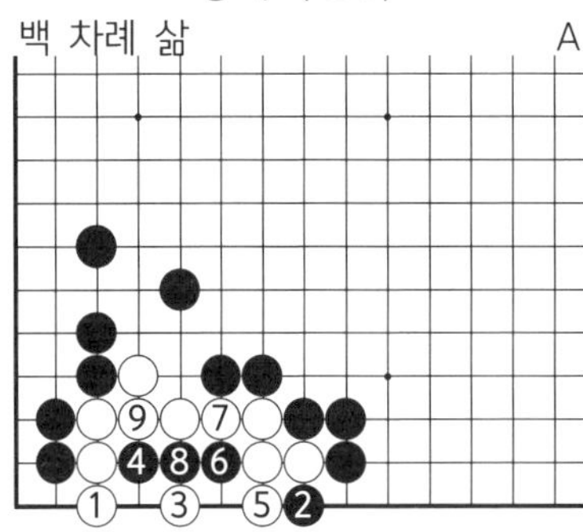

백1, 3이 사는 수순. 흑4는 백5,
7, 9로 빅.

변화 〈430〉

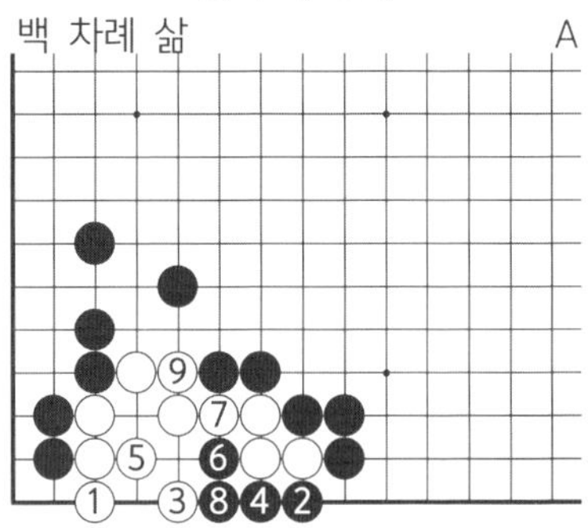

백3 때 흑4라면 백5가 삶의 급소.
흑6으로 잡으러 오면 백7, 9로 삶.

바깥에서 공격하여 잡는 맥

30문제

바깥에서 공격하여 잡는 맥

흔히 죽음은 젖힘에 있다고 하는데 이 말은 바르게 말하면 바깥에서 적의 땅을 좁혀서 6집 이내로 압축하는 것을 말하는 것입니다. 그래서 젖혀 잡는 수는 바깥쪽에서 공격하여 적의 집을 압축하는 맥의 일부분에 지나지 않습니다. 따라서 젖혀 잡는 맥은 바깥쪽에서 공격하여 잡는 맥 안에 포함된 것입니다. 죽음은 젖힘에 있다는 말에 사로잡혀 적의 돌을 잡는 경우 젖힘의 한 수라고만 생각하면 큰 실수를 일으킬 수 있으니 주의해야 합니다.

다음 도면에서 흑1, 3이 모두 바깥쪽에서부터 공격하는 맥으로 젖혀 잡는 맥에 해당합니다.

흑 차례 백 죽음

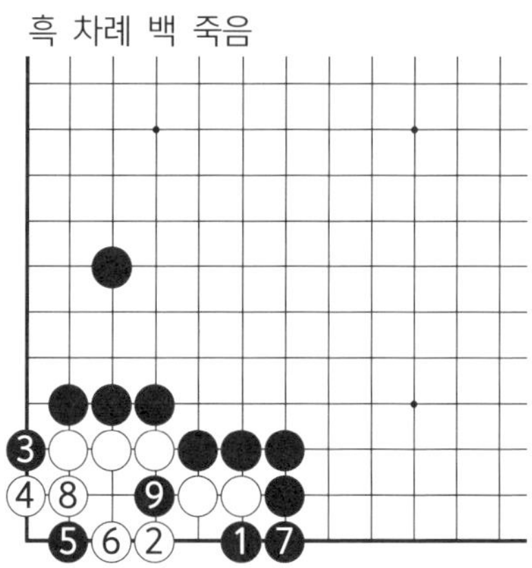

흑7도 마찬가지이며 흑9의 먹여치는 수로 백이 잡힙니다.

이 모양은 실전에 잘 생기는 모양입니다.

문제 〈431〉

흑 차례 백 죽음　　　　　　　　　　B

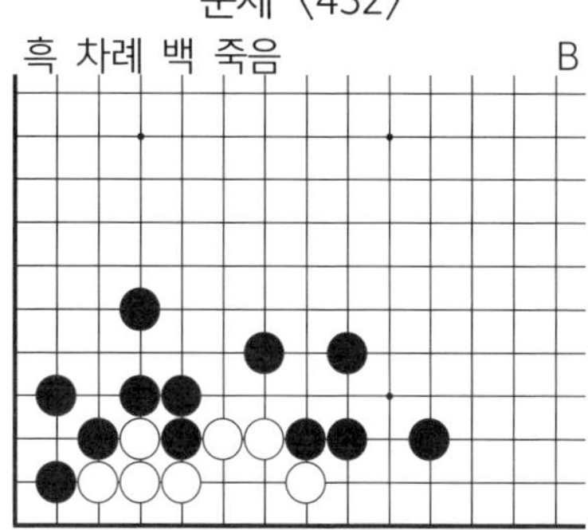

문제 〈432〉

흑 차례 백 죽음　　　　　　　　　　B

문제 〈433〉

흑 차례 백 죽음　　　　　　　　　　A

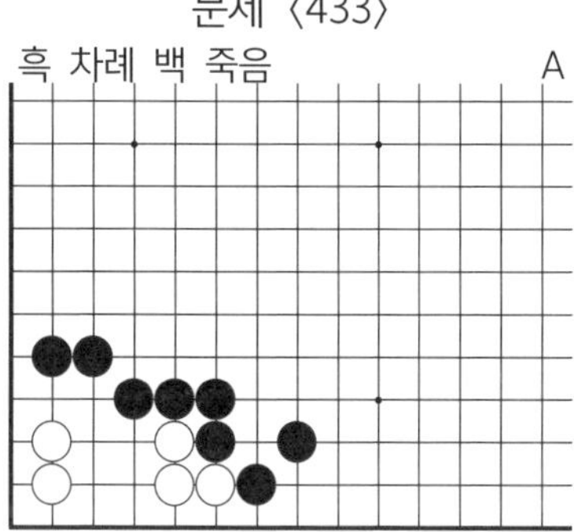

문제 〈434〉

흑 차례 백 죽음　　　　　　　　　　B

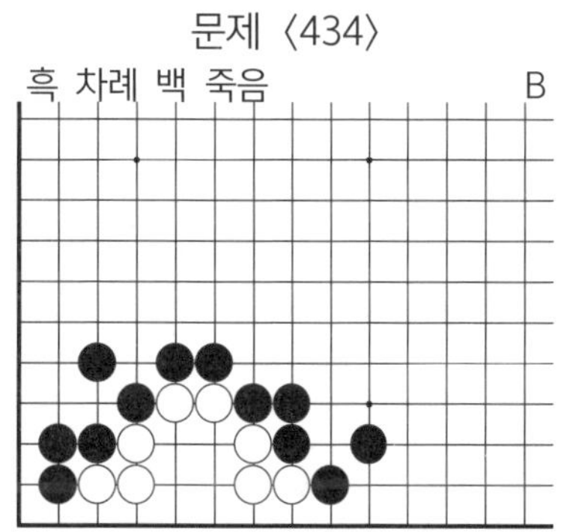

문제 〈435〉

흑 차례 백 죽음　　　　　　　　　　A

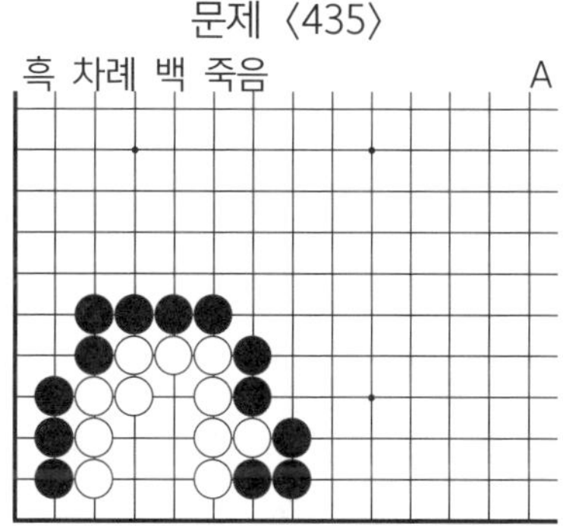

정해 〈431〉

흑 차례 백 죽음   B

흑1이 급소. 백2로 막으면 흑3에
서부터 11까지 백 죽음.

정해 〈432〉

흑 차례 백 죽음   B

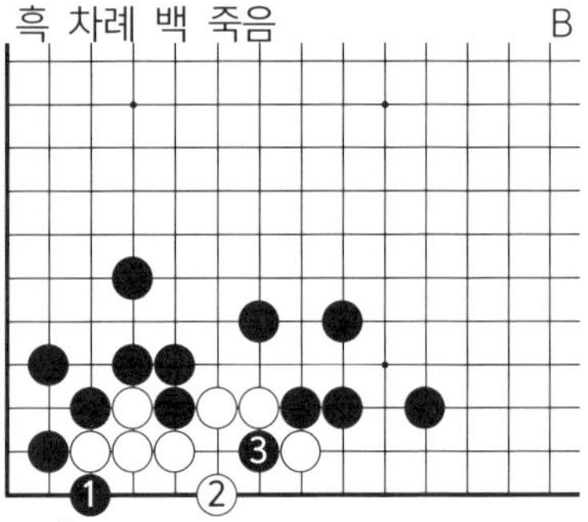

흑1, 3으로 끝.

정해 〈433〉

흑 차례 백 죽음   A

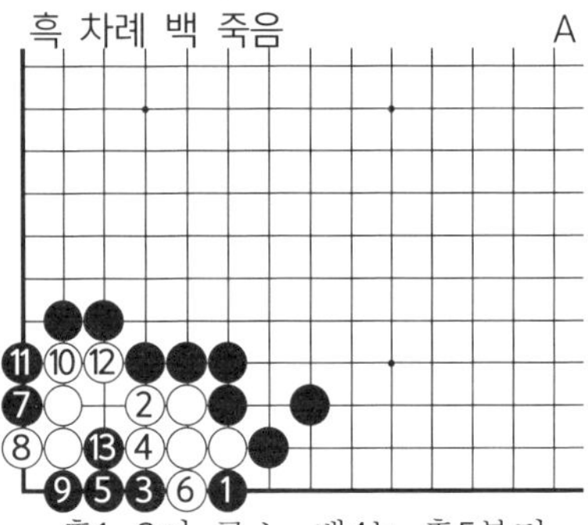

흑1, 3이 급소. 백4는 흑5부터
13까지 삿갓 4궁으로 죽음.

변화 〈433〉

흑 차례 백 죽음   A

흑3의 치중 때 백4로 받으면 흑5,
7, 9로 끝.

정해 〈434〉

흑 차례 백 죽음   B

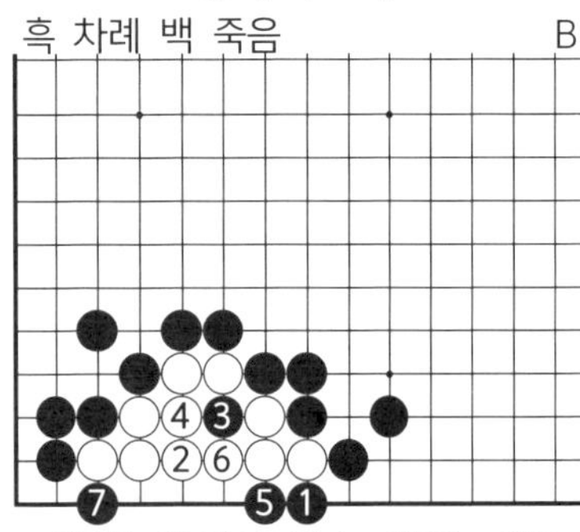

흑1의 젖힘이 급소. 백2는 흑3,
5, 7로 백 죽음.

정해 〈435〉

흑 차례 백 죽음   A

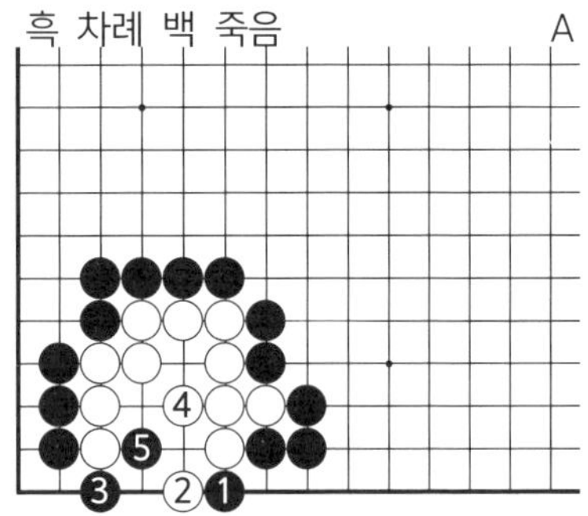

흑1, 3으로 양쪽 젖힘이 급소.
백4는 흑5로 그만.

문제 〈436〉

흑 차례 백 죽음   A

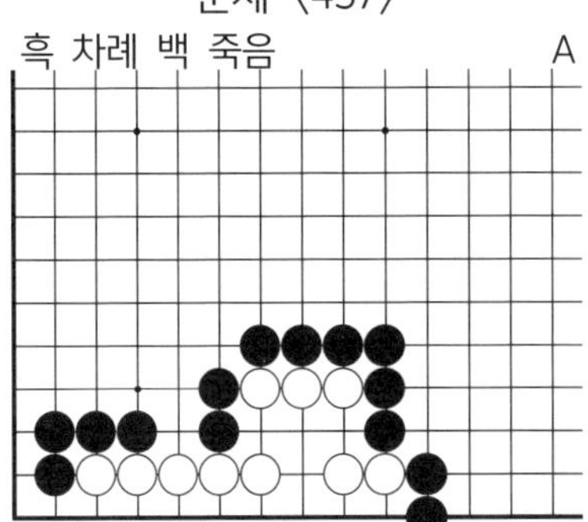

문제 〈437〉

흑 차례 백 죽음   A

문제 〈438〉

흑 차례 백 죽음   C

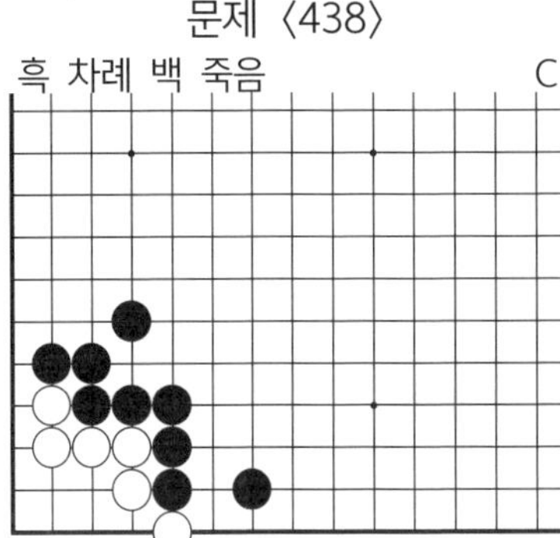

문제 〈439〉

흑 차례 백 죽음   C

문제 〈440〉

흑 차례 백 죽음   C

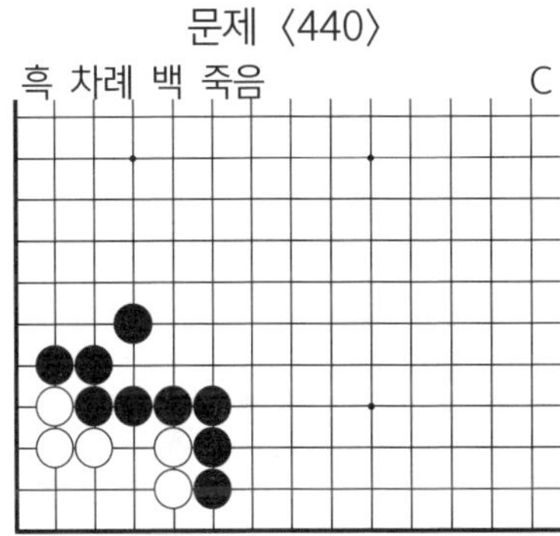

문제 〈441〉

흑 차례 백 죽음   B

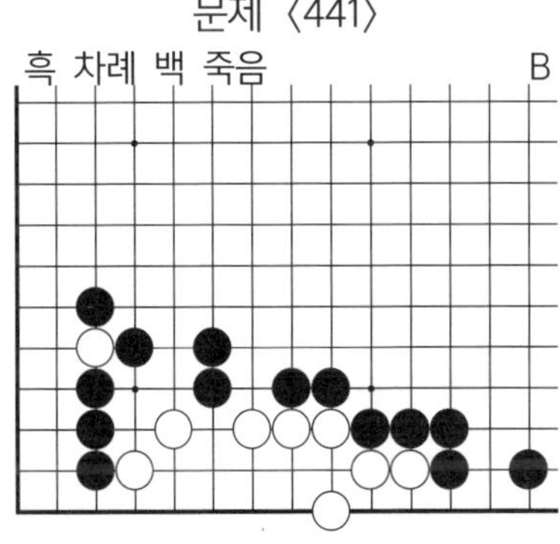

정해 〈436〉

흑 차례 백 죽음   A

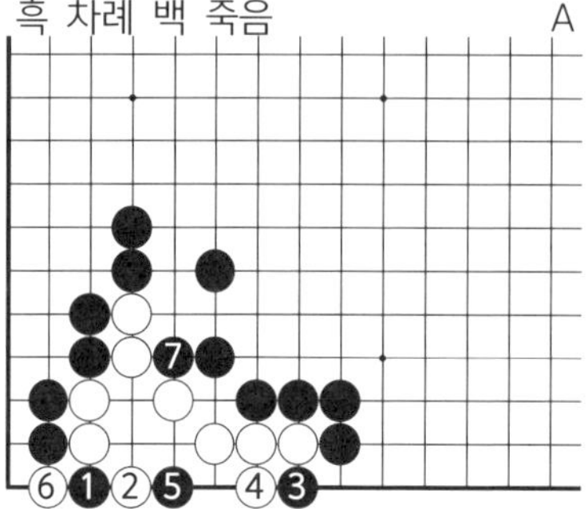

흑1, 3으로 양쪽 젖힘이 급소.
백4로 막으면 흑5, 7로 백 죽음.

정해 〈437〉

흑 차례 백 죽음   A

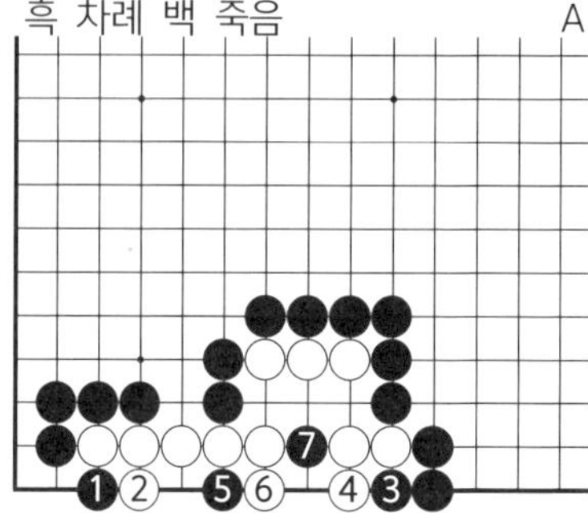

흑1, 3의 젖힘이 급소. 백4로 막
으면 흑5, 7로 그만.

정해 〈438〉

흑 차례 백 죽음   C

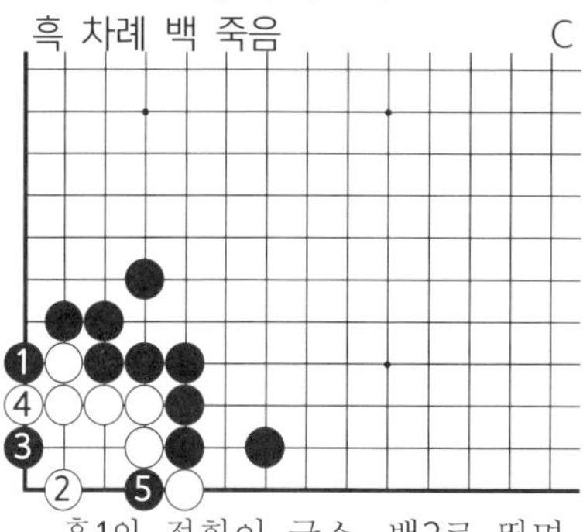

흑1의 젖힘이 급소. 백2로 뛰면
흑3, 5로 치중하고 먹여쳐서 그만.

정해 〈439〉

흑 차례 백 죽음   C

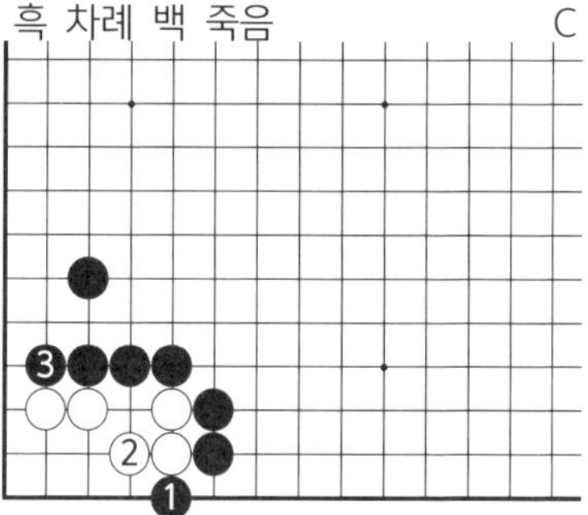

흑1, 3으로 끝.

정해 〈440〉

흑 차례 백 죽음   C

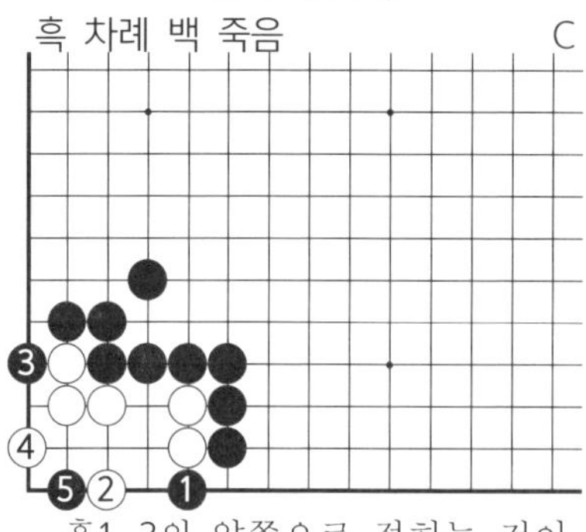

흑1, 3의 양쪽으로 젖히는 것이
급소. 백4는 흑5로 그만.

정해 〈441〉

흑 차례 백 죽음   B

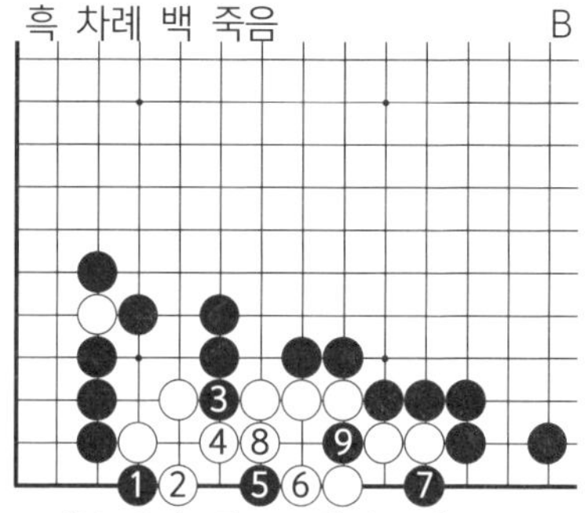

흑1, 3이 급소. 백4는 흑5, 7, 9
로 백 죽음.

문제 〈442〉

흑 차례 백 죽음   A

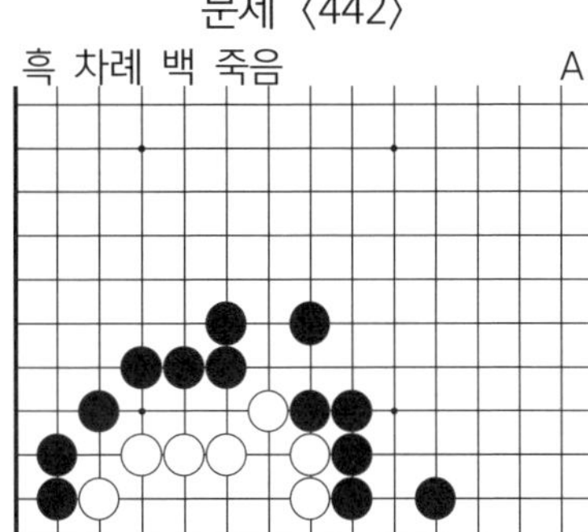

문제 〈443〉

흑 차례 백 죽음   B

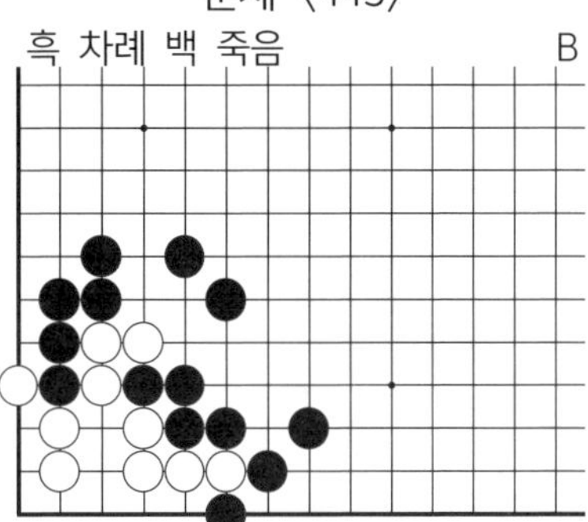

문제 〈444〉

흑 차례 백 죽음   A

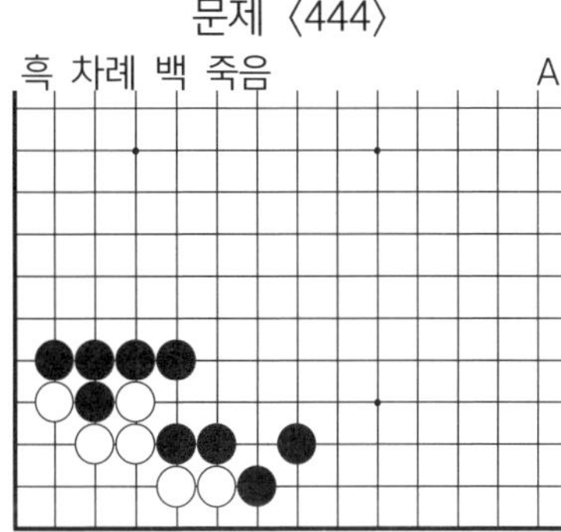

문제 〈445〉

흑 차례 백 죽음   A

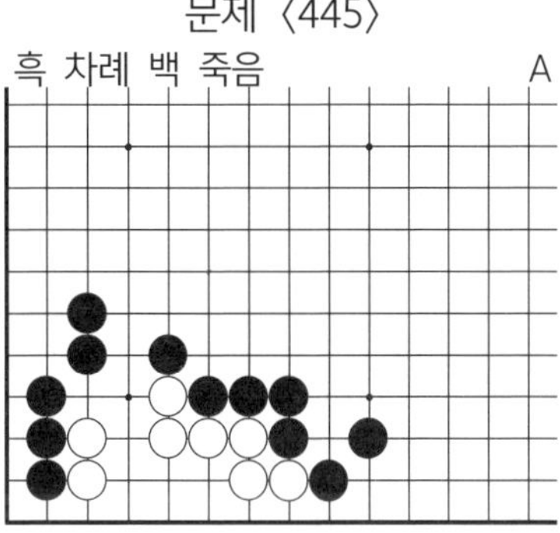

문제 〈446〉

흑 차례 백 죽음   A

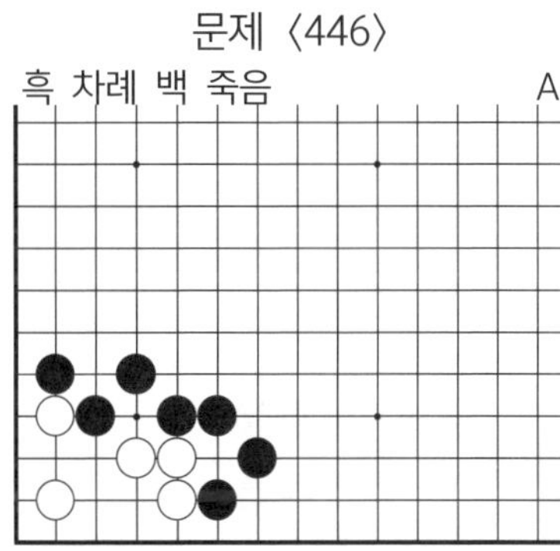

문제 〈447〉

흑 차례 패   B

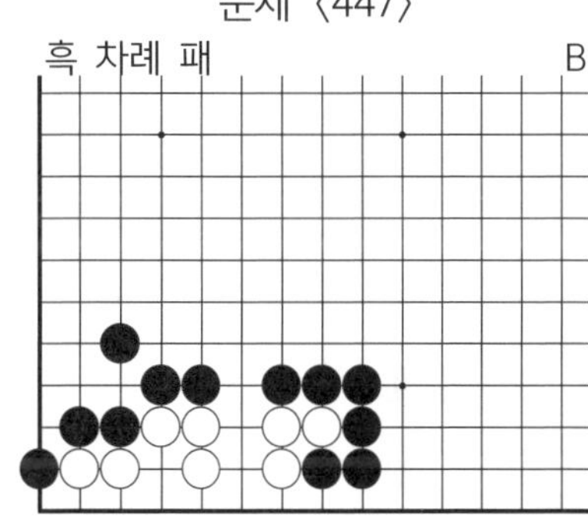

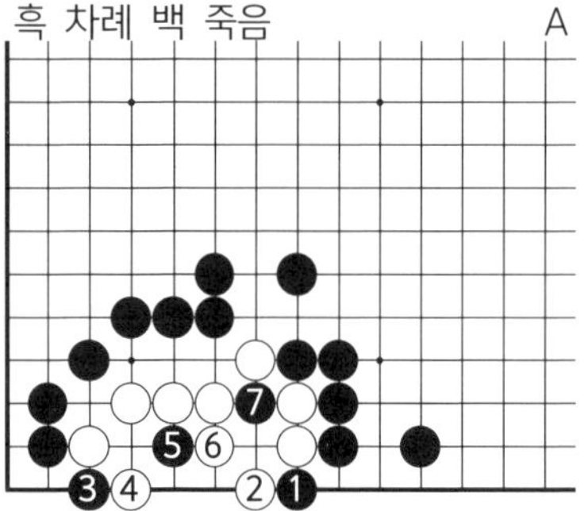

정해 〈442〉

흑 차례 백 죽음　　A

흑1, 3의 양쪽 젖힘이 급소. 백4는
흑5로 치중하고 7로 먹여쳐서 그만.

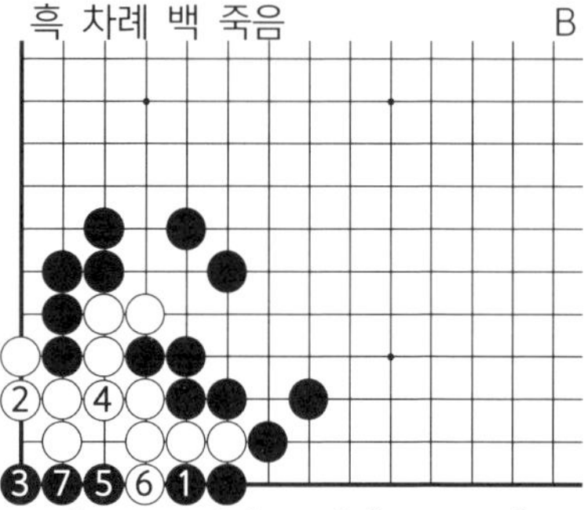

정해 〈443〉

흑 차례 백 죽음　　B

흑1로 들어가는 것이 급소. 백2는
흑3, 5, 7로 귀곡사의 죽음.

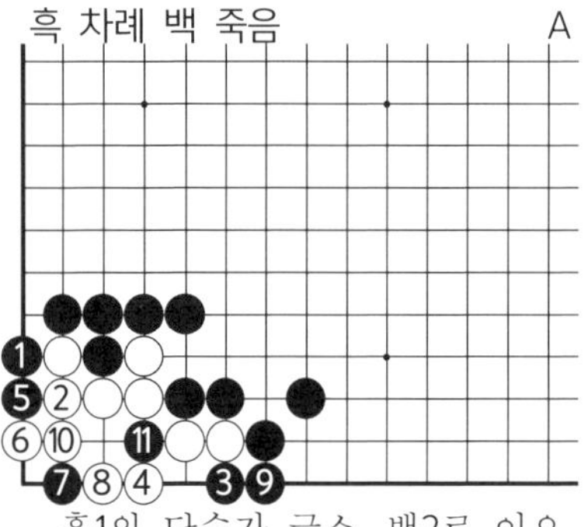

정해 〈444〉

흑 차례 백 죽음　　A

흑1의 단수가 급소. 백2로 이으
면 흑3 이하 11까지 백 죽음.

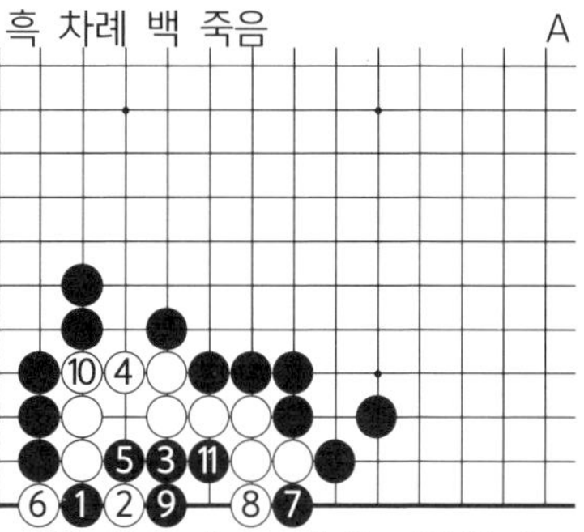

정해 〈445〉

흑 차례 백 죽음　　A

흑1, 3이 수순. 백4는 흑5부터
11까지 삿갓 4궁으로 백 죽음.

정해 〈446〉

흑 차례 백 죽음　　A

흑1, 3으로 밀고 들어가는 것이
급소. 백4로 막으면 흑5, 7, 9로 끝.

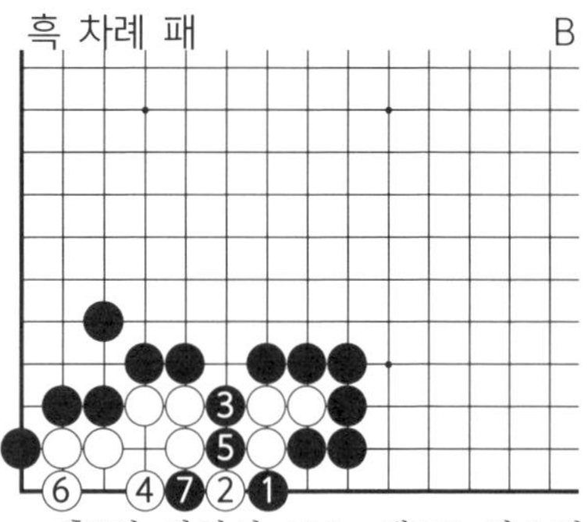

정해 〈447〉

흑 차례 패　　B

흑1의 젖힘이 급소. 백2로 막으면
흑3, 5, 7로 패.

문제 〈448〉

흑 차례 패   B

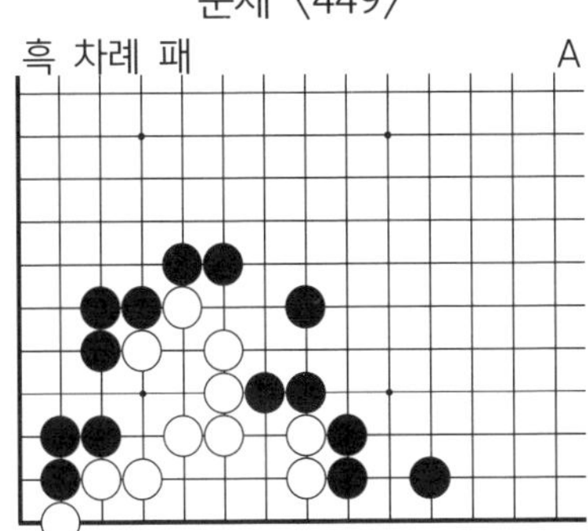

문제 〈449〉

흑 차례 패   A

문제 〈450〉

흑 차례 패   A

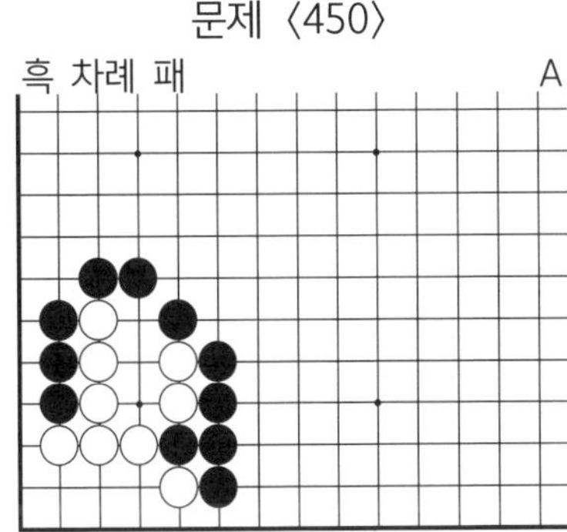

문제 〈451〉

흑 차례 패   A

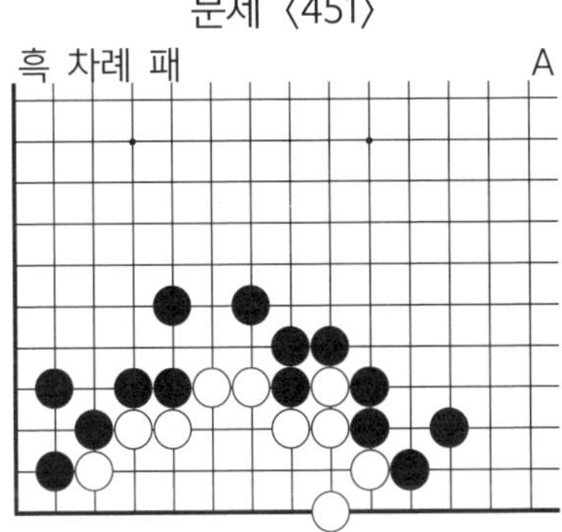

문제 〈452〉

흑 차례 패   A

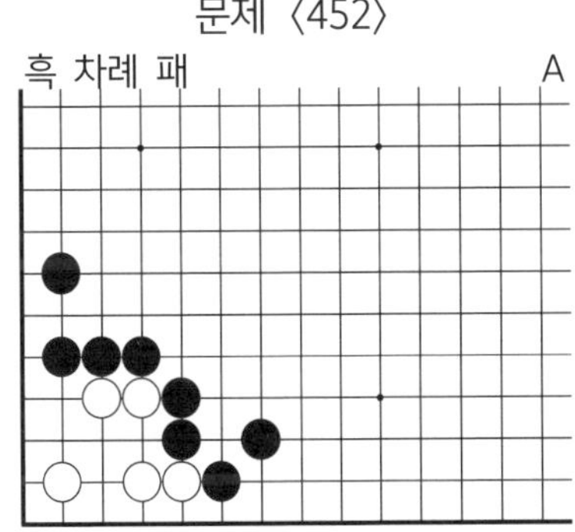

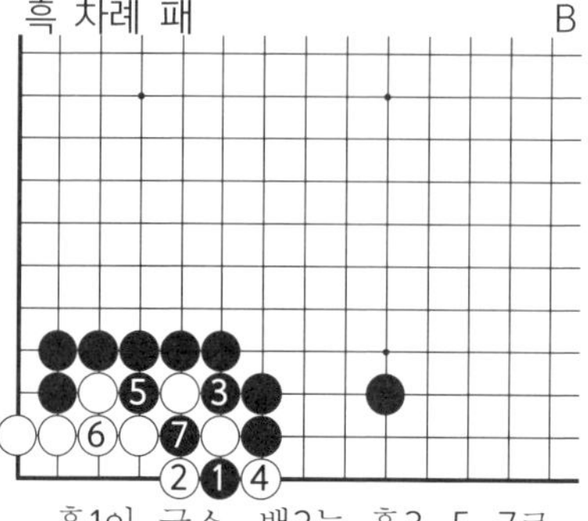

정해 〈448〉

흑 차례 패

흑1이 급소. 백2는 흑3, 5, 7로 패.

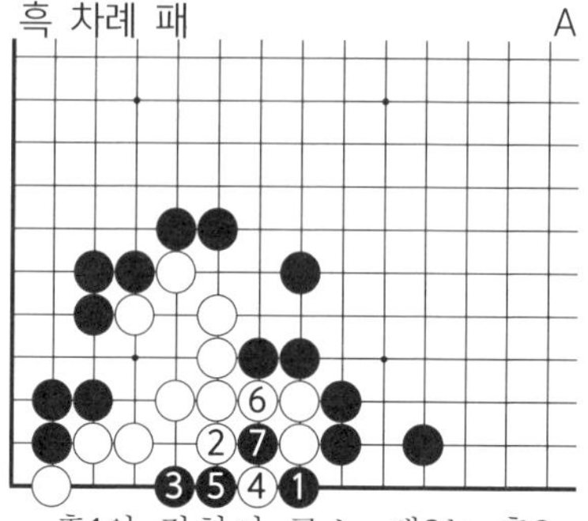

정해 〈449〉

흑 차례 패

흑1의 젖힘이 급소. 백2는 흑3, 5, 7로 패.

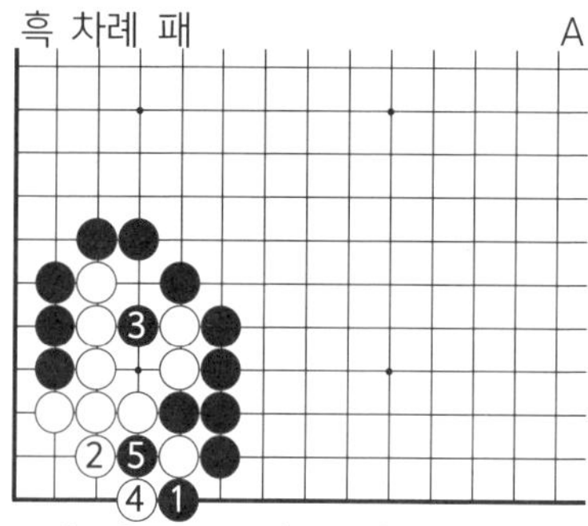

정해 〈450〉

흑 차례 패

흑1이 급소. 백2는 흑3, 5로 패.

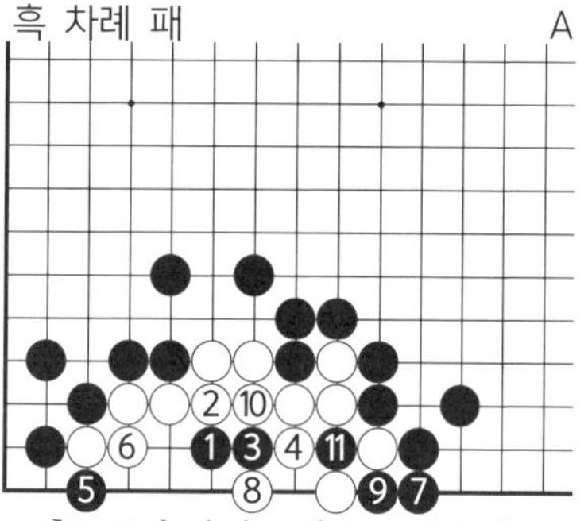

정해 〈451〉

흑 차례 패

흑1, 3이 수순. 백4로 받으면 흑5 이하 11까지 패.

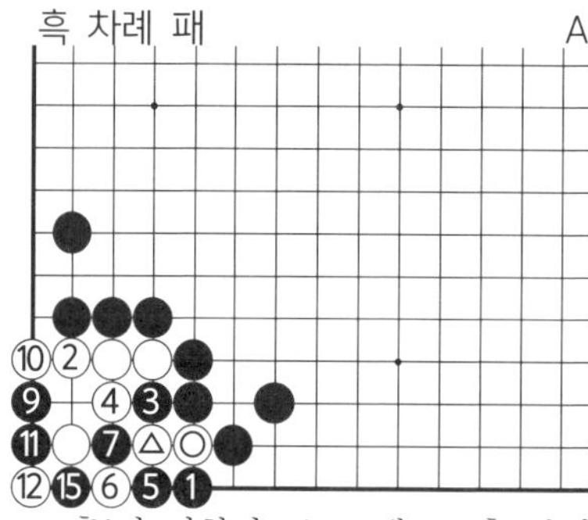

정해 〈452〉

흑 차례 패

흑1의 젖힘이 급소. 백2는 흑3부터 15까지 패. ⑧→△, ⓭→◎, ⑭→❼

문제 〈453〉

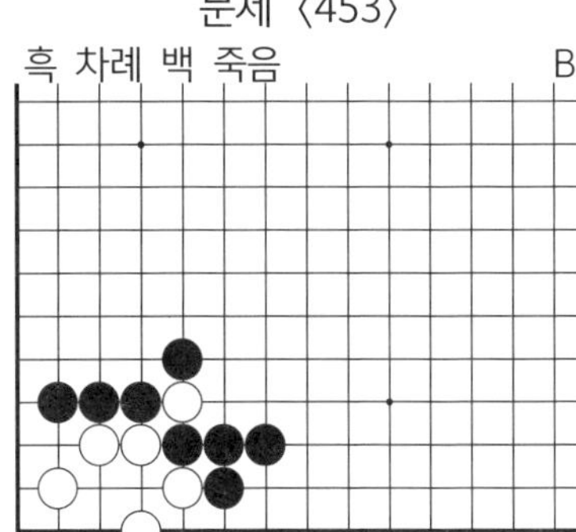

문제 〈454〉

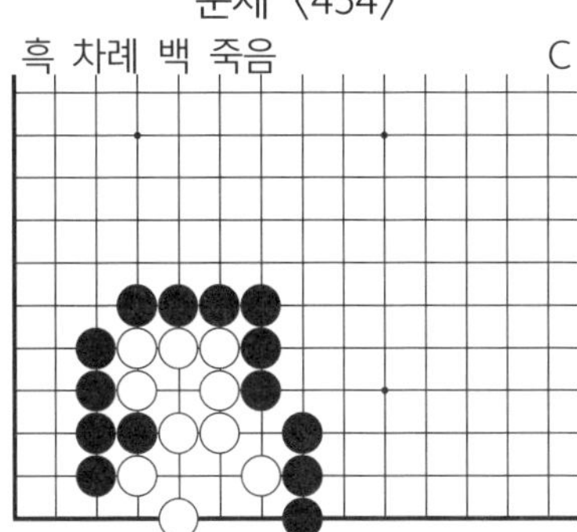

문제 〈455〉

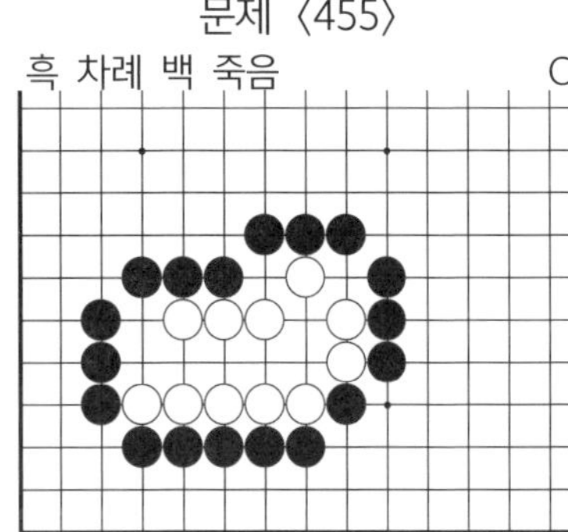

문제 〈456〉

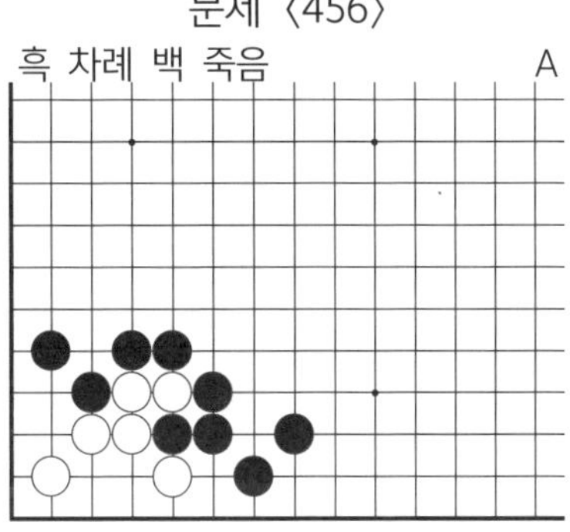

문제 〈457〉

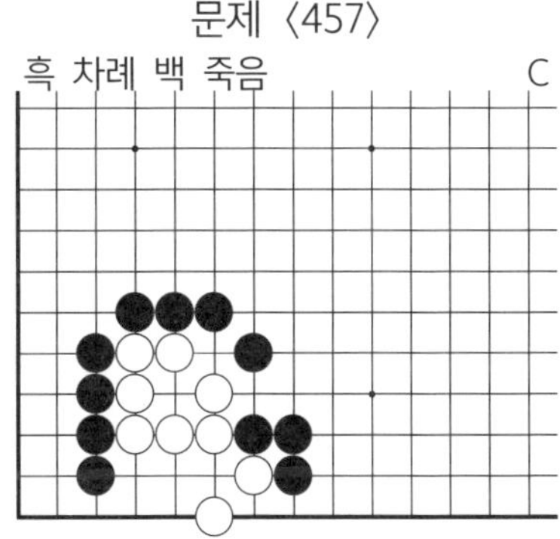

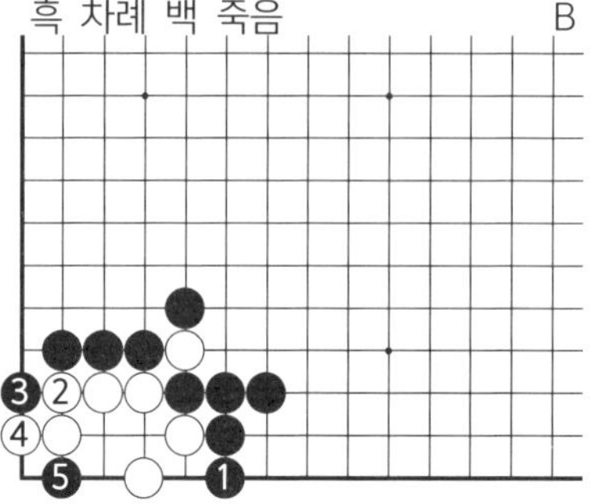

정해 〈453〉

흑 차례 백 죽음　　　　　B

흑1의 내려섬이 급소. 백2는 흑 3, 5로 백 죽음.

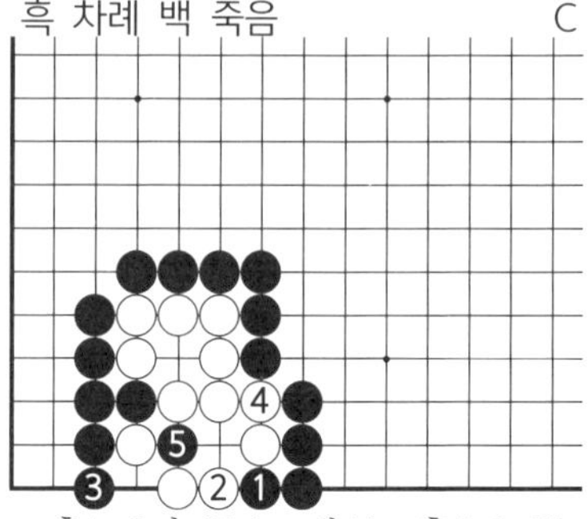

정해 〈454〉

흑 차례 백 죽음　　　　　C

흑1, 3이 급소. 백4는 흑5로 끝.

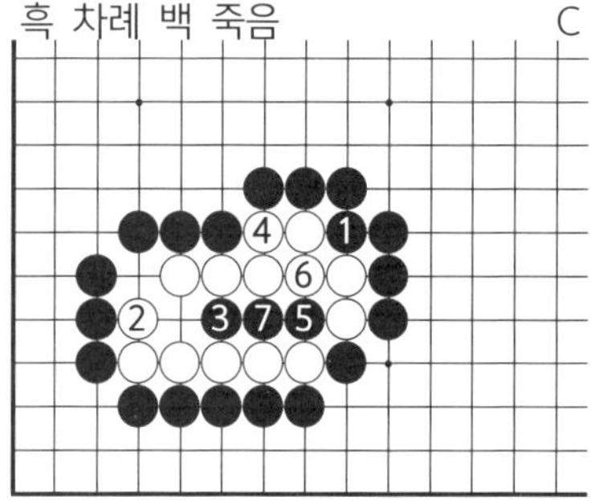

정해 〈455〉

흑 차례 백 죽음　　　　　C

흑1로 찝고 3의 치중이 급소. 백4는 흑5, 7로 백 죽음.

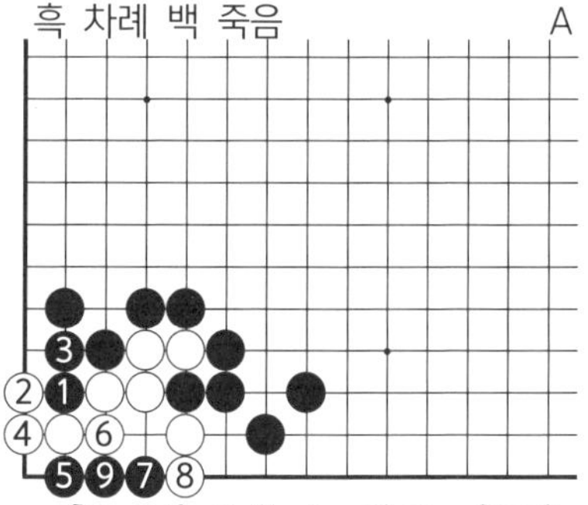

정해 〈456〉

흑 차례 백 죽음　　　　　A

흑1, 3이 좋은 수. 백4는 흑5가 급소로 백6 때 흑7, 9로 백 죽음.

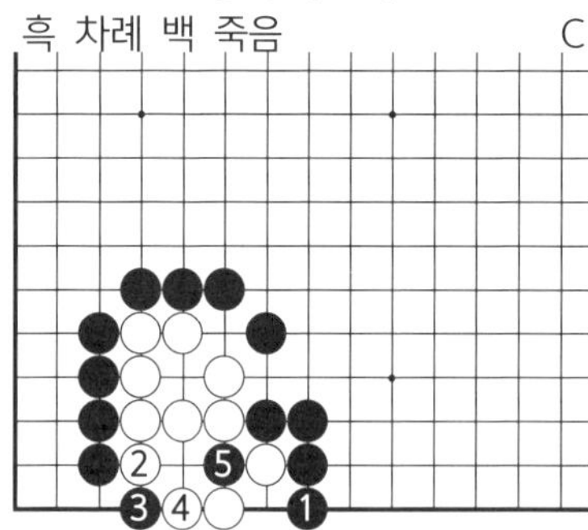

정해 〈457〉

흑 차례 백 죽음　　　　　C

흑1의 내려섬이 급소. 백2는 흑 3, 5로 그만.

흑 차례 패　　　　　　　　　　　　C

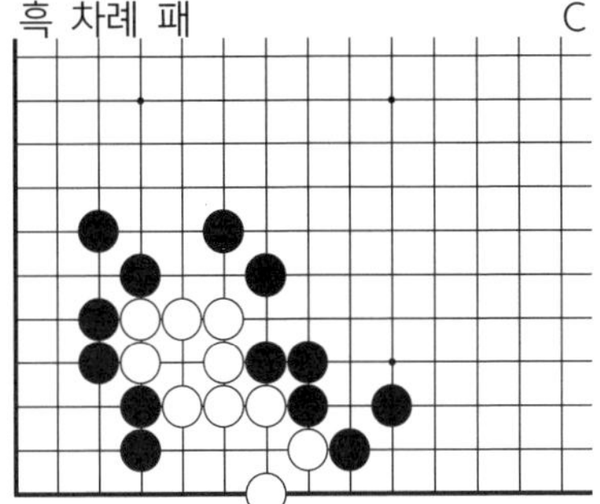

457번과 위치가 다르므로 수순에
주의.

문제 〈459〉

흑 차례 백 죽음　　　　　　　　　A

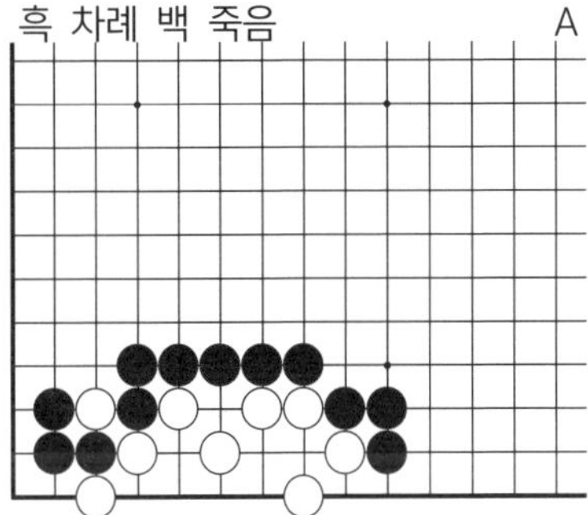

문제 〈460〉

흑 차례 백 죽음　　　　　　　　　A

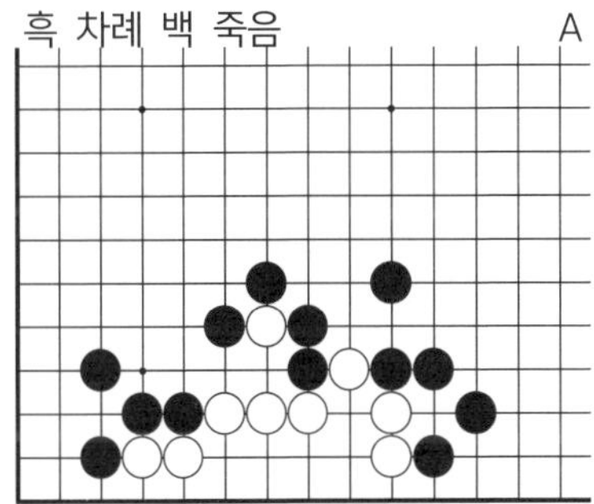

흑 차례 패　　　　　　　　　　C

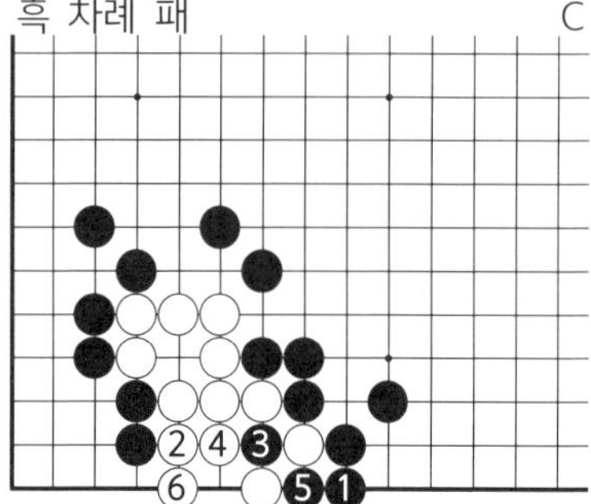

　흑1이 급소. 백2는 흑3, 5가 좋
은 수. 백6 때 흑7로 패. ❼→❸

흑 차례 백 죽음　　　　　　　　A

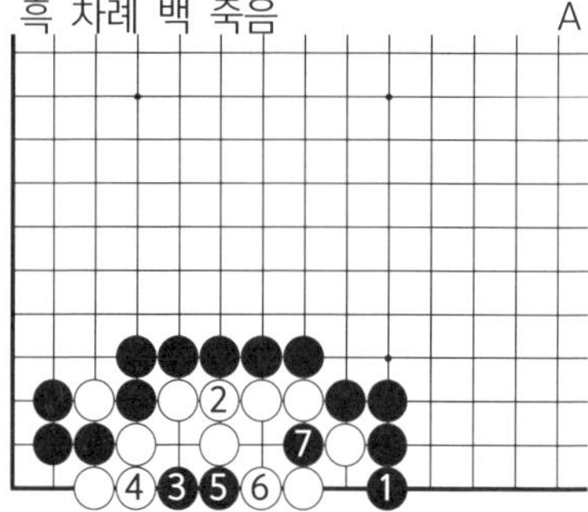

　흑1의 내려섬이 급소. 백2로 이
으면 흑3, 5, 7로 백 죽음.

흑 차례 백 죽음　　　　　　　　A

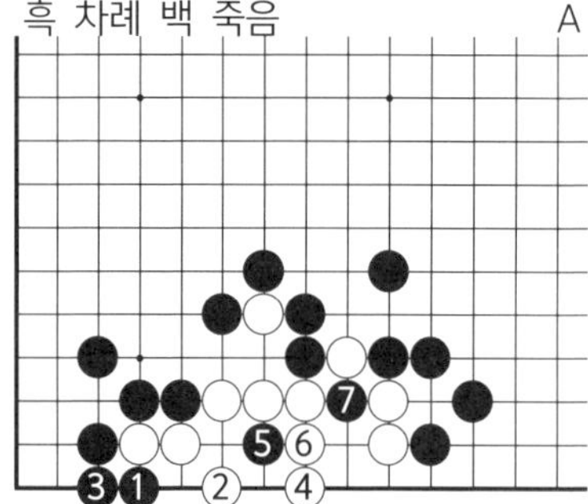

　흑1, 3이 급소. 백4는 흑5, 7로
그만.

수순을 유리하게 이끄는 맥

50문제

수순을 유리하게 이끄는 맥

　모든 사활묘수풀이는 수순의 전후에 좌우되는 경우가 많으므로 특별히 이 항목을 마련할 필요는 없을지도 모르지만, 이 부문에는 특히 수순의 전후가 중요한 사활묘수풀이를 모아서 순서의 중요성을 나타내기로 하였습니다.

　다음은 난해한 문제로 실전에서 이 모양이 생긴다면 상당한 기력의 소유자라도 바른 정해를 얻기 어려울 수 있습니다.

　백1로 두는 것이 중요한 수순으로 흑을 2로 잇게 한 다음 백3으로 호구 치는 수가 사는 맥점으로 흑 4, 6, 8로 되었을 때 백9로 두어서 흑 6점을 잡고 살아갑니다.

백 차례 삶

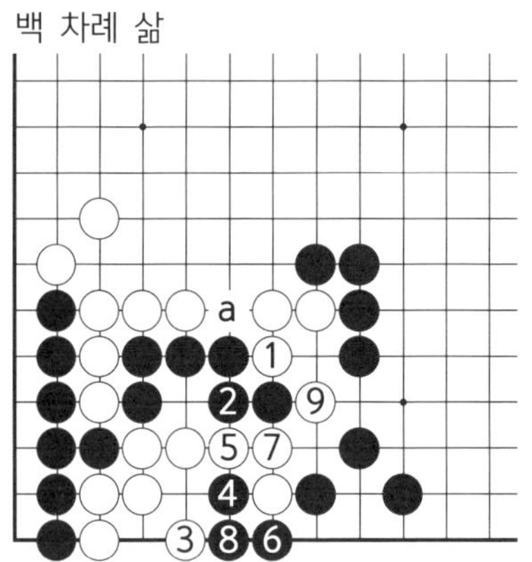

　만일 백1을 3으로 먼저 두면 흑4 이하 9로 되고 그때 백1로 두면 흑a로 찌르고 나오는 수가 있어서 백이 잘 안 됩니다.

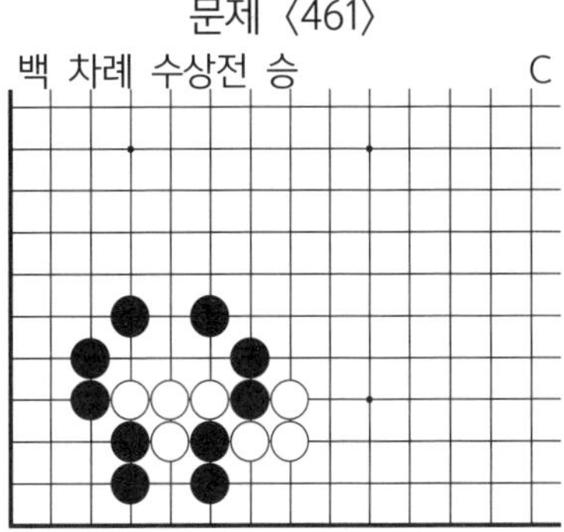

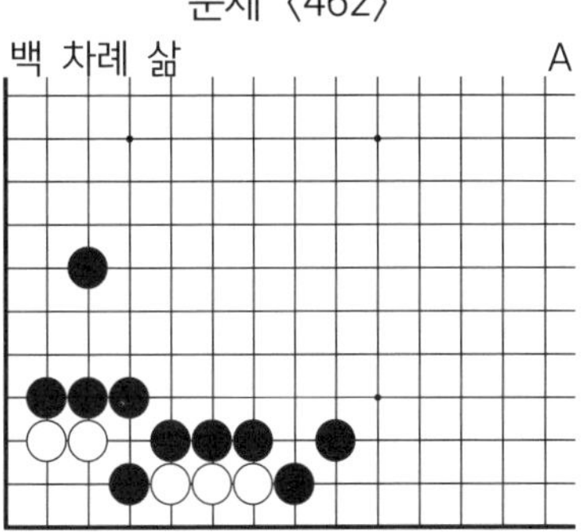

버림돌을 활용하는 것이 중요.

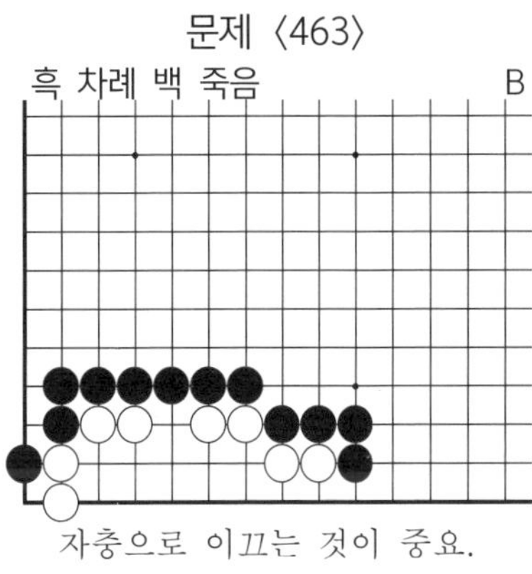

자충으로 이끄는 것이 중요.

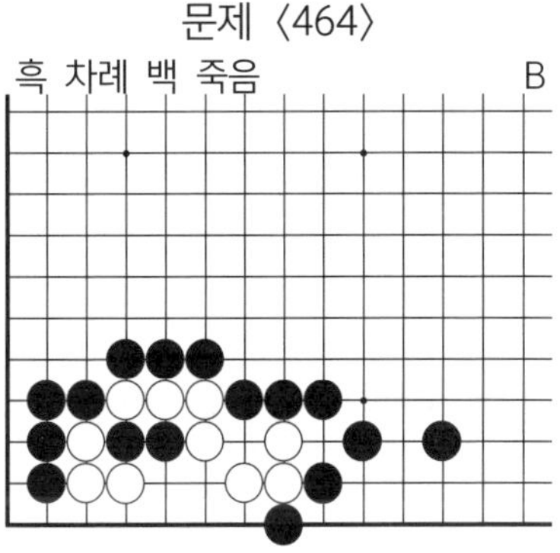

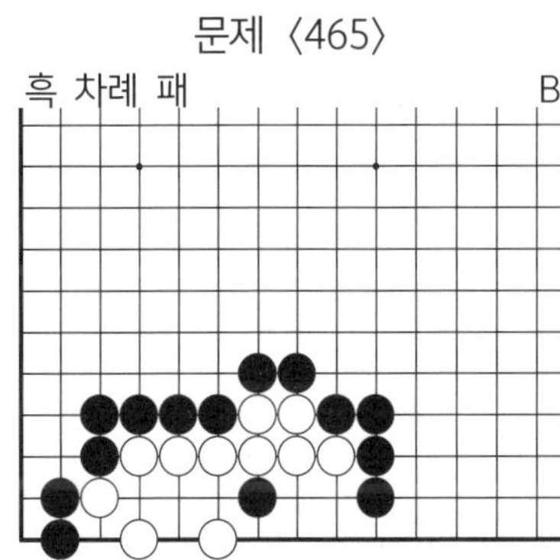

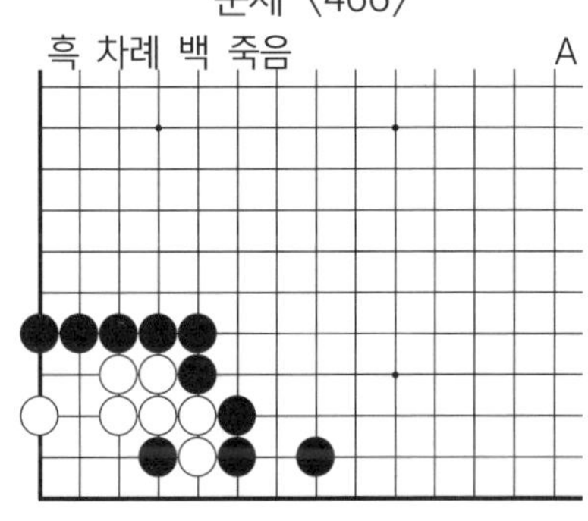

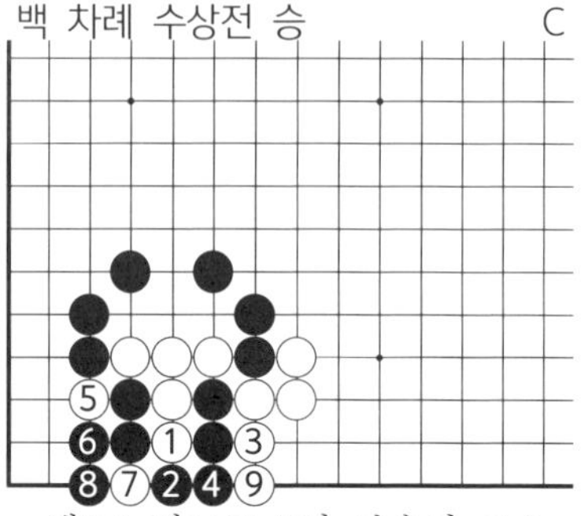

정해 〈461〉

백 차례 수상전 승   C

백1로 찌르고 3의 단수가 급소.
흑4는 백5, 7, 9로 수상전 백 승.

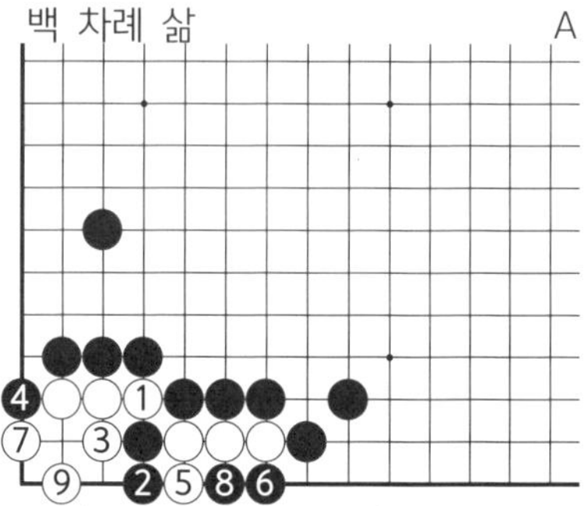

정해 〈462〉

백 차례 삶   A

백1, 3이 좋은 수. 흑4는 백5가
묘수로 흑6 때 백7, 9로 삶.

정해 〈463〉

흑 차례 백 죽음   B

흑1, 3이 급소. 백4는 흑5부터
11까지 백 죽음.

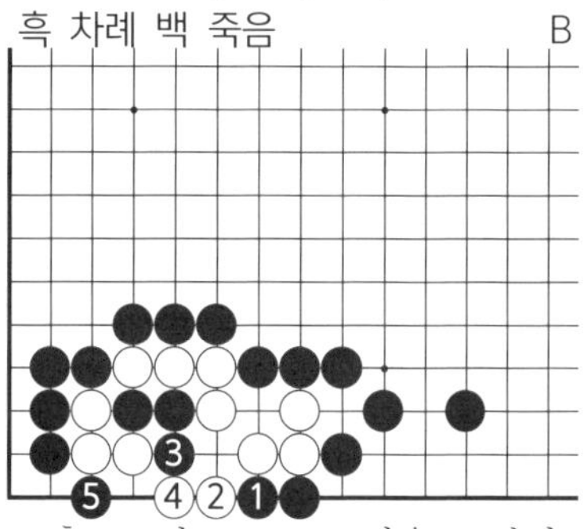

정해 〈464〉

흑 차례 백 죽음   B

흑1로 밀고 3으로 키우는 것이
묘수. 백4는 흑5로 끝.

정해 〈465〉

흑 차례 패   B

흑1이 급소. 백2는 흑3, 5로 패.

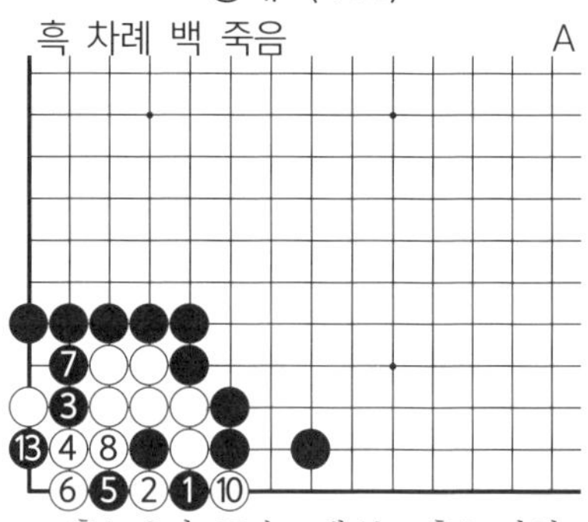

정해 〈466〉

흑 차례 백 죽음   A

흑1, 3이 묘수. 백4는 흑5 이하
13까지 끝. ⑨→②, ⑪→②, ⑫→①

문제 〈467〉

백 차례 패   A

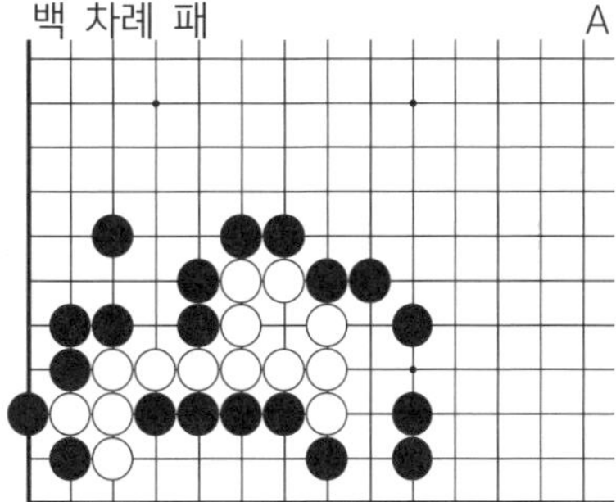

문제 〈468〉

백 차례 삶   A

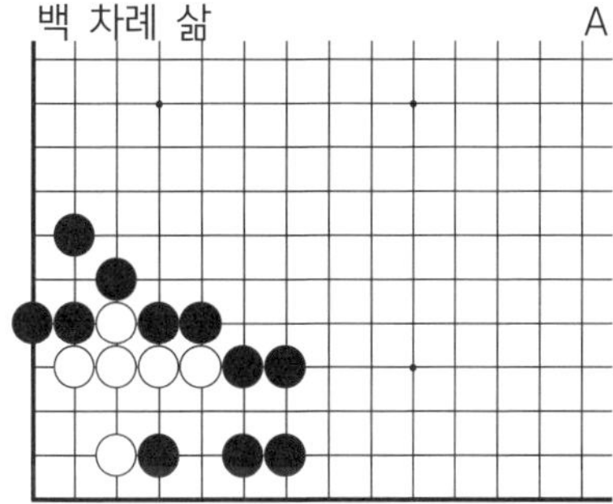

문제 〈469〉

흑 차례 백 죽음   B

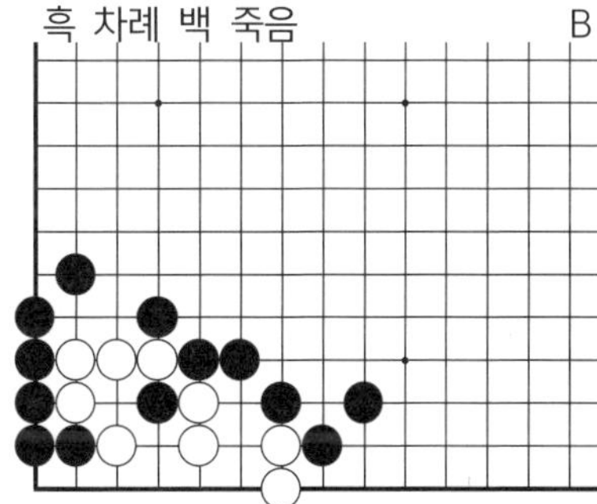

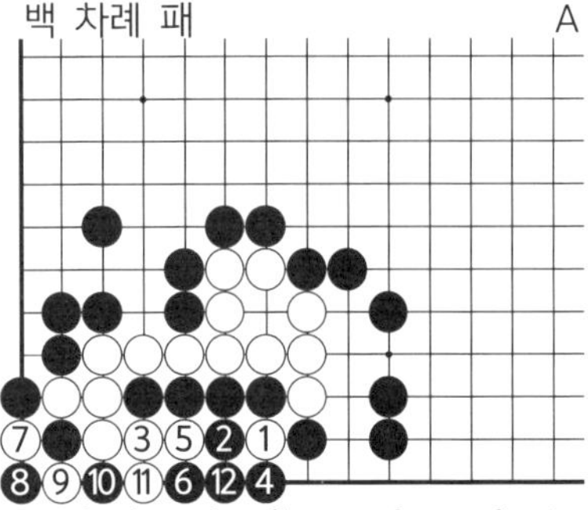

정해 〈467〉

백 차례 패

백1이 묘수. 흑2는 백3, 5가 좋
은 수로 이하 13까지 패. ⑬→⑨

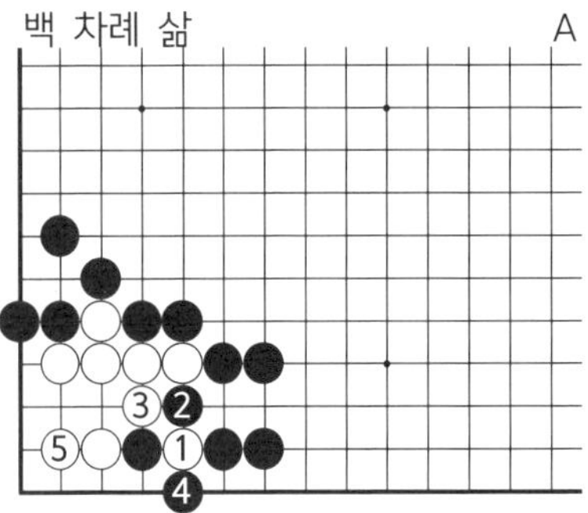

정해 〈468〉

백 차례 삶

백1로 끼우는 것이 급소. 흑2로
잡을 때 백3. 5로 삶.

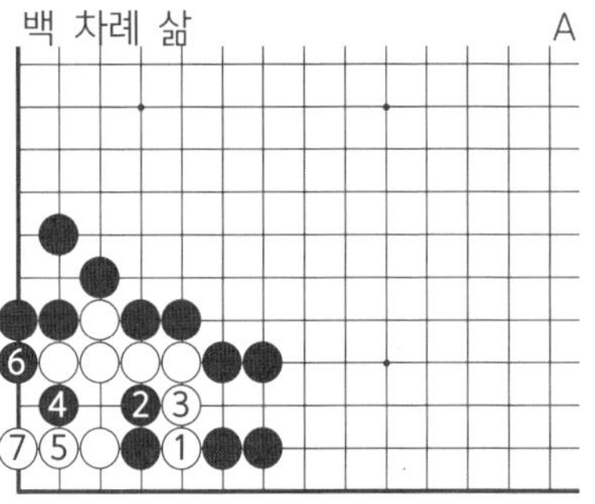

변화 〈468〉

백 차례 삶

백1 때 흑2는 백3으로 받고 흑
4는 백5, 7로 삶.

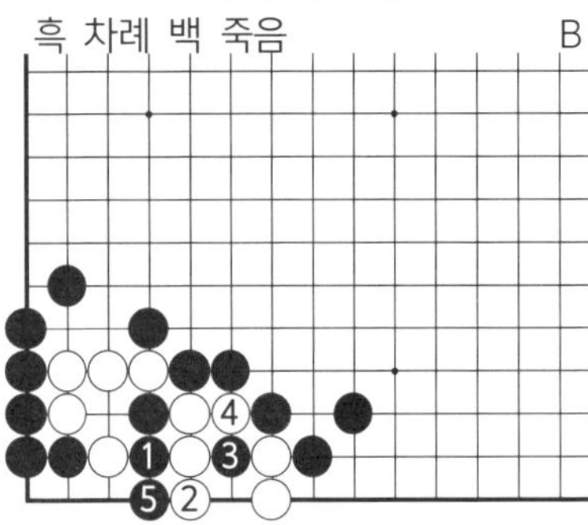

정해 〈469〉

흑 차례 백 죽음

흑1이 급소. 백2는 흑3, 5로 끝.

문제 〈470〉

흑 차례 백 죽음   A

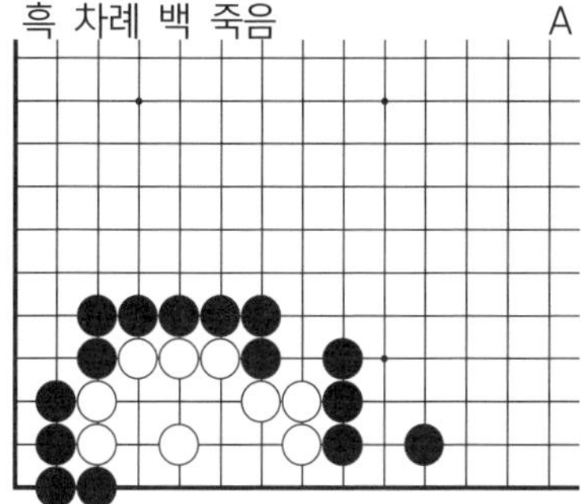

문제 〈471〉

흑 차례 백 죽음   A

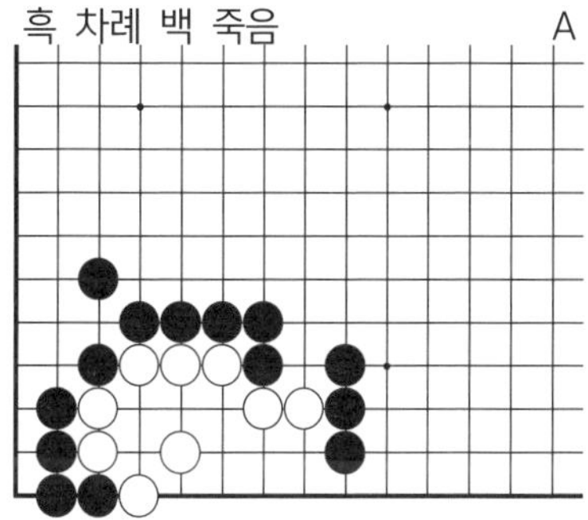

문제 〈472〉

흑 차례 백 죽음   A

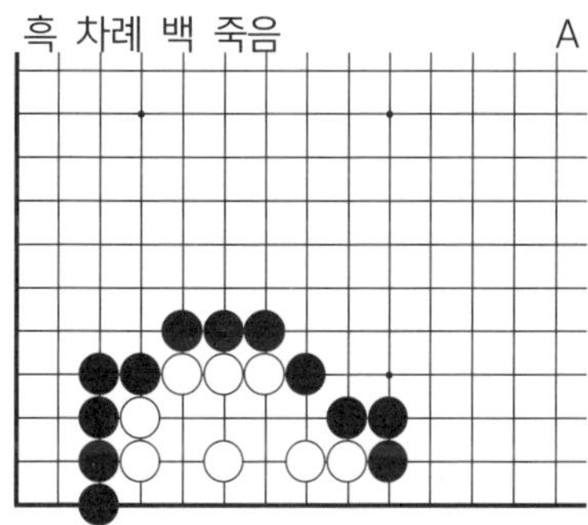

정해 〈470〉

흑 차례 백 죽음 A

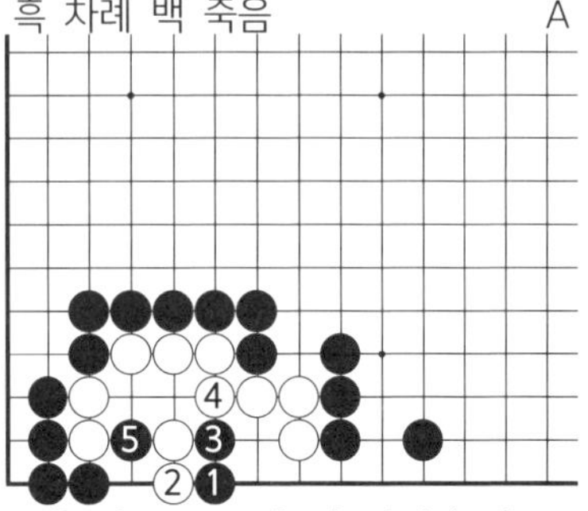

흑1이 급소. 백2의 차단은 흑3, 5로 끝.

변화 〈470〉

흑 차례 백 죽음 A

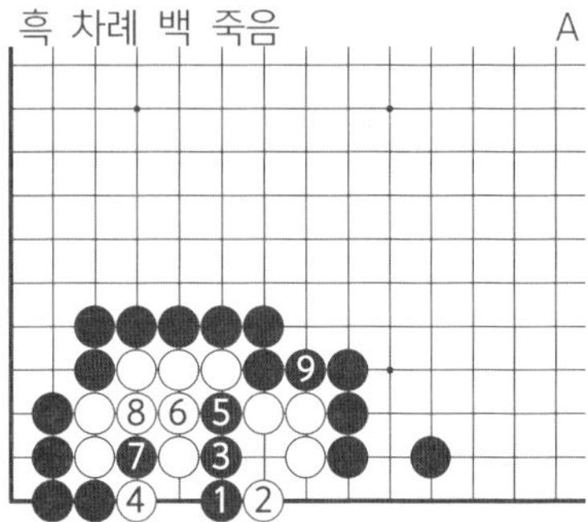

흑1 때 백2라면 흑3부터 9까지 백의 양자충으로 끝.

정해 〈471〉

흑 차례 백 죽음 A

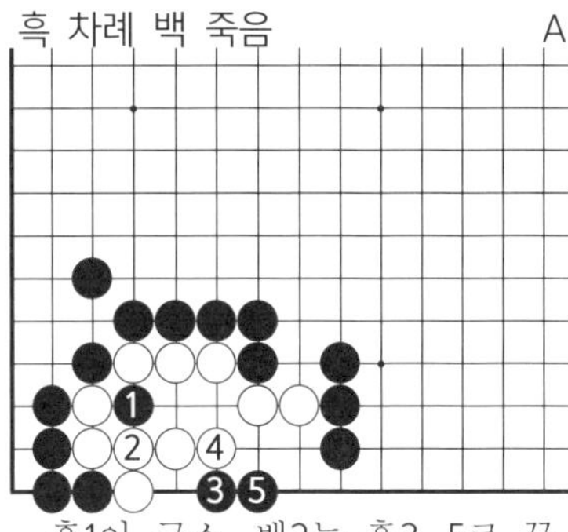

흑1이 급소. 백2는 흑3, 5로 끝.

정해 〈472〉

흑 차례 백 죽음 A

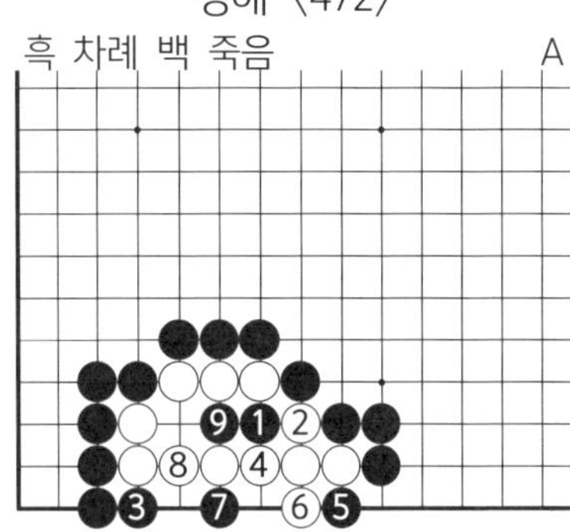

흑1이 급소. 백2는 흑3부터 9까지 백 죽음.

변화 〈472〉

흑 차례 백 죽음 A

흑1 때 백2라면 흑3이 묘수. 백4는 흑5, 7, 9로 양자충으로 끝.

문제 〈473〉

흑 차례 백 죽음   A

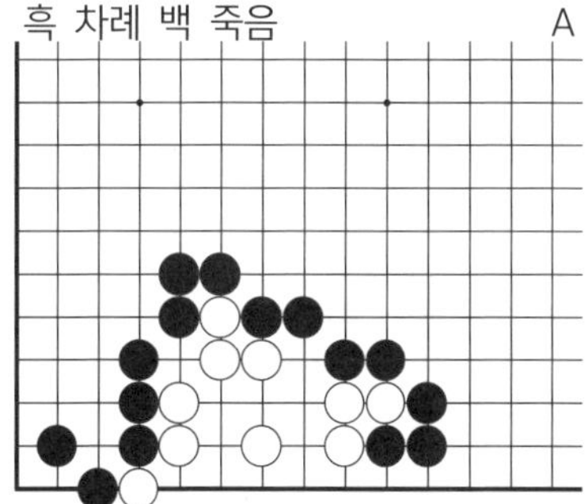

문제 〈474〉

흑 차례 백 죽음   A

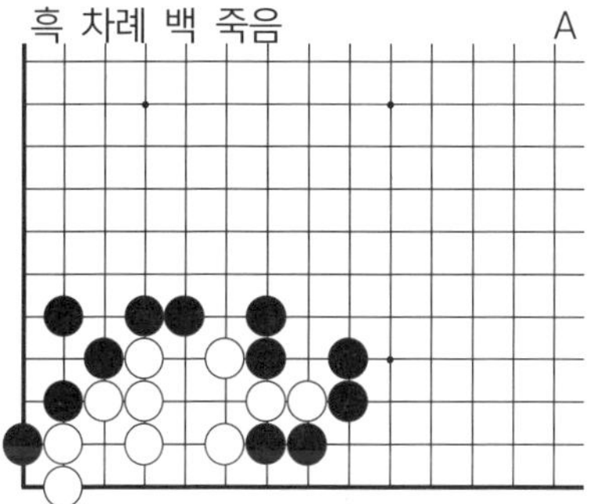

문제 〈475〉

흑 차례 백 죽음   A

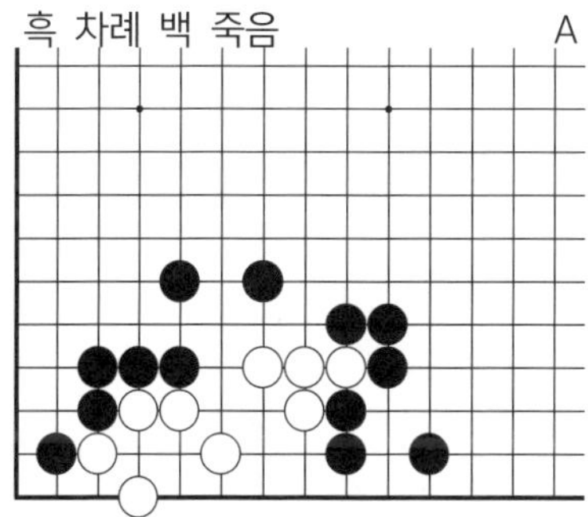

정해 〈473〉

흑 차례 백 죽음   A

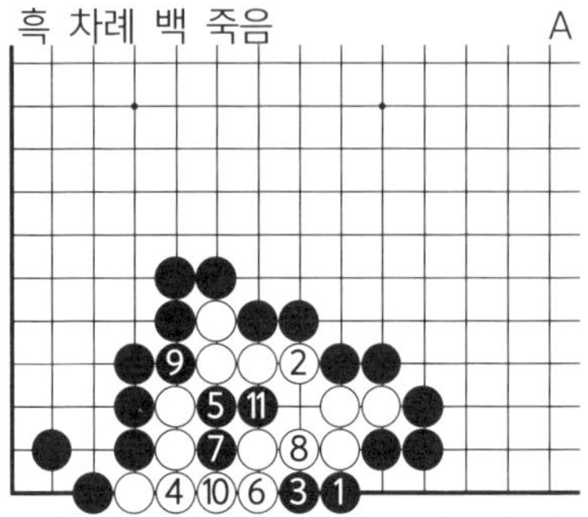

흑1, 3이 급소. 백4로 이으면 흑
5부터 11까지 3궁으로 백 죽음.

변화 〈473〉

흑 차례 백 죽음   A

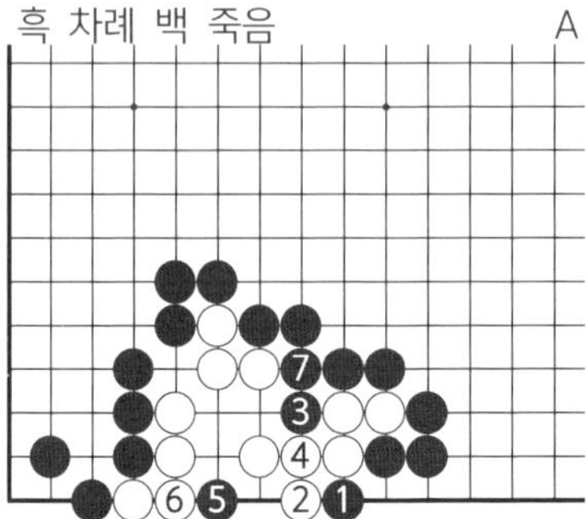

흑1 때 백2로 받으면 흑3, 5가
수순. 백6으로 이으면 흑7로 끝.

정해 〈474〉

흑 차례 백 죽음   A

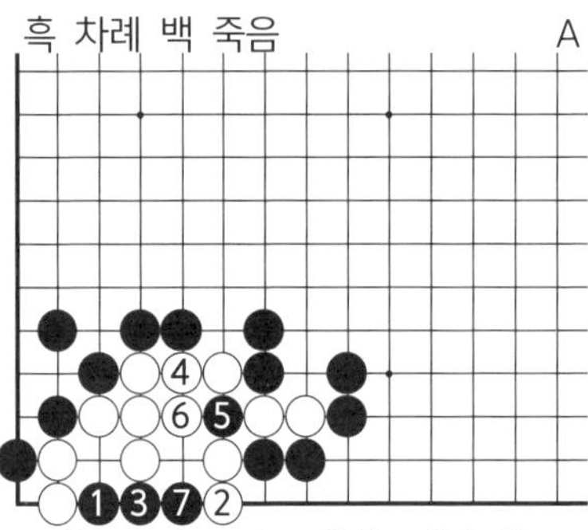

흑1, 3이 묘수. 백4는 흑5, 7로
그만.

정해 〈475〉

흑 차례 백 죽음   A

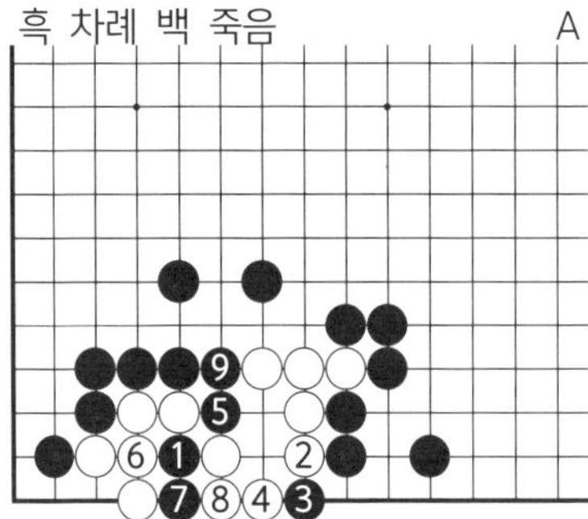

흑1이 급소. 백2로 집을 넓혀도
흑3부터 9까지 백 죽음.

변화 〈475〉

흑 차례 백 죽음   A

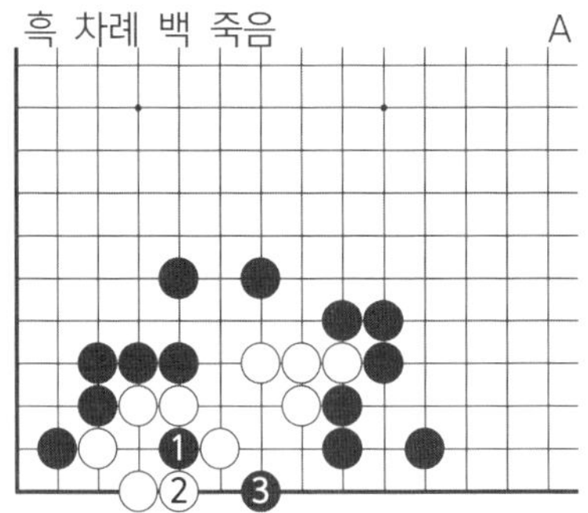

흑1 때 백2라면 흑3으로 그만.

문제 〈476〉

흑 차례 백 죽음   B

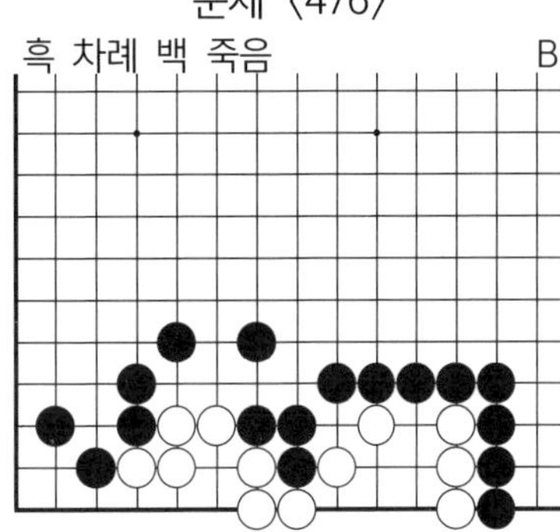

문제 〈477〉

흑 차례 백 죽음   A

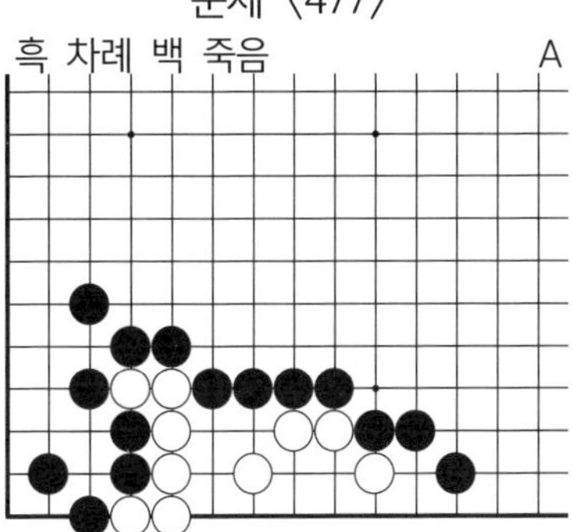

문제 〈478〉

흑 차례 백 죽음   A

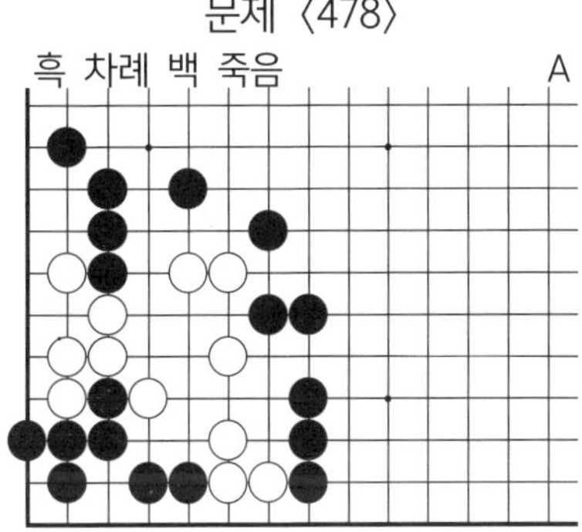

문제 〈479〉

흑 차례 백 죽음   B

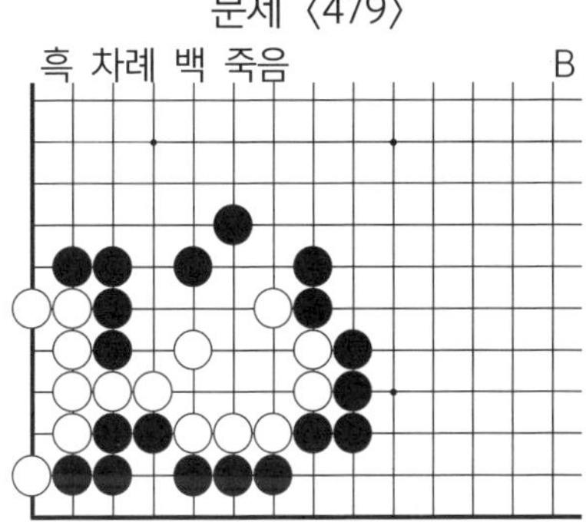

문제 〈480〉

흑 차례 백 죽음   B

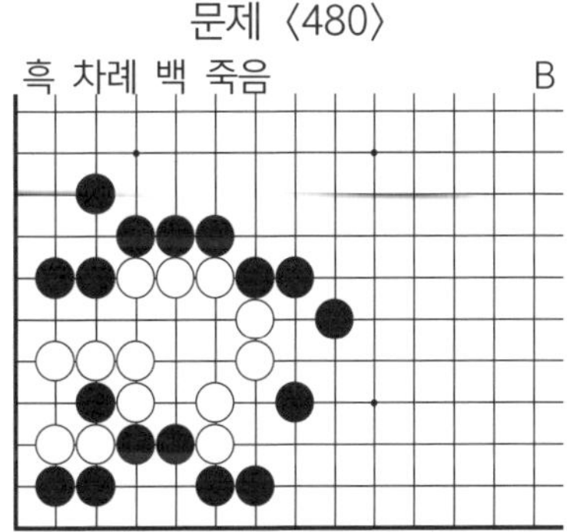

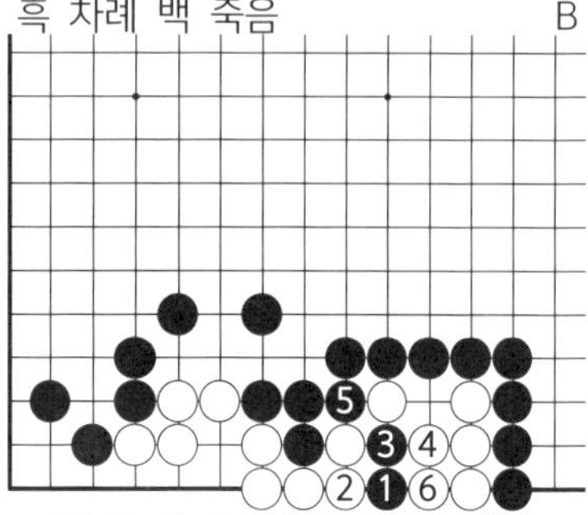

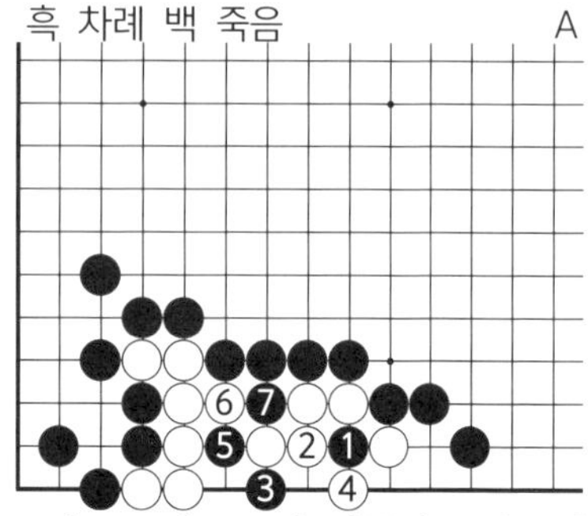

정해 〈476〉

흑1의 들여다봄이 급소. 백2는 흑3, 5, 7로 백 죽음. ❼→❸

정해 〈477〉

흑1로 찝고 3의 치중이 묘수. 백 4로 잡으면 흑5, 7로 환격.

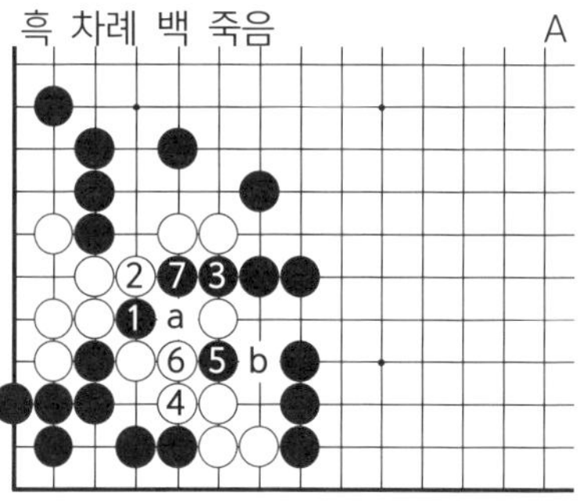

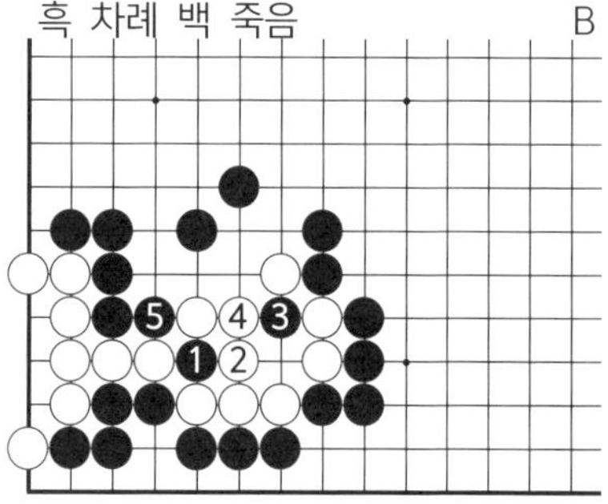

정해 〈478〉

흑1이 급소. 백2는 흑3, 5가 묘수 백6은 흑7로 끝. a, b가 맞보기.

정해 〈479〉

흑1이 자살의 묘수. 백2로 따내 면 흑3, 5로 모두 옥집.

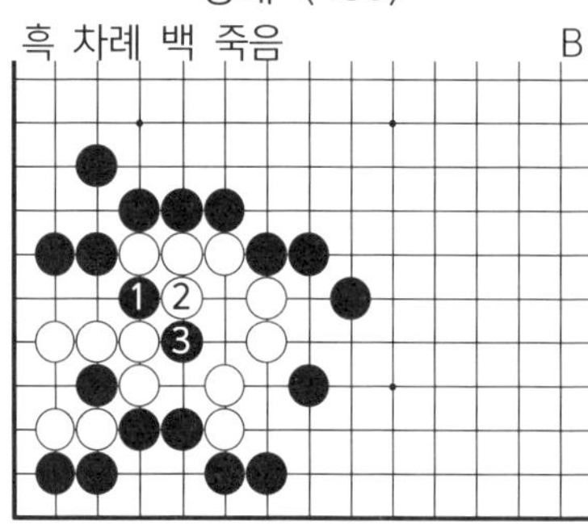

정해 〈480〉

흑1, 3으로 끝.

문제 〈481〉

흑 차례 삶   C

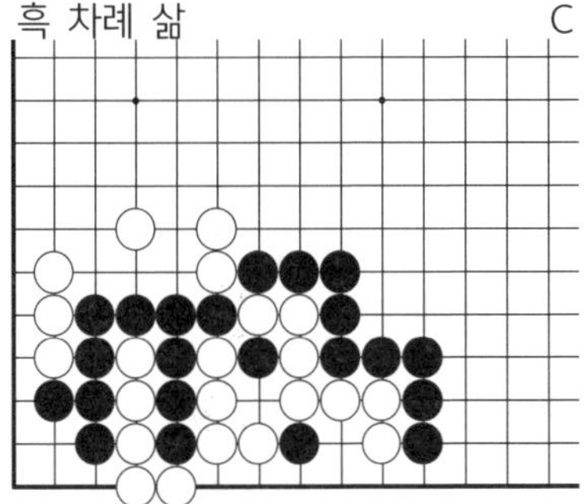

문제 〈482〉

흑 차례 백 죽음   B

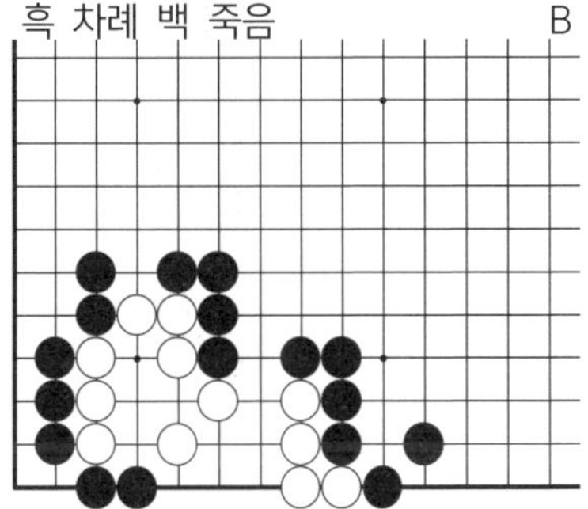

문제 〈483〉

백 차례 삶   B

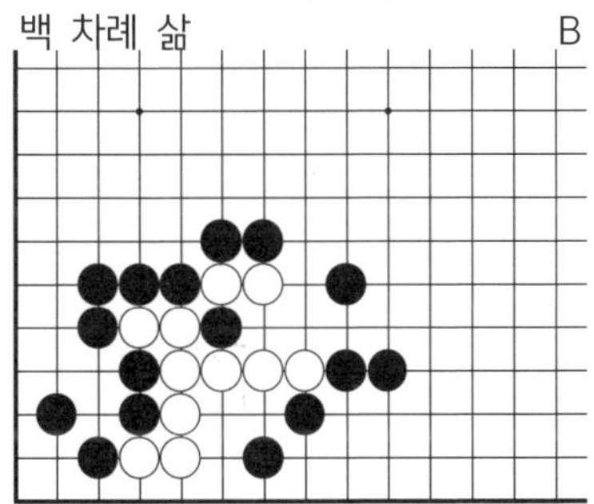

정해 〈481〉

흑 차례 삶   C

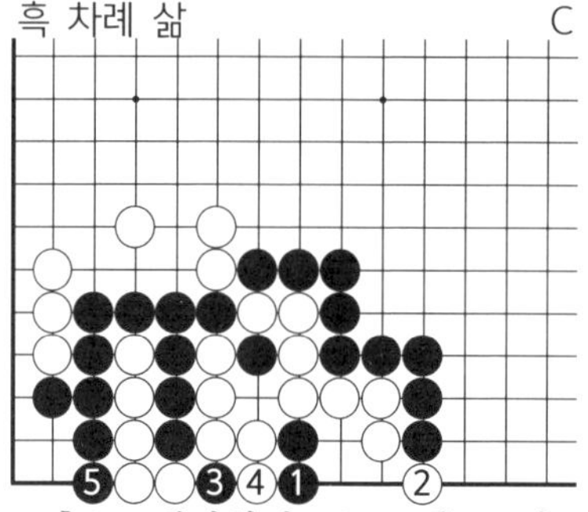

흑1로 내려섬이 급소. 백2는 흑
3, 5로 촉촉수로 백 4점을 잡고 삶.

변화 〈481〉

흑 차례 삶   C

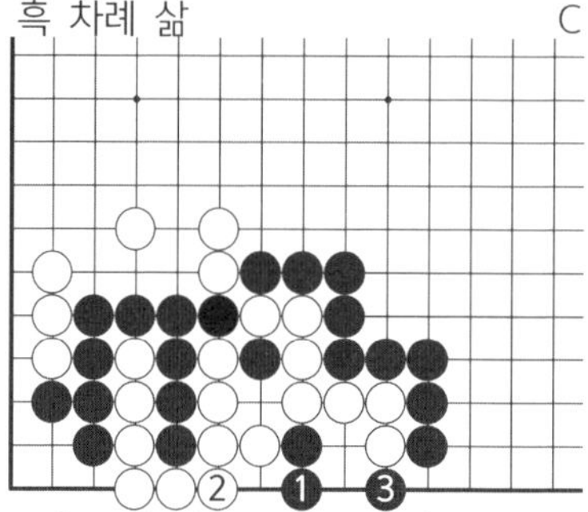

흑1 때 백2로 이으면 흑3으로
삶.

정해 〈482〉

흑 차례 백 죽음   B

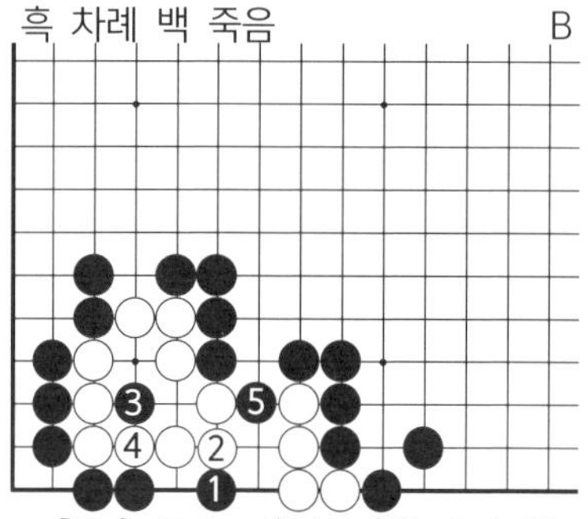

흑1이 급소. 백2는 흑3, 5로 끝.

변화 〈482〉

흑 차례 백 죽음   B

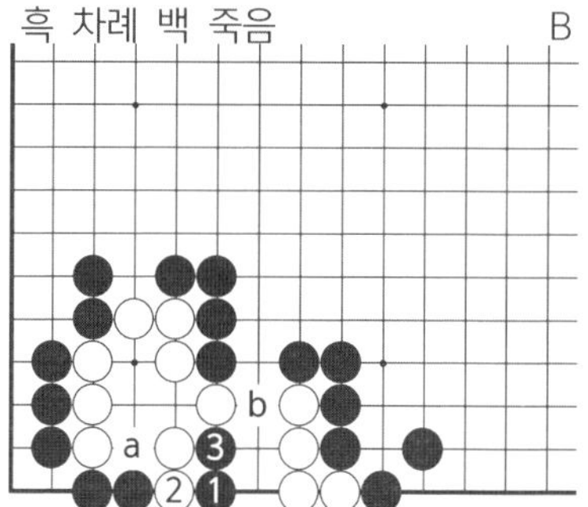

흑1 때 백2라면 흑3으로 a와 b가
맞보기로 그만.

정해 〈483〉

백 차례 삶   B

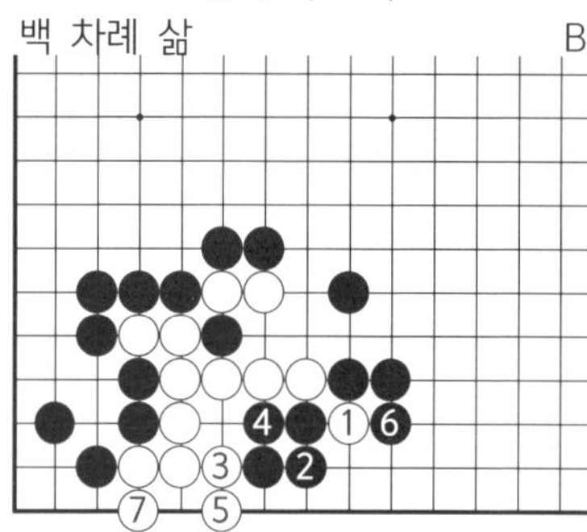

백1, 3이 사는 급소. 흑4의 파호
는 백5, 7로 삶.

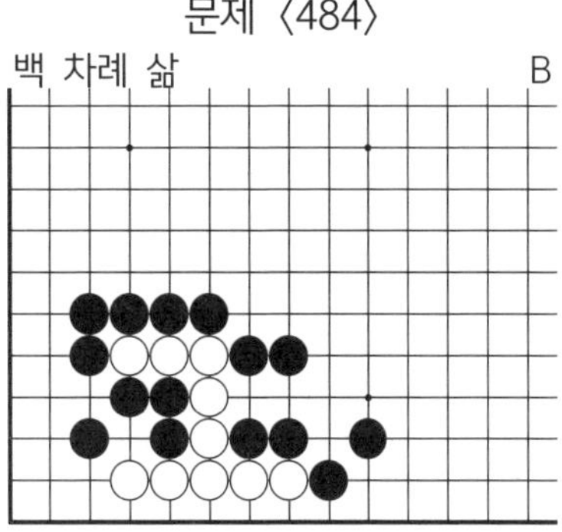

문제 〈484〉

백 차례 삶　　　　　　　　B

귀의 특수성을 활용.

문제 〈485〉

백 차례 삶　　　　　　　　A

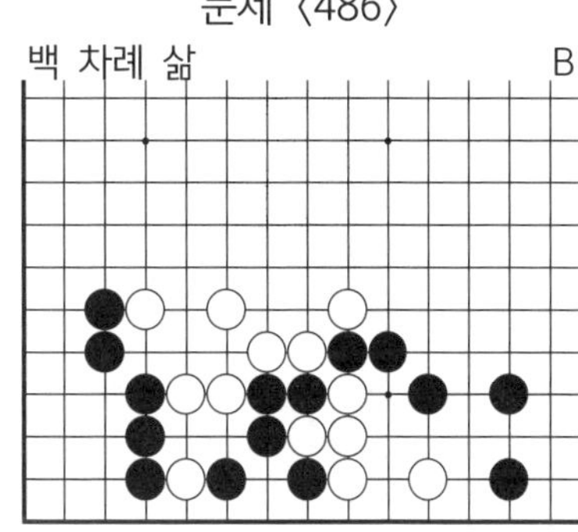

문제 〈486〉

백 차례 삶　　　　　　　　B

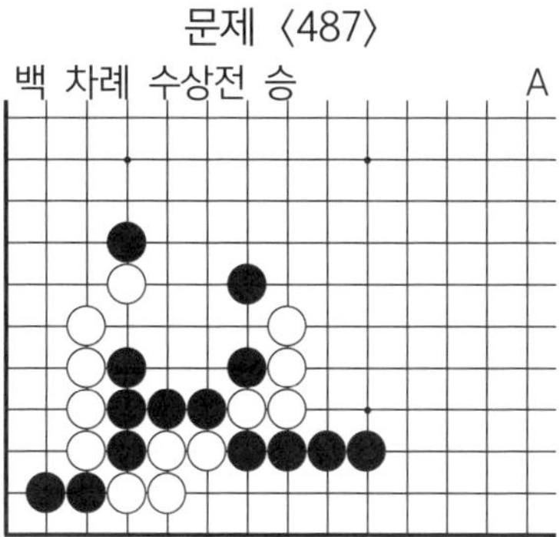

문제 〈487〉

백 차례 수상전 승　　　　　A

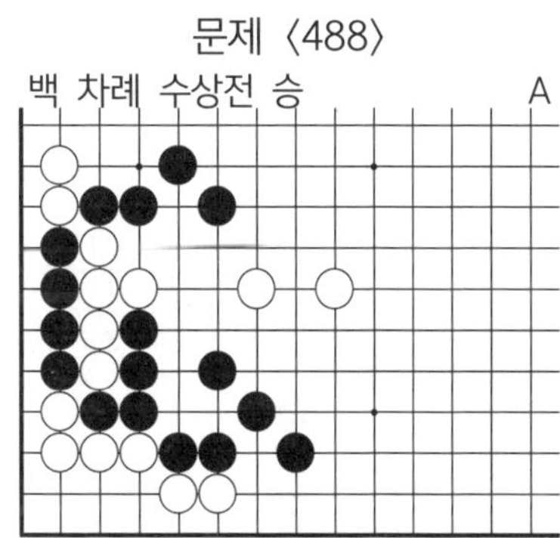

문제 〈488〉

백 차례 수상전 승　　　　　A

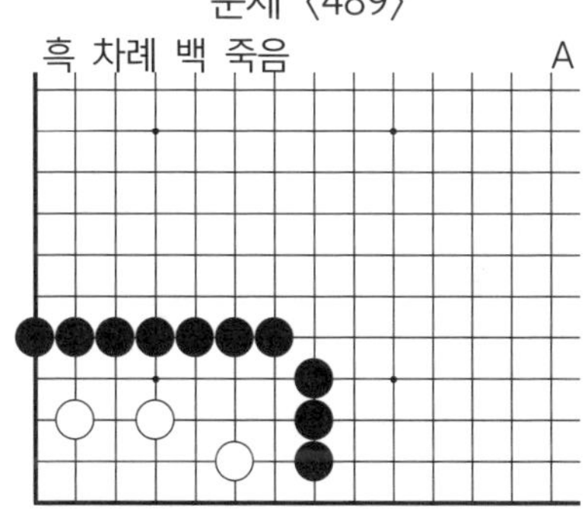

문제 〈489〉

흑 차례 백 죽음　　　　　　A

정해 〈484〉

백 차례 삶   B

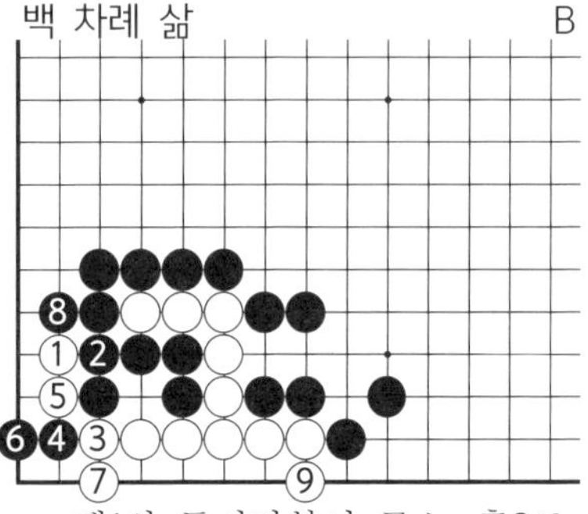

백1의 들여다봄이 급소. 흑2로
이으면 백3 이하 9로 삶.

정해 〈485〉

백 차례 삶   A

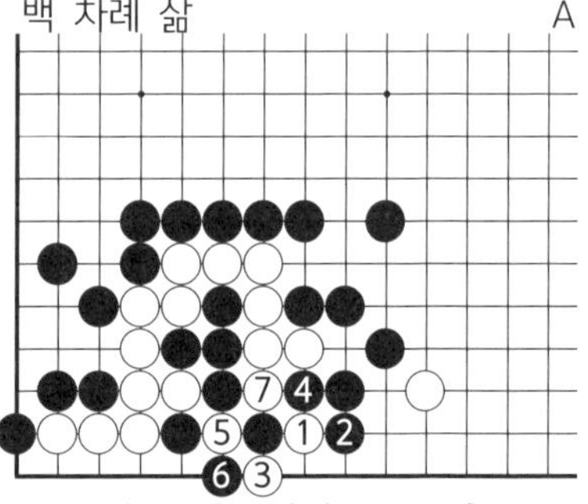

백1의 건너붙임이 급소. 흑2는
백3, 5, 7로 촉촉수.

정해 〈486〉

백 차례 삶   B

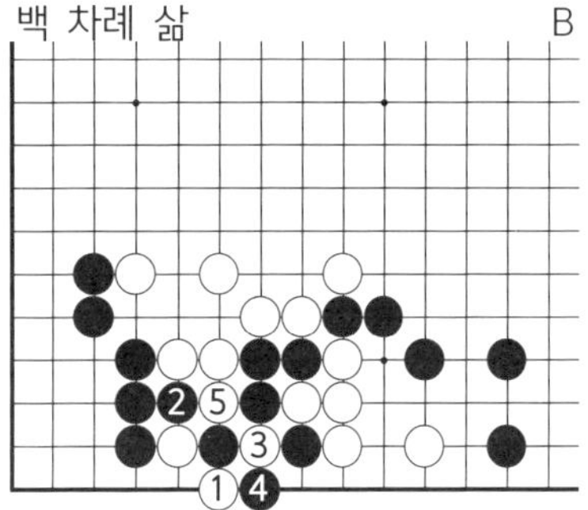

백1의 젖힘이 급소. 흑2는 백3,
5로 촉촉수.

정해 〈487〉

백 차례 수상전 승   A

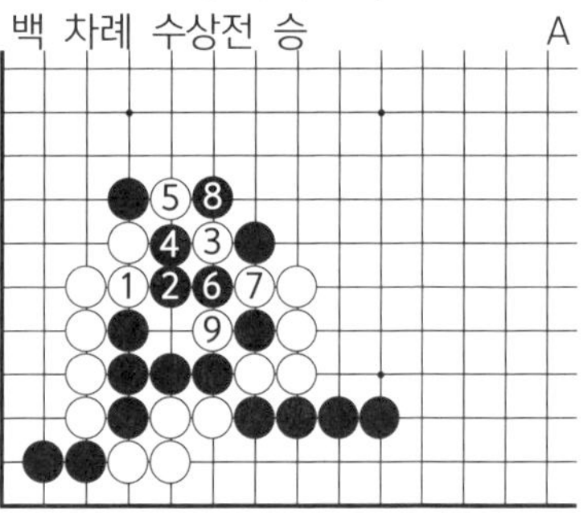

백1, 3이 좋은 수순. 흑4는 백5,
7, 9로 촉촉수.

정해 〈488〉

백 차례 수상전 승   A

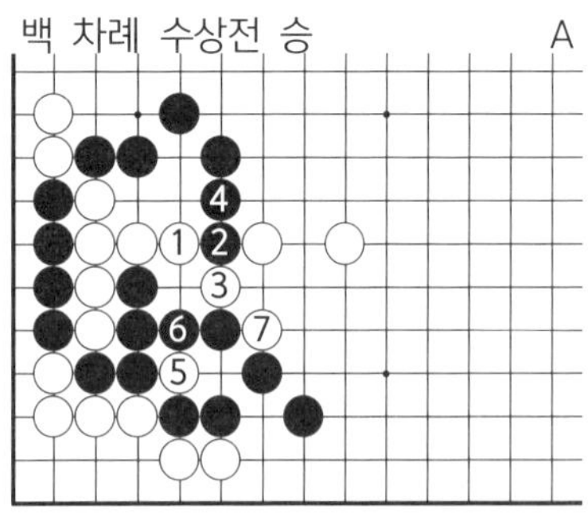

백1, 3이 도망가는 급소. 흑4로
이으면 백5, 7로 탈출.

정해 〈489〉

흑 차례 백 죽음   A

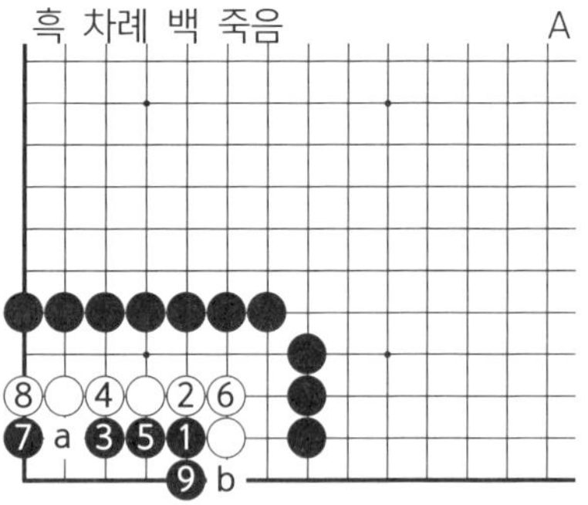

백1이 급소. 흑2의 차단은 백3
이하 9까지 a와 b가 맞보기로 백 죽음.

문제 〈490〉

흑 차례 패

A

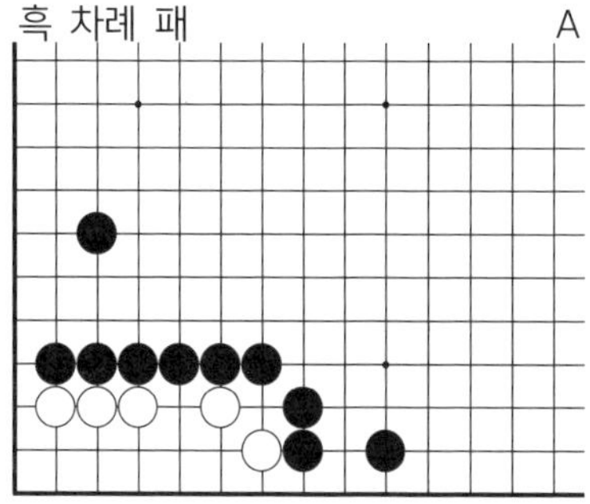

문제 〈491〉

흑 차례 패

A

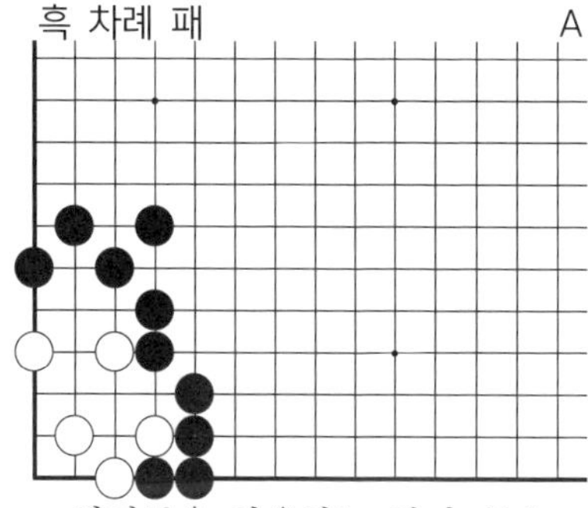

버림돌을 활용하는 것이 중요.

문제 〈492〉

백 차례 삶

A

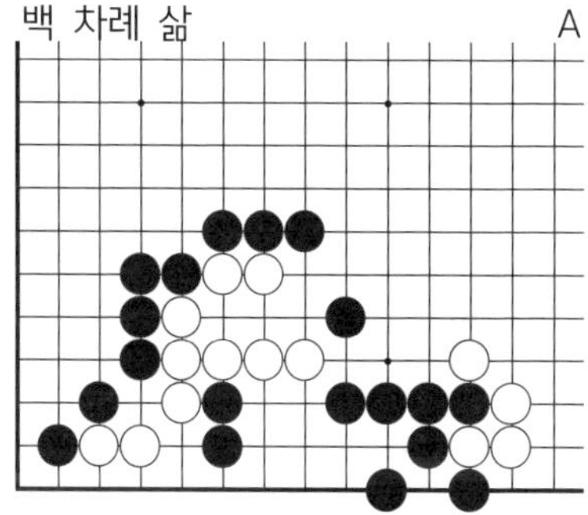

문제 〈493〉

흑 차례 백 죽음

A

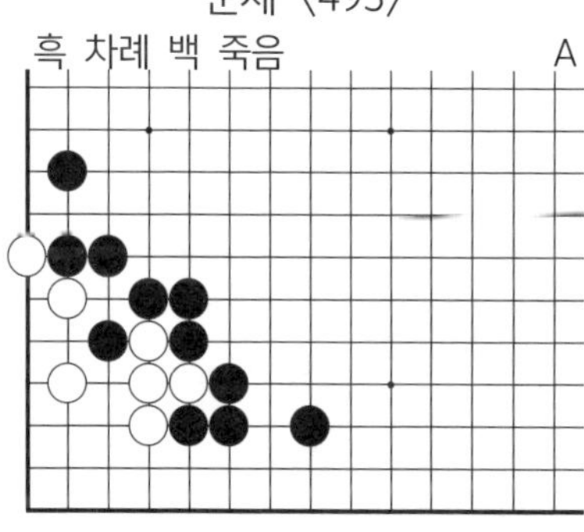

문제 〈494〉

백 차례 삶

A

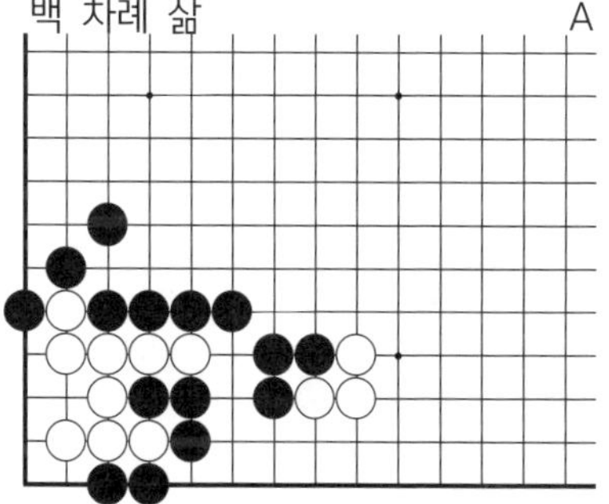

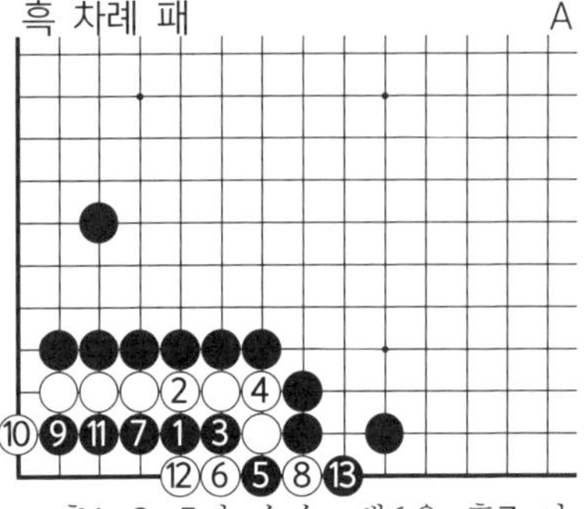

정해 〈490〉

흑 차례 패   A

흑1, 3, 5가 수순. 백6은 흑7 이
하 13까지 패.

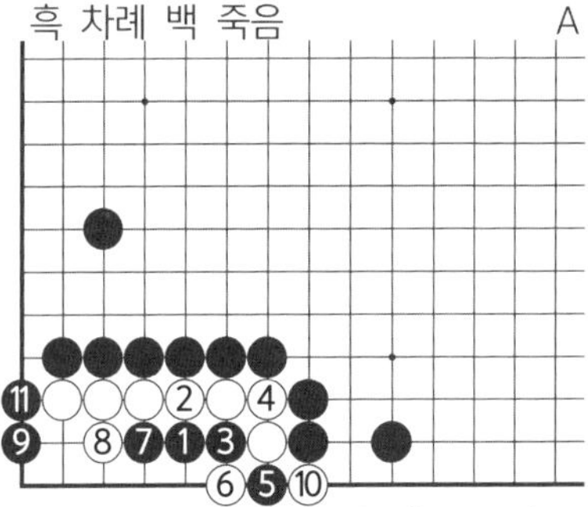

변화 〈490〉

흑 차례 백 죽음   A

흑7 때 백8로 두면 흑9로 치중
해서 백10은 흑11로 백 죽음.

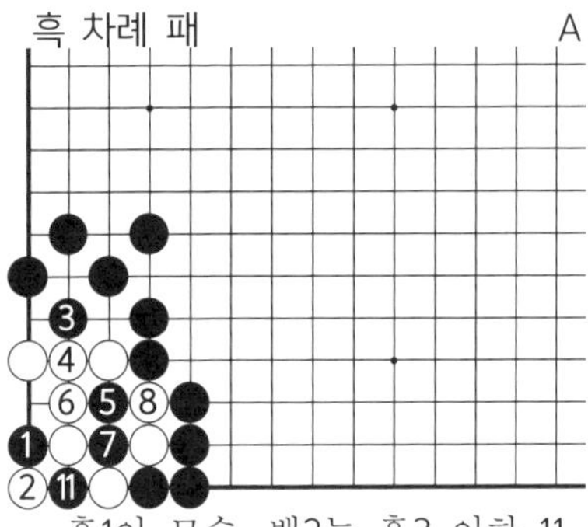

정해 〈491〉

흑 차례 패   A

흑1이 묘수. 백2는 흑3 이하 11
까지 패. ❾→❼, ⑩→❺

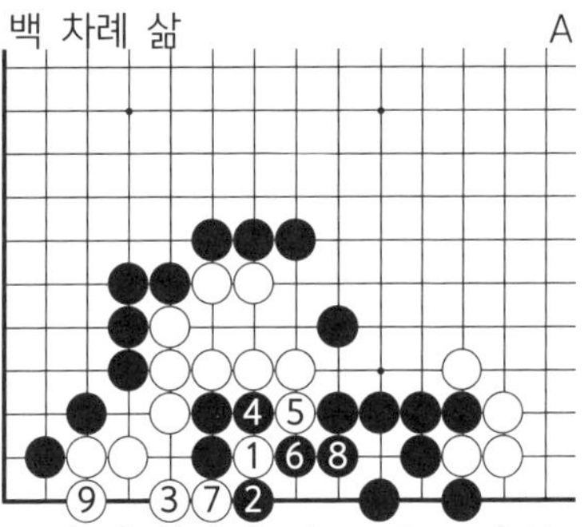

정해 〈492〉

백 차례 삶   A

백1의 붙임이 사는 급소. 흑2는
백3이 묘수로 이하 9까지 삶.

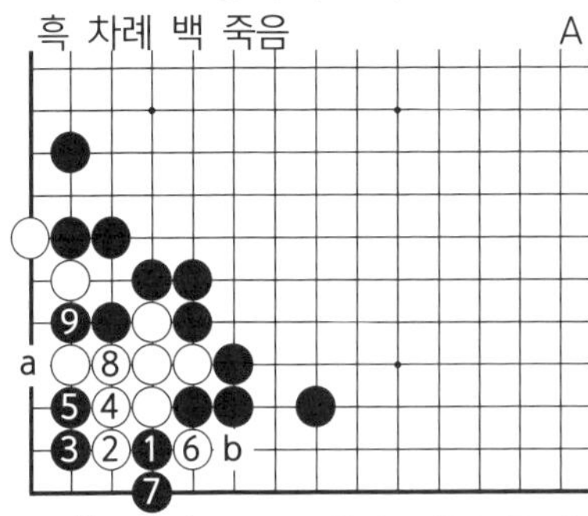

정해 〈493〉

흑 차례 백 죽음   A

흑1, 3이 급소. 백4는 흑5, 7, 9
로 a와 b가 맞보기로 백 죽음.

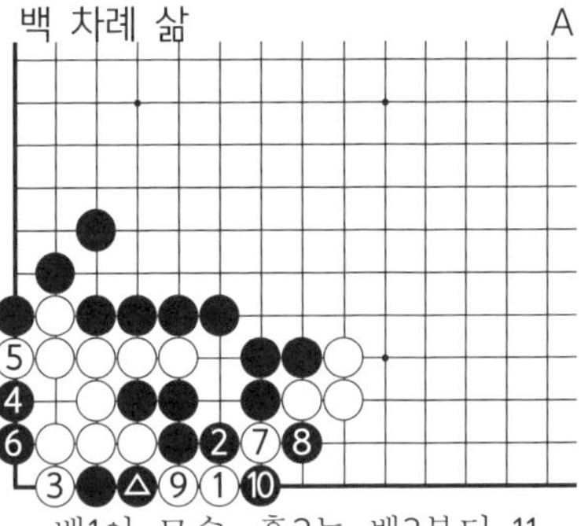

정해 〈494〉

백 차례 삶   A

백1이 묘수. 흑2는 백3부터 11
까지 삶. ⑪→▲

문제 〈495〉

백 차례 삶   A

문제 〈496〉

흑 차례 패   A

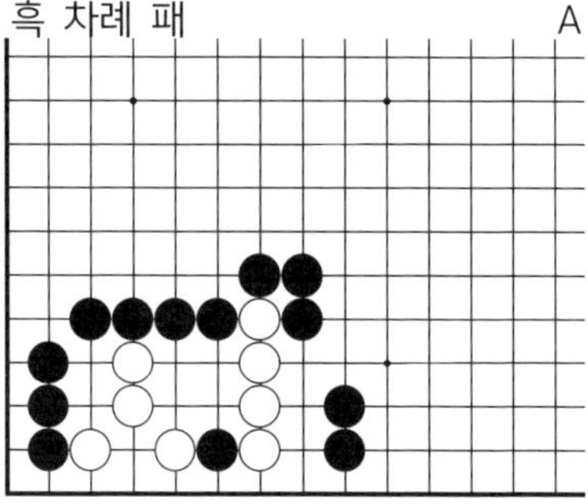

문제 〈497〉

백 차례 패   A

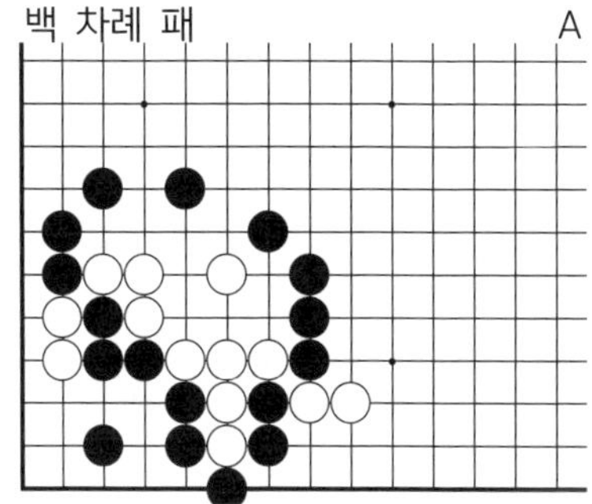

문제 〈498〉

백 차례 삶   A

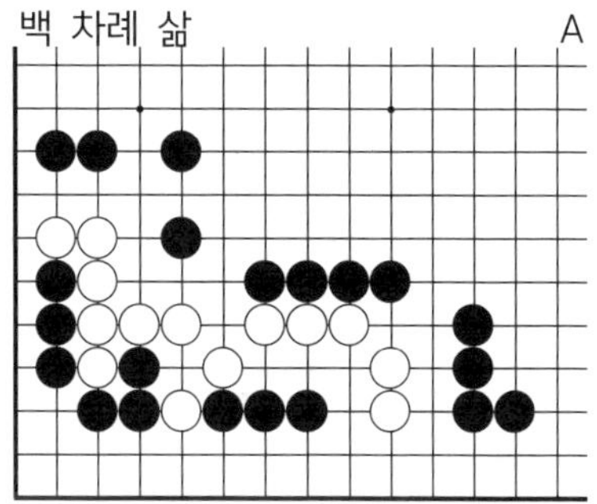

문제 〈499〉

백 차례 삶   A

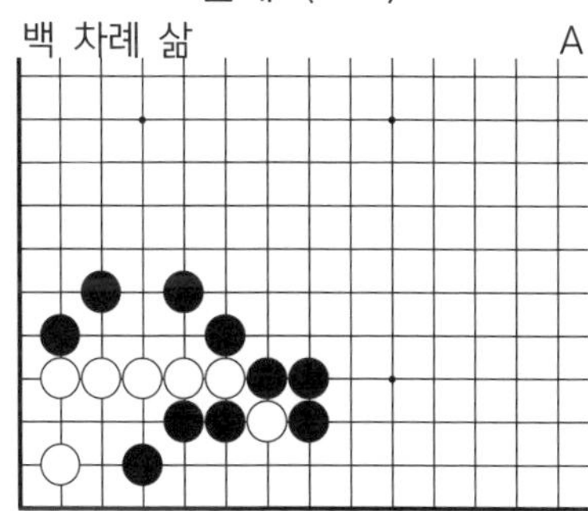

정해 〈495〉

백 차례 삶   A

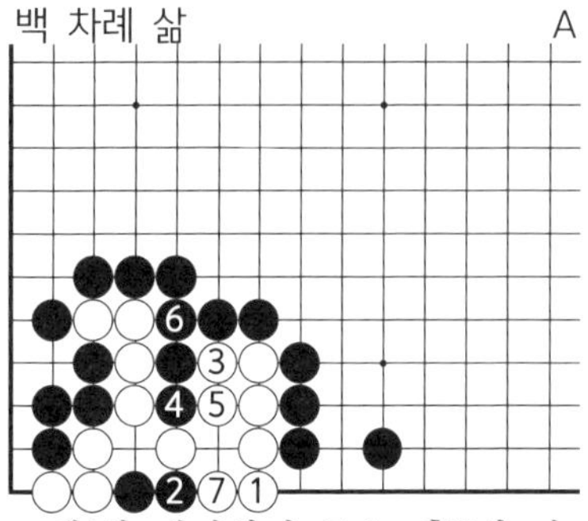

백1의 내려섬이 급소. 흑2의 파
호는 백3, 5, 7로 삶.

정해 〈496〉

흑 차례 패   A

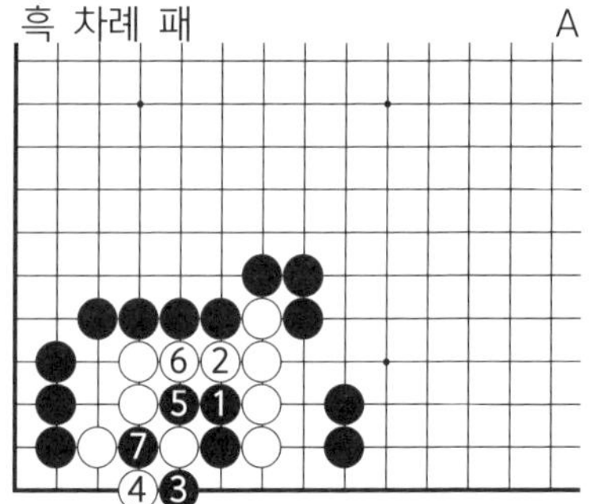

흑1이 급소. 백2로 차단하면 흑
3, 5, 7로 패.

정해 〈497〉

백 차례 패   A

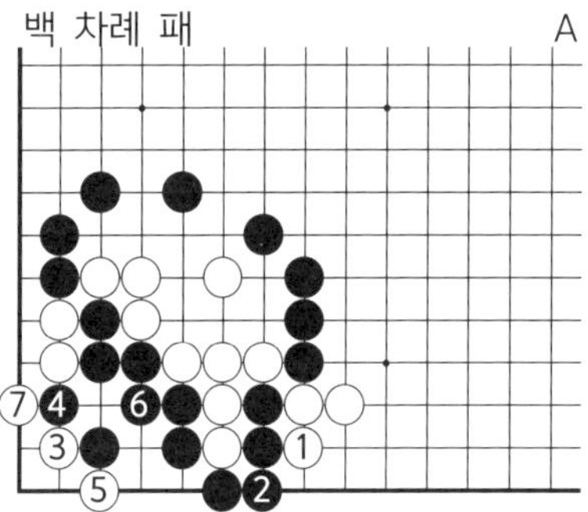

백1을 선수하고 3의 붙임이 급소.
흑4는 백5, 7로 패.

정해 〈498〉

백 차례 삶   A

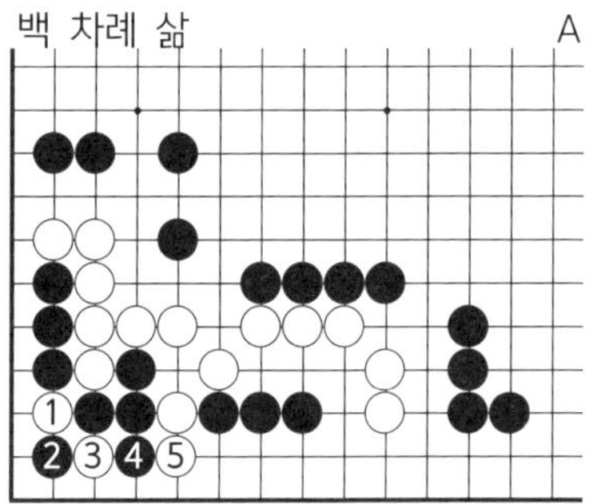

백1의 끊음이 급소. 흑2는 백3,
5로 차단하여 흑 3점을 잡고 삶.

정해 〈499〉

백 차례 삶   A

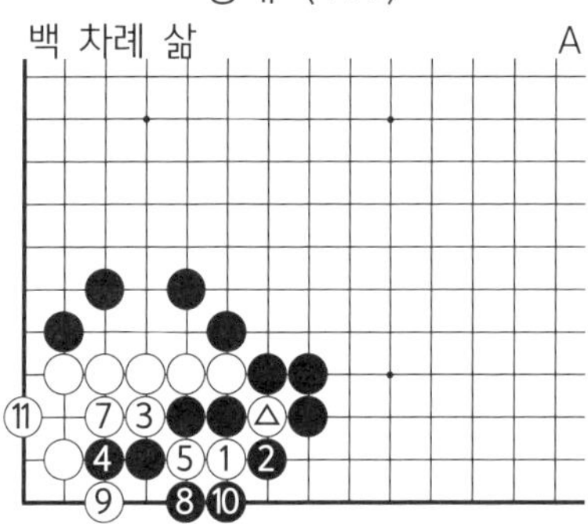

백1이 묘수. 흑2는 백3 이하 11
까지 삶. ❻→△

문제 〈500〉

백 차례 삶   A

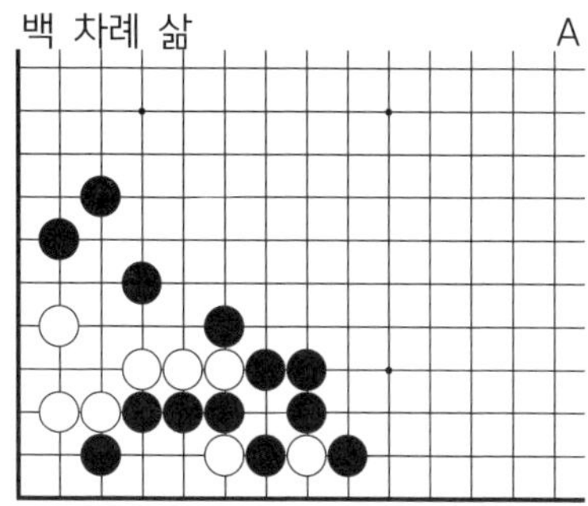

문제 〈501〉

백 차례 삶   A

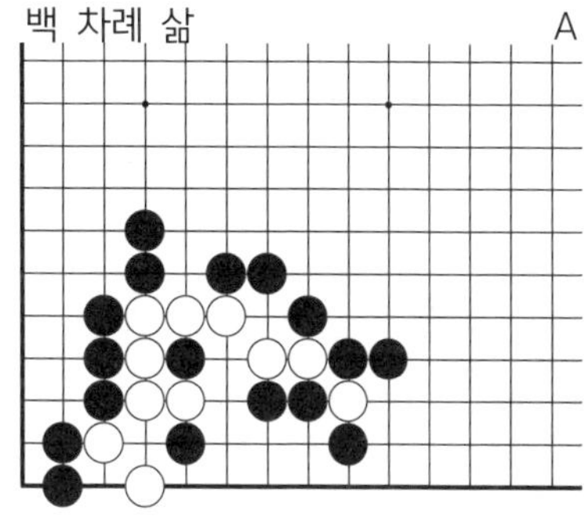

문제 〈502〉

백 차례 삶   A

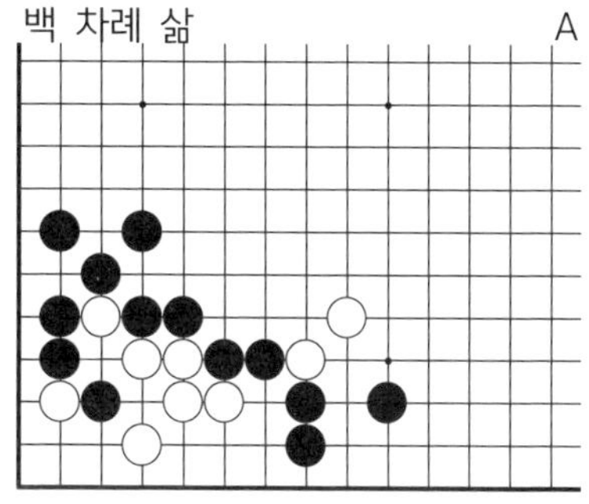

문제 〈503〉

백 차례 삶   A

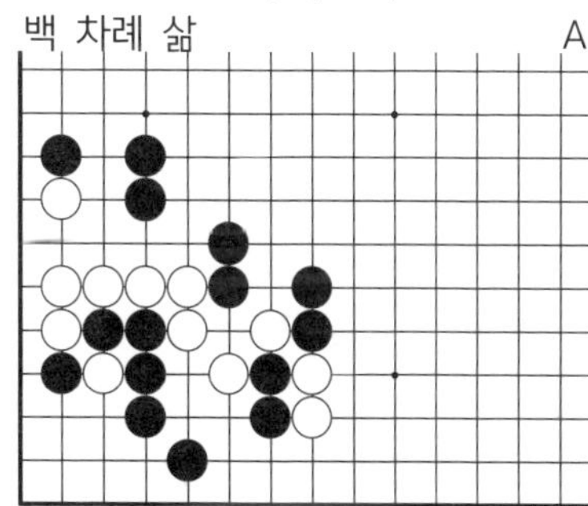

231

정해 〈500〉

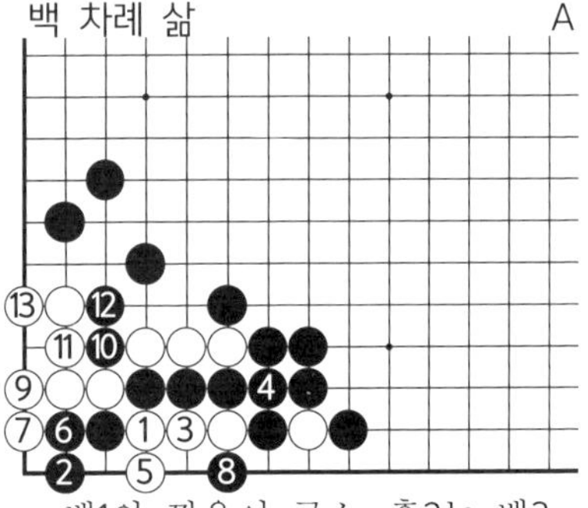

백1의 찝음이 급소. 흑2는 백3,
5가 수순으로 이하 13까지 삶.

변화 〈500〉

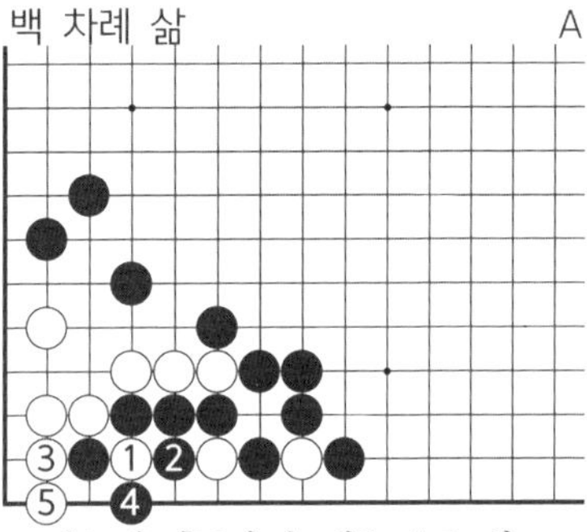

백1 때 흑2라면 백3, 5로 삶.

정해 〈501〉

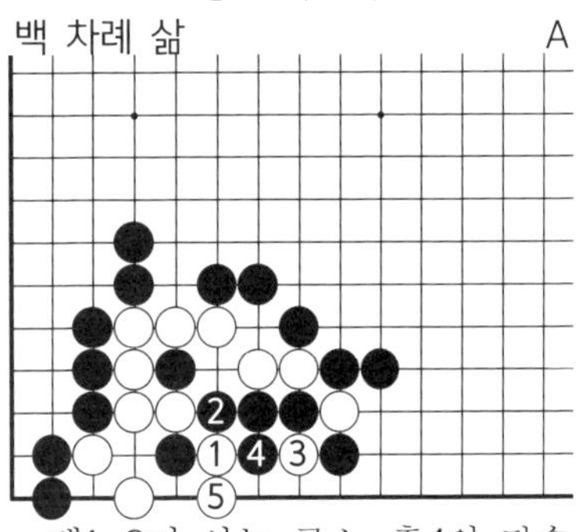

백1, 3이 사는 급소. 흑4의 단수
는 백5로 삶.

정해 〈502〉

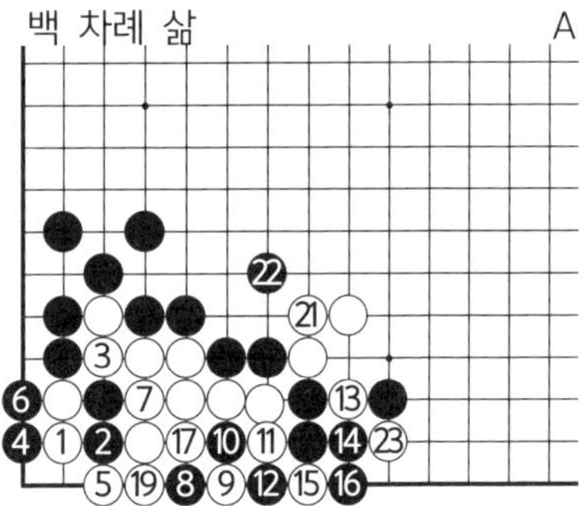

백1, 3이 수순. 흑4는 백5 이하
23까지 축. ⑱→⑨, ⑳→⑮

정해 〈503〉

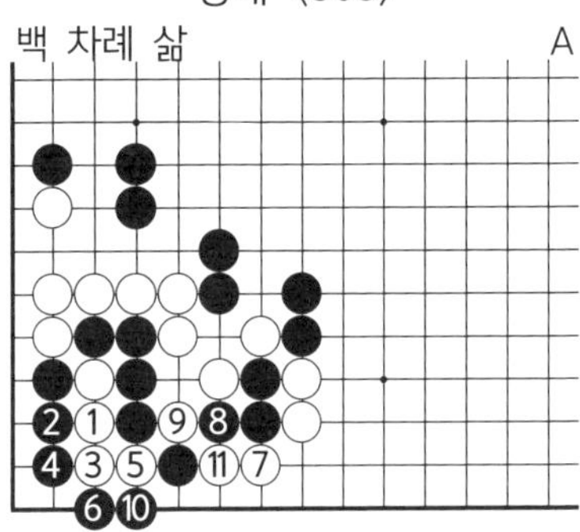

백1, 3으로 나가는 것이 묘수.
흑4는 백5부터 11까지 환격.

변화 〈503〉

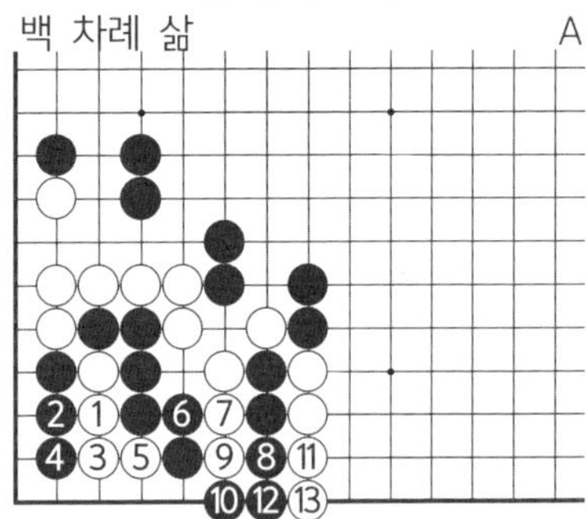

백1부터 5까지 되었을 때 흑6이
라면 백7부터 13까지 촉촉수.

문제 〈504〉

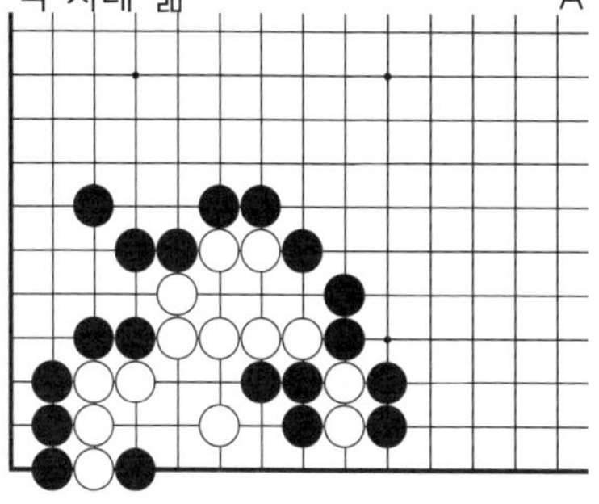

문제 〈505〉

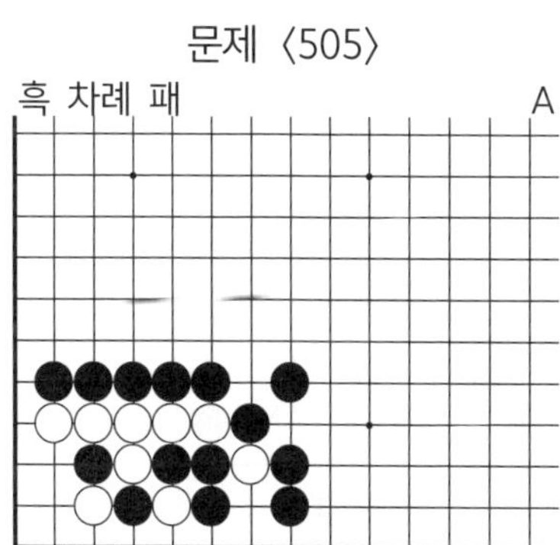

문제 〈506〉

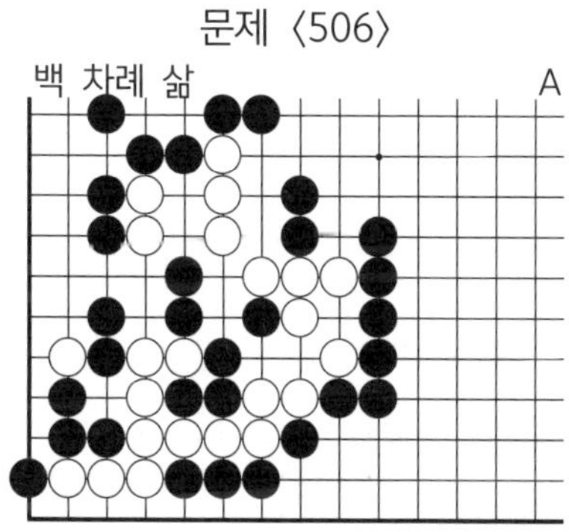

정해 〈504〉

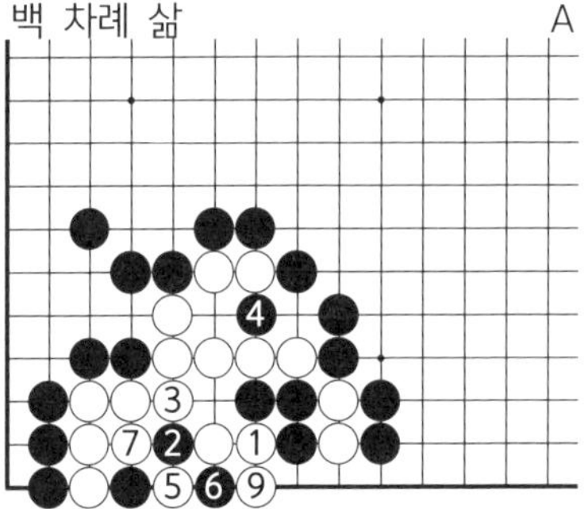

백1이 급소. 흑2의 파호는 백3
부터 9까지 삶. ❽→⑤

변화 1 〈504〉

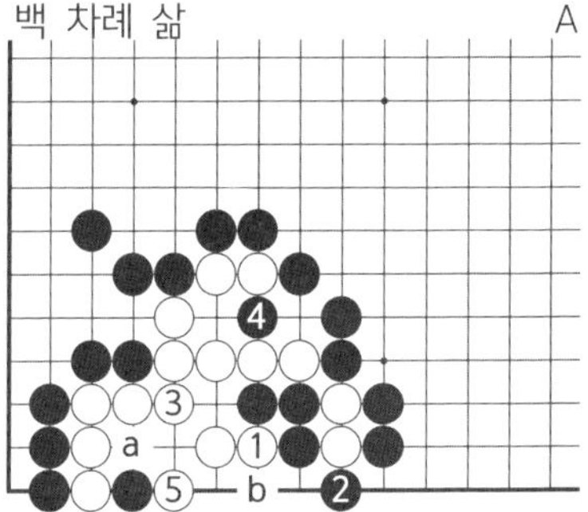

백1 때 흑2라면 백3, 5, 7로 a와
b가 맞보기로 삶.

변화 2 〈504〉

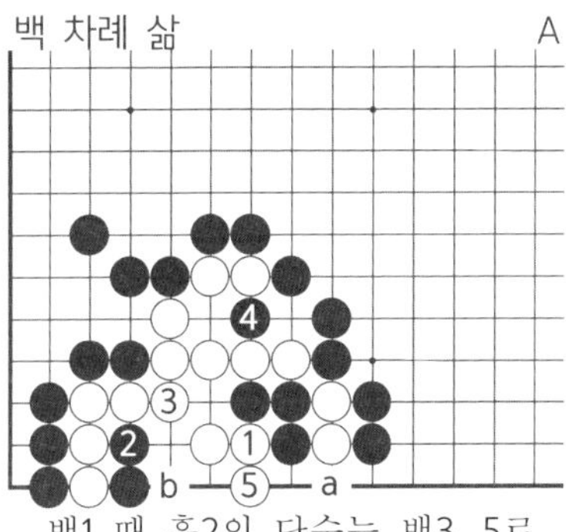

백1 때 흑2의 단수는 백3, 5로
a와 b가 맞보기로 삶.

정해 〈505〉

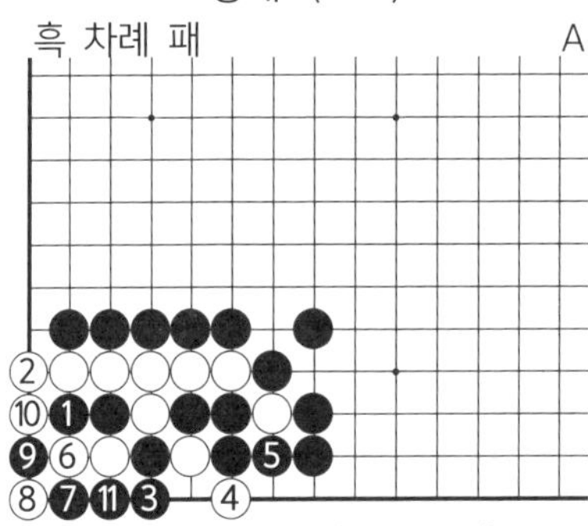

흑1, 3이 급소. 백은 4부터 12
까지 패가 최선. ⑫→⑧

정해 〈506〉

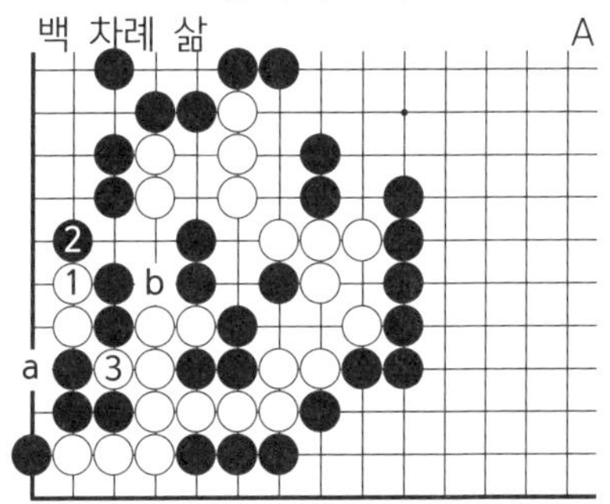

백1이 급소. 흑2는 백3으로 a와
b가 맞보기로 삶.

문제 〈507〉

흑 차례 백 죽음   A

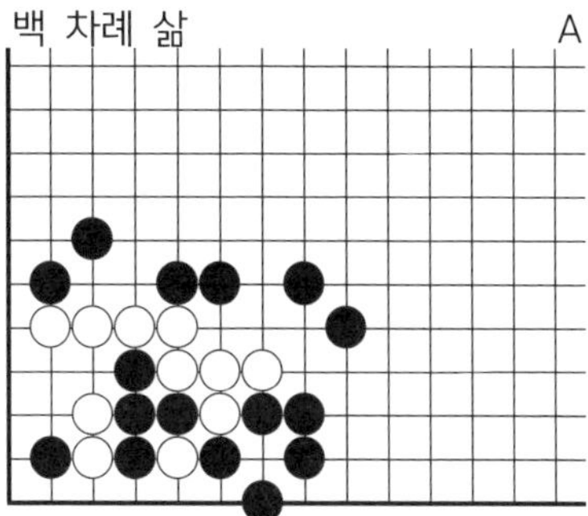

문제 〈508〉

백 차례 삶   A

문제 〈509〉

흑 차례 수상전 승   A

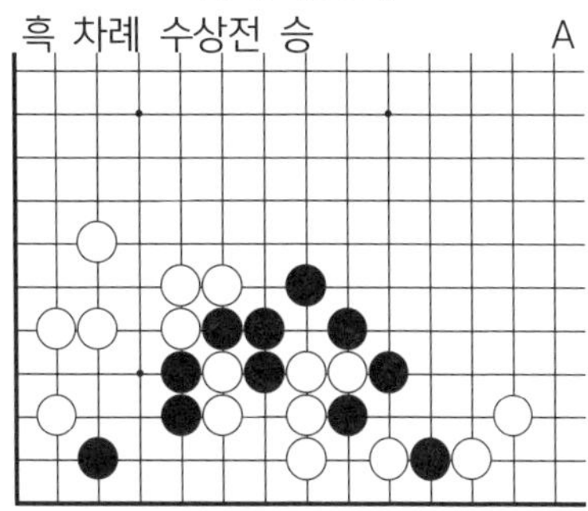

문제 〈510〉

백 차례 삶   A

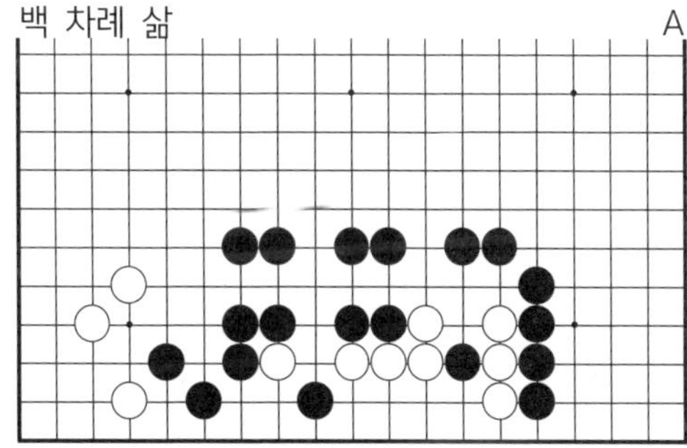

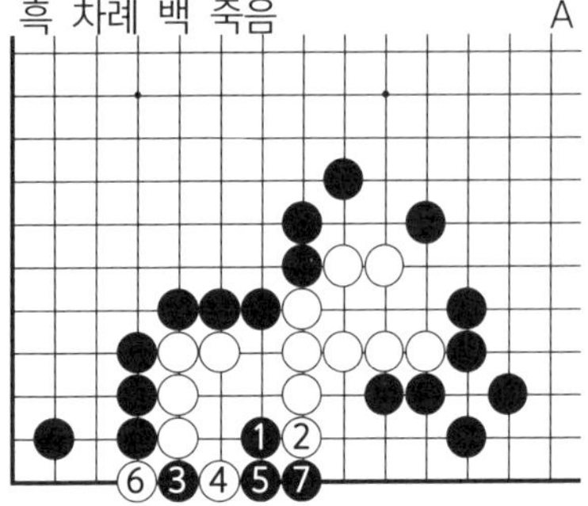

정해 〈507〉

흑 차례 백 죽음

흑1이 급소. 백2의 차단은 흑3, 5, 7로 백 죽음.

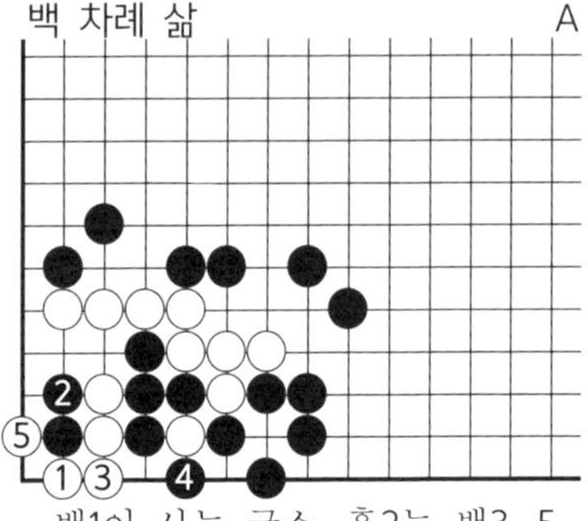

정해 〈508〉

백 차례 삶

백1이 사는 급소. 흑2는 백3, 5로 삶.

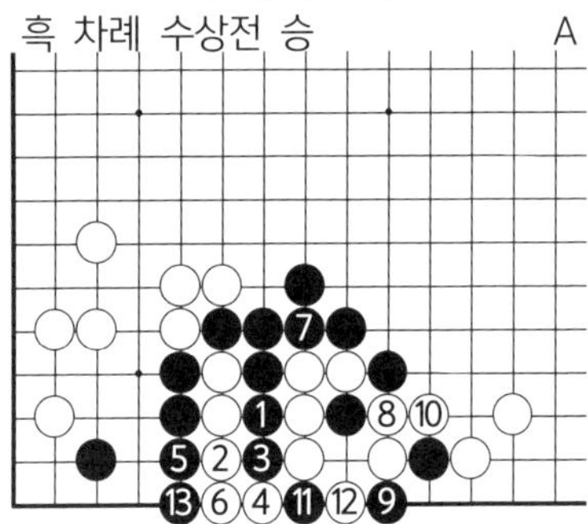

정해 〈509〉

흑 차례 수상전 승

흑1, 3, 5가 수순. 백6으로 이으면 흑7부터 13까지 촉촉수.

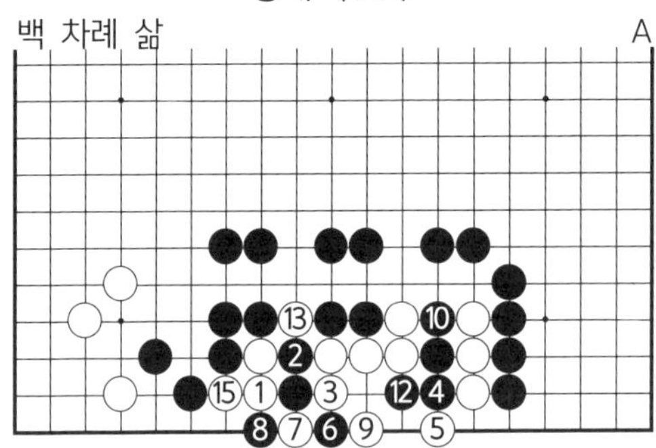

정해 〈510〉

백 차례 삶

백1, 3, 5가 수순. 흑4는 백5부터 15까지 왼쪽으로 넘는 수가 있어서 삶. ⑪→⑦, ⓮→❷

「후절수」의 맥

70문제

「후절수」의 맥

「후절수」의 맥은 끊음의 예술이라고도 하며 사활 묘수풀이의 꽃이라고 합니다.

이 후절수 모양은 크게 나누어 곡4궁 모양과 정4궁 모양 두 가지가 있습니다.

1도가 곡4궁 모양인 후절수의 맥으로 백1로 두어 흑2 때 백3으로 곡4궁 모양으로 만들어서 흑이 백 4점을 잡으면 그 잡힌 곳을 백5로 끊어서 흑 3점을 잡고 살아가는 경우로 곡4궁 모양 후절수의 기본 모양입니다.

2도의 백1이 정4궁 모양인 후절수의 맥입니다. 흑이 6으로 백 4점을 단수쳤을 때 백7로 잇는 수를 눈치채지 못하는 사람이 많은 것은 후절수의 연구를 하지 않았다는 증거입니다.

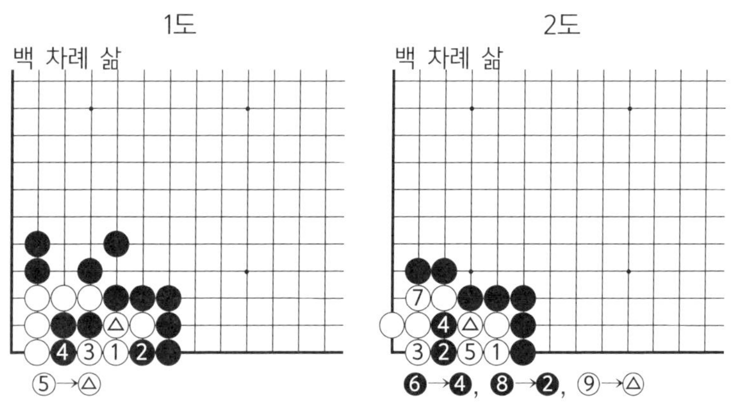

이 후절수의 예시도는 많이 있고 또한 모양도 여러 가지이지만 숙련되면 그 모양을 언뜻 보고 후절수라는 것을 금방 알아차릴 수 있을 것입니다.

문제 〈511〉

문제 〈512〉

문제 〈513〉

문제 〈514〉

문제 〈515〉

문제 〈516〉

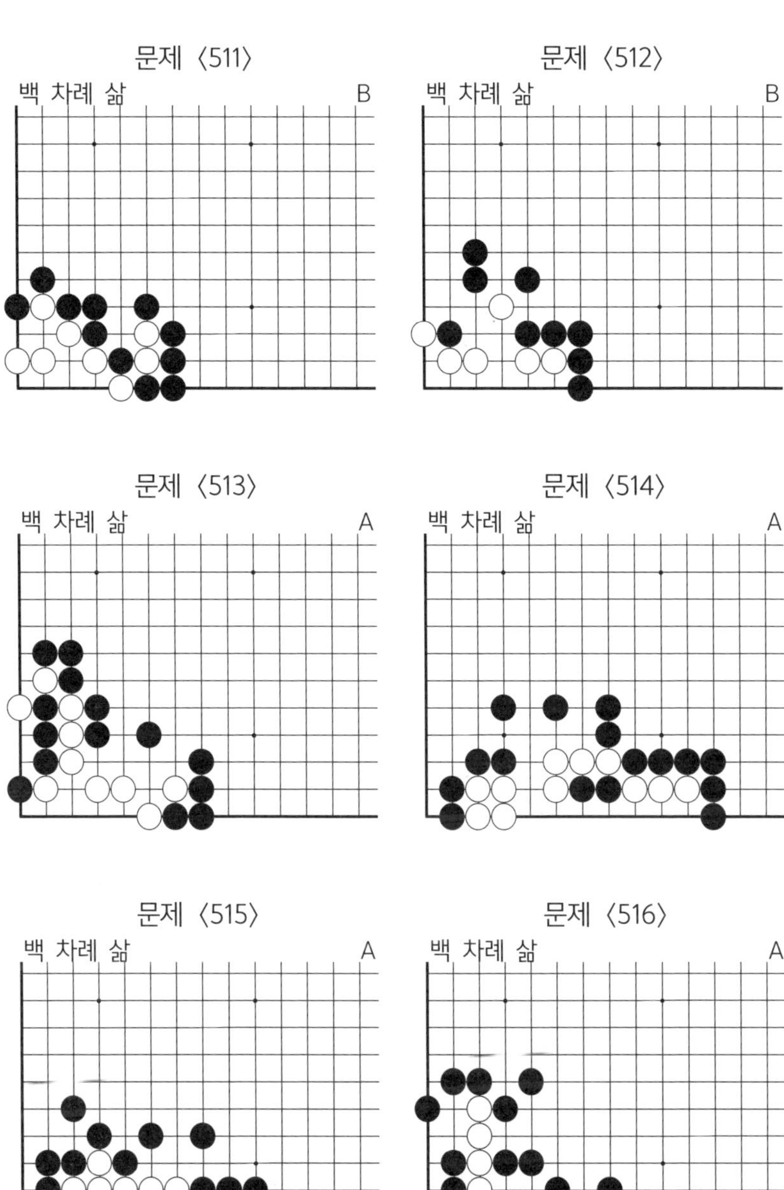

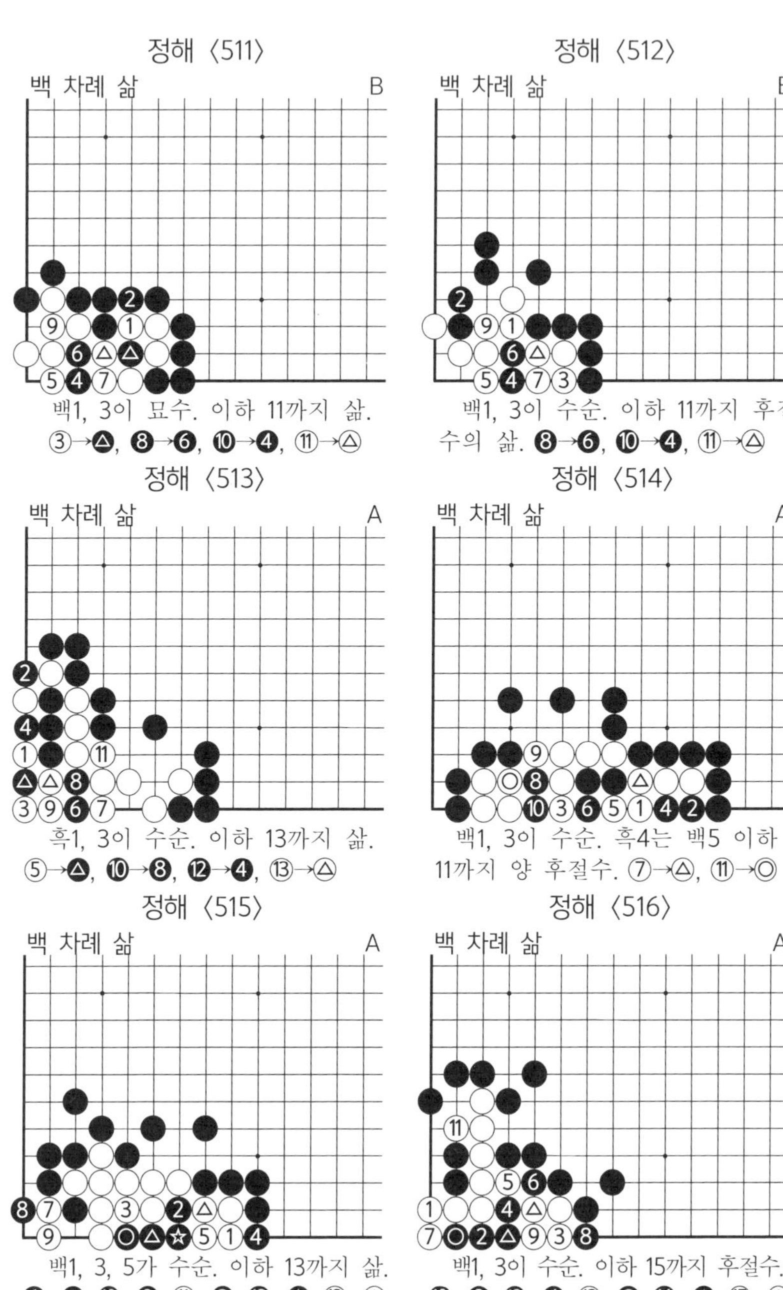

정해 〈511〉

백 차례 삶   B

백1, 3이 묘수. 이하 11까지 삶.
③→△, ❽→❻, ❿→❹, ⑪→△

정해 〈512〉

백 차례 삶   B

백1, 3이 수순. 이하 11까지 후절
수의 삶. ❽→❻, ❿→❹, ⑪→△

정해 〈513〉

백 차례 삶   A

흑1, 3이 수순. 이하 13까지 삶.
⑤→△, ❿→❽, ⑫→❹, ⑬→△

정해 〈514〉

백 차례 삶   A

백1, 3이 수순. 흑4는 백5 이하
11까지 양 후절수. ⑦→△, ⑪→◎

정해 〈515〉

백 차례 삶   A

백1, 3, 5가 수순. 이하 13까지 삶.
❻→△, ❿→❷, ⑪→◎, ⑫→☆, ⑬→△

정해 〈516〉

백 차례 삶   A

백1, 3이 수순. 이하 15까지 후절수.
❿→❷, ⑫→❹, ⑬→◎, ⑭→△, ⑮→△

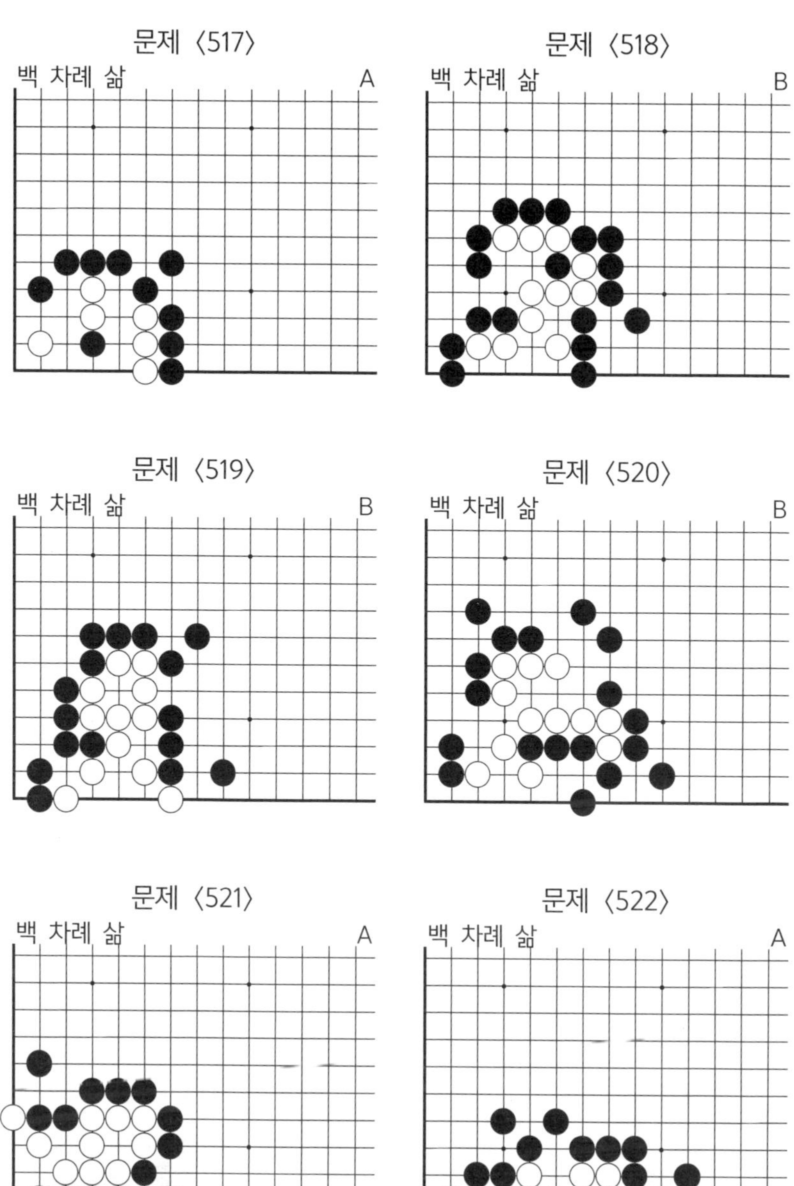

문제 〈517〉
백 차례 삶
A

문제 〈518〉
백 차례 삶
B

문제 〈519〉
백 차례 삶
B

문제 〈520〉
백 차례 삶
B

문제 〈521〉
백 차례 삶
A

문제 〈522〉
백 차례 삶
A

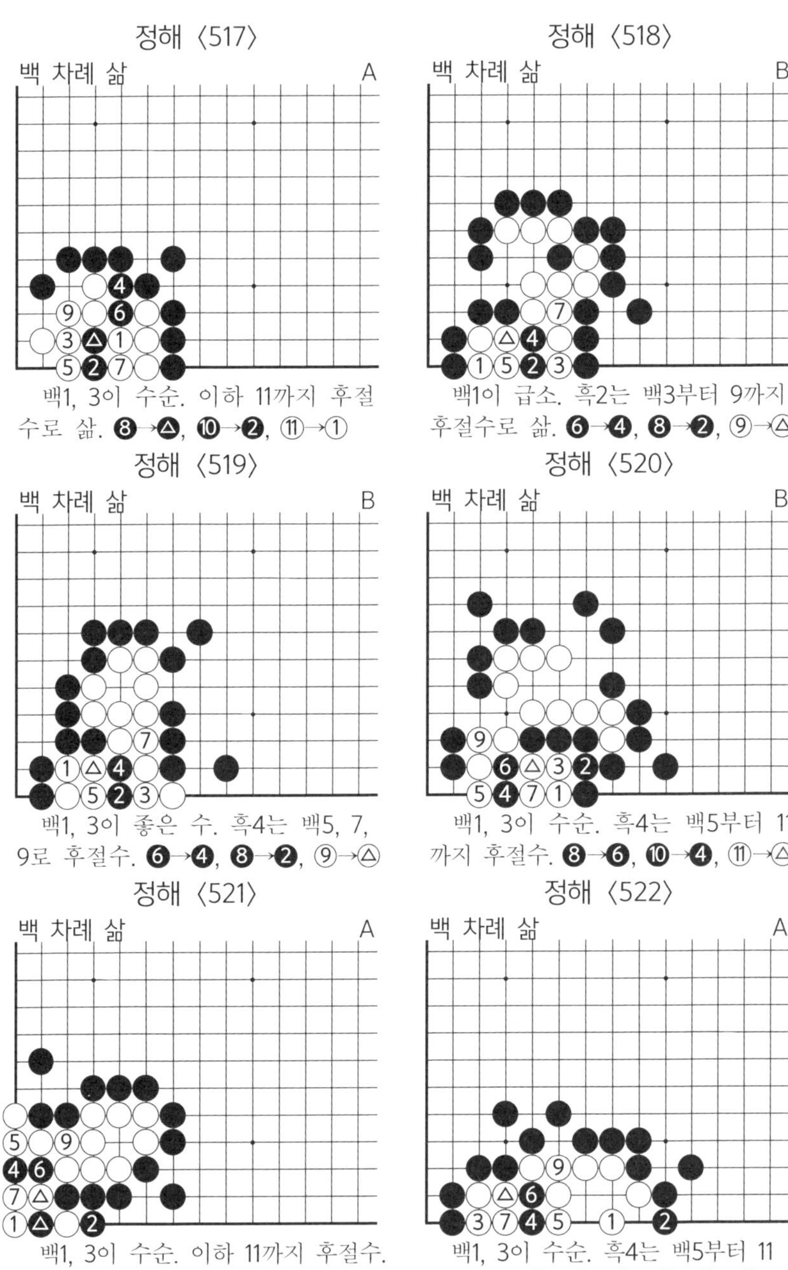

정해 〈517〉

백 차례 삶   A

백1, 3이 수순. 이하 11까지 후절
수로 삶. ❽→△, ❿→❷, ⑪→①

정해 〈518〉

백 차례 삶   B

백1이 급소. 흑2는 백3부터 9까지
후절수로 삶. ❻→❹, ❽→❷, ⑨→△

정해 〈519〉

백 차례 삶   B

백1, 3이 좋은 수. 흑4는 백5, 7,
9로 후절수. ❻→❹, ❽→❷, ⑨→△

정해 〈520〉

백 차례 삶   B

백1, 3이 수순. 흑4는 백5부터 11
까지 후절수. ❽→❻, ❿→❹, ⑪→△

정해 〈521〉

백 차례 삶   A

백1, 3이 수순. 이하 11까지 후절수.
③→△, ❽→❻, ❿→❹, ⑪→△

정해 〈522〉

백 차례 삶   A

백1, 3이 수순. 흑4는 백5부터 11
까지 삶. ❽→❻, ❿→❹, ⑪→△

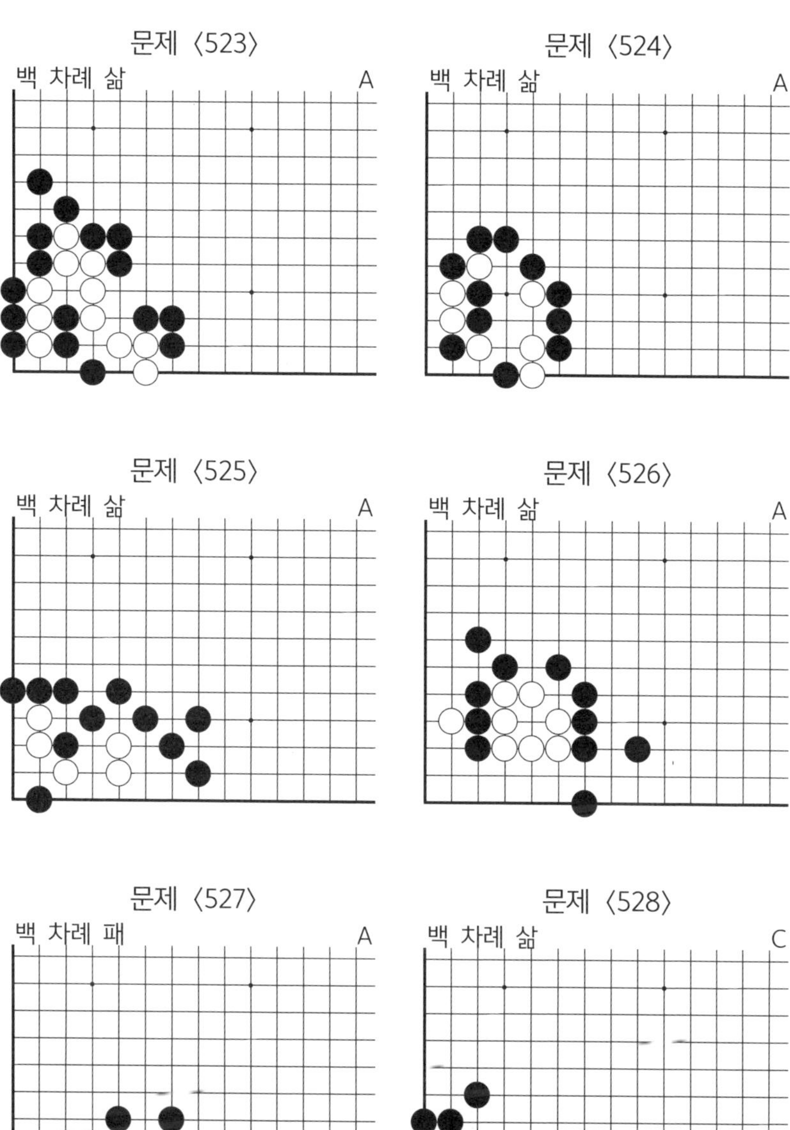

문제 〈523〉
백 차례 삶
A
문제 〈524〉
백 차례 삶
A
문제 〈525〉
백 차례 삶
A
문제 〈526〉
백 차례 삶
A
문제 〈527〉
백 차례 패
A
문제 〈528〉
백 차례 삶
C

정해 〈523〉

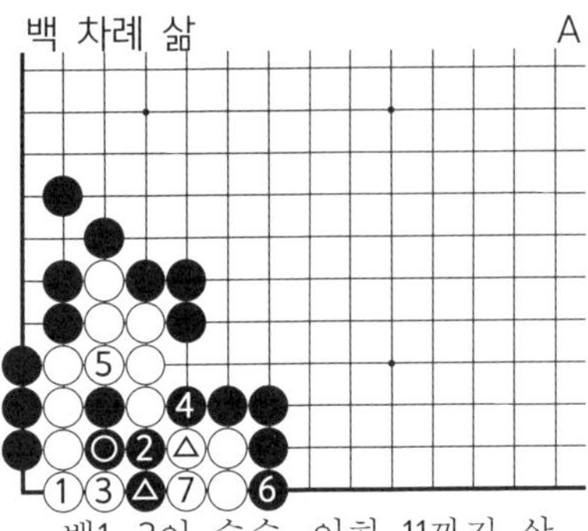

백 차례 삶   A

백1, 3이 수순. 이하 11까지 삶.
❽→❷, ⑨→◉, ⑩→△, ⑪→△

정해 〈524〉

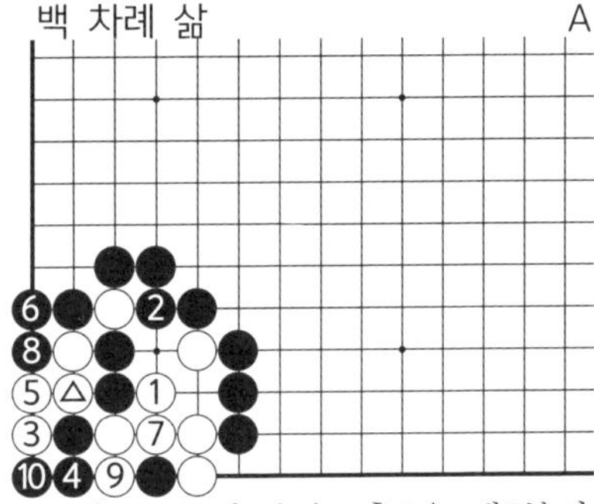

백 차례 삶   A

백1, 3, 5가 수순. 흑6은 백7부터
11까지 후절수로 삶. ⑪→△

정해 〈525〉

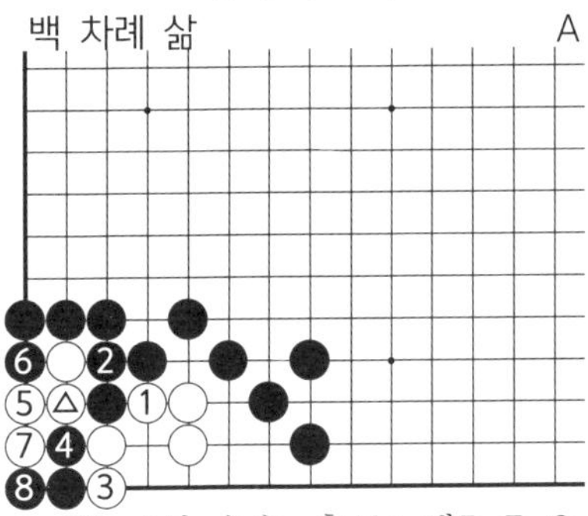

백 차례 삶   A

백1, 3이 수순. 흑4는 백5, 7, 9,
로 후절수의 삶. ⑨→△

정해 〈526〉

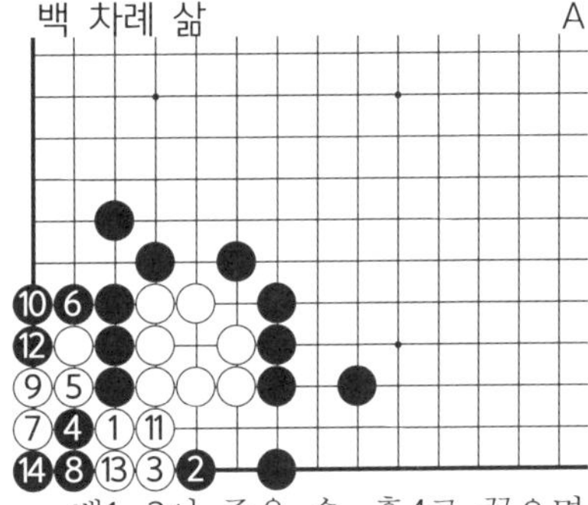

백 차례 삶   A

백1, 3이 좋은 수. 흑4로 끊으면
백5부터 15까지 후절수로 삶. ⑮→⑤

정해 〈527〉

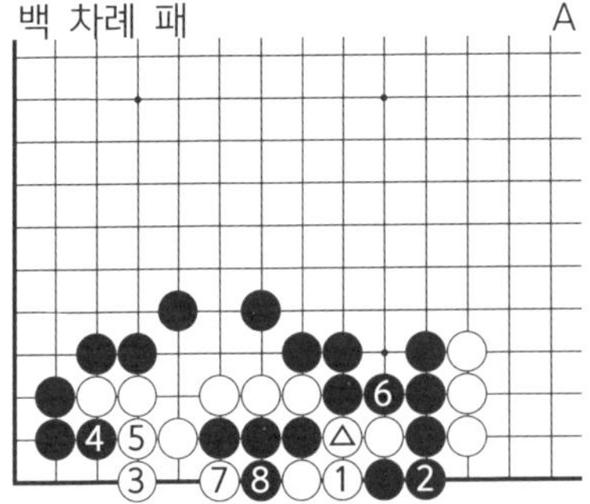

백 차례 패   A

백1, 3이 수순. 흑4는 백5, 7, 9
로 후절수의 패. ⑨→△

정해 〈528〉

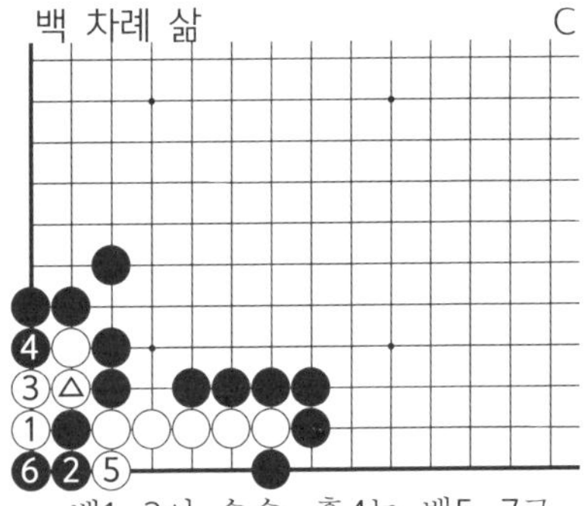

백 차례 삶   C

백1, 3이 수순. 흑4는 백5, 7로
후절수의 삶. ⑦→△

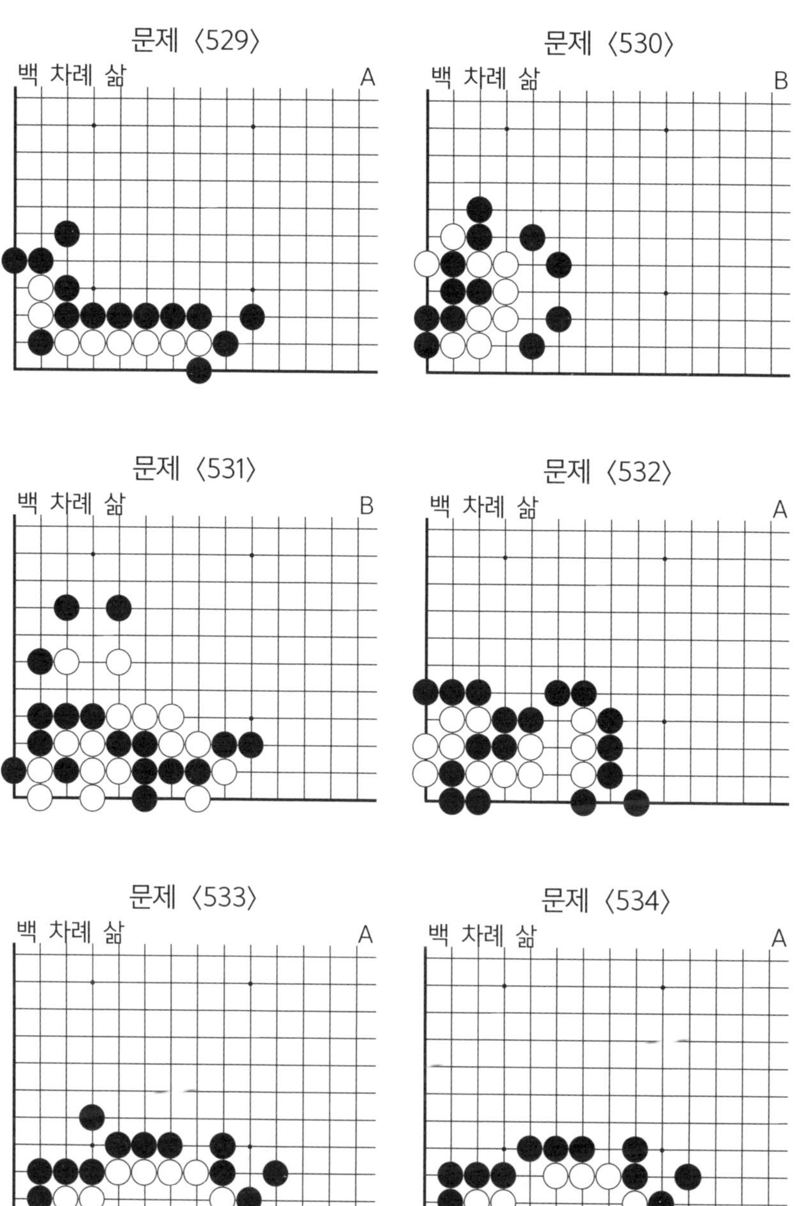

문제 〈529〉
백 차례 삶
A
문제 〈530〉
백 차례 삶
B
문제 〈531〉
백 차례 삶
B
문제 〈532〉
백 차례 삶
A
문제 〈533〉
백 차례 삶
A
문제 〈534〉
백 차례 삶
A

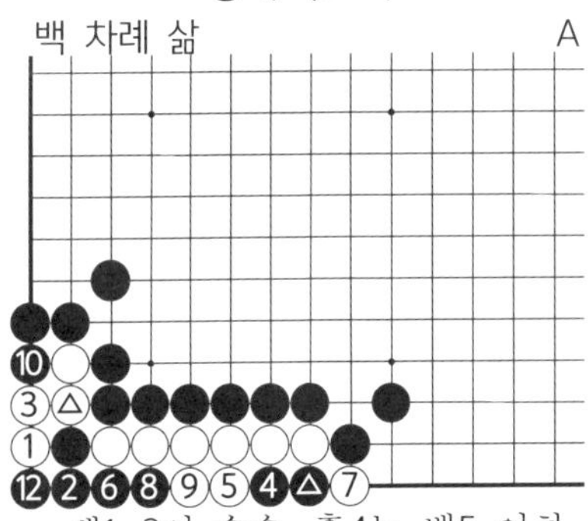

백1, 3이 수순. 흑4는 백5 이하 13까지 후절수로 삶. ⑪→➊, ⑬→♙

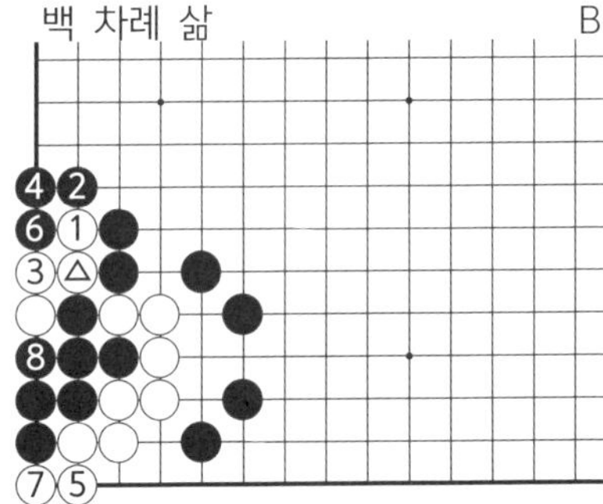

백1, 3이 맥점. 흑4는 백5부터 9까지 후절수로 삶. ⑨→♙

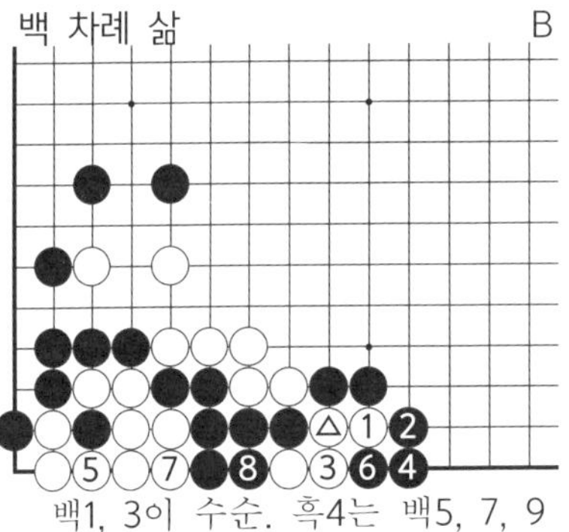

백1, 3이 수순. 흑4는 백5, 7, 9로 후절수의 삶. ⑨→♙

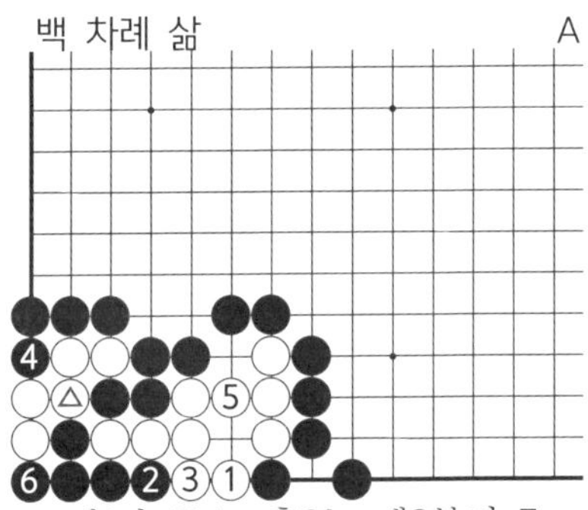

백1이 급소. 흑2는 백3부터 7까지 후절수의 삶. ⑦→♙

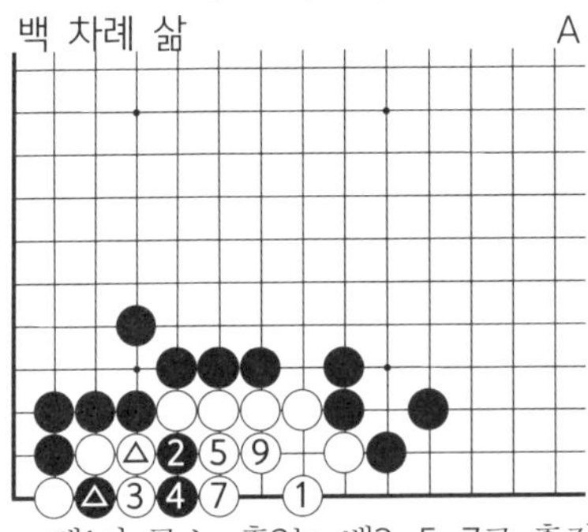

백1이 급소. 흑2는 백3, 5, 7로 후절수를 노려서 9로 삶. ➏→♙, ➑→♙

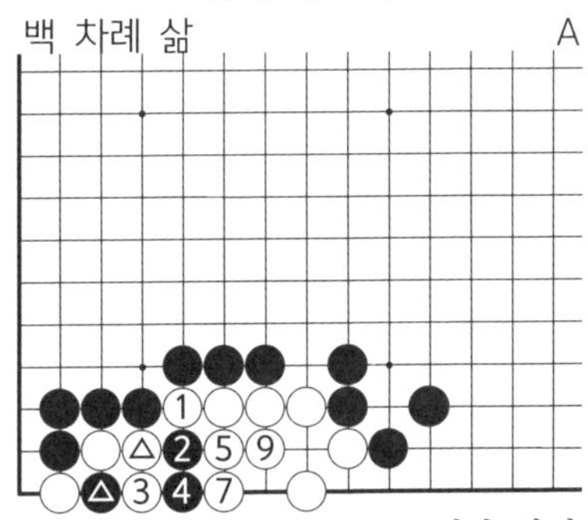

백1이 급소. 흑2는 533문제와 같이 백3 이하 9까지 삶. ➏→♙, ➑→♙

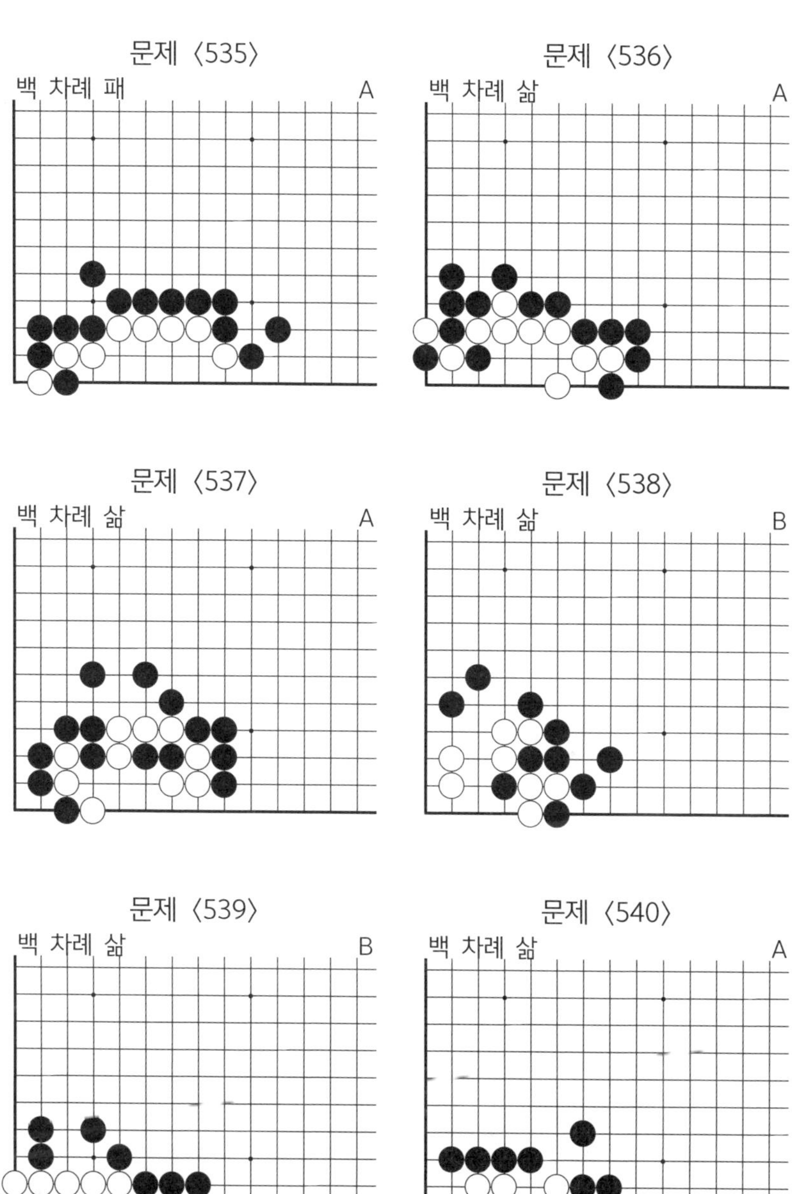

문제 〈535〉 백 차례 패 — A

문제 〈536〉 백 차례 삶 — A

문제 〈537〉 백 차례 삶 — A

문제 〈538〉 백 차례 삶 — B

문제 〈539〉 백 차례 삶 — B

문제 〈540〉 백 차례 삶 — A

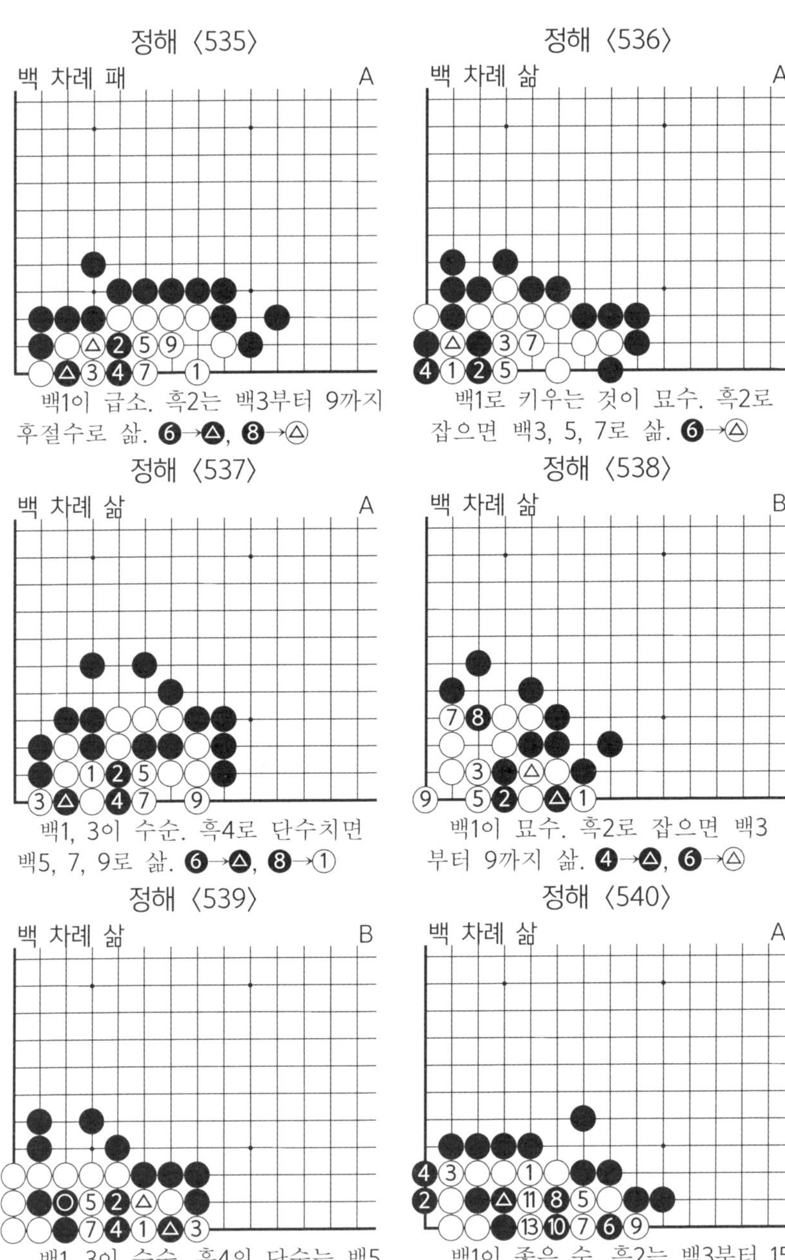

정해 〈535〉

백 차례 패   A

백1이 급소. 흑2는 백3부터 9까지 후절수로 삶. ❻→△, ❽→△

정해 〈536〉

백 차례 삶   A

백1로 키우는 것이 묘수. 흑2로 잡으면 백3, 5, 7로 삶. ❻→△

정해 〈537〉

백 차례 삶   A

백1, 3이 수순. 흑4로 단수치면 백5, 7, 9로 삶. ❻→△, ❽→①

정해 〈538〉

백 차례 삶   B

백1이 묘수. 흑2로 잡으면 백3부터 9까지 삶. ❹→△, ❻→△

정해 〈539〉

백 차례 삶   B

백1, 3이 수순. 흑4의 단수는 백5, 7, 9로 삶. ❻→△, ❽→△, ⑨→◎

정해 〈540〉

백 차례 삶   A

백1이 좋은 수. 흑2는 백3부터 15까지 삶. ⓬→❻, ⓮→⑤, ⓯→△

문제 〈541〉

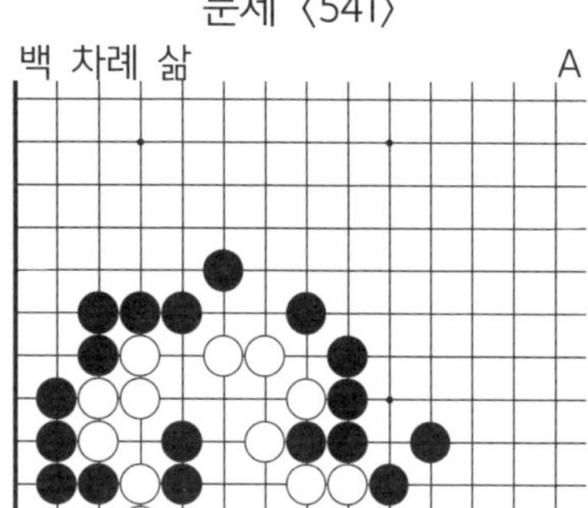

문제 〈542〉

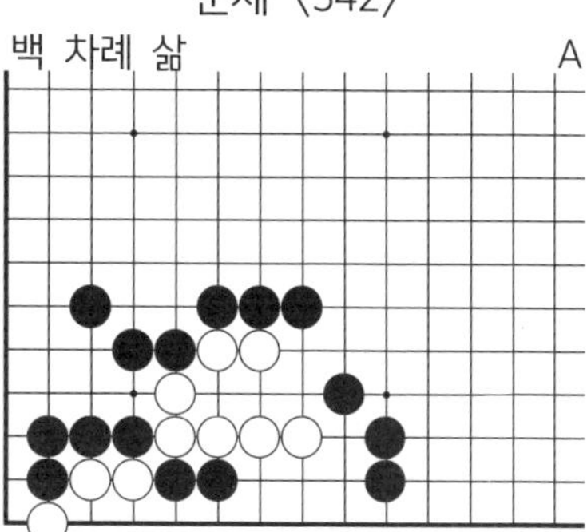

문제 〈543〉

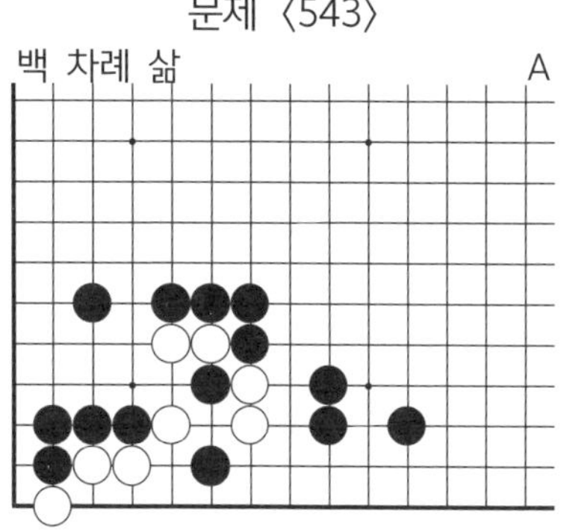

문제 〈544〉

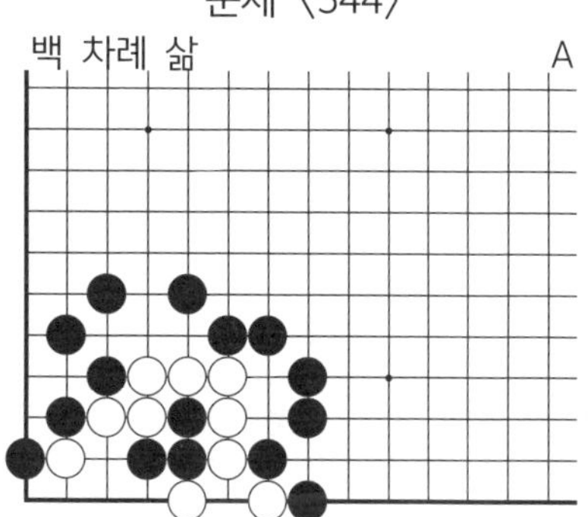

문제 〈545〉

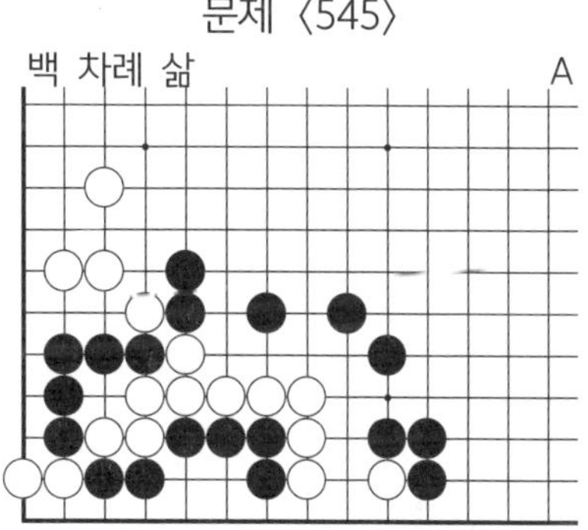

정해 〈541〉

백 차례 삶   A

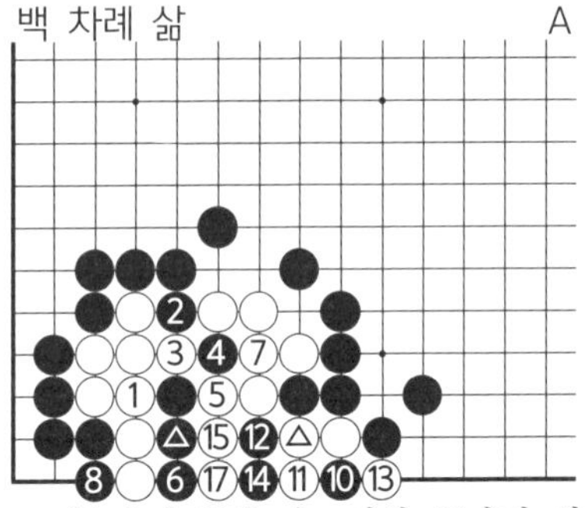

백1, 3이 좋은 수. 이하 19까지 삶.
⑨→❹, ⑯→❿, ⑱→⊿, ⑲→⊿

정해 〈542〉

백 차례 삶   A

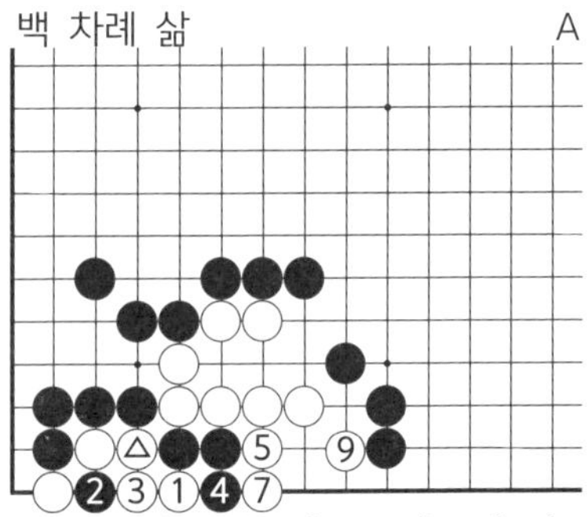

백1, 3이 묘수. 흑4로 잡으면 백5,
7, 9로 삶. ❻→❷, ❽→⊿

정해 〈543〉

백 차례 삶   A

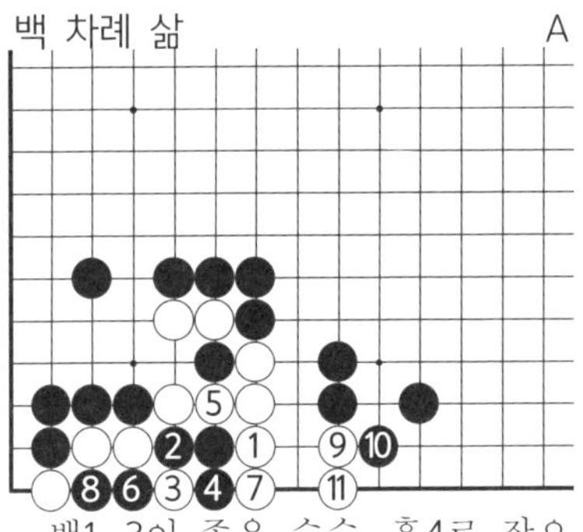

백1, 3이 좋은 수순. 흑4로 잡으
면 백5 이하 11까지 삶.

정해 〈544〉

백 차례 삶   A

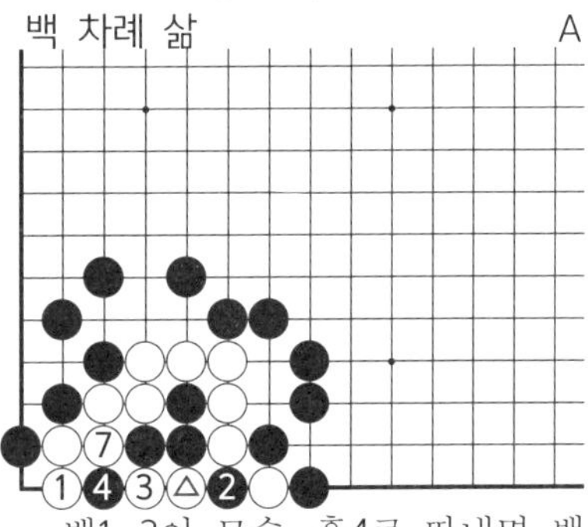

백1, 3이 묘수. 흑4로 따내면 백
5, 7로 촉촉수. ⑤→⊿, ❻→③

정해 〈545〉

백 차례 삶   A

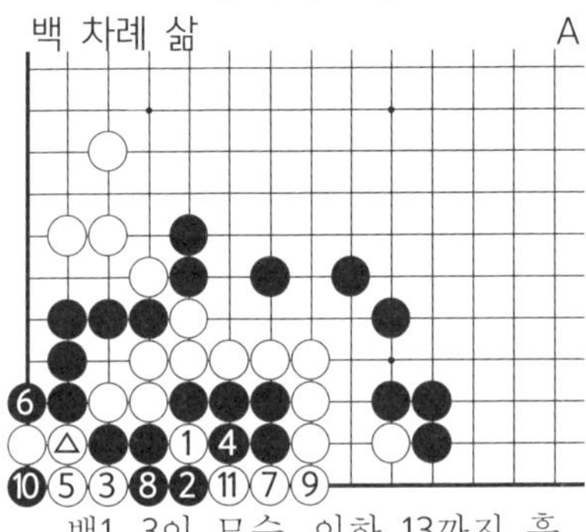

백1, 3이 묘수. 이하 13까지 흑
5점을 잡고… ⓬→⊿, ⓭→①

정해 계속

14부터 계속

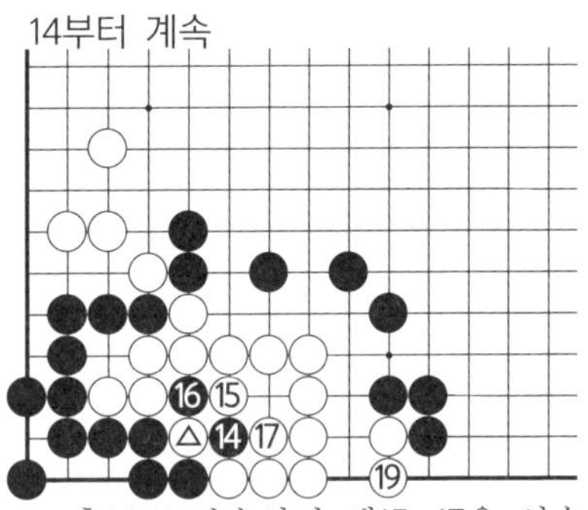

흑14로 단수치면 백15, 17을 선수
하고 19로 삶. ⓲→⊿

문제 〈546〉

백 차례 패　　　　　　　　　　A

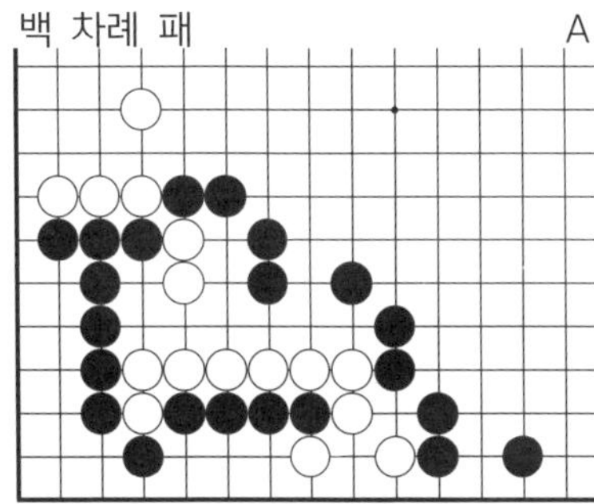

문제 〈547〉

흑 차례 백 죽음　　　　　　B

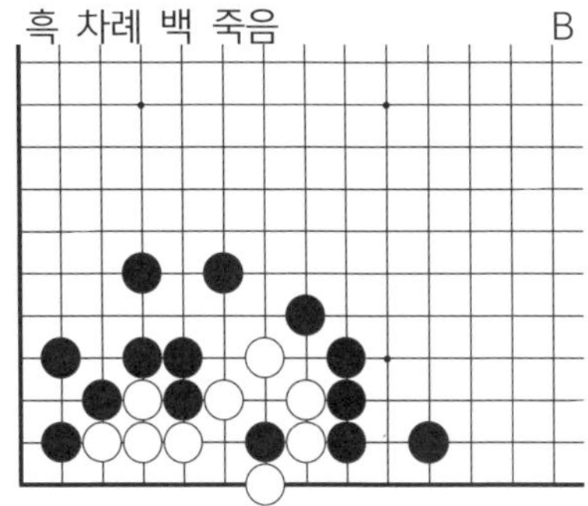

문제 〈548〉

흑 차례 백 죽음　　　　　　B

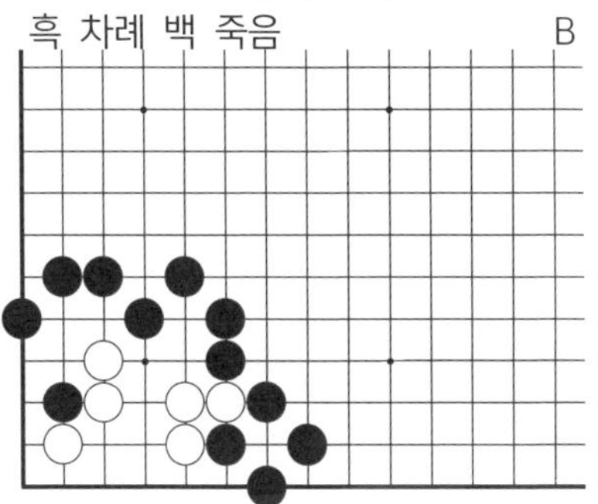

문제 〈549〉

흑 차례 백 죽음　　　　　　A

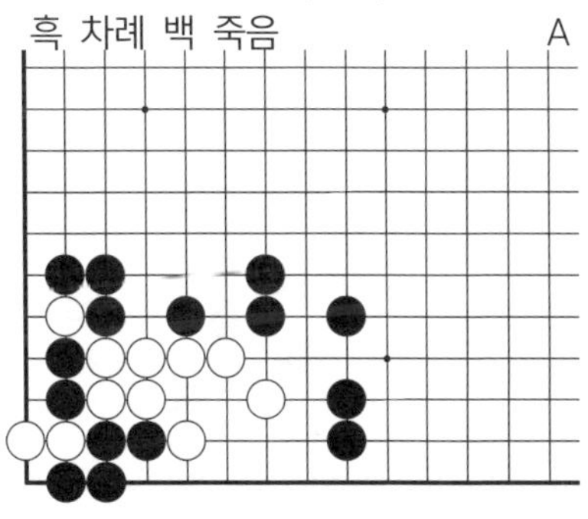

문제 〈550〉

흑 차례 백 죽음　　　　　　B

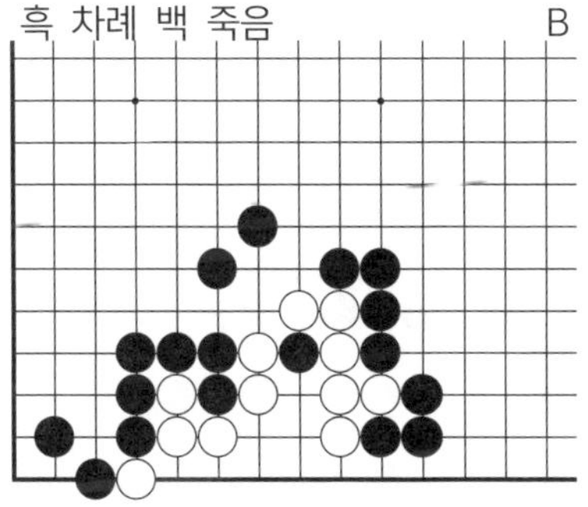

정해 〈546〉

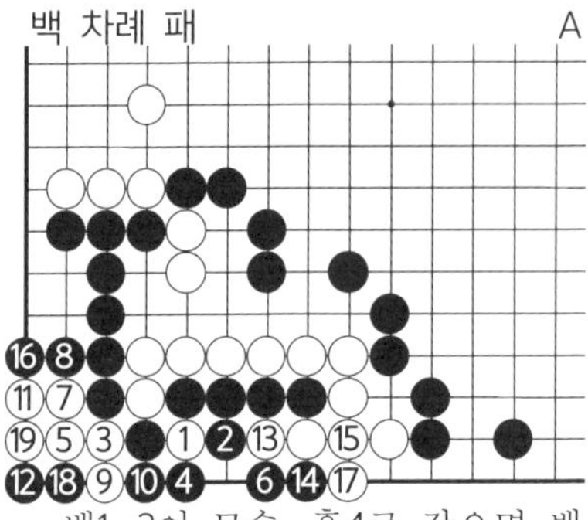

　　백1, 3이 묘수. 흑4로 잡으면 백
5부터 19까지 진행한 다음…

정해 계속〈546〉

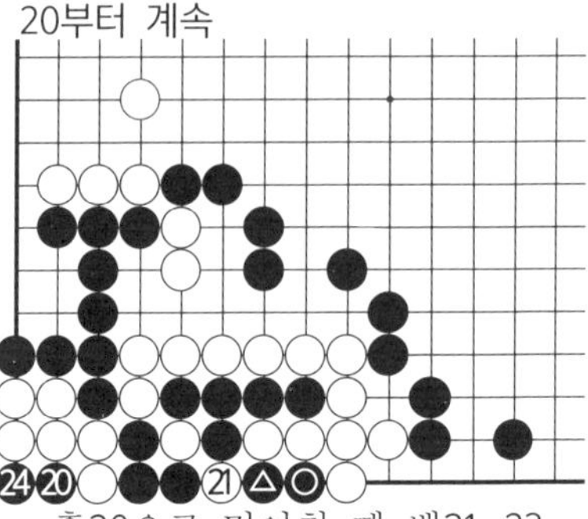

　　흑20으로 먹여칠 때 백21, 23,
25로 패. ㉒→△, ㉓→◎, ㉕→㉑

정해 〈547〉

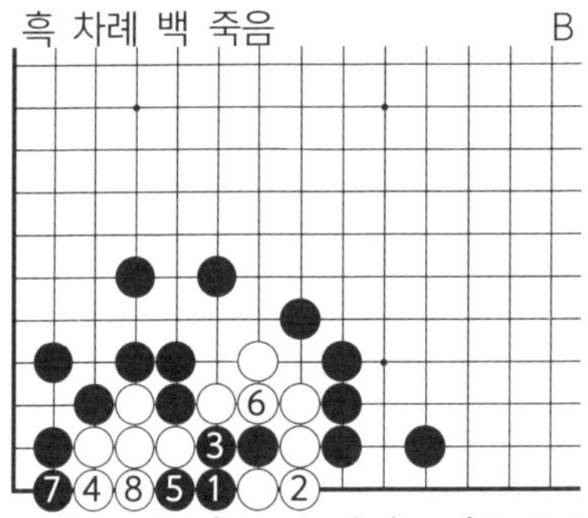

　　흑1, 3, 5가 묘수 수순. 백6, 8로
흑을 잡아도 흑7, 9로 후절수. ❾→❸

정해 〈548〉

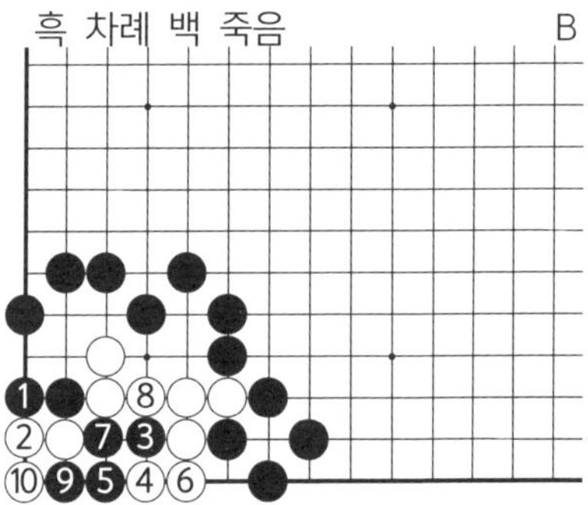

　　흑1, 3이 수순. 백4는 흑5부터
11까지 후절수로 백 죽음. ⓫→❼

정해 〈549〉

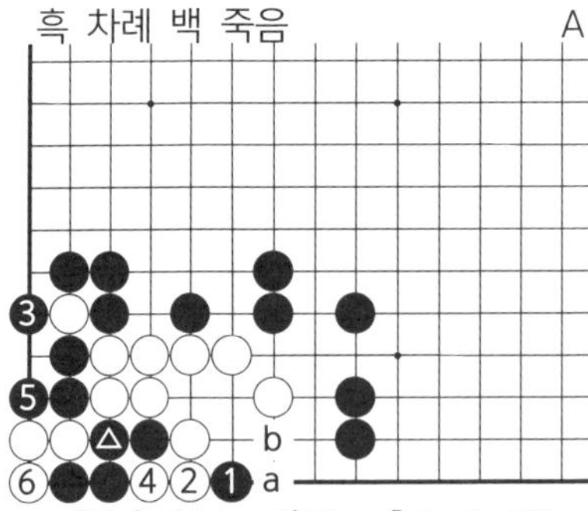

　　흑1이 급소. 백2는 흑3, 5, 7로
후절수. 다음에 백a는 흑b. ❼→△

정해 〈550〉

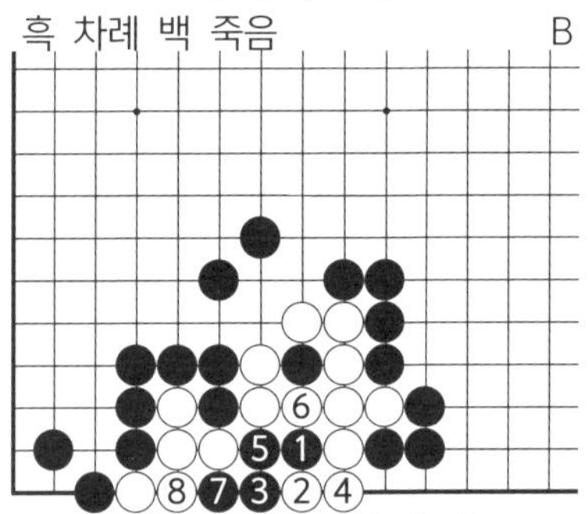

　　흑1, 4, 5가 수순. 백6은 흑7, 9로
후절수. ❾→❺

문제 〈551〉

흑 차례 백 죽음   B

문제 〈552〉

흑 차례 백 죽음   B

문제 〈553〉

흑 차례 백 죽음   A

문제 〈554〉

흑 차례 백 죽음   B

문제 〈555〉

흑 차례 패   A

문제 〈556〉

흑 차례 패   B

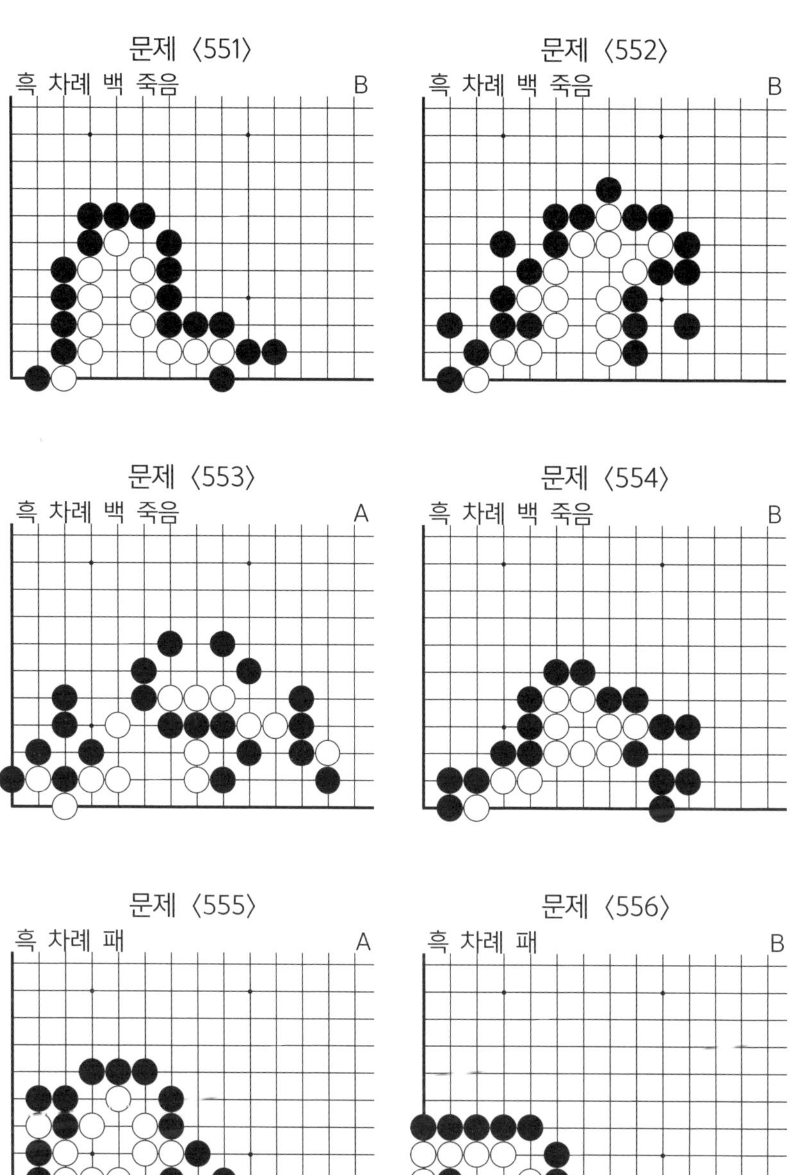

흑 차례 백 죽음　　　　　　B

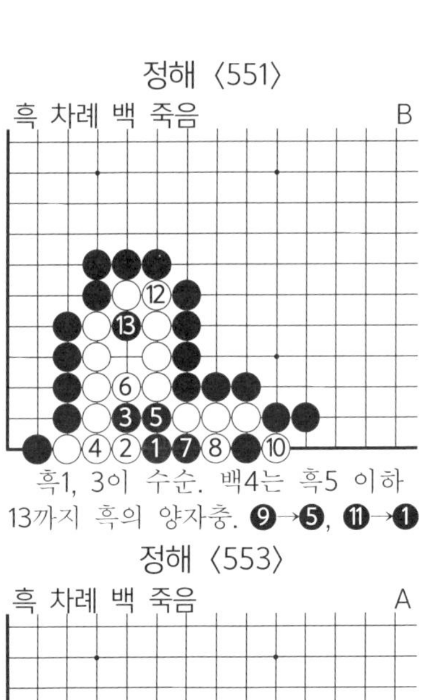

흑1, 3이 수순. 백4는 흑5 이하
13까지 흑의 양자충. ❾→❺, ⓫→❶

흑 차례 백 죽음　　　　　　B

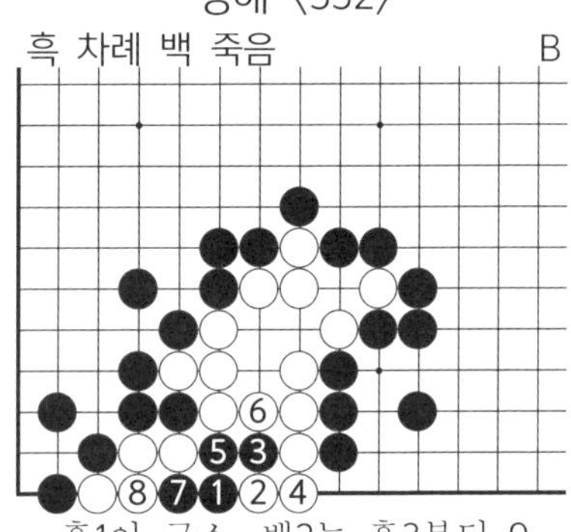

흑2이 급소. 백2는 흑3부터 9
까지 후절수. ❾→❺

흑 차례 백 죽음　　　　　　A

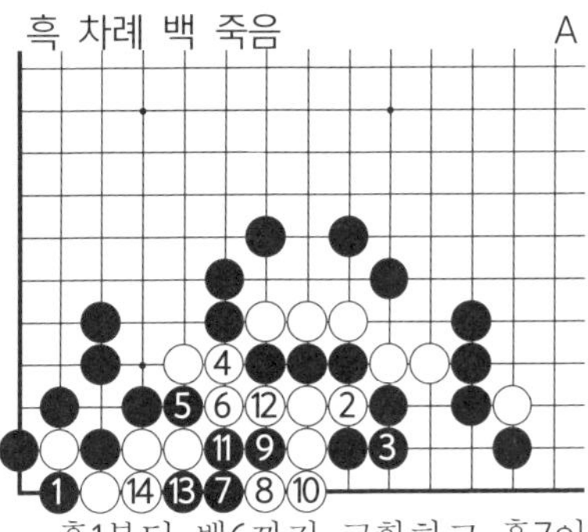

흑1부터 백6까지 교환하고 흑7이
급소. 이하 15까지 후절수. ⓯→⓫

흑 차례 백 죽음　　　　　　B

흑1이 급소. 백2는 흑3부터 9
까지 후절수. ❾→❺

흑 차례 패　　　　　　A

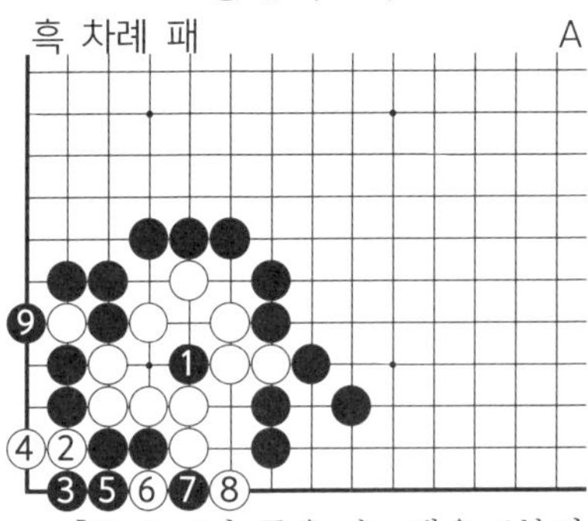

흑1, 3, 5가 좋은 수. 백은 6부터
10까지가 최선으로 패. ⑩→⑥

흑 차례 패　　　　　　B

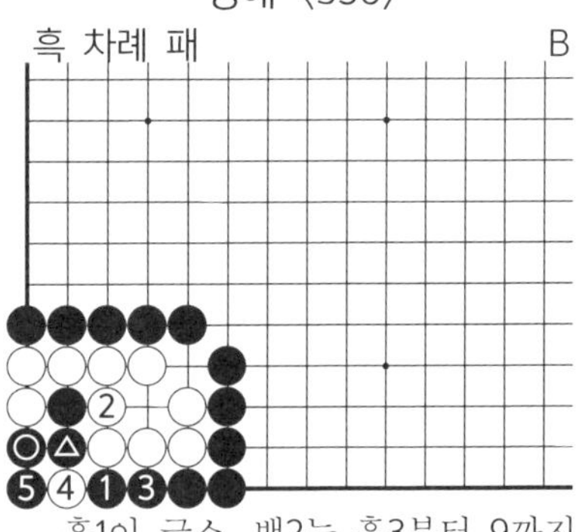

흑1이 급소. 백2는 흑3부터 9까지
패. ⑥→④, ❼→△, ⑧→◎, ❾→❺

문제 〈557〉

흑 차례 백 죽음   B

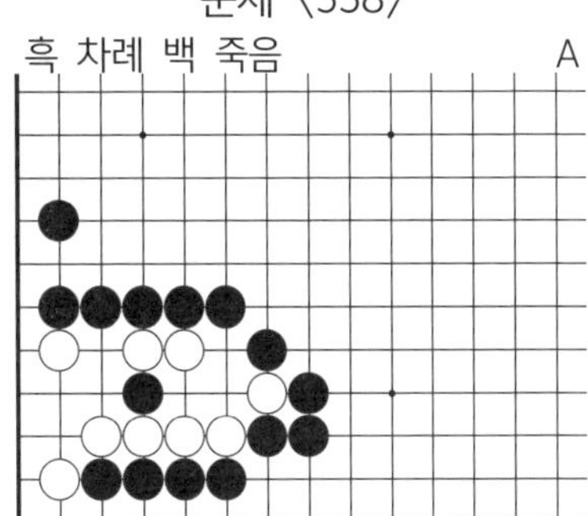

문제 〈558〉

흑 차례 백 죽음   A

문제 〈559〉

흑 차례 백 죽음   A

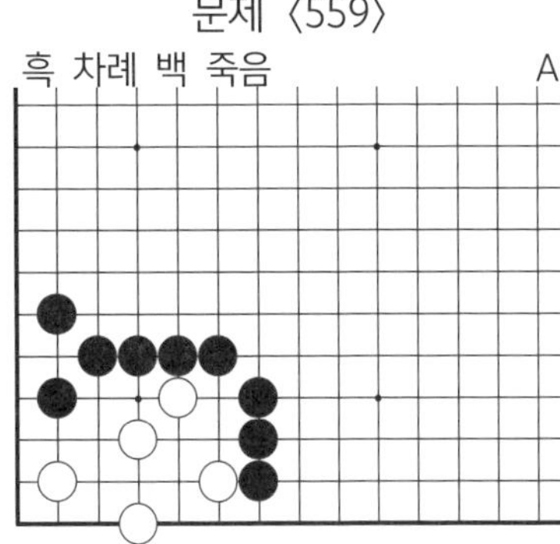

문제 〈560〉

흑 차례 백 죽음   A

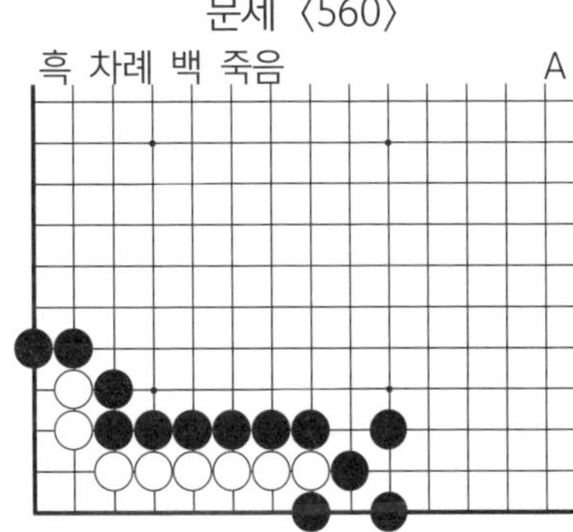

정해 〈557〉

흑 차례 백 죽음   B

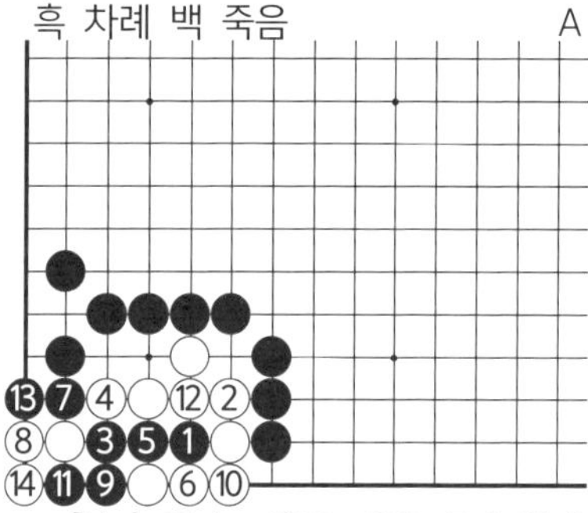

흑1이 급소. 백2는 흑3부터 11까
지 후절수. ❾→⊛

정해 〈558〉

흑 차례 백 죽음   A

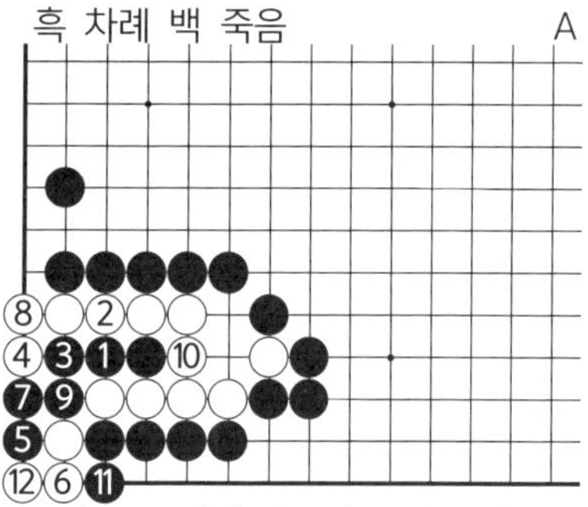

흑1, 3 다음에 5가 묘수. 백6은
흑7부터 13까지 후절수. ⓭→❾

정해 〈559〉

흑 차례 백 죽음   A

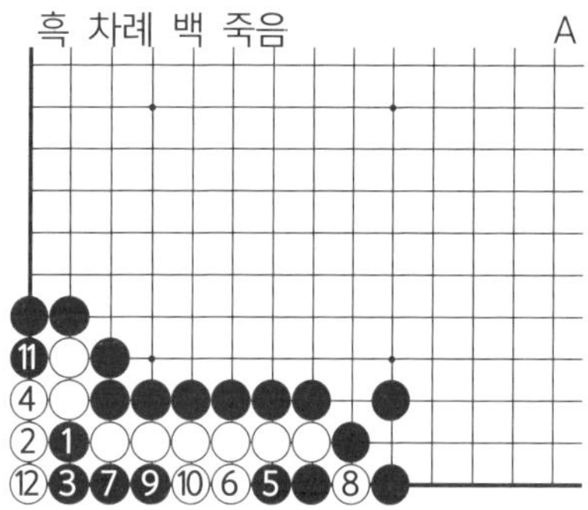

흑1이 급소. 백2는 흑3, 5가 좋은
수. 이하 15까지 후절수. ⓯→❸

정해 〈560〉

흑 차례 백 죽음   A

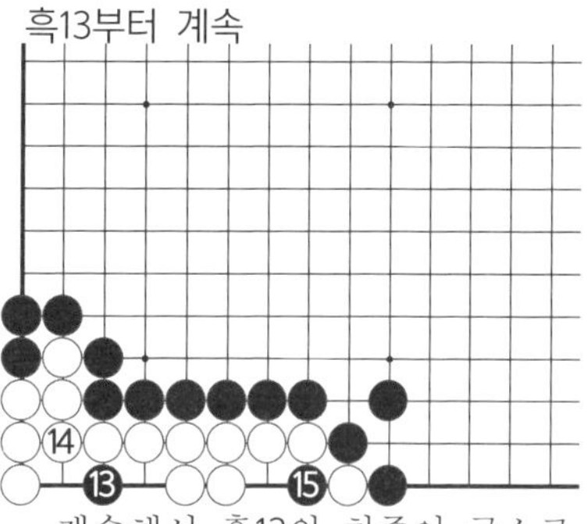

흑1, 3이 좋은 수. 백4는 흑5부터
백12까지 교환한 다음…

정해 계속

흑13부터 계속

계속해서 흑13의 치중이 급소로
백14로 이으면 흑15로 백 죽음.

문제 〈561〉

흑 차례 패

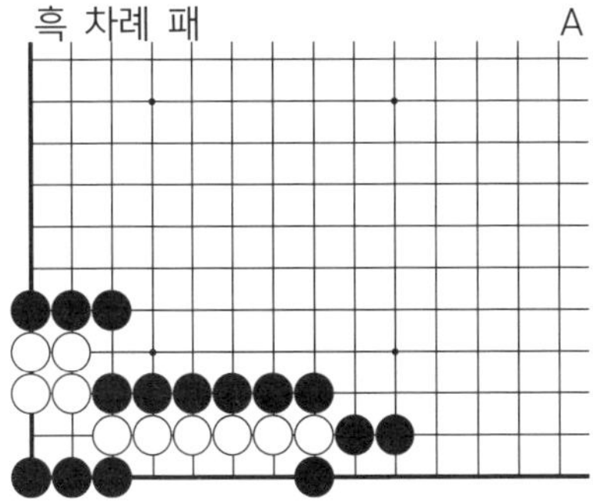

문제 〈562〉

흑 차례 백 죽음

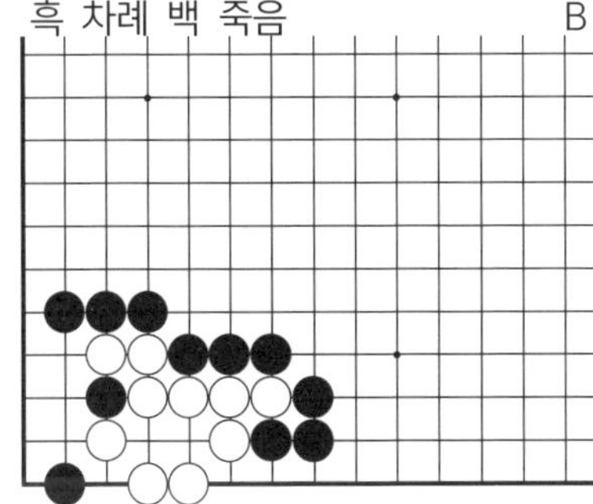

문제 〈563〉

흑 차례 백 죽음

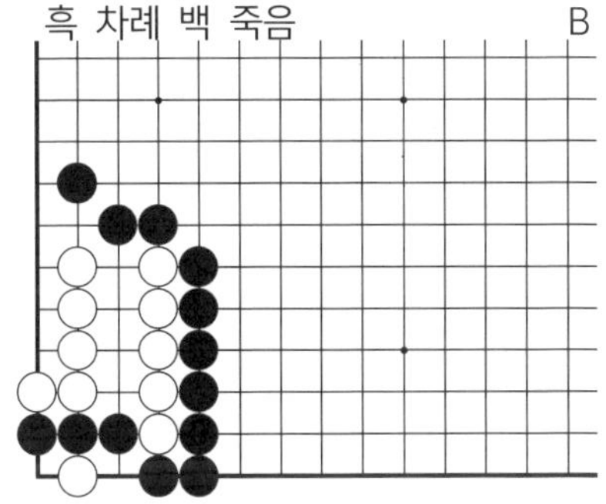

문제 〈564〉

흑 차례 백 죽음

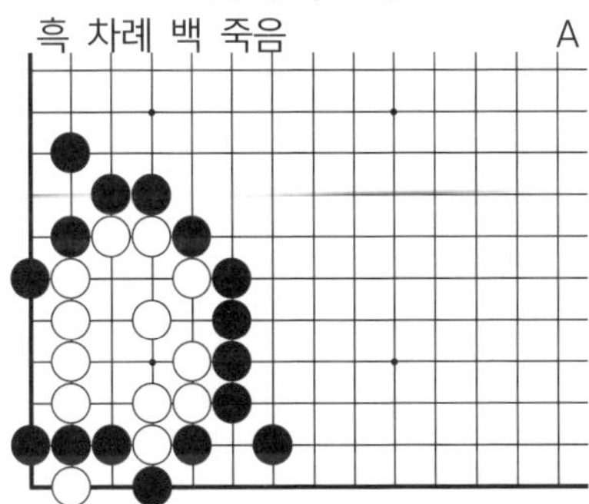

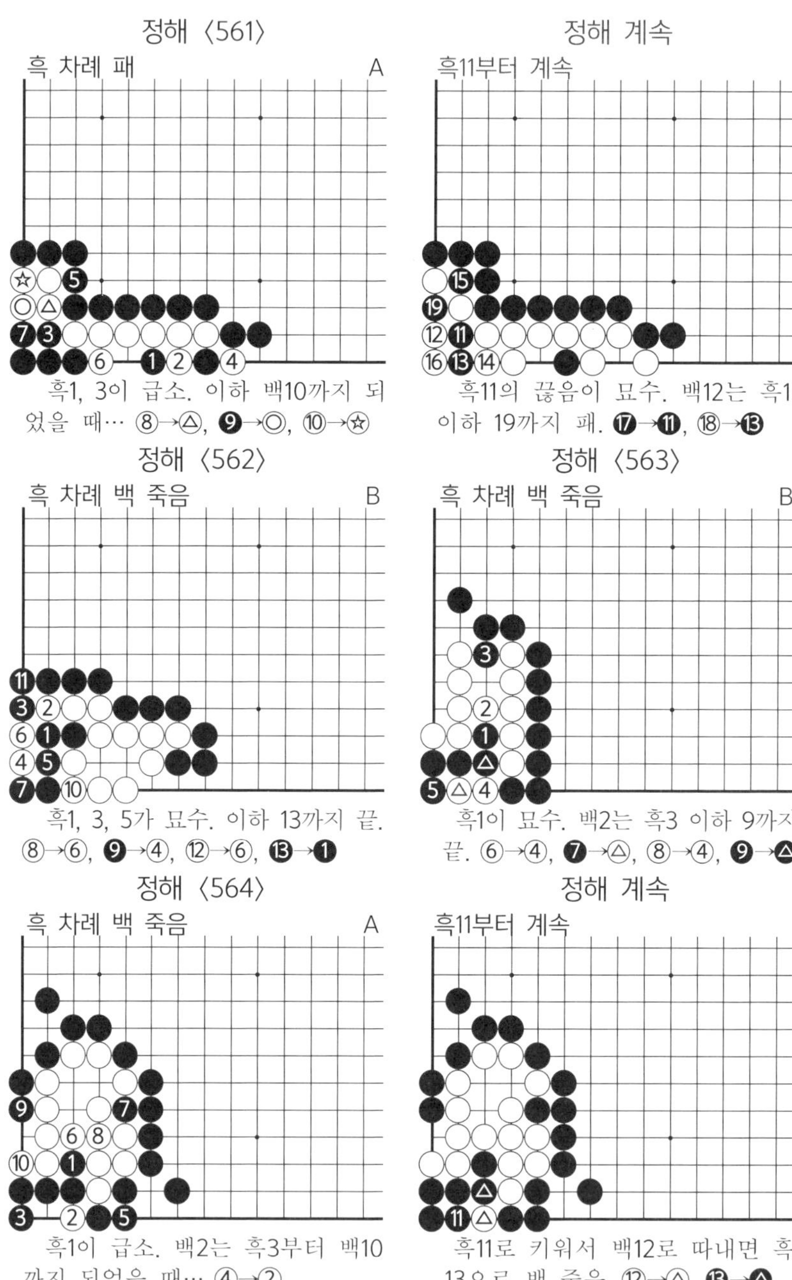

정해 〈561〉

흑 차례 패   A

흑1, 3이 급소. 이하 백10까지 되었을 때… ⑧→△, ❾→◎, ⑩→☆

정해 계속

흑11부터 계속

흑11의 끊음이 묘수. 백12는 흑13 이하 19까지 패. ⓱→⓫, ⑱→⓭

정해 〈562〉

흑 차례 백 죽음   B

흑1, 3, 5가 묘수. 이하 13까지 끝. ⑧→⑥, ❾→④, ⑫→⑥, ⓭→❶

정해 〈563〉

흑 차례 백 죽음   B

흑1이 묘수. 백2는 흑3 이하 9까지 끝. ⑥→④, ❼→△, ⑧→④, ❾→△

정해 〈564〉

흑 차례 백 죽음   A

흑1이 급소. 백2는 흑3부터 백10까지 되었을 때… ④→②

정해 계속

흑11부터 계속

흑11로 키워서 백12로 따내면 흑13으로 백 죽음. ⑫→△, ⓭→❸

문제 〈565〉

흑 차례 백 죽음   A

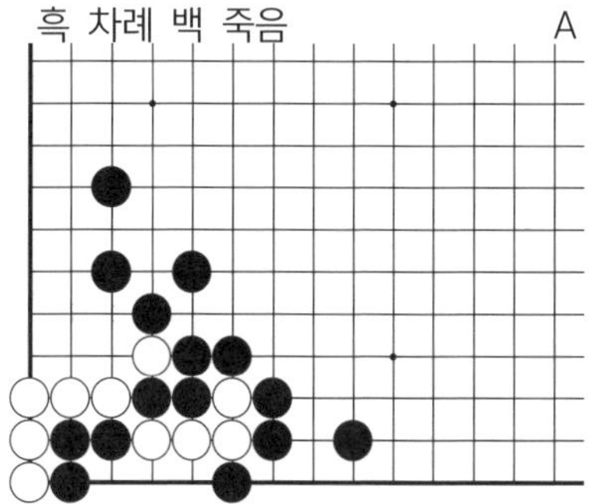

문제 〈566〉

흑 차례 백 죽음   A

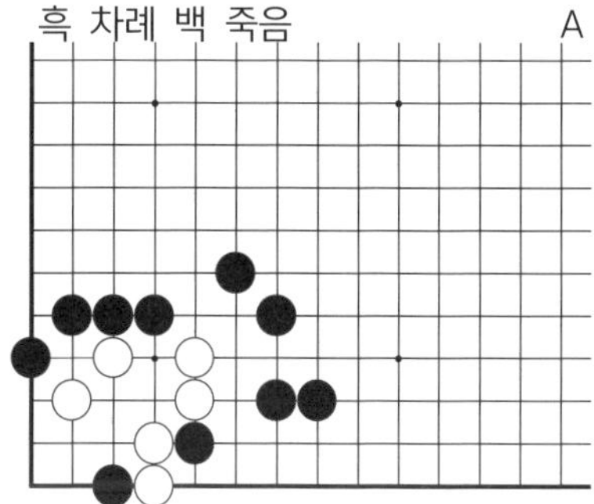

문제 〈567〉

흑 차례 패   A

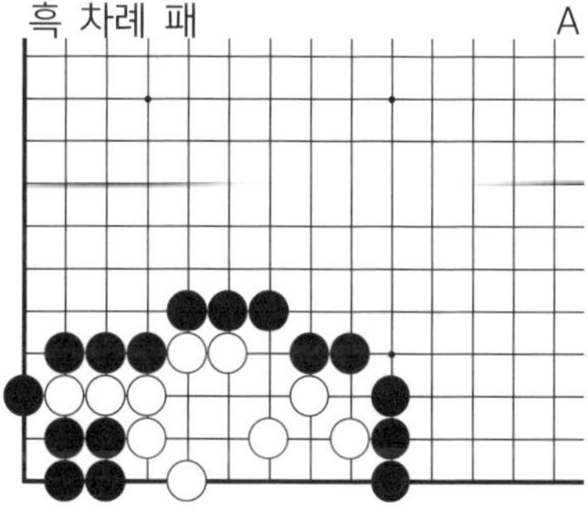

정해 〈565〉

흑 차례 백 죽음   A

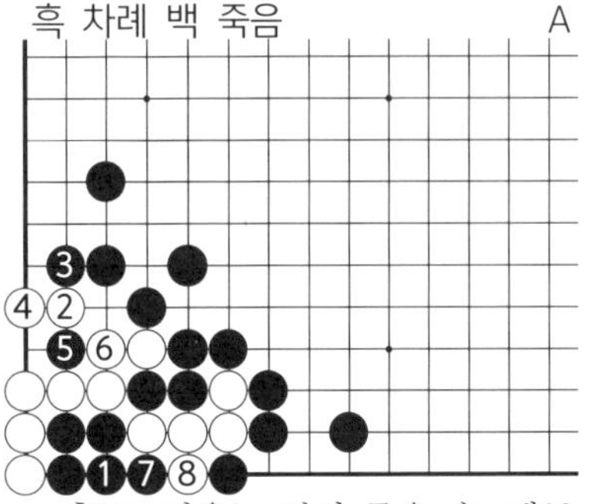

흑1로 키우는 것이 좋은 수. 백2는
흑3부터 백8까지 교환한 다음…

정해 계속

흑9부터 계속

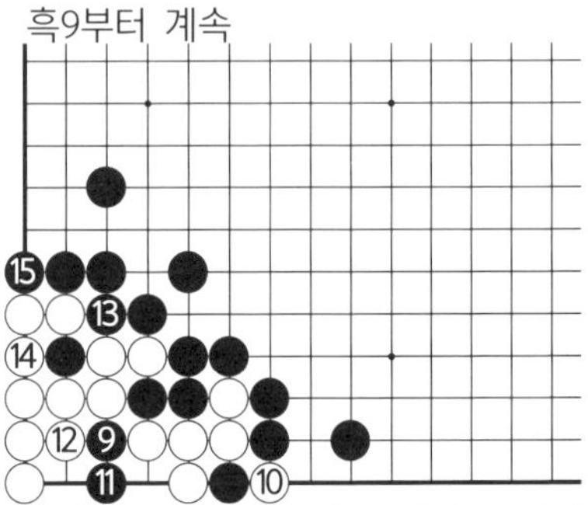

흑9, 11로 단수치고 뻗어서 이하
15까지 양자충으로 백 죽음.

정해 〈566〉

흑 차례 백 죽음   A

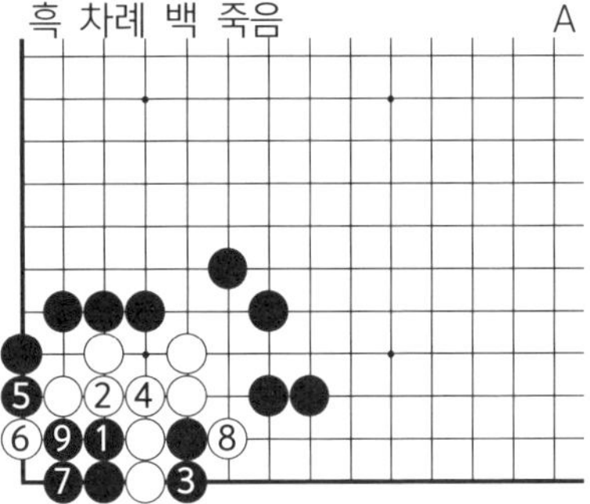

흑1, 3이 좋은 수. 백4로 이으면
흑5, 7, 9의 후절수로 이대로 백 죽음.

정해 〈567〉

흑 차례 패   A

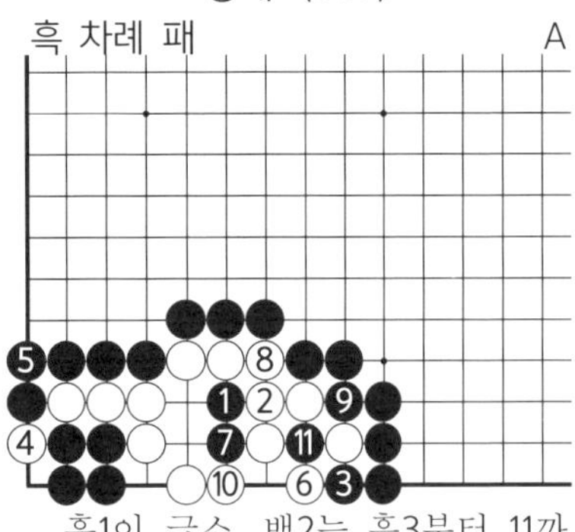

흑1이 급소. 백2는 흑3부터 11까
지 패.

변화 〈567〉

흑 차례 패   A

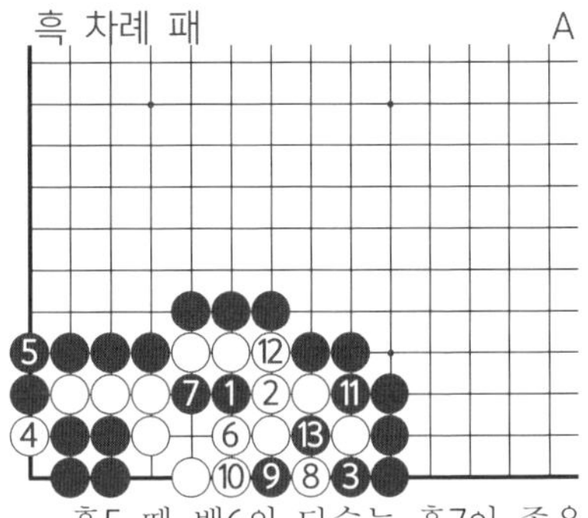

흑5 때 백6의 단수는 흑7이 좋은
수로 이하 13까지 마찬가지 패.

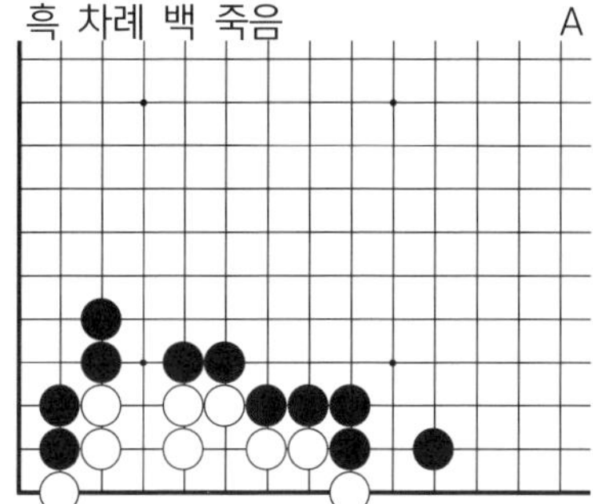

문제 〈568〉

흑 차례 백 죽음　　　　　　　　A

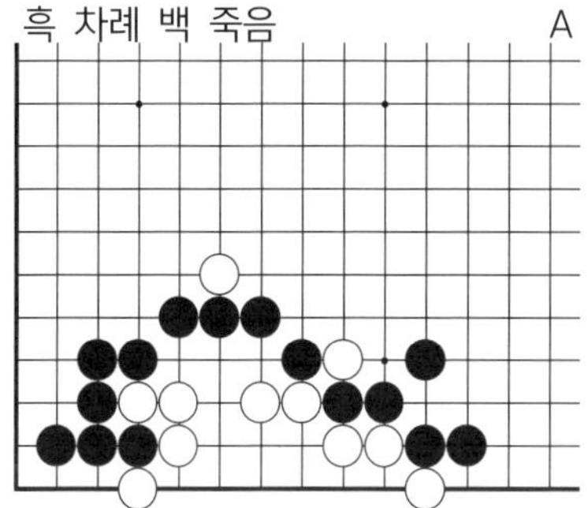

문제 〈569〉

흑 차례 백 죽음　　　　　　　　A

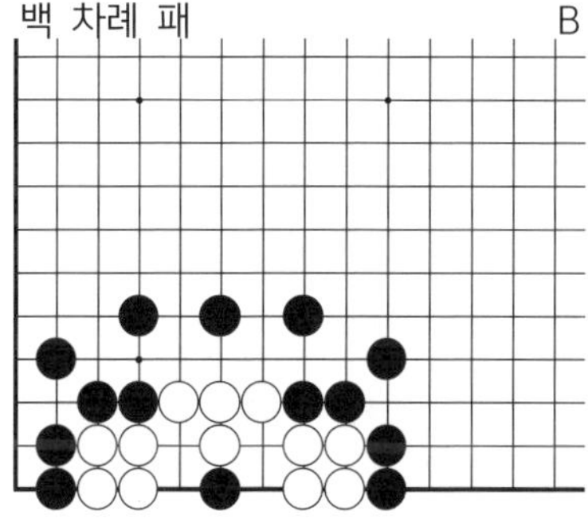

문제 〈570〉

백 차례 패　　　　　　　　　　B

정해 〈568〉

흑 차례 백 죽음   A

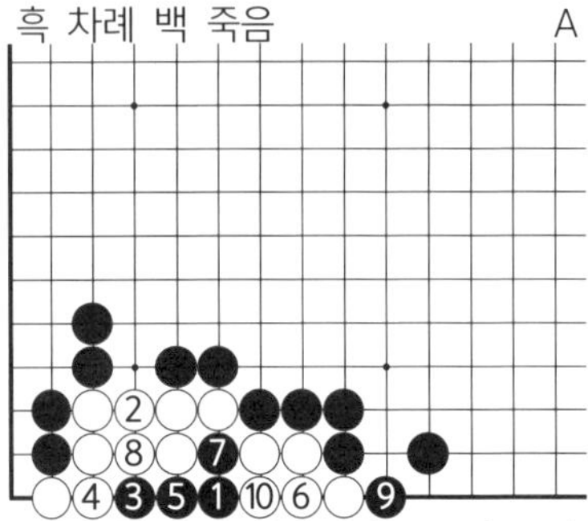

흑1이 급소. 백2는 흑3, 5가 좋은
수로 이하 11로 치중해서 끝. ⑪→❺

정해 〈569〉

흑 차례 백 죽음   A

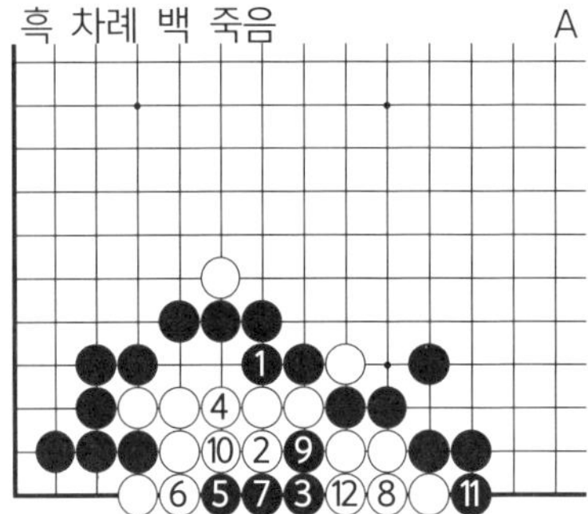

흑1이 급소. 백2로 받으면 흑3으로
치중해서 이하 13까지 끝. ⑬→❼

정해 〈570〉

백 차례 패   B

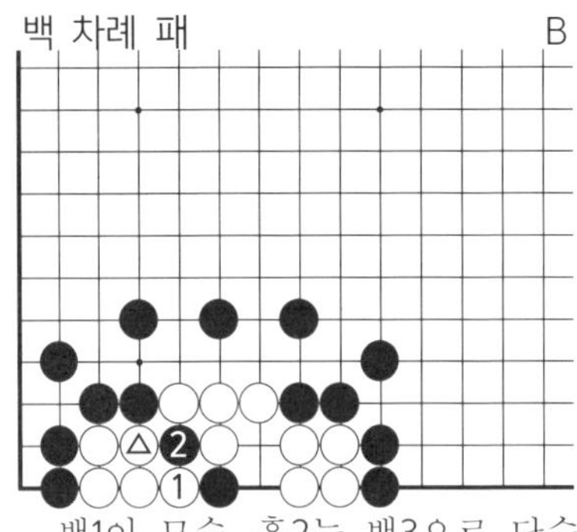

백1이 묘수. 흑2는 백3으로 단수
쳐서 흑이 잇지 못하므로… ③→△

정해 계속

흑4부터 계속

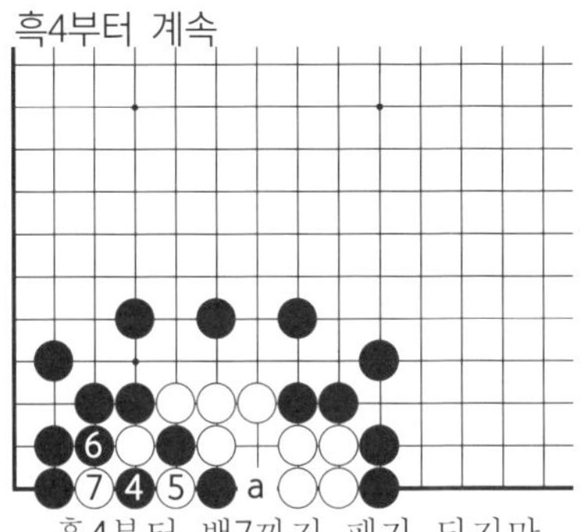

흑4부터 백7까지 패가 되지만
흑이 a의 자체 팻감이 있어 유리.

262

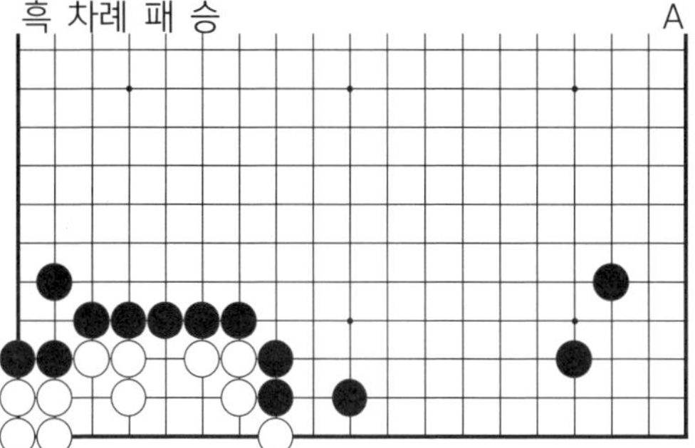

문제 〈571〉

흑 차례 패 승   A

환격을 활용하고 성급하지 않은 것이 중요.

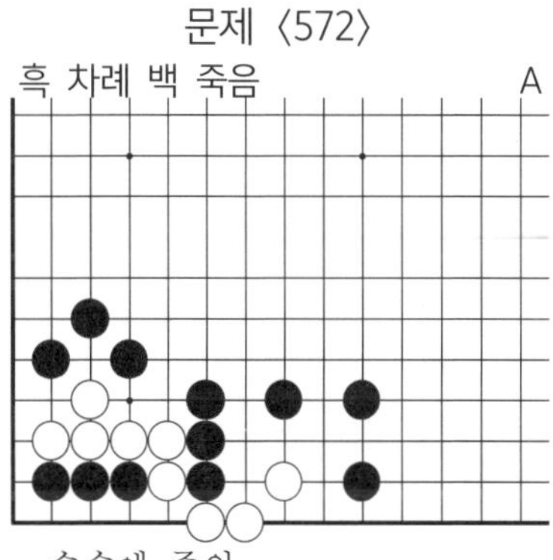

문제 〈572〉

흑 차례 백 죽음   A

수순에 주의.

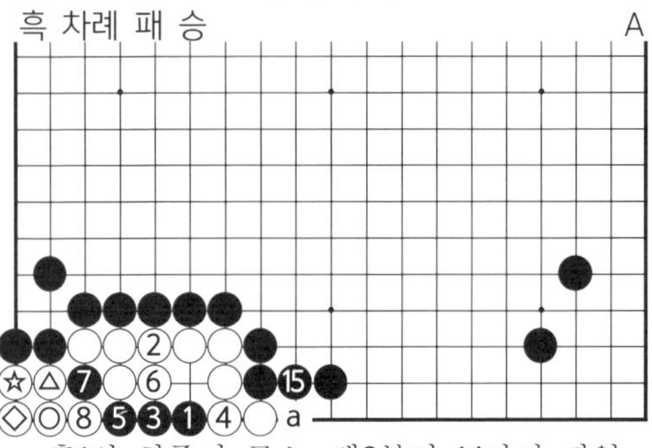

정해 〈71〉

흑a로 막아도 같은 패가 되지만 곧바로 패가 되는 것과는 다름.

⑨→⑦, ⑩→△, ⑪→○,
⑫→⑧, ⑬→☆, ⑭→◇

흑1의 치중이 급소. 백2부터 14까지 되었을 때 흑15가 멋진 수로… 계속해서

정해 계속

㉒→△, ㉓→▲, ㉔→○,
㉕→☆, ㉖→◉, ㉗→⑰,
㉚→○, ㉛→☆, ㉜→▲,
㉝→⑰, ㉟→⑲

백16으로 따내면 흑17부터 계속 패가 되지만 마지막에 흑39로 받아서 백 전멸의 흑 패 승.

정해 〈572〉

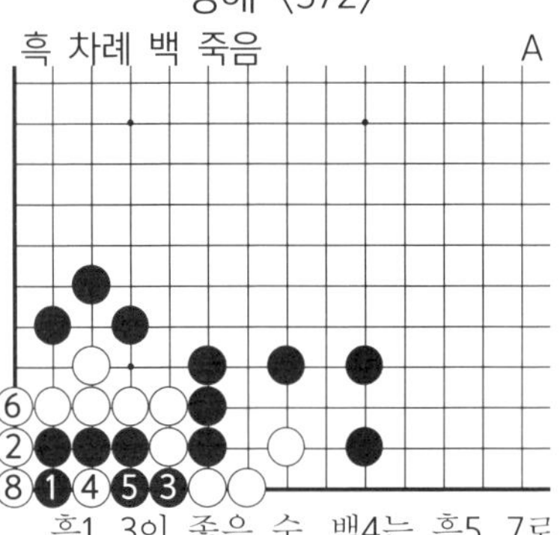

흑1, 3이 좋은 수. 백4는 흑5, 7로 이어서 백8로 따내면… ❼→④

정해 계속

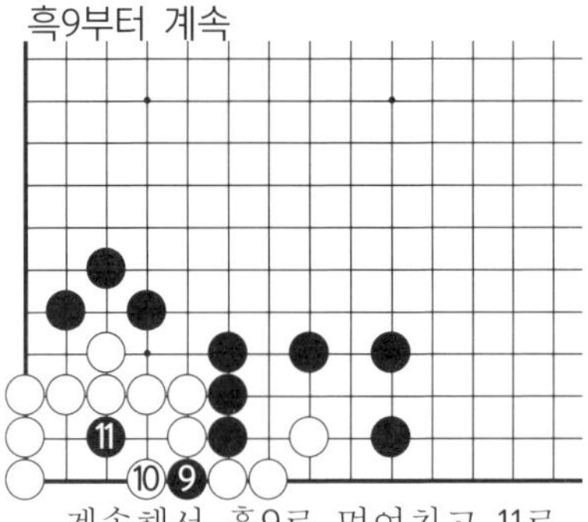

계속해서 흑9로 먹여치고 11로 치중해서 백 죽음.

문제 〈573〉

흑 차례 백 죽음   A

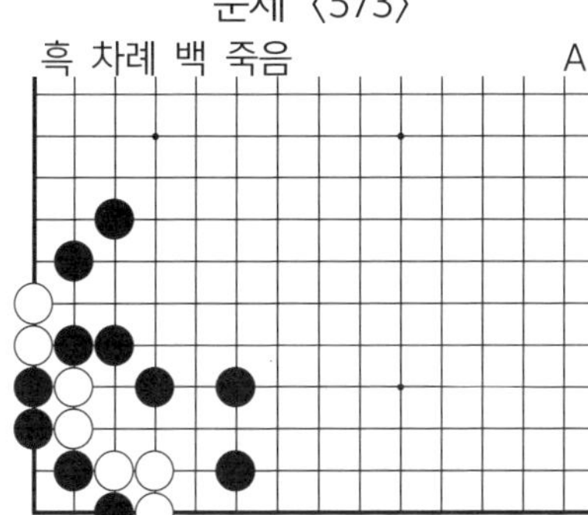

문제 〈574〉

흑 차례 패   A

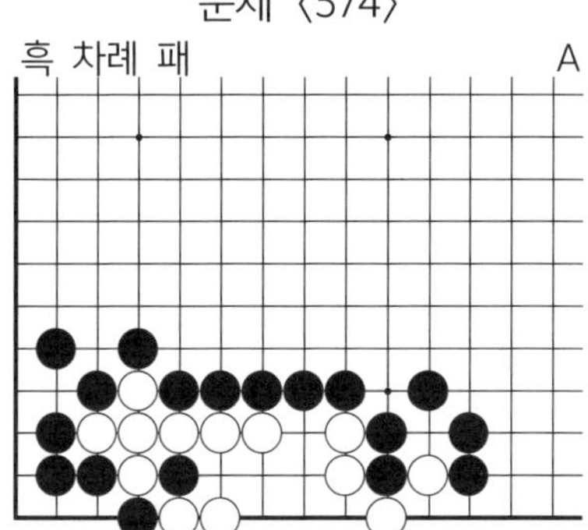

문제 〈575〉

흑 차례 백 죽음   A

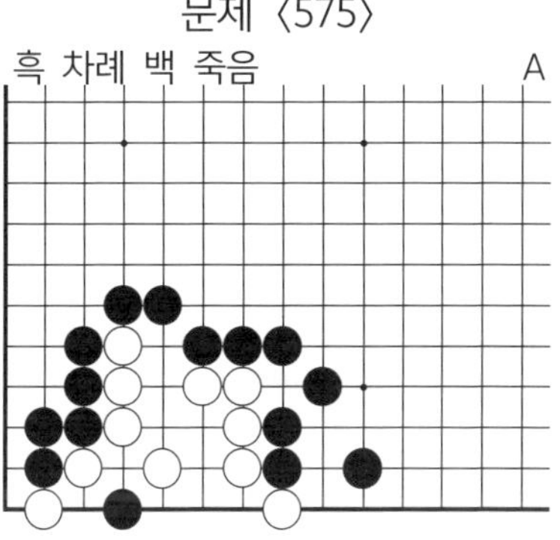

문제 〈576〉

흑 차례 백 죽음   A

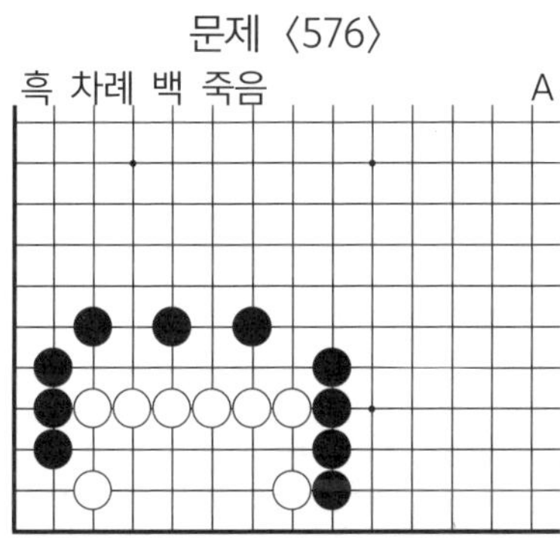

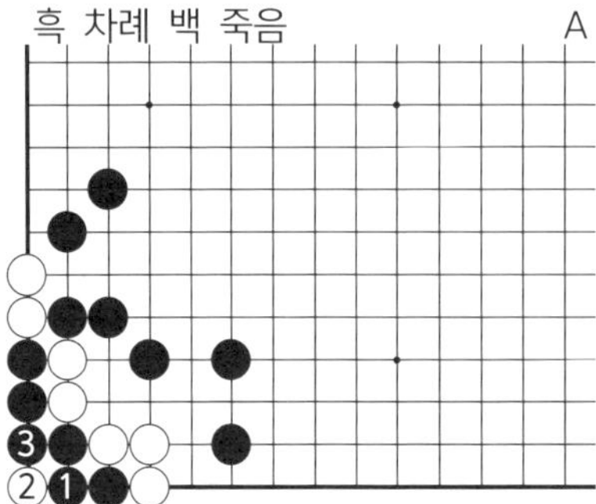

정해 〈573〉

흑 차례 백 죽음

흑1, 3이 수순. 백4로 따내면 흑 5로 치중해서 끝. ④→②, ❺→❶

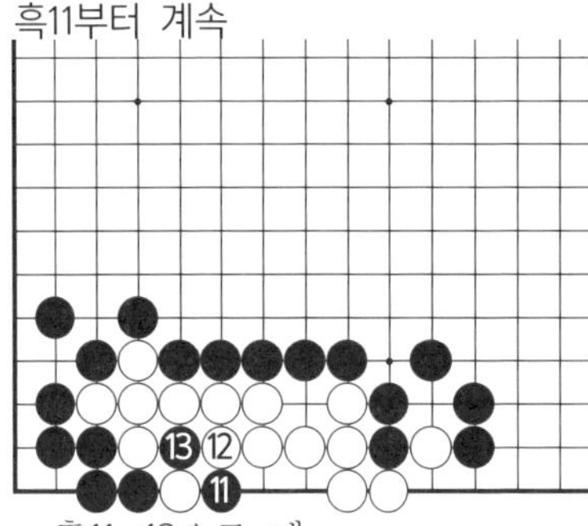

정해 계속

흑11부터 계속

흑11, 13으로 패.

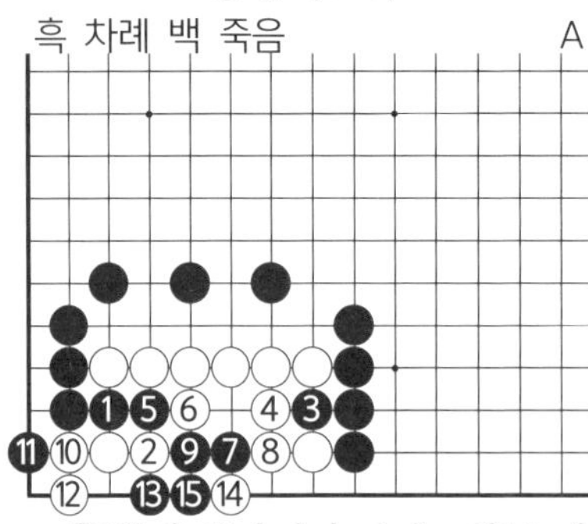

정해 〈576〉

흑 차례 백 죽음

흑1부터 13까지가 수순. 백14 때 흑15로 잇는 것이 묘수로…

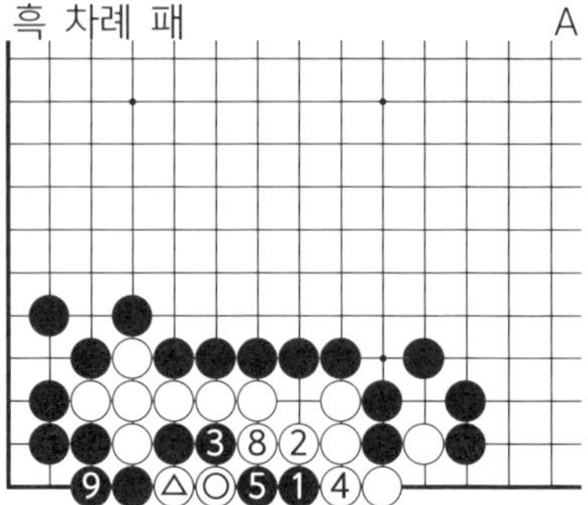

정해 〈574〉

흑 차례 패

흑1, 3이 급소. 백4부터 10까지 흑 5 점을 따내면… ⑥→△, ❼→◎, ⑩→△

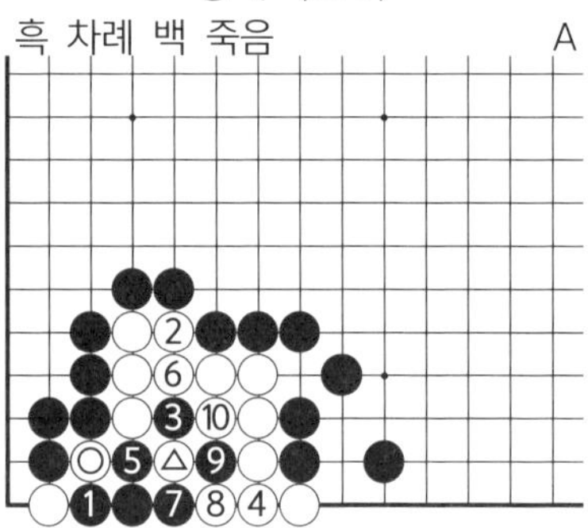

정해 〈575〉

흑 차례 백 죽음

흑1, 3이 묘수. 백4는 흑5 이하 13까지 끝. ⓫→△, ⑫→◎, ⓭→△

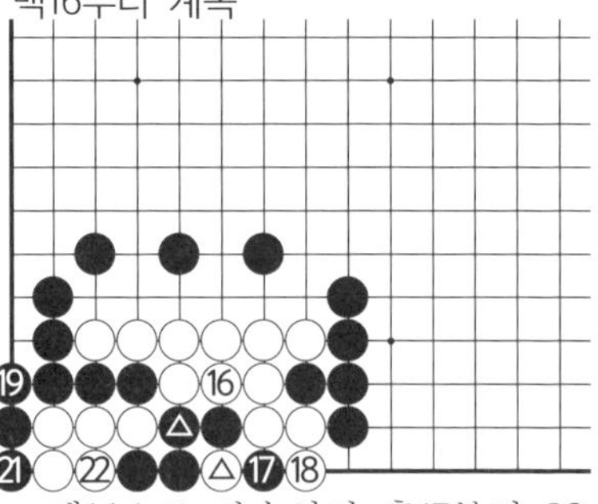

정해 계속

백16부터 계속

백16으로 단수치면 흑17부터 23 까지 후절수로 끝. ⑳→△, ㉓→△

문제 〈577〉

흑 차례 백 죽음

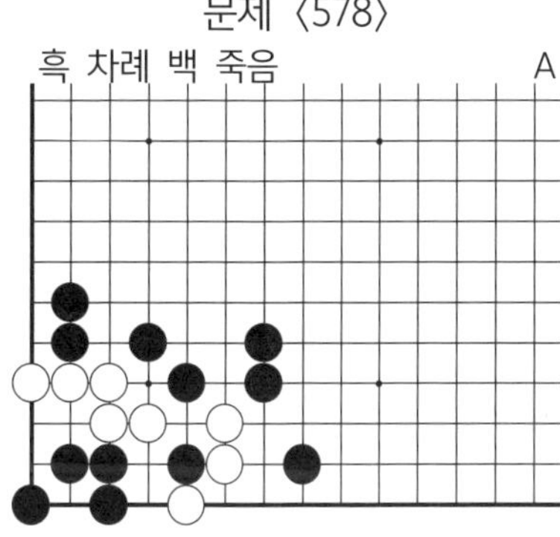

문제 〈578〉

흑 차례 백 죽음

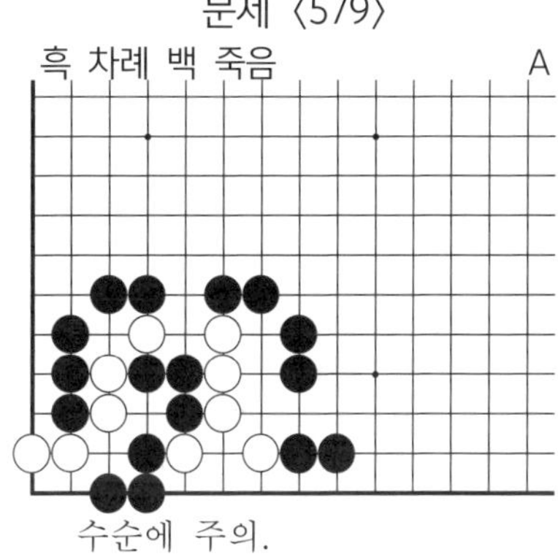

문제 〈579〉

흑 차례 백 죽음

수순에 주의.

문제 〈580〉

흑 차례 백 죽음

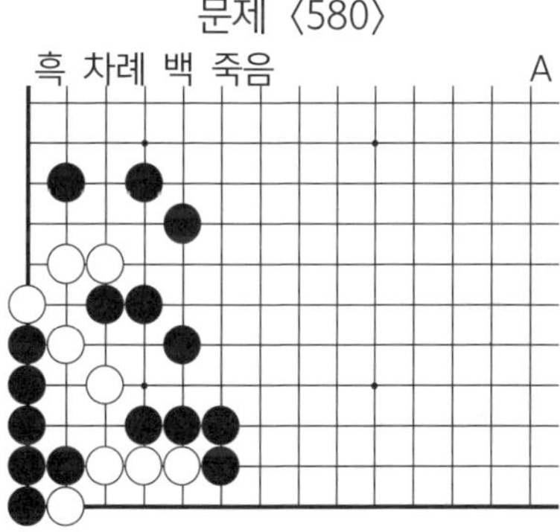

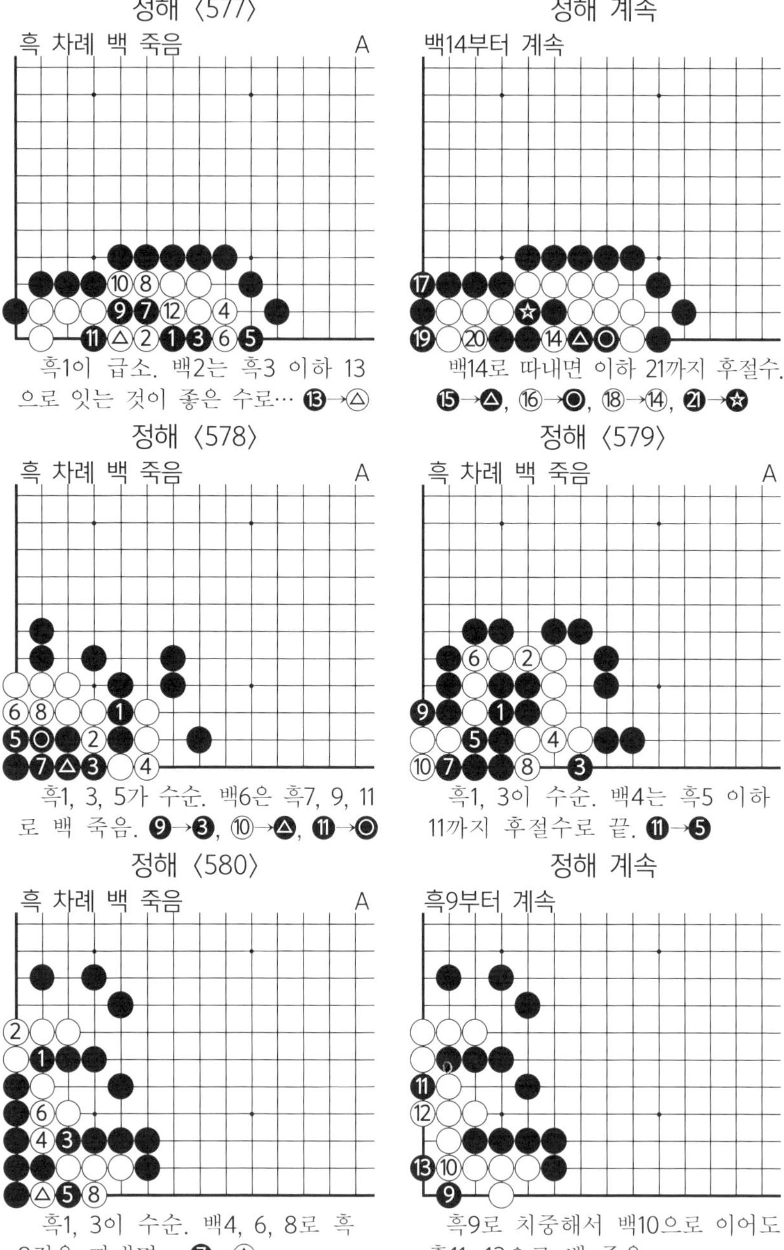

흑1이 급소. 백2는 흑3 이하 13
으로 잇는 것이 좋은 수로… ⑬→△

백14로 따내면 이하 21까지 후절수.
⑮→△, ⑯→◉, ⑱→⑭, ㉑→☆

흑1, 3, 5가 수순. 백6은 흑7, 9, 11
로 백 죽음. ⑨→❸, ⑩→△, ⑪→◉

흑1, 3이 수순. 백4는 흑5 이하
11까지 후절수로 끝. ⑪→❺

흑1, 3이 수순. 백4, 6, 8로 흑
8점을 따내면… ❼→△

흑9로 치중해서 백10으로 이어도
흑11, 13으로 백 죽음.

1선에 입구자 하는 맥

50문제

1선에 입구자 하는 맥

사활묘수풀이는 귀에서 많으며, 그다음이 변이고 중앙에는 매우 적습니다. 귀나 변을 기반으로 하는 사활묘수풀이가 귀의 「2의 1」의 곳이나 변의 제1선 위에서 여러 가지 재미있는 맥점을 만들어 내는 것은 당연한 이치입니다.

1선에 입구자 하는 맥의 사활묘수풀이는 많이 있으며 이 맥점에도 상당히 재미있는 것들이 있습니다.

다음 그림은 1선에 입구자 하는 맥의 사활묘수풀이입니다.

흑1과 백2를 교환한 다음에 흑3으로 두는 수가 1선에 입구자 하는 맥으로 이와 비슷한 모양은 많이 있습니다.

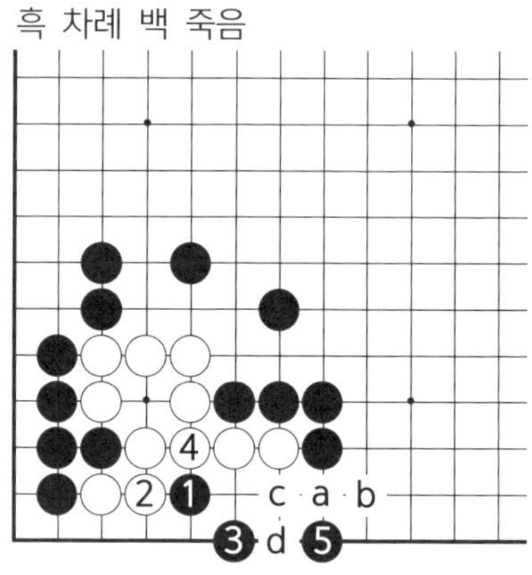

백4 때 흑5로 뛰어서 흑은 전부 연결됩니다.

백4로 a라면 흑b, 백c, 흑d로 두고 그때 백5로 두면 흑4로 끊어서 백이 잡힙니다.

문제 〈581〉

흑 차례 백 죽음   B

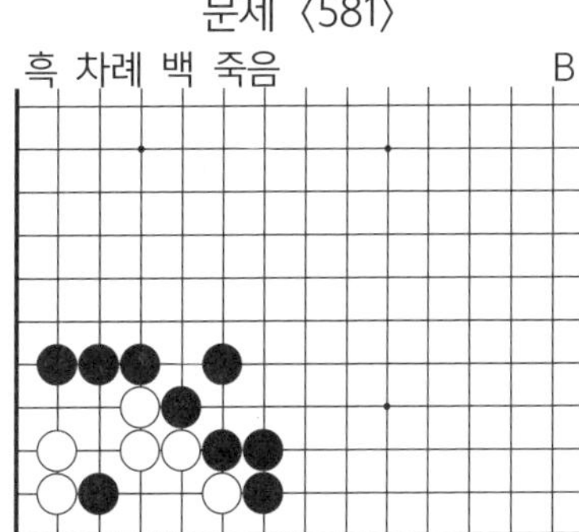

문제 〈582〉

흑 차례 백 죽음   B

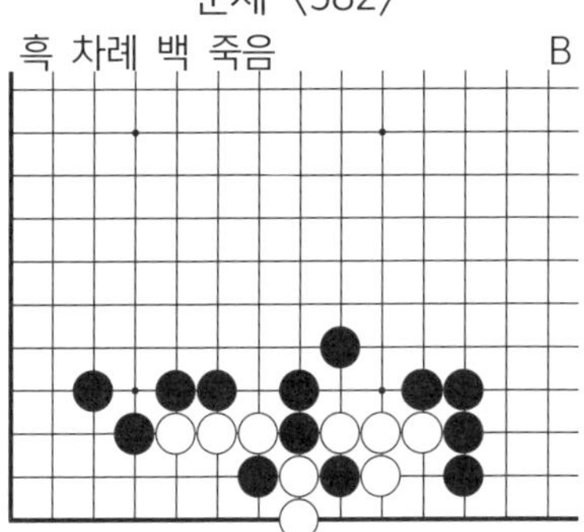

문제 〈583〉

흑 차례 백 죽음   A

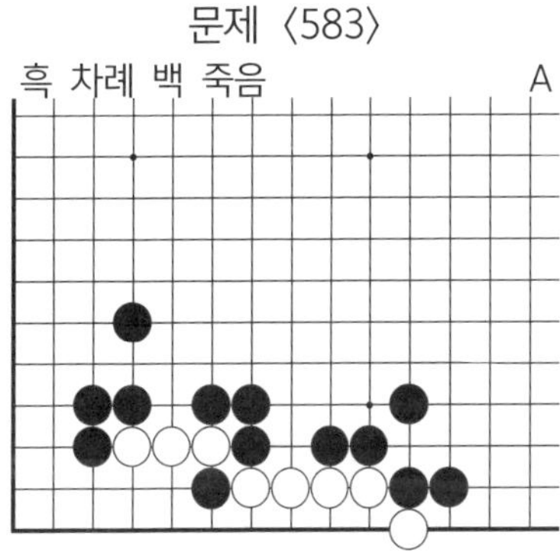

문제 〈584〉

흑 차례 패   A

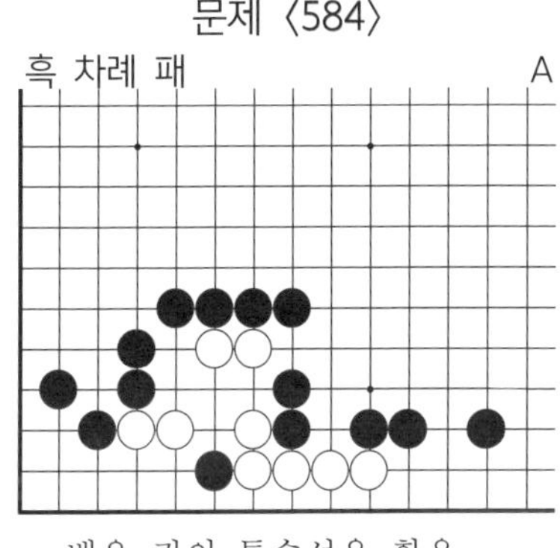

백은 귀의 특수성을 활용.

문제 〈585〉

백 차례 삶   B

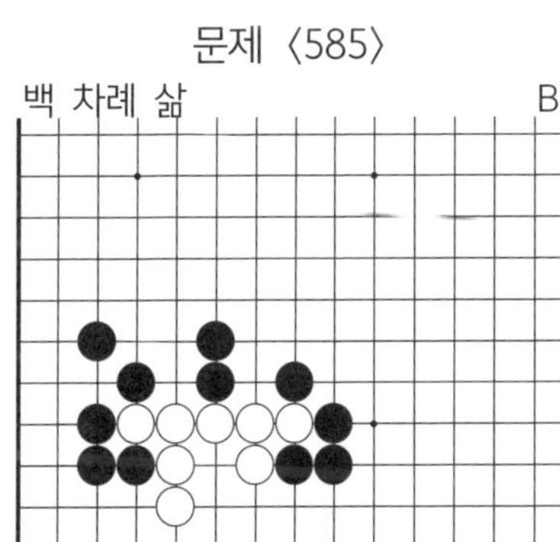

문제 〈586〉

흑 차례 수상전 승   B

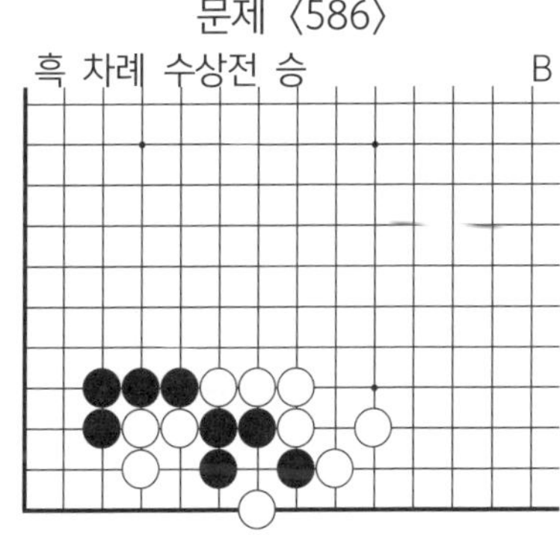

흑 차례 백 죽음   B

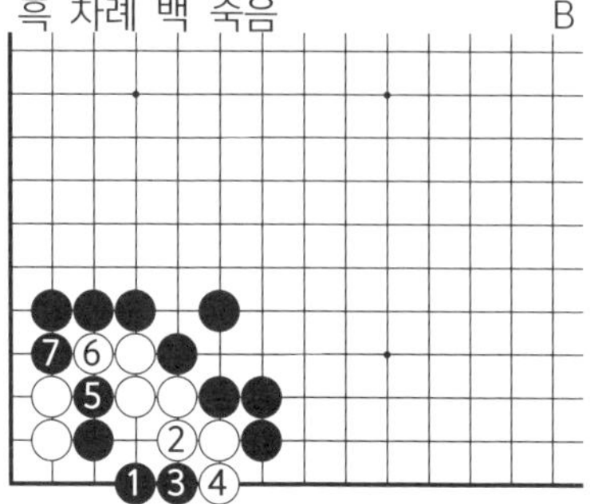

흑1의 입구자가 급소. 백2는 흑
3부터 7까지 자충으로 끝.

흑 차례 백 죽음   B

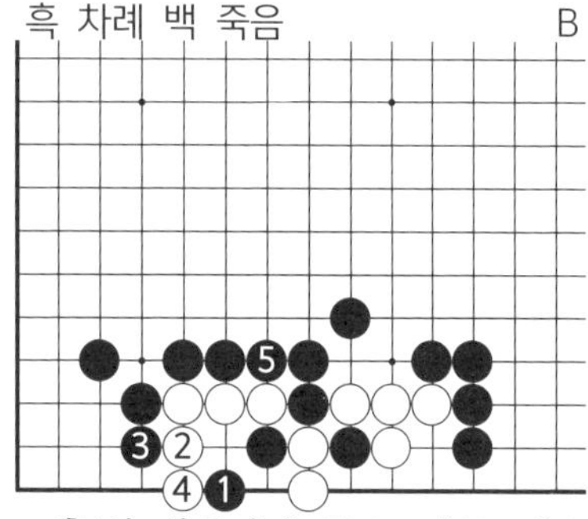

흑1의 입구자가 급소. 백2는 흑3,
5로 그만.

흑 차례 백 죽음   A

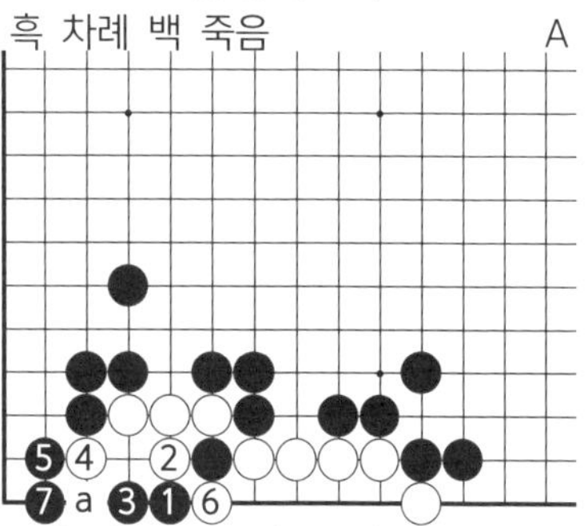

흑1이 급소. 백2는 흑3, 5, 7로
그만. 7을 a로 두면 백7로 실패.

흑 차례 패   A

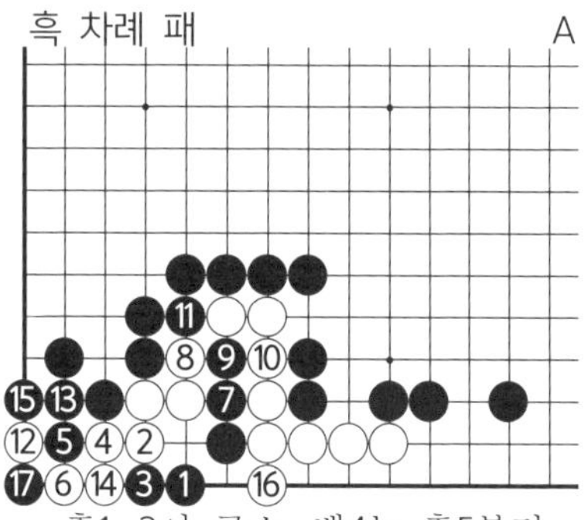

흑1, 3이 급소. 백4는 흑5부터
17까지 패.

백 차례 삶   B

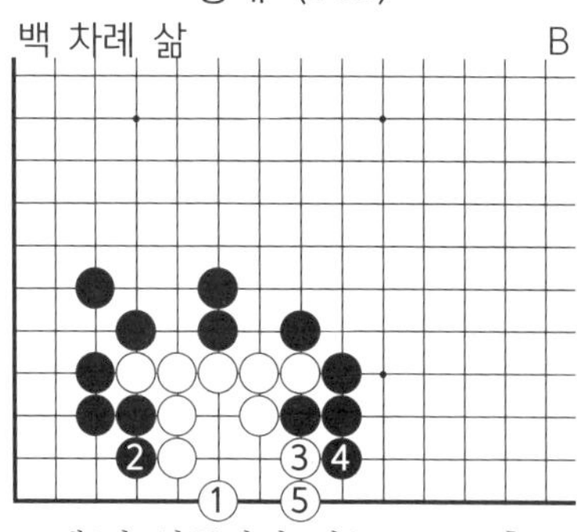

백1의 입구자가 사는 급소. 흑2로
막으면 백3, 5로 삶.

흑 차례 수상전 승   B

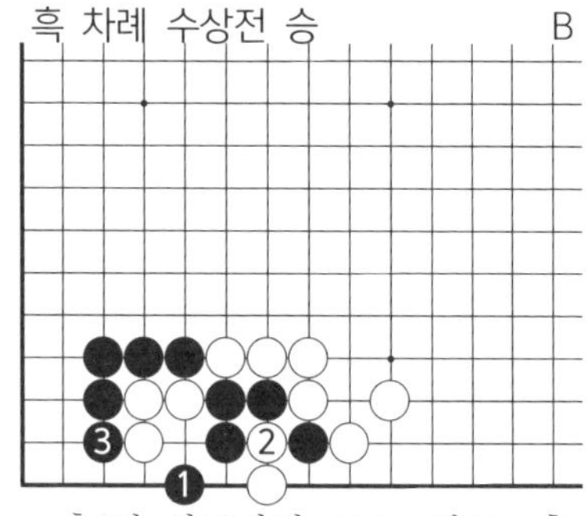

흑1의 입구자가 급소. 백2는 흑
3으로 수상전 흑 승

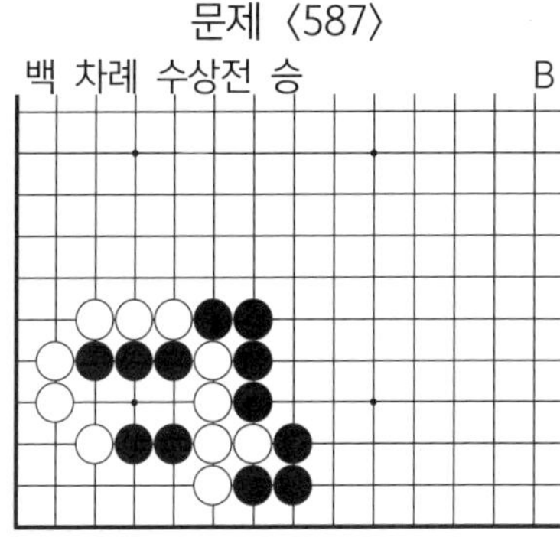

문제 〈587〉

백 차례 수상전 승

B

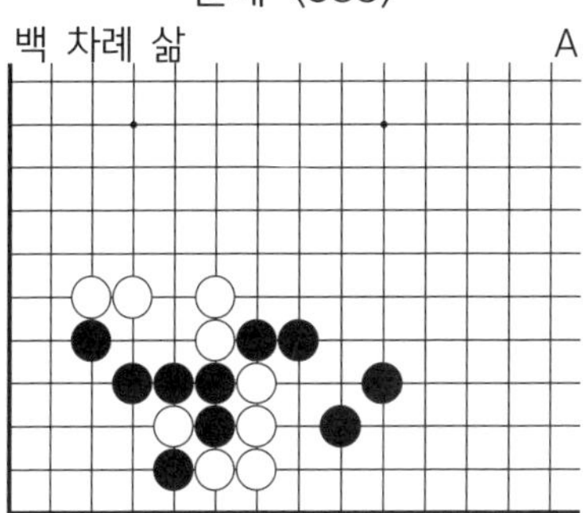

문제 〈588〉

백 차례 삶

A

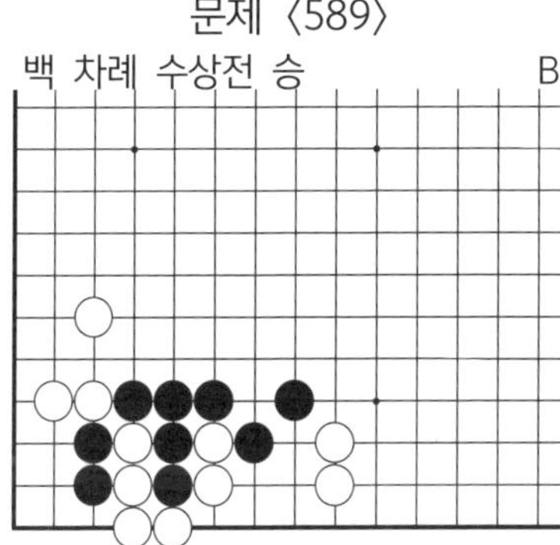

문제 〈589〉

백 차례 수상전 승

B

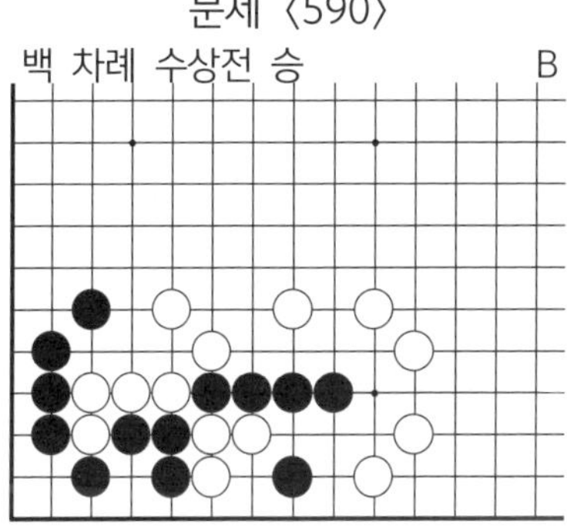

문제 〈590〉

백 차례 수상전 승

B

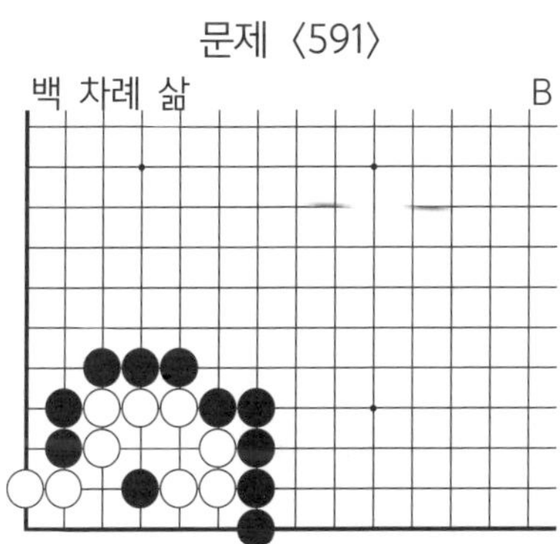

문제 〈591〉

백 차례 삶

B

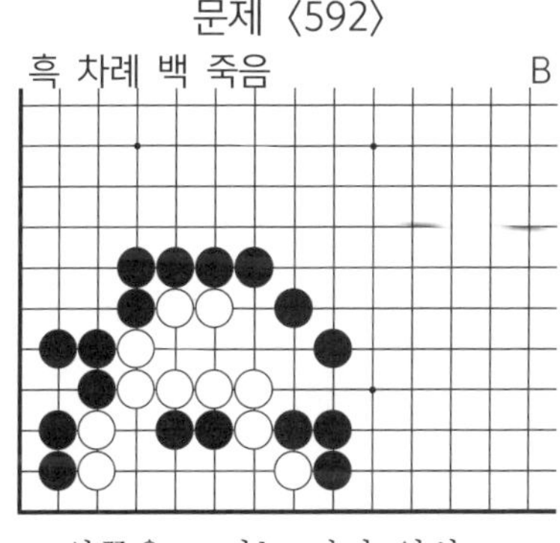

문제 〈592〉

흑 차례 백 죽음

B

양쪽을 노리는 것이 열쇠

273

정해 〈587〉

백 차례 수상전 승   B

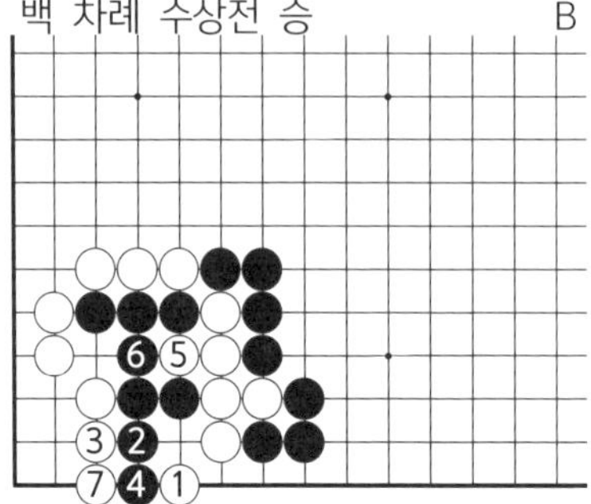

백1의 입구자가 맥점. 흑2는 백3, 5, 7로 수상전 백 승.

정해 〈588〉

백 차례 삶   A

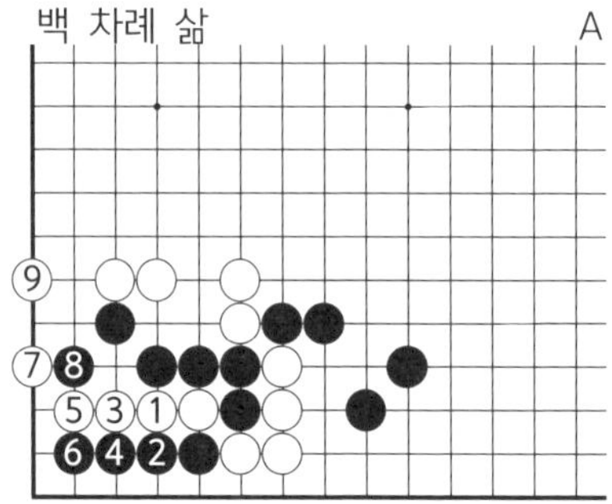

백1부터 흑6까지 교환한 다음 백 7의 입구자가 급소. 흑8은 백9로 끝.

정해 〈589〉

백 차례 수상전 승   B

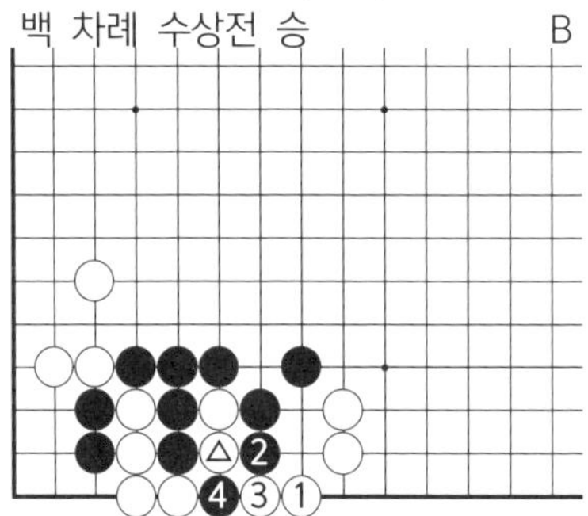

백1의 입구자가 급소. 흑2는 백3, 5로 연결해서 백 수상전 승. ⑤→△

정해 〈590〉

백 차례 수상전 승   B

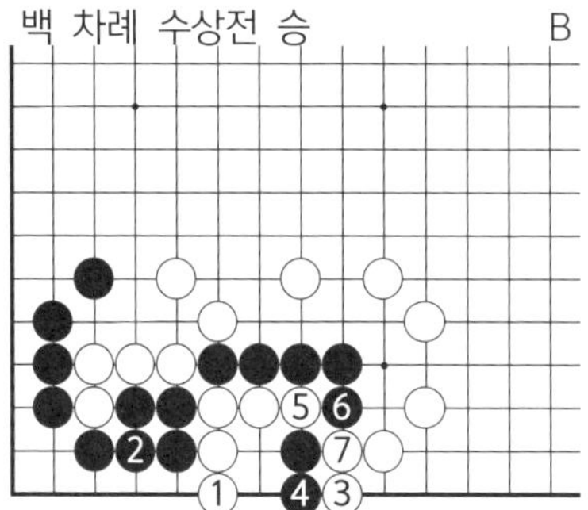

백1을 선수하고 3이 급소. 흑4의 차단은 백5, 7의 빅으로 수상전 승.

정해 〈591〉

백 차례 삶   B

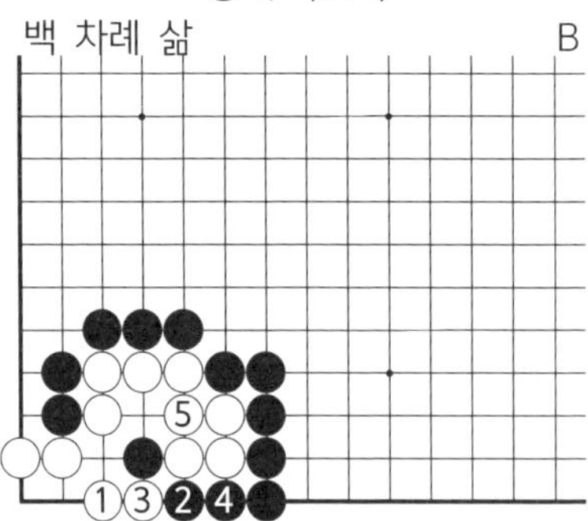

백1의 입구자가 급소. 흑2는 백 3, 5로 삶.

정해 〈592〉

흑 차례 백 죽음   B

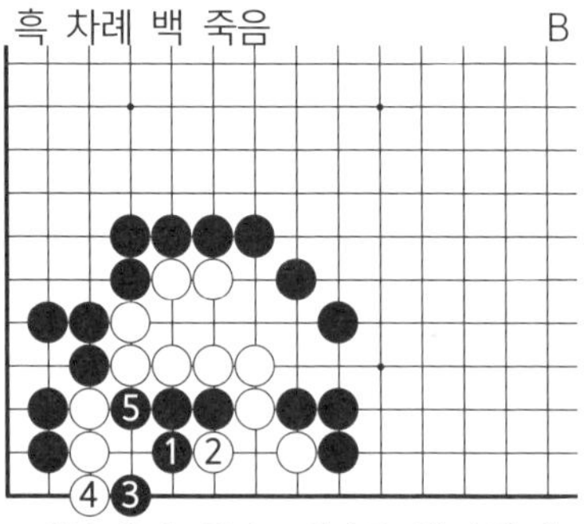

흑1, 3이 급소. 백4로 차단하면 흑5로 백 죽음.

문제 〈593〉

흑 차례 백 죽음   A

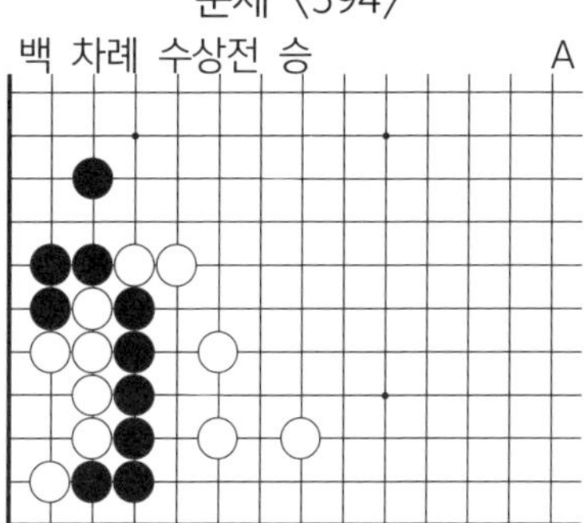

문제 〈594〉

백 차례 수상전 승   A

문제 〈595〉

백 차례 수상전 승   A

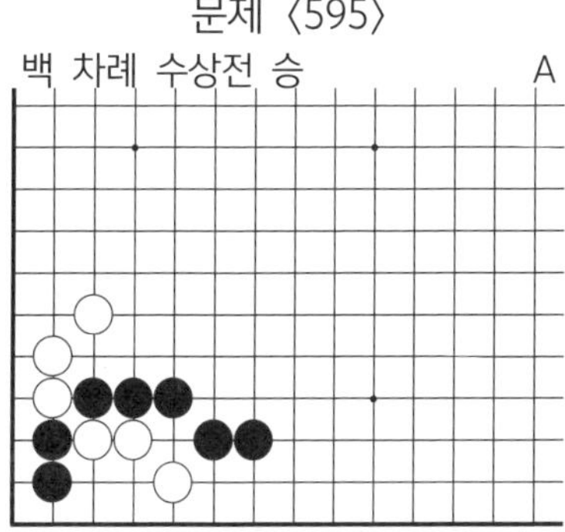

문제 〈596〉

흑 차례 수상전 승   A

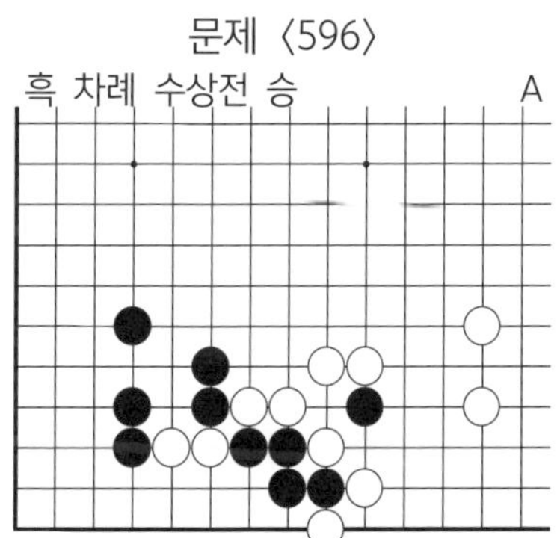

문제 〈597〉

흑 차례 백 죽음   B

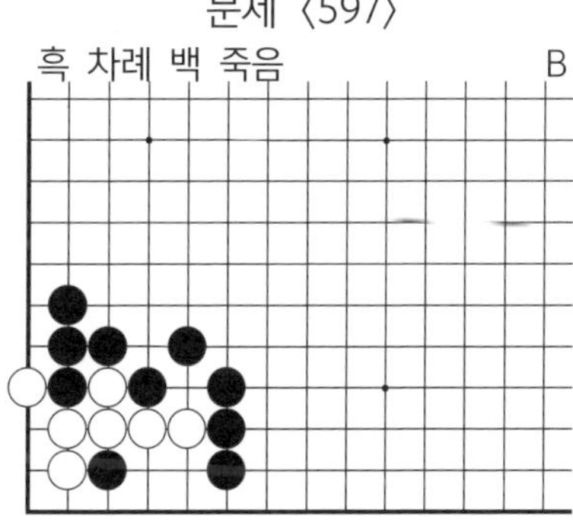

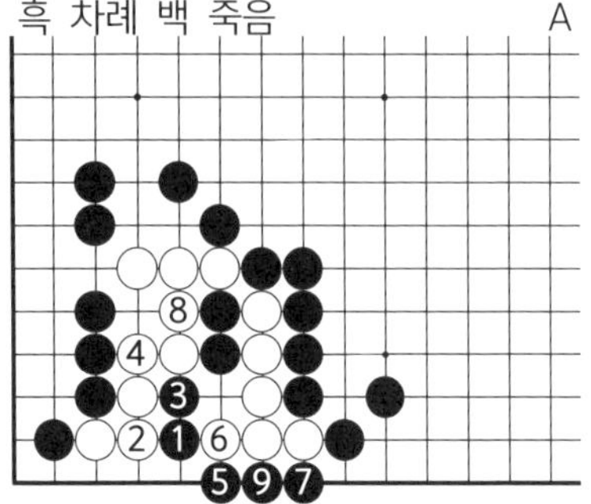

정해 〈593〉

흑 차례 백 죽음   A

흑1, 3, 5가 좋은 수순. 백6, 8로 받으면 흑7, 9로 그것으로 끝.

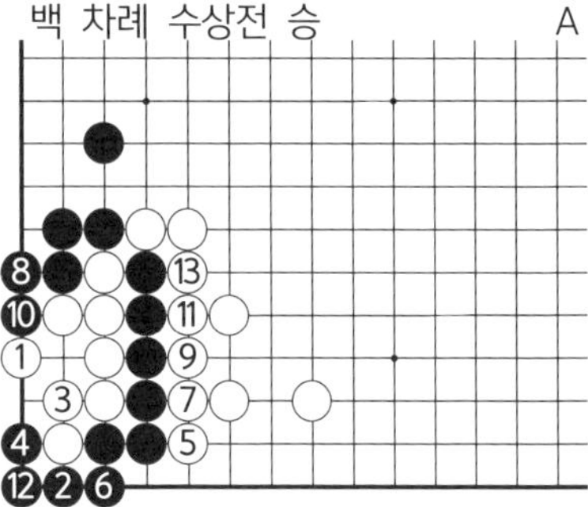

정해 〈594〉

백 차례 수상전 승   A

백1, 3이 좋은 수. 흑4는 백5부터 13까지 조여서 「유가무가」로 끝.

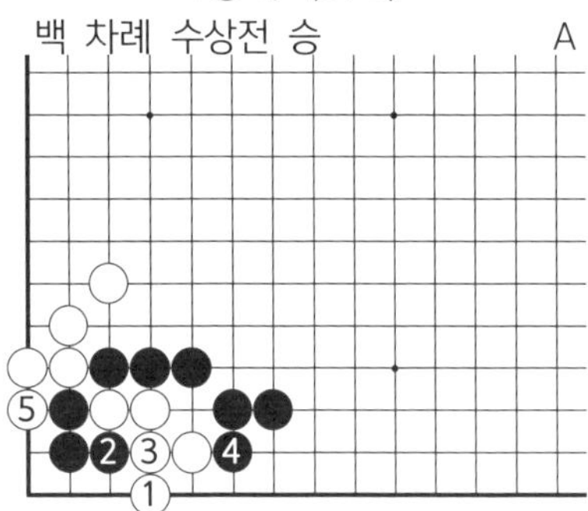

정해 〈595〉

백 차례 수상전 승   A

백1의 입구자가 맥점. 흑2는 백 3, 5로 백 수상전 승.

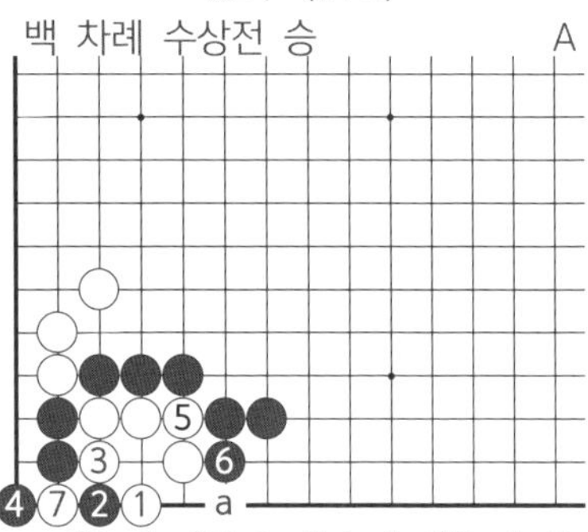

변화 〈595〉

백 차례 수상전 승   A

백1 때 흑2로 받으면 백3, 5, 7 로 끝. 7을 a로 두어도 양패 승.

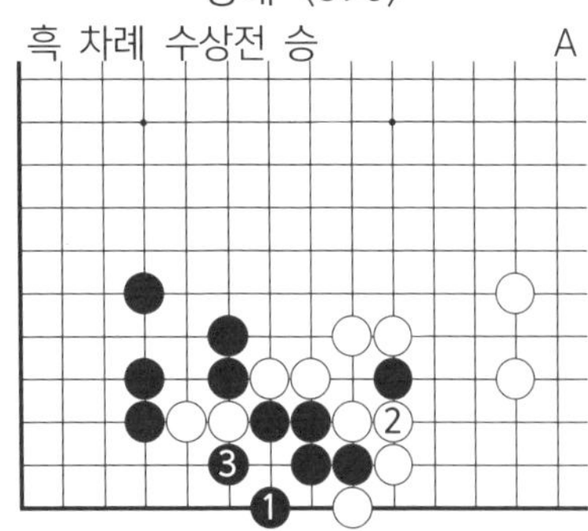

정해 〈596〉

흑 차례 수상전 승   A

흑1의 입구자가 급소. 백2는 흑 3으로 수상전 흑 승.

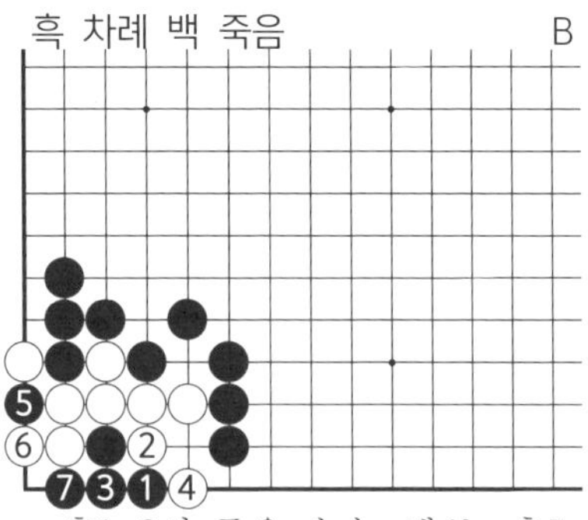

정해 〈597〉

흑 차례 백 죽음   B

흑1, 3이 좋은 수순. 백4는 흑5, 7로 백 죽음.

문제 〈598〉

흑 차례 패   B

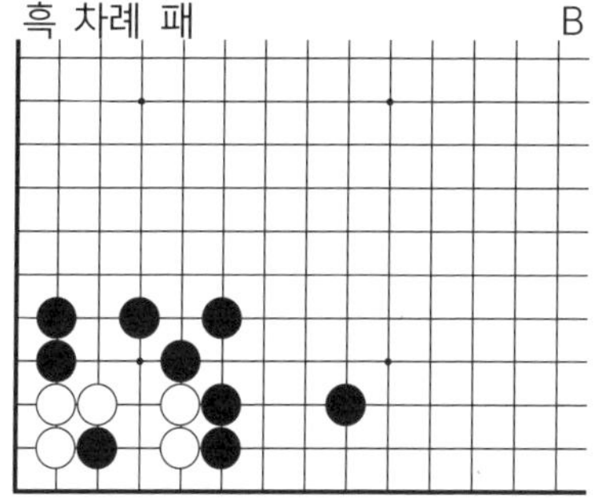

문제 〈599〉

흑 차례 패   B

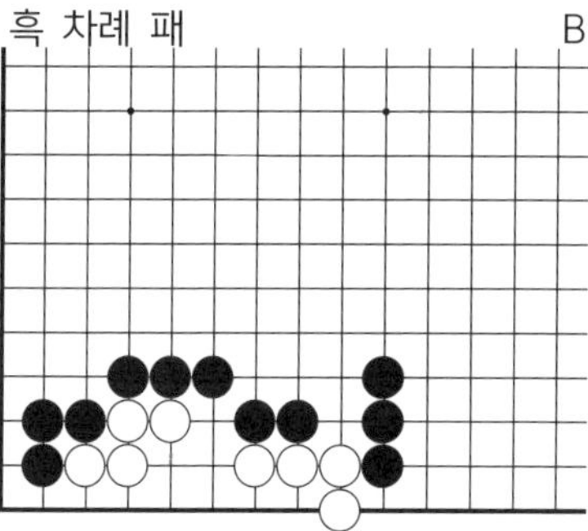

문제 〈600〉

흑 차례 백 죽음   B

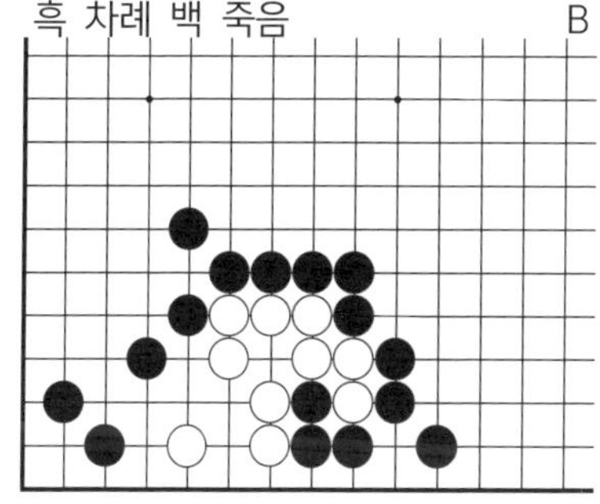

문제 〈601〉

백 차례 삶   B

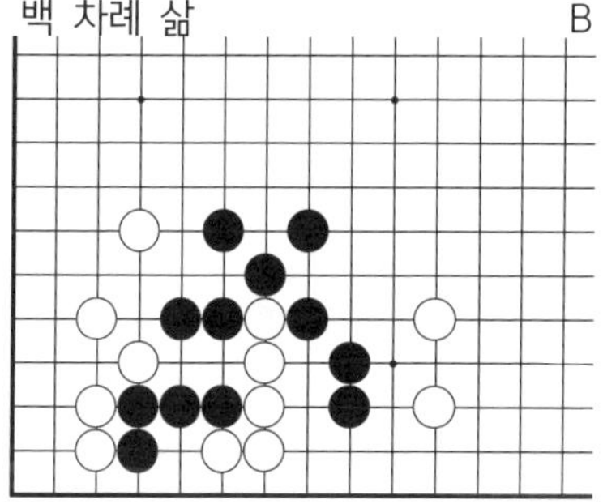

문제 〈602〉

흑 차례 패   B

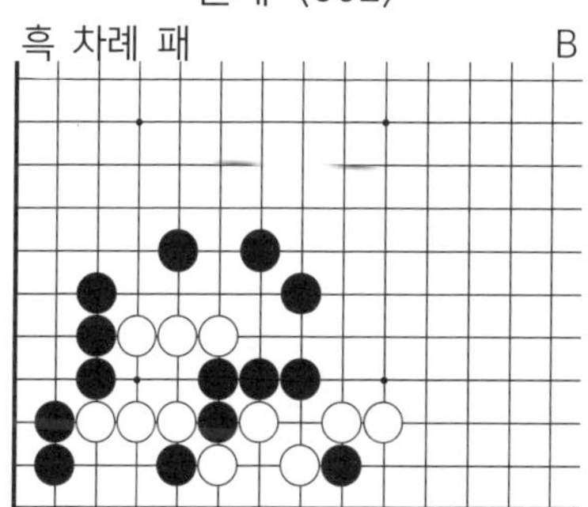

277

정해 〈598〉

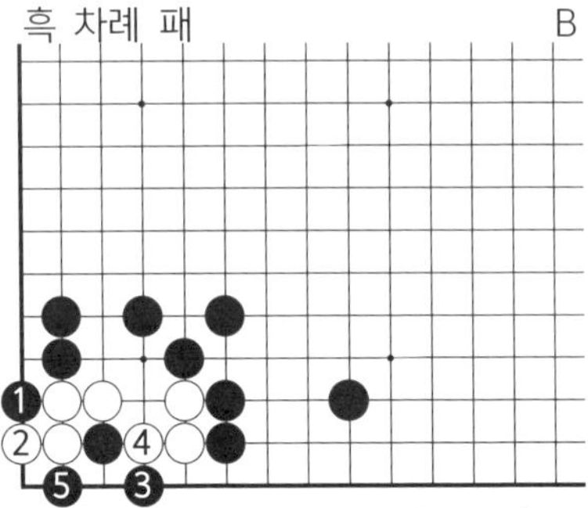

흑1의 젖힘이 급소. 백2로 막으면 흑3, 5로 패.

정해 〈599〉

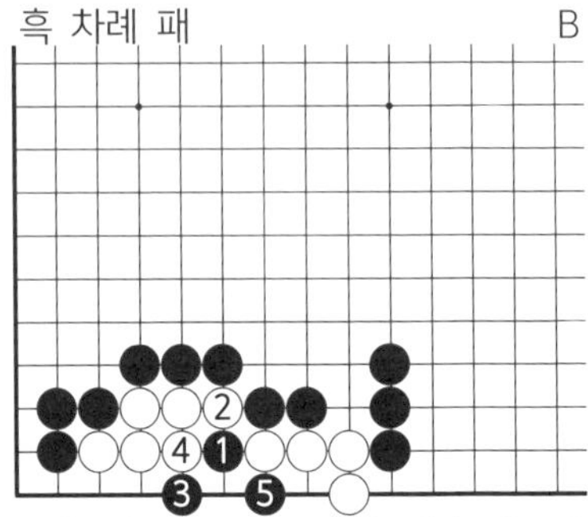

흑1과 백2를 교환한 다음 흑3의 입구자가 급소. 백4는 흑5로 패.

정해 〈600〉

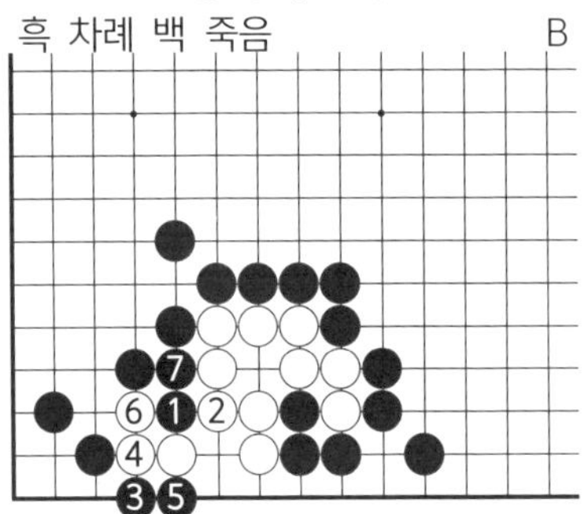

흑1, 3이 급소. 백4는 흑5, 7로 끝.

정해 〈601〉

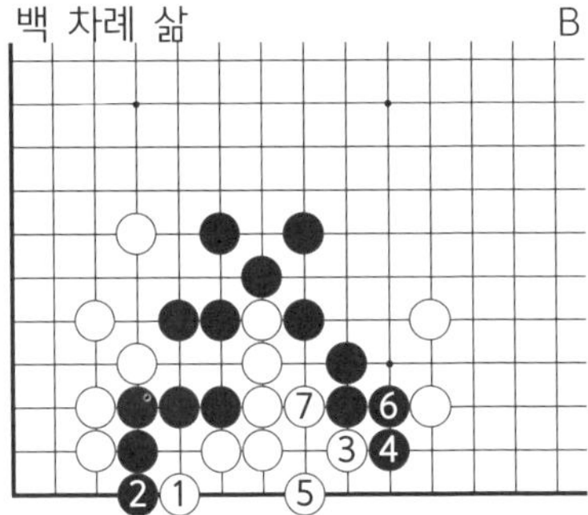

백1의 입구자가 사는 급소. 흑2는 백3부터 7까지 삶.

정해 〈602〉

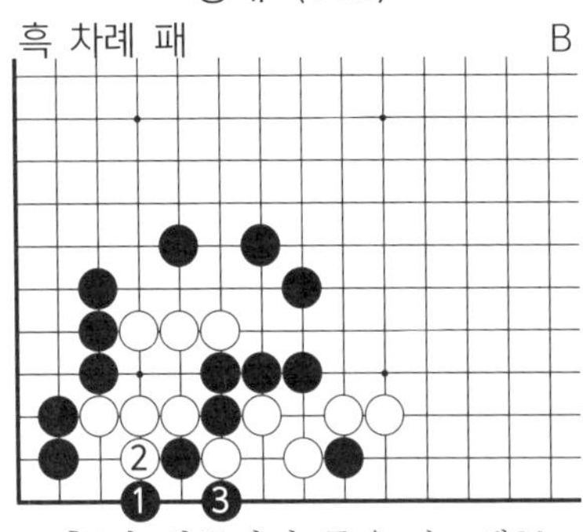

흑1의 입구자가 좋은 수. 백2는 흑3으로 패.

변화 〈602〉

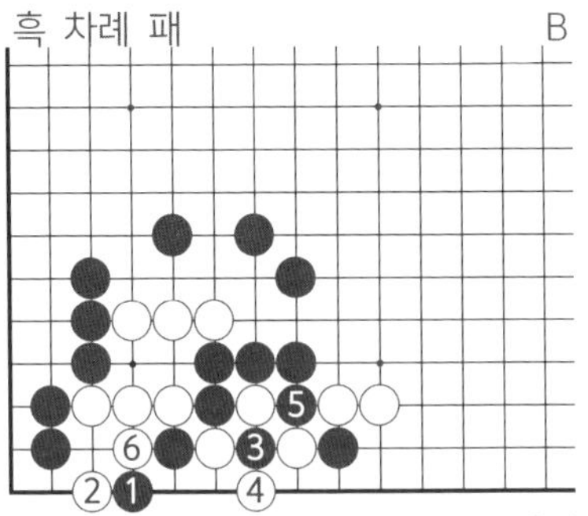

흑1 때 백2라면 흑3, 5, 7로 마찬가지 패. ❼→❸

문제 〈603〉

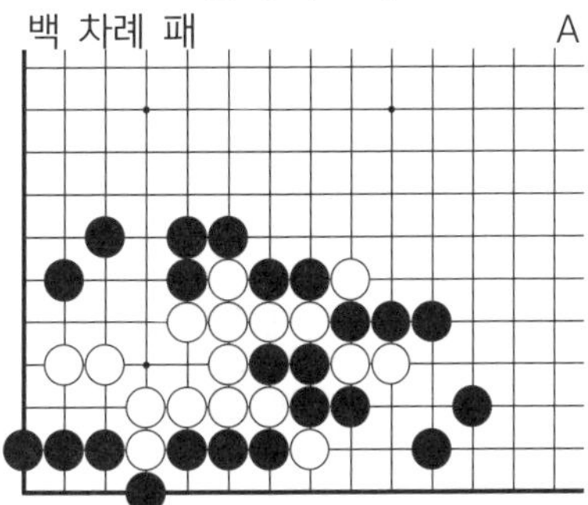

문제 〈604〉

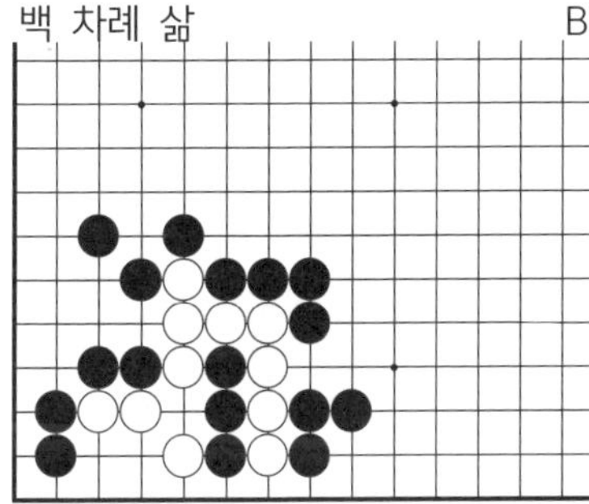

문제 〈605〉

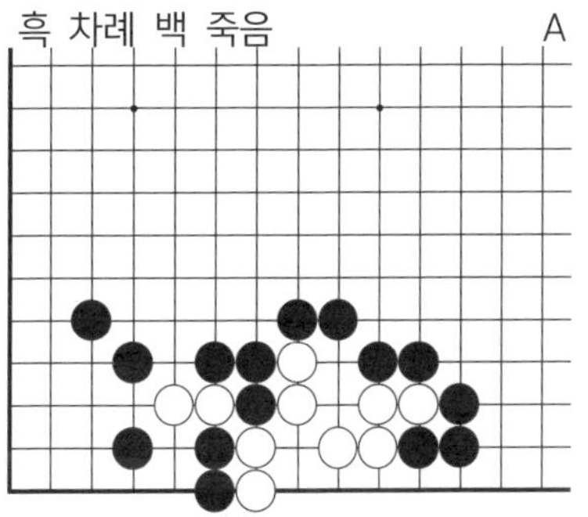

문제 〈606〉

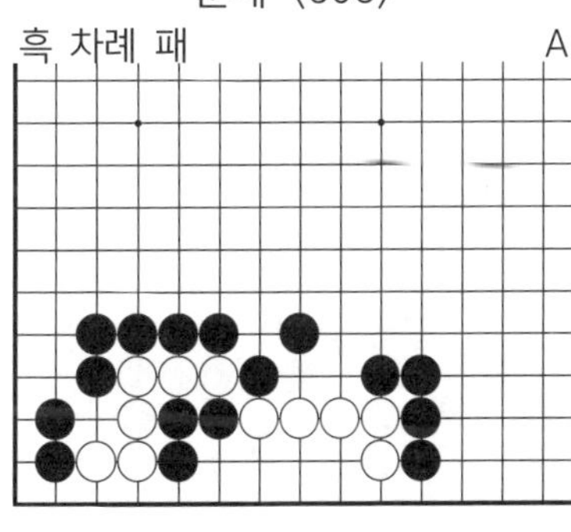

문제 〈607〉

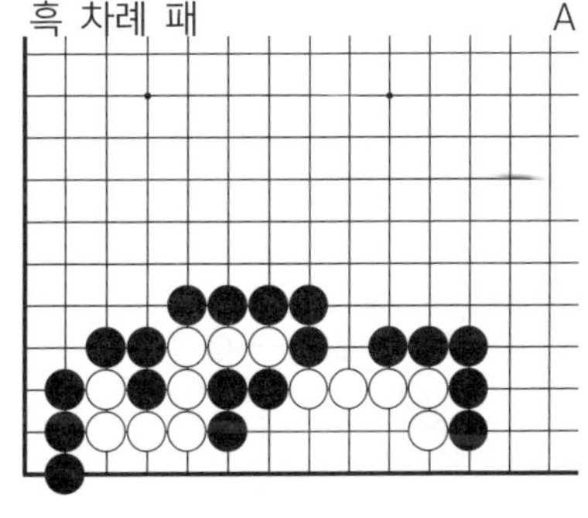

정해 〈603〉

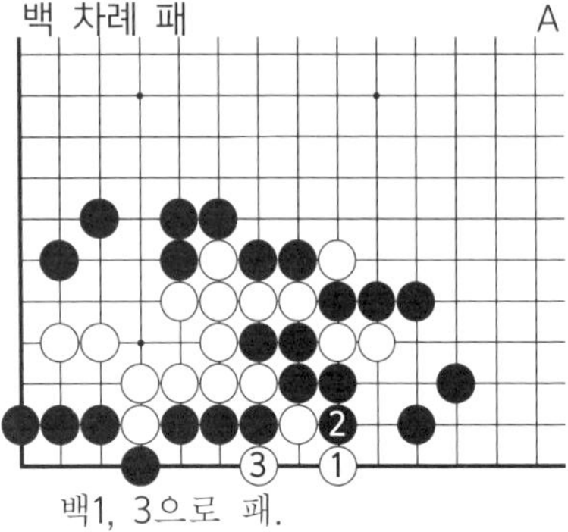

백1, 3으로 패.

변화 〈603〉

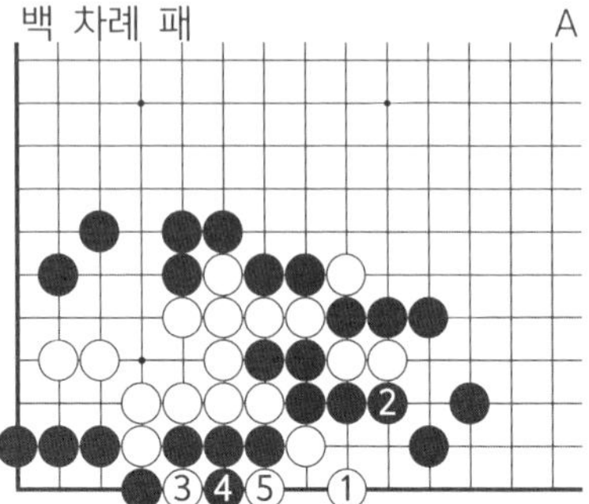

백1 때 흑2로 잡으면 백3, 5로 마찬가지 패.

정해 〈604〉

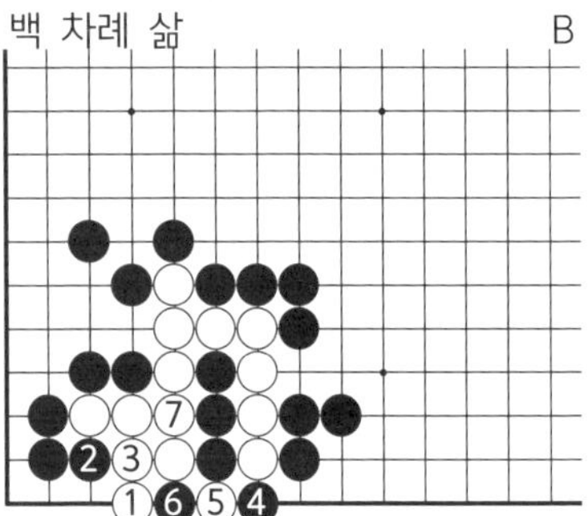

백1의 입구자가 급소. 흑2로 파호하면 백3, 5, 7의 촉촉수로 삶.

정해 〈605〉

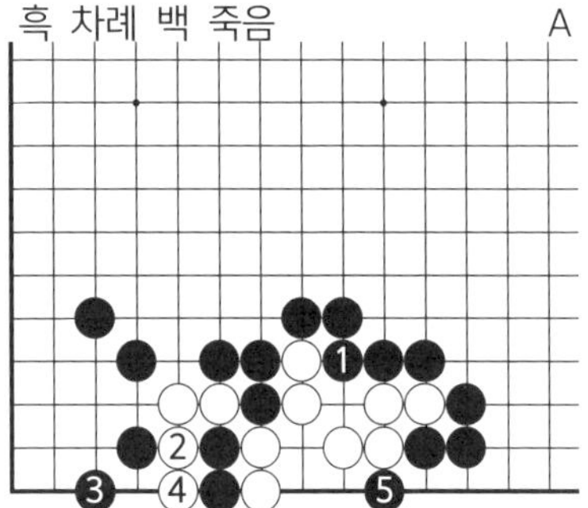

흑1로 파호하고 3의 입구자가 급소. 백4로 잡으면 흑5로 끝.

정해 〈606〉

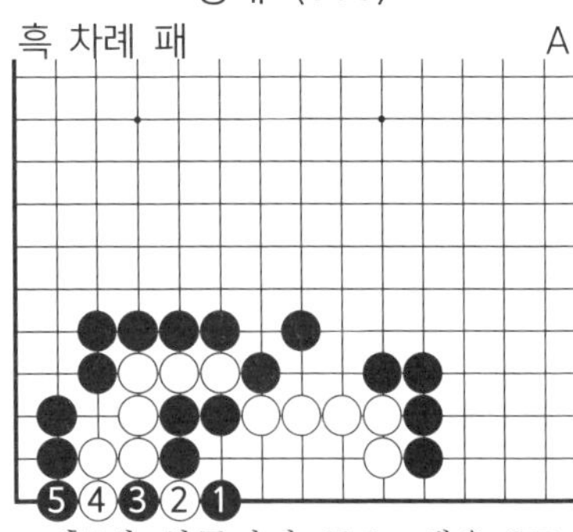

흑1의 입구자가 급소. 백은 2로 먹여치는 것이 최선. 흑3, 5로 패.

정해 〈607〉

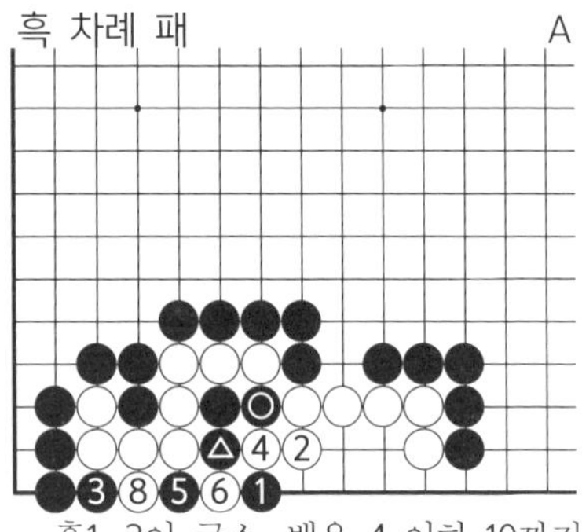

흑1, 3이 급소. 백은 4 이하 10까지 패가 최선. ❼→△, ❾→◎, ⑩→⑥

문제 〈608〉

흑 차례 백 죽음   A

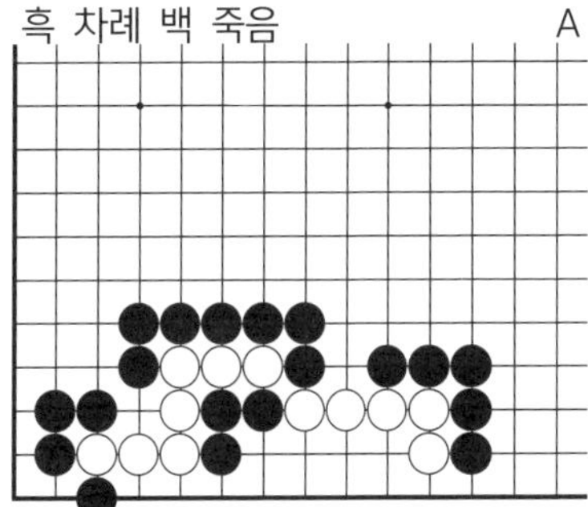

문제 〈609〉

흑 차례 백 죽음   A

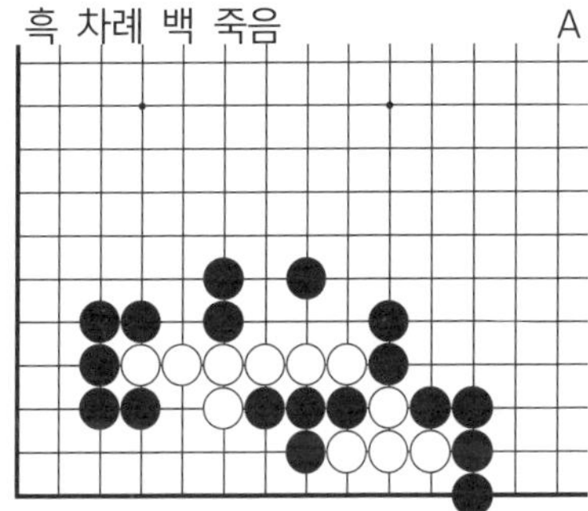

문제 〈610〉

백 차례 흑 죽음   A

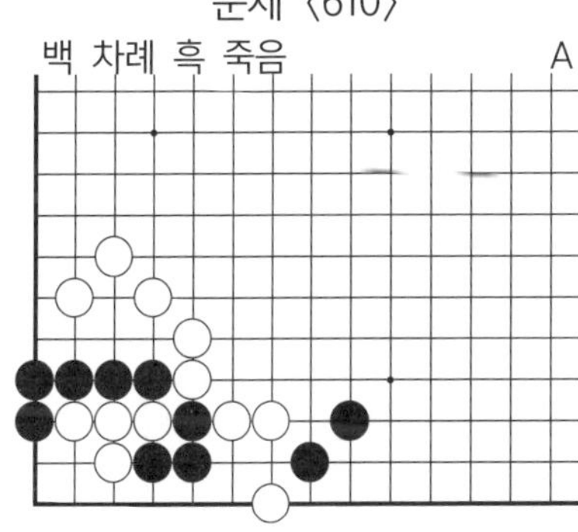

문제 〈611〉

흑 차례 백 죽음   A

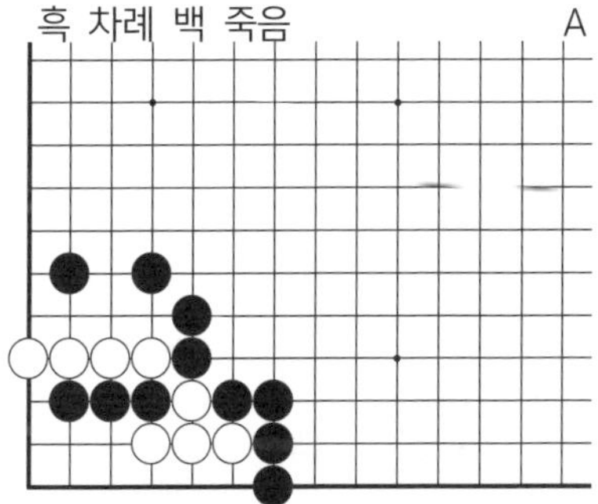

281

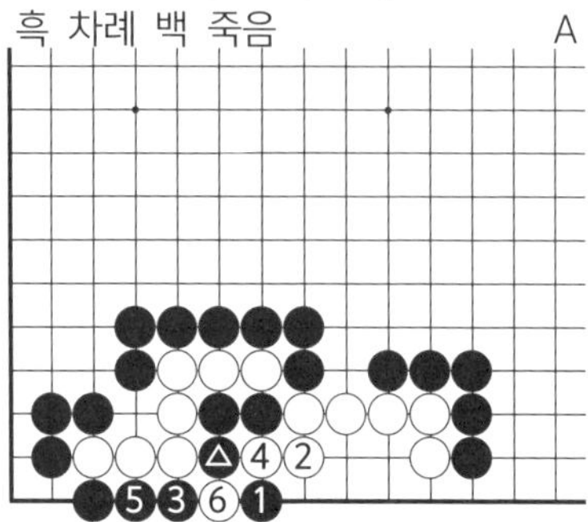

정해 〈608〉

흑 차례 백 죽음 A

흑1의 입구자가 급소. 백2밖에 없고 흑3부터 7로 끝. ❼→△

정해 〈609〉

흑 차례 백 죽음 A

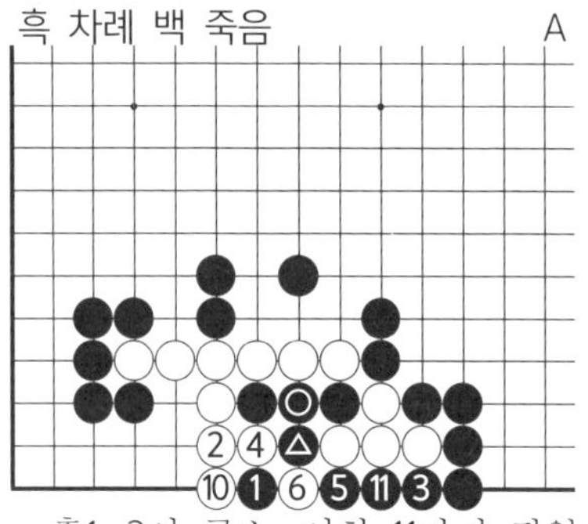

흑1, 3이 급소. 이하 11까지 되었을 때… ❼→△, ⑧→◎ ❾→⑥

정해 계속

백12부터 계속

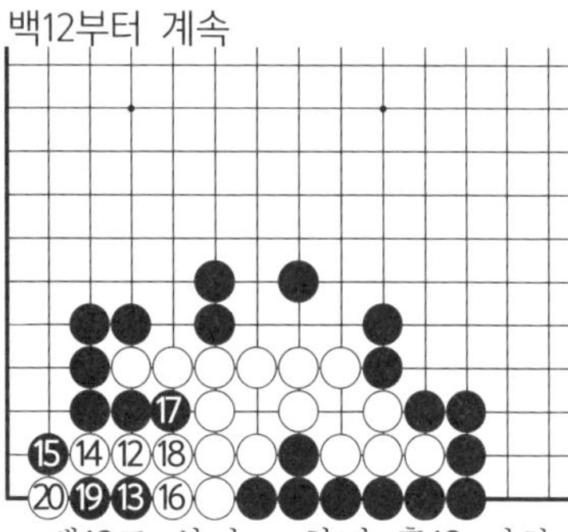

백12로 살자고 하면 흑13 이하 21까지 옥집으로 끝. ㉑→⑲

정해 〈610〉

백 차례 흑 죽음 A

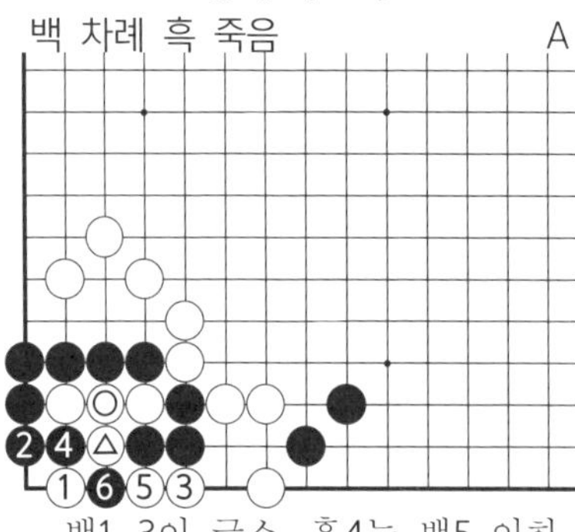

백1, 3이 급소. 흑4는 백5 이하 9까지 끝. ⑦→△, ❽→◎, ⑨→❻

정해 〈611〉

흑 차례 백 죽음 A

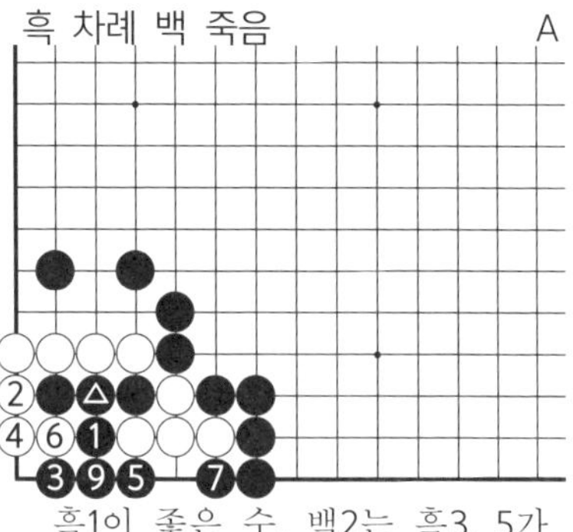

흑1이 좋은 수. 백2는 흑3, 5가 수순. 이하 11까지 끝. ⑧→△

문제 〈612〉

흑 차례 백 죽음

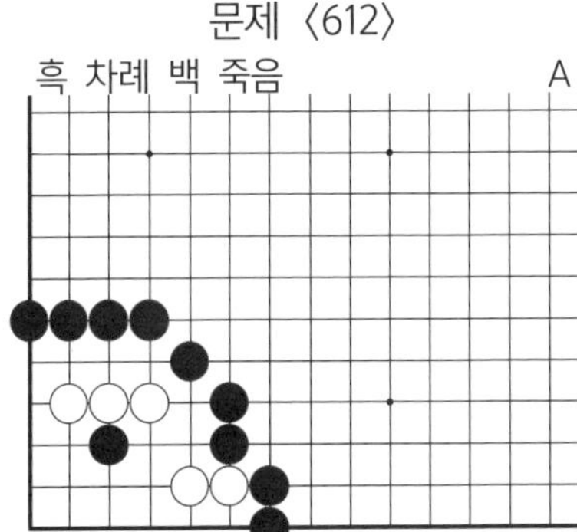

문제 〈613〉

흑 차례 백 죽음

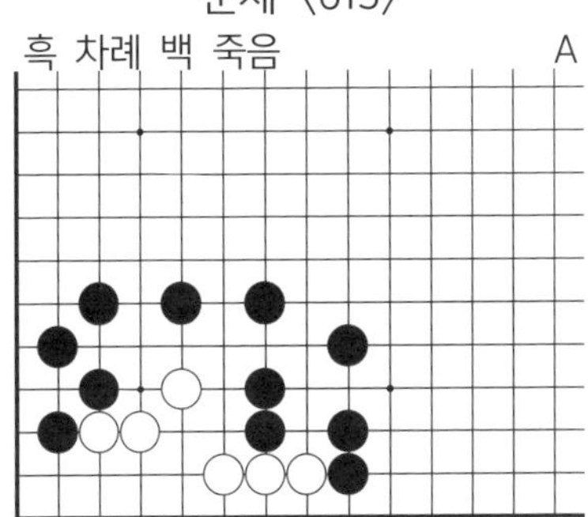

문제 〈614〉

흑 차례 백 죽음

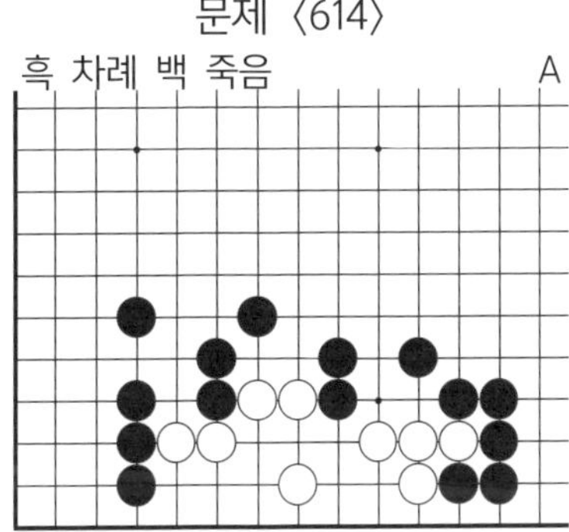

문제 〈615〉

흑 차례 패

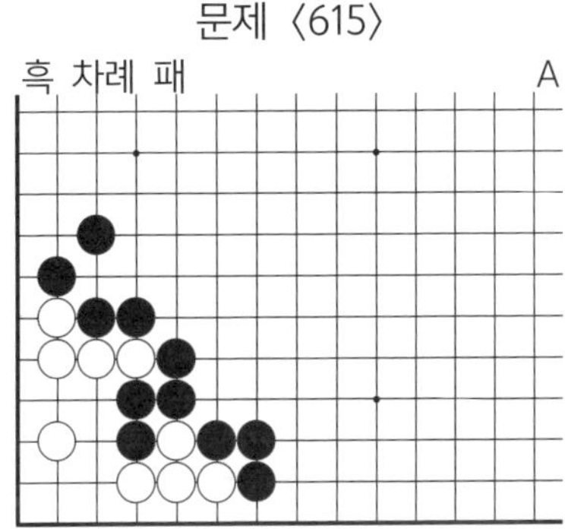

문제 〈616〉

흑 차례 백 죽음

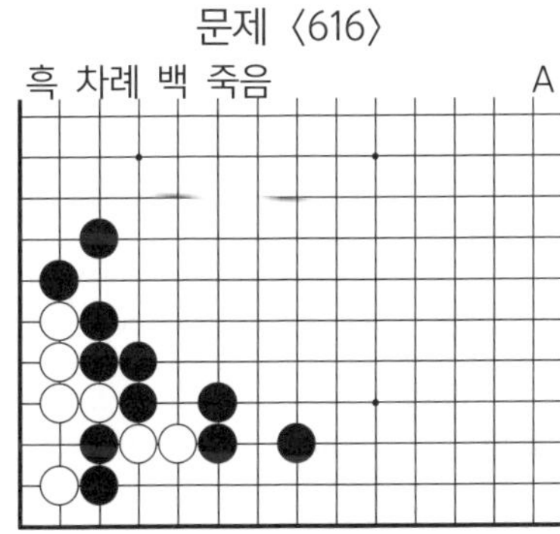

문제 〈617〉

흑 차례 백 죽음

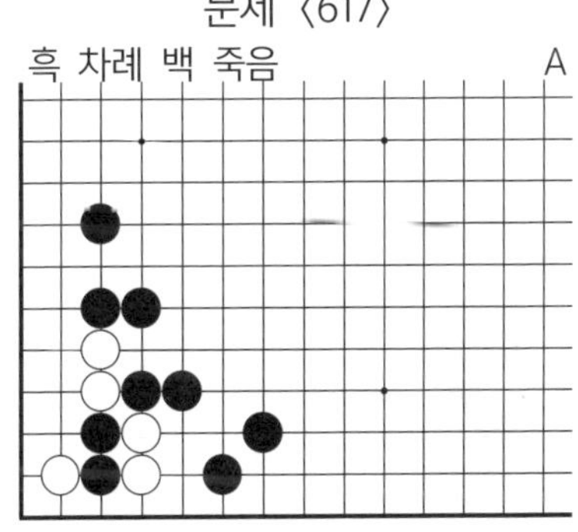

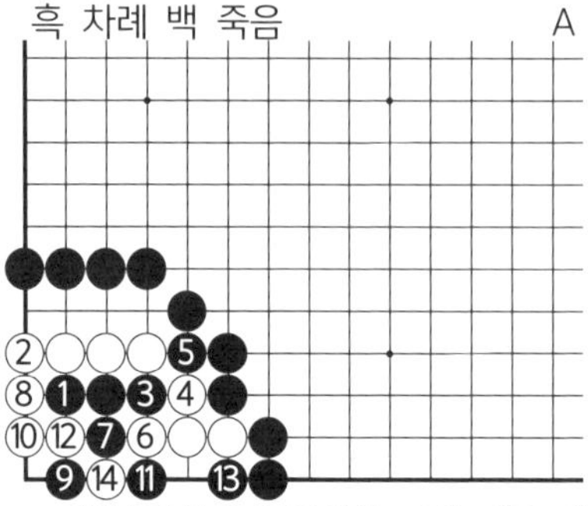

정해 〈612〉

흑 차례 백 죽음   A

흑1부터 7까지 교환한 다음 백8 때 흑9가 급소. 이하 15까지 끝. ⑮→❼

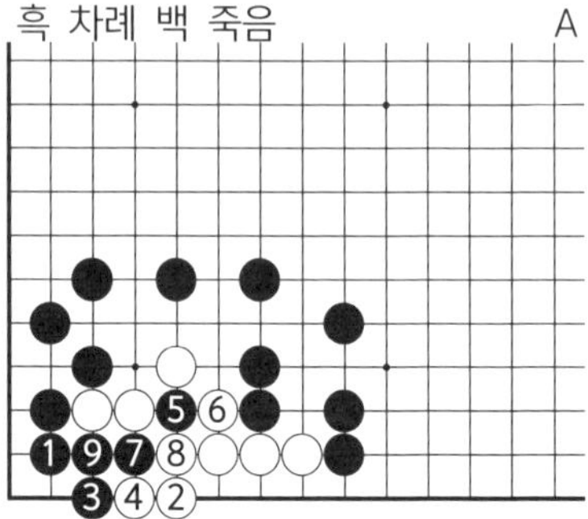

정해 〈613〉

흑 차례 백 죽음   A

흑1, 3이 좋은 수순. 백4는 흑5, 7, 9로 끝.

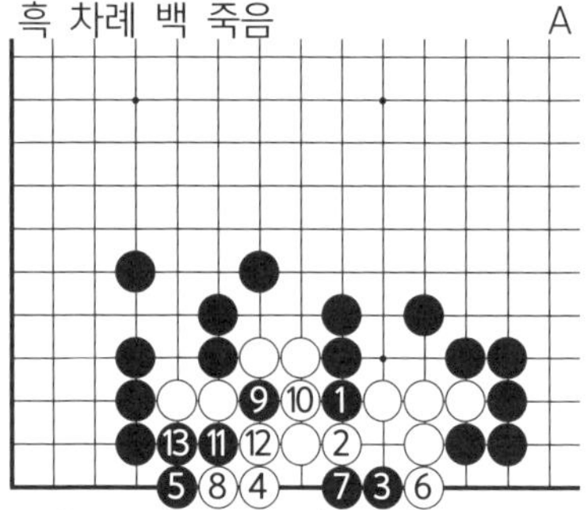

정해 〈614〉

흑 차례 백 죽음   A

흑1, 3이 수순. 백4는 흑5의 입구 자가 급소. 이하 13까지 백 죽음.

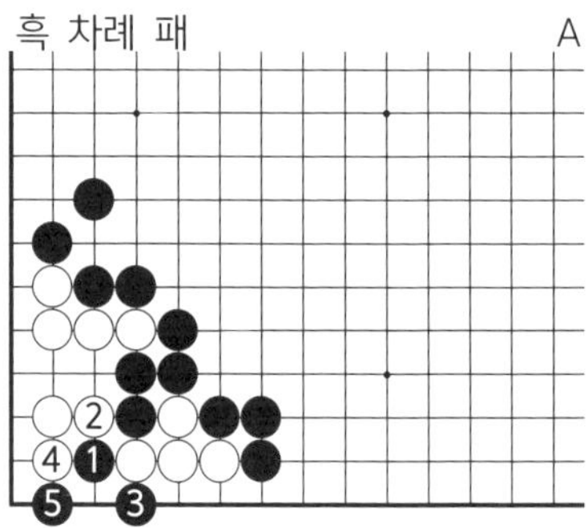

정해 〈615〉

흑 차례 패   A

흑1이 급소. 백2로 끊으면 흑3, 5로 패.

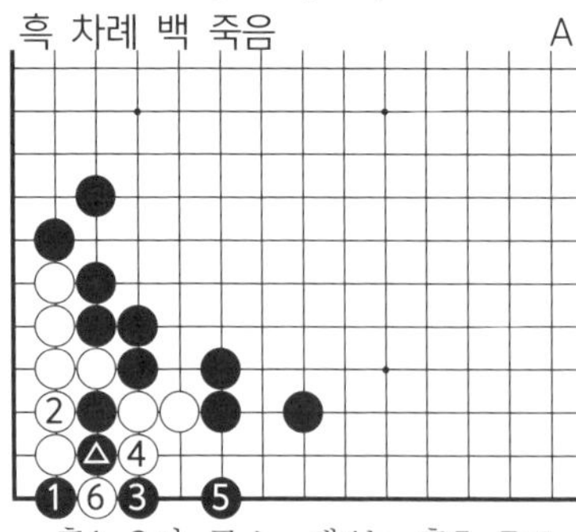

정해 〈616〉

흑 차례 백 죽음   A

흑1, 3이 급소. 백4는 흑5, 7로 그만. ❼→△

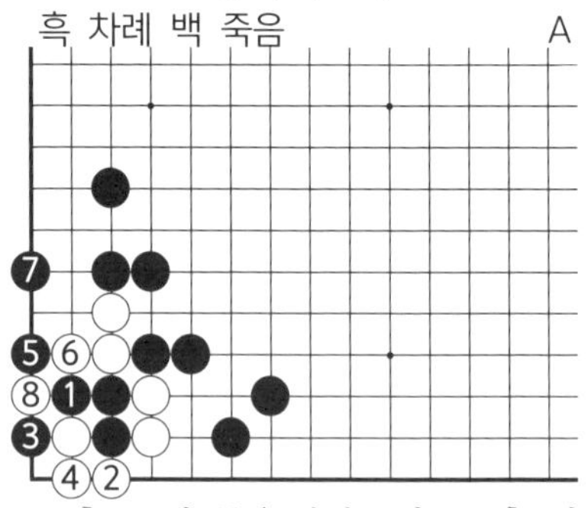

정해 〈617〉

흑 차례 백 죽음   A

흑1, 3이 좋은 수순. 백4는 흑5가 급소. 백6은 흑7, 9로 끝. ❾→❶

문제 〈618〉

흑 차례 패

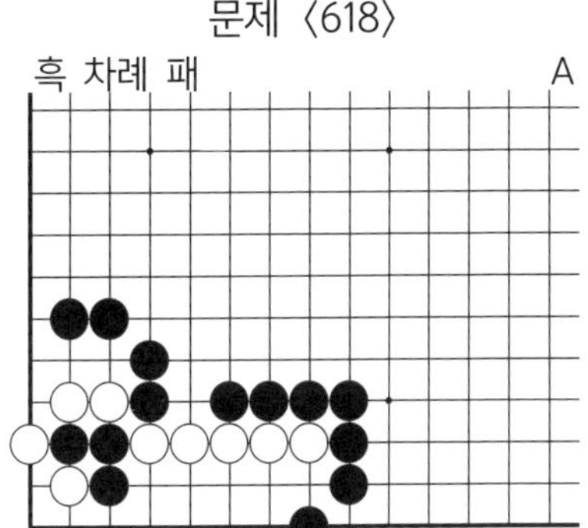

문제 〈619〉

백 차례 패

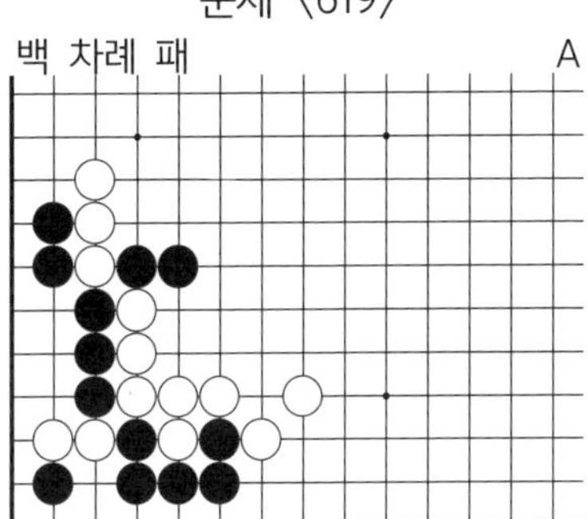

문제 〈620〉

백 차례 삶

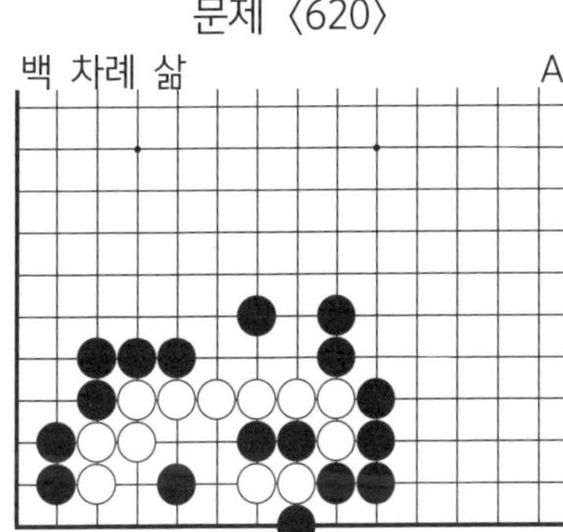

문제 〈621〉

백 차례 삶

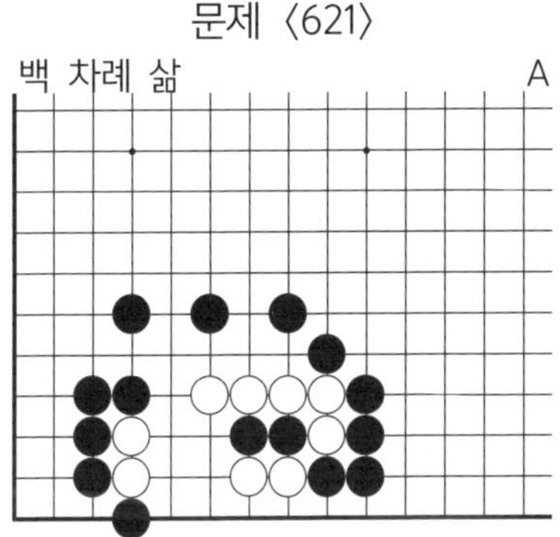

문제 〈622〉

백 차례 삶

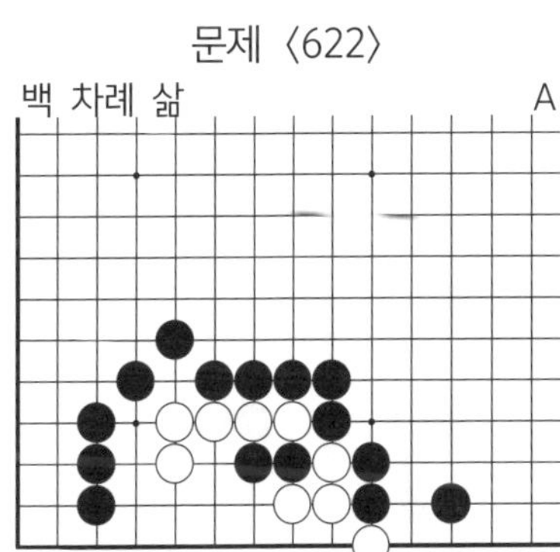

문제 〈623〉

흑 차례 백 죽음

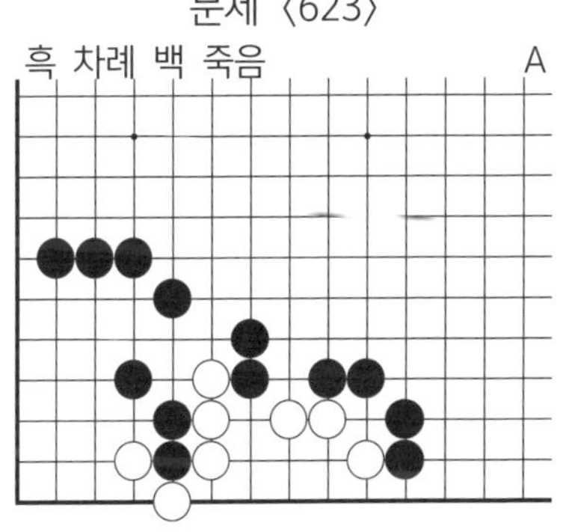

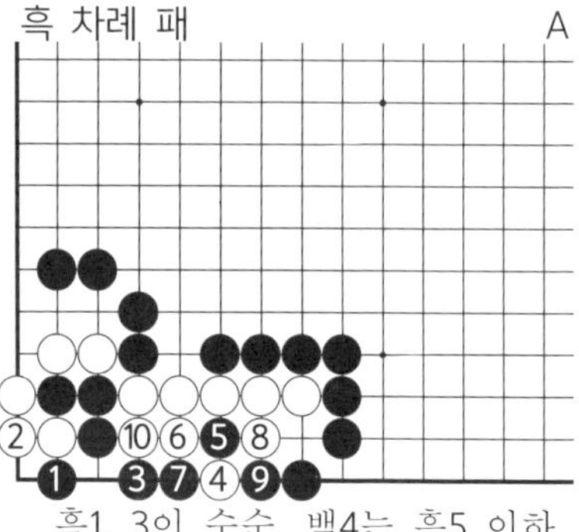

정해 〈618〉

백 차례 패

흑1, 3이 수순. 백4는 흑5 이하 11까지 패. ⑪→❺

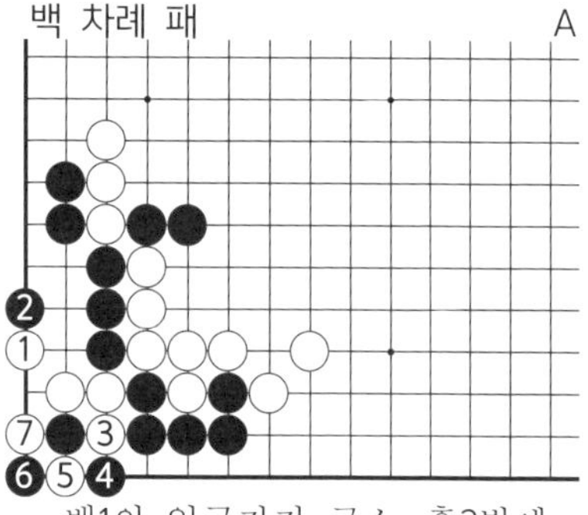

정해 〈619〉

백 차례 패

백1의 입구자가 급소. 흑2밖에 없고 백3, 5, 7로 패.

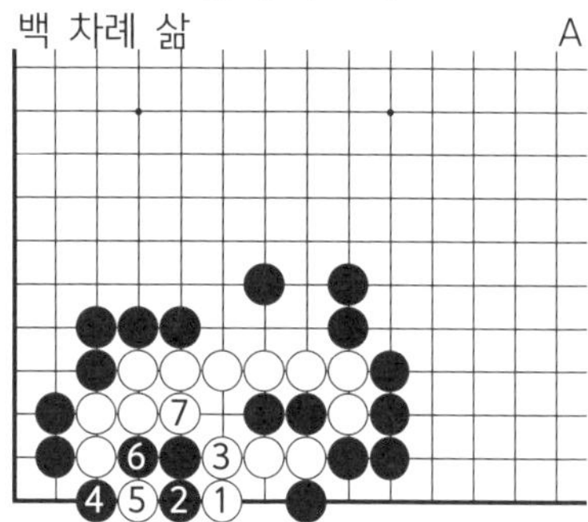

정해 〈620〉

백 차례 삶

백1의 입구자가 급소. 흑2는 백 3, 5, 7로 촉촉수의 삶

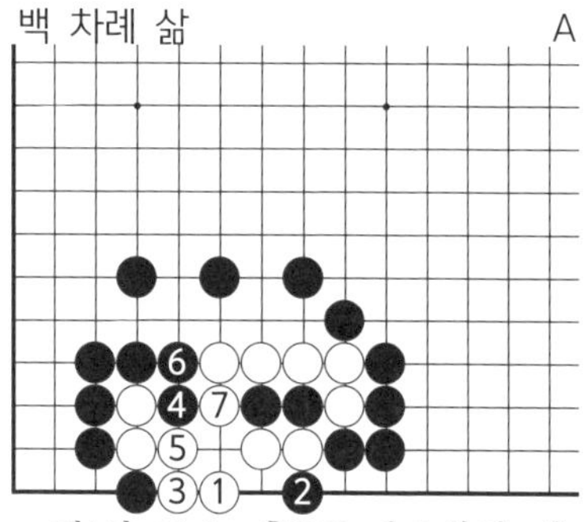

정해 〈621〉

백 차례 삶

백1이 급소. 흑2로 파호하면 백 3, 5, 7로 삶.

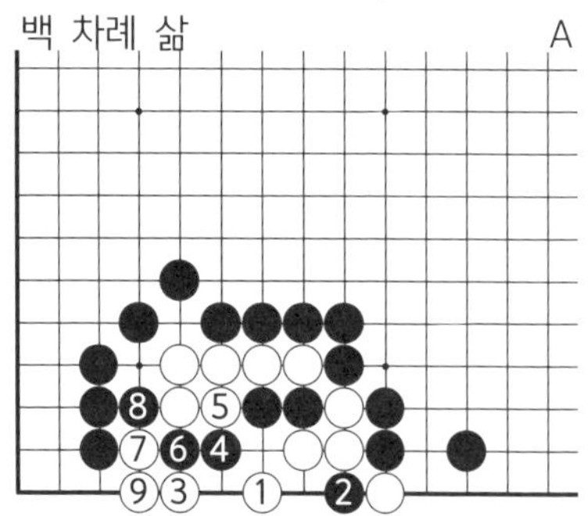

정해 〈622〉

백 차례 삶

백1의 입구자가 급소. 흑2로 파호 하면 백3 이하 9까지 삶.

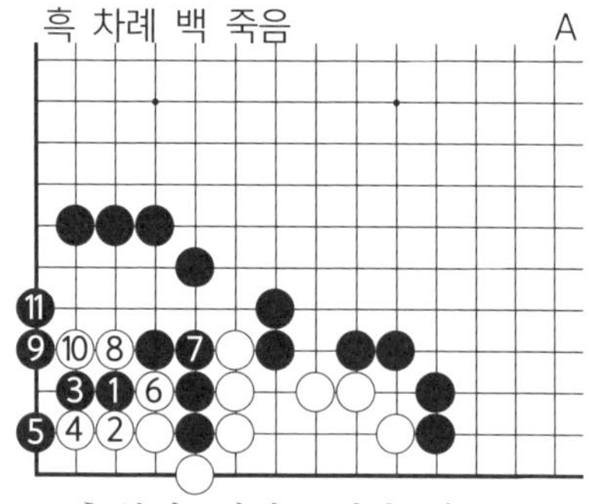

정해 〈623〉

흑 차례 백 죽음

흑1부터 7까지는 필연. 백8로 끊으 면 흑9가 묘수. 백10은 흑11로 그만.

문제 〈624〉

흑 차례 백 죽음   A

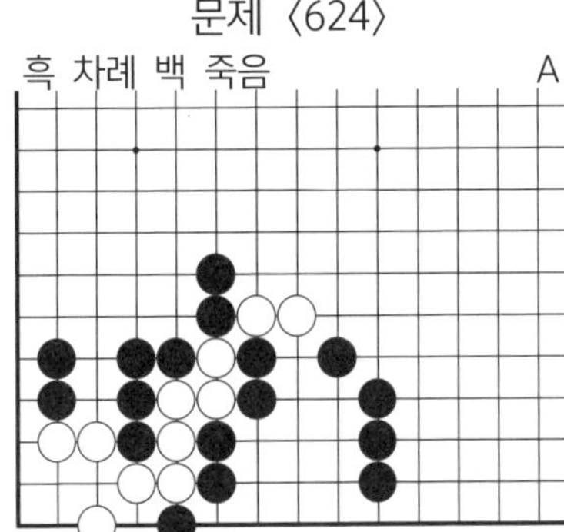

문제 〈625〉

백 차례 패   A

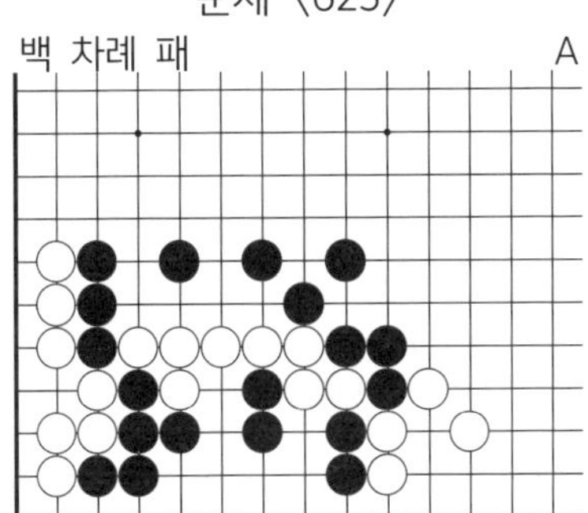

문제 〈626〉

백 차례 패   A

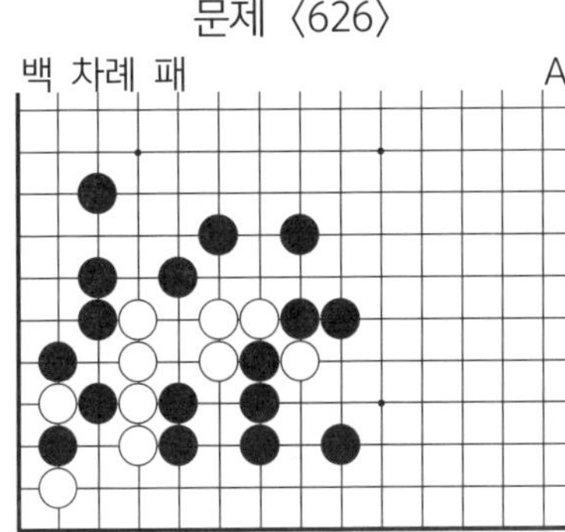

문제 〈627〉

백 차례 패   A

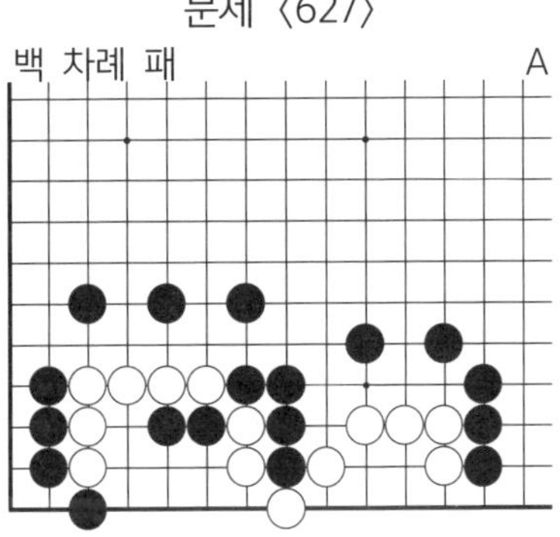

문제 〈628〉

백 차례 삶   A

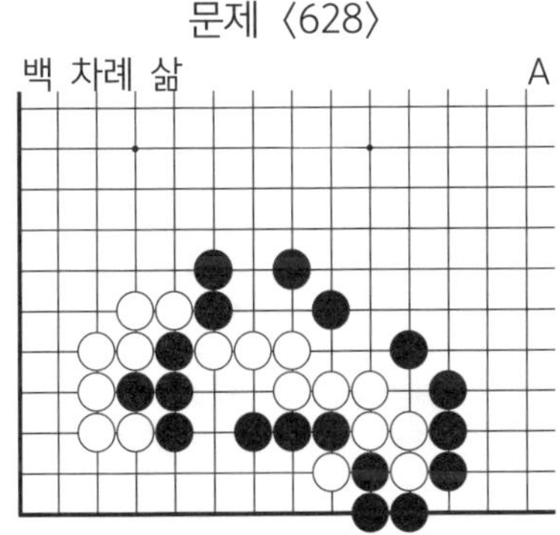

정해 〈624〉

흑 차례 백 죽음   A

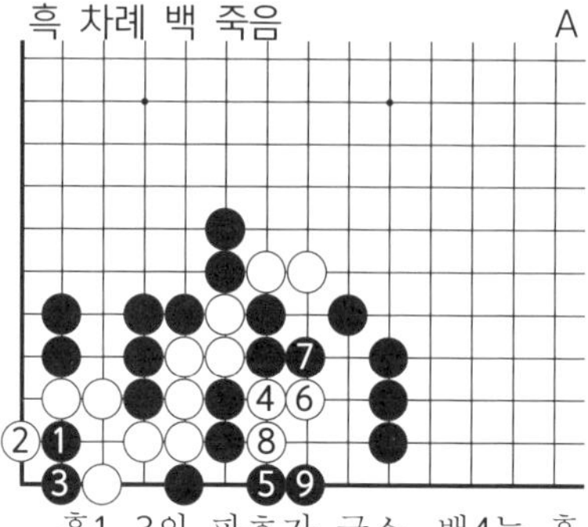

흑1, 3의 파호가 급소. 백4는 흑
5, 7, 9로 끝.

정해 〈625〉

백 차례 패   A

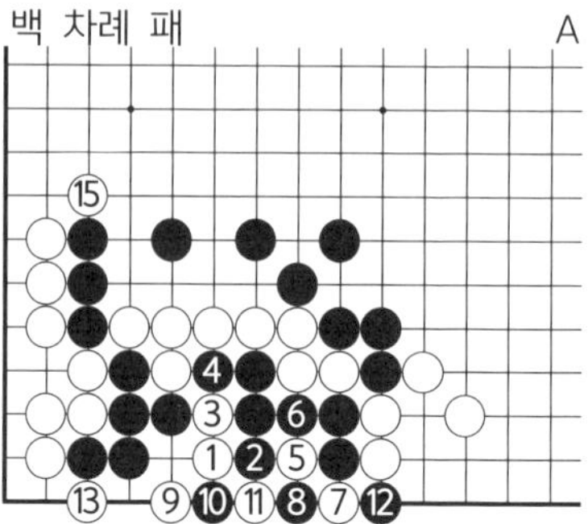

백1, 3이 급소. 흑4는 백5 이하
15까지 유리한 패. ⑭→⑩

정해 〈626〉

백 차례 패   A

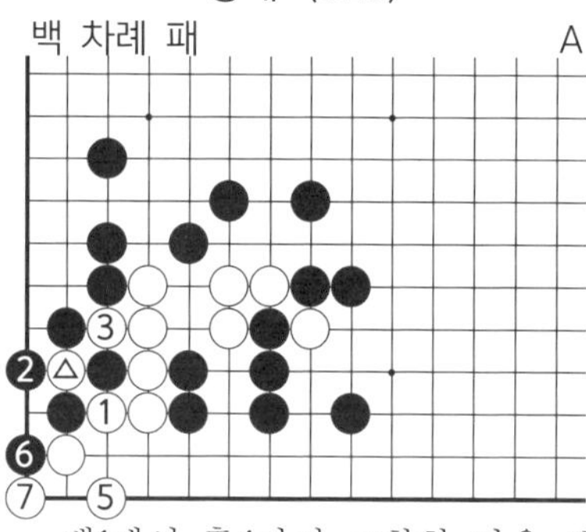

백1에서 흑4까지 교환한 다음 백
5가 급소. 흑6은 백7로 패. ❹→△

정해 〈627〉

백 차례 패   A

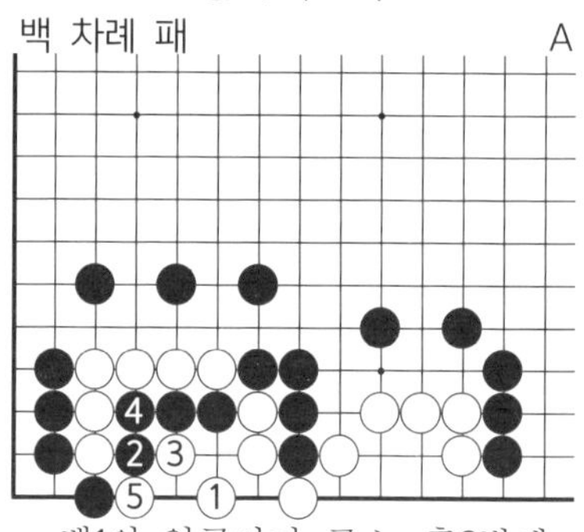

백1의 입구자가 급소. 흑2밖에
없고 백3, 5로 패.

정해 〈628〉

백 차례 삶   A

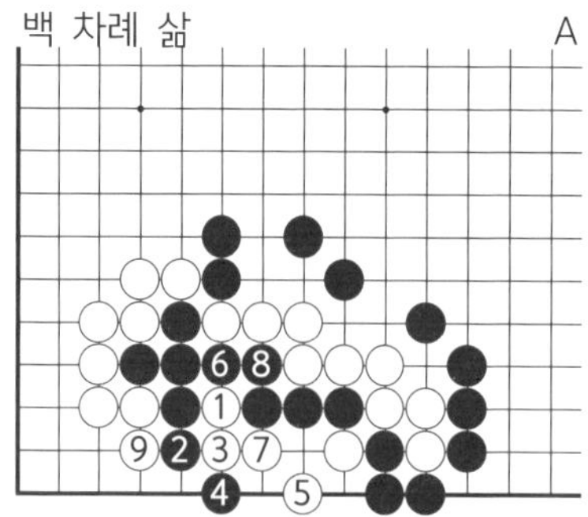

백1, 3이 묘수. 흑4는 백5, 7, 9로
흑 전부를 잡고 삶.

변화 〈628〉

백 차례 삶   A

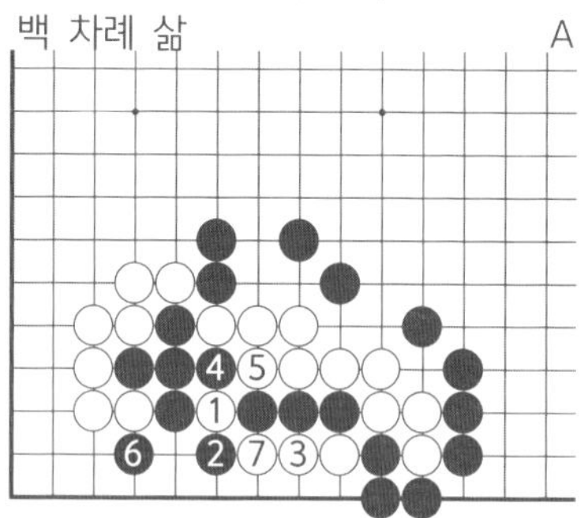

백1로 끼울 때. 흑2라면 백3, 5
가 좋은 수순. 흑6은 백7로 삶.

문제 〈629〉

흑 차례 수상전 승   A

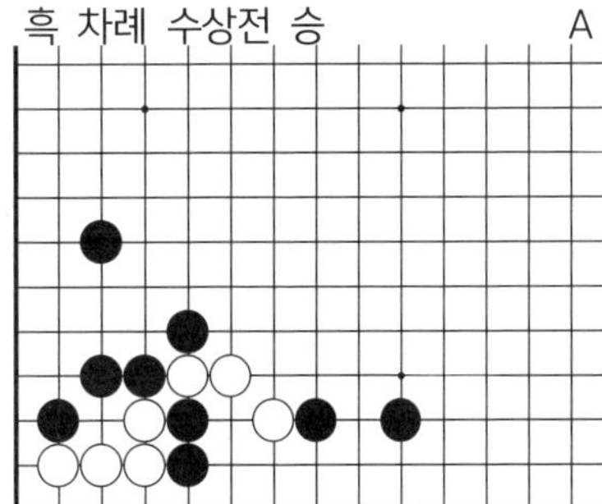

문제 〈630〉

흑 차례 패   A

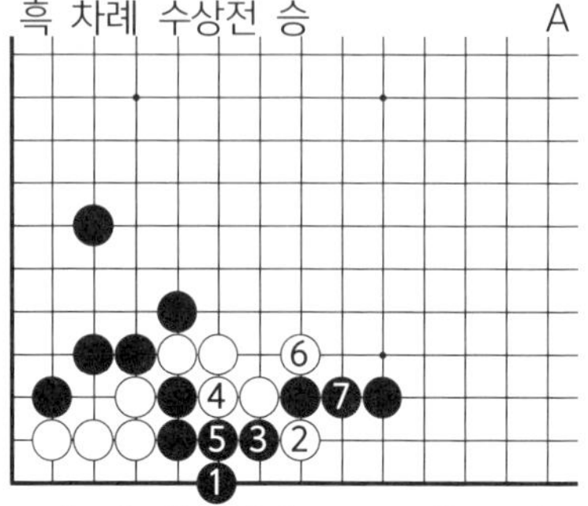

정해 〈629〉

흑 차례 수상전 승

흑1의 입구자가 급소. 백2는 흑
3, 5, 7로 수상전 흑 승.

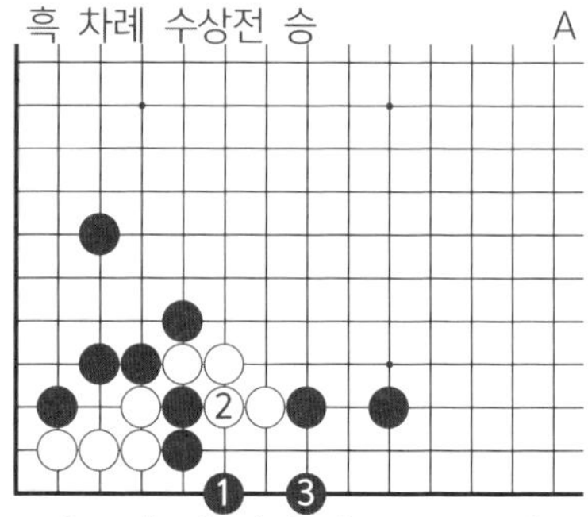

변화 1 〈629〉

흑 차례 수상전 승

흑1 때 백2라면 흑3으로 그만.

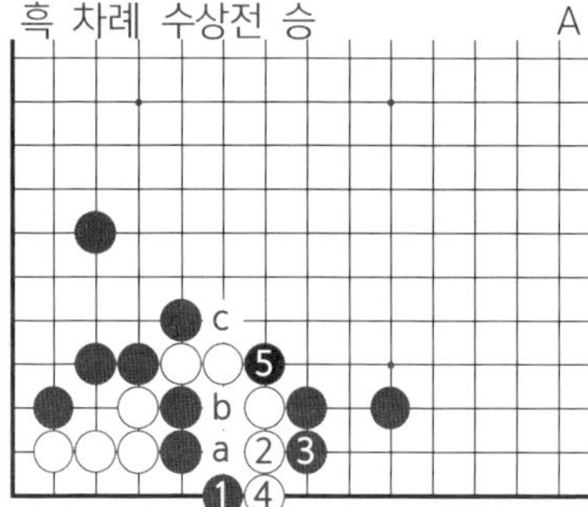

변화 2 〈629〉

흑 차례 수상전 승

흑1 때 백2, 4는 흑3, 5로 그만.
다음에 백a나 b는 흑c.

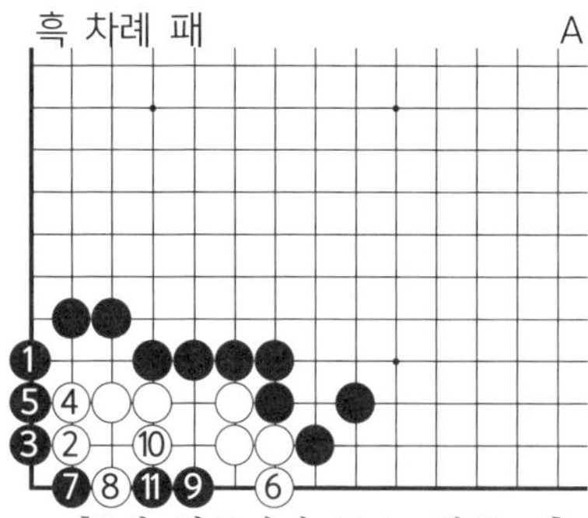

정해 〈630〉

흑 차례 패

흑1의 입구자가 급소. 백2는 흑
3부터 11까지 패. 백6이 최선의 수.

1선에 뛰는 맥

40문제

1선에 뛰는 맥

1선에 두는 맥은 입구자, 뛰기, 놓기, 내리기, 달리기, 늘기의 6가지로 분류하는데 그중에서 입구자와 뛰기의 사활묘수풀이는 상당히 많이 있습니다. 둘 다 아슬아슬한 묘기를 부려 그 맥점의 목적을 달성하는 데 재미가 있습니다. 1선 위는 사활의 맥점이 난무하는 무대라고도 할 수 있을 것입니다.

다음은 1선에 뛰는 맥의 기본 모양입니다.

흑1로 뛰는 맥점을 연구하지 않은 사람은 이 모양이 실전에 생겼을 때 혼자 생각으로는 전혀 1의 뜀을 둘 수 없을 것입니다.

흑 차례 백 죽음

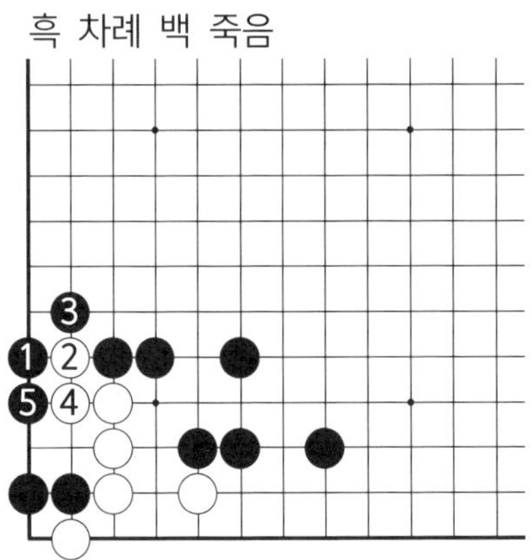

흑1로 뛰면 백2, 흑3, 백4, 흑5로 아주 간단하게 끝나버립니다.

흑1을 2라면 백5로 두어서 넘어갈 수 없습니다.

문제 〈631〉

흑 차례 백 죽음   A

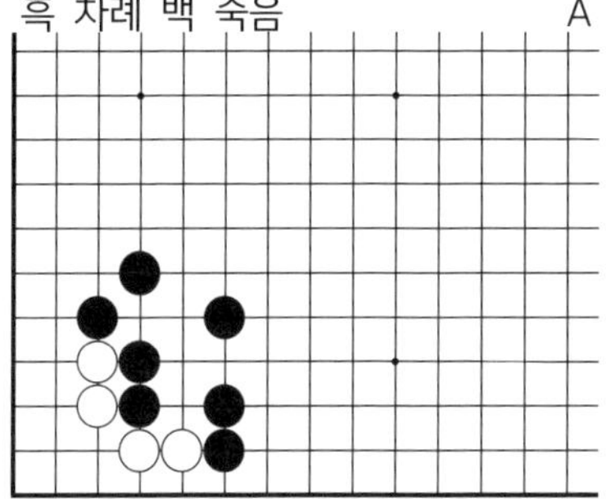

문제 〈632〉

흑 차례 백 죽음   A

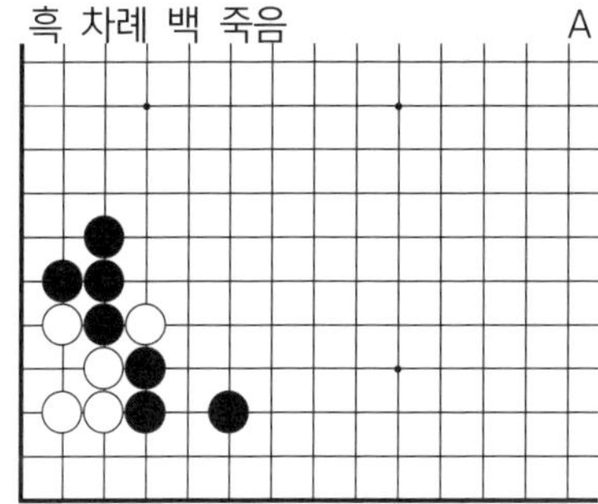

문제 〈633〉

흑 차례 백 죽음   A

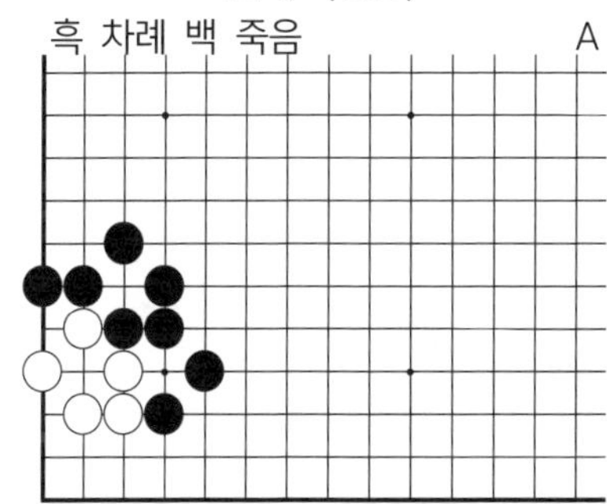

문제 〈634〉

흑 차례 백 죽음   A

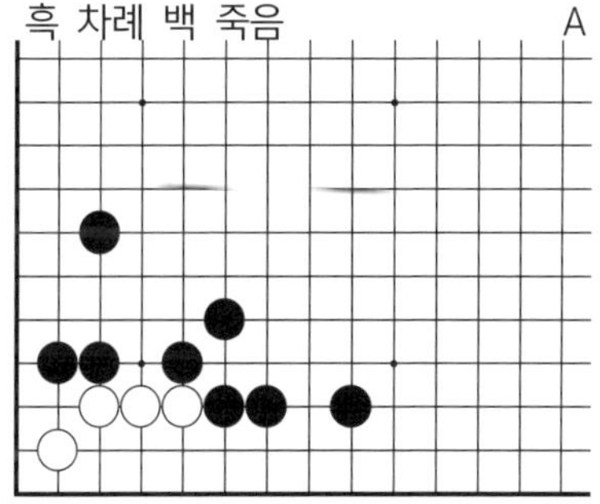

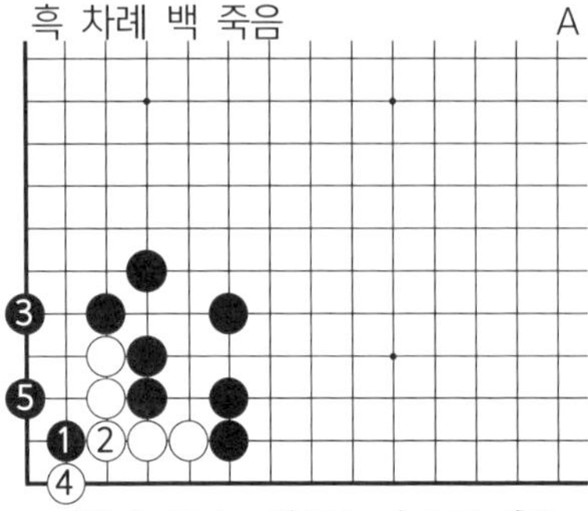

정해 〈631〉

흑 차례 백 죽음　　　　　　　A

흑1이 급소. 백2로 이으면 흑3,
5로 끝.

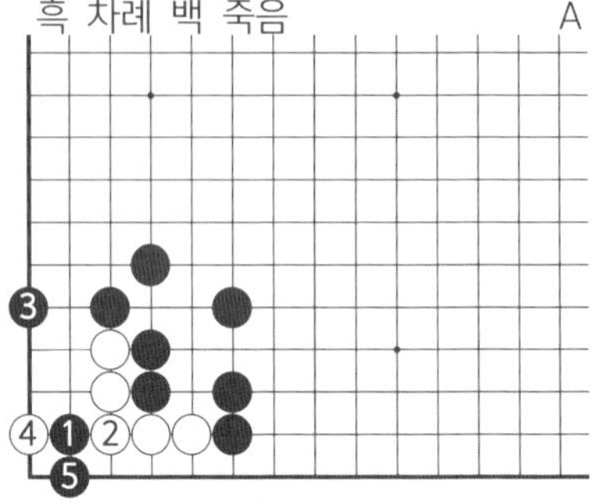

변화 〈631〉

흑 차례 백 죽음　　　　　　　A

흑1, 3 때 백4라면 흑5로 그만.

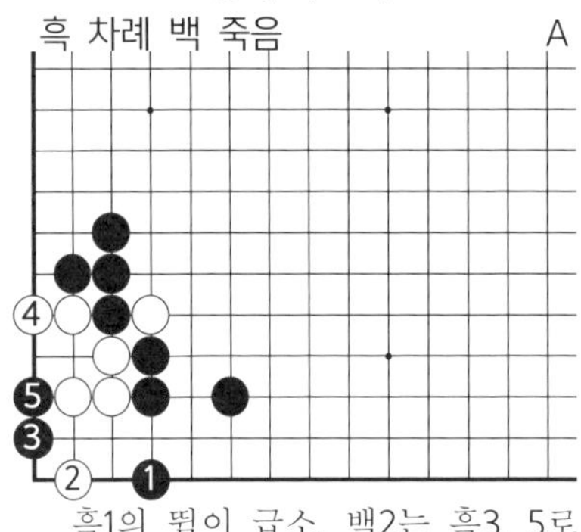

정해 〈632〉

흑 차례 백 죽음　　　　　　　A

흑1의 뜀이 급소. 백2는 흑3, 5로
끝.

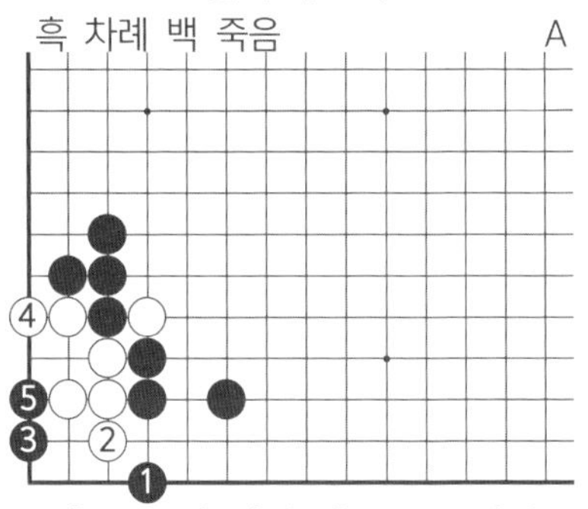

변화 〈632〉

흑 차례 백 죽음　　　　　　　A

흑1 때 백2라면 흑3, 5로 마찬
가지 백 죽음.

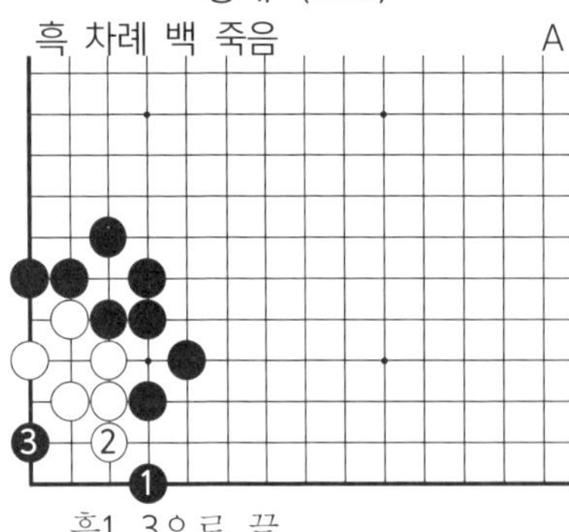

정해 〈633〉

흑 차례 백 죽음　　　　　　　A

흑1, 3으로 끝.

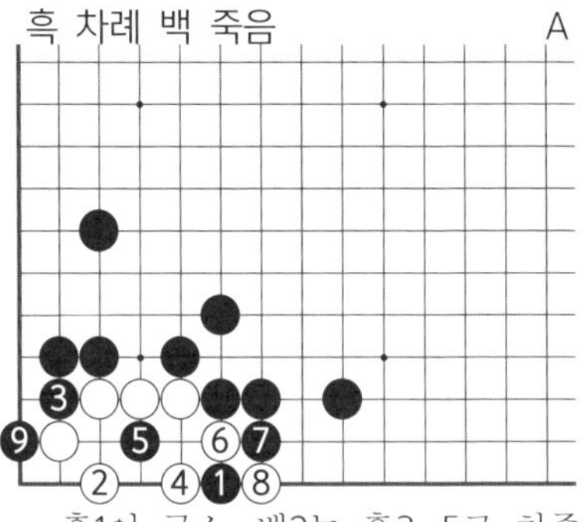

정해 〈634〉

흑 차례 백 죽음　　　　　　　A

흑1이 급소. 백2는 흑3, 5로 치중
하고 백6은 흑7, 9로 그만.

문제 〈635〉

흑 차례 백 죽음   A

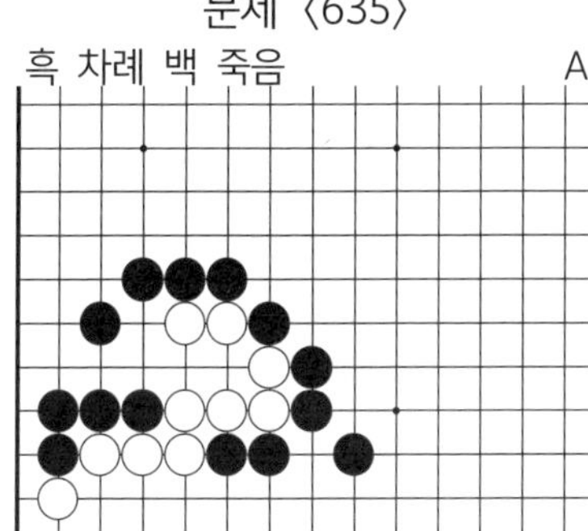

문제 〈636〉

흑 차례 백 죽음   A

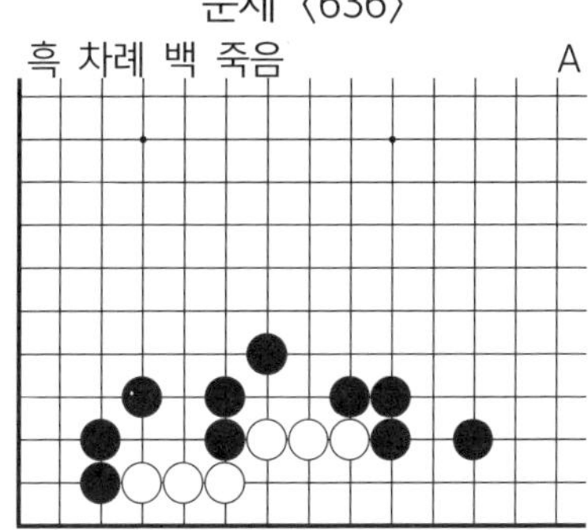

문제 〈637〉

흑 차례 백 죽음   A

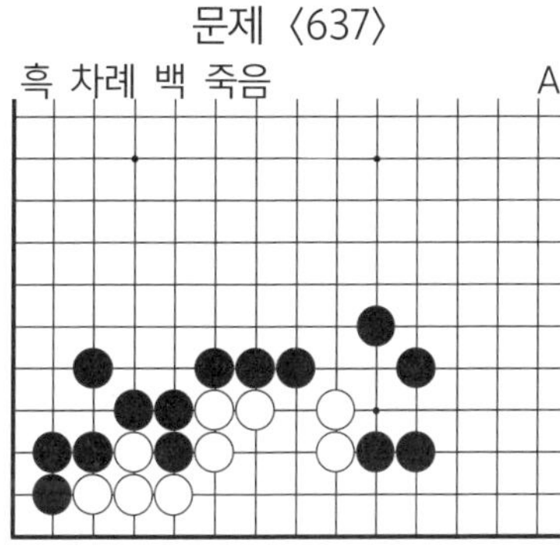

문제 〈638〉

흑 차례 백 죽음   A

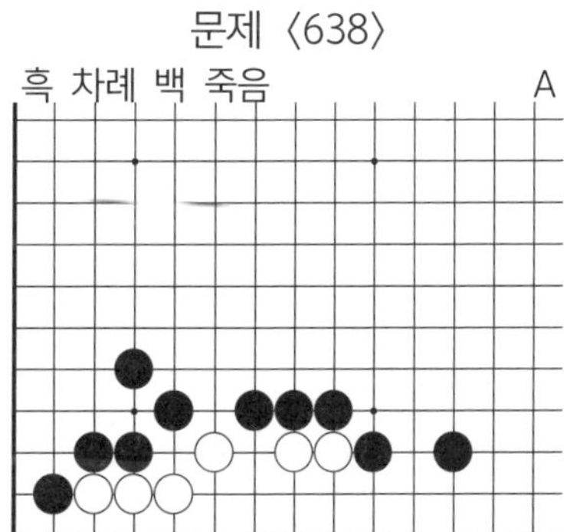

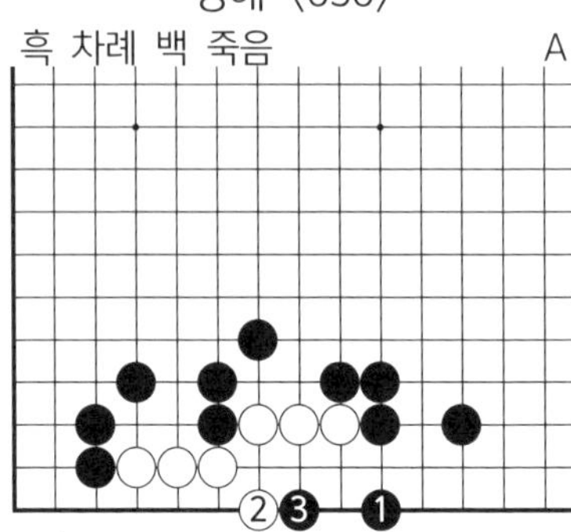

정해 〈635〉

흑 차례 백 죽음   A

흑1이 급소. 백2는 흑3, 5로 끝.

정해 〈636〉

흑 차례 백 죽음   A

흑1, 3으로 끝.

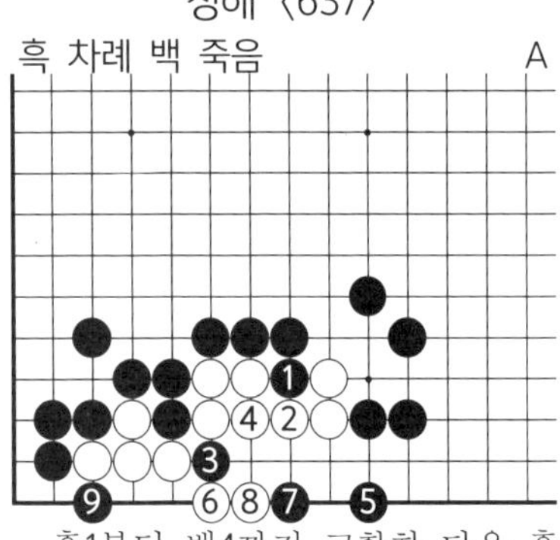

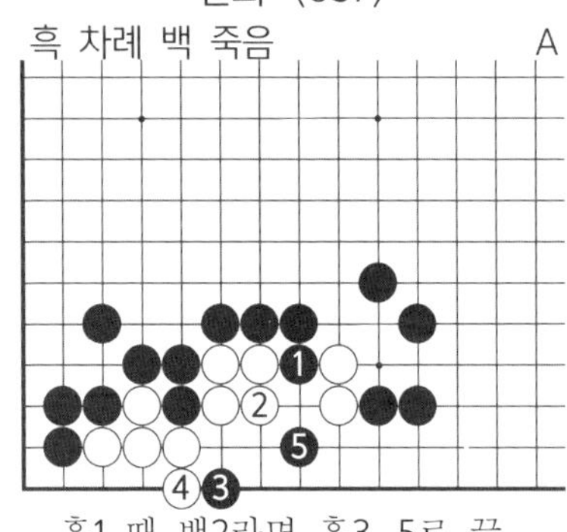

정해 〈637〉

흑 차례 백 죽음   A

흑1부터 백4까지 교환한 다음 흑5가 급소. 백6은 흑7, 9로 백 죽음.

변화 〈637〉

흑 차례 백 죽음   A

흑1 때 백2라면 흑3, 5로 끝.

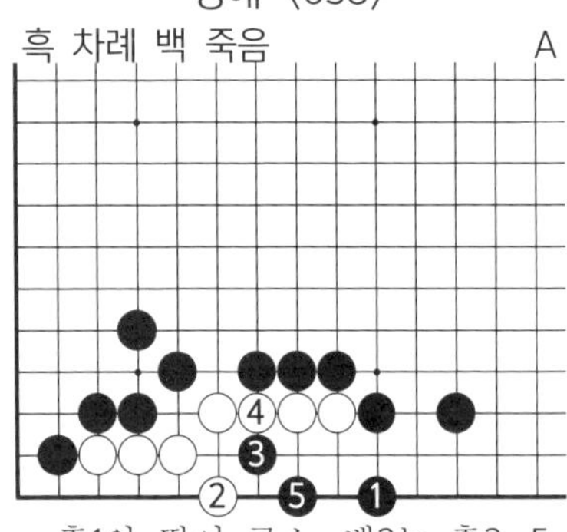

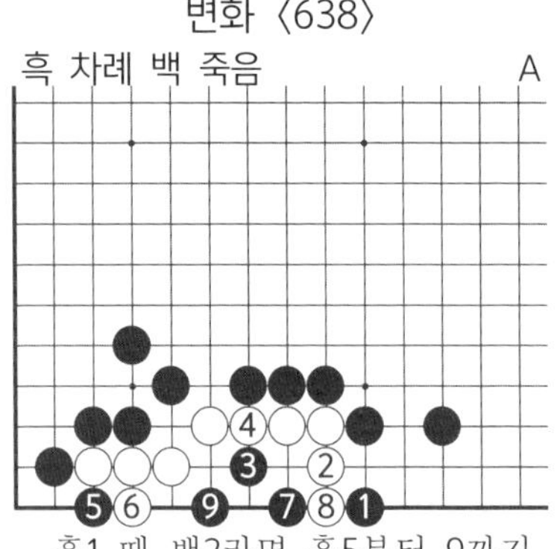

정해 〈638〉

흑 차례 백 죽음   A

흑1의 뜀이 급소. 백2는 흑3, 5로 끝.

변화 〈638〉

흑 차례 백 죽음   A

흑1 때 백2라면 흑5부터 9까지 그대로 백 죽음.

문제 〈639〉

흑 차례 백 죽음   A

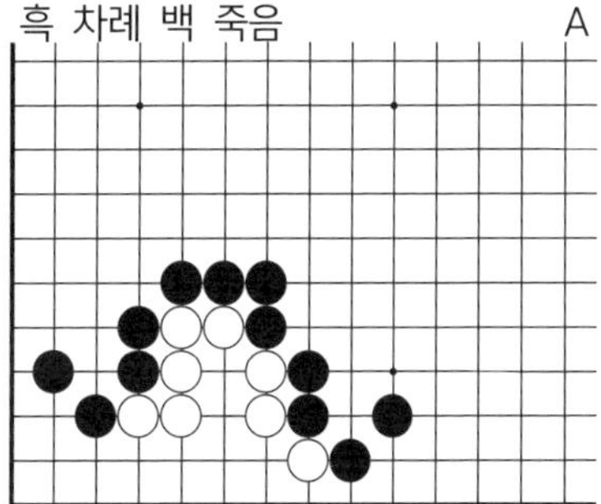

문제 〈640〉

흑 차례 백 죽음   A

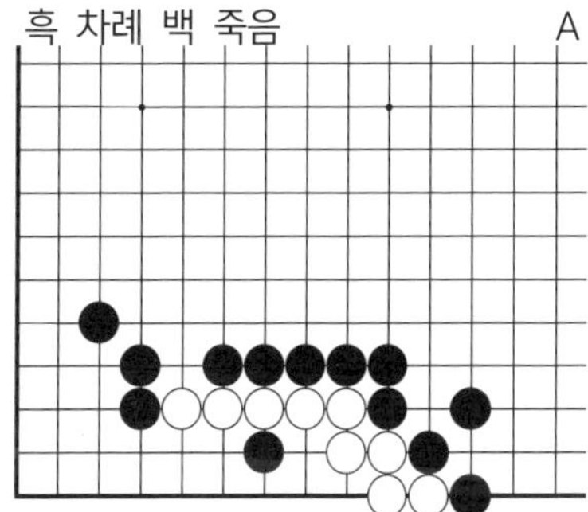

문제 〈641〉

흑 차례 패   A

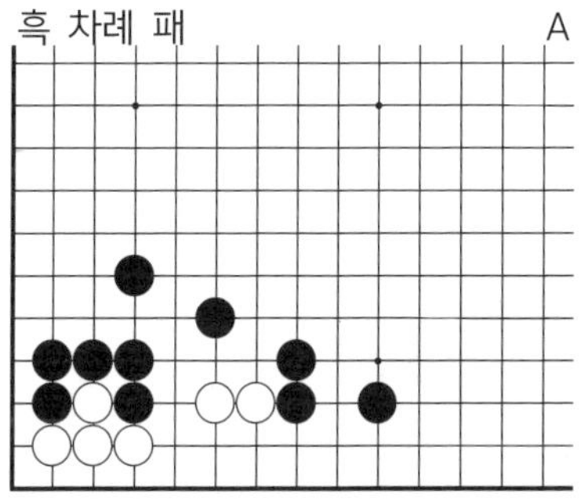

문제 〈642〉

백 차례 패   A

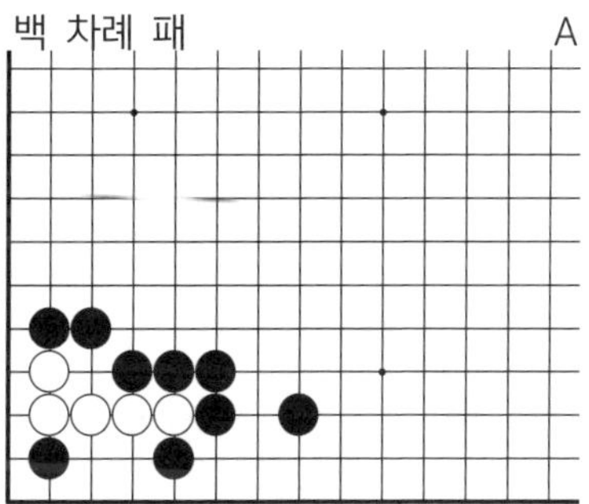

정해 〈639〉

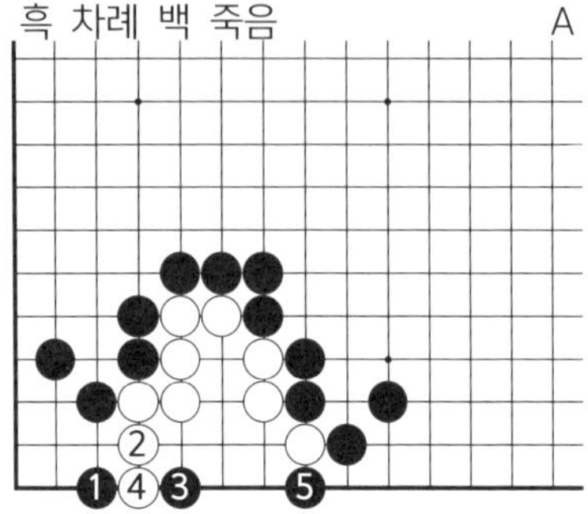

흑 차례 백 죽음   A

흑1의 뜀이 급소. 백2는 흑3, 5
로 끝.

변화 〈639〉

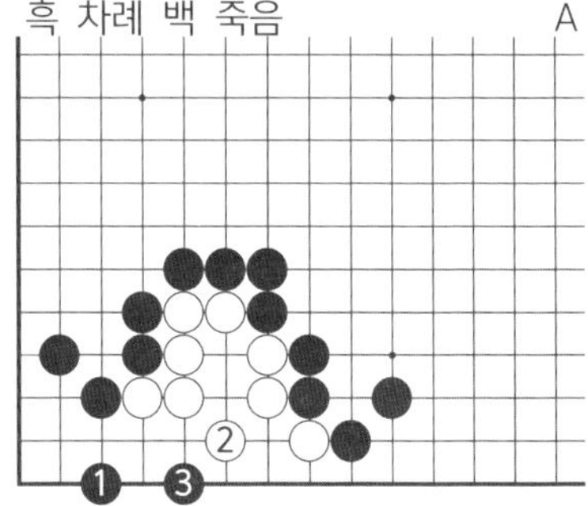

흑 차례 백 죽음   A

흑1 때 백2라면 흑3으로 끝.

정해 〈640〉

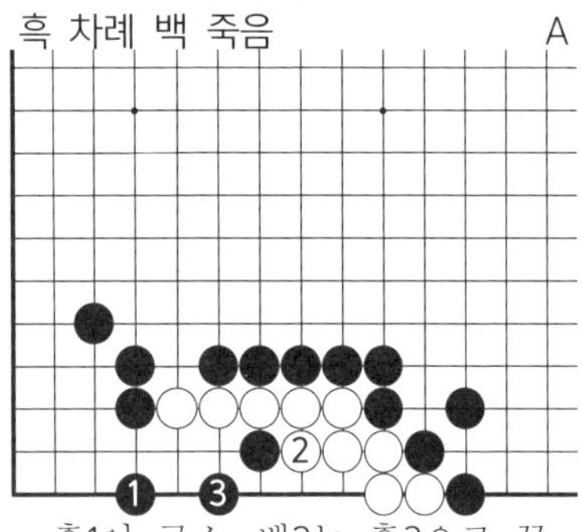

흑 차례 백 죽음   A

흑1이 급소. 백2는 흑3으로 끝.

변화 〈640〉

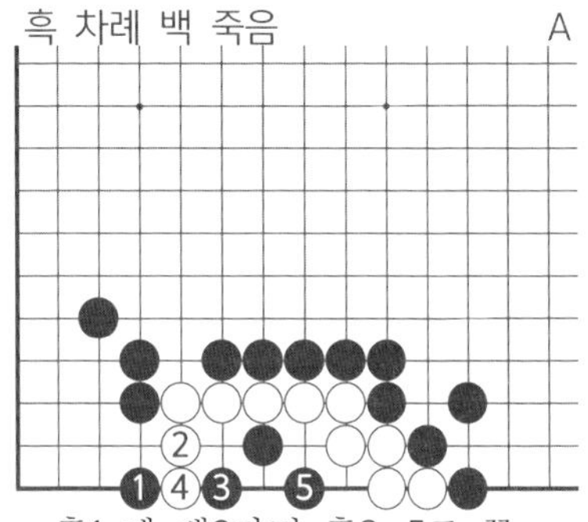

흑 차례 백 죽음   A

흑1 때 백2라면 흑3, 5로 끝.

정해 〈641〉

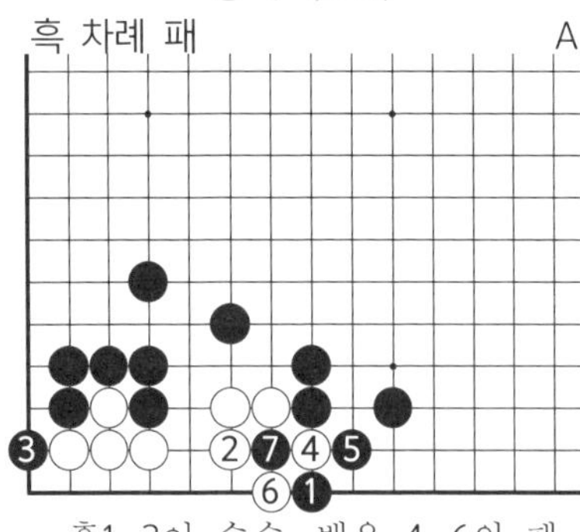

흑 차례 패   A

흑1, 3이 수순. 백은 4, 6의 패
가 최선. 흑7로 따내서 본격 패.

정해 〈642〉

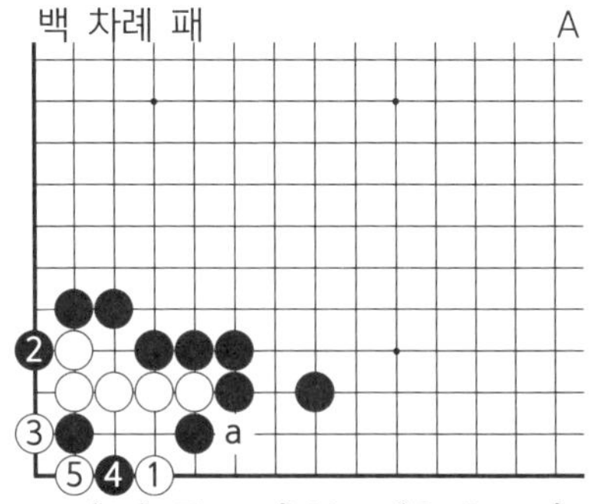

백 차례 패   A

백1이 급소. 흑2는 백3, 5로 패.
흑4가 a의 끊음을 막는 묘수.

문제 〈643〉

백 차례 삶

A

문제 〈644〉

백 차례 삶

A

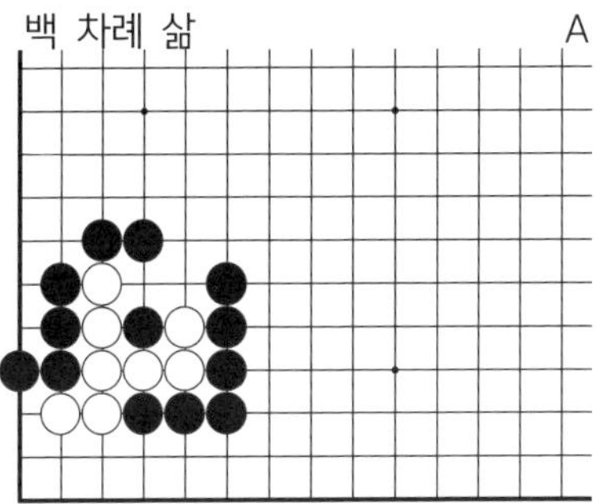

문제 〈645〉

백 차례 삶

A

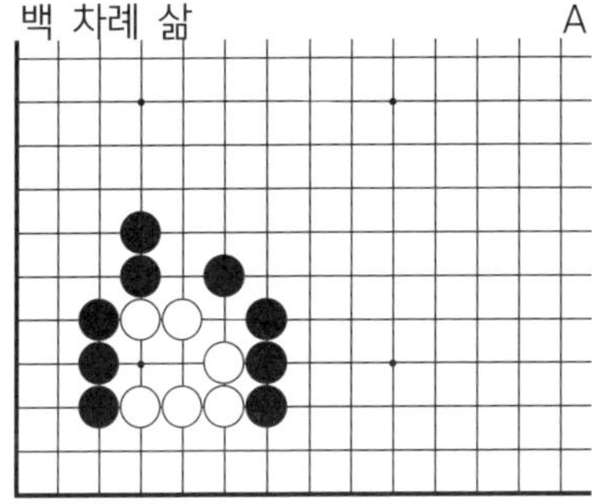

문제 〈646〉

백 차례 삶

A

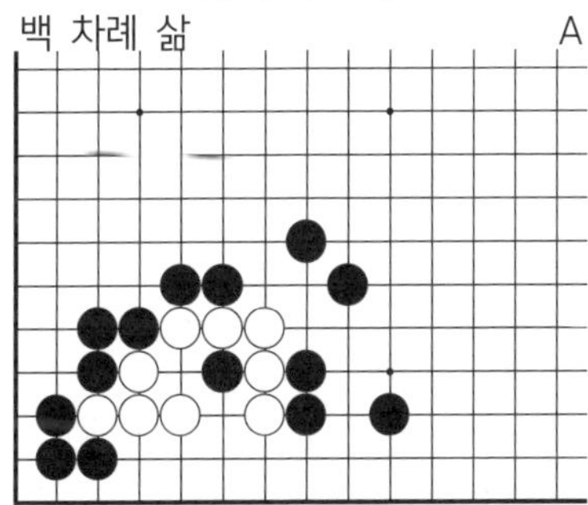

정해 〈643〉

백 차례 삶   A

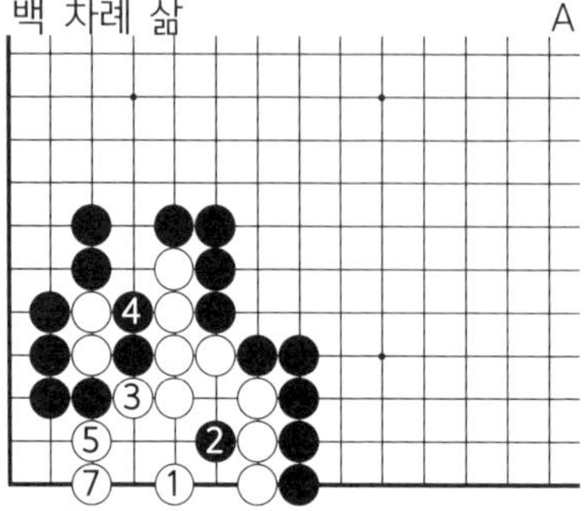

백1의 뜀이 급소. 흑2는 백3, 5, 7로 삶.

정해 〈644〉

백 차례 삶   A

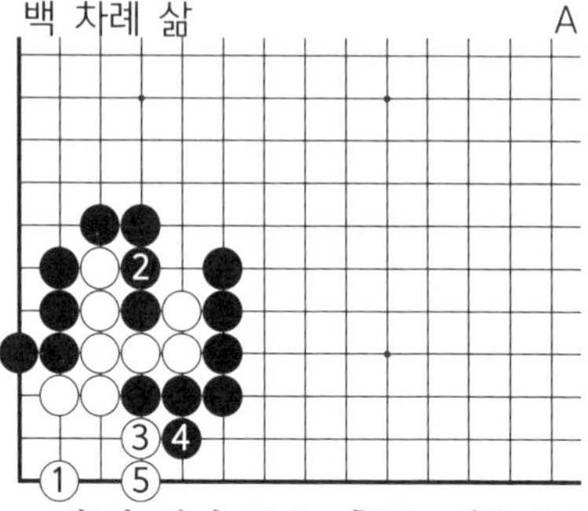

백1의 뜀이 급소. 흑2는 백3, 5로 삶.

정해 〈645〉

백 차례 삶   A

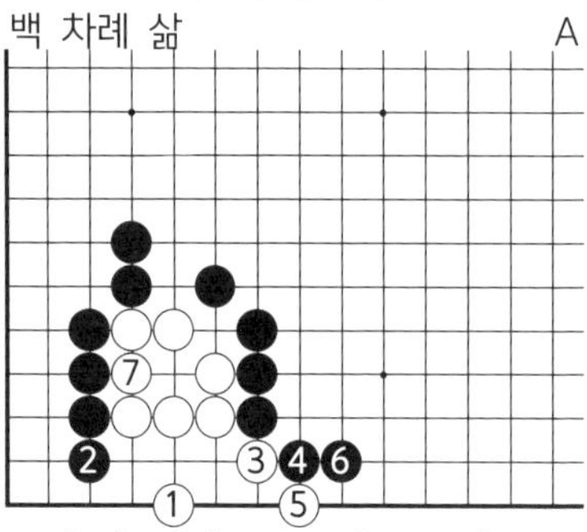

백1의 뜀이 급소. 흑2는 백3, 5, 7로 삶.

변화 〈645〉

백 차례 삶   A

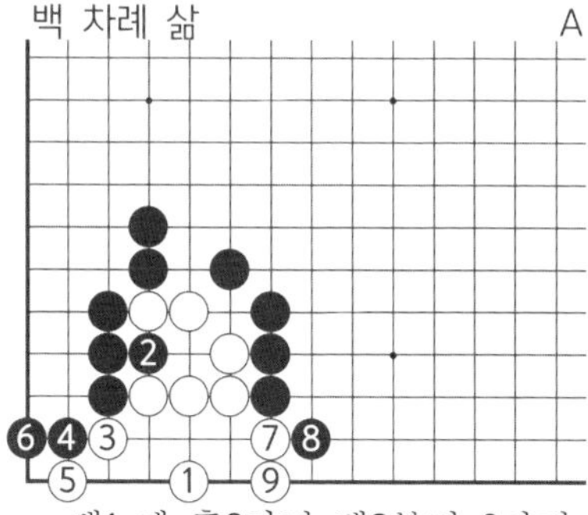

백1 때 흑2라면 백3부터 9까지 삶.

정해 〈646〉

백 차례 삶   A

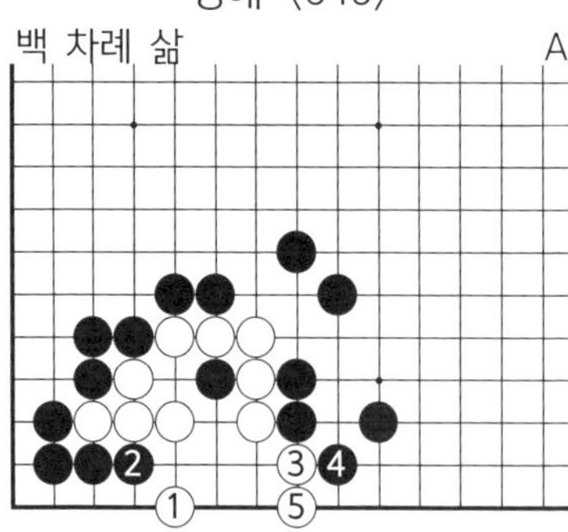

백1의 뜀이 좋은 수. 흑2는 백3, 5로 삶.

변화 〈646〉

백 차례 삶   A

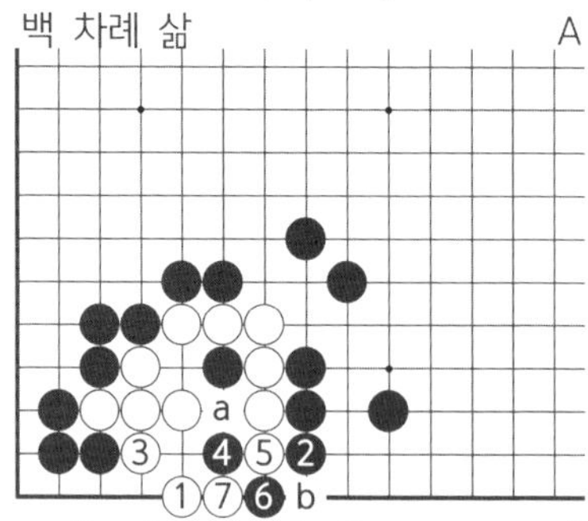

백1 때 흑2라면 백3, 5, 7로 a와 b가 맞보기로 삶.

문제 〈647〉

백 차례 삶

A

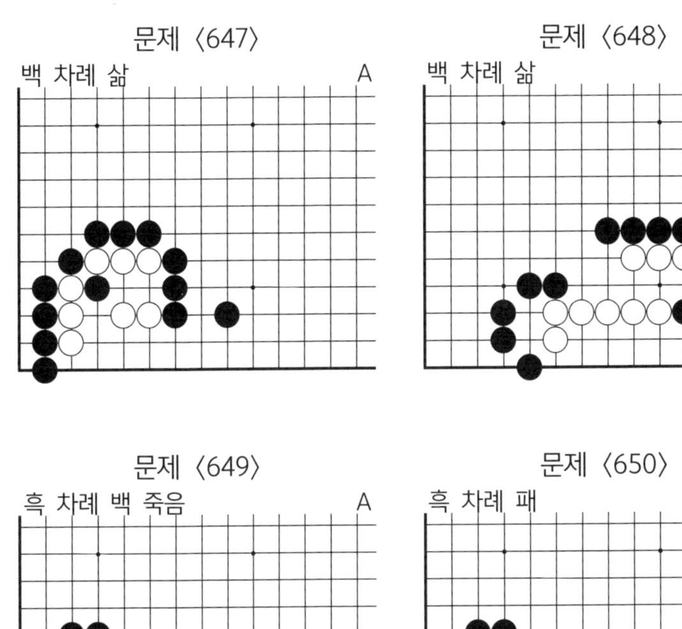

문제 〈648〉

백 차례 삶

A

문제 〈649〉

흑 차례 백 죽음

A

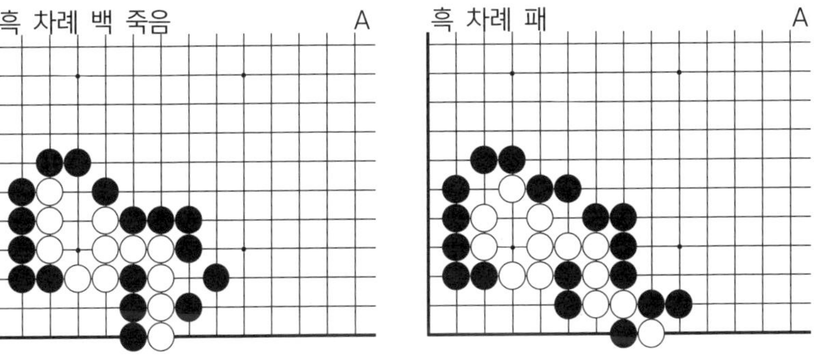

문제 〈650〉

흑 차례 패

A

문제 〈651〉

백 차례 삶

A

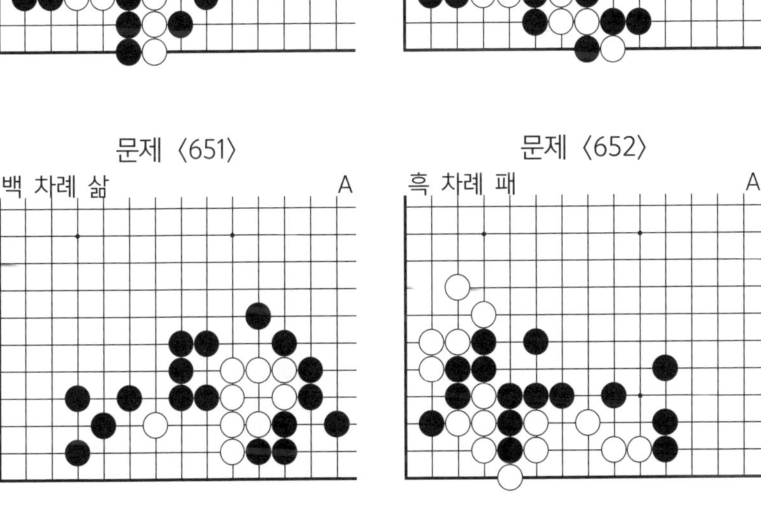

문제 〈652〉

흑 차례 패

A

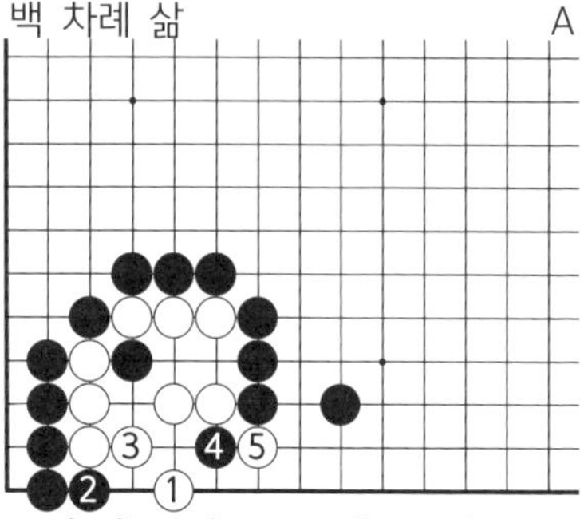

정해 〈647〉

백 차례 삶
A

백1의 띔이 급소. 흑2, 4의 공격은 백3, 5로 삶.

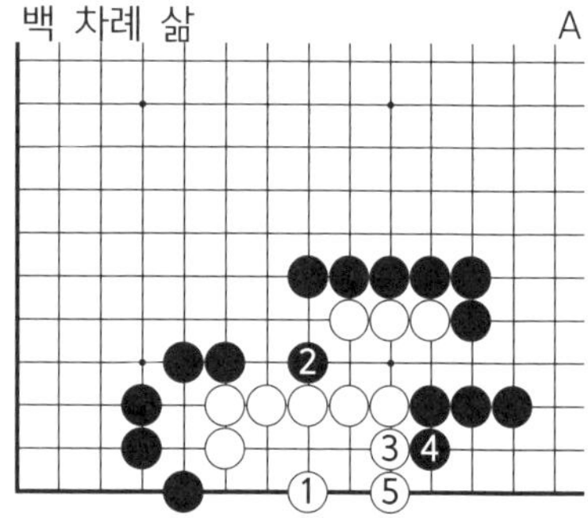

정해 〈648〉

백 차례 삶
A

백1의 띔이 급소. 흑2로 파호하면 백3, 5로 삶.

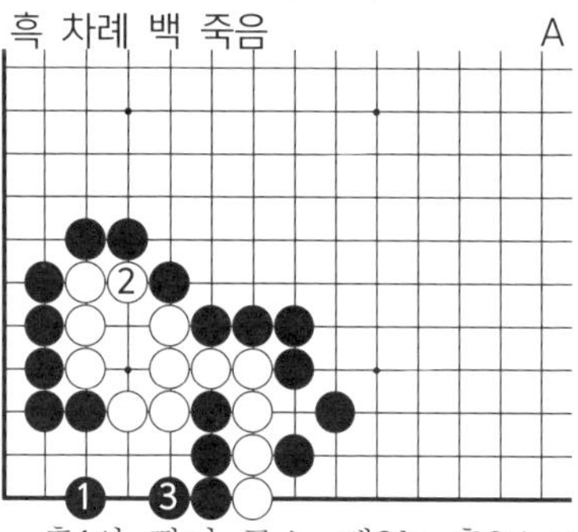

정해 〈649〉

흑 차례 백 죽음
A

흑1의 띔이 급소. 백2는 흑3으로 그만.

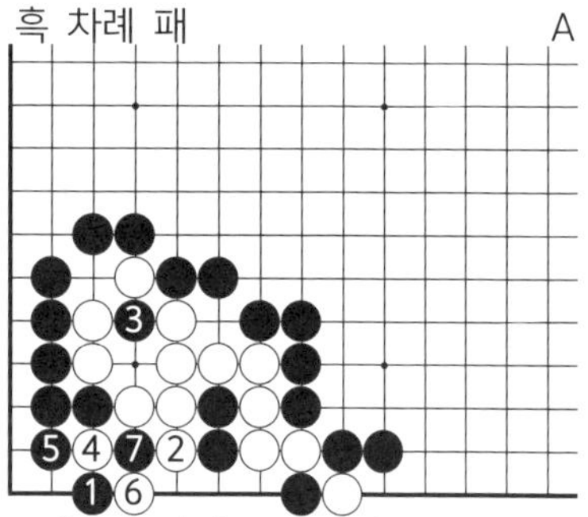

정해 〈650〉

흑 차례 패
A

흑1의 띔이 급소. 백2로 잡으면 흑3, 5, 7로 패.

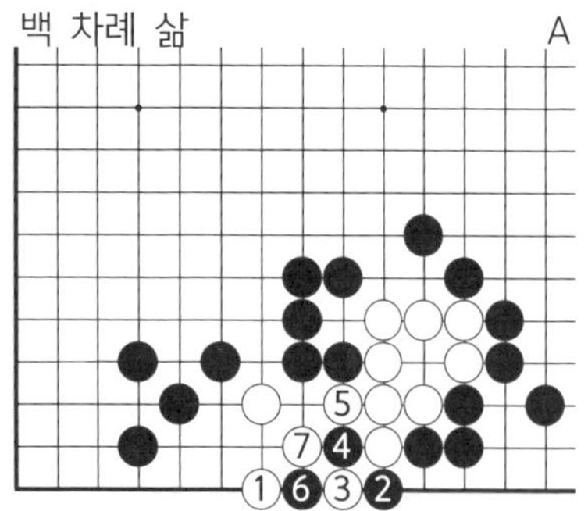

정해 〈651〉

백 차례 삶
A

백1의 띔이 사는 급소. 흑2는 백3, 5, 7로 촉촉수의 삶.

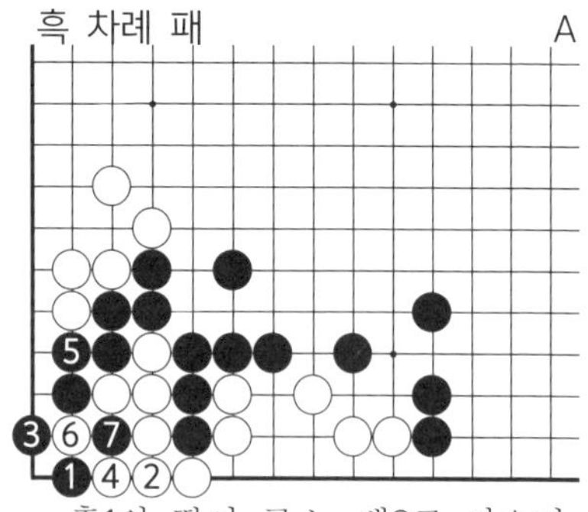

정해 〈652〉

흑 차례 패
A

흑1의 띔이 급소. 백2로 이으면 흑3, 5, 7로 패.

문제 〈653〉

흑 차례 백 죽음   A

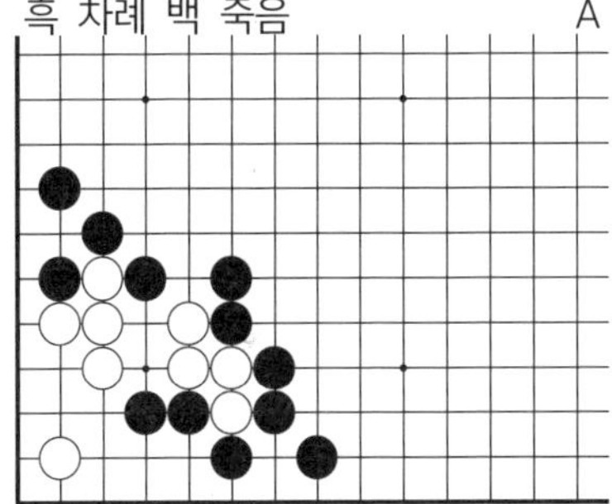

문제 〈654〉

흑 차례 백 죽음   A

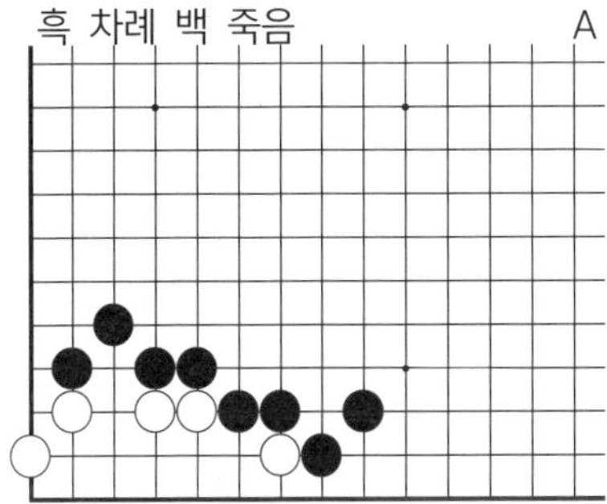

문제 〈655〉

백 차례 흑 죽음   A

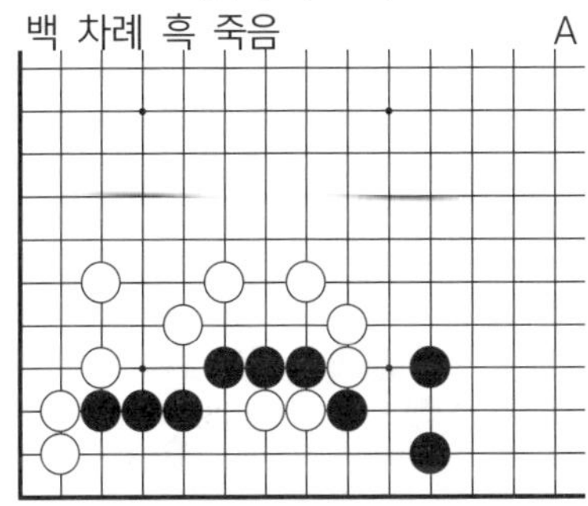

정해 〈653〉

흑 차례 백 죽음   A

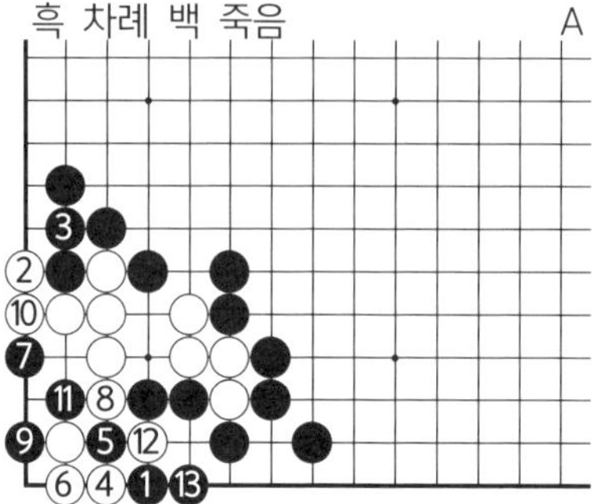

흑1의 뜀이 급소. 백2는 흑3 이
하 13까지 백 죽음.

정해 〈654〉

흑 차례 백 죽음   A

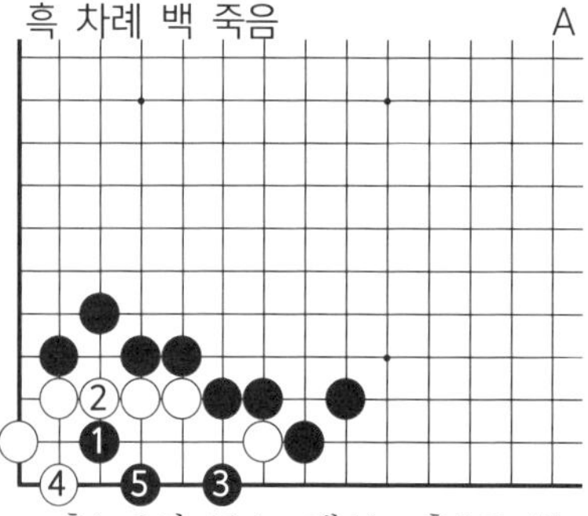

흑1, 3이 급소. 백4는 흑5로 끝.

변화 〈654〉

흑 차례 백 죽음   A

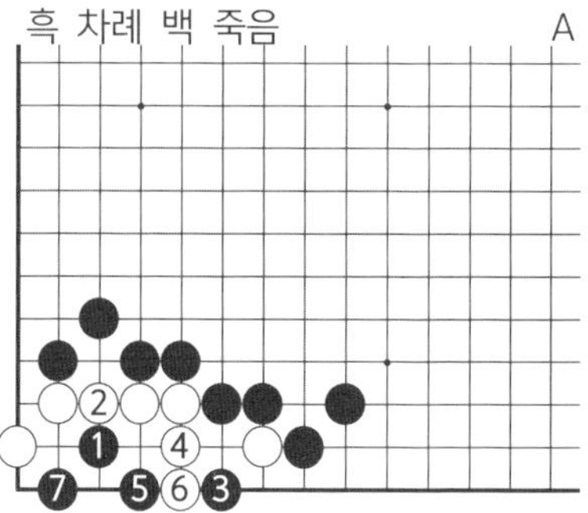

흑1, 3 때 백4라면 흑5, 7로 그
대로 백 죽음.

정해 〈655〉

백 차례 흑 죽음   A

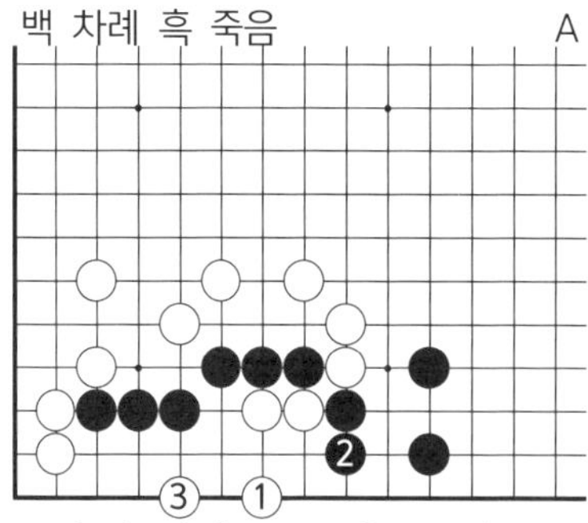

백1의 뜀이 급소. 흑2는 백3으로
왼쪽 백과 연결해서 끝.

변화 〈655〉

백 차례 흑 죽음   A

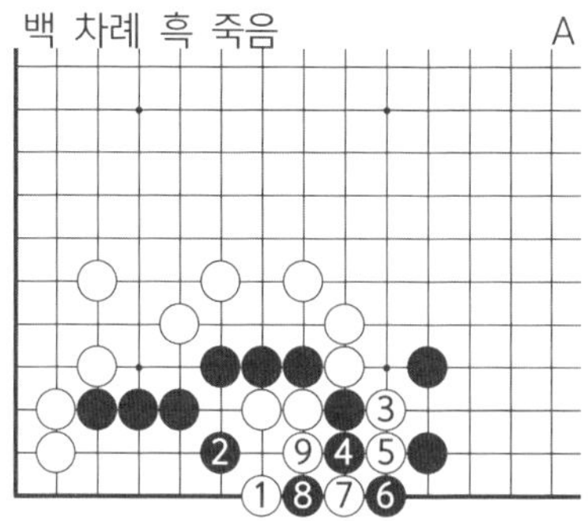

백1 때 흑2라면 백3부터 9까지
촉촉수.

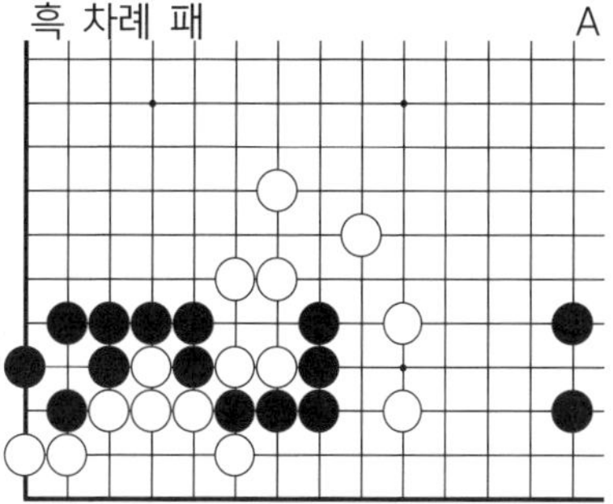

문제 〈656〉
흑 차례 패
A

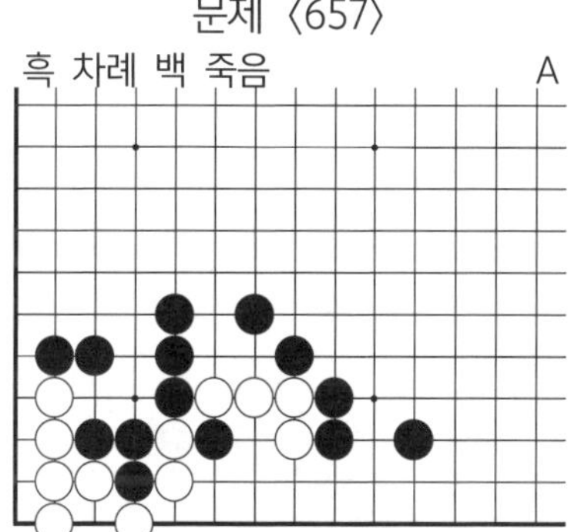

문제 〈657〉
흑 차례 백 죽음
A

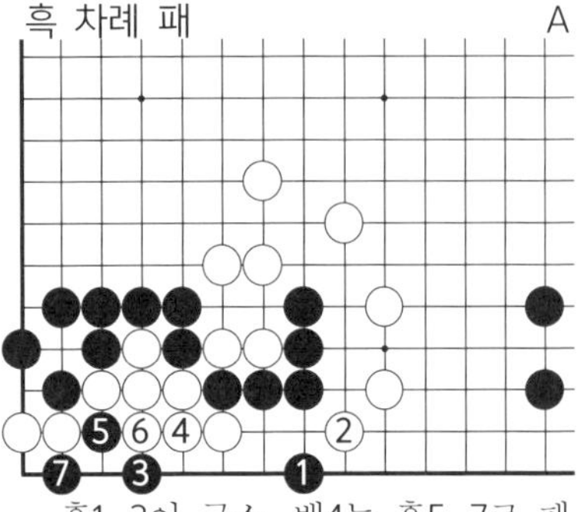

정해 〈656〉

흑 차례 패

흑1, 3이 급소. 백4는 흑5, 7로 패.

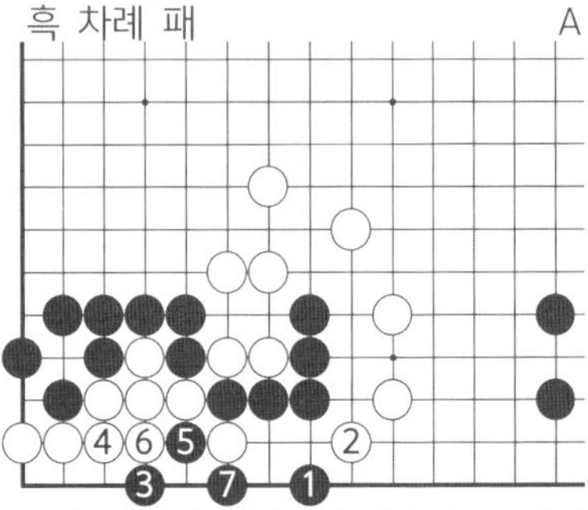

변화 1 〈656〉

흑 차례 패

흑1, 3 때 백4라면 흑5, 7로 마찬가지 패.

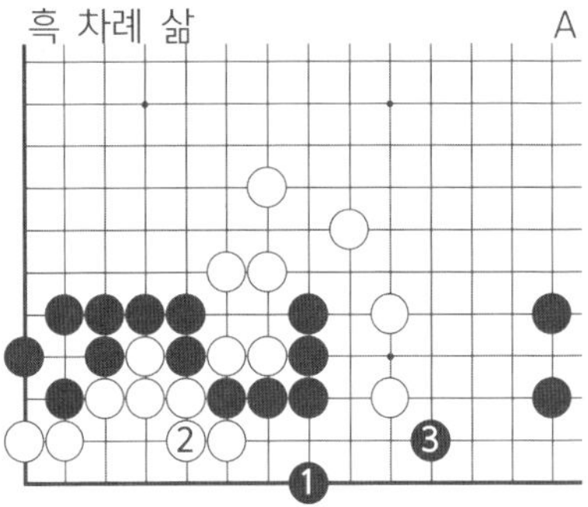

변화 2 〈656〉

흑 차례 삶

흑1 때 백2로 보강하면 흑3으로 오른쪽으로 넘어가서 삶.

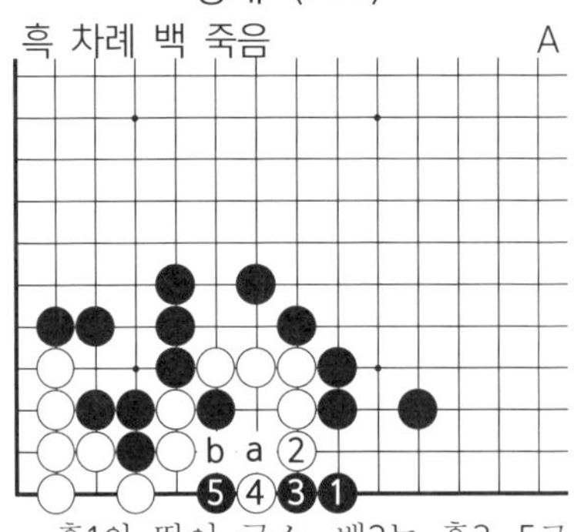

정해 〈657〉

흑 차례 백 죽음

흑1의 뜀이 급소. 백2는 흑3, 5로 a와 b가 맞보기로 백 죽음.

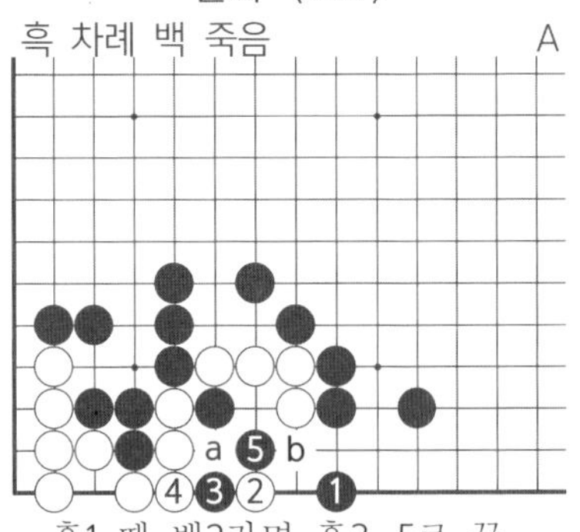

변화 〈657〉

흑 차례 백 죽음

흑1 때 백2라면 흑3, 5로 끝. 다음에 백a는 흑b로 옥집.

문제 〈658〉

흑 차례 백 죽음　　　　　　　　　　　A

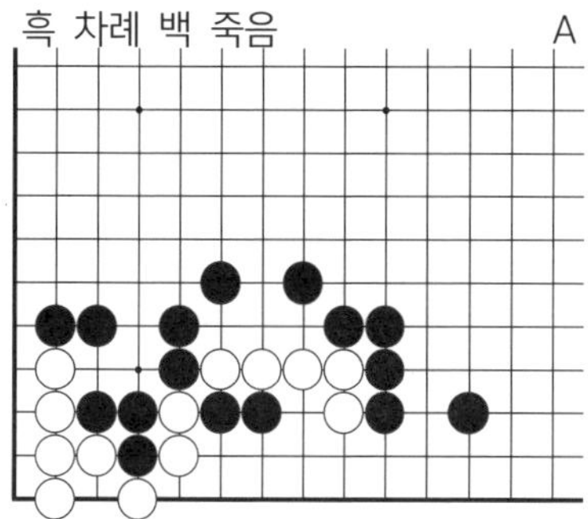

문제 〈659〉

흑 차례 백 죽음　　　　　　A

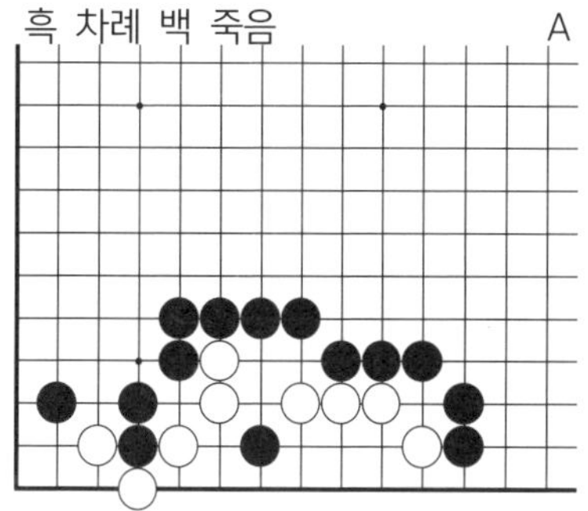

문제 〈660〉

흑 차례 패　　　　　　　　A

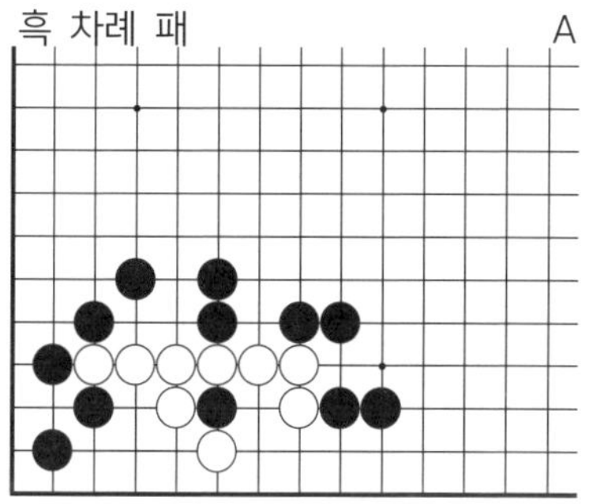

문제 〈661〉

흑 차례 패　　　　　　　　A

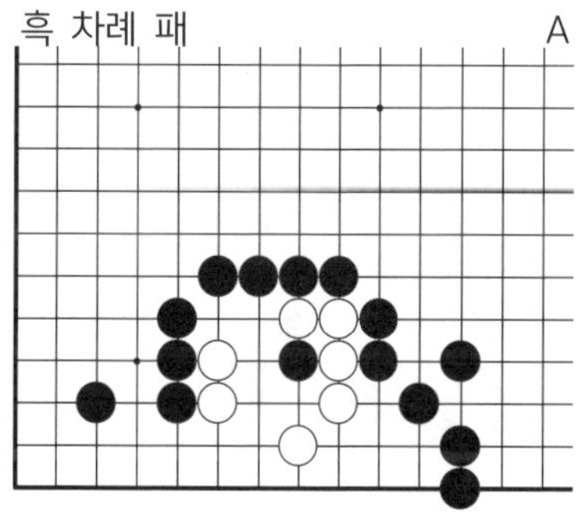

문제 〈662〉

백 차례 삶　　　　　　　　A

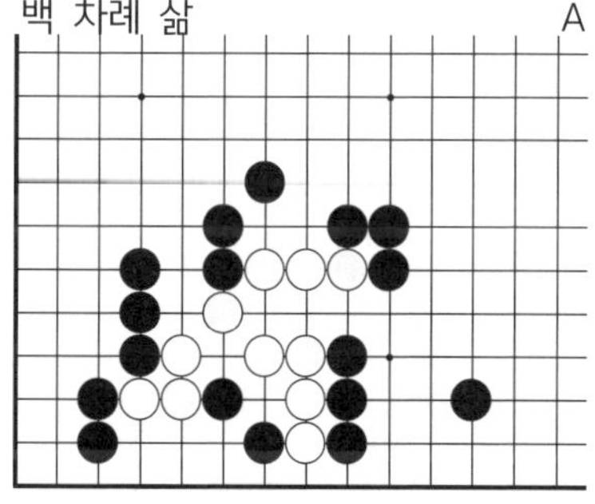

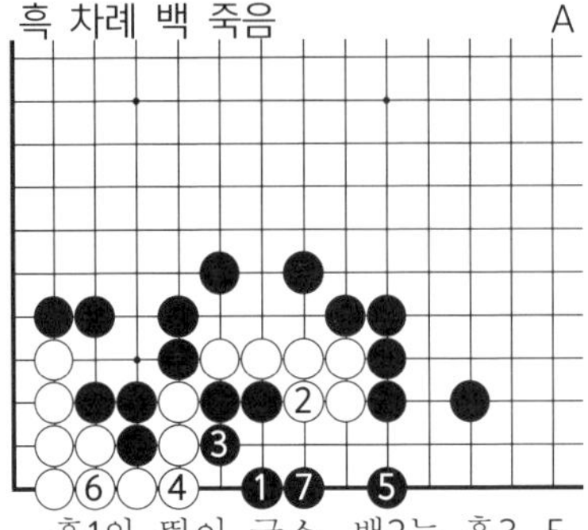

정해 〈658〉

흑 차례 백 죽음   A

흑1의 뜀이 급소. 백2는 흑3, 5,
7로 넘어가서 백 죽음.

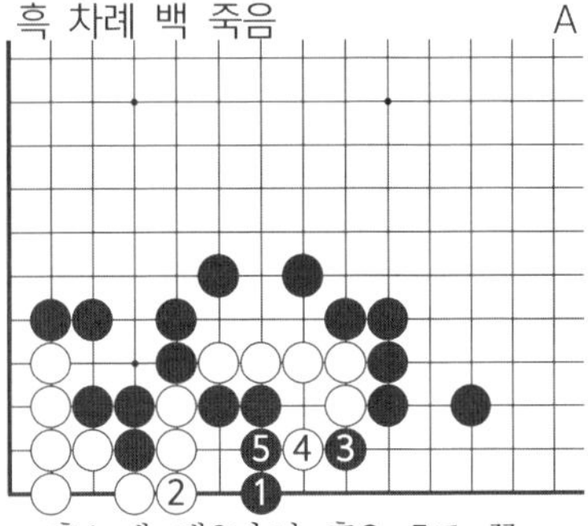

변화 〈658〉

흑 차례 백 죽음   A

흑1 때 백2라면 흑3, 5로 끝.

정해 〈659〉

흑 차례 백 죽음   A

흑1, 3, 5를 선수하고 7이 묘수.
이하 15까지 끝. ⑬→⑪, ⑭→❼

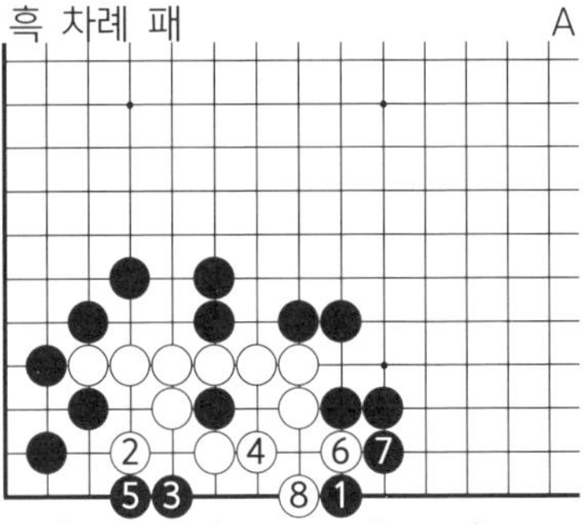

정해 〈660〉

흑 차례 패   A

흑1의 뜀이 급소. 백2는 흑3, 5,
7로 패.

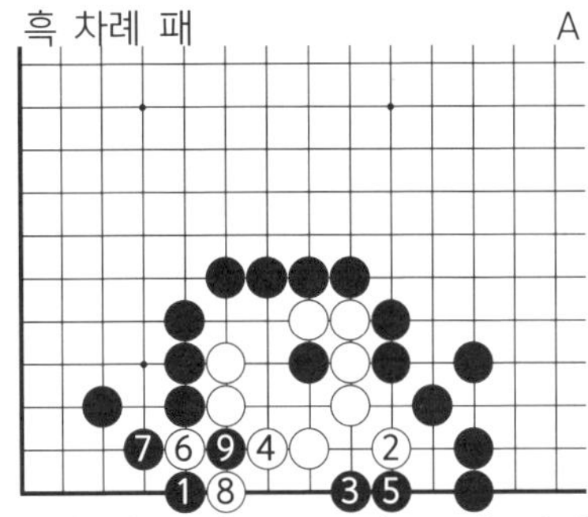

정해 〈661〉

흑 차례 패   A

흑1의 뜀이 급소. 백2는 흑3부터
9까지 패.

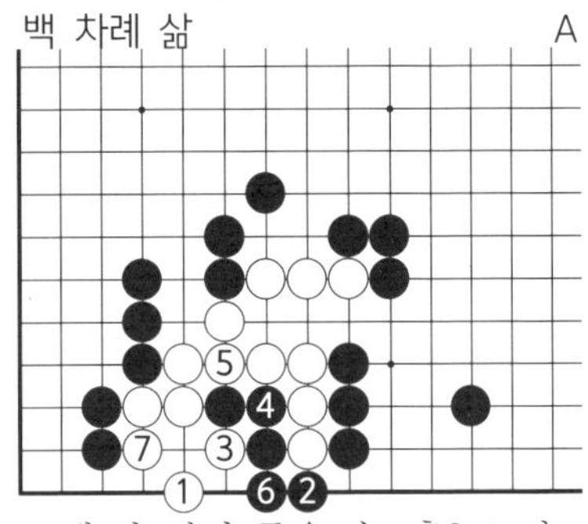

정해 〈662〉

백 차례 삶   A

백1의 뜀이 좋은 수. 흑2로 넘
으면 백3, 5, 7로 삶.

문제 〈663〉

흑 차례 백 죽음   A

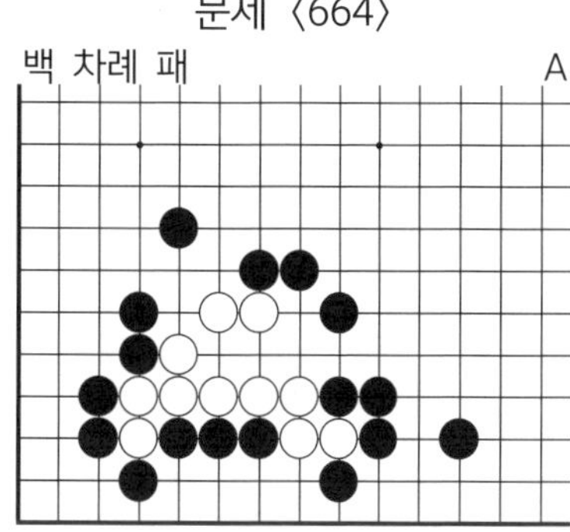

문제 〈664〉

백 차례 패   A

문제 〈665〉

백 차례 흑 죽음   A

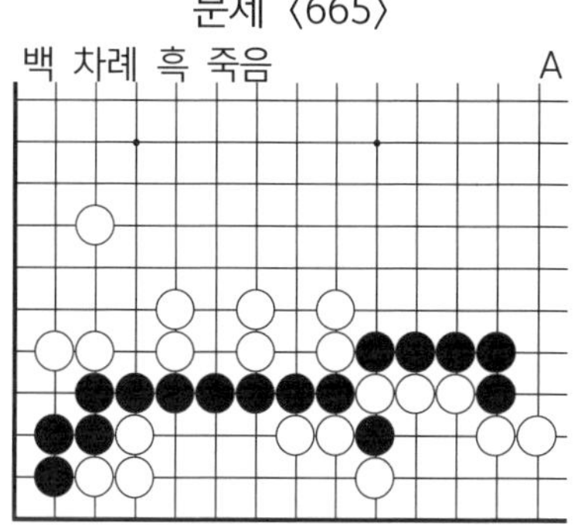

문제 〈666〉

백 차례 수상전 승   C

문제 〈667〉

흑 차례 수상전 승   B

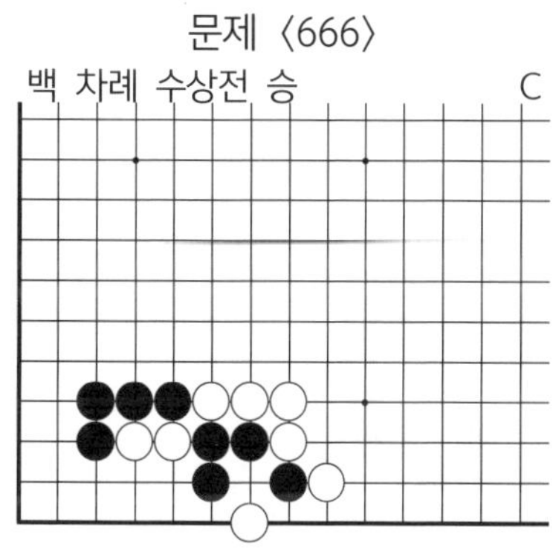
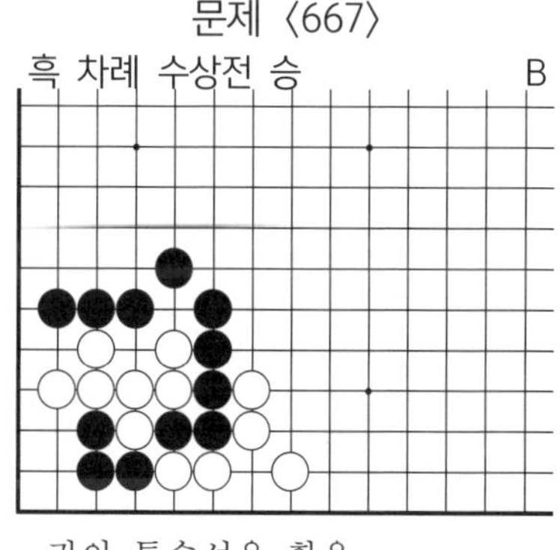

귀의 특수성을 활용

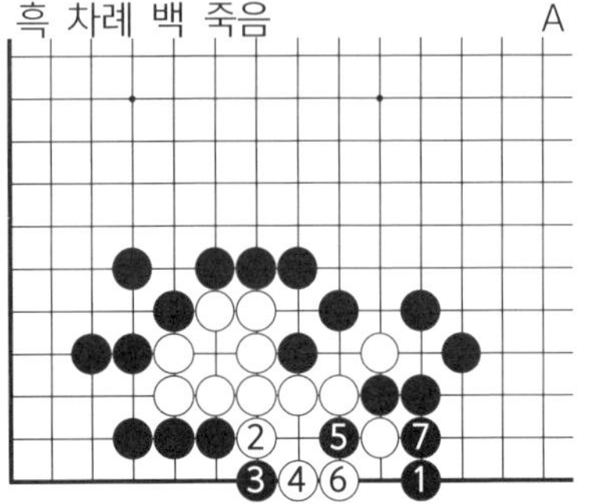

정해 〈663〉

흑 차례 백 죽음   A

흑1의 뜀이 급소. 백2는 흑3, 5,
7로 백 죽음. 흑5가 중요.

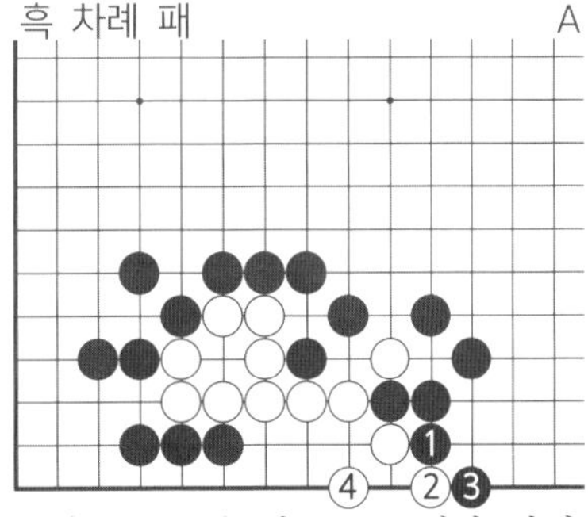

실패 〈663〉

흑 차례 패   A

흑1로 두면 백2, 4로 패가 돼버
려서 실패.

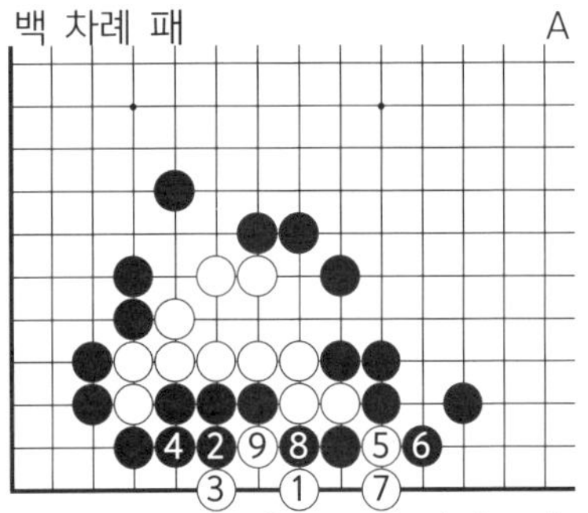

정해 〈664〉

백 차례 패   A

백1이 급소. 흑2는 백3부터 9까
지 패.

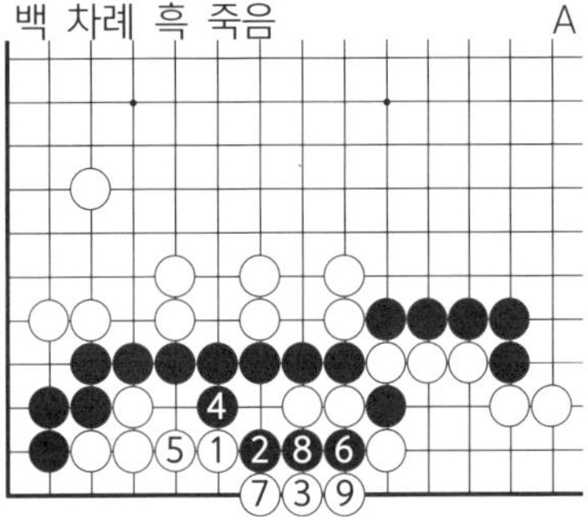

정해 〈665〉

백 차례 흑 죽음   A

백1과 흑2를 교환하고 3의 뜀이
멋진 수. 이하 백9까지 흑 죽음.

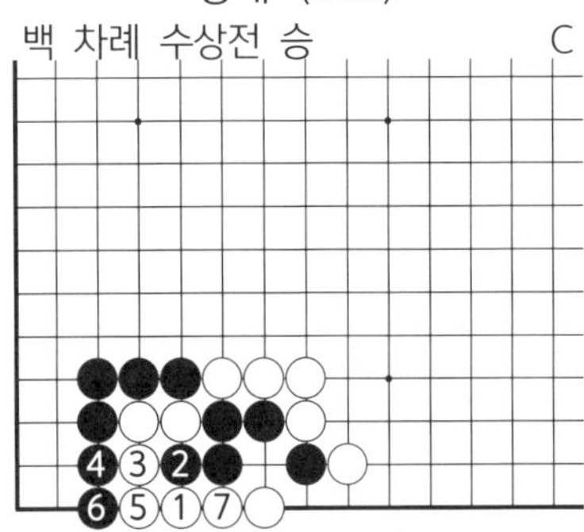

정해 〈666〉

백 차례 수상전 승   C

백1이 급소. 흑2는 백3, 5, 7로
수상전 백 승.

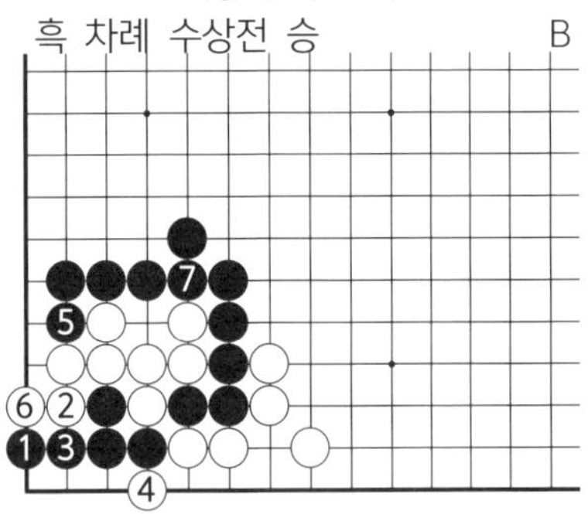

정해 〈667〉

흑 차례 수상전 승   B

흑1의 뜀이 급소. 백2는 흑3, 5,
7로 수상전 흑 승.

문제 〈668〉

흑 차례 수상전 승

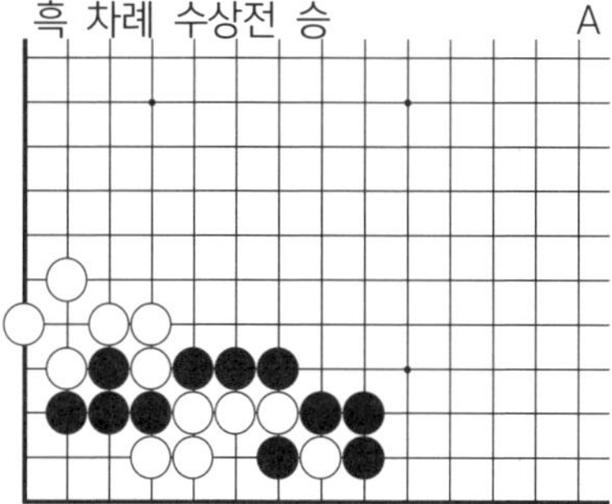

귀의 특수성을 활용.

문제 〈669〉

백 차례 수상전 승

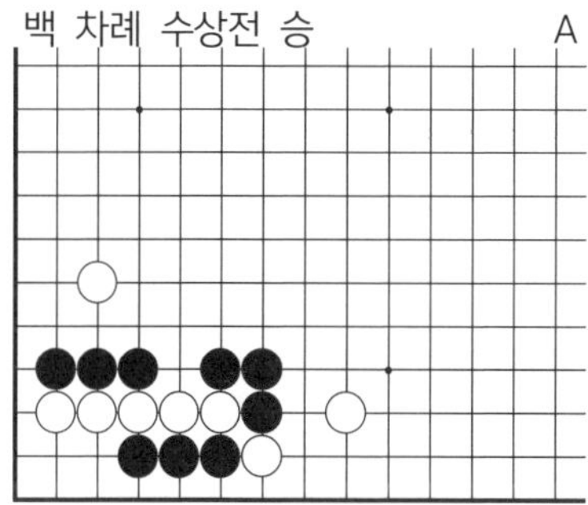

귀의 특수성을 활용.

문제 〈670〉

흑 차례 백 죽음

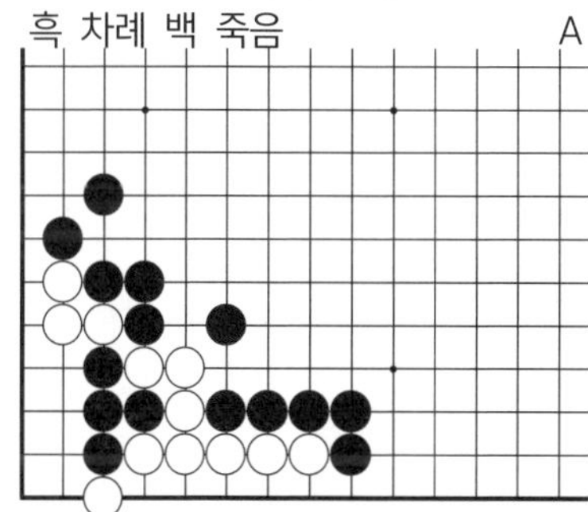

귀의 특수성을 활용.

흑 차례 수상전 승

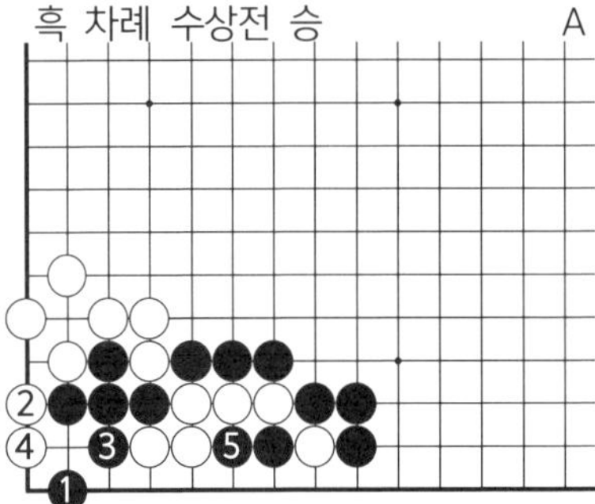

흑1의 뜀이 급소. 백2는 흑3, 5로
수상전 흑 승.

정해 〈669〉

백 차례 수상전 승

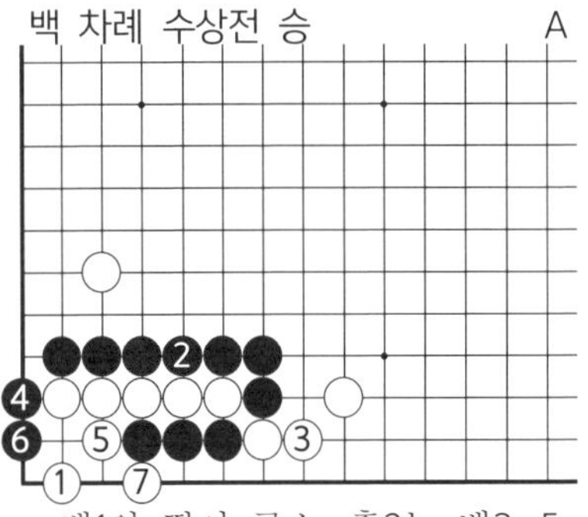

백1의 뜀이 급소. 흑2는 백3, 5,
7로 수상전 백 승.

변화 〈669〉

백 차례 수상전 승

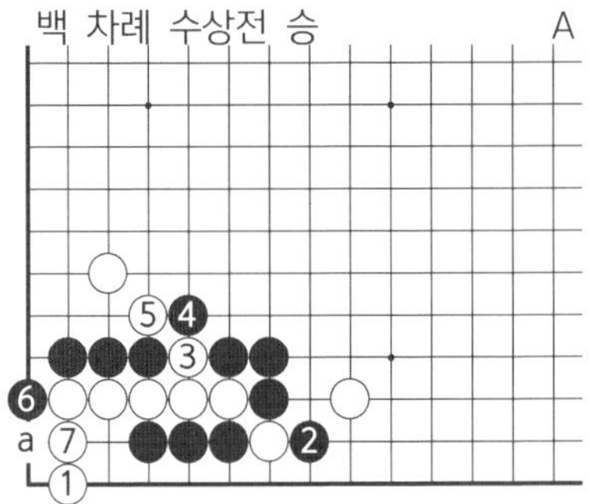

백1 때 흑2라면 백3, 5, 7로 수상전
백 승. 7을 a로 막지 않는 것이 중요.

정해 〈670〉

흑 차례 백 죽음

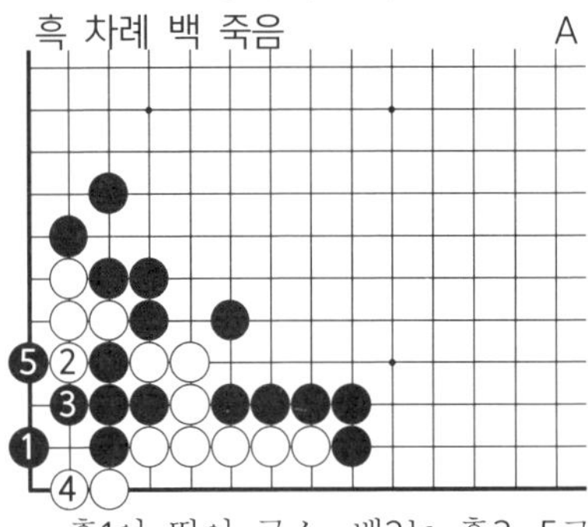

흑1이 뜀이 급소. 백2는 흑3, 5로
백의 양자충으로 백 죽음.

1선에 놓는 맥

1선에 놓는 맥

1선에 놓는 맥도 다양한 모양이 있으며, 따라서 범위도 넓습니다.

다음 그림은 1선에 놓는 맥 중에서도 대표적인 것으로 이와 비슷한 모양은 많이 있고, 또 이 모양은 실전에서도 자주 접하는 모양이기 때문에 실전에서 이와 비슷한 모양이 생겼을 때 감각적으로 곧바로 떠오를 수 있도록 연구해 두고 싶은 것입니다.

흑1로 놓아서 집을 없애는 것을 노리는 맥으로 이대로 백은 즉사합니다.

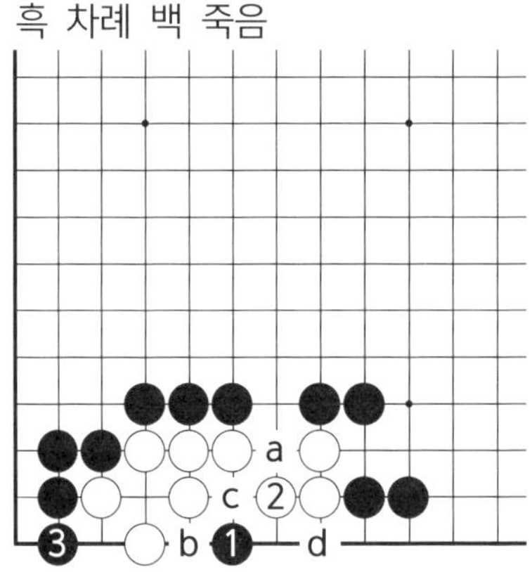

백2를 a 이하 어느쪽에 두더라도 흑은 d로 두어 넘어가므로 백2는 어쩔 수 없고 거기서 흑3으로 그대로 백 죽음입니다.

문제 〈671〉

흑 차례 패   B

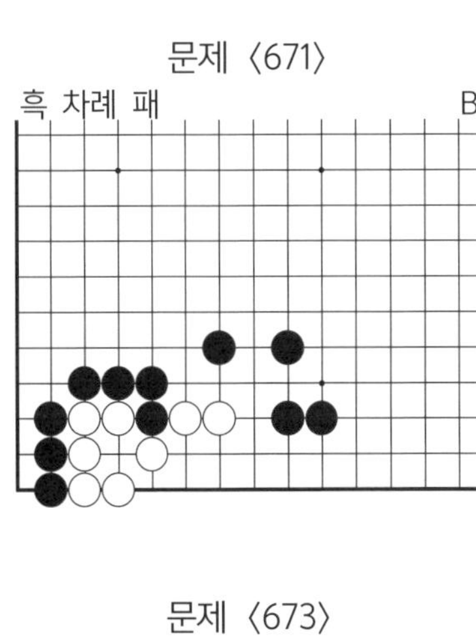

문제 〈672〉

흑 차례 패   B

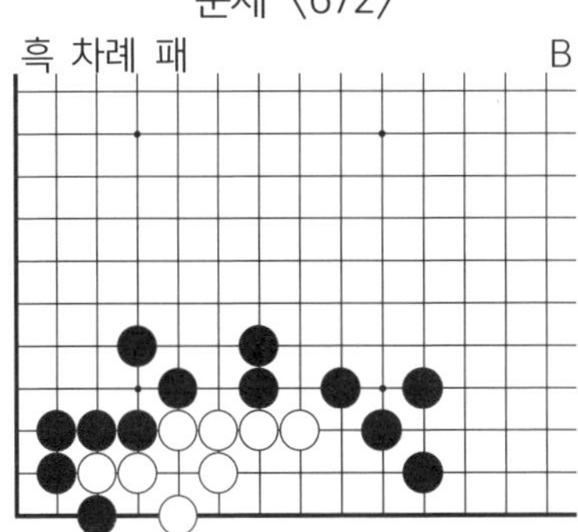

문제 〈673〉

흑 차례 패   A

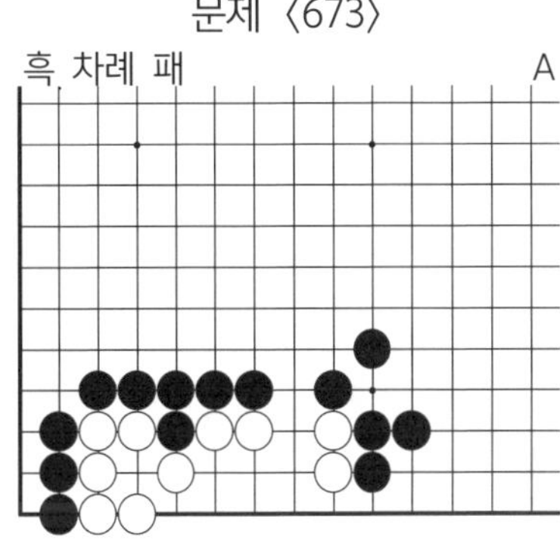

문제 〈674〉

흑 차례 백 죽음   A

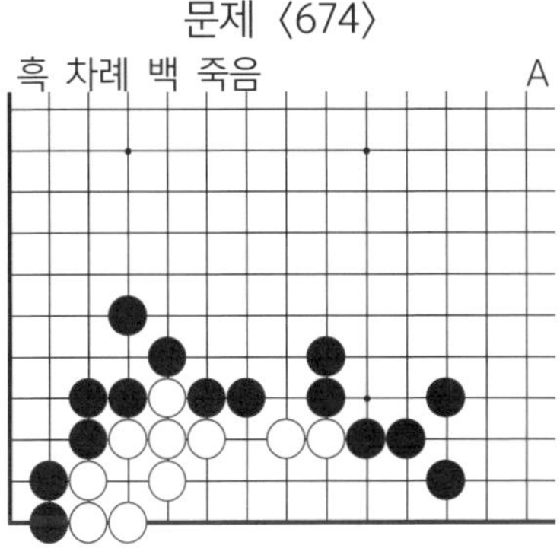

문제 〈675〉

흑 차례 패   A

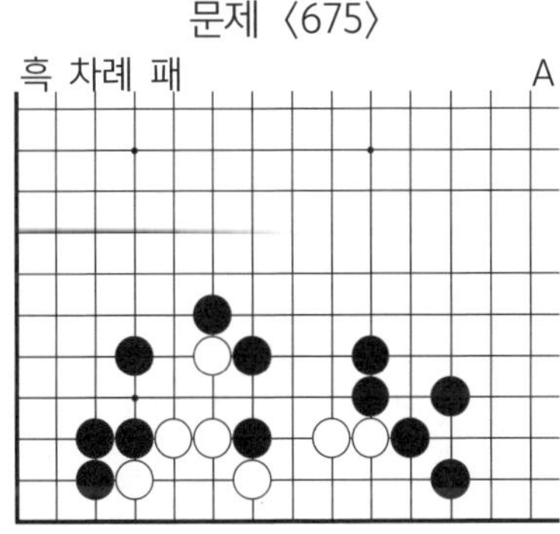

문제 〈676〉

흑 차례 패   A

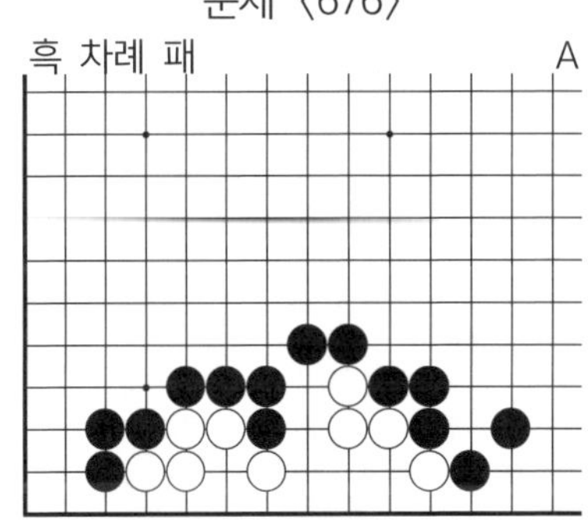

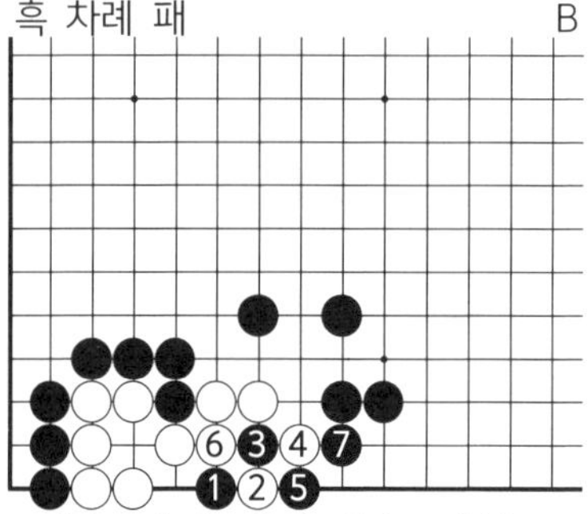

흑1로 놓은 수가 급소. 백2는
흑3, 5, 7로 패.

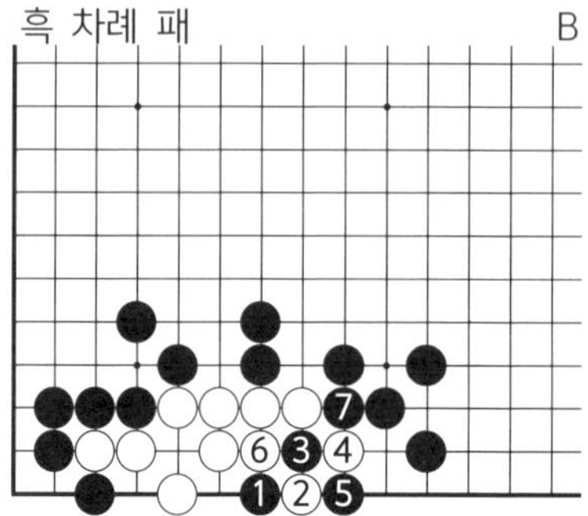

흑1이 급소. 백2는 흑3, 5, 7로 패.

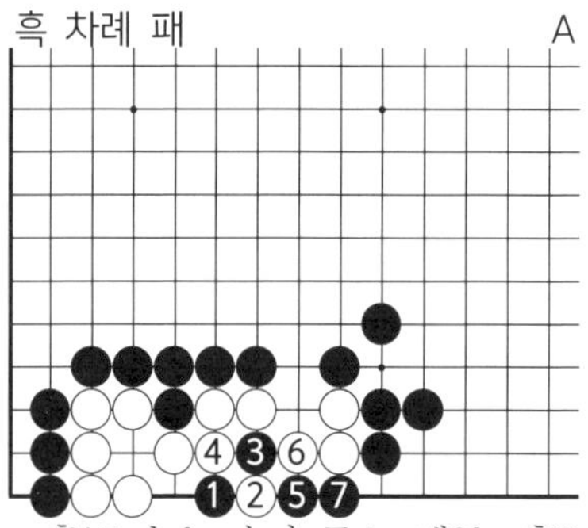

흑1로 놓는 수가 급소. 백2는 흑3,
5, 7로 패

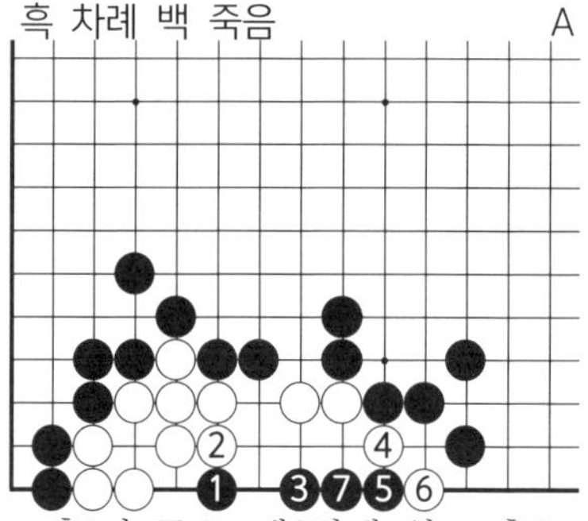

흑1이 급소. 백2밖에 없고 흑3,
5, 7로 백 죽음.

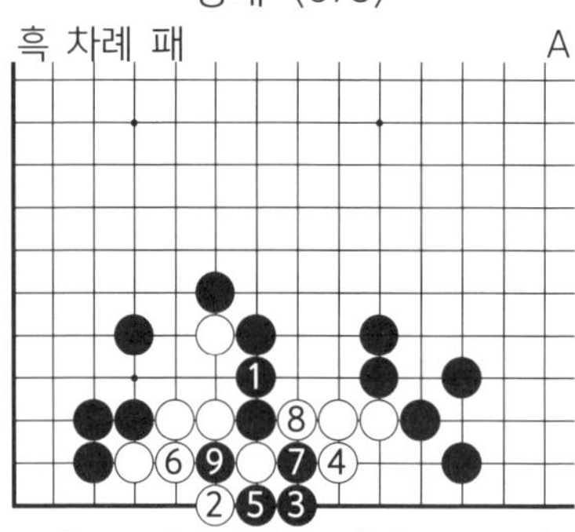

흑1로 잇고 3의 놓기가 급소. 백4
밖에 없고 흑5, 7, 9로 패.

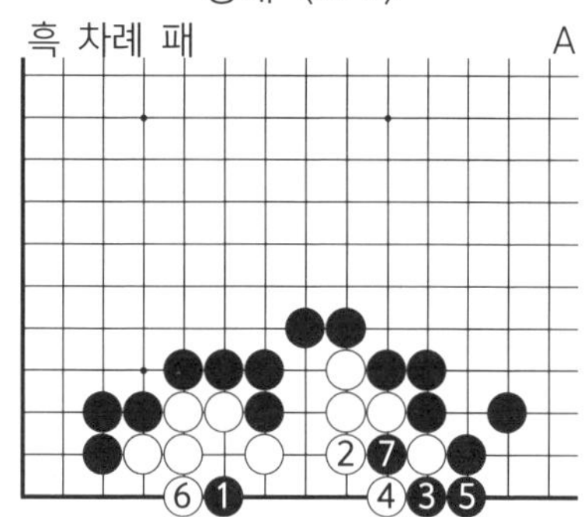

흑1의 치중이 급소. 백2는 흑3,
5, 7로 패.

문제 〈677〉

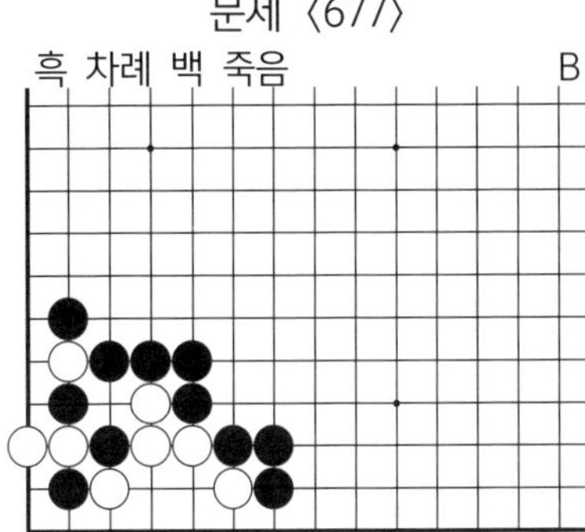

문제 〈678〉

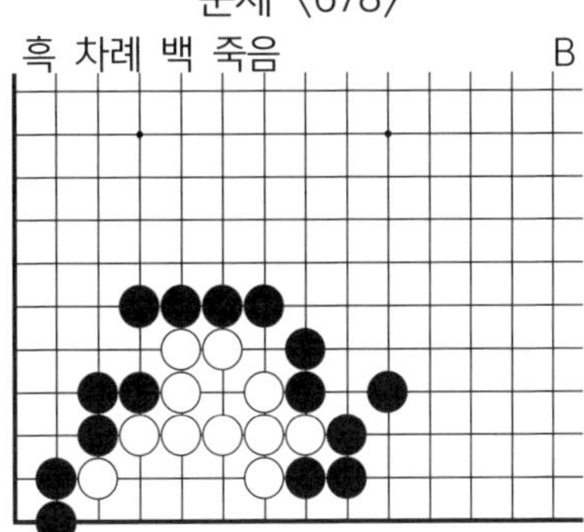

문제 〈679〉

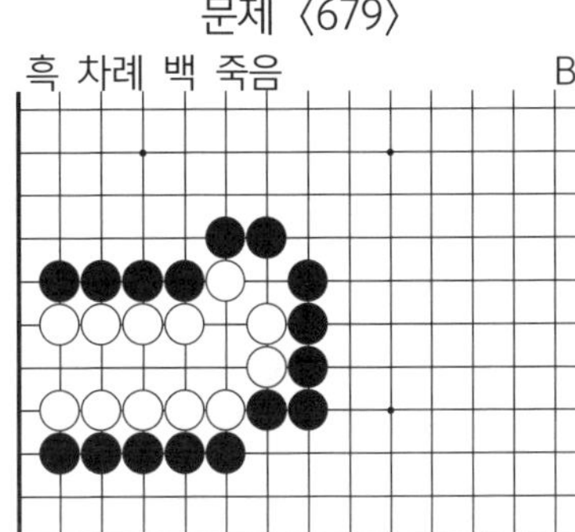

문제 〈680〉

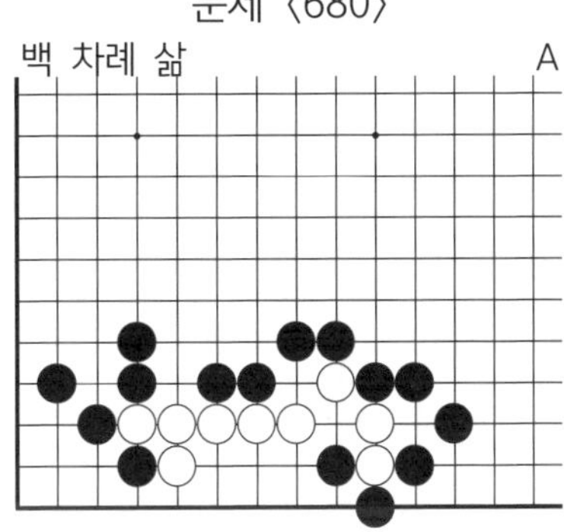

문제 〈681〉

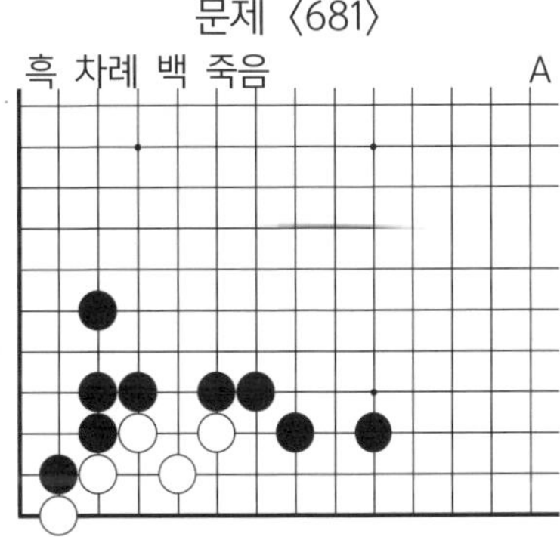

정해 〈677〉

흑 차례 백 죽음   B

흑1, 3을 선수 한 다음 흑5의 치
중이 급소. 백6은 흑7로 끝.

정해 〈678〉

흑 차례 백 죽음   B

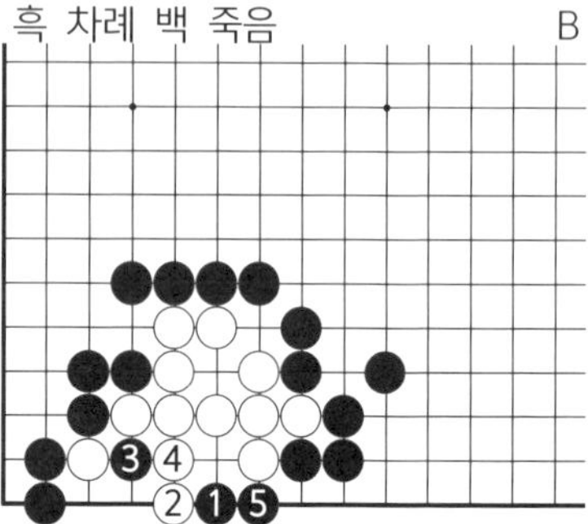

흑1의 놓기가 급소. 백2는 흑3,
5로 끝.

정해 〈679〉

흑 차례 백 죽음   B

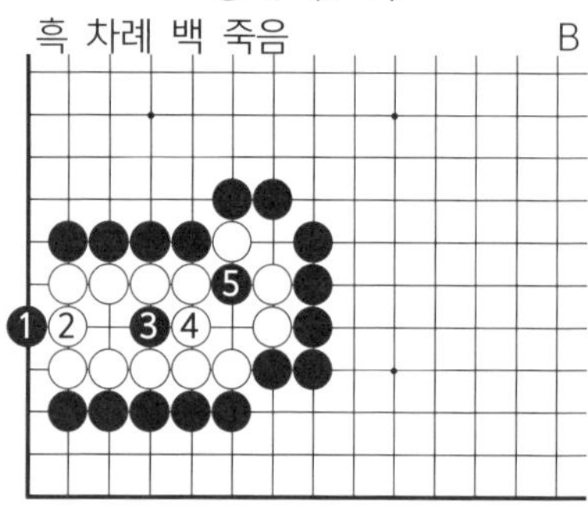

흑1이 급소. 백2는 흑3, 5로 끝.

정해 〈680〉

백 차례 삶   A

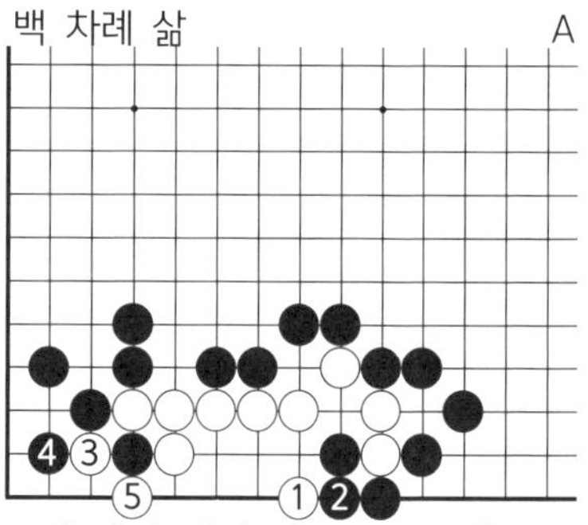

백1의 놓기가 사는 급소. 흑2는
백3, 5로 삶.

정해 〈681〉

흑 차례 백 죽음   A

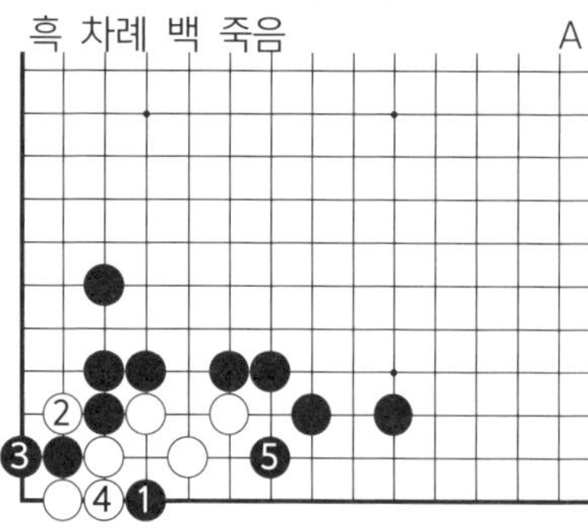

흑1의 치중이 급소. 백2는 흑3,
5로 끝.

문제 〈682〉

흑 차례 백 죽음　　　　　　　　　　　A

문제 〈683〉

흑 차례 백 죽음　　　　　　　　B

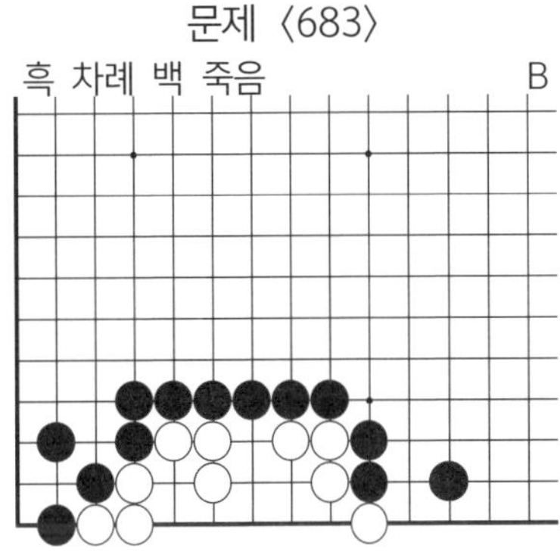

문제 〈684〉

흑 차례 백 죽음　　　　　　　　A

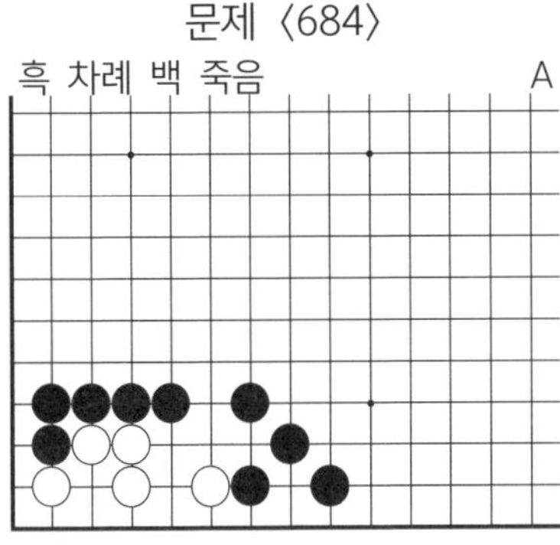

문제 〈685〉

백 차례 삶　　　　　　　　　　A

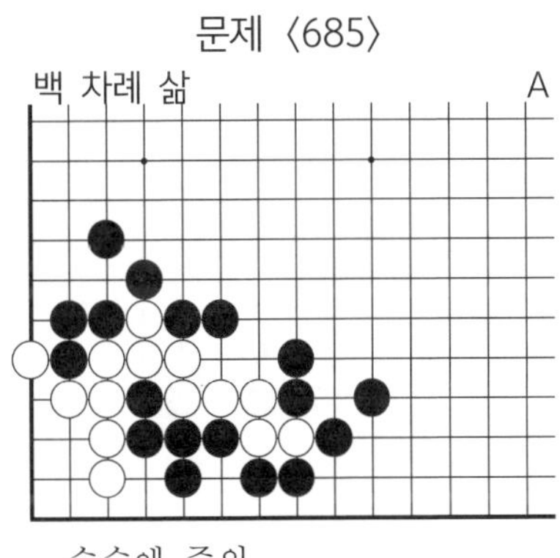

수순에 주의.

문제 〈686〉

백 차례 삶　　　　　　　　　　B

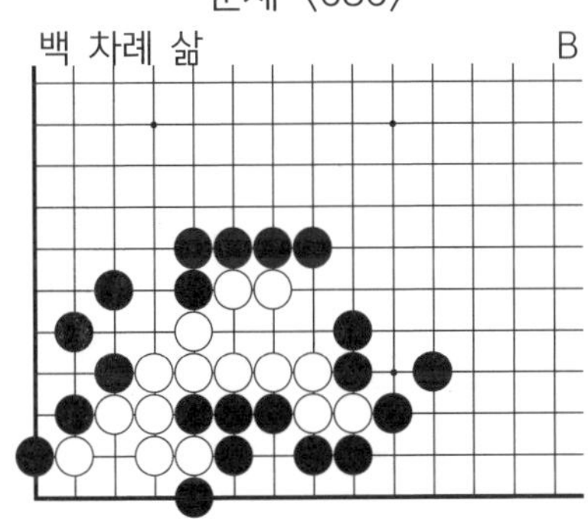

정해 〈682〉

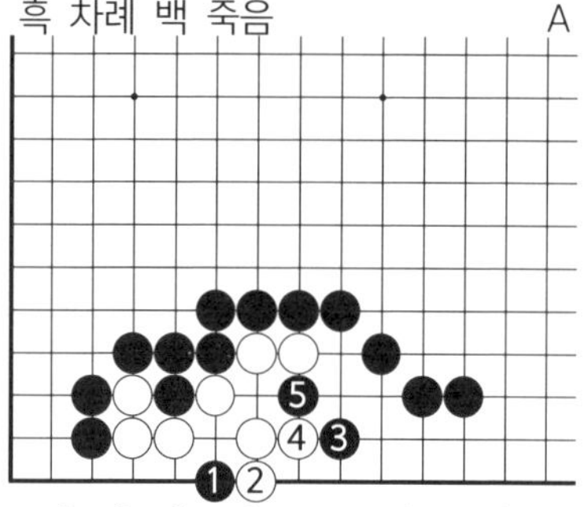

흑 차례 백 죽음

흑1의 치중이 급소. 백2는 흑3, 5로 끝.

변화 〈682〉

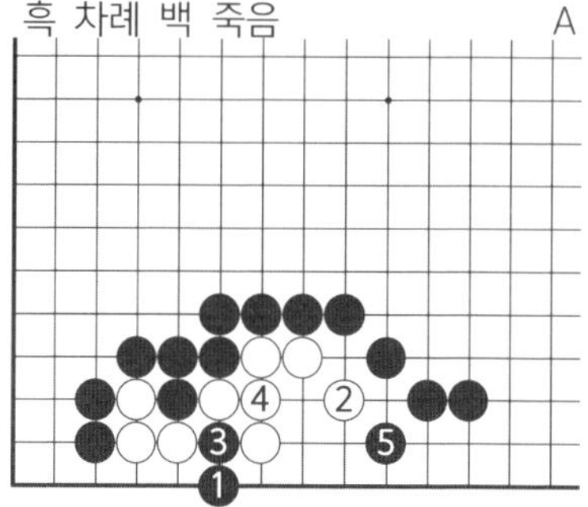

흑 차례 백 죽음

흑1 때 백2라면 흑3, 5로 그만.

정해 〈683〉

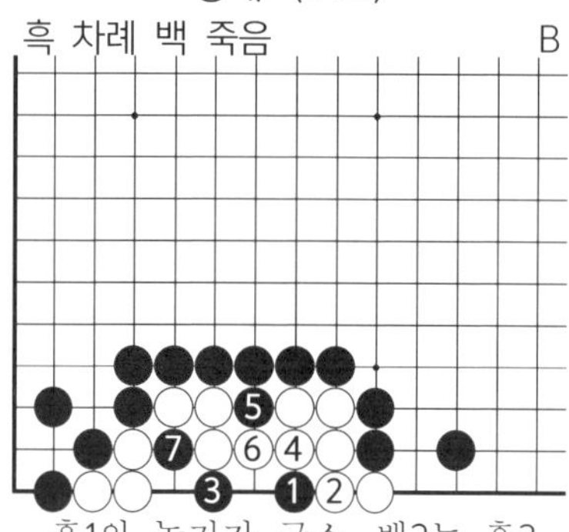

흑 차례 백 죽음

흑1의 놓기가 급소. 백2는 흑3, 5, 7로 백 죽음.

정해 〈684〉

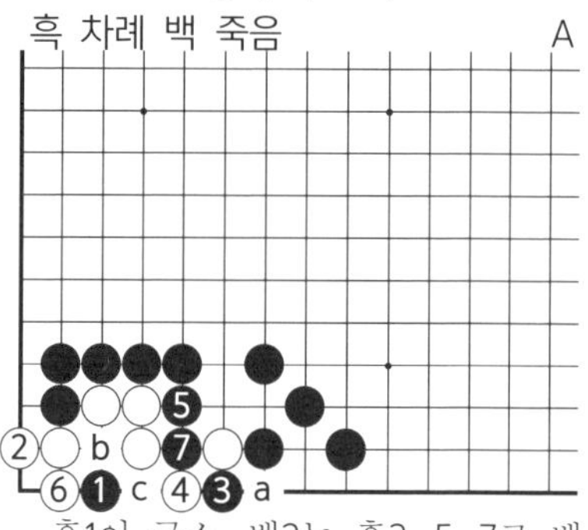

흑 차례 백 죽음

흑1이 급소. 백2는 흑3, 5, 7로 백 죽음. 다음에 백a나 b는 흑c로 옥집.

정해 〈685〉

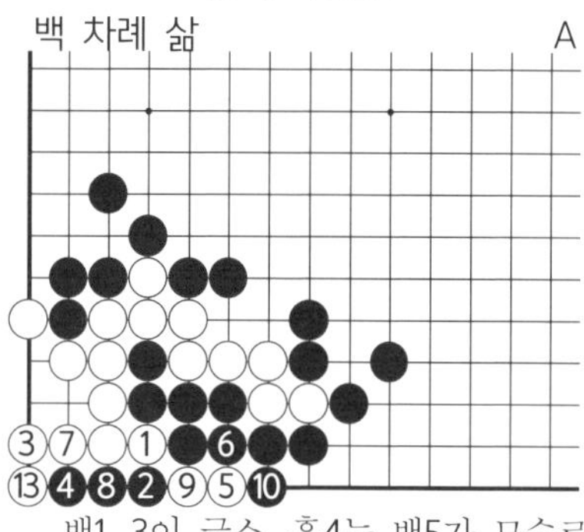

백 차례 삶

백1, 3이 급소. 흑4는 백5가 묘수로 이하 13까지 삶. ⑪→⑨, ⑫→⑤

정해 〈686〉

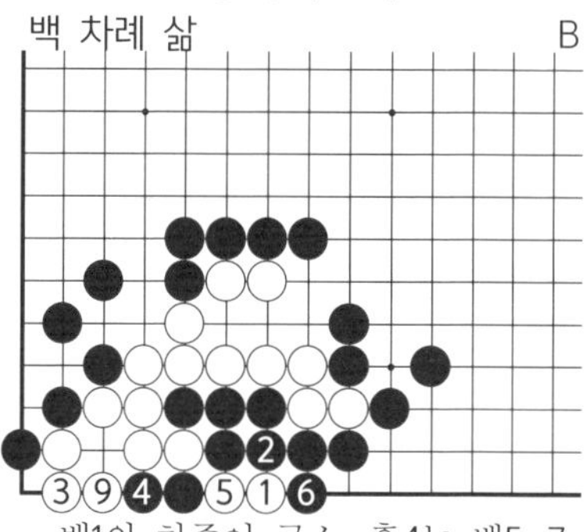

백 차례 삶

백1의 치중이 급소. 흑4는 백5, 7, 9의 촉촉수로 삶. ⑦→⑤, ❽→①

문제 〈687〉
백 차례 삶
A

문제 〈688〉
백 차례 삶
A

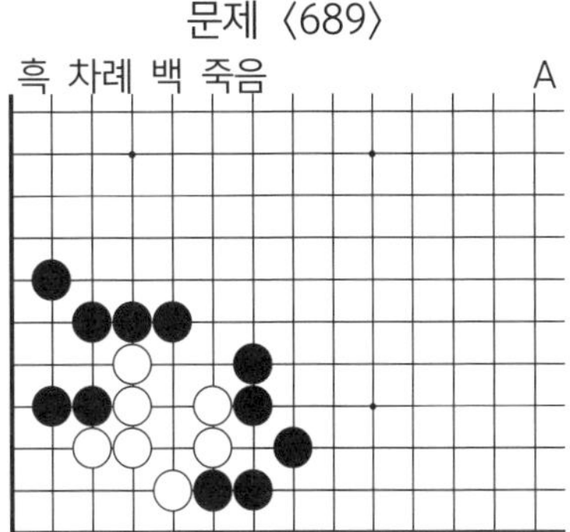
문제 〈688〉
수순에 주의.

문제 〈689〉
흑 차례 백 죽음
A

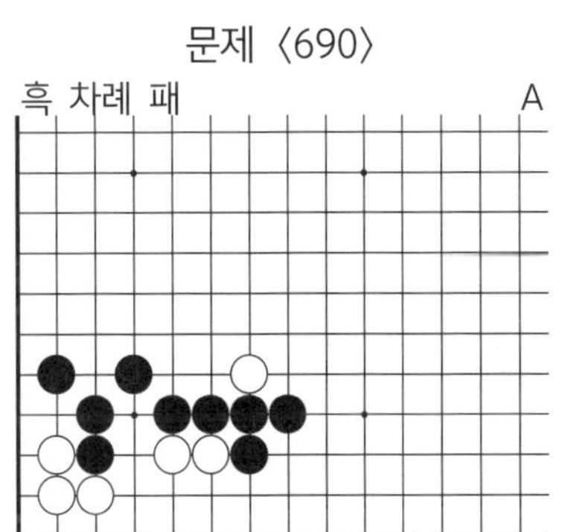
문제 〈690〉
흑 차례 패
A

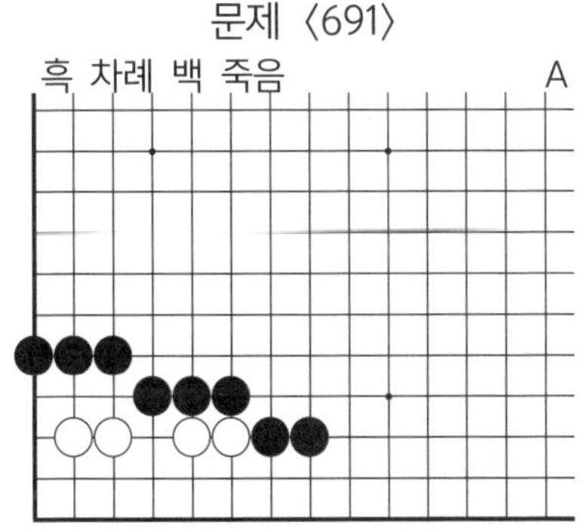
문제 〈691〉
흑 차례 백 죽음
A

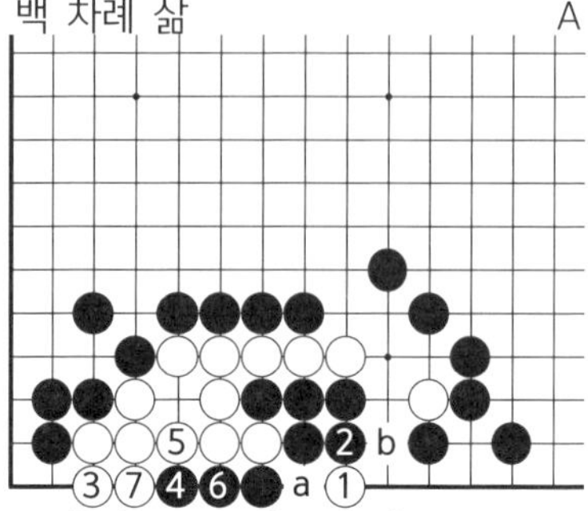

정해 〈687〉

백 차례 삶

백1이 급소. 흑2는 백3, 5, 7로
삶. 다음에 흑a는 백b로 촉촉수.

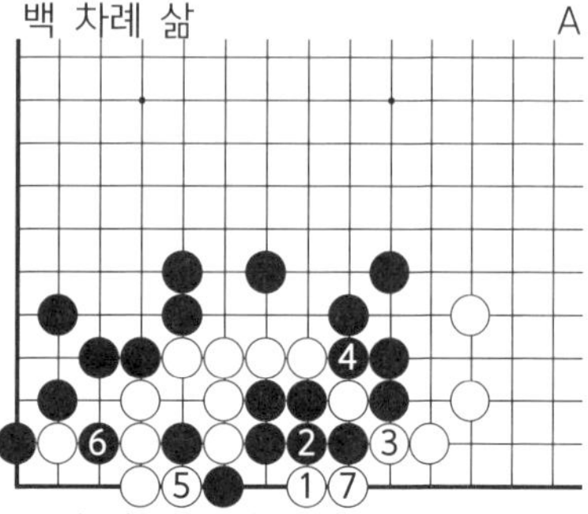

정해 〈688〉

백 차례 삶

백1의 놓기가 급소. 흑2는 백3,
5, 7로 넘어가서 삶.

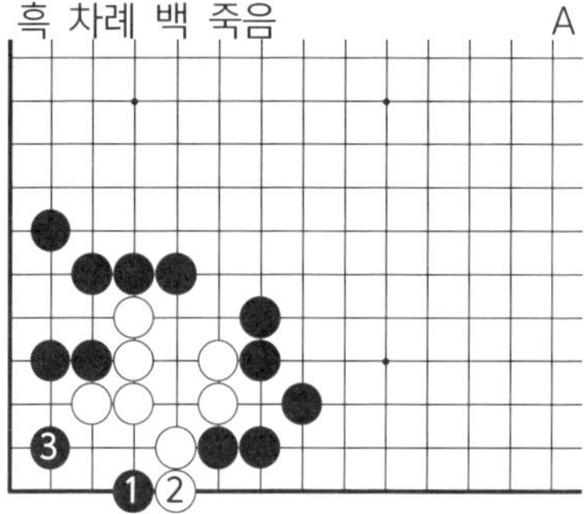

정해 〈689〉

흑 차례 백 죽음

흑1의 놓기가 급소. 백2는 흑3
으로 백 죽음.

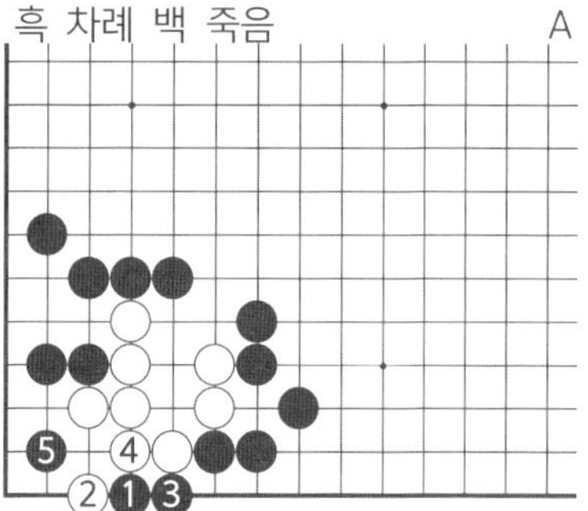

변화 〈689〉

흑 차례 백 죽음

흑1 때 백2라면 흑3, 5로 끝.

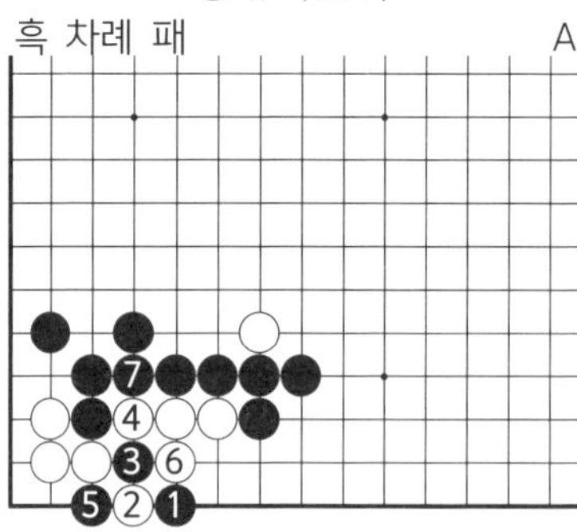

정해 〈690〉

흑 차례 패

흑1의 놓기가 급소. 백2는 흑3,
5, 7로 패.

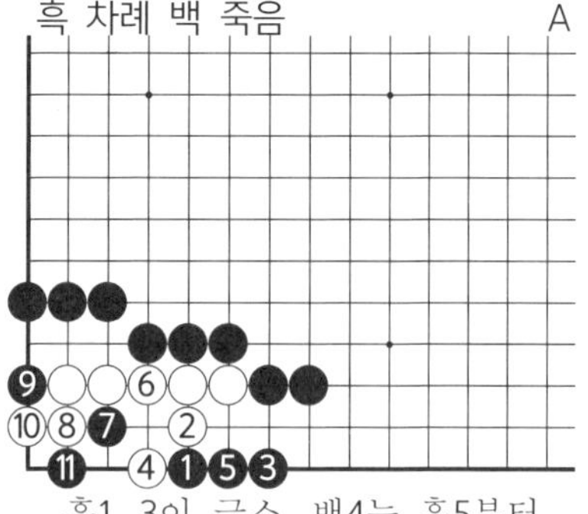

정해 〈691〉

흑 차례 백 죽음

흑1, 3이 급소. 백4는 흑5부터
11까지 이대로 백 죽음.

문제 〈692〉

백 차례 수상전 승

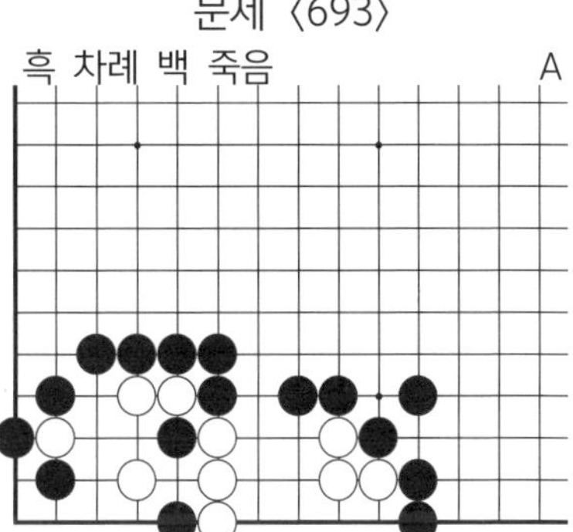

문제 〈693〉

흑 차례 백 죽음

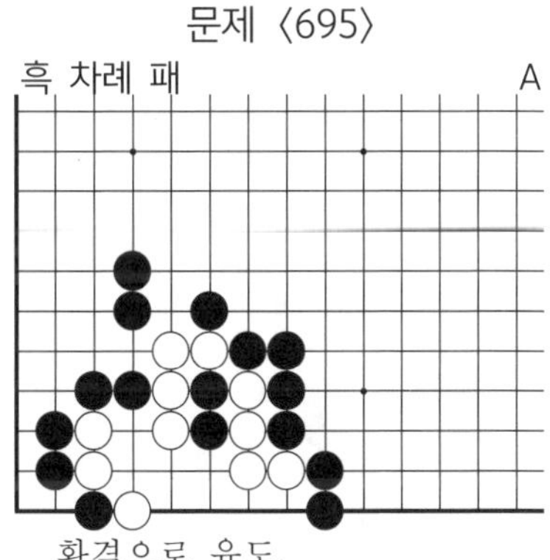

문제 〈694〉

흑 차례 백 죽음

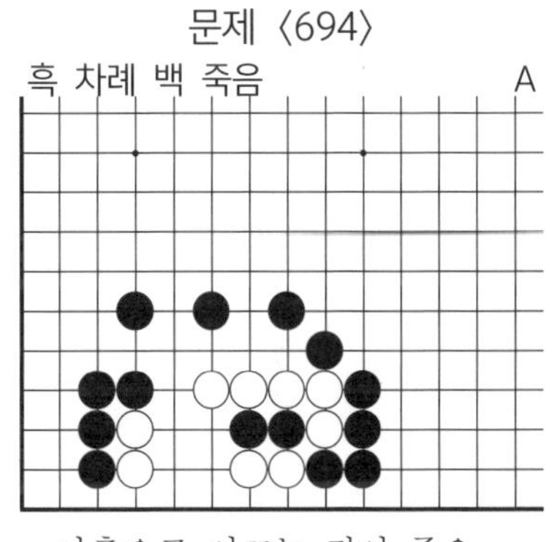

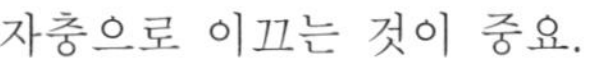
자충으로 이끄는 것이 중요.

문제 〈695〉

흑 차례 패

환격으로 유도.

정해 〈692〉

백 차례 수상전 승　　　　　　　　　A

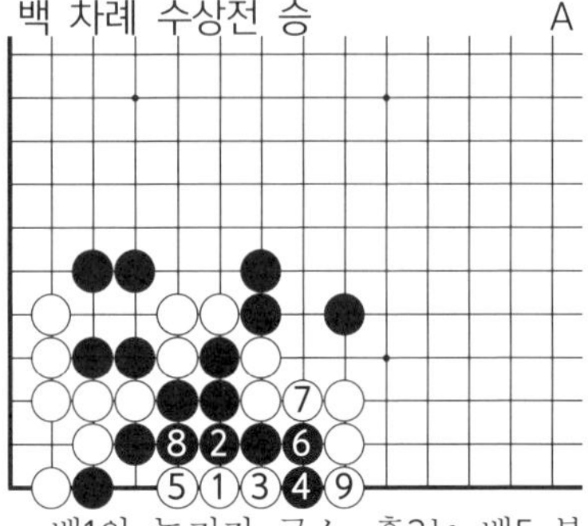

　백1의 놓기가 급소. 흑2는 백5 부터 9까지 수상전 백 승.

실패 1 〈692〉

백 차례 패　　　　　　　　　　　　A

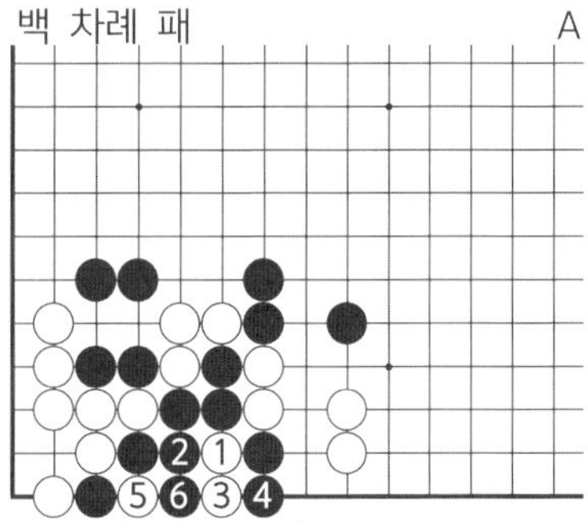

　백1의 단수는 흑2, 4, 6으로 백2점을 따내서 백7로 패. ⑦→③

실패 2 〈692〉

백 차례 패　　　　　　　　　　　　A

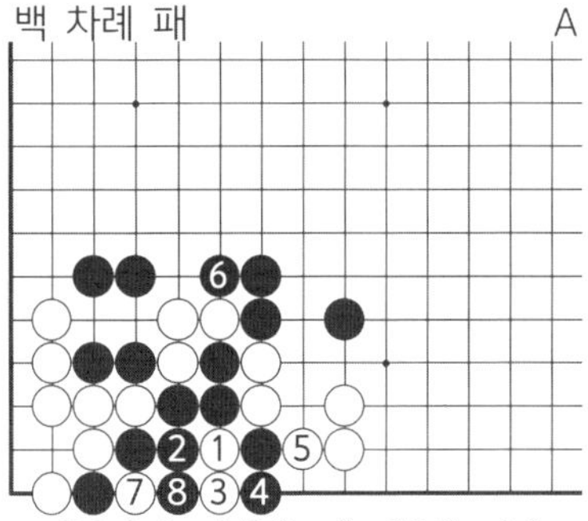

　흑4까지 되었을 때 백5의 단수도 이하 백9까지 마찬가지 패. ⑨→③

정해 〈693〉

흑 차례 백 죽음　　　　　　　　　　A

　흑1의 놓기가 급소. 백2는 흑3 이하 9까지 백 죽음. ❼→❺

정해 〈694〉

흑 차례 백 죽음　　　　　　　　　　A

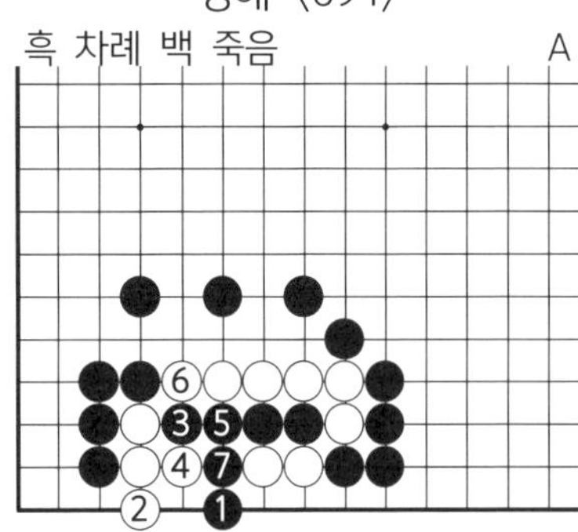

　흑1의 놓기가 급소. 백2로 차단하면 흑3, 5, 7로 양자충으로 백 죽음.

정해 〈695〉

흑 차례 패　　　　　　　　　　　　A

　흑1의 놓기가 묘수. 백2밖에 없고 흑3, 5로 패.

문제 〈696〉

백 차례 수상전 승   B

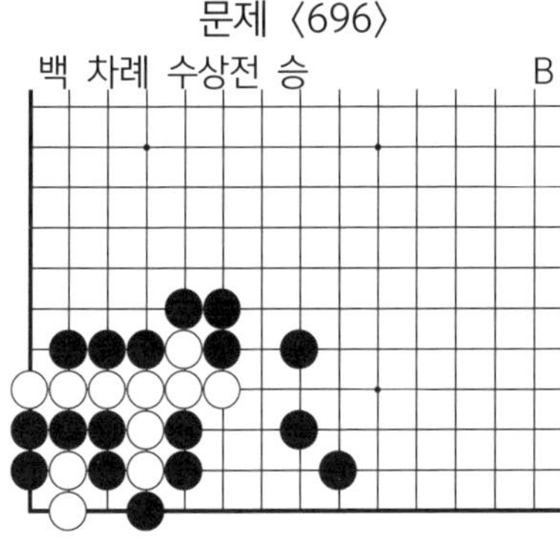

문제 〈697〉

흑 차례 백 죽음   A

환격을 노리는 것이 중요.

문제 〈698〉

흑 차례 패   A

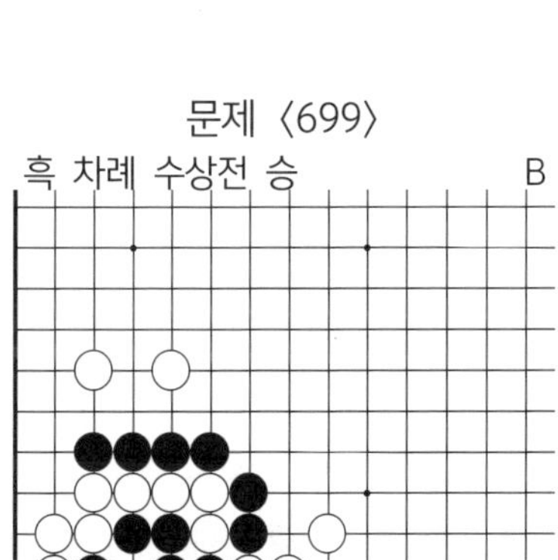

문제 〈699〉

흑 차례 수상전 승   B

문제 〈700〉

백 차례 패   A

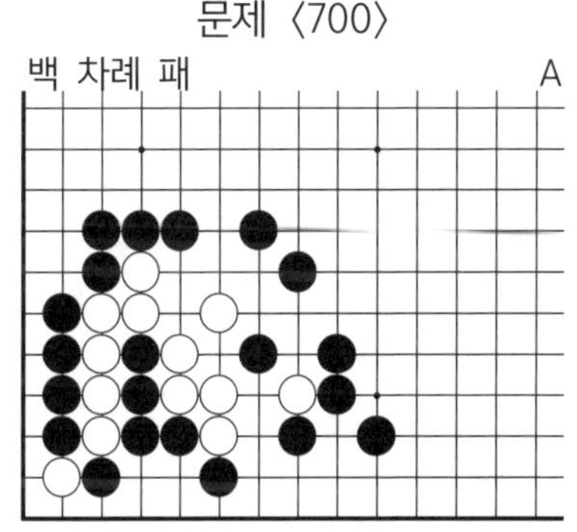

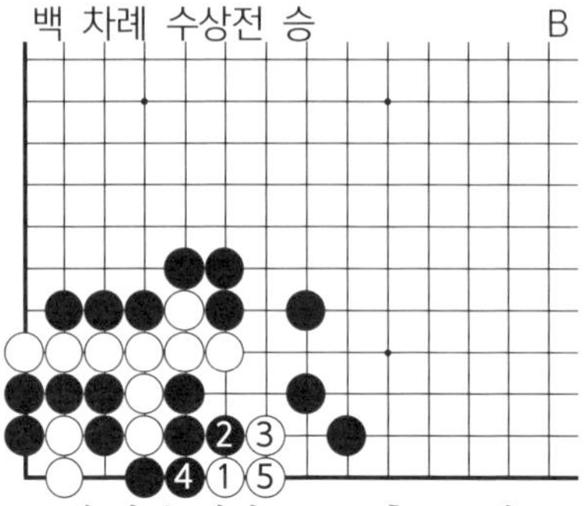

정해 〈696〉

백 차례 수상전 승   B

백1의 놓기가 급소. 흑2는 백3, 5
로 끝.

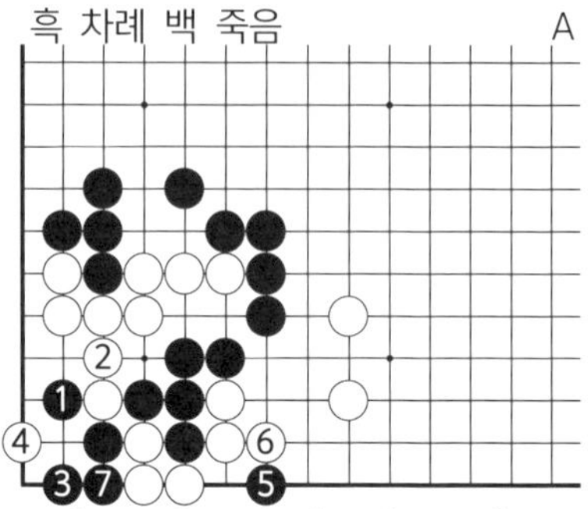

정해 〈697〉

흑 차례 백 죽음   A

흑1, 3이 좋은 수. 백4로 치중
하면 흑5, 7로 백이 먼저 잡힘.

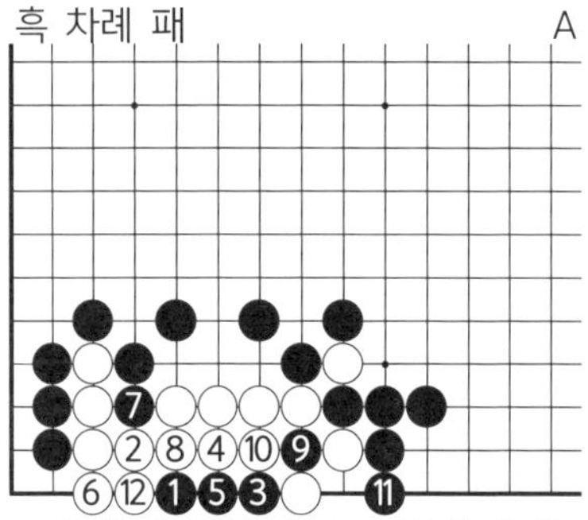

정해 〈698〉

흑 차례 패   A

흑1의 놓기가 급소. 백2부터 12
까지 흑을 따내면…

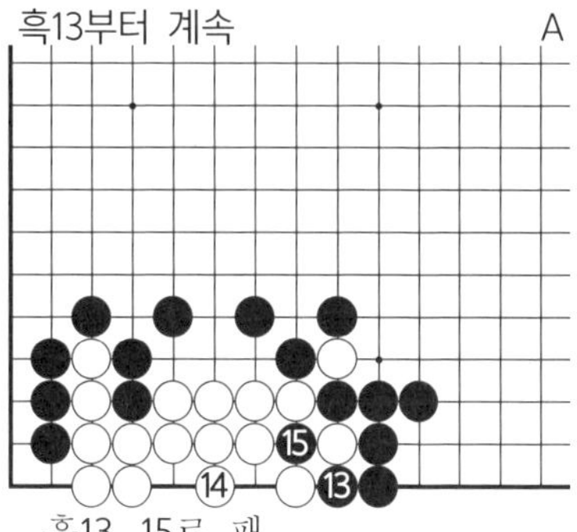

정해 계속

흑13부터 계속   A

흑13, 15로 패.

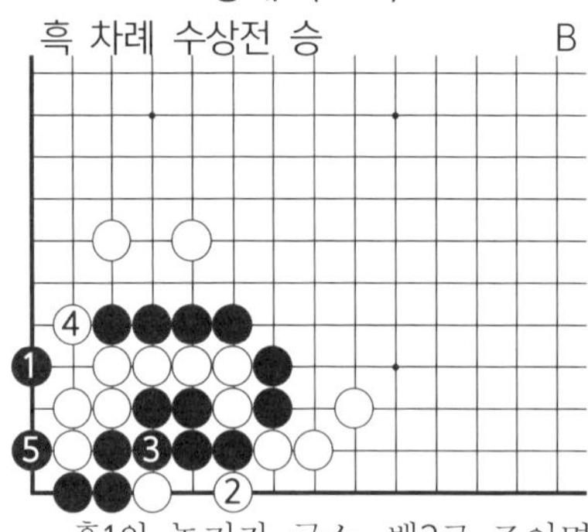

정해 〈699〉

흑 차례 수상전 승   B

흑1의 놓기가 급소. 백2로 조이면
흑3, 5로 수상전 흑 승.

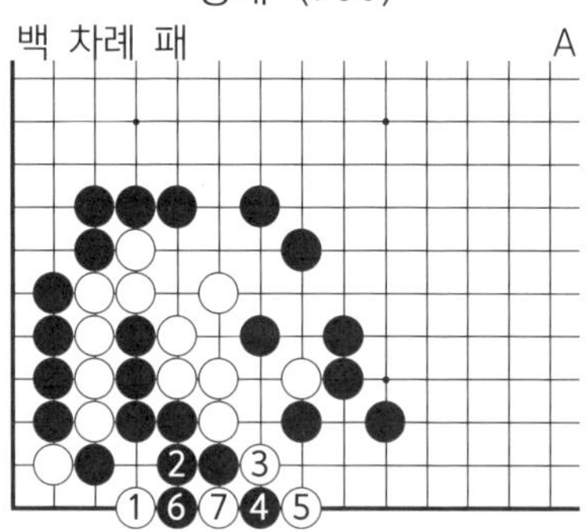

정해 〈700〉

백 차례 패   A

백1의 놓기가 급소. 흑2는 백3,
5, 7로 백의 유리한 패.

흑 차례 수상전 승

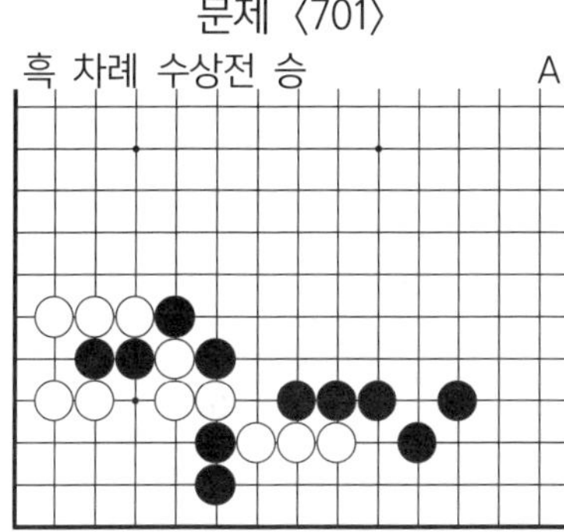

백 차례 삶

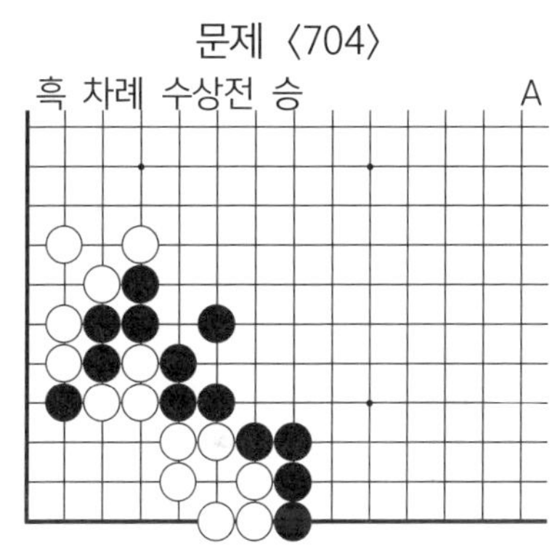

수순에 주의.

흑 차례 패

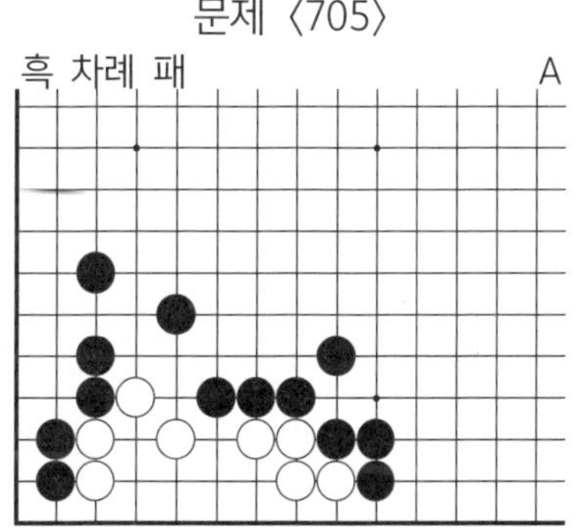

흑 차례 수상전 승

흑 차례 패

정해 〈701〉

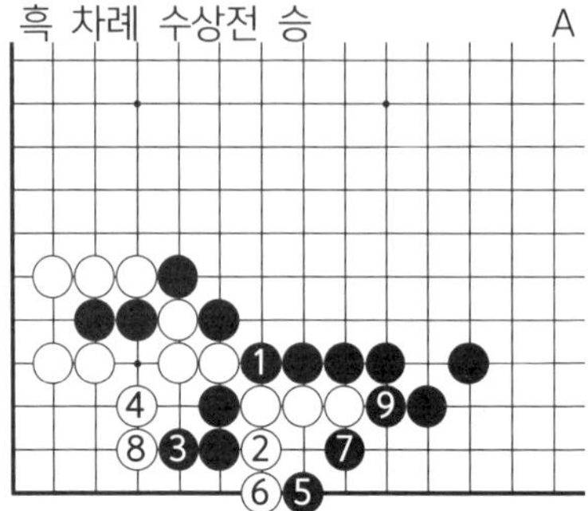

흑 차례 수상전 승

흑1부터 백4까지 교환하고 흑5의
놓기가 급소. 백6은 흑7, 9로 승.

정해 〈702〉

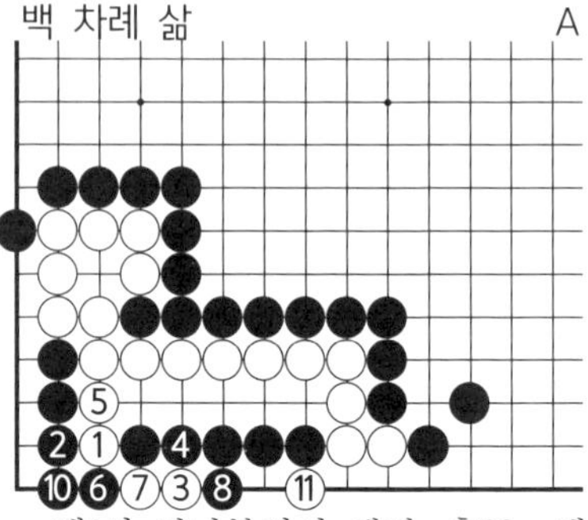

백 차례 삶

백1의 건너붙임이 맥점. 흑2는 백
3이 급소. 이하 11까지 빅. ⑨→⑦

정해 〈703〉

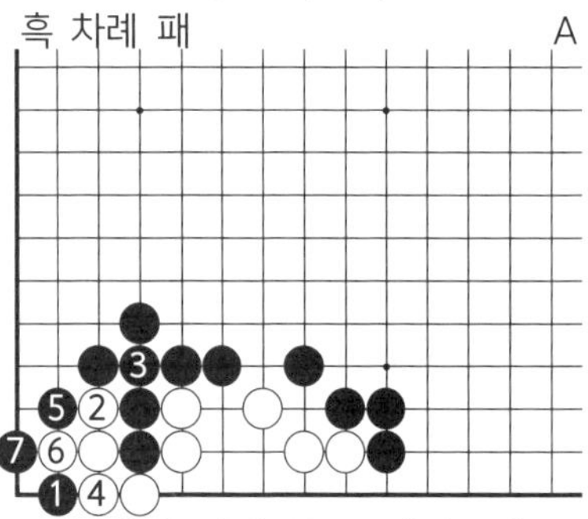

흑 차례 패

흑1의 놓기가 급소. 백2는 흑3,
5, 7로 패.

정해 〈704〉

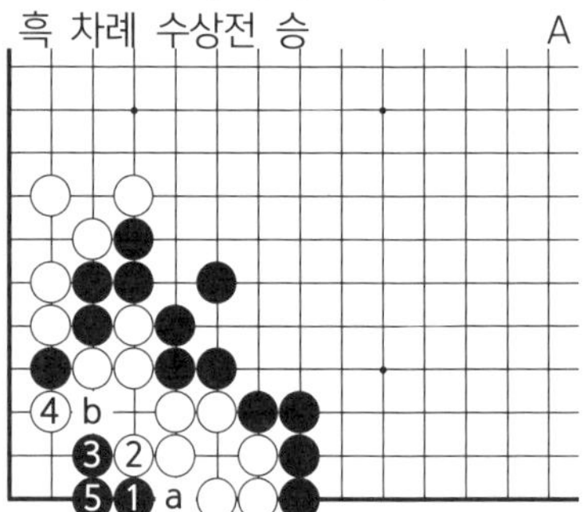

흑 차례 수상전 승

흑1의 놓기가 급소. 백2는 흑3, 5
로 a와 b가 맞보기여서 수상전 승.

정해 〈705〉

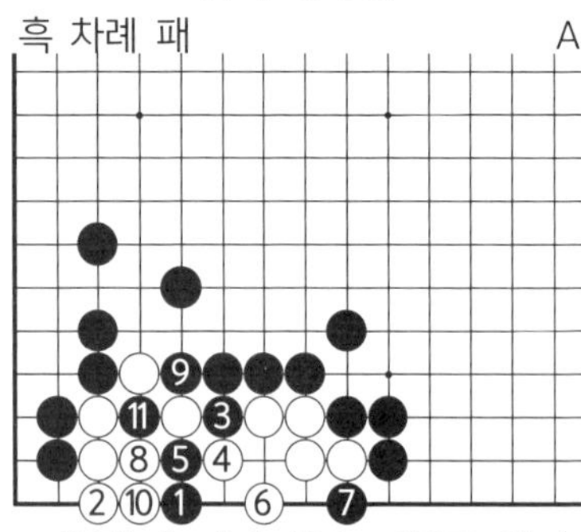

흑 차례 패

흑1의 놓기가 급소. 백2로 차단
하면 흑3부터 11까지 패.

문제 〈706〉

흑 차례 수상전 승   A

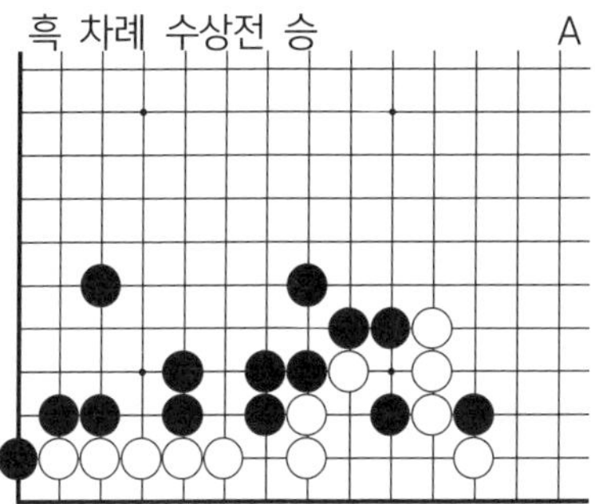

문제 〈707〉

백 차례 삶   A

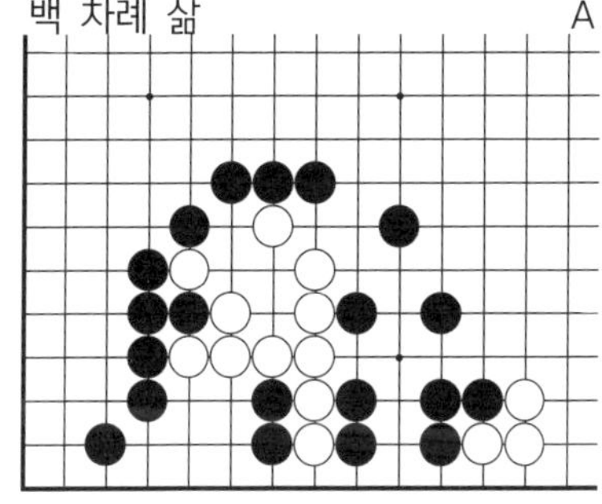

문제 〈708〉

백 차례 삶   A

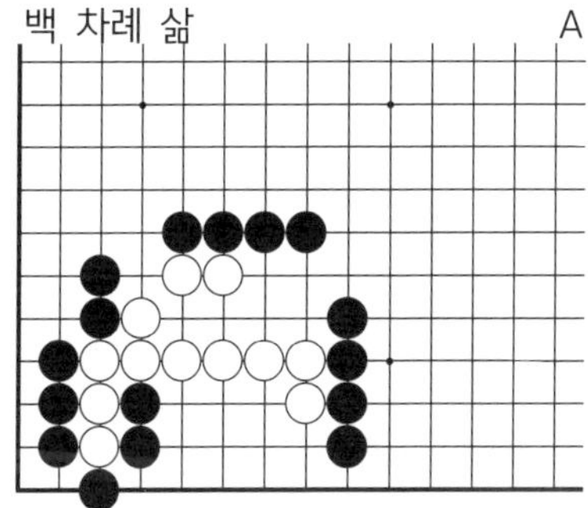

자충으로 이끄는 것이 열쇠.

문제 〈709〉

흑 차례 패   A

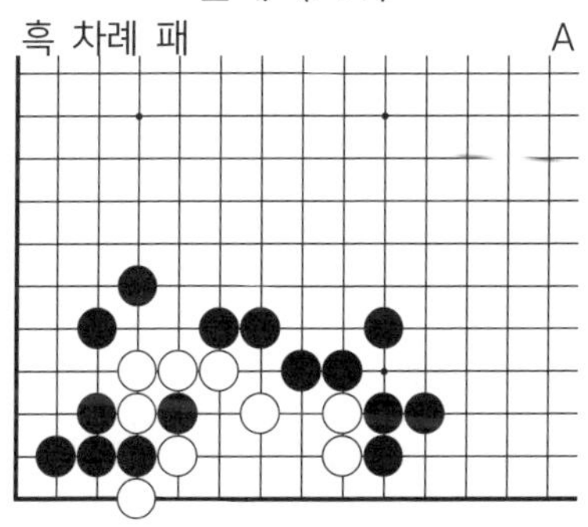

문제 〈710〉

흑 차례 백 죽음   A

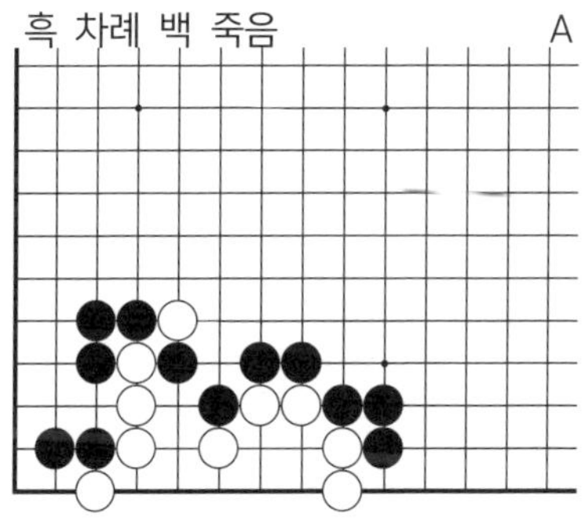

정해 〈706〉

흑 차례 수상전 승   A

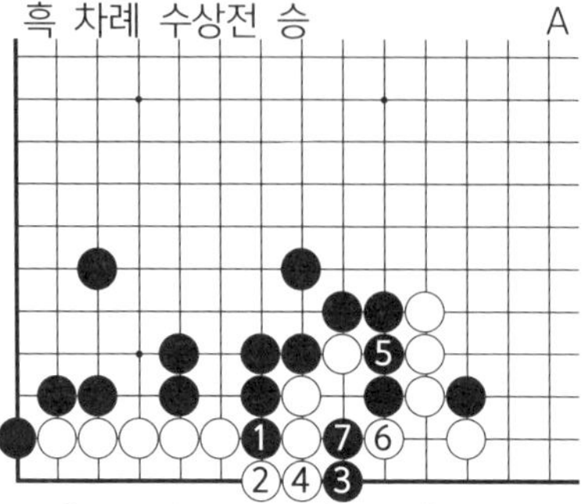

흑1, 3이 급소. 백4는 흑5, 7로
백이 자충이 되어 수상전 흑 승.

변화 〈706〉

흑 차례 수상전 승   A

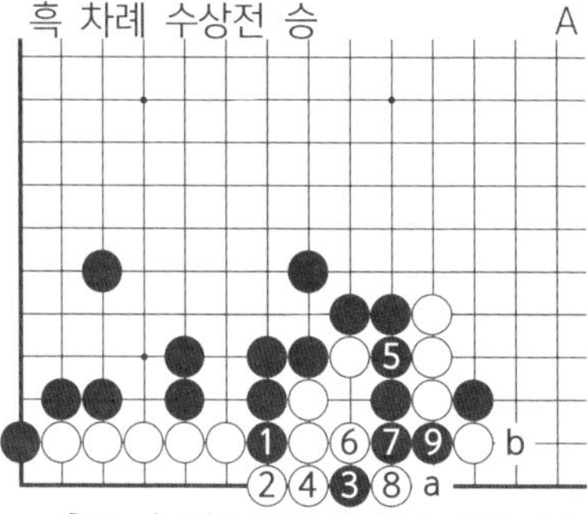

흑5 때 백6으로 받으면 흑7, 9로
수상전 흑 승. 다음에 백a는 흑b.

정해 〈707〉

백 차례 삶   A

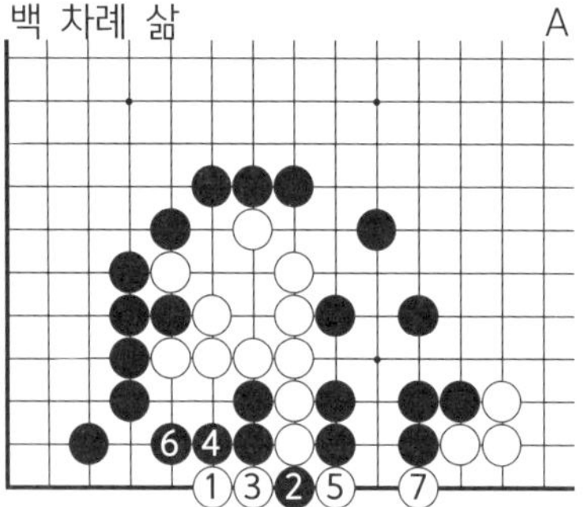

백1의 놓기가 급소. 흑2는 백3,
5, 7로 오른쪽으로 넘어가서 삶.

정해 〈708〉

백 차례 삶   A

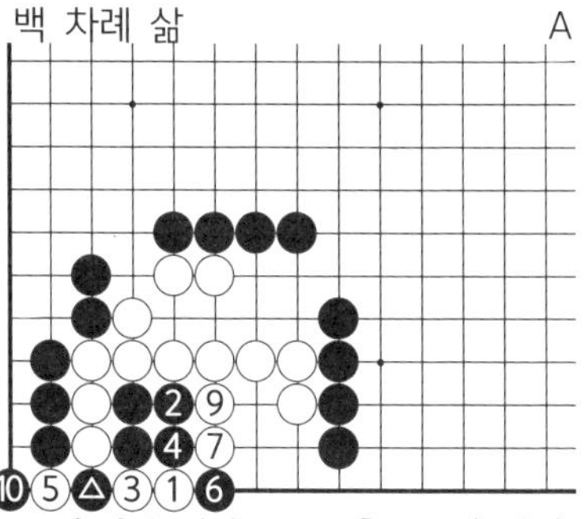

백1의 놓기가 급소. 흑2는 백3부터
11까지 흑을 잡고 삶. ❽→△, ⑪→③

정해 〈709〉

흑 차례 패   A

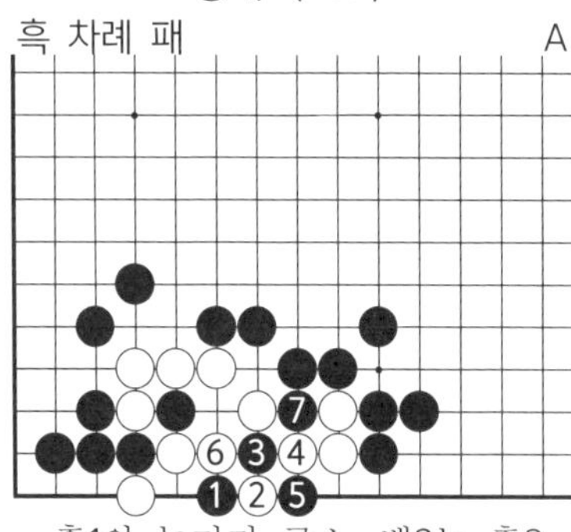

흑1의 놓기가 급소. 백2는 흑3,
5, 7로 패.

정해 〈710〉

흑 차례 백 죽음   A

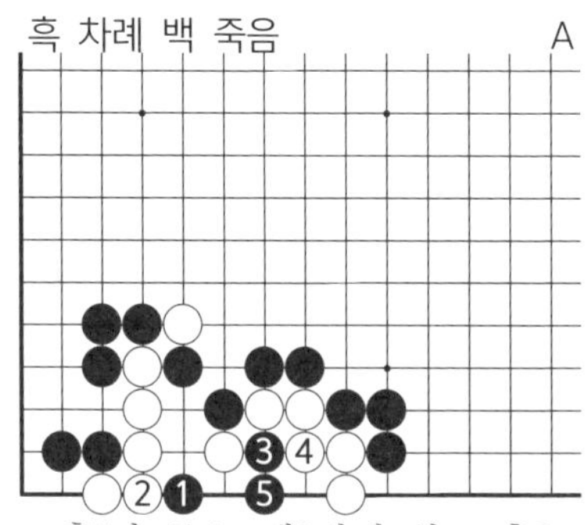

흑1이 급소. 백2밖에 없고 흑3,
5로 양자충이 되어 백 죽음.

1선에 내리는 맥

14문제

1선에 내리는 맥

　1선에 내리는 맥은 1선에 입구자, 뛰기, 놓기의 맥에 비하면 상당히 적지만 다음에 나올 달리기, 늘기의 맥과 함께 분류할 필요가 있다고 생각해서 1선에 두는 맥의 한 부분으로 포함하였습니다.

　내리기의 맥은 그로 인해 적에게 수수를 늘리고 그것을 활용해서 삶을 도모하는 경우와 공격당하는 등의 경우 이 내리기로 인해서 적이 직접 공격해 올 수 없게 활용할 때 두는 수로 이 내리는 맥에 의해서 때때로 죽음 중에 삶을 얻는 일이 있습니다.

　다음 그림의 백3이 1선에 내리는 맥으로 이 비슷한 모양은 많습니다.

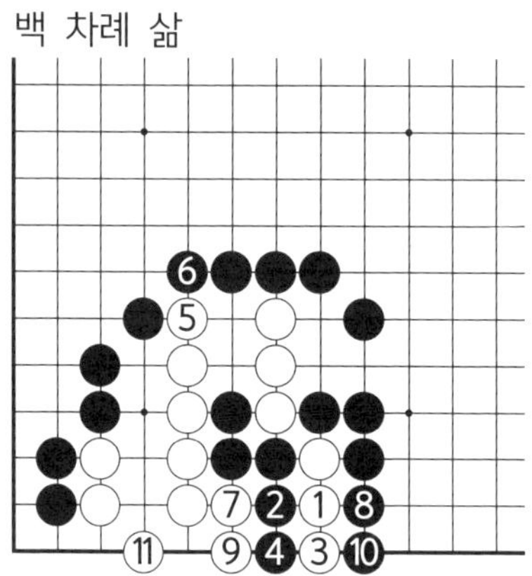

　백은 3으로 내리는 수에 의해서 7, 9를 선수로 막는 것이 나오고, 이런 좁은 곳에서 11로 살아갈 수 있습니다.

문제 〈711〉

흑 차례 수상전 승   C

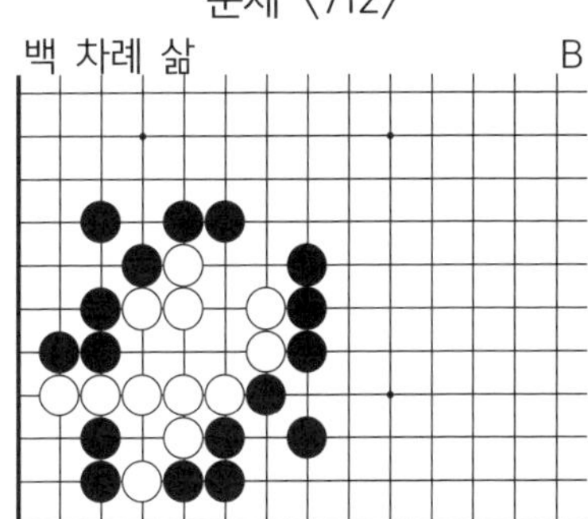

문제 〈712〉

백 차례 삶   B

문제 〈713〉

흑 차례 백 죽음   B

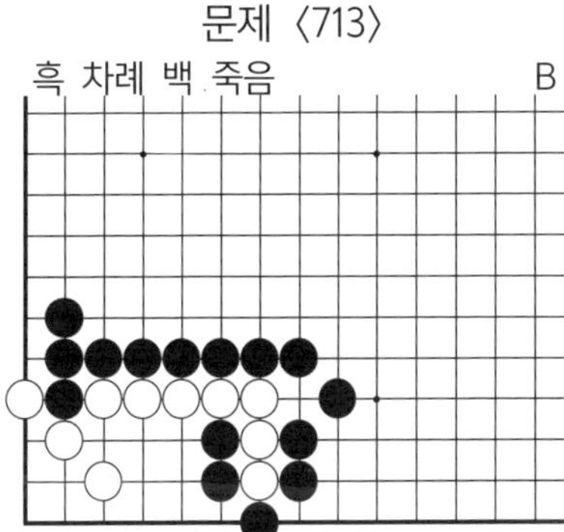

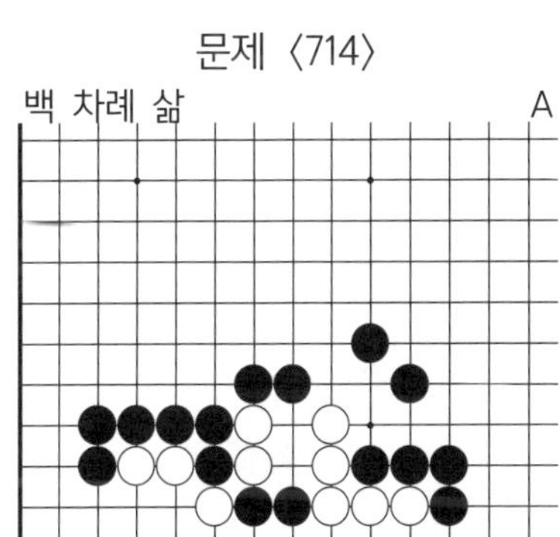

문제 〈714〉

백 차례 삶   A

문제 〈715〉

백 차례 삶   A

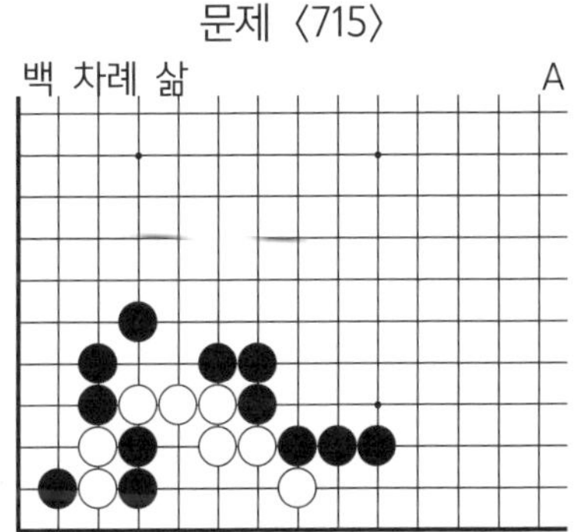

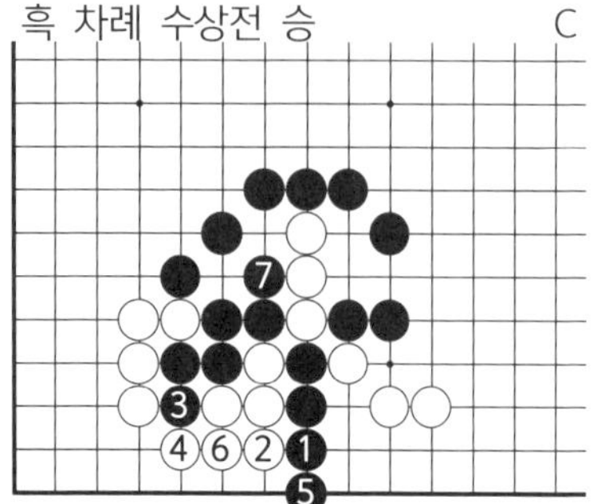

정해 〈711〉

흑 차례 수상전 승   C

흑1부터 백4까지 교환하고 흑5
가 묘수. 백6은 흑7로 수상전 승.

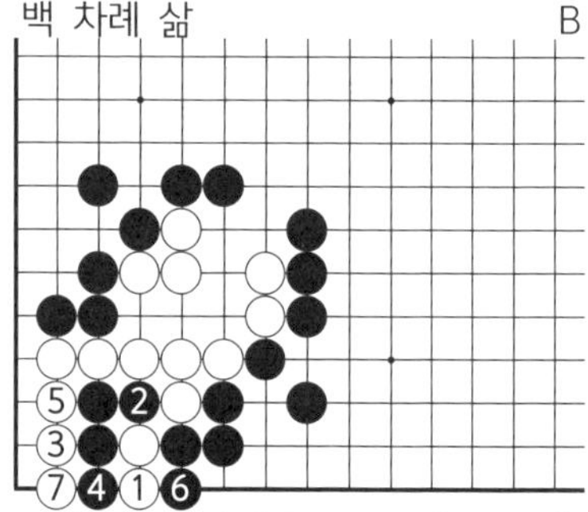

정해 〈712〉

백 차례 삶   B

백1의 내리기가 급소. 흑2로 잡
으면 백3, 5, 7로 삶.

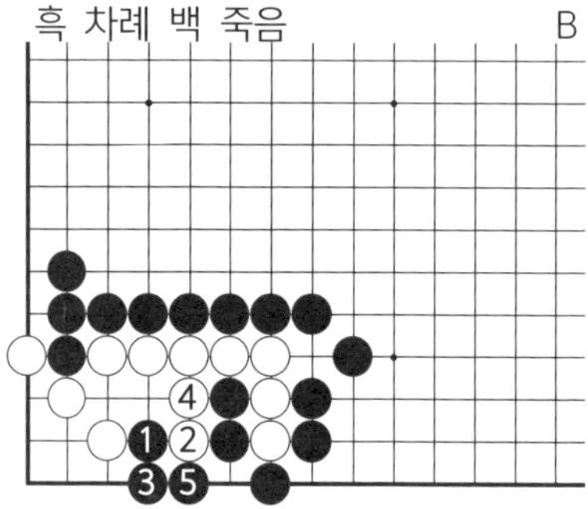

정해 〈713〉

흑 차례 백 죽음   B

흑1과 백2를 교환하고 흑3의 내
리기가 급소. 백4는 흑5로 그만.

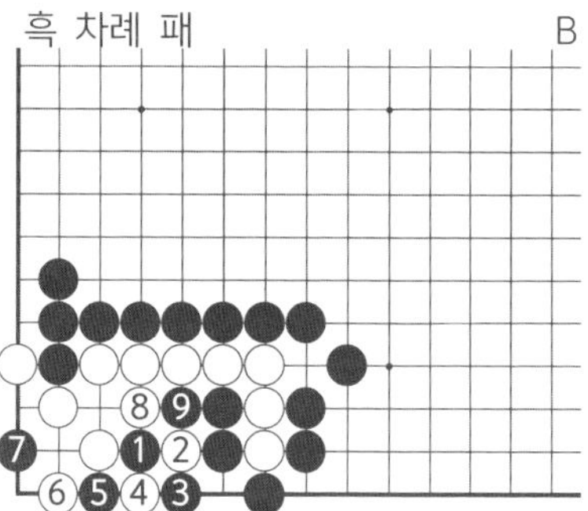

실패 〈713〉

흑 차례 패   B

백2 때 흑3으로 받으면 백4부터
10까지 패가 되어 실패. ⑩→④

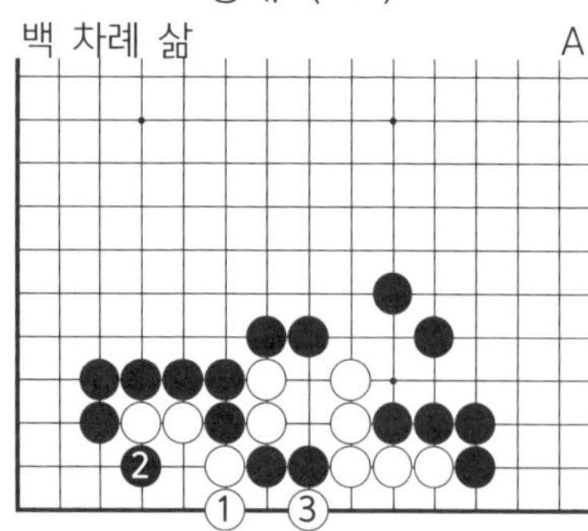

정해 〈714〉

백 차례 삶   A

백1의 내리기가 급소. 흑2는 백
3으로 흑 2점을 잡고 삶.

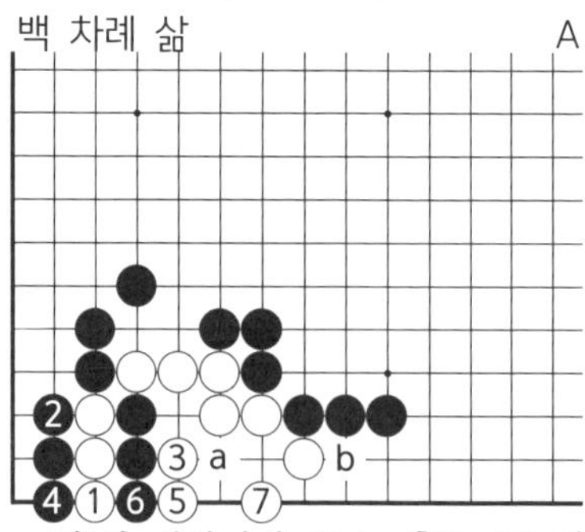

정해 〈715〉

백 차례 삶   A

백1의 내리기가 급소. 흑2, 4로 잡
을 때 백5, 7로 a와 b가 맞보기로 삶.

문제 〈716〉

백 차례 삶 　　　　　A

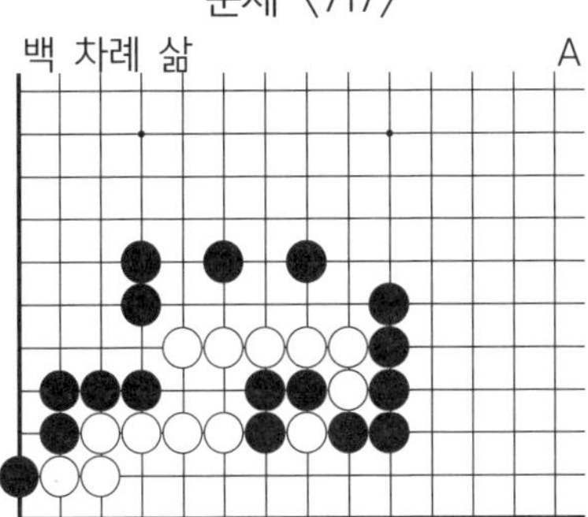

문제 〈717〉

백 차례 삶 　　　　　A

문제 〈718〉

흑 차례 수상전 승 　　　　A

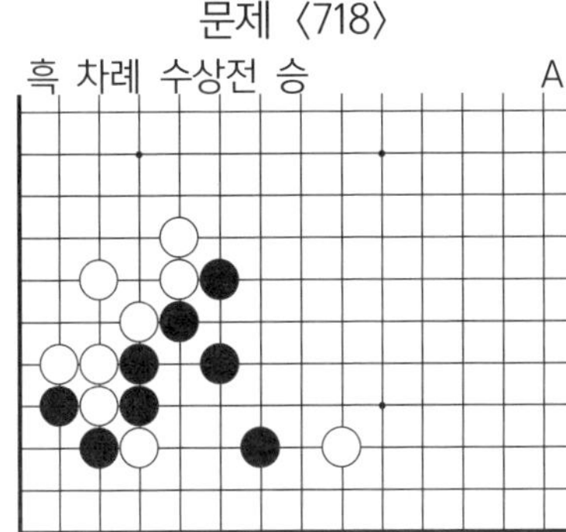

문제 〈719〉

흑 차례 백 죽음 　　　　A

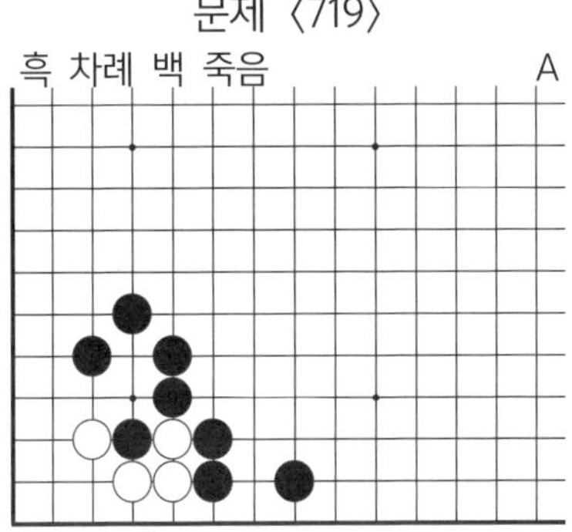

문제 〈720〉

백 차례 패 　　　　　A

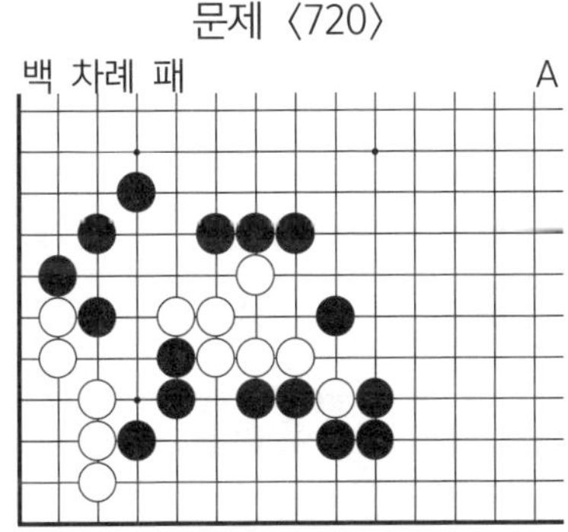

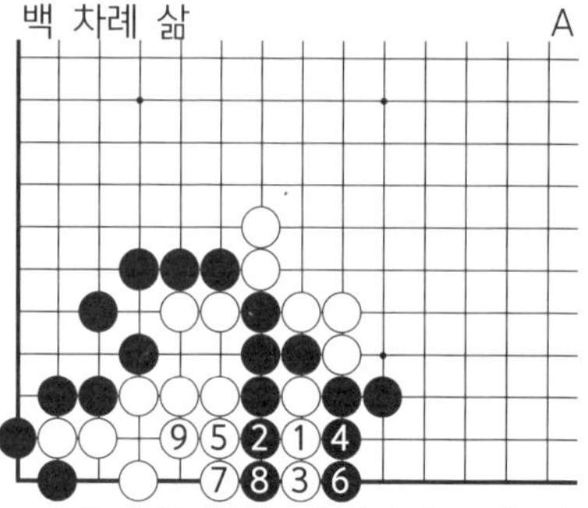

정해 〈716〉

백 차례 삶 　　　　　　A

백1, 3의 1선의 내리기가 좋은 수.
흑4부터 조일 때 백5, 7, 9로 삶.

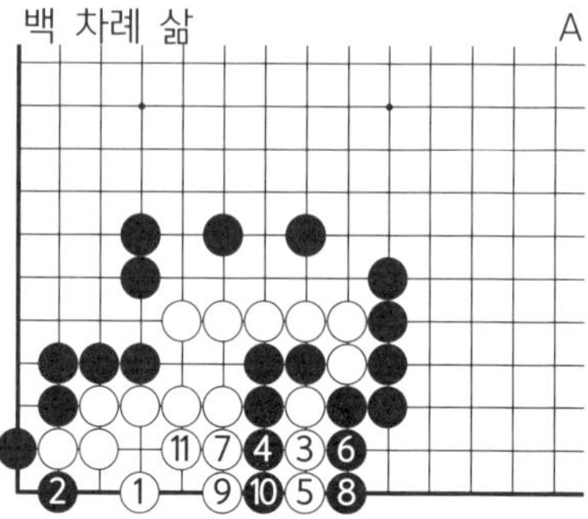

정해 〈717〉

백 차례 삶 　　　　　　A

백1을 선수하고 3, 5가 좋은 수.
흑6은 백7, 9, 11로 삶.

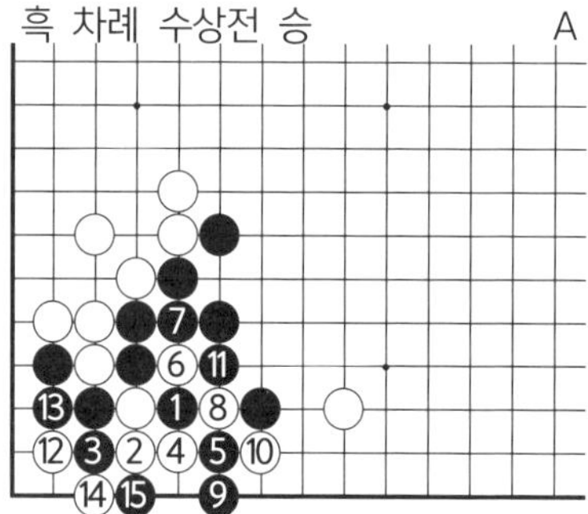

정해 〈718〉

흑 차례 수상전 승 　　　　A

흑1, 3이 좋은 수. 백4는 흑5 이
하 15까지 흑 수상전 승.

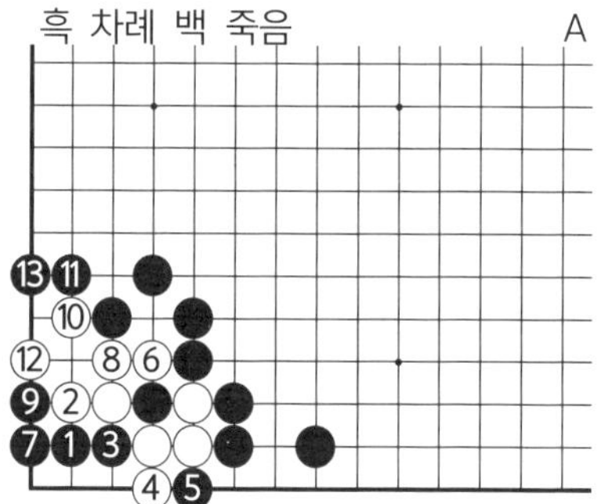

정해 〈719〉

흑 차례 백 죽음 　　　　A

흑1이 급소. 백2는 흑3 이하 13
까지 흑의 1수 승.

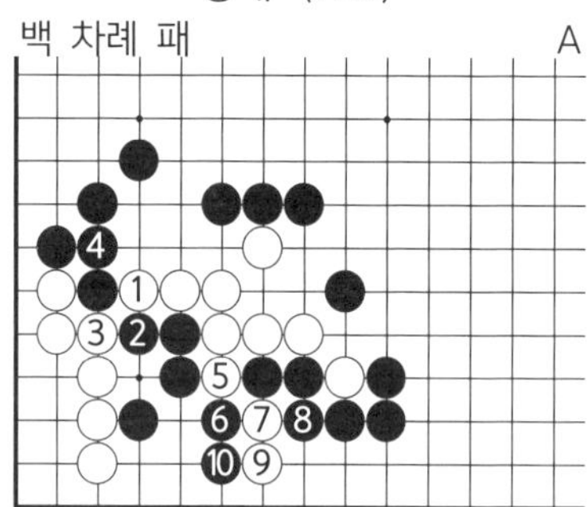

정해 〈720〉

백 차례 패 　　　　　　A

백1, 3을 선수하고 흑4부터 10
까지 되었을 때…

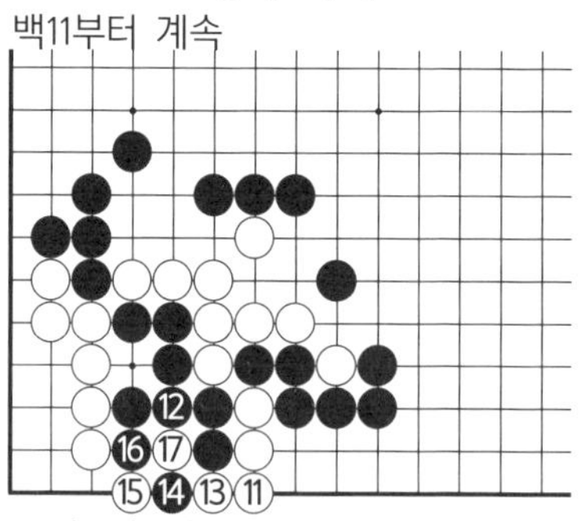

정해 계속

백11부터 계속

백11의 내리기가 묘수. 흑12는
백13. 15, 17로 백 유리의 패.

문제 〈721〉

흑 차례 백 죽음   A

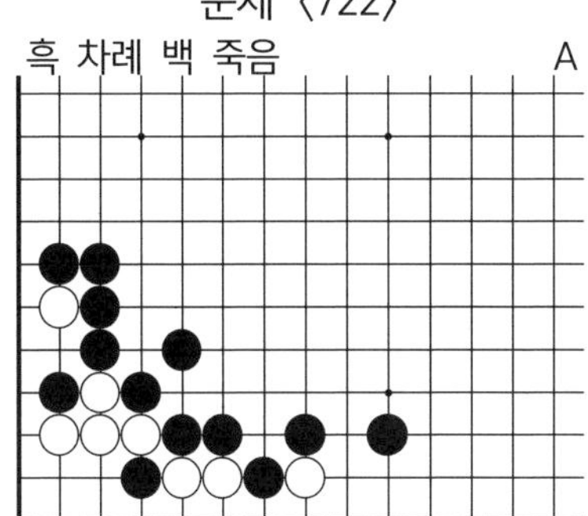

문제 〈722〉

흑 차례 백 죽음   A

문제 〈723〉

흑 차례 백 죽음   A

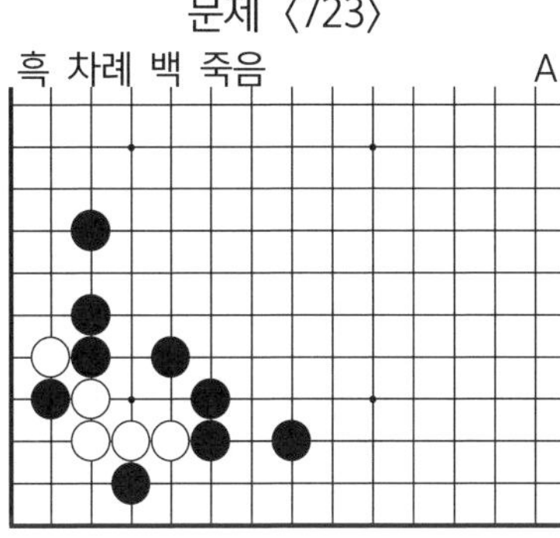

문제 〈724〉

백 차례 삶   A

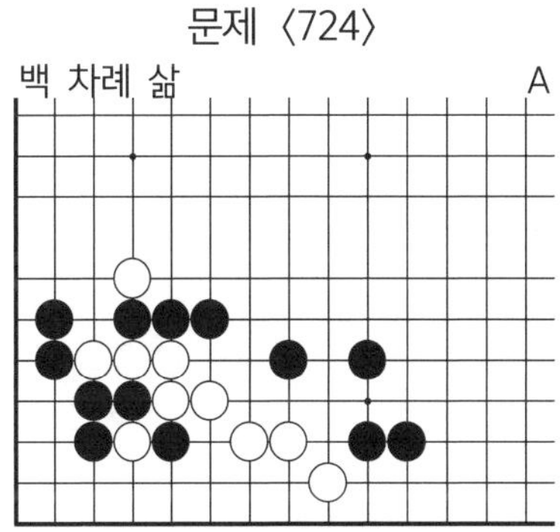

337

정해 〈721〉

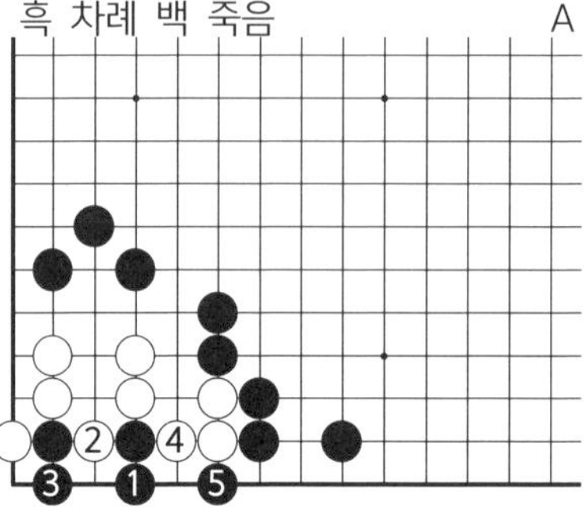

흑1, 3의 내리기가 좋은 수. 백4는
흑5로 끝.

정해 〈722〉

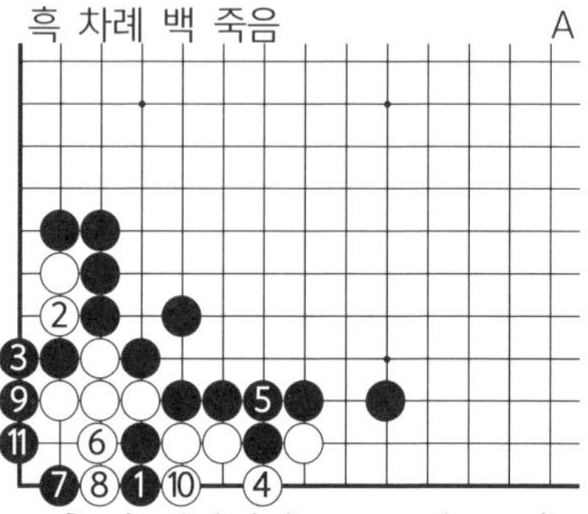

흑1의 내리기가 급소. 백2는 흑3
이하 11까지 백 죽음.

정해 〈723〉

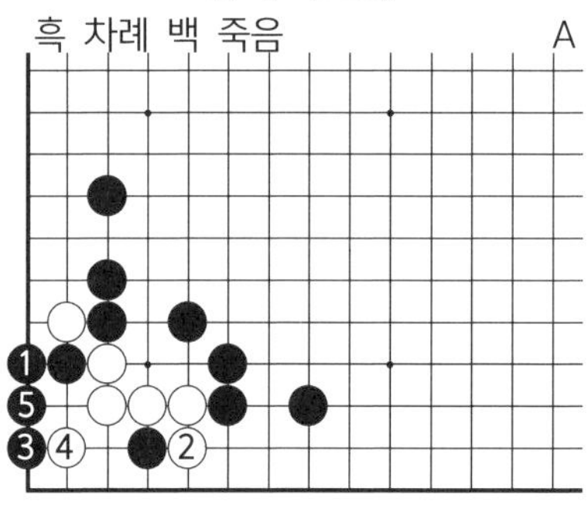

흑1의 내리기가 급소. 백2는 흑3,
5로 끝.

변화 〈723〉

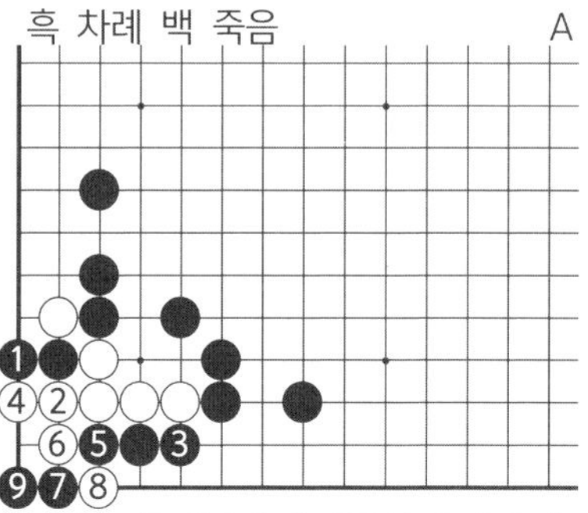

흑1 때 백2라면 흑3부터 9까지
끝. 흑9가 중요.

정해 〈724〉

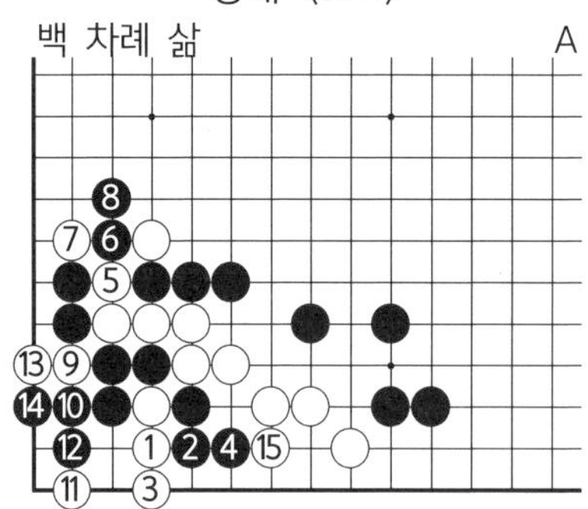

백1, 3이 묘수. 흑4로 공격하면
백5부터 15까지 흑을 잡고 삶.

1선에 달리는 맥

12문제

1선에 달리는 맥

1선에 달리는 맥은「날일자로 달리는 맥과 눈목자로 달리는 맥」두 가지가 있습니다.

다음 그림의 흑1이 날일자로 달리는 맥으로, 백2로 받으면 흑3, 5로 백은 곧바로 잡힙니다.

흑 차례 백 죽음

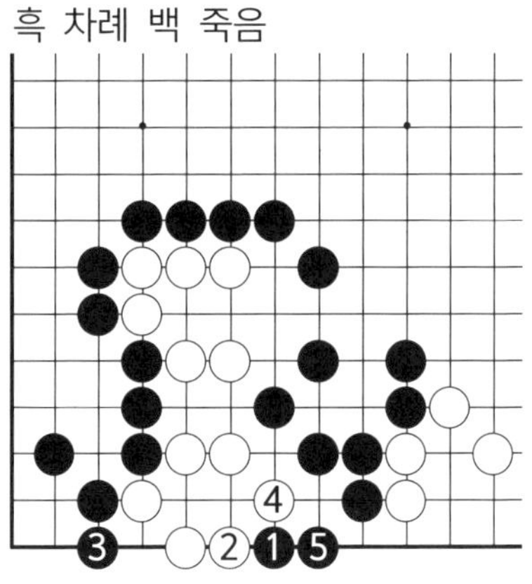

백2를 4로 두면 흑5, 백2, 흑3으로 마찬가지 결과가 됩니다.

흑3이 바깥쪽에서부터 공격하는 맥으로 처음 배우는 사람 중에는 이 맥을 놓칠 수 있습니다.

이 모양은 흑1과 3의 관련된 맥에 의해서 죽게 됩니다.

흑1은 간단한 맥이지만 실전에서는 놓치기 쉬운 맥입니다.

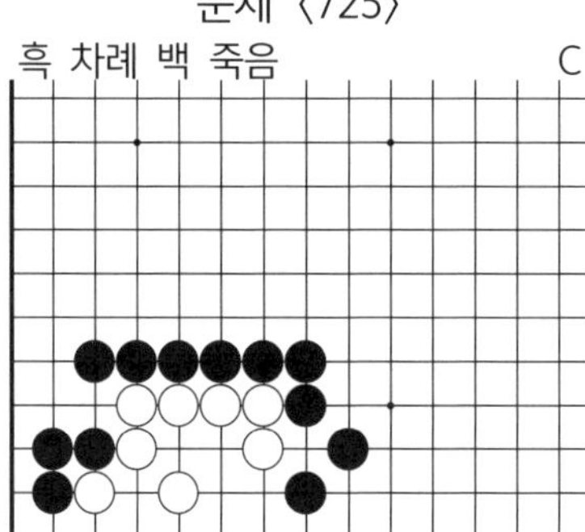

문제 〈725〉

흑 차례 백 죽음   C

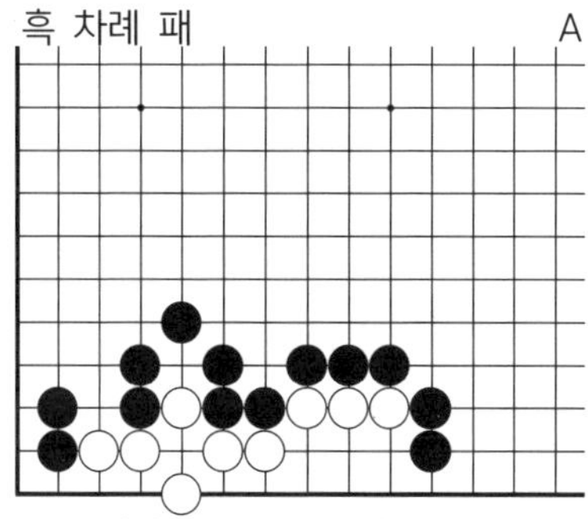

문제 〈726〉

흑 차례 패   A

환격을 노리는 것이 열쇠.

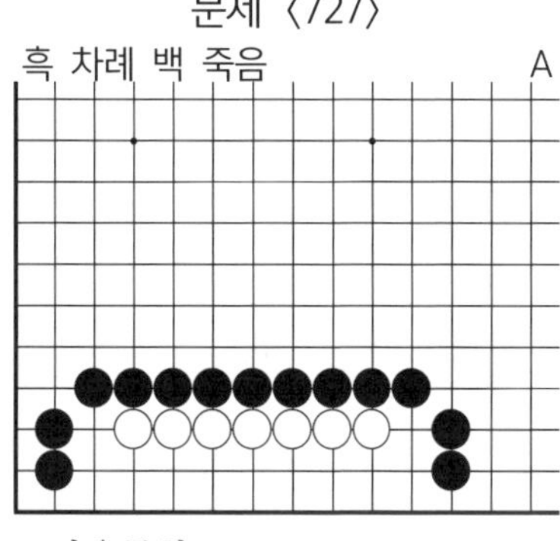

문제 〈727〉

흑 차례 백 죽음   A

좌우동형

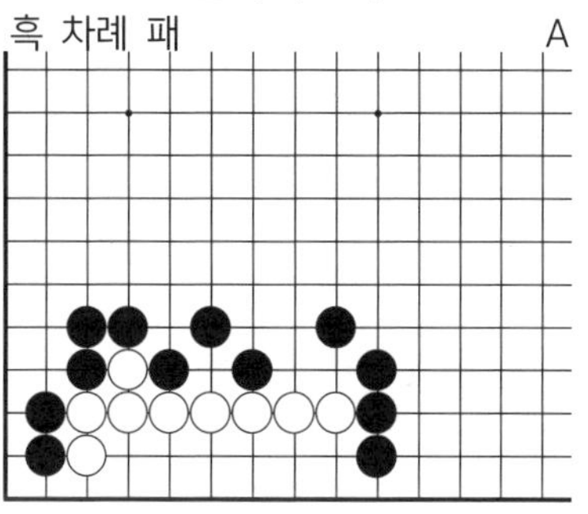

문제 〈728〉

흑 차례 패   A

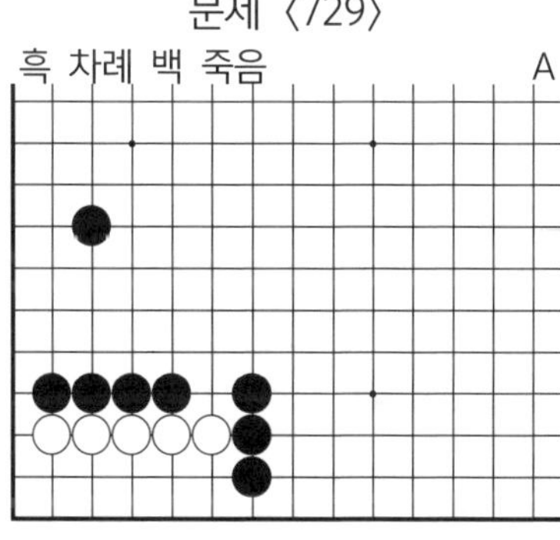

문제 〈729〉

흑 차례 백 죽음   A

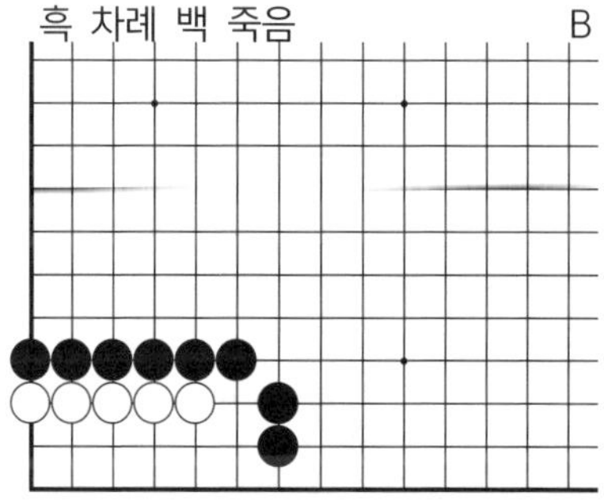

문제 〈730〉

흑 차례 백 죽음   B

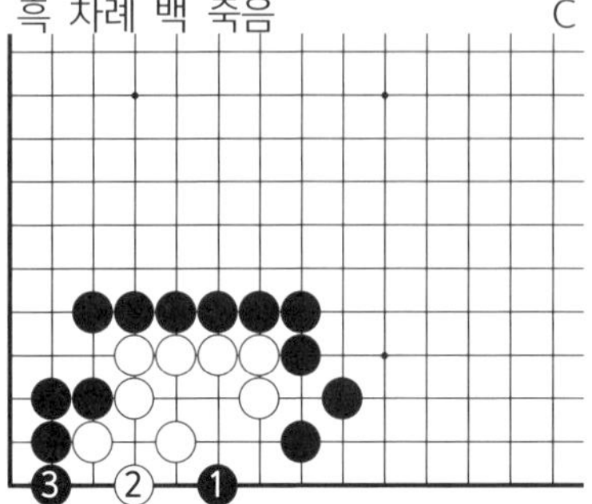

정해 〈725〉

흑 차례 백 죽음   C

흑1의 날일자가 급소. 백2는 흑3
으로 끝.

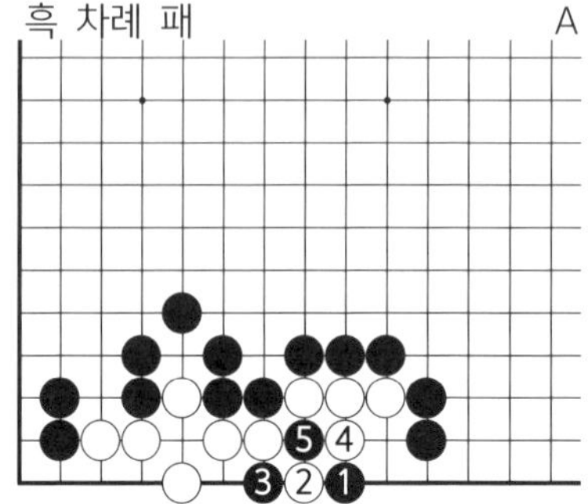

정해 〈726〉

흑 차례 패   A

흑1의 날일자가 급소. 백2밖에
없고 흑3, 5로 패.

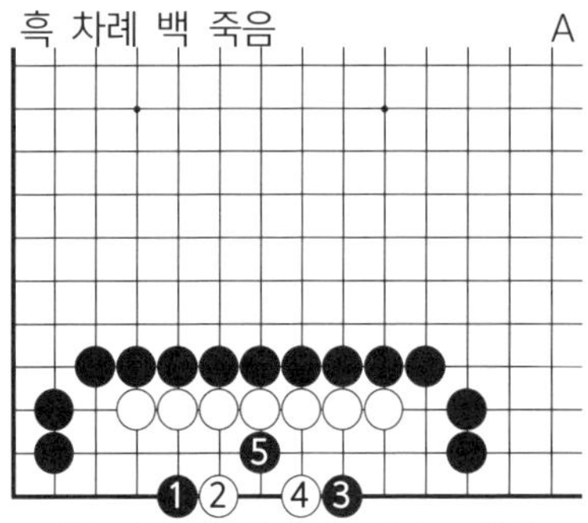

정해 〈727〉

흑 차례 백 죽음   A

흑1, 3의 눈목자가 급소. 백4는
흑5의 치중으로 끝.

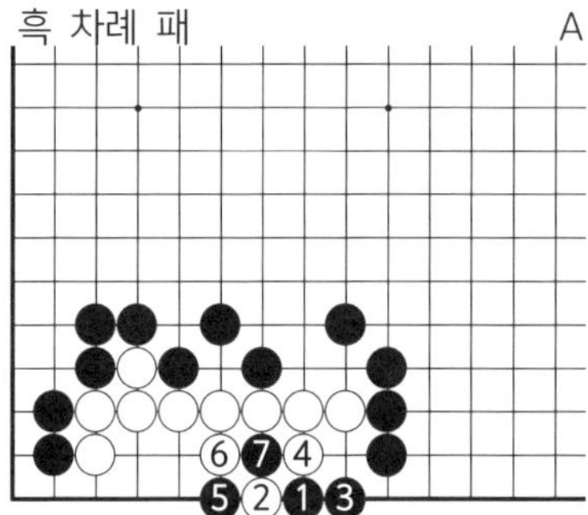

정해 〈728〉

흑 차례 패   A

흑1의 날일자가 급소. 백2는 흑
3, 5. 7로 패.

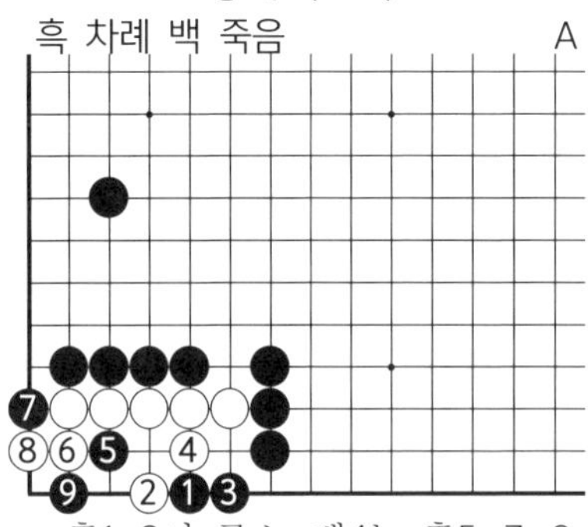

정해 〈729〉

흑 차례 백 죽음   A

흑1, 3이 급소. 백4는 흑5, 7, 9
로 백 죽음.

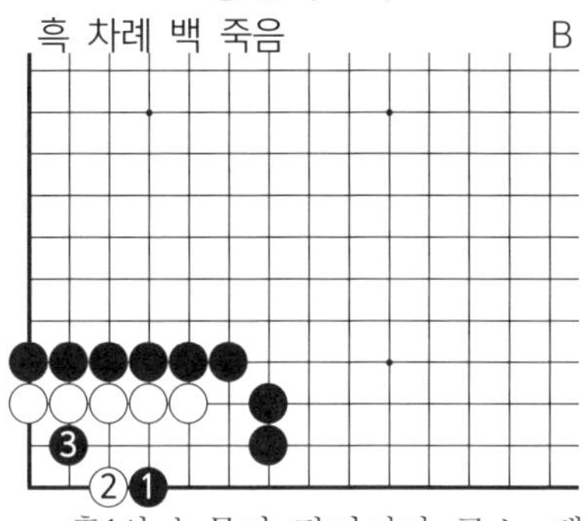

정해 〈730〉

흑 차례 백 죽음   B

흑1의 눈목자 달리기가 급소. 백
2는 흑3으로 끝.

문제 〈731〉

흑 차례 백 죽음   B

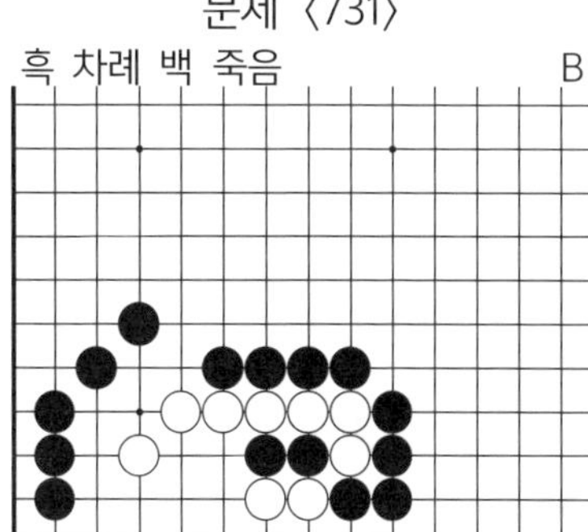

문제 〈732〉

흑 차례 백 죽음   B

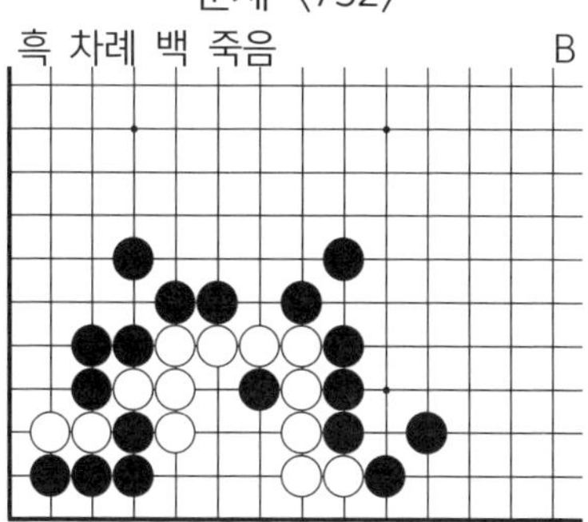

문제 〈733〉

흑 차례 패   A

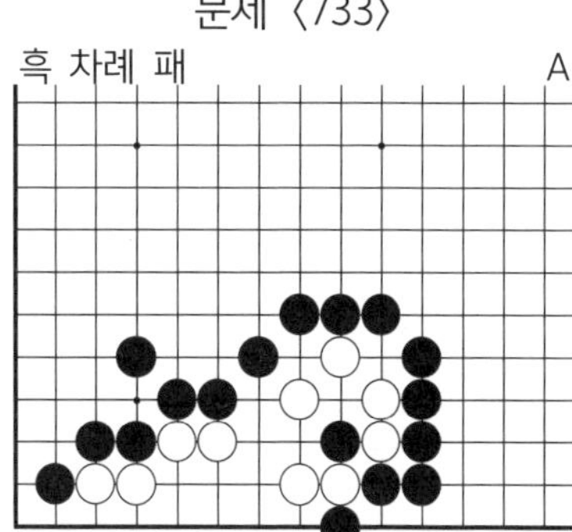

문제 〈734〉

흑 차례 백 죽음   A

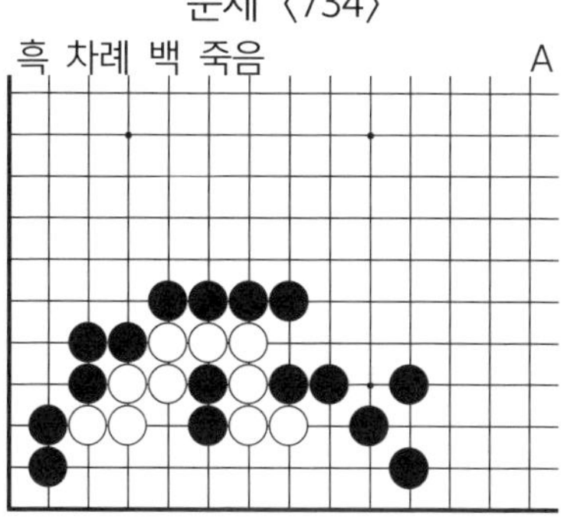

문제 〈735〉

백 차례 패   A

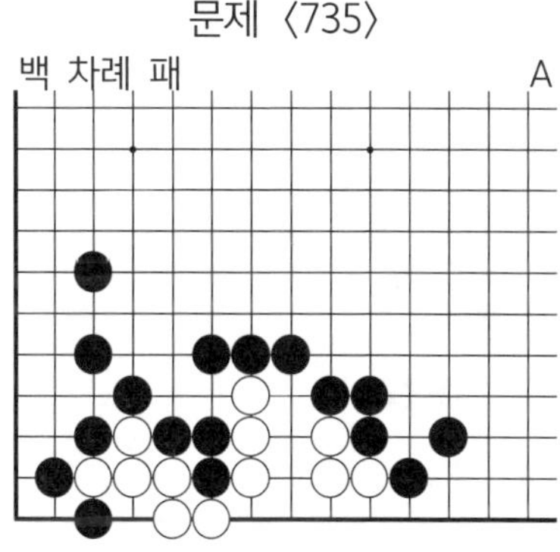

문제 〈736〉

흑 차례 수상전 승   A

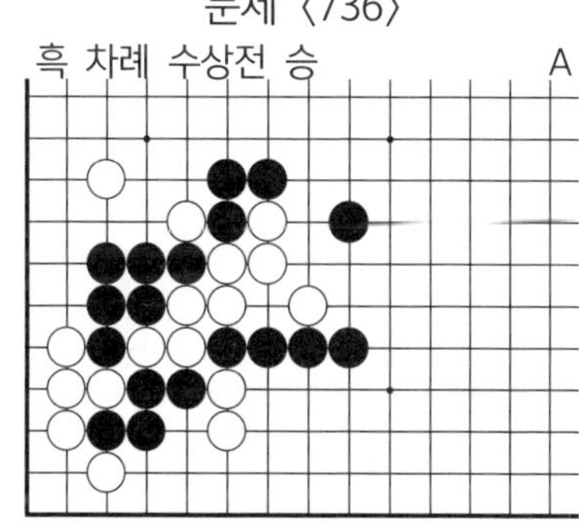

정해 〈731〉

흑 차례 백 죽음　　　　　　　B

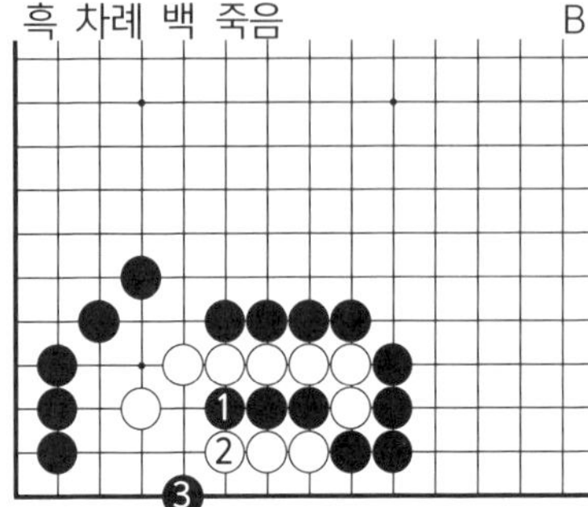

흑1, 3으로 끝.

정해 〈732〉

흑 차례 백 죽음　　　　　　　B

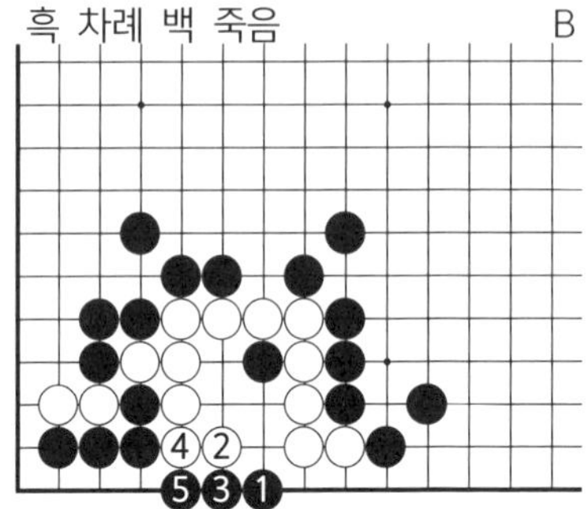

흑1의 눈목자 달리기가 급소.
백2는 흑3, 5로 그만.

정해 〈733〉

흑 차례 패　　　　　　　　　A

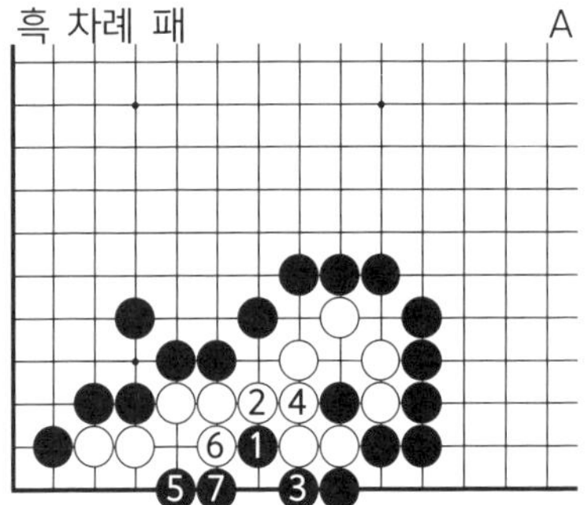

흑1이 급소. 백2밖에 없고 흑3,
5, 7로 패.

정해 〈734〉

흑 차례 백 죽음　　　　　　　A

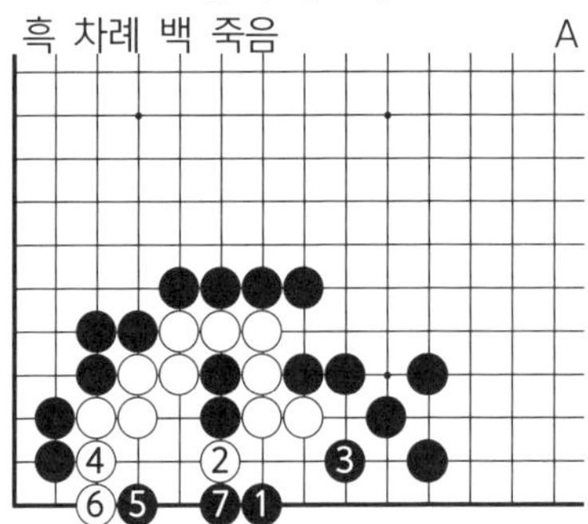

흑1로 달리는 것이 급소. 백2는
흑3, 5, 7로 끝.

정해 〈735〉

백 차례 패　　　　　　　　　A

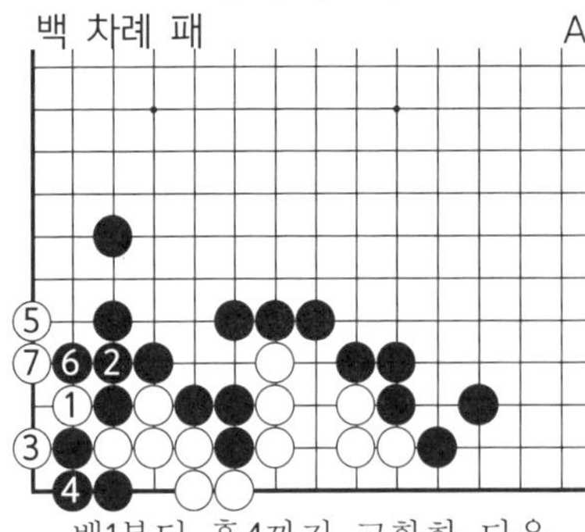

백1부터 흑4까지 교환한 다음
백5가 묘수. 흑6은 백7로 패.

정해 〈736〉

흑 차례 수상전 승　　　　　　A

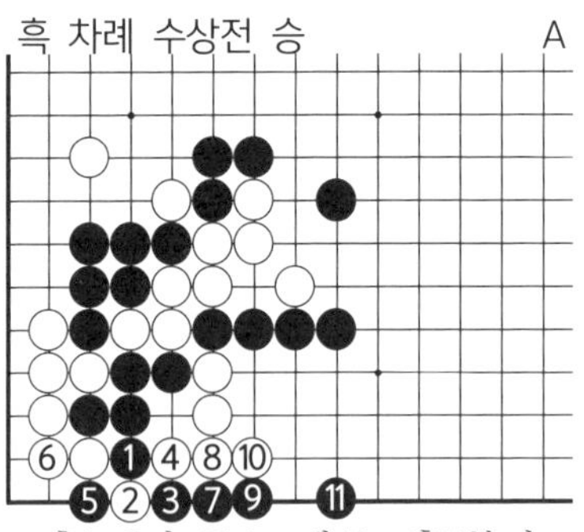

흑1, 3이 급소. 백4는 흑5부터
11까지 수상전 흑 승.

1선에 느는 맥

4문제

1선에 느는 맥

1선에 느는 맥은 사활묘수풀이 중에서도 절묘한 것에 속하는 것의 하나이지만 그 수는 겨우 몇 가지밖에 없습니다. 맥이 절묘한 만큼 특별한 변화의 그림을 만들 수 없기 때문입니다.

다음은 화점 근처 날일자 굳힘의 정석에서 나올 수 있는 모양으로 흑1, 3으로 일선에 두 돌을 나란하게 늘어서 백을 잡는 맥으로 이 맥의 역할에 의해 백은 가위눌림을 당해서 어떻게도 움직일 수 없는 모양입니다.

백6을 a로 이으면 흑b로 막아서 그만입니다.

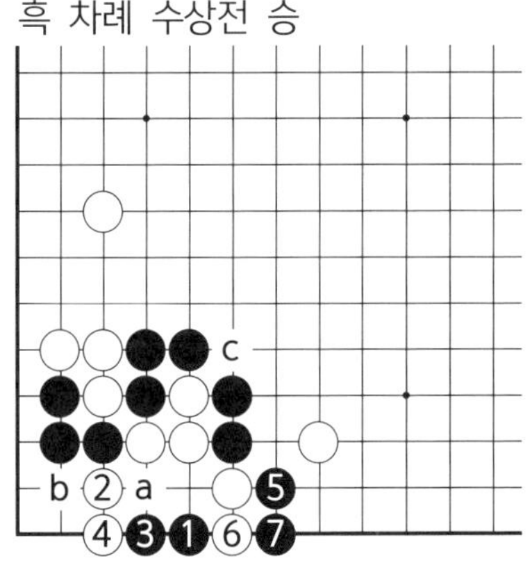

처음에 흑1을 5로 막으면 백2, 흑b 때 백c로 끊어서 흑의 응수가 곤란합니다.

이 맥은 연구하지 않고서는 단독으로는 둘 수 없는 맥입니다.

문제 〈737〉

흑 차례 수상전 승   A

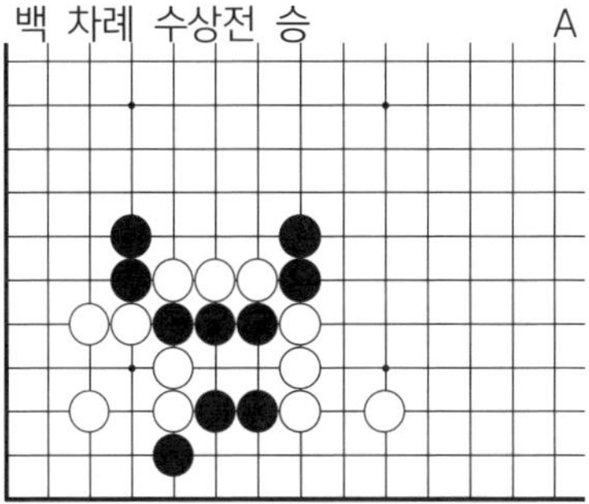

문제 〈738〉

백 차례 수상전 승   A

문제 〈739〉

백 차례 수상전 승   A

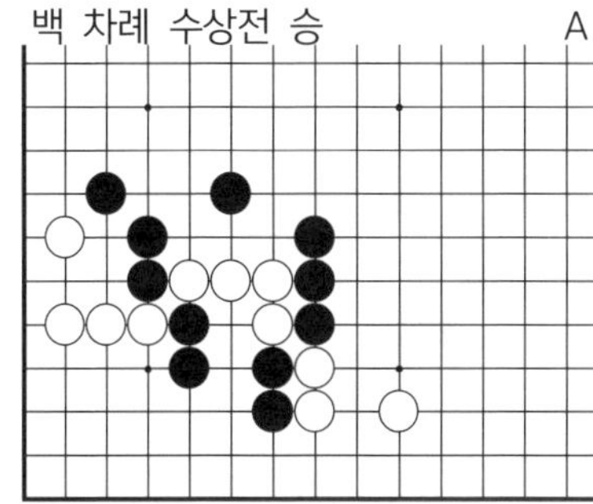

문제 〈740〉

흑 차례 수상전 승   A

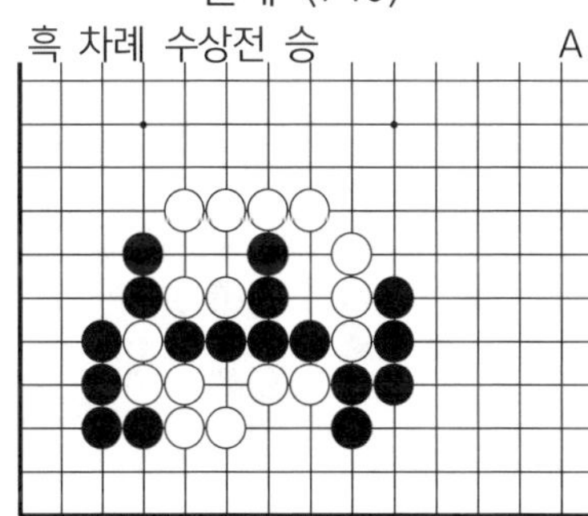

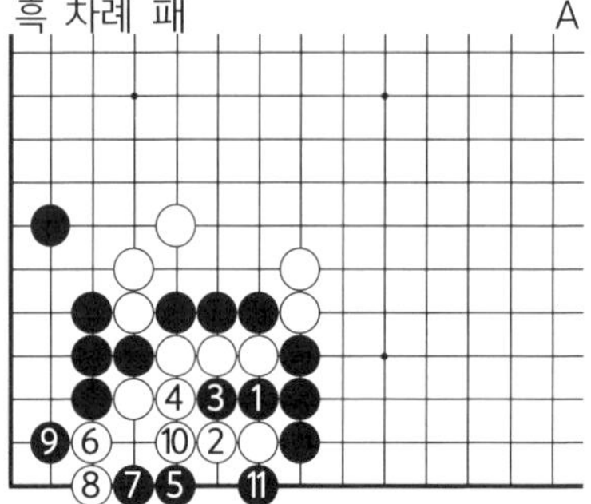

흑1, 3을 선수하고 5, 7이 급소.
백8은 흑9, 11로 수상전 흑 승.

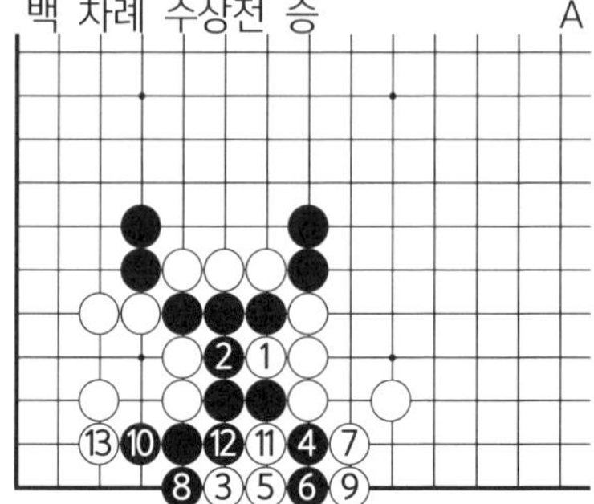

백1, 3을 선수하고 흑4는 백5가
급소로 이하 13까지 수상전 백 승.

정해 〈739〉

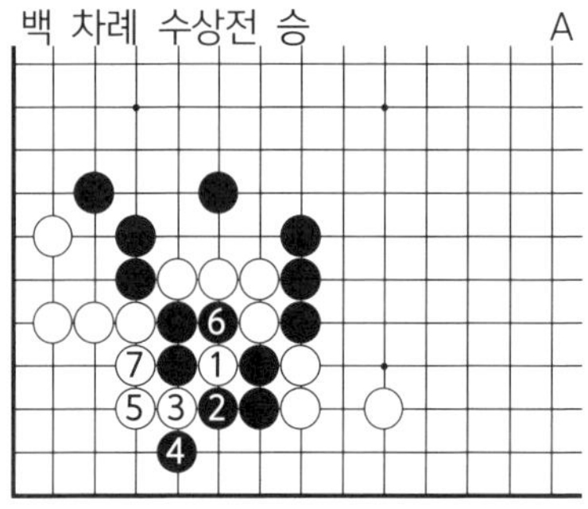

백1의 끼움이 좋은 수. 흑2는 백3,
5, 7로 조여서 흑8로 이으면… ❽→①

정해 계속

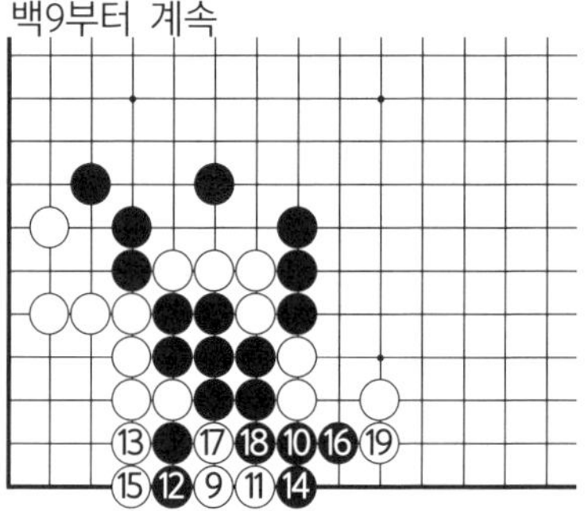

백9, 11로 느는 것이 묘수. 흑12는
백13부터 19까지 수상전 백 승.

정해 〈740〉

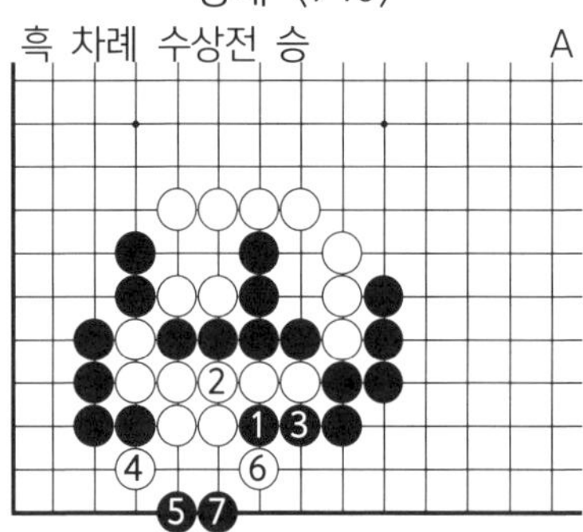

흑1, 3을 선수하고 백4는 백5, 7이
급소. 이하는 739번과 마찬가지.

변화 〈740〉

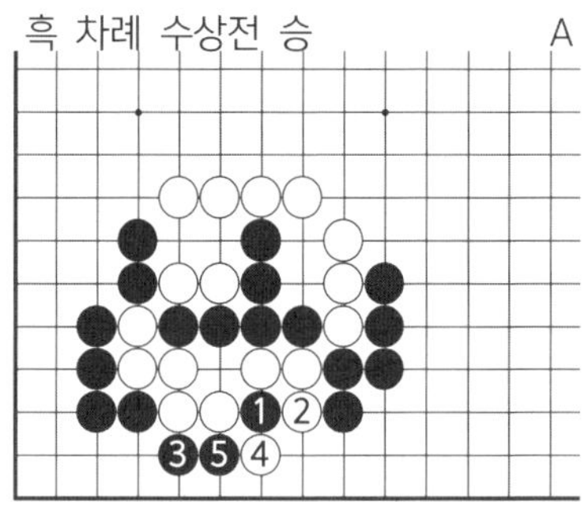

흑1 때 백2라면 흑3이 좋은 수.
백4는 흑5로 수상전 흑 승.

「1의 1」에 두는 맥

13문제

「1의 1」에 두는 맥

「1의 1」은 귀에서의 일입니다. 귀에 두는 것은 가치가 없는 수로 보통의 상식으로는 성립할 수 없는 맥이지만 그 실수를 하는 것과 같은 수가 가장 좋은 맥이 되어 나타나는 곳으로 이 맥의 사활묘수풀이의 묘미가 있다고 할 수 있습니다. 이 맥의 사활묘수풀이는 수도 매우 적고 또 색다른 모양을 만들기도 곤란합니다.

대체로 모양이 한정되어 있어서 그 모양을 보기만 하면 「1의 1」에 두는 맥이구나 하는 느낌이 떠오를 것입니다. 종종 이 맥은 적의 자충을 활용하는 경우가 많습니다.

다음의 흑1이 「1의 1」의 맥으로 적을 자충으로 이끄는 맥이기도 합니다. 다음에 백이 a라면 흑b로 백 죽음입니다. 또 백a를 b라면 흑a로 귀에서 백은 집을 만들 수 없습니다.

흑 차례 백 죽음

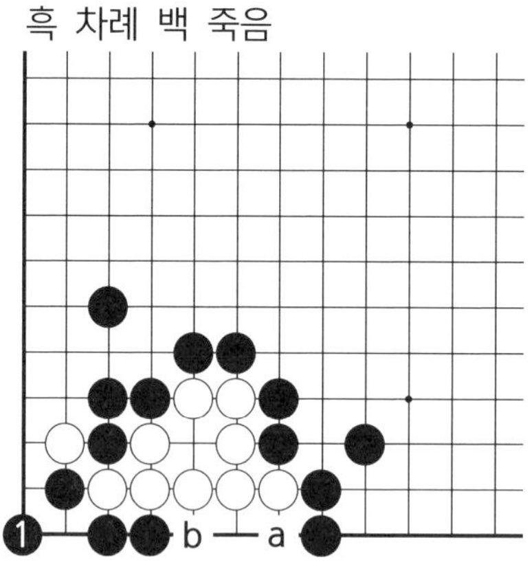

문제 〈741〉

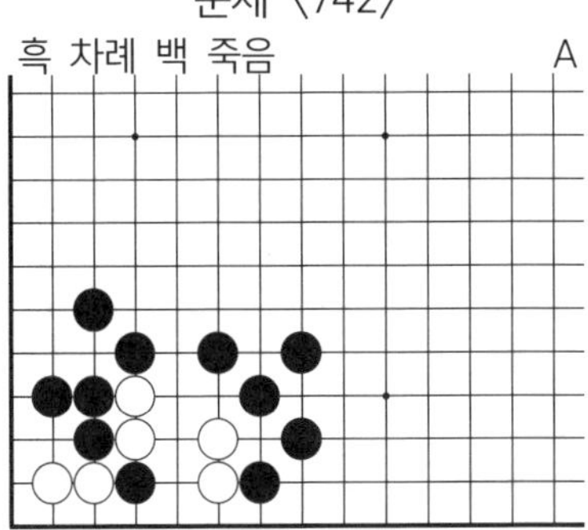

흑 차례 백 죽음   B

문제 〈742〉

흑 차례 백 죽음   A

문제 〈743〉

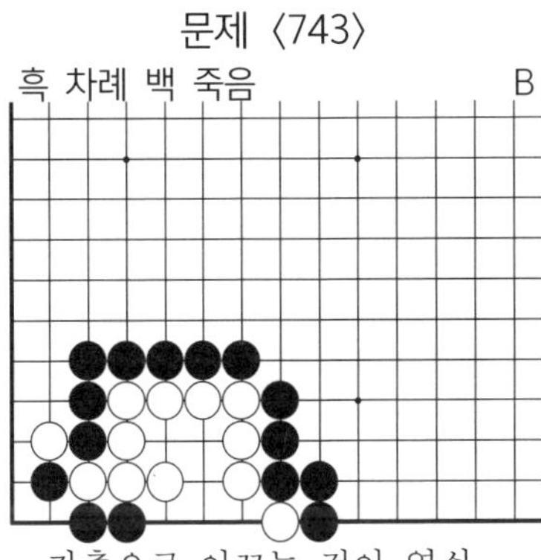

흑 차례 백 죽음   B

자충으로 이끄는 것이 열쇠.

문제 〈744〉

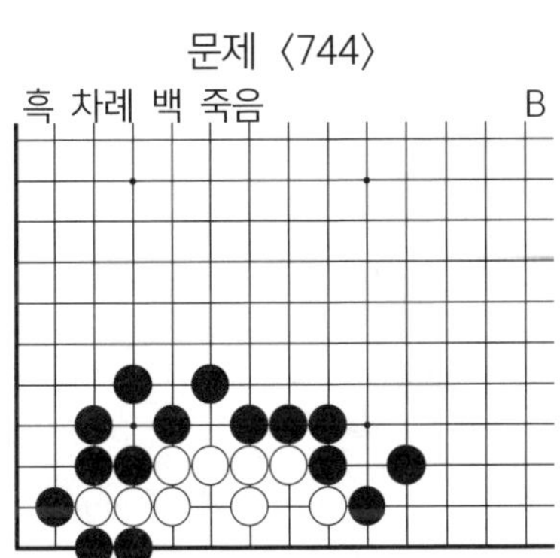

흑 차례 백 죽음   B

문제 〈745〉

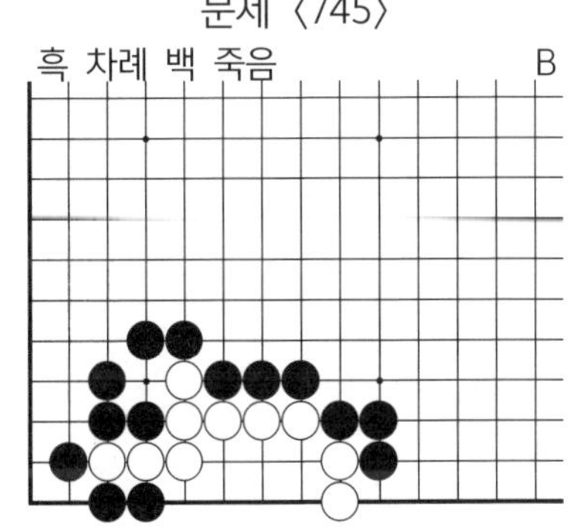

흑 차례 백 죽음   B

351

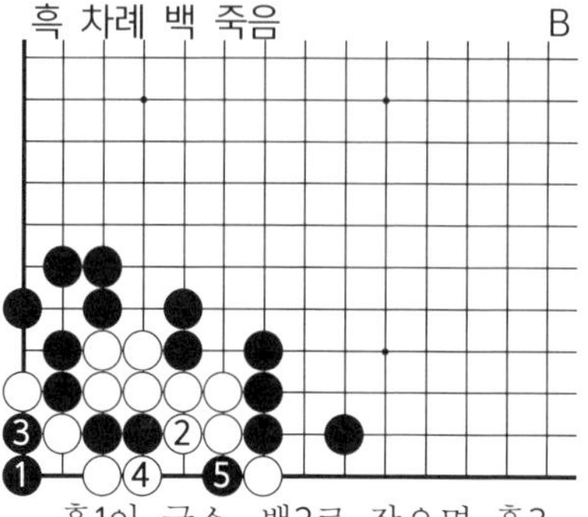

정해 〈741〉

흑 차례 백 죽음   B

흑1이 급소. 백2로 잡으면 흑3, 5로 백 죽음.

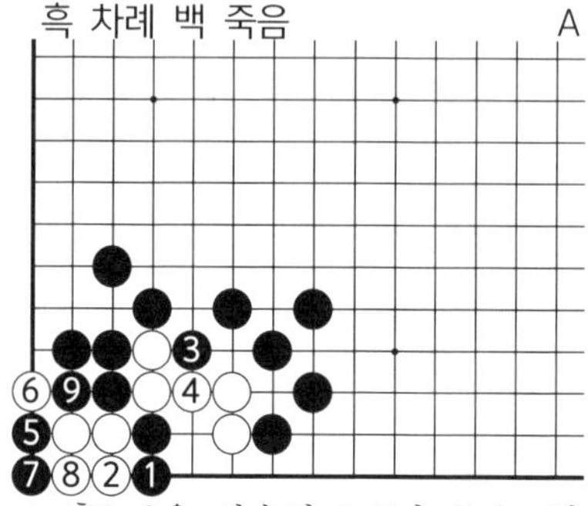

정해 〈742〉

흑 차례 백 죽음   A

흑1, 3을 선수하고 5가 급소. 백6은 흑7, 9로 그만.

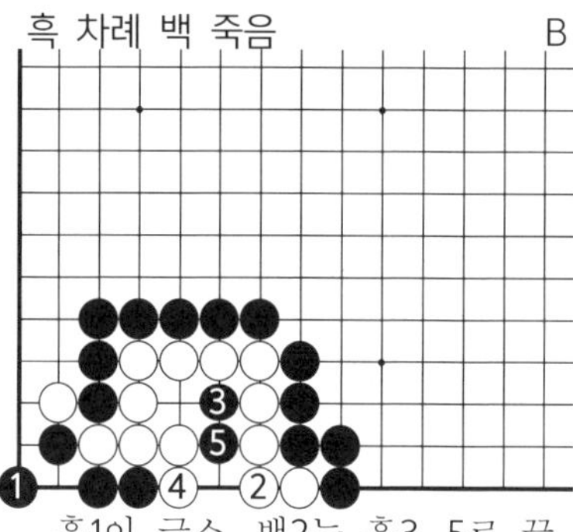

정해 〈743〉

흑 차례 백 죽음   B

흑1이 급소. 백2는 흑3, 5로 끝.

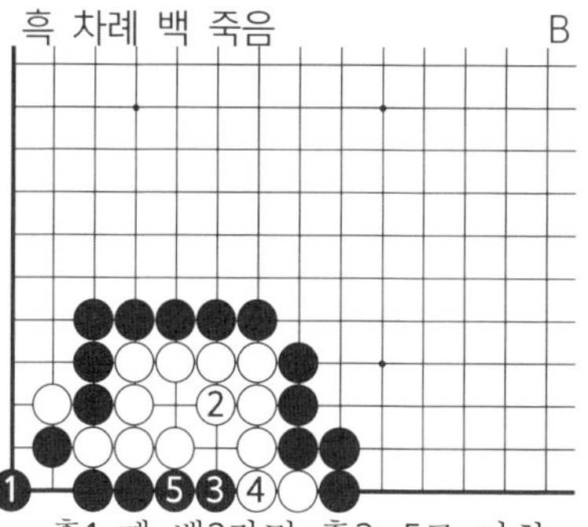

변화 〈743〉

흑 차례 백 죽음   B

흑1 때 백2라면 흑3, 5로 마찬가지 백 죽음.

정해 〈744〉

흑 차례 백 죽음   B

흑1이 급소. 백2는 흑3, 5로 백 죽음. 백6은 흑7로 끝.

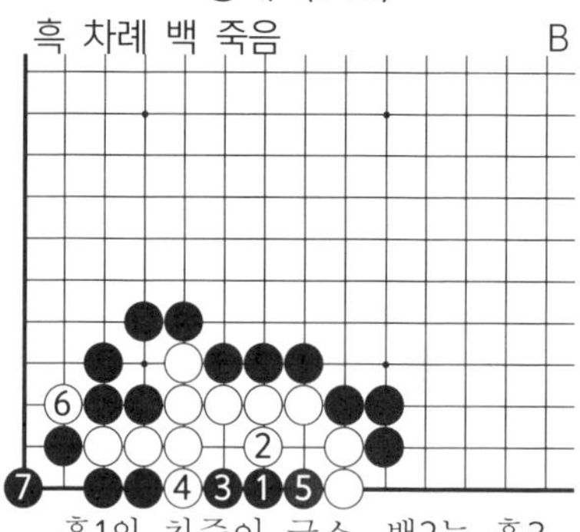

정해 〈745〉

흑 차례 백 죽음   B

흑1의 치중이 급소. 백2는 흑3, 5로 백 죽음. 백6은 흑7로 그만.

문제 〈746〉

흑 차례 백 죽음　　　　　　　　　　　B

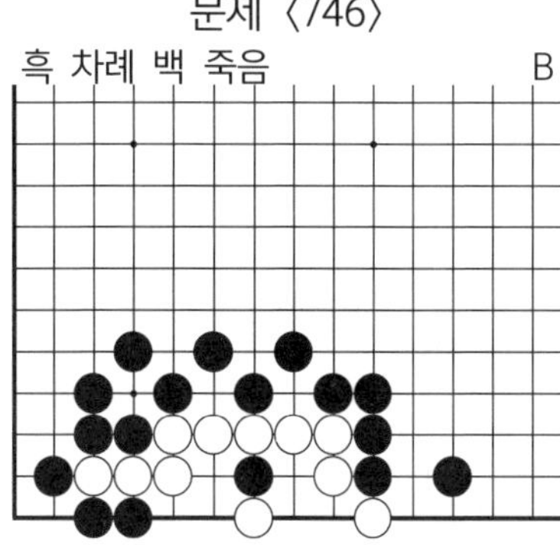

문제 〈747〉

흑 차례 백 죽음　　　　　　　　　　　B

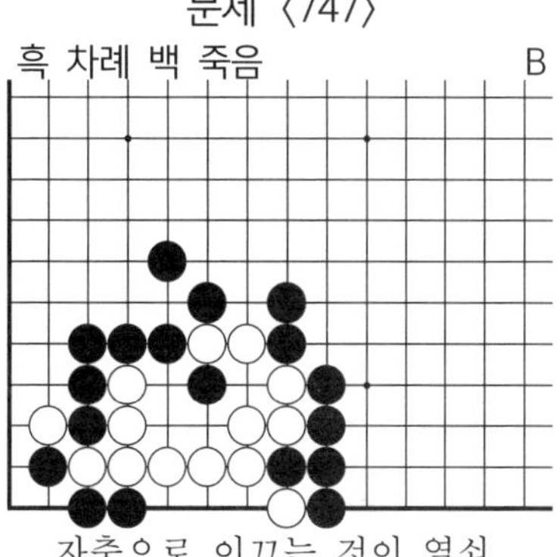

자충으로 이끄는 것이 열쇠.

문제 〈748〉

흑 차례 백 죽음　　　　　　　　　　　B

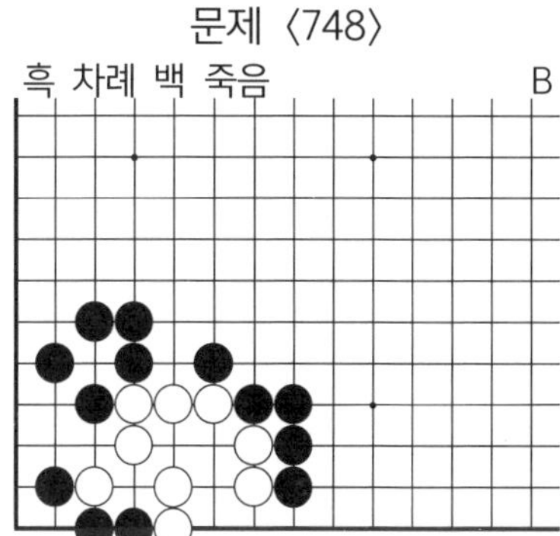

문제 〈749〉

흑 차례 백 죽음　　　　　　　　　　　B

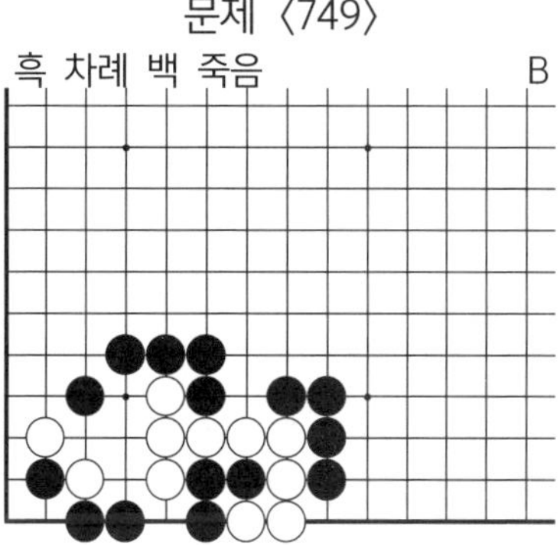

문제 〈750〉

흑 차례 백 죽음　　　　　　　　　　　A

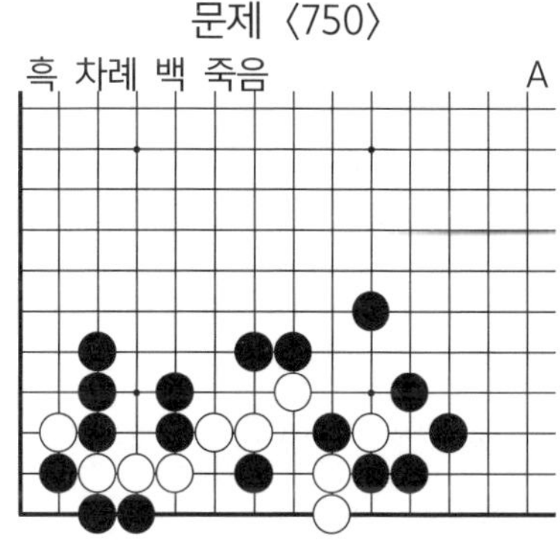

정해 〈746〉

흑 차례 백 죽음   B

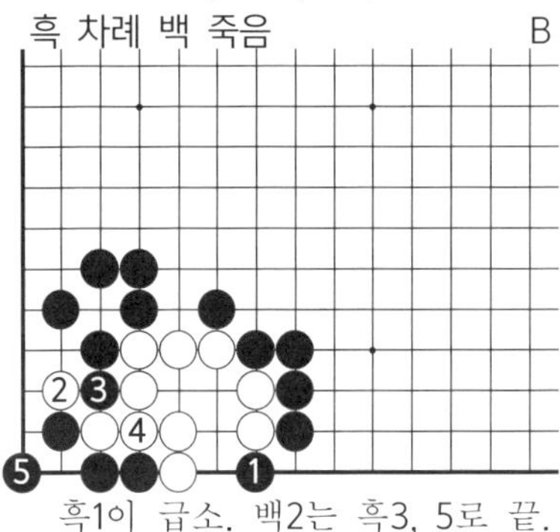

흑1, 3, 5로 백 죽음. 백6은 흑7로 그만. ❺→△

정해 〈747〉

흑 차례 백 죽음   B

흑1이 급소. 백2는 흑3, 5, 7로 백 죽음.

정해 〈748〉

흑 차례 백 죽음   B

흑1이 급소. 백2는 흑3, 5로 끝.

정해 〈749〉

흑 차례 백 죽음   B

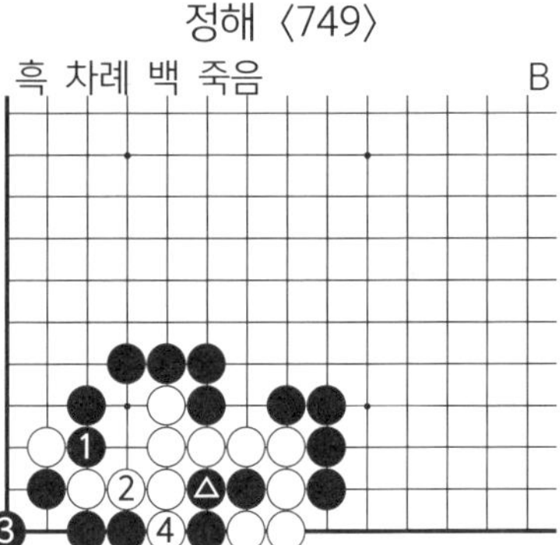

흑1, 3이 좋은 수순. 백4로 따내면 흑5로 치중해서 끝. ❺→△

정해 〈750〉

흑 차례 백 죽음   A

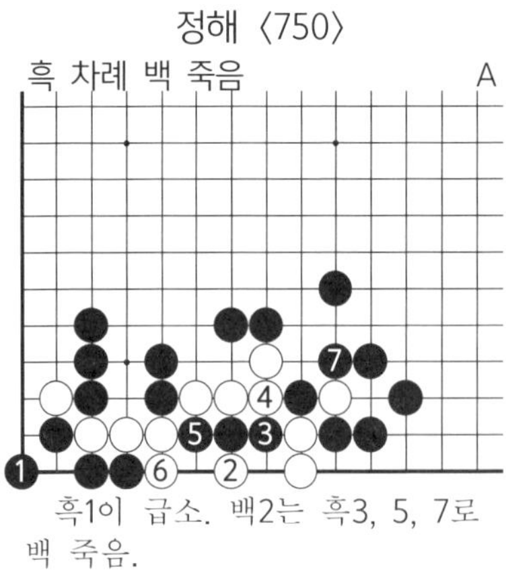

흑1이 급소. 백2는 흑3, 5, 7로 백 죽음.

변화 〈750〉

흑 차례 백 죽음   A

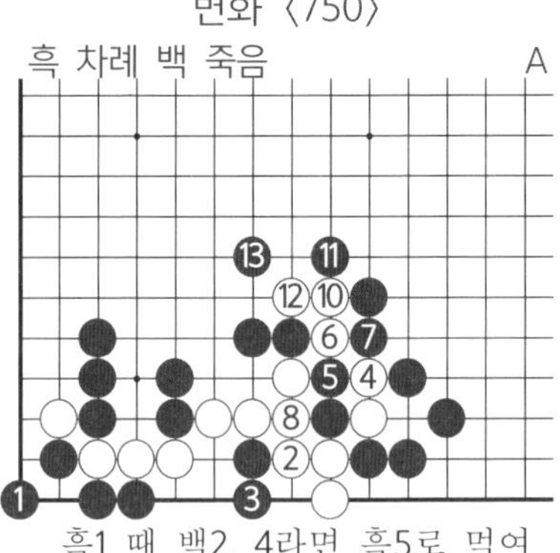

흑1 때 백2, 4라면 흑5로 먹여쳐서 이하 13까지 끝. ❾→❺

문제 〈751〉

백 차례 삶

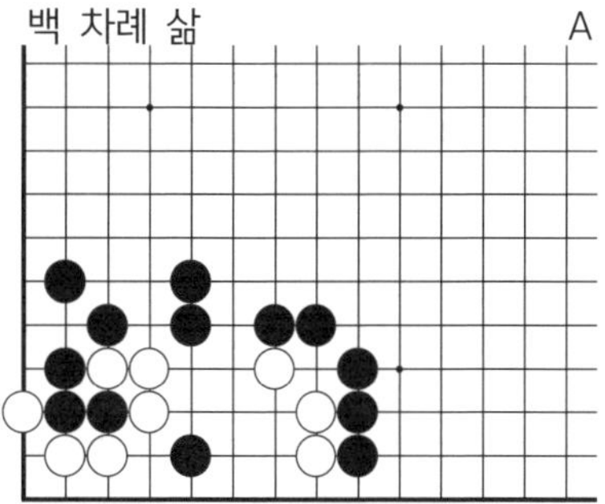

문제 〈752〉

흑 차례 패

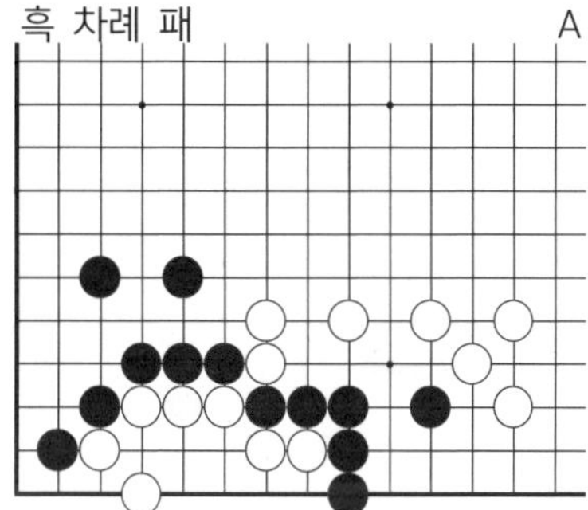

문제 〈753〉

백 차례 패

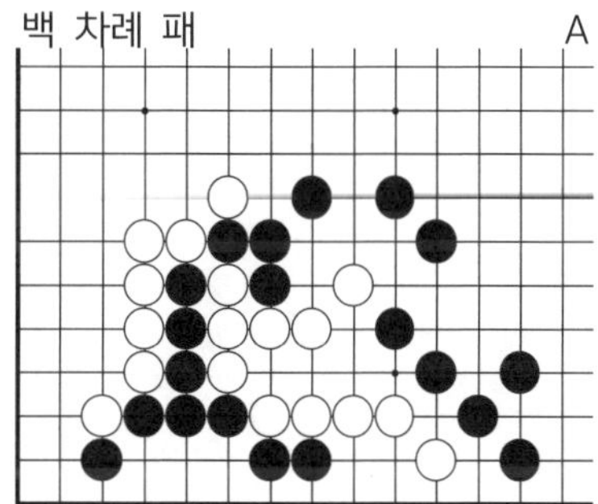

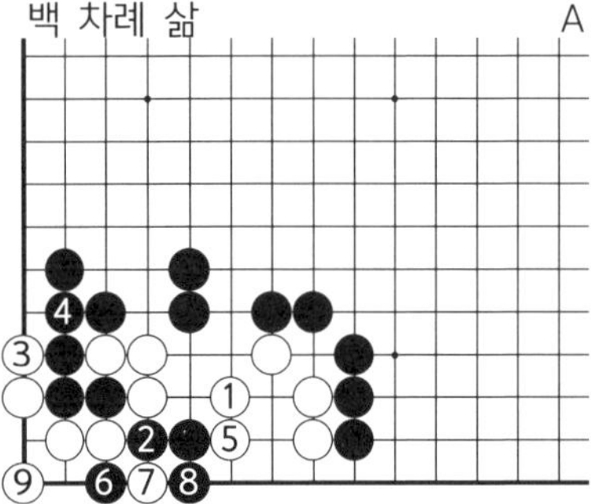

정해 〈751〉

백 차례 삶   A

백1이 급소. 흑2로 끊으면 백3, 5,
7이 좋은 수순. 흑8 때 백9로 삶.

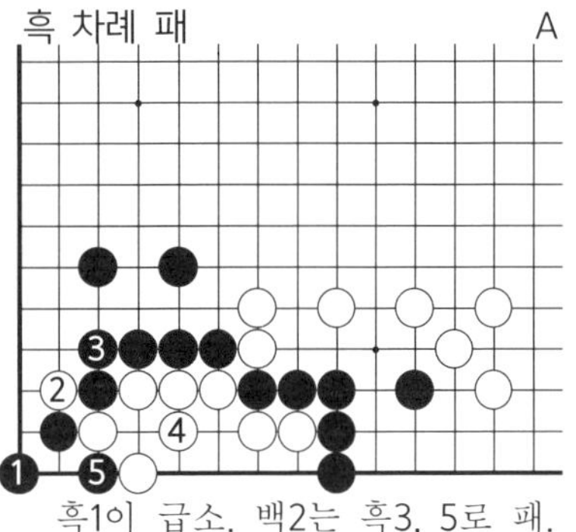

정해 〈752〉

흑 차례 패   A

흑1이 급소. 백2는 흑3, 5로 패.

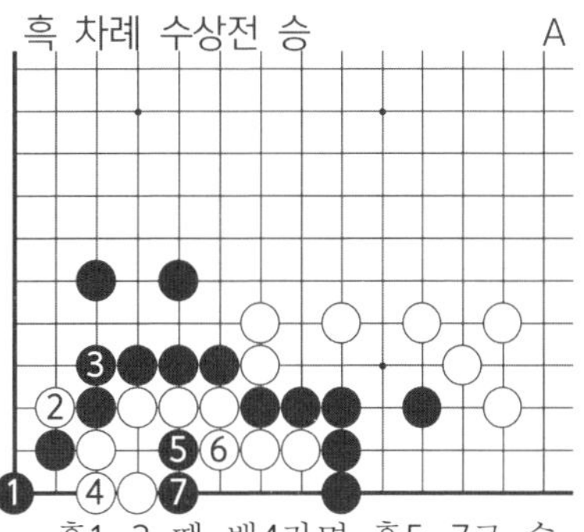

변화 〈752〉

흑 차례 수상전 승   A

흑1, 3 때 백4라면 흑5, 7로 수
상전 흑 승으로 백을 잡고 삶.

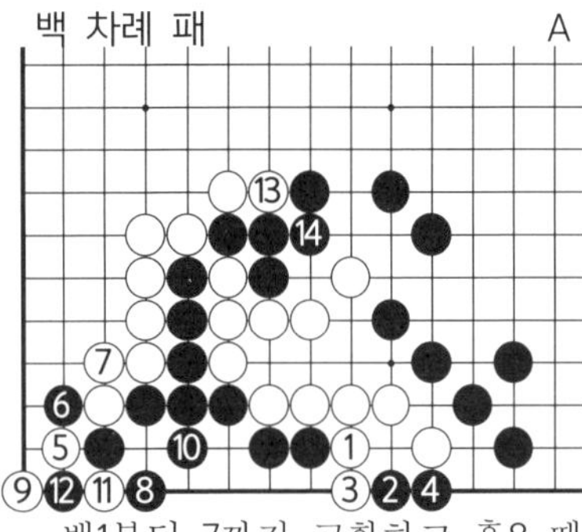

정해 〈753〉

백 차례 패   A

백1부터 7까지 교환하고 흑8 때
백9가 묘수. 이하 15까지 패. ⑮→⑪

356

귀를 활용하는 맥

17문제

귀를 활용하는 맥

귀는 사각이라고도 하듯이 거기에 두는 것은 보통 금물이며 또 적의 돌이 「2의 2」에 있는 경우에는 자신의 돌을 일단 잇지 않으면 귀에 둘 수 없는 경우가 많은 약점을 활용하는, 즉 귀를 활용하는 사활 묘수풀이입니다. 이 사활묘수풀이는 실전의 경우 꽤 응용되는 문제이기 때문에 모양을 보고 감각적으로 떠오르도록 연구하여 연습해 두면 도움이 되는 경우가 많습니다.

다음은 귀를 활용하는 기본 모양입니다.

흑1로 나가서 백2 때 흑3으로 느는 수가 귀를 활용하는 수로, 백은 일단 a로 잇지 않으면 b로 공격할 수 없습니다.

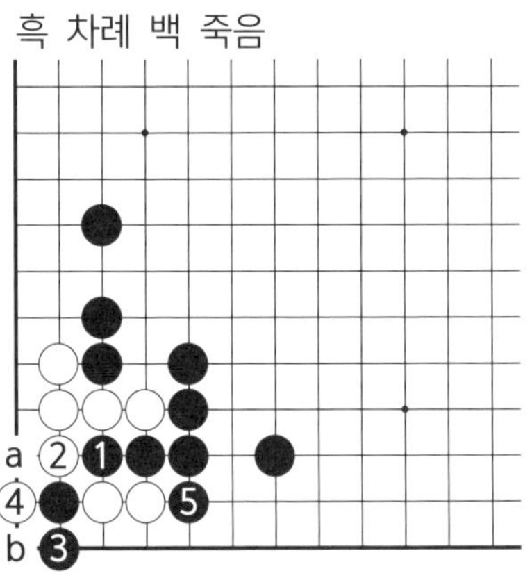

이 그림과 비슷한 모양은 귀에서는 흔히 생기는 모양입니다.

문제 〈754〉

흑 차례 백 죽음   C

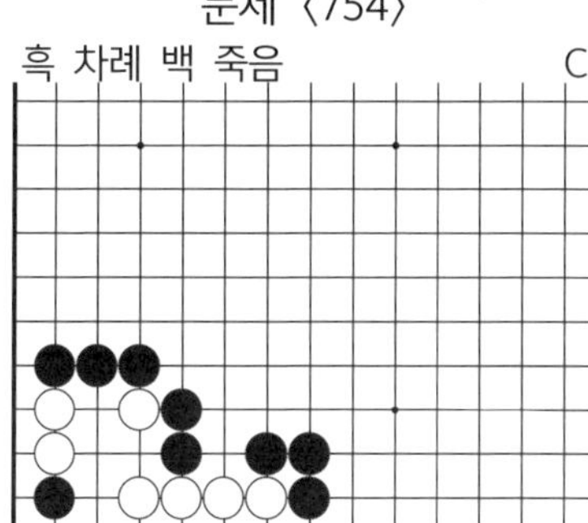

문제 〈755〉

백 차례 삶   C

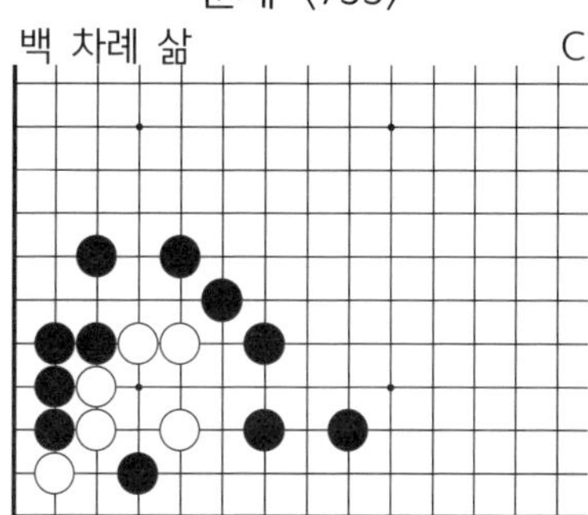

문제 〈756〉

흑 차례 수상전 승   C

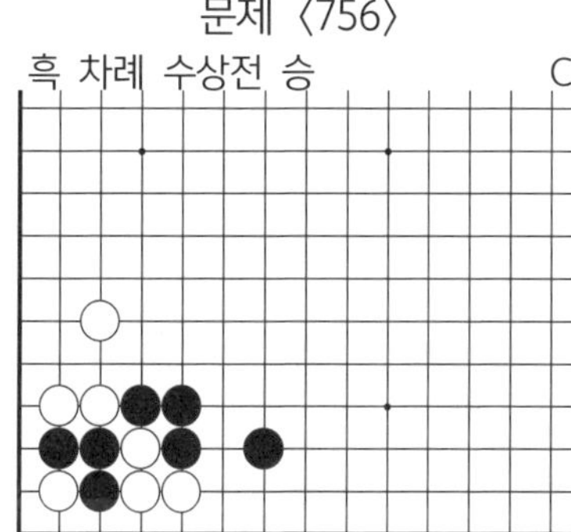

문제 〈757〉

흑 차례 백 죽음   C

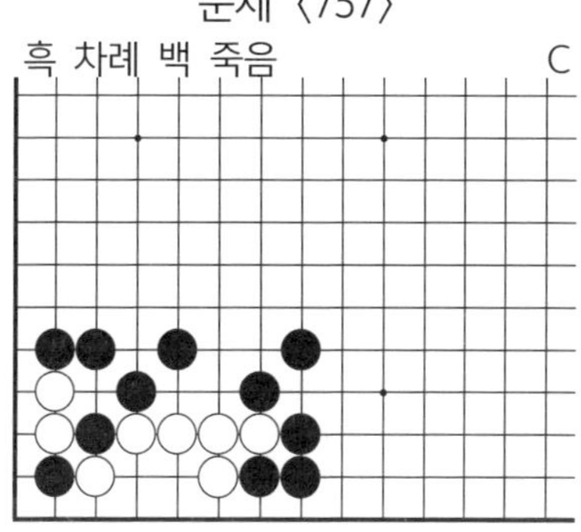

문제 〈758〉

백 차례 삶   B

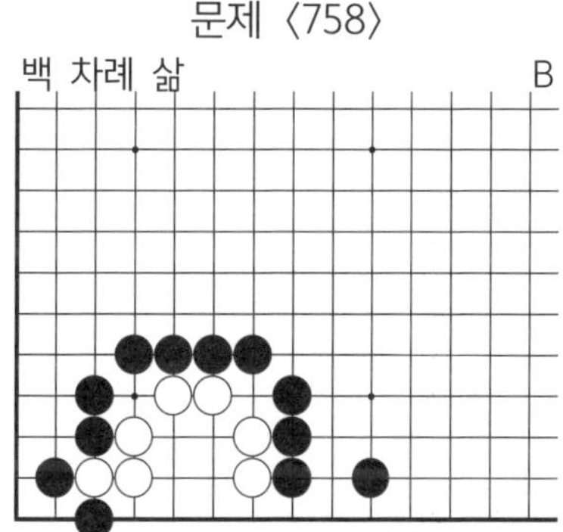

정해 〈754〉

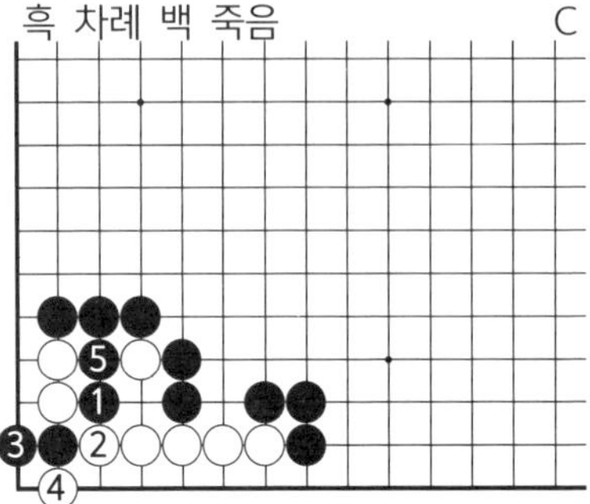

흑 차례 백 죽음　　　　　　　　　　C

　흑1과 백2를 교환하고 흑3이 급소.
백4는 흑5로 백의 자충으로 끝.

정해 〈755〉

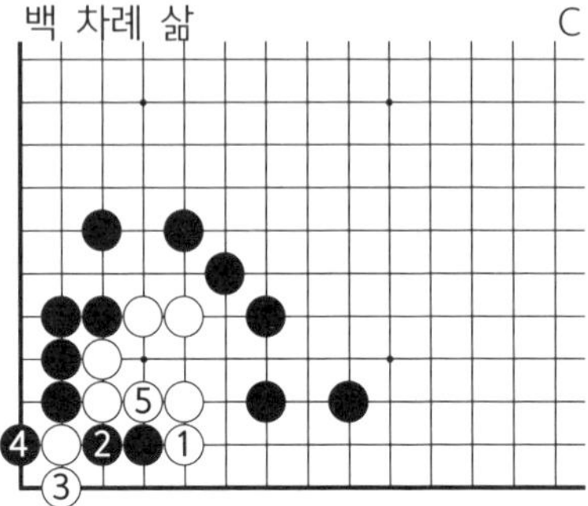

백 차례 삶　　　　　　　　　　　　C

　백1, 3이 수순. 흑4는 백5로 백 삶.

정해 〈756〉

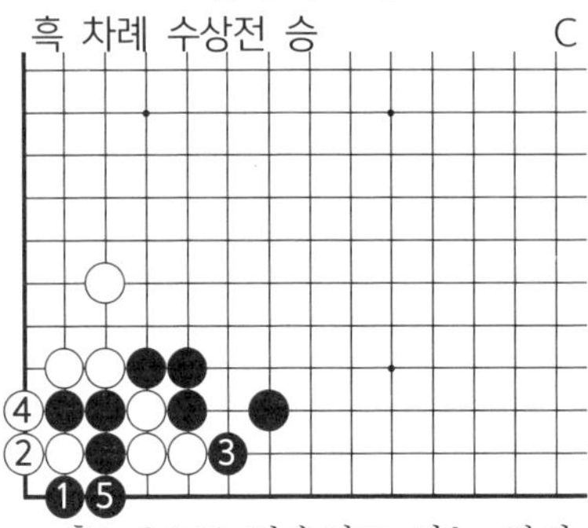

흑 차례 수상전 승　　　　　　　　　C

　흑1, 3으로 단수치고 막는 것이
수순. 백4는 흑5로 수상전 승.

정해 〈757〉

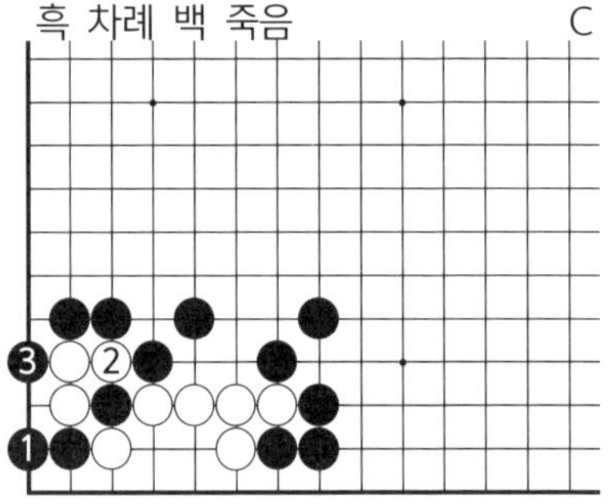

흑 차례 백 죽음　　　　　　　　　　C

　흑1, 3으로 넘어가서 끝.

정해 〈758〉

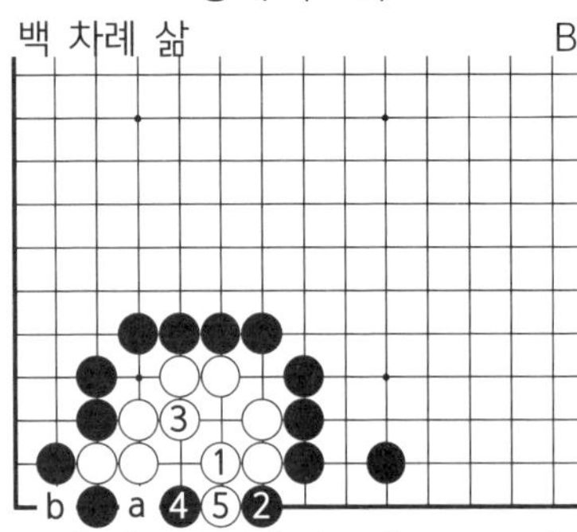

백 차례 삶　　　　　　　　　　　　B

　백1이 급소. 흑2는 백3, 5로 삶.
흑a로 이으면 백b로 먹여쳐서 그만.

변화 〈758〉

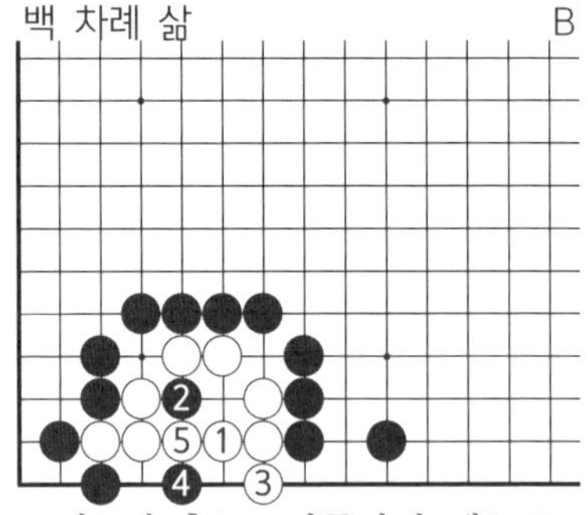

백 차례 삶　　　　　　　　　　　　B

　백1 때 흑2로 치중하면 백3, 5로
삶.

문제 〈759〉

백 차례 삶　　　　　　　　B

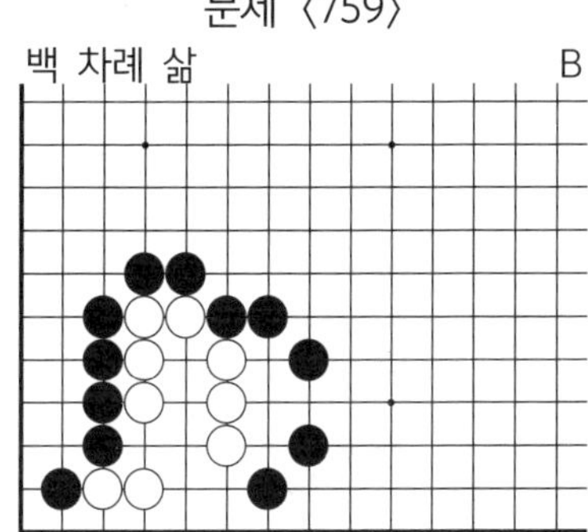

문제 〈760〉

백 차례 삶　　　　　　　　B

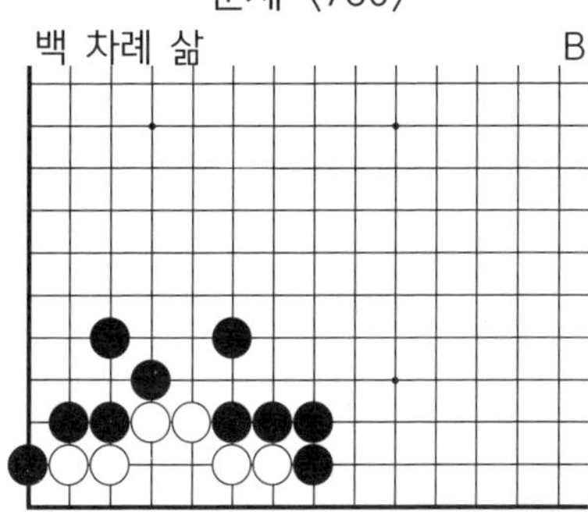

문제 〈761〉

백 차례 삶　　　　　　　　B

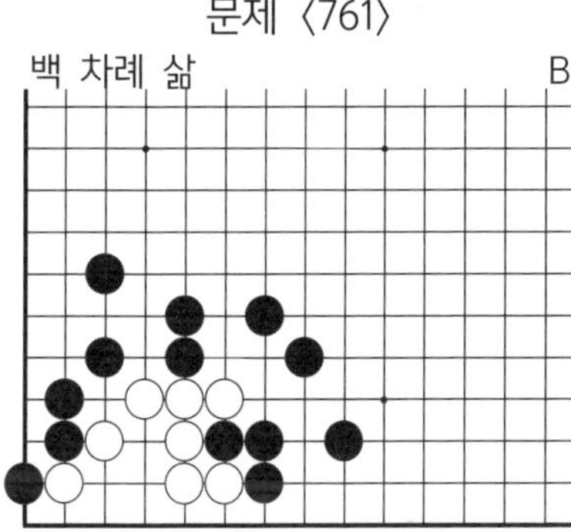

문제 〈762〉

백 차례 삶　　　　　　　　B

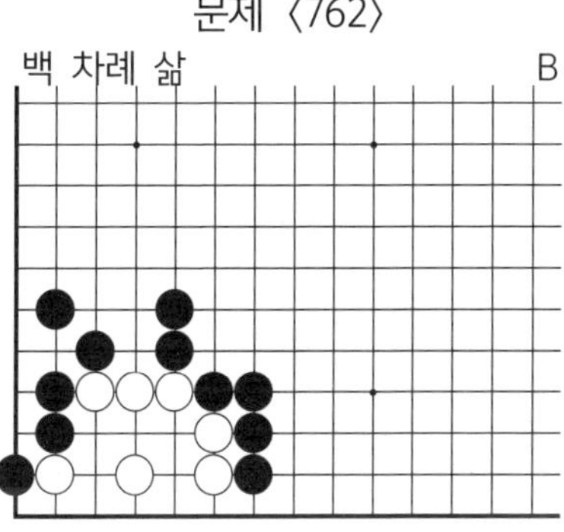

문제 〈763〉

백 차례 삶　　　　　　　　B

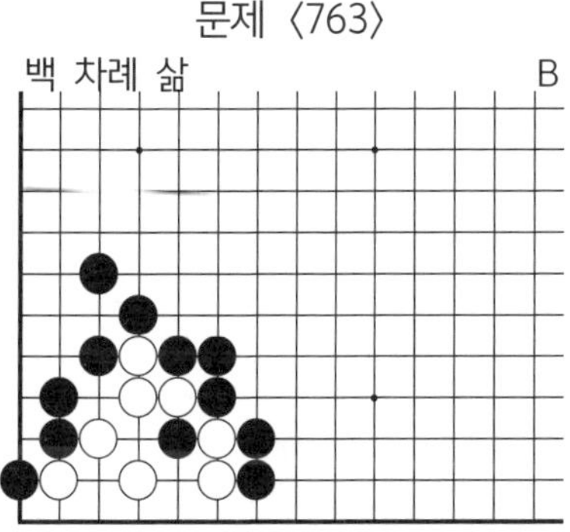

문제 〈764〉

백 차례 삶　　　　　　　　A

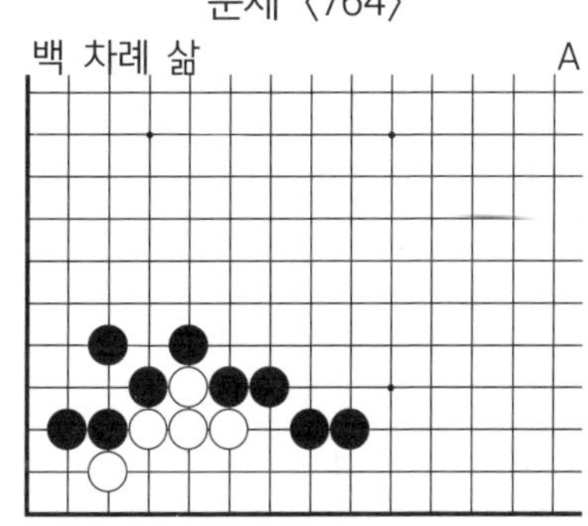

정해 〈759〉

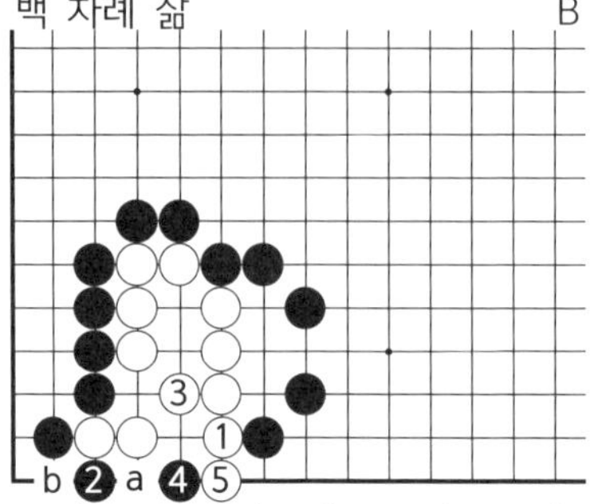

백 차례 삶   B

백1, 3이 수순. 흑4는 백5로 삶.
다음에 흑a는 백b로 먹여쳐서 끝.

정해 〈760〉

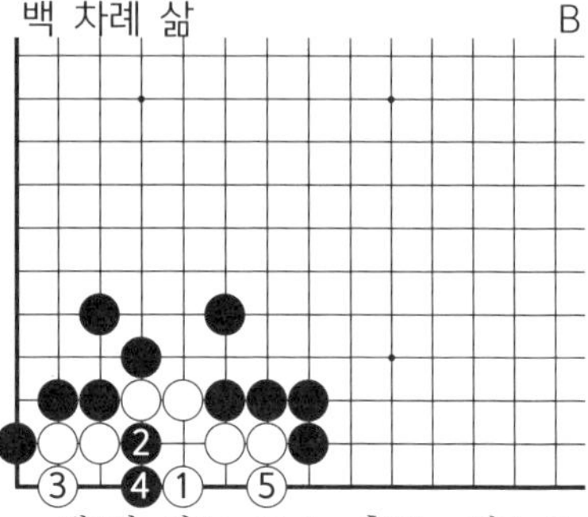

백 차례 삶   B

백1이 사는 급소. 흑2는 백3, 5
로 삶.

정해 〈761〉

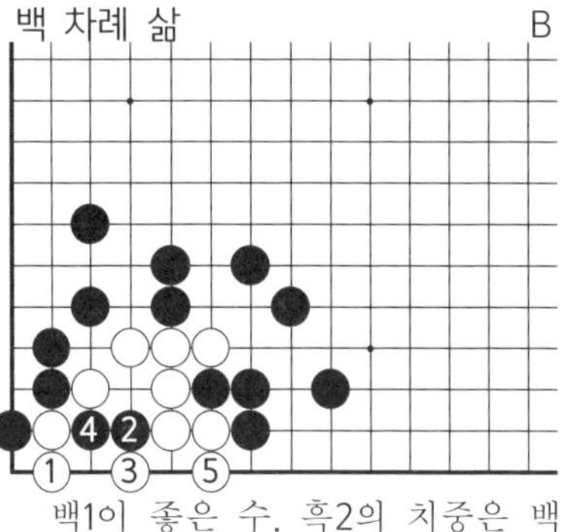

백 차례 삶   B

백1이 좋은 수. 흑2의 치중은 백
3, 5로 삶.

정해 〈762〉

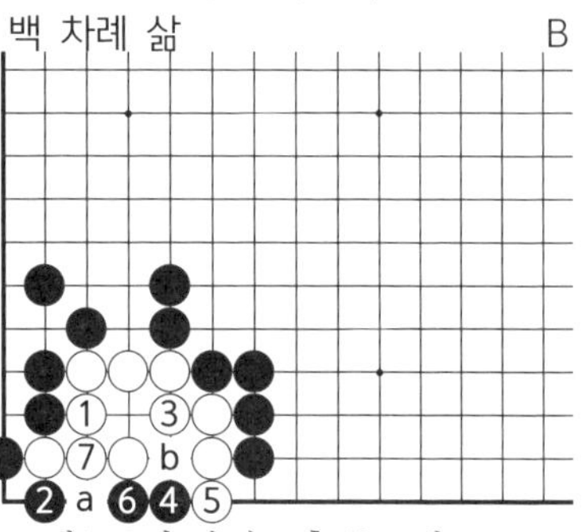

백 차례 삶   B

백1, 3이 수순. 흑4는 백5, 7로
삶. 다음에 흑a는 백b로 그만.

정해 〈763〉

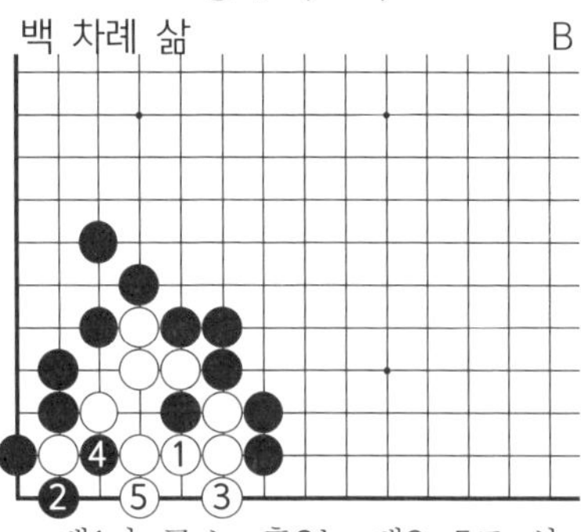

백 차례 삶   B

백1이 급소. 흑2는 백3, 5로 삶.

정해 〈764〉

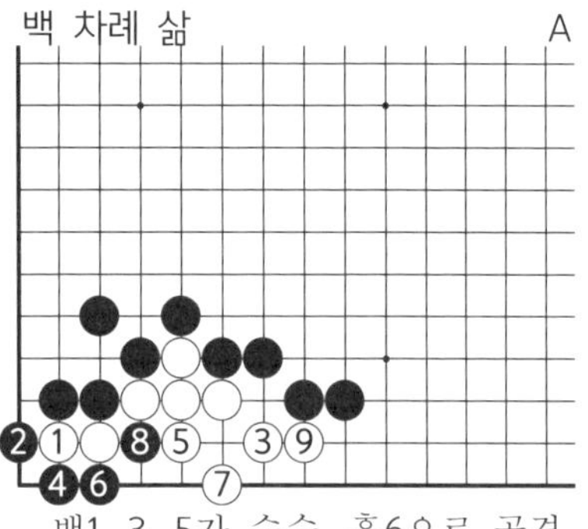

백 차례 삶   A

백1, 3, 5가 수순. 흑6으로 공격
해 오면 백7, 9로 삶.

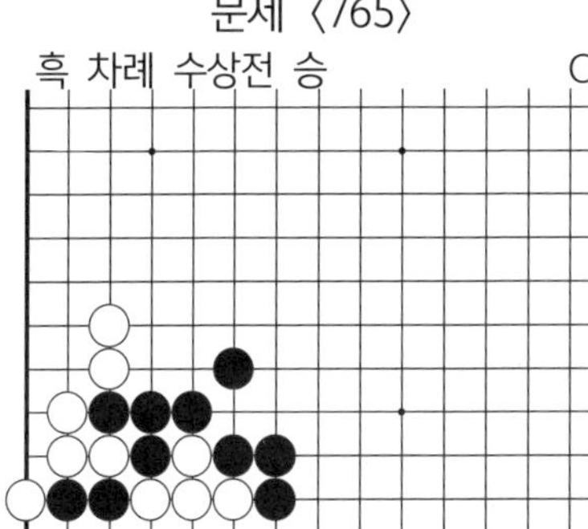

문제 〈765〉
흑 차례 수상전 승   C

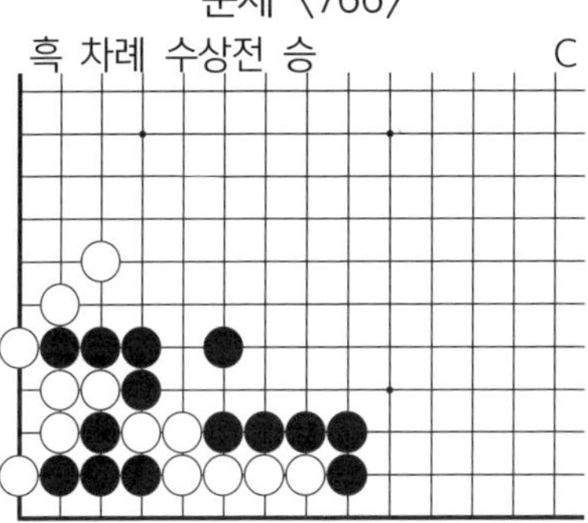

문제 〈766〉
흑 차례 수상전 승   C

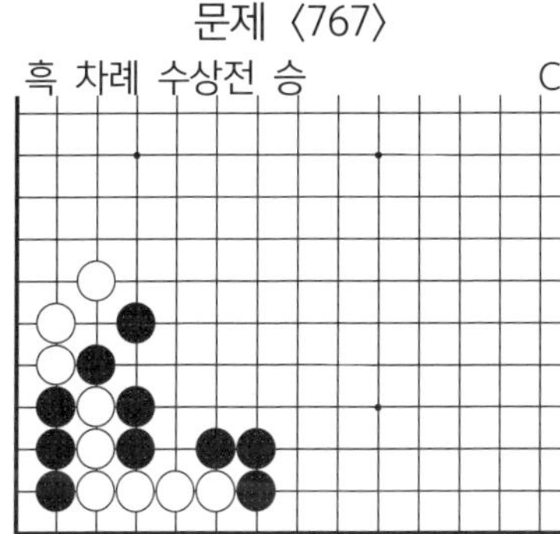

문제 〈767〉
흑 차례 수상전 승   C

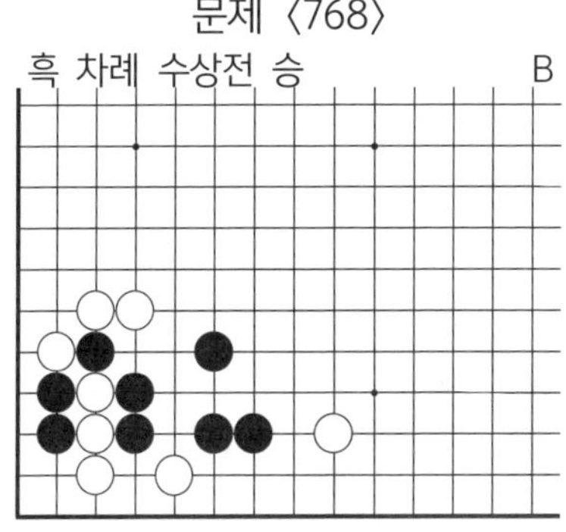

문제 〈768〉
흑 차례 수상전 승   B

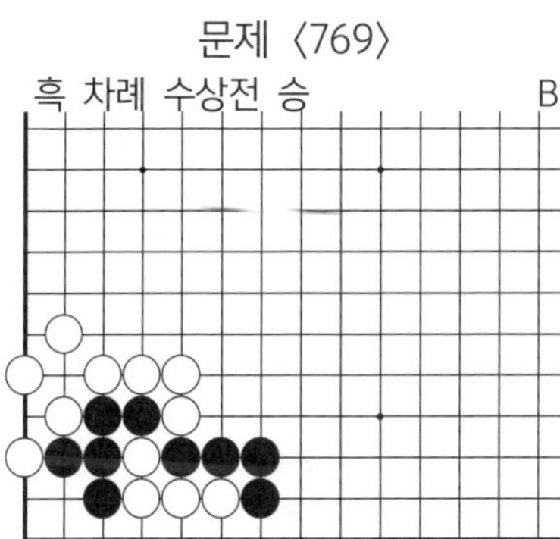

문제 〈769〉
흑 차례 수상전 승   B

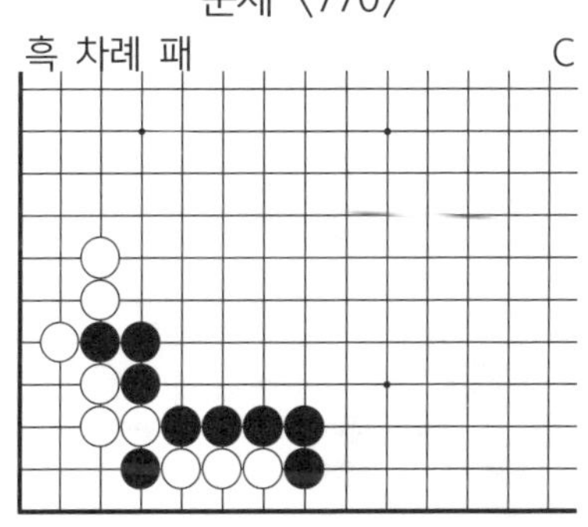

문제 〈770〉
흑 차례 패   C

정해 〈765〉

흑 차례 수상전 승   C

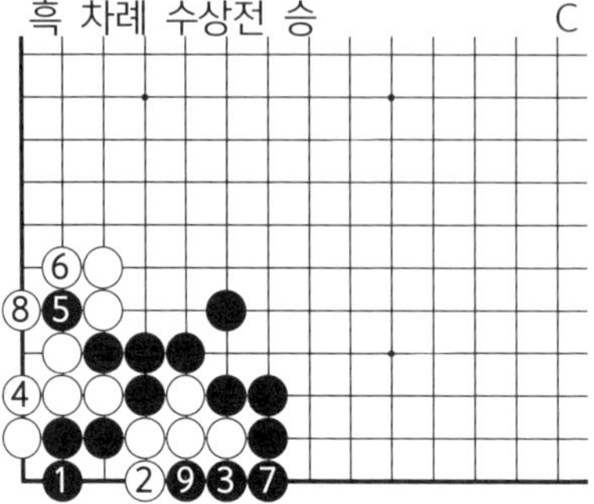

흑1이 좋은 수. 백2는 흑3 이하 9까지 흑 수상전 1수 승.

정해 〈766〉

흑 차례 수상전 승   C

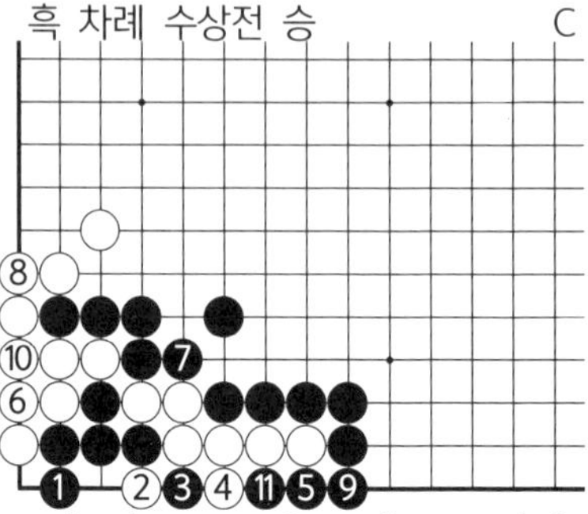

흑1이 급소. 백2는 흑3, 5 이하 11까지 조여서 흑 수상전 1수 승.

정해 〈767〉

흑 차례 수상전 승   C

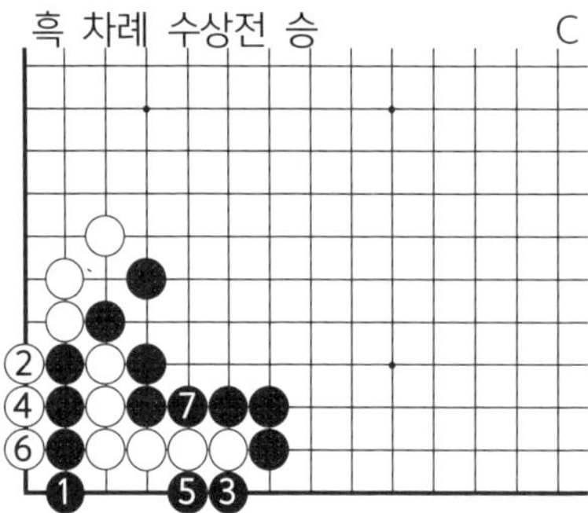

흑1이 급소. 백2부터 흑7까지 서로 조이면 흑의 수상전 1수 승.

정해 〈768〉

흑 차례 수상전 승   B

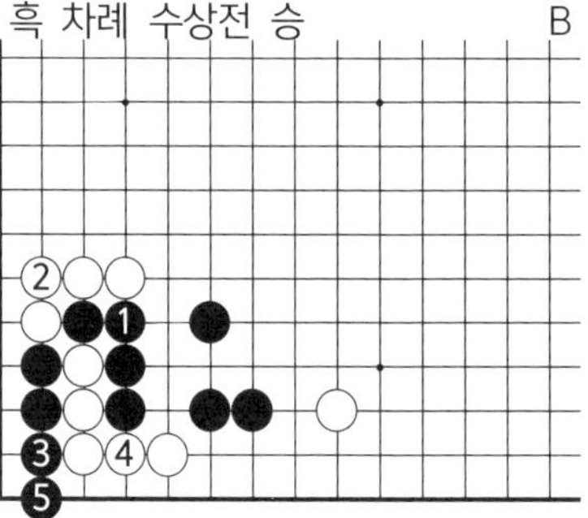

흑1을 선수하고 3이 급소. 백4는 흑5로 수상전 흑 승.

정해 〈769〉

흑 차례 수상전 승   B

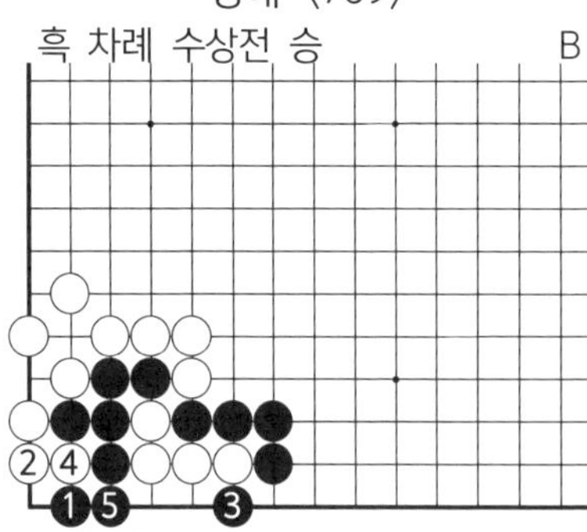

흑1이 급소. 백2, 4는 흑3, 5로 백의 양자충으로 흑 승.

정해 〈770〉

흑 차례 패   C

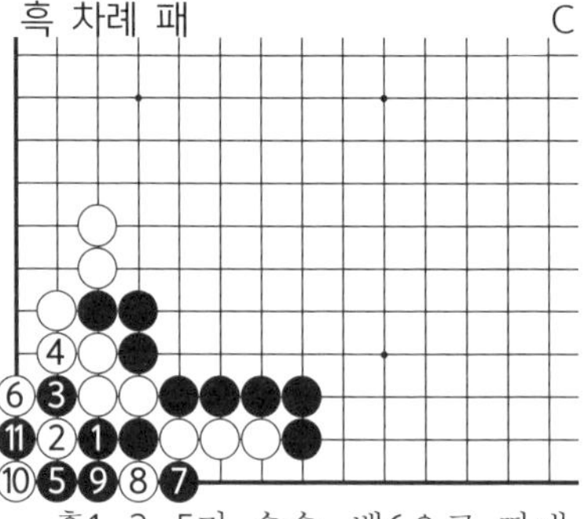

흑1, 3, 5가 수순. 백6으로 따내면 흑7, 9, 11로 패.

2점으로 키워서 버리는 맥

10문제

2점으로 키워서 버리는 맥

2선의 돌을 2집으로 키워서 버리는 것은 공격의 경우에 적의 수수를 줄일 때 많이 쓰이는 맥입니다.

실전의 경우 이 맥의 응용 범위가 매우 넓으므로 이 맥이 곧바로 떠오를 수 있도록 감각을 기를 필요가 있습니다.

다음 그림은 2선의 돌을 2점으로 키워서 버리는 맥의 기본 모양이라고 할 수 있습니다.

백1로 막아서 흑2로 끊었을 때 백3으로 키워서 버려서 적의 수수를 줄이고, 공격해서 잡을 수 있다는 것은 이 맥을 연구해 두면 적어도 제1감으로 떠오르는 감각을 기를 수 있게 될 것입니다.

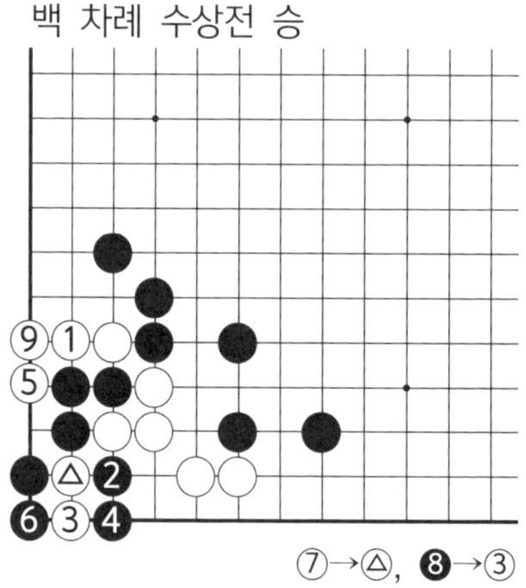

물론 이 맥은 귀뿐만 아니라 변에서도 생기며 모양도 동일하지는 않지만 비교적 제1감으로 떠오르는 맥입니다.

문제 〈771〉

백 차례 수상전 승 　　　　　　B

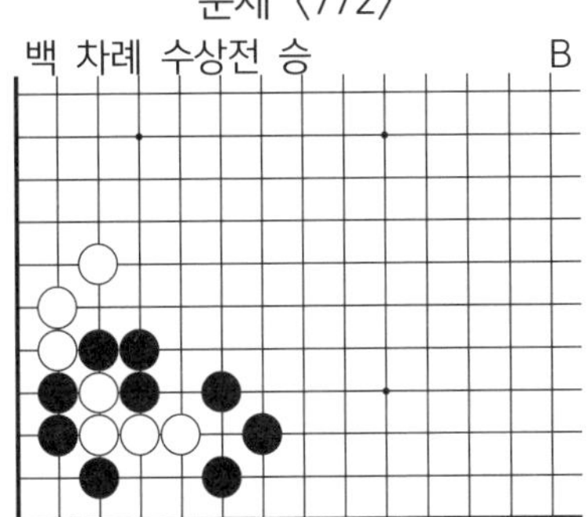

문제 〈772〉

백 차례 수상전 승 　　　　　　B

문제 〈773〉

백 차례 수상전 승 　　　　　　A

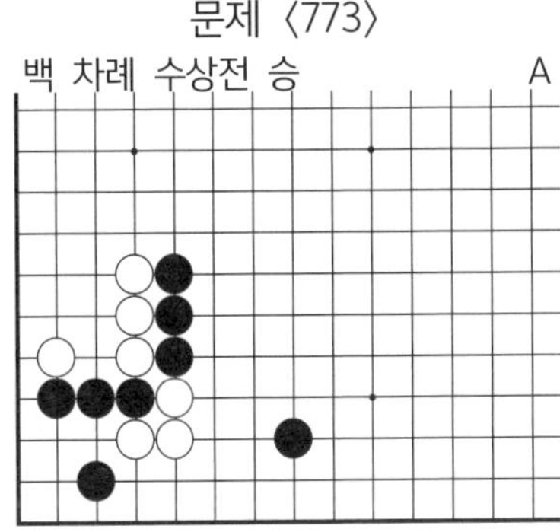

문제 〈774〉

흑 차례 백 죽음 　　　　　　B

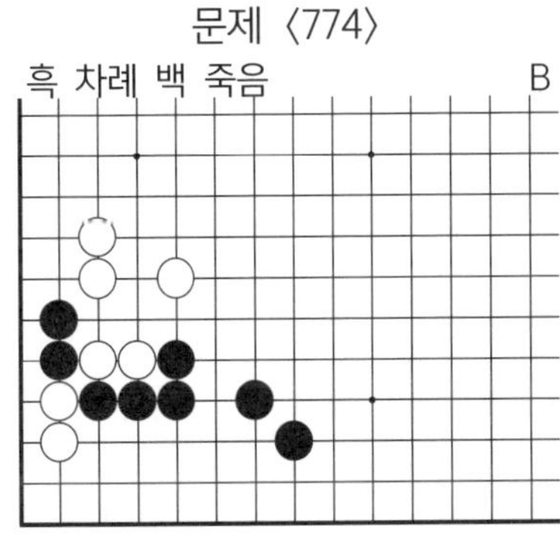

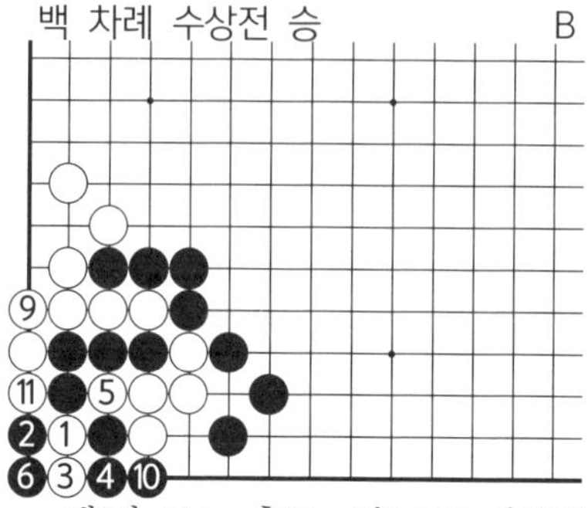

정해 〈771〉

백 차례 수상전 승   B

백1이 급소. 흑2는 백3으로 키워서
이하 11까지 백 승. ⑦→①, ❽→③

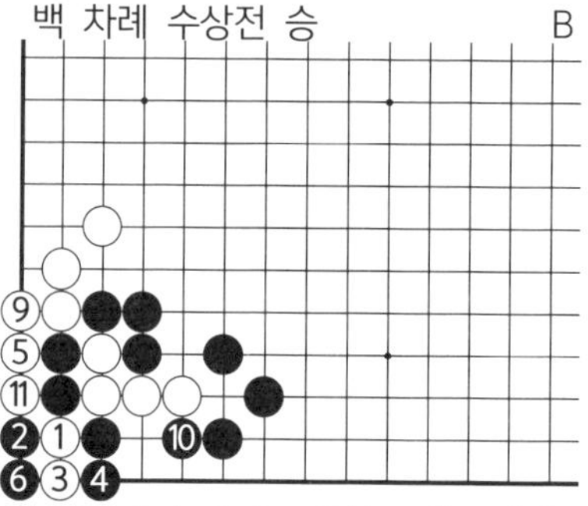

정해 〈772〉

백 차례 수상전 승   B

백1, 3이 수순. 흑4는 백5 이하
11까지 수상전 백 승. ⑦→①, ❽→③

정해 〈773〉

백 차례 수상전 승   A

백1, 3이 급소. 흑4부터 12까지
백을 잡으면…

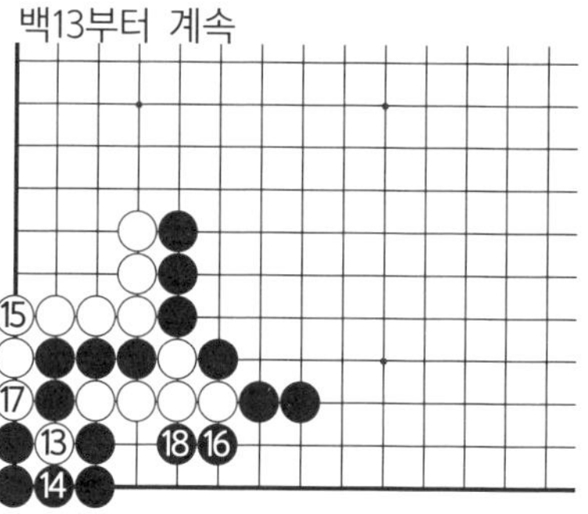

정해 계속

백13부터 계속

백13으로 먹여쳐서 흑14로 따낼 때
백15이하 19까지 수상전 승. ⑲→⑬

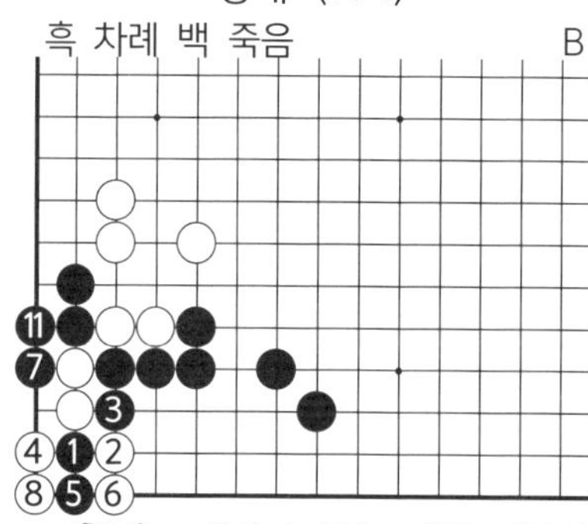

정해 〈774〉

흑 차례 백 죽음   B

흑1의 코붙임이 급소. 백2는 흑3부
터 11까지 백 죽음. ❾→❶, ⑩→❺

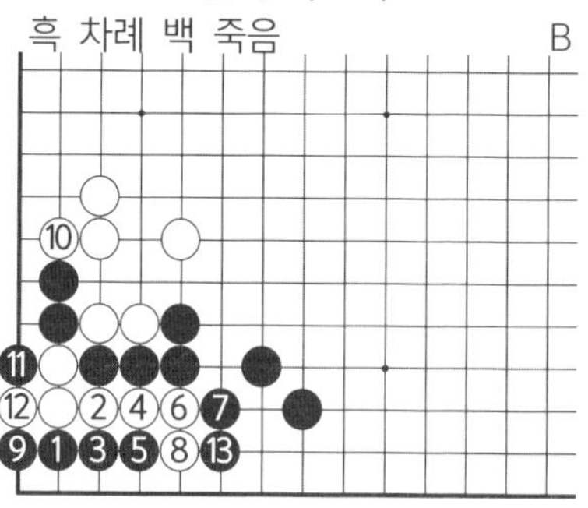

변화 〈774〉

흑 차례 백 죽음   B

흑1 때 백2로 나오면 흑3부터 11
까지 마찬가지 백 죽음.

문제 〈775〉

흑 차례 수상전 승   A

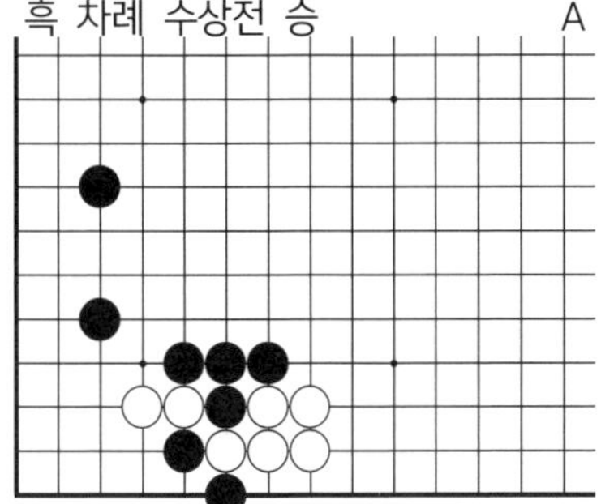

문제 〈776〉

백 차례 수상전 승   B

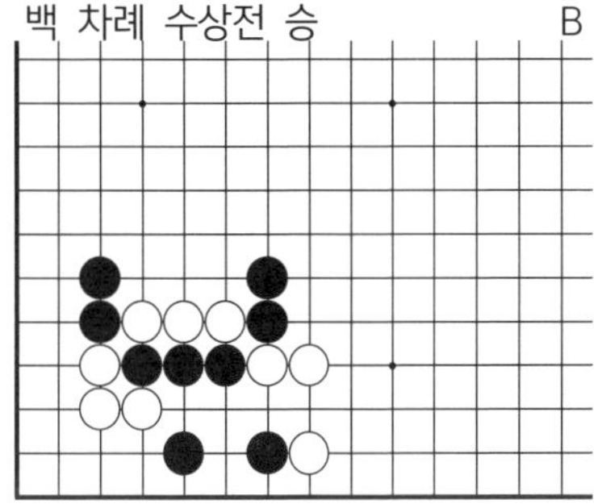

문제 〈777〉

백 차례 수상전 승   A

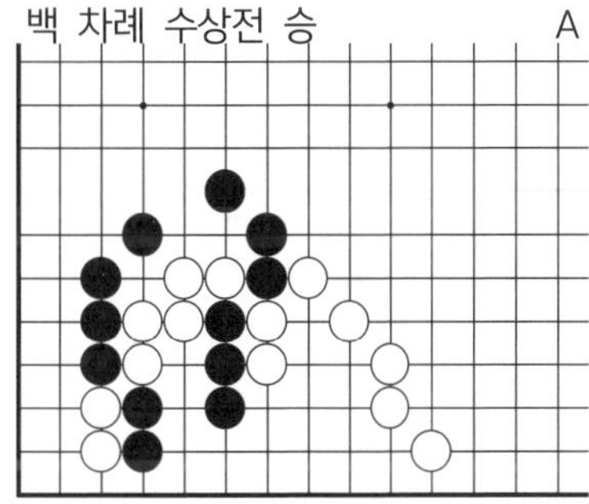

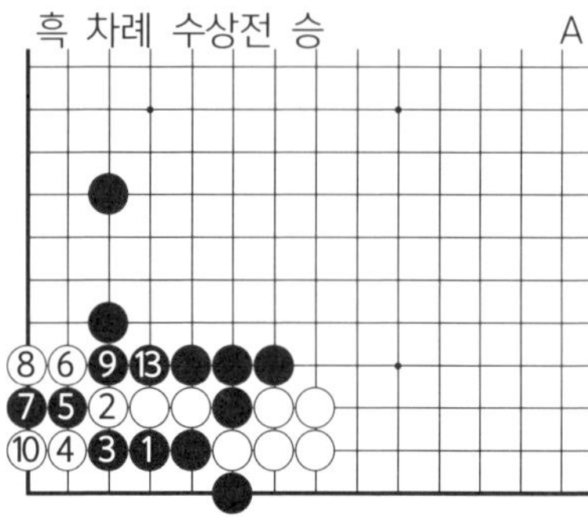

정해 〈775〉

흑 차례 수상전 승   A

흑1, 3이 좋은 수. 백4 이하 10
으로 흑을 따내면…

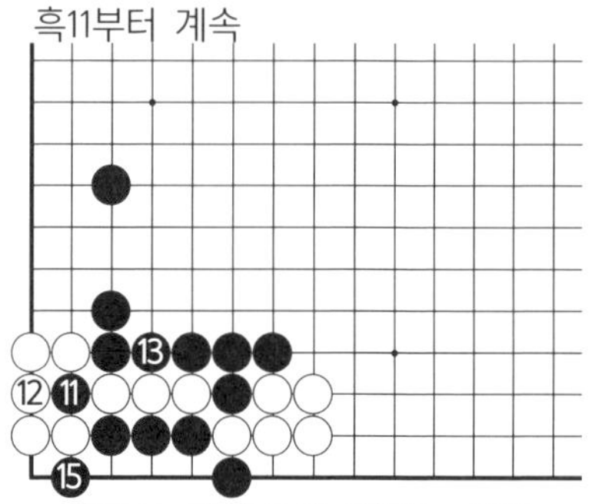

정해 계속

흑11부터 계속

흑11로 먹여 쳐서 백12는 흑13,
15로 흑 수상전 승. ⑭→⑪

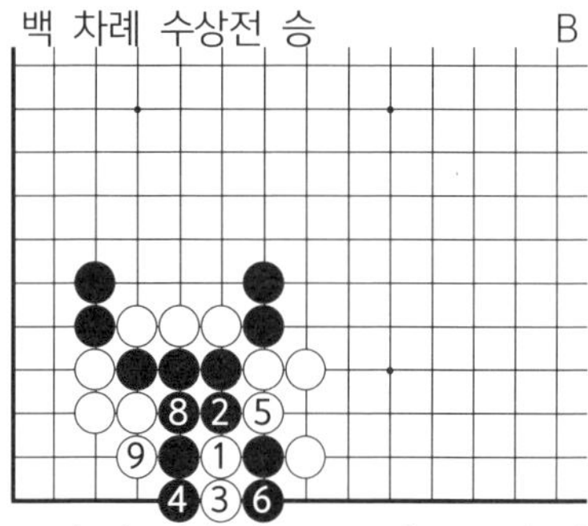

정해 〈776〉

백 차례 수상전 승   B

백1의 끼움이 급소. 흑2는 백3부
터 9까지 수상전 승. ⑦→①

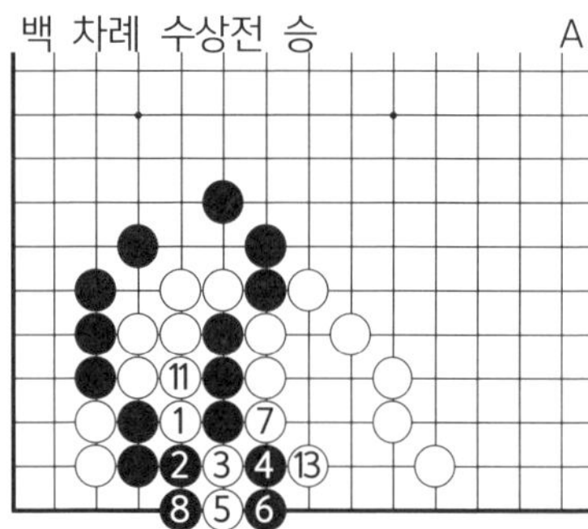

정해 〈777〉

백 차례 수상전 승   A

백1이 급소. 흑2는 백3 이하 13까지
수상전 승. ⑨→③, ❿→⑤, ⓬→③

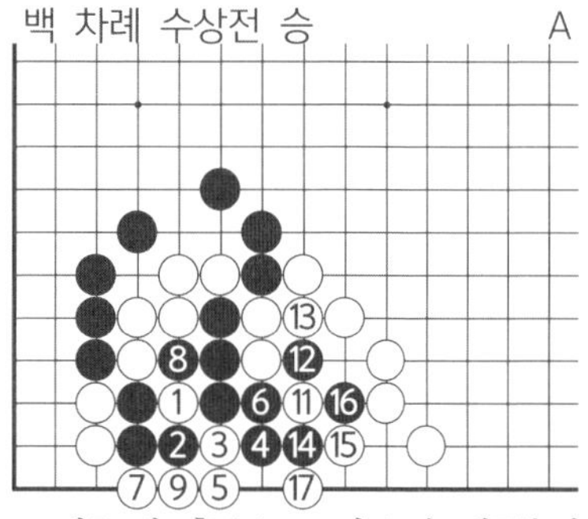

변화 〈777〉

백 차례 수상전 승   A

백5 때 흑6으로 이으면 백7부터
17까지 마찬가지 백 승. ❿→①

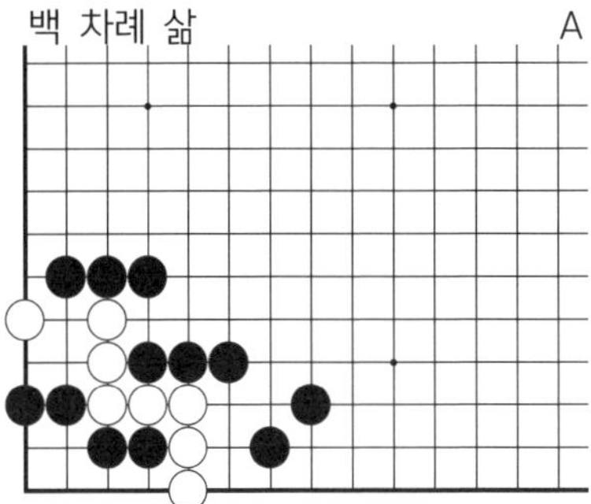

문제 〈778〉

백 차례 삶　　　　　　　　　A

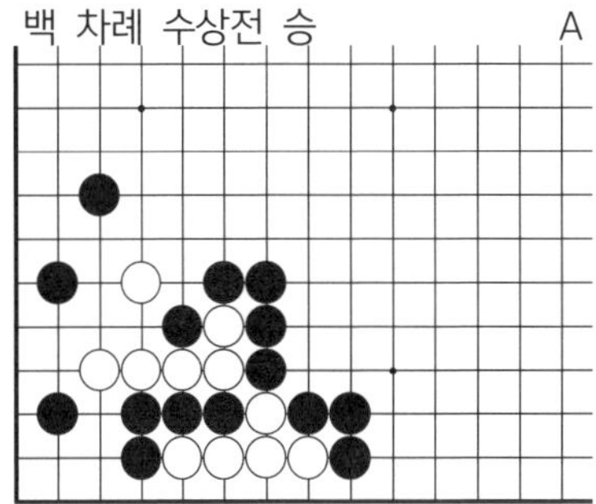

문제 〈779〉

백 차례 수상전 승　　　　A

수순에 주의.

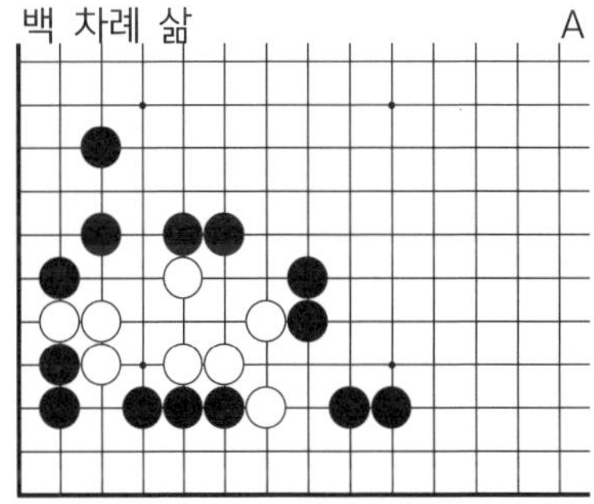

문제 〈780〉

백 차례 삶　　　　　　　　A

수순에 주의.

정해 〈778〉

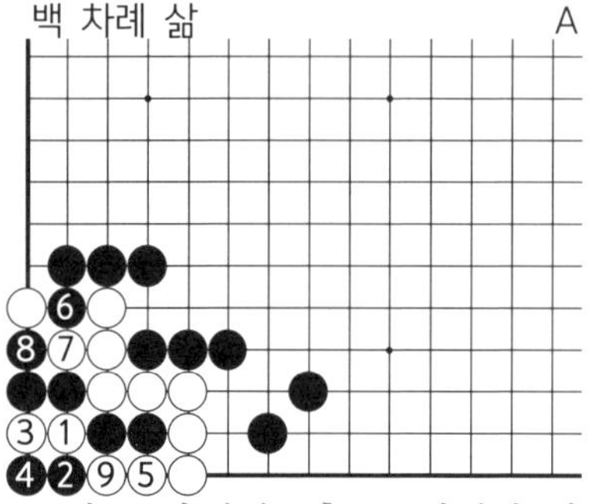

백 차례 삶 　　　　　　　　A

　　백1, 3이 수순. 흑4로 따내면 백
5, 7, 9로 자충으로 흑을 잡고 삶.

정해 〈779〉

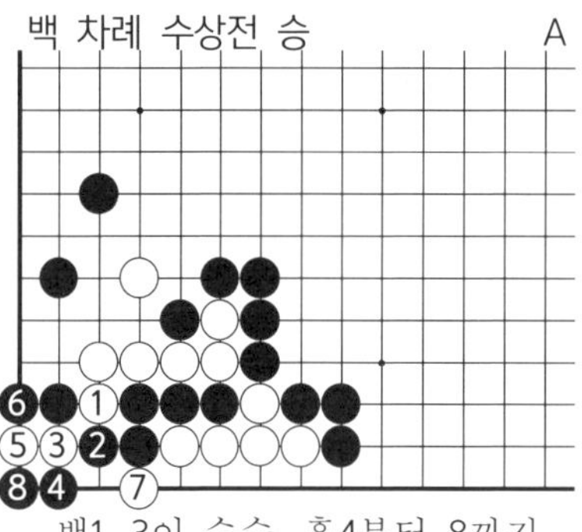

백 차례 수상전 승 　　　　　A

　　백1, 3이 수순. 흑4부터 8까지
백 2점을 따내면…

정해 계속

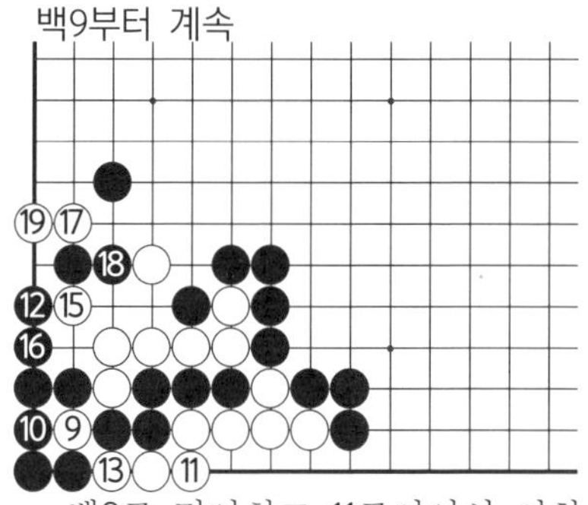

백9부터 계속

　　백9로 먹여치고 11로이어서 이하
19까지 백 수상전 승. ⑭→⑨

정해 〈780〉

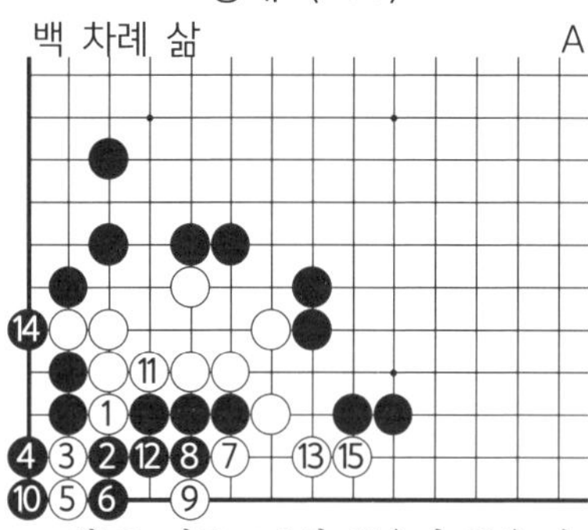

백 차례 삶 　　　　　　　　A

　　백1로 찌르고 3의 끊음이 좋은 수.
흑4의 단수는 백5 이하 15까지 삶.

버림돌을 활용하는 맥

10문제

버림돌을 활용하는 맥

버림돌을 활용하는 것은 「수순으로 유리하게 이끄는 맥」과 마찬가지로 거의 전반의 사활묘수풀이에 적용되는 문제이기 때문에 특별히 하나의 항목을 마련할 필요가 없다고도 생각할 수도 있지만 버림돌을 활용하는 감각을 기르는 데 필요하다고 여겨 하나의 항목으로 삼았습니다.

다음 그림에서 백1로 내리는 수가 버림돌을 활용하는 맥으로 백1로 버리는 돌 때문에 흑은 4, 8, 10으로 3수의 수수가 필요하게 되어 백은 11로 살게 됩니다.

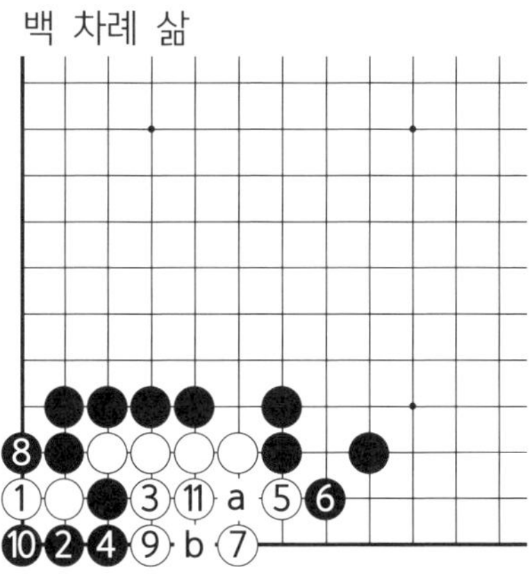

만약 백1을 3에 두면 흑1, 백4, 흑a, 백11, 흑5, 백b로 되었을 때 흑2의 곳을 먹여쳐서 패가 되어 그냥은 살 수 없습니다.

문제 〈781〉

백 차례 삶   C

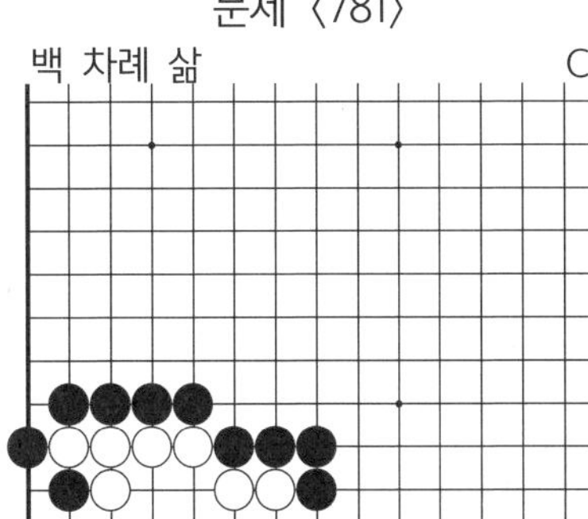

문제 〈782〉

흑 차례 삶   C

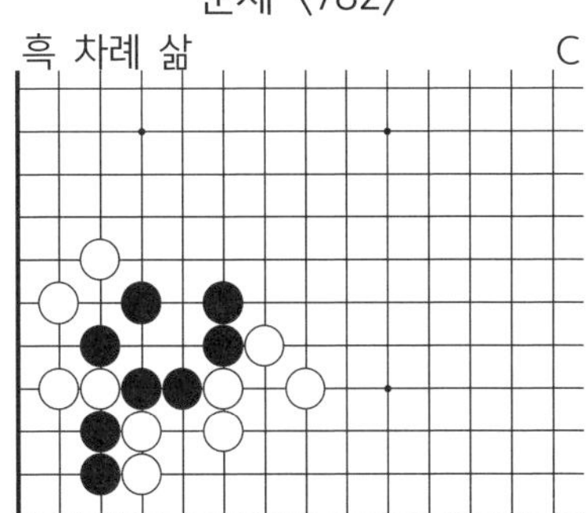

문제 〈783〉

백 차례 삶   C

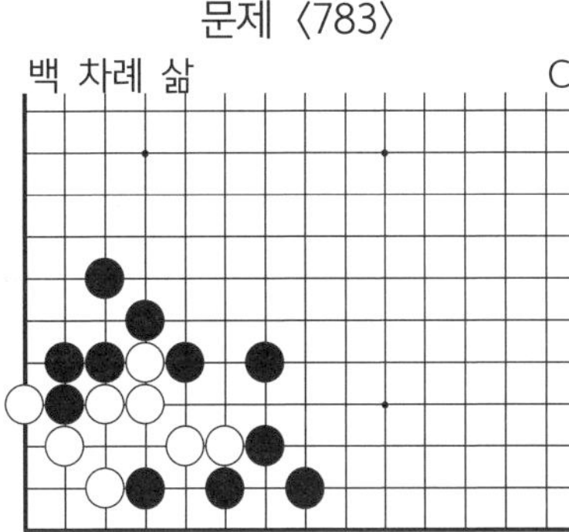

문제 〈784〉

백 차례 삶   C

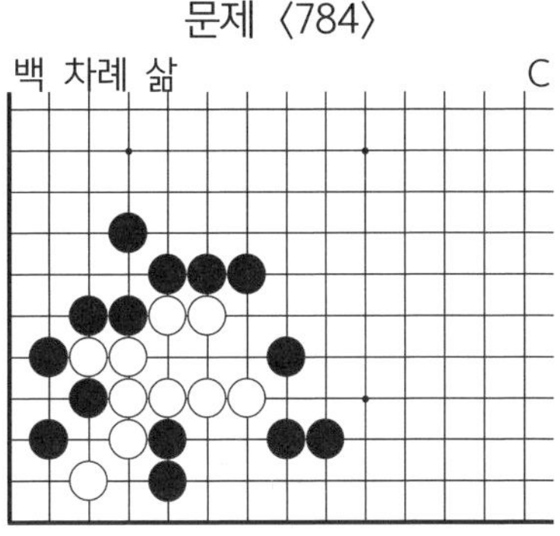

문제 〈785〉

백 차례 삶   C

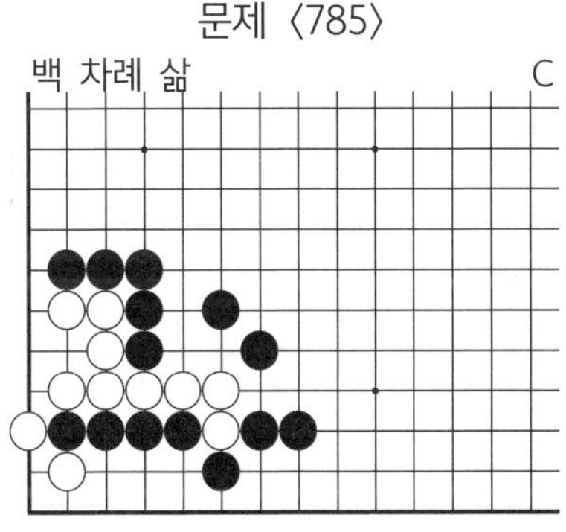

문제 〈786〉

백 차례 삶   B

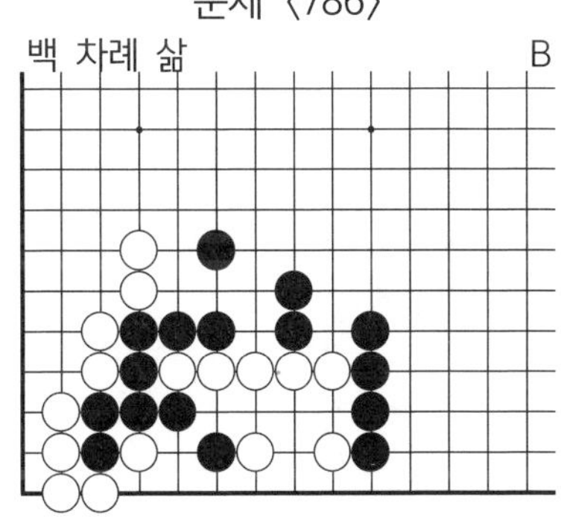

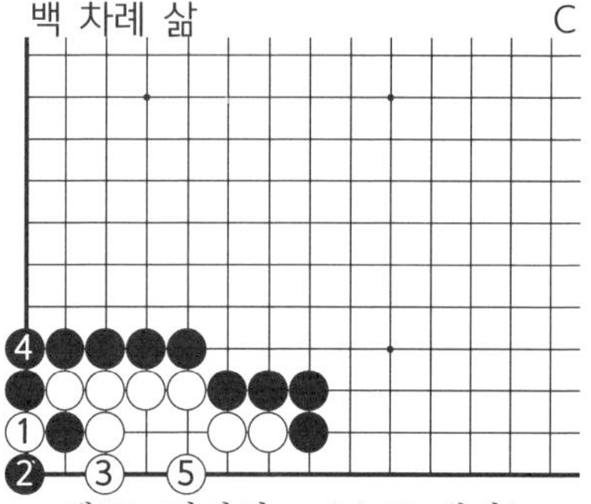

백1로 먹여치고 3으로 내리는 것이 좋은 수순. 흑4는 백5로 삶.

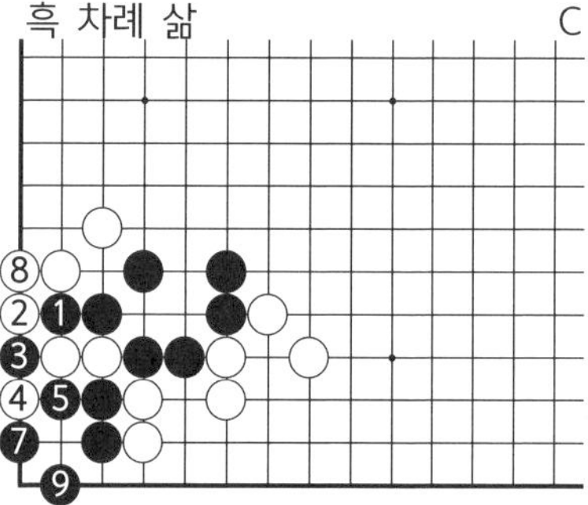

흑1, 3의 먹여침이 좋은 수. 백4로 따내면 흑5, 7, 9로 삶. ⑥→❸

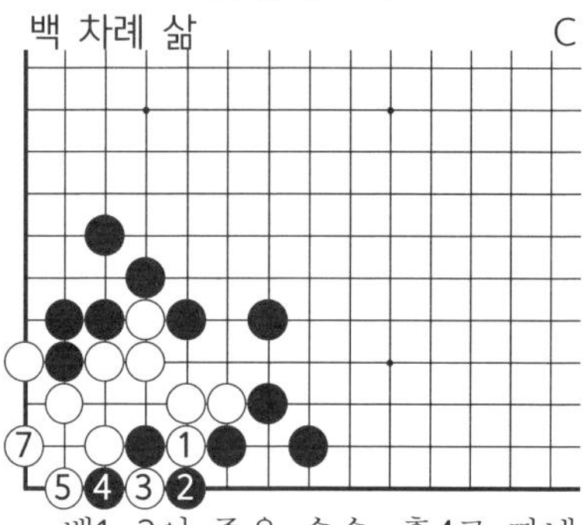

백1, 3이 좋은 수순. 흑4로 따낼 때 백5, 7로 삶. ❻→③

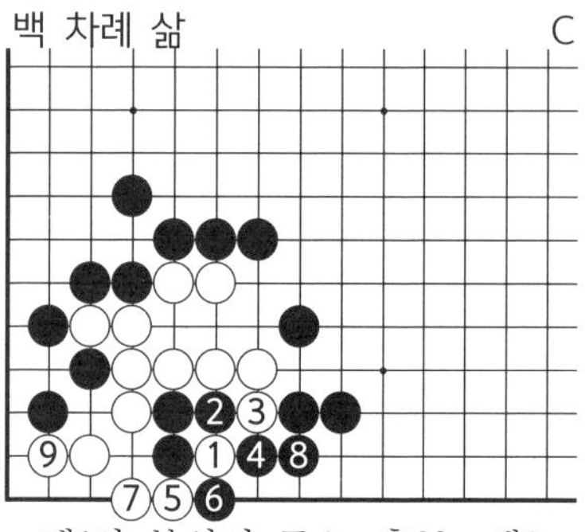

백1의 붙임이 급소. 흑2는 백3 이하 9까지 삶.

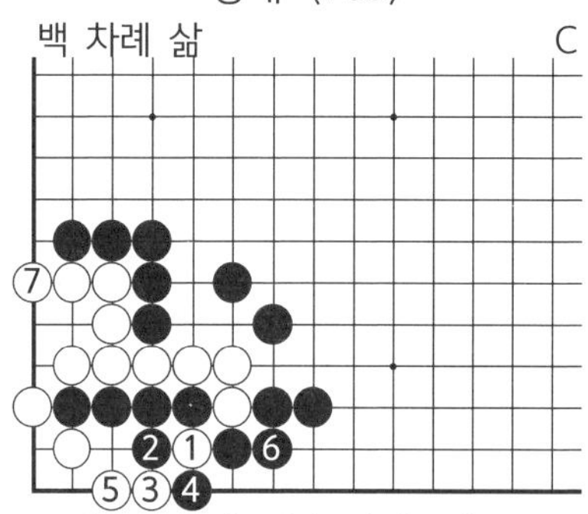

백1, 3, 5가 좋은 수순. 흑6으로 약점을 보완할 때 백7로 삶.

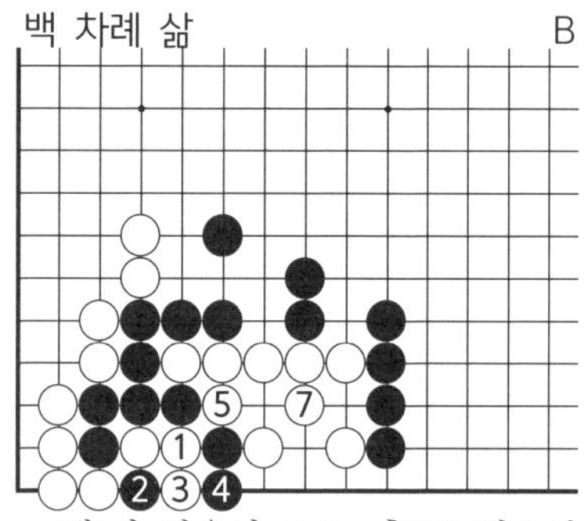

백1의 찝음이 급소. 흑2로 잡으면 백3, 5, 7로 삶. ❻→❷

문제 〈787〉

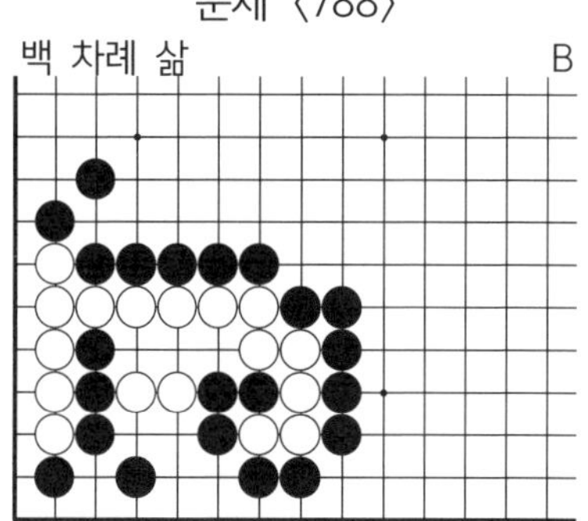

문제 〈788〉

문제 〈789〉

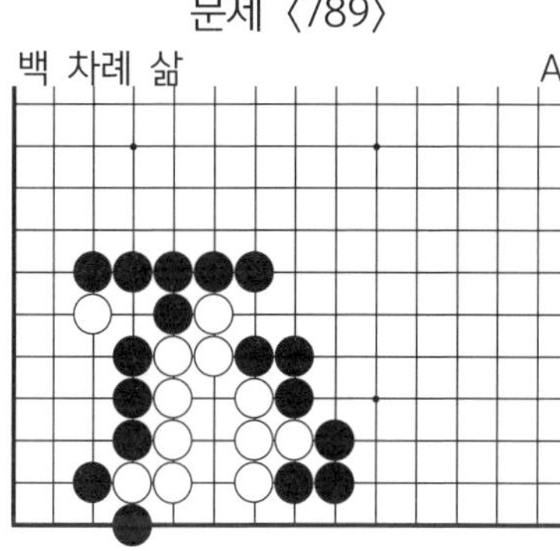

문제 〈790〉

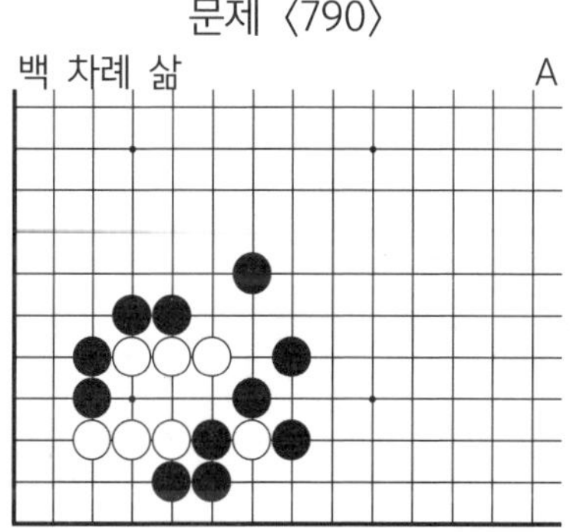

정해 〈787〉

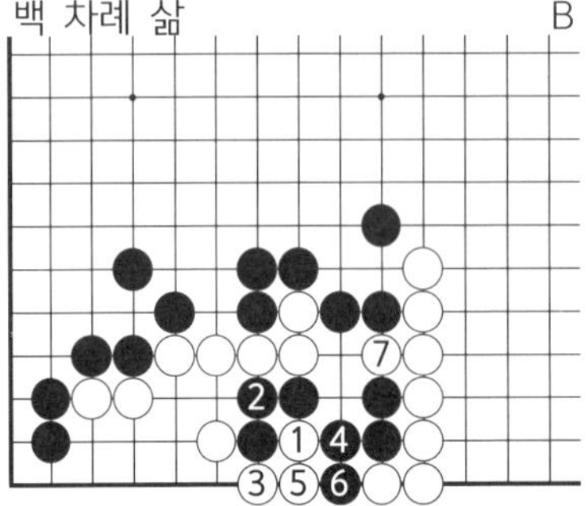

백 차례 삶　　　　　　　　　　　B

백1의 찝음이 좋은 수. 흑2는 백
3, 5, 7로 연결해서 삶.

정해 〈788〉

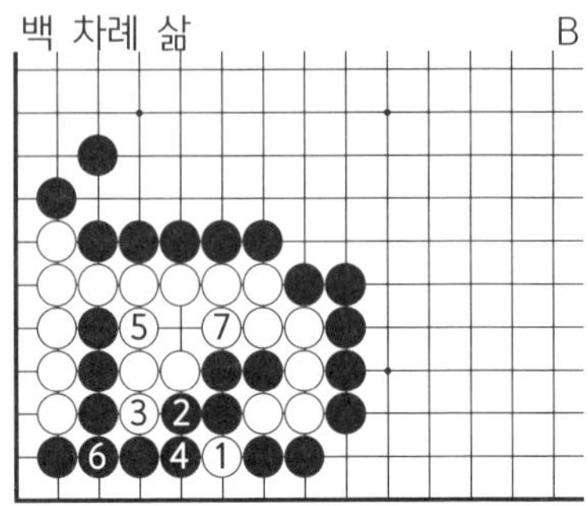

백 차례 삶　　　　　　　　　　　B

백1의 끊음이 좋은 수. 흑2는 백
3, 5, 7로 삶.

정해 〈789〉

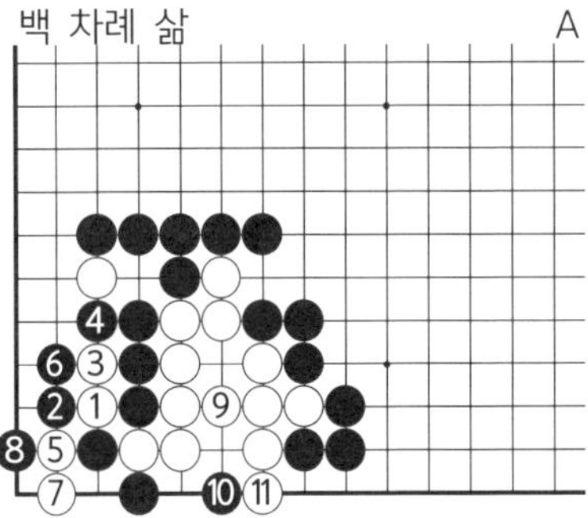

백 차례 삶　　　　　　　　　　　A

백1, 3이 좋은 수순. 흑4로 잡으면
백5 이하 11까지 삶.

정해 〈790〉

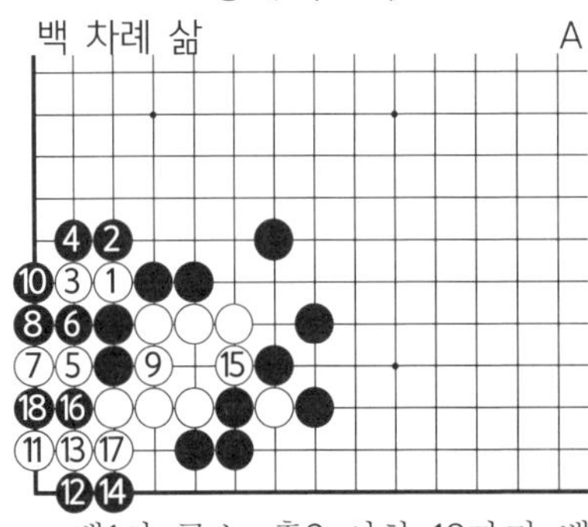

백 차례 삶　　　　　　　　　　　A

백1이 급소. 흑2 이하 18까지 백
을 잡으면…

정해 계속

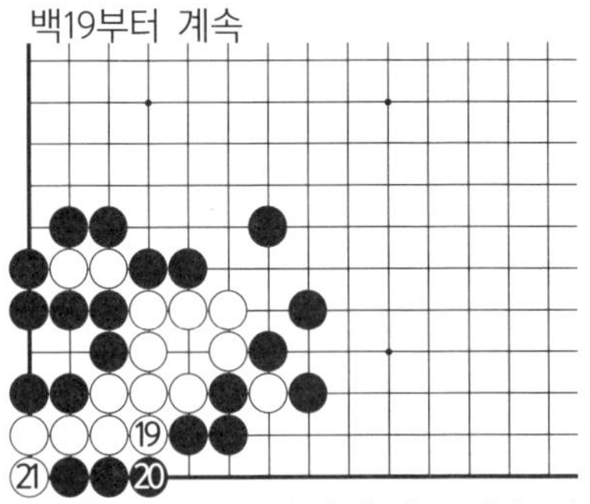

백19부터 계속

백19, 21로 단수쳐서 흑 3점을 잡
고 삶.

적의 약점을 활용하는 맥

18문제

적의 약점을 활용하는 맥

이 항목도「수순을 유리하게 이끄는 맥」과「버림돌을 활용하는 맥」의 이치와 마찬가지로 전반적인 사활묘수풀이에 적용되는 문제이지만 이 역시 약점을 활용하는 맥의 감각을 기르기 위해서 18도 정도 선정하여 한 항목으로 삼았습니다.

자신의 돌이 단독으로 사는 수가 없는 경우에는 적의 약점을 활용해 사는 수를 궁리하는 것이 순서이며 거기에 여러 가지 수단이 생기는 경우가 있습니다.

다음은 좌하귀의 흑의 약점을 활용해서 사는 사활묘수풀이지만 이것에는 전후 순서가 중요합니다.

우선 백1로 끊고 흑2 때 백3으로 단수치는 것이 수순으로 이하 백7로 되어 흑은 자충이 되기 때문에 귀의 흑 2점을 잡고 백이 살게 됩니다.

백 차례 삶

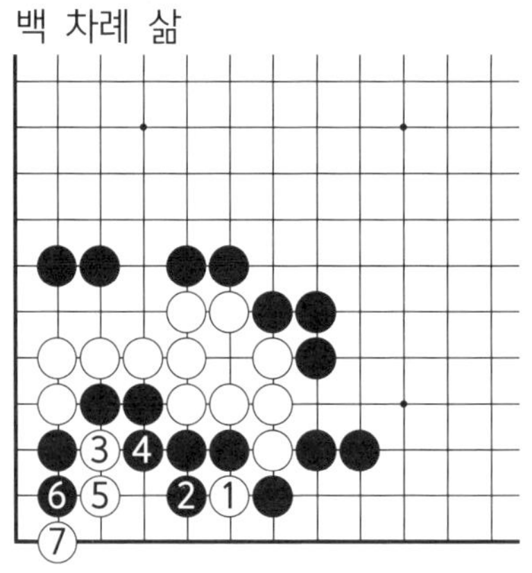

문제 〈791〉

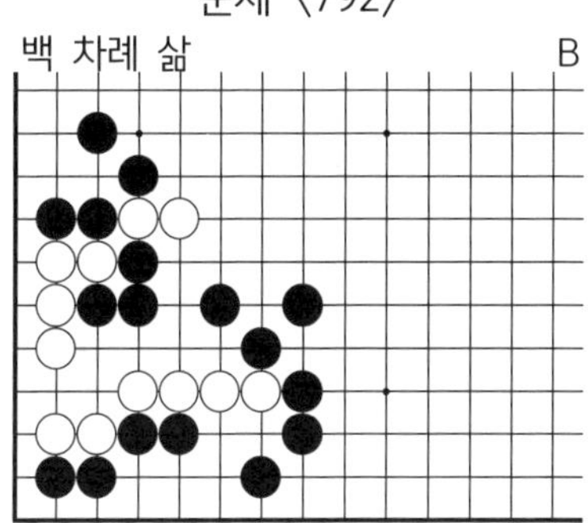
문제 〈792〉

문제 〈793〉

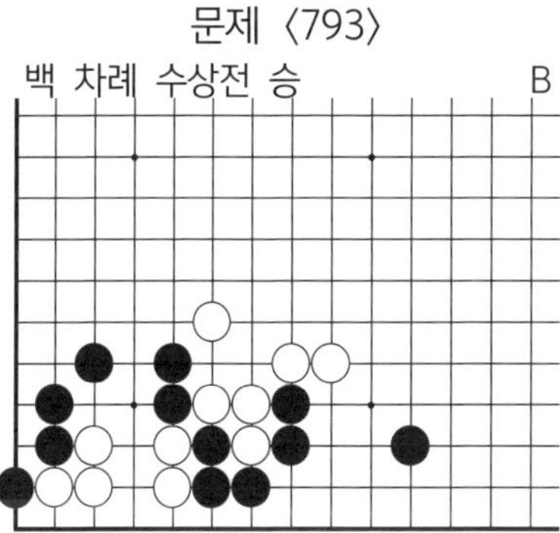

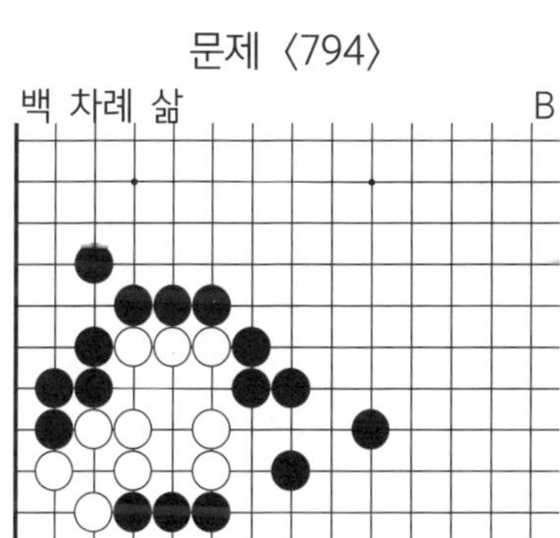

문제 〈794〉

문제 〈795〉

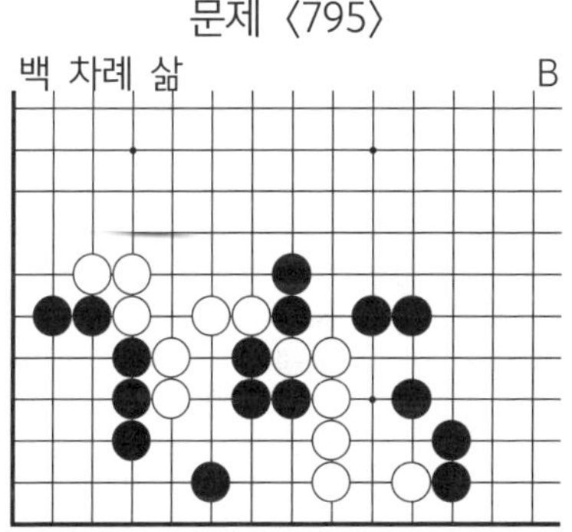

정해 〈791〉

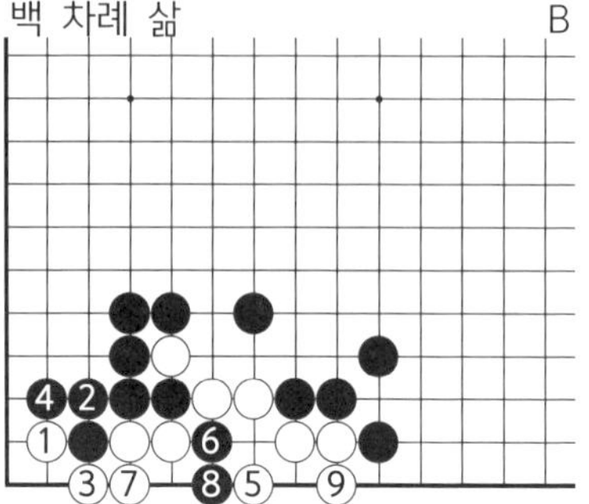

백1의 껴붙임이 급소. 흑2로 이
으면 백3 이하 9까지 삶.

정해 〈792〉

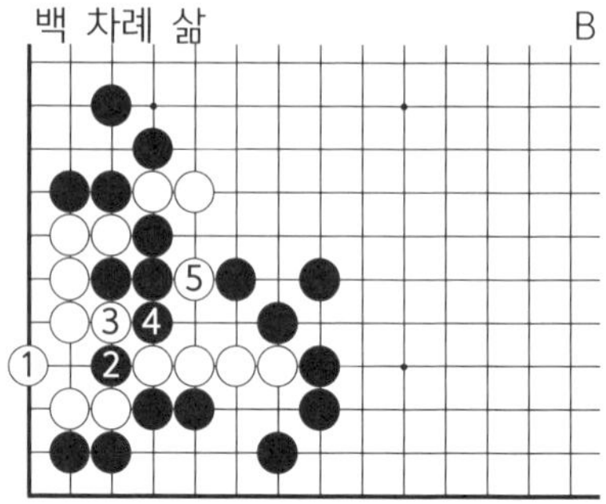

백1이 급소. 흑2로 파호하면 백
3, 5로 흑을 잡고 삶.

정해 〈793〉

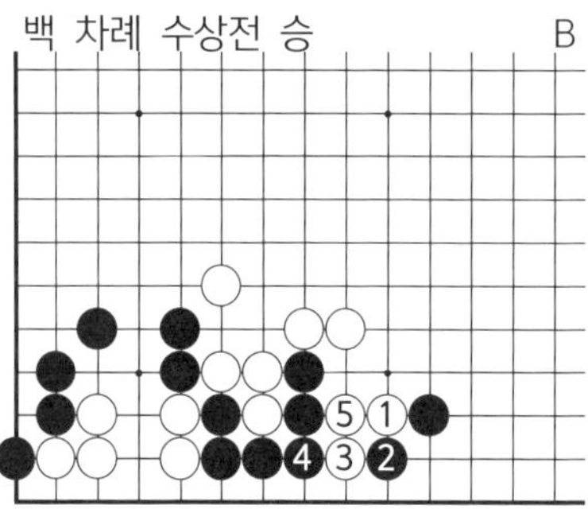

백1의 붙임이 급소. 흑2는 백3,
5로 수상전 백 승.

변화 〈793〉

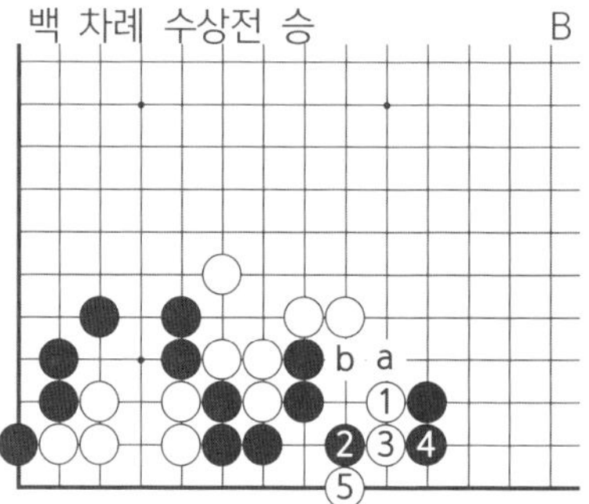

백1 때 흑2라면 백3, 5로 마찬
가지. 다음에 흑a는 백b로 자충.

정해 〈794〉

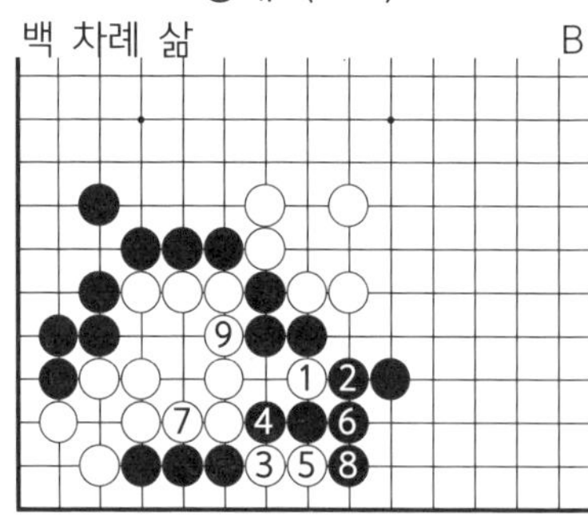

백1로 끼우는 수가 급소. 흑2는
백3부터 9까지 삶.

정해 〈795〉

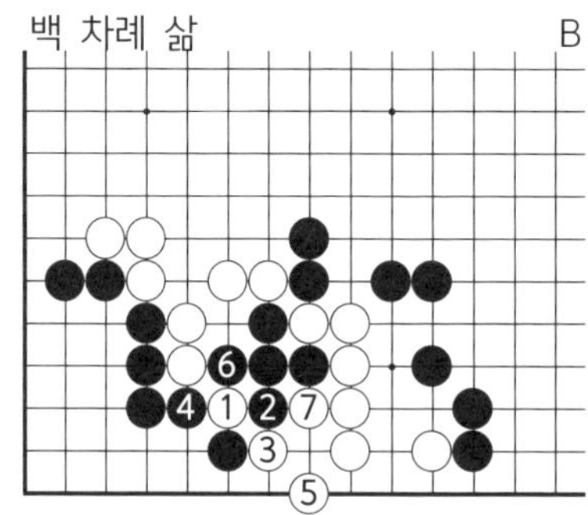

백1이 급소. 흑2는 백3, 5, 7로
삶.

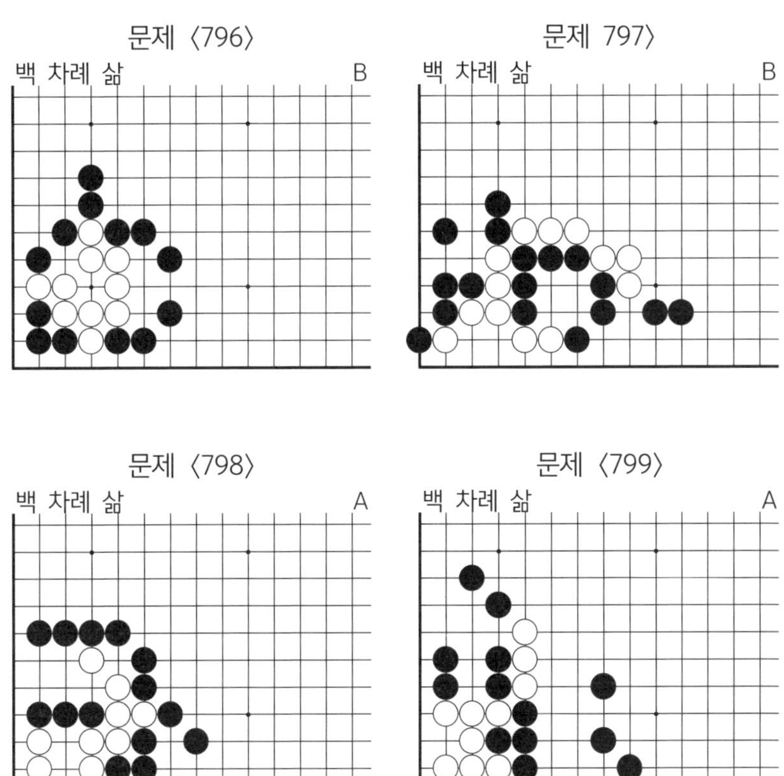

문제 〈796〉
백 차례 삶
B
문제 797〉
백 차례 삶
B
문제 〈798〉
백 차례 삶
A
수순에 주의.
문제 〈799〉
백 차례 삶
A
수순에 주의.

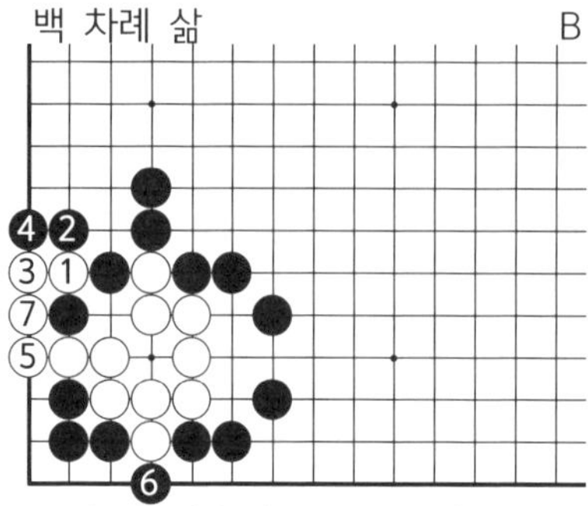

백1의 찝음이 좋은 수. 흑2, 4는
백5, 7로 삶.

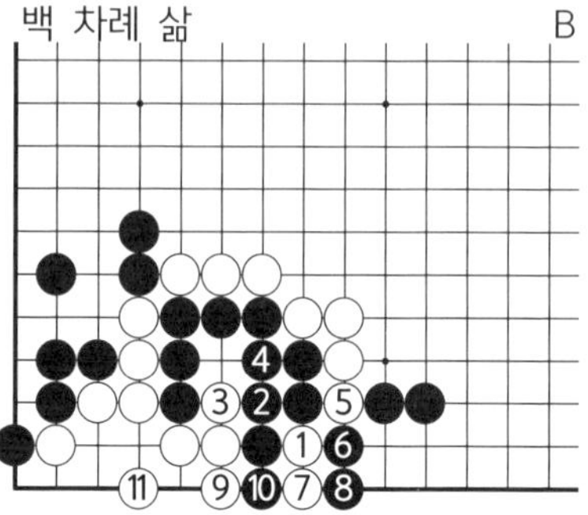

백1의 찝음이 묘수. 흑2로 이으면
백3부터 11까지 삶.

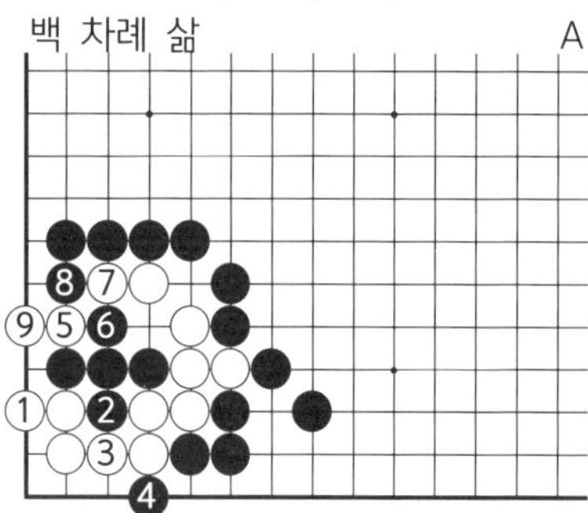

백1이 급소. 흑2는 백3 이하 9
까지 흑을 잡고 삶.

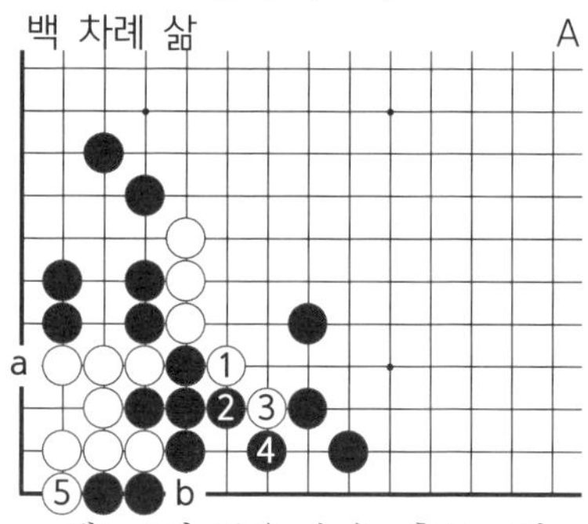

백1, 3이 좋은 수순. 흑4는 백
5로 a와 b가 맞보기로 삶.

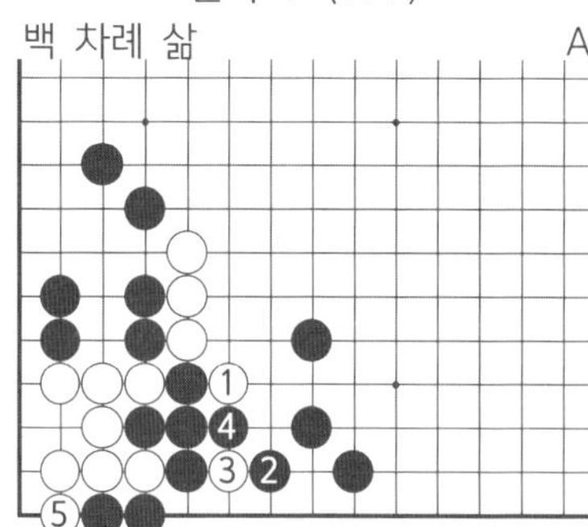

백1 때 흑2라면 백3, 5로 마찬
가지 백 삶.

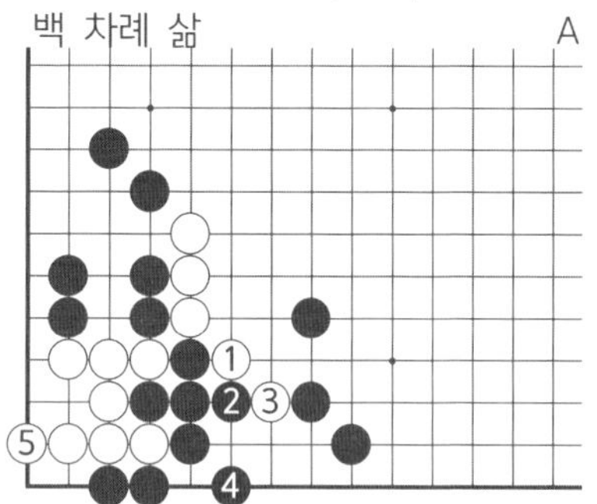

백1, 3 때 흑4로 받으면 백5가
멋진 수로 마찬가지 백 삶.

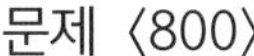

문제 〈800〉

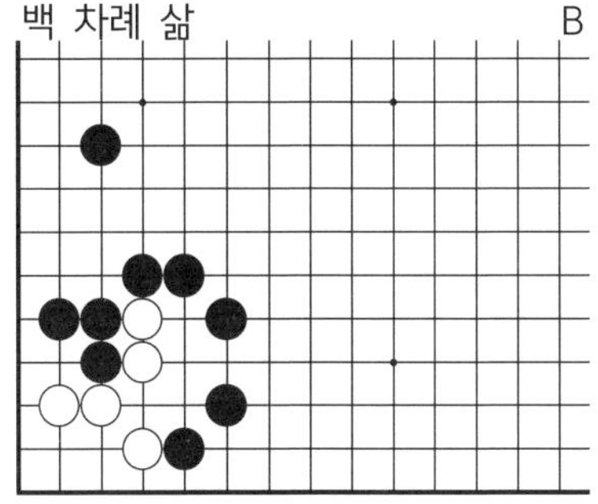

문제 〈801〉

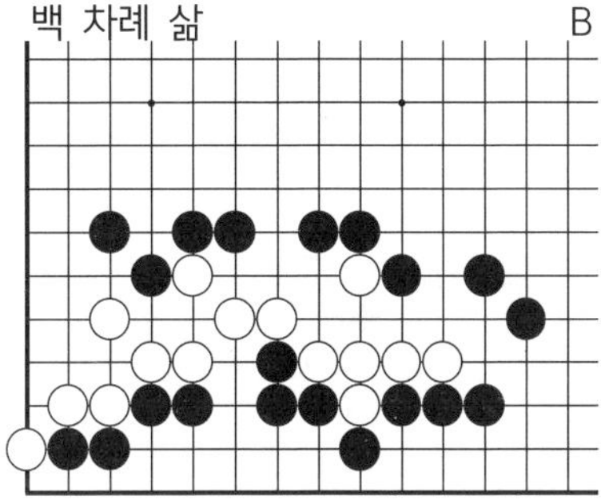

수순이 중요.

문제 〈802〉

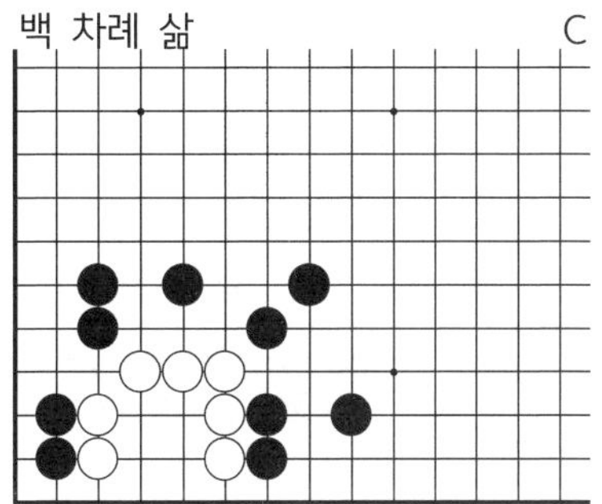

문제 〈803〉

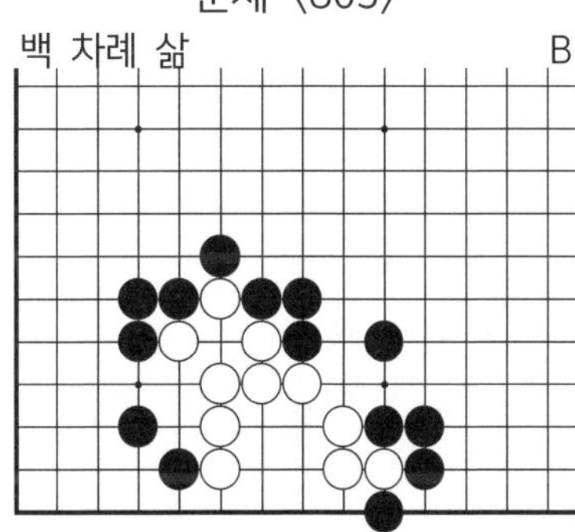

버림돌을 활용하는 것이 열쇠.

문제 〈804〉

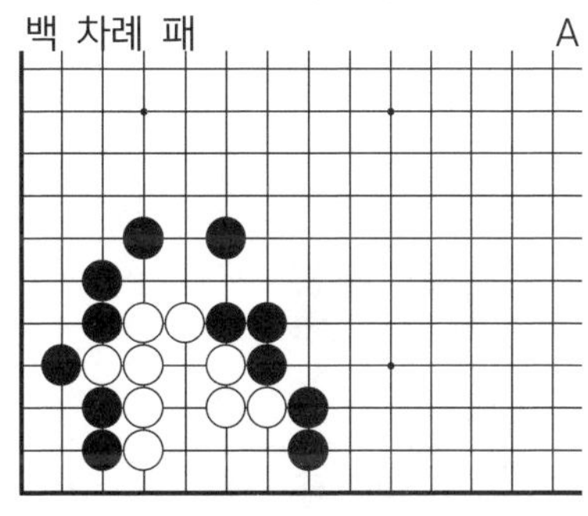

버림돌을 활용하는 것이 열쇠.

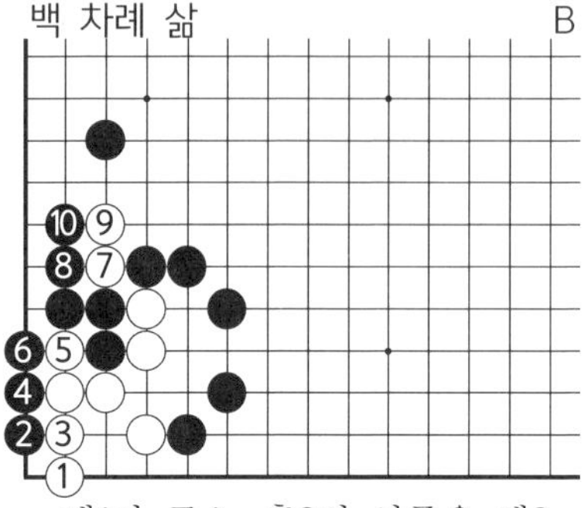

정해 〈800〉

백 차례 삶 · B

백1이 급소. 흑2의 치중은 백3
이하 흑10까지 교환한 다음에…

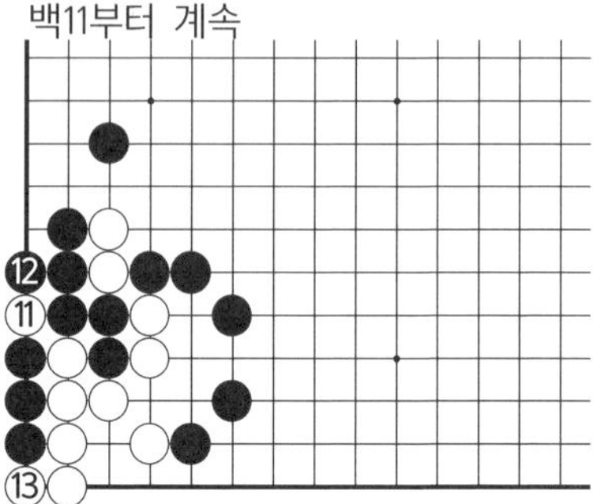

정해 계속

백11부터 계속

백11로 먹여치고 13으로 단수쳐
서 백 삶.

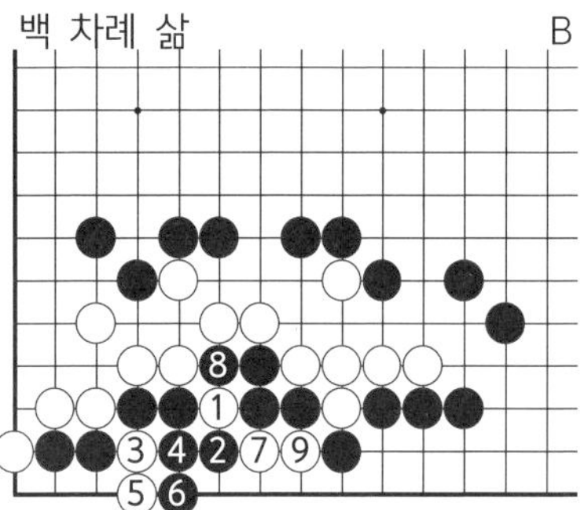

정해 〈801〉

백 차례 삶 · B

백1로 끼우고 3의 단수가 묘수.
흑4는 백5, 7, 9로 흑을 잡고 삶.

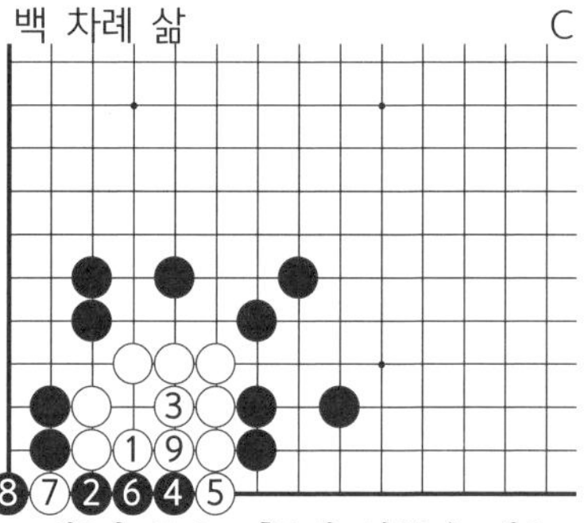

정해 〈802〉

백 차례 삶 · C

백1이 급소. 흑2의 치중은 백3
이하 9까지 흑 3점을 잡고 삶.

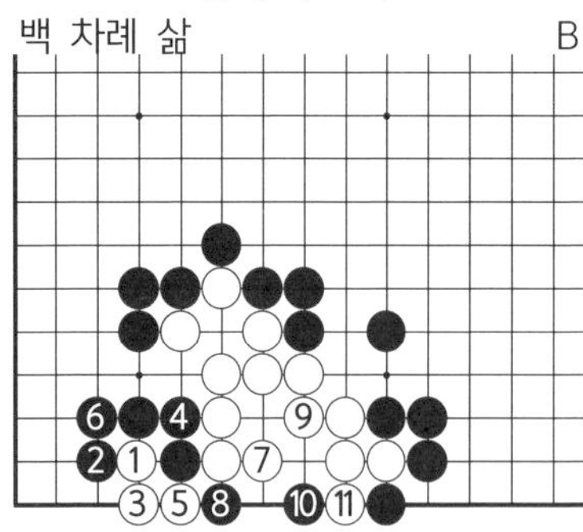

정해 〈803〉

백 차례 삶 · B

백1의 찝음이 묘수. 흑2는 백3
이하 9까지 삶.

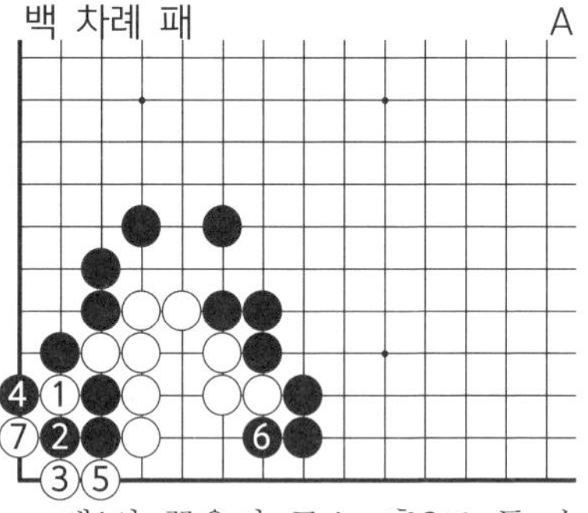

정해 〈804〉

백 차례 패 · A

백1의 끊음이 급소. 흑2로 둘 수
밖에 없고 백3, 5, 7로 패.

문제 〈805〉

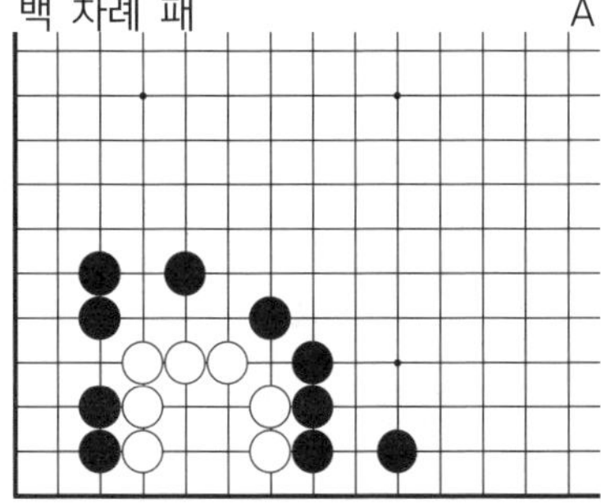

버림돌을 활용하는 것이 열쇠.

문제 〈806〉

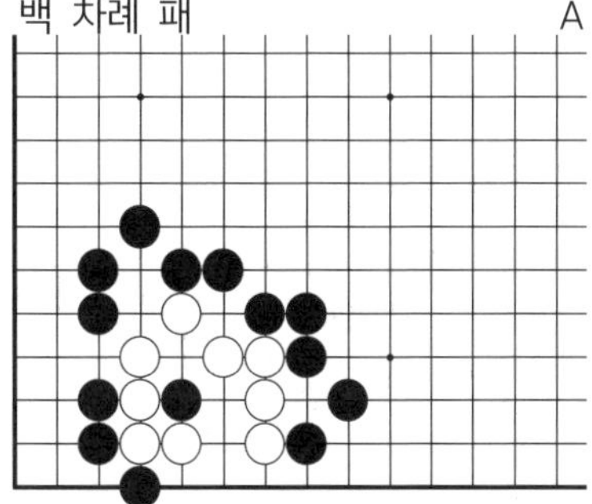

버림돌을 활용하는 것이 열쇠.

문제 〈807〉

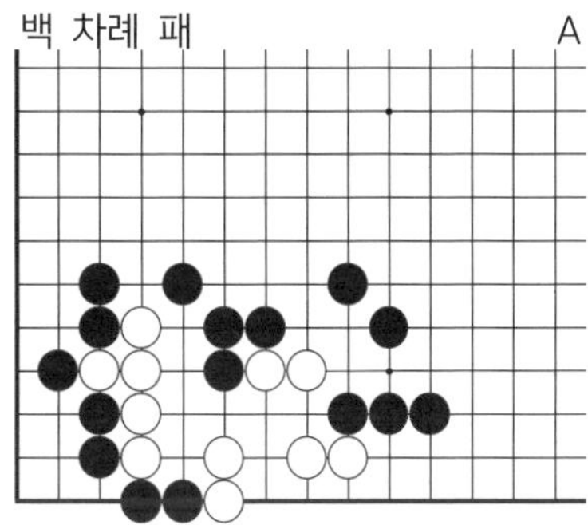

버림돌을 활용하는 것이 열쇠.

문제 〈808〉

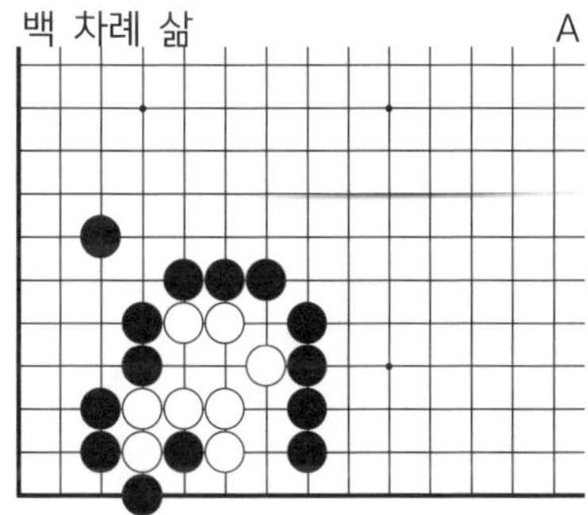

버림돌을 활용하는 것이 열쇠.

정해 〈805〉

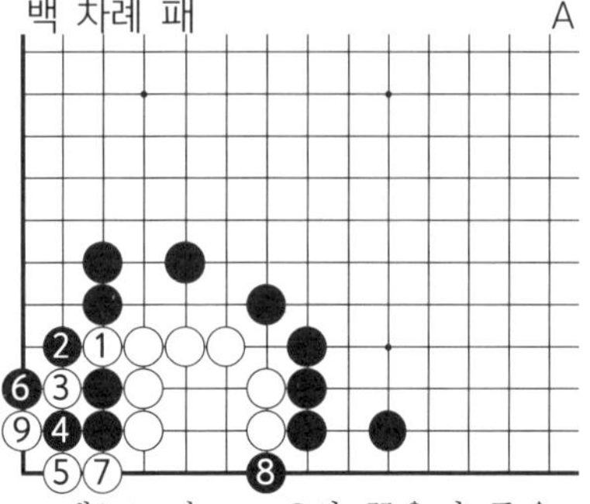

백1로 찌르고 3의 끊음이 좋은
수순. 흑4로 잡으면 백5, 7, 9로 패.

정해 〈806〉

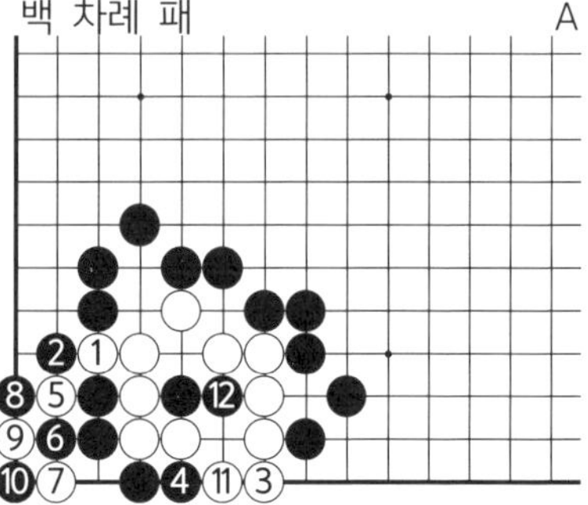

백1, 3이 좋은 수순. 흑4는 백5
부터 13까지 패. ⑬→⑨

정해 〈807〉

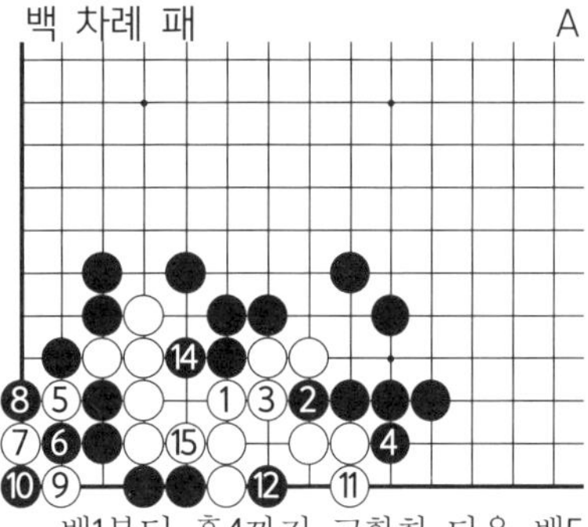

백1부터 흑4까지 교환한 다음 백5
가 묘수. 이하 15까지 패. ⑬→⑦

정해 〈808〉

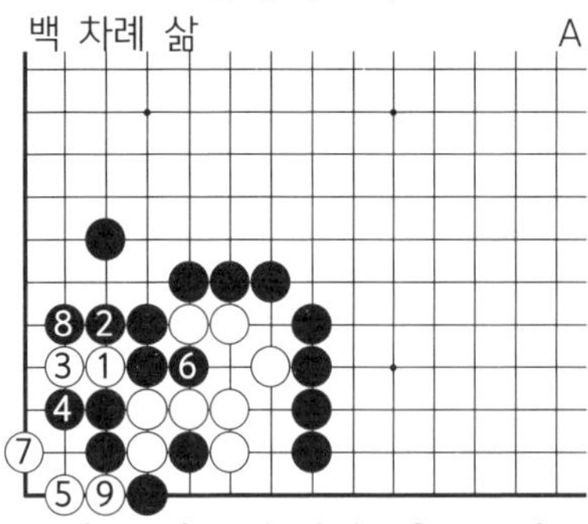

백1, 3이 좋은 수순. 흑4는 백5,
7, 9로 삶.

변화 〈808〉

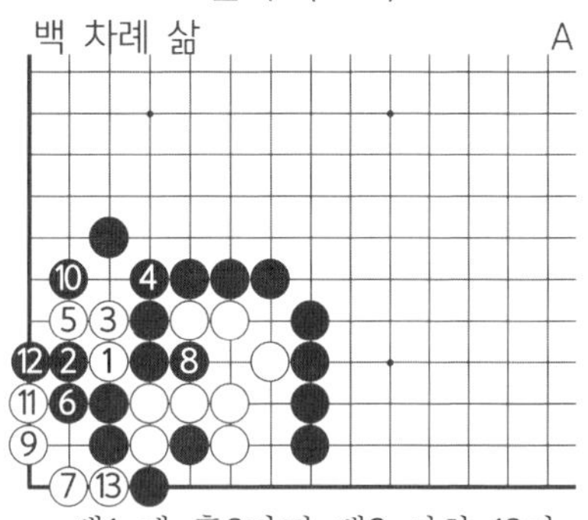

백1 때 흑2라면 백3 이하 13까
지 마찬가지 삶.

껴붙임, 붙임, 건너붙임, 끼우는 맥

52문제

껴붙임, 붙임, 건너붙임, 끼우는 맥

이 네 가지는 모두 바둑 전반에서 통하기 때문에
모두 하나의 항목으로 하였습니다.

1도 껴붙이는 맥

흑 차례 패

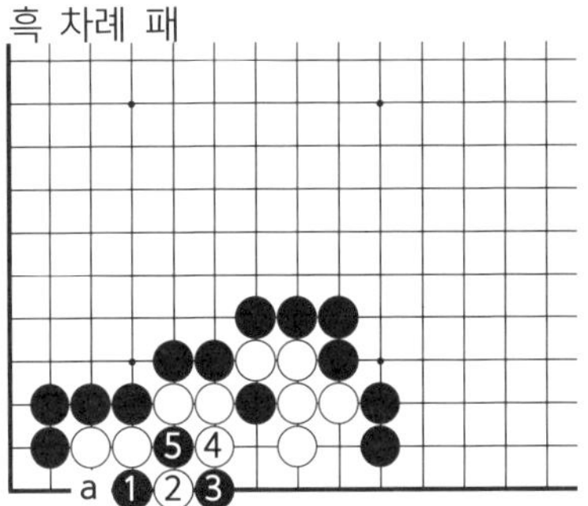

흑1이 절묘한 껴붙임의 맥으로 백
2로 받을 수밖에 없고 흑3, 5로 패
가 됩니다. 흑1을 a로 젖히는 수는
백2로 간단히 살아버립니다.

2도 붙이는 맥

흑 차례 백 죽음

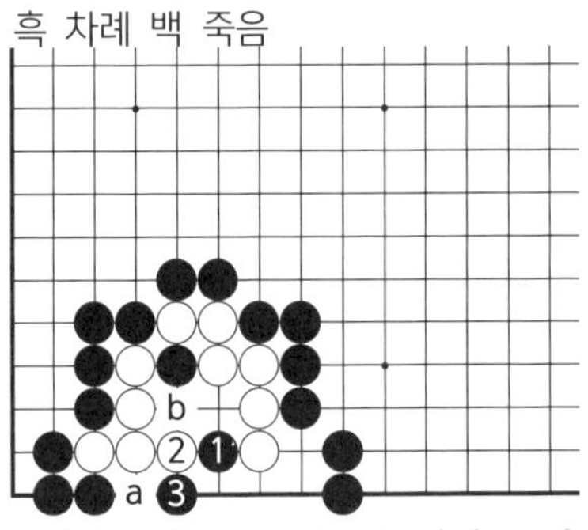

흑1이 붙이는 맥으로 일발 즉사
입니다. 백2를 a로 막으면 흑b로
그만이고, 백2를 3이라면 흑2로
그만입니다.

3도 건너붙이는 맥

백 차례 삶

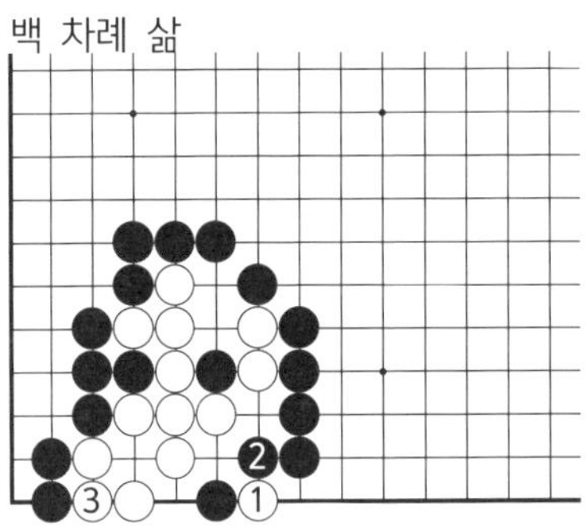

백1이 건너붙이는 맥으로 흑2로
받으면 백3으로 간단히 삽니다.
　사활의 경우에 한정하지 않고,
싸움에서 응용의 범위가 넓습니다.

4도 끼우는 맥

백 차례 삶

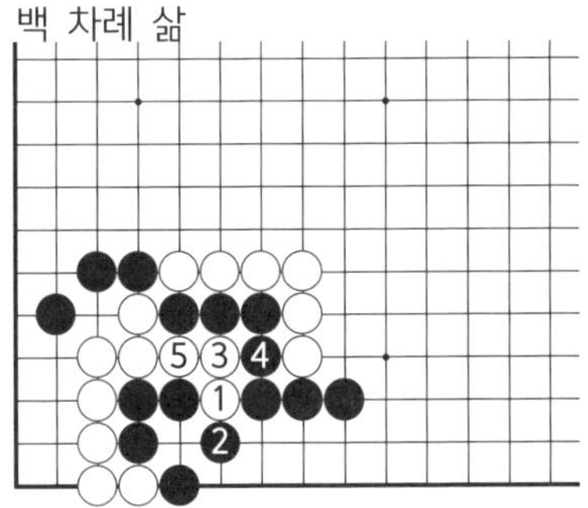

백1이 끼우는 맥으로 흑은 2, 4
로 받아서 3점을 버리는 수밖에
없습니다.

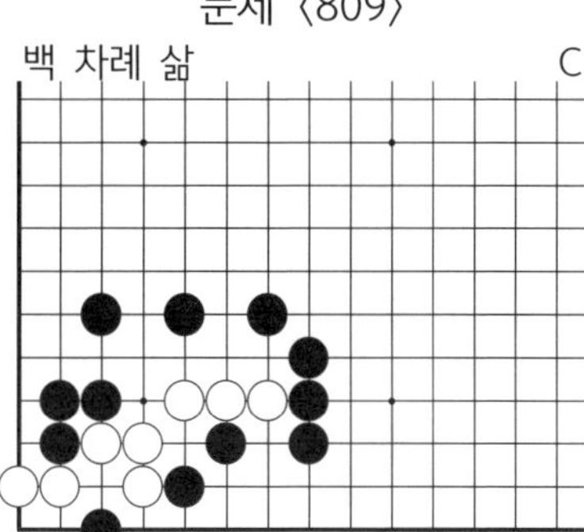

문제 〈809〉

백 차례 삶   C

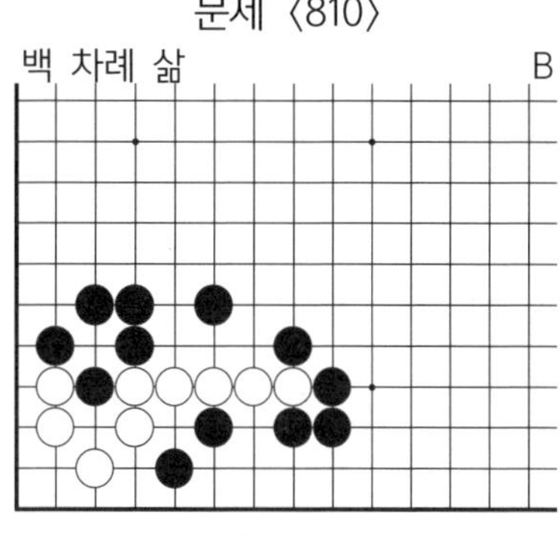

문제 〈810〉

백 차례 삶   B

수순에 주의.

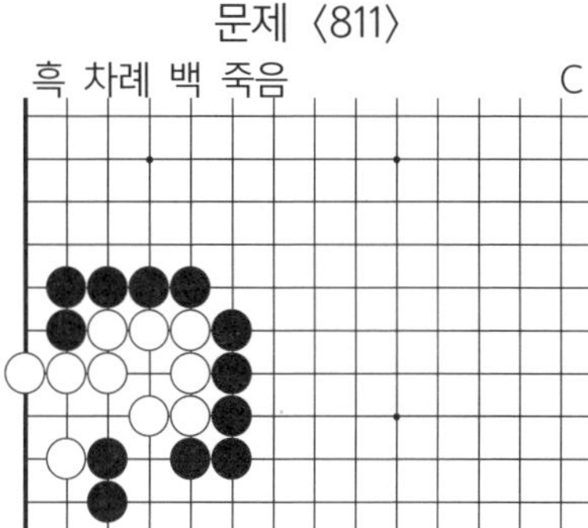

문제 〈811〉

흑 차례 백 죽음   C

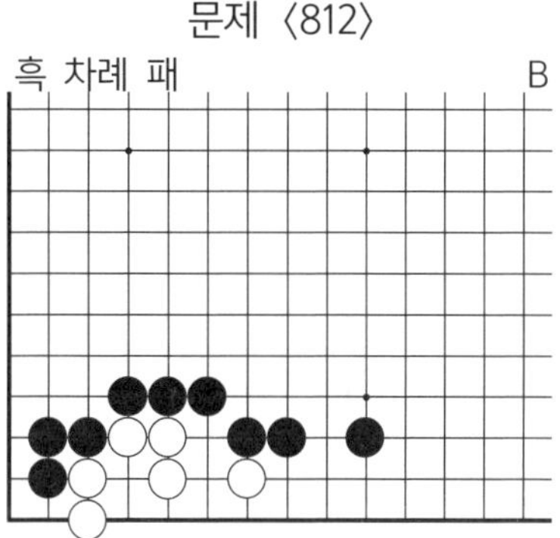

문제 〈812〉

흑 차례 패   B

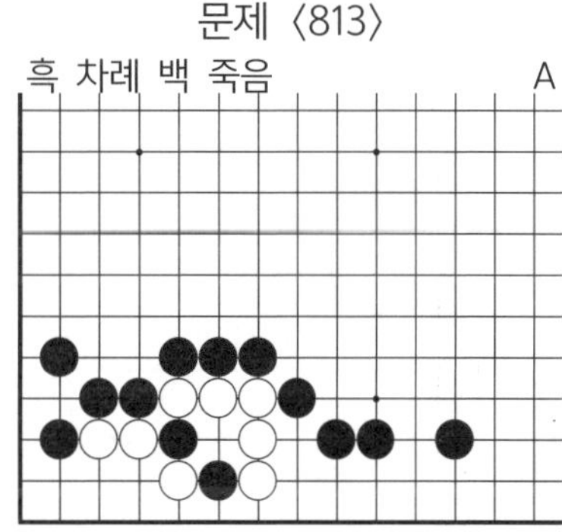

문제 〈813〉

흑 차례 백 죽음   A

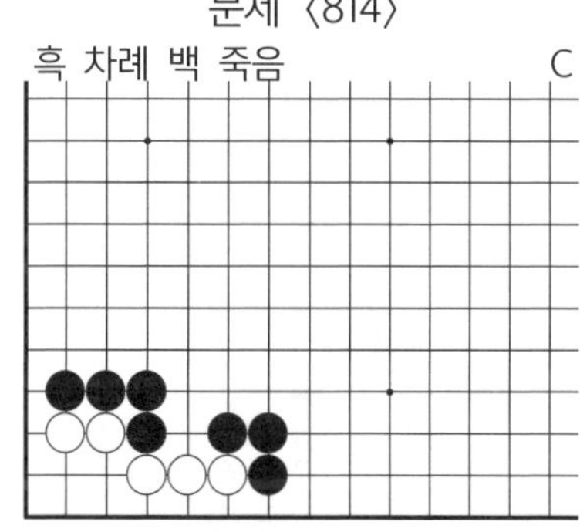

문제 〈814〉

흑 차례 백 죽음   C

백 차례 삶 C

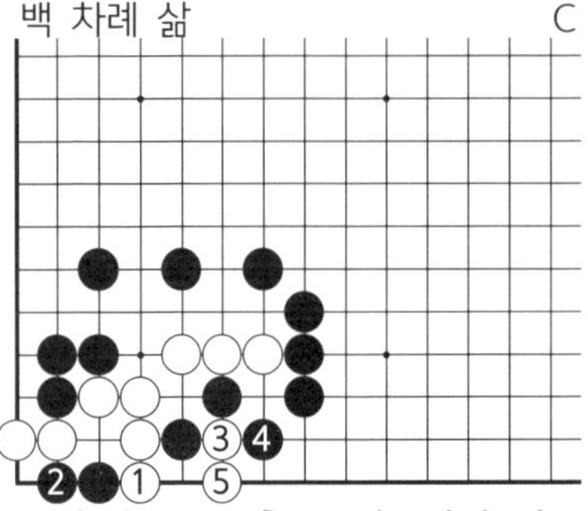

백1이 급소. 흑2로 파호하면 백3,
5로 삶.

백 차례 삶 B

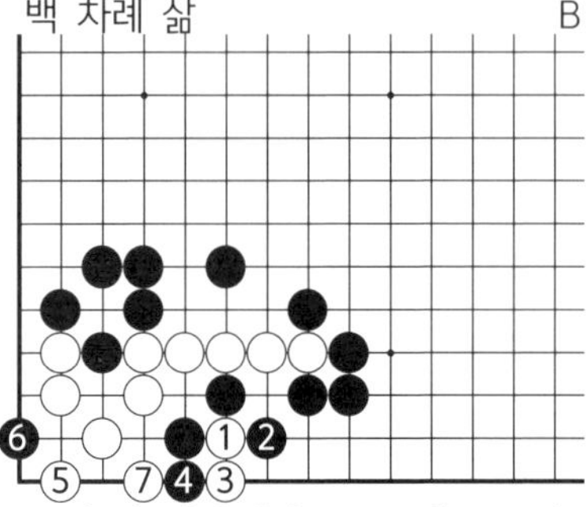

백1의 껴붙임이 급소. 흑2는 백3,
5, 7로 삶. 6과 7이 맞보기.

흑 차례 백 죽음 C

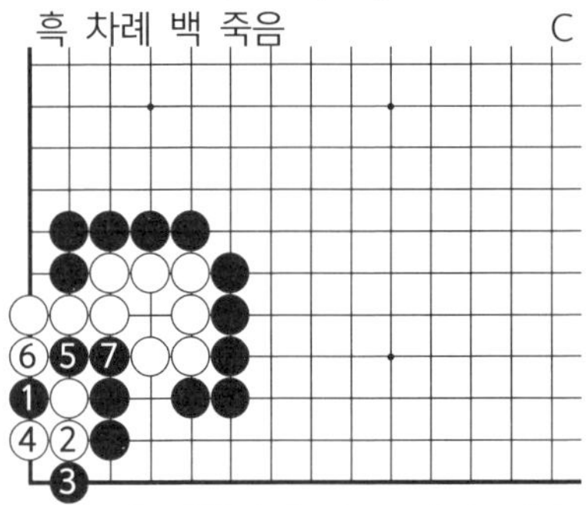

흑1의 껴붙임이 급소. 백2는 흑3,
5, 7로 백 죽음.

흑 차례 패 B

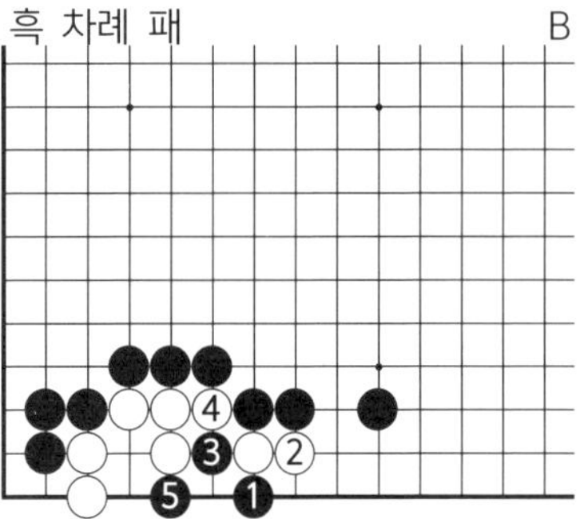

흑1의 껴붙임이 묘수. 백2는 흑3,
5로 패.

흑 차례 백 죽음 A

흑1부터 5가 좋은 수순. 백6은
흑7부터 15까지 백 죽음. ⑮→⑬

흑 차례 백 죽음 C

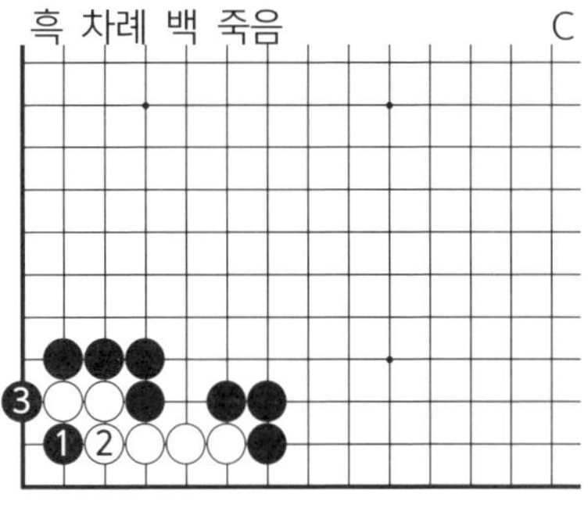

흑1, 3으로 끝.

문제 〈815〉

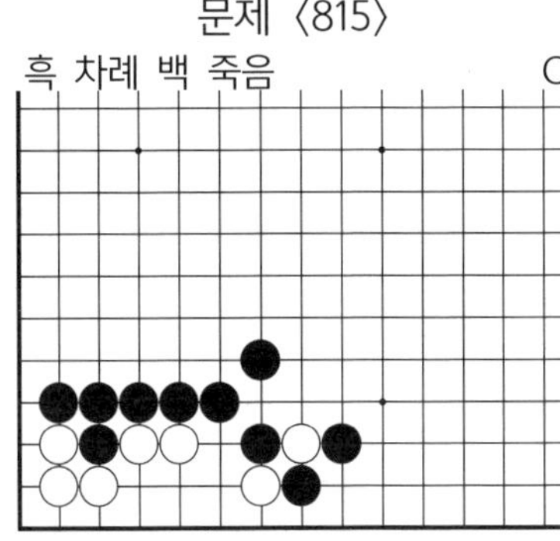

문제 〈816〉

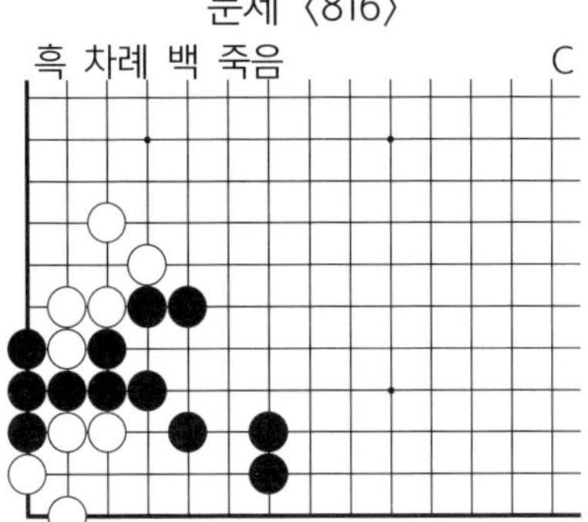

문제 〈817〉

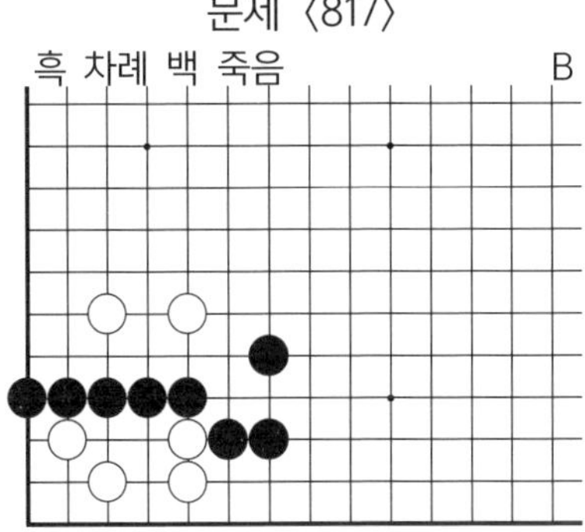

문제 〈818〉

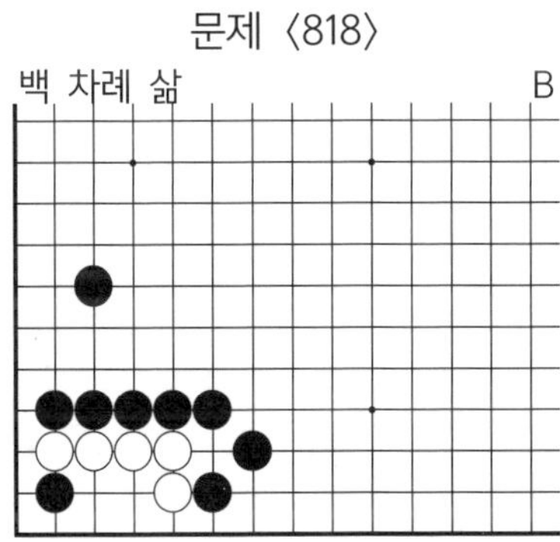

정해 〈815〉

흑 차례 백 죽음   C

흑1이 급소. 백2는 흑3, 5, 7로 백 죽음. ❼→△

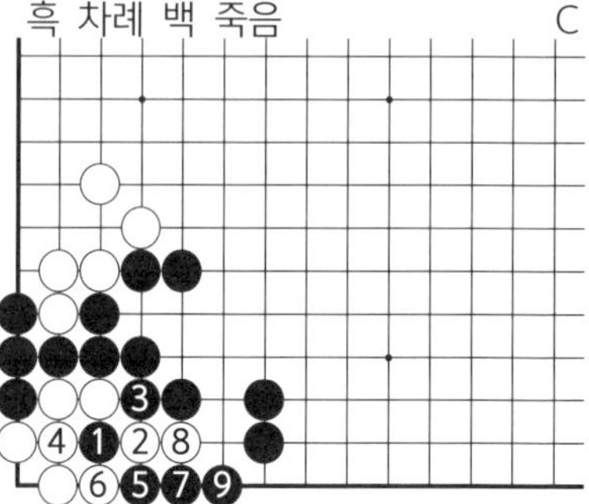

정해 〈816〉

흑 차례 백 죽음   C

흑1의 껴붙임이 급소. 백2는 흑 3부터 9까지 백 죽음.

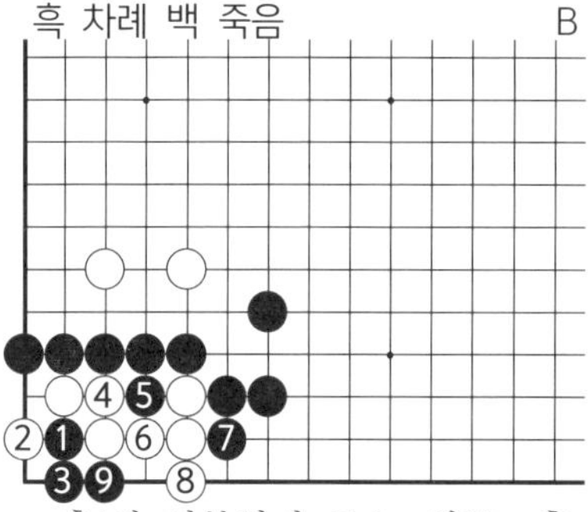

정해 〈817〉

흑 차례 백 죽음   B

흑1의 껴붙임이 급소. 백2는 흑 3부터 9까지 백 죽음.

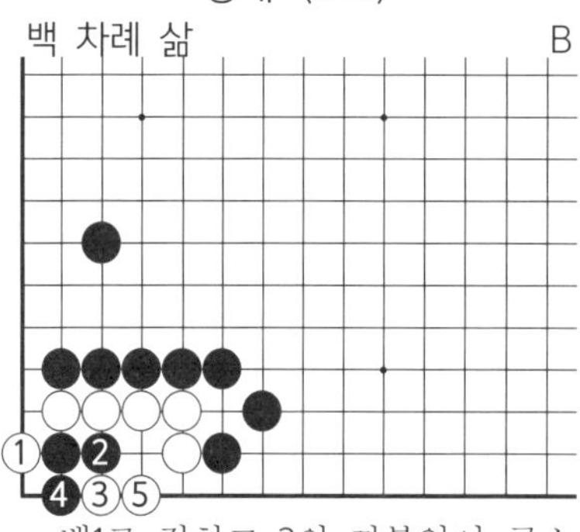

정해 〈818〉

백 차례 삶   B

백1로 젖히고 3의 껴붙임이 급소. 흑4라면 백5로 빅의 삶.

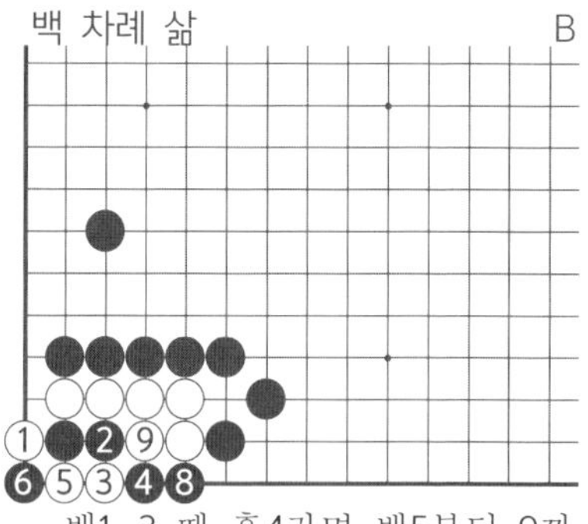

변화 〈818〉

백 차례 삶   B

백1, 3 때 흑4라면 백5부터 9까지 흑을 잡고 삶. 흑 손해. ⑦→⑤

문제 〈819〉

흑 차례 백 죽음   C

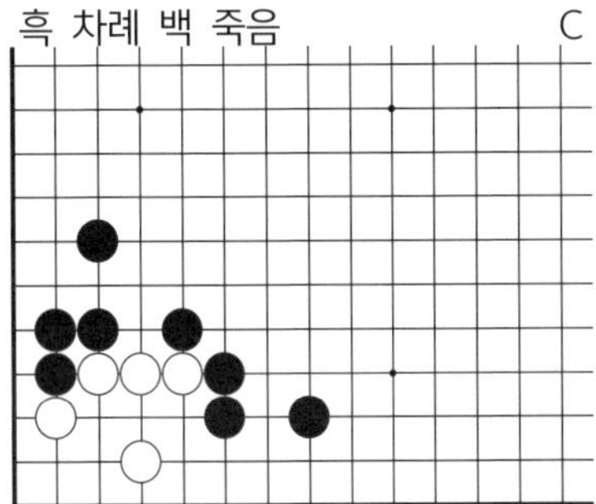

문제 〈820〉

흑 차례 백 죽음   B

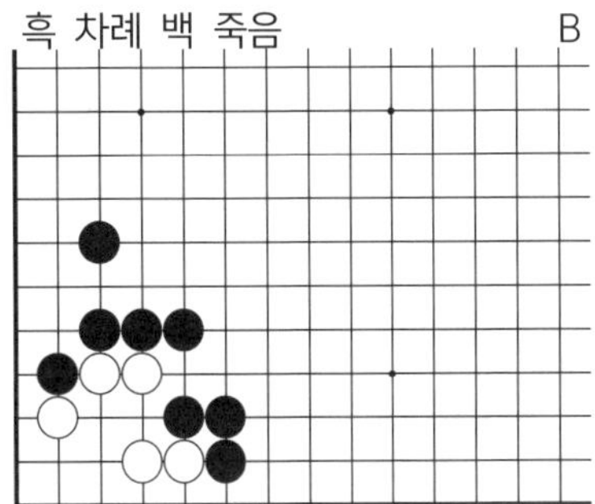

문제 〈821〉

흑 차례 백 죽음   C

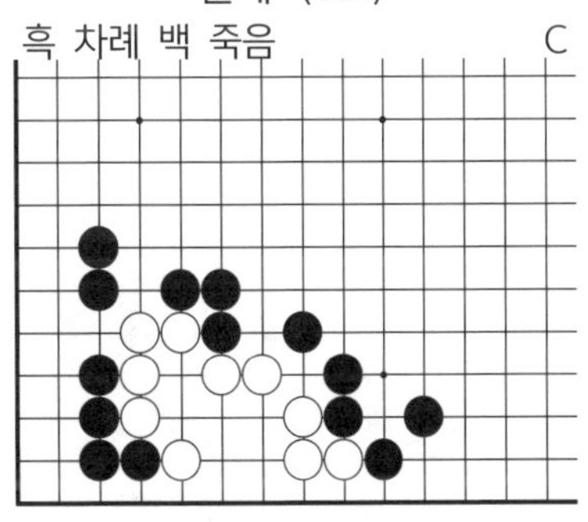

문제 〈822〉

흑 차례 백 죽음   B

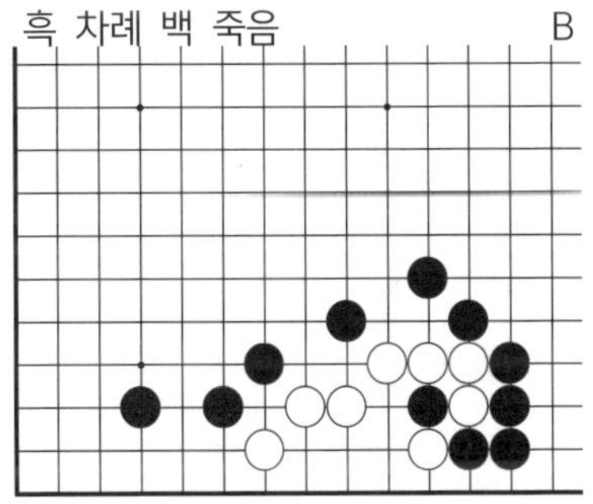

수순에 주의.

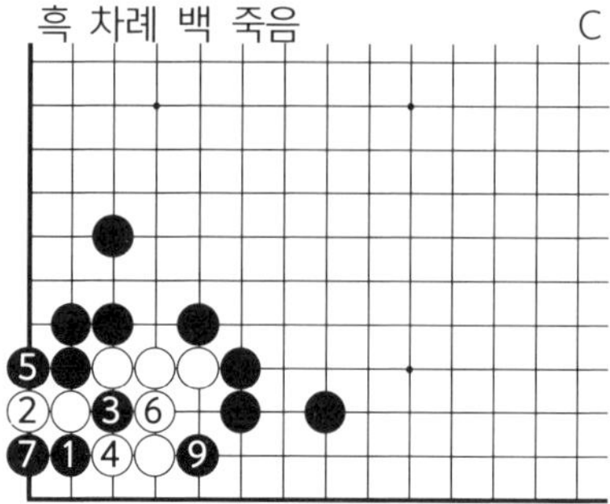

정해 〈819〉

흑1의 껴붙임이 묘수. 백2는 흑3
이하 9까지 백 죽음. ⑧→❸

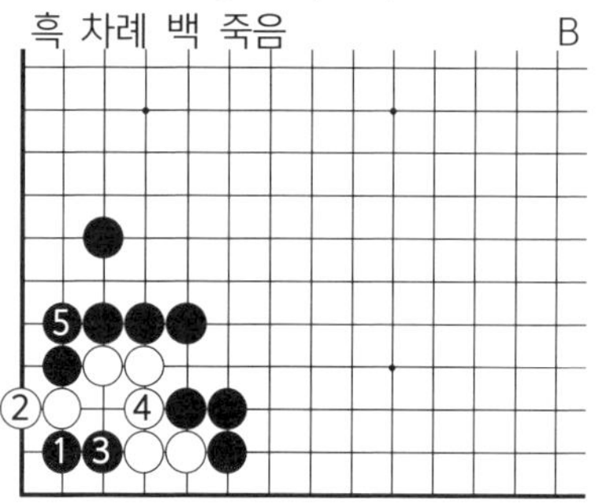

정해 〈820〉

흑1이 급소. 백2는 흑3, 5로 백
죽음.

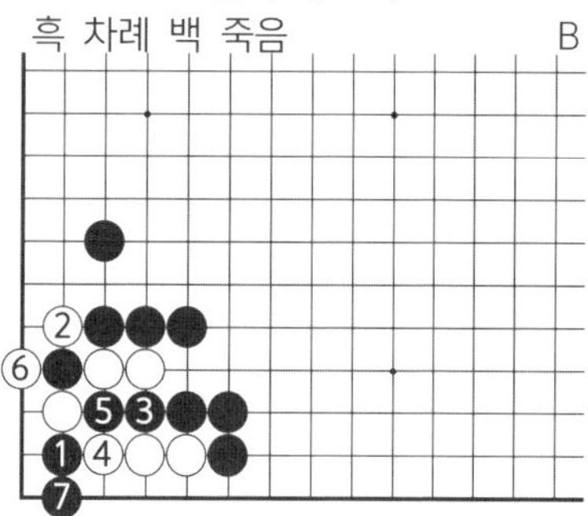

변화 〈820〉

흑1 때 백2로 잡으면 흑3, 5, 7로
마찬가지 백 죽음.

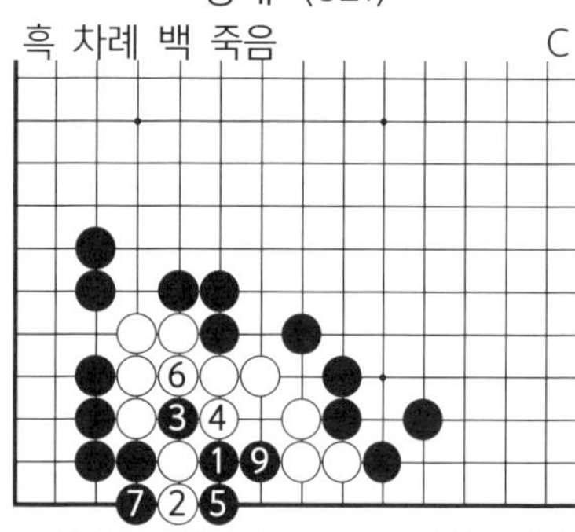

정해 〈821〉

흑1의 껴붙임이 급소. 백2는 흑3
이하 9까지 백 죽음. ⑧→❸

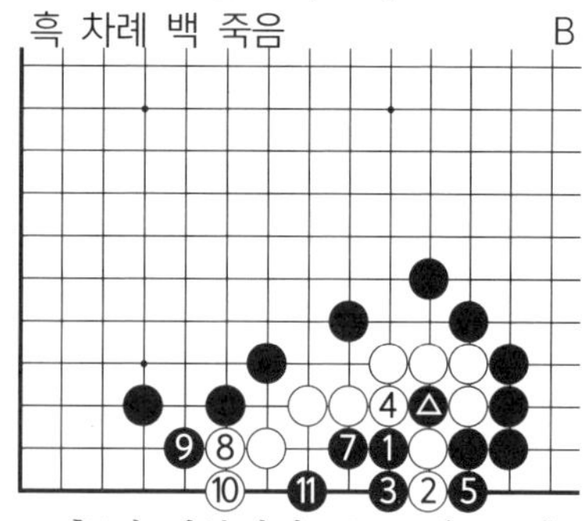

정해 〈822〉

흑1의 껴붙임이 급소. 백2는 흑3
부터 11까지 백 죽음. ⑥→▲

문제 〈823〉

흑 차례 백 죽음   B

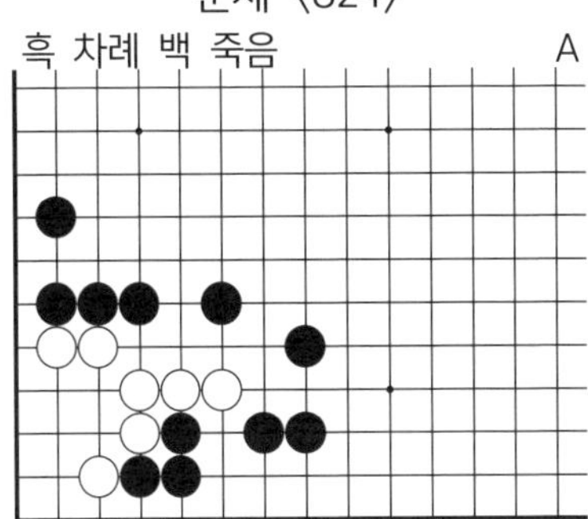

문제 〈824〉

흑 차례 백 죽음   A

문제 〈825〉

흑 차례 백 죽음   A

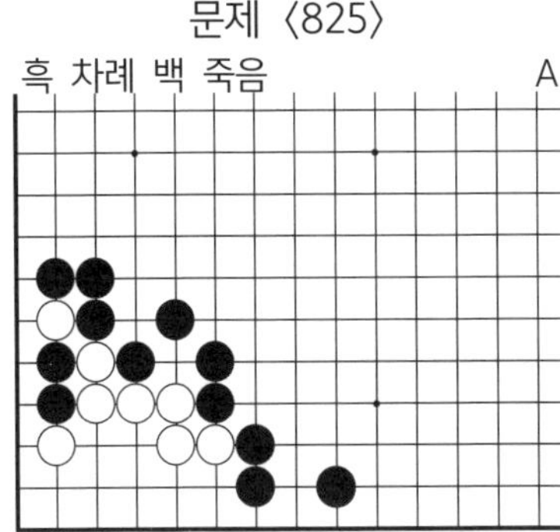

정해 〈823〉

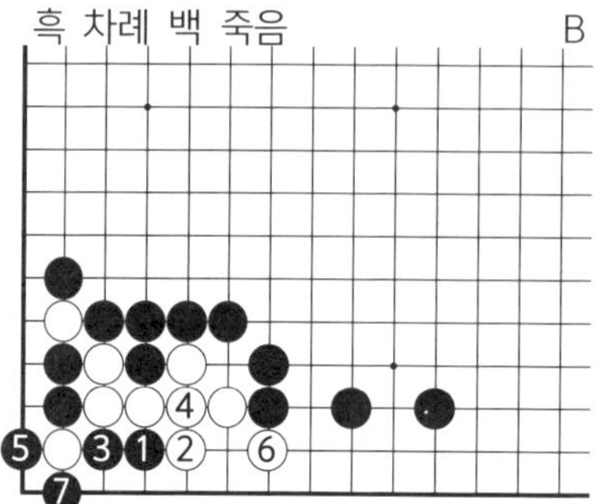

흑1의 껴붙임이 급소. 백2는 흑3, 5, 7로 백 죽음.

정해 〈824〉

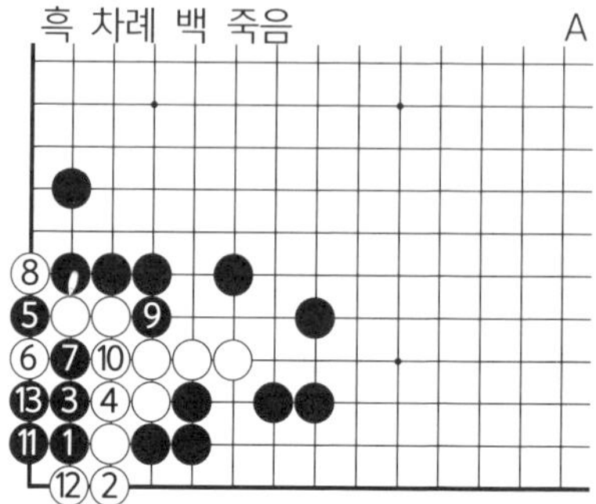

흑1, 3이 수순. 백4는 흑5부터 9까지 오궁도화로 백 죽음.

정해 〈825〉

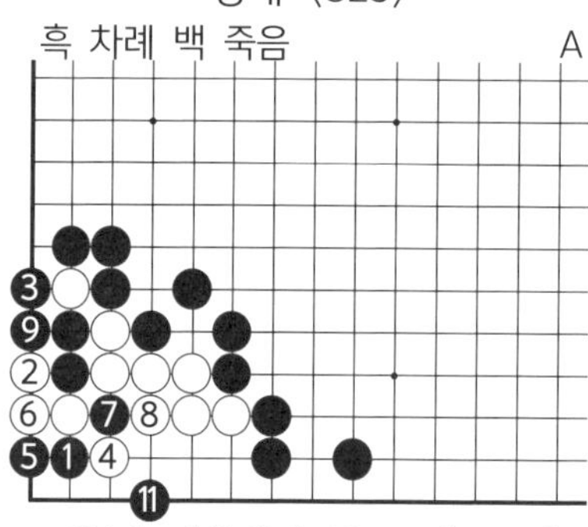

흑1이 껴붙임이 급소. 백2는 흑3 이하 11까지 백 죽음. ⑩→❼

변화 1 〈825〉

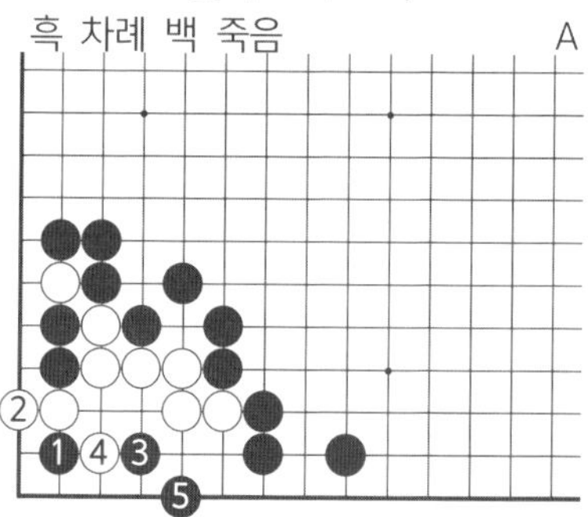

흑1 때 백2는 흑3, 5로 그만.

변화 2 〈825〉

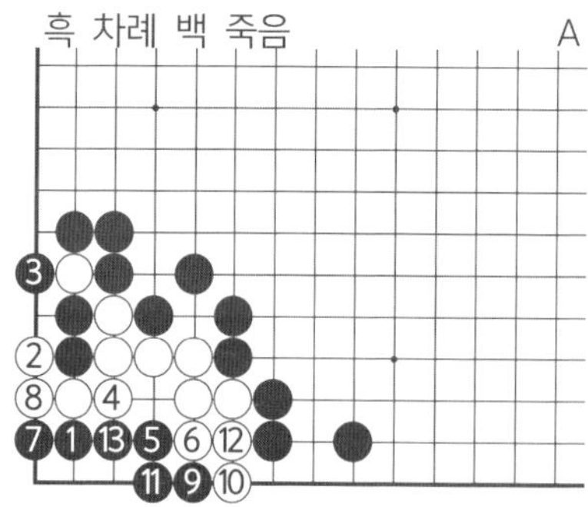

흑1, 3 때 백4라면 흑5 이하 13 까지 유가무가로 백 죽음.

변화 3 〈825〉

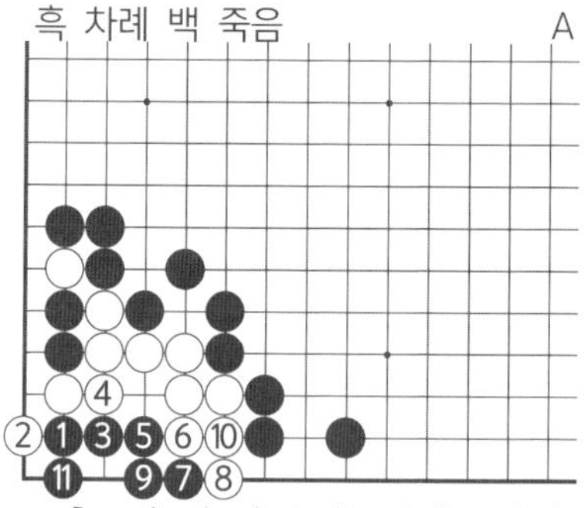

흑1 때 백2라면 흑3부터 11까지 마찬가지 유가무가로 백 죽음.

문제 〈826〉

흑 차례 백 죽음   A

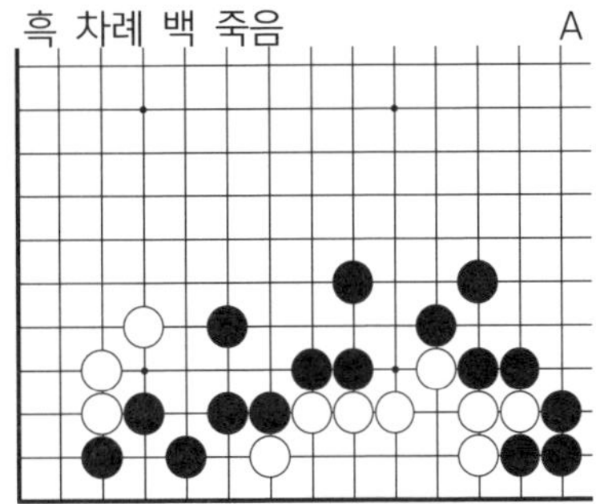

문제 〈827〉

흑 차례 백 죽음   A

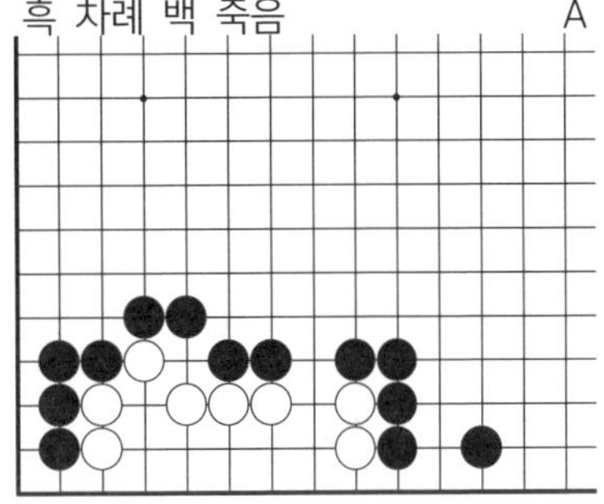

문제 〈828〉

백 차례 패   A

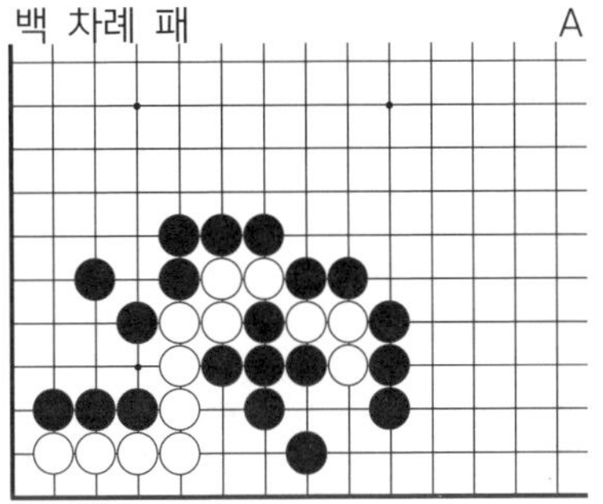

문제 〈829〉

흑 차례 패   A

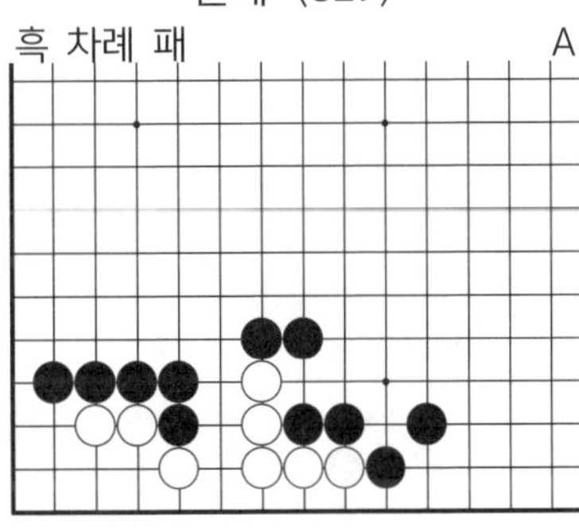

문제 〈830〉

흑 차례 패   A

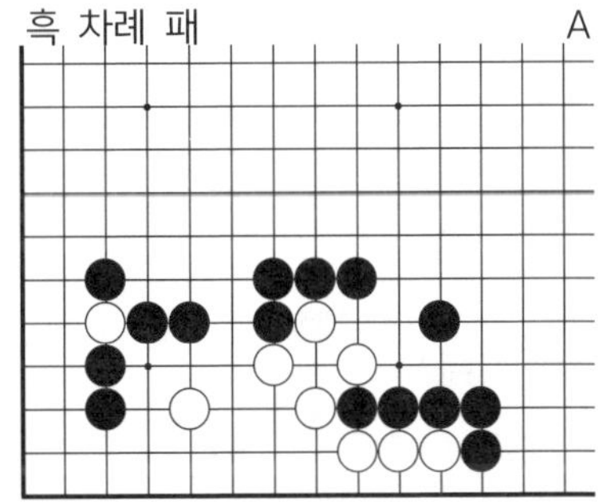

정해 〈826〉

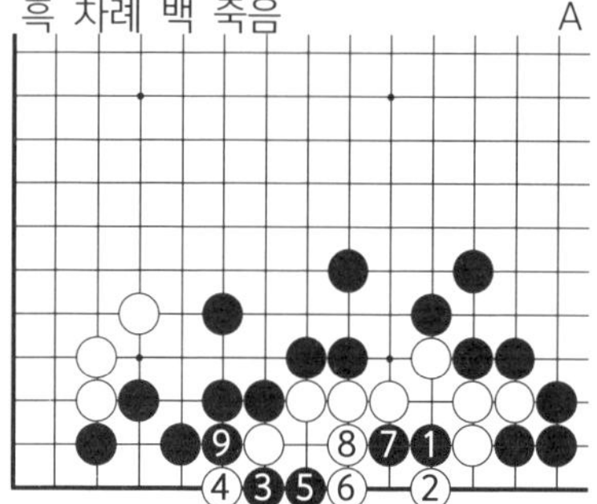

흑 차례 백 죽음

흑1, 3의 껴붙임이 좋은 수. 백4
는 흑5, 7, 9로 백 죽음.

변화 〈826〉

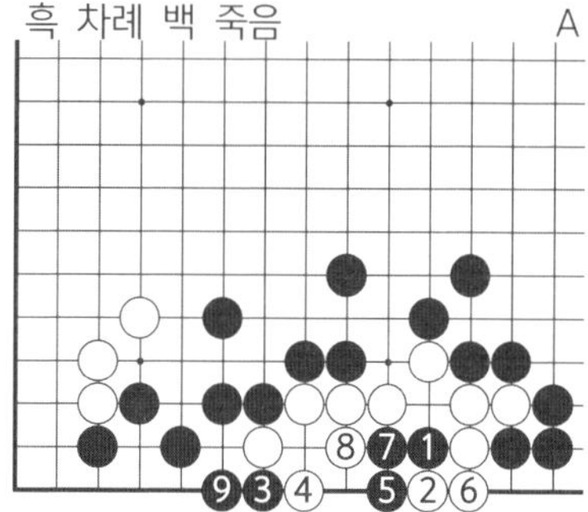

흑 차례 백 죽음

흑1, 3 때 백4라면 흑5, 7, 9로
마찬가지 백 죽음.

정해 〈827〉

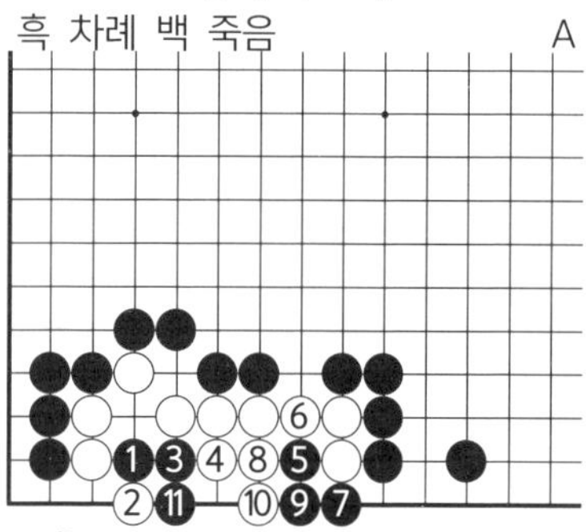

흑 차례 백 죽음

흑1, 3이 좋은 수순. 백4는 흑5
부터 11까지 끝.

정해 〈828〉

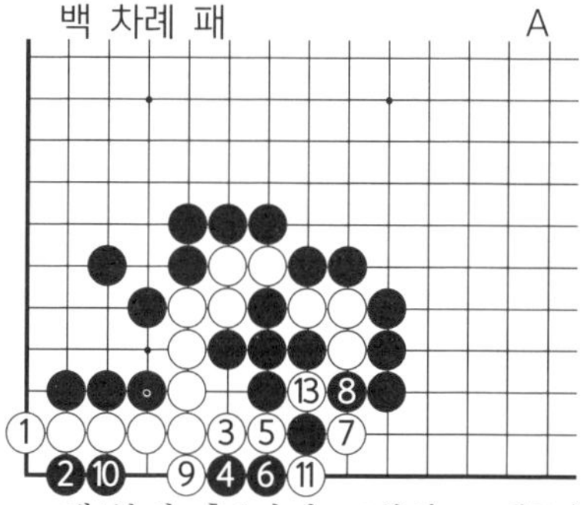

백 차례 패

백1부터 흑6까지 교환하고 백7이
묘수. 이하 백13까지 패. ⑫→❻

정해 〈829〉

흑 차례 패

흑1의 껴붙임이 급소. 백2는 흑3
이하 11까지 패.

정해 〈830〉

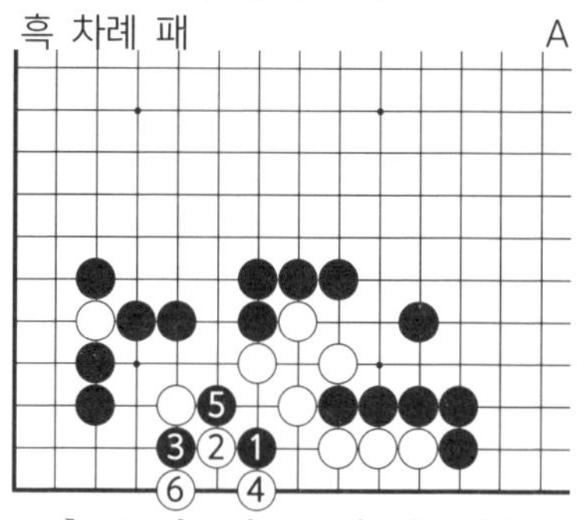

흑 차례 패

흑1로 치중하고 3의 껴붙임이
묘수. 백은 4, 6으로 패가 최선.

문제 〈831〉

흑 차례 패

A

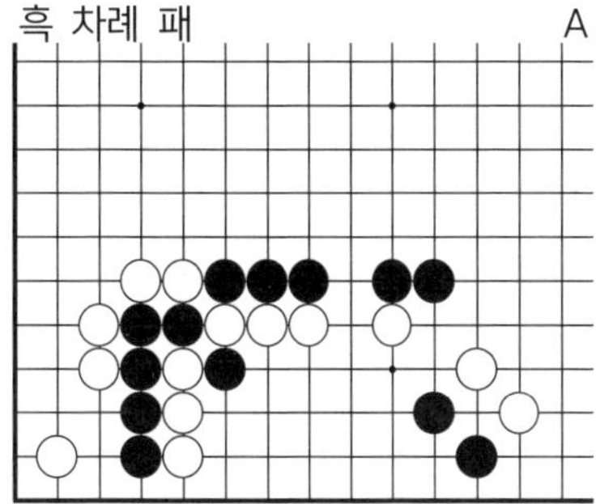

문제 〈832〉

백 차례 패

A

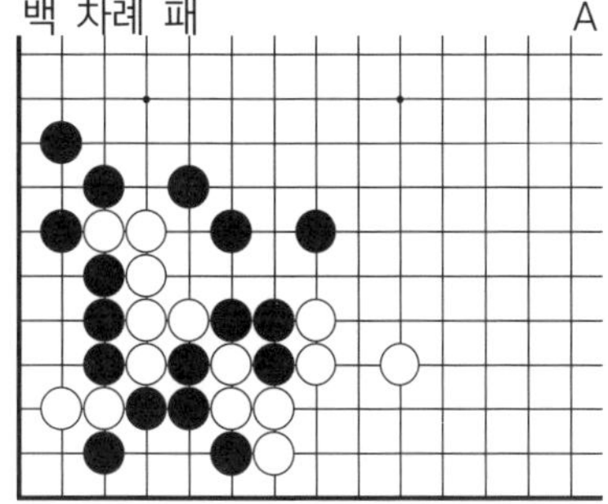

문제 〈833〉

흑 차례 패

A

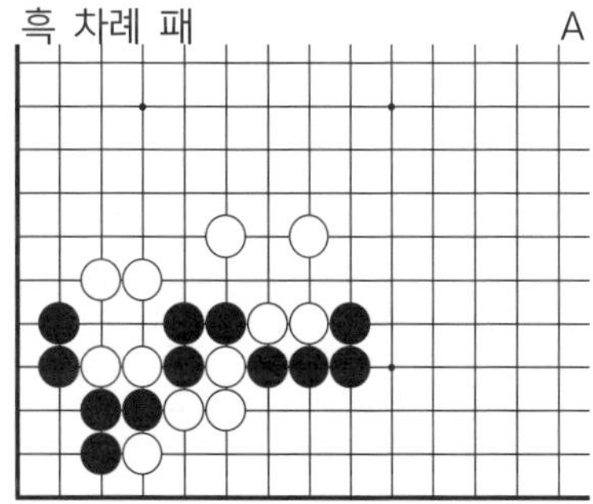

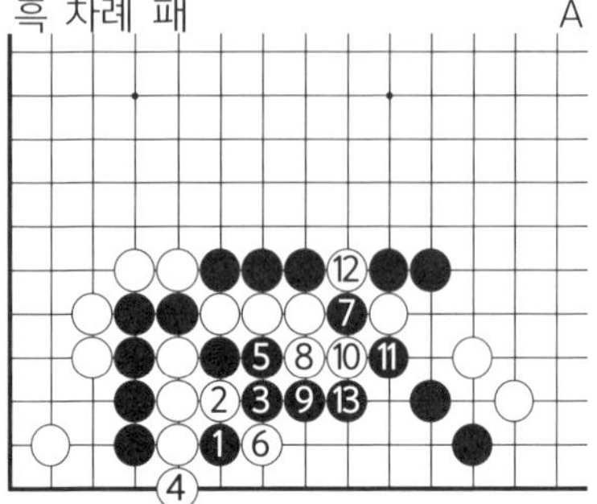

정해 〈831〉

흑 차례 패   A

흑1의 붙임이 급소. 백2밖에 없고 흑3부터 13까지 조인 다음…

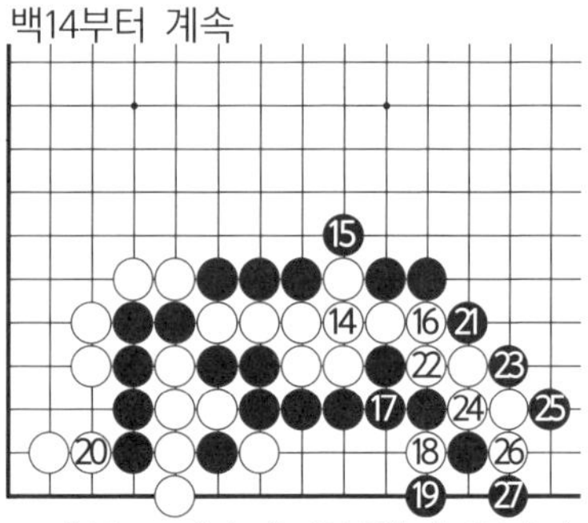

정해 계속

백14부터 계속

백14로 이으면 흑15부터 27까지 패. 백18이 묘수.

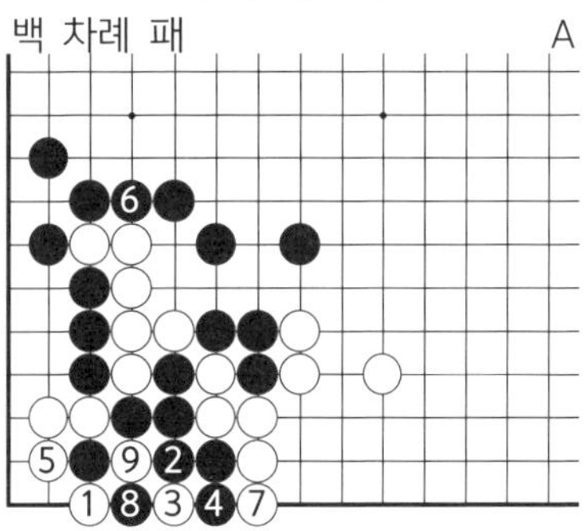

정해 〈832〉

백 차례 패   A

백1의 껴붙임이 급소. 흑2는 백3 이하 9까지 패.

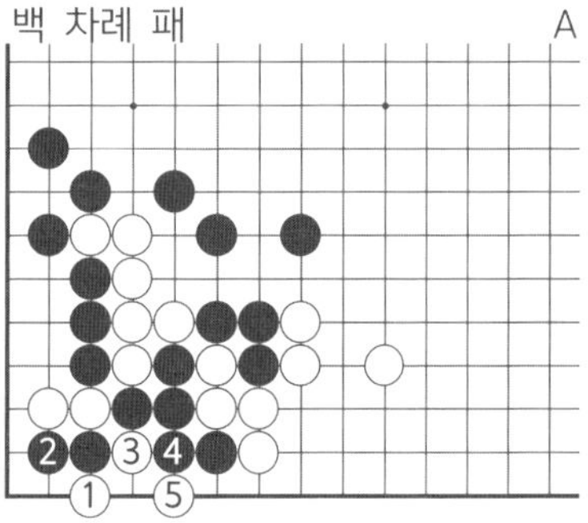

변화 〈832〉

백 차례 패   A

백1 때 흑2라면 백3, 5로 마찬가지 패.

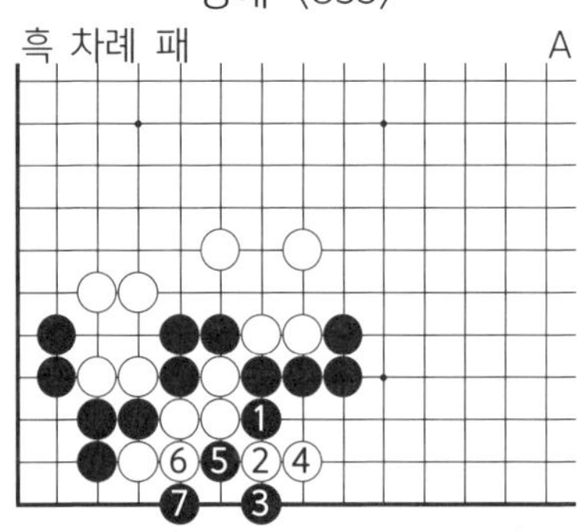

정해 〈833〉

흑 차례 패   A

흑1, 3이 좋은 수순. 백4는 흑5, 7로 패.

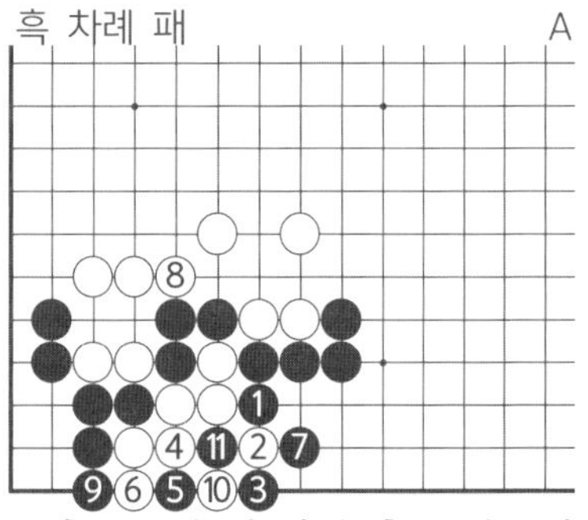

변화 〈833〉

흑 차례 패   A

흑1, 3 때 백4라면 흑5부터 11까지 마찬가지 패.

문제 〈834〉

흑 차례 백 죽음   B

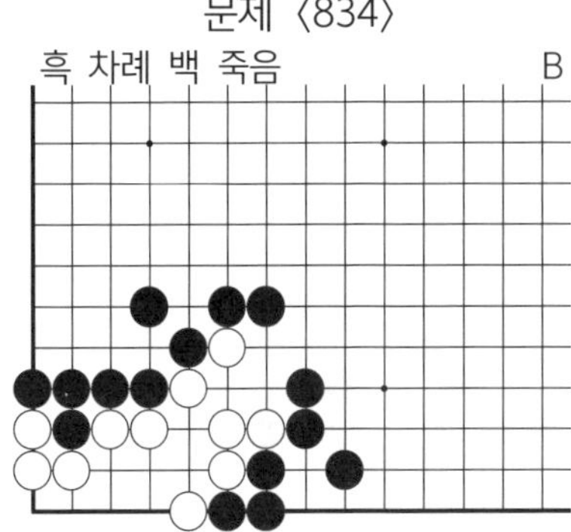

문제 〈835〉

흑 차례 백 죽음   A

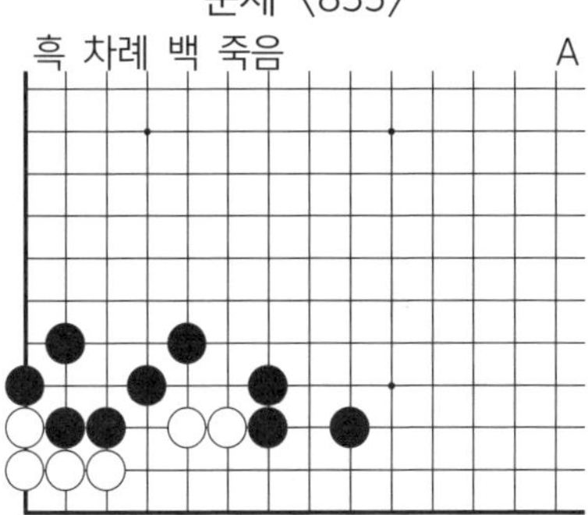

문제 〈836〉

흑 차례 백 죽음   B

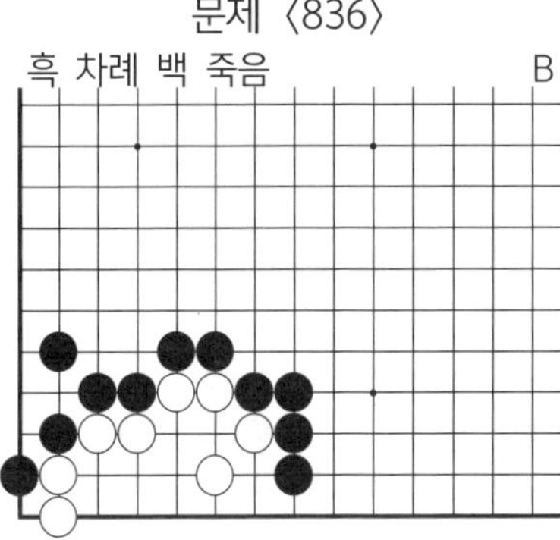

문제 〈837〉

흑 차례 백 죽음   B

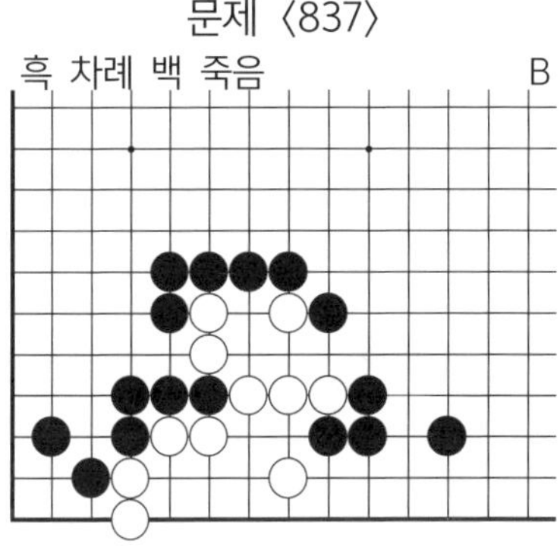

문제 〈838〉

백 차례 삶   A

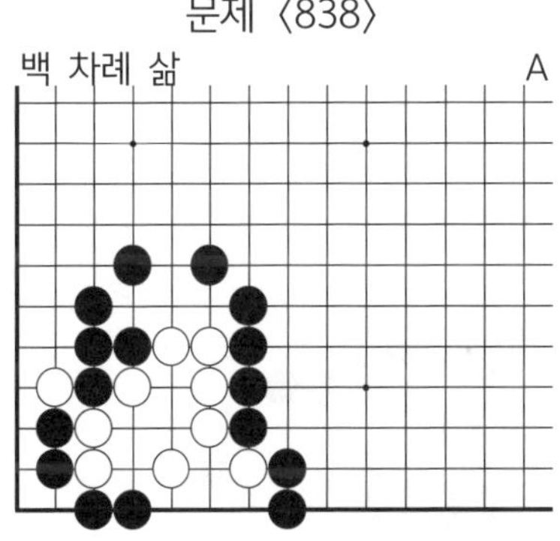

문제 〈839〉

백 차례 삶   A

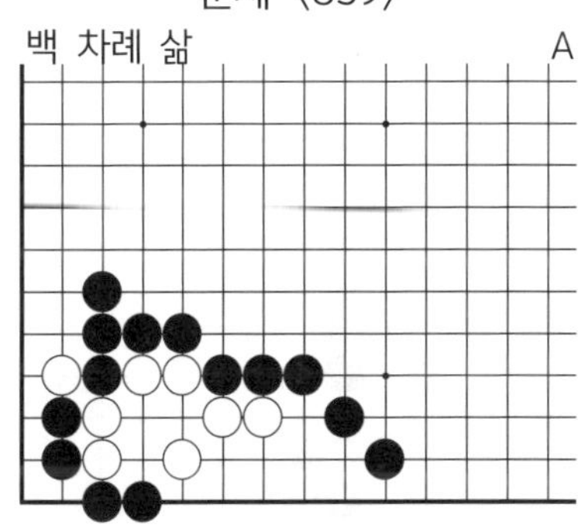

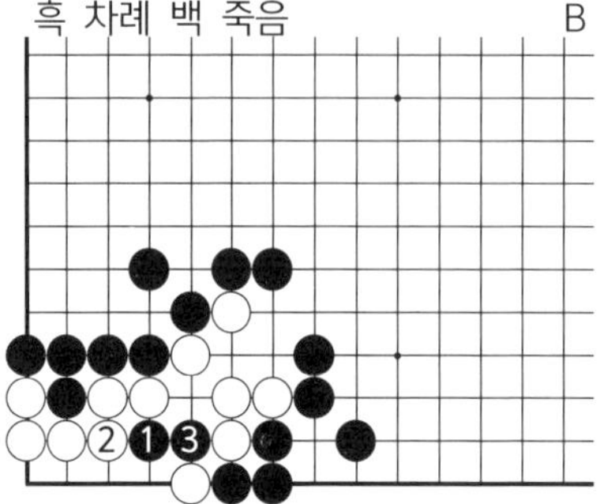

정해 〈834〉

흑 차례 백 죽음　　　　　　B

흑1이 급소. 백2는 흑3으로 끝.

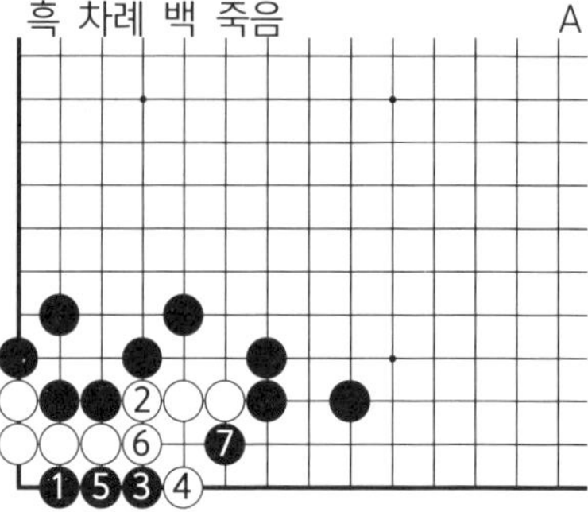

정해 〈835〉

흑 차례 백 죽음　　　　　　A

흑1의 껴붙임이 급소. 백2는 흑3, 5, 7로 백 죽음.

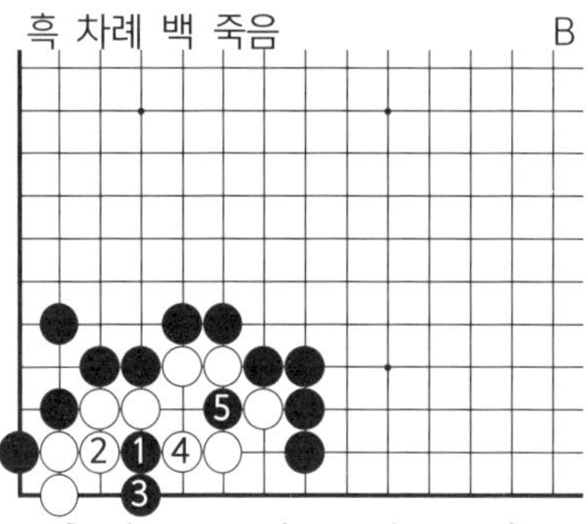

정해 〈836〉

흑 차례 백 죽음　　　　　　B

흑1이 급소. 백2로 이으면 흑3, 5로 백 죽음.

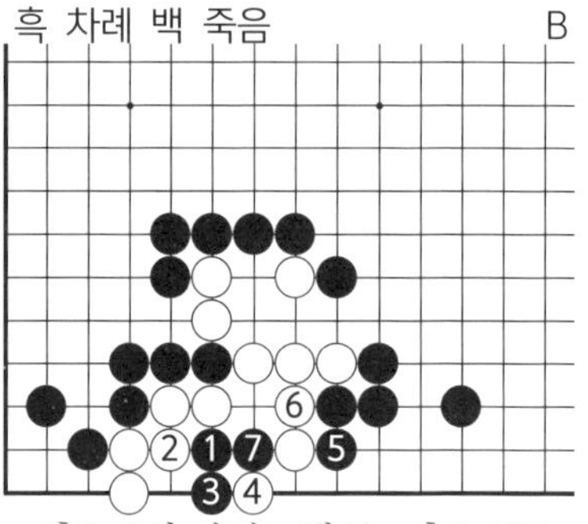

정해 〈837〉

흑 차례 백 죽음　　　　　　B

흑1, 3이 수순. 백4는 흑5, 7로 백 죽음.

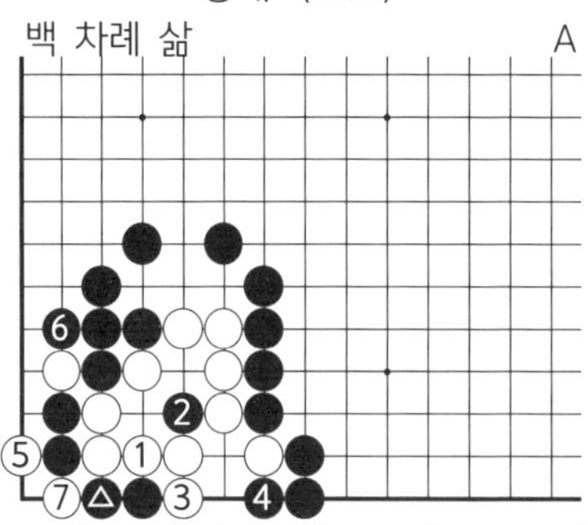

정해 〈838〉

백 차례 삶　　　　　　A

백1, 3이 수순. 흑4는 백5, 7로 삶. 흑은 ▲에 먹여칠 시간이 없음.

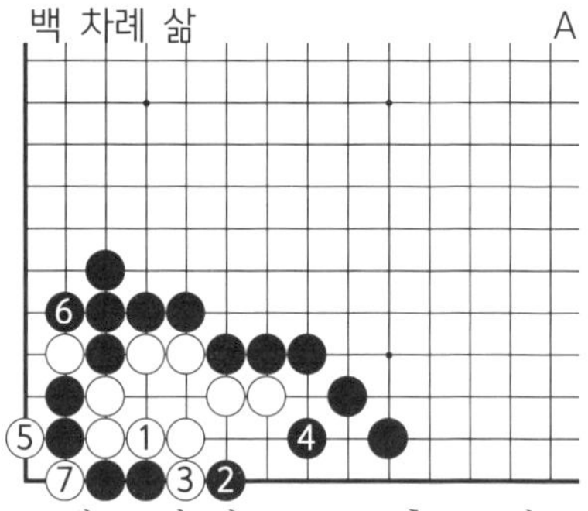

정해 〈839〉

백 차례 삶　　　　　　A

백1, 3이 사는 급소. 흑4로 파호하면 백5, 7로 삶.

문제 〈840〉

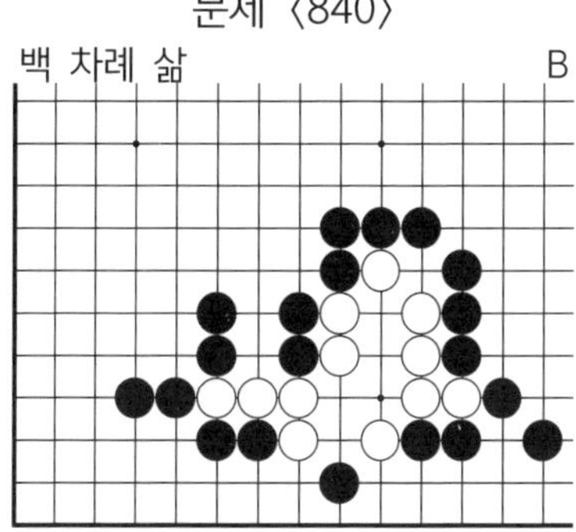

문제 〈841〉

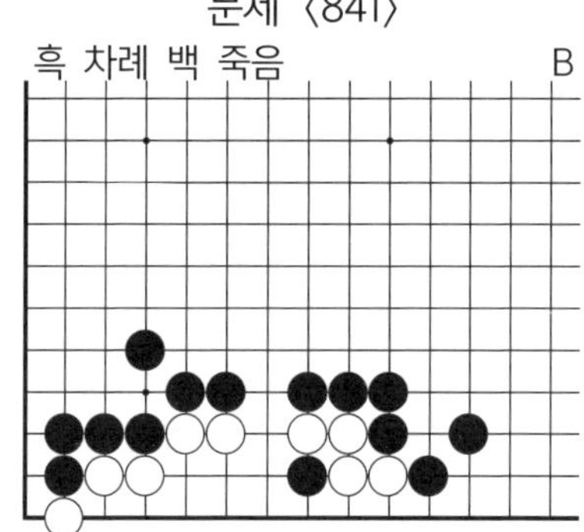

문제 〈842〉

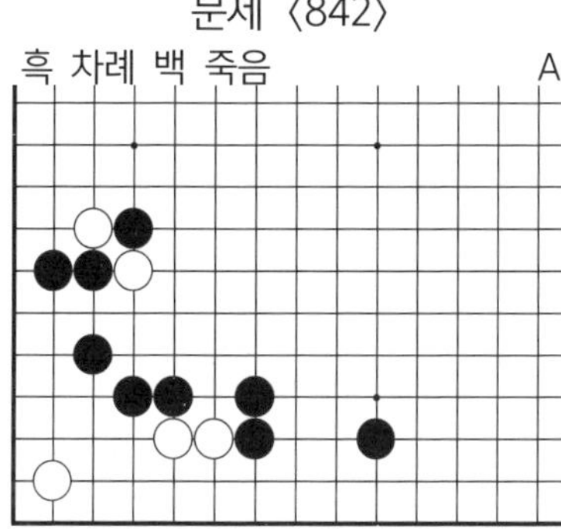

문제 〈843〉

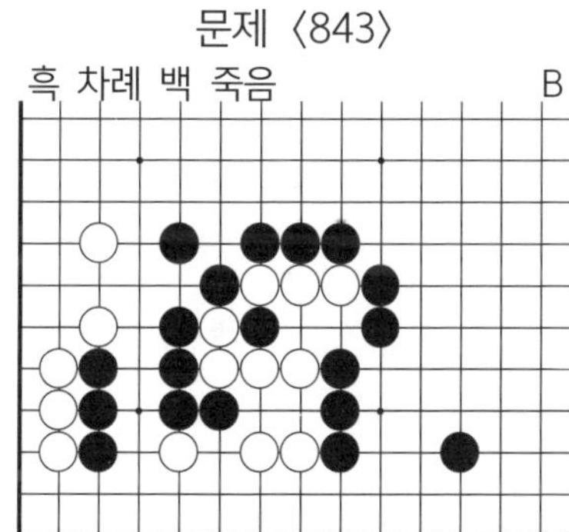

정해 〈840〉

백 차례 삶　　　　　　　B

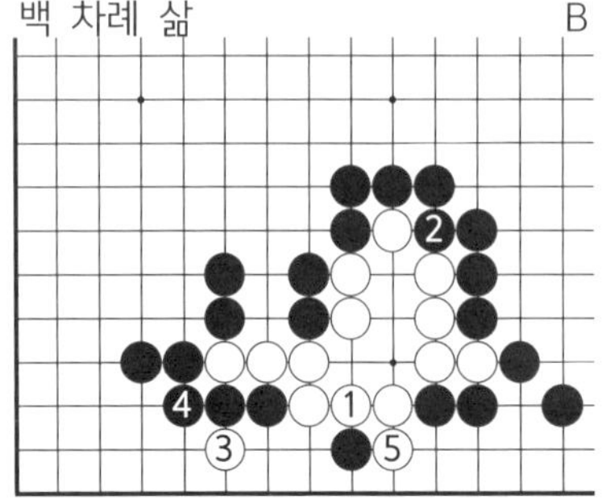

백1과 흑2를 교환한 다음 백3이
껴붙임의 급소. 흑4는 백5로 삶.

정해 〈841〉

흑 차례 백 죽음　　　　　B

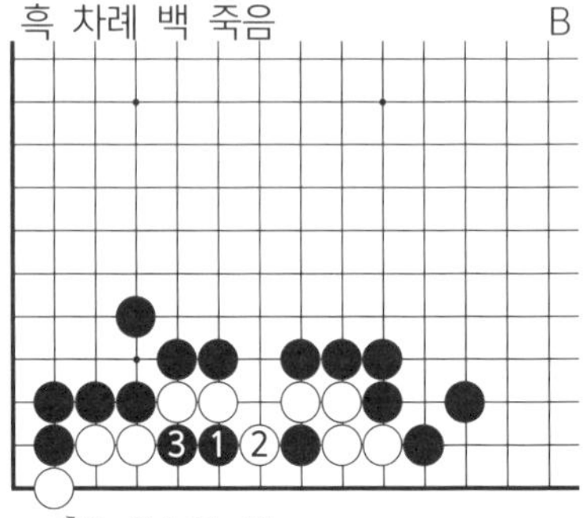

흑1, 3으로 끝.

정해 〈842〉

흑 차례 백 죽음　　　　　A

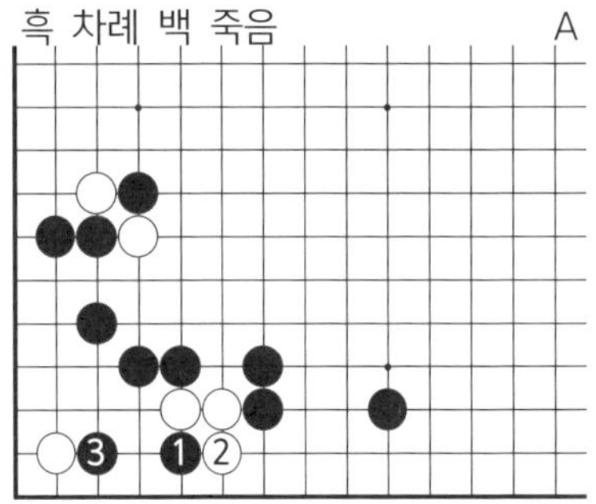

흑1이 껴붙임의 급소. 백2는 흑
3으로 끝.

변화 〈842〉

흑 차례 백 죽음　　　　　A

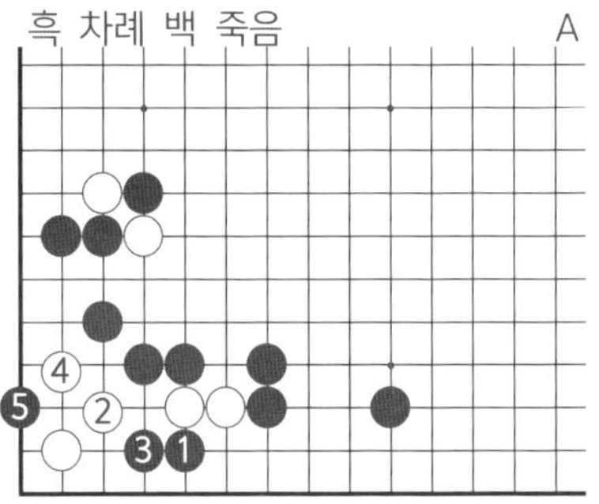

흑1 때 백2라면 흑3, 5로 마찬
가지 백 죽음.

정해 〈843〉

흑 차례 백 죽음　　　　　B

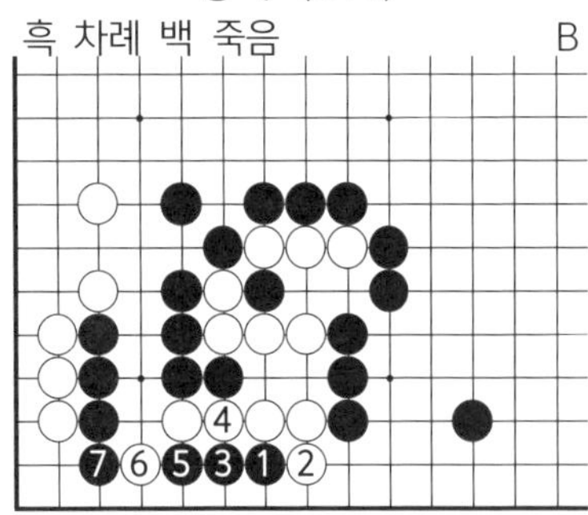

흑1의 붙임이 급소. 백2로 차단
하면 흑3, 5, 7로 백 죽음.

문제 〈844〉
흑 차례 수상전 승
B

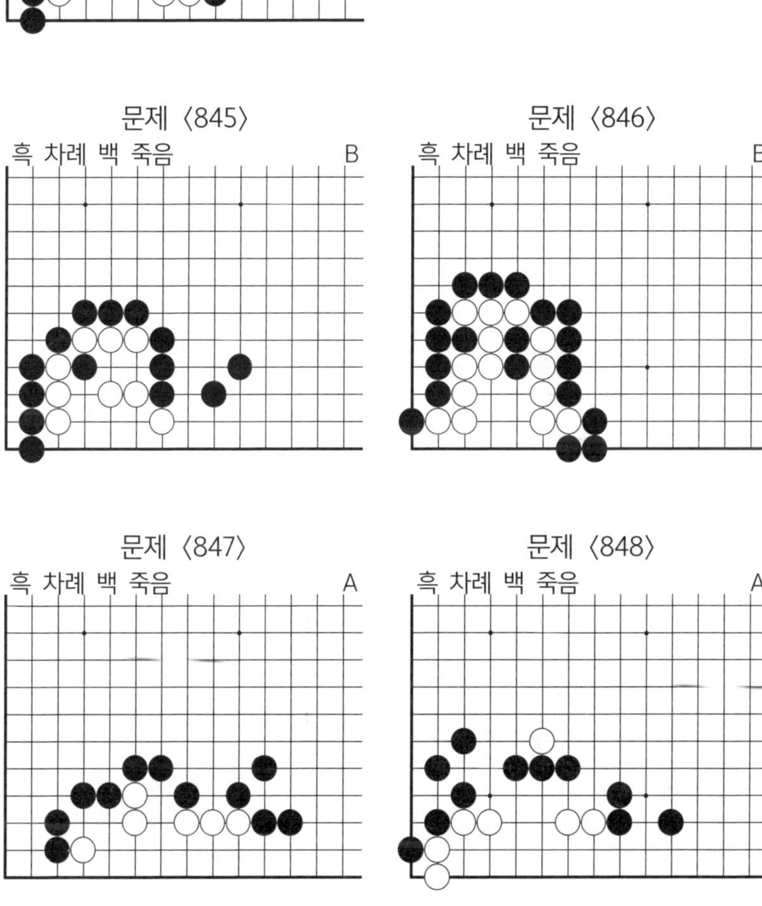

문제 〈845〉
흑 차례 백 죽음
B
문제 〈846〉
흑 차례 백 죽음
B
문제 〈847〉
흑 차례 백 죽음
A
문제 〈848〉
흑 차례 백 죽음
A

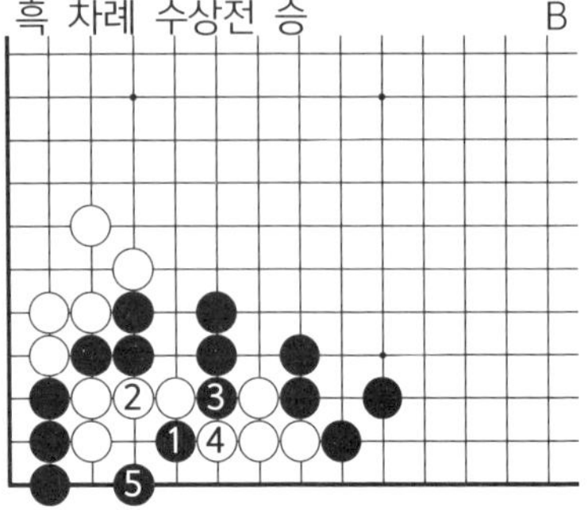

정해 〈844〉

흑 차례 수상전 승   B

흑1의 붙임이 급소. 백2로 이으면
흑3, 5로 수상전 흑 승.

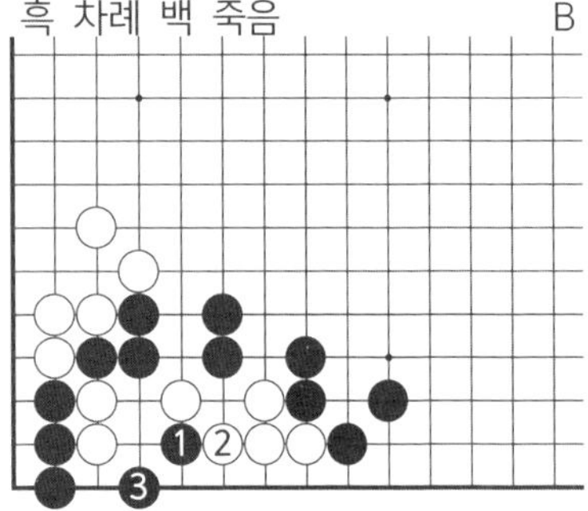

변화 〈844〉

흑 차례 백 죽음   B

흑1 때 백2라면 흑3으로 그만.

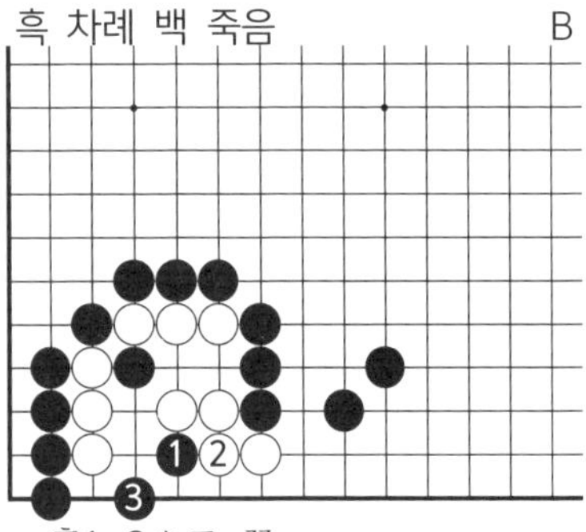

정해 〈845〉

흑 차례 백 죽음   B

흑1, 3으로 끝.

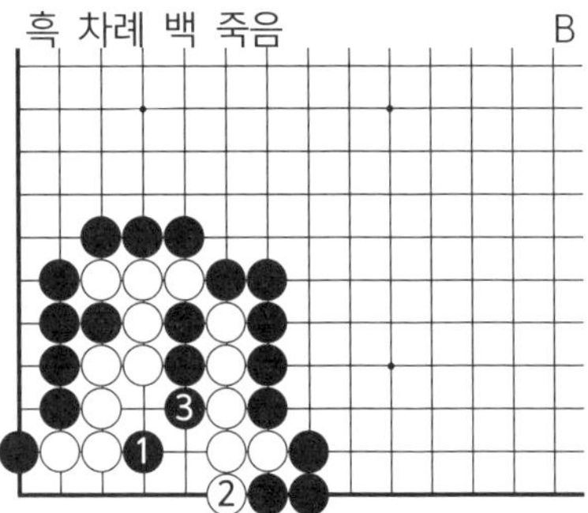

정해 〈846〉

흑 차례 백 죽음   B

흑1의 붙임이 급소. 백2로 차단
하면 흑3으로 끝.

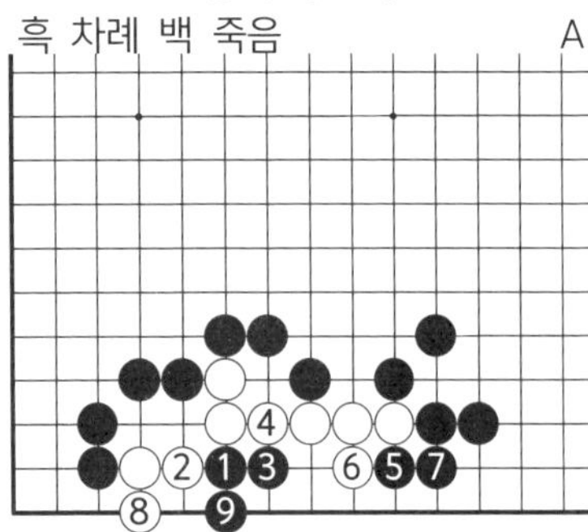

정해 〈847〉

흑 차례 백 죽음   A

흑1의 붙임이 급소. 백2는 흑3
이하 9까지 백 죽음.

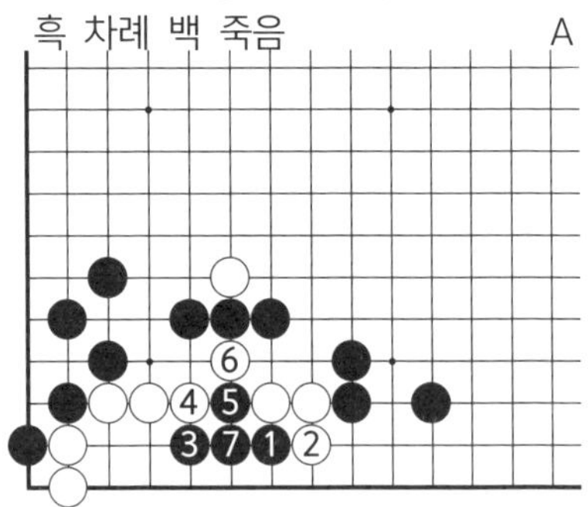

정해 〈848〉

흑 차례 백 죽음   A

흑1의 붙임이 급소. 백2로 차단
하면 흑3, 5, 7로 백 죽음.

문제 ⟨849⟩

백 차례 삶

문제 ⟨850⟩

흑 차례 백 절반 죽음

문제 ⟨851⟩

흑 차례 백 죽음

문제 ⟨852⟩

백 차례 삶

문제 ⟨853⟩

흑 차례 패

문제 ⟨854⟩

백 차례 삶

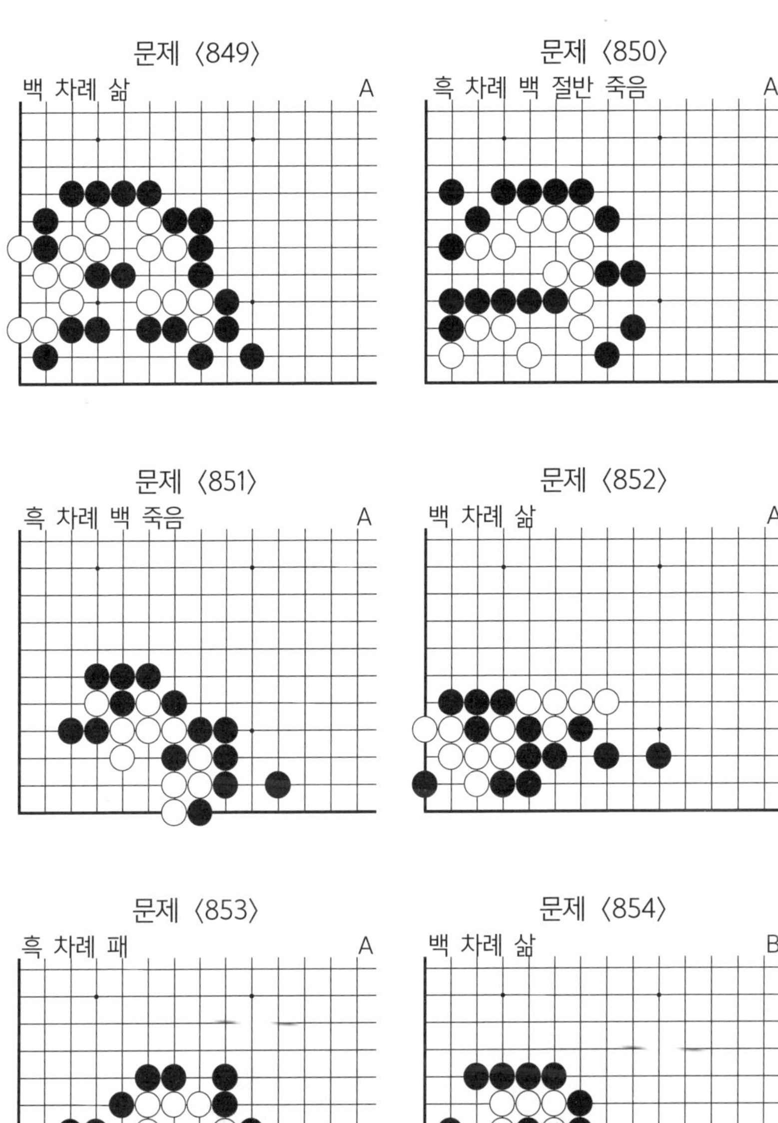

정해 〈849〉

백 차례 삶   A

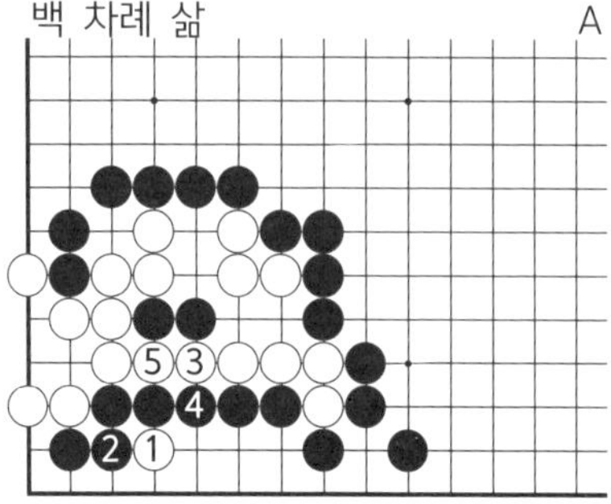

　　백1의 붙임이 급소. 흑2는 백3,
5로 삶.

정해 〈850〉

흑 차례 백 절반 죽음   A

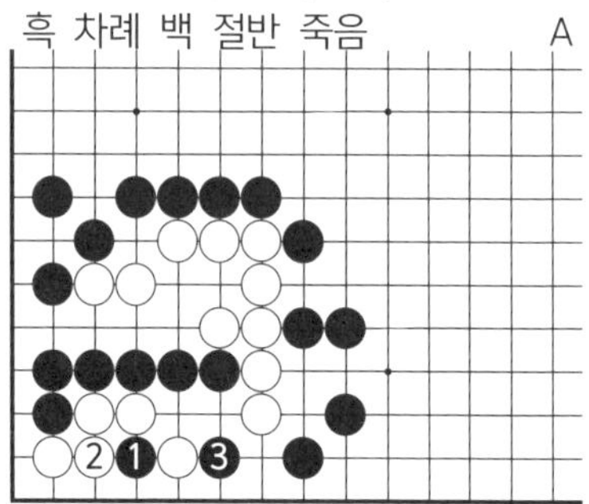

　　흑1의 껴붙임이 묘수. 백2는 흑3
으로 건너붙여서 백 절반 죽음.

정해 〈851〉

흑 차례 백 죽음   A

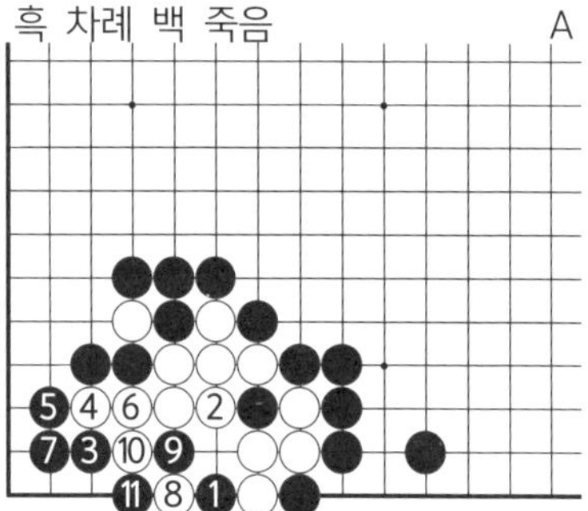

　　흑1의 붙임이 묘수. 백2로 따내면
흑3 이하 11까지 백 죽음.

정해 〈852〉

백 차례 삶   A

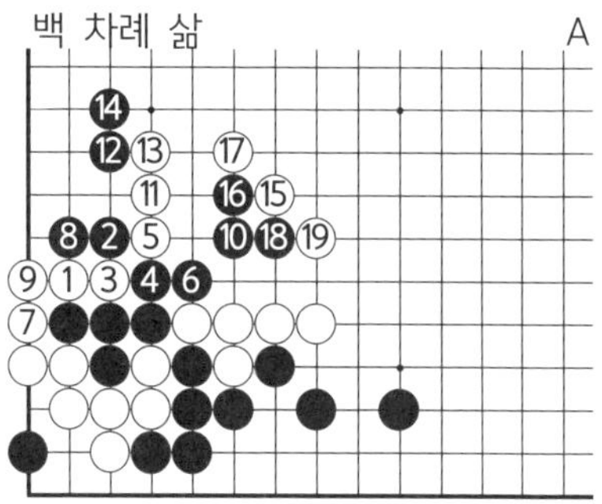

　　백1이 급소. 흑2는 백3, 5로 끊
어서 이하 19까지 흑을 잡고 삶.

정해 〈853〉

흑 차례 패   A

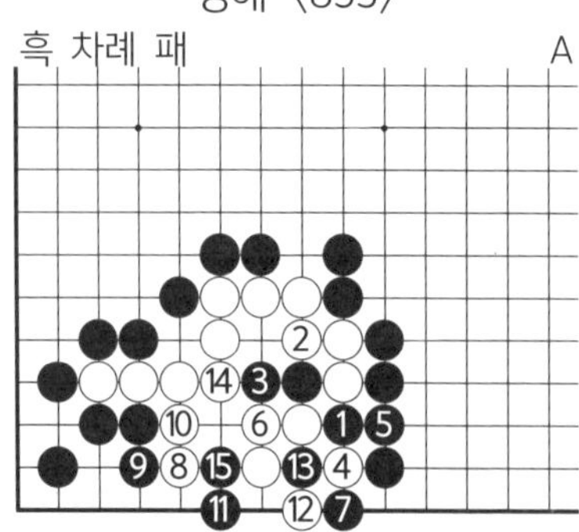

　　흑1, 3이 수순. 백4는 흑5부터
백16까지 패. ⑯→④

정해 〈854〉

백 차례 삶   B

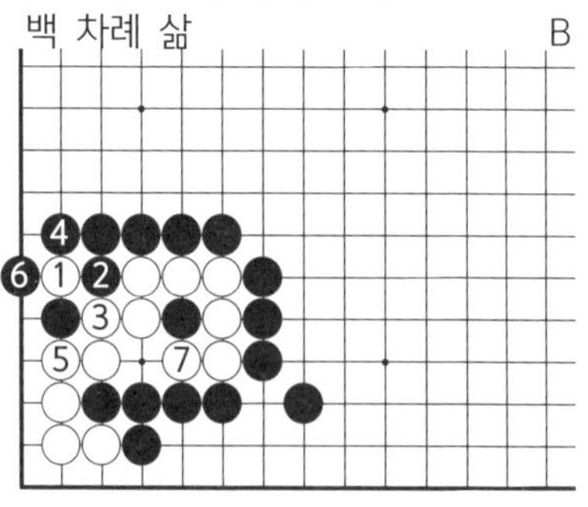

　　백1의 건너붙임이 맥점. 흑2는
백3, 5, 7로 삶.

문제 〈855〉

백 차례 삶   B

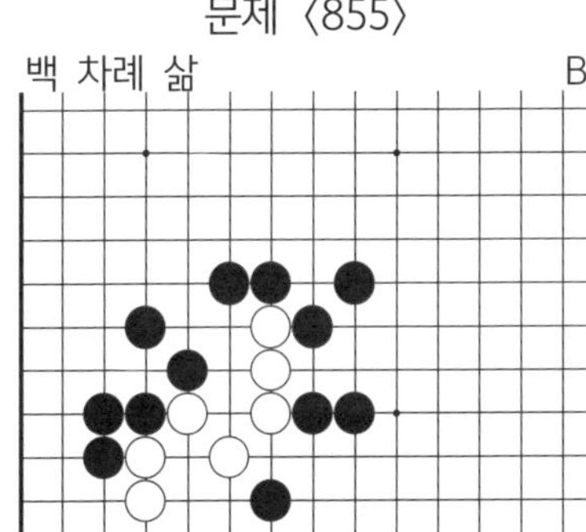

문제 〈856〉

흑 차례 패   A

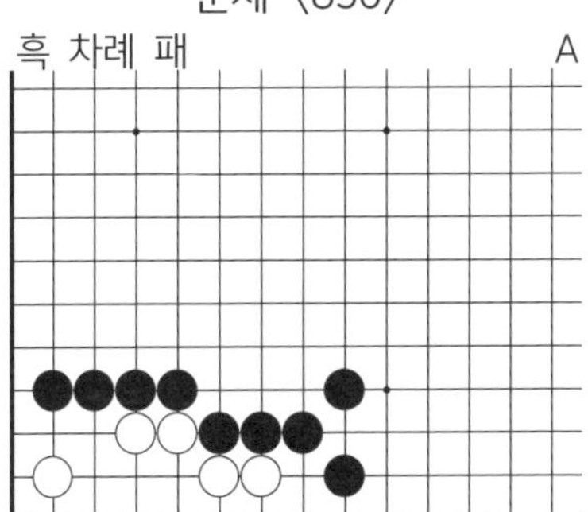

문제 〈857〉

흑 차례 백 죽음   B

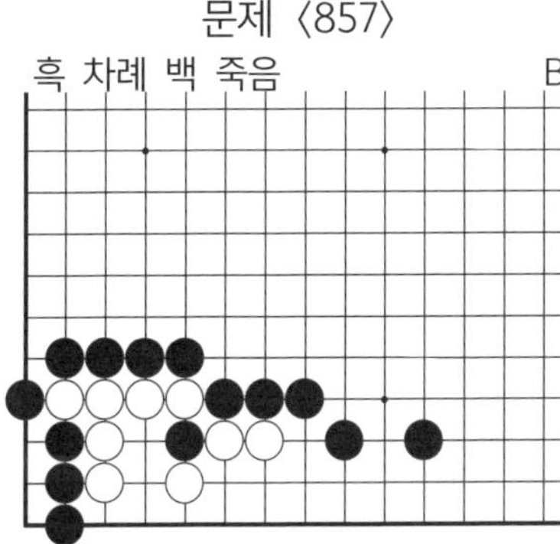

문제 〈858〉

백 차례 삶   A

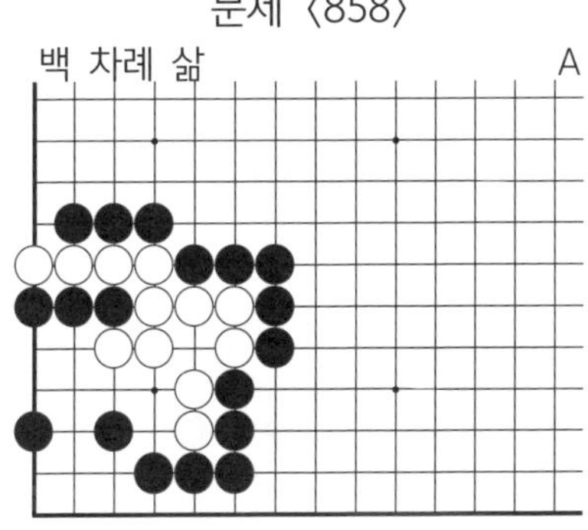

문제 〈859〉

흑 차례 백 죽음   A

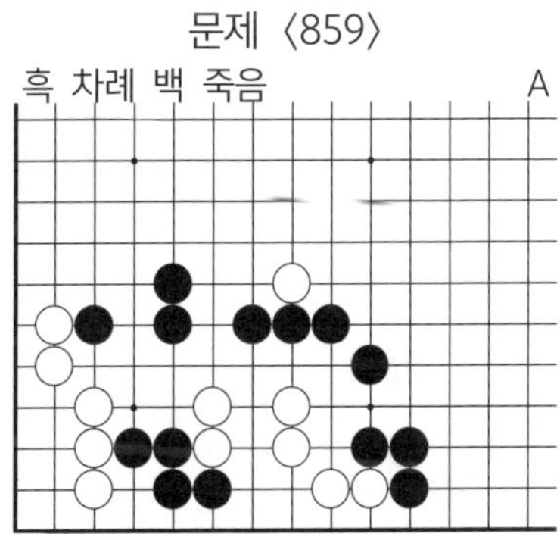

문제 〈860〉

흑 차례 백 죽음   A

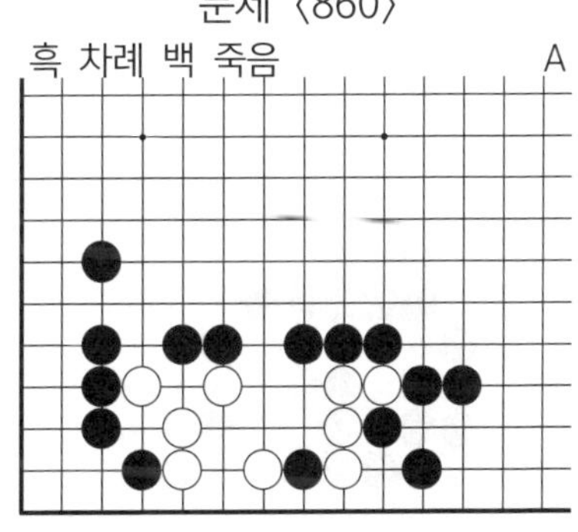

정해 〈855〉

백 차례 삶   B

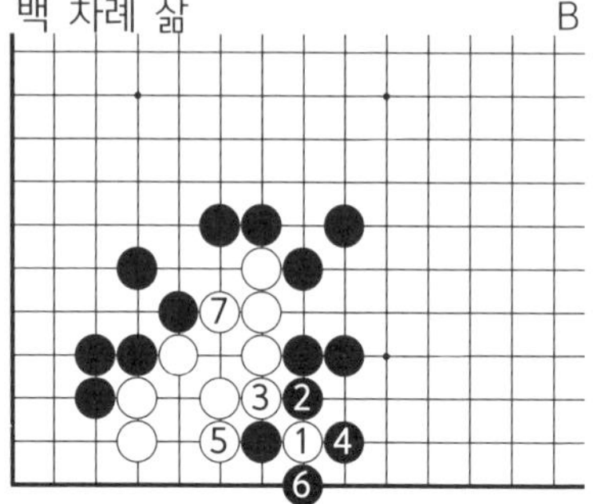

백1의 코붙임이 맥점. 흑2는 백3, 5, 7로 삶.

정해 〈856〉

흑 차례 패   A

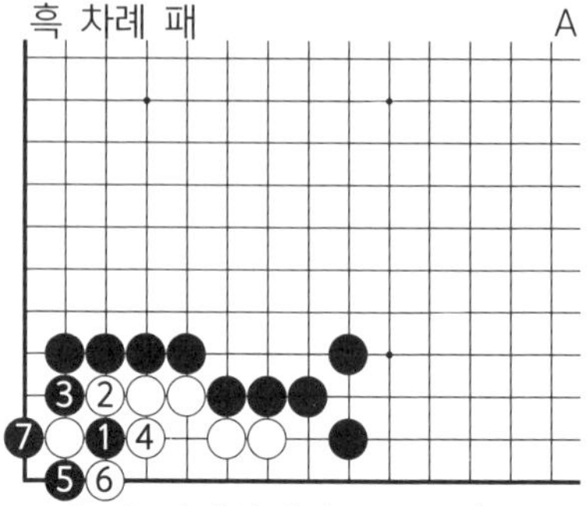

흑1의 건너붙임이 급소. 백2는 흑3, 5, 7로 패.

정해 〈857〉

흑 차례 백 죽음   B

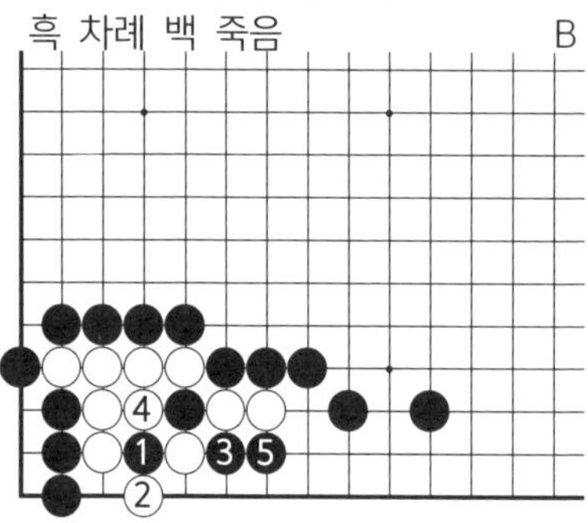

흑1의 끼우기가 맥점. 백2는 흑3, 5로 그만.

정해 〈858〉

백 차례 삶   A

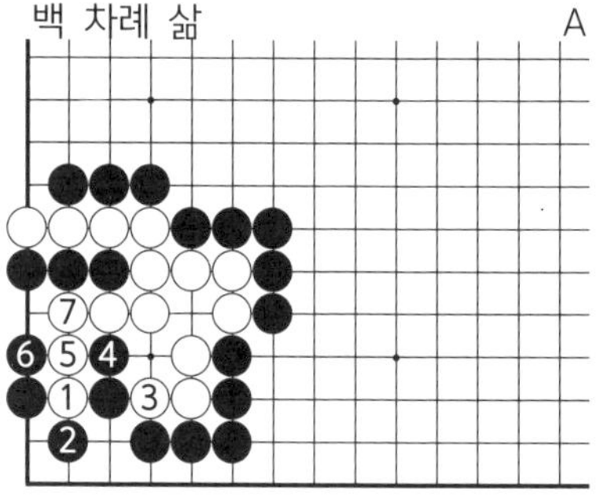

백1의 끼우기가 맥점. 흑2는 백3, 5, 7로 삶.

정해 〈859〉

흑 차례 백 죽음   A

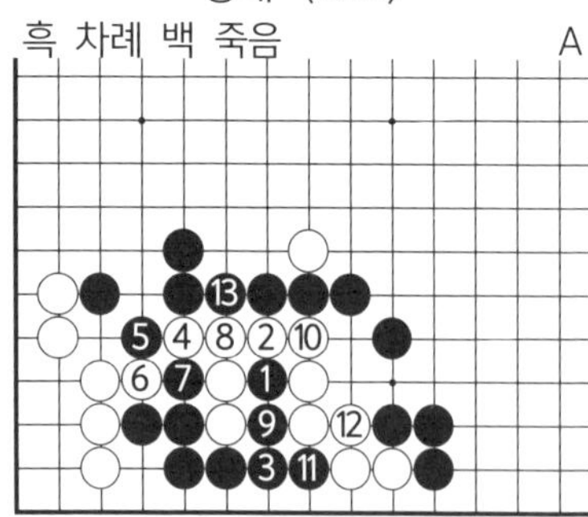

흑1의 끼우기가 묘수. 백2는 흑3 이하 13까지 백 죽음.

정해 〈860〉

흑 차례 백 죽음   A

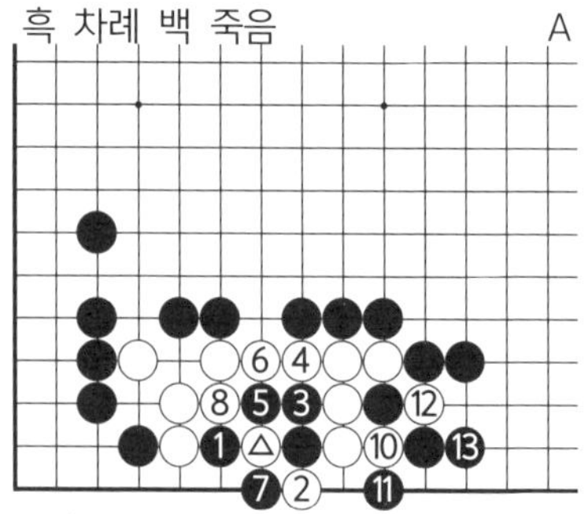

흑1의 끼우기가 급소. 백2는 흑3 이하 13까지 백 죽음. ❾→△

바깥 돌을 활용하는 맥

10문제

바깥 돌을 활용하는 맥

사활묘수풀이의 경우는 바깥에 돌이 놓여 있으면 그것을 활용하는 방법을 생각하면 되는 것이지만 실전의 경우라면 그런 식으로 만들어지지 않기 때문에 자연스럽게 어려워집니다. 거기에 사활묘수풀이와 실전의 차이가 있습니다.

다음 그림에서 이 백의 모양은 5나 a 좌우 어느 쪽이든 젖히는 돌을 선수로 만들면 사는 모양이 되기 때문에 바깥 돌을 활용해서 그 수단을 궁리하면 자연히 백1의 껴붙이는 맥이 제1감으로 떠오르기 마련입니다.

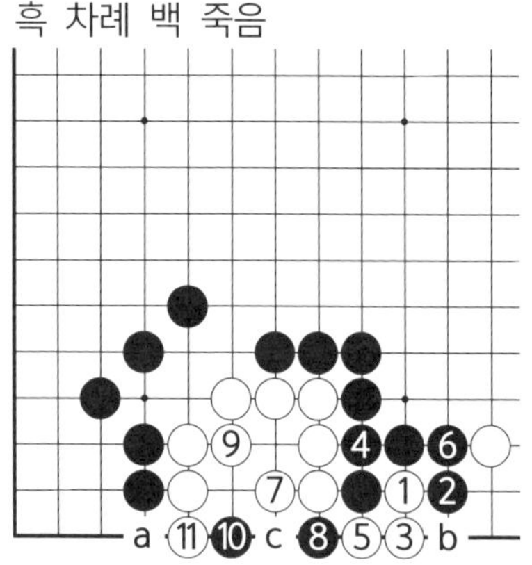

흑4로 5는 백8, 흑b, 백11로 6집의 삶이 되기 때문에 4로 잇는 수밖에 없고, 거기서 백7로 2집 삶의 모양이 나오면 5의 젖힌 돌이 열쇠로 백11로 되었을 때 흑c로 이을 수 없게 되어 살게 됩니다.

문제 〈861〉

문제 〈862〉

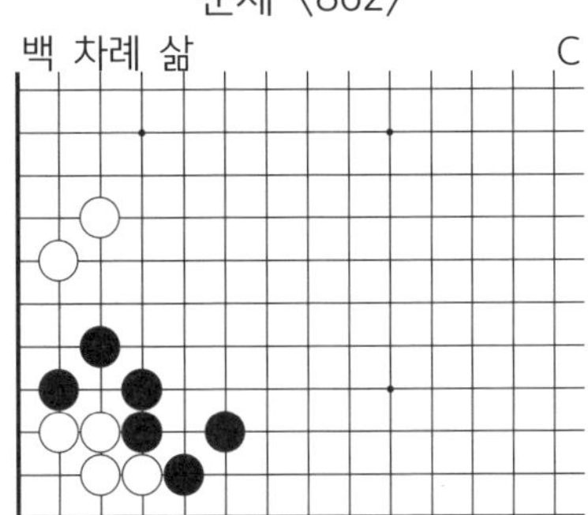

문제 〈863〉

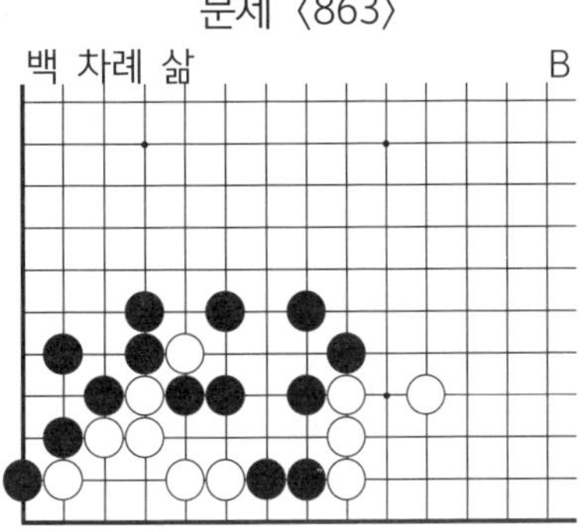

문제 〈864〉

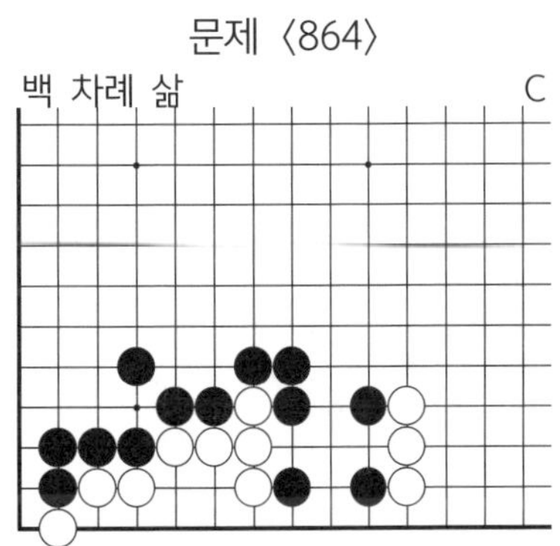

문제 〈865〉

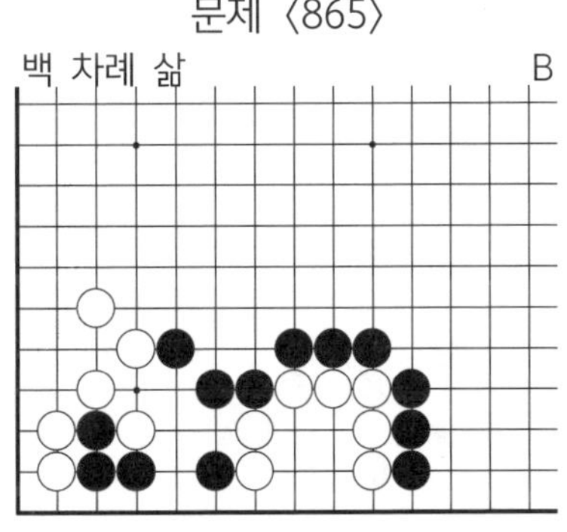

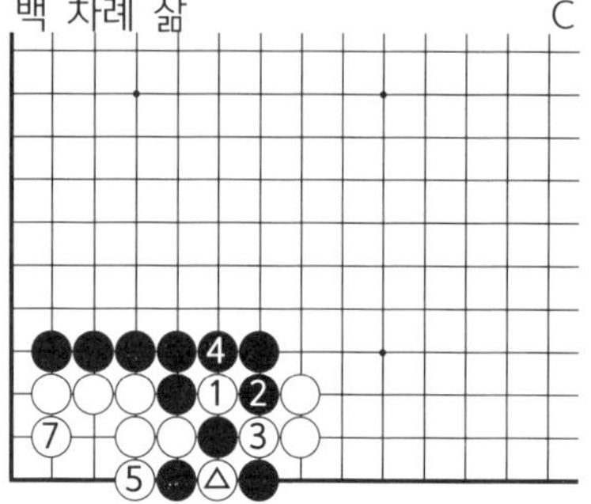

정해 〈861〉

백1의 끊음이 급소. 흑2는 백3,
5, 7로 삶. ❻→△

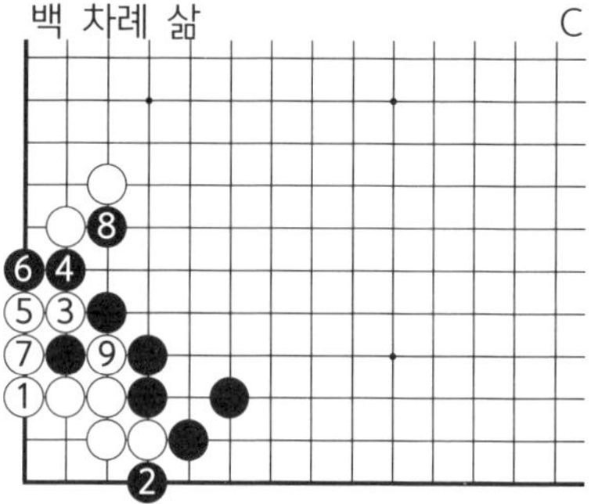

정해 〈862〉

백1이 위쪽 백과 관련된 급소.
흑2라면 백3부터 9까지 삶.

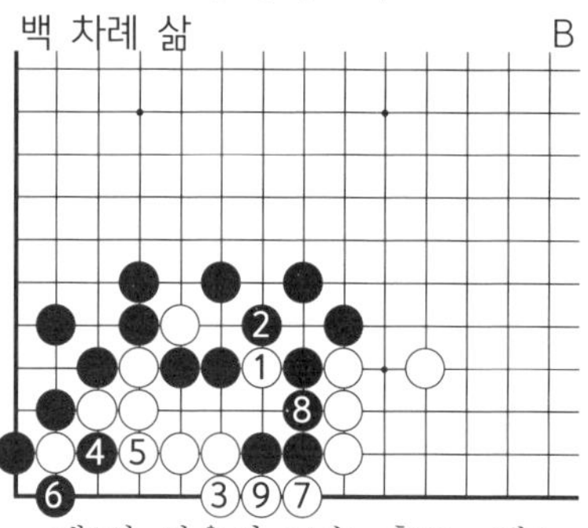

정해 〈863〉

백1의 끼움이 묘수. 흑2는 백3
이하 9까지 넘어가서 삶.

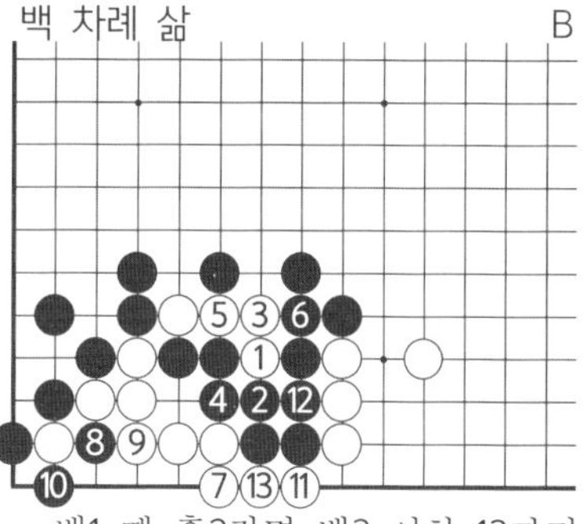

변화 〈863〉

백1 때 흑2라면 백3 이하 13까지
넘어가서 삶.

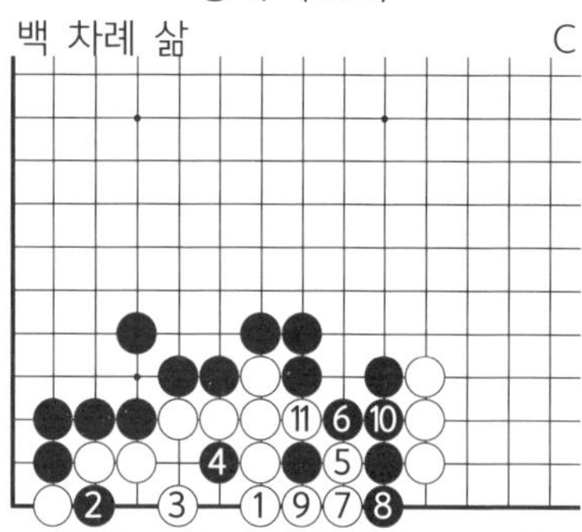

정해 〈864〉

백1이 바깥 흑의 약점을 노린 급소.
흑2는 백3 이하 11까지 삶.

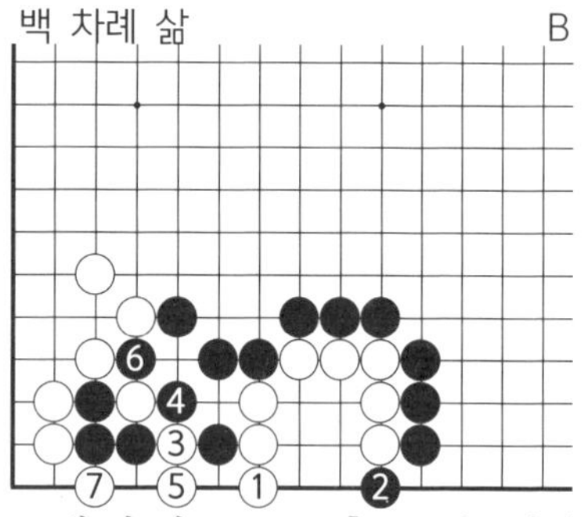

정해 〈865〉

백1이 사는 급소. 흑2로 파호하면
백3, 5, 7로 넘어가서 삶.

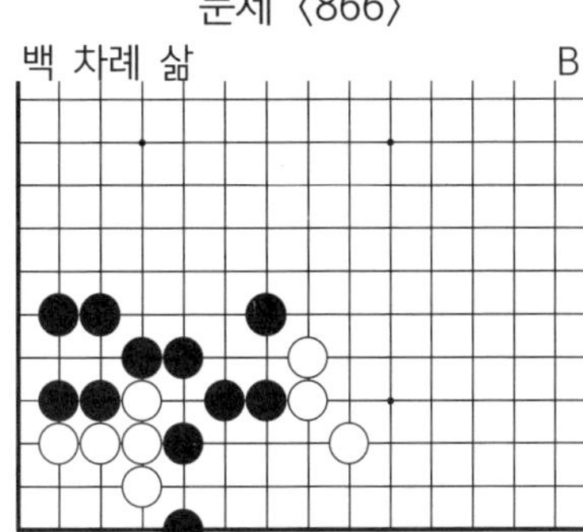

문제 〈866〉

백 차례 삶 B

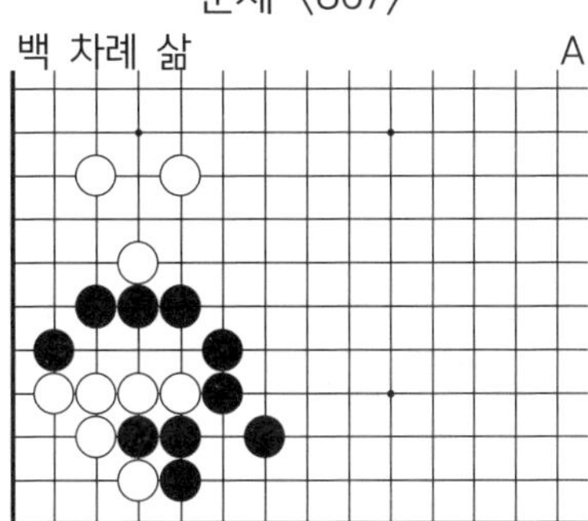

문제 〈867〉

백 차례 삶 A

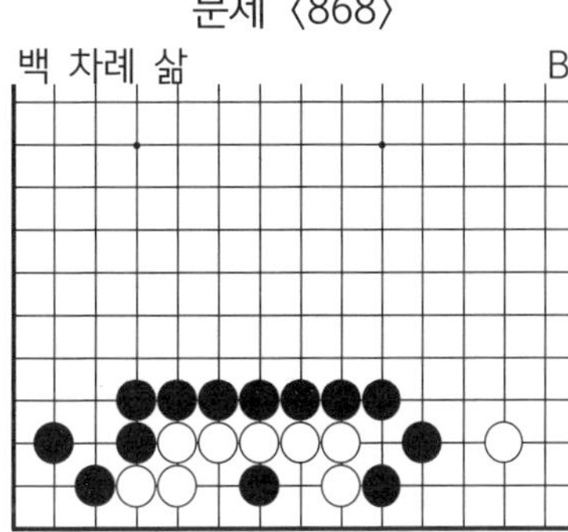

문제 〈868〉

백 차례 삶 B

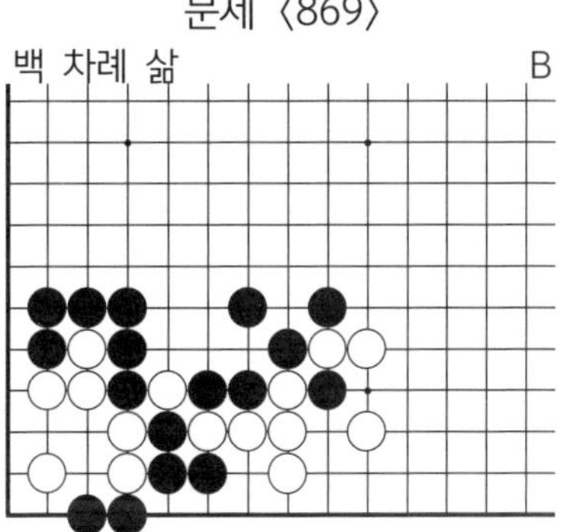

문제 〈869〉

백 차례 삶 B

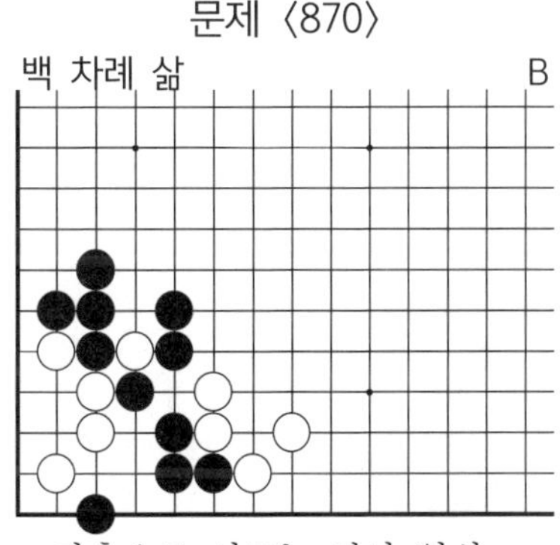

문제 〈870〉

백 차례 삶 B

자충으로 이끄는 것이 열쇠.

정해 〈866〉

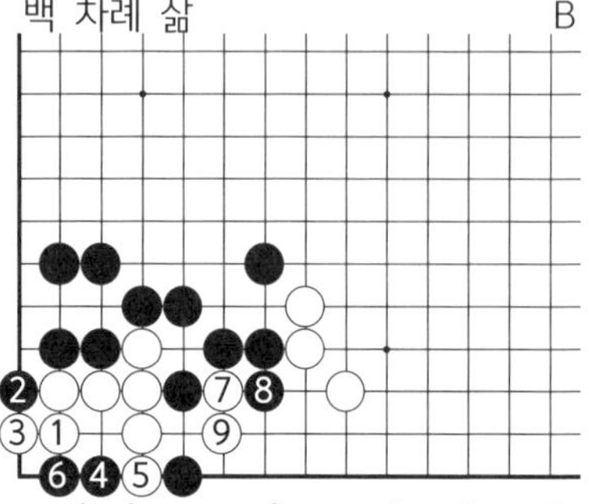

백 차례 삶

B

백1이 급소. 흑2로 파호해 오면
백3 이하 9까지 삶.

정해 〈867〉

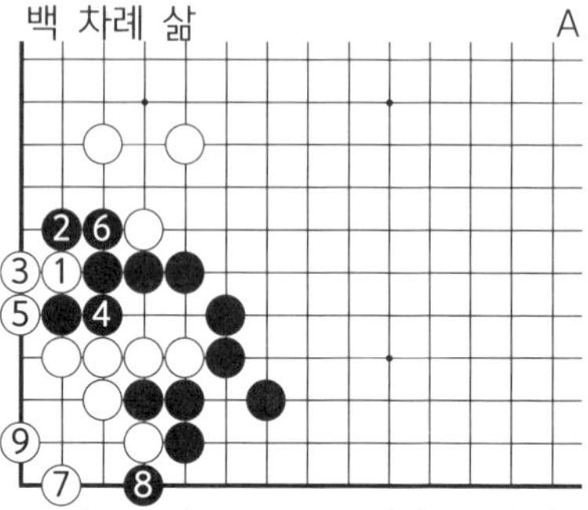

백 차례 삶

A

백1로 찝고 3으로 내리는 것이
묘수. 흑4는 백5, 7, 9로 삶.

정해 〈868〉

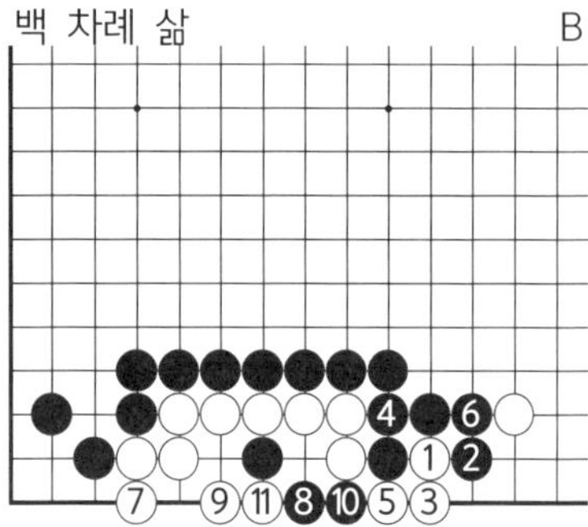

백 차례 삶

B

백1, 3이 수순. 흑4는 백5 이하
11까지 삶.

정해 〈869〉

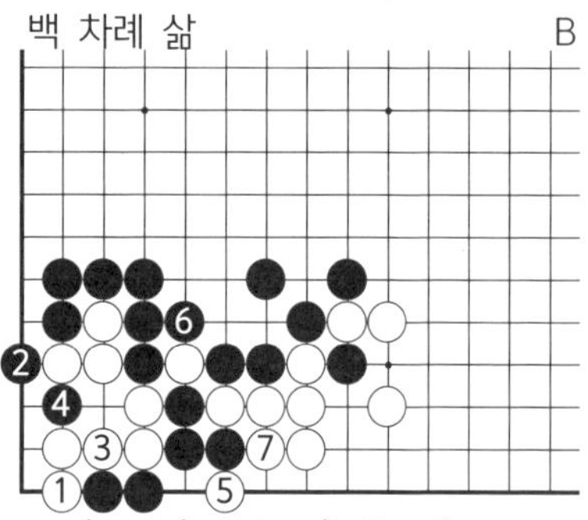

백 차례 삶

B

백1, 3이 급소. 흑4는 백5, 7로
넘어가서 삶.

정해 〈870〉

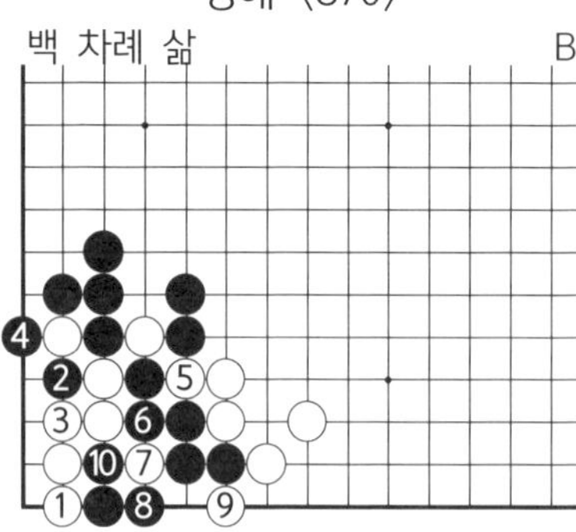

백 차례 삶

B

백1이 급소. 흑2로 잡고 이하 흑10
까지 되었을 때…

정해 계속

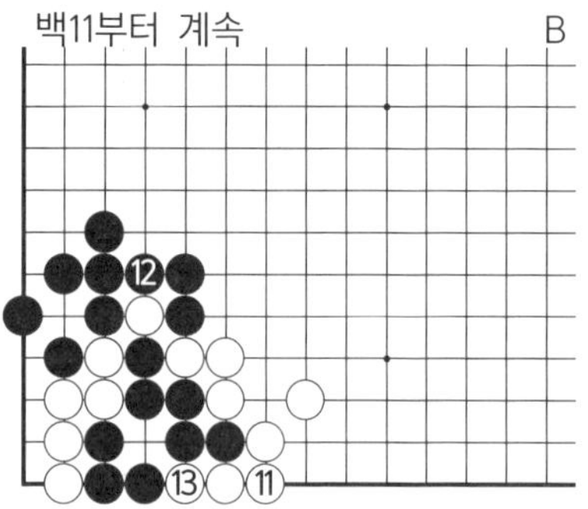

백11부터 계속

B

백11로 이어서 흑12는 백13으로
흑 3점을 잡고 넘어가서 삶.

젖힌 돌을 활용하는 맥

10문제

젖힌 돌을 활용하는 맥

젖힌 돌이라고 하는 것은 본체의 돌로부터 분리되어 젖힌 모양을 이루고 있는 돌을 말하는 것이므로 비록 그 젖힌 돌이 적으로부터 먹여쳐져 있어도 젖힌 돌이라고 봐도 무방합니다. 이 젖힌 돌은 언뜻 보기에는 그다지 쓸모없어 보이지만 그렇지 않고 이 젖힌 돌이 도움이 되는 경우가 유난히 많아서 이 젖힌 돌을 활용하는 감각을 기르는 것이 필요합니다.

다음 그림에서 ㉠가 젖힌 돌로 이 젖힌 돌이 있으므로 백1로 두어 살 수가 있습니다.

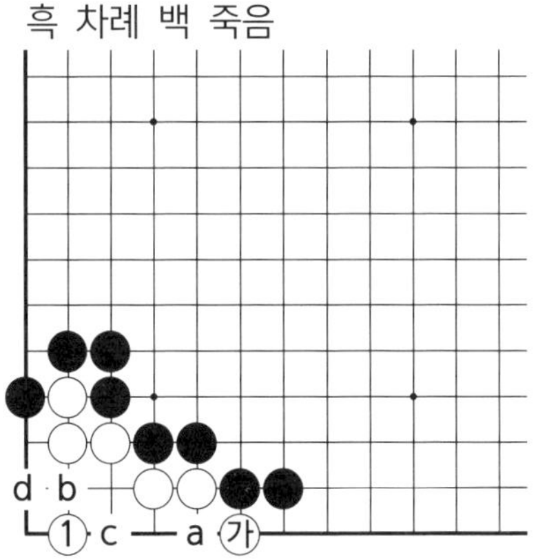

만약 ㉠의 젖힌 돌이 없으면 백1 때 흑a로 젖힘을 당해서 죽기 때문에 백b, 흑1, 백c, 흑d로 패를 낼 수밖에 없습니다.

문제 〈871〉

백 차례 삶

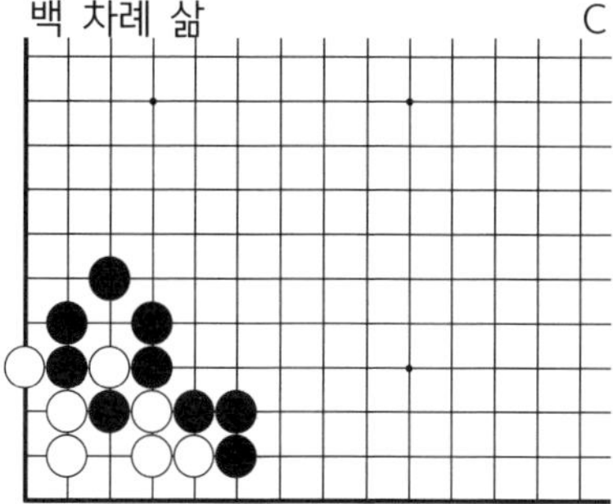

문제 〈872〉

백 차례 삶

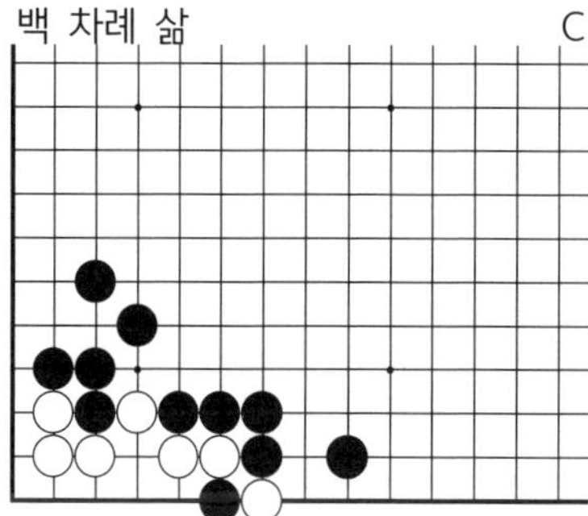

문제 〈873〉

백 차례 삶

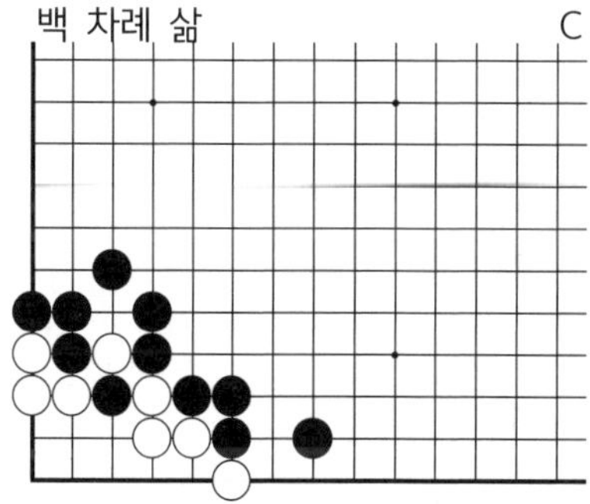

정해 〈871〉

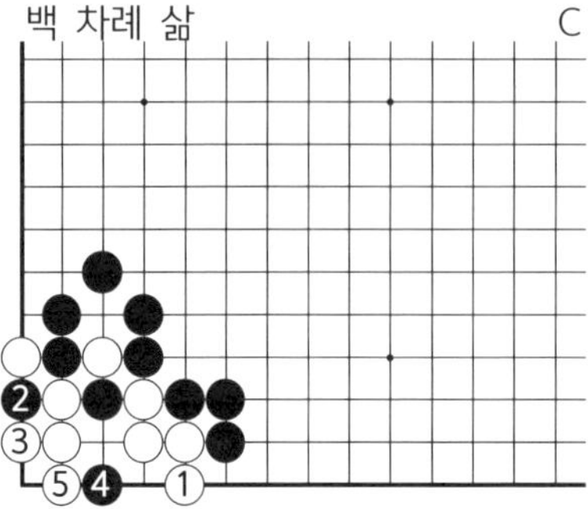

백1이 사는 급소. 흑2로 먹여치면
백3, 5로 삶.

정해 〈872〉

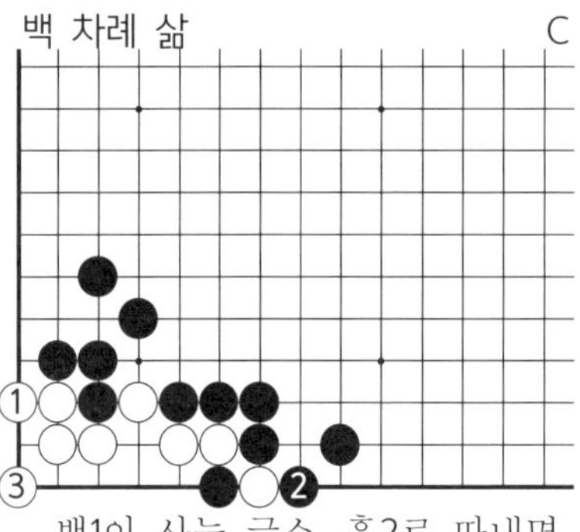

백1이 사는 급소. 흑2로 따내면
백3으로 삶.

정해 2 〈872〉

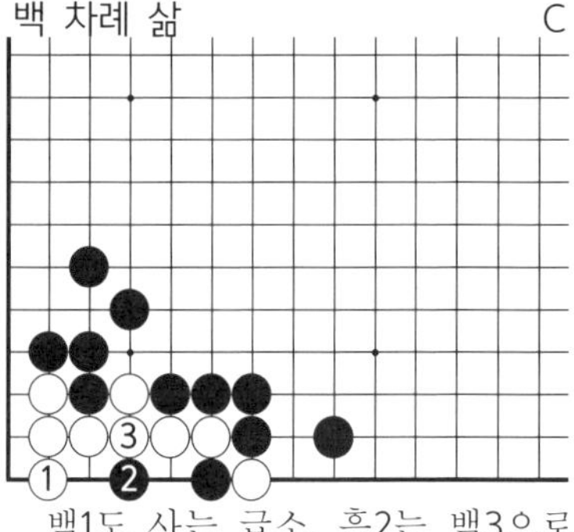

백1도 사는 급소. 흑2는 백3으로
삶.

정해 〈873〉

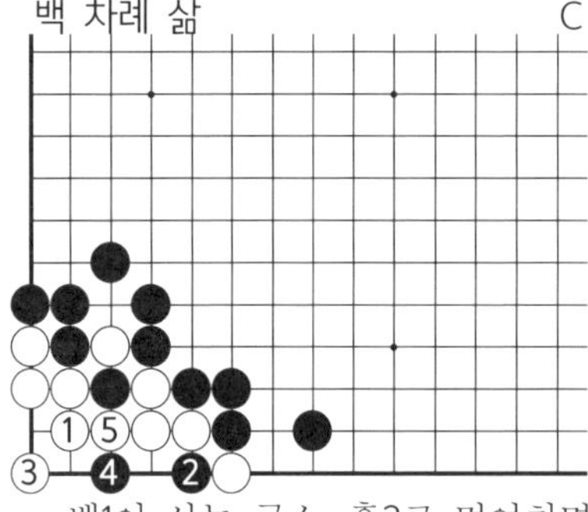

백1이 사는 급소. 흑2로 먹여치면
백3, 5로 삶.

변화 〈873〉

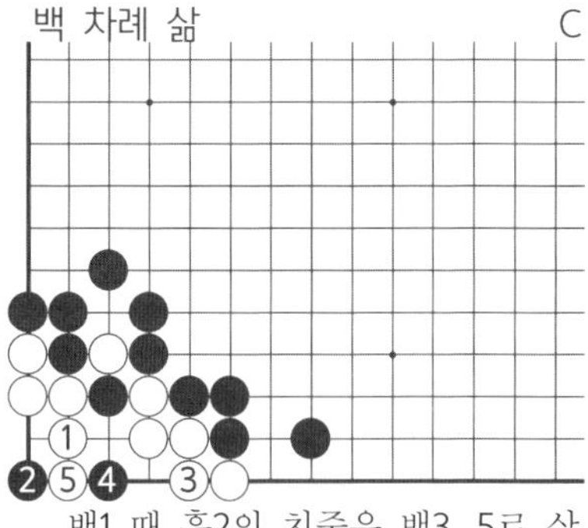

백1 때 흑2의 치중은 백3, 5로 삶.

문제 〈874〉

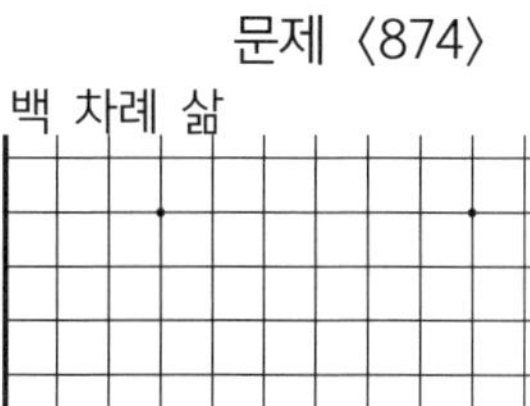

문제 〈875〉

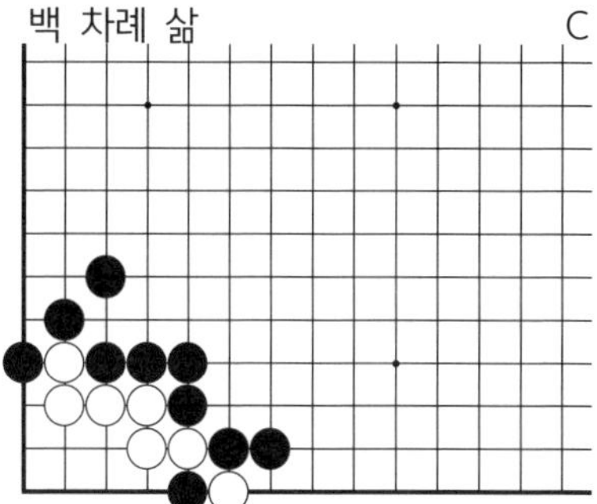

문제 〈876〉

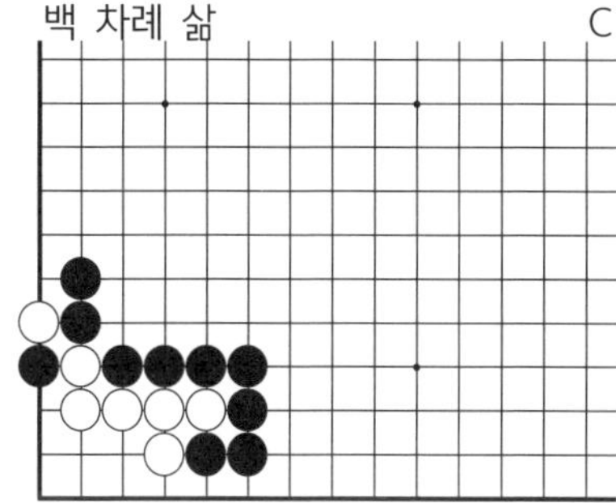

문제 〈877〉

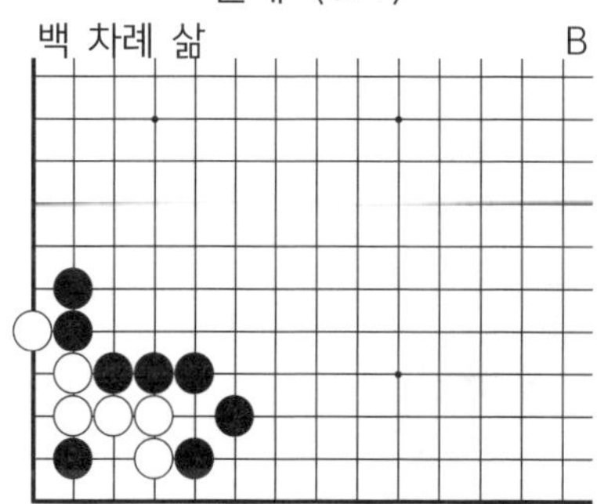

자충으로 이끄는 것이 중요.

정해 〈874〉

백 차례 삶　　　　　　　　　C

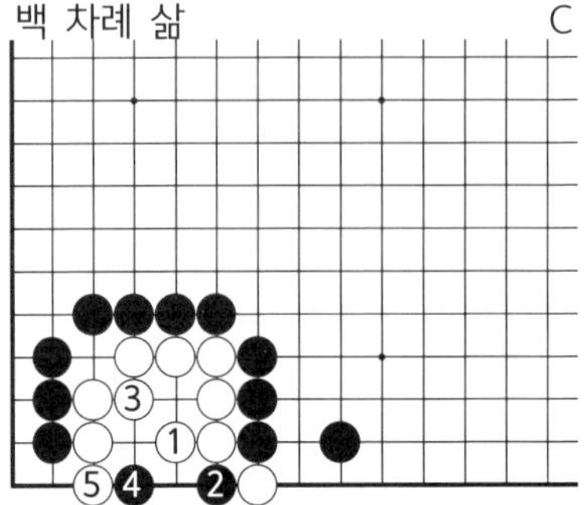

백1이 사는 급소. 흑2로 먹여치면
백3, 5로 삶.

정해 〈875〉

백 차례 삶　　　　　　　　　C

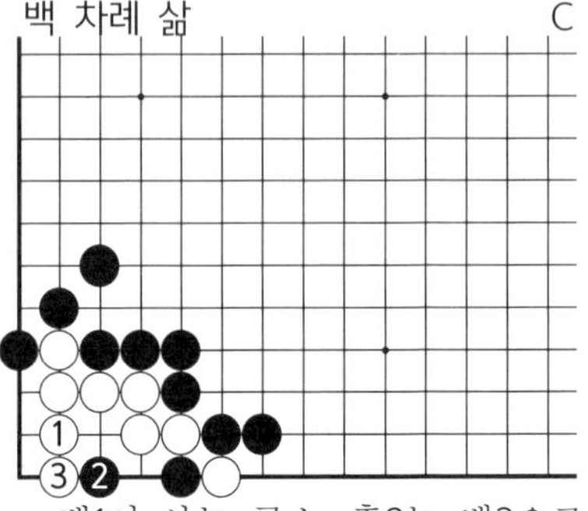

백1이 사는 급소. 흑2는 백3으로
삶.

정해 〈876〉

백 차례 삶　　　　　　　　　C

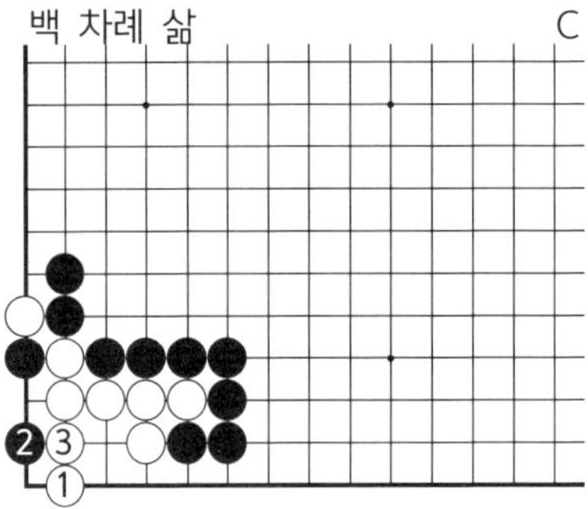

백1이 사는 급소. 흑2의 치중은
백3으로 삶.

정해 〈877〉

흑 차례 백 죽음　　　　　　　　B

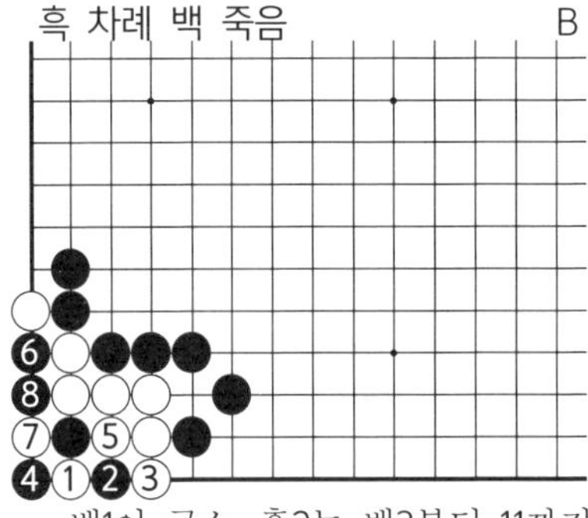

백1이 급소. 흑2는 백3부터 11까지
양패로 삶. ⑨→⑦, ❿→❽, ⑪→❻

변화 〈877〉

백 차례 삶　　　　　　　　　B

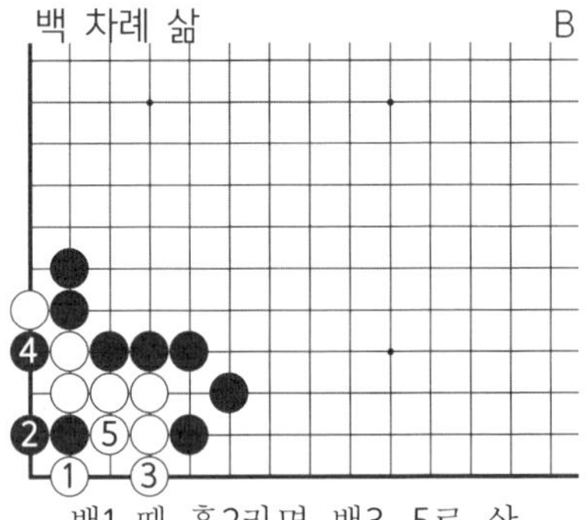

백1 때 흑2라면 백3, 5로 삶.

문제 〈878〉

백 차례 삶   C

문제 〈879〉

백 차례 삶   C

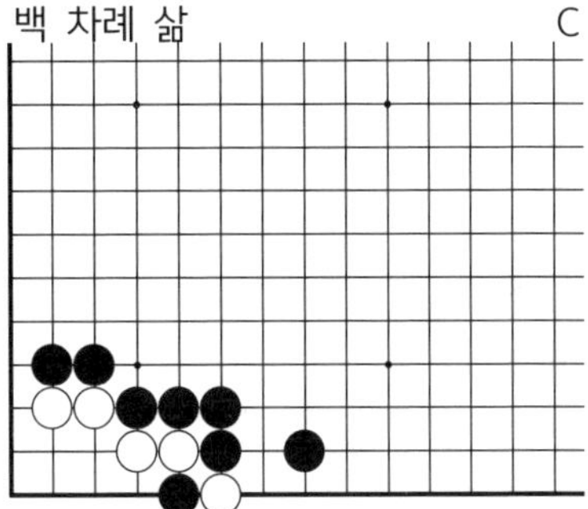

문제 〈880〉

백 차례 삶   C

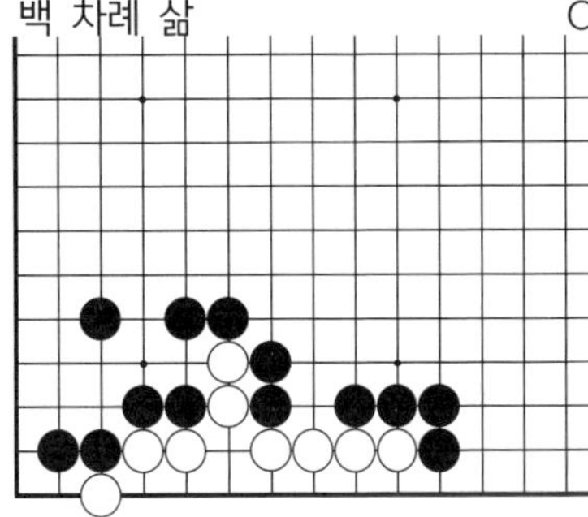

425

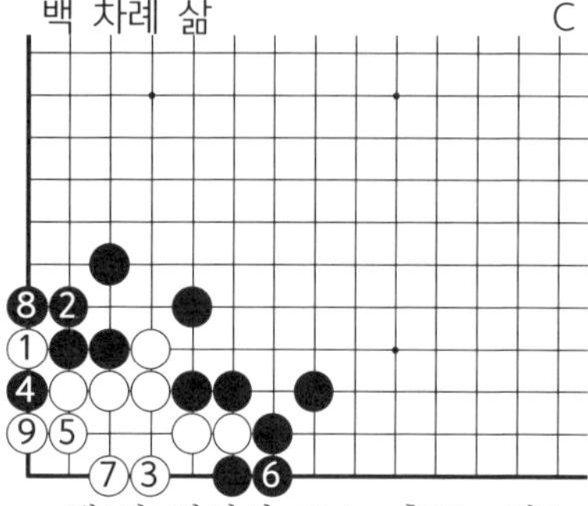

정해 〈878〉

백1의 젖힘이 급소. 흑2는 백3 이하 9로 삶.

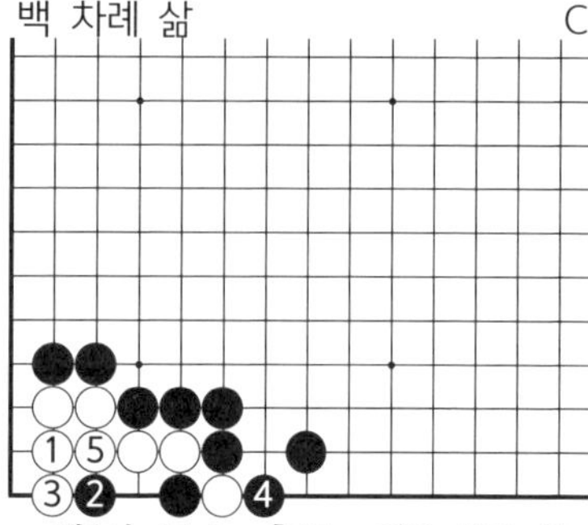

정해 〈879〉

백1이 급소. 흑2는 백3, 5로 삶.

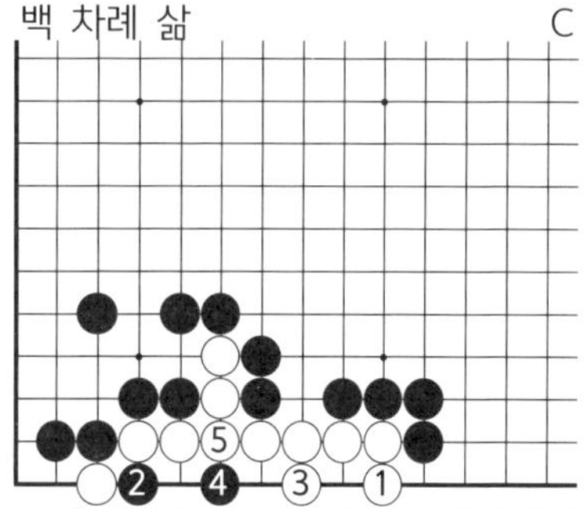

정해 〈880〉

백1이 사는 급소. 흑2로 먹여치면 백3, 5로 삶.

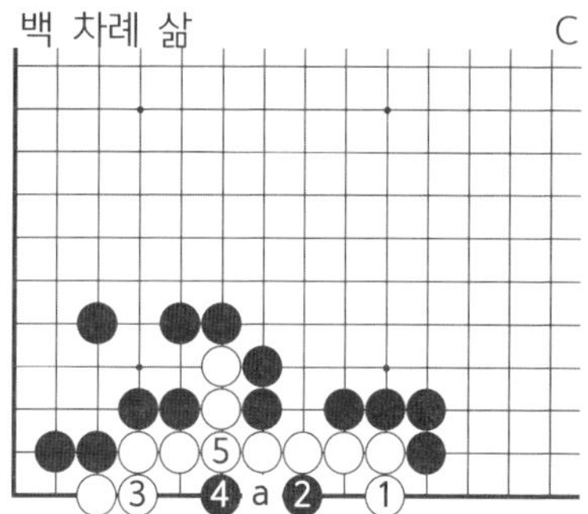

변화 〈880〉

백1 때 흑2로 치중하면 백3, 5로 삶. 다음에 흑a는 후수 빅.

간접적으로 공격하는 맥

15문제

간접적으로 공격하는 맥

많은 사활묘수풀이는 직접적인 맥점으로 두어서 해결하는 것들이지만 이 간접적으로 공격하는 맥은 직접 적에게 향하는 맥점으로 두지 않고 언뜻 보면 적에게 영향을 주지 않는 곳에 두더라도 제1의 맥점에 해당하는 것을 말하기 때문에 사활묘수풀이로서 왠지 재미있는 것에 속하고 실전에 나왔을 경우는 상당한 실력자라도 놓치기 쉬운 모양인 것입니다.

다음에서 흑1로 가만히 내리는 수가 간접적으로 공격하는 맥으로 이 공방에 이길 수 있는 수는 이것 이외에는 없습니다.

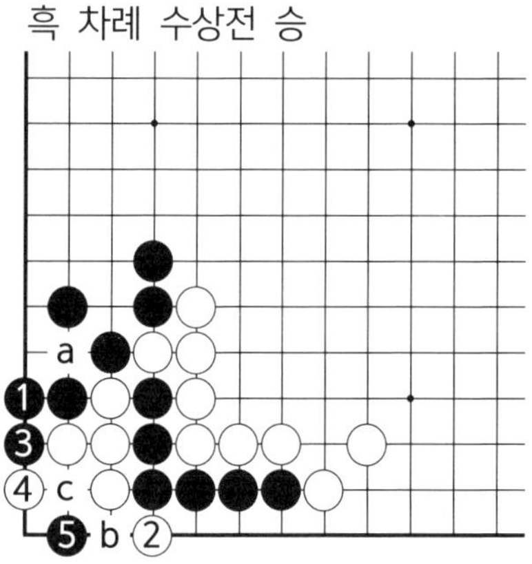

흑1로 5의 치중이 맥인 것 같지만 백1, 흑a, 백b, 흑2, 백c, 흑4로 패가 됩니다.

또 흑1로 4에 두는 수는 백1, 흑a, 백b로 백의 수상전 승이 됩니다. 즉 흑1이 맥점에 해당하는 것입니다.

문제 〈881〉

백 차례 수상전 승   B

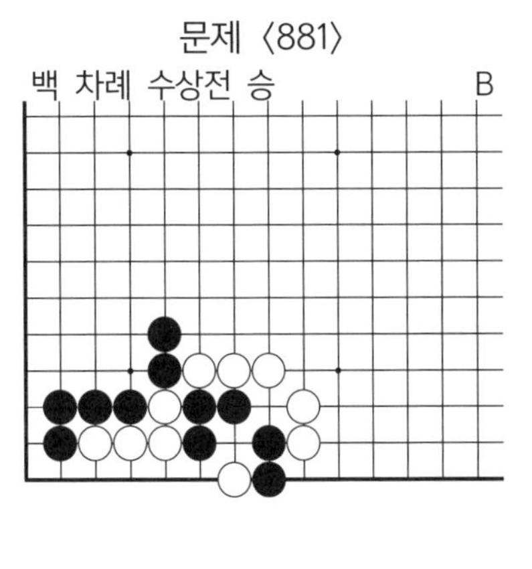

문제 〈882〉

흑 차례 백 죽음   B

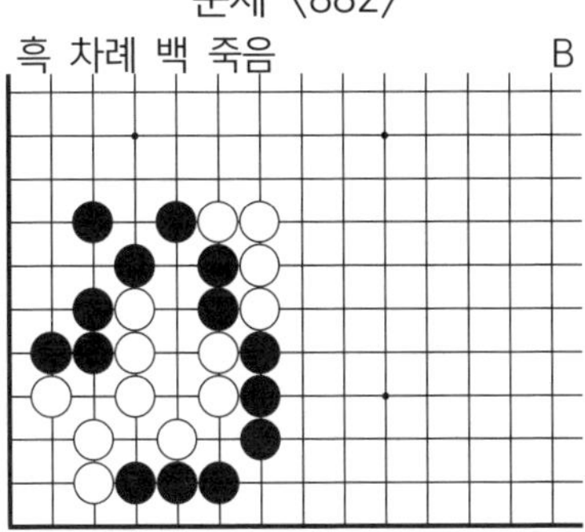

문제 〈883〉

흑 차례 백 죽음   B

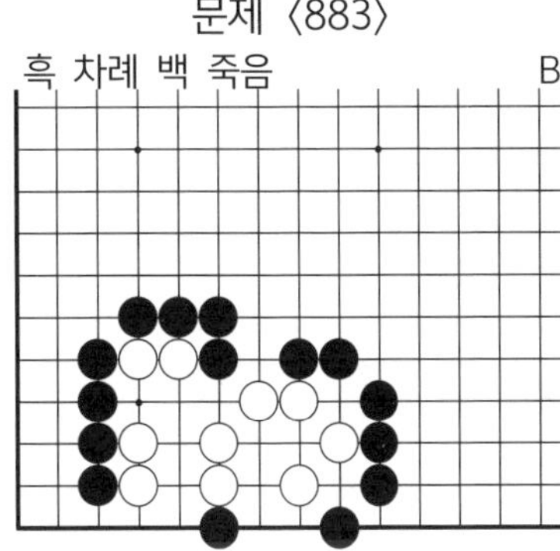

문제 〈884〉

흑 차례 백 죽음   A

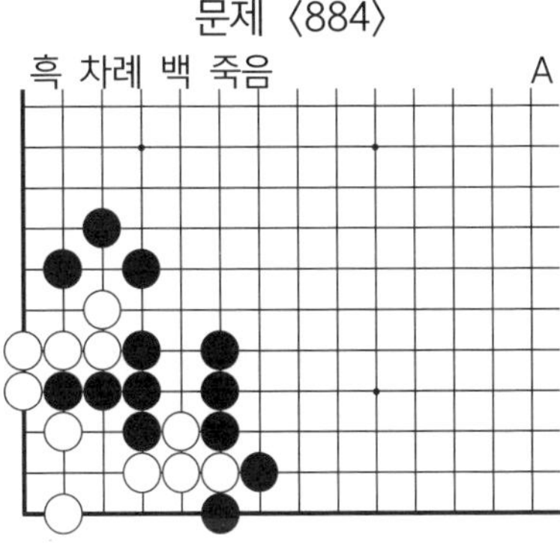

문제 〈885〉

흑 차례 백 죽음   A

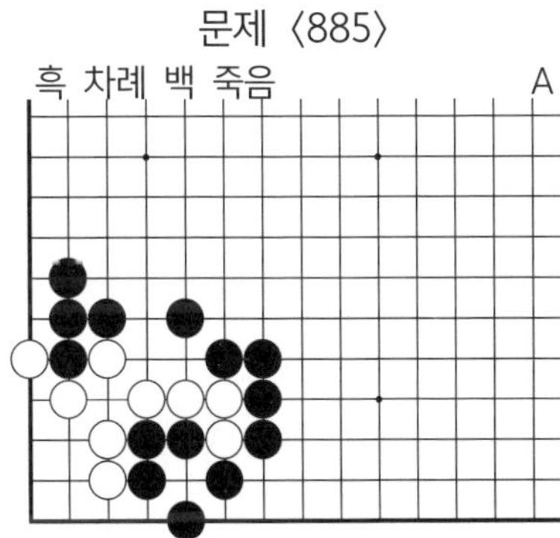

문제 〈886〉

백 차례 패   A

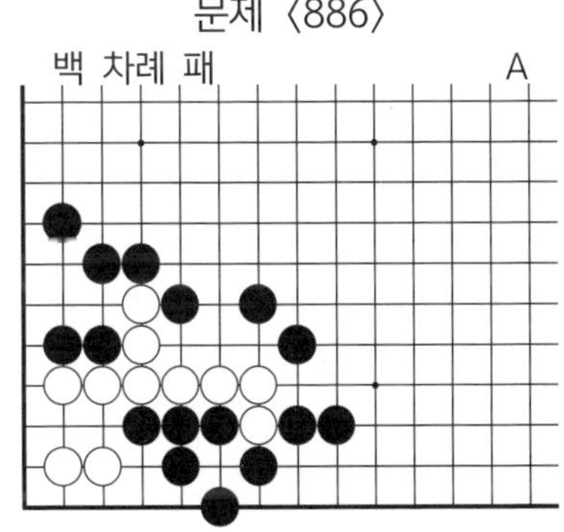

정해 〈881〉

백 차례 수상전 승

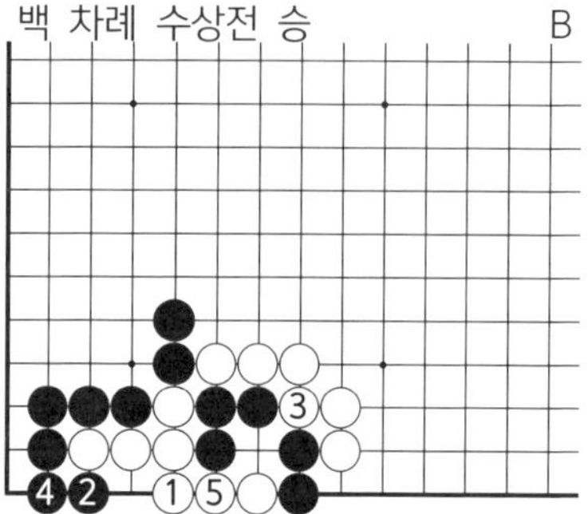

백1로 내리는 수가 급소. 흑2는
백3, 5로 수상전 백 승.

정해 〈882〉

흑 차례 백 죽음

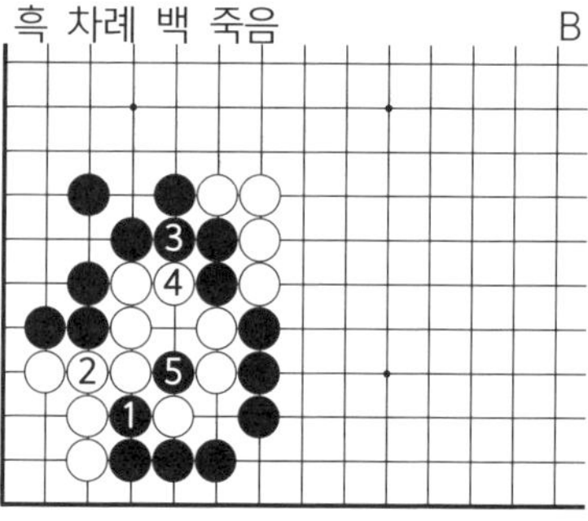

흑1, 3이 수순. 백4는 흑5로 먹여
쳐서 끝.

정해 〈883〉

흑 차례 백 죽음

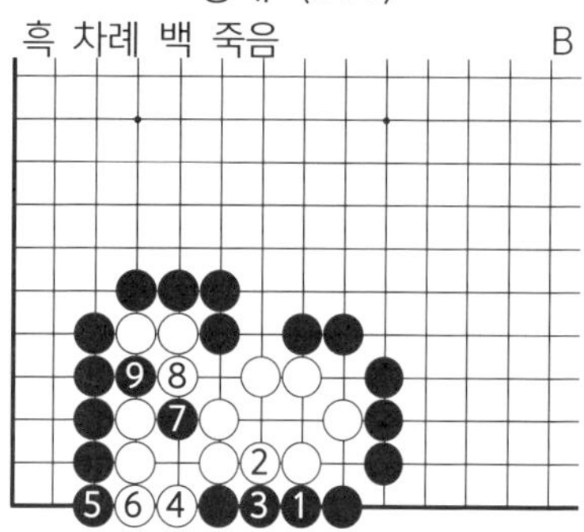

흑1이 급소. 백2는 흑3부터 9까
까지 백 죽음.

정해 〈884〉

흑 차례 백 죽음

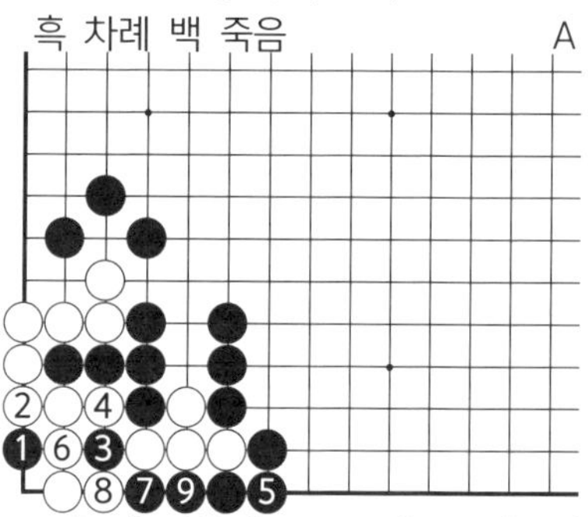

흑1의 치중이 급소. 백2로 이으면
흑3부터 9까지 백 죽음.

정해 〈885〉

흑 차례 백 죽음

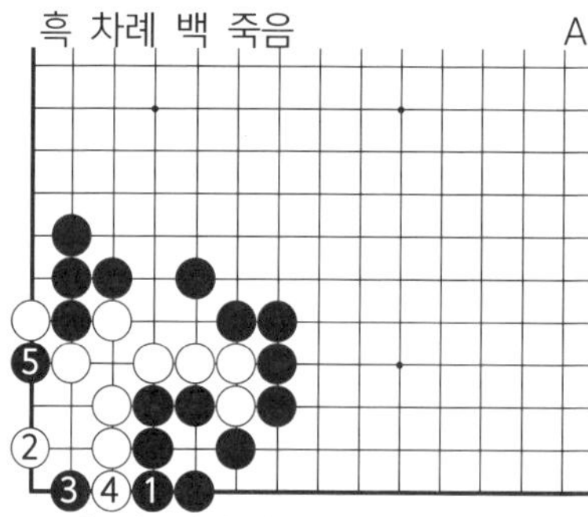

흑1의 이음이 급소. 백2는 흑3,
5로 백 죽음.

정해 〈886〉

백 차례 패

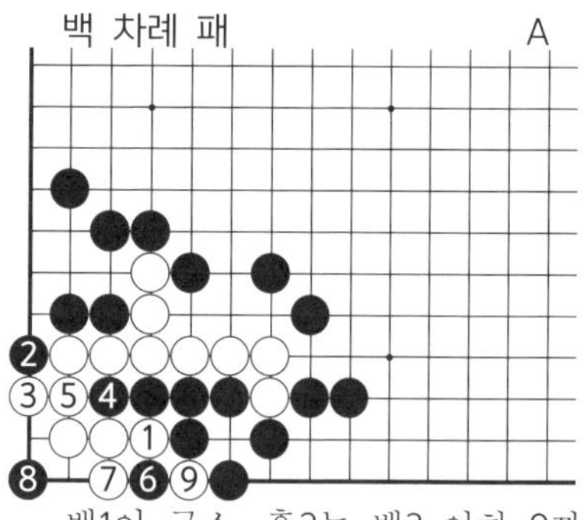

백1이 급소. 흑2는 백3 이하 9까
지 패.

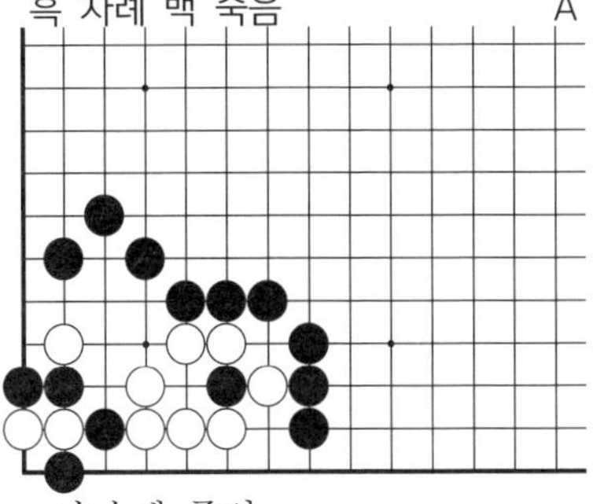

문제 〈887〉
흑 차례 백 죽음
A
수순에 주의.

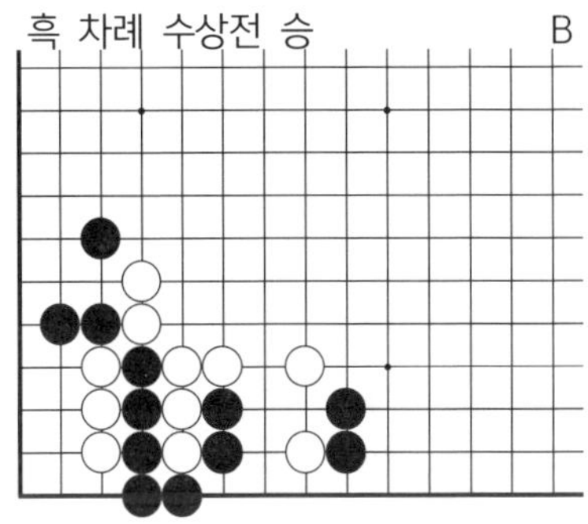

문제 〈888〉
흑 차례 수상전 승
B

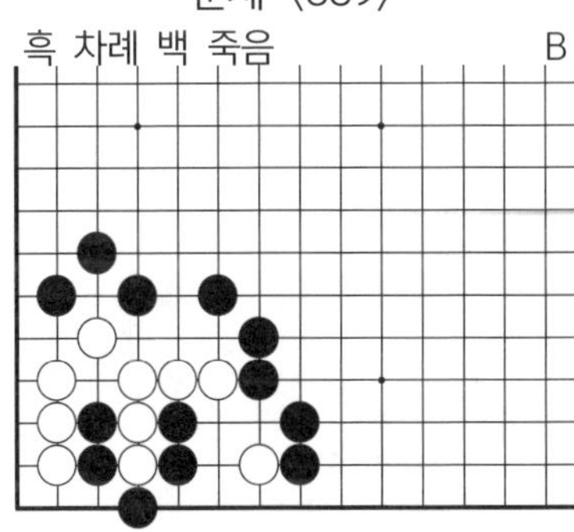

문제 〈889〉
흑 차례 백 죽음
B

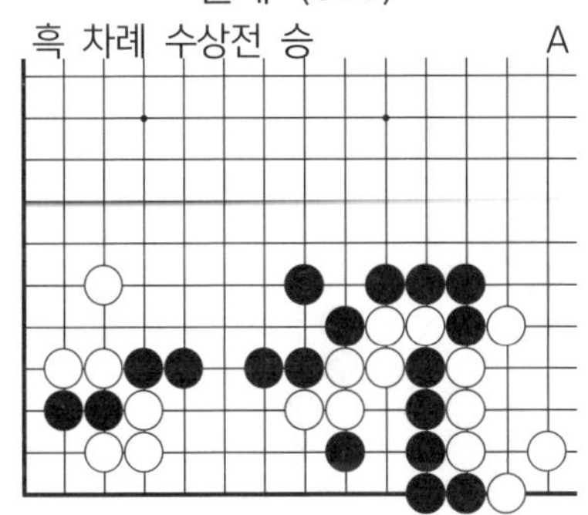

문제 〈890〉
흑 차례 수상전 승
A

정해 〈887〉

흑 차례 백 죽음

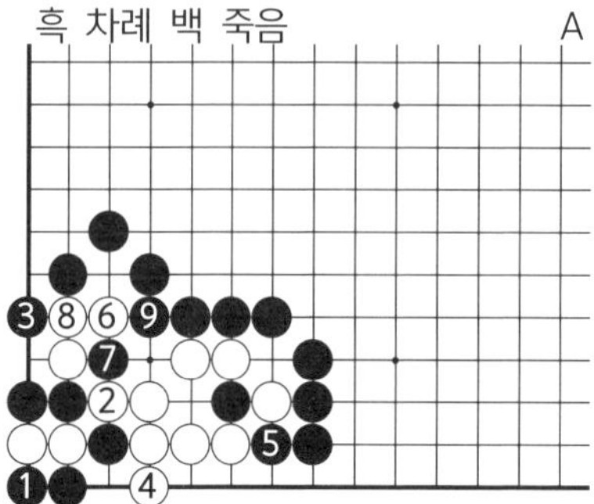

흑1로 따내는 것이 급소. 백2는
흑3 이하 9까지 백 죽음.

정해 〈888〉

흑 차례 수상전 승

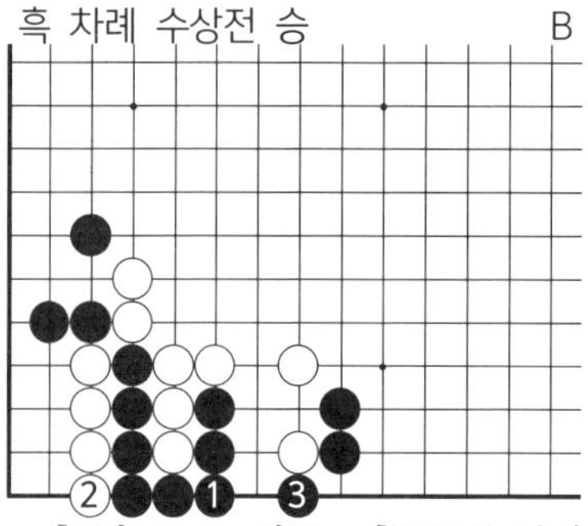

흑1이 급소. 백2는 흑3으로 넘어
가서 수상전 흑 승.

변화 〈888〉

흑 차례 수상전 승

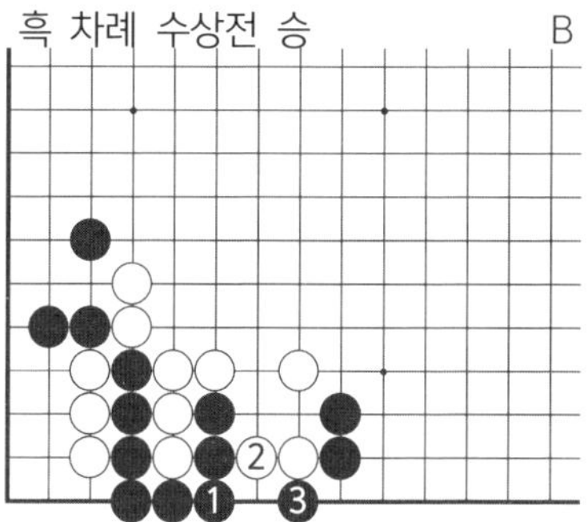

흑1 때 백2는 흑3으로 그만.

정해 〈889〉

흑 차례 백 죽음

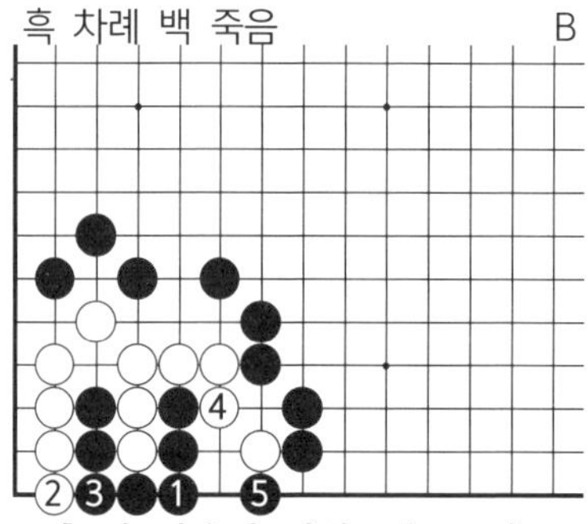

흑1의 이음이 침착. 백2는 흑3,
5로 넘어가서 백 죽음.

정해 〈890〉

흑 차례 수상전 승

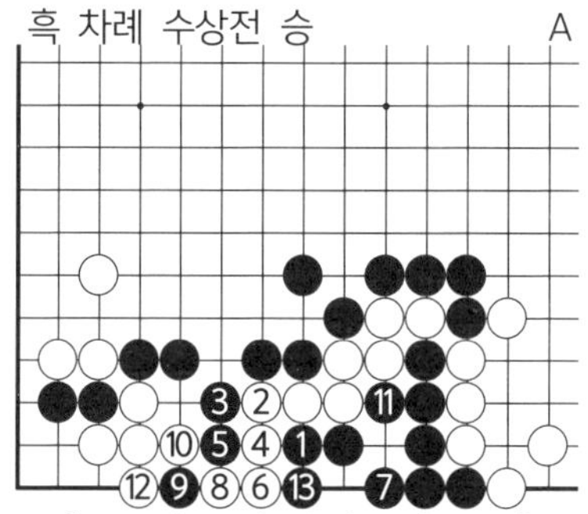

흑1, 3이 좋은 수순. 백4는 흑5
이하 13까지 수상전 흑 승.

문제 〈891〉

백 차례 수상전 승   B

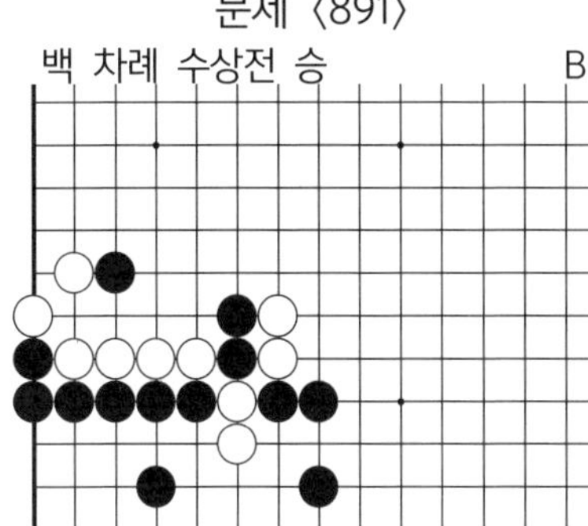

문제 〈892〉

흑 차례 백 죽음   A

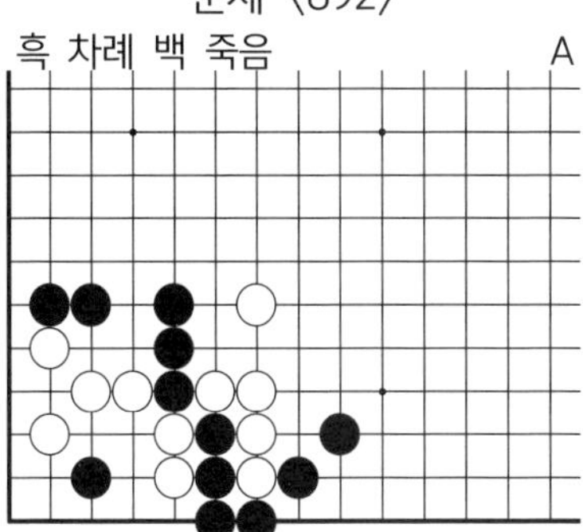

문제 〈893〉

흑 차례 백 죽음   A

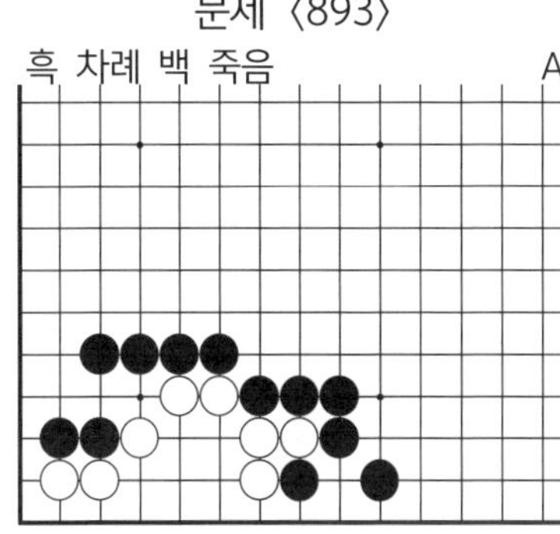

문제 〈894〉

흑 차례 백 죽음   A

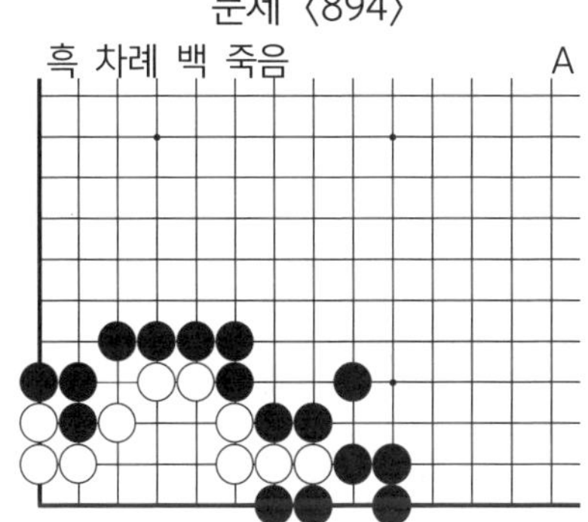

문제 〈895〉

백 차례 삶   A

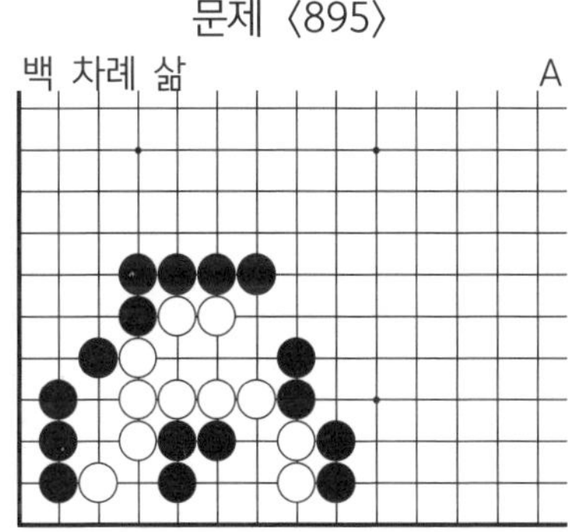

정해 〈891〉

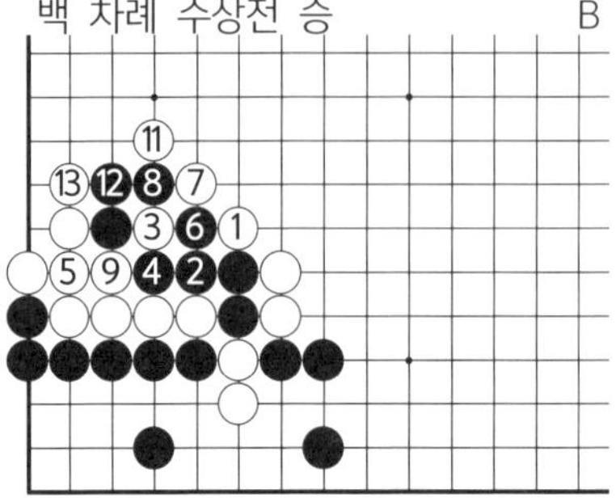

백 차례 수상전 승   B

백1, 3의 장문이 좋은 수. 흑4는
백5 이하 13까지 축. ❿→③

정해 〈892〉

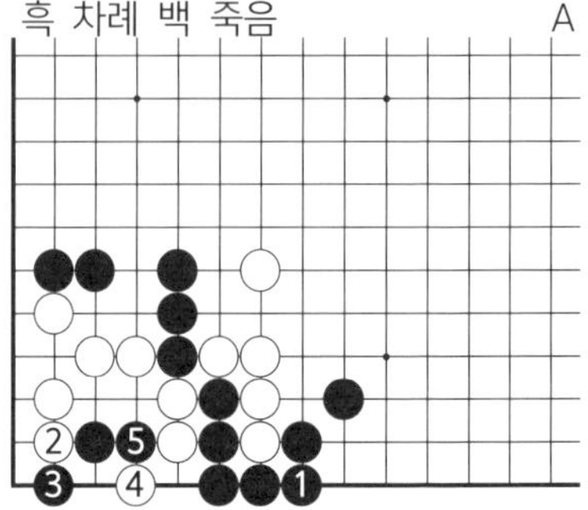

흑 차례 백 죽음   A

흑1의 이음이 침착. 백2는 흑3,
5로 끝.

정해 〈893〉

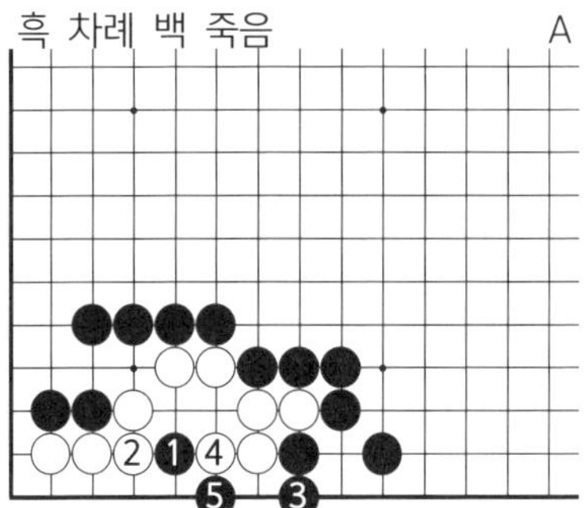

흑 차례 백 죽음   A

흑1로 들여다보고 3이 좋은 수.
백4는 흑5로 넘어서 백 죽음.

정해 〈894〉

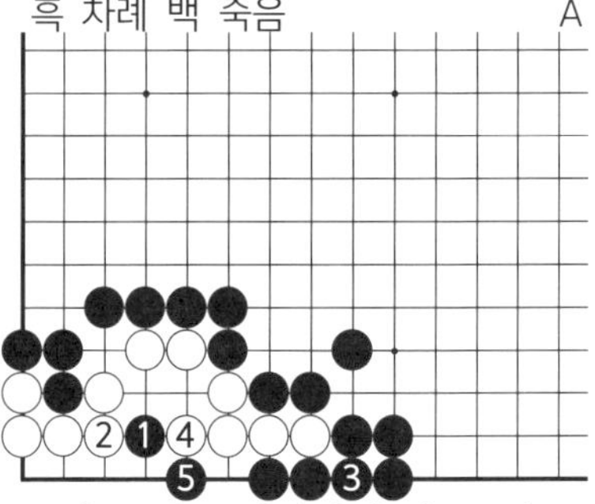

흑 차례 백 죽음   A

이 문제도 마찬가지 흑1, 3이 좋
은 수. 백4는 흑5로 넘어가서 그만.

정해 〈895〉

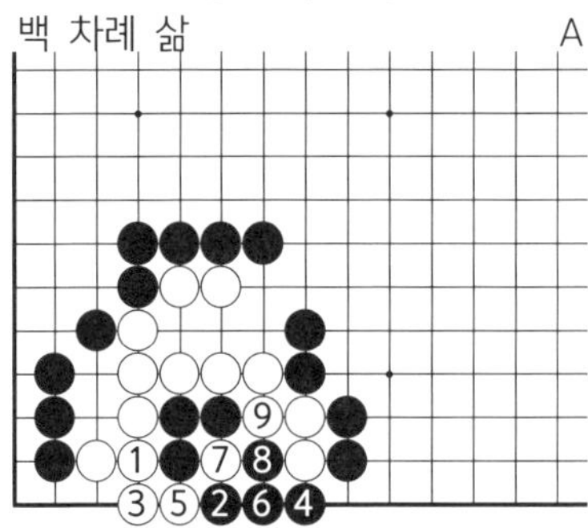

백 차례 삶   A

백1, 3이 좋은 수순. 흑4는 백5,
7, 9로 흑 3점을 잡고 삶.

맥 같지 않은 맥

맥 같지 않은 맥

맥점이라는 것은 집을 없애는 맥을 비롯하여 이상에서 제시된 것처럼 일정한 것이지만 보통이라면 엉뚱한 수로 볼 수밖에 없는 맥점이 그 경우에서만은 오히려 맥점으로서 효과를 발휘하는 경우가 있습니다. 이것을 맥 같지 않은 맥으로 명명하였으며 사활묘수풀이로는 이런 것들이 가장 재미있는 사활묘수풀이라고 할 수 있습니다. 실전의 경우라면 전문가도 놓치고 보지 못한 수로 오히려 꼼수 바둑이 거꾸로 들어맞는다고 하는 것과 같은 까닭입니다.

다음 그림에서 흑1이 맥 같지 않은 맥의 수입니다. 보통 흑1은 집을 없애는 맥인 3의 곳에 치중하는 것이지만 이 경우에만 3의 치중하는 맥으로는 죽지 않게 되고 보통 맥 같지도 않은 1의 수가 오히려 이 모양에서는 맥점에 해당하는 곳으로 이 사활묘수풀이의 가치가 있습니다.

흑 차례 백 죽음

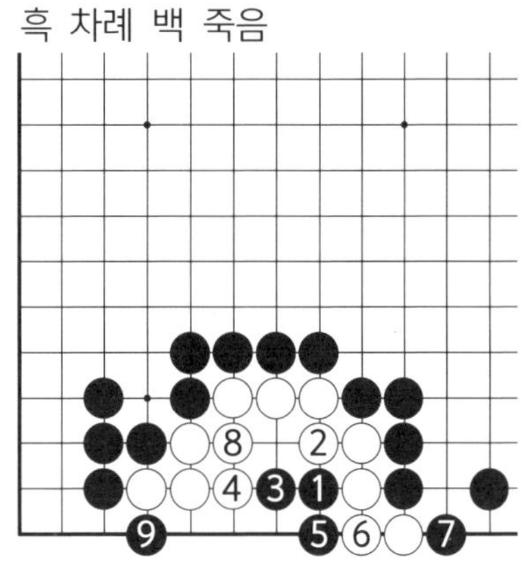

문제 〈896〉

흑 차례 백 죽음   B

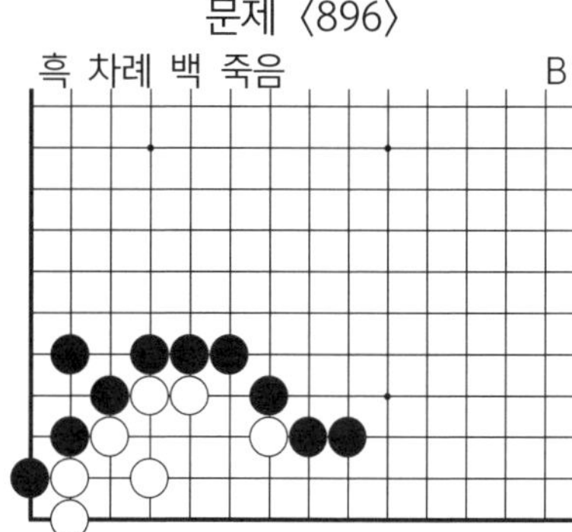

문제 〈897〉

흑 차례 패   A

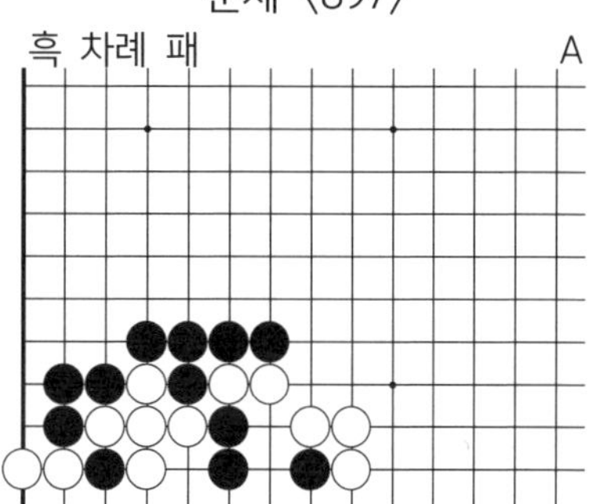

문제 〈898〉

백 차례 삶   A

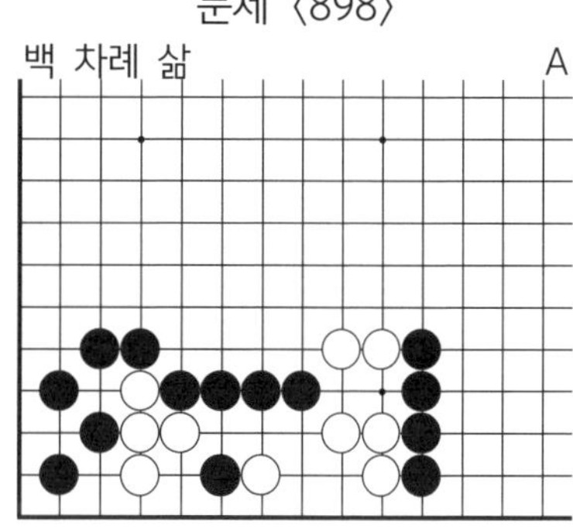

문제 〈899〉

흑 차례 백 죽음   A

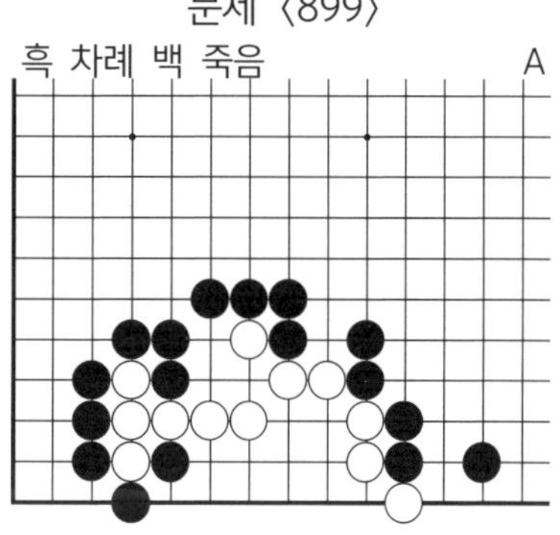

문제 〈900〉

흑 차례 백 죽음   A

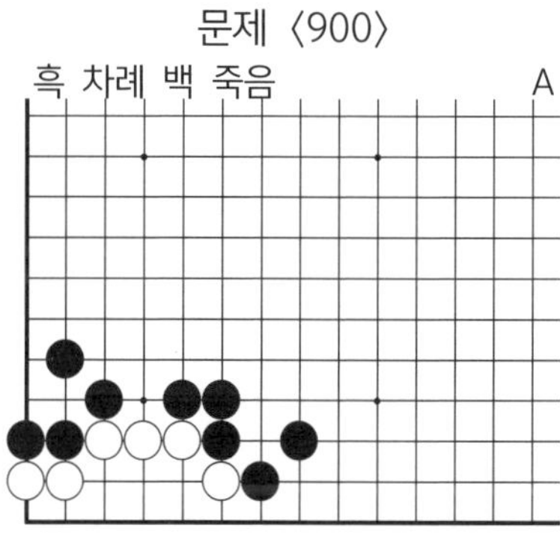

문제 〈901〉

백 차례 삶   A

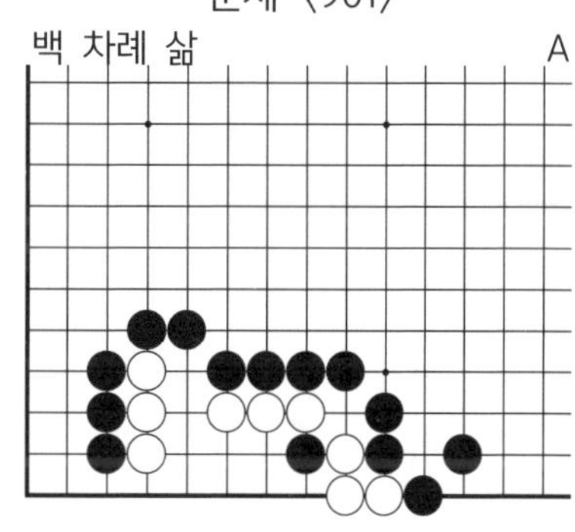

정해 〈896〉

흑 차례 백 죽음   B

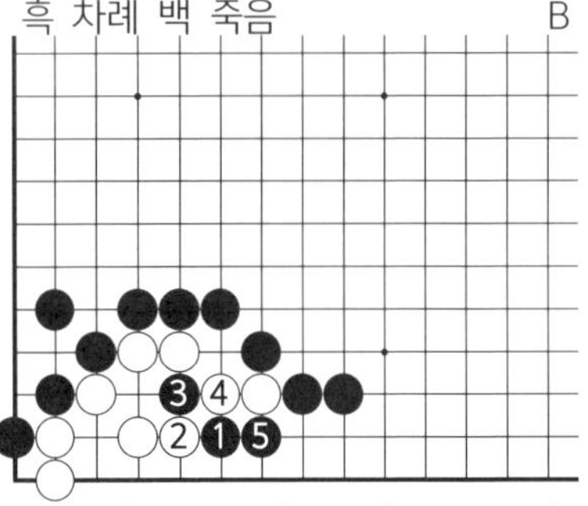

흑1이 급소. 백2는 흑3, 5로 백
죽음.

정해 〈897〉

흑 차례 패   A

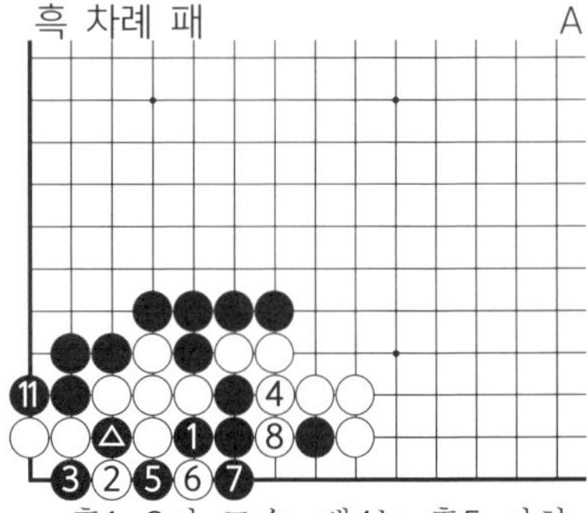

흑1, 3이 묘수. 백4는 흑5 이하
11까지 패. ❾→❺, ⑩→△

정해 〈898〉

백 차례 삶   A

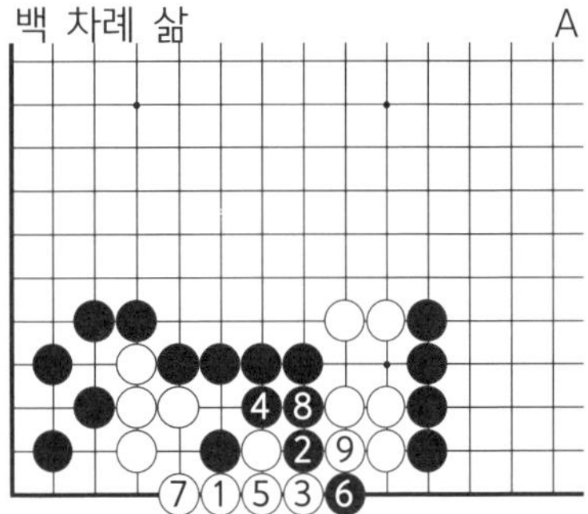

백1, 3이 묘수. 흑4는 백5, 7, 9로
연결해서 삶.

정해 〈899〉

흑 차례 백 죽음   A

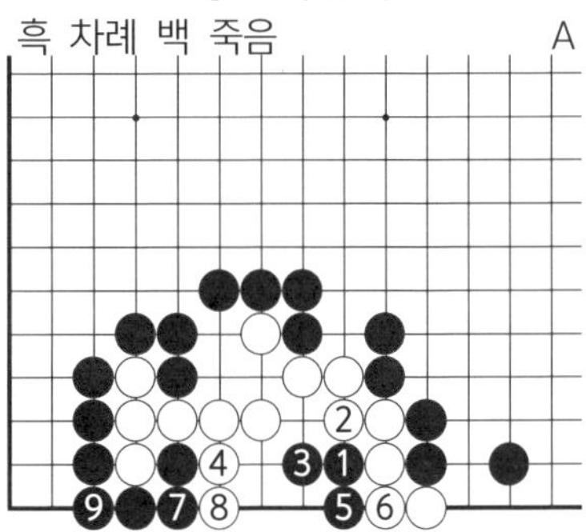

흑1이 급소. 백2는 흑3 이하 9
까지 백 죽음.

정해 〈900〉

흑 차례 백 죽음   A

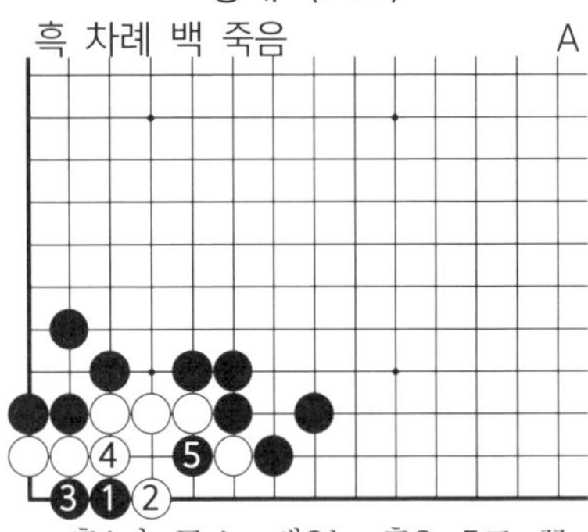

흑1이 급소. 백2는 흑3, 5로 끝.

정해 〈901〉

백 차례 삶   A

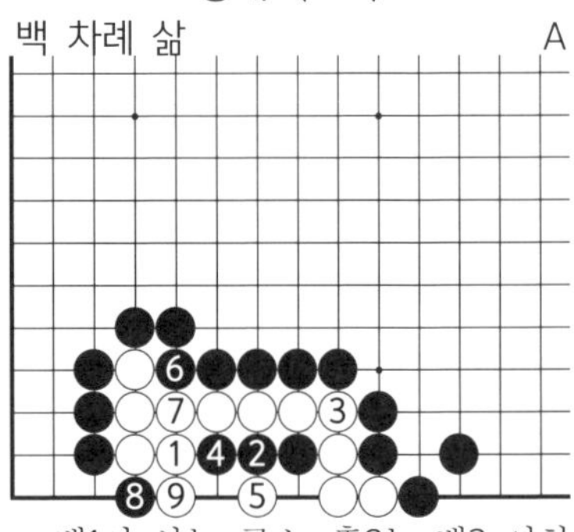

백1이 사는 급소. 흑2는 백3 이하
9까지 빅의 삶.

문제 〈902〉

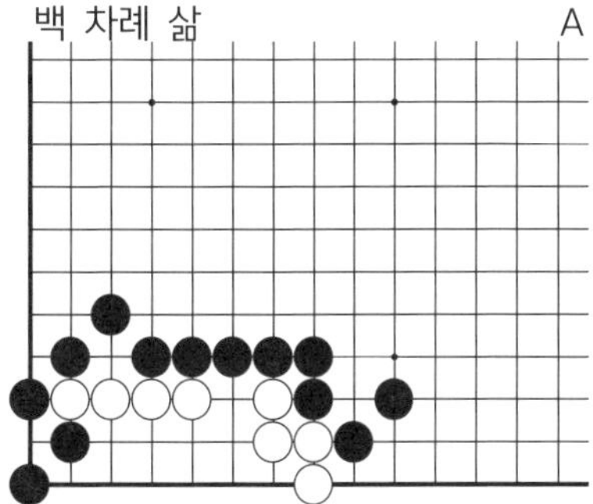

문제 〈903〉

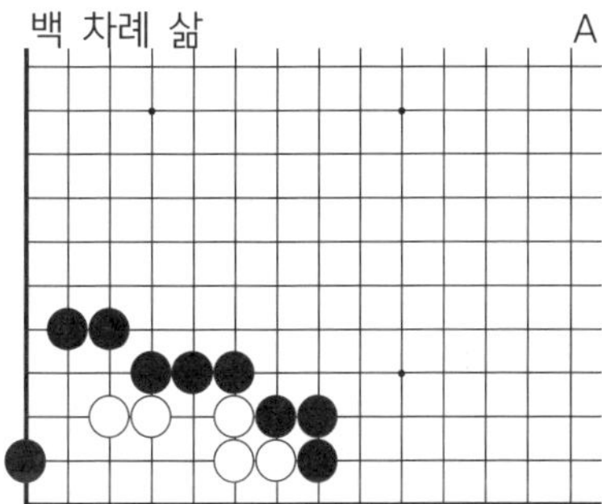

문제 〈904〉

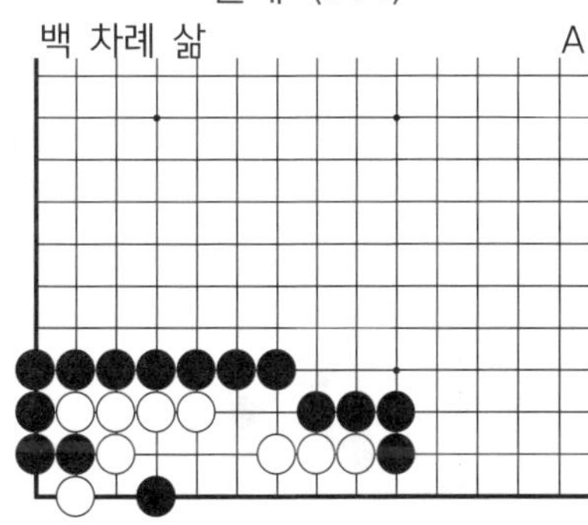

문제 〈905〉

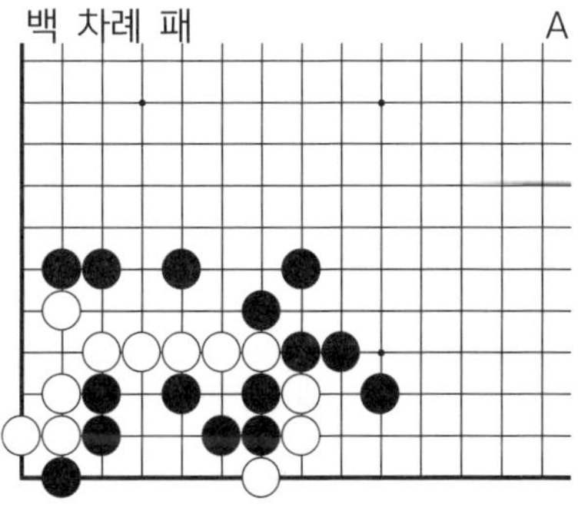

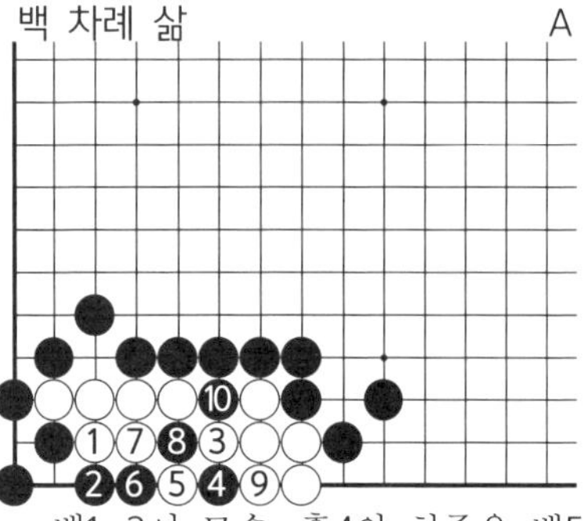

정해 〈902〉

백 차례 삶

백1, 3이 묘수. 흑4의 치중은 백5
이하 11까지 삶. ⑪→⑤

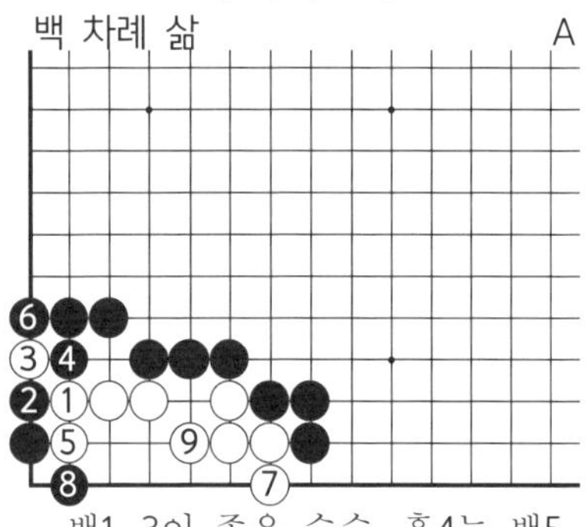

정해 〈903〉

백 차례 삶

백1, 3이 좋은 수순. 흑4는 백5,
7, 9가 사는 묘수순으로 계속해서…

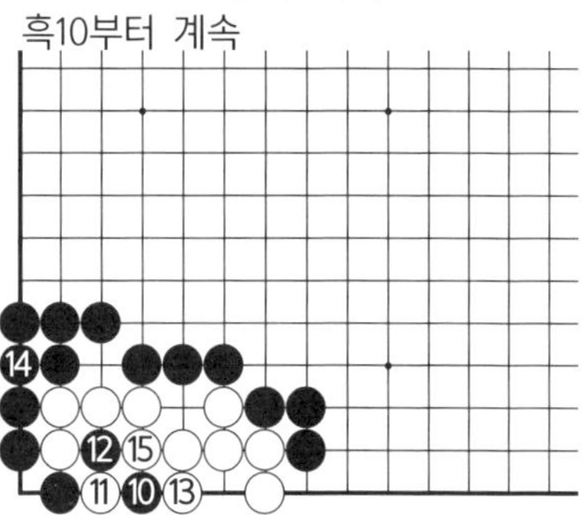

정해 계속

흑10부터 계속

흑10은 백11, 13, 15로 삶. 흑10을
13이라면 앞 문제와 마찬가지.

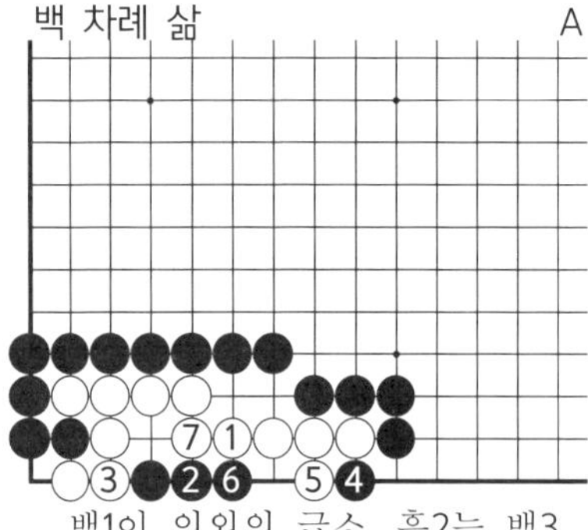

정해 〈904〉

백 차례 삶

백1이 의외의 급소. 흑2는 백3,
5, 7의 빅의 삶.

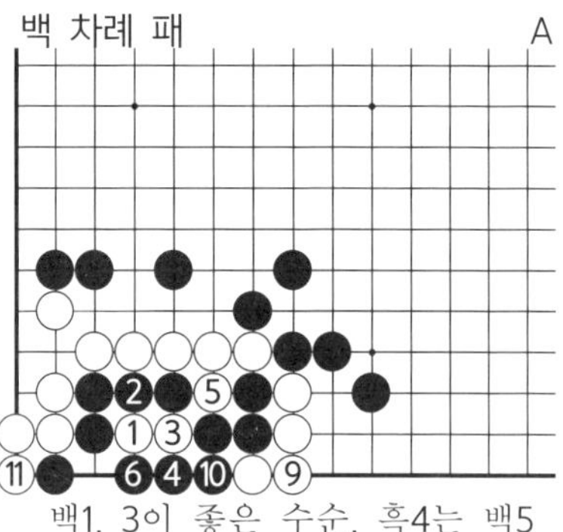

정해 〈905〉

백 차례 패

백1, 3이 좋은 수순. 흑4는 백5
이하 11까지 패. ⑦→③, ❽→①

문제 〈906〉

흑 차례 수상전 승   A

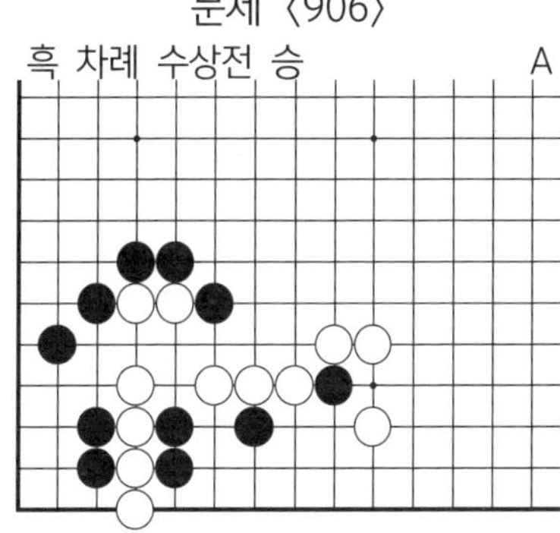

문제 〈906〉

백 차례 수상전 승   A

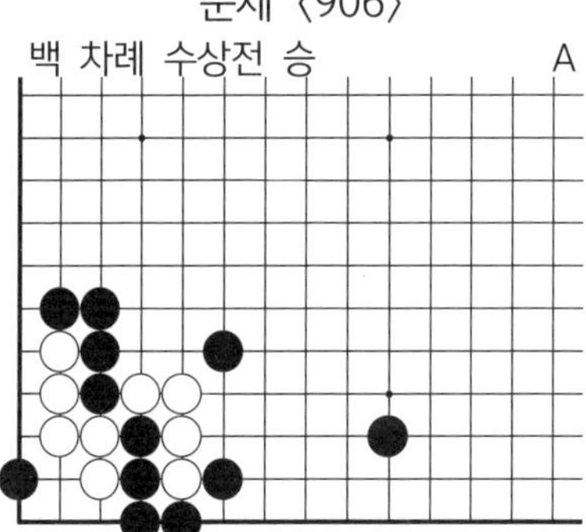

문제 〈908〉

흑 차례 백 죽음   A

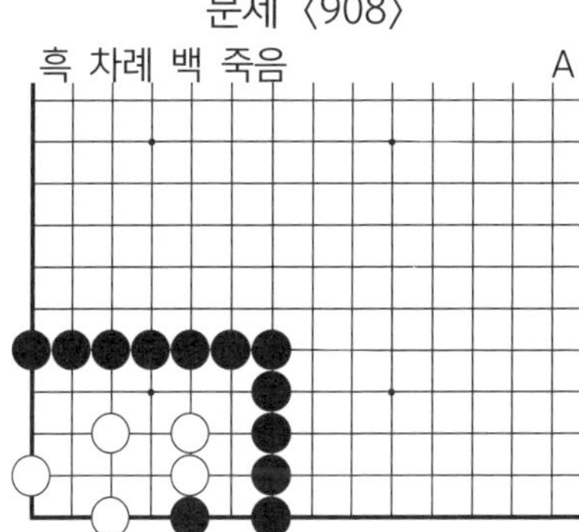

문제 〈909〉

흑 차례 수상전 승   A

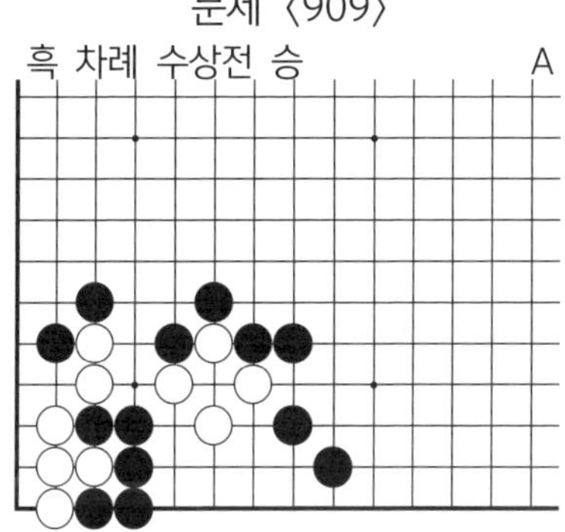

문제 〈910〉

백 차례 삶   A

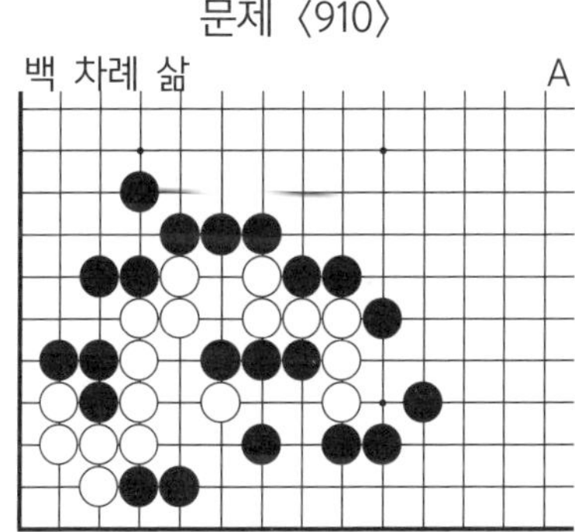

441

정해 〈906〉

흑 차례 수상전 승   A

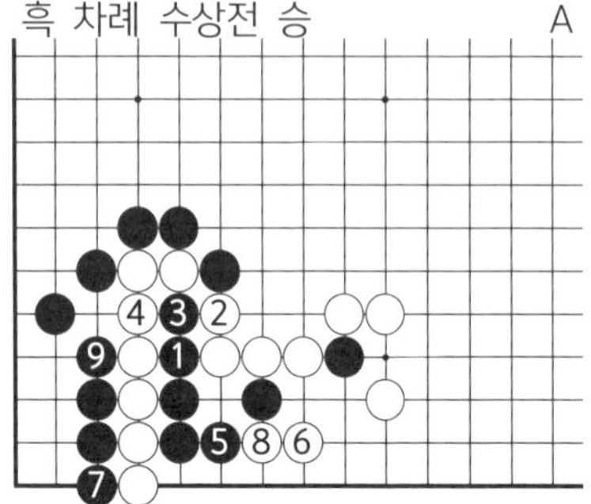

흑1, 3을 교환하고 흑5의 빈삼각이
묘수. 백6은 흑7, 9로 수상전 승.

정해 〈907〉

백 차례 수상전 승   A

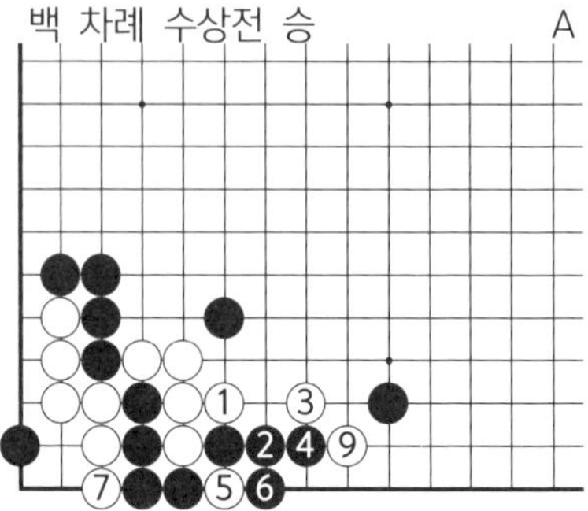

백1, 3의 장문이 수순. 흑4는 백5,
7, 9로 수상전 백 승. ❽→⑤

정해 〈908〉

흑 차례 백 죽음   A

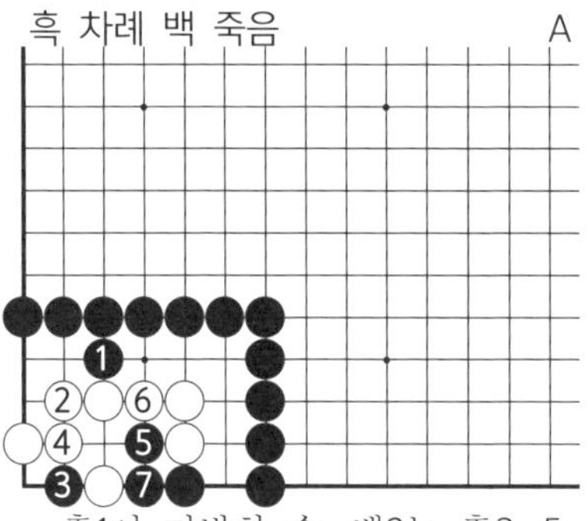

흑1이 기발한 수. 백2는 흑3, 5,
7로 백 죽음.

정해 〈909〉

흑 차례 수상전 승   A

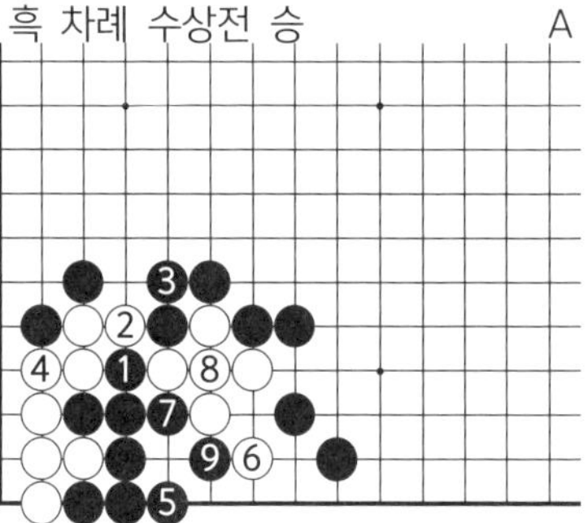

흑1, 3을 선수하고 백4 때 흑5가
묘수. 백6은 흑7, 9로 수상전 백 승.

정해 〈910〉

백 차례 삶   A

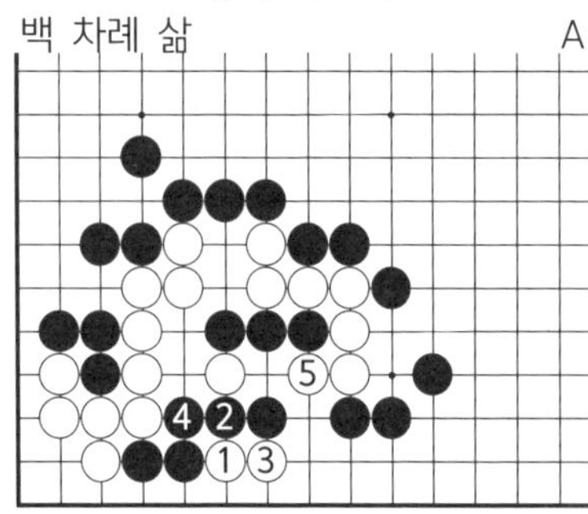

백1로 건너붙이고 흑2 때 백3으로
느는 것이 묘수. 흑4는 백5로 삶.

됫박형과 유사형

40문제

됫박형과 유사형

됫박형2)은 아래 그림과 같이 쌀을 되는 됫박과 모양이 비슷하다고 하여 붙여진 귀에서의 바둑 모양을 일컫는 말로 귀 9궁(**九宮**)이라고도 부릅니다.

됫박형은 돌이 배치된 모양과 공배의 조건에 따라 다양한 변화가 일어나는 모양으로 응수하는 수순이나 젖힘의 방향에 따라 사활의 급소가 달라지는 만큼 급소의 파악이나 수읽기가 보기보다는 까다롭습니다. 그래서 「됫박형을 제대로 알면 1급」이라는 격언이 있을 정도입니다.

또한 됫박형의 모양들은 백a로 치중해서 대부분 패가 되므로 「됫박형은 패로 알아라.」라는 말도 있습니다.

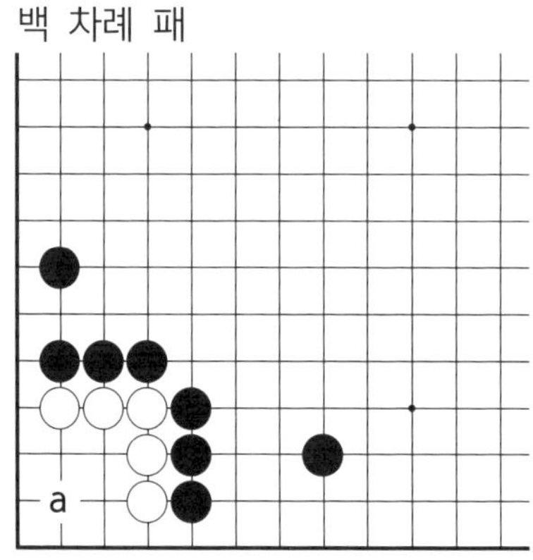

---

2) 현대의 많은 바둑책에서 됫박형을 다루고 있지만 세고에 겐사쿠가 집필한 이 힐기사전에서 됫박형을 일 홉(되의 1/10)이라는 용어를 사용하여 처음으로 유형별로 체계적으로 정리하여 해설한 것으로 생각되고, 우리나라에서는 일본의 바둑책들이 유입되면서 '일 홉'이라는 용어를 우리나라의 쌀을 되는 됫박으로 받아들인 것이 아닌가 추측된다.

문제 〈911〉

흑 차례 백 죽음   C

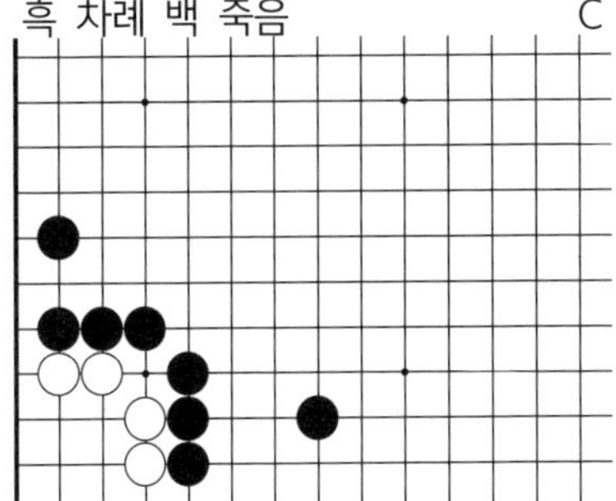

문제 〈912〉

흑 차례 패   B

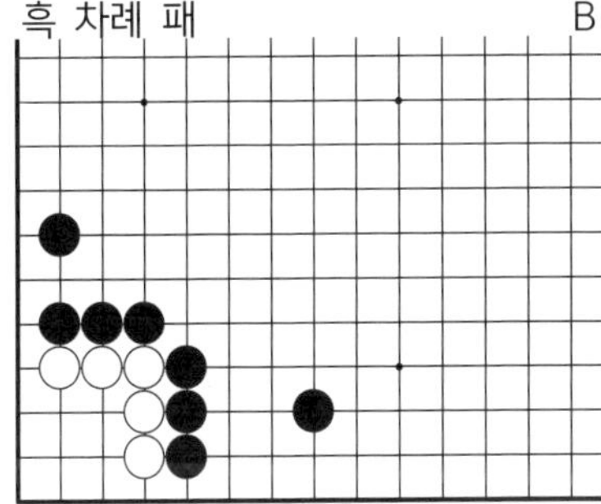

문제 〈913〉

흑 차례 패   B

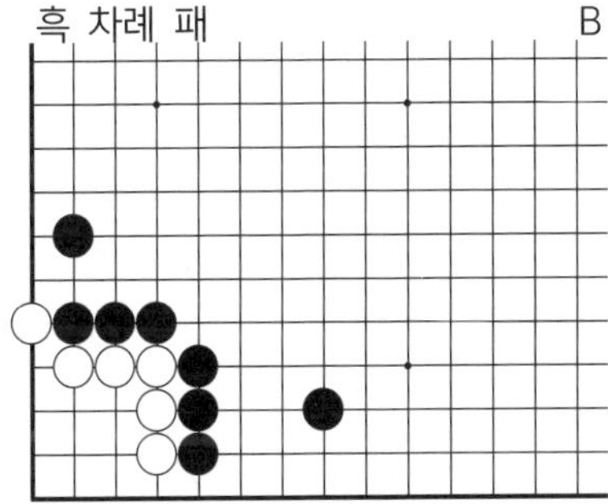

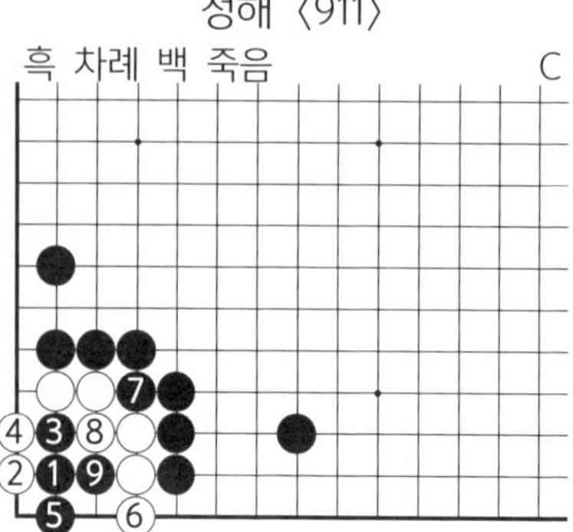

정해 〈911〉

흑 차례 백 죽음   C

흑1의 치중이 급소. 백2는 흑3
이하 9까지 백 죽음.

정해 〈912〉

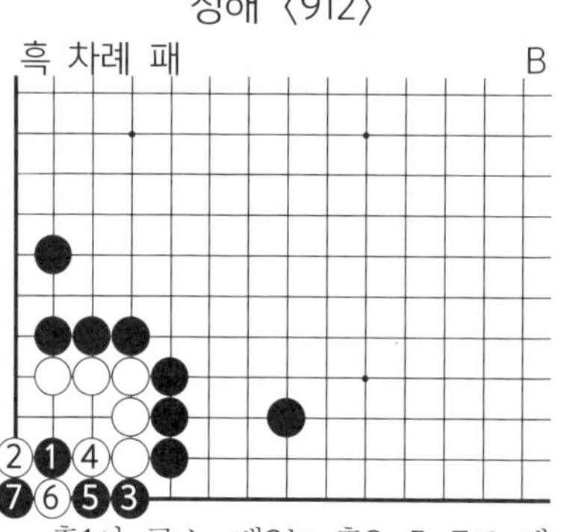

흑 차례 패   B

흑1이 급소. 백2는 흑3, 5, 7로 패.

변화 〈912〉

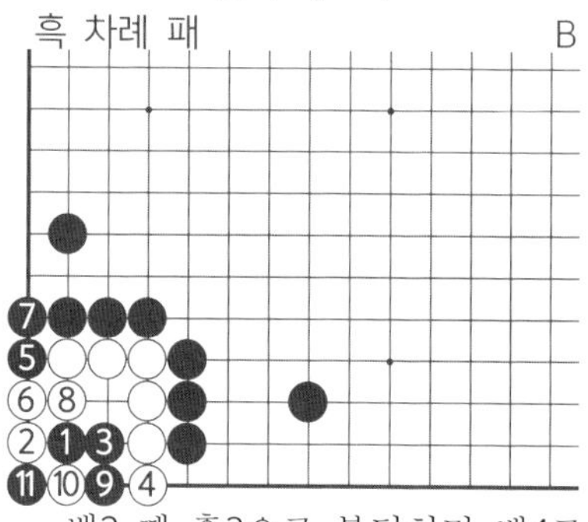

흑 차례 패   B

백2 때 흑3으로 부딪히면 백4로
내려서 이하 11까지 마찬가지 패.

정해 〈913〉

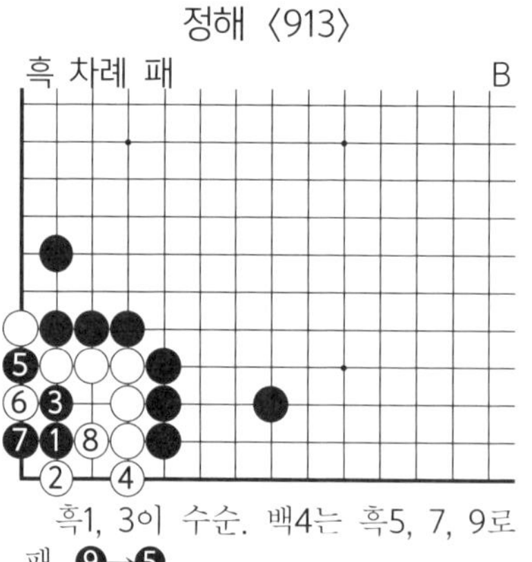

흑 차례 패   B

흑1, 3이 수순. 백4는 흑5, 7, 9로
패. 9→5

변화 〈913〉

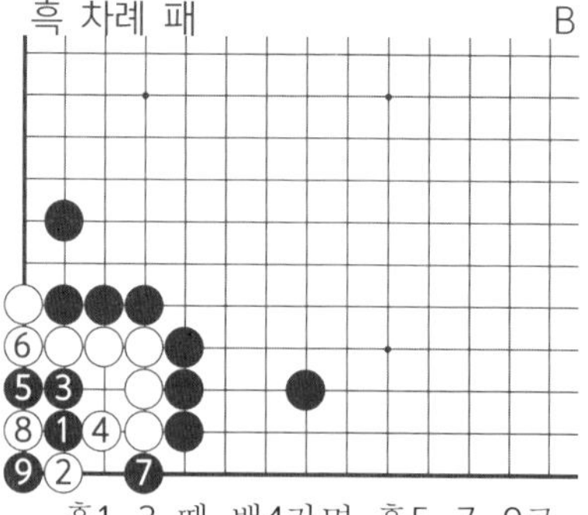

흑 차례 패   B

흑1, 3 때 백4라면 흑5, 7, 9로
마찬가지 패.

문제 〈914〉
흑 차례 패
B

문제 〈915〉
흑 차례 만년패
B

문제 〈916〉
흑 차례 만년패
B

문제 〈917〉
흑 차례 만년패
B

공배가 있는 경우.

문제 〈918〉
흑 차례 백 삶
B

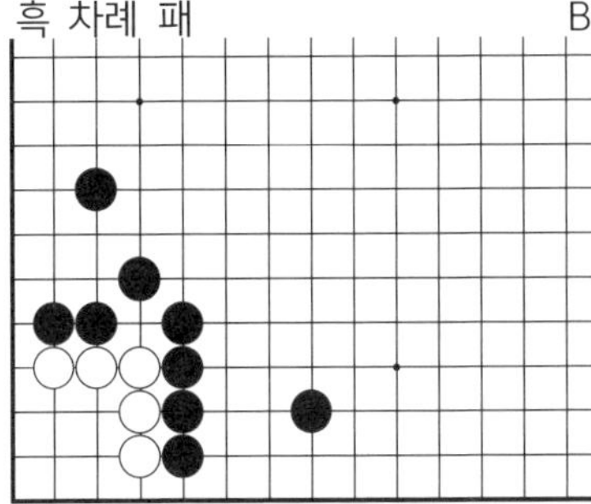

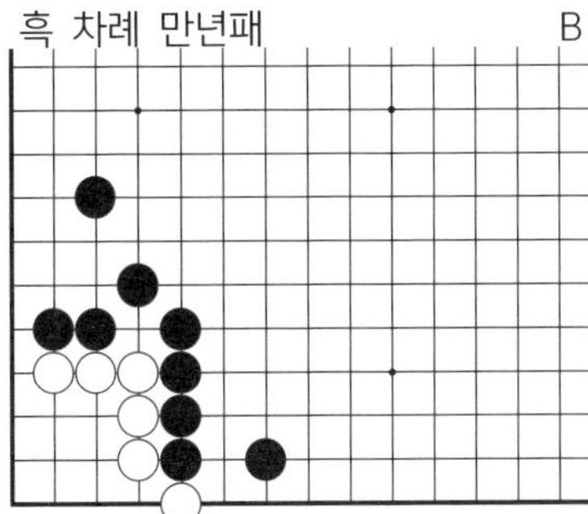

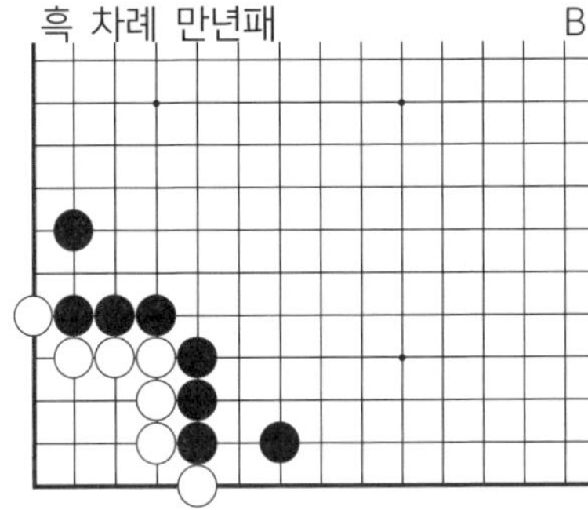

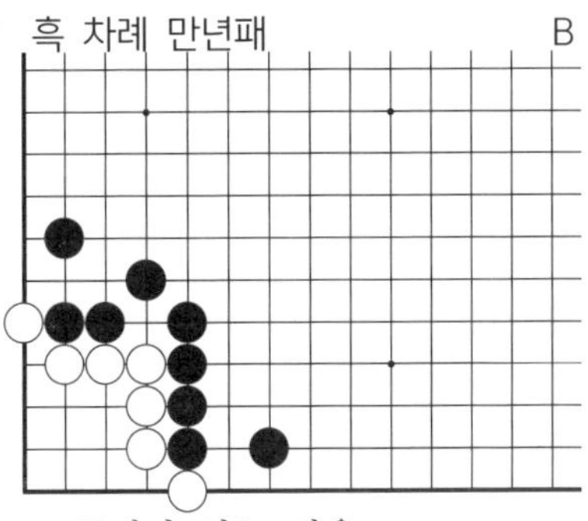

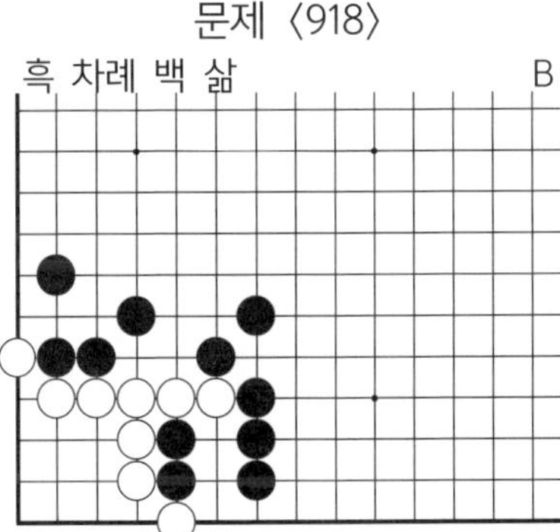

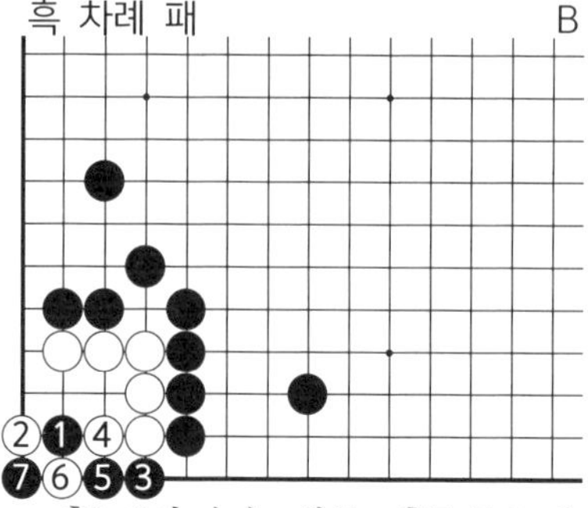

정해 〈914〉

흑1, 3이 수순. 백4는 흑5, 7로 패.

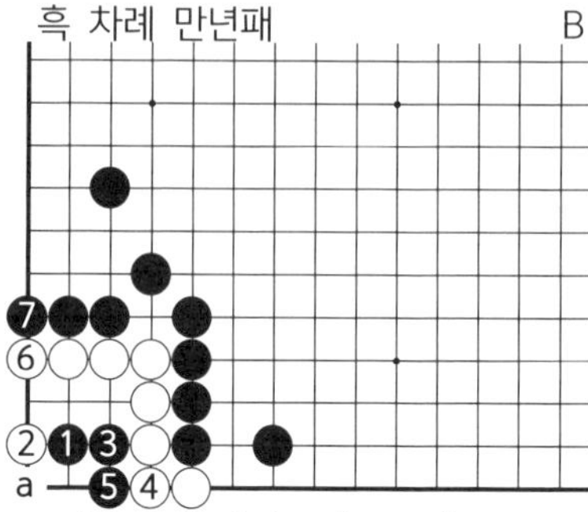

정해 〈915〉

흑1, 3이 수순. 백4는 흑5, 7로
나중에 흑a로 만년패.

정해 〈916〉

흑1이 급소. 백2는 흑3, 5, 7로
만년패.

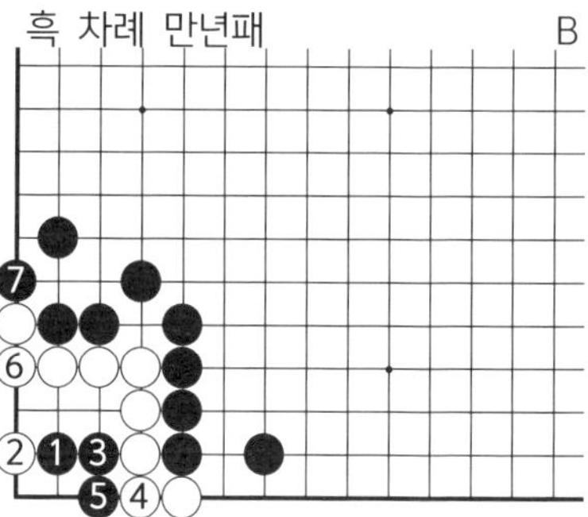

정해 〈917〉

공배가 있어도 흑1부터 7까지 마찬
가지 만년패.

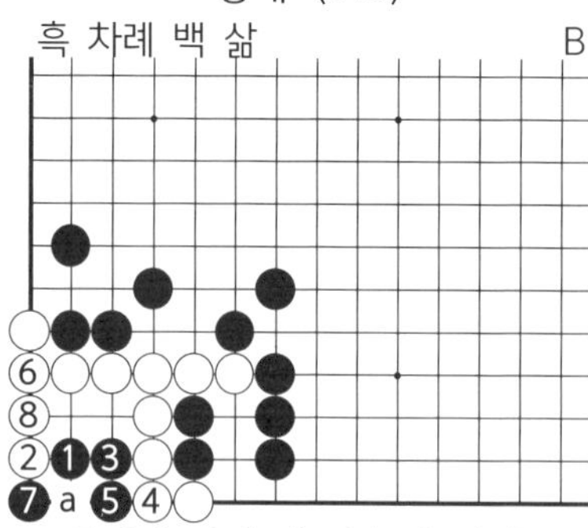

정해 〈918〉

공배가 많이 빈 경우 흑1부터 7로
되었을 때 백8로 삶. 흑a는 빅.

문제 〈919〉

흑 차례 패
A

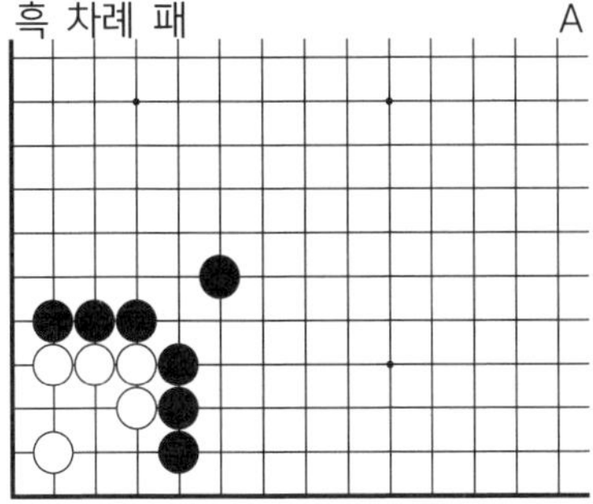

문제 〈920〉

흑 차례 백 죽음
A

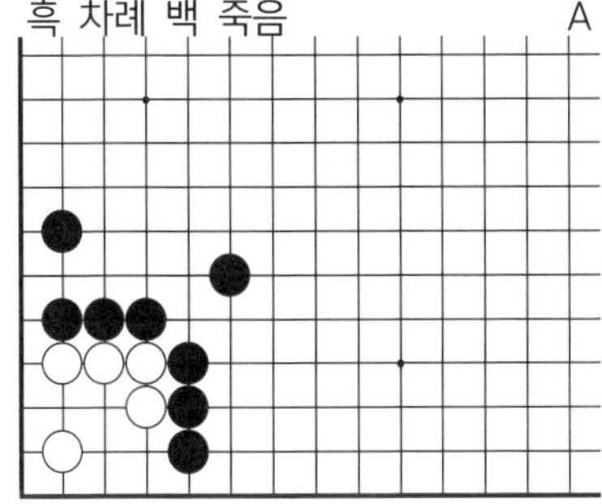

백의 자충을 활용.

문제 〈921〉

백 차례 패
C

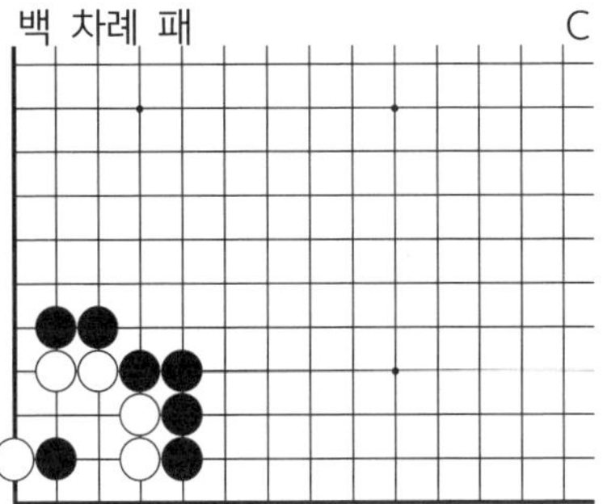

문제 〈922〉

백 차례 삶
B

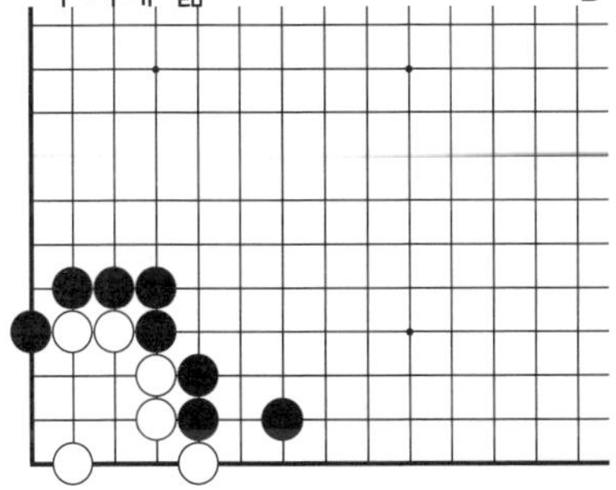

문제 〈923〉

흑 차례 패
A

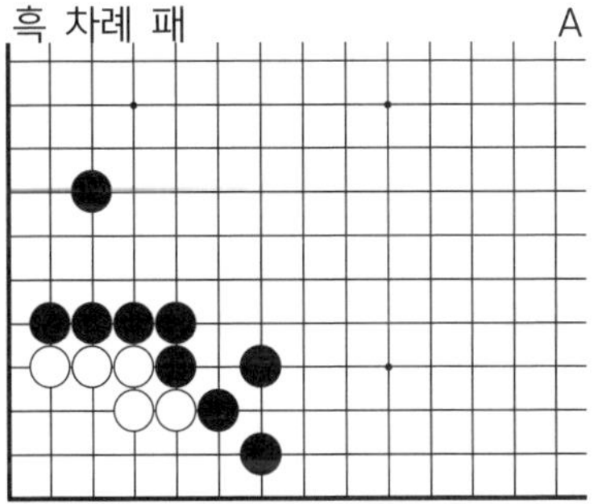

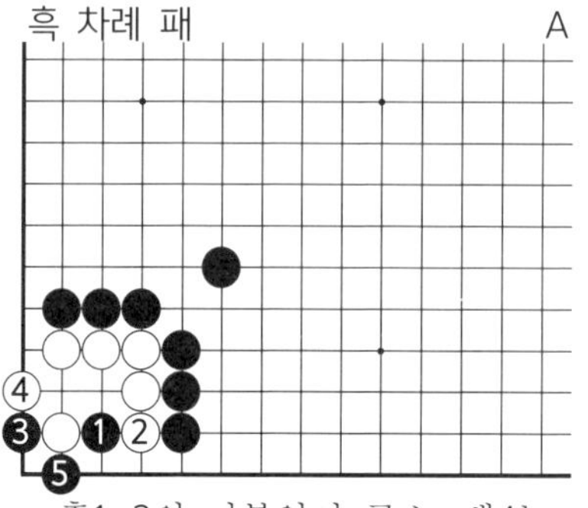

정해 〈919〉

흑 차례 패   A

흑1, 3의 껴붙임이 급소. 백4는
흑5로 패.

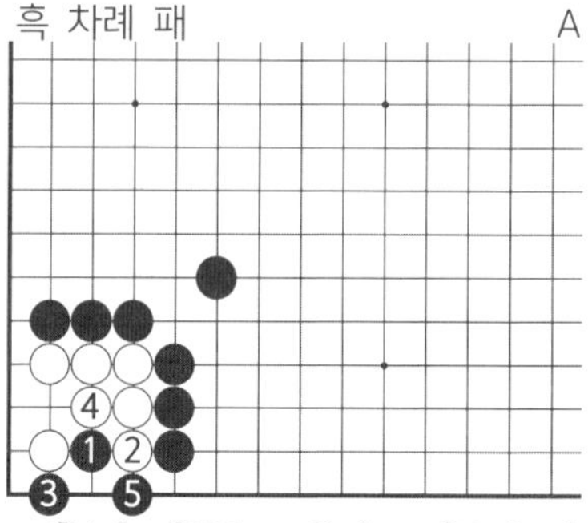

변화 〈919〉

흑 차례 패   A

흑1과 백2를 교환하고 흑3의 젖
힘도 급소. 백4는 흑5로 패.

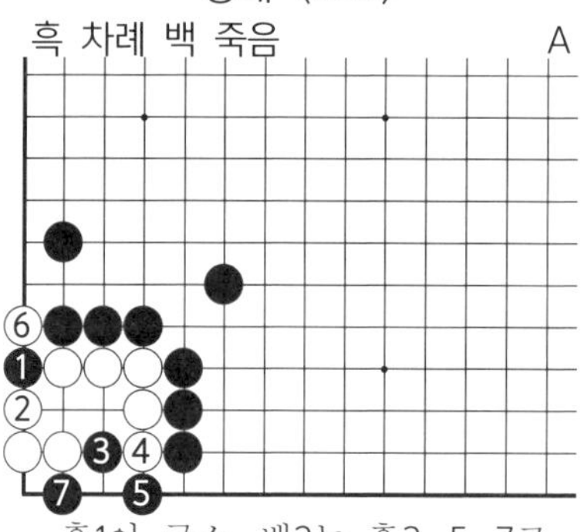

정해 〈920〉

흑 차례 백 죽음   A

흑1이 급소. 백2는 흑3, 5, 7로
백 죽음.

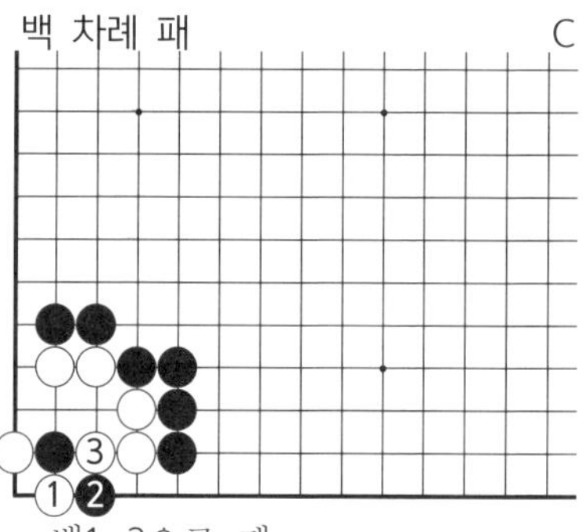

정해 〈921〉

백 차례 패   C

백1, 3으로 패.

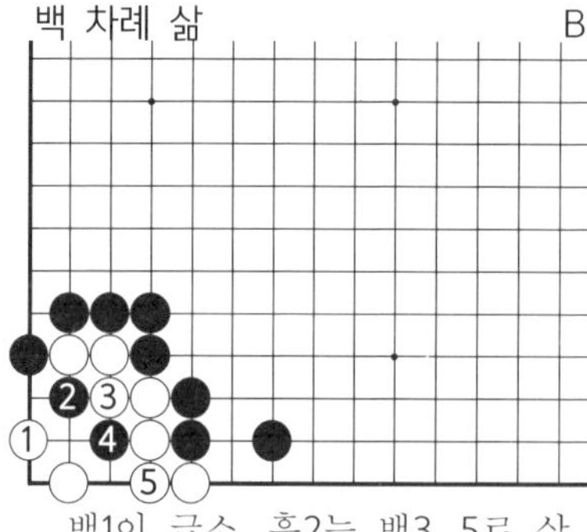

정해 〈922〉

백 차례 삶   B

백1이 급소. 흑2는 백3, 5로 삶.

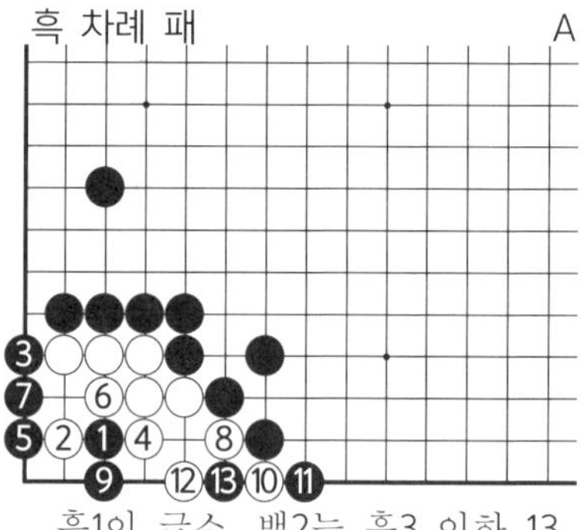

정해 〈923〉

흑 차례 패   A

흑1이 급소. 백2는 흑3 이하 13
까지 패.

문제 〈924〉

흑 차례 백 죽음 A

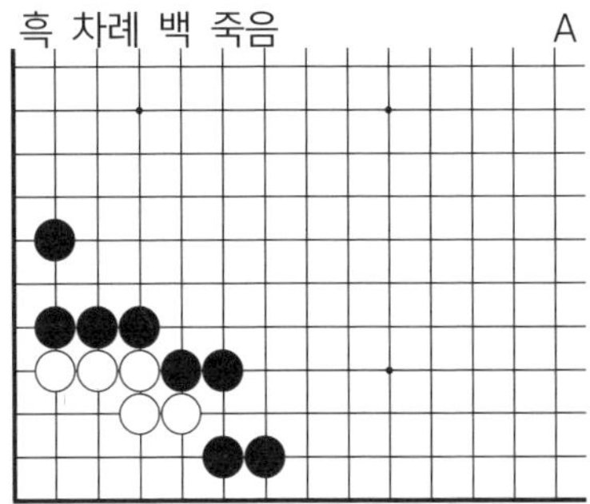

문제 〈925〉

백 차례 패 B

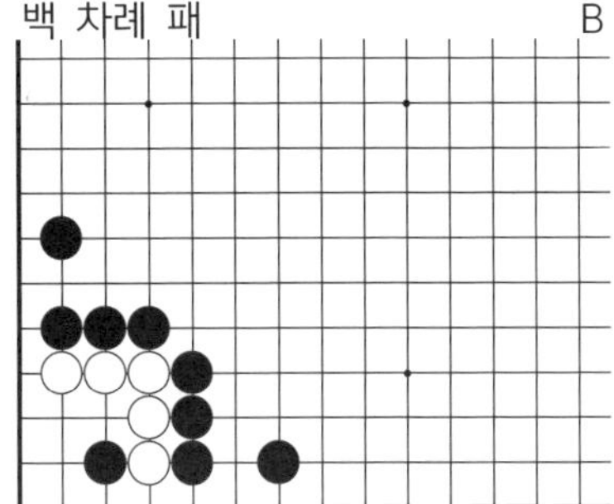

문제 〈926〉

백 차례 패 A

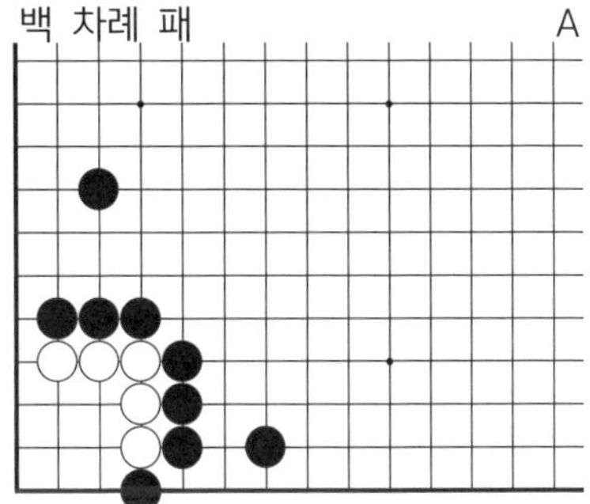

문제 〈927〉

흑 차례 백 죽음 A

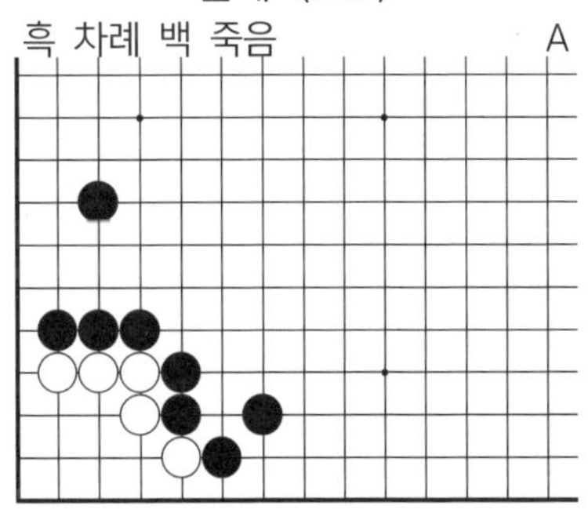

자충으로 이끄는 것이 열쇠.

문제 〈928〉

흑 차례 백 죽음 A

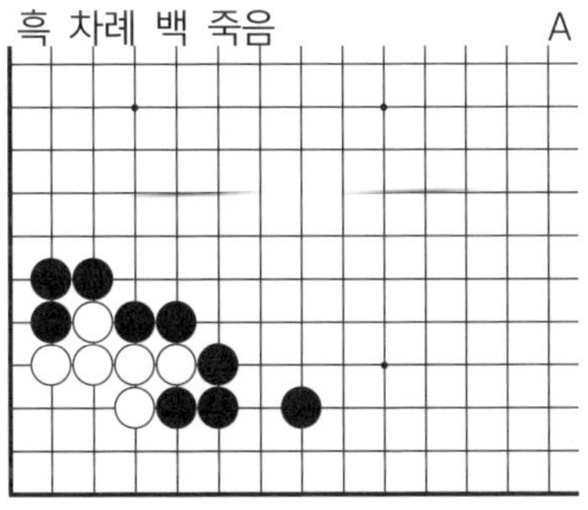

자충으로 이끄는 것이 열쇠.

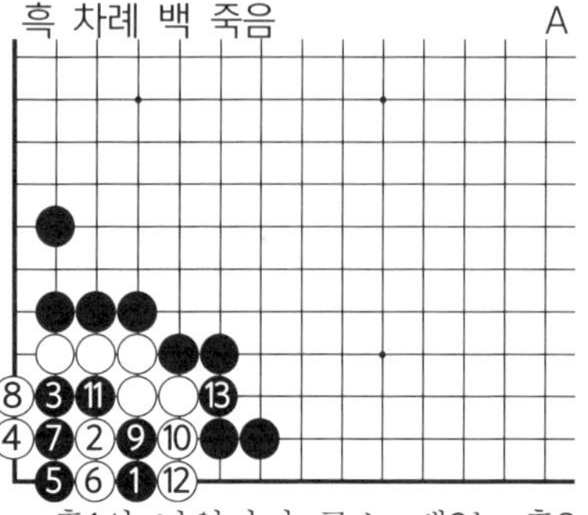

정해 〈924〉

흑 차례 백 죽음   A

흑1의 날일자가 급소. 백2는 흑3
이하 13까지 유가무가로 백 죽음.

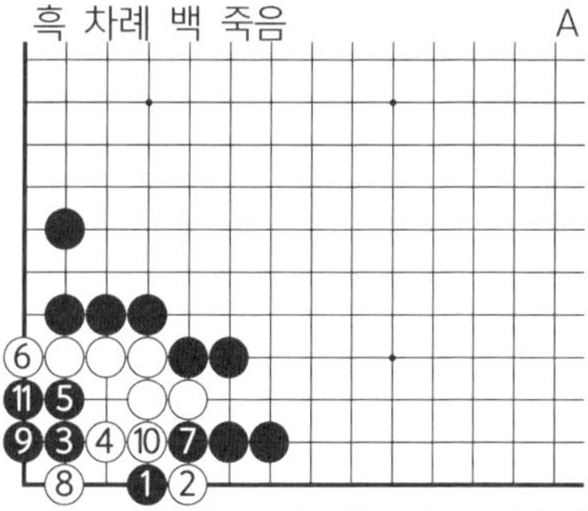

변화 〈924〉

흑 차례 백 죽음   A

흑1 때 백2라면 흑3 이하 11까지
오궁도화로 백 죽음.

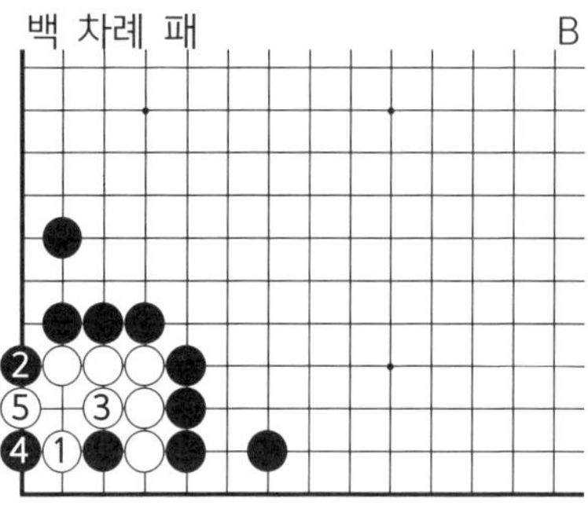

정해 〈925〉

백 차례 패   B

백1의 껴붙임이 급소. 흑2는 백3,
5로 패.

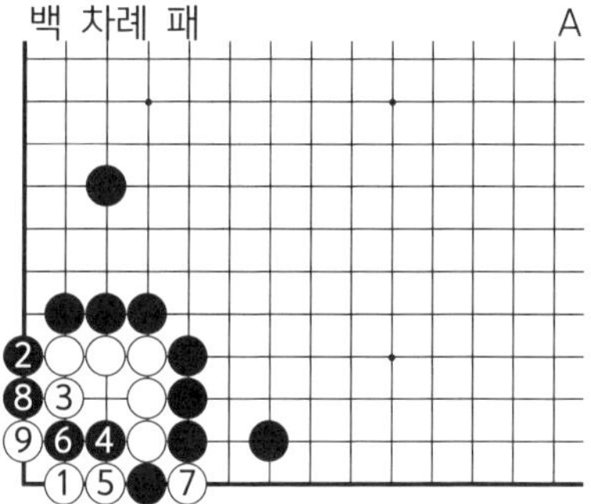

정해 〈926〉

백 차례 패   A

백1, 3이 좋은 수순. 흑4는 백5,
7, 9로 패.

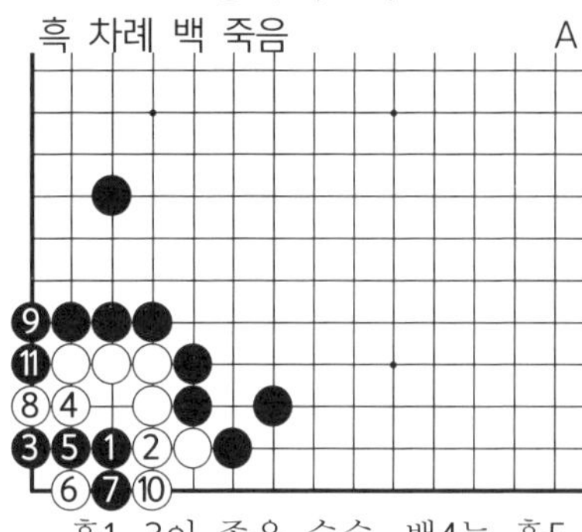

정해 〈927〉

흑 차례 백 죽음   A

흑1, 3이 좋은 수순. 백4는 흑5
이하 11까지 유가무가로 백 죽음.

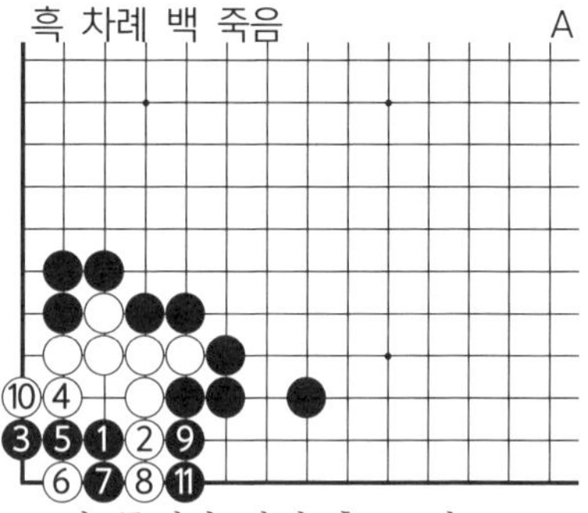

정해 〈928〉

흑 차례 백 죽음   A

앞 문제와 같이 흑1, 3이 급소.
이하 11까지 유가무가로 백 죽음.

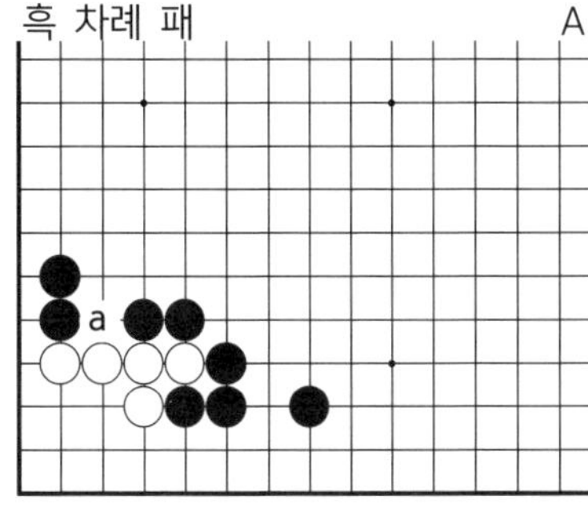

문제 〈929〉

흑 차례 패   A

a의 공배가 비어 있음.

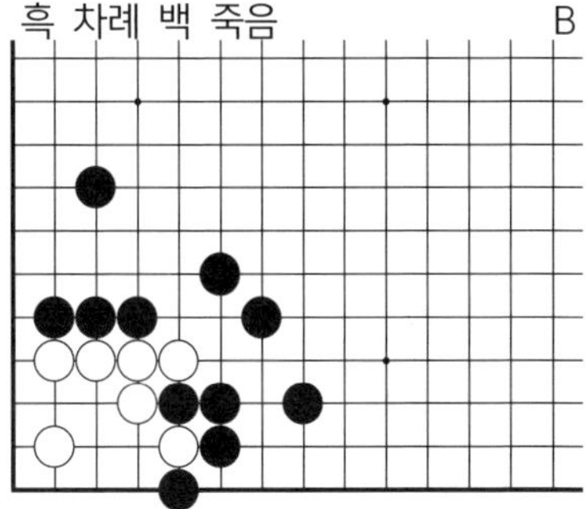

문제 〈930〉

흑 차례 백 죽음   B

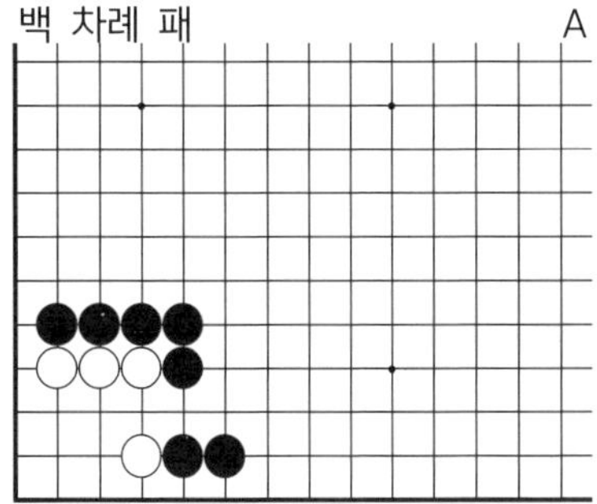

문제 〈931〉

백 차례 패   A

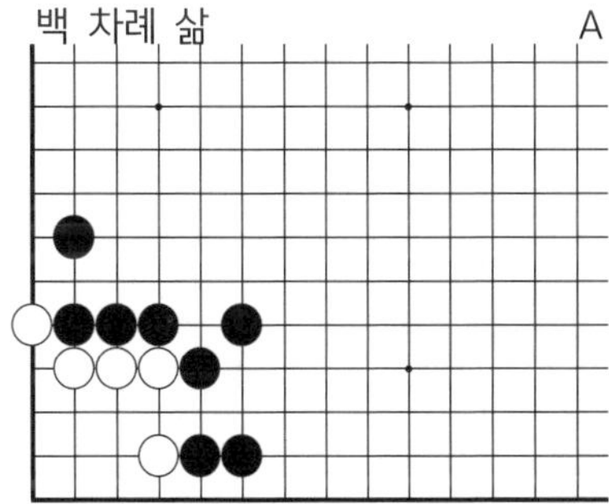

문제 〈932〉

백 차례 삶   A

정해 〈929〉

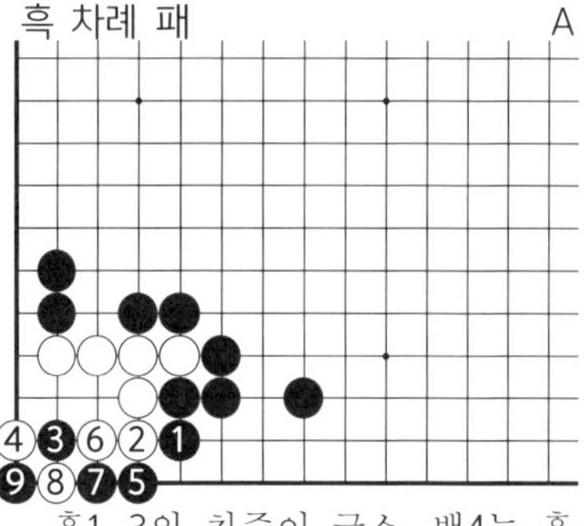

흑1, 3의 치중이 급소. 백4는 흑 5, 7, 9로 패.

정해 〈930〉

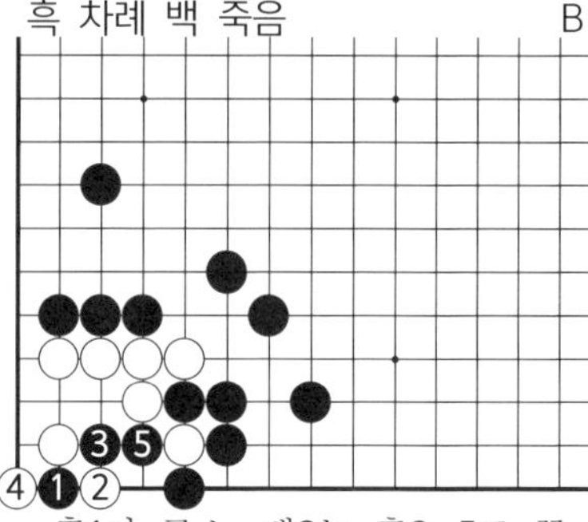

흑1이 급소. 백2는 흑3, 5로 끝.

정해 〈931〉

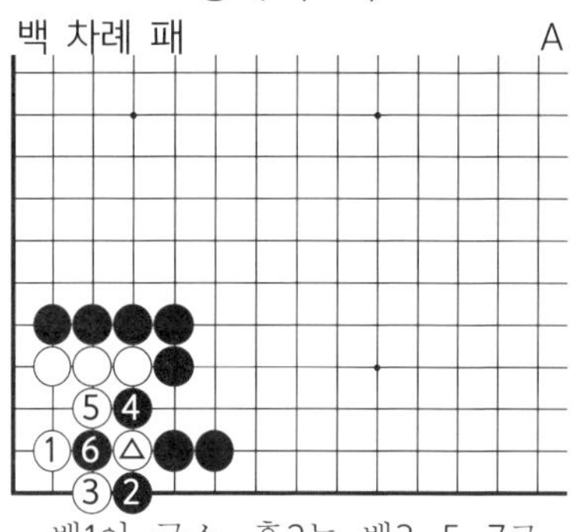

백1이 급소. 흑2는 백3, 5, 7로 패. ⑦→△

변화 〈931〉

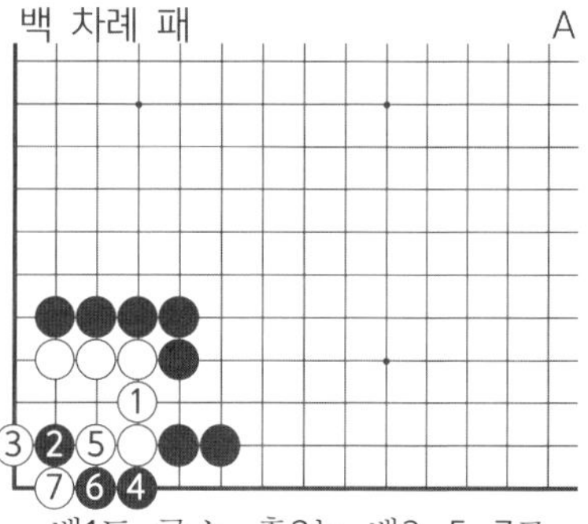

백1도 급소. 흑2는 백3, 5, 7로 마찬가지 패지만 흑이 따내는 패.

정해 〈932〉

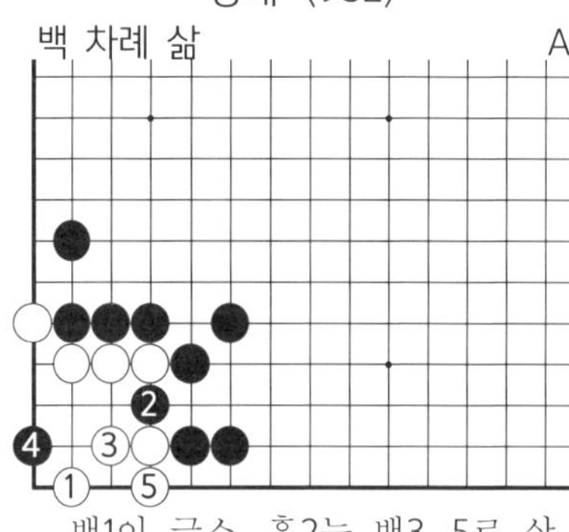

백1이 급소. 흑2는 백3, 5로 삶.

변화 〈932〉

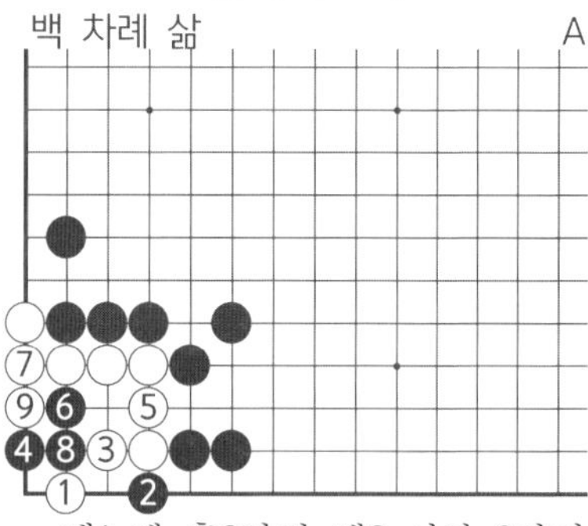

백1 때 흑2라면 백3 이하 9까지 빅의 삶.

문제 〈933〉

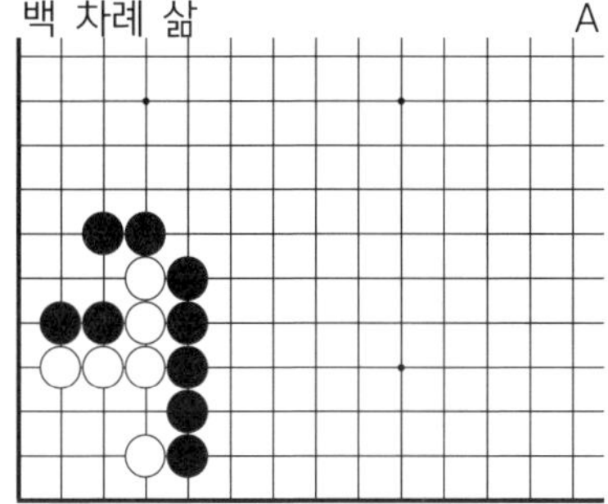

문제 〈934〉

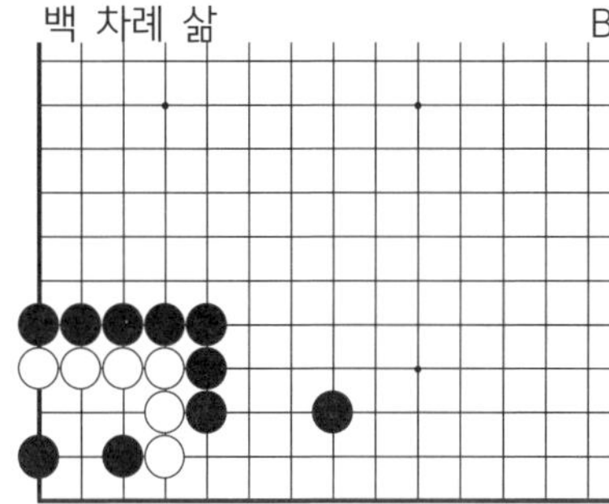

문제 〈935〉

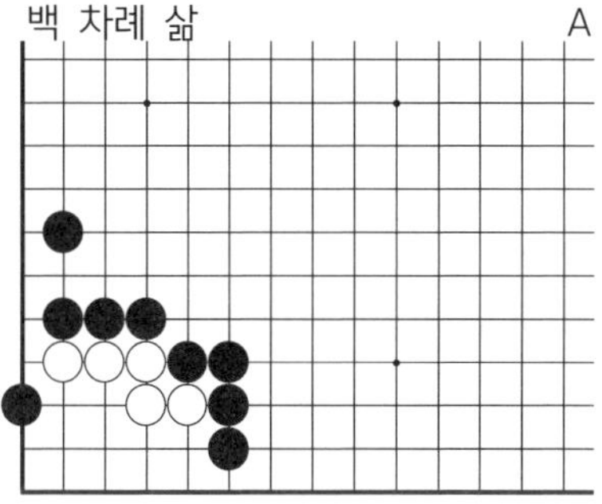

문제 〈936〉

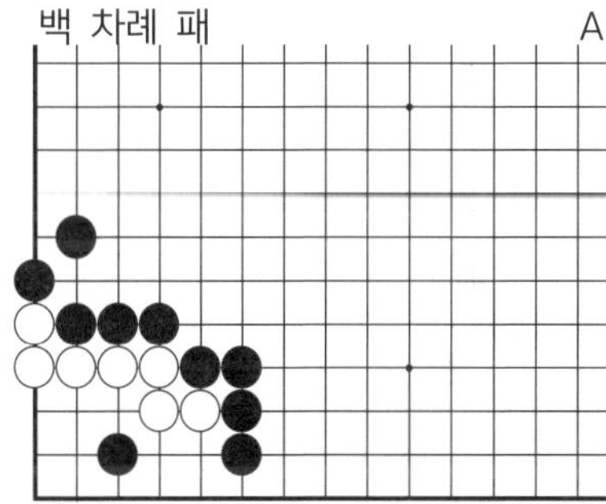

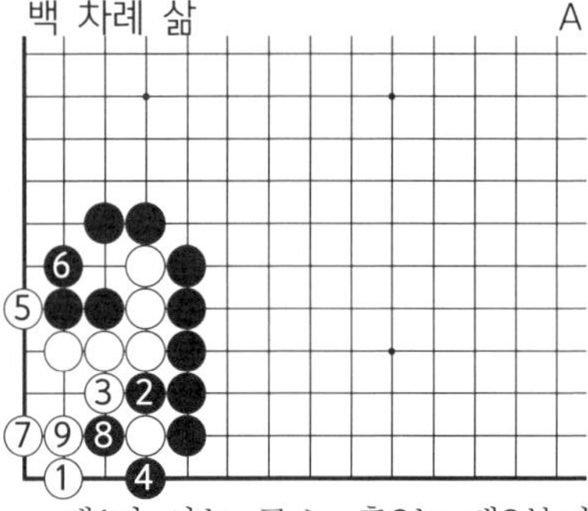

정해 〈933〉

백 차례 삶   A

백1이 사는 급소. 흑2는 백3부터 9까지 삶.

변화 〈933〉

백 차례 삶   A

백1, 3 때 흑4라면 백5부터 15 까지 양패로 삶.

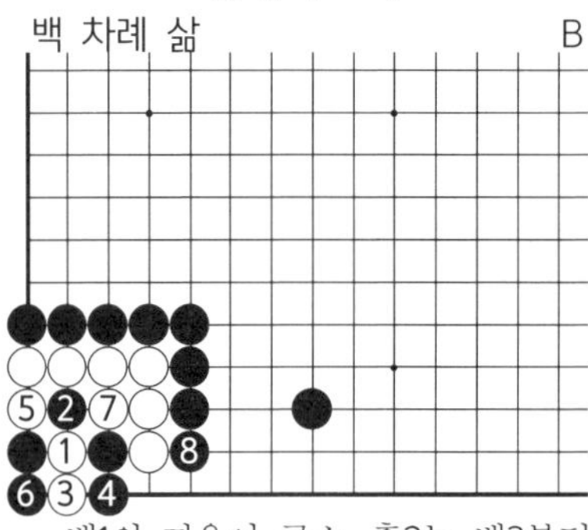

정해 〈934〉

백 차례 삶   B

백1의 끼움이 급소. 흑2는 백3부터 9까지 촉촉수로 삶. ⑨→①

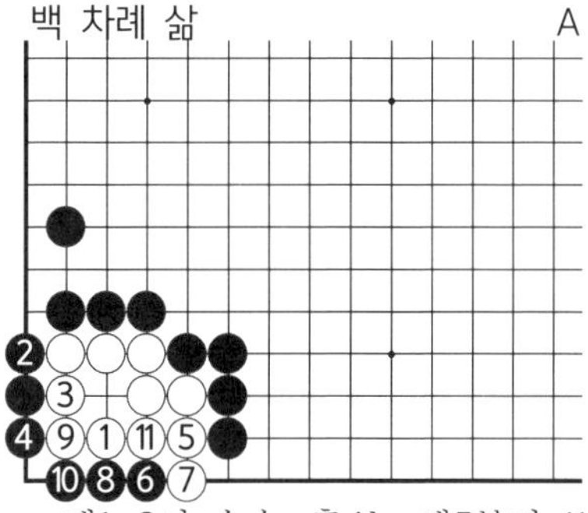

정해 〈935〉

백 차례 삶   A

백1, 3이 수순. 흑4는 백5부터 11 까지 촉촉수로 삶.

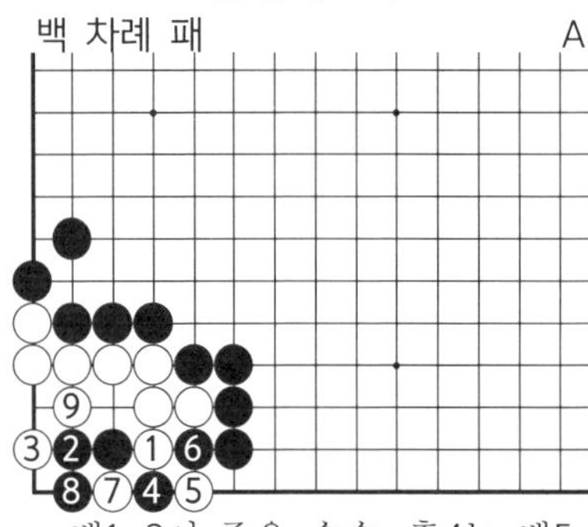

정해 〈936〉

백 차례 패   A

백1, 3이 좋은 수순. 흑4는 백5, 7, 9로 패.

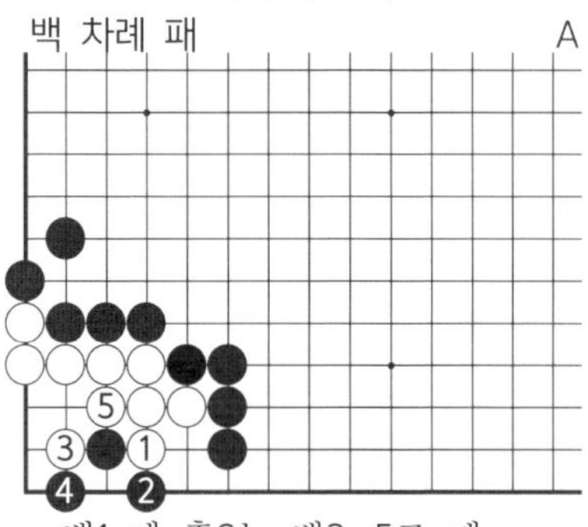

변화 〈936〉

백 차례 패   A

백1 때 흑2는 백3, 5로 패.

문제 〈937〉

흑 차례 백 죽음   A

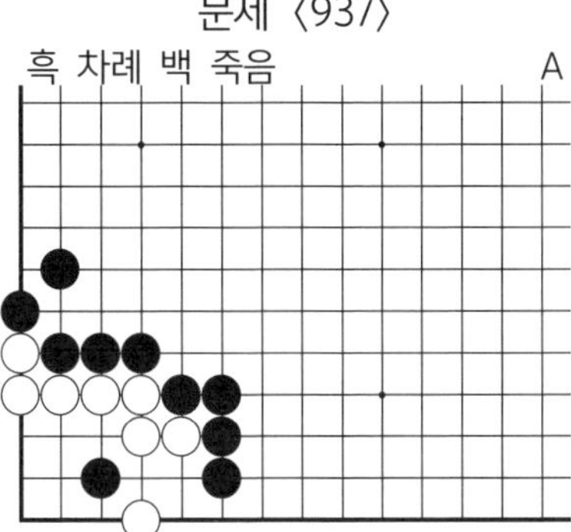

자충으로 이끄는 것이 열쇠.

문제 〈938〉

백 차례 삶   A

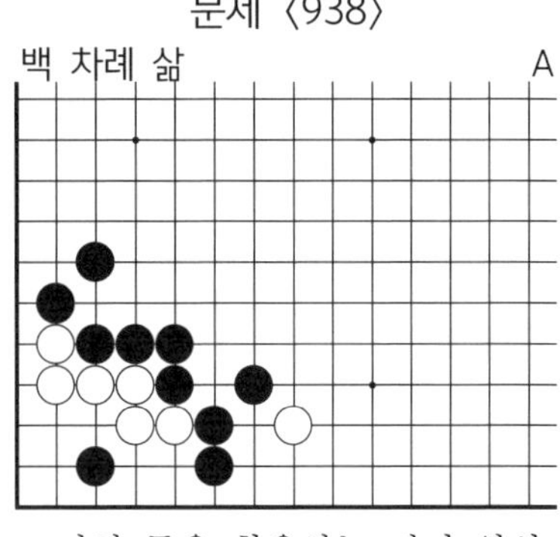

바깥 돌을 활용하는 것이 열쇠.

문제 〈939〉

백 차례 삶   A

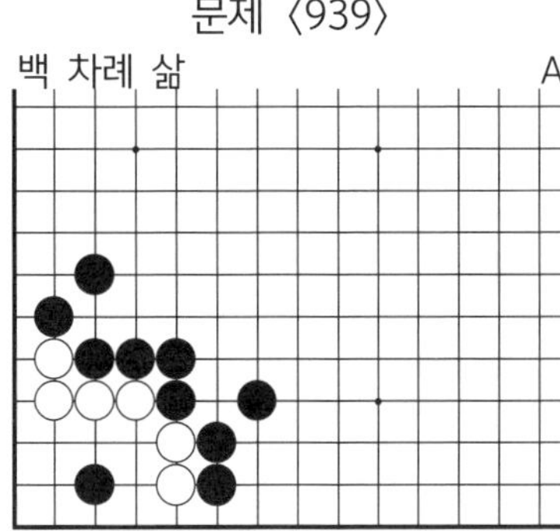

문제 〈940〉

백 차례 패   A

정해 〈937〉

흑 차례 백 죽음

A

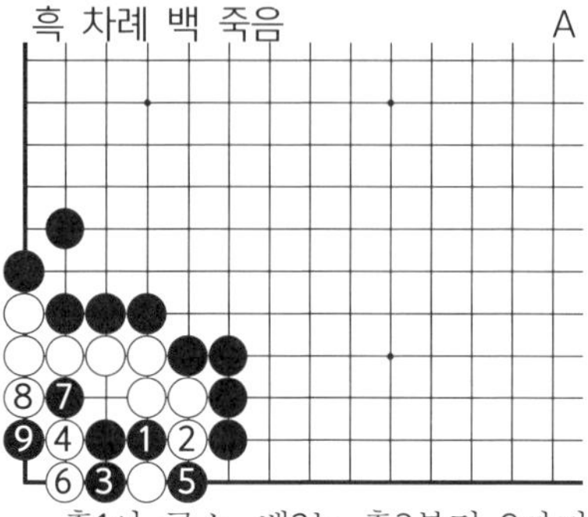

흑1이 급소. 백2는 흑3부터 9까지
양환격으로 백 죽음.

정해 〈938〉

백 차례 삶

A

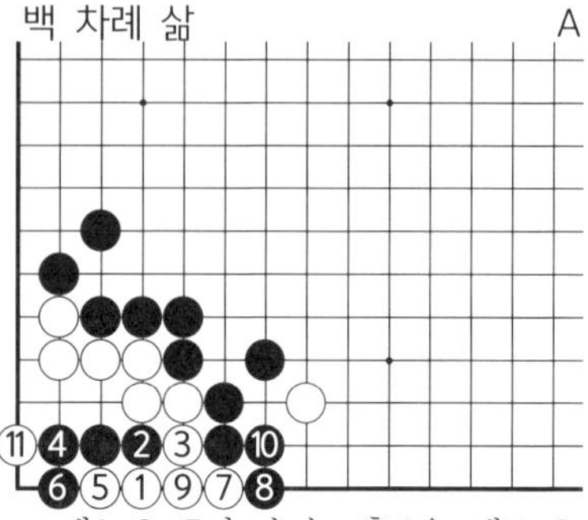

백1, 3, 5가 수순. 흑6은 백7, 9,
11로 빅의 삶.

정해 〈939〉

백 차례 삶

A

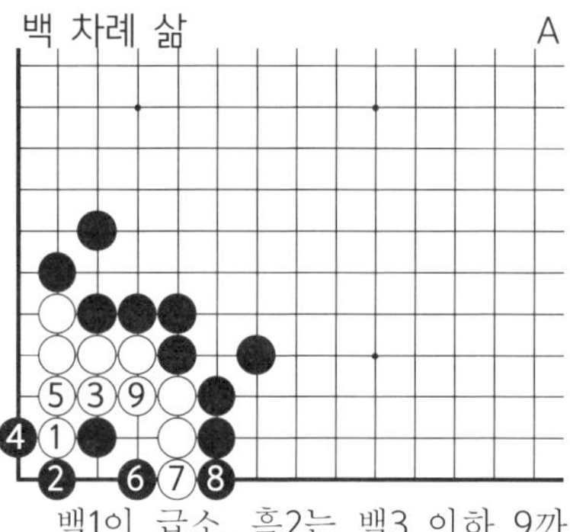

백1이 급소. 흑2는 백3 이하 9까
지 삶.

변화 〈939〉

백 차례 삶

A

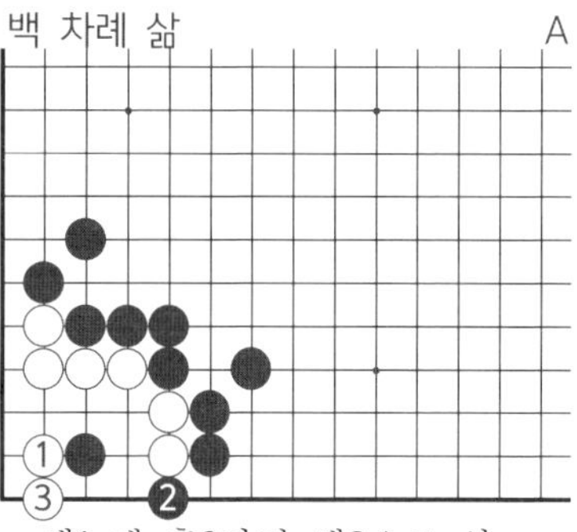

백1 때 흑2라면 백3으로 삶.

정해 〈940〉

백 차례 패

A

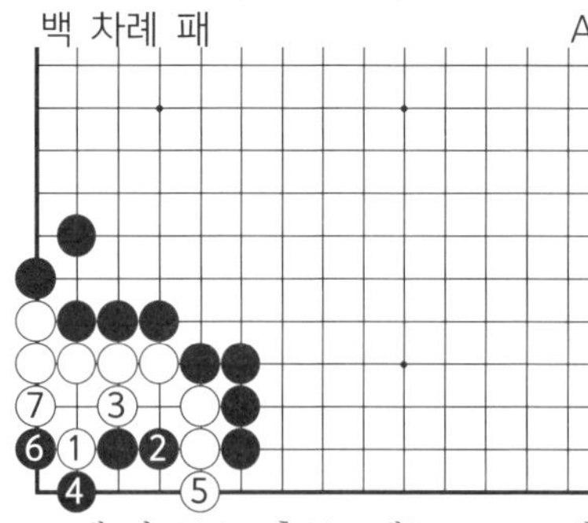

백1이 급소. 흑2는 백3, 5, 7로 패.

변화 〈940〉

백 차례 패

A

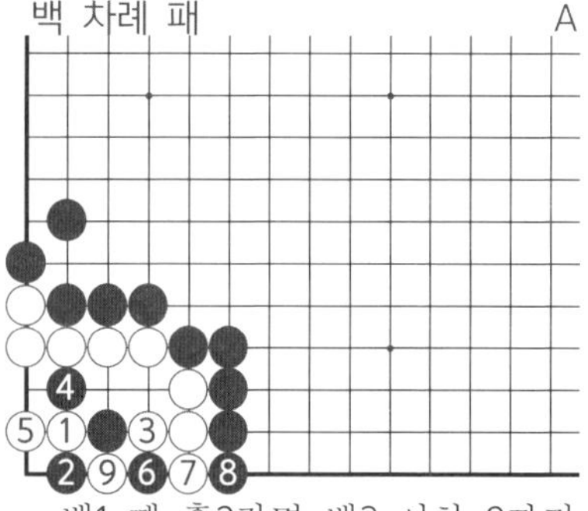

백1 때 흑2라면 백3 이하 9까지
마찬가지 패.

문제 〈941〉

흑 차례 백 죽음　　　　　　　　　　A

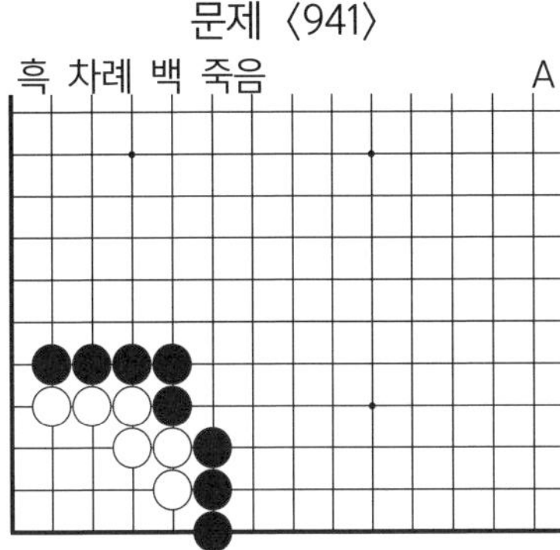

수순에 주의.

문제 〈942〉

흑 차례 백 죽음　　　　　　　　　　A

1선에 내려선 돌이 열쇠.

문제 〈943〉

흑 차례 백 죽음　　　　　　　　　　A

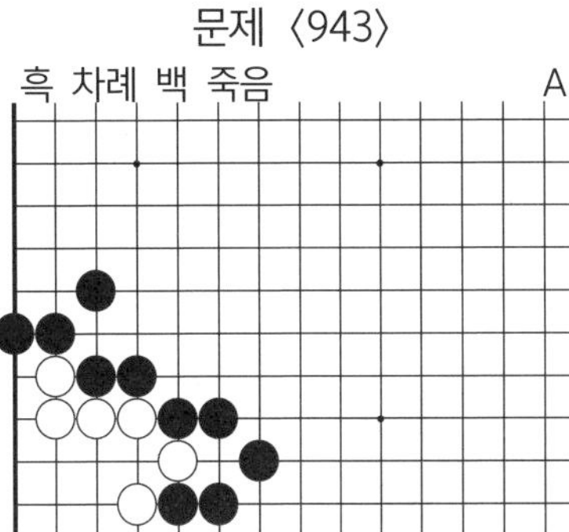

자충으로 이끄는 것이 열쇠.

문제 〈944〉

흑 차례 패　　　　　　　　　　A

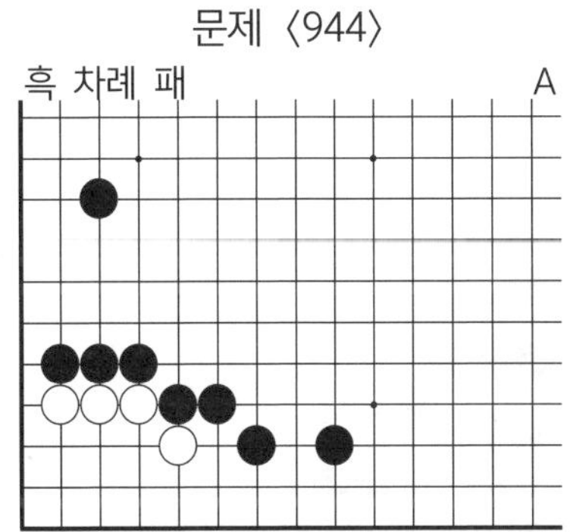

수순에 주의.

문제 〈945〉

흑 차례 백 죽음　　　　　　　　　　A

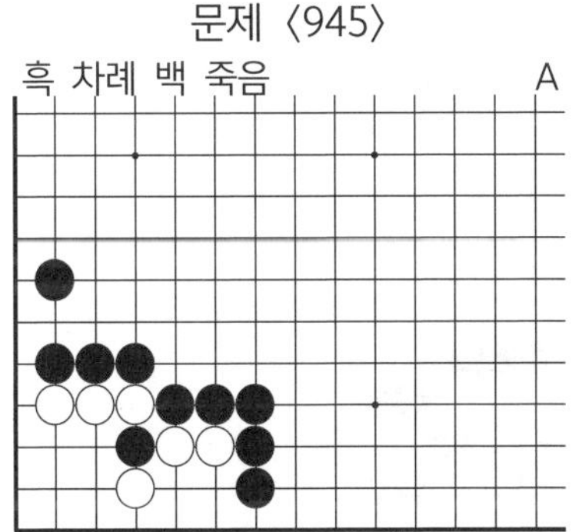

정해 〈941〉

흑 차례 백 죽음   A

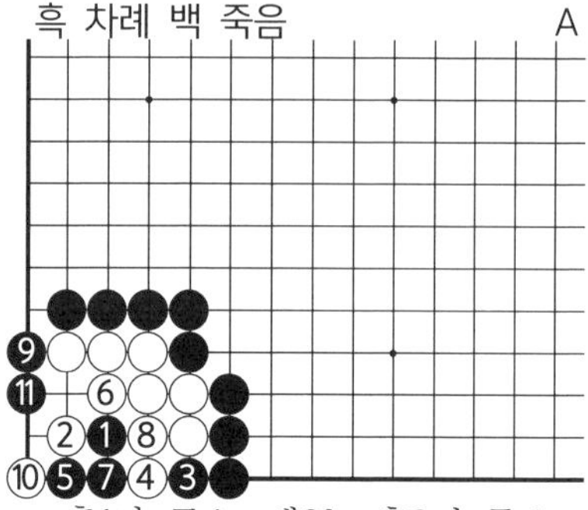

흑1이 급소. 백2는 흑3이 중요.
흑4로 막으면 백5 이하 11로 끝.

정해 〈942〉

흑 차례 백 죽음   A

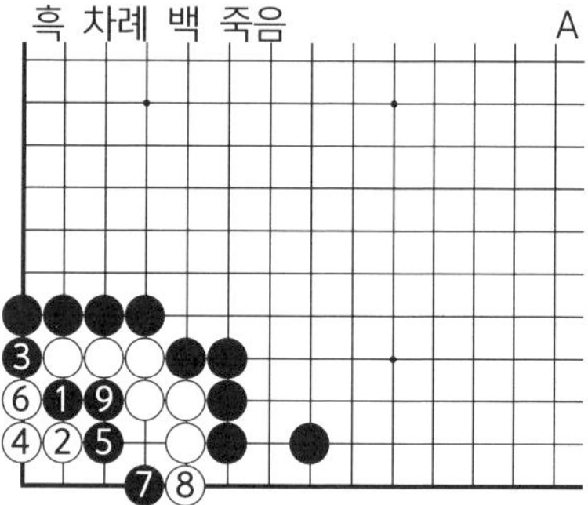

흑1이 급소. 백2는 흑3, 5가 묘
수로 백6 때 흑7, 9로 백 죽음.

정해 〈943〉

흑 차례 백 죽음   A

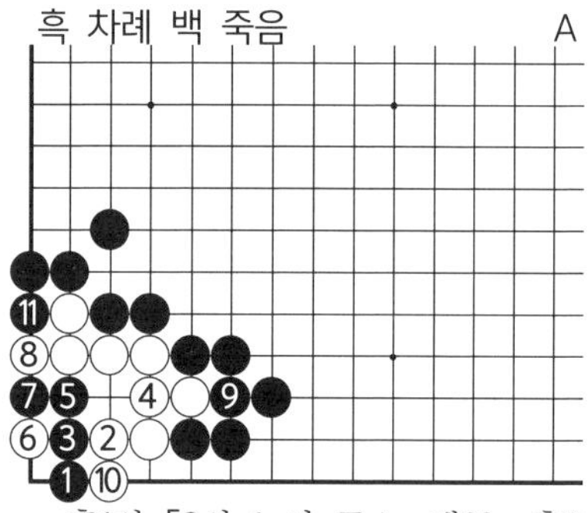

흑1의 「2의 1」이 급소. 백2는 흑3
이하 11까지 유가무가로 백 죽음.

변화 〈943〉

흑 차례 백 죽음   A

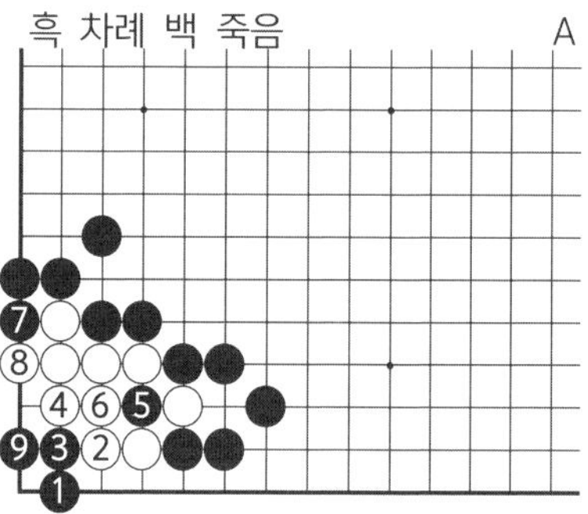

흑1, 3 때 백4라면 흑5, 7, 9로
백 죽음.

정해 〈944〉

흑 차례 패   A

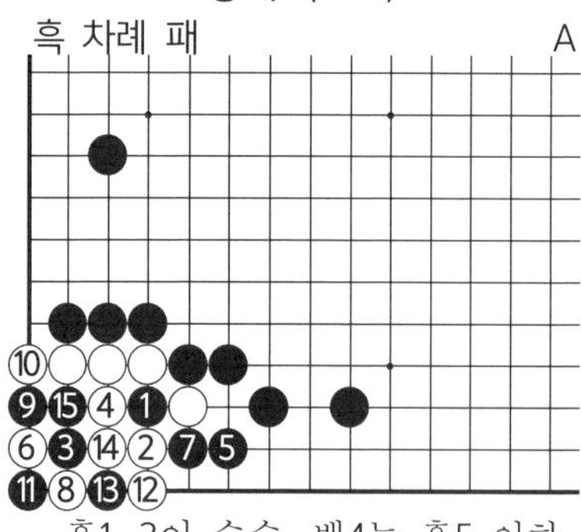

흑1, 3이 수순. 백4는 흑5 이하
15까지 패.

정해 〈945〉

흑 차례 백 죽음   A

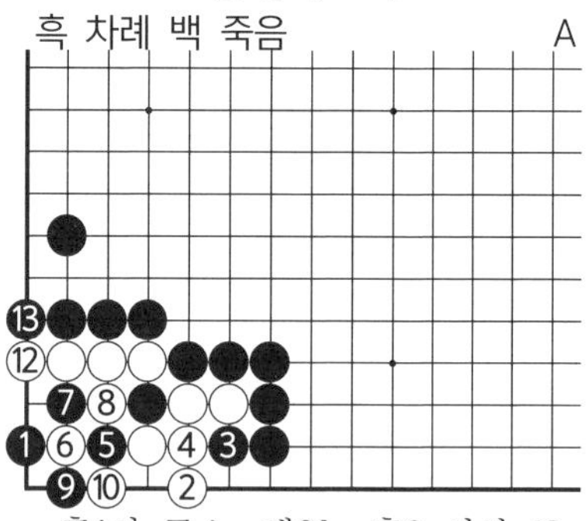

흑1이 급소. 백2는 흑3 이하 13
까지 유가무가로 백 죽음. ⓫→⑥

문제 〈946〉

흑 차례 백 죽음 A

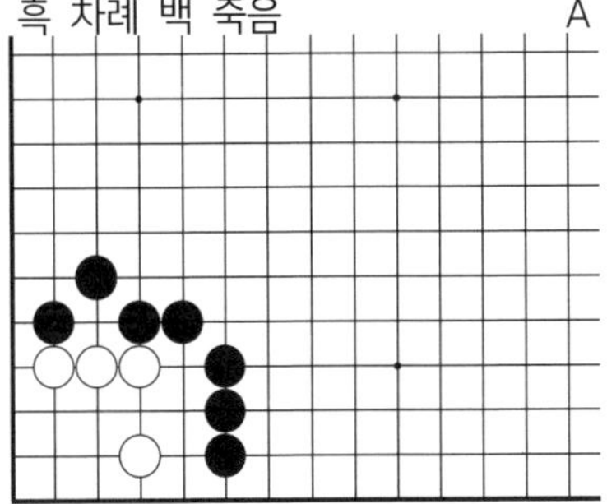

수순에 주의.

문제 〈947〉

흑 차례 백 죽음 A

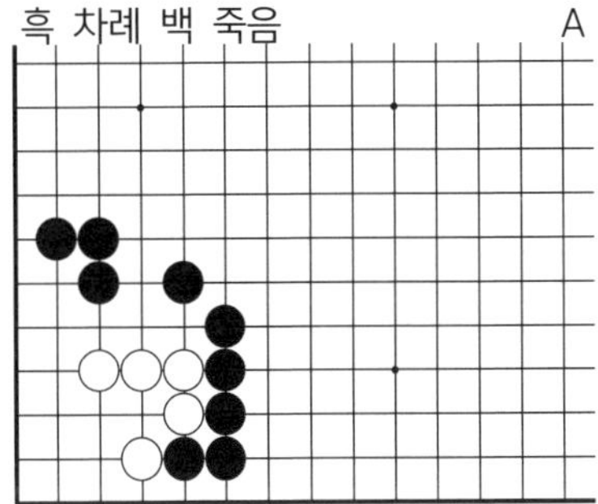

자충으로 이끄는 것이 열쇠.

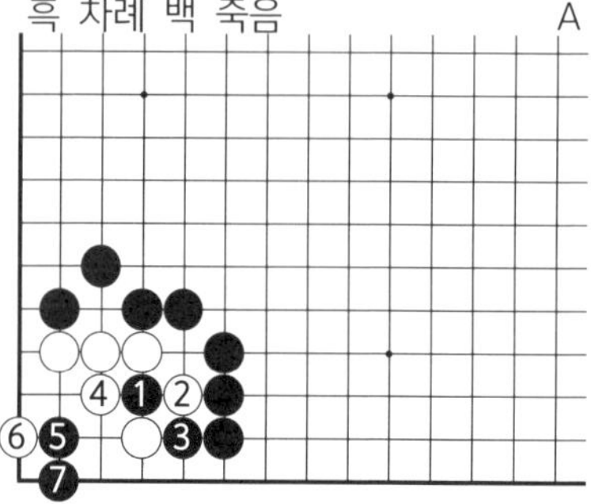

정해 〈946〉

흑 차례 백 죽음

흑1의 끼움이 묘수. 백2는 흑3, 5, 7로 백 죽음.

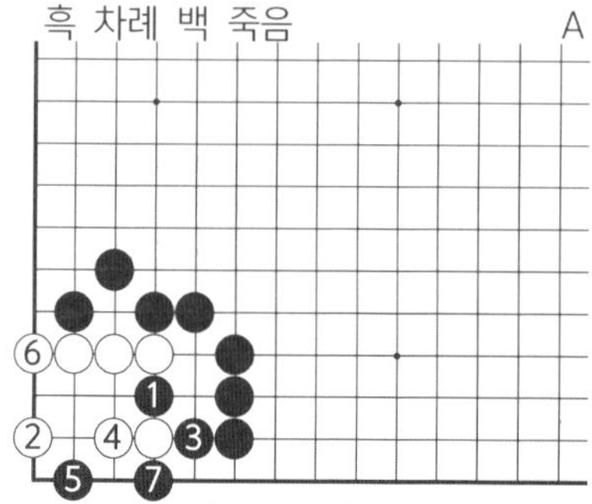

변화 〈946〉

흑 차례 백 죽음

흑1 때 백2라면 흑3이 좋은 수. 백4는 흑5, 7로 그만.

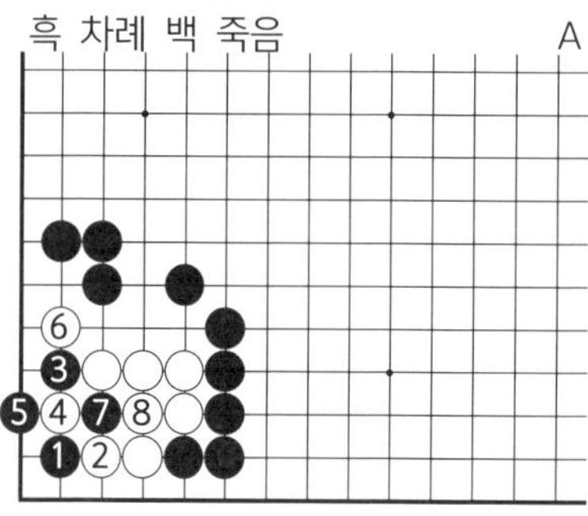

정해 〈947〉

흑 차례 백 죽음

흑1이 급소. 백2는 흑3부터 9까지 잇고 계속해서… ❾→④

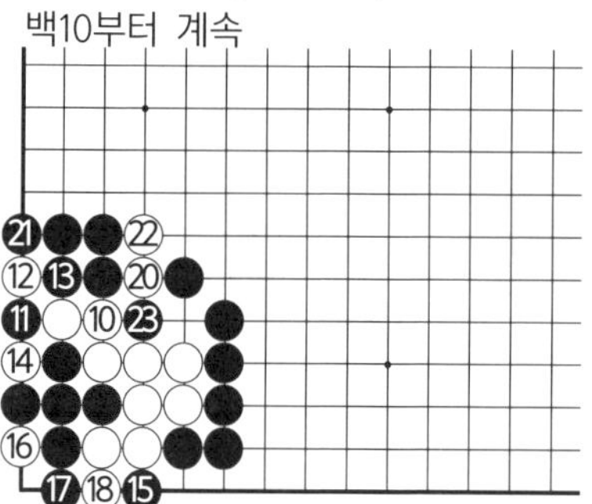

정해 계속

백10부터 계속

백10으로 이으면 흑11부터 23까지 환격으로 백 죽음. ⓳→⑪

변화 1 〈947〉

흑 차례 백 죽음

흑1, 3 때 백4는 흑5 이하 15까지 백 죽음. 나중에 흑a로 매화육궁.

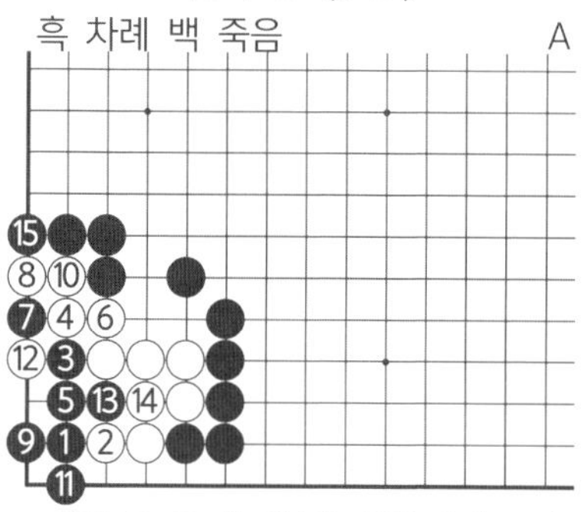

변화 2 〈947〉

흑 차례 백 죽음

흑1, 3, 5 때 백6은 흑7, 9가 묘수. 백10은 흑11 이하 15까지 유가무가.

문제 〈948〉

흑 차례 백 죽음   A

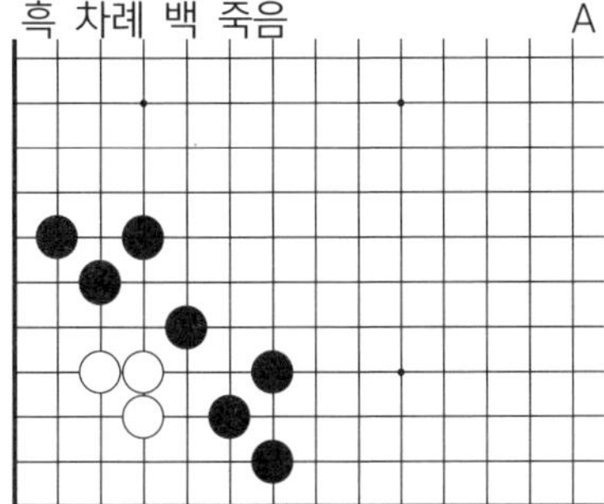

문제 〈949〉

흑 차례 패 승   A

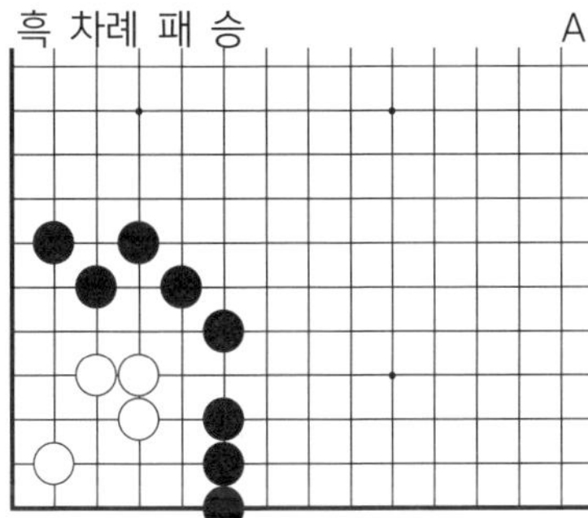

문제 〈950〉

흑 차례 백 죽음   A

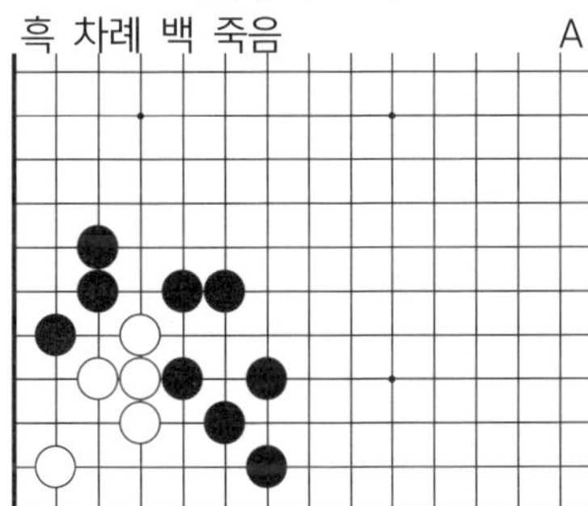

정해 〈948〉

흑 차례 백 죽음

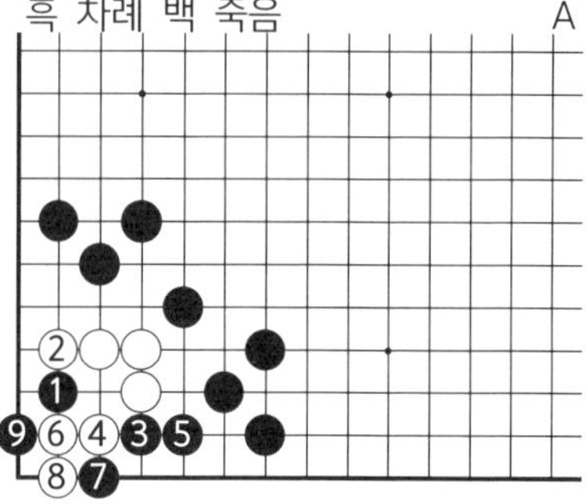

흑1, 3이 좋은 수순. 백4는 흑5, 7, 9로 백 죽음.

변화 〈948〉

흑 차례 백 죽음

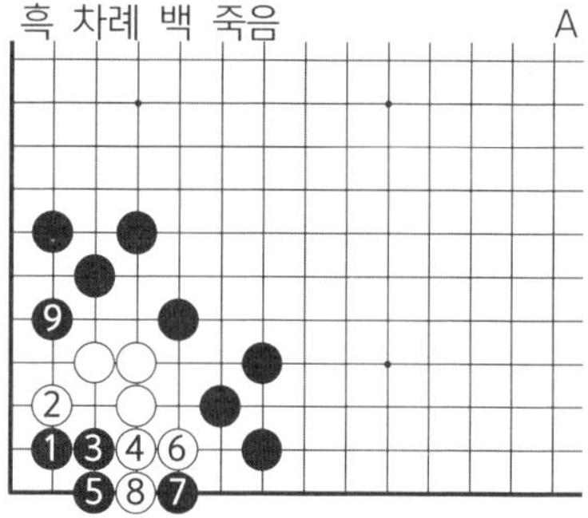

흑1도 급소. 백2는 흑3 이하 9로 마찬가지 백 죽음.

정해 〈949〉

흑 차례 패 승

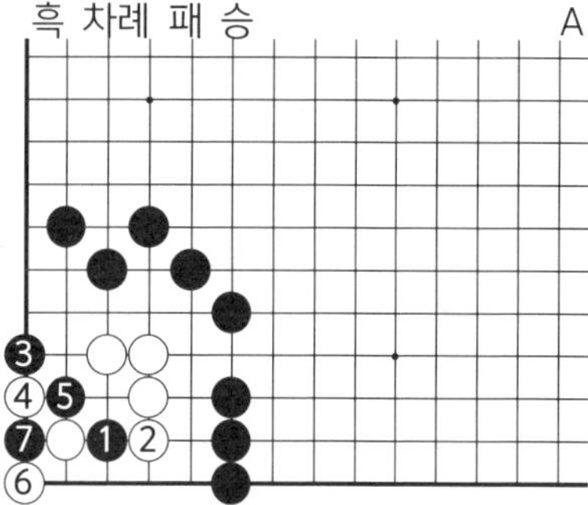

흑1, 3이 수순. 백4는 흑5, 7로 흑이 이기는 패.

정해 〈950〉

흑 차례 백 죽음

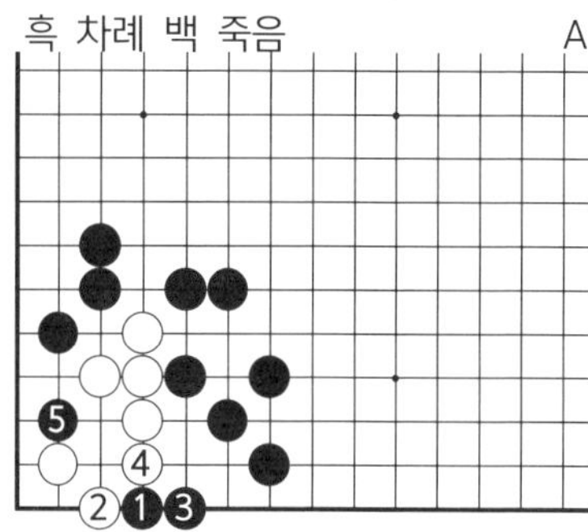

흑1이 급소. 백2는 흑3, 5로 끝.

변화 〈950〉

흑 차례 백 죽음

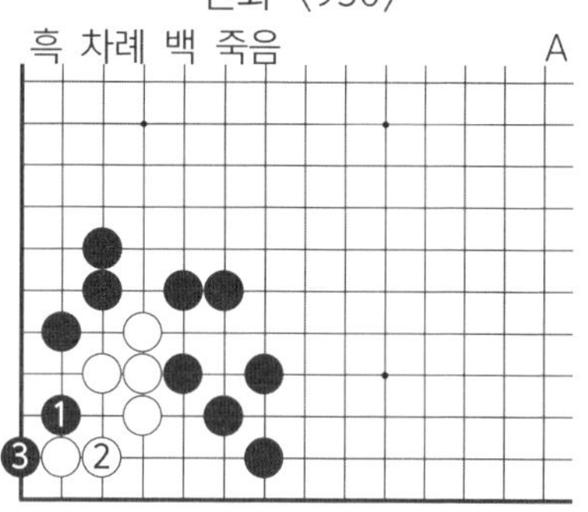

흑1도 급소. 백2는 흑3으로 끝.

기묘한 모양과 바둑 규약

50문제

기묘한 모양과 바둑 규약[3]

진기하고 기묘한 모양에 대해 1949년 10월 2일부터 다음과 같이 규정하고 있습니다.

1. 귀의 구부러진 4집(귀곡사)은 다른 부분과 관계없이 단독으로 죽은 것으로 한다.

2. 잡힌 3집 모양은 그대로 종국이 되면 3집으로 계산한다(977번). 다만 백돌이 1개 늘 때마다 흑 집은 2집씩 늘어나는 것으로 계산한다(978번).

3. 3패, 4패, 5패 이상이 동시에 국면에 발생하거나 순환패, 장생 등의 기묘한 모양이 발생하여 쌍방 양보 없이 동형반복을 반복할 때는 무승부로 한다.

4. 만년패는 쌍방이 패를 하지 않을 때는 빅으로 할 수 있는 쪽이 잡고 나서 빅으로 한다.

패의 모양은 1수 패로 즉시 수단이 발생하는 경우는 1수를 더 필요로 한다(곧바로 따내지 못한다).

(주) 종반의 패로 수단이 없는 것은 1수가 더 필요 없다.

---

3) 바둑 대국 중 특별한 모양이 생겼을 때 적용하는 규칙으로 이 규약은 1949년 10월 2일 일본에서 정한 바둑 규정으로 기묘한 모양이 생겼을 때 전 세계 공통으로 지금까지 지켜지고 있는 대부분의 바둑 규칙이 여기에 기인한 것인 것 같다.

문제 〈951〉

백 차례 장생

문제 〈952〉

백 차례 장생

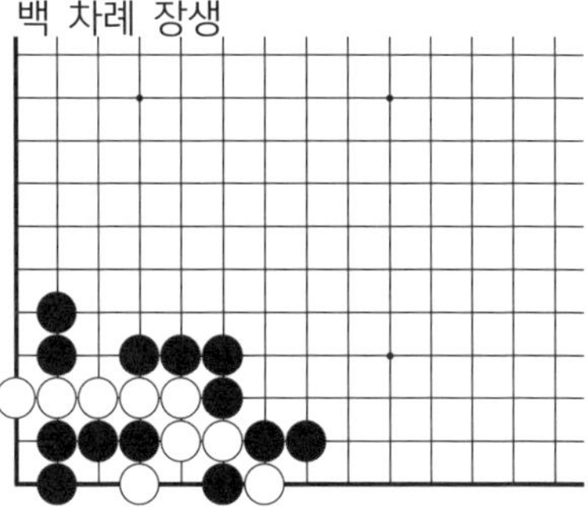

문제 〈953〉

백 차례 장생

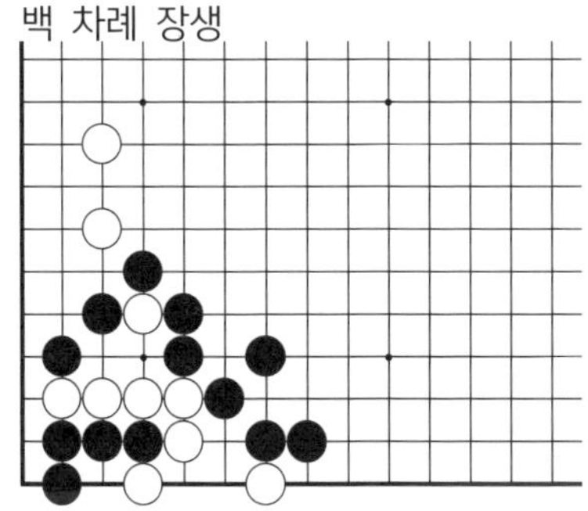

문제 〈954〉

백 차례 장생

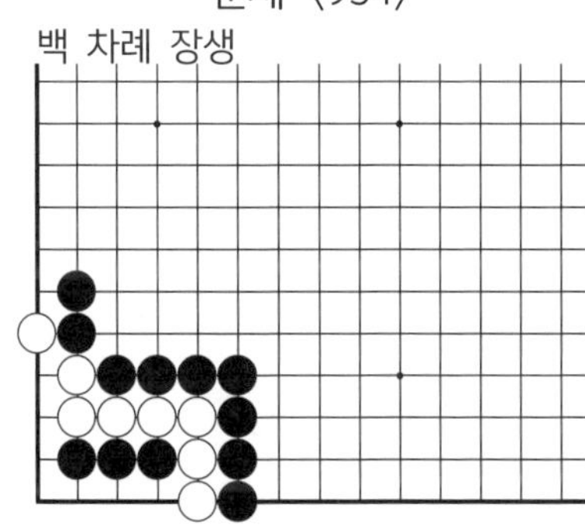

문제 〈955〉

흑 차례 장생

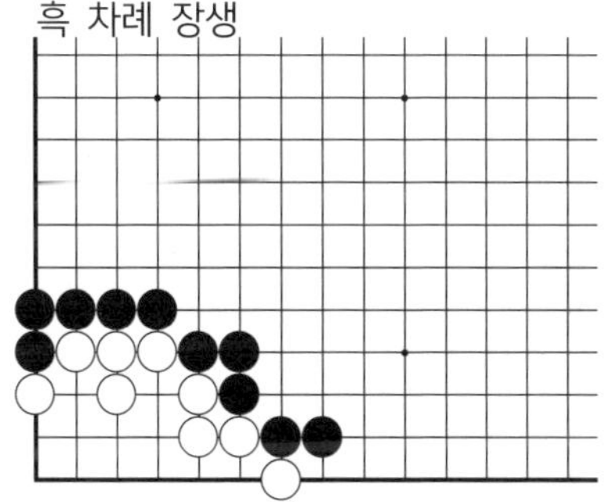

정해 〈951〉

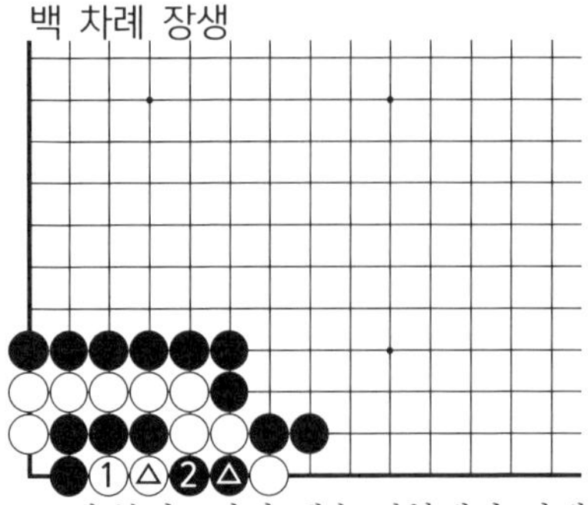

백1부터 5까지 계속 반복해서 장생.
③→△, ❹→△, ⑤→①

정해 〈952〉

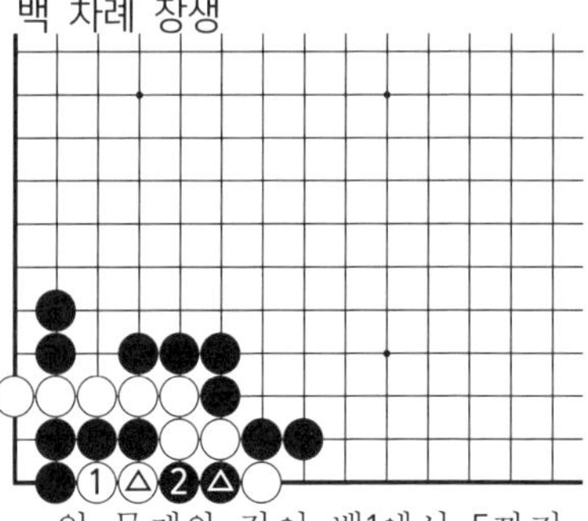

앞 문제와 같이 백1에서 5까지
장생. ③→△, ❹→△, ⑤→①

정해 〈953〉

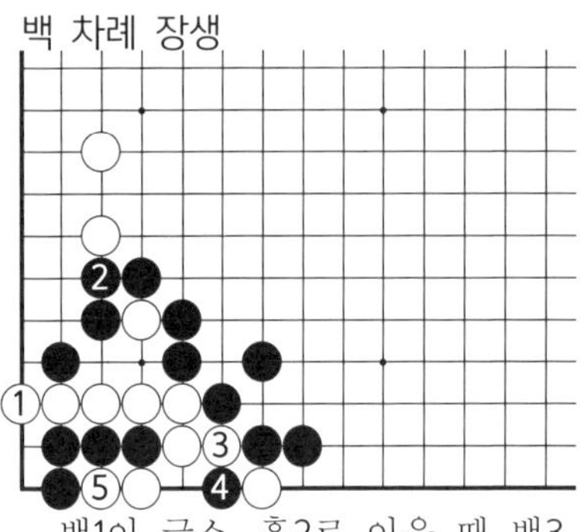

백1이 급소. 흑2로 이을 때 백3,
5로 장생.

변화 〈953〉

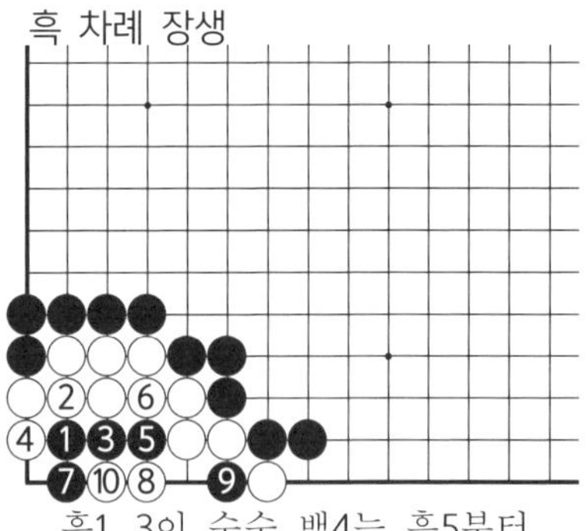

백1 때 흑2로 잡으러 오면 백3,
5로 위쪽으로 연결해서 살아버림.

정해 〈954〉

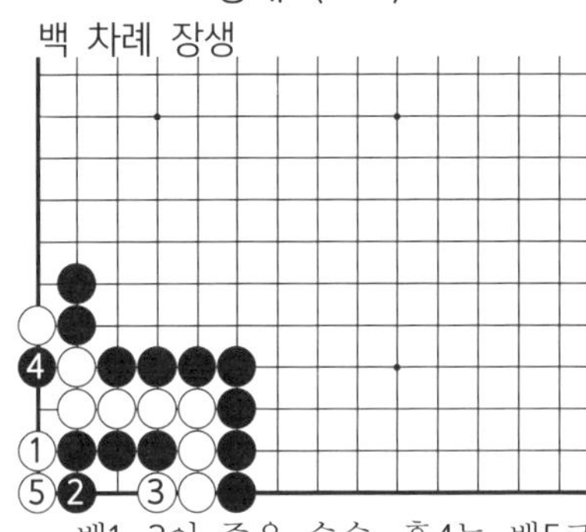

백1, 3이 좋은 수순. 흑4는 백5로
장생.

정해 〈955〉

흑 차례 장생

흑1, 3이 수순 백4는 흑5부터
백10까지 장생.

문제 〈956〉

백 차례 장생

문제 〈957〉

흑 차례 장생

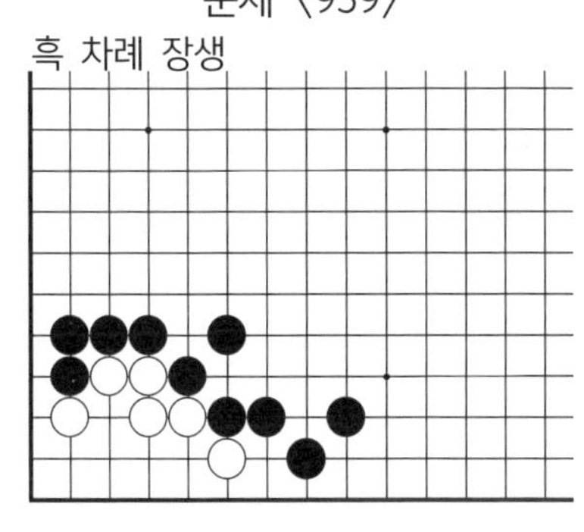

문제 〈958〉

흑 차례 장생

문제 〈959〉

흑 차례 장생

문제 〈960〉

백 차례 장생

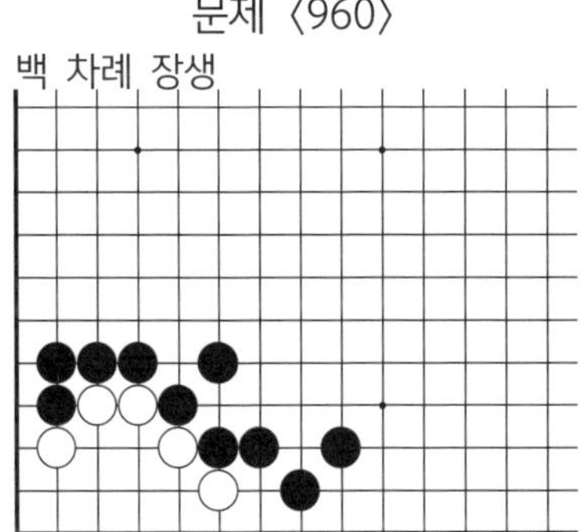

정해 〈956〉

백 차례 장생

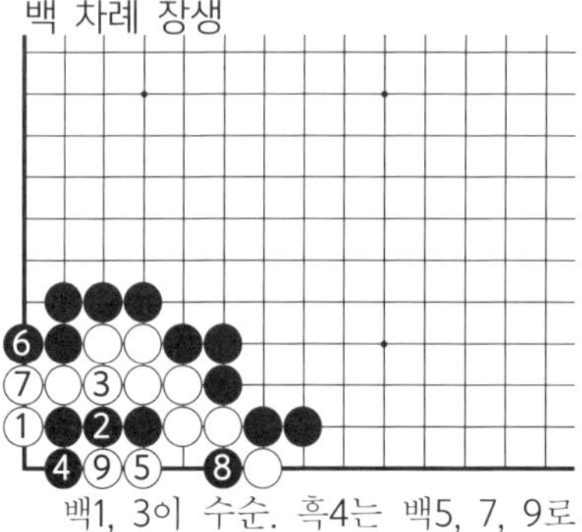

백1, 3이 수순. 흑4는 백5, 7, 9로
장생.

정해 〈957〉

흑 차례 장생

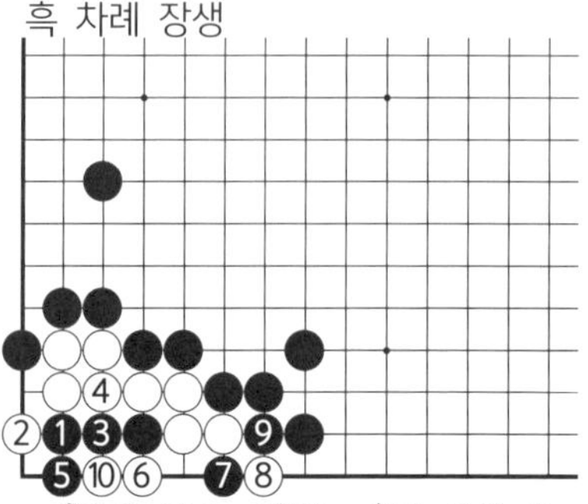

흑1이 급소. 백2는 흑3 이하 9
까지 장생.

정해 〈958〉

흑 차례 장생

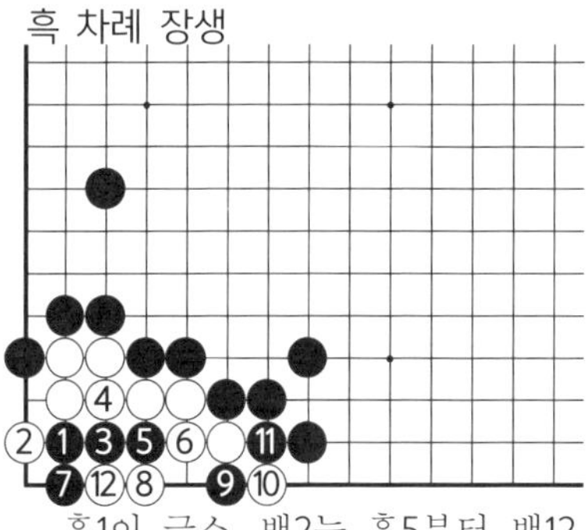

흑1이 급소. 백2는 흑5부터 백12
까지 장생.

정해 〈959〉

흑 차례 장생

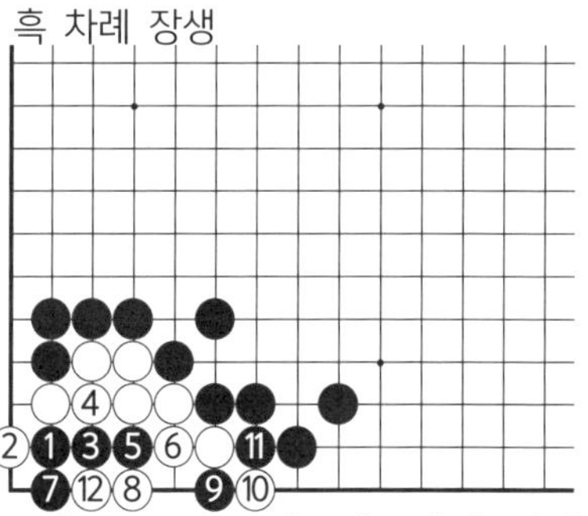

흑1, 3, 5가 수순. 백6 때 흑7부터
백12까지 장생.

정해 〈960〉

백 차례 장생

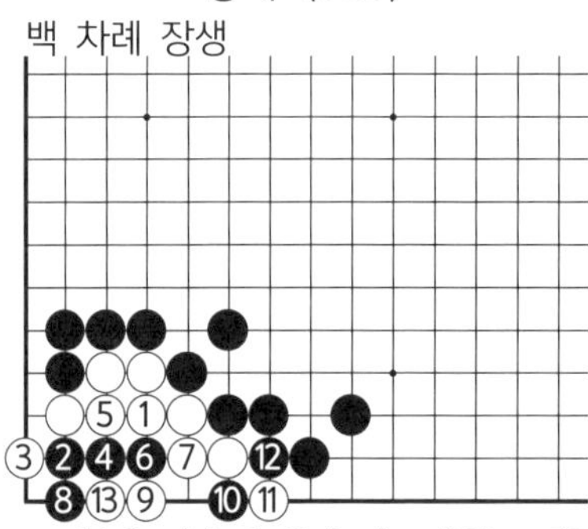

백1의 이음이 좋은 수. 흑2는 백3
부터 13까지 장생.

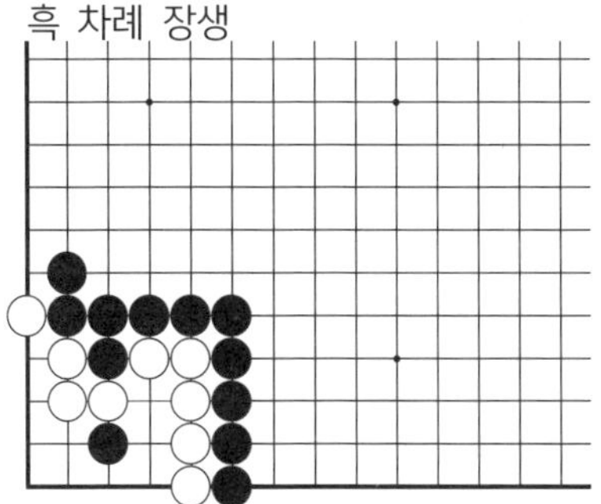

문제 〈961〉

흑 차례 장생

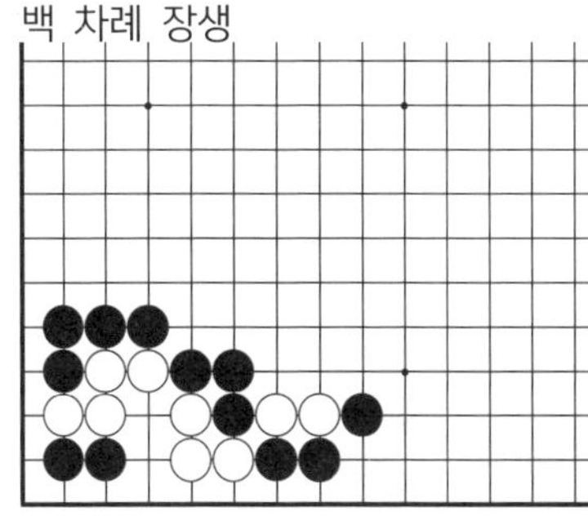

문제 〈962〉

백 차례 장생

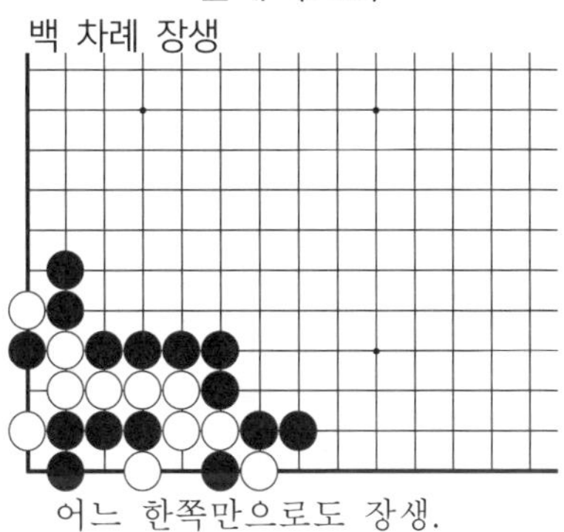

문제 〈963〉

백 차례 장생

어느 한쪽만으로도 장생.

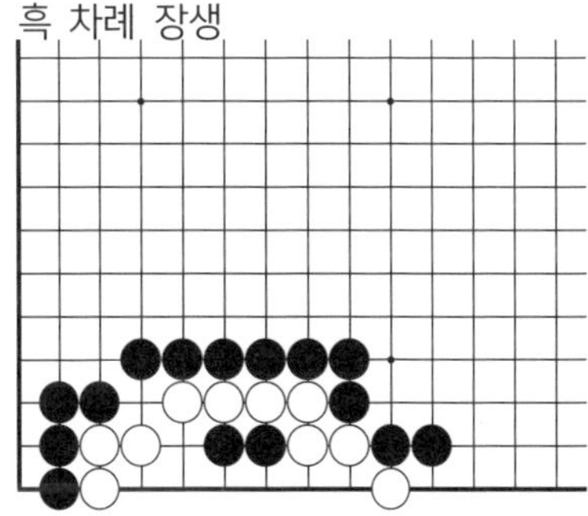

문제 〈964〉

흑 차례 장생

정해 〈961〉

흑 차례 장생

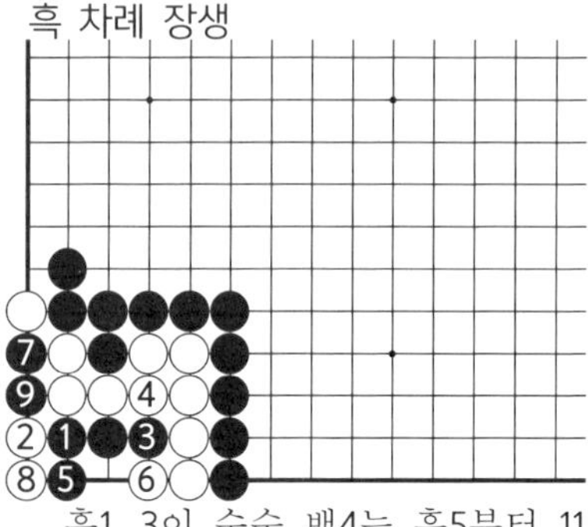

흑1, 3이 수순 백4는 흑5부터 11
까지 장생. ⑩→②, ⓫→❼

변화 〈961〉

흑 차례 패

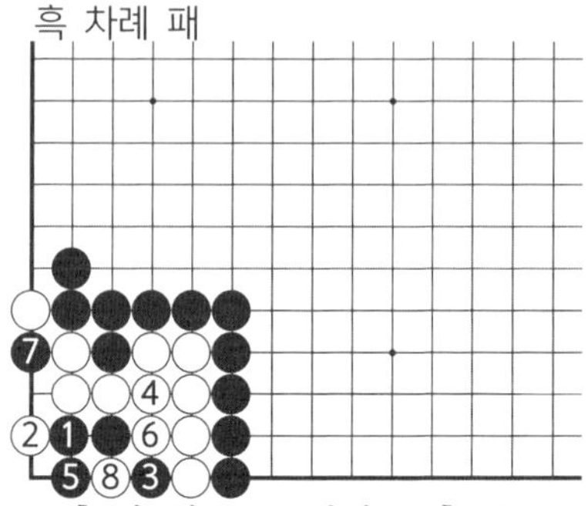

흑1과 백2를 교환하고 흑3으로
붙이면 백4, 6, 8로 패.

정해 〈962〉

백 차례 장생

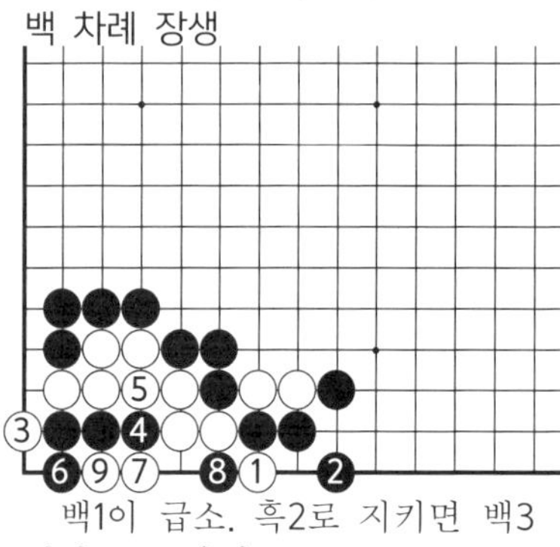

백1이 급소. 흑2로 지키면 백3
이하 9로 장생.

정해 〈963〉

백 차례 장생

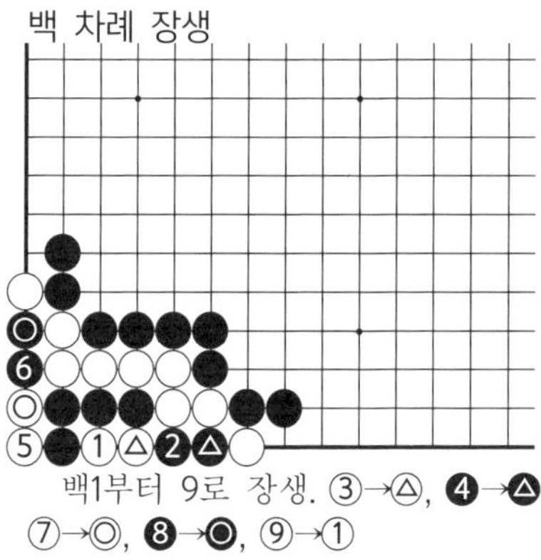

백1부터 9로 장생. ③→△, ❹→△
⑦→◎, ❽→◉, ⑨→①

정해 〈964〉

흑 차례 장생

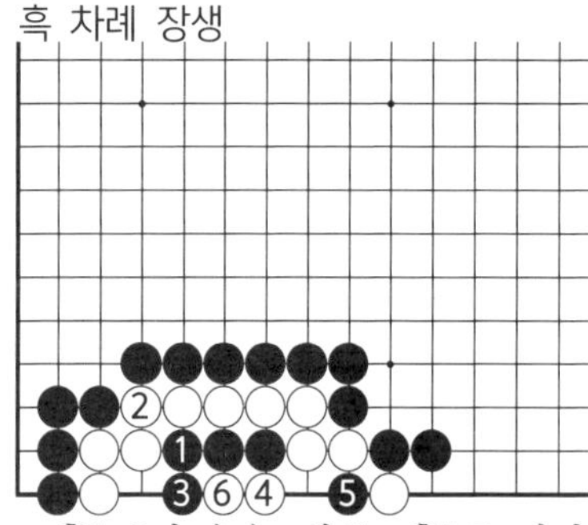

흑1, 3이 수순. 백4는 흑5로 먹여
치고 백6을 무한반복 해서 장생.

문제 〈965〉

백 차례 장생

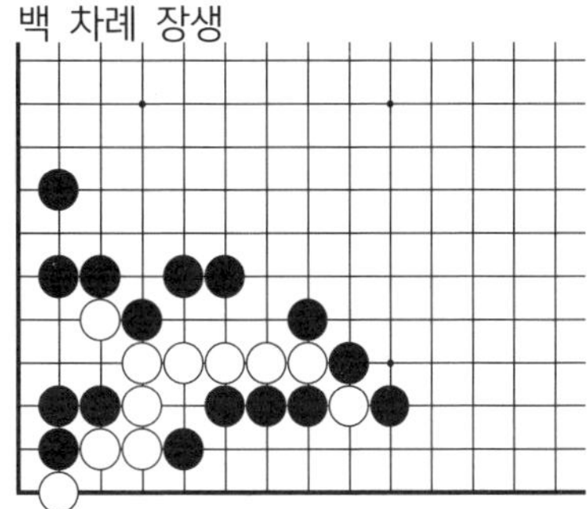

문제 〈966〉

패 없이 죽음

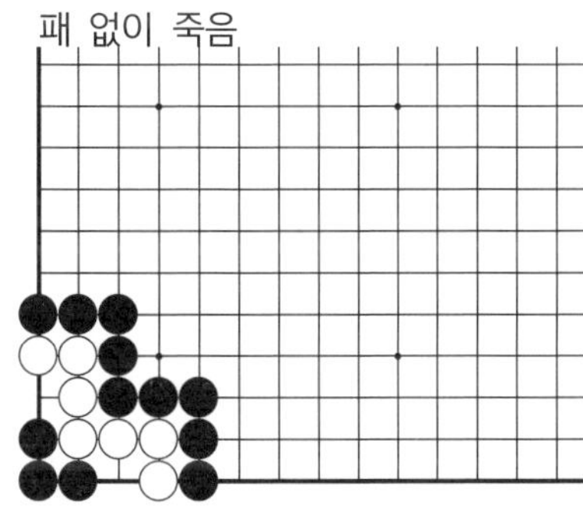

문제 〈967〉

패 없이 죽음

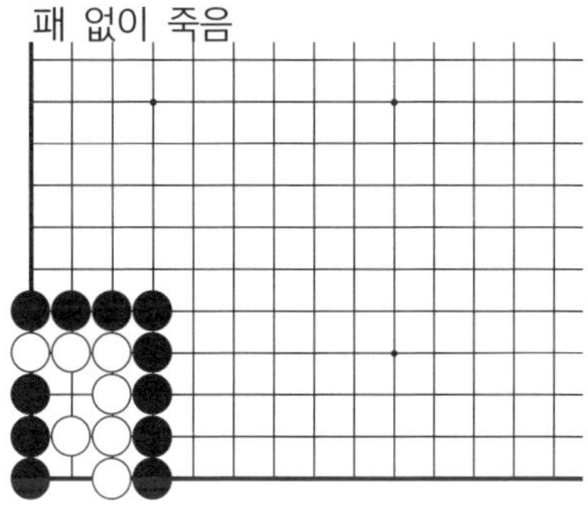

문제 〈968〉

패 없이 죽음

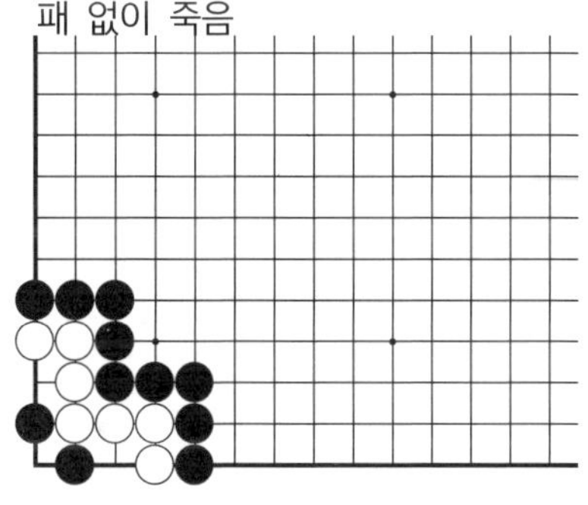

문제 〈969〉

패 없이 죽음

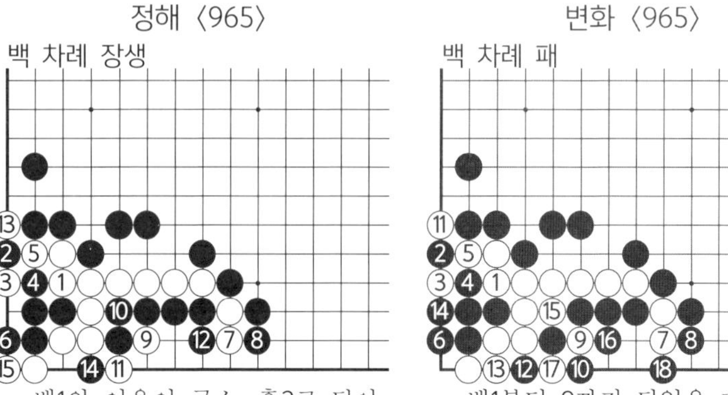

백1의 이음이 급소. 흑2로 달아 나면 백3 이하 15까지 장생.

백1부터 9까지 되었을 때 흑10은 백11 이하 19까지 패. ⑲→⑨

정해 〈966~969〉

패 없이 죽음-귀곡사(귀의 구부러진 4집)는 죽음(바둑 규칙)

〈955〉부터 〈969〉까지 4문제는 귀의 구부러진 4집으로 이 백을 둘러 싸고 있는 바깥쪽의 흑이 살아 있는 한, 이대로 죽은 돌로 종국되었을 때 따내게 된다.

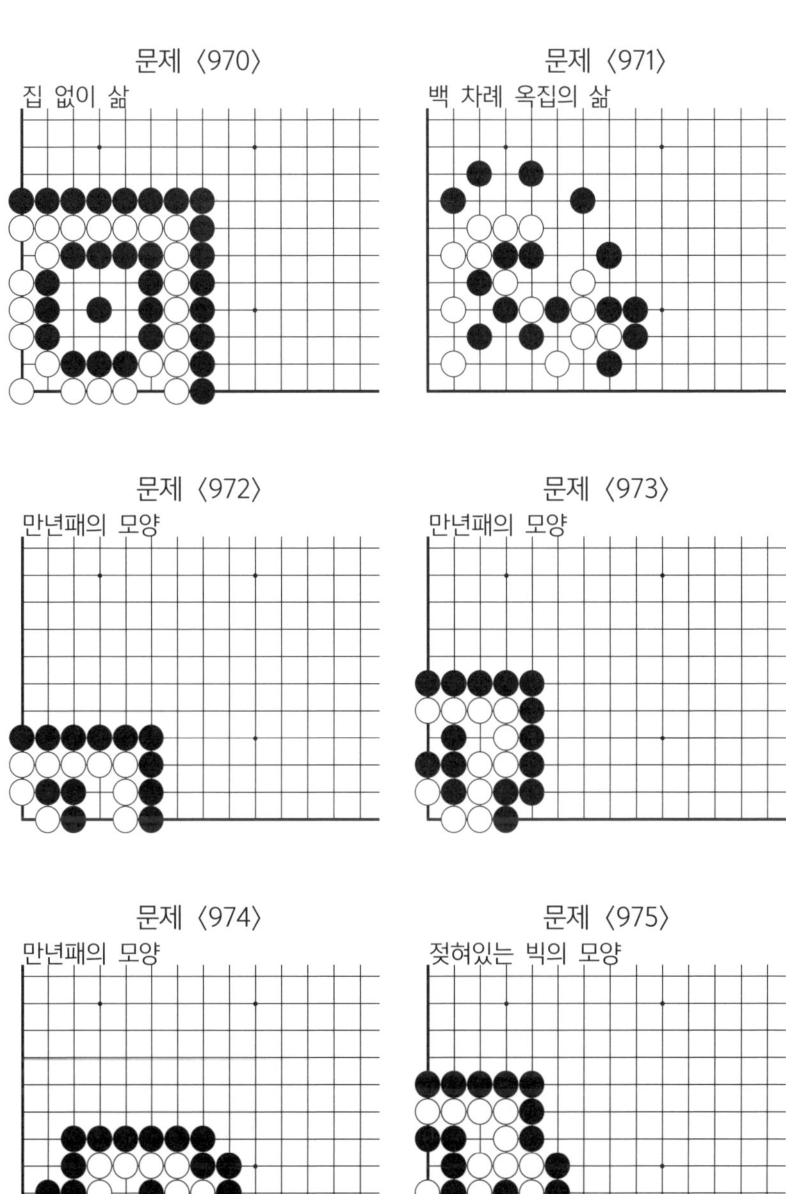

문제 〈970〉

집 없이 삶

문제 〈971〉

백 차례 옥집의 삶

문제 〈972〉

만년패의 모양

문제 〈973〉

만년패의 모양

문제 〈974〉

만년패의 모양

문제 〈975〉

젖혀있는 빅의 모양

집 없이 삶

　문제 〈970〉은 백은 가짜 집이지만 흑은 단수를 칠 수 없으므로 백은 이대로 삶.

정해 〈971〉

백 차례 옥집의 삶

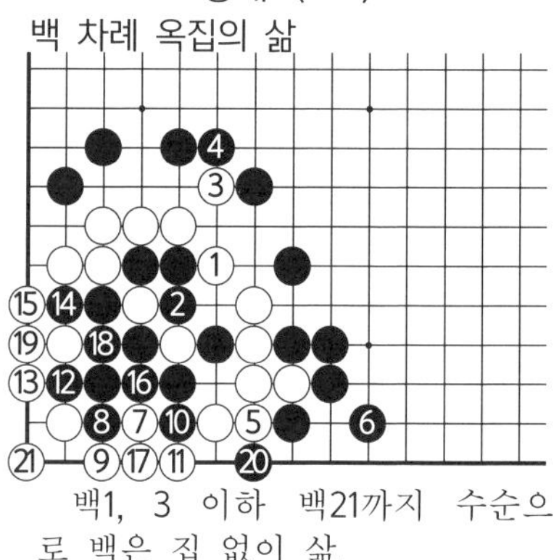

백1, 3 이하 백21까지 수순으로 백은 집 없이 삶.

정해 〈972~974〉

만년패의 모양

　〈972〉부터 〈974〉까지는 만년패의 모양으로 쌍방이 서로 패를 안 할 때에는 흑(빅으로 할 수 있는 쪽)이 패를 잡고 이어서 빅으로 한다.

정해 〈975〉

젖혀있는 빅의 모양

　백이 a로 잡으면 백이 수상전 패가 되고 흑이 a로 잡으면 흑이 수상전 패가 되기 때문에 쌍방이 a로 잡을 수 없어서 이대로 빅으로 취급한다.

문제 〈976〉

젖혀있는 빅의 모양

문제 〈977〉

잡힌 3집 모양

문제 〈978〉

잡힌 5집 모양

문제 〈979〉

양패 빅

문제 〈980〉

백 죽음의 모양

문제 〈981〉

백 삶의 모양

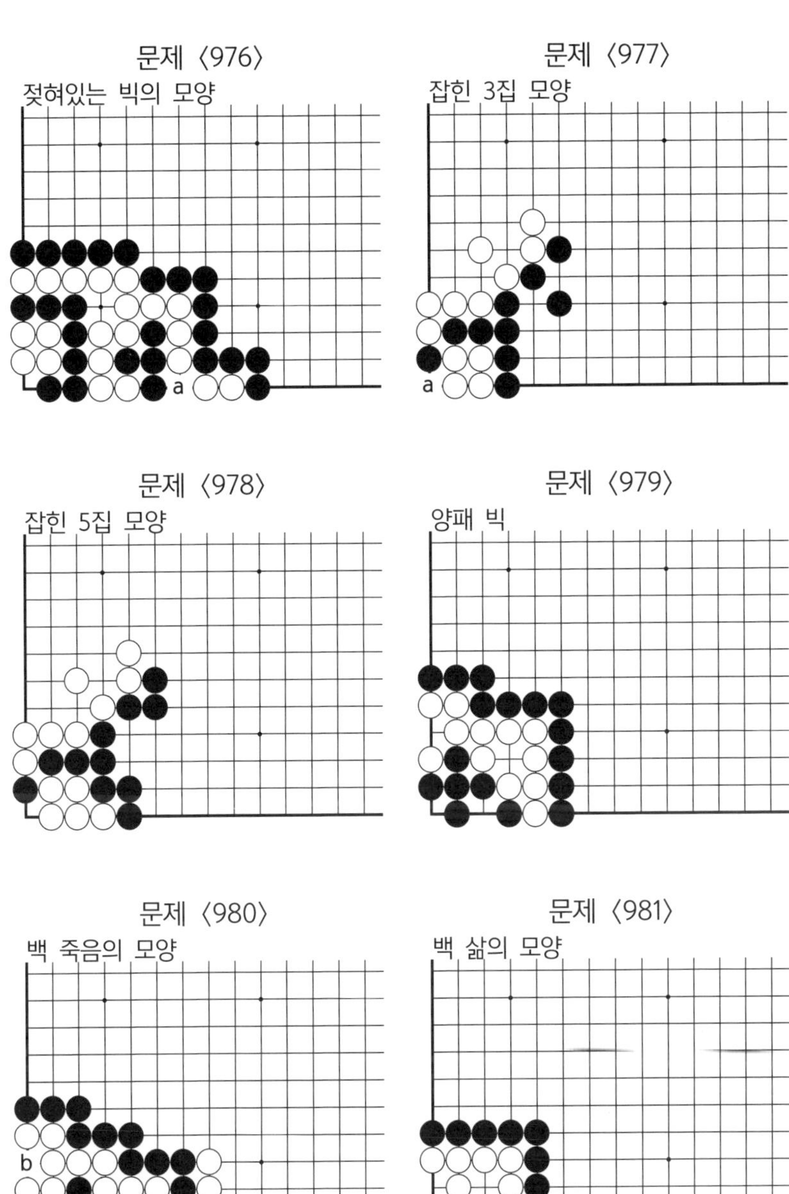

정해 〈976〉
젖혀있는 빅의 모양
　백이 a로 잡으면 백이 수상전
패가 되고 흑이 a로 잡으면 흑이
수상전 패가 되기 때문에 쌍방이
a로 잡을 수 없어서 이대로 빅으
로 취급한다.

정해 〈977〉
잡힌 3집 모양
　이러한 모양이 만들어지면 흑은
3집으로 계산한다.
　백이 a로 흑 1점을 잡은 다음의
수순을 예상하면 백이 모두 잡히
고 흑 1점도 또다시 잡히므로 모
두 공배가 되기 때문.
　직접 확인해 볼 것.

정해 〈978〉
잡힌 5집 모양
　이러한 모양이 만들어지면 5집
의 흑 집으로 계산한다.
　〈977〉에서 백 돌 1개가 추가된
만큼 집수가 늘어남. 백 돌 1개씩
늘 때마다 2집씩 증가.
　직접 확인해 볼 것.

정해 〈979〉
양패 빅
　이대로 빅.

정해 〈980〉
백 죽음의 모양
　언뜻 보면 양패 빅 같지만 그렇
지 않고 백이 잡혀 있으므로 종국
시 백a로 잇고 흑은 b로 잡게 된다.
　흑만의 양패.

정해 〈981〉
백 삶의 모양
　유가무가로 백이 살아있으므로 종
국 시 백은 이대로 흑을 잡아도 된다.

문제 〈982〉

흑 차례 3패

문제 〈983〉

공배 3패

문제 〈984〉

3패 모양이지만 흑 유리

문제 〈985〉

흑 차례 3패

문제 〈986〉

흑 차례 3패

문제 〈987〉

순환 패

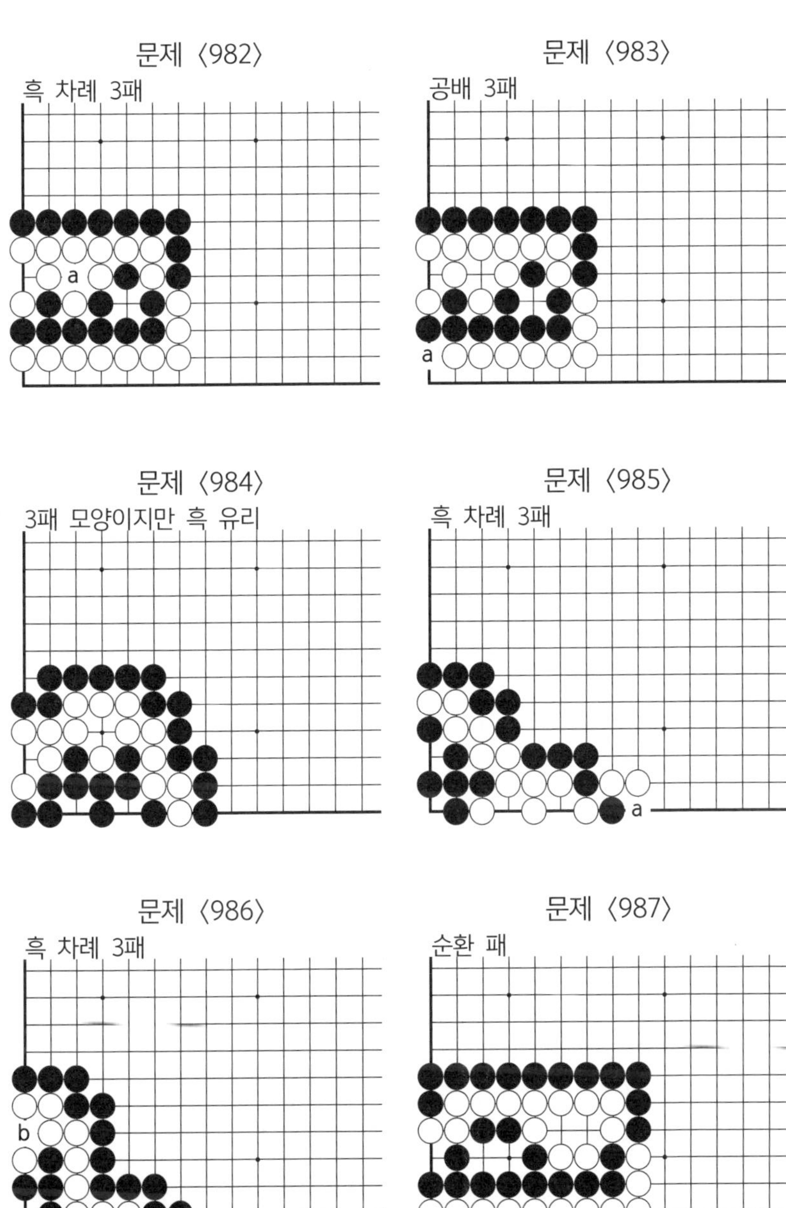

흑백 어느 쪽에서 두어도 마찬가지.

정해 〈982〉

흑 차례 3패

　흑 차례로 a로 잡으면 3패가 되고 쌍방이 양보하지 않을 시는 무승부로 한다.

정해 〈983〉

공배 3패

　a에 공배가 비어 있어라도 3패가 된다.

정해 〈984〉

3패 모양이지만 흑 유리

　흑은 완전한 집이 있고, 백은 집이 없으므로 3패와 조금 다르다. 즉 흑에서 패를 걸어 3패로 만들 수 있지만 백은 3패로 만들 수 없는 만큼 불리하다. 흑은 빅으로도 만들 수 있으므로 필요하면 3패를 걸어서 무승부로 할 수도 있다.

정해 〈985〉

흑 차례 3패

　백이 a로 잡게 되면 흑은 죽게 된다. 그러므로 흑은 불리하다면 3패 무승부를 만들어야 한다.

정해 〈986〉

흑 차례 3패

　백 차례라면 a로 잡아서 귀는 패가 된다.

　그러므로 흑이 먼저 b로 잡으면 3패 무승부를 만들 수 있다.

정해 〈987〉

순환 패

흑1부터 백6까지 무한반복 되므로 무승부. ❺→△, ⑥→△

문제 〈988〉

백 차례 순환 패

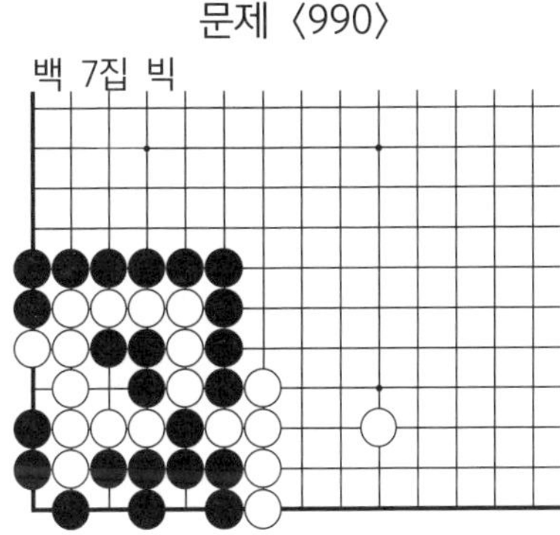

문제 〈989〉

이대로 빅

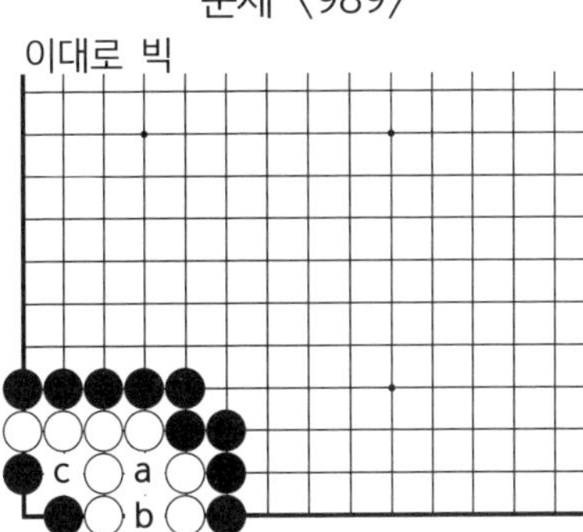

문제 〈990〉

백 7집 빅

문제 〈991〉

백 3집 빅

문제 〈992〉

빅 모양

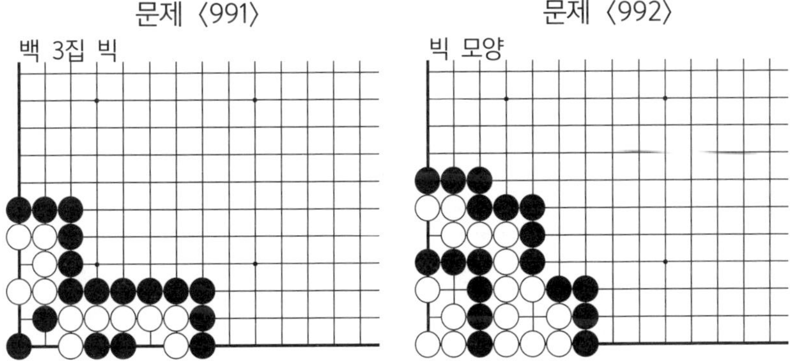

정해 〈988〉

백 차례 순환 패

　이것도 패가 1개 붙어있지만, 전도와 마찬가지로 백a, 흑b로 순환 패이다.

　물론 흑 차례라면 흑b로 단수쳐서 백 죽음.

정해 〈989〉

이대로 빅

　흑a로 단수쳐서 백b로 잡게 하면 흑 1집 손해가 되므로 주의해야 할 곳이다.

　만약 백c로 단수치면 흑a로 단수쳐서 서로 잡아서 집수는 같다.

정해 〈990〉

백 7집 빅

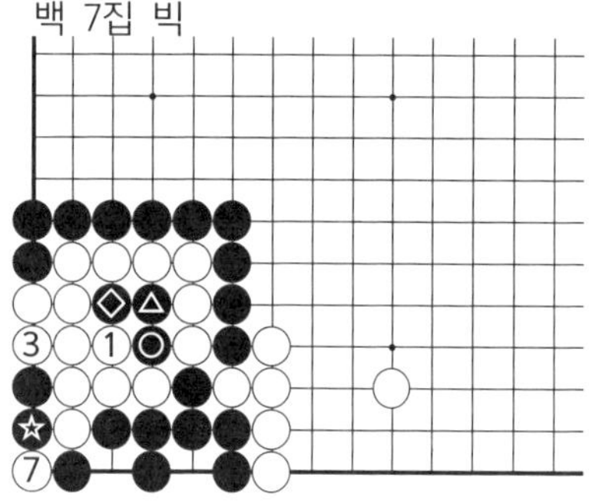

　종국 시 백1부터 9까지 빅.

　❷→△, ❹→◎, ⑤→◈, ❻→◎, ❽→☆, ⑨→△

　백은 잡은 돌 8점, 흑은 잡은 돌 1점이 되어 차감하면 백 7점으로 7집의 백집이 된다.

정해 〈991〉

백 3집 빅

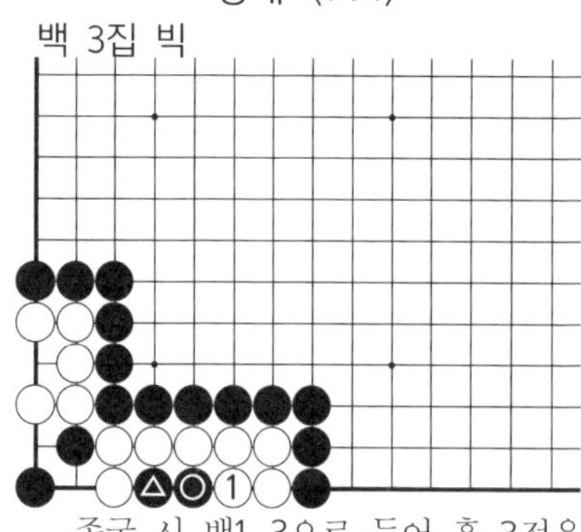

　종국 시 백1, 3으로 두어 흑 3점을 잡음. ❷→△, ③→◎

정해 〈992〉

빅 모양

　백이 집이 있어도 흑을 공격할 수 없으므로 빅. 단 이 경우 백집은 계산하지 않는다.

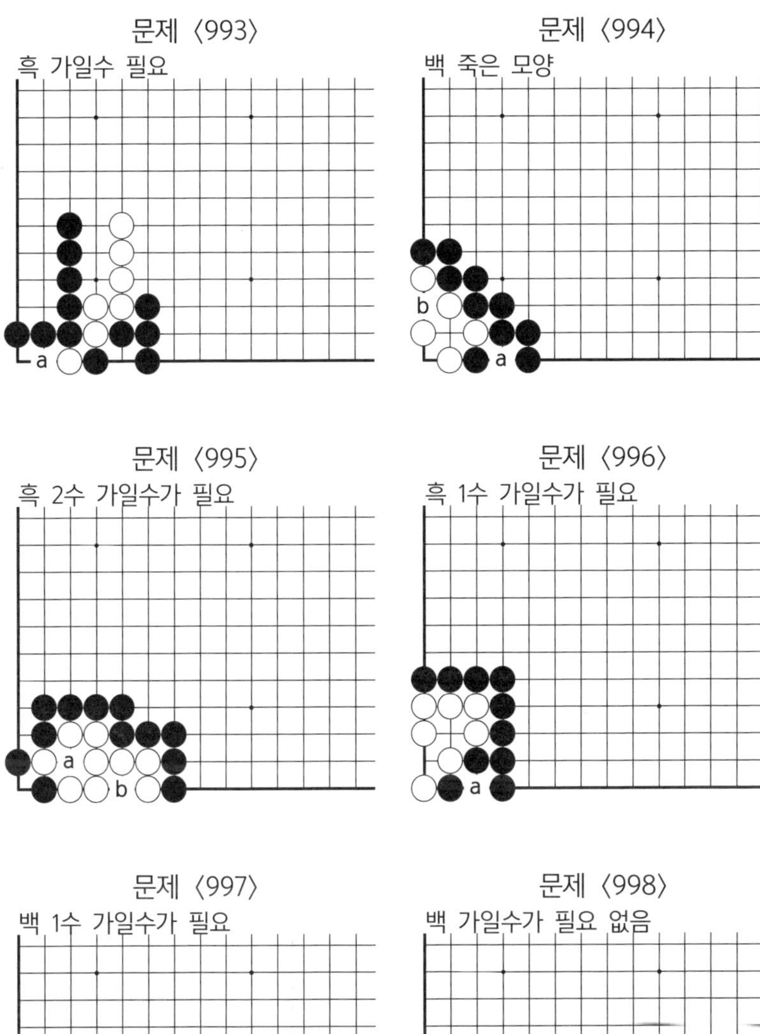

문제 〈993〉
흑 가일수 필요
a

문제 〈994〉
백 죽은 모양
b
a

문제 〈995〉
흑 2수 가일수가 필요
a
b

문제 〈996〉
흑 1수 가일수가 필요
a

문제 〈997〉
백 1수 가일수가 필요
a

문제 〈998〉
백 가일수가 필요 없음
a

정해 〈993〉

흑 가일수가 필요

　흑a로 가일수가 필요.
　종국 때 흑a로 따내서 마무리된다.

정해 〈994〉

백 죽은 모양

　백a로 잡으면 흑b로 잡아서 양
패의 백의 죽음이다.

정해 〈995〉

흑 2수 가일수가 필요

　종국 때 흑a로 패를 잡고 다음
에 b로 따내서 마무리된다.

정해 〈996〉

흑 1수 가일수가 필요

　종국 때 흑a로 잇는 것으로 백
을 잡고 마무리된다.

정해 〈997〉

백 1수 가일수가 필요

　종국 때 백a로 1수 들여 흑을 잡
고 마무리해도 된다.

정해 〈998〉

백 가일수가 필요 없음

　흑a로 두면 종반 패가 되겠지만
흑이 두지 않는 이상 이대로 흑을
잡고 마무리 지어도 된다.
　종국에는 패가 없다는 것이 전제

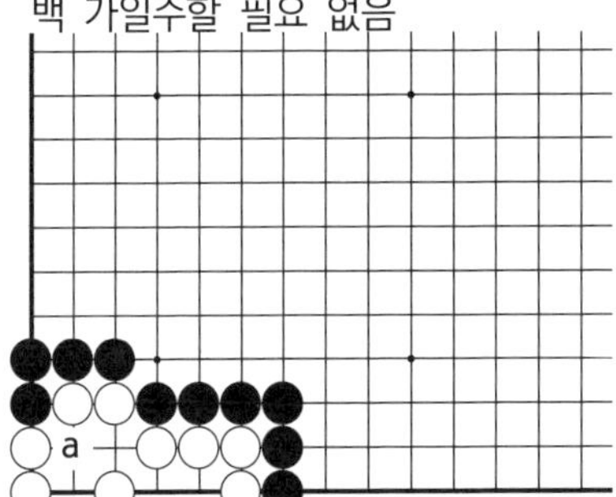

문제 〈999〉

백 가일수할 필요 없음

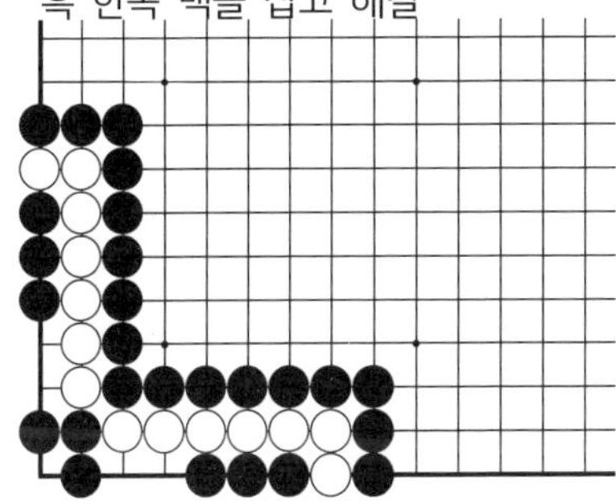

문제 〈1000〉

흑 한쪽 백을 잡고 해결

정해 〈999〉

백 가일수할 필요 없음

　착각을 일으켜 백이 a에 가일수하면 1집 손해를 보게 된다.

　이해가 안 되면 실제 바둑판에 만들어서 환격으로 되잡는 수순을 확인해 볼 것.

정해 〈1000〉

흑이 한쪽 백을 잡고 해결

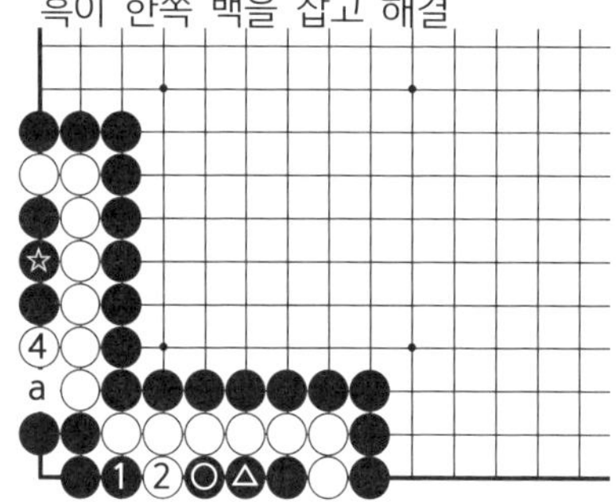

　백이 4 또는 2로 흑 3점을 잡으면 백은 양쪽을 모두 잡히기 때문에 백은 손댈 수가 없다. 그래서 할 수 없이 흑이 1 또는 a로 두어서 결말을 짓게 된다.

　흑은 1로 단수쳐서 백2 때 3, 5로 한쪽 백을 잡고, 백은 6으로 삶.

❸→⬤, ❺→◉, ⑥→☆

바둑 철학에서

1. 재주에 있어서는 스승에게 양보할 것이 아니다. 바둑에 있어서 이와 같은 일은 가장 흔한 일일 것이다.

2. 이긴 바둑도 비판할 바둑이 있고 진 바둑도 칭찬할 바둑이 있다.

3. 감각은 경험의 축적이다.

4. 적의 마음이 되어 생각하라.

5. 급공을 구할 때는 위태롭다.

6. 형세에 의해서 이길 것을 명심하라.

7. 이미 역할을 다한 돌을 아끼지 마라.

8. 적을 공격하여 자기 땅을 만드는 것은 큰 이득이다.

9. 불계패라 할지라도 그 까닭은 탓할 수 없고, 1집의 패라 할지라도 그 까닭은 용서할 수 없다.

10. 많이 좋아하고 잘 배워라, 많이 배우고 잘 연구한다. 깊이 생각해야 한다.

11. 이치의 극치, 묘의 도달은 스승도 이를 수 없고 제자도 받을 수 없으며, 습관을 들여 자연스럽게 스스로 터득하는 것이 필요하다.

12. 바둑에서 국면을 구성하는 바둑돌은 죽은 물건일지라도 그것을 둔 것은 사람에게 있고 사람이 그것을 두어서 움직이고, 멈추고, 나아가고, 막는 동안 여러 가지로 변화한다.

13. 바둑은 맨눈으로 보지 않고 능히 마음을 열고 통찰해야 한다.

14. 바둑의 길은 한 번 놓은 품위를 존중하고, 욕심을 내고 만족할 줄 모르는 것을 허락하지 않는다.

국전무인국상무석(局前無人局上無石)

이것은 일본의 11대 명인 이노우에 인세키가 남긴 문구로 대국할 때의 마음가짐을 훈육한 것으로, 나에게 있어서도 둘도 없는 교훈이다.

대국 앞에 사람이 없다는 것은 바둑판 앞에 사람이 있으면 상대가 강하면 겁을 먹고 위축되고 약하면 업신여기고 무리를 하게 되고 상대가 험담하면 화가 나서 단숨에 짓눌러 주려는 등 사심이 일어난다. 승부를 다투기보다는 바둑의 진리와 싸우라는 의미로 해석해도 좋다고 생각한다.

대가의 기보를 놓아 보더라도 때로는 심기가 흔들렸다고 생각되는 수이구나 하고 느낄 때가 있다.

대국에서 돌이 없다는 것은 이것은 어려운 일로 달인의 경지이다. 심안이 투명하여 어떠한 어려운 곳에서도 수읽기를 해서 실수 없이 둘 수 있는 곳에 이른 경지를 말하는 것이다. 판 위에 돌이 놓여 있는 것은 결과가 나온 것으로 두기 전에 최선의 수를 두어야 한다고 해석해도 좋다고 생각한다.

「현현기경에 지자는 미맹4)으로 본다.」라는 것도 이와 유사하고 또 바둑 9품의 제2의 좌조(坐照)라는 말도 이와 유사하다.

여기까지의 경지에 도달하는 것은 명인이라고는 해도 여전히 평생의 수업이 필요한 것이지만, 국전무인(局前無人)의 수양은 마음먹기에 따라서는 할 수 없는 일은 아니라고 생각한다. 그 경지에 이르면 바둑을 두어 좋은 사람들과 조화롭게 즐길 수 있을 것이다.

---

4) 미맹(未萌): 초목의 싹이 아직 트지 않은 상태. / 변고(變故)가 아직 생기지 않은 상태.